광범위한 소방전술 과목의
효율적인 학습을 위한 승진 기본서

2024
소방승진 시험대비

필드 소방전술 1

소방학 박사 **김경진** 편저

학습 가이드 수록

| 단원별 중요부분 ✓check
| 쉬운 학습을 위한 요약 정리
| 소방교 · 소방장 · 소방위 시험 대비

동영상 강의

epasskorea

PREFACE
머리말

여러분! 소방승진은 시험으로 하여야 합니다.
시험으로 승진을 해야만 소방조직에서 떳떳하게 인정을 받을 수 있습니다.
승진공부를 했던 그 지식은 소방관 근무하는 동안 자신에게 큰 도움을 줄 것입니다.
저자도 소방위 까지 모두 시험으로 승진을 했기 때문에 여러분의 어려움을 잘 알고 있습니다.

저자는 초창기 중앙소방학교 소방전술 교재 집필에 참여하였고 출제와 편집위원을 누구보다도 많은 경험을 하였기에 출제 경향을 쉽게 전달할 수 있습니다.
또한, 저자는 소방전술 승진 참고서만을 16년 째 출간하고 있습니다.

소방전술은 범위가 넓고 내용이 다양하므로 쉽게 접근하기 어렵습니다. 하지만 저자와 함께 공부한다면 핵심내용을 쉽게 이해할 수 있습니다. 핵심내용을 이해하지 못한 채 무모한 학습 방법으로 아까운 시간을 허비하지 마십시오.

이제 수험생 여러분께 이러한 문제를 해결하고 최소한의 시간으로 큰 효과를 올릴 수 있도록 핵심학습 방법을 제시하고자 합니다.

2024 필드 소방전술 ❶

본 교재는 다음과 같은 점에 중점을 두었습니다.

> ❶ 소방전술의 특성상 복잡한 내용을 알기 쉽게 요약 정리하였습니다.
> ❷ 매 단원마다 ✓check 하여 중요한 부분을 복습토록 하였습니다.
> ❸ 중요한 부분은 ** 별표와 밑줄로 처리하여 중요성을 강조하였습니다.
> ❹ 기출문제에는 ☆〈23년 소방위〉로 표시하여 쉽게 알 수 있도록 하였습니다.
> ❺ TIP 을 제공하여 1차 출제 방향을 제시하였습니다.

저자는 지금까지 주로 현장과 관련된 부서(119안전센터, 소방본부구조구급과, 소방학교 전술교관, 중앙119구조본부 긴급기동팀장, 소방방재청 훈련·구급계장, 소방서장, 소방청119종합상황실장, 서울소방학교장)에 근무해 오면서 다양한 현장업무를 바탕으로 수험생 여러분께 체계적이고 정확한 학습요령을 제시하고 합격가능성을 높이고자 하오니 아무쪼록 끝까지 인내하시어 합격의 영광을 누리시길 기원합니다.

여러분! 지금이라도 늦지 않았습니다.
미래를 위해 투자하십시오, 절대 후회하지 않을 것입니다.

저자 씀

GUIDE
가이드

최근 시험의 출제경향 분석

● 소방교

	1권				2권	
	화재진압 및 현장활동	소방현장안전관리	화재조사	소방자동차 구조원리	구조개론	응급의료 개론 및 장비운영
2019	7	1	1	1	9	6
2020	7	2	1	1	8	6
2021	9	2	1	2	4	7
2022	5	2	1	2	8	7
2023	7	0	1	1	8	8
계	35	7	5	7	37	34
비중(%)	28%	6%	4%	6%	29%	27%

● 소방장

	1권				2권		3권	
	화재진압 및 현장활동	소방현장안전관리	화재조사	소방자동차 구조원리	구조개론	응급의료 개론 및 장비운영	소화약제 등	임상응급의학
2019	7	1	0	1	8	4	0	4
2020	5	1	1	0	7	2	3	6
2021	7	1	1	1	7	5	2	1
2022	4	2	1	1	7	3	3	4
2023	5	0	1	1	8	2	2	6
계	28	5	4	4	37	16	10	21
비중(%)	24%	4%	3%	3%	29%	12%	8%	17%

2024 필드 소방전술 ❶

● 소방위

	1권				2권		3권			
	화재진압 및 현장활동	소방현장 안전관리	화재조사	소방자동차 구조원리	구조개론	응급의료 개론 및 장비운영	소화약제 등	임상응급 의학	재난관리	재난현장 표준작전절차 (SOP)
2019	5	0	0	1	8	1	2	7	1	0
2020	6	1	0	0	8	1	2	6	0	1
2021	5	2	1	2	6	3	0	3	1	2
2022	5	1	1	0	8	3	2	3	2	0
2023	5	1	0	0	9	2	2	6	0	0
계	26	5	2	3	39	10	8	25	4	3
비중(%)	21%	4%	2%	2%	31%	8%	7%	20%	3%	2%

좀 더 자세한 내용 및 수험정보 등은 당사 홈페이지 (www.kfs119.co.kr) 참조

GUIDE
가이드

최신「중앙소방학교 공통교재」에 충실하였습니다.

소방승진시험은 중앙소방학교 공통교재 내용을 벗어날 수 없습니다.

본 수험서는 공통교재+법·규정+SOP+기출문제 분석+최신 개정내용수록+핵심 내용정리 등 수험생 여러분들이 이해하기 쉽도록 정리하였습니다.

소방전술은 분량이 많고 복잡하고 현장경험이 없으면 이해하기가 어렵습니다.

몇 가지 학습방법을 제시하오니 참고하셔서 좋은 성과 있으시길 바랍니다.

1. 우선 관련 법, 규정을 철저히 암기합시다.

모든 승진시험에서 관련 법, 규정의 틀을 벗어날 수 없습니다. 따라서 소방전술공통교재, 119구조구급에 관한법률, 재난 및 안전관리기본법, 화재조사보고규정, 재난현장SOP 등을 철저히 이해하고 암기하여야 합니다. 이것을 바탕으로 학습해야만 이해가 빠르고 핵심내용을 파악하여 최대한 효과를 올릴 수 있습니다.

2. 필드 소방전술기본서를 철저히 파악합시다.

지금 출제범위는 중앙소방학교 공통교재이고 매년 전국소방학교 소방전술 교수들이 참여하여 내용을 수정보완하고 있습니다. 따라서 공통교재의 범위를 벗어나지 않을 뿐만 아니라 내용을 너무 확대해석하여 주관적인 의미를 부여할 수도 없는 것입니다. 본 기본서는 공통교재 내용을 중심으로 쉽게 이해할 수 있도록 정리하였습니다.

3. 출제 경향을 분석합시다.

매년 실시되는 승진시험은 출제경향이 반드시 있습니다. 예를 들면 최근 들어 지문이 길고 주관식 형태의 문제들이 출제되는 경향이 있습니다. 따라서 본 참고서의 핵심문제를 새롭게 정리하였으므로 큰 도움이 될 것으로 생각합니다.

4. 소방전술은 핵심내용을 이해할 수 있어야 합니다.

소방전술과목의 많은 분량을 모두 머리에 담을 수는 없습니다. 따라서 핵심내용을 이해할 수 있어야 합니다. 저자와 같이 공부한다면 다년간 현장경험과 출제경험을 바탕으로 쉽게 이해할 수 있습니다.

[화재 / 재난]

분야		소방위	소방장	소방교
화재 분야	화재 진압 및 현장 활동	• 재난현장 SOP • 파이프샤프트 등 파괴활동 • 소방활동검토회의 • 소방현장 지휘,통제 • 분진폭발 • 위험물 연소특성 • 발화점, 인화점, 연소점 • 가스의 불완전 연소현상, 황염 • RECEO • 유염화재, 무염화재 • 화재의 특수현상, 백드래프 • 오일오버, 보일오버 • 중속, 저속분무 특성 • 위험물 류별 화재진압 • 가연물질 구비조건 • 배연순서 • 고층화재 진압 • 중성대 활용 • 화재방어검토회의 • 지휘권 확립 8단계	• 소방활동검토회의 • 백드래프트, 플래시오버 • 오일오버, 보일오버 • 표면연소, 분해연소 • 물의 물리적 성질 • 구획실 내 화재진행 단계 • 전도, 대류 • 시안화수소 특성 • 화재의 진행단계(플래시오버) • 분무방수의 강제배연 • 연소의 용어 (비점, 융점) • 소방차 운용 • 알람밸브 작동 5단계 • 농연내 진입요령 • 지하화재 소화 • 내부화점 확인요령 • 3D주수기법 • 오일오버 • 분진폭발조건 • 중성대 개념	• 계단 등 수직피난 • 화재진행에 영향을 미치는요인 • 선착대장 지휘형태 • 소방력의 3요소 • 열의전달 • 연소의 4요소 • 위험물 소화방법 • 리프팅원인 • 지하실 화재특성 • 3D방수기법 • 항공기 화재진압 • 펜슬링 • 붕괴위험성 평가 • 플래임오버 • 소방활동검토회의 • 오일오버 • 지하화재 • 3D주수기법 • 백화점화재
	소방용수 시설 및 소방 차량	• 소방용수시설 설치기준 • 소방차량안전수칙 • 연결송수관송수요령 • 소방차 포혼합방식 • 소방차구조원리	• 소방용수시설 설치기준 (소화전, 급수탑, 저수조) • 역류방지밸브 • 진공펌프 • 소방자동차 운용 • 공기포	• 진공펌프성능시험 • 포 혼합방식 • 소방차 운용 • 케비테이션 • 고가차 안전수칙
	현장 안전 관리	• 하인리히, 프랭크 버드 이론 • 안전교육(사례연구법) • 재해예방 관리적 대책 • 대책선정의 원칙 • 소방안전관리의 특성 • 위험예지훈련 훈련시트 • 안전교육 사례연구법	• 소방안전관리 특수성 • 소방차 운용 • 불안전한 행동원인 • 소방활동 안전교육 (지식, 기능, 태도) • 금속분 중량퍼센트 • 소방차 운용 • 안전관리 특성	• 재해예방대책 5단계 • 최신도미노이론 • 위험예지훈련 2라운드 • 안전관리 특성 • 위험예지 • 사례연구법
	소화 약제 등	• 독성가스(아세틸렌, 암모니아) • 화재발생 유해 생성물질 • 포, 하론, 분말 소화약제 • 위험물류별 특성 • 청정소화약제 화학식 • 포소화약제	• 유황, 금속분 중량퍼센트 • 분말소화약제 특성 • 산화성고체 표시 • 연소생성물 • 수성막포 특성 • 첨가제 증점제(cmc)	• 유독가스발생 허용농도 • 아세틸렌 용기색깔 • 화재현장 유독가스
재난 관리	재난 관리 및 화재 조사	• 재난관리 주관기관 • 건물동수 산정 • 재난현장 프리핑 • 재난사태선포절차 • 지통단장 긴급조치 • 중앙 긴급통제단장 • 화재원인조사 • 화재긴급보고 특수화재	• 화재조사보고규정(용어정의) • 화재조사처리 (화재범위, 소실면적 등) • 유황, 금속분 중량퍼센트 • 소방차 운용	• 건물의 동수산정 • 용어의 정의 • 화재건수 • 화재조사 용어

GUIDE
가이드

구조

분야		세부출제범위	소방위	소방장	소방교
구조 분야	구조 개론 등	• 119구조·구급에 관한 법률	• 구조대 편성과 운영 • 소방용수시설 벌칙 • 위급상황 과태료 • 연도별 집행계획	• 항공구조구급대 업무 • 119구조·구급 평가자료 제출 • 중앙119구조대 발대연혁	• 119구조대편성과 운영 • 위급상황거짓(과태료) • 기본 및 집행계획수립 • 구조요청 거절 사유 • 구조대지원 요청사항
		• 구조개론, 구조활동전개, 군중통제	• 명령통일의 원칙 • 잠수사용 용어 • 붕괴건물 위험성 평가 • 건물붕괴 유형 • 갇혔거나 길을 잃은 경우 • 건물붕괴취약 • 신체감기하강 • size-up, 롤오버	• 구조최단거리, 단독행동 • 피난계단 우선순위 • 구조활동 우선순위 • 확보요령 설명 • 사다리이용 응급하강 • 캔틸레버형 붕괴	• 구조의 4단계 • 출동경로 • 안전, 경계지역 • 인명구조의 4단계 • 구조활동 순서 • 구조활동 상황기록 • 수심과 공기소모량 관계
		• 구조장비개론 및 조작	• 써치탭 • 잠수병 • 매듭법, 마디짓기 • 잠수장비(잠수복, 압력계) • 로프관리 • 공기호흡기관리 • 동적로프 • 유압엔진펌프 • 기본 로프매듭 • 콘크리트 화재 열손상 • 마취총 사용시 주의사항 • 에어백 작동	• 에어백 사용법 • 도르레 설치(80kg) • 유압식전개기 • 동적로프, 슬링, Z형 • 에어백 활용요령 • 견인부목 사용법 • A급 화학복 착용순서 • 동력절단기 유의사항 • 로프수명 • 로프 내열성 • 측정용 구조장비 특성	• 로프매듭 • 로프신장률 • 방사능계측기 • 매듭종류 • 2행정 오일량 • 분리형 들것 • 선량계 정의 • 유압전개기 작동 • 로프매듭 • 엘리베이터 안전장치 • 대원임무부여
		• 전문구조활동	• 화학물질 분류표지 • 긴급구조현장지휘 • 헬리콥터 탑승, 하강 • SOP 풀파이어 • 수중탐색요령 • 잠수표 원리 • 수중탐색 • 건물붕괴징후 • 수중구조요령 • 미국(DOT)표지색상 • 어깨걸어내리기 • 수직맨홀 요구조자 구조매듭 • 수중인명구조 물의특성 • 수중탐색방법 • 방호복(보호복)의 성능	• 수중탐색방법 • 덮기, 흡수, 중화, 응고 • 헬리포트, 헬리패드 • NFPA 704표시법 • 탄산가스 중독 • 최대잠수가능시간 • 건축물 붕괴유형 • 엘리베이터 안전장치 • 제독작업, 경고지역(제독소) • 화학사고 누출물질, 중화 • 화학사고 누출물질, 중화 • DOT 플래카드색상 • 소방차 운용 • 원치이용 로프설치 • 자동차사고구조	• 손목끌기, 가슴잡이 • 잠수장비관리방법 • 구조대응원요청 기준 • 구조활동의 전개 • 잠수물리 • 화학사고 누출물질, 중화 • 원형탐색 • 건물붕괴 유형 • 신체역학적 들어올리기 • 공기색전증 • 건물붕괴징후 • 잠수물리 • 고속도로 주차방법 • 구조 확보요령 • 수중잠수병
		• 생활안전구조	• 현장물품 접촉금지 • 119생활안전대 주요활동	• 생활안전구조의 범위	• 생활안전대원 자격요건
		• 현장안전관리	• 위험요인 회피능력 • 현장안전점검관	• 가정과 사실 • 안전관리 대책수립	• 사고현장 우선고려사항 • 위험예지훈련

구급

구급 분야

분야	세부출제범위	소방위	소방장	소방교
응급의학 총론 및 장비운영	• 응급의료개론과 총론	• START 분류법 • 1차 평가 단계적순서 • START 분류법, 호흡 • 오염구역, 제독장치 • START 중증도 분류 • 동의의 법칙 • 통제구역 구급활동 • 감염질환 예방 • 구급요청 거절사유 • START분류법 • 구급차 현장주차요령 • 감염노출관리요령 • 전기화상	• 환자평가단계 • 구급일지 종류 • START 분류법 • 소독, 살균 • 응급처치 시간척도 • 감염전파경로 • 이물질 제거과정 • 영아 심폐소생술 • SAMPLE력 • 연부조직손상 응급처치 • 감염질환 종류 • 심폐소생술	• START분류법 • 구급업무 기록지 • 인체기능, 순환계 등 • 쇼크 시 환자자세 • 세척, 소독, 멸균 • 묵시적 동의 • **순환계 허파정맥** • **감염전파 경로(비말, 접촉)** • **오염통제구역, 제독텐트** • **명시적 동의** • **환자자세** • **응급처치정의** • **항공기환자이송**
	• 응급의료 장비운영	• 부목고정 • 지혈대 • 코삽입관, 벤추리마스크, 단순얼굴 마스크 • START 중증도 • 기도확보, 흡인 • 입인두기도기 사용법 • 호흡보조기구 사용	• 구출고정대 착용순서 • 기도확보유지 장비 • 분리형 들 것 • 휴대용흡인기 15초 • BVM사용요령 • 부목 사용요령 • 제세동기사용 후 조치사항	• AED등 장비설명 • 입인두 기도기 사용법 • **접이식, 바구니형 들것** • **기도확보유지장비** • 단순얼굴마스크 • 구급차량배치 • 소아호흡기계 특징 • 감염예방법 • 기도확보유지 장비
임상 응급 의학	• 임상응급의학	• 신생아 처치 • 저체온증 • 고혈당 환자 • 출혈과 혈액량 감소 • APGAR 점수 • 연부조직 손상 • 감염노출 지혈요령 • 당뇨환자, 아세톤 • 신생아 처치요령 • GCS혼수척도 • 경련 시 응급처치 • 뱀 응급처치 • APGAR 고려사항 • 화상환자 중증도 분류 • COPD적응성 • 둔위분만 응급처치 • 중증외상환자 평가 • 응급의료 법률 벌금 • 열 손상	• 소아심폐소생술 • 헬멧제거 • 생체징후, 맥박 • 환자우선처치 및 이송 • 환자 중증도 분류 • FAST • 심전도 리듬(제세동) • 신생아 APGAR 점수 • **열사병** • 감염관리 • 들숨, 날숨 • GCS혼수척도 • 화상환자 중증도 • 산소중독 • START 분류법 • 화상환자 분류 • 내장적출환자 처치법 • 전기화상 • 당뇨병 환자	• 무의식환자의 구강흡인

GUIDE
가이드

소방공무원승진시험의 필기시험과목
(소방공무원 승진임용 규칙 제28조 관련) <개정 2020.3.13>

구 분	과목수	필기시험과목
소방령 및 소방경 승진시험	3	행정법, 소방법령Ⅰ·Ⅱ·Ⅲ, 선택1 (행정학, 조직학, 재정학)
소방위 승진시험	3	행정법, 소방법령Ⅳ, 소방전술
소방장 승진시험	3	소방법령Ⅱ, 소방법령Ⅲ, 소방전술
소방교 승진시험	3	소방법령Ⅰ, 소방법령Ⅱ, 소방전술

※ 비고

1. 소방법령Ⅰ : 소방공무원법(같은 법 시행령 및 시행규칙을 포함한다. 이하 같다)

2. 소방법령Ⅱ : 소방기본법, 화재의 예방 및 안전관리에 관한 법률(약칭; 화재예방법),
   소방시설 설치 및 관리에 관한 법률(약칭; 소방시설법)

3. 소방법령Ⅲ : 위험물안전관리법, 다중이용업소의 안전관리에 관한 특별법

4. 소방법령Ⅳ : 소방공무원법, 위험물안전관리법

5. 소방전술 : 화재진압 · 구조 · 구급 관련 업무수행을 위한 지식 · 기술 및 기법 등

2024 필드 소방전술 ①

승진시험과목 『소방전술』 세부 출제범위(제8조제3항 관련)

분야	출제범위	비 고
화재 분야	• 화재의 의의 및 성상 • 화재진압의 의의 • 단계별 화재진압활동 및 지휘이론 • 화재진압 전술 • 소방용수 총론 및 시설 • 상수도 소화용수설비 등	
	• 재난현장 표준작전 절차(화재분야)	소방교, 소방장 제외
	• 안전관리의 기본 • 소방활동 안전관리 • 재해의 원인, 예방 및 조사 • 안전 교육	
	• 소화약제 및 연소·폭발이론	소방교 제외
	• 위험물성상 및 진압이론	
	• 화재조사실무(관계법령 포함)	
구조 분야	• 구조개론 • 구조활동의 전개요령 • 군중통제, 구조장비개론, 구조장비 조작 • 기본구조훈련(로프, 확보, 하강, 등반, 도하 등) • 응용구조훈련 • 일반(전문) 구조활동(기술)	
	• 재난현장 표준작전 절차(구조분야)	소방교, 소방장 제외
	• 안전관리의 기본 및 현장활동 안전관리 • 119구조·구급에 관한 법률(시행령, 규칙포함)	
	• 재난 및 안전관리 기본법(시행령, 규칙 포함)	소방교, 소방장 제외
구급 분야	• 응급의료 개론 • 응급의학 총론 • 응급의료장비 운영	
	• 심폐정지, 순환부전, 의식장해, 출혈, 일반외상, 두부 및 경추손상, 기도·소화관이물, 대상이상, 체온이상, 감염증, 면역부전, 급성복통, 화학손상, 산부인과질환, 신생아질환, 정신장해, 창상	소방교 제외
소방 차량	• 소방자동차 일반 • 소방자동차 점검·정비 • 소방자동차 구조 및 원리 • 고가·굴절 사다리차	

※ 소방전술 세부범위는 시험일 기준 당해 연도 발행되는 **신임교육과정 공통교재(소방전술 I·II·III) 범위로** 한다.

CONTENTS
목차

PART 01 화재진압 및 현장활동

CHAPTER 01 화재진압 활동 ··· 20
    제1절 화재의 개념 ··· 20
    제2절 화재의 유형 및 분류 ··· 21

CHAPTER 02 화재성상 ··· 24
    제1절 열 발생과 전달 ··· 24
    제2절 연소이론 ··· 28
    제3절 화재의 진행단계 ··· 30
    제4절 화재진행에 영향을 미치는 요인 ··· 33
    제5절 화재의 특수현상과 대처법 ··· 34
    제6절 소화이론 ··· 42

CHAPTER 03 화재진압 일반 ··· 46
    제1절 화재진압의 개념 ··· 46
    제2절 소방력의 3요소 ··· 46
    제3절 화재진압활동의 기본 ··· 50
    제4절 화재대응 매뉴얼 ··· 52
    제5절 소방활동 검토회의 ··· 54
    제6절 화재현장 안전관리 ··· 58
    ● 기출 및 예상문제 ··· 66

CHAPTER 04 단계별 화재진압활동 ··· 82
    제1절 출동준비 ··· 82
    제2절 신고접수 ··· 84
    제3절 화재출동 ··· 85
    구조대상자 유무 ··· 85
    제4절 현장 도착 ··· 88
    제5절 현장지휘 ··· 97
    제6절 화점 확인 ··· 101
    ● 기출 및 예상문제 ··· 108
    제7절 진입 및 인명구조 ··· 117

제8절 배 연 ··· 130
　　　제9절 소방호스 연장 ·· 139
　　　제10절 관창 배치 ··· 151
　　　제11절 방수 ·· 155
　　　제12절 파괴활동 ··· 169
　　　제13절 소방시설의 활용 ·· 179
　　　제14절 기타 활동 ··· 187
　　　● 기출 및 예상문제 ·· 194

CHAPTER 05　화재진압과 소방전술 ·· 229
　　　제1절 일반가연물 화재진압 ·· 229
　　　제2절 (초)고층건물화재 소방전술 ··· 237
　　　제3절 위험물(유류) 화재진압 ··· 247
　　　제4절 전기화재진압 ··· 262
　　　제5절 차량화재 진압 ··· 266
　　　제6절 전략과 전술 ··· 269
　　　● 기출 및 예상문제 ·· 275

CHAPTER 06　특수화재의 소방활동 요령 ··· 294
　　　제1절 선박 화재 ··· 294
　　　제2절 항공기 화재 ··· 295
　　　제3절 산림 화재 ··· 297
　　　제4절 방사능시설 화재진압 ·· 298
　　　제5절 독극물 화재 ··· 303
　　　제6절 공동구 화재진압 ··· 306
　　　제7절 터널 화재진압 ··· 308
　　　제8절 화약류 화재진압 ··· 309
　　　제9절 압기(壓氣)공사장 화재 ··· 310
　　　● 기출 및 예상문제 ·· 312

CHAPTER 07　지휘이론 ·· 320
　　　제1절 지휘개념 ··· 320
　　　제2절 화재현장지휘·통제 ··· 322
　　　● 기출 및 예상문제 ·· 329

CONTENTS
목차

CHAPTER 08 소방용수시설 ········· 335
    제1절 소방용수 ········· 335
    ● 기출 및 예상문제 ········· 343

PART 02 소방현장안전관리

CHAPTER 01 현장 안전관리의 기본 ········· 350
    제1절 안전의 원리 ········· 350
    제2절 재해와 사고 ········· 351
    제3절 소방활동 안전관리 ········· 352

CHAPTER 02 재해원인 ········· 356
    제1절 위험의 요인 ········· 356
    제2절 재해(사고)발생 이론 ········· 358
    제3절 재해예방 및 조사 ········· 363

CHAPTER 03 안전교육 및 행동 ········· 366
    제1절 안전교육의 개관 ········· 366
    제2절 위험예지훈련 ········· 369
    제3절 스트레스(Stress)의 예방 및 관리 ········· 375
    제4절 소방공무원 교육훈련의 안전과 잠재적 위험요소 ········· 377
    제5절 소방차량운행 등의 안전 ········· 378
    제6절 안전한 운전기법과 방어운전 ········· 379
    제7절 화재현장에서의 안전과 표준작전절차(SOP) ········· 384
    제8절 안전담당간부(안전담당관)의 지정과 활용 ········· 385
    제9절 붕괴사고의 예방과 현장활동 단계별 전술적 고려사항 ········· 386

CHAPTER 04 소방활동과 보호구 ········· 398
    제1절 보호구의 개요 ········· 398
    제2절 소방용 보호구 ········· 399
    부록 소방현장안전관리지침 ········· 402

【화재진압활동 안전수칙】 ·· 402
【화재현장 소방작전 활동 안전관리】 ·· 403
【구조현장 안전관리】 ·· 408
【구급현장 안전관리】 ·· 411
【소방차 출동 및 귀서 시 교통사고 예방】 ·· 412
【소방훈련 기본안전관리】 ·· 415
● 기출 및 예상문제 ·· 417

PART 03 화재조사

CHAPTER 01 화재조사의 의의 ·· 432
    제1절 화재조사의 개념 ·· 432

CHAPTER 02 화재조사 방법 ·· 438
    제1절 과학적 조사방법 ·· 438
    제2절 화재조사관의 권한과 의무 ·· 439
    제3절 화재피해조사 방법 ·· 440

CHAPTER 03 화재조사 관련 법률 ·· 443
    제1절 행정조사기본법 ·· 443
    제4절 소방의 화재조사에 관한 법률 ·· 446
    제5절 소방의 화재조사에 관한 법률 시행령 ···························· 451
    제6절 소방의 화재조사에 관한 법률 시행규칙 ························ 456
    제7절 화재조사 및 보고규정 ·· 461

CHAPTER 04 화재조사 서류 ·· 468
    제1절 화재조사 서류의 개념 ·· 468
    제2절 화재발생 종합보고서 ·· 469
    제3절 화재현장조사서 ·· 470
    ● 기출 및 예상문제 ·· 474

CONTENTS
목차

PART 04 소방자동차 구조원리

CHAPTER 01 소방자동차 구조원리 ·· 486
제1절 소방자동차 기본 구조 및 원리 ······································ 486
제2절 특수 소방자동차 ·· 521
제3절 배연·조연 소방자동차 ·· 541
● 기출 및 예상문제 ·· 551

PART 05 23년~19년 소방전술 기출 및 복원 문제

CHAPTER 01 23년 소방위 승진시험 기출문제 ···················· 562
CHAPTER 02 23년 소방장 승진시험 기출문제 ···················· 579
CHAPTER 03 23년 소방교 승진시험 기출문제 ···················· 597
CHAPTER 04 22년 소방위 승진시험 기출문제 ···················· 614
CHAPTER 05 22년 소방장 승진시험 기출문제 ···················· 626
CHAPTER 06 22년 소방교 승진시험 기출문제 ···················· 641
CHAPTER 07 21년 소방위 승진시험 복원문제 ···················· 654
CHAPTER 08 21년 소방장 승진시험 복원문제 ···················· 660
CHAPTER 09 21년 소방교 승진시험 복원문제 ···················· 666
CHAPTER 10 20년 소방위 승진시험 복원문제 ···················· 672
CHAPTER 11 20년 소방장 승진시험 복원문제 ···················· 678
CHAPTER 12 20년 소방교 승진시험 복원문제 ···················· 684

CHAPTER 13 19년 소방위 승진시험 복원문제 ·· 690

CHAPTER 14 19년 소방장 승진시험 복원문제 ·· 696

CHAPTER 15 19년 소방교 승진시험 복원문제 ·· 703

소방안전 교육자료 소책자 이페 구입문의 www.kfs119.co.kr

FIELD FIRE TACTICS
필드 소방전술

PART 01

화재진압 및 현장활동

CHAPTER 1   화재진압 활동
CHAPTER 2   화재성상
CHAPTER 3   화재진압 일반
CHAPTER 4   단계별 화재진압활동
CHAPTER 5   화재진압과 소방전술
CHAPTER 6   특수화재의 소방활동 요령
CHAPTER 7   지휘이론
CHAPTER 8   소방용수시설

CHAPTER 01 화재진압 활동

제1절 화재의 개념***

화재란『사람의 의도에 반하거나 고의 또는 과실에 의하여 발생하는 연소현상으로 소화할 필요가 있는 현상 또는 사람의 의도에 반하여 발생하거나 확대된 화학적 폭발현상』을 말한다.

① 화재발생이 사람의 의도에 반한다.	• 과실에 의한 화재를 의미하며, 화재취급 중 발생하는 실화뿐만 아니라 부작위에 위한 자연발화도 포함된다. • '고의에 의한다.'라고 하는 것은 일정한 대상에 대하여 피해발생을 목적으로 화재발생을 유도하였거나 직접 방화한 경우를 말한다.
② 연소현상이란	• 가연물이 산소와 결합하여 열과 빛을 내며 급속히 산화되어 형질이 변경되는 화학반응을 말한다.
③ 소화할 필요가 있는 현상이란	• 화재란 연소현상으로서 소화의 필요성이 있어야 하며 소화의 필요성 정도는 소화시설이나 그와 유사한 정도의 시설을 사용할 수준이어야 한다. • 휴지나 쓰레기를 소각하는 것과 같이 자산가치의 손실이 없고 자연히 소화될 것이 분명하여 소화의 필요성을 느끼지 않거나 설령 소화의 필요성이 있다고 하여도 소화시설이나 소화 장비 또는 간이 소용용구 등을 활용하여 진화할 필요가 없는 것은 화재로 볼 수 없다. • 가스폭발 등의 화학적 폭발현상을 화재의 범주에 포함하고 보일러 파열 등의 물리적 폭발은 화재로 분류하지 않는다. ※ 폭발의 경우는 연소현상과 소화의 필요에 상관없이 사람의 의도에 반하여 발생한 것을 화재로 본다.

유사개념*** 13년 경기 소방장

과학적 화재(연소현상)	빛과 열이 발생하는 급격한 산화현상
형법상 화재(방화)	불을 놓아 매개물에 독립하여 연소되는 것
민법상 화재	고의 또는 과실로 인하여 타인에게 손실을 입히는 화재

제2절 화재의 유형 및 분류*** 13년 경기 소방장

1 소화 적응성 분류

구 분	내 용	표시색
일반 화재	목재, 섬유, 고무, 플라스틱 등과 같은 일반 가연물의 화재를 말한다. 발생빈도나 피해액이 가장 큰 화재이다. 일반화재에 대한 소화기의 적응화재별 표시는 A로 표시한다.	백색
유류 화재	인화성 액체(4류 위험물), 1종 가연물(락카퍼티, 고무풀), 2종 가연물(고체파라핀, 송진)이나 페인트 등의 화재를 말한다. 유류화재에 대한 소화기의 적응화재별 표시는 B로 표시한다.	황색
전기 화재	전류가 흐르고 있는 전기설비에서 불이 난 경우의 화재를 말한다. 전기화재에 대한 소화기의 적응화재별 표시는 C로 표시한다.	청색
금속 화재	나트륨, 칼륨, 마그네슘과 같은 가연성 금속의 화재를 말한다. 금속화재에 대한 소화기의 적응화재별 표시는 D로 표시하고 있으나 현재 국내의 규정에는 없다.	무색
가스 화재	메탄, 에탄, 프로판, 암모니아, 아세틸렌, 수소 등의 가연성 가스의 화재를 말한다. 가스화재에 대한 소화기의 적응화재별 표시는 국제적으로 E로 표시하고 있으나 현재 국내에서는 유류화재(B급)에 준하여 사용하고 있다.	황색

2 화재 유형에 따른 분류

구 분	대상물
건축·구조물 화재	건축물, 구조물 또는 그 수용물이 소손된 것
자동차·철도차량 화재	자동차 및 철도차량 및 피견인 차량 또는 그 적재물이 소손된 것
위험물·가스제조소등 화재	위험물제조소 등, 가스제조·저장·취급시설 등이 소손된 것
선박·항공기 화재	선박, 항공기 또는 그 적재물이 소손된 것을 말한다.
임야 화재	산림, 야산, 들판의 수목, 잡초, 경작물 등이 소손된 것을 말한다.
기타 화재	위의 각 호에 해당되지 않는 화재

3 화재의 소실 정도에 의한 분류**** 22년 소방장

구 분	소실정도	내 용
전소	70% 이상	건물의 70% 이상(입체면적에 대한 비율을 말한다) 소실되었거나 또는 미만이라도 잔존부분을 보수를 하여도 재사용이 불가능한 것
반소	30% 이상 70% 미만	건물의 30% 이상 70% 미만이 소실된 것
부분소		전소 및 반소화재에 해당되지 아니하는 것

> **TIP** 전소란 50%가 소실되고 잔존부분 재사용이 불가능하면 전소랍니다. ^^

4 긴급 상황보고 여부에 따른 분류*** 16년 경북 소방교

화재조사활동 중 소방청장에게 긴급 상황으로 보고하여야 할 화재는 다음과 같다.

구 분	내 용
대형화재	• 사망 5명이상이거나 사상자 10명 이상 발생화재 • 재산피해 50억원 이상 추정되는 화재
중요화재	• 관공서, 학교, 정부미도정공장, 문화재, 지하철, 지하구 등 공공건물 및 시설의 화재 • 관광호텔, 고층건물, 지하상가, 시장, 백화점, 대량위험물을 제조·저장·취급하는 장소, 중점관리대상 및 화재경계지구 • 이재민 100명 이상 발생화재
특수화재	• 철도, 항구에 매어둔 외항선, 항공기, 발전소 및 변전소의 화재 • 특수사고, 방화 등 화재원인이 특이하다고 인정되는 화재 • 외국공관 및 그 사택의 화재 • 기타 대상이 특수하여 사회적 이목이 집중될 것으로 예상되는 화재

> **TIP** 대형, 중요, 특수화재로 구분하여 암기하고, 특히! 이재민 100명 이상 화재는 중요화재입니다. ^^

5 화재원인에 따른 분류

구 분	내 용
실 화	취급부주의나 사용·보관 등의 잘못으로 발생한 과실적(過失的) 화재를 말하는 것으로, 실화에는 중과실과 단순 실화인 경과실이 있다.
방 화	적극적이고 고의적인 생각과 행위로서 일부러 불을 질러 발생시킨 화재를 말한다.
자연발화	산화, 약품혼합, 마찰 등에 의해서 발화한 것과 스파크 또는 화염이 없는 상태에서 열기에 의해 발화된 연소를 말한다.
천재발화	지진, 낙뢰, 분화 등에 의해서 발화한 것을 말한다.
원인불명	위의 각 호 이외의 원인으로서 발화한 것을 말한다.

Check
① 화재란 사람의 의도에 (   )하거나 (   )에 의해 발생하는 연소현상으로 소화할 필요가 있는 화학적인 폭발현상이다.
② 화재란 (   )을 사용하여 소화할 필요가 있어야 한다.
③ 유류화재란 (   )로 표시하고 황색이다.

CHAPTER 02 화재성상

무염화재와 유염화재 비교 *** 13년 소방위

무염 화재	• 일반적으로 다공성 물질에서 발견되며 화염은 크게 발생하지 않으나 연기가 나고, 빛이 나는 화재로 심부화재(Deeply seated burning)에 해당한다. • 겉 천(가죽)을 씌운 가구, 이불솜, 석탄, 톱밥, 폴리우레탄 재질의 매트리스와 같은 물질은 대표적인 무염화재의 연소물질에 해당한다. • 이와 같은 다공성 연소물질은 대기 중의 산소가 천천히 스며들어가면서 연소범위가 서서히 확산된다. • 연기가 나거나 무염화재와 같은 유형은 재발화의 원인이 된다.
유염 화재	• 열과 화염이 크게 발생하는 일반적인 화재유형에 해당한다. • 목재는 나무 조각이 외부 열에 의해 가열되어 건조되면 먼저 수증기가 배출되고 나무 표면이 변색되면서 열분해(분자의 결합이 열로 인해 끊어져 물질의 상변화가 일어나는 현상)가 일어난다. • 열분해는 다시 연소가스를 배출하고 주위의 화염에 의해 점화되어 연쇄적으로 불꽃을 발생시킨다. • 점화된 화염은 가열된 나무 주위를 뒤덮게 되면서 주위의 산소와 혼합되어 화염이 더욱 크게 확산되는 연속적인 과정을 거친다. • 발생된 화염 열은 대기 중으로 방출되거나 일부는 연소중인 나무로 다시 복사열이 되어 되돌아오면서 (대략 전체 열의 1/3까지) 화재는 계속해서 진행된다.

TIP 무염, 유염화재 구분하는 문제가 출제됩니다. 이불솜, 석탄, 톱밥은 무염화재 물질입니다.^^

제1절 열 발생과 전달

1 물질(Matter)

주변에서 볼 수 있는 물리적 물체들을 물질이라 한다. 또한 물질은 우주를 구성하는 "어떤 것"이라 불린다. 물질은 공간을 점유하고 질량(mass)을 소유하는 어떤 것이다. 물질은 그것의 물리적 외형으로, 또는 보다 기술적으로 설명하면, 질량, 크기, 부피와 같이 그것의 물리적 특성으로 표현될 수 있다. 물질은 또한 그것의 물리적 특성(고체, 액체 또는 기체), 색깔, 냄새 등과 같이 관찰 가능한 특성들을 소유하고 있다.

물	• 물질의 물리적 상태에 대한 가장 일반적이고 단적인 예의 하나가 물(water)이다. • 정상 기압(지구상의 공기에 의해 모든 대상물에 발생되는 압력)에서, 그리고 섭씨 0도 (화씨 32도) 이상의 온도에 물은 액체의 형태로 발견된다.
기압	• 해수면에서의 기압은 기압계 상으로 수은주가 760㎜임을 보여준다. • 기압이 고정된 상태에서 물의 온도가 섭씨 0도 이하로 떨어지면, 물의 상태는 변하게 되고 얼음인 고체가 된다. • 끓는점 이상의 온도에서 물은 수증기의 기체형태로 그 상태를 변화시킨다.

압력	• 온도만이 언제 상태의 변화가 일어날지를 결정하는 유일한 요인은 압력이다. • 물체의 표면에 작용하는 압력이 감소하게 되면, 온도의 끓는점 역시 감소한다. • 만일 표면 위의 압력이 증가하게 되면, 끓는점 또한 증가하게 된다. 이것이 압력 요리 기구에 이용되는 원리이다. • 액체의 끓는점은 용기 안의 압력이 증가할 때 높아지므로 음식물은 끓는 물의 온도가 100℃ 보다 더 크고 압력장치 안에서 더 빨리 요리된다.
밀도	• 밀도(density)는 고체분자가 얼마나 서로 밀접하게 뭉쳐 있는가에 대한 측정이다. • 물체의 질량을 부피로 나누어 산출한다. • 국제표준체계에서 kg/㎥, 그리고 영미체계에서는 lb/ft3로 표현된다.
비중	• 액체에 대한 일반적인 표현은 비중이다. • 일정부피의 어떤 액체에 대한 질량의 비를 같은 부피의 물에 대한 질량의 비와 비교한 비율을 의미한다. • 물은 1의 비중을 갖는다. 1보다 작은 비중을 갖는 액체는 물보다 가볍고 반대로 1보다 큰 비중을 갖는 액체는 물보다 더 무겁다.
증기 밀도	• 기체에 대한 표현은 증기밀도이다. • 공기와 관련한 가스나 증기의 밀도로 정의된다. • 대기 중의 공기가 비교기준으로 사용되므로, 공기는 1의 증기밀도를 가진다(비중과 액체와의 관계처럼). • 1보다 작은 증기밀도를 가지는 기체는 상승하게 되며, 1보다 큰 증기밀도를 가지는 기체는 하강하게 된다.

2 열과 온도 ** 13년 경북 소방교

열은 물체의 온도가 서로 다를 때, 한 물체로부터 다른 물체로 전달되는 에너지이다. 온도는 열을 표시하는 지표이며, 어떤 기준에 근거한 대상물의 따뜻함이나 차가움에 대한 측정치이다.

- 표준은 물의 빙점(섭씨 0도 또는 화씨 32도)과 끓는점(섭씨 100도 또는 화씨 212도)에 근거한다. 온도는 표준방식에서 "섭씨(℃)"를, 그리고 미국에서는 "화씨(℉)"단위를 사용하여 측정한다.
- 열을 포함한 모든 형태의 에너지의 공인된 표준방식 단위는 "Joule(줄)"이다. 줄의 단위는 현행의 전문서적에서 열을 표현하는 단위로 사용되고 있지만, 열의 단위는 오랫동안 칼로리(Cal)나 BTU라는 용어로 사용되어 왔다. 1칼로리는 물 1그램의 온도를 섭씨단위로 1도 올리는 데 요구되는 열의 양이다. BTU는 물 1파운드의 온도를 화씨단위로 1도 올리는 데 요구되는 열의 양이다. 칼로리와 BTU는 표준방식에서 인정되는 단위는 아니지만 일반적으로 쓰이고 있다. 칼로리와 줄의 상관관계는 1칼로리가 4.187줄과 동등하고 1BTU가 1,055줄과 같다는 점에서 열의 기계적 등량(mechanical equivalent)으로 불린다.

3 화학적 반응

물질이 한 상태에서 다른 상태로 변하거나 새로운 물체가 생성될 때에 변형을 화학반응이라 한다.

물리적 변화	• 물체(substance)의 화학적 구성은 변화하지 않는다. • 물이 얼 때에 발생하는 상태의 변화는 물리적 변화를 일으킨다.
화학적 변화	• 물체가 상이한 물리적 및 화학적 특성을 가진 새로운 물체로 변형될 때 복잡한 반응들이 발생하는 것을 말한다. • 수소와 산소가 결합하여 물을 형성할 때에 발생하는 변화는 화학적 변화이다. 이러한 경우에, 결합되는 물질의 물리적 특성 및 화학적 특성이 변형된다. ※ 실내온도에서 정상적으로 기체 형태인 산소와 수소의 두 물질은 같은 온도에서 순수한 액체(물)인 물질로 변화된다.
에너지 변화	• 화학적 변화 및 물리적 변화는 에너지의 교환을 포함한다. • 물질이 변환될 때에 에너지를 발산하는 반응을 발열반응이라 하며, 에너지를 흡수하는 반응을 흡열반응이라 한다. • 가연물이 공기 중에 연소하게 되면, 가연성가스는 공기 중에서 화학적으로 산소화 반응하게 되고, 열에너지 및 빛 에너지가 발열반응으로 발산된다. • 액체에서 기체(수증기)로 상태가 변하는 물은 에너지를 필요로 하므로 이러한 변환이 흡열반응인 것이다. • 지구상에서 비교적 보편적인 화학현상 중의 하나가 산화이다. • 산화는 산소와 다른 요소간의 화학적 결합의 형태이다. 산소는 지구상에서 가장 보편적인 요소 중의 하나이며(대기중 21%가 산소로 구성되어 있다). • 지상에서 발견되는 거의 모든 요소와 반응한다. 산화는 발열반응이며 에너지를 발산한다.

※ 산화반응으로 가장 잘 알려진 예는 철에 녹이 스는 것이다. 산소와 철이 결합하게 되면 녹이라고 불리는 붉은 화합물을 생성하게 된다. 이러한 반응은 발열 과정이므로 언제나 열을 생성한다. 정상적으로 그 과정은 매우 느리고, 발산하는 열은 그것이 발견되기 전에 사라진다. 만약 녹이 스는 물질이 한정된 공간에 있고, 열이 소멸되지 않는다면, 이때의 산화과정은 한정된 공간 내의 온도를 증가시키게 된다.

4 열의 전달 ***** 17년 소방장 / 21년 소방교

열에 대한 정의는 열이 한 물체에서 다른 한 물체로 전달되고, 그 두 물체는 서로 다른 온도로 존재해야 한다는 점에서 명확해진다. 열은 따뜻한 물체에서 상대적으로 차가운 물체로 움직인다. 열이 전달되는 비율은 물체들 간의 온도의 차이와 연관된다. 물체들 간에 온도의 격차가 크면 클수록, 전달율은 더욱 커지게 된다.

> **TIP** 전도, 대류, 복사에 대해 이해할 수 있어야 해요. 열이 따뜻한 곳에서 차가운 곳으로 흐르는 것은 무슨현상인가요? ㅅㅅ

전 도	• 어떤 금속막대기의 끝이 화염에 의해 가열되면, 열은 막대기 전체로 전달된다. 이러한 에너지의 전달은 물체내의 증가된 원자의 활동에 기인한다. • 열이 막대의 한 끝에 전달되면, 그 끝 부분에 있는 원자들은 주변에 있는 원자들보다 더 빠르게 움직이기 시작한다. 이러한 현상은 원자들 간에 충돌증가의 원인이 된다.

	• 에너지는 충돌 시 부딪치는 원자로 전달되게 된다. 에너지는 열의 형태로 막대기 전체로 전달된다. • 일반적으로, 모든 화재의 초기단계에 있어서 열의 전달은 전적으로 전도에 기인한다. • 이후 화재가 성장하면서 뜨거운 가스는 발화원으로부터 떨어져 있는 대상물체(주변의 내장재 또는 가연물들)로 유동하게 되고, 전도는 다시 열을 전달하는 한 요인이 된다. • 건축자재 또는 기타 가연물들과 직접적으로 접촉하는 가스의 열은 전도에 의해 대상물체로 전달된다.
대 류**	• 화재가 성장하기 시작할 때, 그 주변의 공기는 전도에 의해 가열되고 공기와 연소물질은 뜨거워진다. • 손을 화염 위에 올려놓게 되면, 손이 불에 직접 닿지 않더라도 열을 느낄 수 있게 된다. • 열은 대류에 의해 손으로 전달되고 대류는 가열된 액체나 가스의 운동에 의한 열에너지의 전달이다. • 열이 대류현상에 의해 전달될 때, 유동체(액체나 가스등의 물질로 유동성을 갖는다)는 한 장소에서 다른 장소로 움직이거나 순환한다. 모든 열의 전달은 따뜻한 곳에서 차가운 곳으로 흐르는 것이다. ※ 화재 시 연기가 위로 향하는 것이나 화로에 의해 방안의 공기가 더워지는 것이 대류에 의한 현상이다.
복 사**	• 복사는 중간 매개체의 도움 없이 발생하는 전자파(광파, 전파, 엑스레이 등)에 의한 에너지의 전달이다. • 복사는 전자파의 움직임이므로 그 에너지는 빛의 속도로 직선으로 여행한다. • 모든 따뜻한 물체는 열을 발산하고 복사에 의한 열전달의 단적인 예로는 태양열이 있다. • 태양열 에너지는 빛의 속도로 태양에서 공간(진공)을 통과하여 지표면을 따뜻하게 한다. • 복사는 대부분의 노출화재(exposure fire; 화재가 시발된 건물이나 가연물들로부터 떨어져있는 건물이나 가연물들에 점화되는 화재)의 원인이다. • 화재가 더 커지게 되면, 열의 형태로 점점 더 많은 에너지를 발산하게 된다. 대형화재의 경우, 어느 정도 떨어져 있는 주변의 건물이나 가연물들이 복사열에 의해 발화되는 것이 가능하게 된다. • 복사에 의해 전달되는 열에너지는 일반적으로 전도이나 대류를 방해하는 대기나 진공상태를 통과하여 이동한다. • 복사에너지를 반사하는 물질들은 열의 전달을 방해하게 된다. ※ 난로가에 열을 쬐거나, 양지바른 곳에서 햇볕을 쬐면 따뜻한 것은 복사열을 받기 때문이며 화재현장에서 열의 이동에 가장 크게 작용하여 주위 건물을 연소시키는 것은 복사열이 주원이다.* ** 13년 인천 소방장/ 17년 소방장

5 질량 – 에너지 보존의 법칙

불은 가연물을 소비하므로, 가연물의 질량은 감소하게 된다. "질량-에너지 보존의 법칙(질량보존의 법칙)은 질량 및 에너지는 한 상태에서 다른 상태로 변화될 수 있으나, 그 총량에 있어서 어떠한 순손실도 발생하지 않는다. 다른 말로 설명하면, 질량 및 에너지는 생성되지도 파괴되지도 않는다."는 것이다. 이 법칙은 소방과학에 있어서 근본이 된다. 어떤 가연물의 질량이 감소하게 되면 에너지는 빛과 열의 형태로 발산하게 된다. 이러한 원리는 어떤 가연물이 연소할 때, 질량 손실 및 온도의 획득을 측정할 수 있는 도구를 사용하여 물질의 열발산율(heat release rate)을 산정하는 것을 가능하게 한다.

- 소방대원들은 화재현장에서 최초상황판단(사이즈 업)이나 전술을 수립할 경우 이러한 개념에 유의해야 한다.
- size-up(initial evaluation of a situation) : 화재현장을 책임지고 있는 소방간부가 취해야 할 조치를 구상하는 것. 시간, 위치, 사고의 성질, 인명위험, 노출위험, 자산현황, 화재의 성질과 범위, 이용 가능한 급수원, 기타 진압장비 등을 고려하여 구상한다.*** 20년 소방위

- 화재현장에 연소할 가연물이 많으면 많을수록, 더 많은 양의 에너지가 열의 형태로 발산할 가능성이 더욱 커지게 된다. 방출되는 열의 양이 많아지면 많아질수록, 화재를 진압하기 위해서 더 많은 소화약제가 필요하게 된다.
- 소화약제 : 연소중인 물질을 냉각시키거나 산소의 공급을 차단, 또는 화학적으로 연소를 억제함으로써 화재를 진화하는 소화약제를 말한다.

TIP size-up이란 현장간부들이 판단해야 할 기본 데이터입니다. 향후 출제 가능성이 높습니다. ^^

제2절 연소이론

화재와 연소는 종종 교차적으로 사용되는 용어이다. 그러나 엄격히 말하면 화재는 연소의 한 형태이다.

화재	• 변화하는 강도의 열과 빛의 방출을 수반하는 급격한 자체의 지속적인 산화과정이다. • 반응이 일어나는 데 걸리는 시간이 관찰되는 반응의 형태를 결정한다. • 산화과정이 너무 천천히 일어나면, 이때의 반응은 몹시 점진적으로 이루어져 관찰할 수가 없다. • 산화과정이 너무 빠르면, 가연물과 산화제의 매우 급격한 반응으로 폭발을 일으키게 된다. ※ 이러한 반응은 짧은 시간동안 많은 양의 에너지를 발산한다.
연소	• 발열반응이며, 자체의 지속적인 화학반응으로, 동일한 형태의 반응을 일으키게 하는 에너지와 생성물을 생성한다.

1 화재의 4요소

화재의 구성요소를 설명하는 데 있어서 화재의 3요소(산소, 가연물 및 열)가 오랫동안 사용되었다. 연소반응이 일어나기 위해서는 산소(산화제), 가연물, 열, 화학적 연쇄반응의 4가지 요소가 필요하다. 발화가 이미 진행된 경우 화재의 4요소 중 한 요소라도 제거되면 화재는 꺼지게 된다.

(1) 산소(산화제)

① 일련의 화학반응과정을 통해 산소나 산화가스를 생성하는 물질을 말한다.
② 그 자체가 가연성은 아니지만 가연물과 결합할 때 연소를 돕는다.
③ 가장 일반적인 산화제로 산소가 있지만 다른 물질들 역시 그러한 범주에 속하는 것들이 있다.

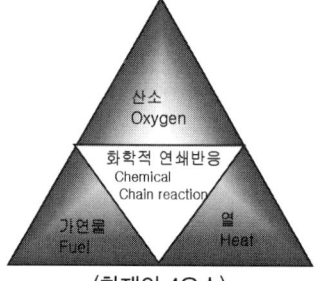
(화재의 4요소)

- 일반적으로 공기 중에는 약 21%의 산소가 있다. 산소농도가 21%를 넘을 때 이러한 대기를 "풍부한 산소"라고 한다. 실내온도(섭씨 21도 또는 화씨 70도)에서는 14%의 낮은 산소농도에서도 연소반응이 일어난다. 구획실 화재에서 실내온도가 증가할 때 더 낮은 산소농도에서도 불꽃연소가 발생한다는 사실을 실험을 통해 알 수 있다.

플래시오버 발생 후(최성기와 쇠퇴기)에는 산소농도가 매우 낮지만 구획실내의 온도가 높으므로 불꽃연소를 관찰할 수 있다.
- **풍부한 산소** : 산소농도가 21%를 넘을 때를 말하는 것이며, 물질들은 매우 다른 연소특성을 보인다. 일반적인 산소 수준에서 연소하는 물질들은 풍부한 산소의 대기 상태에서 더욱 빠르게 연소하며, 일반적인 상태에서보다 훨씬 쉽게 발화하게 된다. 일부 석유화학 물질들은 '풍부한 산소'의 대기상태에서 자체발화 하기도 한다. 일반적인 산소 수준에서 발화하지 않는 많은 물질들이 풍부한 산소의 대기상태에서 쉽게 연소한다.

(2) 가연물

① 가연물은 연소과정을 통하여 산화되거나 연소하는 재료 또는 물질이다.
② 대부분의 가연물은 수소와 산소의 결합에 의해 생성된 탄소를 함유하고 있다.
  ㉠ 탄화수소형 가연물(가솔린, 연료유 및 플라스틱)
  ㉡ 셀룰로스형 가연물(나무와 종이)
③ <u>가연물은 물질의 3가지(고체, 액체, 기체)상태 중에 어느 한 상태로 존재하고 가연물이 연소하기 위해서는 정상적으로 기체상태로 존재해야 한다.</u>
④ 고체와 액체를 기체상태로 변형시키기 위해서는 에너지가 필요하다.
⑤ 가연성가스는 고체의 열분해에 의해 발생된다. 열분해는 열작용을 통한 물질의 화학적 분해이다.

- 고체가연물이 가열되면 고체물질에서 가연성물질이 산출된다. 만약 충분한 양의 가연물과 열이 있다면, 열분해과정은 연소하기에 충분한 양의 연소성 가스를 발생시키고, 화재의 4요소의 다른 요소(산소와 화학적 연쇄반응)들이 존재할 경우 발화하게 된다.
- ※ 구획실 : 건물 내의 폐쇄된 방이나 공간으로 정의한다.
- ※ 환원제 : 산화 환원 반응에서 다른 물질을 환원시키면서 자신은 산화되는 물질이다.

(3) 점화원

열은 화재의 4요소 중에 에너지 요소이다. 열이 가연물과 접촉하게 되면, 에너지는 다음의 방법으로 연소반응을 돕는다.
① 고체와 액체에 대해 열분해, 증발을 일으키고 가연성 증기 또는 기체를 생성한다.
② 발화를 위해 필요한 에너지를 제공한다.
③ 계속적인 가연성 증기와 가스의 생성 및 발화로 연소반응이 지속되도록 한다.

(4) 화학적 연쇄반응

① 연소는 가연물(가스나 증기의 상태에 있는), 산화제 및 열에너지 등이 매우 특별하게 서로 결합해야 하는 복잡한 반응이다.
② 일단 불꽃연소나 화재가 발생하면, 충분한 열에너지가 가연성증기나 가스를 지속적으로 생성시킬 수 있도록 공급될 때에 연소는 지속될 수 있는 것이다.
③ 이러한 형태의 작용을 연쇄반응(chain reaction)이라 하고 일련의 반응으로서 각각의 개별반응이 나머지 반응들과 결합함으로서 연속적으로 일어난다.

제3절 화재의 진행단계*****

화재의 3요소가 서로 결합할 때에 발화가 일어나며, 처음 화재가 난 물질에서 더 크게 화재가 진행되기 위해서는, 처음 화재가 난 물질에서 다른 가연물로 열이 전달되어야 한다. 화재의 초기단계에서, 열은 상승하고 뜨거운 가스덩어리를 형성한다.

개방된 공간에서 화재 (건물 밖이나, 대규모의 건물 내)	• 화염은 자유로이 상승하고, 공기는 이 속으로 흡수된다. 이때 공기는 비교적 차갑기 때문에 화염 위의 가스층을 냉각시키는 작용을 한다. • 화재의 확산은 근본적으로 열에너지가 뜨거운 가스(plume ; 연기기둥)로부터 근처의 가연물로 전달되는 데 기인한다. • 연소 확대는 바람이나 지형의 기울기에 따라 증가될 수 있는데 이는 노출된 가연물들이 미리 뜨거운 가스에 의해 가열될 수 있도록 하기 때문이다.
구획실에서의 화재	개방공간에서의 화재진행보다 훨씬 복잡(건물내 폐쇄된 방이나 공간)하고 일반적으로 가연물과 산소의 이용가능성에 의해 통제된다.

- 통제된 가연물(fuel controlled) : 연소에 이용할 수 있는 가연물의 양이 한정되어 있다.
- 통제된 배연(ventilation controlled) : 연소에 이용할 수 있는 산소의 양이 한정되어 있다.

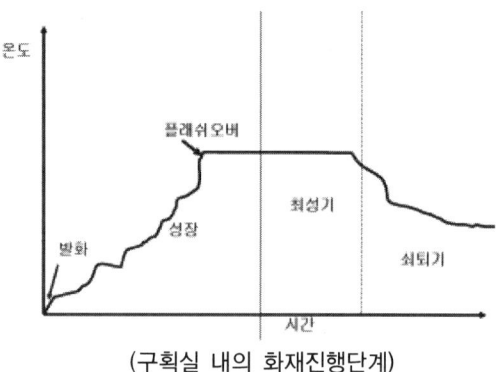

(구획실 내의 화재진행단계)

1 발화기** 22년 소방장

(1) 발화기는 화재의 4요소들이 서로 결합하여 연소가 시작될 때의 시기를 말하며, 발화의 물리적 현상은 스파크나 불꽃에 의해 유도되거나 자연발화처럼 어떤 물질이 자체의 열에 의해 발화점에 도달한다.

(2) 발화시점에서 화재는 규모가 작고 일반적으로 처음 발화된 가연물에 한정되고 개방된 지역이든 구획이든 모든 화재는 발화의 한 형태로서 발생한다.

- 발화점
  가연물이 외부 점화원 접촉이 없어도 연소를 시작하는 최저온도이다. 즉, 가연물이 공기중에서 자기 스스로 내부에서 열을 축적하여 연소하는 것으로 자동발화점, 자연발화점이라고 하며, 인화점과의 차이는 점화에너지의 유무이다.

2 성장기(GROWTH)** 22년 소방장

① 발화가 일어난 직후, 연소하는 가연물 위로 화염이 형성되기 시작하며, 화염이 커짐에 따라 주위 공간으로부터 화염이 상승하는 공간으로 공기를 끌어들이기 시작한다.
② 성장기의 초기는 야외 개방된 곳에서의 화재와 유사하지만 개방된 곳에서의 화재와는 달리, 구획실 화염은 공간 내의 벽과 천장에 의해 급속히 영향을 받는다.

> ● 화염 속으로 흡수되는 공기의 양*** 13년 경북 소방교 / 20년 소방장
> 공기는 화재에 의해 생성된 뜨거운 가스보다 차갑기 때문에 화염이 갖고 있는 온도에 대해 냉각효과를 가진다. 구획실의 벽과 관련하여 가연물들의 위치는 흡입되는 공기의 양을 결정하고, 냉각효과의 크기를 결정한다.

벽 근처에 있는 가연물	비교적 적은 공기를 흡수하고, 보다 높은 화염온도를 지닌다.	▷
구석에 있는 가연물	더욱 더 적은 공기를 흡수하고, 가장 높은 화염온도를 지닌다.	∟
중앙에 있는 가연물	벽, 구석 가연물보다 더 많은 공기를 흡수하고 온도는 낮다.	○

> **TIP** 성장기에서도 "공기의 냉각효과"는 향후 출제가능성이 높습니다. ^^

③ 이러한 요소는 화염 위에 생성되는 뜨거운 가스층의 온도에 심각한 영향을 미치고 뜨거운 가스가 상승하면서 천장에 부딪치게 되면, 가스는 외부로 퍼지기 시작한다.
④ 가스는 구획실의 벽에 도달할 때까지 계속해서 퍼지게 되고 벽에 도달한 후, 가스층의 두께는 증가하기 시작한다.
⑤ 이 시기의 구획실 온도는 가스가 구획실 천장과 벽을 통과하면서 생성된 열의 양과 최초 가연물의 위치 및 공기 유입량 등에 의해 결정되고, 연구결과에 의하면 화염의 중심으로부터 거리가 멀어지면, 가스의 온도가 내려간다는 것을 보여주고 있다.
⑥ 만일, 가연물과 산소가 충분하다면 성장기는 지속될 것이고, 성장기에 있는 구획실 화재는 일반적으로 '통제된 가연물' 상황이다.
⑦ 화재가 성장할 때에, 천장 부분에 있는 가스층의 온도가 높아짐에 따라 구획실 내의 전반적인 온도는 상승한다.

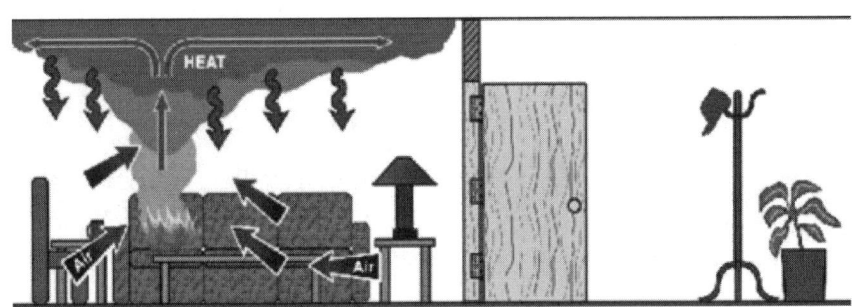

(화재가 성장할 때에 천장 부분의 가스층의 온도가 상승하면 구획실 내의 전반적인 온도가 상승하게 된다.)

3 플래시오버(Flashover)** 22년 소방장

① 플래시오버는 성장기와 최성기간의 과도기적 시기이며 발화와 같은 특별한 현상이 아니다.
② 플래시오버 시기에 구획실 내부의 상태는 매우 급속하게 변화하는데 이때 화재는 처음 발화된 물질의 연소가 지배적인 상태로부터 구획실 내의 모든 노출된 가연성 물체의 표면이 동시에 발화하는 상태로 변한다.
③ 성장기 천장 부분에서 발생하는 뜨거운 가스층은 발화원으로부터 멀리 떨어진 가연성물질에 복사열을 발산한다.
  ※ 모든 가연성 물질이 동시적 발화를 일으킨다.

4 최성기(Fully developed)** 22년 소방장

① 최성기는 구획실 내 모든 가연성 물질들이 화재에 관련될 때에 일어난다.
② 이 시기에, 구획실 내에서 연소하는 가연물은 이용 가능한 가연물의 최대 열량을 발산하고, 많은 양의 연소생성가스를 생성한다.
③ 발산되는 연소생성가스의 양과 발산되는 열은 구획실 배연구(환기구) 수와 크기에 의존한다.
④ 구획실 연소에서는 산소공급이 잘 되지 않으므로 많은 양의 연소하지 않은 가스가 생성된다.
⑤ 이 시기에, 연소하지 않은 뜨거운 연소 생성 가스는 발원지에서 인접한 공간이나 구획실로 흘러 들어가게 되며, 보다 풍부한 양의 산소와 만나면 발화하게 된다.

(구획실 내의 모든 가연성 물질들이 화재에 관련된다.)

5 쇠퇴기(Decay)** 22년 소방장

화재가 구획실 내에 있는 이용 가능한 가연물을 소모하게 됨에 따라, 열 발산율은 감소하기 시작한다. 또 다시 구획실 내의 가연물이 통제되면, 화재의 크기는 감소하게 되어, 구획실 내의 온도는 내려가기 시작하고, 타다 남은 잔화물은 일정 시간 동안 구획실의 온도를 어느 정도 높일 수도 있다.

TIP 화재의 진행과정은 언제든 출제될 수 있는데 특히 성장기 내용을 기억하시기 바랍니다. ^^

제4절 화재진행에 영향을 미치는 요인 ★★★ 15년/ 20년 소방장 / 23년 소방교

발화해서 쇠퇴하기까지, 구획실 화재의 성상과 진행단계에 영향을 미치는 요인들은 ① 배연구의 크기, 수 및 위치 ② 구획실의 크기 ③ 구획실을 둘러싸고 있는 물질들의 열 특성 ④ 구획실의 천장높이 ⑤ 최초 발화되는 가연물의 크기, 합성물의 위치 ⑥ 추가적 가연물의 이용가능성 및 위치이다.

충분한 공기	화재의 진행을 위해서는, 발화기를 넘어서 연소가 지속될 수 있도록 한다.
배연구(환기구)의 크기, 수 및 위치	그 공간 내에서 화재가 어떻게 진행하는가를 결정한다.
구획실의 크기, 형태 및 천장의 높이	많은 양의 뜨거운 가스층이 형성될 수 있는지를 결정한다.
최초가연물의 위치	뜨거운 가스층이 증가하는 데에 있어서 매우 중요하다. • 구획실의 중앙에서 연소하는 가연물의 화염은 구획실의 벽이나 구석에 있는 가연물보다 더 많은 공기를 흡수하고 더욱 차갑다.
연소하는 구획실에서 진행되는 온도의 변화	가연물이 타면서 발산하는 에너지의 직접적 결과이다. • 물질과 에너지는 보존되므로, 화재에 의해 야기되는 질량의 어떤 손실은 에너지의 형태로 변환된다. • 화재에서 일정시간동안 발산되는 열에너지의 양을 열 발산율이라 한다.
추가적 가연물의 이용가능성 및 위치	화재에 의해 생성되는 열과 가연물들 간의 한 가지 중요한 상호관계는 최초 발화된 가연물들로부터 떨어져 있는 추가적인 가연물들의 발화이다. • 구획실 화재에서 생성되는 열은 열의 3가지 전달과정에 의해 최초 가연물들로부터 그 공간 내에 있는 다른 가연물(추가적 가연물들)로 전달된다. • 초기의 화염에서 상승하는 열은 대류에 의해 전달된다. • 뜨거운 가스가 구획실 내부의 다른 가연물의 표면 위를 지나갈 때에, 열은 전도에 의해 다른 가연물로 전달된다.
복사에너지	구획실 화재가 성장기로부터 최성기로 전환되는 데 있어서 중요한 역할을 한다. • 뜨거운 가스층이 천장부분에서 형성될 때에, 연기 속에 들어 있는 뜨거운 미립자들은 구획실에 있는 다른 가연물들로 에너지를 방사하기 시작한다. • 이렇게 발화원에서 떨어져 있는 가연물들은 때때로 '표적 가연물(target fuels)'이라고 불린다. • 복사에너지가 증가하게 되면, 표적 가연물은 열분해반응을 시작하고 가연성가스를 발산하기 시작한다. • 구획실 내의 온도가 이들 가스의 발화온도에 도달하면, 방 전체는 화재로 휩싸이게 된다.(플래시오버)
화재의 잠재적 성장가능성을 측정하는 데 필요한 정보이용	• 높은 열발산율을 가진 물질들(폴리우레탄, 폼을 넣은 가구, 폴리우레탄 포말 메트리스, 또는 나무 팔렛트더미 등)은 일단 발화가 일어나면 급속한 연소가 예상된다. • 일반적으로, 저밀도의 물질들(예를 들면, 폴리우레탄 포말)은 비슷한 구성의 고밀도 물질들(예를 들면, 면으로 구성된 물질) 보다 더 빠르게 연소한다(상대적으로 높은 열발산율을 가진다).

제5절 화재의 특수현상과 대처법****

화재의 진행단계에서 발생하는 특별한 상황의 잠재적 위험성과 안전에 대해 알아본다.

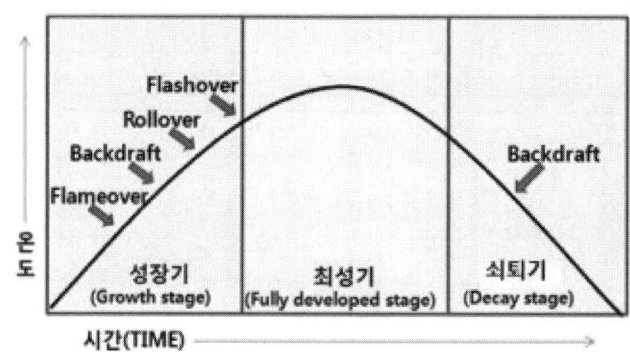

* 13년 경기 소방장/ 14년 소방위/ 16년 부산 소방교/ 20년 소방위/ 22년 소방교

TIP 소방활동의 기본이 되는 내용입니다. 특히 성장기 특수현상에 대해 출제 비중이 높습니다. ^^

1 플레임오버(Flameover) 현상** 22년 소방교·소방위

① Flameover는 복도와 같은 통로공간에서 벽, 바닥 표면의 가연물에 화염이 급속하게 확산되는 현상을 묘사하는 용어이다.
② 벽, 바닥 또는 천장에 설치된 가연성 물질이 화재에 의해 가열되면, 전체 물질 표면을 갑자기 점화할 수 있는 연기와 가연성 가스가 만들어지고 이때 매우 빠른 속도로 화재가 확산된다.
③ Flameover 화재는 소방관들이 서있는 뒤쪽에 연소 확대가 일어나 고립되는 상황에 빠질 수 있다. 목재 벽과 강의실책상, 극장, 인테리어 장식용 벽, 그리고 가연성 코팅재질의 천장은 충분히 가열만 되면 Flameover를 만들 수 있다.
④ 출구를 따라 진행되는 화염확산은 특정 공간 내의 화염확산보다 치명적이다. 이와 같은 이유로 복도 내부 벽과 천장은 비 가연성 물질로 마감되어야 한다.
⑤ 종종 내화조 건물의 1층 계단실에서 발생한 작은 화재가 계단실에 칠해진 페인트(낙서를 지우기 위해 매년 덧칠해진 것)에 의해 Flameover 현상을 발생시켜 수십층 위에까지 확산되는 경우도 있다.
⑥ 통로나 출구를 따라 진행되는 화염 확산은 일반적인 구획 공간 내의 화염 확산보다 치명적이다. 이렇듯, 통로 내부 벽과 층계의 천장은 비 가연성의 불연재료로 이루어져야 한다.
⑦ 우리나라 건축법에서는 불에 타지 않는 재료(불연재료), 불에 잘 타지 않는 재료(준불연재료), 가연성재료(목재 등)에 비해 타기 어려운 재료(난연재료) 등을 난연1급, 난연2급, 난연3급으로 구분하고 있다.

불연성 재료의 성능 및 종류

불연재료 (난연1급)	불에 타지 않는 재료로 20분 가열(750℃미만), 10분간 가열(305℃)후 잔류 불꽃이 없는(30초 미만) 재료	콘크리트, 석재, 기와, 석면판, 철강, 알루미늄, 유리, 회시멘트판, 벽돌
준불연재료 (난연2급)	불에 타지 않는 재료로 10분 가열(305℃) 후 잔류불꽃이 없고(30초 미만), 그 재료의 연소가스 속에 방치된 쥐가 9분 이상 활동하는 재료	석고보드, 목모시멘트판, 펄프시멘트판, 미네랄텍스
난연재료 (난연3급)	가연성 재료인 목재 등과 비교해 더 타기 어려운 재료로서 6분 동안 가열(235℃) 후 잔류불꽃이 없고(30초미만), 그 재료의 연소가스 속 방치된 쥐가 9분 이상 활동하는 재료	난연합판, 난연플라스틱판

○ Flameover는 1946년 12월 미국 Atlanta에 있는 Winecoff Hotel 로비화재에서 가연성 벽을 따라 연소 확대가 어떻게 진행되는지 묘사하는 데 처음 사용된 용어이다. 이 화재로 119명의 사람이 목숨을 잃었다. 이 사고를 계기로 미국의 주거용 건물의 벽, 천장 그리고 바닥 재질에 대한 기준이 강화되기 시작하였다.

2 백드래프트(Back draft)★★★★ 13년 울산 소방교/ 경북 소방장/ 18년 소방장/ 22년 소방위

(1) 백드래프트의 개념

① 폐쇄된 건축물 내에서 화재가 진행될 때 연소과정은 산소공급이 부족한 상태에서 서서히 훈소된다.
② 이때 불완전 연소된 가연성가스와 열이 집적된 상태에서 일시에 다량의 공기(산소)가 공급될 때 순간적으로 폭발적 발화현상이 발생하는데 이를 역류성 폭발 또는 백드래프트 현상이라 한다.

(화재진압활동 중의 부적절한 배연)

③ 폭발에는 BLEVE와 같은 물리적 폭발과 연소폭발과 같은 화학적 폭발로 구분할 수 있으며, 백드래프트(Backdraft)는 화학적 폭발에 해당한다.
④ 연소폭발과 같이 백드래프트에서도 가연물, 산소(산화제), 열(점화원)이 기본적으로 필요하다.
⑤ 백드래프트가 발생하는 연소폭발과정에서, 공기와 혼합 된 일산화탄소(폭발범위 : 12%~74%)가 가연물로써의 역할을 담당한다.
⑥ 백드래프트(Backdraft)의 발생시점은 성장기와 감퇴기에서 주로 발생된다.

- 블레비(BLEVE) 현상이란 "Boiling Liquid Expanding Vapor Expolosion"을 의미하며, 가연성가스저장탱크(액화상태)내 가스가 외부의 열(화재 등)에 의해 가열될 경우 탱크 내에서 가연성가스가 발생·팽창하여 탱크상부의 강판이 약해지면서 파열하게 되어 내부의 액화가스가 공중으로 확산하면서 외부 점화원에 의해 폭발, 불기둥을 형성하게 되는 현상을 말한다.
- 백드래프트(Backdraft)라는 용어는 소방현장에서 자주 쓰이지만 실제 일어나는 대부분의 폭발은 가스누출 배관, (전기·가스·수도 등의) 계량기 그리고 각종 실린더(Cylinder)에서 발생하거나, 탱크로리 가열에 의한 BLEVE, 기타 밀폐공간에서 발생된 가연성 증기에 의해 발생한다. 만약 가스관이 온전하고, 파열된 압축용기가 발견되지 않거나, 기타 관련 시설의 파열 흔적이 남아있지 않다면 그 폭발은 백드래프트(Backdraft)의 결과로 볼 수 있다.

소방관의 유의사항 *18년 소방장

- 화재로 발생된 혼합가스가 전체 공간의 약 25%만 차지하면 폭발한다. 고온의 일산화탄소 증기운이 화점공간의 한 코너에 집중될 때 검색작업을 위해 문을 개방하는 순간 전체 공간이 폭발할 수 있다.
- 제한된 공간 내에서 발생되는 폭발압력은 치명적인 위험요인이 된다. 주변 압력보다 약간만 높아도 창문이 파괴되거나 파티션이 무너지고, 심지어 벽돌로 쌓은 벽이 붕괴될 수 있다.

백드래프트와 플래시오버의 차이점 *17년 소방장/ 19년 소방교·소방장/ 23년 소방장

구 분	백드래프트현상	플래시오버현상
연소현상	훈소상태(불완전연소상태)	자유연소상태
산 소 량	산소 부족	상대적으로 산소공급원활
폭발성 유무	폭발현상이며 그에 따른 충격파, 붕괴, 화염폭풍 발생	폭발이 아님
악화요인(연소 확대의 주 매개체)	외부유입 공기(산소)	열(축적된 복사열)
발생시점	성장기, 감퇴기	성장기의 마지막이자 최성기의 시작점

TIP 백드래프트와 플래시오버의 차이는 산소공급의 문제랍니다. ^^

폭발압력의 효과 *18년 소방장

압력(Peak Pressure)	효과(Effect)
0.5 psi	창문에 심한 충격이 가해짐
1 psi	소방관이 넘어짐
1-2 psi	목구조 벽이 붕괴됨
2-3 psi	콘크리트 블록 벽이 붕괴됨
7-8 psi	벽돌조 벽이 붕괴 됨

(2) **백드래프트 대응전술***** 13년 부산 소방장

■ **백드래프트를 방지하거나 발생 가능성을 줄일 수 있는 3가지 전술**** 15년 소방교/ 16년 경기 소방장/ 18년 소방장

배연법 (지붕환기)	• 연소 중인 건물 지붕 채광창을 개방하여 환기시키는 것은 백드래프트의 위험으로부터 소방관을 보호할 수 있는 가장 효과적인 방법 중 하나이다. • 상황이 허락된다면, 지붕에 개구부를 만들어 환기한다. • 백드래프트에 의한 폭발이 일어나더라도, 대부분의 폭발력이 위로 분산될 것이다.
급냉법 (담금질)	• 화재가 발생된 밀폐 공간의 출입구에 완벽한 보호 장비를 갖춘 집중 방수팀을 배치하고 출입구를 개방하는 즉시 바로 방수함으로써 폭발 직전의 기류를 급냉시키는 방법이다. • 집중방수의 부가적인 효과는 일산화탄소 증기운의 농도를 폭발한계 이하로 떨어뜨리는 것이다. • 배연법만큼 효과적이지 않지만, 이것이 유일한 방안인 경우가 많다.
측면 공격법	화재가 발생된 밀폐 공간의 개구부(출입구. 또는 창문) 인근에서 이용 가능한 벽 뒤에 있다가 출입구가 개방되자마자 개구부입구를 측면 공격하고, 화재 공간에 집중 방수함으로써 백드래프트 현상을 방지하는 방법이다.

TIP 플래시오버의 지연방법은 배연지연, 공기차단, 냉각지연입니다. 혼돈하지 마세요. ^^

(3) **소방관들은 다음의 백드래프트(Backdraft) 현상의 징후를 인식해야 한다.**
① 닫힌 문 주위에서 나오는 무겁고, 검은 연기는 가장 쉽게 확인할 수 있는 전조현상 중 하나이다.
② 공기흐름의 이상조짐으로, 개구부(출입문, 창문 등) 틈새로 빨려 들어오는 공기의 영향으로 연기가 건물 내로 되돌아오거나 맴도는 현상이 관찰된다.
③ 창문에 농연 응축물(검은색 액체)이 흘러내리거나 얼룩이 진 자국이 관찰된다.
④ 화재압력에 의한 내·외부 압력차로 외부공기가 빨려 들어오면서 발생되는 휘파람 소리 또는 진동이 발생되는 현상 등이 백드래프트(Backdraft)의 징후로 볼 수 있다.

(4) 백드래프트(Backdraft) 현상에 의한 폭발은 소방관들이 대피할 수 없을 정도로 매우 빠르게 완결된다는 것을 기억해야 한다. 이러한 상황에서 진정으로 유일한 보호책은 완전한 보호 장비를 갖추는 것이다. 헬멧, 장갑, 구조화, 방화복, 공기호흡기 마스크는 대피시간을 지연시킬 수 있으나, 소방관의 생존가능성과 부상 정도를 결정하게 된다.

■ **백드래프트의 징후와 소방전술***** 16년 전북 소방장

징 후		소 방 전 술
건물내부 관점	건물외부 관점	
• 압력차에 의해 공기가 빨려들어오는 특이한 소리(휘파람소리 등)와 진동의 발생 • 건물 내로 되돌아오거나 맴도는 연기 • 훈소가 진행되고 있고 높은 열이 집적된 상태 • 부족한 산소로 불꽃이 약화되어 있는 상태 (노란색의 불꽃)	• 거의 완전히 폐쇄된 건물일 것 • 화염은 보이지 않으나 창문이나 문이 뜨겁다. • 유리창 안쪽에서 타르와 같은 물질(검은색 액체)이 흘러내린다. • 건물 내 연기가 소용돌이 친다.	• 지붕배연 작업을 통해 가연성가스와 집적된 열을 배출시킨다(냉각작업). • 배연작업 전에 창문이나 문을 통한 배연 또는 진입을 시도해서는 안 된다. • 급속한 연소현상에 대비하여 소방대원은 낮은 자세를 유지한다. • 일반적으로 적절한 내부공격시점은 지붕배연 작업 후이다.

3 롤오버(Rollover) 현상*** 22년 소방위

(1) Rollover 현상이란

① 연소과정에서 발생된 가연성가스가 공기 중 산소와 혼합되어 천장부분에 집적된 상태에서 발화온도에 도달하여 발화함으로서 화염의 끝부분이 빠르게 확대되어 가는 현상을 말한다.

> ● Flameover는 복도와 같은 통로공간에서 벽, 바닥 표면의 가연물에 화염이 급속하게 확산되는 현상

② 화재가 발생한 장소(공간)의 출입구 바로 바깥쪽 복도 천장에서 연기와 산발적인 화염이 굽이쳐 흘러가는 현상이다.
③ 이러한 현상은 화재지역 위층(천장)에서 집적된 고압의 뜨거운 가연성 가스가 화재가 발생되지 않은 저압의 다른 부분으로 이동하면서 화재가 빠르게 확대되는 원인이 된다.
④ 이것은 건물의 출입문을 통해 방출되는 가열된 연소가스와 복도 천장 근처의 신선한 공기가 섞이면서 발생한다. 일반적으로 치명적인 이상연소 현상인 Flashover보다 먼저 일어난다.
⑤ Rollover는 전형적으로 공간 내의 화재가 성장단계에 있고, 소방관들이 화점에 진입하기 전(前) 복도에 머무를 때 발생한다.
⑥ 복도에 대기 중인 소방관들은 연기와 열을 관찰하면서 Rollover의 징후가 있는지 천장부분을 잘 살펴야 한다.
⑦ Rollover에 의한 연소 확대는 성큼성큼 건너뛰듯이 확대되므로 어느 순간 뒤쪽에서 연소 확대가 일어나 계단을 찾고 있는 소방관들을 고립시킬 수 있다.
⑧ Rollover를 예방하기 위해 갈고리나 방화장갑을 착용하고 화재가 발생한 건물의 출입구 문을 닫는다. Rollover현상은 Flashover현상의 전조임을 명심해야 한다.

플래시오버와 롤오버현상의 차이점

구분	플래시오버 현상	롤오버현상
복사열	열의 복사가 강하다.	열의 복사가 플래시오버 현상에 비해 상대적으로 약하다.
확대 범위	일순간 전체공간으로 확대된다.	화염선단부분이 주변공간으로 확대된다.
확산 매개체	공간 내 모든 부분(상층과 하층) 가연물의 동시발화	상층부 고온(가연성가스)의 발화

4 플래시오버(Flashover) 현상**** 22년 소방위/ 23년 소방장

(1) 플래시오버 현상이란?

① 화점 주위에서 화재가 서서히 진행하다가 어느 정도 시간이 경과함에 따라 대류와 복사현상에 의해 일정 공간 안에 있는 가연물이 발화점까지 가열되어 일순간에 걸쳐 동시 발화되는 현상을 말한다.
② 직접적 발생원인은 자기발화(Autoignition)가 일어나고 있는 연소공간에서 발생되는 열의 재방출(Reradiation)에 의해 열이 집적되어 온도가 상승하면서 전체 공간을 순식간에 화염으로 가득 차

게 만드는 것이다.
③ 플래시오버가 발생할 때, 뜨거운 가스층으로부터 발산하는 복사에너지는 일반적으로 20kW/㎡를 초과한다.
④ 이러한 복사열은 구획실내의 가연성 물질에 열분해작용을 일으킨다. 이 시기에 생성되는 가스는 천장부분의 가스층으로부터 발산하는 복사에너지에 의해 발화온도까지 가열된다.
⑤ 천장부분에 쌓이는 더운 가스층에서 발산하는 복사열은 가연물을 가열하고, 증기를 생성한다.

> ○ 과학자들이 다양한 형태로 플래시오버를 정의하고 있지만, 대부분의 과학자들은 공간내의 모든 가연성 물질이 동시적 발화를 일으키는 구획실 내의 온도라고 정의하는데 기초를 두고 있다. 이러한 현상이 발생하는 것과 관련된 정확한 온도는 없지만, 대략 483℃에서 649℃(900°F에서 1200°F)까지 범위가 폭 넓게 사용된다. 이러한 범위는 열분해작용에 의해 발산되는 가장 보편적인 가스 중의 하나인 일산화탄소(CO)의 발화온도(609℃ 또는 1,128°F)와 상관관계를 가진다.
> 연소하는 구획실 내에서 플래시오버가 발생하기 바로 전에 몇 가지 현상들이 발생한다. 온도가 급격히 상승하고, 추가적인 가연물들이 연관되면서, 구획실 내의 가연물들이 열분해현상으로 인해 가연성 가스를 발산하게 된다. 플래시오버가 발생하면, 구획실 내의 가연성 물질들과 열분해현상에 의해 발산된 가스들은 발화한다. 그리고 이로 인해 방 전체는 화염에 휩싸이게 된다. 최고조에 오른 실내의 플래시오버 상태에서 발산되는 열 발산율은 10,000 kW 또는 그 이상이 될 수 있다.
> 플래시오버가 일어나기 이전에 구획실로부터 대피하지 못한 거주자는 생존하기 힘들 것이다. 또한, 소방대원들이 구획실에서 플래시오버에 직면한다면, 개인 보호 장비를 착용하고 있음에도 불구하고 극도의 위험에 처하게 된다. ★ 23년 소방장

(플래시오버 현상)

※ 플래시오버 현상은 열의 집적이 계속되는 과정에서 발생하므로 계속적인 방수와 배연을 통해 화재공간을 냉각시켜야 이 현상을 예방할 수 있다.

플래시오버의 징후와 특징 ★★★ 12년 부산 소방장/ 14년 부산 소방교

징후	• 고온의 연기 발생 • Rollover 현상이 관찰됨 • 일정공간 내에서의 전면적인 자유연소 • 일정공간 내에서의 계속적인 열집적(다른 물질의 동시가열) • 두텁고, 뜨겁고, 진한연기가 아래로 쌓임
특징	• 실내 모든 가연물의 동시발화 현상 • 바닥에서 천정까지 고온상태

목조와 내화조 건축물의 플래시오버 비교

목조건축물에서의 플래시오버현상	내화조 건축물에서의 플래시오버현상
보통 화재발생으로부터 5~6분경에 발생(공간면적과 가연물에 따라 다름)되며, 이때 실내온도는 800~900℃ 정도가 된다.	실내에 화재가 발생하더라도 연소하는 데 많은 시간이 소요되므로 보통 화재발생으로부터 약 20~30분경에 발생(공간면적과 가연물에 따라 다름)한다.

(2) 플래시오버 대응전술(Defending Against Flashover)

① Flashover는 화재가 성장기(단계)에서 최성기로 접어들었음을 나타내며 화재의 생애주기 중 가장 위험한 순간이다.
② 열의 재방출로 발생되는 Flashover 현상은 연기와 열이 화염으로 전환되는 것을 의미한다.
③ 화세가 성장함에 따라 발생한 에너지는 공간의 윗부분으로 흡수되며, 이는 연소가스를 가열하면서 자동점화가 가능할 정도의 온도까지 열이 가해진다.

> ● 강의실 화재를 예를 들면,
> 화염에 의해 책걸상들이 전면적인 자유연소를 시작하면 공간 내에 제한되어 있는 연기와 열은 천장 근처에 쌓이기 시작하며 점차적으로 바닥으로 하강 이동하는 현상이 반복된다. 이와 같은 열과 연기(가연성가스)의 재방출 피드백은 연소 가스의 온도를 높이며 전체 공간은 순식간에 화염으로 가득 차게 된다. Flashover는 모든 화재에서 발생하지는 않지만, 건축물 화재에서 종종 발생할 수 있으며 안전사고의 원인이 될 수 있다는 것에 유의해야 한다.

④ Flashover 현상이 발생한 경우 그 공간에서의 효과적인 검색구조 작업은 할 수 없으며, 구조대상자 또는 소방관이 그 공간에 고립되어 있다는 것은 이미 사망했다는 것을 의미한다. Flashover가 발생하면, 이동식 소화기로 화재를 진압하는 것은 불가능하며 관창호스에 의해 진압해야 한다.
⑤ Flashover가 발생하고 나면 공간 내 내용물 화재에서 구조물 화재로 전환됨을 의미하는데, 이것은 건물 붕괴 위험의 전조현상임을 나타낸다.

Flashover를 지연시키는 3가지 방법*** 14년 서울 소방장/ 16년 경기 소방장/ 19년 소방위

배연 지연	창문 등을 개방하여 배연(환기)함으로써, 공간 내부에 쌓인 열을 방출시켜 Flashover를 지연시킬 수 있으며 시야를 확보할 수 있다.
공기차단 지연법	배연(환기)과 반대로 개구부(창문)을 닫아 산소를 감소시킴으로써 연소 속도를 줄여 지연시킬 수 있다. 이 방법은 관창호스 연결이 지연되거나 모든 사람이 대피했다는 것이 확인된 경우, 적합한 방법이다.
냉각 지연법	분말소화기 등 이동식 소화기를 분사하여 화재를 완전하게 진압하는 것은 일시적으로 온도를 낮출 수 있으며, Flashover를 지연시키고 관창호스를 연결할 시간을 벌수 있다.

TIP 백드래프트의 대응전술은 배연, 급냉, 측면공격이랍니다. 혼돈하지마세요. ^^

⑥ Flashover의 대표적인 전조현상으로 고온의 연기발생과 Rollover 현상이 관찰된다.
  ㉠ 만약, 자세를 낮춰야 할 정도로 고온의 농연이 있다면 Flashover의 가능성을 고려해야 한다. 또한 Rollover 현상이 관찰된다면 Flashover의 전조임을 기억해야 한다.
  ㉡ 이들 전조현상 중 하나가 관찰되면 일단 방어적 수색을 시작한다.

ⓒ 출입구를 진입하여 화점 공간에 들어갈 때 구조대상자를 찾기 위해 출입문 뒤를 우선 살피고, 1.5m 이상 진입하지 말고 바닥을 훑으며 출입구 주변에 의식을 잃은 사람이 있는지 우선 확인한 후, 구조대상자가 있는지 소리치고 응답을 듣는다. 응답이 없다면 출입문을 닫고 관창호스가 도착할 때까지 기다린다.
ⓓ 화점 진압용 호스가 도착하면 호스를 따라 양 옆으로 검색구조 작업을 시행한다.
ⓔ 창문에 설치된 사다리를 이용할 때 유리 하나가 깨졌다면 Rollover의 조짐이 있는지 확인하고, 있다면 창문을 통해 진입해서는 안 되며, 몸을 웅크리고 도구를 이용하여 창문턱 아래의 내부를 훑어보고, 만약 그곳에 구조대상자가 쓰러져 있다면, 낮은 자세로 그를 안전하게 끌어당겨 구조한다.
ⓕ 일반적으로 Flashover가 발생한 공간에서는 수십 초 이상 생존할 가능성은 없다.

> ● 1960년 미국 California 주정부에 의해 입증된 실험결과에 따르면, 소방관들이 Flashover가 발생한 후 문을 통해 탈출할 수 있는 거리는 1.5m가 한계라는 것이 밝혀졌다. 이 실험에서 137℃~160℃의 온도는 노출된 피부에 극심한 고통과 피해를 일으킨다. Flashover가 발생된 곳의 평균 온도는 537℃~815℃정도이며 이 온도에서 방화복을 착용한 소방관이 버틸 수 있는 시간은 2초를 넘기지 못한다. 소방관의 1초 당 탈출거리는 평균 75㎝이며, 따라서, 탈출구에서 1.5m 이상 진입하는 것은 금지된다. 만약 이와 같은 상황에서 3m 이상 진입하였다면 탈출 소요시간은 4초이며 이 시간은 생존하기에는 너무 짧은 시간이다.

5 연기의 흐름(Flow Path)

① 양압상태의 화점실에서 형성된 열, 연기가 압력이 적은 개방된 문이나 창문으로 이동하는 현상으로 건축 구조에 따라 각각 다른 연기 흐름의 경로가 발생될 수 있다.
② 연기의 흐름이 진행되고 있는 상태의 진압 작전 시 화염, 열, 연기의 증가로 순식간에 화염이 대원을 덮칠 수 있기 때문에 매우 위험한 현상이다.
③ 방수가 준비 될 때까지 연기의 흐름(Flow Path)현상을 억제하는 것은 열 방출률의 억제, 건물 온도 상승 억제 효과가 있기 때문에 주의해야한다.

> ● 화염이 산소에 반응하는 속도는 다음 요인들에 따라 결정된다.
> ⓐ 화점의 위치
> ⓑ 화재의 공기 공급량 또는 연료량
> ⓒ 공기 유입구로부터 화점까지의 거리
> ⓓ 화점에서 배연구까지의 거리
> ⓔ 입구와 출구의 모양
> ⓕ 연기의 흐름에서 개구부의 유형과 형태

6 가스(기체)의 열 균형*

① 가스의 열 균형은 가스가 온도에 따라 층을 형성하는 경향을 말한다.

② 가장 온도가 높은 가스는 최상층에 모이는 경향이 있고, 반면 낮은 층에는 보다 차가운 가스가 모이게 된다.
③ 공기, 가스 및 미립자의 가열된 혼합체인 연기는 상승한다.

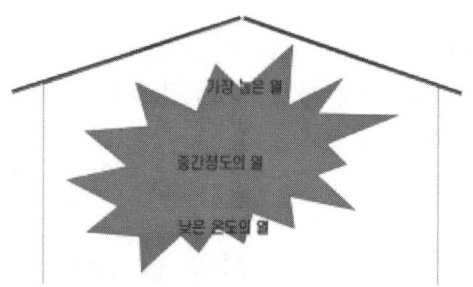 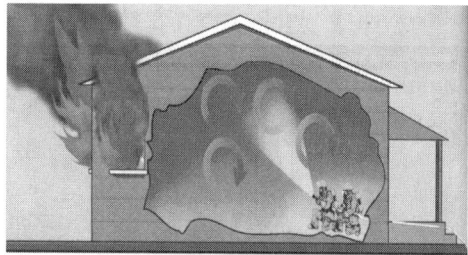

※ 폐쇄된 구조물 내의 화재 조건 하에, 가장 높은 온도의 열은 천장 부분에서 발견되고 가장 낮은 온도의 열은 바닥부분에서 발견된다.

④ 지붕 위에 구멍을 뚫으면 연기는 건물이나 방으로부터 상승하여 밖으로 배출된다. 이러한 열균형의 특성 때문에 소방대원들은 낮은 자세로 진입하여 활동하여야 한다.
⑤ 열 균형을 이루고 있는 가스층에 직접 방수를 한다면, 높은 곳에서 배연구(환기구) 밖으로 나가는 가장 뜨거운 가스층은 방해를 받을 수 있다.
⑥ 온도가 가장 높은 가스층에 물을 뿌리게 되면, 물은 수증기로 급속히 변화하여 구획실 내의 가스와 급속히 섞이게 된다.
⑦ 연기와 수증기의 소용돌이치는 혼합은 정상적인 열균형을 파괴하여 뜨거운 가스는 구획실 전체에 섞인다. 이 때문에 많은 소방대원들이 열 균형이 파괴되었을 때에 화상을 입게 된다.
⑧ 일단 정상적인 열균형이 파괴되면, 송풍기를 사용하는 것과 같은 강제배연방법으로 구획실 내의 가스를 배출시켜야 한다.
⑨ 이러한 상태에 대한 적절한 조치로는 구획실을 배연시켜 뜨거운 가스를 빠져나가게 하고, 뜨거운 가스층으로부터 아래쪽에 있는 화점에 방수를 하는 것이다.

TIP 열균형 파괴는 아직 중요도가 부각되지 않지만 앞으로 출제 가능성이 높으니 기억 해주세요. ^^
또한 폐쇄된 건물에서는 아래쪽 화점에 방수하세요. ^^

제6절 소화이론

연소의 4요소는 열(점화원), 산소, 가연물, 그리고 연쇄반응의 상호작용이다. 이들 4 요소 중 어느 하나라도 연소과정에서 제거되면, 소화되는 것이다.

연소의 4요소와 소화원리 비교*** 18년/ 19년 소방교

제거 요소	가연물	산소	에너지	연쇄반응
소화 원리	제거소화	질식소화	냉각소화	억제소화

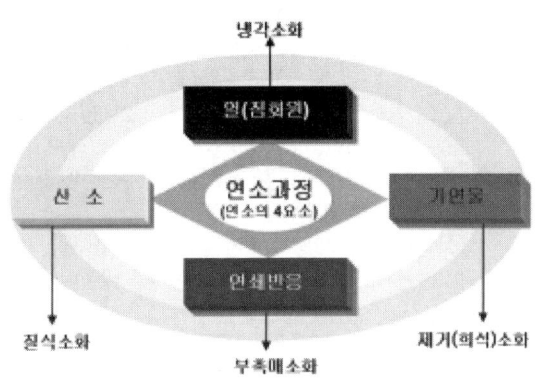

(연소의 4요소와 소화원리)

1 질식소화*** 16년 경북 소방교/ 17년 소방장/ 18년 소방장/ 19년 소방교

산소공급원(오존, 공기, 산화제 등)을 차단하여 소화하는 방법을 말하며 유류화재에 폼(Foam)을 이용하는 것은 유류표면에 유증기의 증발 방지층을 만들어 산소를 제거하는 소화방법이다(질식소화). 대부분의 가연물질 화재는 산소농도가 15%이하이면 소화된다.

불연성기체로 덮는 방법	• 공기보다 무거운 불연성기체를 연소물 위에 덮어 불연성기체와 산소가 희석 또는 차단되게 하여 소화하는 방법을 말한다. ※ 불연성기체는 이산화탄소, 질소, 할로겐 화합물 등이 있다.	
불연성의 폼으로 연소물을 덮는 방법	• 연소물을 공기, 이산화탄소, 질소 등으로 발포시킨 폼(Foam)으로 덮어 소화하는 방법을 말한다. • 유지류 등의 소화에 가장 많이 사용되고 있는 폼으로는 화학포, 공기포가 있다. ※ 유화(乳化)소화 : 비중이 물보다 큰 중유(重油)등의 유류화재 시 물 소화약제를 무상(霧狀, 안개형태)으로 방사하거나, 포소화약제를 방사하는 경우 유류표면에 엷은 층(유화층, 물과 유류의 중간성질)이 형성되어 공기 중 산소공급을 차단시켜 소화하는 방법을 질식소화법 중 유화소화라 한다.	
	화학포 소화약제	공기포 소화약제
	주로 소화기용이며 알카리성의 A약제와 B약제를 수용액으로 혼합시켜 화학변화를 일으켜 콜로이드 상태의 수용액을 만들고 이것이 탄산가스를 포함한 홈을 형성한다.	• 공기포는 유지류 화재용으로서 효과적인 소화제이며 소화제는 3% 또는 6%의 수용액으로서 발포기를 사용하여 공기와 교반 혼합하여 사용한다. • 소화제의 종별은 일반 기름화재용과 알콜, 케톤류와 같은 수용성 액체 화재에 쓰이는 것이 있다. • 공기포의 발포배율은 저발포에서 5~10배, 고발포에서 80~100배이다.
고체로 연소물을 덮는 방법	• 후라이팬 화재 시 연소물을 수건이나 담요 등으로 덮어 소화하는 방법을 말한다. • 불연성가스 또는 물속에서도 연소가 계속될 때(금속화재) 건조사로 덮어 소화하는 경우도 이에 해당한다.	

연소실 완전밀폐 소화방법	창고나 선박의 선실 등을 밀폐하여 산소의 공급을 차단시킴으로서 소화하는 방법을 말한다.
팽창질석 소화방법	팽창질석(vermiculite), 팽창진주암(perlite)을 고온 처리하여 경석상태로 만든 분말을 사용하여 질식 소화하는 방법도 있다. 이것은 비중이 작고 모세관현상과 같은 가는 틈이 있으며 흡착성이 크기 때문에 알킬알루미늄이나 용융나트륨 등에 사용하여 흡착, 유출을 방지하고 표면을 피복하는 질식효과가 크다. 팽창질석 : 질석을 약 1,000도에서 가열하여 약 10배 팽창시켜서 만든 소화약제 팽창진주암 : 천연유리를 조각으로 분쇄한 것을 말하며, 조각에 형성된 얇은 공기막으로부터 반사되어 진주와 같은 빛을 발산한다.

○ 유전화재진압과 같이 화점가까이에서 폭발물을 폭파시켜 주변 공기(산소)를 일시에 소진(진공상태)되게 하여 소화하는 방법도 질식소화법에 해당한다.

2 제거소화*** 18년 소방장/ 19년 소방교

① 가연물을 파괴, 제거, 이동, 격리, 희석 등의 방법으로 열을 받는 부분(수열표면)을 작게 또는 완전 이격시켜 소화하는 방법이다.
② 도시계획에서 일반적으로 고려되는 소방도로나 도로를 중심으로 구획된 도시 구조는 본래 교통의 편리성 때문에 계획된 것이 아니라 도로를 통해 가연물을 이격, 제거하여 대형 화재의 확산을 막으려는 방화구획의 기능으로 계획되었다.

> ○ 제거소화의 일반적 사례**
> 1. 화재현장에서 복도를 파괴하거나 대형화재의 경우 어느 범위의 건물을 제거하여 방어선을 만들어 연소를 방지하는 방법(가연성고체물질을 제거하여 소화)
> 2. 산림화재를 미리 예상하여 평소에 방화선(도로)을 설정하고 있는 것
> 3. 전기화재의 경우 전원을 차단하여 소화
> 4. 가연성가스화재인 경우 가연성가스의 공급을 차단시켜 소화하는 방법 등을 들 수 있다.

3 냉각소화

에너지(열, 점화)를 제거하여 발화점이하로 내려가게 하여 소화하는 방법을 말한다. 화재진압 시 방수 활동은 연소과정에서 물의 흡열반응을 이용하여 열을 제거하는 것이다. 물은 비열·증발 잠열의 값이 다른 물질에 비해 커서 주로 냉각소화에 사용된다.

○ 물로 냉각시켜 소화하는 경우 1g의 물이 증발하는 데는 539cal의 열을 흡수하는 효과가 있다.

4 부촉매소화(억제소화)** 14년 경남 소방장/ 19년 소방교

부촉매제(화학반응이 잘 일어나지 않도록 하는 것)를 사용하여 가연물질의 연속적인 연쇄반응이 일어

나지 않도록 화재를 소화시키는 방법으로 억제소화 또는 화학적 소화라 부르기도 한다. 소화원리는 분말소화기와 할론 소화기의 소화원리처럼 연소과정에 있는 분자의 연쇄반응을 방해함으로써 화재를 진압하는 원리이다.

분자의 연쇄반응은 가연물질을 구성하는 수소분자로부터 생성되는 활성화된 수소기(H+)·수산기(OH)의 작용에 의해 진행되며, 따라서 연속적인 연쇄반응을 방지하려면 가연물질에 공급하는 점화원의 값을 활성화 에너지의 값 이하가 되게 하여 가연물질로부터 활성화된 수산기·수소기가 발생하지 않도록 해야 한다. 이러한 소화원리를 부촉매소화라 한다.

부촉매 소화는 가연물질 내에 함유되어 있는 수소기·수산기를 화학적으로 제조된 부촉매제(분말소화약제, 할론가스 등)와 반응하게 하여 더 이상 연소생성물인 이산화탄소·일산화탄소·수증기 등의 생성을 억제시킴으로써 소화하는 원리로 화학적 소화방법에 해당한다.

- 냉각소화, 질식소화법, 제거소화법(희석소화법 포함)은 물리적 소화법에 해당한다.
- 부촉매 소화(화학적 소화법)에 이용되는 소화약제의 종류로는 할로겐화합물소화약제, 분말소화약제, 산·알카리소화약제, 강화액소화약제 등이 있다.

물리적 소화방법*	① 화재의 온도를 점화원 이하로 냉각시켜 소화하는 방법으로 냉각소화에 해당된다. ② 탄산가스나 거품 등으로 공기를 차단하는 것은 질식소화에 해당된다. ③ 화재를 강풍으로 불어 소화하는 방법으로 제거소화에 해당된다. ④ 혼합기의 조성을 연소하한계 이하로 희석시켜 농도를 엷게 하여 소화하는 방법으로 희석소화법에 해당된다.
화학적 소화방법	화재를 일으키는 가연물질의 성상 및 종류(A, B, C, D급 화재)에 적합하게 제조된 소화약제를 사용하여 소화하는 방법

온도감소(냉각소화)

가연물제거(제거소화)

산소배제(질식소화)

화학적 연쇄반응 억제
(억제, 화학, 부촉매소화)

TIP 소화원리에서 질식소화는 산소차단, 냉각은 물, 제거는 공급차단, 부촉매는 소화약제입니다. ^^

Check
① (   )란 물질을 매개하지 않고 전자파에 의해 열이 이동하는 것
② 연소와 4요소란 (   ), (   ), (   ), (   )
③ 화재의 진행단계는 (   ) → (   ) → (   ) → (   )
④ 초기화재에 바닥과 벽면으로 화재가 확대되는 것을 (   )라 한다.
⑤ 플래시오버의 전조현상은 (   )이라한다.
⑥ 백드래프트는 (   )소화방법이다.
⑦ 물리적 소화방법은 (   ), (   ), (   )이 해당된다.
⑧ 연소의 4요소 중 산소를 차단하여 소화하는 방법을 (   )하고 한다.

CHAPTER 03 화재진압 일반

제1절 화재진압의 개념

방호(防護) protection	화재방어, 소방계획, 화재 예방을 포함한 화재로부터 그 지역을 지키기 위한 소방활동을 말하며, 화재방어(방화)란 공설 소방조직이나 사설 소방조직에 의한 화재의 예방·진압으로 인명과 재산의 손실을 줄이기 위한 제반 소방활동을 의미하며 협의로는 화재예방 활동을 의미한다.
화재 진압 fire fighting	화재현장에서 화재에 의한 피해를 최소화하고 화재를 억제 또는 소화하는 화재현장의 활동을 말하여, 'fire suppression'이라고도 한다. 즉, 'fire control(화재진압)'이 물 등 소화약제를 사용하여 연소확대를 저지하는 상태를 의미하는 것임에 비해, 'fire suppression(화재진압)'은 직접적으로 화재 그 자체를 소화하는 것을 의미한다.

소방전술에서의 화재진압(火災鎭壓)이란 영어의 fire control, fire suppression, 그리고 fire fighting 등을 포함하는 것으로, '소방대가 화재현장에서 사람의 생명, 신체 및 재산을 보호하기 위하여 행하는 인명구조, 소화, 연소방지, 배연, 피난유도, 기타 소방활동 일체'를 말한다.

○ 화재진압은 화재발생 대상물의 위치, 구조, 용도, 설비, 가연물의 종류와 상태, 기상, 도로, 지형, 소방용수 등에 따라 소방장비 및 기계기구의 활용방법, 소방대의 운영 등이 달라진다.

제2절 소방력의 3요소

1 소방대원

지휘관	• 지휘자는 현장활동에 있어서 보다 효과적인 화재진압을 위한 핵심으로 지휘권한 및 책임을 가진다. • 대원을 확실하게 장악하고 자기의 상황판단에 따라 소화, 연소방지, 인명구조 등의 구체적인 방법, 순서를 지시, 명령하여 소방의 활동목적을 달성하고 자신의 명령에 대한 책임을 지며 지휘능력에 따라 소방 활동의 성패를 좌우한다.
대 원	• 재난현장은 항상 위기적 상황이므로 대원은 지휘자의 지시, 명령에 대하여 신속·정확하게 행동하여야 한다. • 이를 위하여 소방활동에 관한 지식, 기능을 몸으로 익힘과 동시에 체력의 향상과 정신력의 함양에 노력하여야 한다. 　○ 정예대원의 요건 : 강인한 정신력과 체력을 바탕으로 한 지식과 기술의 습득

2 장비

소방장비의 분류(「소방장비관리법」 별표1) **** 12년 서울 소방장/ 22년 소방교

대분류	중분류	소분류
① 기동장비	소방자동차	소방펌프차, 다목적소방차, 소방물탱크차, 무인방수차, 소방화학차, 화생방대응차, 소방고가차, 소형사다리차, 재난지휘차, 구조차, 구급차, 화재조사차, 조명배연차, 재난현장지원차, 이륜차
	행정지원차	행정 및 교육지원차 등
	소방선박	소방정, 구조정, 지휘정, 구조보트 등
	소방항공기	고정익항공기, 회전익항공기
② 화재 진압장비	소화용수장비	소방호스류, 결합금속구, 소방관창류, 방수총, 소방용수운용장비
	간이소화장비	소화기, 휴대용소화장비 등
	소화보조장비	소방용사다리, 소화보조기구, 소방용펌프
	배연장비	이동식송·배풍기
	소화약제	분말소화약제, 액체형소화약제, 기체형소화약제 등
	원격장비	소방용 원격장비 등
③ 구조장비	일반구조장비	개방장비, 조명기구, 총포류, 동물포획장비세트, 일반구조통신장비, 이송 및 안전장비, 그 밖의 일반장비
	산악구조장비	등하강 및 확보장비, 산악용 안전벨트, 고리, 도르래, 등반용로프 및 부대장비, 배낭, 산악일반장비, 빙벽등반장비세트, 설상구조장비세트, 암벽 및 거벽 등반장비세트, 산악용 근거리통신장비
	수난구조장비	급류 구조장비 세트, 잠수장비, 구조대상자 이송 및 안전장비, 안전확보장치, 부수장비
	화생방 및 대테러 구조장비	경계구역 설정라인, 제독·소독장비, 누출물 수거장비, 누출제어장비, 화생방 오염환자 이송장비, 시료채취 및 이송장비, 화생방 보호의류 등
	절단 구조장비	절단기, 톱, 드릴, 유압절단장비
	중량물 작업장비	중량물 유압장비, 휴대용 윈치(winch), 다목적구조삼각대, 에어백, 지지대, 리프트 잭, 체인블록, 벨트슬링
	탐색 구조장비	적외선 야간투시경, 매몰자 탐지기, 영상송수신장비세트, 붕괴물경보기, 수중탐지기, 수중카메라, GPS수신기, 119구조견, 수중로봇(ROV), 공중수색장비
	파괴장비	도끼, 방화문파괴기, 해머드릴, 착암기
④ 구급장비	환자평가 장비	신체검진기구
	응급처치장비	기도확보유지 기구, 호흡유지 기구, 심장박동 회복 기구, 순환유지기구, 외상처치기구, 분만처치기구, 체온유지기
	환자이송장비	환자운반기구 등
	구급의약품	의약품, 소독제

⑤ 정보통신장비	감염방지장비	감염방지기구, 장비소독기구
	활동보조장비	기록장비, 대원보호장비, 일반보조장비
	교육실습장비	구급대원 교육실습장비, 전문술기교육 실습장비, 응급처치 교육실습장비
	재난대응장비	환자분류장비
	기반보호장비	항온항습장비, 전원공급장비
	정보처리장비	네트워크 장비, 전산장비, 주변 입출력장치
	위성통신장비	위성장비류
	무선통신장비	무선국, 이동통신단말기
	유선통신장비	통신제어장비, 전화장비, 영상음향장비, 주변장치
⑥ 측정장비	소방시설점검장비	공통 점검장비, 소화기구 점검장비, 소화설비 점검장비, 화재경보설비 점검장비, 누전점검장비, 무선통신보조설비 점검장비, 제연설비 점검장비, 유도등 및 조명등점검장비
	화재조사 및 감식장비	발굴용 장비, 기록용 장비, 증거수집장비, 감식감정장비, 특수감식감정장비, 화재조사분석실장비
	공통측정장비	전기측정장비, 화학물질 탐지·측정장비, 공기성분분석기, 측정기, 열화상카메라, 엑스레이(X-ray)투시기
	화생방 등 측정장비	방사능 측정장비, 화학생물학 측정장비
⑦ 보호장비	호흡장비	공기호흡기, 공기공급기, 마스크류
	보호장비	방화복, 안전모, 방화두건, 보호장갑, 안전화, 방호복
	안전장구	인명구조 경보기, 대원 위치추적장치, 대원 탈출장비, 보호대, 안전안경, 청력보호장비, 정전기방지접지선, 안전장구류
⑧ 보조장비	기록보존장비	촬영 및 녹음장비, 운행기록장비, 디지털이미지 프린터
	정비기구	일반정비기구, 세탁건조장비
	현장지휘소 운영장비	지휘텐트, 발전기, 출입통제선, 휴대용확성기, 브리핑장비
	영상장비	영상장비
	그 밖의 보조장비	차량이동기, 안전매트, 전선릴, 수중펌프, 드럼펌프, 양수기, 수손방지막

> **TIP** 출제횟수가 많지는 않지만 가끔 출제되고 있으니 장비별 종류를 알아두시기 바랍니다. ^^

3 소방용수

(1) 소방용수의 정의

소방용수는 소방기본법 제10조에 규정하는 소방에 필요한 소방용수시설을 말한다. 소방용수는 소방기관이 소방활동에 사용할 것을 목적으로 시 또는 도의 책임 하에 설치하거나 지정된 것이므로 그 설치기준은 소방기본법시행규칙 제6조(소방용수시설 및 비상소화장치의 설치기준)에 정해져 있다. 그 외에도 소방용의 목적으로 설치되거나 사용하는 소방용수로서 다음과 같은 것이 있다.
- 자위소방대, 시민들이 활용하는 초기소화용수
- 특정소방대상물 내 소방 목적에 쓰이는 설비의 수원 등
- 기타 미 지정용수

▨ 소방에 필요한 소방용수 시설

소방용수	시도가 설치하는 소방용수
	지정소방용수
타 용수	초기소방용수
	소방용설비 등의 수원, 소방용수
	기타 미 지정용수

(2) **소방용수의 종류**

소방용수는 일반적으로 인공적인 것과 자연적인 것으로 구분되며 그 종류는 다음과 같이 구분한다.

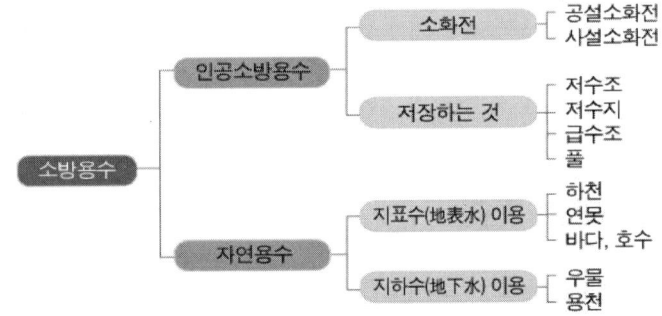

(3) **소방용수시설 설치기준****** 16년 소방위/ 부산 소방교/ 17년 소방위/ 소방장/ 22년 소방장

소방용수는 소방대가 화재 시 소화활동을 위한 충분한 수량과 소방용 기계 기구를 유효하게 활용할 수 있는 위치, 구조이어야 한다.

소화전*	상수도와 연결하여 지하식 또는 지상식의 구조로 하고, 소방용 호스와 연결하는 소화전의 연결금속구의 구경은 65밀리미터로 한다.
급수탑*	급수배관의 구경은 100밀리미터 이상으로 하고, 개폐밸브는 지상에서 1.5미터 이상 1.7미터 이하의 위치에 설치한다.
저수조*	① 지면으로부터 낙차가 4.5미터 이하 ② 흡수부분의 수심은 0.5미터 이상 ③ 흡수관의 투입구가 사각형의 경우에는 한 변의 길이가 60센티미터 이상, 원형의 경우에는 지름이 60센티미터 이상일 것 ④ 소방차가 쉽게 접근하고 저수조에 물을 공급하는 방법은 상수도에 연결하여 자동으로 급수되는 구조일 것 ⑤ 흡수에 지장이 없도록 토사, 쓰레기 등을 제거할 수 있는 설비를 갖춰야 한다.

TIP 출제빈도가 높아요. 소화전, 급수탑, 저수조의 기준을 암기하셔야 해요. ∧∧

(4) 소방용수 배치기준★★★ 16년 서울 소방교/ 18년 소방장/ 20년 소방장

① 평상시 소방대의 유효활동 범위는 소방활동의 신속, 정확성을 고려하여 <u>연장 소방호스 10본(150m) 이내일 것이다.</u>

② 소방호스(호스, hose)연장은 다음과 같이 도로를 따라서 연장한 경우 <u>소방호스의 굴곡을 고려하여 기하학적으로 산출하면 반경 약 100m의 범위 내가 된다.</u>

③ 소방용수는 도시계획법상의 <u>공업 및 상업지역, 주거지역은 100m 이내, 그 밖의 지역은 140m 이내</u>에 설치하도록 되어 있다.

호스연장과 도달거리의 관계

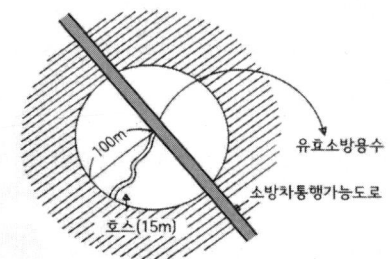

- 소방대의 유효활동 범위와 지역의 건축물 밀집도, 인구 및 기상상황을 고려하여 평상시의 설치기준으로서 소방기본법시행규칙 제6조에 정해져 있다.

> **TIP** 소방호스는 10본(150m)은 직선이 아니라 뱀처럼 굴곡이 있어서 100m를 도달거리로 본답니다. ^^

제3절 화재진압활동의 기본

1 소방대 활동

(1) 소방대의 권한

① 강제처분★★

소방기본법 제25조의 강제처분 규정은 소방대가 활동 시 소방대의 소화활동, 연소의 방지, 인명구조 활동에 관하여 이 조항을 근거로 관계자 및 대상물에 대하여 강제처분을 할 수 있게 되어 있다.

▨ 소방활동 시 소방대의 권한

법규 구분	행사자	대상물	내용	요건	보상
제25조 제1항	소방본부장 소방서장 소방대장	화재가 발생하거나 번질 우려가 있는 소방대상물 또는 토지	사용 또는 사용의 제한 및 처분	인명구조, 불이 번지는 것을 막기 위하여 필요한 때	요하지 않음
제25조 제2항	〃	위(제1항) 이외의 소방대상물 또는 토지	〃	인명구조, 불이 번지는 것을 막기 위해 긴급하다고 인정될 때	요 함

제25조 제3항	〃	주·정차 차량 및 물건	제거 또는 이동	소방자동차의 통행과 소방활동에 방해될 때	요 함
제24조 제1항	소방본부장 소방서장 소방대장	관할구역에 사는 자 또는 현장에 있는 자	소방활동 종사명령	화재, 재난·재해, 위급한 현장에서 필요한 경우	요 함

※ 위 처분으로 인한 손실보상은 소방청장 또는 시·도지사가 한다.

② **소방자동차의 우선통행권***** 12년 부산 소방장

　ⓐ 화재진압활동은 시간과의 싸움이라고도 하며, 소방대원이 신속하게 소방활동에 착수할 수 있도록 하기 위하여 「소방기본법」 제22조(소방대의 긴급통행)에서 소방대는 화재, 재난·재해, 그 밖의 위급한 상황이 발생한 현장에 신속하게 출동하기 위하여 긴급한 때에는 일반적인 통행에 쓰이지 아니하는 도로·빈터 또는 물위를 통행할 수 있다고 규정하고 있다.

　ⓑ 일반적인 통행에 쓰이지 아니하는 도로 는 사도(私道)나 부지내의 통로 또는 공장내의 통로를 나타내는 것이며, 그곳을 소방대가 통행하면 당연히 그 장소에 거주하는 일반시민의 권리를 제한하게 되는 것이지만 소방활동이라고 하는 긴급의 필요성에서 보면 통로를 통과하는 정도의 사유재산권의 침해는 일반적으로 허용되는 범위이다.

　ⓒ 우선통행권에 관하여 손실보상의 규정이 없는 것은 긴급한 필요성에 의한 통행으로 재산권의 침해정도가 크지 않다는 것을 전제로 하고 있기 때문이다.

　ⓓ 소방기본법 제21조(소방자동차의 우선통행)와 도로교통법 제29조(긴급자동차의 우선), 제30조(긴급자동차에 대한 특례) 등에 규정을 두고 있다.

③ **소방활동 구역의 설정**** 13년 충북 소방장·소방교

화재, 재난·재해, 그 밖의 위급한 상황이 발생한 현장에서 구역 내에 일정한 사람을 제외하고는 출입을 제한할 수 있도록 규정하고 있다.(소방기본법 제23조)

④ **정보수집***

화재현장에서 진압방법을 결정하거나 인명구조를 하고자 할 때는 건물의 상황이나 거주자의 상황을 신속하게 파악할 필요가 있다.

　㉠ 화재발생 전 소방대상물의 정보는 소방특별조사에 의거 관계자에게 요구할 수 있다.

　㉡ 소방대로서는 관내의 건물사항에 관하여 소방활동 자료조사나 소방특별조사 등을 통하여 사전 파악에 노력하여야 한다.

　㉢ <u>현장에서의 정보수집은 인명과 관계되는 사항에만 국한하여야 한다.</u>

소화 활동	화재에 대한 최종목적은 진화하는 것이다. 소방기관이 보유하고 있는 장비 중 가장 많은 것이 펌프차라는 것만 보아도 소화활동을 중요시하고 있음을 알 수 있다. 소화활동 시 피해를 최소화하기 위하여 어떻게 화재를 신속, 정확하게 파악하고 필요 최소한의 소방력으로 진화할 것인가가 항상 소방대에게 부여된 과제이다. 화재의 종류, 대상은 천차만별이지만 가장 적절한 수단과 방법으로 피해를 최소화하는 소화활동이 필요하다.
연소 방지	① <u>화재진압 활동 시에 행동의 중점을 연소방지 활동과 소화활동의 어디에 두어야 하는가는 화재의 상황, 소방력, 기상 등에 의하여 결정된다.</u>

	② 화재상황에서 <u>소방력이 화세보다 우세한 경우</u>에는 소방력을 화점으로 집중시키고, 반대로 <u>화세가 최성기 등으로 소방력보다 강한 경우</u>에는 일거에 진압하는 것은 곤란하기 때문에 일반적으로는 우선 <u>연소방지</u>에 주력하여야 한다.
인명 구조	① 화재현장에서의 인명구조는 화재로 인하여 생명, 신체에 절박한 위험, 장해가 있어 자력으로 <u>탈출 또는 피난할 수 없는 사람을 안전한 장소로 구출 또는 위험 장해로부터 해방시키는 것</u>을 말한다. ② 화재에는 언제나 인명위험이 있으며 이 위험을 적극적으로 제거하고 위기에 직면한 사람을 구출하거나 위험으로부터 해방시키는 것이 <u>소방대의 제1의 사명이며 책임</u>이기도 하다.

제4절 화재대응 매뉴얼

화재진압의 성공여부는 조직화된 지휘자 및 대원, 현대화된 장비, 정비된 소방용수를 확보함과 동시에 이것을 유효하게 활용하기 위하여 매뉴얼을 작성하고 유사시에는 이 계획에 따른 신속, 정확한 소방활동이 필요하다. 대응매뉴얼은 그 지역 내의 소방대상물 및 지형, 기상, 소방용수, 보유 소방력 등에 따라서 수립대상과 포함사항은 모두 같지 않지만 일반적으로 다음과 같은 매뉴얼이 있다.

1 일반적 포함사항

대상물정보	화재대응매뉴얼은 현장에 출동한 소방대가 필수적으로 알아야할 대상물의 특성, 위험성, 인명구조 유의사항, 소방시설의 현황과 위치가 수록되어야 하며 취약요인 등 위험요인 정보가 필수적으로 포함되어야 한다.
출동계획	지역 내의 화재발생 위험과 연소위험을 계량적(計量的)으로 분석하고 이것에 기상 기타 소방관계 조건을 감안하여 출동대의 규모를 단계적으로 결정하는 것이며 지역특성에 따라 출동대의 규모를 증감한다.
소방용수 통제계획	화재현장에 출동한 소방대가 효과적으로 소방용수를 활용하기 위하여 도착순위마다 수리부서를 규제하는 계획이다. <u>평소 수량이나 수압이 부족한 지역 내의 소화전에 관해서는 수리부서를 제한하거나 통제한다.</u>

● 매뉴얼 포함사항
① 건물 규모와 구조 : 화재 발생 시 접근 및 진입, 인력과 장비의 배치, 환기, 연소확대 방지를 위한 중요한 정보
② 인명구조방안 조사 : 수용인원이 어느 정도인가, 주 이용 연령대가 어떠한가, 인명구조 활동을 위해 필요한 사항은 무엇인가?
③ 연소확대 예상 경로 : 화재가 발생하면 어떻게 이동할 것인가?
④ 건물의 수용물 : 당해 건물의 수용물이 무엇이 있는가?
⑤ 건물의 소화설비 : 소화설비, 소방활동상 필요한 설비현황, 위치, 유지관리사항은?
⑥ 환기 및 배연 : 화재진압 개시와 동시에 환기 및 배연을 어떻게 하여야 하나?
⑦ 접근경로·차량 배치 : 현장 도착 도로, 차량부서 위치, 고가차 등의 장애물 등 파악
⑧ 위험물 : 물과 반응하는 물질, 유독성 물질 등의 양과 위치 등
⑨ 자체 수원 소방용수 : 자체 보유 소방용수 및 인근 소화전과 저수조 등

2 화재대응매뉴얼의 종류 ★★ 13년 경기 소방장/ 충북 소방교·소방장/ 16년 서울 소방교

표준 매뉴얼	• 대부분의 화재대응에 공통적으로 적용하기 위해 작성되는 것 • 필수적인 처리절차와 임무, 기관별 처리사항을 규정하여 기관 또는 부서별 실무매뉴얼을 수립하는데 활용 ※ 재난현장표준작전절차, 긴급구조대응계획, 소방방재 현장조치 행동매뉴얼, 다중밀집시설 대형사고 표준매뉴얼 등
실무 매뉴얼	• 표준매뉴얼에 규정된 필수적인 처리절차와 임무, 기관별 처리사항을 근거로 각 기관별 또는 부서별로 작성되는 것 • 화재대응분야별 현장조치 및 처리세부절차를 규정 ※ 고층건물 화재진압 대응매뉴얼, 다중밀집시설 대형화재 실무매뉴얼, 원전(방사능)화재 등
특수화재 대응매뉴얼	• 지하철화재 등과 같은 특수시설 및 특수유형화재에 대한 일반적 대응매뉴얼 • 화재특성에 따른 대응시 유의사항 등으로 이루어진 매뉴얼로 대상별 매뉴얼 작성과 화재진압대원의 전문성 향상을 목적으로 작성되었다.
대상별 대응매뉴얼	• 화재진압활동은 신속, 정확하고 효과적이어야 한다. 이를 위하여 소방대의 현장행동을 통제하고 피해의 경감과 대원의 안전 확보를 위해 주요대상별 화재대응 매뉴얼의 필요성이 제기되었는데, 사회발전과 첨단복합건물의 등장으로 그 중요성이 커지고 있어 점차 작성대상이 확대되고 있다. ※ 중요목조문화재나 고층건물, 지하연계복합건축물 등 ※ 주요작성 대상 ① 인적, 물적 피해가 매우 큰 대상물 ② 연소확대가 빠르고 처음부터 화재의 최성기를 예측하여 필요한 소방력을 투입하여야 할 대상물 ③ 문화재 등 사회적 영향이 크고 특별한 보호를 필요로 하는 대상물 ④ 폭발, 유독가스 등의 발생위험이 있어 소방대원의 안전확보상 필요한 대상물 ⑤ 특수한 장비, 특수한 소화수단을 필요로 하는 대상물 ⑥ 특이한 소방대 운용과 현장행동을 필요로 하는 대상물

> TIP 매뉴얼의 종류만 암기해서는 안 됩니다. 최근에는 주관식 위주로 출제되므로 예를 들면, 대상별 매뉴얼에는 중요목조문화재, 고층건물, 지하연계복합건물 등까지 암기 바랍니다. ^^

3 상황별 대응계획

화재대응매뉴얼의 일종으로서 취약지역이나 경보발령, 소방차 진입불가 등 특수한 경우에 대비하여 소방관서별 필요에 의하여 수립된 사전대처계획을 말한다.

화재취약지구 및 진압곤란 시 대응계획	목조가옥, 소량위험물, 특수가연물 등의 밀집지역, 고지대, 저지대지역으로 연소확대 위험이 매우 크고 진입이 곤란한 구역(지역)이 존재하거나, 소방대의 통행에 지장이 있는 도로공사 등으로서 범위나 기간의 정도에 따라 필요한 경우 화재출동, 수리부서, 호스연장 등에 관하여 계획한다.
화재경보 발령 시 대응계획	화재경보 발령 하에서의 기상조건은 연소확대 위험이 크고 비화의 발생, 방수효과의 감소 등이 예상되므로 이에 대한 계획이다.

대규모재해 대처계획	• 대규모 재해가 발생하면 이에 따라 반드시 화재가 발생할 것이 예측된다. 가옥의 도괴, 도로의 파괴, 수도의 단수 등에 따라서 소방행동이 크게 제약을 받으며 연소 방지나 피난에 중대한 지장을 주어 다수의 사상자도 예상되므로 이에 대비한다. • 평상의 화재가 매우 확대되어 대규모 화재가 된 경우 도로, 하천, 공지 등의 지형 및 내화건물 등을 이용하여 화세를 저지하는 계획이다.

4 특별경계계획

시·도에 따라서 시기, 대상 등은 다르지만 소방대책상 필요한 경우에 수립하는 것으로 시기별 대응매뉴얼의 일종으로 볼 수 있다.
① 화재 다발기 특별경계계획
② 연말연시 특별경계계획
③ 불조심강조의 달 행사 등에 따르는 경계계획
④ 기타 특별경계계획(다중의 시위 대응, 명절, 선거 등)

제5절 소방활동 검토회의***** 경북 소방장/ 13년 서울 소방교·소방장/ 15년 소방장/ 22년 소방교

1 소방활동 검토회의 의의

이 규정에서 화재방어검토회의라 함은 소방본부장 또는 소방서장이 화재의 진압활동을 종료한 후 관계관의 소집 하에 당해 진압활동상황을 분석 검토하여 화재예방 및 진압활동의 자료로 활용하고자 하는 회의를 말한다.

2 소방활동 검토회의 개최한계

① "화재조사 및 보고규정"에 의한 대형·중요·특수화재 중 소방관서의 장이 필요하다고 인정한 경우
② 상급기관의 지시가 있는 경우
③ 기타 화재진압상 현저한 문제점이 발견되어 소방관서의 장이 필요하다고 인정하는 경우

소방활동 검토회의 대상*

소방본부	① 대형화재 • 인명피해 : 사망 5명, 사상자 10명 이상 • 재산피해 : 50억원 이상
	② 중요화재 • 이재민 100명 이상이 발생된 화재

	• 관공서, 학교, 문화재, 지하철, 지하구, 공공건물 등 화재 및 관광호텔, 고층건물, 지하상가, 시장, 대형중점관리대상, 화재경계지구 등으로서 사회의 물의를 야기시킨 화재
	③ 특수화재 철도, 변전소, 항공기, 외국공관(사택),특수사고, 방화 등 화재원인이 특이한 화재로서 사회의 이목이 집중된 화재
	④ 기타 본부장이 필요하다고 인정되는 화재
소방서	① 소방검사 대상물 화재 중 • 인명피해 : 사망 3명, 사상자 5명 이상 • 재산피해 : 2억 5천만원 이상 ② 기타 소방서장이 필요하다고 인정되는 화재
119 안전센터	본부 및 소방서 대상을 제외한 매 건마다(즉소화재 제외) ▶ 23년 소방위

3 검토회의 및 장소* 16년 서울 소방교/ 17년 소방위/ 20년 소방위/ 22년 소방교/ 23년 소방장

① 검토회의는 화재발생일로부터 10일 이내에 개최한다.
② 검토회의는 화재지를 관할하는 소방본부 또는 소방서에서 개최한다.

4 검토회의의 구성 * 20년 소방위/ 23년 소방장/ 23년 소방위

통제관	① 대형화재 발생 시의 통제관은 소방본부장이 된다. ② 중요화재, 특수화재의 경우 통제관은 관할 소방서장으로 하되 필요한 경우 소방본부장이 할 수 있다.
참석자	① 소방활동에 참여한 직원(긴급구조통제단 각 부 및 유관기관 담당자를 포함) ② 예방관계 사무담당직원 ③ 기타 화재규모, 방어활동 등을 참작하여 통제관이 필요하다고 지정하는 사람

5 검토회의의 준비*** 17년 소방장/ 19년 소방위/ 20년/ 22년 소방교/ 23년 소방장/ 소방위

(1) 소실건물에 인접한 주위 잔존물과 방어상 관련이 있었던 지형 및 공작물 등을 빠짐없이 기입한다.
(2) 건물의 구조별 표시방법은 목조는 녹색, 방화조는 황색, 내화조는 적색으로 표시한다.
　　TIP 암기방법은 목녹, 방황, 내적으로 외워보세요. ^^
(3) 화재발생 건물의 표시방법은 평면도 또는 투시도로 하되 화재발생부분을 알아보기 쉽게 한다.
(4) 관창진입 부서는 119안전센터명(소대명), 방수구경 및 사용 호스 수를 기입한다.

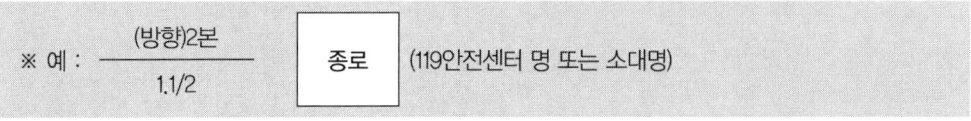

(5) 방위, 풍향, 풍속, 건물의 간격과 화점, 발화건물의 소실 및 소실면적을 기입한다.
(6) 화재발견 시 및 현장도착시의 연소범위는 주선으로 구분표시하고 그 소실면적의 누계를 기입한다. 다만, 최초 도착시의 연소범위는 선착대의 도착 시 상황을 검토 설명하면서 회의장에서 기입하는 것으로 한다.
(7) 소방활동도에는 부근의 도로, 수리, 펌프부서 및 호스 연장 방향 등을 기입한다.
(8) 축척은 정확히 하고 되도록 확대하여 작성한다.
(9) 도로는 그 폭원을 미터(m)로 표시한다.
(10) 방위표시도는 반드시 기입한다.
(11) 소방용수시설은 소정기호에 의하여 그 지역 내에 있는 것 전부를 기입하고 소화전에는 배관구경을 기타수리에 있어서는 수량을 기입한다.
(12) 출동대는 소방차의 위치 및 소방호스를 소정기호로써 소대명을 붙여 다음과 같은 색으로 구분 표시한다. ** 22년 소방교 / 23년 소방위   **TIP** 암기방법 : 1적, 2청, 3녹, 응황 ^^
   ① 제1출동대는 적색
   ② 제2출동대는 청색
   ③ 제3출동대는 녹색
   ④ 응원대는 황색
(13) 관계사물을 기입할 때에는 소정의 기호에 의하여 기입한다.
(14) VTR활용, 검토회의가 가능한 경우 제②호, 제③호, 제⑫호, 제⑬호를 제외할 수 있다.

> **TIP** 소방활동검토회의 장소, 구성, 준비사항은 중요해요. 밑줄 친 내용을 꼭! 기억하세요. ^^

6 소방활동 검토회의의 순서

(1) 화재 전의 일반상태의 검토	① 건물 및 관리상황 ② 동건물의 소방시설 상황 ③ 부근의 지리 및 소방용수상황
(2) 화재발견과 화재통보 상황의 검토	① 화재신고 접수 시의 화재상황 및 신고수리 통보상황 ② 화재출동지령 상황 및 관계기관으로의 통보상황
(3) 방어활동의 설명	① 최초 도착대의 도착 시 연소상황 및 채택한 방어조치(선착지휘자) ② 방어활동에 참석한 각대의 방어행동(각 소대장) ③ 선착대의 방어행동설명 후 통제관이 지명하는 자에 의한 의견 발표 ④ 제1출동대의 방어행동설명 후 현장지휘자에 의한 의견발표
(4) 방어행동의 관계있는 사람의 의견	
(5) 방어행동의 관계치 않은 사람의 소견	
(6) 강평	

7 검토방안

(1) 검토설명은 방어활동도에 의하여 설명하고 그 <u>설명대상자는 방어 행동에 참가한 전원을 대상</u>으로 한다.
(2) 방어행동과정에서 일어날 수 있는 문제점을 제시하여 그 적부에 대한 결론을 얻도록 한다.
(3) 검토사안으로는 각 대별 화재방어특성에 의하여 그 행동상 장단점이 현저하다고 인정되는 것을 중점적으로 검토하는 한편, 각 대 상호간의 횡적인 검토와 아울러 시차별 출동대의 소방용수점령 및 방어부서 담당면, 119종합상황실 활동, 구조·구급활동, 현장위험성 판단 및 안전관리사항 등을 종합한 종적인 검토도 병행한다.
(4) 화재방어검토회의 운영(통제관 통제)
   ① 검토회의에 있어서의 발언은 통제관의 지시 또는 허락에 의한다.
   ② 통제관은 방어행동에 따르는 제 문제점을 제기하여 그에 대한 설명을 구하고 그 설명에 대한 의문을 소명하여 소기의 검토 효과를 거둘 수 있도록 한다.
   ③ 설명을 요구받은 참석자는 자기가 채택한 행동과 그 결과에 대하여 간명하게 설명한다.
   ④ 통제관은 제3호의 설명이 불충분하거나 또는 불명료한 점이 있다고 인정될 때에는 타 참석자의 의견을 구한다.
   ⑤ <u>방어행동에 직접 참가하지 않은 자도 그 설명에 대하여 질문을 하거나 의견을 발표할 수 있다.</u>

결과 보고	검토회의를 개최하였을 때에는 그 결과를 <u>소방청장에게 즉시 보고</u>하여야 한다. ① 화재종합분석보고서 ② 회의록 사본
결과 조치	소방서장은 검토회의결과를 기록 보존하여 다음과 같은 자료를 활용한다. ① 직원의 일상교양 ② 이후 화재방어 및 시책교육 ③ 문제점 및 개선점 등을 발견, 향후의 교훈으로 삼고 소방발전에 기여 ④ 기록의 보존으로 소방사 편찬 등에 기여

> **Check**
> ① 이동식 송배풍기는 ( )장비에 속한다.
> ② 소화전의 연결금속구의 구경은 ( )밀리미터이다.
> ③ 소방서의 검토회의 대상 : 인명피해 ( )명, 재산피해 ( )천만원 이상
> ④ 제1출동대는 ( )색, 2출동대는 ( )색, 3출동대는 ( )색으로 한다.
> ⑤ 방위표시도는 반드시 기입한다.(○)
> ⑥ 저수조의 흡수부분의 수심은 0.5미터 이하로 한다.(×)
> ⑦ 검토회의는 화재발생일로부터 ( )일 이내 개최한다.

제6절 화재현장 안전관리

1 안전관리의 기본

(1) **임무수행과 안전관리**
① 안전관리는 대원의 안전을 확보하는 것이다.
② 지휘자는 대원의 안전을 무시한 전술을 결정해서는 안 되며, 지휘자나 참모는 항상 안전을 유지하는 전술의 고려와 확인을 통하여 임무를 달성하여야 할 것이다.
　㉠ 옥내진입하기 보다도 옥외의 발판이 확실한 곳에서 방수하는 것이 안전하다.
　㉡ 높은 곳에서의 작업은 더욱 더 위험성이 높은 작업이기 때문에 가능한 한 피하는 것이 좋다.
③ 안전관리는 그 자체가 목표는 아니며, 조직목표를 달성하기 위한 수단이다. 따라서 안전관리에만 구속되는 사고방식은 목표와 수단을 잘못 이해한 발상이다.
④ 안전관리냐, 임무수행이냐 라고 선택적으로 생각하는 것이 아니고 안전관리도 임무수행도 종합적으로 이해할 때 비로소 안전관리에 대한 정확한 인식을 할 수 있게 되는 것이다.

(2) **지휘와 안전관리**
① 안전의식
　대원의 안전관리를 보장하는 것은 총괄지휘자의 중요한 임무이며 책임이라고 이해하여야 한다. 전반적인 상황의 추이를 냉정하게 판단하여 대원의 안전을 충분히 고려한 전술을 결정하여야 한다. 명령의 내용은 항상 「안전」을 고려한 것이어야 한다.
② 활동환경의 파악
　㉠ 작업에 임하는 대원들은 위험상황을 직감하지 못하는 수가 많아 위험에 노출되는 예가 많다.
　㉡ 화재현장에서의 지휘자는 출동대의 임무를 지정했다고 하여 임무가 완료되는 것은 아니다. 각 소방대의 활동환경을 주도면밀하게 관찰하여야 하고 상황의 변화와 각 대의 위치를 끊임없이 확인·검토하여 대원의 안전 확보에 노력하여야 한다.
　㉢ 복잡한 현장에서는 참모나 지휘대원 중에서 담당자를 지정하고, 계속해서 각 대와 연락을 취하며 그 활동환경을 조사하고 확인하여야 한다.
　㉣ 특히 선착대는 적은 인원으로 다양한 활동을 하게 되므로 대원 1명이 관창을 잡고 1면을 담당하는 경우가 종종 있다. 이러한 고립된 관창배치는 가능한 한 피해야 하고, 관창은 서로 확인할 수 있는 상태로 배치하는 것이 바람직하다.

> ● 부득이 고립관창을 배치할 경우에는 2명 이상이 관창을 잡게 하여야 한다. 관창수의 단독행동으로 건물이 도괴되면서 매몰된 사실도 모른 채 시간이 지나서야 사망사실을 알게 된 사례가 발생하기도 한다.

　㉤ 각 소방대의 활동실태를 파악하기 위해서는 방면지휘자의 적극적이고 자발적인 보고가 요구된다. 평소훈련을 통하여 숙달해 두어야 하며, 보고한다는 것이 현장 활동의 효율화와 안전 확보에 얼마나 큰 역할을 하는 것인가를 알아야 한다.

③ 대원의 안전관리

지휘자가 안전관리를 고려함에 있어서 중요한 것은 대원 개개인의 안전의식의 함양이다. 사고발생의 문제점, 대책을 찾아내고 평소 훈련과정에서의 위험성을 주지하고 안전 확보를 위한 훈련을 지속적으로 하여야 한다. 또한 현장에서의 활동은 지휘체계에 의하여야 하고 2인 1조 활동을 원칙으로 하며 지휘자는 대원 개인별 특성을 미리 파악하여 주의 깊은 관찰과 개인별 임무활동에 반영한다.

④ 위험작업에의 대응

위험성이 높은 작업을 하는 경우에는 행동규제를 엄격하게 할 필요가 있다. 진입자의 개인별 특성과 소속, 진입시간, 장비 등을 확인함과 동시에 특정임무를 부여하지 않은 대원의 진입을 허용해서는 안 된다. 또, 만일의 경우를 대비하여 2차 진입대의 진입태세를 갖추고 있어야 한다.

> ● 최근에는 소화수단도 다양화되어 냉동창고 화재 시 드라이아이스를 사용하여 밀폐 소화하는 사례도 있다. 이러한 경우 실내는 당연히 탄산가스가 충만하게 된다. 따라서 소화확인을 위하여 옥내 진입하는 경우에는 가스실에 들어가는 것과 같은 준비태세로 진입하여야 한다.

(3) 자기방어

체력 단련	체력이 약한 대원은 현장활동에 있어 제약을 받게 된다는 것이다. 평소 체력은 곧 소방의 임무와 직결된다는 인식하에 체력단련을 철저히 하여 격렬함을 참고 견디는 강인한 체력과 정신력을 길러야 한다. ● 현장활동 대원의 체력소모를 측정해보면 100m 육상선수가 결승점을 향하여 전력 질주하는 힘 이상이 필요하다. 방화복, 헬멧, 안전화, 장갑, 공기호흡기 및 랜턴 등 개인장비를 착용한 채 진압장비의 신속한 운반과 화재진압 등으로 많은 체력이 소모된다.
자기 방어	자신의 몸은 자신이 지켜야 하는 것으로 자기방어는 곧 안전 확보의 기본이다. 안전관리가 지휘자의 책임은 지휘를 하고 대원을 움직이게 하는 경우에 안전을 확인하는 것이며, 대원의 체력이 약해서 넘어지는 것까지 지휘자의 책임은 아니다. 설마 하는 생각, 안이한 대응, 군중·영웅 심리의 발동 등은 대원 개개인이 유념하여야 할 부분이다.

2 소방공무원 생명보호 우선과제

소방공무원 순직사고를 줄이기 위해 미국 등 선진국에서 확립한 소방공무원 생명보호 우선과제 16항목
① 안전과 관련된 문화적 변화의 필요성을 인식한다. 이런 변화에는 지휘, 관리, 감독, 책임, 개인별 임무라는 각 요소의 적절한 융합이 요구된다.
② 건강과 안전에 대한 개인적 조직적 책임감을 향상시킨다.
③ 현장대응의 모든 단계에 있어서 안전관리에 관심을 기울인다.
④ 모든 소방공무원은 위험한 임무수행을 중단시킬 수 있는 권한을 갖는다.
⑤ 훈련 및 자격인증 등 국가차원의 제도를 발전시키고 이에 적극 참여한다.
⑥ 소방공무원 건강검진과 관련된 제도를 발전시키고 이에 적극 참여한다.
⑦ 생명보호 우선원칙 수립을 위한 정보를 수집하고 관련 연구과제를 개발한다.
⑧ 건강과 안전을 한 단계 발전시킬 수 있는 사용가능한 기술을 활용한다.
⑨ 모든 순직사고 및 공상사고를 철저히 조사한다.

⑩ 안전관리훈련을 정기적으로 실시할 수 있는 제도를 정착시킨다.
⑪ 표준작전절차 등 국가적인 대응절차 및 매뉴얼을 개발하고 준수한다.
⑫ 위험한 상황별 대응방법을 국가적으로 개발하고 준수한다.
⑬ 소방공무원과 그 가족들에 대해 정신의학적 치료의 기회를 제공한다.
⑭ 국민을 대상으로 하는 화재 시 생명보호 교육에 충분한 교육자료를 제공한다.
⑮ 건축물에 설치되는 소방시설의 기준을 강화한다.
⑯ 소방활동장비를 개발함 있어 안전 및 생명보호를 최우선 고려사항으로 한다.

3 위기관리

소방공무원 보건안전 및 복지기본법에 따르면 소방관서의 장은 안전에 관한 규정 및 기준을 준수하도록 하고 있다. 이러한 안전관리 규정 및 기준 준수를 위해서는 각 상황별 보호이익과 위험이 무엇인지 판단하는 위기관리가 선행되어야 한다.

> ● 위기관리를 위한 예시적인 모델로 세계적으로 많은 소방관서가 따르고 있는 "많은 위험 많은 보호이익, 적은 위험 적은 보호이익, 위험 없음 보호이익 없음"의 미국 피닉스소방본부의 모델을 소개한다.
> 1. 생각하라.
> 2. 방어운전 하라.
> 3. 서두르지 말고 천천히 운전하라.
> 4. <u>교차로에서 시야가 확보되지 않으면 일단 멈추어라.</u>
> 5. <u>출동단계에서 뛰지 말라.</u>
> 6. 차량 내에서는 안전밸트를 착용하라.
> 7. 공기호흡기와 개인보호장비를 모두 착용하라.
> 8. 연기를 절대 마시지 말라.
> 9. 침착하게 화점을 공격하라.
> 10. 개별행동을 금지하고 지휘관의 통제에 따르도록 하라.
> 11. 동료들과 항상 붙어 다녀라.
> 12. 지휘관과 연락가능상태를 유지하라.
> 13. 항상 비상탈출로(소방호스, 라이프라인 등 활용)를 확보하라.
> 14. 공기호흡기의 잔량을 수시로 체크하라.
> 15. 화점을 공격할 때에는 호스길이를 여유 있게 확보하라.
> 16. 위험요소가 무엇인지 파악하라.
> 17. 대응 절차나 기준을 준수하라.
> 18. 신속히 배연을 실시하고 활동 중 수시로 배연하라.
> 19. 대응활동장소에 조명을 비추어라.
> 20. 화염이 크면 도움을 요청하라.
> 21. 현장에서 어디에 위치하고 있는지 항상 파악하라.
> 22. 붕괴의 조짐을 시각 및 청각 등을 활용하여 주시하라.
> 23. 지친 대원을 교대해 주고 활동량이 많은 대원을 도와라.
> 24. 항상 경계심을 갖고 활동하라.
> 25. 대원 서로 간 상태를 체크하라.

4 생사가 걸린 의사결정법

(1) 생사가 걸린 상황에서 문제점을 발견하고 신속한 판단을 내리는데 활용방법
① 문제(있는 장소)는 어디에 있는가?
② 전반적으로 사고 진행이 어느 단계에 있는가?
  ㉠ 성장기에 있는가?
  ㉡ 최성기에 도달하였는가?
  ㉢ 쇠퇴기에 있는가?
③ 생명이 위태로운가?
④ 어느 자원이 이용 가능한가?
⑤ 상황을 통제(진압)하는 데 이용되는 자원은 어떤 효과를 나타낼 것인가?
⑥ 아무조치도 하지 않는다면 어떻게 될 것인가?
⑦ 위험상황이 통제(진압) 되었는가?
⑧ 위험에 노출된 재산(건물)이 있는가?

(2) 질문자의 좀 더 정확하고 세부적인 의사결정 방법
① 지붕이 안전한가?
  ㉠ 지붕 배연을 위한 개구부를 뚫을 수 있는가?
  ㉡ 아니면 지붕이 무너질 위험이 높은가?
② 연소 중인 건물로부터 어느 피해자를 먼저 구출해야 하는가?
③ 연소 중인 자동차가 폭발할 것인가 아니면 차 안에 갇힌 사람을 구조해야 하는가?
④ 연소 중인 건물내부에 진입한 대원들이 후퇴해야 하는가 아니면 내부 진입을 계속해야 하는가?
⑤ 연기가 가득 찬 건물에서 2차 검색이 종료되었는가 아니면 여전히 건물 안에 갇힌 피해자가 존재하는가?
⑥ 현장에서 충분한 자원을 가지고 있는가 아니면 지원출동을 요청해야 하는가?
⑦ 밀폐된 공간에서 화재가 완전히 진압되었는가 아니면 다시 점화하여 현장을 떠난 후 보다 위협적인 화재가 발생할 개연성이 있는가?
⑧ 이것이 오인 신고인가 아니면 희생자를 찾기 위해 다시 그 지역을 검색해야 하는가?
⑨ 현장에 화재 진압을 위한 충분한 자원이 구비되어 있는가? 부족하다면 모든 출동대원들에게 검색과 구조 임무만 수행하도록 하고 건물은 연소하는 대로 내버려 둘 것인가?
⑩ 인접 건물을 보호하기 위해 화재 발생 건물을 포기해야 하는가?

(3) 의사결정능력개발 수단
① 멘토식 학습법(Mentors)
  ㉠ <u>소방관은 경험을 통해 이와 같은 기술을 터득하고 경험은 의사결정에 있어서도 최고의 교사이다.</u>

ⓛ 일반적으로 신임직원이 현장에 배치되면 경험이 많은 베테랑 선배직원과 일하게 되고 신임 소방관은 경험이 많은 파트너가 임무 수행하는 것을 관찰하고 질문하면서 언젠가 자기 자신의 생명을 구하게 될 기법을 배우게 된다.

ⓒ 의사결정 학습방식은 지휘관들 사이에서도 이용된다.
ⓐ 긴급 상황 신고가 들어오면, 몇몇 출동대가 현장에 투입된다.
ⓑ 단위 출동대(119안전센터)는 대게 센터장(팀장)인 감독자가 지휘한다.
ⓒ 현장에 가장 먼저 도착한 선착 지휘관은 상급 지휘관이 현장에 올 때까지 현장을 지휘한다.
ⓓ 초보 지휘관들은 베테랑의 선임 지휘관들의 결정을 관찰하고 그들의 결정 방식을 배우게 된다.

ⓔ 일반 대원이 지휘관으로 승진하게 되면, 이러한 멘토식 학습절차는 다시 시작된다. 새로운 지휘관은 새로운 관점에서 생사가 걸린 결정에 대해 배우게 된다.

ⓜ 최초의 신고에 대응하는 선착 지휘관의 판단은 초기 몇 분 이내에 이루어지며, 내려진 결정은 전체적인 진압 활동의 기초가 되기 때문에 매우 중요하다.

② **출동건수가 많은 소방관서에서의 근무경력은 의사결정능력을 향상시키는 중요한 요소**

㉠ <u>현장경험이 최고의 교사</u>이므로, 적극적인 지휘관들은 화재와 긴급출동이 많은 소방관서를 선택하는 경우도 있다.

㉡ 경험은 올바른 결정을 내려야 하는 압박감을 가진 사람에게 자신감을 심어준다. 이러한 자신감은 현장에서의 리더십과 지휘권을 확립하는 능력으로 이어진다.

㉢ 이러한 폭넓은 경험을 축적하도록 하기 위해 일정한 주기로 지휘관들을 순환근무 시키는 인사정책이 활용된다.

> ● 지휘관들은 다양한 종류의 사고에서 의사 결정 경험이 필요하므로 고층, 저층, 대형 상가, 주택, 산림에서 발생한 화재에 등에 대해 알아야 한다.

③ **모의훈련(Simulation Training)**

㉠ 최근 선진국은 물론 중앙소방학교에서 건물의 종류와 연소 확대의 유형에 따른 다양한 전략과 전술의 응용연습이 가능한 지휘훈련 시뮬레이터가 개발 훈련되고 있다.

㉡ 이 컴퓨터 프로그램은 신임 지휘관, 베테랑 지휘관 모두를 훈련시키는 데 성공적으로 사용될 수 있다.

㉢ 이 훈련 프로그램에서는 신임 지휘관이 실제 연소 확대되는 이미지를 보여주는 거대한 스크린 앞에서 지휘연습을 할 수 있으며 동료 교육생들에 의해 다양한 질문과 문제제기를 통해 즉각적인 의사결정 연습을 할 수 있다.

㉣ 의사결정에 대한 문제제기와 응답은 화재 상황 평가, 장비 배치, 사다리 설치, 호스 위치 그리고 공격·방어 전략 등 전략선택 등에 대해 질문하고 답변하는 형식으로 운영된다.

㉤ 이와 같은 컴퓨터 프로그램의 성공 열쇠는 컴퓨터에 프로그램화 되는 소스 정보에 달려있으며, 현장지휘규칙과 SOP, 건물 화재에 대한 장비적용, 전략과 전술에 대한 기본개념 등이 그 기초를 이룬다.

④ 건물구조에 대한 지식정보
  ㉠ 긴급 상황 시 의사결정에 있어 경험 다음으로 중요한 것이 연소 중인 건물구조에 대한 지식과 정보를 획득하는 것이다.
  ㉡ 현장에 대해 더 많이 아는 지휘관이 생사가 걸린 결정을 더 신속하고 정확하게 내릴 수 있다.
  ㉢ 주어진 건물 구조에 대해 잘 파악할 경우 연소 확대의 방향과 화재의 약점을 알 수 있고, 이것은 전략과 전술을 구상하는 데 도움을 준다.

  > 예) 심야 시간대에 다층구조의 주거용 건물 1층 계단에서 화재가 발생한 경우에는 가장 높은 층의 침실이 1순위의 검색 대상이 된다는 것을 판단할 수 있다.
  > 일반적으로 거주용 다락방이 있는 구조의 상가밀집지역의 상가화재에서는 바람 부는 방향에 있는 화재 노출 상가부터 먼저 관창(호스)을 전개하여 진입해야 한다는 판단을 내릴 수 있게 해준다. 두 개의 공동주택 사이에 있는 공기통로에 연소가 진행 중인 경우 화재확산이 가능한 인접건물 및 맞은편 건물 옥상에 각각 관창(호스)을 배치해야 한다는 결정을 내릴 수 있다.

  ㉣ 건물구조에 대한 지식과 정보를 얻는 것이 연소 확대의 경로와 약점을 판단하는 데 도움이 되는 것 외에도, 건물의 붕괴 위험이 있는지 여부를 판단하는 데 도움이 될 수 있다.
    ⓐ 화재 시 난간이 있는 경우 난간이 붕괴될 가능성이 높고,
    ⓑ 트러스 구조로 된 건축물은 소방관들에게 잠재적으로 치명적 위험이 될 수 있으며,
    ⓒ 2~3층 목조 건물은 내부 붕괴의 위험이 매우 높다.
    ※ 트러스구조 : 직선의 부재를 삼각형 그물모양으로 뼈대나 구조를 만든 형태

⑤ 화재에 대한 지식정보**** 17년 소방장 / 21년 소방교
실수가능성을 최소화하면서 생사가 걸린 의사결정을 내리기 위해서는 화재의 이동과 확산하는 방식에 대해 잘 알아야 한다.

대류	열과 연기를 확산시켜 연소 범위를 확대시키는 가장 흔한 방식이다.
자동노출	플래임 래핑(Flames lapping)과 같이 창문에서 창문으로 확산되는 방식도 화재가 인접 건물로 확대되는 일반적 사례이며 이것은 넓은 의미에서 대류 확산의 한 사례에 해당된다. 대류나 자동노출 확산을 막기 위해서는 위층에 호스를 연결하여 방어해야 한다. ● 플래임 래핑 : 소가 혓바닥으로 핥듯이 창문이나 열린 공간을 향해 화염이 확대되어 가는 것
복사	공간을 통해 열이 사방으로 전달되는 방식으로 화염을 사방으로 확대시키는 대형화재의 주범이다. 이 또한 인접 건물에 관창(호스)을 배치하고 방어하는 것이 필요하다.
전도	고체물질의 고온에서 저온으로 열이 전달되는 방식이며, 주로 기계적 시설이 작동되면서 마찰열에 의해 화재가 발생되는 기계적 화재원인의 주범이기도 하다.

TIP 열의 전달과는 다른 특징이 있으니 암기하시고 특히 자동노출 내용을 기억하세요. ^^

⑥ 전략과 전술
  ㉠ 전술은 1개 단위의 진압대가 현장에서 수행하는 구체적 작전을 말한다. 이러한 전술은 현장지휘관의 전반적인 화재진압 전략을 달성하는 최소전술단위에 해당된다.

  > 예를 들어, 주택화재에서 생명을 보호하는 전략은 강제진입, 사다리 설치, 호스 전개, 배연 그리고 검색과 구조를 포함하는 각각의 전술을 통해 전반적으로 실현된다.

ⓛ 소방 서비스에서, 전략은 전체적 대응활동계획과 대응활동에 필요한 모든 자원의 활용 및 배치 계획을 포함하는 개념이다.
ⓒ 효과적으로 생사가 걸린 결정을 내리기 위해, 지휘관은 다양한 전략을 구사할 수 있어야 한다.

> **소방현장에서 가장 흔하게 활용되는 우선순위에 따른 화재진압 전략개념**
>
> ★ 16년 소방위/ 서울 소방교/ 19년 소방장★★
>
> ① 생명보호(Rescue) → ② 외부확대 방지(Exposure) → ③ 내부확대 방지(Confine) →
> ④ 화점진압(Extinguish) → ⑤ 재발방지를 위한 점검·조사(Overhaul) 등
> ※ 요약하여 정리하면 ① 화점과 생명의 위치확인 → ② 통제 → ③ 진압의 순차적 진압활동

ⓔ 최근 이러한 5단계(RECEO)에 따른 화재진압전략의 대응우선순위 전략개념은 마지막 6단계에 "화재발생 부지(장소) 내 현장 안전조치(Safeguard)"를 추가하여 대응우선순위 전략개념으로 활용되고 있다.

> ● 최근 소방청에서는 SOP101-3(대응활동계획수립·시행)에서 1번째 단계에 "대원들의 안전 위협요소는 있는가?"를 추가하여 안전을 강조하고 있다.

■ 화재진압전략의 활동과정★★★★ 17년 소방장/ 18년 소방위/ 19년 소방장

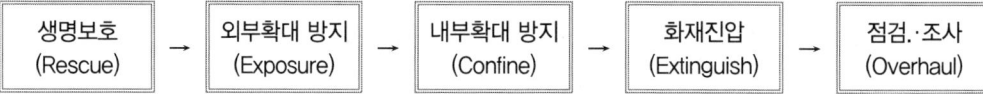

ⓗ 전략이 결정된 후, 지휘관은 전략을 달성하는 데 필요한 분담된 전술을 시행하도록 각 출동대에 지시할 수 있어야 한다. 이와 같은 개괄적인 화재진압 전략 이외에도, 긴급구조통제단의 가동, 지휘소 설치, 각 방면별 분대지정, 실행 가능한 의사소통체계 확립, 소방용수 확보 등과 같은 많은 계획들이 순간순간에 구두로 시행되어야 한다.

> **TIP** RECEO 순서는 언제든지 출제될 수 있는 중요한 내용입니다. 순서를 꼭! 암기바랍니다. ^^

⑦ 의사결정의 관리감독(Controls on Decision Makers)
ⓛ 소방현장에서 단위지휘관들의 생사가 걸린 의사결정은 총괄적으로 현장을 지휘하는 지휘관에 의해 관리감독을 받아야 한다.
ⓒ 중요한 임무를 수행하는 단위 지휘관들의 전술적 결정은 보고과정을 통해 관리감독 된다.
ⓒ 현장에서 통신망을 이용하거나 지휘소회의를 통해 주기적으로 보고하는 것은 전략에 배치되는 활동을 미연에 방지하고 지휘 의사결정의 심각한 실수를 막는 데 있다.
ⓔ 각 출동대별로 화재상황과 활동에 대해 무전으로 보고하면 이를 총괄 현장지휘관이 평가하고 추가지시 또는 전술적 활동의 변경을 요구함으로서 생가가 걸린 결정에 대한 관리감독적 역할을 한다.
ⓛ 표준작전절차(SOP) 또한 체계적 의사결정 절차를 안내하는 기능을 한다.
ⓗ 주요화재 및 대형 화재현장에서 총괄적 책임을 맡은 지휘관은 현장을 떠나기 전에 최소한 다음과 같은 3가지의 생사가 걸린 결정을 내리게 된다.

ⓐ 1차 검색활동
　　ⓑ 2차 검색활동
　　ⓒ 화재의 완전진압여부 선언

> **Check**
> ① 소방력의 3요소는 (　), (　), (　)이다.
> ② (　) : 고체물질의 고온에서 저온으로 열이 전달되는 방식이다.
> ③ 열과 연기를 확산시켜 연소 범위를 확대시키는 가장 흔한 방식은 (　)이다.
> ④ (　) : 플래임 래핑(Flames lapping)과 같이 창문에서 창문으로 확산되는 방식이다.
> ⑤ RECEO 우선순위에 따른 화재진압 전략개념은
> 　생명보호 → (　) → (　) → 화재진압 → 점검, 조사

화재진압 및 현장활동

01 기출 및 예상문제

01 화재에 대한 개념으로 틀린 것은?

① 고의에 의해 발생하는 연소현상은 화재가 아니다.
② 화재란 소화의 필요성이 있어야 한다.
③ 소화시설 등을 사용할 필요 있어야 한다.
④ 과실에 의하여 발생하는 연소현상은 화재로 볼 수 있다.

[해설]
화재란 『사람의 의도에 반하거나 고의 또는 과실에 의하여 발생하는 연소현상으로 소화할 필요가 있는 현상 또는 사람의 의도에 반하여 발생하거나 확대된 화학적 폭발현상』을 말한다

02 화재의 정의에 대한 설명으로 다음 내용과 관계있는 것은?

> 고의 또는 과실로 인하여 타인에게 손실을 입히는 화재

① 형법상 화재
② 민법상 화재
③ 과학적 화재
④ 소방법상 화재

[해설] ◆ 유사개념★★★ 13년 경기 소방장

과학적 화재(연소현상)	빛과 열을 발생하는 급격한 산화현상
형법상 화재(방화)	불을 놓아 매개물에 독립하여 연소되는 것
민법상 화재	고의 또는 과실로 인하여 타인에게 손실을 입히는 화재

정답 01. ① 02. ②

03 "화재진행에 영향을 미치는 요인"에 대한 설명으로 다음 내용과 관계 깊은 것은?

> 화재의 진행을 위해서는, 발화기를 넘어서 연소가 지속될 수 있도록 한다.

① 최초 가연물의 위치
② 복사에너지
③ 구획실의 크기
④ 충분한 공기

해설 최초가연물의 위치* 15년/ 20년 소방장

| 충분한 공기 | 화재의 진행을 위해서는, 발화기를 넘어서 연소가 지속될 수 있도록 한다. |

04 다음 내용을 읽고 관계있는 것을 고르시오?

> 나트륨, 칼륨, 마그네슘과 같은 가연성 금속의 화재

① 백색
② 무색
③ 황색
④ 청색

해설 소화적응성 분류** 13년 경기 소방장

화재는 일반화재(백색), 유류화재(황색), 전기화재(청색), 금속화재(무색), 가스화재(황색)으로 구분할 수 있다.

| 금속화재 | 나트륨, 칼륨, 마그네슘과 같은 가연성 금속의 화재를 말한다. 금속화재에 대한 소화기의 적응화별 표시는 D로 표시하고 있으나 현재 국내의 규정에는 없다. |

05 다음 중 전소에 해당하는 것은?

① 건물의 50%가 소실되고 잔존부분을 보수하여도 재사용이 불가한 것
② 건물의 60%가 소실된 것
③ 건물의 40%가 소실된 것
④ 건물의 20%가 소실된 것

해설
건물의 70% 이상이 소실되어야 전소이지만 잔존부분을 보수하여도 재사용이 불가능하다면 전소이다. * 13년 경기 소방장

정답 03. ④ 04. ② 05. ①

06 "긴급상황보고" 여부에 따른 분류로서 옳은 것은?

① 사망자가 3명이면 대형화재이다.
② 사상자가 5명 발생하면 대형화재이다.
③ 지하철 화재이면 특수화재로 볼 수 있다.
④ 이재민이 50명 발생하면 중요화재이다.

해설 ❖ 긴급 상황보고 여부에 따른 분류★★★ 09년 부산 소방장

구 분	내 용
대형 화재	• 사망 5명이상이거나 사상자 10명 이상 발생화재 • 재산피해 50억원 이상 추정되는 화재
중요 화재	• 관공서, 학교, 정부미도정공장, 문화재, 지하철, 지하구 등 공공건물 및 시설의 화재 • 관광호텔, 고층건물, 지하상가, 시장, 백화점, 대량위험물을 제조·저장·취급하는 장 소, 중점관리대상 및 화재경계지구 • 이재민 100명 이상 발생화재
특수 화재	• 철도, 항구에 매어둔 외항선, 항공기, 발전소 및 변전소의 화재 • 특수사고, 방화 등 화재원인이 특이하다고 인정되는 화재 • 외국공관 및 그 사택의 화재 • 기타 대상이 특수하여 사회적 이목이 집중될 것으로 예상되는 화재

07 다음 중 "무염화재"에 대한 설명이 아닌 것은?

① 화염은 크게 발생하지 않으나 연기가 나고, 빛이 나는 심부화재에 해당한다.
② 폴리우레탄 재질의 매트리스와 같은 물질의 화재가 해당한다.
③ 열과 화염이 크게 발생하는 일반적인 화재유형에 해당한다.
④ 석탄 같은 연소물질은 대기 중의 산소가 천천히 스며들어가면서 연소범위가 서서히 확산된다.

해설 ❖ 무염화재와 유염화재★ 13년 소방위
③은 유염화재에 대한 설명이다.

무염화재	• 일반적으로 다공성 물질에서 발견되며 화염은 크게 발생하지 않으나 연기가 나고, 빛이 나는 화재로 심부화재(Deeply seated burning)에 해당한다. • 겉 천(가죽)을 씌운 가구, 이불솜, 석탄, 톱밥, 폴리우레탄 재질의 매트리스와 같은 물질은 대표적인 무염화재의 연소물질에 해당한다. • 이와 같은 다공성 연소물질은 대기 중의 산소가 천천히 스며들어가면서 연소범위가 서서히 확산된다. • 연기가 나거나 무염화재와 같은 유형은 재발화의 원인이 된다.

정답 06. ③   07. ③

08 구획실 화재의 진행순서로써 옳은 것은?

① 발화기 – 플래시오버 – 성장기 – 최성기 – 쇠퇴기
② 발화기 – 최성기 – 플래시오버 – 성장기 – 쇠퇴기
③ 발화기 – 최성기 – 성장기 – 플래시오버 – 쇠퇴기
④ 발화기 – 성장기 – 플래시오버 – 최성기 – 쇠퇴기

[해설]
◎ 구획실 내의 화재진행순서는 발화기, 성장기, 플래쉬오버, 최성기, 감퇴기 이다. ★ 13년 소방위/ 16년 부산 소방교

09 다음 내용과 관계 깊은 것은?

> 중간 매개체의 도움 없이 발생하는 전자파에 의한 에너지의 전달이다.

① 복사　　　　　　　② 대류
③ 전도　　　　　　　④ 비화

[해설] ◎ 복사 ★ 17년 소방장
- 복사는 중간 매개체의 도움 없이 발생하는 전자파(광파, 전파, 엑스레이 등)에 의한 에너지의 전달이다.
- 복사는 대부분의 노출화재(exposure fire; 화재가 시발된 건물이나 가연물들로부터 떨어져있는 건물이나 가연물들에 점화되는 화재)의 원인이다.

10 다음 중 열 전달과정이 아닌 것은?

① 복사　　　　　　　② 연쇄반응
③ 대류　　　　　　　④ 전도

[해설]
- 연쇄반응은 연소의 4요소이다. ★★ 22년 소방장

정답 08. ④　09. ①　10. ②

11 다음 내용과 관계 깊은 것은?

( )는 고체물질의 고온에서 저온으로 열이 전달되는 방식이다.

① 전도
② 복사
③ 대류
④ 비화

해설 ✪ 전도★★ 22년 소방장
- 전도(Conduction)는 고체물질의 고온에서 저온으로 열이 전달되는 방식이며, 주로 기계적 시설이 작동되면서 마찰열에 의해 화재가 발생되는 기계적 화재원인의 주범이기도 하다.

12 다음 중 화재의 4요소에 해당되지 않은 것은?

① 풍부한 산소
② 최신장비
③ 열
④ 가연물

해설 ✪ 화재의 4요소 : 산소, 가연물, 열, 연쇄반응

13 다음 내용과 관계 깊은 것은?

화재의 4요소들이 서로 결합하여 연소가 시작될 때의 시기를 말하며, 물리적 현상은 스파크나 불꽃에 의해 유도될 수 있다.

① 성장기
② 감퇴기
③ 최성기
④ 발화기

해설 발화기★★ 22년 소방장
① 발화기는 화재의 4요소들이 서로 결합하여 연소가 시작될 때의 시기를 말하며, 발화의 물리적 현상은 스파크나 불꽃에 의해 유도되거나 자연발화처럼 어떤 물질이 자체의 열에 의해 발화점에 도달한다.
② 발화시점에서 화재는 규모가 작고 일반적으로 처음 발화된 가연물에 한정되고 개방된 지역이든 구획이든 모든 화재는 발화의 한 형태로서 발생한다.

정답 11. ① 12. ② 13. ④

14 다음 중 화학적 소화방법으로 옳은 것은? * 14년 경남 소방장/ 19년 소방교

① 질식소화 ② 제거소화
③ 희석소화 ④ 부촉매 소화

[해설]
○ 부촉매 소화법(화학적 소화법)에 이용되는 소화약제의 종류로는 할로겐화합물소화약제, 분말소화약제, 산·알카리소화약제, 강화액소화약제 등이 있다.

15 다음 내용과 관계 깊은 것은?

| 구획실 내의 모든 가연성 물질들이 화재에 관련될 때에 일어난다. |

① 쇠퇴기 ② 발화기
③ 최성기 ④ 성장기

[해설] ○ 최성기(Fully developed) * 20년 소방교 / 22년 소방장
1. 최성기는 구획실 내의 모든 가연성 물질들이 화재에 관련될 때에 일어난다.
2. 이 시기에, 구획실 내에서 연소하는 가연물은 이용 가능한 가연물의 최대의 열량을 발산하고, 많은 양의 연소생성가스를 생성한다.
3. 발산되는 연소생성가스의 양과 발산되는 열은 구획실의 배연구의 수와 크기에 의존한다.
4. 구획실 연소에서는 산소공급이 잘 되지 않으므로 많은 양의 연소하지 않은 가스가 생성된다.
5. 이 시기에, 연소하지 않은 뜨거운 연소 생성 가스는 발원지에서 인접한 공간이나 구획실로 흘러 들어가게 되며, 보다 풍부한 양의 산소와 만나면 발화하게 된다.

16 백드래프트(Backdraft) 현상과 관계없는 것은?

① 충분한 산소농도 ② 휘파람 소리
③ 노란색의 불꽃 ④ 맴도는 연기

[해설] 백드래프트의 징후 : 부족한 산소농도, 휘바람 소리, 노란색 불꽃, 맴도는 연기★★
▶16년 전북 소방장/22년 소방위

정답 14. ④ 15. ③ 16. ①

17 다음 내용과 관계 깊은 것은?

> 화염선단 부분이 주변공간으로 확대되고 상층부의 초고온 증기(가연성 가스)의 발화

① 백드래프트 ② 플래시오버
③ 롤오버 ④ 플레임오버

해설 ✪ 플래시오버(Flash over)와 롤오버(Roll over)의 차이점★ 22년 소방위

구 분	플래시오버(Flash over) 현상	롤오버(Roll over) 현상
복사열	열의 복사가 강하다.	열의 복사가 플래시 오버(Flash over) 현상에 비해 상대적으로 약하다.
확대범위	일순간 전체공간으로 발화 확대된다.	화염선단 부분이 주변공간으로 확대된다.
확산 매개체	공간 내 모든 부분(상층과 하층) 가연물의 동시발화	상층부의 초고온 증기(가연성가스)의 발화

18 '플래시오버 징후와 특징"이 아닌 것은?

① 고온의 연기발생
② 플레임오버 현상이 관찰됨
③ 일정 공간 내에서의 전면적인 자유연소
④ 실내 모든 가연물의 동시발화 현상

해설 ✪ 플래시오버의 징후와 특징★★★ 12년 부산 소방장/ 14년 부산 소방교/ 20년 소방교

징 후	특 징
• 고온의 연기 발생 • Rollover 현상이 관찰됨 • 일정 공간 내에서의 전면적인 자유연소 • 일정 공간 내에서의 계속적인 열집적(다른 물질의 동시 가열) • 두텁고, 뜨겁고, 진한연기가 아래로 쌓임	• 실내 모든 가연물의 동시발화 현상 • 바닥에서 천정까지 고온상태

정답 17. ③ 18. ②

19 다음 중 백드래프트에 대한 설명이 아닌 것은?

① 감퇴기
② 가연물에 복사열의 축적
③ 일시적인 산소공급
④ 불완전 연소상태

해설 ❋ 백드래프트 특징★★ 17년 소방장/ 19년 소방교·소방장/ 22년 소방위
②는 플래시오버의 원인임.

구 분	백드래프트(Back draft)
징 후	• 건물 내 외부의 압력차이로 인하여 휘파람소리 비슷한 소리를 내기도 한다. • 연기가 건물 내에서 휘돌거나 맴도는 현상이 보인다. • 산소공급이 원활하지 못하여 불꽃이 노란색을 보일 때도 있으며 훈소상태로 고열이다.
특 징	• 건물내외부가 폐쇄되어 산소공급이 부족하다. • 내부의 화염이 보이지 않으나 창문이나 출입문이 고열이다. • 창문 등에서 타르와 같은 물질이 흘러내리고 있다.
원 인	일시적인 산소공급
발생시기	주로 화재 감퇴기
전단계 연소상태	불완전연소상태(훈소상태)
산소량	산소가 부족한 상태

20 화재의 진행단계 순서는?

① 플래시오버-프래임오버-백드래프트-롤오버-백드래프트
② 프래임오버-백드래프트-롤오버-플래시오버-백드래프트
③ 백드래프트-프래임오버-백드래프트-롤오버-백드래프트
④ 롤오버-백드래프트-백드래프트-프래임오버-백드래프트

해설 ❋ 화재의 진행단계 참고★★ 13년 소방위/ 16년 부산 소방교/ 20년 소방위

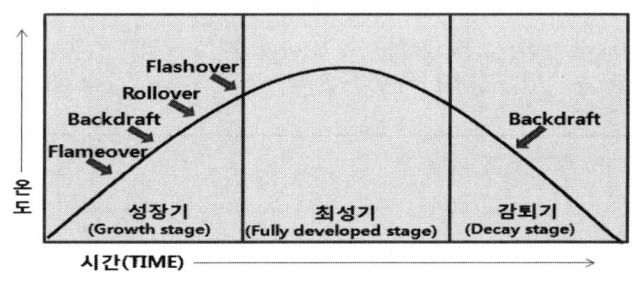

정답 19. ② 20. ②

21. 다음 중 "백드래프트 대응전술 방법"에 대한 설명으로써 잘못된 것은?

① 상황이 허락된다면, 지붕에 개구부를 만들어 환기한다.
② 급속한 연소현상에 대비하여 낮은 자세를 유지한다.
③ 일반적으로 적절한 내부공격시점은 지붕배연작업 전에 이루어져야 한다.
④ 배연작업 전에 창문이나 문을 통한 배연 또는 진입을 시도해서는 안 된다.

해설 ✚ 백드래프트 대응전술★★★ 13년 부산 소방장/ 22년 소방위

일반적으로 적절한 내부공격시점은 지붕배연작업이 완료된 후에 실시하는 것이 원칙이며, 배연작업 전에 창문이나 문을 통한 배연 또는 진입을 시도해서는 안 된다. 하지만 불가피하게 개방을 하여야 한다면 최대한 서서히 개방하도록 하고 급속한 연소현상에 대비하여 낮은 자세를 유지한다. 일반적으로 적절한 내부공격시점은 지붕배연작업 후이다.

22. "백드래프트를 예방하거나 발생 가능성을 줄일 수 있는 3가지 전술"에 포함되지 않은 것은?

① 정면공격법
② 지붕환기
③ 급냉법
④ 배연법

해설 ✚ 백드래프트를 예방하거나 발생 가능성을 줄일 수 있는 3가지 전술★★ 14년 부산 소방장/ 15년 소방교

배연법 (지붕환기)	• 연소 중인 건물 지붕 채광창을 개방하여 환기시키는 것은 백드래프트의 위험으로부터 소방관을 보호할 수 있는 가장 효과적인 방법 중 하나이다. • 상황이 허락된다면, 지붕에 개구부를 만들어 환기한다. • 백드래프트에 의한 폭발이 일어나더라도, 대부분의 폭발력이 위로 분산될 것이다.
급냉법 (담금질)	• 화재가 발생된 밀폐 공간의 출입구에 완벽한 보호 장비를 갖춘 집중 방수팀을 배치하고 출입구를 개방하는 즉시 바로 방수함으로써 폭발 직전의 기류를 급냉시키는 방법이다. • 집중방수의 부가적인 효과는 일산화탄소 증기운의 농도를 폭발한계 이하로 떨어뜨리는 것이다. • 배연법만큼 효과적이지 않지만, 이것이 유일한 방안인 경우가 많다.
측면 공격법	이것은 화재가 발생된 밀폐 공간의 개구부(출입구. 또는 창문) 인근에서 이용 가능한 벽 뒤에 숨어 있다가 출입구가 개방되자마자 개구부입구를 측면 공격하고, 화재 공간에 집중 방수함으로써 백드래프트 현상을 방지하는 방법이다.

정답 21. ③ 22. ①

23 다음 중 Flashover를 지연시키는 방법으로써 옳은 것은?

① 측면 공격법
② 지붕환기
③ 공기차단 지연법
④ 방수를 통한 급냉법

해설 ✪ Flashover를 지연시키는 3가지 방법★★★ 14년 서울 소방장/ 19년 소방위

배연 지연법	창문 등을 개방하여 배연(환기)함으로써, 공간 내부에 쌓인 열을 방출시켜 Flashover를 지연시킬 수 있으며 가시성 또한 향상시킬 수 있다.
공기차단 지연법	배연(환기)과 반대로 개구부(창문)을 닫아 산소를 감소시킴으로써 연소 속도를 줄이고 공간 내 열의 축적 현상도 늦추게 하여 지연시키는 방법을 쓸 수 있다. 이 방법은 관창호스 연결이 지연되거나 모든 사람이 대피했다는 것이 확인된 경우, 적합한 방법이다.
냉각 지연법	분말소화기 등 이동식 소화기를 분사하여 화재를 완전하게 진압하는 것은 일시적으로 온도를 낮출 수 있으며, Flashover를 지연시키고 관창호스를 연결할 시간을 벌 수 있다.

24 질식화재에서 대부분 가연물질 화재가 소화되는 산소농도는?

① 30% 이하
② 20% 이하
③ 15% 이하
④ 10% 이하

해설 ✪ 질식소화법★ 17년/ 19년 소방교
• 산소공급원(오존, 공기, 산화제 등)을 차단하여 소화하는 방법을 말하며 유류화재에 폼(Foam)을 이용하는 것은 유류표면에 유증기의 증발 방지층을 만들어 산소를 제거하는 소화방법이다(질식소화). 대부분의 가연물질 화재는 <u>산소농도가 15% 이하</u>이면 소화된다.
• 유전화재진압과 같이 화점가까이에서 폭발물을 폭파시켜 주변 공기(산소)를 일시에 소진(진공상태)되게 하여 소화하는 방법도 질식소화법에 해당한다.

25 "소방장비의 분류" 중 화재진압장비가 아닌 것은?

① 소방호스
② 이동식송배풍기
③ 소방용 펌프
④ 인명구조견

해설 ④는 탐색구조장비임.★ 12년 서울 소방장/ 22년 소방교

정답 23. ③ 24. ③ 25. ④

26 "가스의 열균형"에 대한 설명으로 틀린 것은?

① 온도가 가장 높은 가스층에 물을 뿌리게 되면, 물은 수증기로 급속히 변화하여 구획실 내의 가스와 급속히 섞이게 된다.
② 가장 온도가 높은 가스는 최상층에 모이는 경향이 있고, 낮은 층에는 차가운 가스가 모인다.
③ 많은 소방대원들이 열균형이 파괴되었을 때 화상을 입게된다.
④ 일단 정상적인 열균형이 파괴되면, 자연배기방식으로 구획실 내의 가스를 배출시킨다.

해설
일단 정상적인 열균형이 파괴되면, 송풍기를 사용하는 것과 같은 강제배연방법으로 구획실 내의 가스를 배출시켜야 한다.

27 다음 중 프레임오버현상에 대한 설명은?

① 복도와 같은 통로공간에서 벽, 바닥 표면의 가연물에 화염이 급속하게 확산되는 현상
② 폐쇄된 내화구조 연소과정은 산소공급이 부족한 상태에서 서서히 훈소
③ 연소과정에서 발생된 가연성가스가 공기(산소)와 혼합되어 천정부분에 집적된 상태
④ 성장기 마지막 단계이고 최성기 시작점

해설 Flameover는 복도와 같은 통로공간에서 벽, 바닥 표면의 가연물에 화염이 급속하게 확산되는 현상을 묘사하는 용어이다.★★★
▸ 12년 부산 소방장 / 22년 소방교·소방위

28 다음은 저수조에 대한 설명으로 ( ) 안에 들어갈 내용은?

① 지면으로부터 낙차가 ( )미터 이하
② 흡수부분의 수심은 ( )미터 이상
③ 흡수관의 투입구가 사각형의 경우에는 한 변의 길이가 ( )센티미터 이상, 원형의 경우에는 지름이 ( )센티미터 이상일 것
④ 저수조에 물을 공급하는 방법은 상수도에 연결하여 ( )으로 급수되는 구조일 것

① 5   4.5   50   50   자동
② 0.5   50   60   60   자동 또는 수동
③ 4.5   1.5   50   50   자동 또는 수동
④ 4.5   0.5   60   60   자동

정답 26. ④ 27. ① 28. ④

[해설] ○ 소방 용수시설 설치 기준★★ 16년 소방위/ 부산 소방교/ 17년 소방위/ 소방장/ 22년 소방장

소화전	상수도와 연결하여 지하식 또는 지상식의 구조로 하고, 소방용 호스와 연결하는 소화전의 연결 금속구의 구경은 65밀리미터로 한다.
급수탑★	급수배관의 구경은 100밀리미터 이상으로 하고, 개폐밸브는 지상에서 1.5미터 이상 1.7미터 이하의 위치에 설치한다.
저수조	① 지면으로부터 낙차가 4.5미터 이하 ② 흡수부분의 수심은 0.5미터 이상 ③ 소방펌프차가 용이하게 부서 할 수 있어야 한다.(흡수관 1본, 15m) ④ 흡수관의 투입구가 사각형의 경우에는 한 변의 길이가 60센티미터 이상, 원형의 경우에는 지름이 60센티미터 이상일 것 ⑤ 저수조에 물을 공급하는 방법은 상수도에 연결하여 자동으로 급수되는 구조일 것 ⑥ 흡수에 지장이 없도록 토사, 쓰레기 등을 제거할 수 있는 설비를 갖추어야 한다.

29 다음 중 소방용수 배치기준에서 ( )안에 들어갈 내용은?

소방용수는 도시계획법상의 공업 및 상업지역, 주거지역은 ( )m 이내, 그 밖의 지역은 ( )m 이내에 설치하도록 되어 있다.

① 100, 140
② 120, 140
③ 100, 120
④ 120, 140

[해설] ○ 소방용수 배치기군★★ 16년 서울 소방교/ 18년 소방장/ 20년 소방장
소방용수는 도시계획법상의 공업 및 상업지역, 주거지역은 100m 이내, 그 밖의 지역은 140m 이내에 설치하도록 되어 있다.

30 화재대응매뉴얼 종류로서 다음 내용과 관계 깊은 것은?

중요목조문화재나 고층건물, 지하연계복합건축물 등

① 표준매뉴얼
② 대상별 대응매뉴얼
③ 특수화재 대응매뉴얼
④ 실무매뉴얼

정답 29. ① 30. ②

해설 대상별 대응매뉴얼★★ 13년 경기 소방장/ 충북 소방교·소방장/ 16년 서울 소방교
● 중요목조문화재나 고층건물, 지하연계복합건축물 등
  ※ 주요작성 대상
   ① 인적, 물적 피해가 매우 큰 대상물
   ② 연소 확대가 빠르고 처음부터 화재의 최성기를 예측하여 필요한 소방력을 투입하여야 할 대상물
   ③ 문화재 등 사회적 영향이 크고 특별한 보호를 필요로 하는 대상물
   ④ 폭발, 유독가스 등의 발생위험이 있어 소방대원의 안전확보상 필요한 대상물
   ⑤ 특수한 장비, 특수한 소화수단을 필요로 하는 대상물
   ⑥ 특이한 소방대 운용과 현장행동을 필요로 하는 대상물

31 화재대응매뉴얼의 종류 중 틀린 것은?

① 표준매뉴얼 ② 기본매뉴얼
③ 실무매뉴얼 ④ 대상별 대응매뉴얼

해설
● 화재대응매뉴얼의 종류 : 표준매뉴얼, 실무매뉴얼, 특수화재대응 매뉴얼, 대상별 대응매뉴얼
★★ 13년 경기 소방장/ 충북 소방장·소방교/ 16년 서울 소방교

32 "소방본부 방어검토회의 대상"으로 틀린 것은?

① 이재민 100명 이상 ② 사망자 10명 발생
③ 변전소 화재 ④ 재산피해 2억 5천만원 이상

해설
● 소방본부 방어검토회의 대상은 재산피해 50억 이상임. ★★ 12년 서울/ 경북 소방장/ 13년 서울 소방장·소방교

33 소방활동 검토회의는 화재발생일로부터 며칠 이내 개최해야 하는가?

① 3일 ② 5일
③ 7일 ④ 10일

해설
● 검토회의 및 장소(소방활동 검토회의 운영규정. 제4조) ★★ 16년 경기 소방교/ 17년 소방위/ 22년 소방교
 1. 검토회의는 화재발생일로부터 10일 이내에 개최한다.
 2. 검토회의는 화재지를 관할하는 소방본부 또는 소방서에서 개최한다.

정답 31. ② 32. ④ 33. ④

34 다음 중 소방활동 검토회의 준비에 관한 사항으로 옳은 것은?

① 도로는 그 폭원을 센티미터로 표시한다.
② 목조는 적색으로 표시한다.
③ 방화조는 황색으로 표시한다.
④ 내화조는 청색으로 표시한다.

해설
- 도로폭원은 미터이다. 목조는 녹색, 내화조는 적색, 방화조는 황색이다. *17년·19년 소방위/ 20년 소방교/ 22년 소방교

35 소방활동 검토회의 준비사항에서 출동대 소방차 표시가 틀린 것은?

① 제1출동대 – 적색
② 제2출동대 – 청색
③ 제3출동대 – 녹색
④ 응원대 – 적색

해설
- 응원대는 황색이다. *22년 소방교

36 소방활동 검토회의 준비사항 중 틀린 것은?

① 방위, 풍향, 풍속 건물의 간격과 화점, 발화건물의 소실 및 소실면적을 기입한다.
② 축척은 정확히 하고 되도록 확대하여 작성한다.
③ 방위표시는 필요에 따라 생략할 수 있다.
④ 방어활동도에는 부근의 도로, 수리, 펌프부서 및 소방호스 연장 방향 등을 기입한다.

해설
- 방위표시는 반드시 기입한다. *19년 소방위 / 20년 소방교

37 검토회의를 개최하였을 때는 ( )에게 즉시보고 하여야 한다.

① 행정안전부장관
② 소방서장
③ 소방본부장
④ 소방청장

해설
- 검토회의를 개최하였을 때에는 그 결과를 <u>소방청장에게 즉시 보고하여야 한다.</u>. *22년 소방교

정답 34. ③ 35. ④ 36. ③ 37. ④

38 다음 내용과 관계있는 것은?

고체물질의 고온에서 저온으로 열이 전달되는 방식이며, 주로 기계적 시설이 작동되면서 마찰열에 의해 화재가 발생되는 기계적 화재원인의 주범이기도 하다.

① 전도
② 자동노출
③ 복사
④ 대류

해설 전도

고체물질의 고온에서 저온으로 열이 전달되는 방식이며, 주로 기계적 시설이 작동되면서 마찰열에 의해 화재가 발생되는 기계적 화재원인의 주범이기도 하다.

39 화재의 진행단계에서 성장기뿐만 아니라 감퇴기에서도 나타날 수 있는 현상은?

① Flashover
② Rollover
③ Back draft
④ Flameover

해설

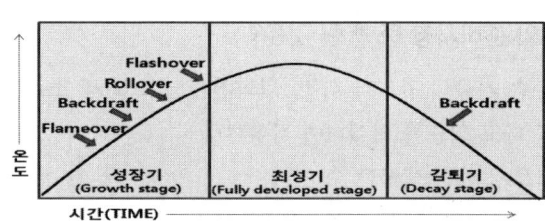

40 최근 화재진압전략 6단계에 들어갈 내용은?

① 점검, 조사
② 화재발생부지 내 현장 안전조치
③ 생명보호
④ 외부확대방지, 내부확대방지

해설 ❖ 5단계(RECEO) 대응우선순위 전략개념★★ 17년 소방장/ 18년 소방위/ 19년 소방교·소방장

① 생명보호(Rescue) → ② 외부확대 방지(Exposure) → ③ 내부확대 방지(Confine) → ④ 화점진압(Extinguish) → ⑤ 재발방지를 위한 점검·조사(Overhaul) → 등

※ 최근 이러한 5단계(RECEO)에 따른 화재진압전략의 대응우선순위 전략개념은 마지막 6단계에 "화재발생 부지(장소) 내 현장 안전조치(Safeguard)"를 추가하여 대응우선순위 전략개념으로 활용되고 있다.

정답 38. ① 39. ③ 40. ②

41 다음 중 화염 온도가 가장 높은 것은?

① 벽 근처에 있는 가연물
② 구석에 있는 가연물
③ 중앙에 있는 가연물
④ 모서리에 있는 가연물

[해설] ◐ 화염 속으로 흡수되는 공이의 양

벽 근처에 있는 가연물	비교적 적은 공기를 흡수하고, 보다 높은 화염온도를 지닌다.
구석에 있는 가연물	더욱 더 적은 공기를 흡수하고, 가장 높은 화염온도를 지닌다.
중앙에 있는 가연물	벽, 구석 가연물보다 더 많은 공기를 흡수하고 온도는 낮다.

정답 41. ②

CHAPTER 04 단계별 화재진압활동

제1절 출동준비

1 소방장비 점검·정비

(1) **교대점검**

근무교대는 당일의 당번자와 비번자의 책임을 교체하는 것이므로 당번 근무자는 교대 즉시 모든 장비·장구가 출동 가능하도록 유지해야 한다. 당번자는 공기호흡기, 방화복, 안전화, 안전장갑, 헬멧 등의 개인장구를 확인·점검하고 각종 장비와 기자재의 수량, 성능, 적재상황을 점검한다.

(2) **소방장비점검**

각종 소방장비에 대한 상시 가동상태를 유지하고 장비의 고유한 성능을 최대한 발휘하기 위하여 평상시의 일과시간에 「소방장비관리법」에 의한 정기점검을 철저히 하여야 한다.

정기점검	소방장비가 정상적인 기능을 유지하는지 확인하기 위해 일정한 주기마다 실시하는 점검
정밀점검	소방청장이 정하는 소방자동차 특수자동차의 물리적·기능적 결함 등을 확인하기 위한 점검
특별점검	소방장비에 특수한 결함고장 또는 사고가 발생한 경우 그 원인을 밝히기 위해 실시하는 점검

(3) **정비**

소방장비 점검 시 장비의 고장이나 불량사항을 발견한 경우에는 신속히 부품교환 등의 필요한 정비를 하여 상시 화재출동에 대응할 수 있는 체제를 유지하여야 한다.

2 각종 조사

(1) **소방활동 자료조사**

관계지역 및 소방대상물에 출입하여 그 위치·구조설비 및 관리상황 등 소방작전에 필요한 제반 관련현황을 파악, 숙지하고 활용하려면 다음사항을 조사한다.
① 소방대상물 및 관계지역의 위치·구조·용도배치·방화구획·제연구역·피난계획·비상용 승강기 등에 관한 사항
② 소방대상물 및 관계지역 안의 위험물이나 그밖에 연소물질의 특성에 관한 사항
③ 옥외에 송수구가 부설된 소화설비 및 소화활동설비의 구조 및 활용방법에 관한 사항
④ 소방용수시설의 기준, 소방대의 배치 및 중계 송수에 관한 사항
⑤ 소방대의 긴급통행에 관한 사항

⑥ 소방대상물 및 관계지역에 대한 소방활동 구역·강제처분 및 피난명령에 관한 사항
⑦ 그밖에 연소방지 및 인명구조에 관한 사항

(2) 지리, 소방용수조사

지리조사	소방용수 조사
출동에 장애가 되는 도로상황, 건물의 개황 및 소방상 필요한 지리조사	① 소방용수의 위치 파악 및 수리표지판의 설치여부 ② 구조 및 용량, 수압, 수심, 수량의 감수 여부 ③ 지반과 수면과의 거리, 토사매몰 또는 시설의 고장여부 ④ 소방차량의 진입가부

3 교육훈련

(1) 도상훈련

관할 내 소방대상물의 위치·구조·설비현황을 서류, 도면, 영상 등 각종 자료를 활용한 도상훈련을 실시하여 실제 화재상황 발생 시 대응활동에 차질이 없도록 하기 위하여 일상훈련으로 실시한다.

(2) 소방훈련

화재방어 및 인명구조, 구급활동 등 각종 소방활동을 과학적이며, 효과적으로 수행하기 위하여 전 대원에게 소방기술을 연마시켜 유사시, 최고의 소방역량을 발휘할 수 있도록 하기 위하여 실시한다.

훈련의 종류	• 기초체력훈련 • 소방장비조작훈련 및 점검 : 개인장구 착용 및 사용훈련, 소방장비 조작 및 기술연마, 소방통신기기 조작 및 점검 • 현지출동훈련 : 승차 및 출동훈련, 가상화재출동훈련 등 • 인명구조 및 구급훈련 • 특수장소 소방관서 합동훈련 • 광역출동훈련

※ 훈련의 방법, 실시요령, 훈련지도 등은 소방청 훈령 「소방공무원 복무규칙」 제20조 소방교육훈련 및 소방공무원 훈련 계획에 의하여 실시한다.

4 근무자세

① 당번근무 중에는(어떤 작업이나 사무를 보는 경우에도) 항상 화재발생에 대응할 수 있는 준비체제를 유지하여야 한다. 수면이나 휴식시간에도 항상 화재에 대응할 수 있는 자세를 유지해야 한다.
② 당번근무 중의 24시간 출동체제를 유지하기 위해서는 근무장소를 이탈하는 등의 행동은 결코 있을 수 없는 일이며,
③ 대원은 근무 중 자기의 역할, 임무분담을 충분히 숙지하고 수행할 수 있도록 신체의 유지나 임무수행 방법 등에 관한 자기관리를 해야 한다.

④ 또한 비번일에도 대규모 재해가 발생하면 비상출동하게 되는 경우도 있으므로 <u>항상 비상연락체제를 확보</u>해 두어야 한다.

제2절 신고접수

1 화재통보의 구조 및 중요성

신고접수는 소방관이 화재 등의 통보를 받고 확인한 것으로서 소방대가 행하는 소방 활동의 기점이 된다. 따라서 화재통보가 늦으면 화재진압활동에 착수하는 시간도 그만큼 늦어지게 되고 화재는 확대되어 소방활동도 곤란해지게 되므로 신속하고 정확한 화재신고가 무엇보다 중요하다.

> ● 화재를 발견한 자는 소방기본법 제19조(화재 등의 통지)에 의해 소방서 등으로의 통지의무가 부과되어 있으며, 119번 신고는 119종합상황실에 연결된다.

2 접수구분

소방기관이 화재를 접수하는 방법은 여러 가지가 있으나 119 화재신고 전화에 의한 것이 대다수를 차지하고 있다. <u>최근에는 휴대전화에 의한 신고가 증가</u>하고 있는 실정이며, 또한 휴대폰 어플(119신고 앱)로 새로운 신고방법이 생겨났다. 화재는 관계인 등의 신고에 의한 소극적인 접수방법뿐만 아니라 폐쇄회로카메라 감시에 의해 발견하는 적극적인 신고접수방법도 고려해야 할 것이다.

화재의 접수방법* 18년 소방장

방 법	내 용
119 전용전화	119회선에 의해 소방기관이 화재통보를 수신하는 것
일반 가입전화	소방기관의 가입전화에 의해 화재통보를 수신하는 것
관계기관	경찰기관과의 사이에 설치한 전용회선 등 관계기관에 의해서 소방기관이 화재통보를 수신하는 것
인편수보	통신기기를 이용하지 않고 발견자 등이 직접 소방기관에 화재 등을 통보해온 경우
소방시설	자동화재속보설비에 의해 소방기관이 화재통보를 수신하는 것
기 타	상기 이외의 방법에 의해 발견 또는 수신한 것(순찰 등)
사후인지	관계자나 주민 등에 의해 진화된 후 소방기관이 발견하거나 화재통보를 수신한 것

제3절 화재출동

1 출동 지령

① 소방기관에서는 화재를 접수한 경우 소화활동을 위하여 관할 소방서 또는 119안전센터에 출동을 지령한다.
② 출동지령은 화재발생 장소, 종별, 규모 등에 따라서 정한 출동계획에 의해 이루어진다.
③ 출동지령과 동시 경찰서, 한국전력, 가스안전공사 등 관계기관에 화재상황을 통보하여 화재현장 공조활동이 원활하게 이루어지도록 해야 한다.

▨ 출동명령

소재		화재상황		
구, 동, 번지	대상물 명칭	화재종별	화재상황	구조대상자 유무
출동로		화재실태 추정		
목표수리		초기활동에 필요한 기자재		
특수건물 유무		활동중점		

2 예정소방용수의 선정

예정소방용수의 선정은 화재발생 장소의 상황, 도착순위, 화재규모, 타 출동대의 부서 등을 종합적으로 판단하여 가장 합리적인 것을 선정하여야 한다.
더욱이 출동시의 예정 소방용수는 현장도착시의 상황변화에 대응할 수 있도록 최소 2개소 이상을 선정하는 것이 바람직하다.

> ● 현장도착 시 상황변화의 예
> • 예정된 수리 가까이에 주차차량이 있고 수리 부서를 할 수 없는 경우
> • 화재장소가 출동 지령된 장소에서 떨어진 반대쪽인 경우
> • 화재가 확대되어 예정소방용수 부근까지 화염이 확산되고 있는 경우
> • 후착대로 예정했던 출동대가 선착하여 직근 소방용수를 사용하고 있는 경우 또는 출동시 예정소방용수 선정에 있어서는 다음과 같은 원칙에 의하여 선정하여야 한다.

예정소방용수 선정원칙

화재 직근	화점에 가까운 소방용수를 우선한다.
↓	
도착방향에서의 합리성	출동도중에 생각하여 부서에 합리적인 위치에 있는 소방용수로 한다. ※ 화점을 뛰어넘지 않는 위치이다.
↓	
도착순위별 부서 예측	원칙적으로 도착순위가 빠른 순서로 가까운 소방용수에 부서한다.
↓	
적 응 수 량	화재규모에 대응할 수 있는 수량을 확보할 수 있어야 한다.
↓	
교통량 등 부근의 상황	간선도로의 횡단이나 교통체증에 의한 활동 장애는 없는가.
↓	
다른소방대 진입장해	특수차의 진입 또는 타대의 호스연장 등에 활동 장해가 되지 않는가.
↓	
소방용수사용 장해유무	확실, 신속하게 사용할 수 있는 소방용수
↓	
예정소방용수의 결정	위의 조건에 맞는 소방용수를 복수로 선정

3 출동로 선정 ★★ 18년 소방교

① 화재현장까지 가장 가까운 도로일 것
② 출동순로의 가까운 곳에 소방용수가 있을 것
③ 주행하기 쉬운 도로일 것
④ 도로공사, 교통혼잡 등의 장해가 없을 것
⑤ 다른 출동대의 진입방향과 중복되지 않을 것
⑥ 부서 위치는 후착대에 장해가 되지 않는 위치로 할 것

TIP 현장에서 가장 가까운 도로라는 것은, 가장 빨리 도착하는 시간의 개념으로 보세요. ^^

4 출동 시 유의사항

출동도중 무선연락이나 출동지휘자로부터의 지시에 주의를 기울이고 화재현장 가까이에 도착하면 연기, 불꽃, 불티의 확산, 주위 사람들의 움직임 등을 차량 내에서 확인하고 진압활동을 준비해야 한다.

(1) 긴급자동차로서의 안전운행

소방차는 긴급자동차로서 법령상 많은 특례가 있다. 그러나 법령에서 허용되고 있는 행위라 해도

긴급자동차의 고속주행 등은 매우 위험한 행위이며 긴급주행은 고도의 주의와 위험회피의 의무를 부담하고 있는 것으로 생각하여야 한다.

(2) **운전원 이외의 대원은 소방자동차의 안전운행을 위하여 유의사항**

신속한 출동	출동이 지연되면 마음이 초조해지게 되어 안전 확인에 소홀해지게 된다.
주의력 집중	긴급주행 중에는 여러 곳에 위험이 도사리고 있다. 위험예지능력을 배양하고 전 대원의 눈으로 확인한다.
확인 철저	위험을 조기에 발견하고 이를 피하기 위해서는 신호 확인 등을 전 대원이 한다.
유도요령 숙달	좁은 도로를 통과할 때나 수리부서를 위한 후진 등의 경우에 각 대원은 운전원과 일체가 되어 차량을 유도할 수 있도록 하여야 한다.

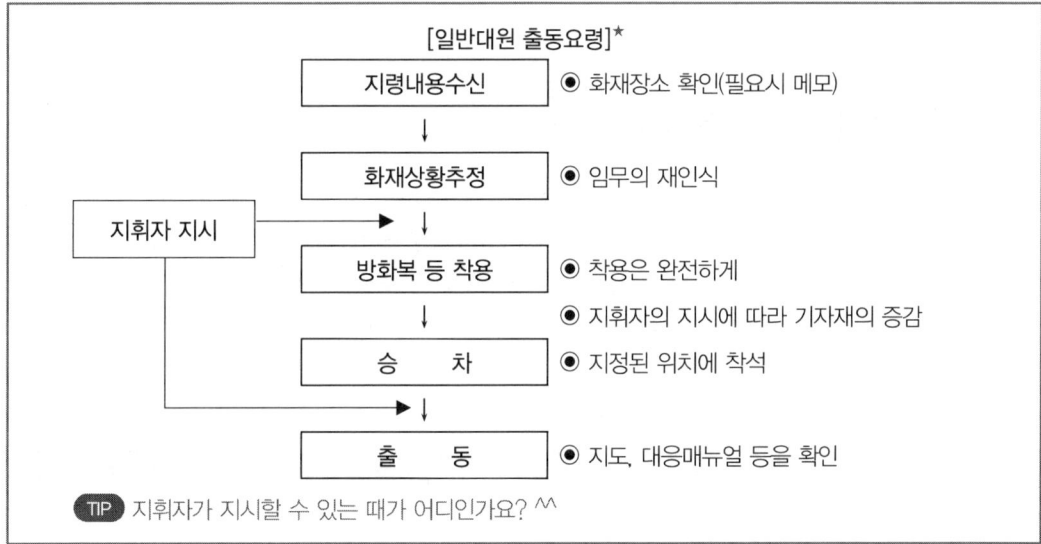

TIP 지휘자가 지시할 수 있는 때가 어디인가요? ^^

(3) **출동 중 정보수집**

① 출동지령에 의하여 각 소방대가 출동한 후에도 소방서(본부)에서는 119수보나 통보내용을 조사하여야 한다.
② 소방본부에서 각 출동대에 대하여 화재장소의 변경이나 구체적인 화재상황정보를 제공할 수 있도록 노력하여야 한다.
③ 화재현장에 도착한 선착대는 화재장소 주위의 상황이나 연기, 열기의 상황 등의 정보를 후착대에게 적극적으로 제공할 필요가 있으며 후착대는 그 정보를 참고하여 정확하게 소방활동에 반영하여야 한다.

제4절 현장 도착

1 현장 도착 시 마음가짐

① 화염과 연기를 보면 흥분하는 경향이 있다. 냉정하게 행동할 수 있도록 침착성을 유지한다.
② 지휘자의 지시가 있을 때까지 사전명령 이외의 단독행동은 하지 않는다.
③ 화염과 연기가 발견되지 않고 방어할 필요가 없다고 인정되더라도 지휘자의 명령이 없는 한 방어 행동을 개시한다.
④ 지휘자의 명령에 근거해 대원 상호간에 행동내용을 확인해서 행동한다.
⑤ 활동 중에는 자기의 활동위치 및 활동내용 등을 적절히 보고하여 지휘권 내에 포함되도록 하여야 한다.

2 도착 순서별 중점 활동사항

화재현장 소방대의 도착순위는 출화장소를 중심으로 소방서(119안전센터)의 배치에 의해서 다르고 화재현장 도착순위는 화재의 연소 확대방지 및 인명검색, 구조활동 등에 중대한 영향을 미친다.
소방대의 현장도착시의 활동은 도착순위에 따라 선착대(도착순위가 통상 1~3착이 되거나 화재접수로부터 5분 이내에 도착하는 출동대) 및 후착대로 나뉘어지고 각각 중점으로 해야 할 활동내용이 정해져 있다.
※ 선착대는 화재현장에 가장 가까운 소방서(119안전센터)의 소방대이다.

선착대 활동의 원칙★★ 18년 소방교	후착대(선착대의 활동을 보완 또는 지원)
① 인명검색·구조활동 우선 ② 연소위험이 가장 큰 방면을 포위 부서 ③ 화점 직근의 소방용수시설을 점유 ④ 사전 대응매뉴얼을 충분히 고려하여 행동 ⑤ 신속한 상황보고 및 정보제공 　※ 신속한 화재상황 파악 및 전파 후 후착대에게 적극적으로 정보를 제공 　㉠ 재해의 실태 : 건물구조, 화점, 연소범위, 출입구 등의 상황 　㉡ 인명위험 : 구조대상자의 유무 　㉢ 소방활동상 위험요인 : 위험물, 폭발물, 도괴위험 등 　㉣ 확대위험 : 연소경로가 되는 장소 등 화세의 진전상황	① 선착대와 적극적으로 연계하여 인명구조 활동 등 중요임무의 수행을 지원한다. ② 화재방어는 선착대가 진입하지 않은 담당면, 연소건물 또는 연소건물의 인접건물을 우선한다. ③ 방어 필요가 없는 경우는 지휘자의 명령에 의해 급수, 비화경계, 수손방지 등의 특정임무를 적극적으로 수행한다. ④ 화재 및 화재진압상황을 정확하게 파악하고 과잉파괴 행동 등 불필요한 활동은 하지 않는다.

3 소방용수 배치

(1) 소방용수 유도 및 부서** 18년 소방교/ 19년 소방위

① 현장 도착하여 연기나 열기를 확인할 수 없어도 반드시 소방용수를 점령하여 방수할 수 있는 태세를 갖춘다.
② 다른 출동대의 통행에 장해가 되지 않도록 소방용수 및 부서위치를 결정한다.
③ 소방용수로 차량을 유도할 때는 소방용수의 위치 및 정차위치를 명확하게 나타냄과 동시에 소방호스 등의 장애물을 배제하여 실시한다.
④ 소방용수 부서는 급수처리, 호스연장, 사다리 운반 등의 행동이 같이 실시되기 때문에 대원끼리의 충돌에 주의한다.
⑤ 기온강하 시는 특히 노면동결에 의한 전도 등에 주의한다.
⑥ 소방용수부서 차량은 가능한 한 수평이 되게 하고 바퀴 고임목을 하여 안전사고를 방지하여야 한다.
⑦ 도로상의 소방용수시설에 부서하는 경우 소방용수의 맨홀 에 의한 실족사고가 일어나지 않도록 필요한 조치를 강구한다.
⑧ 선착대의 소방용수에 여유가 있는 경우 후착대는 자기대의 소방용수 점령에 집착하지 말고 선착대의 소방용수, 차량을 효과적으로 활용한다.

※ 사다리차 등의 소방차량은 소방용수와는 관계없이 독자적으로 자기 소대의 임무에 따라 부서를 한다. 예를 들면 사다리차의 경우 어떠한 목적으로 사용할 것인가에 따라서 그 부서의 위치나 방법이 달라진다. 사다리차로 고층건물의 상층에서 인명구조를 하고자 하는 경우에는 건물에 접근시켜 부서하여야 한다. 그러나 사다리차로 높은 곳에서 현장활동을 지원하기 위하여 조명이나 방수를 하는 경우에는 반드시 화재건물에 접근할 필요는 없다.

TIP 사다리차로 고층건물에서 인명구조에는 접근, 조명이나 방수는 접근할 필요가 없어요. ^^

(2) 흡수관 조작 시 유의사항

① 흡수관을 연장하는 경우는 흡수관의 반동이나 발이 걸려 넘어지지 않도록 주의하고 소화전 등에 결합하면 밸브를 열기 전에 반드시 결합 상태를 확인한다.
② 소화전, 저수조 등의 위치에는 로프 등으로 표시하고 전락방지 조치를 취한다.

(3) 소화전 흡수*** 19년 소방교

① 펌프로 이물질이 들어가는 것을 막기 위하여 흡수관은 결합하기 전에 소화전을 개방하여 관내의 모래 등을 배출시킨다.
② 흡수관의 결합을 확실하게 하고 반드시 확인한다.
③ 배관 말단의 소화전에는 유입되는 물의 양이 적기 때문에 방수구의 수를 제한한다.
④ 소화전으로부터 흡수중일 때에 타대로부터 송수를 받으면 송수된 물이 펌프를 경유하여 수도배관 속으로 역류할 수도 있으므로 유의한다.
⑤ 지하식 소화전의 뚜껑은 허리부분의 부상을 방지하기 위해서 안정된 자세로 개방함과 동시에 손발이 끼이지 않도록 충분히 주의한다.

(4) 소화전 이외의 소방용수 흡수** 14년 부산 소방교

① 흡수관은 저수조의 경우 최저부(最底部)까지 넣지만 연못 등에서는 흡수관의 스트레이너(strainer)가 오물에 묻힐 염려가 있으므로 적당한 길이로 투입한다.
② 수심이 얕은 경우는 물의 흐름을 막아 수심을 확보하고 스트레이너가 떠오르지 않도록 유의한다.
③ <u>오염된 물은 원칙적으로 사용하지 않는다.</u> 또 부득이하게 사용한 경우에는 연소가 방지된 시점에서 흡수를 정지한다.
④ <u>수심이 얕은 흐르는 물의 경우에는 스트레이너를 물이 흐르는 역방향으로 투입하여 스트레이너가 떠오르는 것을 방지한다.</u>
⑤ 수심이 깊은 연못 등은 바닥의 오물이 흡수되지 않도록 흡수관을 로프로 묶어서 스트레이너가 바닥에 닿지 않도록 한다.
⑥ <u>수량이 적은 하천의 경우 후착대는 선착대보다 위쪽에서 흡수하지 않는다.</u>
⑦ 담 너머에 수리가 있는 경우는 사다리 등을 활용해 원칙적으로 2명 이상으로 실시한다.
⑧ 아래로 굴러 떨어질 위험이 있는 곳에 위치한 소방용수는 로프 등으로 신체를 확보하고 흡수관 투입 등의 작업을 실시한다.

4 화재상황 평가

(1) 화재 진압시스템 분석의 기본 틀(14가지 요소들)**

건축물 화재 상황을 정확히 판단하기 위해 어디에 초점을 두어야 하는지를 14가지의 각 요소들을 활용 화재진압에 대한 시스템 분석 접근방법을 활용한다.

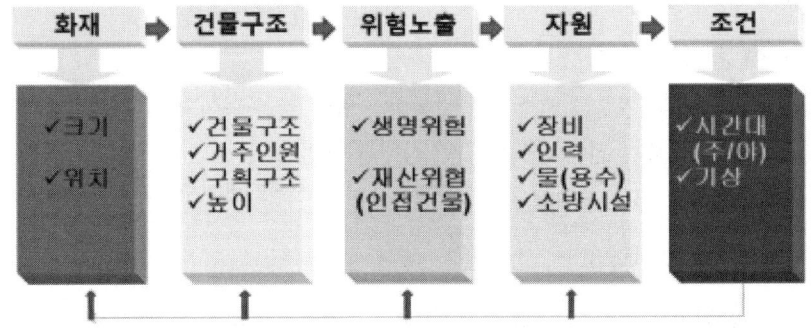

(건축물화재 진압시스템의 분석 틀)

(2) 건물 유형별 안전도 평가** TIP 1~5등급까지 특징과 위험성 평가를 기억하세요. ^^

① 화재진압 전술(소방활동정보카드)에 이용되는 기본적인 건물 유형의 분류는 건물구조에 따른 <u>연소확대의 용이성과 붕괴위험성을 기준으로 한 안전도 등급에 따라 5가지로 분류</u>하여 활용할 수 있다.
② 5가지 기본적인 건물 유형은 건축에 이용되는 가연성 물질의 양에 기초하여 위험도가 작은 순위, 즉 안전도가 높은 순위에 따라 1등급에서 5등급으로 분류할 수 있다.

㉠ 내화구조(안전도 1등급 건물)
　ⓐ 전술적 안전도 1등급 건물은 주로 건축법상 내화구조의 기준을 충족시키거나 이에 준하는 안전도를 가지는 건축물로 분류할 수 있다.
　ⓑ 내화구조 건물에서 화재와 연기가 확대될 수 있는 두 가지 통로는 공기조화시스템 HVAC(Heating, Ventilation, Air-Conditioning) 배관과 자동노출이다.
　ⓒ 공기조화시스템(HVAC)은 고층건물에서 주로 사용된다. 배관은 화재 시 연소확대 통로가 되며, 이 통로로 건물 전체 또는 수직으로 몇 개 층을 건너뛰어 확대된다. 건물화재 시 가장 최우선적으로 취해야 할 행동 중 하나는 HVAC 시스템 차단하는 것이다.
　ⓓ 자동노출(창을통해 위층으로 연소확산)에 의한 연소 확대는 커튼, 가구, 천장의 인태리어 마감재 등이 매개물이 되어 아래층 창문으로부터 위층 창문으로 화염이 확대된다.
　ⓔ 창문에서 분출한 불꽃은 바로 위의 판유리를 녹이거나 파괴시킨다. 상층부 창문이 깨지면서 불꽃은 실내로 빨려 들어가게 되며 각종 연소 매개물에 점화되면서 화재가 확산된다.
　ⓕ 창문이 열에 의해 녹거나 깨지지 않아도, 외부벽과 바닥층 끝부분 사이의 작은 틈새 또는 창문과 벽 사이의 작은 틈새를 통하여 화염과 연기의 수직 확산을 만들 수 있다.

자동노출에 의한 연소 확대방지	→ 고가사다리차를 이용한 근접 분무방수 * 14년 경남 소방장
상층부로의 수직연소 확대지연 방법	→ 화재 층 창문과 위 층 창문 사이의 벽 부분에 방수
건물 내부에 진압팀이 진입한 상태	→ 진입대원의 안전을 위해 화염이 분출되는 창문에 직접 방수해서는 안 되며, 두 창문 사이의 벽 부분에 방수

▨ 건축법상 내화구조의 기준과 건축재료 분류 기준
1. 내화구조의 기준
　내화구조란 철근콘크리트조, 연와조, 기타 이와 유사한 구조로 아래 표와 같이 대통령령으로 정한 내화성능을 가지는 것을 말하며, 최종적인 단계에서 내장재가 전소된다 하더라도 수리하여 재사용할 수 있는 구조를 말함

주요 구조부분		내화구조의 기준
벽	모든 벽	• 철근콘크리트조 또는 철골콘크리트조로 두께가 10cm 이상인 것
	외벽 중 비내력벽	
기둥 (지름 25cm 이상이어야 함)		• 철골을 두께 5cm 이상의 콘크리트로 덮은 것 • 철근콘크리트조 또는 철골·철근콘크리트조 • 철골을 두께 6cm(경량골재는 5cm)이상의 철망 모르터 또는 두께 7cm 이상의 콘크리트블록·벽돌 또는 석재로 덮은 것
바닥		• 철근콘크리트조 또는 철골·철근콘크리트조로서 두께가 10cm 이상인 것
지붕		• 철재로 보강된 유리블록 또는 망입유리로 된것
계단		• 무근콘크리트조·콘크리트블록조·벽돌조 또는 석조 • 철골조

> 2. 건축재료의 분류
>   ⓐ 불연재료 : 콘크리트, 석재, 벽돌, 기와, 석면판, 철강, 알루미늄, 유리, 시멘트모르터, 회 등의 불연성 재료
>   ⓑ 준불연재료 : 석고보드, 목모, 시멘트판 등의 불연재료에 준하는 방화성능을 가진 건축재료
>   ⓒ 난연재료 : 난연 플라스틱판, 난연 합판 등 불에 잘 타지 아니하는 성능을 가진 건축재료
> 3. 내화구조의 설정 조건(기준)
>   ㉠ 내화도, ㉡ 파괴성, ㉢ 불연성

㉡ 준 내화구조(안전도 2등급 건물)
  ⓐ 건축물의 바닥과 벽, 기둥은 1등급 내화구조에 해당하지만 <u>지붕재료가 가연성</u>으로 지어진 건물은 전술적 안전도 2등급에 해당하는 건물로 분류한다.
  ⓑ 이와 같은 건물에서 내부에 진입하여 화재를 진압할 때, 지붕에 연소가 어느 정도 진행되었는지를 확인하고 <u>지붕붕괴 위험성을 판단해야 한다.</u> 필요하다면, 지붕에 확산된 화염을 진압하기 위해 관창(호스)을 지정해야 한다.

㉢ 조적조(안전도 3등급 건물)** 13년 경북 소방교 / 16년 소방교
  ⓐ <u>조적조 건물이면서 바닥 층, 지붕, 기둥, 보 등은 나무와 같은 가연성 물질로 되어 있는 건물은 전술적 안전도 3등급 건물로 분류한다.</u>
  ⓑ <u>화재 시 벽돌로 건축된 4개의 벽에 둘러싸인 목재 저장소와 같은 위험성을 가지고 있다.</u>
  ⓒ <u>안전도 3등급 건물의 주요 연소 확대 요소는 숨은 공간이나 작은 구멍이다.</u>
  ⓓ <u>가장 일반적인 숨은 공간은 다락방과 같은 공간이다.</u> 또한, 오래된 건물의 천장 위의 공간은 종종 다른 구획의 공간과 연결되어 연소 확대 통로가 될 수 있다.
  ⓔ <u>숨은 공간을 통한 연소 확대의 원리는 주로 대류에 의해 이루어진다.</u>
  ⓕ 숨은 화점을 검색할 때는 가열된 가스와 불꽃이 위로 올라가서 다락방과 같은 상층부 공간에 점화되어 연소가 확대된다는 점에 유의해야 한다.
  ⓖ <u>벽과 천장을 순서대로 개방해야 한다.</u>
    - 하단부분의 벽체 가까운 곳에서 화재가 발견되면 바로 위의 벽을 먼저 개방하고,
    - 상단 부분의 벽 안에서 화재가 발견되면 천장을 개방하고,
    - 천장에서 화재가 발견되면 천장 테두리 부분을 개방하여 방수한다.
  ※ 조적조 : 돌, 벽돌, 콘크리트 블록 등으로 쌓아 올려서 벽을 만드는 건축구조이다.

㉣ 중량 목구조(안전도 4등급 건물)
  ⓐ 1970~80년대 방직공장 건물과 같이 <u>벽체는 블럭조 또는 이에 준하는 것이지만 내부 구조물은 중량의 목구조로 되어 있거나 바닥 층과 지붕이 판자(널빤지)로 되어 있는 건물은 전술적 안전도 4등급 건물로 분류한다.</u>

> ● 안전도 4등급 건물이 3등급 건물보다 전술적 안전도가 낮은 것으로 별도로 분류하는 것은 3등급 건물이 내부 구조물에 사용된 목재를 화염으로부터 1차적으로 방어할 수 있는 석고보드나 기타 이에 준하는 불연성 건축 재료가 주로 사용되지만 4등급 건물은 내부 구조물에 사용된 목재가 화염에 그대로 노출될 수 있는 구조라는 점이다.

ⓑ 4등급 건물에 화재가 발생하여 최성기에 접어들게 되면 대들보, 기둥, 횡보, 널빤지 등이 무너지면서 창문을 통해 엄청난 복사열이 외부로 배출된다.
ⓒ 이와 같은 건물에서 발생한 화재가 초기진압이 되지 않는다면 창문을 통해 상당한 화염과 복사열이 인접 건물로 확대될 위험이 높다는 점에 대비해야 한다.
ⓓ 화재가 최성기에 도달하기 전에 통제되지 않는다면 유사시 창문을 통해 나오는 복사열로부터 안전한 곳으로 차량과 장비를 재배치시키고 소방용수 지원도 안정적으로 될 수 있도록 조치하여야 하며, 인접건물을 보호하기 위한 방수준비를 해야 한다.
ⓔ 붕괴가 진행될 때는 먼저 바닥이 붕괴되고, 그 다음으로 벽체가 외부로 밀린다는 것을 감안하여 붕괴위험구역을 지정하여야 하며, 따라서 이 경우의 진압과 방어활동은 붕괴위험구역을 벗어난 안전한 곳에서 수행되어야 한다.

㉤ 경량 목구조(안전도 5등급 건물)
ⓐ 경량 목구조 건물은 다섯 가지 건물 유형 중 가장 불이 잘 붙고 붕괴위험성도 가장 높은 것으로 전술적 안전도 5등급 건물로 분류한다.
ⓑ 건물 구조물 골조와 벽체는 주로 목재로 이루어져 있어 5가지 유형 중 유일하게 가연성 외부 벽체를 가진 건물유형이다.

○ 화재를 평가할 때, 주요 연소 확대 경로로 내부 확산 외에도 창문에서 외부 벽을 통해 쉽게 확대될 수 있다는 점을 고려하여야 하며, 따라서 외부진압을 준비하고 인접 건물로 연소가 확대되는 것을 막기 위해 외부 방수를 지속적으로 유지해야 한다.

(3) 붕괴위험성 평가★★★★ 15년 소방위/ 16년 부산 소방교 / 21년 소방교 / 22년 소방교 / 23년 소방위

① 건물 붕괴 위험성 평가는 벽, 골조(기둥과 대들보), 바닥층의 3가지 요소를 종합적으로 평가하는 것이다.

○ 건축법상 내화구조 기준에 의해 3시간 동안 저항할 수 있는 바닥 층이라 하더라도 소방관들이 건물에 들어서자마자 붕괴될 수 있다. 내화성 평가는 소방관이 아닌 건축자 입장에서 만든 것이다. 화재가 얼마동안 지속되었는지 정확히 모르는 상황에선 구조물의 안전성을 추정하는데 건축법적 평가기준을 이용할 수 없다.

② 건축 법규에서 이용되는 내화성 평가기준이 소방관들에게 실용적으로 이용될 수는 없지만 5가지 안전도 등급별 약점을 평가할 수 있는 수단으로 이용될 수 있다.

| 내화구조
(안전도 1등급) | ⓐ 내화구조 건물의 붕괴 위험성은 콘크리트 바닥 층의 강도에 달려있다.
○ 심각한 화재의 경우, 먼저 천장이 붕괴되면서 불꽃이 바닥 아래로 확산되며 약 600℃로 접어들면 철재는 휘어져 축 처지게 되고 콘크리트 바닥이 갈라지면서 붕괴된다.
ⓑ 화재가 최성기에 접어들게 되면 바닥 층은 기둥과 기둥 사이가 휘어진다.
○ 화재가 수 시간 이상 계속되면, 바닥 층의 일부분이 무너지게 되고 불길은 수직으로 확대된다. 문서 보관함이 갑자기 열리거나 세워져 있던 물체가 넘어지게 되면 고열에 의한 휨 현상이 시작된 징후이며 이때는 붕괴가능성을 염두해 두는 것이 좋다.
ⓒ 내화구조 건물에서 내부 바닥 층의 갈라짐, 휘어짐, 갈라진 콘크리트 틈새로 상승하는 불꽃과 연기를 발견했다면 이것은 붕괴 신호라는 것을 인식한다. |

	● 붕괴신호가 있다면 즉시 그 사실을 지휘관에게 보고하고, 진입한 모든 대원들을 안전하게 대피시켜야 하며 진압활동은 외부에서 하는 것을 원칙으로 해야 한다.
준 내화 구조 (안전도 2등급)	ⓐ 준 내화구조 건물의 붕괴 위험성은 바로 철재구조의 지붕 붕괴의 취약성에 달려 있다. ● 준 내화구조 건물의 경우 지붕재를 경량 철로 지지시키는 경량 철재 트러스 구조이며, 5~10분 정도 화염에 노출되면 휘어져 내려 앉거나 붕괴되므로, 지붕위에 올라가 소방 활동을 하는 것은 극히 위험하다. ⓑ 안전한 배연방법으로 수평배연 기법이 필요하다. - 화재진압의 실익이 크고 지붕 배연이 필요할 정도로 심각한 화세인 경우 적용할 수 있다. - 2개 이상의 문과 창문을 열거나, 배연기를 통한 강제 배연 방법을 이용할 수 있다. - 수평 배연이 효과적이지 않다면, 가능한 외부에서 진입해야 한다. 대원의 안전이 단순히 화재를 진압하는 것 보다 더 중요하기 때문이다.
조적조 (안전도 3등급)	ⓐ 벽돌, 돌 등 조적조 건물의 가장 위험한 붕괴요인은 벽이 붕괴되는 것이다. - 조적조 건물의 벽은 화재 시 골조 또는 지붕보 등의 붕괴로 외부로 향하여 수평하중을 받게 되거나 밖으로 팽창이동하기 때문에 연소 건물의 내부에서 외부로 붕괴하게 된다. - 벽돌은 인장 하중보다 압축 하중을 견디는데 15배 정도 강해 벽체 붕괴와 관련이 거의 없는 수직하중에는 강하지만 수평으로 주어진 하중은 벽체를 쉽게 무너지게 한다. ⓑ 벽체 중에서 상층부분은 오래된 건물일수록 가장 취약한 부분이다. - 지붕이 연소되고 외부 골조에 변형이 오거나 약간의 폭발이 있다면, 상층 부분은 쉽게 무너진다. ● 화재가 한창 진행 중에 있다면 벽체의 붕괴 위험 구역을 설정하고 벽 높이 이상의 안전거리를 유지하면서 활동해야 한다.
중량 목구조 (안전도 4등급)	ⓐ 중량 목구조 건물의 약점은 지붕과 바닥 층을 지탱하는 트러스트 구조의 연결부분에 있다. - 화재 발생 시, 이 연결부위는 목재 자체가 붕괴되기 전에 파괴되거나 끊어진다. - 트러스 구조(Trussed structure)는 목재·강재 등의 단재(單材)를 핀 접합으로 세모지게 구성하고, 그 삼각형을 연결하여 조립한 뼈대로 이루어져 지붕재의 하중을 지탱한다. ⓑ 화재가 진행되면 쉽게 플래시오버에 의해 폭발적으로 확대된다. - 플래시오버로 발생되는 복사열은 매우 높게 형성되어 내부 진압활동이 불가능하게 된다. - 플래시오버 이후 외부공격을 하게 되어 순직 가능성은 상대적으로 낮게 나타난다. ⓒ 건물의 붕괴 - 상층부 바닥 층이 연소하기 시작하면 트러스 구조의 뼈대와 바닥 층이 무너지기 시작하고, 벽이 외부로 향하여 밀리면서 무너지며 벽돌, 목재 등의 잔해들이 붕괴되어 흩어지게 된다. - 이때 벽체 붕괴의 일반적인 현상은 4방면의 벽체 중심부분이 먼저 무너지고 각각의 모서리 부분은 비교적 잘 붕괴되지 않는 안전한 곳이 된다. - 따라서 차량과 장비, 그리고 대원의 활동 위치로는 건물 외부 코너 부분이 가장 안전한 곳이 된다. ● 조적조의 가장 취약한 부분이 4방면의 벽체 중앙이기 때문에, 주로 코너에 위치하여 활동한다면 벽체 붕괴로 인한 생존 가능성은 더 높아진다.
경량 목구조 (안전도	ⓐ 경량 목구조 건물의 가장 큰 붕괴 위험성은 벽 붕괴이다. - 경량 목구조 건물의 벽은 목재 등 가연성으로 되어 있고 화염에 노출되면 비교적 짧은 시간 내에 연소하여 붕괴된다.

5등급)	- 창문에서 화염이 나오는 시점이 되면 건물 붕괴 신호로 간주해야 한다. ⓑ 붕괴 - 건물은 붕괴 시 4방면 벽체 중 1개 씩 붕괴되기보다 3~4개의 벽체가 동시에 붕괴되는 유일한 건물 유형이므로 <u>진압활동 중 진압대원들이 매몰될 가능성이 가장 높다.</u> ⓒ 위험구역 설정 　　● 진압활동 중 위험구역은 건물 전체에 걸쳐 설정되어야 하며 벽체의 코너 부분도 안전지대가 될 수 없다는 점을 고려해야 한다.

■ 정리**붕괴위험성 평가 (벽, 골조, 바닥 층의 3가지 요소) **23년 소방위

내화조	• 콘크리트 바닥 층의 강도 내부 바닥 층의 갈라짐, 휘어짐, 갈라진 콘크리트 틈새로 상승하는 불꽃과 연기를 발견했다면 이것은 붕괴 신호라는 것을 인식
준내화조	• 철재구조의 지붕 붕괴의 취약성 - 지붕위에 올라가 소방 활동을 하는 것은 극히 위험 - 안전한 배연방법으로 수평배연 기법이 필요
조적조	• 벽 붕괴 수직하중에는 강하지만 수평으로 주어진 하중은 벽체를 쉽게 무너지게 한다.
중량 목구조	• 지붕과 바닥 층을 지탱하는 트러스트 구조의 연결부분 건물 외부 코너 부분이 가장 안전한 곳
경량 목구조	• 벽 붕괴 3~4개의 벽체가 동시에 붕괴되는 유일한 건물 유형이므로 진압활동 중 진압대원들이 매몰될 가능성이 가장 높다.

TIP 붕괴위험성평가 요약서입니다. 최근 출제빈도가 높아지고 있습니다. ^^

(4) 퍼사드(Facade) 안전성 평가**

연소 중인 건물의 가장 위험한 부분 중의 하나는 바로 건물의 퍼사드(Facade)이다. 주로 <u>건물 정면에 설치된 난간, 차양, 덮개, 그리고 처마 등의 구조물이 붕괴되어 소방관들이 순직하거나 부상을 입게 되는 경우가 많다.</u> 따라서 <u>진압 시 연소 중인 건물의 정면 벽 부분을 평가하고</u>, 이 건물의 특징을 알아내야 하며, 그에 따른 붕괴 신호를 인지할 수 있어야 한다.

● 퍼사드(Facade) : 건물의 정면으로 차양, 처마 등이 설치된 출입구가 있는 정면을 말한다.

① 건물의 퍼사드(Facade) 부분에 난간, 차광막, 덮개 또는 처마 등의 구조물이 설치되어 있다면 화재진압을 하는 동안 그것의 붕괴 가능성을 염두해 두고 지속적인 감시와 더불어 활동해야 한다.
　㉠ 철재로 만들어진 구부려진 난간 지지대는 갑자기 붕괴될 수 있으며,
　㉡ 방수한 물로 가득 덮여있는 차광막은 일순간 무너져서 대원들을 덮칠 수 있다.
　㉢ 건물 출입구 위의 콘크리트 비 가림 덮개 또한 쉽게 붕괴될 수 있다.
　㉣ 장식용 철 구조물 처마는 어느 정도 화세가 성장하면 쉽게 처지거나 붕괴된다.

- 퍼사드 구조물이 취약한 구조적 원인은 한쪽 끝으로만 지탱되는 캔틸레버 보(cantilevered beams)의 구조를 가지고 있기 때문이다.(1910년 미국 시카고 정육공장 붕괴 소방관21명 순직)

② 건물 출입구 위의 콘크리트 비 가림 덮개가 붕괴되는 시점은 대원들이 인명검색이나 화재진압을 위해 출입하는 경우와 잔화정리 직후에 발생된다.

- 화재진압을 위해 방수한 물이 흠뻑 머금은 시점인 잔화정리 단계에서도 비 가림 덮개나 건물이 붕괴될 위험이 크다.

③ 대형 창문의 윗부분, 1층 옥상이나 2층 바닥 층에 지어진 난간은 붕괴되기 쉬운 취약 부분이다.

- 플래시오버에 의해 화재가 폭발적으로 확산되거나 고열에 노출될 때 붕괴위험이 높다.

④ 붕괴
  ㉠ 난간을 지탱하는 철재는 일반적으로 약 600℃까지 가열되면, 휘어지거나 고정 핀으로부터 이탈하게 되어 붕괴된다.
  ㉡ 화재에 노출된 건물은 대개 연결부위 중 하나가 무너지면서 전체가 무너진다. 캔틸레버식 구조물이 연결 부위를 많이 가지고 있을수록 붕괴 가능성이 더 높다.
  ㉢ 캔틸레버식 구조물이 쉽게 붕괴되는 또 다른 이유는 가연성 자재로 건축되어 있는 경우이다.
  ㉣ 처마는 건물 가장자리에 따라 외부로 뻗어있는 구조로 차광막이나 덮개와 같이 캔틸레버식 구조이지만, 한 가지 중요한 차이점은 처마의 경우에는 붕괴위험 외에도 지붕 천장과 연결되어 있는 부분을 통해 연소가 내부로 확대되는 통로가 될 수 있다는 점이다.

- 캔틸레버 보 : 한쪽 끝이 고정 지지되고, 다른 끝은 자유로운 보, 즉 보의 양 지점 중 한 곳이 고정단으로 되어 있고 한곳은 지지점이 없는 형태이다.

> **Check**
> ① 현장도착 상황변화에 대응할 수 있도록 예정소방용수는 최소 (   )개소 이상 확보한다.
> ② 대원 출동 시에 지휘자가 지시할 수 있는 때는 화재상황추정, 승차 다음이다.(○)
> ③ 신속한 화재상황 파악 및 전파 후 후착대에게 정보제공 내용은 ⓐ 재해의 실태 ⓑ 인명위험 ⓒ 소방활동상 위험요인 ⓓ (   )이다.
> ④ 내화구조 건물에서 연소가 확대될 수 있는 통로는 (   ), (   )이다.
> ⑤ 경량목구조 건물의 붕괴 위험성은 (   )이다.
> ⑥ 상층부로의 수직연소 확대지연 방법은 → 화재 층(   )과 위 층 (   ) 사이의 벽 부분에 방수 한다.
> ⑦ 붕괴위험성 평가에서 벽붕괴는 (   ), (   ) 가 있다.
> ⑧ 조적조는 (   )등급이다.

제5절 현장지휘

1. 현장지휘체계

현장지휘관의 체계는 화재상황을 관리하기 위해 사용되는 기능, 책임, (표준)작전절차를 상세히 기술하는 하나의 수립된 방침을 말한다.

현장지휘체계의 개념	지휘관의 명령 또는 지시와 관련정보 등의 수집 및 전달 등 업무수행을 위한 조직체계를 말한다.
현장지휘체계의 궁극적인 목적	현장에서의 효과적인 활동을 할 수 있도록 관리하고, 대원들의 안전을 보장하는 것.

2. 현장지휘관의 책임

현장지휘관의 주요책임	책임완수를 위해 요구되는 능력
• 대원의 안전과 생존보장 • 구조대상자의 보호, 구출, 응급처치 • 화재(사고)를 진압하고 인명안전보장 • 재산보호	• 의사결정능력 • 지시와 통제능력 • 지시통제내용에 대한 지속적인 재검토와 평가

3. 현장지휘관의 책임완수를 위해 요구되는 능력★★★★ 20년 소방교/ 21년 소방장

의사결정 능력	• 가정과 사실의 구별(즉, 추측된 불완전한 정보와 실제정보의 구별) • 현장작전상황의 환류(재검토)를 통해 작전계획을 변경할 수 있는 유연한 자세 • 표준대응방법의 개발 • 행동개시 후에는 즉시 관리자의 역할로 복귀(전술적 책임은 위임)
지시와 통제 능력	• 스트레스관리(보다 세부적인 문제에 대해 권한위임의 원칙을 적용함으로서 자신과 하위지휘관의 스트레스를 줄여준다) • 고독한 방랑자관리(권한은 위임하되 모든 책임은 자신이 진다는 고독한 단독지휘관으로서의 행동 준비가 되어야 한다) • 중간점관리(초기지시와 활동상황을 수시로 평가하여 상황변화에 맞게 재 지시 및 통제) • 부족자원관리
재검토와 평가	• 일반적으로 보고는 보고자의 범위 내에서 관찰된 상황만을 설명한다. • 그러므로 다른 사람의 보고서에 의문을 제기하고 보고자가 완전히 그리고 정확하게 알고 있는지 확인하고 의사결정을 내려야 한다.

TIP 능력의 종류와 내용을 숙지하셔야 됩니다. 최근에는 주관식으로 출제경향이 높아요. 스트레스 관리는 어디에 해당되나요? ^^

○ **현장지휘관의 바람직한 자질과 성향**★★ 14년 부산 소방장
  • 대원의 임무에 대한 존중 자세
  • 냉정하고 침착한 지시와 통제능력

- 훈련과 경험에 의한 전문적 지휘지식
- 행동지향적이 아니라 지시지향적 태도(의사결정 중심의 태도)
- 상황을 안정시킬 수 있는 대안제시능력(문제해결능력)
- 심리적 체력적 대응능력
- 의사전달능력(무전기사용능력 등)
- 안전이 확보된 타당한 위험의 감수능력
- 모든 직원에 대한 관심과 공정성 유지
- 자신과 다른 사람, 장비, 그리고 전략과 전술적 접근법에 대한 한계인식 능력
- 지휘에 대한 존중태도 및 훈련되고 일관성이 있는 태도

4 지휘권을 확립하는 데 필요한 8단계 필수적 행동요소*** 20년 소방위

1단계	**지휘권 이양 받기(지휘명령에 대한 책임 맡기)** ① 지휘권 확립의 첫 출발은 현장에 도착한 즉시 무전으로 자신이 지휘를 하게 된다. ② 이 순간부터 현장대응상의 전략과 전술에 대한 책임을 맡게 된다는 것을 공식화한다. ③ 현재의 대응활동이 타당하다고 생각되면 그대로 유지하고 문제가 있다고 생각되면 대응활동 계획을 변경한다.
2단계	**지휘소 설치** ① 지휘소가 설치되어 있다면 그곳을 활용하고, 아니면, 가능한 지휘소를 설치 운영한다. 지휘소는 지휘차에 현황판을 설치하고 지휘의사결정이 이루어지는 중심점으로서의 기능을 하는 약식의 지휘소 일 수도 있고 규모에 따라 긴급구조통제단을 구성하여 정식 지휘소로 확대 운영할 수도 있다. ② 도착하는 출동대는 임무 수행을 위해 지휘소에 도착사실을 보고하게 된다. ③ 만약 지휘소가 없다면, 명확하게 구분되는 책임 지휘관도 없게 되며 아무도 명령통일적 지시통제 기능을 수행하지 않게 되며, 현장에 도착하는 출동대는 임의적이며 자동적으로 그들 자체의 독자적 진압활동을 시작하게 된다. 또한 전술적 조정이 이루어지지 않아 현장대응활동은 혼란에 빠지게 된다.

3단계	**기존의 상황평가정보 획득(현재까지의 상황평가하기)**
	가능한 한 신속하게 현장에 도착하기 전에 선착한 현장지휘관과 연락하여 현재까지의 상황정보를 파악한다.
	
	● 현장지휘관이 반드시 확인해야 할 3가지 기본 상황정보*
	  1. 화점의 위치(화재가 발생한 층이나 구역)
	  2. 어떤 호스(관창)가 화재 진압에 이용되고 있는지와 호스(관창) 배치 수
	  3. 배치된 호스(관창)가 화재 진압에 효과를 나타내고 있는지(화세에 비해 현 배치자원의 부족여부 포함)

4단계	**주기적으로 상황을 평가하고 예측** ① 화재에 대한 현재 상황을 평가한 후 미래의 상황을 주기적으로 평가·예측하여 예비적 현황정보를 각 출동대에 송신한다. ② 진압대원들로 하여금 화재진압에 필요한 다음 활동에 대한 예측가능성을 높여준다. ③ 출동차량 철수(귀소) 여부뿐만 아니라 더 많은 인력과 장비를 동원하는 판단근거가 된다. ④ 현재까지의 진압 활동의 효과성에 대한 주기적 상황평가 또한 상황을 분석하는 데 도움을 주면서 작전시간 관리자로서의 역할을 가능하게 하며, 명령 체계를 관리하고, 작전의 진척여부를 판단할 수 있게 해준다.

5단계	**화재 건물의 1, 2차 검색을 관리** ① 화재 진압에서 가장 중요한 부분은 피해자를 안전하게 구출하고 이송시키는 것이다. ② 인명검색을 위한 1, 2차 검색은 이것을 달성하기 위해 고안된 표준절차이다. ③ 지휘관은 물론 출동대원들 모두 "1차, 2차 검색"의 용어를 이해하는 것이 중요하다.

1차 검색	• 화재가 진행되는 도중 검색작업 • 화재가 진압된 직후, 선착대(최초로 도착한 출동대)에 의해 수행된다. • 배연과 동시에 뜨거운 열기와 가시성이 열악한 상황에서 진행되는 신속한 검색에 해당된다. ※ 대부분의 피해자들은 1차 검색 때 발견된다.
2차 검색	• <u>2차 검색에는 시간제한이 없다.</u> • <u>보통 화재가 완전 진압되거나 잔화정리 단계에서 시작할 수 있다.</u> • 2차 검색을 하는 동안, 화재가 발생한 모든 구역이 다시 검색되며 위, 아래, 인접 구역 모두 2차 검색구역에 포함되어야 한다. • 2차 검색 시간 동안에는 배연과 휴대용 조명등을 가지고 가시성을 향상시킨다. • <u>2차 검색의 결과는 검색에 참여한 모든 대원들의 이상 유무를 확인한 후 지휘관이 현장을 떠나기 전 상황실에 보고한다.</u>

6단계	**화재 완진 선언하기** ① 화재 현장의 의사결정에서 가장 중요한 것 중 하나는 화재가 더 이상 지역 사회에 위협이 되지 않는 시점을 결정하고 선언하는 것이다. ② 이러한 결정을 하기 전에 화재 발생 층, 바로 위층, 화재 구역별 단위 출동대가 진압을 수행한 곳 등 화재에 노출된 모든 곳을 확인해야 한다. ◉ 확인은 단위 출동대 별 지휘관과의 무선교신을 통해 확인
7단계	**화재현장 조사하기** ① 화재 발생 지점과 발화원인을 조사하는 것은 지휘관의 책임 중의 하나이다. ② 이러한 정보는 정확한 화재조사를 위해, 그리고 정밀한 사후 화재조사 보고서를 완성하는 데 결정적인 정보가 된다. ③ 화재 건수 중 90%가량은 화재 발생 지점만 확인하면 발화원인을 쉽게 밝혀낼 수 있다. ◉ 부엌에서 발생한 화재는 종종 요리 기구가 발화원인이며, 침실이나 소파에서 발생한 화재는 대부분 전기장판이거나 담뱃불인 경우가 많다. 거주자와의 대화를 통해서도 발화원인을 알 수 있는 주요 정보를 확인할 수 있다.
8단계	**화재현장 검토회의 주재하기(대응활동 평가)** ① 특별한 이유가 없는 한 화재진압이 완결된 후 <u>현장에서 간략히 검토회의를 가지는 것</u>이 바람직하다. ② 주요 단위지휘관 들만 모여 간단한 대화의 시간을 가지는 형식과 모든 출동대가 참여하는 전체적 검토회의 형식으로 운영될 수도 있다. ③ <u>팀 활동에 대한 가장 효과적인 평가와 개선시점은 화재진압 활동 직후이다.</u> ◉ 화재현장 검토회의는 문제점을 발견하고 개선하는 기회이기도 하지만 배테랑 대원들이 어떻게 효과적으로 호스를 전개하고 진압하였는지, 1차 인명검색 때 어떻게 침대 밑에 있는 아이를 발견하였는지 등에 대한 교훈적 내용을 들을 수 있는 기회가 되기도 한다.

TIP 8단계 행동요소 순서를 암기하고, 1단계 지휘권이양, 2단계 지휘소 설치, 3단계 상황평가정보까지 내용을 꼭! 기억 하세요. ^^

5 화재현장 세분화와 분대지정

① 저층화재에 이용되는 기본적 분대 명명법은 건축물의 평면도를 기준으로 지휘소가 위치한 면이 1분대(규모가 큰 경우에는 방면대) 시계방향으로 돌아가며 좌측을 2분대, 후방을 3분대 우측방면을 4분대로 명명한다.

② 각 방면별로 구획화가 필요하면 좌측에 연이어 인접한 구획을 2-1, 2-2, 2-3....과 같은 방식으로 명명한다.

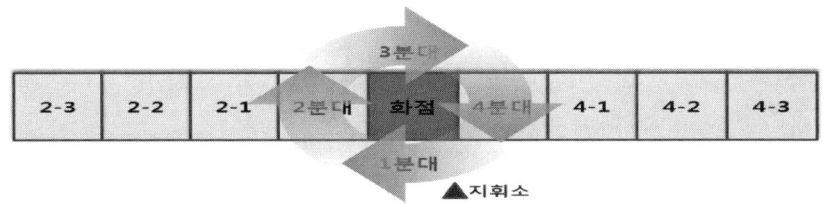

(저층화재 분대명명법)

③ 단일 건축물인 경우의 내부 진압대에 대한 분대명명은 좌우 이등분하여 좌측분대, 우측분대로 각각 명명하고, 4등분 할 경우에는 상기에서 언급된 기본적 분대 명명법을 응용하면 된다.

④ 고층건물의 경우 배치된 층수를 활용하여 지하2층 분대, 5층 분대, 6층 분대, 7층 분대… 와 같이 명명한다.

> ◎ 각 구획별로 지정된 분대의 단위지휘관과 현장지휘관(지휘소)의 상황평가정보
> 1. 화재 발생 층
> 2. 넓은 공간을 가진 대형 건물인 경우 층의 주요 내부구조
> 3. 연소 중인 물질 또는 화재의 규모(개요)
> 4. 현장의 자원으로 충분히 진압이 가능한지의 여부
> 5. 화재가 확대되고 있는지, 추가 자원이 필요한지의 여부
> 6. 고층 건물인 경우, 거주자 대피용 계단과 관창(호스)을 이용한 진입 계단 지정

제6절 화점 확인

1 정보수집

① 관계자	• 관리책임자, 소방안전관리자, 자위소방대, 점유자, 경비원, 당직자 등 • 최초발견자, 신고자, 초기소화자 등 • 피난자(거주자, 종업원, 손님 등) • 부상자, 민간 구조자 등
② 관계자 집합장소	• 지휘본부, 지휘차, 펌프차, 구급차, 진단차 등 • 방재센터, 경비원실, 숙직실, 관리인실 등
③ 관계자가 모인 장소에는 대원을 상주시켜 관계자들을 확보한다.	
④ 피해자는 공포와 불안으로 흥분상태에 있기 때문에 소방대가 도착한 것을 알려 안심시킨다.	
⑤ 화상을 입은 사람은 가장 중요한 정보를 가지고 있다. 구급대와 연락을 통하여 이송도중 또는 병원까지 상세한 정보수집에 노력한다.	

수집내용	(1) 관계자가 어떠한 사람인가 확인함과 동시에 다음 사항을 청취하여 메모한다. 　① 대피지연 또는 행방불명자 유무를 최우선으로 수집한다. 　② 부상자 유·무 및 성명, 연령, 상태 등 　③ 최초발견, 통보, 소화자 등으로부터 출화 장소 및 당시상황 　④ 건물 수용인에 대한 인명구조 활동 등 (2) 연소의 진행방향을 확인한다. (3) 옥내계단, 비상계단, 엘리베이터 등 건축시설 사용가능 여부를 확인한다. (4) 관계자 등으로부터 청취할 때는 정보를 철저히 수집한다. (5) 정보수집의 6하 원칙에 준하여 실시한다.
정보수집 요령	① 정보수집은 항목이 중복되지 않도록 임무분담을 정한다. ② 수집활동은 일정시간(약 10~15분)마다 지휘본부에 집합하여 정보교환 등을 한다. ③ 유효한 정보원이 되는 관계자를 찾아 정보 수집하는 것을 최우선으로 한다. ④ 현장 부근의 관계자 이외의 사람들로부터 중요한 정보를 얻을 수 있는 경우가 있으므로 사람들의 말과 행동에 주의한다. ⑤ 대피 지연자가 있는지는 관계자를 조사하는 것만이 아니고 주위 사람들에게도 청취한다.

▨ 정보수집 순위★★★ 17년 소방장

제1순위	• 대피 지연자가 있는가? • 전원 피난 완료했는가? • 부상자가 있는가? 등 인명에 관한 정보
제2순위	• 가스누설과 폭발 • 유독가스 등에 의한 2차 화재발생 및 위험에 관한 정보
제3순위	• 연소 확대 위험여부 • 계단, 건축시설 및 옥내소화전 등의 소방용 설비 사용 가부 • 소방 활동상 필요한 정보

제4순위	• 피해상황 • 출화 원인 등 예방 • 진압상 문제점

TIP 정보수집 순위를 꼭! 기억하세요. 연소확대 위험은 몇 순위인가요? ^^

4 수집결과 처리

① 수집한 정보를 현장지휘자에게 보고한다. 보고는 휴대무전기를 유효하게 활용한다.
② 대피 지연자에 관한 정보, 가스누설 또는 유독가스 등 2차 화재발생 위험에 관한 정보는 단편적이거나 불확실하여도 곧바로 지휘본부에 보고하고 추적, 조사한다.

5 화점 확인 방법

(1) 외부에서 화점 확인 방법*** 12년 서울 소방위/ 18년 소방위/ 19년 소방교

① 창 등 개구부로부터 연기가 분출하는 경우 ➡ 연기가 나오는 층 이하의 층
② 최상층의 창 등으로부터 분출속도가 약한 백색연기가 나오는 경우 ➡ 아래층에 화점
③ 야간의 경우 조명이 점등하고 있는 층보다 ➡ 조명이 소등되어 있는 층

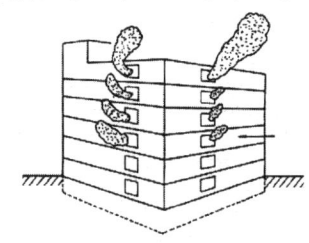

(2) 내부에서 화점 확인 방법*** 14년 서울 소방위/ 16년 부산 소방장/ 18년 소방교/ 소방장 / 21년 소방장

① 연기·열에 의한 방법***
  ㉠ 옥외로 연기가 분출, 옥내로 연기가 있는 경우 ➡ 공조설비 등을 즉시 정지
  ㉡ 공조설비를 정지 또는 없는 경우 ➡ 연기가 있는 최하층을 확인
  ㉢ 연기가 가득한 경우 ➡ 각층 계단실의 출입구 및 방화문을 폐쇄하고, 옥탑실 출입구 및 피난층 출입구를 개방하여 배연을 행하면서 확인

  TIP 배연의 기본이 되는 내용으로서 반드시 기억하시기 바랍니다.

  ㉣ 잠겨있는 실내는 문의 변색, 문틈에서의 연기분출 또는 문, 벽, 상층의 바닥에 손을 접촉하여 온도 변화에 의해 확인
  ㉤ 중성대가 있으면 ➡ 자세를 낮게 하여 연기의 유동방향으로 거슬러 확인

  ● 화점에 가까울수록 연기의 농도는 진하고 유동은 크고 빠르며(계단, 닥트 등은 제외), 화점에서 멀수록 연기의 속도는 급속하게 저하한다. 만약, 연기의 유동속도가 완만하고, 열기가 적은 경우 화점에서 떨

어져있는 것으로 판단한다.★★

> **TIP** 외부화점과 내부화점 비교하는 문제가 출제됩니다.^^

② 소방용 설비 등의 화재표시에 의한 방법★★ 19년 소방교
  ㉠ 방재센터가 설치되어 있는 경우
    ⓐ 화점확인 사항
      - 자동화재탐지설비 수신기의 지구표시 등의 경보 순서
      - 스프링클러 헤드 작동구역
      - 연감지기 연동의 제연설비, 방화문의 작동상황
      - 포, 하론 등의 소화설비 작동구역
    ⓑ 자동화재탐지설비 수신기의 지구표시등과 스프링클러 헤드 및 포헤드의 작동구역이 동일한 경우 ➡ 당해 구역을 확인
    ⓒ 스프링클러 헤드 등이 작동하지 않고 자탐설비 수신반의 화재표시만 발보할 때 ➡ 최초 발보 구역을 확인
    ⓓ 주방 화재의 경우 닥트에 열이 흡입되어 스프링클러헤드가 작동하지 않는 예가 많으므로 주의
      - 계단실 직근에서 발화한 경우 ➡ 연기가 계단실로 유입되어 계단 내 연기감지기가 먼저 동작하는 경우도 있다.
      - 연기감지기 연동의 제연설비나 방화문의 작동을 표시하고 있는 경우 ➡ 당해 구역을 확인
      - 하론 소화설비의 수동 기동방식이 작동하고 있는 경우 ➡ 당해 구역 확인(인위적으로 작동시킨 것)

  > **TIP** 당해구역인지, 최초발보구역인지를 확인합니다.^^

  ㉡ 방재센터가 설치되어 있지 않는 경우
    ⓐ 자동화재탐지설비 수신기를 확인하여 화점을 확인하며, 설치장소는 다음과 같다.
      - 경비원실, 숙직실, 관리실 등
      - 빌딩 관리사무실, 전기실, 기계실 등
    ⓑ 자동소화설비 등의 작동 표시반은 제각기 설비 계통별로 설치장소의 부근에 분산되고 있으므로 주의한다.

(3) 지하실 등

① 방재센터 등의 자탐설비 수신기의 화재표시 및 작동표시를 확인하여 공조설비 등은 모두 정지시켜 화점을 확인한다.
② 소방활동 정보카드 및 관계자의 도면에 의해 내부구조를 확인하여 화점을 확인한다.
③ 벽, 문, 천정, 바닥에 손을 접촉하여 온도변화에 의해 화점을 확인한다.
④ 연기의 농도가 짙고 열기가 높은 방향으로 거슬러 가면서 화점을 확인한다.
⑤ 지하층의 화재라도 연기가 종혈 공간으로 상승하여 지상층에서 분출하는 경우가 있으므로 유의한다.

(4) 공조용 덕트*

① 옥외로 연기가 분출하거나 옥내에 연기가 있는 경우 ➡ 공조설비를 즉시 정지
② 공조설비의 배기구, 흡기구에서 연기가 다량으로 분출하고 있을 때 ➡ 덕트 또는 덕트 부근의 화재
③ 소방활동 정보카드 및 관계자의 도면에 의해 공조설비의 닥트 계통을 파악하여 화점을 확인한다.
④ 덕트 배기구에서 연기가 분출하고 있을 때에는 덕트 배관을 따라 다음요령으로 화점을 확인한다.
   ㉠ 덕트의 종류(공조, 주방 배기, 주차장 배기, 창고 배기)를 먼저 확인
   ㉡ 화염 덕트의 노출부 또는 점검구 등에 손을 접촉하여 온도변화에 의한다. 점검구는 통상 방화댐퍼 부착개소에 많다.
   ㉢ 덕트가 천정 속에 은폐되어 있는 경우 ➡ 천정의 점검구 등에 손을 접촉하여 온도변화를 확인
   ㉣ 덕트에 가연성의 단열재 등이 감겨 있는지 여부를 확인
   ㉤ 방화댐퍼의 작동상황을 확인
   ㉥ 배기덕트 방식은 최하층에서 콘크리트 샤프트 내에 진입하여 위 방향을 확인하여 연기가 유입되고 있는 층을 화점층으로 판단한다.

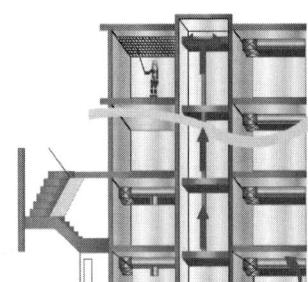

(종혈 부분의 화점확인)

(5) 주방용 덕트

① 배기설비를 즉시 정지시킨다.
② 경방자료 및 건축물의 도면을 파악하여 화점을 확인한다.
③ 덕트의 배관계통을 따라 다음요령으로 화점을 확인한다.
   ㉠ 덕트 노출부 또는 점검구 등에 손을 접촉하여 온도변화를 감지한다.
   ㉡ 덕트의 점검구는 통상 방화댐퍼의 부착개소 부근이 많다.
   ㉢ 덕트가 천정 속에 있는 경우 ➡ 천정의 점검구를 이용하거나 국부파괴에 의한다.
   ㉣ 방화댐퍼의 작동상황을 확인한다.
④ 옥상 등의 배연구에서 연기가 다량으로 분출하고 있는 경우 ➡ 주방용 덕트화재인 경우가 많다.

(6) 더스트슈트(Dust chute), 메일슈트(Mail chute)

① 더스트슈트
   ㉠ 투입구에서 연기가 나오고 있는 경우 ➡ 집진실 및 취출구 부근을 확인
   ㉡ 집진실에 화점이 없는 경우 ➡ 더스트 슈트 내부를 보아 연기가 유입되고 있는 층을 화점층이라 판단하여 확인

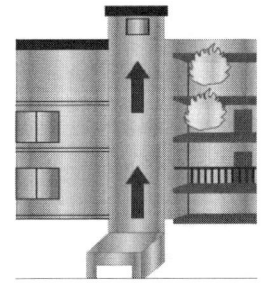

(더스트슈트 화점 확인)

> ● 집진실 : 집진 장치에서 분진을 분리하여 포집하는 기능을 실제로 수행하는 장소
> ● 취출구 : 공기조화설비에서 조화된 공기를 덕트에서 실내로 내보내기 위한 개구부

② 메일슈트
  ㉠ 기송관은 황동관, 알루미늄관, 경질 염화비닐관, 철관 등이 사용되고 있다.
  ㉡ 메일슈트 설비장치를 즉시 정지시킨다.
  ㉢ 관계자로부터 도면을 입수하여 배관 계통을 파악 기송관이 투명하지 않는 경우 다음과 같이 화점을 확인한다.
    ⓐ 내부의 장치를 확인한다.
    ⓑ 기송관에 손을 접촉하여 온도변화에 의해 확인 한다.
    ⓒ 취출구, 점검구에서 내부 상황을 확인한다.

> ● Dust chute : 고층건물에 있는 쓰레기를 맨 아래 층으로 버리게 하는 설비로 최하부에 직접 소각로로 통하는 것과 외부로 옮겨 처리하는 것이 있으나, 새로 지어지는 건물에선 보기 힘들며, 종전에 설치 된 곳도 악취 등으로 거의 사용되고 있지 않음.
> ● Mail chute : 우편 슈트라고도 하며, 호텔이나 빌딩의 각 층에 있는 우편 투입구.
> ● 기송관 : 실린더에 해당하는 긴 관 속을 피스톤에 해당하는 허물을 공기의 흐름에 실어 고속도로 수송하는 장치

(7) **천장 속**
  ① 천장의 틈이나 작은 구멍에서 연기가 분출하고 있는 경우 ➡ 천장 속을 확인
  ② 천장 점검구를 이용하거나 국부파괴에 의해 천장 속의 전기배선 및 닥트 등을 확인
  ③ 천장에 점검구가 없는 경우 ➡ 형광등이 매설식으로 있으면 분리해서 점검구와 같이 사용할 수 있다.
  ④ 금속제 또는 불연성의 천장은 함부로 파괴하지 말고 변색 또는 손을 접촉하여 온도변화에 의해 확인
  ⑤ 형광등 안전기가 소손되는 특유의 냄새가 있거나, 스위치를 넣어도 점등하지 않는 기구를 중점적으로 확인

(8) **화재발생 층의 확인 및 지정(다층건물에서 화재에 대응할 때)**
  ① 다층 건물에서 화재에 대응할 때 화재가 발생한 층을 정확히 파악해야 한다.
  ② 화재가 발생한 층을 파악하기 어려울 때 ➡ 직접 건물 내부로 들어가 수신기를 확인하여 화재발생 층을 파악해야 한다.
  ③ 불꽃을 발견한 대원은 즉시 건물 층 수 표시를 찾아 확인하여 지휘관에게 전달해야 한다.

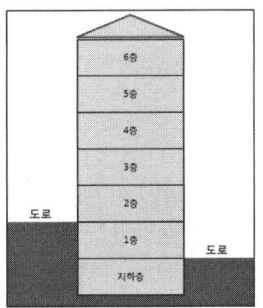

(9) 후각을 이용한 화점 찾기**

후각을 이용하여 구별 가능한 냄새의 유형과 그에 따른 추정 장소
① 음식물 타는 냄새 → 가스(또는 전기) 레인지 위 검색
② 침대 매트리스에서 타는 냄새 → 침실
③ 페인트가 연소하는 냄새 → 페인트 보관장소(작업장)
④ 종이타는 냄새 → 책상 밑 쓰레기통
⑤ 자극적인 매캐한 연기 냄새 → 형광등과 같은 전등
⑥ 전기합선 냄새 → 전기배선이 있는 벽이나 천장 위
⑦ 맛있는 쓰레기 냄새 → 부엌 쓰레기통
⑧ 시커먼 연기와 합성수지 타는 냄새 → 옷장 안(이불과 옷)
⑨ 전열기구의 플라스틱 타는 냄새 → 커피포트, 기타 전기제품(스위치가 ON에 있는지 확인)
⑩ 출처를 알 수 없는 아스팔트 타는 냄새 → 인도와 건물사이 틈(인도에 버려진 담배꽁초가 바람에 실려 건물 옆 좁은 틈에 쌓이면서 아스팔트 혼합물과 검은 연기와 함께 연소되는 경우도 있음)
⑪ 고층 건물 내부에서 나는 출처 불명의 연기냄새 → 엘리베이터의 케이블에 과도하게 칠해진 오일이 마찰열에 의해 연소되는 경우 몇 개의 층으로 연기가 확산될 수 있다.

> 화재진압 장비 중에서 가장 획기적인 도구 중의 하나가 바로 열화상 카메라이다. 이 장치는 벽 뒤, 천장 위, 연기에 가려진 열의 출처를 짧은 시간 내에 탐지할 수 있다. 이것을 효과적으로 이용할 경우 재산 피해를 획기적으로 줄일 수 있다.

(10) 알람 밸브(유수검지장치)*

알람 밸브가 작동될 때 그 원인을 찾는 5단계 활동* 22년 소방장

1단계	수신기 상에 표시된 층을 확인하고 이 구역을 검색한다.
2단계	스프링클러 시스템을 리세팅(resetting) 한 후 경보가 다시 발생하는지 확인한다. 경보가 다시 울리면 화재이거나 배관 누수일 가능성이 크다.
3단계	건물 위층부터 검색을 시작한다. 검색분대는 꼭대기 층에서부터 계단을 내려오면서 각 층 입구에서 물소리나 연기 냄새가 나는지 확인해야 한다.
4단계	가압송수장치의 펌프를 확인하여 고장 등을 확인한다.(3단계와 동시에 시작할 수 있다.)
5단계	소방시설관리업체로 하여금 소방시설에 대한 전반적인 점검과 보수를 하도록 조치한다.

TIP 단계별 순서를 암기하세요. 가압송수장치 펌프확인은 몇 단계 인가요? ^^

(11) 공조 시스템(HVAC System)

HVAC(Heating, Ventilation, Air-Conditioning)시스템을 설치하는 건축물이 늘어나고 있고 공조시스템은 냉난방과 공기정화기능을 모두 제공하는 중앙집중식공조시스템이다.
① 공조시스템이 설치된 건물에서 화재 발생 위치를 찾는 것은 매우 어렵다.
  ➡ 따라서 최우선적으로 조치할 사항은 공조시스템을 차단하는 것이다.
② 공조시스템이 차단된 후 검색을 하여도 화재 위치를 찾아내지 못했다면

➡ 다시 시스템이 작동되도록 한다. 공조시스템 자체가 연기발생의 출처가 될 수 있다. 그런 경우에는 설비가 설치된 실을 확인한다.

③ 다용도실의 설비가 화재의 출처가 아니라는 것이 밝혀지면
➡ 건물 외부의 공기 흡입구를 확인한다. 공기 흡입구 근처의 작은 쓰레기 화재, 주방 공기환기구, 주차된 트럭의 매연 등의 연기가 그 원인일 수도 있다.

> **Check**
> ① 현장지휘관의 주요책임은 대원의 안전과 생명보장이다.(○)
> ② 현장지휘관의 책임완수를 위해 요구되는 능력에서 "부족자원 관리"는 ( )이다.
> ③ 지휘권을 확보하는데 필요한 8단계 필수행동요소에서 2단계는( )이다.
> ④ 정보수집에서 "연소확대 및 위험여부"는 ( ) 순위 이다.
> ⑤ 최상층 창문에서 분출속도가 약한 백색연기가 나오는 경우는 ( )가 화점이다.
> ⑥ 알람밸브(유수검지장치) 작동 시 원인을 찾는 5단계에서 "스프링클러 리세팅"은 ( ) 단계이다.

화재진압 및 현장활동

02 기출 및 예상문제

01 소방청에서 시달된 "소방공무원 복무규칙"에 따른 소방훈련의 종류와 관계없는 것은?

① 소방장비 조작훈련 및 점검
② 현지출동훈련
③ 긴급출동훈련
④ 인명구조 및 구급훈련

해설
기초체력훈련, 소방장비조작훈련 및 점검, 현지출동훈련, 인명구조 및 구급훈련, 특수장소 소방관서 합동훈련, 광역출동훈련

02 소방용 설비 등의 화재표시에 의한 방법으로 "최초발보구역"과 관계 깊은 것은?

① 스프링클러 헤드 등이 작동하지 않고 자탐설비 수신반의 화재표시만 발보한 때
② 자동화재탐지설비 수신기의 지구표시등과 스프링클러 헤드 및 포헤드의 작동구역이 동일한 경우
③ 연기감지기 연동의 제연설비나 방화문의 작동을 표시하고 있는 경우
④ 하론 소화설비의 수동 기동방식이 작동하고 있는 경우

해설 ✪ 스프링클러 헤드 등이 작동하지 않고 자탐설비 수신반의 화재표시만 발보한 때 ➡ 최초 발보 구역을 확인

03 출동로 선정원칙으로 틀린 것은?

① 화재현장까지 가장 가까운 도로일 것
② 가급적 다른 출동대와 같은 방향을 이용할 것
③ 출동순로의 가까운 곳에 소방용수가 있을 것
④ 도로공사, 교통 혼잡 등의 장해가 없을 것

해설 ✪ 출동로 선정★ 17년 소방교/ 18년 소방교
① 화재현장까지 가장 가까운 도로일 것
② 출동순로의 가까운 곳에 소방용수가 있을 것
③ 주행하기 쉬운 도로일 것
④ 도로공사, 교통혼잡 등의 장해가 없을 것
⑤ 다른 출동대의 진입방향과 중복되지 않을 것
⑥ 부서 위치는 후착대에 장해가 되지 않는 위치로 할 것

정답 01. ③ 02. ① 03. ②

04 소화전 흡수 요령으로 틀린 것은?

① 펌프로 이물질이 들어가는 것을 막기 위하여 흡수관은 결합하기 전에 소화전을 개방하여 관내의 모래 등을 배출시킨다.
② 소화전으로부터 흡수중일 때에 타대로부터 송수를 받으면 송수된 물이 펌프를 경유하여 수도배관 속으로 역류할 수도 있으므로 유의한다.
③ 배관 말단의 소화전에는 유입되는 물의 양이 많기 때문에 방수구의 수를 늘리도록 한다.
④ 지하식 소화전의 뚜껑은 허리부분의 부상을 방지하기 위해서 안정된 자세로 개방함과 동시에 손발이 끼이지 않도록 충분히 주의한다.

[해설] ✪ 소화전 흡수* 19년 소방교
1. 펌프로 이물질이 들어가는 것을 막기 위하여 흡수관은 결합하기 전에 소화전을 개방하여 관내의 모래 등을 배출시킨다.
2. 흡수관의 결합을 확실하게 하고 반드시 확인한다.
3. 배관 말단의 소화전에는 유입되는 물의 양이 적기 때문에 방수구의 수를 제한한다.
4. 소화전으로부터 흡수중일 때에 타대로부터 송수를 받으면 송수된 물이 펌프를 경유하여 수도배관 속으로 역류할 수도 있으므로 유의한다.
5. 지하식 소화전의 뚜껑은 허리부분의 부상을 방지하기 위해서 안정된 자세로 개방함과 동시에 손발이 끼이지 않도록 충분히 주의한다.

05 화재현장 도착 시 마음가짐에 대한 설명으로 잘못된 것은?

① 지휘자의 지시가 있을 때까지 사전명령 이외의 단독행동은 하지 않는다.
② 활동위치, 활동내용을 지휘자에게 보고하여 지휘자가 현장을 장악할 수 있도록 한다.
③ 더 이상 방어행동이 필요 없을 때는 지휘자의 명령 없이도 행동을 중단할 수 있다.
④ 지휘자의 명령에 근거해 대원 상호 간 행동을 확인해서 행동한다.

[해설]
• 화염과 연기가 발견되지 않고 방어가 필요 없다고 인정되더라도 지휘자의 명령이 없는 한 방어행동을 개시한다.

06 선착대 활동 원칙으로 옳은 것은?

① 인명검색 구조활동 우선
② 인명위험이 가장 작은 방면을 포위 부서
③ 화점에서 떨어진 소방용수 시설을 점유
④ 급수, 비화경계, 수손방지 등의 특정한 임무를 적극 수행한다.

정답 04. ③ 05. ③ 06. ①

해설

선착대 활동의 원칙** 18년 소방교

① 인명검색·구조활동 우선
② 연소위험이 가장 큰 방면을 포위 부서
③ 화점 직근의 소방용수시설을 점유
④ 사전 대응매뉴얼을 충분히 고려하여 행동
⑤ 신속한 상황보고 및 정보제공
  ※ 신속한 화재상황 파악 및 전파 후 후착대에게 적극적으로 정보를 제공
    ㉠ 재해의 실태 : 건물구조, 화점, 연소범위, 출입구 등의 상황
    ㉡ 인명위험 : 구조대상자의 유무
    ㉢ 소방활동상 위험요인 : 위험물, 폭발물, 도괴 위험 등
    ㉣ 확대위험 : 연소경로가 되는 장소 등 화세의 진전상황

07 소화전 이외의 소방용수로부터 흡수하는 경우의 유의사항 중 틀린 것은?

① 흡수관은 저수조의 경우 최저부까지 넣는다.
② 수심이 얕은 경우에는 스트레이너가 떠오르지 않도록 유의한다.
③ 수량이 적은 하천의 경우 후착대는 선착대보다 위쪽에서 흡수한다.
④ 오염된 물을 부득이하게 사용한 경우 연소가 방지된 시점에서 흡수를 정지한다.

해설 ✪ 소화전 이외의 소방용수 흡수** 14년 부산 소방교
① 흡수관은 저수조의 경우 최저부(最底部)까지 넣지만 연못 등에서는 흡수관의 스트레이너(strainer)가 오물에 묻힐 염려가 있으므로 적당한 길이로 투입한다.
② 수심이 얕은 경우는 물의 흐름을 막아 수심을 확보하고 스트레이너가 떠오르지 않도록 유의한다.
③ 오염된 물은 원칙적으로 사용하지 않는다. 또 부득이하게 사용한 경우에는 연소가 방지된 시점에서 흡수를 정지한다.
④ 수심이 얕은 흐르는 물의 경우에는 스트레이너를 물이 흐르는 역방향으로 투입하여 스트레이너가 떠오르는 것을 방지한다.
⑤ 수심이 깊은 연못 등은 바닥의 오물이 흡수되지 않도록 흡수관을 로프로 적절히 묶어서 스트레이너가 바닥에 닿지 않도록 한다.
⑥ 수량이 적은 하천의 경우 후착대는 선착대보다 위쪽에서 흡수하지 않는다.
⑦ 담 너머에 수리가 있는 경우는 사다리 등을 활용해 원칙적으로 2명 이상으로 실시한다.
⑧ 아래로 굴러 떨어질 위험이 있는 수리에서는 로프 등으로 신체를 확보하고 흡수관 투입 등의 작업을 실시한다.

08 화점 확인 정보수집 중 최우선 수집내용인 것은?

① 부상자 유·무 및 성명, 연령, 상태 등
② 대피지연 또는 행방불명자 유무
③ 건물 수용인에 의한 인명구조 활동 등
④ 연소의 진행 방향 확인

해설
✪ 관계자가 어떠한 사람인가 확인함과 동시에 다음 사항을 청취하여 메모한다.
1. 대피지연 또는 행방불명자 유무를 최우선으로 수집한다.
2. 부상자 유·무 및 성명, 연령, 상태 등
3. 최초발견, 통보, 소화자 등으로부터 출화 장소 및 당시상황
4. 건물 수용인에 의한 인명구조 활동 등

정답 07. ③   08. ②

09 현장정보수집 순위에 대한 설명 중 바르게 짝지어진 것은?

① 제1순위 - 소방활동 상 필요한 정보
② 제2순위 - 연소확대 위험여부
③ 제3순위 - 전원 대피완료 했는가
④ 제4순위 - 출화원인 등 예방

해설 ✪ 현장정보수집 순위* 17년 소방장

제1순위	• 대피지연자가 있는가 ・ 전원 피난완료 했는가 • 부상자가 있는가 등 인명에 관한 정보
제2순위	• 가스누설과 폭발 • 유독가스 등에 의한 2차 화재발생 및 위험에 관한 정보
제3순위	• 연소확대 위험여부 • 계단, 건축시설 및 옥내소화전 등의 소방용 설비 사용가부 • 소방활동상 필요한 정보
제4순위	• 피해상황 • 출화원인 등 예방 • 진압상 문제점

10 유수검지장치가 작동될 때 원인을 찾는 5단계 활동 중 3단계는?

① 가압송수장치의 펌프를 확인
② 스프링클러 시스템을 리세팅(resetting)
③ 건물 위층부터 검색을 시작
④ 수신기 상에 표시된 층을 확인

해설 ✪ 알람 밸브(유수검지장치)*

• 알람 밸브가 작동될 때 그 원인을 찾는 5단계 활동** 22년 소방장

1단계	우선, 수신기 상에 표시된 층을 확인하고 이 구역을 검색한다.
2단계	스프링클러 시스템을 리세팅(resetting) 한 후 경보가 다시 발생하는지 확인한다. 경보가 다시 울리면 화재이거나 배관 누수일 가능성이 크다.
3단계	건물 위층부터 검색을 시작한다. 검색분대는 꼭대기 층에서부터 계단을 내려오면서 각 층 입구에서 물소리나 연기 냄새가 나는지 확인해야 한다.
4단계	가압송수장치의 펌프를 확인하여 고장 등을 확인한다. (3단계와 동시에 시작할 수 있다.)
5단계	소방시설관리업체로 하여금 소방시설에 대한 전반적인 점검과 보수를 하도록 조치한다.

정답 09. ④   10. ③

11 일반대원의 출동 요령에서 지휘자의 지시가 필요한 시점은?

> ⓐ지령내용수신 → ⓑ 화재상황추정 → ⓒ 방화복 등 착용 → ⓓ 승차 → ⓔ 출동

① ⓐ, ⓑ
② ⓐ, ⓒ
③ ⓒ, ⓔ
④ ⓐ, ⓓ

해설 ✪ 일반대원 출동요령
지령내용수신 → 화재상황추정 → (지휘자 지시) 방화복 등 착용 → 승차 → (지휘자 지시) 출동

12 다음 중 연기와 열기에 의한 내부 화점확인 방법으로 옳은 것은?

① 연기가 나오는 층을 화점층으로 판단하고 행동한다.
② 연기는 화점에 멀면 멀수록 짙고 흐름도 빠르다.
③ 옥내·외에 연기가 있는 경우는 공조설비 등을 즉시 정지시킨다.
④ 벽이나 창, 상층의 바닥의 온도변화를 확인할 때는 반드시 장갑을 끼도록 한다.

해설 ✪ 내부에서 화점 확인 방법★★★ 14년 서울 소방장/ 16년 부산 소방장/ 18년 소방교/ 소방장 / 21년 소방장
(연기열에 의한 방법)★★★
㉠ 옥내·외로 연기가 있는 경우 ➡ 공조설비 등을 즉시 정지
㉡ 공조설비를 정지 또는 없는 경우 ➡ 연기가 있는 최하층을 확인
㉢ 연기가 가득한 경우 ➡ 각층 계단실의 출입구 및 방화문을 폐쇄하고, 옥탑실 출입구 및 피난층 출입구를 개방하여 배연을 행하면서 확인
㉣ 잠겨있는 실내는 문의 변색, 문틈에서의 연기분출 또는 문, 벽, 상층의 바닥에 손을 접촉하여 온도 변화에 의해 확인
㉤ 중성대가 있으면 ➡ 자세를 낮게 하여 연기의 유동방향으로 거슬러 확인
✪ 화점에 가까울수록 연기의 농도는 진하고 유동은 크고 빠르며(계단, 덕트 등은 제외), 화점에서 멀수록 연기의 속도는 급속하게 저하한다. 만약, 연기의 유동속도가 완만하고, 열기가 적은 경우 화점에서 떨어져있는 것으로 판단한다.★★

13 건물 붕괴 위험성 안전도 평가대상이 아닌 것은?

① 기둥
② 대들보
③ 바닥층
④ 천정

해설
• 건물 붕괴 위험성 평가는 벽, 골조(기둥과 대들보), 바닥층의 3가지 요소이다. ★ 23년 소방위

정답 11. ③ 12. ③ 13. ④

14. 화재 진압시스템 분석의 기본 틀 14가지 요소 가운데 "조건"에 해당되는 것은?

① 건물구조 ② 생명위험
③ 소방시설 ④ 기상

해설
※ 건축물화재 진압시스템의 분석 틀

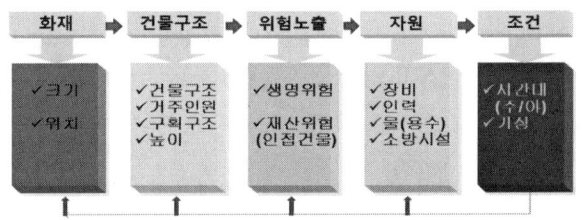

15. 자동노출 연소차단에서 상층부로의 수직연소 확대지연으로 ( ) 안에 들어갈 적당한 것은?

화재 층 창문과 위 층 창문 사이의 ( ) 부분에 방수

① 창틀 ② 벽
③ 천장 ④ 유리

해설 ✪ 자동노출★★ 14년 경남 소방장
- 자동노출에 의한 연소 확대방지 → 고가사다리차를 이용한 근접 분무방수
- 상층부로의 수직연소 확대지연 → 화재 층 창문과 위 층 창문 사이의 벽 부분에 방수
- 진압팀이 진입한 상태에서 화염 분출 상태 → 진입대원의 안전을 위해 화염이 분출되는 창문에 직접방수 해서는 안 되며, 두 창문 사이의 벽 부분에 방수

16. 건물 붕괴 위험성 평가에서 옳은 것은?

① 경량 목구조 : 벽 붕괴 ② 내화구조 : 철제구조의 지붕붕괴
③ 준 내화구조 : 벽 붕괴 ④ 경량 목구조 : 콘크리트 바닥 층 강도

해설 ✪ 붕괴 위험성 평가★★★ 15년 소방위/ 16년 부산 소방교 / 21년 소방위 / 22년 소방교 / 23년 소방위
① 내화구조(콘크리트 바닥 층 강도)
② 준 내화구조(철제구조의 지붕붕괴)
③ 조적조(벽 붕괴)
④ 중량 목구조(지붕과 바닥 층을 지탱하는 트러스트구조의 연결부분)
⑤ 경량 목구조(벽 붕괴)

정답 14. ④ 15. ② 16. ①

17 5가지 기본적인 건물의 유형에서 다음 설명과 관계있는 것은?

> 화재 시 벽돌로 건축된 4개의 벽에 둘러싸인 목재 저장소와 같은 위험성을 가지고 있다.

① 내화구조(안전도 1등급 건물)
② 조적조(안전도 3등급 건물)
③ 중량 목구조(안전도 4등급 건물)
④ 경량 목구조(안전도 5등급 건물)

해설 ✪ 조적조(안전도 3등급 건물)★★ 13년 경북 소방교/ 14년 서울 소방장/ 16년 서울 소방교

- 조적조 건물이면서 바닥 층, 지붕, 기둥, 보 등은 나무와 같은 가연성 물질로 되어 있는 건물은 전술적 안전도 3등급 건물로 분류한다.
- 내부 구조물에 사용된 목재는 화염으로부터 1차적으로 커버할 수 있는 석고보드나 기타 이에 준하는 불연성 건축 재료를 주로 사용한다.(안전도 4등급과 차이점)
- 화재 시 벽돌로 건축된 4개의 벽에 둘러싸인 목재 저장소와 같은 위험성을 가지고 있다.
- 안전도 3등급 건물의 주요 연소 확대 요소는 숨은 공간이나 작은 구멍이다.
- 가장 일반적인 숨은 공간은 다락방과 같은 공간이다. 또한, 오래된 건물의 천장 위의 공간은 종종 다른 구획의 공간과 연결되어 연소 확대 통로가 될 수 있다.
- 숨은 공간을 통한 연소 확대의 원리는 주로 대류에 의해 이루어진다.
- 숨은 화점을 검색할 때는 가열된 가스와 불꽃이 위로 올라가서 다락방과 같은 상층부 공간에 점화되어 연소가 확대된다는 점에 유의해야 한다.
- 벽과 천장을 순서대로 개방해야 한다.
  - 하단부분의 벽체 가까운 곳에서 화재가 발견되면 바로 위의 벽을 먼저 개방하고,
  - 상단 부분의 벽 안에서 화재가 발견되면 천장을 개방하고,
  - 천장에서 화재가 발견되면 천장 태두리 부분(Baseboard)을 개방하여 방수한다.

18 건축법상 내화구조의 기준에서 "모든 벽"에 대한 기준으로 옳은 것은?

① 철골을 두께 5cm 이상의 콘크리트로 덮은 것
② 철근콘크리트조 또는 철골콘크리트조로서 두께가 10cm 이상인 것
③ 철근콘크리트조 또는 철골·철근콘크리트조로 두께가 7cm 이상인 것
④ 철골·철근콘크리트조로서 두께가 5cm 이상인 것

해설 ✪ 내화구조의 기준

주요 구조부분		내화구조의 기준
벽	모든 벽	• 철근콘크리트조 또는 철골콘크리트조로 두께가 10cm 이상인 것
	외벽 중 비내력벽	• 철근콘크리트조 또는 철골·철근콘크리트조로 두께가 7cm 이상인 것

정답 17. ② 18. ②

19 현장지휘권을 확립하는 데 필요한 8단계 필수적 행동요소 중 3단계는?

① 지휘권 이양 받기
② 지휘소 설치하기
③ 기존의 상황평가정보 얻기
④ 화재 건물의 1, 2차 검색을 관리하기

> **해설** ✪ 지위권 확립 8단계 필수적 행동요소★★★ 20년 소방위
> ① 1단계 : 지휘권 이양 받기(지휘명령에 대한 책임 맡기)
> ② 2단계 : 지휘소 설치하기
> ③ 3단계 : 기존의 상황평가정보 얻기(현재까지의 상황평가하기)
> ④ 4단계 : 주기적으로 상황을 평가하고 예측하기
> ⑤ 5단계 : 화재 건물의 1, 2차 검색을 관리하기
> ⑥ 6단계 : 화재 완진 선언하기
> ⑦ 7단계 : 화재현장 조사하기
> ⑧ 8단계 : 화재현장 검토회의 주재하기(대응활동 평가)

20 현장도착 시 수리부서(근접배치)에 대한 설명으로 사다리차 등 소방차량 활동에 대한 설명이 잘못된 것은?

① 소방용수와는 관계없이 독자적으로 자기 소대의 임무에 따라 부서를 한다.
② 사다리차로 고층건물의 상층에서 인명구조를 하고자 하는 경우에는 건물에 접근시켜 부서하여야 한다.
③ 높은 곳에서 조명이나 방수를 하는 경우에는 반드시 화재건물에 접근하여야 한다.
④ 사다리차의 경우 어떠한 목적으로 사용할 것인가에 따라서 그 부서의 위치나 방법이 달라진다.

> **해설** ✪ 사다리차 등 소방차 수리유도 및 부서★★ 19년 소방위
> 사다리차 등의 소방차량은 소방용수와는 관계없이 독자적으로 자기 소대의 임무에 따라 부서를 한다. 예를 들면 사다리차의 경우 어떠한 목적으로 사용할 것인가에 따라서 그 부서의 위치나 방법이 달라진다. 사다리차로 고층건물의 상층에서 인명구조를 하고자 하는 경우에는 건물에 접근시켜 부서하여야 한다. 그러나 사다리차로 높은 곳에서 현장활동을 지원하기 위하여 조명이나 방수를 하는 경우에는 반드시 화재건물에 접근할 필요는 없다.

정답 19. ③ 20. ③

21. 현장지휘관의 바람직한 자질과 성향에 관한 사항으로 잘못된 것은?

① 냉정하고 침착한 지시와 통제능력
② 모든 직원에 대한 관심과 공정성 유지
③ 지시지향적이 아니라 행동지향적 태도
④ 자신과 다른 사람, 장비, 그리고 전략과 전술적 접근법에 대한 한계인식능력

해설 ✪ 현장지휘관의 바람직한 자질과 성향★★★ 14년 부산 소방장
- 대원의 임무에 대한 존중 자세
- 냉정하고 침착한 지시와 통제능력
- 훈련과 경험에 의한 전문적 지휘지식
- 행동지향적이 아니라 지시지향적 태도(의사결정 중심의 태도)
- 상황을 안정시킬 수 있는 대안제시능력(문제해결능력)
- 심리적 체력적 대응능력
- 의사전달능력(무전기사용능력 등)
- 안전이 확보된 타당한 위험의 감수능력
- 모든 직원에 대한 관심과 공정성 유지
- 자신과 다른 사람, 장비, 그리고 전략과 전술적 접근법에 대한 한계인식능력
- 지휘에 대한 존중태도 및 훈련되고 일관성이 있는 태도

22. 다음 중 현장지휘관의 책임완수를 위해 요구되는 능력이 아닌 것은?

① 상황판단능력
② 의사결정 능력
③ 지시와 통제능력
④ 재검토와 평가능력

해설 ✪ 현장지휘관의 책임완수를 위해 요구되는 능력★★ 14년 인천 소방장 / 20년 소방교 / 21년 소방교/ 소방장

의사결정 능력	• 가정과 사실의 구별(즉, 추측된 불완전한 정보와 실제정보의 구별) • 현장작전상황의 환류(재검토)를 통해 작전계획을 변경할 수 있는 유연한 자세 • 표준대응방법의 개발 • 행동개시 후에는 즉시 관리자의 역할로 복귀(전술적 책임은 위임)
지시와 통제 능력	• 스트레스관리(보다 세부적인 문제에 대해 권한위임의 원칙을 적용함으로서 자신과 하위 지휘관의 스트레스를 줄여준다) • 중간점관리(초기지시와 활동상황을 수시로 평가, 상황변화에 맞게 재 지시 및 통제) • 부족자원관리
재검토와 평가	• 일반적으로 보고는 보고자의 범위 내에서 관찰된 상황만을 설명한다. • 그러므로 다른 사람의 보고서에 의문을 제기하고 보고자가 완전히 그리고 정확하게 알고 있는지 확인하고 의사결정을 내려야 한다.

정답 21. ③ 22. ①

제7절 진입 및 인명구조

1 옥내진입

(1) 짙은 연기 내 진입 요령 *** 08년 경북 소방장

① 진입 요령
  ㉠ 공기호흡기 및 휴대용 경보기를 확실하게 착용한다.
    ⓐ 면체는 공기의 낭비를 피하기 위해 진입 직전에 대기압에서 양압으로 전환한다.
    ⓑ 휴대경보기의 스위치 「ON」을 확인한다.
    ⓒ 짙은 연기 내에서는 면체를 절대로 벗지 않는다.
  ㉡ 조명기구는 사용할 수 있는 상태를 유지한다.
  ㉢ 퇴로확보에 필요한 로프, 조명기구 코드 및 호스 등 외부와 연락할 수 있는 수단을 확보하고 확인한다.
  ㉣ 진입 전에 대원카드를 지휘자에게 제출한다.

> **공기호흡기의 사용 가능시간 산출 공식** ** 15년 경기 소방장/ 16년 강원 소방교/ 19년 소방위
>
> ※ 사용가능시간(분) = $\dfrac{\text{충전압력}(kgf/cm^2) - \text{탈출소요압력}(kgf/cm^2) \times \text{용기용량}(\ell)}{\text{분당 호흡량}(\ell/\text{분})}$
>
> - 충전압력 300kgf/cm²의 6.8ℓ 용기를 사용하여 경보 벨이 울릴 때까지 사용할 경우, 활동 대원이 매분 40ℓ 의 공기를 소비한다고 하면 다음 계산에 의하여 사용가능 시간을 판단할 수 있다.
>
> ※ 사용가능시간(분) = $\dfrac{(300 - 55) \times 6.8}{40}$ = 약 41(분)
>
> - 탈출소요압력은 경보 벨이 울리는 압력(신형 SCA680의 경우 55kgf/cm², 구형은 35kgf/cm²=경보개시압력 30kgf/cm²+오차범위 5kgf/cm²)으로 산출하기 때문에, 탈출경로가 긴 경우 그에 따른 여유시간이 더 필요하다.
> - 공기소비량은 훈련 시 등 비교적 가벼운 활동을 한 경우의 일반적인 소비량이고 각 개인의 활동 강도, 긴장도, 호흡방법 등에 따라 달라지므로 사전에 파악해 두어야 한다.

② 진입 및 행동요령 ** 12년 경기 소방위 / 21년 소방장
  ㉠ 진입은 반드시 2명 1조로, 생명로프를 신체에 결착하여 진입하고 단독행동은 피해야 한다.
  ㉡ 2개 이상의 계단통로가 있고 급기계단, 배기계단으로 나뉘어 있을 때는 연기가 적은 급기계단으로 진입한다.
  ㉢ 어두운 곳에 진입 할 때 ➡ 조명기구로 발밑을 조명하면서 자세를 낮추고 벽체 등을 따라 진입

(내부 진입요령)

② 자동폐쇄식 방화문을 통과하여 진입하는 경우 ➡ 쐐기 또는 빗장 등을 사용하여 퇴로에 필요한 폭의 개구부를 확보
⑩ 넓은 장소에 여러 진입팀이 진입하는 경우 ➡ 검색봉을 활용해서 바닥을 두드리면서 진입하고 이 소리로 상호위치를 판단
⑪ 공기용기의 잔량에 주의해서 경보 벨이 울리면 즉시 탈출한다.

③ 화점실 등으로의 진입** 21년 소방장
  ㉠ 화점실 등의 문을 개방하는 경우 ➡ 화염의 분출 등에 의한 위험을 피하기 위해 문의 측면에 위치해 엄호방수 태세를 취하면서 서서히 문을 개방
  ㉡ 불꽃이 보이는 실내에서는 중성대가 형성되고 있는 경우 ➡ 방수 전에 신속하게 연소범위를 확인
  ㉢ 방수 시에는 시계가 어렵고 열기에 갇히는 것에 유의한다.
  ㉣ 화점실에 진입할 때 ➡ 천정 부분에 직사방수 하여 낙하물 등을 제거 후 진입
  ㉤ 고온의 화재실 내로 진입하는 경우 ➡ 전방팀과 후방팀이 1개 조로 활동하는 2단 방수형태로 공격하고 후방팀은 분무방수로 전방팀을 보호 및 경계하면서 지원을 한다.
  ㉥ 진입 시에는 소매와 목 부위의 노출부분이 없도록 보호한다.

④ 탈출
  탈출 또는 교대 시 ➡ 지휘자에게 내부의 상황을 반드시 보고하고 후속 진입자의 활동에 반영시키도록 유의

(2) 화점 상층의 진입*
① 진입계단을 확보하고자 할 때 ➡ 특정의 계단을 선정하여 1층과 옥상의 출입구를 개방하고 화점층의 계단실 출입문을 폐쇄하여 계단실 내의 연기를 배출
② 직상층에 진입하는 경우 ➡ 창을 최대한 개방하고 실내의 연기를 배출
③ 화점층에서 화염이 스팬드럴(spandrel)보다 높게 나올 때 ➡ 창의 개방에 의해서 화염이나 연기가 실내에 유입되는 경우가 있으므로 개방하지 않는다.

> ● 스팬드럴(spandrel) : ① 아치의 양쪽과 위쪽의 3각형에 가까운 형태의 부분으로 건축에서는 천장과 벽 또는 기둥으로 이루어진 면을 지칭 ② 철골이나 철근 콘크리트 구조물에서 기둥과 기둥사이의 수평으로 벽을 지지해주는 보를 지칭하기도 함.

④ 닥트스페이스(duct space), 파이프샤프트(pipe shaft) 등을 따라 화염과 연기가 최상층까지 분출하는 예가 많으므로 최상층에 신속히 관창을 배치한다.
⑤ 최상층의 창, 계단실 출입구를 개방한 후 닥트스페이스, 파이프샤프트 등의 점검구(점검구가 없는 경우는 부분파괴에 의해 개방)를 개방하고 내부 상황을 확인한다.
⑥ 직상층에서 깊숙이 진입할 때 ➡ 특별피난계단, 피난사다리, 피난기구 등의 위치를 확인하고 반드시 퇴로를 확보
⑦ 직하층의 진입대와 긴밀한 연락을 취해 최대의 방어효과가 발휘되도록 활동 내용을 분담 또는 조정한다.

⑧ 연결송수관설비, 옥내소화전 설비, 기타 소화활동상 필요한 설비 등 당해 건물의 설비를 최대한 활용한다.

(3) 창문 개방을 통한 진입

① 창문의 개방 방식

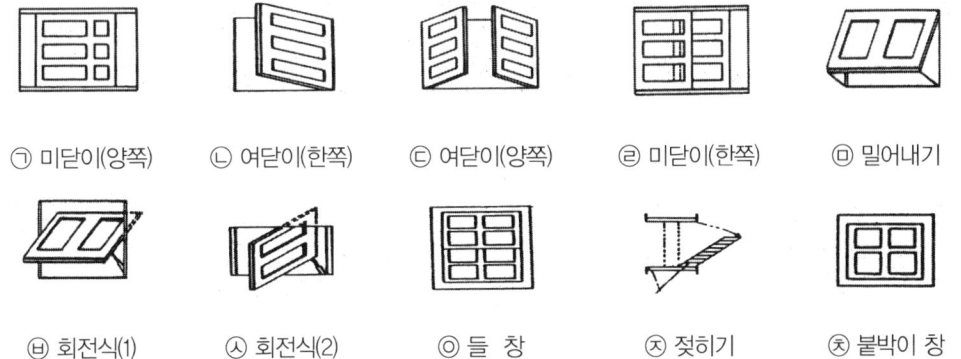

㉠ 미닫이(양쪽)　㉡ 여닫이(한쪽)　㉢ 여닫이(양쪽)　㉣ 미닫이(한쪽)　㉤ 밀어내기

㉥ 회전식(1)　㉦ 회전식(2)　㉧ 들 창　㉨ 젖히기　㉩ 붙박이 창

② 창문 개방 시 유의사항
㉠ 화염의 분출상황을 확인하여 사다리 설치위치를 결정한다.
㉡ 풍향을 고려하여 창을 개방하고, 실내의 연기를 배출한다.
㉢ 사다리를 설치할 때는 창틀 등에 고정하여 안전을 도모한다.
㉣ 개구부에 중성대가 형성된 때 ➡ 자세를 낮추어 방수하고, 신속하게 내부 상황을 파악한다.
㉤ 고층건물 상층의 창에 중성대가 생겨 화염과 연기가 분출하고 있을 때 ➡ 아래층에 개구부를 만들면 중성대가 내려가게 되어 그 창의 전체가 배기구로 될 수 있어 주의한다.
㉥ 동일층에 있어서 급기측 창과 배기측 창으로 구별할 수 있을 때 ➡ 급기측의 창으로 진입
㉦ 창의 개방에 있어서는 백드래프트(Back draft) 또는 플래시오버(Flash over)에 주의하여 방수태세를 갖춘 후 개방한다.

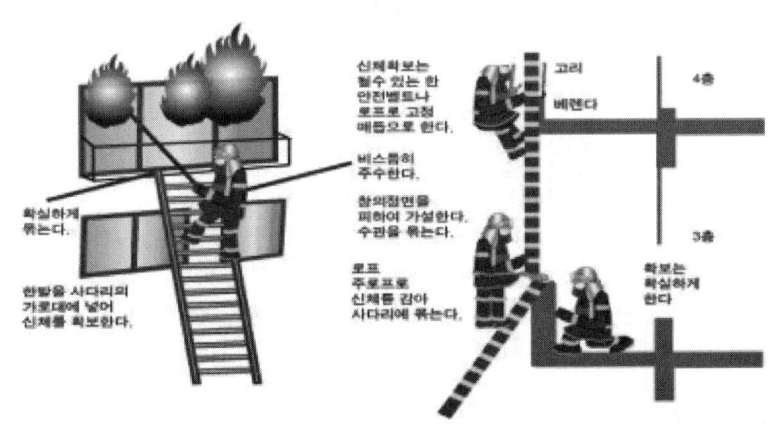

(4) 사다리를 이용한 진입*** 06년 서울 소방위

① 2층 연장

복식사다리에 의한 진입	ⓐ 지반이 약하거나 경사가 심한 경우는 피하지만 다른 곳에 적당한 장소가 없는 경우에는 호스브리지 등을 발판으로 활용한다. ⓑ 진입하고자 하는 개구부의 좌우 어느 한쪽에 의지하고 사다리가 옆으로 밀리는 것을 방지한다. ⓒ 사다리 위에서 창의 유리를 파괴하는 경우는 직접 개구부에 설치하지 말고 개구부 직근의 측면 벽체에 설치하여 파괴 시 낙하물(또는 도괴물), 화염의 분출에 따른 위해를 방지한다. ◉ 호스브릿지 : 호스가 도로를 지나가야 할 경우 호스를 보호하고 교통의 흐름을 방해하지 않도록 하기 위해 사용하는 덮개
펌프차와 거는 사다리의 병행	ⓐ 거는 사다리는 수직하중을 목적으로 제작된 것이므로 될 수 있는 한 수직으로 설치한다. ⓑ 베란다의 난간에는 원칙적으로 설치하지 않는다. 다만, 다른 방법이 없는 경우에 보조 확보물이 있는 위치에 설치한다.

② 3층 연장
　㉠ 3단 사다리는 보통 3층에 설치가능 하지만 복식사다리에 비하여 불안정한 상태가 되기 쉬우므로 지반 및 설치위치에 특히 유의한다.
　㉡ 펌프차가 설치목표지점에 접근할 수 있는 경우 ➡ 펌프차 위에서 복식사다리를 설치하여 3층으로 진입

　　◉ 펌프차의 호스 적재대에서 설치할 경우는 두꺼운 판자 또는 호스브리지 등으로 지반을 보강한다.

　㉢ 복식사다리를 연장하고 그 위에서 거는 사다리를 설치할 때 ➡ 복식사다리의 안정, 신체보호 등 위해 방지에 충분한 조치를 강구

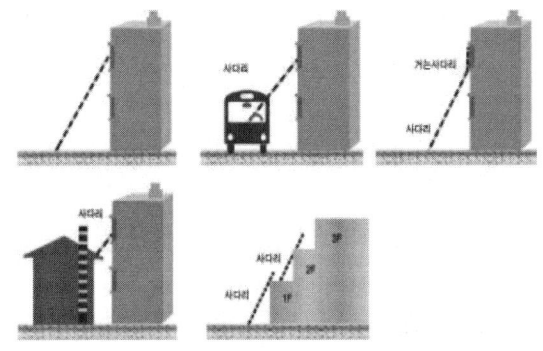

(2, 3층에서 사다리 연장)

　㉣ 인접한 건물을 통하여 진입할 수 있는 경우 ➡ 여러 개의 복식사다리를 사용해 진입
　TIP 펌프차 위에서 복식사다리 혹은 거는 사다리를 생각해보세요. 몇 층까지 올라갈까요? ^^

③ 4층에 연장하는 경우
　㉠ 3층 연장과 같이 펌프차 위에서 복식사다리를 연장하는 방법으로 활용한다.

- 사다리의 중량으로 불안정하므로 호스적재대의 보강, 사다리 고정 등을 확실하게 하고 사다리가 옆으로 밀림, 전도 등의 위해방지에 유의한다.

ⓒ 3단 사다리와 거는 사다리의 병행에 의한 진입방법 ➡ 3단 사다리를 3층에 연장하고 3층에서는 거는 사다리를 4층에 연장하여 진입

베란다, 창 등을 이용한 거는 사다리에 의한 진입방법

복수의 거는 사다리가 있는 경우	각층으로 연장시켜놓은 뒤 진입
단수의 거는 사다리가 있는 경우	2층에서 3층으로, 3층에서 4층으로 순차적으로 연장하여 진입한다.

ⓐ 거는 사다리 올라갈 때는 사다리의 밑 부분이 벽체에 밀착되어 있으면 좋지만 개구부 등과 같은 공간인 경우에는 대원 1명이 반드시 사다리의 지주 밑 부분을 지지해 주어야 한다.
ⓑ 진입대원은 2명 이상으로 하고 로프 등으로 퇴로를 확보한다.

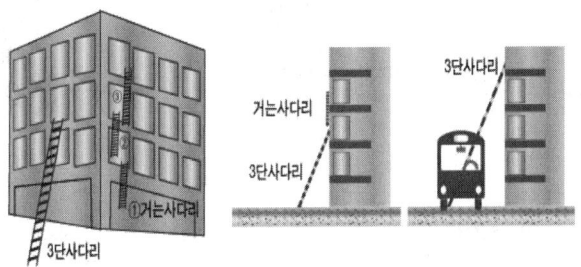

(거는 사다리, 3단 사다리 연장요령)

④ 벼랑, 우물, 하천, 지하공사장 등 낮은 장소에 연장하는 경우
  ㉠ 사다리의 지주 밑 부분 양쪽에 로프를 묶어 확보한다.
  ㉡ 사다리를 목표지점으로 운반한다.
  ㉢ 사다리 끝부분을 로프 또는 다른 사람으로 하여금 고정시키거나 지지 하고 양쪽의 로프를 낮추면서 서서히 내린다.

- 조작상 유의사항
  1. 로프의 지지는 신체로 하며 안전에 유의한다.
  2. 로프의 손상방지 조치를 한다.
  3. 진입대원은 신체를 로프에 결착 안전조치 후 내려간다.

(5) 발코니(Balcony), 베란다(Veranda)의 진입

① 공동주택, 병원 등에 있어서는 화점층의 직하층 또는 직상층의 발코니까지 옥내계단을 통하여 단식사다리를 운반하고 이곳에서 옥외로 사다리를 설치하여 진입하는 방법 등이 있다.
② 발코니, 베란다 등에 설치되는 난간 등은 강도가 약한 것이 많으므로 갈고리 등으로 난간의 강도를 확인한 후 활용한다.
③ 난간의 지지부가 부식되어 있는 경우는 로프 등으로 보강시킨다.
④ 난간이 없는 발코니, 베란다는 사전에 로프 등으로 추락방지 조치를 취한다.

〈사다리 이용 진입 요령〉

(난간 등의 강도 확인)　　(십자걸이)　　(등반자세)

(6) 피난용 사다리를 이용한 진입

① 수직식 사다리는 발디딤 부분이 얇고 폭도 좁으므로 떨어지지 않도록 안정된 자세를 한다. <u>안전화에 기름이 묻은 경우는 미끄럼에 주의한다.</u>
② 사다리를 오를 경우 ➡ 물건을 휴대하지 말고 양손으로 가로대를 확실히 잡고 행동하며 필요한 기자재는 로프로 결착하여 인양
③ 소방호스를 연장하여 진입하는 때 ➡ 사다리 밑에 충분한 여유 호스를 두고 진입구 부분에서는 로프로 호스를 난간에 결속하여 송수시 물의 중량에 의한 호스의 낙하를 방지
④ 피난자가 사용한 것 또는 선착대에 의해서 연장된 피난사다리를 활용할 때
　㉠ 항상 착지지점의 강도를 충분한지 확인하고 활용한다.
　㉡ 자기 체중을 사다리에 싣고 2, 3회 강하게 당겨 안전을 확인한다.
⑤ 로프 또는 철제 접사다리의 경우는 사다리 하단을 확보 또는 고정하여 유동이 적도록 조치를 한 후에 활용한다.
⑥ <u>완강기는 진입대원의 탈출용으로 사용 가능한 상태로 고정시켜 놓는다.</u>

(7) 옥상 또는 인접건물을 통한 진입

① 옥상활용상의 유의사항
　㉠ 헬기, 사다리차를 사용하거나 또는 인접 건물로부터 사다리 등을 이용하여 발화건물의 옥상으로 진입한 소방대는 지휘자에게 옥상 출입구의 위치 및 출입문이 잠겨있는 상황을 보고하고 출입구 개방에 관한 지시를 받는다.

ⓒ 화점층의 계단 출입구가 폐쇄되고 피난층의 출입구가 개방되면 ➡ 당해 계단실내의 연기는 단시간에 배출되므로 진입계단으로 활용
　　ⓒ 계단실 연기를 배출시키고 옥상 출입구를 폐쇄한 후, 배연차를 이용하여 계단실에 공기를 밀어 넣어 가압하면 계단실에 농연이 유입되지 않는다.*
② 인접건물의 옥상 또는 창을 통한 진입요령
　　㉠ 건물 상호간의 간격이 좁고 마주보는 면에 창 등 개구부가 있는 경우 ➡ 발화건물의 창을 파괴하여 개구부를 만들고 양쪽 건물사이에 갈고리, 천정파괴기, 사다리 등을 걸쳐 진입한다.

> ⊙ 이 방법은 상당한 위험이 따르므로 신중을 기해야 하며 진입대원의 안전을 도모하기 위해 로프로 결착한다.

　　㉡ 건물 상호간의 간격이 2.5m 이내의 경우 ➡ 복식사다리를 접은 상태로 수평으로 걸쳐 그 위를 건너 진입

> ⊙ 이 경우 2개 이상의 사다리를 병렬로 묶어 설치한 후, 양쪽 사다리에 체중을 싣고 엎드려 건너면 더욱 안전하다.

　　㉢ 수평으로 걸친 사다리를 이용하는 경우 ➡ 사다리에 상하진동 등의 충격, 지나친 하중을 주지 않도록 조심스럽게 행동

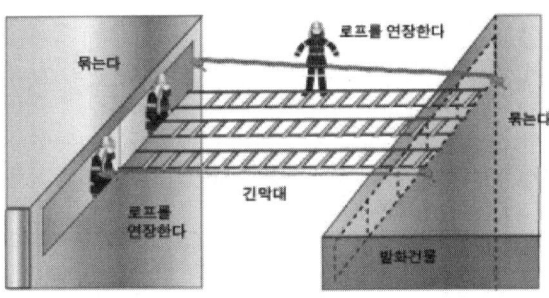

(사다리 활용요령)

2 인명검색 및 구조

(1) 검색 활동

① 탐문 및 상황판단

탐문	검색은 건물규모 및 화재의 대소에 관계없이 <u>구조대상자가 있는 것</u>으로 간주하고 탐문과 같이 실시한다. 탐문은 미처 대피 못한 자의 유무의 확인과 검색의 중점장소를 판단하는 데에 중요하다. ⓐ 관계자에게 "○○층 ○○호실의 사람은 피난했는가?"라고 구체적으로 질문한다. ⓑ 화재 관계자(건물관계자, 피난자 및 구출된 자 등) 등으로부터 구조대상자의 유무를 확인한다. ⓒ 구조대상자가 있는 경우는 "어느 층의 어느 장소에, 인원은, 진입은 어느 곳으로 할 수 있는가?"라고 구체적으로 묻는다.

상황 판단 ★	구조대상자의 존재여부가 <u>불명확할 때</u> ➡ <u>구조대상자가 있다고 가정하고 확인될 때까지 검색을 실시해야 한다.</u> ⓐ 정보가 없는 경우 ➡ 구조대상자가 있다고 판단한다. ⓑ 약간 조용한 현장 ➡ 구조대상자가 있다고 판단한다. ⓒ 야간대의 주택 등의 화재 ➡ 구조대상자가 있다고 판단한다. ⓓ 공동주택 등에서 <u>야간전등이 꺼져 있는 주거</u> ➡ 경계대상으로 한다. ⓔ 문에 <u>도어첵크가 걸려 있는 경우</u> ➡ 구조대상자가 있다고 판단한다. ⓕ 가스미터기, 간판 등에 유의한다. ▶ 16년 서울 소방교

② 검색조의 편성★★
  ㉠ <u>검색조는 검색원 2명, 로프 확보원 1명을 1개조로 구성</u>하고 지휘자의 지시에 의한다.
  ㉡ 엄호방수 대원은 검색원과 떨어지지 않도록 유의한다.
  ㉢ 검색원의 선발은 경험, 체력, 기능 등을 고려하여 선정한다.

③ 검색 준비

검색장비 및 기구점검	ⓐ 공기호흡기 ⓑ 휴대용 무전기 ⓒ 조명기구 ⓓ 로프(결속용, 확보용) ⓔ 검색봉(갈고리) ⓕ 인명구조경보기 ⓖ 도끼 등 파괴기구
공기호흡기 착용	ⓐ 착용 전에 점검을 실시한다. ⓑ 검색원 및 엄호방수 대원은 용기밸브 개방, 압력 확인, 등지게 및 면체 착용, 기밀점검 등을 실시한다. ⓒ <u>면체는 진입구와 가장 가까운 곳에서 착용한다.</u> ⓓ 지휘자는 검색원 및 엄호방수 대원의 공기호흡기 착용 및 압력확인 후 검색 소요시간 및 방법 등을 지휘한다.

  ㉢ 안전로프의 결합
    ⓐ 안전로프를 검색담당 B의 벨트 고리에 고정매듭, 옭(엄지)매듭으로 묶은 다음 검색담당 B의 안전로프에 있는 카라비너를 검색담당 A의 벨트 고리에 건다.
    ⓑ 이 경우 좁은 장소에 진입 시 검색대원 A, B간을 좁게 할 때는 검색담당 B의 안전로프를 검색담당 A의 벨트 고리를 통해 검색담당 B의 벨트 고리에 건다.
    ⓒ 로프 확보자는 안전로프의 말단을 쥐고 검색담당의 진입 시 안전로프의 조작을 실시한다.

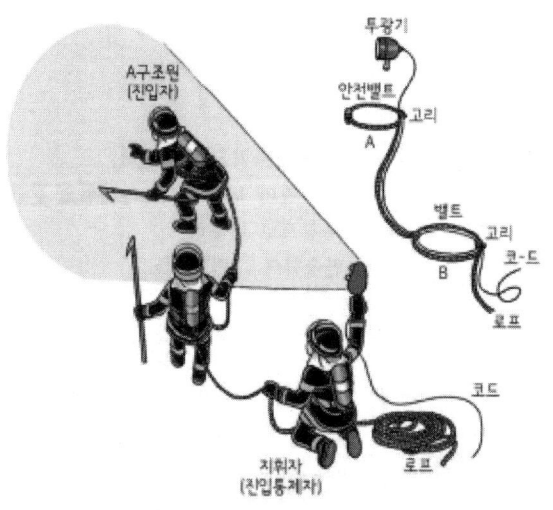

(안전로프 결합요령)

ⓓ 조명등은 삼각대를 떼어내고 전선은 검색담당 A, B의 벨트고리 속을 안전로프와 함께 통과시킨다.

④ **내부 진입**★★★ 16년 경기 소방장/ 22년 소방교
  ㉠ 지휘자의 지시에 의해 우선순위에 따라서 진입경로를 선정한다. 진입순서는 원칙적으로 다음과 같다.
    ⓐ 출화건물, 주위건물 순으로 한다.
    ⓑ 화점실, 인근실, 화점층, 화점상층, 화점하층의 순위로 한다.
    > **TIP** 내부진입 순서를 암기하세요. ^^
  ㉡ 진입경로의 선정은 신속, 정확, 안전의 관점에서 판단한다.
  ㉢ 진입구 설정을 위한 파괴는 지휘자의 명령에 의해 실시한다.
  ㉣ 내부진입에 있어서 이용할 수 있는 수단 등은 다음과 같다.
    ⓐ 옥내(외)계단
    ⓑ 특별피난계단, 비상용승강기
    ⓒ 피난교
    ⓓ 창 등의 개구부
    ⓔ 적재 사다리, 사다리차, 굴절차 등
    ⓕ 벽, 창 등의 파괴

⑤ **검색요령**★★
  ㉠ 지휘자는 검색활동에 대해 검색원에게 분담범위, 검색개소를 명확하게 지시한다.
  ㉡ 검색은 중점장소를 최우선으로 실시하고 불꽃과 연기가 강한 장소, 배연방향도 우선하여 단계적으로 실시한다.
  ㉢ 인명검색이 열, 연기 때문에 곤란할 때 ➡ 엄호방수 하에 실시한다.
  ㉣ 연기나 열이 없는 경우라도 연소위험이 큰 장소나 연기의 체류가 예상되는 장소는 검색을 실시한다.
  ㉤ 구조대상자가 있다는 정보를 수집했을 때 ➡ 확인될 때까지 검색한다.
  ㉥ 검색의 중복을 방지하기 위하여 검색이 완료된 장소에 대하여는 지휘본부로 연락 보고하고 종료장소의 출입구 등에 표시한다.
  ㉦ 검색조를 교대할 때는 ➡ 검색경로, 검색실시 범위 및 내부의 상황 등을 교대자에게 인계한다.
  ㉧ 오감을 최대한도로 활용해서 검색을 실시한다.
    ⓐ 고함 또는 공기호흡기의 확성기 등으로 "누가 있습니까?" 등으로 부른다.
    ⓑ 문이나 벽을 손이나 갈고리(검색봉)로 두드리면서 내부의 반응을 판단한다.
    ⓒ 신음 소리, 부르짖는 소리, 신호음(문, 벽을 두드리는 소리)을 확인한다.

⑥ **검색중점 장소**★
  검색은 탐문에 근거한 장소를 최우선으로 하되 다음의 장소를 중점적으로 실시한다.
  ㉠ 야간화재시의 거실, 침실 부분
  ㉡ 계단 부근(특히 옥외계단으로 통하는 출입구)

ⓒ 막다른 계단 및 복도 또는 복도의 모퉁이
ⓔ 승강기 부근
ⓜ 피난기구가 설치되어 있는 부근
ⓗ 베란다, 창가
ⓢ 방의 구석진 곳, 대형가구 속 또는 그 사이
ⓞ 목욕탕, 화장실 등 연기나 열기를 피하기 위한 일시적인 피난가능 장소

⑦ 안전로프의 연장
  ㉠ 확보자와 검색원간의 안전로프는 탈출 시 검색원의 퇴로를 고려하여 느슨하지 않도록 팽팽하게 해둔다.
  ㉡ 탈출신호는 안전로프를 잡아당기는 방법 외에 무전연락, 경적 및 고함 등을 병행한다.
  ㉢ 자동폐쇄식 방화문을 통과할 때는 문의 폐쇄로 인하여 안전로프가 문틈에 끼이거나 절단되지 않도록 쐐기, 갈고리 등으로 문에 고임을 하여 놓는다.

⑧ 구조대상자 발견 시 조치
  ㉠ 경적, 휴대용무전기, 안전로프 등을 이용, 확보자 및 지휘자에게 보고한다.
  ㉡ 1개조만으로 구조가능 여부를 판단하여 보고한다.
  ㉢ 추가인원이 필요한 경우는 필요인원, 기자재를 요구한다.
  ㉣ 상황에 따라서는 구조대상에게 응급처치를 행한다.

(2) 구조 요령

구조의 기본 ★★	㉠ 구조대상자를 발견한 경우는 지휘자에게 보고 후 즉시 구조한다. ㉡ 탈출방법 등은 지휘자의 명령에 근거한 방법으로 한다.(명령을 받을 겨를이 없는 경우는 신속하고 안전하게 구조한다.) ㉢ 탈출 장소는 피난장소(지상)에 구출하는 것을 원칙으로 한다. 다만 구명이 긴급한 때는 일시적으로 응급처치를 취할 장소로 우선 이동한다. ㉣ 구조대상자가 다수 있는 경우는 다음에 의한다.★ 　ⓐ 인명위험이 절박한 부분 또는 층을 우선으로 구조한다. 　ⓑ 중상자, 노인, 아이 등 위험도가 높은 사람을 우선으로 구조한다. 　ⓒ 자력으로 대피가 불가능한 사람을 우선으로 구조한다.
구조 요령	㉠ 화염 등에 의해 긴박한 경우는 엄호방수, 배연 등을 실시하면서 신속하게 구출한다. ㉡ 연기 중에서의 구출자세는 되도록 몸을 낮게 한다. ㉢ 건물에 설치되어 있는 완강기 등의 구조기구를 활용하는 경우는 사용법을 지도하고 전락 등의 2차재해의 발생에 주의한다. ㉣ 구조대상자가 부상당한 경우는 부상위치와 그 정도를 관찰해 증상을 악화시키지 않도록 응급처치를 하는 등 유의해서 구출한다. ㉤ 인접건물을 활용할 경우에는 구조로프를 연장하여 인접 건물로 구조한다. ㉥ 사다리를 활용하여 인접 건물로 구조하는 때는 사다리를 접은 상태로 수평강도를 확보하고 구조로프를 병행 설치하여 구조한다. 이 경우도 구조대상자의 안전 확보에 세심한 주의를 기울인다.

(3) 구조대상자 운반법* 17년 소방장**

1. 안아 올려 운반구출	주로 구출 거리가 짧은 경우에 이용한다.
2. 끈 운반 구출(깔개, 커튼, 띠 등)	구조대상자의 부상부위가 허리부분인 경우는 피한다.
3. 전진, 후퇴 포복구출	짙은 연기 중의 구출에 적합하다. 주로 구출거리가 짧은 경우에 활용한다.
4. 메어서 운반구출	구조대상자의 부상부위가 허리 또는 복부부분의 경우는 피한다.
5. 양쪽 겨드랑이 잡아당겨 구출	구출거리가 짧은 경우에 활용한다.
6. 1인 확보 운반 구출	구조대상자의 부상부위가 가슴부분 또는 허리부분의 경우는 피한다. 주로 구출거리가 짧은 경우에 활용한다.
7. 뒤로 옷깃을 끌어당겨 구출	구조대상자는 낮은 위치에 있으므로 짙은 연기 중의 구출에 적합하다.
8. 모포 등을 이용하여 끌어당겨 구출 (1인 또는 2인으로 구출)	구조대상자는 낮은 위치에 있으므로 짙은 연기 중의 구출에 적합하다. 발부분의 모포 등을 묶으면 구조대상자의 이탈을 막을 수 있다. 구조대상자의 부상에 대하여는 그다지 고려할 것 없이 구출할 수 있다.
9. 등에 업고 포복 구출	구조대상자는 낮은 위치에 있으므로 짙은 연기 중의 구출에 적합하다. 주로 구출거리가 짧은 경우에 활용한다.

> TIP 구출거리가 짧은지, 장거리인지, 짙은 연기인지를 구분할 수 있어야 합니다. 짙은 연기 중에 구출이 적합한 방법은 무엇인가요? ^^

● 소방식 운반구출
① 구조원은 구조대상자를 엎드리게 하고 허리부분의 위치에 가랑이를 벌리고 양팔을 구조대상자의 등으로부터 양 겨드랑이로 집어넣어 가슴에서 손을 맞잡고 뒤로 내리면서 구조대상자를 들어올린다.
② 오른손으로 구조대상자 허리를 구부리면서 왼손으로 구조대상자의 왼 손목을 잡고 왼팔을 옆 위로하여 올릴 수 있도록 하여 상체를 가라앉히며 머리를 구조대상자의 왼 겨드랑이로 넣어 오른발을 약간 앞으로 낸다.
③ 계속하여 왼손을 구조대상자의 왼 손목에서 오른손목으로 바꾸고 구조대상자의 오른 겨드랑이가 구조원의 머리 뒤가 되도록 하여 오른쪽 팔을 끌어당겨 올리면서 왼발을 크게 앞으로 내민다.
④ 오른 어깨를 구조대상자의 다리에 넣을 수 있도록 허리를 구부려 오른팔을 구조대상자의 다리에 넣고 오른발 하퇴부를 오른팔 부분으로 구부리고 일어서면서 오른손으로 구조대상자의 오른 손목을 확보 구출한다.

〈소방식 운반구조법〉

① 허리부분에 가랑이를 벌리고 후퇴하면서 상반신을 일으킨다.
② 겨드랑이에 머리를 넣어 허리 부분을 끌어올려 한쪽 발을 앞으로 내민다.
③ 대퇴를 구부려 일으켜 손목을 잡아 일으킨다.

(4) 사다리를 활용한 구조

껴안고 구조	사다리를 활용해서 위층에서 지상으로 구조하는 경우 구조대원이 구조대상자를 껴안고 하강하는 방법이다. 하강 중 구조대상자가 실수로 손을 떨어뜨리거나 의식을 잃더라도 무릎으로 구조대상자를 지지할 수 있게 된다. 
응급사다리 구조	① 응급사다리 구조요령은 사다리의 가로대를 이용하여 구조하는 방법이다. ② 구조대상자를 벨트 등으로 안전하게 결속하고 이에 결속한 로프(두 겹 또는 세 겹 고정 매듭)를 사다리의 가로대에 걸쳐 설치한다. ③ 구조대상자의 체중을 로프에 실었을 때에는 하강에 앞서 구조대상자의 체위, 사다리의 안정 및 확보상태에 충분히 주의한다. ④ 구조대상자를 직접 착지시키지 않고 다른 보조대원이 손으로 받아 안전하게 운반한다.(다른 보조대원이 지상에 없을 경우에는 <u>지상에서 약 10cm 지점에서 로프 하강을 일시 정지시켰다가 서서히 내려놓는다</u>) ⑤ 구조대상자가 하강 시 벽면 등에 부딪혀 신체를 위해할 가능성이 있을 때에는 유도 로프를 사용하는 등 안전조치를 강구한다. 

(5) 피난유도

① 방송설비활용
  ㉠ 방송설비를 활용하여 피난을 유도한다.
  ㉡ 화점 장소, 내용, 화재규모, 범위 및 피난방향을 명확히 방송한다.
  ㉢ 호텔, 여관 등에서 밀실수용 형태의 경우는 피난을 유도하기 곤란하기 때문에 <u>관계자에게 각 실의 점검을 지시</u>한다.
  ㉣ 반복하여 방송을 실시하고 피난자가 이해할 수 있도록 <u>일상용어를 사용</u>한다.

  ● 방송설비가 없을 때는 차량 및 휴대용 확성기 등으로 건물전체에 대하여 피난방향과 방법을 지시한다.

② 피난 유도원의 임무와 행동
  ㉠ 피난 유도원 지정★
    ⓐ <u>필요한 수의 피난 유도원을 지정하여 화점층 및 직상층에 배치한다.</u>
    ⓑ <u>자력피난 가능자 유도를 위한 필요한 인원</u>은 대략 다음과 같다.
      – <u>계단 출입구 2명, 통로 모퉁이 1명</u>
      – <u>집단유도는 성인 50명에 1명, 어린이 20명에 1명 정도가 적합하다.</u>

〈집단 유도원 진입경로 및 피난 유도원 배치〉

〈집단 유도원 진입경로〉

〈피난 유도원 배치〉

ⓛ 피난 유도원의 임무와 행동

계단 등 수직피난* 20년/ 23년 소방교	• 피난에 사용하는 계단 등의 우선순위는 원칙으로 ① 옥외계단 ② 피난교 ③ 특별피난계단 ④ 옥외피난용 사다리 및 피난계단의 순서로 한다. • 계단에서의 이동은 상층으로부터의 피난상황을 고려하여 계단 모서리 등으로 많은 사람이 혼잡하지 않도록 유입인원을 통제한다. • 바로 위층 피난을 우선으로 하고 계단을 내려오는 사람은 직하층으로 일시 유도한 후 지상으로 대피시킨다. • 옥상 직하 층의 피난 자 등은 옥상을 일시 피난장소로 지정한다. • 화점층 계단 출입구는 계단의 피난 자들이 통과할 때까지 폐쇄한다.

거실, 복도, 로비 등의 수평피난*	• 화점으로부터 멀리 유도한다.
	• 통행이 막힌 통로 등에의 진입을 저지한다.
	• 연기가 적은 쪽을 선택하고 계단의 안전순위가 높은 곳 또는 급기 측 계단방향으로 유도한다.
	• 지하철역 또는 다른 건물과 지하연결 등으로 접속되어 있는 지하층은 접속건물 방향으로 유도한다.
	• 복도에 연기가 있는 경우는 발코니, 피난사다리, 피난기구의 옥외사용 가능한 장소로 재난약자(어린이, 노인, 장애인)를 우선적으로 피난시킨다.
	• 복도에 연기가 충만하여 실내에서의 탈출이 곤란한 경우는 다음과 같이 조치한다.
	  – 발코니 또는 사다리차 연장이 가능한 창으로 이동시킨다.
	  – 복도 측의 출입구를 폐쇄한 후 틈새를 시트, 커튼으로 막고 테이프 등을 붙인 후 출동대 도착을 기다릴 수 있도록 지시한다.

Check

① 급기와 배기가 구분되면 진입은 ( )로 한다.
② 어두운 곳에 진입 할 때는 조명기구를 ( )을 조명하면서 자세를 낮추고 벽체를 따라 진입한다.
③ 인명검색 및 구조를 위한 내부진입 순서는 화점실, ( ), 연소층, ( ), 화점하층이다.
④ 구조대상자가 다수 있을 경우 중상자, 노인, 아이 / (   ) 자를 우선구조 한다.
⑤ 짙은 연기 중에 구출방법은 전진 후퇴 포복구출, 뒤로 옷깃을 끌어당겨 구출, ( )등이다.
⑥ 피난계단의 우선순위 : ( ) → ( ) → ( ) → ( )

제8절 배연★★★

1 배연(排煙)활동

(1) 배연의 필요성

① 배연은 연소하고 있는 건물에서 발생한 농연, 열, 연소가스를 계획적, 체계적으로 제거하는 것이다.
② 화재현장에서 배연팀의 활동은 반드시 진압팀과 연계성을 가지고 활동해야 한다.
③ 배연팀이 특정한 목표의식 없이 연소 중인 건물의 창문, 문, 옥상 채광창, 옥상출입구를 개방한다면, 화재진압전술에 역효과를 끼칠 수 있다.

> ◎ 배연을 하는 4가지 기본적인 이유★★ 18년 소방교
> 1. 인명구조를 위해
> 2. 호스연장과 관창배치를 원활하게 하기 위해
> 3. 폭발을 방지하거나 줄이기 위해
> 4. 연소확대를 제한하기 위해

(2) 배연활동 시 유의점

배연타이밍	• 건물 내부의 연기, 열기의 상태 및 건물상태, 인명위험의 유무를 판단하여 적시에 환기를 해야 한다. • 잘못 판단된 환기는 화재를 더욱 확산시킬 수 있다. • 배출 경로에 구조대상자가 있는 경우에 위험하다. • 보통의 환기작업은 소방호스라인이 내부에 진입하여 진화작업 준비가 완료되었을 때가 적절하다.
배연장소	화재 건물의 특징이나 개구부, 풍향, 화점의 위치, 화재범위를 판단하여 개방 및 폐쇄해야 할 개구부를 결정해야 한다.
배연방법	자연환기방식, 강제환기방식 중에 효율적이라고 판단하는 것을 선택하여 수평환기 또는 수직환기를 실시한다.

(3) 배연형태의 분류

① 자연배연 방식

수직배연	건물의 경우 천장, 지붕의 배출구를 파괴 또는 개방하여 배출구로 하는 방식이다.
수평배연	벽에 있는 창문이나 출입문을 개방하여 배연하는 방식이다.

② 강제배연 방식

송풍기 활용	회전식 강철 팬의 회전력에 의한 압력으로 배연하는 방식
분무방수 활용	분무방수에 의한 수압으로 배연하는 방식
배연차 활용	배연차에 장착된 기계장치에 의해 연기를 흡입하여 배출하는 방식
고발포 활용	고발포 방사시의 압력에 의해 배연하는 방식
제연설비 및 공기조화설비활용	건물에 설비된 제연설비 및 공기조화설비는 소방대의 장비와 인력이 필요하지 않은 장점이 있으므로 최대한 활용할 수 있는 방안을 마련해야 한다.

2 자연환기 배연*** 13년 서울 소방장/ 16년 부산 소방장

배연의 기본은 화재실의 중성대 위쪽에는 연기가 외부로 분출되고 아래쪽은 외부로부터 신선한 공기가 유입되는 자연환기의 법칙을 충실히 따르는 것이다.

(1) 수직배연

배연요령	㉠ 가열된 연기 및 유독가스를 지붕 등 윗방향으로 배출할 수 있도록 지붕을 파괴하는 등의 환기구를 만드는 것을 말한다. ㉡ 배연방식은 생성된 뜨거운 가스를 배출하는 데 가장 효과적인 방법이다. ㉢ 지붕파괴가 힘든 내화구조의 콘크리트 지붕 등에는 제한적일 수밖에 없다. ㉣ 그러한 건물의 경우는 최상층의 창문이나 옥탑 등의 개구부를 개방하여 배연하는 방법을 취해야 한다.
유의점	㉠ 부적절한 강제 환기와 병행하면 자연환기는 그 효과가 감소한다. ㉡ 유리창의 과잉파괴가 행해지면 수직 환기 효과가 감소한다. ㉢ 배연이 되고 있는 수직 환기구나 통로에서 방수를 하면 기류의 방향을 돌려놓는 결과가 되므로 주의한다.

(2) 수평배연

배연요령	㉠ 창문이나 출입문처럼 벽에 있는 출구를 통하여 연기가 빠져나가게 하는 것을 수평배연이라 한다. ㉡ 일반적으로 수직배연을 하기에 알맞은 건물이 수평배연에도 좋다. ㉢ 수평배연은 바람의 방향에 따라서 풍상 방향의 개구부를 급기구로 풍하방향의 개구부를 배출구로 설정하는 것이 가장 효과적이다.
유의점	㉠ 바람이 불지 않을 때에는 수평배연의 효과가 감소한다. ㉡ 바람의 영향을 받는 곳은 급기구와 배기구 설정에 유의한다. ㉢ 아래층에서 배출된 연기가 상층의 개구부를 통해 유입되지 않도록 유의한다.

3 송풍기 활용 배연*** 14년 경남 소방장/ 15년 소방위/ 16년 경북 소방교

(1) 활용 요령

① 송풍압력으로 건물 외부의 압력보다 건물 내의 압력을 높게 하여 배연하는 방법이다.
② 일반적으로 개구부의 하단 등 낮은 장소에 설치하여 불어넣는 방식을 주로 쓰고 있다.(양성압력형 환기법)
③ 배출구에서 배출가스를 뽑아내는 방식(음성입력형)도 사용하고 있다.
④ 송풍기를 활용한 배연은 동력원에 의존해야 하는 단점이 있다.

> ● 송풍기 활용 장점*
> ① 소방대원이 실내에 진입하지 않고도 강제 환기를 시작할 수 있다.
> ② 자연환기의 흐름을 보충하기 때문에 수평 및 수직 환기의 효과와 같다.
> ③ 설치하기가 편리하고 배연의 강도를 조절할 수 있다.
> ④ 모든 건물에 응용할 수 있다.

(2) 송풍기 사용 시 유의 사항** 17년/ 19년 소방장
① 송풍기는 자연바람과 같은 방향으로 설치하여 효율성을 배가하여야 한다.
② 송풍기 근처의 창문이나 출입문은 가능한 한 폐쇄하여 공기흐름에 방해가 되지 않도록 해야 한다.
③ 화점실이 분리되어 있다면 가장 먼저 화점실 문을 폐쇄하여 화염과 연기가 외부로 확산되는 것을 차단하고 배연을 실시하여야 한다.
③ 출입구에 송풍기를 설치할 경우 송풍기에서 나온 공기의 원추(圓錐)가 입구를 완전히 덮을 수 있도록 출입구로부터 적당한 거리를 둔다.
④ 배출구의 크기와 급기구의 크기가 같도록 하는 것이 효율적이다.
⑤ 공기가 너무 많이 공급되게 하여 오히려 급격하게 연소 확대될 우려가 있으므로 특히 유의하여야 한다.
⑥ 배출구가 되는 방향의 구조대상자나 활동대원의 안전을 확인한 후 실시한다.
⑦ 송풍기를 이용 계단실 등 구획된 공간의 연기가 제거되었으면 배기구를 차단, 구획된 공간에 송풍기의 양압이 유지되어 연기가 들어오는 것을 방지한다.

> **TIP** 자연배기방식과 강제배기방식의 차이점과 송풍기의 양성과 음성의 설치기준을 이해하세요. ^^

4 분무방수를 활용한 배연·배열

(1) 분무방수에 의한 배연요령

화점실의 연소상황에 따라서 확산방수를 하거나 또는 분무방수로 전환하여 간다.

(급기구측에서 분무방수하여 기류를 이용하는 방법)* 23년 소방장
① 노즐 전개각도 60도 정도로 급기구를 완전히 덮을 수 있는 거리를 방수 위치로 선정하고, 개구부가 넓은 경우에는 2구이상의 분무방수로 실시한다.
② 노즐압력은 0.6Mpa이상 분무방수를 한다.
③ 배기구측에 진입대가 있을 때는 서로 연락을 취해 안전을 배려하면서 방수한다.
※ 특히 화염과 배기구 사이에 구조대상자, 구조대원이 있다면 위험하다.

(다른 방향에 개구부가 있는 경우의 배연 요령)

> **TIP** 최근에 방수부분에 대해서는 숫자에 대한 출제가 늘어나고 있으니 유의하시기 바랍니다.

(2) 간접공격법(로이드레만 전법)에 의한 배연, 배열*** 14년 경기 소방교

① 개요

연기와 열을 제거하기 위해 물의 흡열작용에 의한 냉각과 환기에 의한 옥내 고온기체 및 연기의 배출을 보다 유효하게 하기 위하여 안개모양의 방수를 간접공격법(로이드레만전법)이라 한다. 즉, 물의 큰 기화잠열(538cal)과 기화시의 체적팽창력을 활용하여 배연·배열하는 방법인 것이다.

② 간접공격법의 요령*** 16년 경기 소방교
  ㉠ 연소물체 또는 옥내의 온도가 높은 상층부를 향하여 방수한다.
  ㉡ 고온에 가열된 증기의 증가에 의해서 대원이 피해를 받지 않는 위치를 선정한다.
  ㉢ 방수 시 개구부는 가능한 한 작게 하는 것이 위험성을 감소시킨다.
  ㉣ 가열증기가 몰아칠 염려가 있는 경우는 분무방수에 의한 고속분무로 화점실 천정 면에 충돌시켜 반사방수를 병행한다.
    ※ 외부에서 실내로 간접공격 시 물줄기의 형태는 직사방수하여, 분무방수 시 물줄기를 타고 화점실로 공급되는 공기의 양을 최소화 한다.
  ㉤ 옥내의 연소가 완만하여 열기가 적은 연기의 경우는 간접공격의 전법을 이용하는 것은 효과는 적으므로 유의한다.

> **TIP** 간접공격법의 효과, 방수요령, 위험성에 대해서 숙지하셔야 해요. 간접공격법은 상층부 방수 ^^

5 상황별 배연작전

(1) 인명구조 중점	① 다층 건물에서 화재 발생 시, 가장 높은 부분에 있는 개구부를 통해 배연하는 것은 독성가스와 농연을 배출시킴으로써 생명을 구할 수 있다. ② 따라서 다층구조의 화재현장에서 내부계단의 꼭대기 층을 배연하는 것은 상층으로 독성가스가 축적되는 것을 막아주는 중요한 작전요소이다.
(2) 화재진압 중점	① 배연이 효과가 있다면 건물구조가 복잡하거나 장애물이 있어도 화점까지 수십m를 접근하여 정확히 방수할 수 있다. ② 공기호흡기는 독성가스로부터 소방대원들을 보호하지만, 짙은 연기와 가열된 공기는 가시성이 떨어지게 하여 신속한 화재진압을 방해한다. ③ 공격방향과 반대쪽을 배연하는 것이 대원들이 안전하고 신속하게 진압할 수 있다. ④ 단층 건물의 배연은 출입문과 창문을 개방하고, 다층건물에서는 굴절 또는 고가 사다리와 복식사다리를 활용한 배연이 가능하다. ⑤ 배연작업은 반드시 진압팀(관창수)의 행동개시와 동시에 시행되어야 한다. ● 배연작업이 진압팀(관창수)의 방수준비가 되기도 전에 개시한다면, 갑작스러운 플래시오버현상(Flashover)이나 역류현상(Backdraft)에 의해 오히려 화재확산을 조장하거나 인명검색팀을 화염에 휩싸이게 하는 최악의 상황을 유발시킬 수 있다. ● 배연할 때는 가능한 배연구(배기구)를 통해 진압팀이 들어가도록 해서는 안 된다. 배연은 인명구조와 진압을 효과적으로 해주기 위한 조치인 만큼 가능한 진입대원들의 안전을 고려하여 배연구

		위치를 선택해야 한다.
(3) 폭발방지 중점	① 배연작업은 역류현상(Backdraft)이나 가스폭발, 기타 폭발환경이 조성되는 것을 방지하거나 그 위험성을 줄여줄 수 있다. ㉠ 폭발 위험을 제거하기 위한 배연작전의 구체적 목적은 공기를 불어 넣어 가연성 가스를 폭발하한계 이하로 희석시킨다. ㉡ 폭발할 경우 배연구를 통해 화염과 가스가 방출되어 폭발로 인한 위험성을 줄인다. ② 초기에 옥상 채광창이나 옥상 출입구를 제거한다면 폭발이 발생된다 하더라도 확대되는 가스는 앞문으로 향하기보다 개방된 상층부로 향하므로 대원들의 진입을 안전하고 용이하게 해준다.	
	● 화재가 상가건물 앞쪽에서 발생했을 때, 상가건물 뒤쪽에 이중벽이 존재한다면 • 뒤쪽을 배연하는 것은 바람직하지 못하므로 앞쪽 개구부를 통해 배연한다. • 앞쪽 개구부를 개방(제거)할 경우 최소 좌우 한쪽 이상에 경계관창을 배치해야 한다. 앞문이 개방되어 가열된 가스가 빠져나간 후에, 화재가 오히려 되살아 날 수 있다. • 지붕과 뒷문 어느 곳도 배연되지 않은 상가건물로 진입할 경우 폭발이나 이상 연소현상에 완전 노출되게 된다.	
(4) 확산방지 중점	① 가장 심각하고 가장 빈번한 연소 확대 문제는 감추어져 있는 지붕공간에서 일어난다. 화재가 천장을 통해 연소하면서 이 통로(공간)에 가연성가스가 흘러들어 가면서, 화염은 수직·수평으로 급격하게 확대될 것이다. ② 인근 천장으로 확대되는 것을 막기 위해 화재발생장소(구역)의 천장을 먼저 파괴하여 화염과 농연을 방출시켜야 한다.	

(5) **고층건물화재 배연작전**★★★★ 13년 소방위/ 부산 소방장/ 17년 소방교

● 고층건물이란 지하층을 제외한 층수가 11층 이상, 준 초고층건물은 30~49층(120~200m) 건물, 초고층 건물은 50층 이상, 200m이상의 건축물로 정의되나 여기서의 고층건물은 11층 이상의 건물을 총칭한다.

① 개요
㉠ 저층 건물에서, 짙은연기의 흐름을 좌우하는 요소는 화재로 인한 열, 대류의 흐름, 연소 압력, 창문 등 개구부 개방을 통한 외부 공기에 의해 결정된다. 고층건물에서 짙은 연기는 이러한 요소에 더하여 굴뚝효과(Stack Effect, 연돌효과라고도 함)와 공조시스템(HVAC System)의 영향을 받는다.

● 굴뚝효과 : 고층건물 내외에서 온도와 기압의 차이로 발생하는 자연적 대류현상

ⓐ 굴뚝효과는 기온의 차이와 안·밖의 대기압 차이로 인한 공기의 자연스러운 흐름을 나타낸다.
ⓑ 굴뚝효과는 고층건물에서 공기의 흐름에 가장 큰 영향을 끼치며, 계단실 또는 엘리베이터 샤프트에서 가장 두드러진다.
ⓒ 창문과 같은 개구부가 열리거나 깨질 때, 굴뚝효과는 이상기류를 만들어낸다.

ⓓ 창문이 열려있는 저층건물에서는 발생하지 않는다.
ⓔ 화재 시 농연의 흐름은 공조시스템 차단을 통해 어느 정도 통제할 수 있으나 아무것도 굴뚝효과를 막을 수는 없다.
ⓛ 고층건물에서의 배연은 저층건물에서 배연하는 것보다 훨씬 복잡한 변수들이 작용하며, 소방대원이 창문이나 개구부를 열 때 짙은 연기는 통제 불가능하게 이동한다.
ⓐ 굴뚝효과로 인해 전체적 상승기류 속에서 특정부분에서 농연이 아래로 움직일 수 있다.
ⓑ 공조 시스템을 통해 화점 층에서 10층 또는 20층 상층으로 연소확대가 될 수 있다.
ⓒ 제연계단 출입구 앞에 있는 짙은 연기 통로나 다용도 샤프트에 열과 농연이 빨려 들어갈 수도 있다.
ⓔ 짙은 연기가 콘크리트와 철 구조물에 열을 빼앗기고 배연구로 상승하지 못할 수도 있다.
ⓜ 초고속 엘리베이터의 이동으로 짙은 연기가 강제로 위·아래층으로 이동할 수 있다.
ⓑ 고층건물화재는 지하실 화재와 유사하여 때로는 배연작업 없이 화재를 진압해야 하는 경우도 있다.

> **TIP** 고층건물의 배연은 굴뚝효과와 HVAC시스템에 대해서 이해하셔야 해요. ^^

② **주거용 고층건물 화재 배연작전**★★

주거용 고층건물	ⓐ 문이 닫혀있을 때 건물 밖으로 연소가 잘 확대되지 않고, 창문은 열릴 수 있도록 설계되어 필요 시 쉽게 배연이 가능하다. ⓑ 따라서 배연작업은 바람이 개방된 창문을 통해 들어와 진입팀에 위협이 되는 것 이외에는 큰 문제가 없다. ⓒ 비교적 좁게 세분화된 방화구획 구조로 되어 있어 굴뚝효과가 최소화되기 때문에 배연작업은 효과적이며, 많은 생명을 구하는 데 결정적인 기능을 할 수 있다. ⓓ 창문은 쉽게 개방되며, 배연의 역기능으로 인한 농연과 연소의 확대여부를 쉽게 예측할 수 있다. ※ 배연작업은 우선 열과 짙은 연기가 유입되고 있는 창문과 계단을 배연하고, 열쇠나 손으로 창문을 개방하거나 파괴한다. 또한 계단실 배연을 위해 옥상 채광창이나 창문, 파괴 가능한 칸막이벽을 개방한다.
30~40층 이상의 주상복합건물 형태의 고층건물	ⓐ 플라스터 보드(Plasterboard)로 이루어진 외벽과 중앙공조시스템에 의해 공기가 공급되는 시설구조를 가지고 있다. ⓑ 주거용 고층건물은 화재진압이 원활하게 진행되고 있거나 화재가 완전히 진압된 후에 배연을 시작하는 것이 바람직하다. 이때의 배연은 신중한 상황분석과 판단이 필요하다.

● **수평배연**: 방의 창문을 상대적으로 크게 여는 것 등으로 하여 통상의 자연통풍보다 개구부 면적을 크게 하고 실내에 상당히 빠른 속도의 기류를 만들어 빠져나가도록 하는 것을 말한다.

③ **상업용 고층건물 화재 배연작전**★★★ 13년 부산 소방장
ⓛ 상업용 고층건물은 주거용 고층건물과 다르다. 건물의 특성상 일반 건축물과는 달리 심각한 생명의 위험이 없고 화재를 통제할 수 없을 경우, 배연은 금지된다.
ⓑ 배연은 연소확대 가능성이 매우 낮아 화재진압이 완료된 후에 실시해야 한다.

넓은 개방공간과 거대한 높이	창문 개방 시 대류를 일으키는 원인이 된다.
공조 시스템의 배관과 통로	10층 혹은 20층 이상의 층과 연결되어 불길과 농연을 확대시킨다.
굴뚝효과	강력한 공기의 흐름(대류)을 형성한다.

○ 상업용 고층건물 화재 시 배연을 하지 않는 4가지 구체적인 이유★★★ 14년 부산 소방장
① 굴뚝효과로 인해, 당신은 건물 내부의 대류 흐름을 예측할 수 없다.
② 배연은 불꽃 폭풍을 촉발할 지도 모르고, 거주자들과 소방대원들을 위층에 가두면서 계단실을 짙은 연기로 가득 차게 만들 수 있다.
③ 건물 내에서의 대류 흐름은 예측할 수 없기 때문에 배연으로 인하여 오히려 청정구역에 짙은 연기를 끌어들이는 결과를 초래할 수 있다.
④ 기류에 포함된 산소로 인하여 화재의 크기와 강도를 증가시킬 수 있다.

ⓒ 사무실용 고층화재시 일반적으로 쓰이는 기본적 진압방법은 공조 시스템을 차단하고 배연작용 없이 화재를 진압하는 것이다.

○ 예측할 수 없는 위험한 기류보다는 어떤 기류도 없는 것이 더 낫다는 믿음에 근거한다. 이것은 주거용 고층건물의 배연방침과 배치되는 것으로 상업용 고층건물 화재 시 배연을 하지 않는 것이 생명을 구하는 가장 효과적인 방법이다.

ⓔ 화재가 완전히 진압된 후 잔류 농연 통제가 용이해지면 창문과 계단에 있는 짙은 연기와 열을 방출시킨다. (화재가 진압된 후 지휘관 지시에 의함)

ⓐ 창문 개방	• 선착대가 해야 할 첫 번째 임무 중 하나는 화점층의 창문, 개구부를 열기위한 열쇠를 확보하는 것이다. 일반적으로 열쇠는 로비 데스크에 보관되어있다. • 이와 같은 건물의 창문은 보통 잠겨있다. 고층에 있는 창문에는 보통 2~3개의 잠금 장치가 있을 수도 있다. • 창문을 개방하기로 결정하기 전에 창문개방 방식에는 상하식, 좌우개폐식, 회전식, 여닫이식, 미닫이식 등 다양한 방식이 있다는 것을 고려한다. ※ 따라서 건물 내의 창문은 공조시스템에 따라 10년 혹은 20년 동안 닫혀있는 상태로 쉽게 열리지 않을 수 있다.
ⓑ 창문 파괴	창문 유리를 파괴할 때 창문 아래 난간이 있다면, 창문을 안전하게 깨뜨릴 수 있다. 그렇지 안다면 지휘관이 거리에 있는 사람들을 모두 이동시키는 등 지상층의 안전반경(최소 50m)을 확보한 후에 창문파괴를 시작해야 한다.

ⓒ 송풍기 사용★★ 14년 경남 소방장/ 17년 소방교
- 화재가 진압된 후, 소방대원들은 남아있는 짙은 연기와 열을 방출시키기 위해 송풍기를 이용할 수 있다.
- 우선, 계단 통로 아래에 환풍기를 설치하고, 신선한 공기가 들어올 수 있도록 문을 연다.
- 배연하고자 하는 층의 계단 통로 위에 두 번째 환풍기를 설치하고, 계단 통로에서 짙은연기가 가득 찬 층으로 문을 연다.
- 상층부에 있는 문을 닫거나 지붕에 있는 옥상 출입구 뚜껑을 닫고, 계단 통로를 따라 모든 문을 닫은 후 양쪽 환풍기를 작동하기 시작한다.

- 외부에서 불어 들어오는 바람이 강하지 않다면 짙은연기가 가득 찬 충계의 창문을 통해 배출될 수 있다.

   TIP 상업용고층건물은 화재진압 후에 송풍기로 배연을 합니다. ^^

ⓓ 공조 시스템(HVAC System)을 통한 배연
- 화재가 진압된 후, 창문을 열 수 없다면 공조 시스템이 건물의 배연을 위해 이용될 수 있다. 이렇게 하기 위해 이 시스템에 정통한, 숙련된 건물 관리인의 지식이 요구된다.
- 이 시스템은 적절하게 운영되지 않으면 위험이 될 수 있기 때문에 조작책임자나 설비 기술자가 없다면, 함부로 시도해서는 안 된다.

> ● 공조시스템 가동절차 4단계** 14년 경기 소방장
> • 신선한 공기 유입을 위해 공기 흡입구를 열도록 한다.
> • 연기가 차있는 층의 재순환 통로를 차단하도록 한다.
> • 외부 배출을 위해 배기구를 열도록 한다.
> • 공조 시스템을 작동시키도록 한다.
> • 배연을 위한 굴뚝효과 이용하기

ⓔ 배연을 위해 굴뚝효과 활용
- 밀폐된 공간 내의 자연스러운 수직적 공기의 흐름이다.
- 고층건물 내에서 가장 강력한 짙은 연기와 공기의 이동을 만들어 내며, 외부 상황에 따라 다르게 나타난다.

> ● 건물 내부가 외부보다 따뜻한 겨울에는 공기의 흐름은 일반적으로 위쪽이다. 여름에는 굴뚝효과로 인한 공기의 흐름이 아래가 될 수 있다.

- 공기의 움직임은 건물의 높이에 영향을 받는데, 높은 건물일수록 그 효과가 크다. 또한 건물이 좀 더 강하게 밀폐되어 있으면 굴뚝효과가 더 강해진다.
- 지표면과 혹은 지붕 수준으로 출입구를 개방함으로써 기류를 느낄 수 있다.
- 소방대원들은 화재가 진압된 후 계단이 지붕으로 연결된다면, 계단에 남아있는 짙은연기를 배출하기 위해 가끔 굴뚝효과를 이용한다.

> ● 겨울에 계단을 수색한 후 거주자가 없다는 것이 밝혀지고, 짙은 연기가 몇몇 중간 층계에서 층을 이룬다면 지붕, 옥상 채광창, 옥상 출입구의 뚜껑과 동시에 1층 출입문을 열어야 한다.

- 계단에 있는 다른 모든 문이 닫혀있다면, 기류가 가끔 자동으로 계단실로 배출된다.
- 만약 창문이 있는 중간층의 문을 개방한다면, 남아있는 짙은 연기를 배출할 수 있다.
- 굴뚝효과의 흐름은 짙은 연기를 위와 계단실 밖으로 이동시킬 것이고 굴뚝효과를 보조하기 위해 송풍기가 이용될 수도 있다.

   TIP 화재진압과 관련하여 HVAC를 차단하는지 개방하는지를 확인하시기 바랍니다. ^^

ⓕ 계단지정(2개 이상의 건물 계단이 있을 경우)
- 소방대원들에 의해 이용되는 공격통로(Attack stairway)는 유독가스와 연기가 가득 찬 채 이용되고 또 하나의 계단은 연기유입을 차단하여 맑은 공기환경을 유지한 채 건물 내 구조대상자들의 대피통로(Evacuation stairway)로 이용된다.

- 화재 발생 층의 공격통로와 대피통로는 구획되어 있어야 하므로 즉시 문을 닫는다.
- 소방대원들이 화점층의 화재를 진압하기 위해 문을 열 때 공격통로 안으로 급속히 짙은 연기가 유입되므로 유의해야 한다.

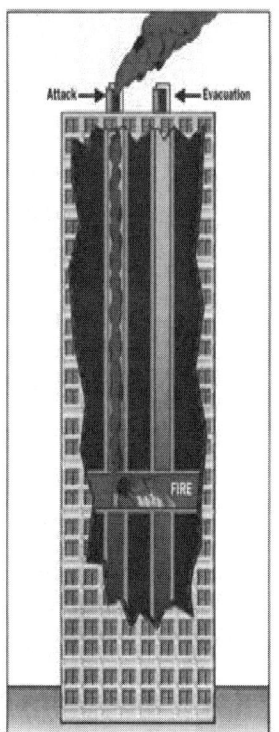

배연을 위한 계단이용

- 주거용 고층건물에서는 화세 통제가 어려운 경우에도 창문을 통한 배연이 선택 사항이 될 수 있다. 대부분의 고층건물은 꼭대기 층에 옥상출입구를 가지고 있다. 고층건물에 두 개 이상의 계단실이 있고 모두 꼭대기에 옥상출입구가 있다면, 구조대상자가 없는 통로를 통해 지붕을 통한 배연에 이용될 수 있다.
- 이런 방식의 배연이 가능하도록 옥상출입구 담당팀은 엘리베이터를 통해 옥상으로 가거나 짙은 연기가 없는 계단을 통해 옥상출입구를 개폐할 수 있는 위치로 가야 한다.
- 옥상에 도착한 팀은 어느 계단 통로가 공격과 대피에 이용될 수 있을지 결정해서 보고해야 한다.
- 옥상출입구 담당팀도 지휘관이 굴뚝효과를 약화시키기 위해 옥상출입구를 닫도록 지시하면 즉각 조치할 수 있도록 대기상태를 유지해야 한다.
- 또한 굴뚝효과를 약화시키기 위해 공격통로 통하는 1층 현관문은 닫힌 상태로 유지되도록 통제해야 한다.
- 그러나, 피난통로로 통하는 1층 현관문은 신선한 공기의 유입량을 증가시키기 위해 개방되도록 해야 한다.
- 이와 같은 배연작전은 건물 내 기류의 변화나 건물외부의 바람의 상태에 영향을 받으므로 현관, 옥상, 화점층 출입구에 각각 배치된 팀 간의 상호 긴밀한 팀워크와 지휘통제가 필요하다.
- 누적된 농연과 열을 방출시키기 위해 공격통로(Attack stairway)와 대피통로(Evacuation stairway)를 배연시킨다.

○ 화점층에서 공격통로의 배연을 담당하는 대원은 입구를 개방할 때는 지휘관에게 반드시 보고하고, 승인을 받아야 한다.
○ 터널효과로 인해 화염과 열이 공격통로 급속히 유입되어 진압팀의 진입이나 활동을 방해할 경우 지휘관은 즉시 그 입구를 다시 닫을 것을 지시해야 한다.

㉮ 창문 배연작전

주거용 다층구조의 건물에는 두꺼운 대형 판유리 형태의 창문이 화재 시 열기에 의해 쉽게 변형되는 알루미늄 프레임에 설치되어 있다. 화재 시 깨진 유리는 강풍에 날려 상당히 먼 거리까지 떨어진다. 이것은 많은 사상자를 유발시킬 수 있으며, 소방호스가 잘려나가 화점층 깊숙이 진입한 팀을 위험에 빠뜨릴 수 있다.

○ 고층화재 시 떨어지는 유리로 인해 소방호스가 잘려나가고 부상자가 발생한 미국의 사례가 있다.

> **Check**
> ① 배연을 하는 4가지 이유는 ⓐ 생명을 구하기 위해 ⓑ 호스연장과 관창배치 ⓒ 폭발의 효과를 막기 위해 ⓓ (   )이다.
> ② 유리창의 과잉 파괴가 행해지면 (   )환기 효과가 감소한다.
> ③ 송풍기 사용 시 배출구의 크기와 급기구의 크기가 (   ) 하는 것이 효율적이다.
> ④ 간접공격법은 온도가 높은 상층부, 개구부는 (   ), 열기가 적은 경우 효과는 적다
> ⑤ 굴뚝효과는 고층건물 내외에서 (   )와 (   )의 차이로 발생하는 자연적 대류현상이다.
> ⑥ 중성대 (   )에는 연기가 외부로 분출되고 (   )은 외부로부터 신선한 공기가 유입된다.

제9절 소방호스 연장

1 소방호스 취급

(1) 소방호스 사리기* 20년 소방교   **TIP** 호스별 특징을 이해하세요. ^^

한 겹 말은 소방호스	• 소방호스를 일직선으로 편 다음 숫 카프링 쪽에서 암 카프링 쪽을 향하여 굴리면서 감아 가는 것이다. • 일반적으로 소방호스 보관대에 보관할 때, 화재현장에서 사용 후 철수하기 위해 적재할 때 등에 사용한다.	
두 겹 말은 소방호스 * 20년 소방교	• 소방호스를 두 겹으로 포개어 놓고 겹쳐진 채로 소방호스를 감아 가는 것이다. • 좁은 장소 등에서 소방호스가 감겨진 상태에서 곧바로 사용하고자 할 때 주로 사용된다.	
접은 소방호스	• 소방호스를 일정한 길이로 접어서 포개어 놓는 방법이다. • 주로 소방차량에 적재할 때, 화재현장에서 사용 후 철수할 때 등에 쓰인다.	
소방호스의 결합 및 분리	• 소방호스를 결합하고 분리하는 방법은 1인 또는 2인이 결합·분리하는 방법이 있으며, 맨손 또는 카플링 스패너를 이용한다.	

(한겹말은 호스)

(두 겹 말은 호스)

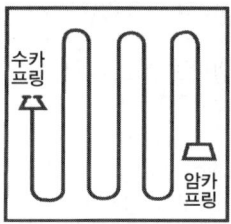
(접은 호스)

(2) 소방호스의 적재

아코디언형 적재	• 소방호스를 적재함 가장자리에 맞추어 겹겹이 세워서 적재하는 방법이다. • 적재하기가 쉽고 적재함에서 손쉽게 꺼내 운반할 수 있는 장점이 있으나 소방호스가 강하게 접히는 부분이 많은 단점이 있다.	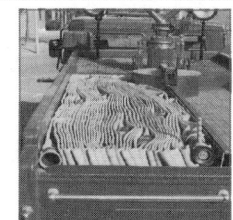
말굽형 적재	• 적재 모양이 말굽을 닮아서 붙인 명칭으로 소방호스를 적재함 가장자리에 맞춰 주변을 빙 둘러서 세워 U자 모양으로 적재하는 방법이다. • 소방호스가 강하게 접히는 부분이 적은 장점이 있으나 어깨운반 시의 등에 불편한 단점이 있다.	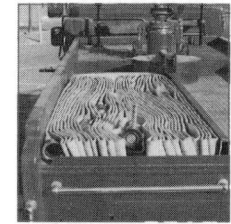
평면형 적재	• 접은 형태의 소방호스를 눕혀서 평평하게 적재함 크기에 맞추어 적재하는 방법이다. • 소방차의 진동 등에도 덜 닿는 장점이 있으나 소방호스가 강하게 접혀 눌리는 단점이 있다.	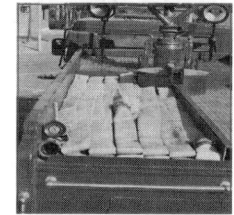
혼합형 (특수형) 적재	소방호스의 적재형태를 혼합하거나 구경이 다른 소방호스를 연결구를 사용하여 혼합 적재하는 형태이다.	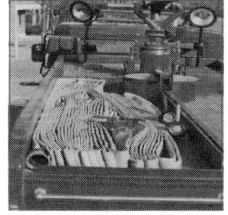

(3) 소방호스의 운반

(어깨 메기식)

(옆구리 끼우기식)

소방호스를 연장하기 위해서는 어깨에 메거나 옆구리에 끼우고 운반하여야 한다.
기본적인 것은 소방호스를 바닥에 끌거나 카프링에 충격이 가지 않도록 해야 하는 것이다.

(4) 호스연장과 관창배치*** 13년 충북 소방장·소방교/ 19년 소방위

① 일반적 유의사항
  ㉠ 펌프차의 방수구의 결합은 화점이 보이는 측의 방수구를 기본으로 하고 방수구 측에 여유소방호스를 둔다. 여유호스는 위해 방지를 위해서 펌프측의 2~3m에 둔다.
  ㉡ 호스연장 경로는 관창배치 위치까지 최단시간에 도달할 수 있어야 한다.
  ㉢ 도로, 건물의 꺾인 부분은 호스를 넓게 벌려서 연장한다.
  ㉣ 극단적인 꼬임이나 뒤틀리지 않도록 하고 송수 시에 있어서 소방호스의 반동에 의한 부상방지를 꾀한다.
  ㉤ 간선도로의 횡단은 가능한 피한다. 횡단하는 경우는 되도록 도로에 대해서 직각으로 연장하고 교통량이 많은 도로는 보도에 연장한다.
  ㉥ 날카로운 철선이나 울타리 등을 넘는 경우는 소방호스 손상을 방지하기 위해 두꺼운 천등을 덧대어 사용한다.
  ㉦ 화재 건물에서의 낙하물이나 열에 의한 소방호스손상을 예상해 되도록 처마 밑, 창 아래 등을 피해서 연장한다.
  ㉧ 화면에 평행하는 도로는 소방호스를 보호하기 위해 도로경계석 밑으로 호스를 연장한다.
  ㉨ 소방호스연장은 다른 소방대를 고려해 평면적, 입체적으로 포위해서 연장한다.
  ㉩ 진입목표 계단이 3층 이하의 경우는 옥내연장 또는 적재사다리에 의한 연장으로 한다.
  ㉪ 필요한 소방호스의 판단은 소방용수에서 발화 지점까지의 거리에 30% 정도의 여유를 둔 소방호스 수로 한다.
  ㉫ 4층 이상의 경우는 옥외 끌어올림(끌어내림)연장이나 사다리차에 의한 연장으로 하고 낙하방지 대책을 강구한다.
  ㉬ 소방호스의 파열이나 절단 등으로 자기대의 차량위치가 먼 경우 교환할 소방호스는 근처의 대(隊)에서 빌리도록 한다.
② 기타 주의사항

여유소방호스	① 소방활동에서는 화재상황의 변화에 따라 관창을 이동해서 방수의 효과를 최대한도로 높여야 한다. 따라서 소방호스연장 시에는 관창의 이동에 유의한 여유 있는 호스를 준비해둘 필요가 있다. 이것을 여유 소방호스라고 한다. ② 여유 소방호스는 화재건물로부터 조금 떨어진 활동장해가 되지 않는 위치에 소방호스 라인(Line)을 뱀이 움직이는 형태로 확보한다. ③ 건물의 계단이나 통로 등 좁은 공간에는 여유소방호스를 두면 소방활동에 장해가 되므로 여유소방호스는 최소한으로 두는 것이 좋다.
여유호스연장	여유 소방호스를 연장해도 길이가 부족할 것 같은 장소의 관창이동은 호스클램프를 사용하든가 송수를 정지해서 호스를 충분히 연결한다.
소방호스 누수조치	① 호스 내에는 높은 압력이 걸린 물이 흐르기 때문에 누수된 경우, 주민 등에 피해가 발생하게 된다. ② 이 경우 작은 누수이면 호스밴드 등을 사용하고 호스밴드가 없는 경우는 헝겊이나 로프를 사용한다. ③ 큰 누수면 신속하게 호스를 교체해서 누수를 방치하는 일이 없도록 해야 한다.
예비 송수	① 호스연장 완료직후부터 방수를 개시할 수 있도록 호스연장이 완료되기 직전부터 서서히 송수를 개시하는 것을 예비송수라 한다. ② 예비송수가 너무 빠르면 호스연장의 장해가 된다. 이 경우에는 송수를 정지시키든가 호스클램프로 물을 막아 둔다. ③ 운전원은 소방호스연장 및 관창배치가 완료됨과 동시 신속히 송수하여 방수가 개시될 수 있도록 평소에 훈련으로서 습득해야 한다.

● 호스클램프 : 수압을 차단하고 호스의 교체나 추가연결을 하기 위한 기구

2 옥내 소방호스연장

(1) 선착대 호스전개

① 주택이나 아파트 내의 최초의 호스는 앞, 뒤 또는 측면의 복도(출입문)를 통해 호스를 전개해야 한다.

> ● 출입구를 향한 방수와 동시에 창문, 문 또는 다른 배연구를 통해 열, 불꽃, 연기가 배출되도록 하기 위한 관창배치 방식이다.

② 최초의 호스는 불길이 배출되고 있는 창문을 향해 방수해서는 안 된다.

> ● 창문이 아닌 출입문을 통해 진입 또는 공격하는 가장 큰 장점 중 하나는 희생자들 대부분이 출입문 안쪽이나 복도에서 발견된다는 점이다. 출입문을 통해 최초의 호스를 전개하는 대원은 화점 진입 도중에 우연히 희생자들을 발견할 확률이 가장 높다는 것이다.

(2) 2착대 호스전개

① 호스전개의 우선순위 결정은 "RECEO"원칙을 기준으로 판단해야 한다.

> ● RECEO원칙 (자원배치의 우선순위 결정기준으로 활용)
> ① 생명보호(Rescue), ② 외부확대 방지(Exposure), ③ 내부확대 방지(Confine), ④ 화재진압(Extinguish), ⑤ 재발방지를 위한 점검·조사(Overhaul) 5가지를 말한다.

② 인접 건물로의 확산과 같이 외부노출 문제가 존재한다면, 그 곳으로 전개되어야 한다.
③ 계단실이나, 밀폐 공간 내에서 연소가 확대되면 내부 연소 확대를 막기 위해 배치되어야 한다.
④ 두 번째 호스배치 또한 첫 번째 호스배치 원칙(접근경로)을 따라야 한다.

> ● 두 번째 호스배치를 창문이 아닌 출입문을 통해 접근하는 가장 4가지 이유
> ① 두 번째 호스배치를 첫 번째 호스배치와 같은 접근경로를 따르도록 할 때, 폭발이나 Flashover, 붕괴 상황이 전개될 경우에 첫 번째 진압팀을 보호하는 데 도움을 줄 수 있다.
> ② 첫 번째 호스팀이 진압에 실패하면, 두 번째 호스팀이 그 자리로 가서 화재를 진압할 수 있다.
> ③ 한 진압팀이 진압하기에 화재가 너무 큰 경우, 하나의 진압팀이 추가로 합류하여 진압하는 효과는 훨씬 더 크다.
> ④ 두 번째 호스배치가 필요 없다면, 두 번째 호스는 직상층 또는 인접 공간으로의 확산을 방어하기 위해 즉각 배치될 수 있다.

(3) 부적절한 호스배치

다층구조의 건축물 화재에서 화점 층의 화재가 진압되지 않은 상태에서 상층계단으로 진입하는 경우에 심각한 대원고립 현상이 야기된다.

부적절한 호스배치의 실수를 방지하기 위해서는 다음 5가지 사항을 유의해야 한다.
① 다층구조 건물화재에서 강제진입의 중요성 인식
② 첫 번째 호스팀은 화점 층의 내부계단을 방어하면서 출입문에서 외부창문 방향으로 진압해 나가야 한다.
③ 두 번째 호스팀은 첫 번째 호스를 보충하는 것을 원칙으로 하고 안전하고 필요한 경우(검색 및 상층부 확대방지 목적 등)에만 위층으로 연결해야 한다.
④ 어떤 호스팀도 불길을 지나쳐서 소방호스를 배치해서는 안 된다.
⑤ 진입할 때, 문을 갑자기 개방해서는 안 되며, 가능한 천천히 개방하되 위험한 경우에는 처음부터 손잡이를 로프로 감은 다음 문을 원격 조정하는 것이 안전하다.

> ● 호스전개의 대 원칙은 "하나의 호스 전개가 완료될 때까지는 또 다른 호스를 전개해서는 안 된다."는 것이다. 연소 중인 건물에서 초기 진압을 하는 동안, 연기와 불꽃이 동시에 여러 장소에서 관찰될 수 있다. 이런 상황에서 구경꾼 들은 각기 다른 장소에서 여러 개의 호스를 전개하도록 촉구할 것이다. 3~4개의 호스가 서로 다른 장소에서 동시에 전개되면, 실제로 방수가 지연되거나 체계적이지 못한 진압활동이 이루어질 수 있다. 일반적인 화재현장에서는 한 번에 하나의 호스를 전개해 나가는 것이 좀 더 효과적이다. 다른 호스를 전개하기 전에 첫 번째 호스에 우선 물을 공급하고 신속하게 방수해야 한다. 소화전에 펌프차를 연결하고, 관창과 호스를 선택하고, 화재 현장으로 호스를 전개하고, 호스에 물을 공급하는 것이 완결되어야 비로소 하나의 호스가 유효한 호스로 기능하게 된다. 이것이 완성된 후, 두 번째, 세 번째 호스를 전개해 나가야 한다. 화재현장의 격언 중에 "첫 번째 호스를 잘 전개하면, 또 다른 호스를 필요로 하지 않는다."는 말의 의미를 잘 기억해야 한다.

(4) 계단을 사용한 연장

계단 사이에 구멍이 없는 경우	• <u>소방호스 2본 이내의 경우에는 원칙적으로 벽측을 따라 연장하고 3본 이상의 경우는 다른 방법이 없는 경우에 실시한다.</u> • 송수에 의해 소방호스가 펴지게 되므로 굴곡에 주의한다. 또한 계단 내에 있으므로 옥외 및 진입실내에서 여유소방호스를 확보한다.
계단 사이에 구멍이 있는 경우	• <u>소방호스를 매달아 올려서 수직으로 연장한다.</u> • 송수에 의해 소방호스중량이 증가하여 낙하하므로 난간에 로프로 고정한다. • 계단부분이 어두운 경우는 조명기구를 선행시켜 발밑을 조명하면서 연장한다. 제수기를 반드시 휴대하여 소방호스연장, 소방호스 파손 시 등에 활용한다.
에스컬레이터 부분의 연장	• <u>전원을 차단하여 에스컬레이터를 정지시킨다.</u> • 매달아 올려 수직으로 연장한다. 계단사이에 구멍이 없는 경우 계단과 같은 방법으로 한다. • 제수기를 휴대하여 활용한다. • 송수 시 소방호스의 펴짐에 의한 굴곡에 주의하고, 수직 연장 시는 중량 증가에 의한 낙하를 방지하기 위해 소방호스를 지지, 고정한다.

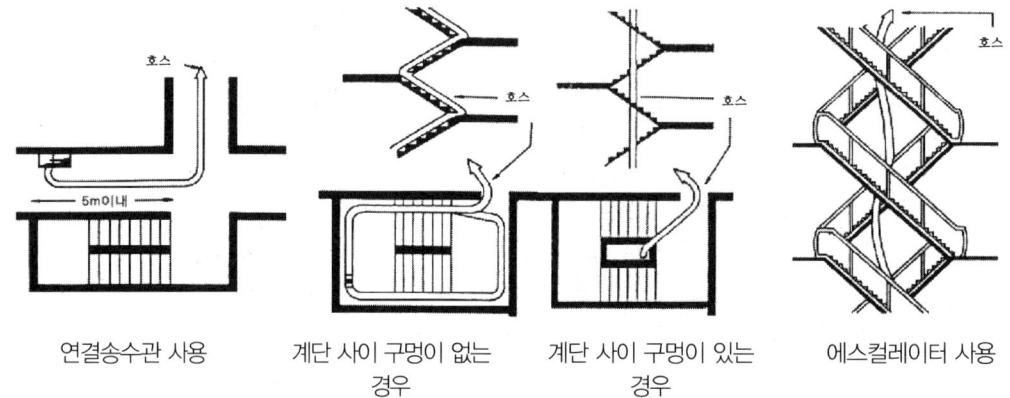

연결송수관 사용 　　 계단 사이 구멍이 없는 경우 　　 계단 사이 구멍이 있는 경우 　　 에스컬레이터 사용

(5) 연결송수관 설비 활용

<u>연결송수관과 연결된 옥내 소화전으로부터 전개된 최초의 호스는 화재 발생 층이 아닌 그 아래층 소화전에 연결되어야 한다.</u>

(화재 직하 층에 연결하는 장점)

㉠ <u>혼잡함을 최소화 해준다.</u>

화재 직하 층은 진입팀이 장비를 이용하고, 출입문을 통제하며, 예비 검색을 시행할 대기공간으로서의 기능을 하면서 동시에 화재 발생 층 아래에 있는 호스팀이 비교적 다른 방해요인 없이 호스를 전개할 수 있다.

㉡ <u>용수 공급의 조절이 더 쉽다.</u>

호스를 화재 발생 층에 있는 소화전에 연결하면, 점점 증가하는 불꽃과 열기로 대원들이 소화전의 앵글(수압조절밸브) 밸브를 조작하기 어렵게 될 수 있다. 또한 호스를 직하 층에 연결할 경우에, 화재 층 진입대원이 일시적으로 후퇴할 수 있는 공간으로서의 기능도 하게 된다.

ⓒ 지나치게 저층에서 호스를 전개한 것보다 대원들의 체력소모를 최소화 할 수 있고 계단을 통해 호스를 전개할 때 여러 번 접힘으로 인해 발생되는 방수가 중단되는 위험을 줄일 수 있다.

> ❍ 뉴욕소방본부의 조사에 의하면 다층구조 건축물 화재에서 지나치게 많은 호스를 전개하는 것 때문에 진입한 대원이 순직한 사례가 종종 발생한다는 사실을 발견하였다. 가장 흔한 사례는 대부분 화염과 열기 그리고 연기에 의해 고립되어 순직하는 경우이다.

(6) 고정소화설비의 활용

① 화재현장에 도착하여 화재건축물을 평가할 때 반드시 고정 소화설비인 "연결살수설비와 연결송수관설비"의 활용에 대한 평가가 우선적으로 이루어져야 한다.
② 만약 연결살수설비가 설치된 건물이면 연결살수설비의 헤드에 물이 공급되도록 연결송수관에 펌프차를 부서시키고 송수시키는 것이 우선순위 임무가 된다.
③ 연결 살수설비를 활용하지 못하고 펌프차를 이용한 호스 전개를 할 경우에는 시간지연에 의한 화재손실이 증가하게 된다.
④ 연결살수설비는 펌프차에 의해 진입하는 대원들보다 빠르고 효과적으로 화재를 진압할 수 있을 뿐 아니라 이미 화재가 난 곳을 향해 있으며, 출입문 잠김, 화점 발견의 실패 등의 장애에 구애받지 않는다.
⑤ <u>연결살수설비와 연결송수관설비(옥내소화전)가 모두 설치된 건물인 경우에 화점 층에 진입하는 팀이 있을 때는, 연결송수관설비(옥내소화전)에 우선적으로 물이 공급되도록 해야 한다. 이것은 진입팀을 보호하기 위한 조치이다.</u> 연결살수설비에 대한 물 공급은 그 다음 우선순위에 해당된다.

(7) 샤프트 화재

다층구조 건물의 샤프트(수직통로) 화재에서 화재가 수직 통로로 확대되고 있다면,
① <u>첫 번째 호스가 화점 층에 전개되었다면, 그 다음으로 꼭대기 층으로 호스를 전개한다.</u>
② 수직 통로나 계단실을 통해 연소가 상층부로 확대되는 것이 발견되면 생명 위험과 그 가능성을 반드시 염두에 두어야 한다.
③ 상층부에 체류하는 연소 생성물을 배연시키고 화재가 급속히 확대되는 것을 방지하기 위해 모든 창문, 지붕 채광창 등을 개방해야 한다.
④ 샤프트 화재는 낮은 층으로 확대되기 전에 꼭대기 층까지 확대되며, 화염과 가연성 가스가 위로 상승함에 따라, 상층부의 온도가 급격히 상승하게 된다. 샤프트 화재 건물에서 가장 뜨거운 온도가 감지되는 곳은 꼭대기 층의 개방 통로이다.
⑤ 화재가 수직으로 확대될 때, 대원들이 활동 불가능한 온도로 상승하기 전에(옥내소화전)호스를 꼭대기 층으로 전개 하여 배연활동과 연소확대를 방지하고, 희생자 검색활동을 해야 한다.

(8) 공격적 내부진압전술

소방전술에서 하나의 호스를 전개(펌프차 1대)하는 데 왜 4명의 소방관들이 필요하며, 1명의 인력도 줄여서는 안 되는 이유에 대해 논쟁이 있어 왔다. 65mm 호스(관창)를 연장하기 위해서는 최소 2인이 필요하며, 배연과 진압의 동시원칙을 지킬 수 있는 인력이 확보되지 않는다면 순직 소방관 수는 늘어나는 것으로 조사되었다. 이러한 전술단위 인력의 필요성은 공격적 내부진압전술과 그 반대인 소극적

내부진압 전술의 10가지 전술적 구성요소를 종합적으로 고려하여 이해해야 한다.

공격적 내부진압전술의 10가지 전술적 구성요소 ★★★ 16년 소방위/ 경기 소방장

1. 출입구로 진입하여 연소 중인 건물이나 복도로 호스를 전개해야 한다.
2. 배연을 위해 상층부 파괴나 지붕배연을 시도해야 한다.
3. 엄호관창이 배치되기 전에 건물에 진입해서 화재 지점을 검색해야 한다.
4. 화재가 완전히 진압되기 전에 희생자 구조를 위한 예비검색을 실시해야 한다.
5. 화재가 완전 진압되기 전에 화재 발생 위층을 검색해야 한다.
6. 배연을 위해, 소방관들은 창문을 파괴해야 한다.
7. 문을 개방하기도 하고, 내부에 불길이 있을 때 문을 닫아야 하는 경우도 있다.
8. 숨은 공간에 연소 확대의 우려가 있는지 확인하기 위해 벽이나 천정을 파괴해야 한다.
9. 화재 현장으로 신속하게 진입하기 위해 40mm 호스를 이용한다.
10. 소화전과 같이 지속적인 소방용수 공급원보다는 제한된 소방용수 환경에서 화재를 진입해야 한다.

소극적 내부진압 전술(non-aggressive interior attack)의 10가지 전술적 구성요소

1. 출입구로 진입하여 호스를 전개하지 않는다. 추가적인 호스는 화재를 제한하기 위해 전개된다.
2. 지붕배연을 하지 않고 기타 개구부를 통해 배연한다.
3. 엄호관창이 배치되지 않는 한 화재지역을 검색 하지 않는다.
4. 지휘관의 지침에 따라 화재가 진압될 때까지 예비검색을 실시하지 않는다.
5. 화재가 진압되기 전에 화재 발생 위층으로 올라가 검색하지 않는다.
6. 지시가 없는 한, 창문을 파괴하여 배연시키지 않는다.
7. 지시가 없는 한, 문을 개방하지 않는다.
8. 지시가 없는 한, 숨은 공간에 연소 확대의 우려가 있는지 확인하기 위해 벽이나 천정을 파괴하지 않는다.
9. 천천히 하나의 65mm 관창을 전개한다.
10. 소화전과 같이 지속적인 소방용수 공급원이 확보되지 않는 한, 내부진압을 하지 않는다.

미국 화상치료센터의 연구에 의하면 연소중인 건물 속으로 호스를 끌고 진입한 소방관들 중에서 선착한 출동대(엄호방수 없이)에 소속된 대원이 다른 임무를 수행하는 대원들보다 두 배나 많은 화상을 입는 것으로 조사되었다. 대부분의 화재는 내부 진압 팀에 의해 진압되며, "화재진압작전 성공의 90%는 대원들이, 나머지 10%는 현장지휘관의 전략으로부터 나온다."는 화재현장의 격언에서 알 수 있듯이 팀 활동에 필요한 대원들이 부족하여, 적극적 내부 진입활동이 어렵다면 결국 화재진압작전의 90%는 실패하게 됨을 의미하며 그 결과는 거주자와 대원들의 사망자 수가 증가하게 된다는 것은 자명한 일이다. 이것은 결국 소방비용 절감에 중점을 둘 것인가 아니면 시민과 소방관의 생명을 보호하는 것에 중점을 둘 것인가의 문제이며, 화재현장에서의 "생명보호 우선원칙"은 현실적으로 "재산보호 우선원칙"에 의해 대체되어야 할지도 모른다.

● 안전한 내부진압활동을 위한 안전 수칙★★★ 16년 경기 소방장
① 방화복을 착용할 때는 지퍼를 모두 올리고 목 벨크로를 부착, 손목토시를 착용한다. 헬멧의 귀 덮개를 내리고 턱 끈을 착용하고 안면보호대를 내린다.
② 현장에 진입할 때 상층부에 체류하는 고온의 가스연기층 보다 몸을 낮추고 유지하고 진입한다.
③ 펌프차에서 방수개시를 하기 전, 즉 물 공급이 안 된 호스를 전개하여 진입해서는 안 되며, 호스에 물이 공급될 때 진입, 출입구에서부터 방수하여 화재실의 열기를 식힌 다음 현장에 진입한다.
④ 화재현장에 진입할 때는 가능한 배연동시원칙을 지키도록 한다. 현장에 진입할 때는 화염과 열기, 그리고

연기 배출하기 위해 가능한 모든 문, 창문 채광창을 개방한다.
　　　※ 동시배연원칙 : 화재진압과 배연이 동시에 이행될 때 화재진압의 효과가 크다.
⑤ 현장에 진입하기 전에, 바닥에 넘어져 연소하고 있는 가구와 불씨 등을 소화 한 후에 진입한다.
⑥ 추락과 상부 허벅지 화상을 방지하기 위해, 가능한 '기어가기 기법'을 이용하라. 현장에 진입할 때 우선 한쪽 다리를 먼저 뻗고 바닥부분의 안전을 확인하면서 뒷다리로 무게 중심을 잡는다.
⑦ 유사시에 후퇴가 곤란한 화재 지점으로 지나쳐 나아가서는 안 된다. 무심코 지나친 화점이 순식간에 다시 되살아날 수 있다는 것을 염두 해 둔다.
⑧ 화점을 공격하는 호스 팀이 맞바람을 맞으며 진입을 해야 한다면, 현장지휘관에게 알려 흡기 쪽의 개구부에서 공격이 이루어지도록 두 번째 호스를 배치하고 첫 번째 호스팀은 철수하면서, 문을 닫고, 인접 구역이나 건물을 보호하는 임무에 재배치되어야 한다.
⑨ 현장지휘관이 철수하여 외부에서만 방수하도록 지시하면 즉시 안전한 외부 위치로 돌아와야 한다.
⑩ 화재실로 들어가는 진입팀 바로 뒤에 붙어서 부서해서는 안 된다. 바로 앞에 있는 팀이 "Flashover" 등으로 갑작스러운 화염과 열기가 밀어 닥칠 때 후퇴할 수 있는 공간을 남겨두어야 한다. 뒤에 있는 팀은 앞에 있는 팀이 바로 앞에서 느끼는 열기를 항상 느끼지 못할 수 있다.

3 옥외 소방호스연장

(1) 옥외계단의 연장*** 21년 소방교

① 3층 이하의 경우는 손으로 연장하거나 소방호스를 매달아 올려 연장한다.
② 4층 이상의 경우는 매달아 올려 연장한다.
③ 계단부분의 연장된 소방호스는 많은 호스의 연장은 피하고 소방호스를 매달아 올림으로 연장한다.
④ 송수에 따라 소방호스가 연장되므로 굴곡에 주의한다.
⑤ 소방호스 매달아 올림 연장 시는 소방호스를지지·고정한다.

> **TIP** 옥외소방호스는 3층 이하는 손이나 매달아, 4층 이상은 매달아서 올려 연장합니다. ^^

(2) 개구부를 통한 연장*

① 로프이용 옥외전개
　㉠ 소방호스를 매달아 올려서 수직으로 연장한다. 매달아 올린 소방호스를 경사지게 연장하면 송수 시 중량이 증가하여 수직방향으로 크게 이동하므로 극히 위험하다.
　㉡ 소방호스의 연장요령

소방호스를 매달아 올리는 요령	• 목표층에서 로프에 묶여진 호스를 올릴 때 지상의 대원은 소방호스를 잡아 유도한다. • 스팬드럴이 돌출된 부분에는 주의한다. • 지상부분에 충분한 여유소방호스를 두는 동시에 진입 층에서 필요한 여유소방호스를 당겨 놓는다. • 소방호스 1본마다 결합부분을 지지점으로 하여 결속한다. • 묶어 올리는 자와 지상 대원과의 연락을 긴밀히 한다.
소방호스 매달아 내리는 요령	• 목표층에 여유소방호스, 매달아 내릴 소방호스, 관창 및 유도로프를 휴대한다. • 지상과 상층간의 연락을 긴밀히 한다. • 스팬드럴의 돌출부분에는 특히 주의한다.

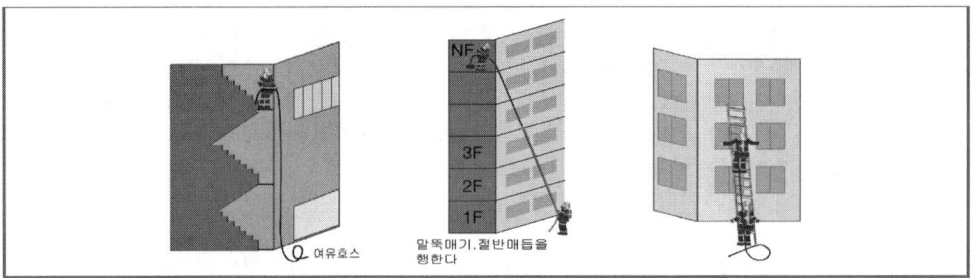

② 사다리를 이용한 연장**** 06년 서울 소방장
  ㉠ 사다리등반에 의한 소방호스연장 방법은 3층 이하의 경우에 실시한다.
  ㉡ 관창은 지상에서 결합한다.
  ㉢ 등반자는 사다리의 안전 확보를 확인하고 등반한다.
  ㉣ 사다리 등반 시는 사다리 위로 소방호스를 연장하고, 진입 후에는 소방호스를 사다리에서 반드시 분리한다.
  ㉤ 옥내진입용의 여유소방호스는 지상에서 확보하여 진입 후 당겨 올린다.
  ㉥ 진입 및 소방호스결합을 확인하고 나서 송수한다.

③ 사다리차 등을 이용한 연장

사다리차 등의 바스켓을 사용하는 경우	연장된 소방호스를 사다리로 등반하는 경우
• 옥내진입용의 여유소방호스를 바스켓에 적재한다. • 연장용 소방호스는 지상에 놓고 바스켓으로 매달아 올린다. • 연장소방호스는 사다리의 밖으로 나오게 수직으로 연장한다. • 탑승원과 지상의 운전요원과 연락방법을 확인 후 실시한다. • 소방호스결합부가 사다리에 접촉되지 않도록 주의한다. • 건물에서 이동할 시는 소방호스의 중량으로 몸이 후방으로 당겨져 불안정하게 되므로 안전 확보를 실시한 후 진입한다.	• 관창수 밑의 5m 위치에 보조자를 동행시킨다. • 보조자는 로프로 소방호스를 확보하고 앞사람과 연락을 긴밀히 하면서 등반한다. • 연장된 소방호스를 사다리 위로 걸치게 하고 진입 후에는 사다리에서 분리한다. • 여유소방호스는 지상에 두고 진입 후에 잡아당겨 올린다. • 연장 시 소방호스 결합부에는 별도로 보조자를 배치하여 사다리의 접촉이나 걸림을 방지한다.

④ 인접건물을 통한 연장
  ㉠ 건물 간에 인접하고 있는 상호 개구부를 이용한다.
  ㉡ 인접건물 사이가 떨어져 있는 경우는 사다리를 접은 상태로 인접건물에 걸쳐 연장한다.
  ㉢ 인접건물의 연결송수관을 활용하여 소방호스를 연장한다.
  ㉣ 인접건물의 지붕에서 사다리를 걸쳐 소방호스를 연장한다.
  ㉤ 높은 곳에서 인접 건물로 진입할 때는 안전로프로 결착, 추락에 주의하며 연장한다.

4 소방호스지지 및 결속*** 21년 소방교

(1) 소방호스지지 요령**
  ① 충수된 소방호스의 중량은 65㎜가 약 80㎏, 40㎜가 50㎏이다.
  ② 소방호스에 로프로 감아 매기를 하는 것이 효과적이며 원칙으로 1본에 1개소를 고정한다.
  ③ 소방호스의 지지점은 결합부의 바로 밑이 가장 효과적이다.
  ④ 4층 이하의 경우는 진입층에서 고정한다.
  ⑤ 5층 이상의 경우는 진입층 및 중간층에서 고정한다.
  ⑥ 지지, 고정은 송수되기 전에 임시고정을 하고 송수된 후 로프가 미끄러지지 않도록 고정한다.

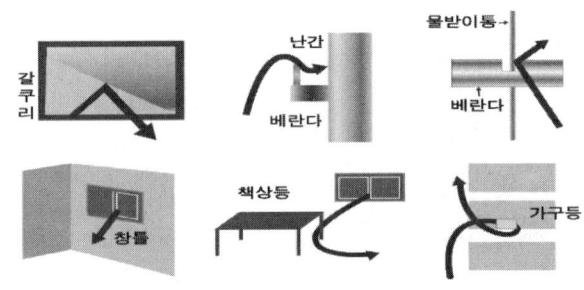

(소방호스지지 요령)

(2) 결속(고정)요령*** 21년 소방교
  ① 베란다의 난간 등은 강도를 확인한 후 진입한다.
  ② 난간이 없는 베란다의 경우는 물받이 등의 강도를 확인하여 이용한다.
  ③ 개구부에 갈고리 등을 걸쳐 이것을 이용하여 고정한다.
  ④ 창, 유리를 파괴하여 창틀을 이용한다.
  ⑤ 방 안에 있는 책상과 테이블 등을 이용하여 로프로 고정한다. 중간층으로 소방호스를 끌어올려 가능한 한 내부의 가구 등에 감는다.
  ⑥ 로프를 매달아 고정하는 방법
    ㉠ 높은 층으로의 연장 시에 그 중간에 지지물이 없을 때는 진입층 등에서 로프로 매달아 내려 고정한다.
    ㉡ 로프를 매달아 고정할 때는 소방호스보다도 로프 신장률이 크므로 로프 쪽을 짧게 한다.

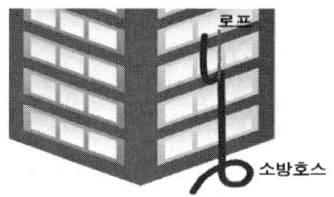

(로프 결속 요령)

> **TIP** 충수된 호스의 무게와 4, 5층에 소방호스의 고정위치는 어디인가요? ^^

5 방화문 부분 통과요령

자동폐쇄식 방화문을 통과 후 방화문이 닫힌 방향으로 소방호스를 당기면 소방호스가 틈에 끼여 그대로 송수하면 방화문은 개폐불능으로 다음과 같은 조치를 한다.
① 송수가 완료될 때까지는 로프, 갈고리, 신문, 잡지, 나무판자 등을 문 상부와 문틀 사이에 끼어 폐쇄되지 않도록 한다. (송수 후는 불필요)
② 자동폐쇄장치를 파괴할 경우는 폐쇄불능이 되는 경우가 있으므로 주의한다.

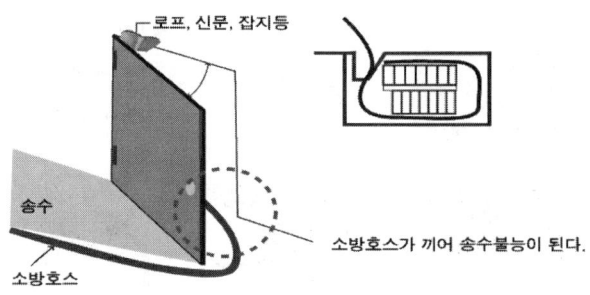

(방화문 통과요령)

6 소방호스 추가연장 및 교체

활동요령	① 건물관계자로부터 각종 정보를 수집한다. ② 선착대는 건물의 직근에 부서하여 연결송수관을 점령한다. ③ 대원은 호스 2본, 관창 1본을 휴대, 계단을 이용하여 직하층에 이르고 방수구에 호스를 연장하여 화점으로 진입한다. ④ 필요시 중계방수를 하고, 2인 1조로 직하층에 진입하여 적정한 개구부를 선정하고 옥외호스 끌어올리는 방법으로 호스를 연장한다.
교체요령	① 적은 파열은 호스재킷으로 조치한다. ② 방수 중 추가연장 또는 크게 파열된 경우는 제수기를 조작하여 물의 흐름을 막는다. ③ 교체용 소방호스, 카프링스패너 등을 준비하여 호스를 교체한다. ④ 소속소방대의 차량의 위치가 먼 경우는 교체호스를 가까운 출동대로부터 빌려서 활용한다.

안전관리	① 소방호스의 끌어올리는 작업 중 추락에 주의한다. ② 어두운 곳에서 소방호스 연장 시는 계단에서의 발 디딤과 추락에 주의한다. ③ 기관요원은 소방호스가 파열되면 엔진 회전음이 변화하므로 계기판을 관찰한다.

제10절 관창 배치

1 관창 배치

(1) 관창 배치의 일반원칙

① 소방기관에 의해 정보가 확인될 때까지는
→ 구조대상자의 검색, 구출 등의 구조활동에 필요한 관창을 배치함과 동시에 구조대상자 등의 상황악화방지를 위하여 관창을 배치한다.
② 정보가 없고 구조활동을 필요로 하지 않을 때는
→ 연소저지 등 소화활동 중점의 관창을 배치한다.
③ 엄호를 위한 관창 및 소화를 위한 관창을 제각기 배치한 후 경계관창을 배치한다.

(2) 대상별 관창 배치 및 안전 관리

① 대상별 관창 배치*** 16년 경북 소방교

일반목조건물 화재	• 연소위험이 큰 쪽으로부터 순차 배치한다. • 관창은 각 차량에 적재되어 있어 분무전환을 할 수 있는 것을 사용한다. • 방수구는 3구를 원칙으로 한다.
구획별 관창 배치 *** 14년 경기 소방장	• 인접 건물로 비화위험이 있는 화재는 연소위험이 있는 방향에 배치하고 기타 관창은 필요에 따라 배치한다. • 도로에 면하는 화재는 도로의 접하지 않는 쪽을 우선하여 배치하고 풍횡측, 풍상측의 순으로 포위한다. • 구획 중앙부 화재는 풍하측을 우선으로 하고 풍횡측, 풍상측의 순으로 포위한다.
화재성상별 관창 배치	제1성장기	옥내에 진입하여 화점을 지체 없이 진압한다.
	제2성장기	옥내에 진입, 2층 이상 건물의 경우는 고층부분을 중점으로 하고 단층일 때는 천장 속을 중점으로 배치한다.
	최성기	연소 건물의 풍하측에 우선 배치하고 풍횡, 풍상측의 순으로 포위한다.
	※ 풍상, 풍횡측에 있어서도 인접건물 간격이 좁을 경우는 위험도에 따라서 배치한다. 또한 경사지에 있으면 높은 측을 우선한다.	
대규모 건물	• 대구경의 관창을 사용한다. • 관창 배치 우선순위는 인접건물 또는 연소위험이 큰 곳으로 한다. • 방수포를 건물 측면에 배치하여 활용한다.	

	• 연소저지선을 설정할 때의 관창 배치 중점장소는 방화벽, 방화구획, 건물의 구부러진 부분, 옥내계단 부분 등으로 한다. • 학교, 기숙사 등의 건물은 연소방향에 있는 작은 천장구획(12m 간격이내)을 방어 중점으로 천장을 파괴하여 천장에 방수한다. • 사찰, 중요문화재 건물이 접근 곤란할 때는 방수포를 활용하여 고압으로 대량 방수한다.
기상조건별 관창배치 ★★ 14년 소방위/ 경기 소방교	• 풍속이 5m/sec 이상 : 비화발생 위험이 있으므로 풍하측에 비화경계 관창 배치 • 풍속이 3m/sec 초과 : 풍하측의 연소위험이 크므로 풍하측을 중점으로 관창 배치 • 풍속이 3m/sec 이하 : 방사열이 큰 쪽 방향을 중점으로 관창을 배치 • 강풍(대략 풍속 13m/sec 이상) 때는 풍횡측에 대구경 관창을 배치

TIP 관창배치는 출제빈도가 높아요. 특히 구획별, 성상별, 기상조건별 내용들을 암기하세요. ^^

② 안전 관리
　㉠ 화세가 확대될 경우를 대비 ➡ 퇴로 확보
　㉡ 노즐구경이 큰 관창을 사용하는 경우 ➡ 반동력에 의한 사고를 방지
　㉢ 짙은연기가 충만하고 있는 장소 ➡ 공기호흡기를 착용
　㉣ 필요에 의해 지원 관창을 배치

2 경계관창 배치

(1) 활동 요령

① 수직부분에 대한 관창배치

옥내계단 ★★ 18년 소방교	• 화점층의 계단실로 통하는 방화문을 폐쇄하고 화점실의 창을 파괴한다. • 직상층의 계단실로 통하는 방화문을 폐쇄하여 연기의 유입을 막는다. • 옥탑 계단실의 문을 개방하여 계단실내의 연기를 배출한다. • 화점층 방화문의 외측 및 상층의 계단실 부근을 중점적으로 경계한다. • 상층에 구조대상자가 있는 경우가 있으므로 위와 같은 활동으로 각층에의 연기유입을 방지하는 것이 중요하다.
엘리베이터	• 한 번 엘리베이터 전실에 화염이 유입되면 직상층 및 최상층(엘리베이터가 도중 층에서 정지되고 있는 경우는 그 층 및 그 직하층)까지 연소위험이 커진다. • 상층 엘리베이터의 출입구에서 연기가 분출하고 있는가를 확인하여 그 상황에 따라 경계한다. • 엘리베이터 스페이스(space)내의 연기는 옥상 기계실을 개방하여 배출한다.
에스컬레이터	• 에스컬레이터의 방화구획이 열려 있으면 통풍이 되어 연소 확대의 우려가 있으므로, 조기에 확인하여 개방된 경우는 폐쇄한다. • 방화셔터가 폐쇄되어 있더라도 셔터 부근에 가연물이 있는 경우는 셔터의 가열에 의해서 착화 연소할 위험이 있으므로 제거하거나 예비방수를 한다. • 에스컬레이터의 방화구획은 수평구획과 수직구획이 있는데, 후자는 상층에 열기가 강해 연소위험이 크므로 경계관창을 우선 배치한다. • 셔터구획의 경우는 셔터 상부의 감아올리는 부분에서 천장 속으로 연소할 위험이 있다.

닥트스페이스	• 닥트 보온재가 가연재인 경우는 벽체 관통부의 매설이 불안전한 장소로부터 연소할 수 있다. • 상층의 점검구 등에서 연기발생 상황의 확인 및 방화 댐퍼의 개폐상황을 확인 하여 개방된 경우는 폐쇄한다. • 관창은 화점층, 직상층, 최상층에 배치한다.
파이프샤프트	• 연소위험이 있는 장소는 각 파이프의 매설이 불안전한 곳이며 보온재가 가연성이면 연소 확대위험이 증가한다. • 배수배관 등이 염화비닐로 시공되어 있는 경우 상층에 연소 확대된다. 특히 염화비닐이 연소하면 맹독성 가스가 발생하므로 유의한다. • 각 층의 점검구를 살펴 배관 매설부분에서 연기가 분출되고 있는가를 확인한다. • 파이프샤프트 내에 연소하고 있을 때는 최상층, 점검구 혹은 옥상으로부터 방수한다. 그러나 파이프샤프트는 최하층 기계실까지 연결되어 있으므로 과잉방수에 의한 수손방지에 주의한다.
케이블닥트	• 강전선(전등, 동력용) 또는 약전선(통신용)의 피복은 가연성 또는 난연성인 것이 대부분이고 대규모 고층건축물에서는 그 사용량이 증대하여 케이블 내에서의 연소 확대 위험성이 크다. • 경계관창 배치에 있어서는 덕트스페이스 및 파이프샤프트에 준하여 조치한다.
기 타	• 상층에의 연소위험요소로서 다음의 장소에 대하여도 연기의 분출상황 등을 확인하여 상황에 따라 관창배치를 행한다. • 더스트슈트의 출입구 • 기계 진입구 • 기타 슈트 등

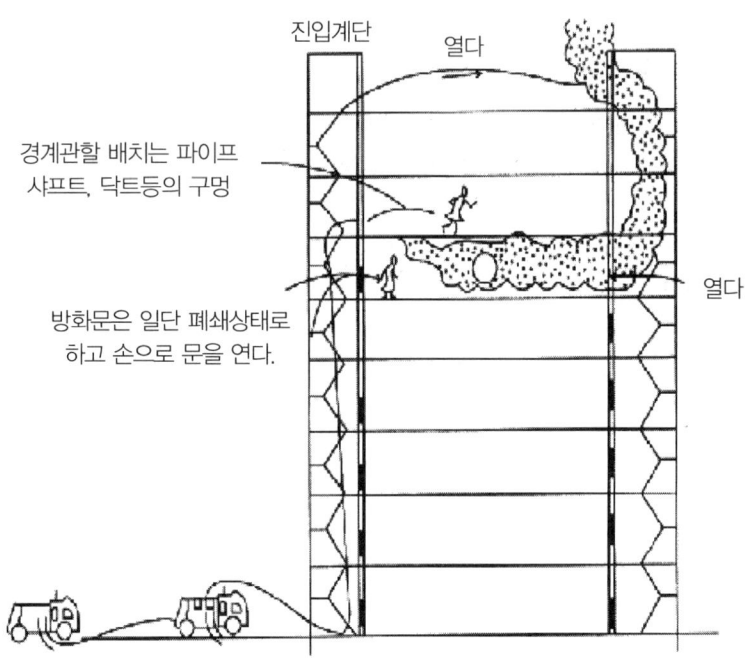

(옥내계단의 경계관창 배치요령)

② 수평부분에 대한 관창배치

덕트(Duct)	• 당해 건축물의 덕트 배관계통 및 단열재 등의 재질을 확인한다. • 덕트 방화구획 관통부의 매설이 불안전한 것이 많고 이곳에서 다른 구획으로의 연소 위험이 크다. • 연소구획에 인접하는 구획 및 직상층의 방화댐퍼 부근과 최상층의 덕트 부근에 연소 위험이 크다.
방화문, 방화셔터	• 배연측이 되는 계단의 방화문은 개방하므로 상층으로 연소위험이 크다. • 방화셔터는 상부의 셔터 감는 장치에서 천정 속으로 연소 확대된다.
천정 속의 화염	• 가연재의 천정인 경우는 천정 속의 화염에 주의한다. • 상층의 바닥 슬래브와 벽과 틈이 있으면 천정 속에서 타 구획으로 연소한다.

TIP 수직과 수평부분의 관창배치를 비교해서 내용에 대한 시설물을 암기하세요.^^

③ 외부에 대한 경계관창
   ㉠ 스팬드럴 부분에 베란다, 차양이 있는 경우는 상층으로의 차열효과가 크지만 베란다에 가연물이 있으면 그 가연물에 의해 상층으로 연소 확대된다.
   ㉡ 간판, 차양이 가연성인 경우는 상층으로의 연소매개가 된다.
   ㉢ 직상층의 창이 개방되어 있으면 연소 확대가 용이하고, 폐쇄되어 있더라도 창에 근접한 가연물이 있으면 연소매체가 된다.
   ㉣ 인접한 건축물에 화점과 직면하여 창이 있으면 연소 확대 위험이 크다.

(2) 경계관창 배치상의 유의사항
① 경계관창은 방수 준비를 철저히 하여 배치하고 파괴기구, 공기호흡기, 조명기구 등을 휴대한다.
② 연소가 완만한 경우 관창을 배치하지 않고 소화기 등의 소화 기구를 활용시키는 것도 하나의 방법이다.
③ 경계관창 배치는 일반적으로 급속한 상황의 변화에 대응할 수 있도록 주위의 상황을 파악하고 퇴로를 정하여 실시한다.
④ 경계관창은 필요이상 방수해서는 안 된다.
⑤ 경계해제는 지휘자의 지시에 의한다.

제11절 방수

1 직사방수 ★★★ 18년 소방장

방수 요령	① 확실한 발 디딤 장소를 확보한다. ② 관창수와 관창보조는 방수 방향과 소방호스가 직선이 되도록 위치한다. ③ 관창수는 반동력과 충격에 대비하여 체중을 앞으로 둔다. ④ 연소실체를 목표로 방수한다. ⑤ 전개형 분무관창 ➔ 관창의 압력이 0.3Mpa 미만은 관창수 1인 / 0.3Mpa 이상은 관창보조 필요 / 반동력은 약 2Mpa 이하가 적당하다. ⑥ 목표를 겨냥하여 방수하고, 광범위하게 소화하기 위해서는 상하, 좌우 또는 원형 등의 응용방법을 활용한다. ⑦ 관창의 개폐조작은 서서히 한다.
방수 특성	① 사정거리가 길고, 다른 방법에 비해 바람의 영향이 적으므로 화세가 강해 접근할 수 없는 경우에 유효하다. ② 파괴력이 강해 창유리, 지붕 기와 등의 파괴, 제거 및 낙하위험이 있는 물건의 제거에도 유효하다. ③ 목표물에 대한 명중성이 있다. ④ 반동력이 커서 방향전환, 이동방수가 용이하지 않다. ⑤ 장애물에 대해서는 방수 범위가 좁아 용이하다. ⑥ 옥외에서 옥내로 또는 지상에서 높은 곳으로 방수하는 경우 반사방수를 실시하면 유효하다. 단, 사정거리 및 사정각도에 주의한다.
안전 관리	① 반동력의 감소에 유의한다. 관창 뒤 2m 정도에 여유소방호스를 직경 1.5m 정도의 원이 되도록 하면 반동력은 약 0.1Mpa도 줄게 된다. ② 고압으로 위험이 있는 경우 자세를 낮추고 체중을 앞발에 실어 버틴다. ③ 고압으로 가까운 물건에 방수하면 반동력이 증가하므로 주의한다. ④ 방수 위치를 변경할 경우는 일시 중지하고 이동한다. ⑤ 송전 중인 전선에의 방수는 감전의 위험이 있으므로 안전거리를 확보해야 한다. 보통 1mA는 안전치가 되고 있지만 조건, 피로 등을 고려하면 그 이상의 거리를 확보하여 방수해야 한다.

노즐구경 40mm, 노즐압력 0.5Mpa 경우	노즐과 물체의 거리	압력 상승
	5m	0.1Mpa
	8m	0.05Mpa

2 고속분무방수 ★★★ 13년 울산/ 경북 소방교/ 14년 인천 소방장/ 20년 소방위/ 22년 소방위

방수 요령	① 노즐압력 0.6Mpa 노즐 전개각도 10~30° 정도를 원칙으로 한다. ② 방수방법 등은 직사방수와 같은 요령으로 한다.
방수 특성	① 방수범위가 직사방수에 비해 넓다. ② 화점에 접근할 수 있는 경우는 소화에 유효하다. ③ 연소저지에 유효하다.

④ 닥트스페이스, 파이프샤프트 내 등의 소화에 유효하다.
⑤ 사정거리는 직사방수보다 짧다.
⑥ 파괴력은 직사방수보다 약하다.
⑦ 감전의 위험은 직사방수보다 적다.
⑧ 전도화염의 저지에 유효하다.
⑨ 반동력이 적다.
⑩ 파괴 시 충격력이 적다.
⑪ 고압으로 유류화재에 질식효과가 있다.

3 중속분무방수 *** 18년 소방교/ 소방장/ 20년 소방위/ 22년 소방위

방수요령	① 노즐압력 0.3Mpa 이상, 노즐 전개각도는 30도 이상으로 한다. ② 관창의 개폐는 서서히 조작한다. ③ 소화, 배연, 차열, 엄호, 배열 등 방수 목적을 명확히 하여 실시한다. ④ 옥내 또는 풍상에서 활용하는 것이 효과적이다. ⑤ 고온이 되고 있는 부분 또는 연소실체에 직접 소화수가 도달하는 위치에 방수한다. 또한 냉각방수의 경우는 간접 방수해도 좋지만 수손 방지에 충분히 고려한다. ⑥ 화면이 적은 경우는 전체를 덮도록 한다. ⑦ 소규모 유류화재를 소화할 경우는 표면을 덮도록 고압 방수한다. ⑧ 소구획 실내의 배연을 목적으로 한 방수는 개구부 전체를 덮도록 한다.
방수특성	① 방수범위가 넓다. 따라서 연소실체에의 방수가 가능하다. ② 분무수막에 의한 냉각효과가 크다. ③ 검색 진입대원의 신체보호에 유효하다. ④ 소구획실 내에서의 소화 방수에 유효하다. ⑤ 파괴를 필요로 할 때는 충격력이 약해 부적당하다. ⑥ 전개각도에 의해 시야가 가려 전방의 상황파악이 어렵다. ⑦ 반동력이 적다. ⑧ 사정거리가 짧으므로 화열이 강한 경우는 연소실체에 직접 방수는 곤란하다. ⑨ 바람과 상승기류의 영향을 받는다. ⑩ 용기, 작은탱크의 냉각에 유효하다. ⑪ 소규모 유류화재, 가스화재의 소화에 유효하다. ⑫ 방수에 의한 감전위험은 비교적 적다.
안전관리	① 배연, 배열 등을 실시할 때는 방수 부분을 명시하여 백드래프트와 배연측의 안전에 유의하면서 행한다. ② 도시가스의 분출을 수반하는 화재의 경우는 주위의 연소방지에 주력을 해놓고 가스차단방법이 확정되고 나서 소화한다. ③ 화점실 내에 방수하는 경우는 열기의 분출에 주의하고 개구부의 정면에 위치하는 것을 피해 방수하되, 내부의 상황을 확인하면서 진입한다. ④ 진입 시에는 관창에 얼굴을 접근시켜 자세를 낮게 한다. ⑤ 전기 기기, 전선 등의 전압이 33,000V 이하의 경우 방수 거리는 2m 이상 떨어져 실시한다. 그러나 가급적이면 송전중인 전선에의 방수는 피한다.

TIP 고속분무, 중속분무, 저속분의 노즐각도와 방수압력, 방수특성을 비교해 보시기 바랍니다. ^^

4 저속분무방수 ★★★★★ 13년 경남 소방장/ 14년 서울 소방장/ 20년 소방위/ 22년 소방위

방수요령	① 간접공격법에 가장 적합한 방수방법이다. ② 방수위치는 개구부의 정면을 피하고, 분출하는 증기에 견딜 수 있도록 방호한다. ③ 연소가 활발한 구역에서는 공간 내의 고열이 있는 상층부를 향해 방수한다. ④ 분출하는 연기가 흑색에서 백색으로 변하고 분출속도가 약해진 때에는 일시 정지하여 내부의 상황을 확인하면서 잔화를 소화한다.
방수특성	① 입자가 적어서 기류의 영향을 받기 쉬우며 증발이 활발하다. ② 수손피해가 적고 소화시간이 짧다. ③ 벽, 바닥 등의 일부를 파괴하여 소화하는 경우에 유효하다.
안전관리	① 소구획 화점실은 증기의 분출이 특히 강렬하므로 방수위치의 선정은 신중히 한다. ② 방수목표 측의 개구부 면적을 적게 하고 외벽면의 개구부를 크게 하면 배연, 배열효과가 크고 대원의 피로를 적게 할 수 있다.

4 간접공격법

간접공격법 조건	① 연소물체 또는 옥내의 온도가 높은 상층부를 향하여 방수한다. ② 고온에 가열된 증기에 의해 대원이 피해를 받지 않는 위치를 선정한다. ③ 방수 시 개구부는 가능한 한 작게 하는 것이 위험성을 감소시킨다. ④ 가열증기가 몰아칠 염려가 있는 경우는 분무방수에 의한 고속분무로 화점실 천정면에 충돌시켜 반사방수를 병행한다. ⑤ 천장 속 등의 부분은 분무방수 하는 것이 효과적이다.
간접공격법 효과	① 방수 중의 실내에서 배출되는 연기와 증기량에서 다음과 같이 판단한다. 　㉠ 제1단계(방수초기) ➡ 연기와 화염의 분출이 급격히 약해진다. 　㉡ 제2단계(방수중기) ➡ 흑연에 백연이 섞여 점점 백연에 가깝다. 　㉢ 제3단계(방수종기) ➡ 백연의 분출속도가 약한 것으로 일시 중지하여 내부 상황을 확인한다. 이 단계에서 작은 화점이 존재할 정도의 화세는 약하므로 서서히 내부에 진입하여 국소 방수로 수손방지에 유의하면서 잔화를 정리한다. ② 간접공격법에 의하면 90%이상 수증기화 하는 것이 가능하므로 바닥면에 다량의 물이 있으면 방수정지의 시기를 잃었다고 판단한다. ③ 옥내의 연소가 완만하여 열기가 적은 연기의 경우는 효과는 적다. 따라서 개구부 개방 등에 의해 연기를 배출하면서 화점을 확인하여 직사방수 또는 고속분무방수를 짧게 계속하는 편이 수손피해를 적게 할 수 있다.

TIP 상층부방수, 기화잠열, 1700배, 90%이상 수증기, 개구부를 작게 등을 이해하시기 바랍니다. ^^

● **간접공격법(로이드레만전법)이란**
미국 웨스트버지니아주 버커스블시의 전 소방서장이고 제2차 대전 중 연안경비대 소방학교 교관으로 있었던 로이드레만(Roid-Lemman)이 제창한 분무소화전법이다. 내화건물 화재 시에 소방활동 상 최대의 장애가 되고 있는 것은 연기와 열이며, 이 연기와 열을 제거하기 위해 물의 흡열작용에 의한 냉각과 환기에 의한 열기와 연기의 배출을 보다 유효하게 하는 것을 목적으로 한 것이다. 즉, 15℃의 1g물이 1℃에 도달할 때의 흡수열량은 (비열) 85cal이고 수증기화하기 위한 기화잠열은 538cal가되어 총 623cal의 열을 흡수한다. 또한 기화한 수증기는 원래 물 체적의 1,600~1,700배에 달해 흡열 및 체적팽창압력을 이용하여 소화, 배연, 배열을 실시하는 것을 목적으로 한 것이다.

5 확산방수★★

방수 요령	① 보통 직사 또는 분무방수로 하는 것이 효과적이다. ② 확실한 발판을 확보한다. ③ 관창수는 반동력에 의한 충격에 대비하여 무게중심을 앞으로 둔다.
방수 특성	① 광범위하게 방수하는 것이 가능하다. ② 소방력이 적을 때의 방어에 유효하다. ③ 낙하물의 제거에 유효하다. ④ 냉각에 유효하다. ⑤ 저압의 경우 잔화정리에 유효하다.
안전 관리	① 높은 장소에 방수하는 경우는 낙하물에 주의한다. ② 저각도 또는 수평상태로 방수하는 경우 다른 대원의 직격에 주의한다. ③ 다른 소방대와 연계하여 방수방향에 사람이 없는 것을 확인한다. ④ 반동력에 주의하여 보조자를 둔다. ⑤ 관창수의 교대 시에 주의한다.

6 반사방수★★

방수 요령	① 직사방수 또는 분무방수로 한다. ② 천장 등에 있어서는 반사 확산시켜 목표에 방수한다. ③ 압력, 방수각도에 따라 도달거리, 확산의 범위가 변하므로 상황에 따라서 이동, 휘둘러서 압력의 변화를 이용한다. ④ 안전한 발판을 확보한다
방수 특성	① 직접 연소실체에 방수할 수 없는 곳(사각)의 소화에 유효하다. ② 옥외에서 옥내의 사각지점 소화에 유효하다. ③ 내화건물 내 축적된 열의 냉각에 효과적이지만 수손방지에 대하여 유의할 필요가 있다. ④ 방수효과의 확인이 곤란하므로 효과 없는 방수가 되기 쉬운 단점이 있다.
안전 관리	① 고압의 경우 파괴나 낙하물에 의해 위험이 생기기 쉬우므로 다른 소방대와 연계하여 활동한다. ② 가열된 소구획의 방, 천장에 방수하는 경우 열기, 증기에 주의한다. ③ 벽체 등에 방수할 때 충격에 의한 반동력이 크므로 주의한다.

(반사방수 요령)

7 사다리를 활용한 방수** 15년 소방장

구분	내용
방수 요령 ***	① 사다리 설치각도는 75도 이하를 원칙으로 한다. ② 사다리 지주 밑 부분을 안정시키고, 선단부는 창틀 기타 물건 등에 결속시킨다. ③ 방수자세는 사다리의 적정한 높이에서 가로대에 한쪽 발을 2단 밑의 가로대에 걸어 몸을 안정시킨 후 양손을 사용할 수 있도록 한다. ④ 관창수는 보통 허리에 관창을 밀어붙이도록 하지만 상황에 따라서 어깨에 붙이는 방법도 취한다. ⑤ 어깨에 거는 방법의 경우는 전개형 분무노즐의 직사방수로 0.25Mpa가 한도이지만 허리에 대는 방법은 관창을 로프로 창틀 또는 사다리선단에 결속하면 0.3~0.4Mpa까지도 방수할 수 있다. ⑥ 개구부 부분의 중성대 유무에 따라 직사방수 또는 분무방수를 한다. ⑦ 배기구의 경우는 직사방수로 하고, 급기구의 경우는 직사방수 또는 분무방수를 한다.
방수 특성	① 옥외에서 진입이 곤란한 경우라도 개구부에서 직접 옥내에 방수할 수 있고 방수범위가 넓다. ② 연소실체에 직사가 가능하고 반사방수에 의해 효과가 크다. ③ 활동높이는 사다리 길이로 결정하되 3층 정도까지로 한다. ④ 사다리를 난간 등에 묶지 않은 경우에는 저압방수도 충분한 주의가 필요하다.
안전 관리	① 반동력에 의한 추락방지를 위해 관창의 결속한다. ② 사다리 끝부분을 로프로 고정한다. ③ 방수방향을 급격히 변화시키거나 급격한 관창조작을 하지 않는다. ④ 사다리에서 횡방향으로의 방수는 위험하다. 호스는 사다리의 중간에 로프 등으로 결속하여 낙하를 방지한다. ⑤ 관창수 교대 시에 주의한다.

(중성대가 있는 경우)

관창결속로프
신체확보로프
소방호스
지지로프

(중성대가 없는 경우)

관창결속로프

TIP 사다리 방수에서의 각 수치를 기억하시기 바랍니다.

8 사다리차를 활용한 방수*

방수 요령	① 사다리 끝부분의 관창을 사용한다. ② 소방호스는 도중에서 사다리 가로대에 고정한다. ③ 사다리는 방수 목표에 대한 정확한 위치에 접근시킨다. ④ 사다리각도는 75도 이하로 하고, 건물과 3~5m 이상 떨어져 방수한다. ⑤ 방수의 개시, 정지, 방향의 전환은 급격히 하지 않도록 한다. ⑥ 방수는 보통 노즐구경 23mm로 노즐압력 0.9Mpa 이하로 하고 기립각도, 신장 각도, 풍압, 선회 각도를 고려하여 실시한다. ⑦ 방수각도의 전환은 좌우각도 15도 이내, 상하 약 60도 이내로 하고 그 이상의 각도가 요구되는 경우는 사다리의 선회, 연장, 접는 방법으로 한다. ⑧ 배연을 목적으로 분무방수 하는 경우는 개구부를 덮도록 열린 각도를 조정한다. ⑨ 실내에의 방수는 반사방수를 원칙으로 하고, 밑에서 위 방향으로 방수하는 동시에 좌우로 확산되도록 한다. ⑩ 소화, 배연 등의 방수목적을 명확히 한다.
방수 특성	① 사다리차를 활용할 수 있는 건물 등의 화재에 국한한다. ② 고층의 경우 옥외에서의 방수는 매우 유효하다. ③ 개구부에서 직접 옥내에 방수할 수 있고 연소실체를 직접 공격할 수 있다. ④ 방수방향의 전환각도가 한정되므로 사각이 발생되기 쉽다.
안전 관리	① 정상 방수시 반동력에 대한 안전한계는 연장정도, 기립각도에 따라 다르지만 보통 75도에 있어서 반동력은 7Mpa이다. ② 직사방수를 하는 경우는 반동력을 피하기 위해 관창을 사다리와 직각이 되지 않도록 상, 하로 향하여 방수자세를 취한다. ③ 전체 연장상태에서의 고압 방수시에는 가능한 안전로프로 확보한다. ④ 사다리차에 송수하는 펌프차는 방수구 개폐시 급하게 조작을 하지 않는다.

TIP 사다리차를 활용한 방수에서도 각 수치를 기억하시기 바랍니다.

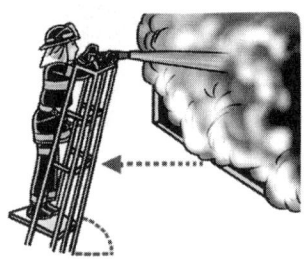
(사다리차에 의한 방수요령)

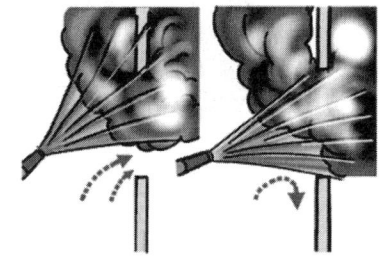
(개구부로부터의 배연방수)

9 방수포 방수

① 사정거리가 길고 대량의 방수가 가능하며 화세를 일거에 진압하기에 유효한 방법이다. 그러나 수원이 쉽게 고갈되는 것이 단점이다.

② 진입 또는 접근 불가능한 화재와 극장 등의 높은 천장화재에 유효하다.
③ 부분파괴를 겸한 방수에 유효하다.
④ 대구획 화재에 유효하다.
⑤ 옥외로부터 소화가 가능하며, 화세가 강한 화재에 유효하다.
⑥ 방수방향을 변경할 때는 반동력에 주의하여 서서히 조작한다.
⑦ 방수개시 및 정지는 원칙으로 펌프차의 방수구 밸브로 조작한다.
⑧ 방수방향의 안쪽에 위치한 출입구가 개방되어 있을 시 화염과 연기가 복도 및 다른 실로 유입되며 상황을 악화시킬 수 있으므로 개방여부 확인이 반드시 필요하다.

(방수포를 활용한 방수 요령)

10 화재실의 소화 방수*

문, 창 등의 개구부가 폐쇄되어 있고 창 등의 빈틈에서 검은 연기가 분출하고 있을 때는 화염의 분출에 대비해 분무방수의 엄호아래 문을 개방한다. 이 경우 문을 개방하는 대원 및 관창의 위치는 정면을 피한다.

(1) 화재실의 소화

① 진입구에서 실내에 충만한 짙은 연기를 통해 희미한 화점 또는 연소가 확인된 때 ➡ 화점에 직사방수 및 확산방수를 병행해서 실시한다.
② 화재 초기로 수용물 또는 벽면, 바닥면 혹은 천장 등이 부분적으로 연소하고 있을 때 ➡ 실내로 진입해 직사방수 또는 분무방수에 의해 소화한다.
③ 실내전체가 연소하고 있는 화재중기의 경우 ➡ 직사방수에 의해 진입구로부터 실내전체에 확산 방수한다.
④ 방수목표는 ㉠ 천장 ㉡ 벽면 ㉢ 수용물 ㉣ 바닥면 등의 순서로 한다.
⑤ 칸막이 가구 및 가구집기류 등의 목조부분에 대해서는 직사방수 등에 의한 부분파괴하고 물의 침투를 조절해서 소화한다.
⑥ 조명기구를 활용해서 발밑을 주의하면서 서서히 진입한다.
⑦ 천장, 선반 위 등에서의 낙하물 및 가구류의 도괴에 주의하며 상황에 따라서 천장에서의 낙하물을 제거 후 진입한다.

11 엄호방수

(1) 대원에 대한 엄호방수* 13년 부산/ 강원 소방장/ 16년 서울 소방장

① 짙은 연기와 열기가 충만한 실내에서 인명검색
② 가연성가스, 유독가스 중에서 소방활동
③ 소방활동 중에 짙은 연기, 열기 등이 휘몰아칠 염려가 있을 때
④ 복사열이 강한 장소에서 직사방수 작업
⑤ 열이 강한 장소에서 셔터 파괴 시
⑥ 바닥파괴 시 갑자기 열이 솟구쳐 오를 때

(대원의 엄호방수)

> ● 엄호방수 요령*** 22년 소방위
> ① 관창압력 0.6Mpa정도로 분무방수를 한다.
> ② 관창각도는 60~70도로 하고 관창수 스스로가 차열을 필요로 할 때는 70~90도로 한다.
> ③ 엄호방수는 작업 중인 대원의 등 뒤에서 신체 전체를 덮을 수 있도록 분무방수로 한다.
> ④ 강렬한 복사열로부터 대원을 방호할 때는 열원과 대원 사이에 분무방수를 행한다.

TIP 엄호방수는 대원을 보호하기 위한 수단입니다. 관창압력과 각도 등을 암기하세요. ^^

(2) 구조대상자에 대한 엄호방수(구조방수) ** 14년 소방위

연소 중의 실내에서 연기, 열기에 휩싸여 있는 구조대상자가 있거나 또는 대원이 복사열에 의해 접근이 곤란할 경우의 방수 요령은 다음과 같다.
① 구조대상자가 있다고 생각되는 직근의 천정 또는 벽면으로 방수한다.
② 유효사정을 확보하기 위해 고속분무(10~15°)방수한다.
③ 방수 종별은 반사방수 또는 상하 확산방수로 수막을 형성하여 차열한다.

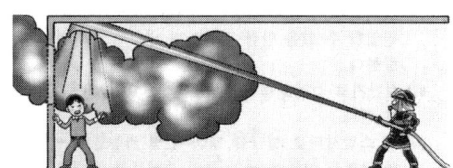

(구조대상자 엄호방수 요령)

(3) 안전관리

① 문, 창 등의 개구부가 폐쇄되어 있고 창 등에서 흑색연기가 분출하고 있을 때는 플래시오버 또는 백드래프트에 대비하여 분무방수의 엄호 하에 문을 개방한다. 문을 개방할 때 문의 정면을 피해서 개방하고, 관창수는 문의 측면에서 방수한다.
② 천장, 선반 등의 낙하물 및 가구류의 도괴에 주의하고 상황에 따라서는 천장의 낙하물을 제거 후 옥내 진입한다.

> **TIP** 구조대상자에 대한 엄호방수의 필요성과 요령에서 밑줄 친 부분을 숙지하세요. ᴧᴧ

12 3D 방수기법★★★★ 19년 소방장 / 21년 소방교/ 소방장 / 22년/ 23년 소방교

3D방수기법이란 화재가 발생되어 연소중인 가연물질 표면과 실내 전체에 퍼져있는 연기에도 방수하는 방식이다. 즉 3차원적(다각도) 화재진압 방식을 말한다.

※ 3D방수기법은 펄싱(pulsing), 페인팅(painting), 펜슬링(penciling)으로 나눌 수 있다.

펄싱 기법	- 공간을 3차원적으로 냉각시키는 방식 - 방수를 통해 주변의 공기와 연기를 냉각
페인팅 기법	- 벽면의 온도를 낮추고 열분해를 중단시키는 것 - 벽면과 천정의 온도를 낮추고 열분해 중단시키는 것
펜슬링 기법	- 연소 가연물에 직접 방수하여 화재 진압을 하는 방법 - 화점에 직접 방수를 하면서 화재를 진압하는 방식

※ 펄싱, 페인팅 방수기법은 화재환경을 제한하고 통제하며 화점실까지 도달하게 도와주는 것이라면 펜슬링 방수기법은 실제 화재진압용 기술이다.

펄싱, 페인팅 기법은 화재 환경을 제한하고 통제하는 것이며 펜슬링 기법만이 실제 화재진압용 기술이라는 점이다. 또한, 펄싱과 페인팅 방수기법은 직접 화재진압방식을 대체하는 것이 아니라 화재를 진압하는 곳까지 도달하게 도와주는 기법이다.

> **TIP** 3D방수기법은 근래 들어 매년 출제되고 있고 특히 펄싱기법에 대한 세부내용까지 이해하세요. ᴧᴧ

(1) 펄싱(pulsing) ★ 23년 소방교

● 간헐적으로 물을 뿌려주는 것으로 해당공간을 3차원적으로 냉각시키는 것.

숏펄싱 (Short pulsing)	① 건물내부에 진입하기 전 출입문 상부에 방수를 하여 물이 방수와 동시에 증발을 하는지 확인한다. ② 만약 증발을 하게 되면 내부가 매우 뜨겁다는 것이다. 그래서 물을 뿌렸을 때 증발하는지 흘러 내리는지를 세심하게 관찰하여야 한다. 또한 증발 할 때는 어느 위치에서 증발하는지를 판단해야 한다. ③ 그 다음에 출입문 내부 천장부분에 방수한다. 그 이유는 문을 열자마자 내부의 진한농도의 가연성가스가 바깥으로 나오면서 산소와 혼합되며 연소범위 내에 들어와서 자연발화 될 가능성이 있기 때문이다. ④ 그렇게 자연발화가 된다면 바깥에서부터 화염이 발생하여 내부로 들어가는 현상이 발생한다. ⑤ 문을 열었을 때 나오는 가스가 산소와 결합해서 점화되는 것을 방지하기 위해 상부의 가스와 공기를 냉각시켜 자연발화의 가능성을 없애주는 것이다.

	⑥ 내부에 진입해서 상부로 방수를 하여 산소농도를 낮추고 가연성 가스를 식히고 희석시켜 자연발화 온도에 도달하는 것을 방지하며, 대원 머리 위 또는 근처에 고온의 화재가스가 있을 경우 바로 사용하도록 한다. ⑦ 1초 이내로 짧게 끊어서 방수하며, 물의 입자(0.3mm 이하)가 작을수록 효과가 높은 장점을 가지고 있다. ※ 숏펄싱 요령 　ⓐ 확실한 발 디딤 장소를 확보하고 낮은 자세를 유지한다. 　ⓑ 관창수는 화점실 진입 전 머리 위쪽 및 주변 상층부 연기층을 목표로 방수한다. 　ⓒ 관창보조는 소방호스를 땅에 살짝 닿도록 들어서 잡아준다. 관창수가 담당하는 부분은 앞부분만 나머지 호스의 반동이나 무게는 보조자가 담당하게 된다. 　ⓓ 관창의 노즐은 오른쪽 방향 끝까지 돌려서 사용한다. 　ⓔ 관창의 개폐조작은 1초 이내로 짧게 끊어서 조작한다. 　ⓕ 좌(우)측, 중앙, 우(좌)측 순으로 상층부에 짧게 끊어서 3~4회 방수한다.
미디움펄싱 (medium pulsing)	숏펄싱과 롱펄싱의 중간 방수기법으로 1~2초의 간격으로 주어진 상황에 따라서 방어와 공격의 형태로 적용할 수 있다. ① 확실한 발 디딤 장소를 확보하고 낮은 자세를 유지한다. ② 관창수는 화점실 진입 전 전면 상층부 연기층 및 간헐적 화염을 목표로 방수한다. (방수한 물이 모두 기화하는 것이 아니라 일부는 가스층을 뚫고 천정 표면에 부딪혀 표면 냉각 효과를 갖기도 한다) ③ 관창보조는 소방호스를 땅에 살짝 닿도록 들어서 잡아준다. ④ 관창의 노즐은 오른쪽 방향 끝까지 돌려서 사용한다. ⑤ 관창의 개폐조작은 1~2초 이내로 끊어서 조작한다. ⑥ 좌(우)측, 중앙, 우(좌)측 순으로 전면 상층부에 끊어서 3~4회 방수한다.
롱펄싱 (Long pulsing)	상부 화염 소화, 가스층 희석 및 온도를 낮추어 대원들이 내부로 더 깊이 침투할 수 있도록 하며, 주어진 상황에 따라서 3~5초의 간격으로 다양하게 적용한다. ① 확실한 발 디딤 장소를 확보하고 낮은 자세를 유지한다. ② 관창수는 구획실 앞쪽 상층부 연기층 및 화염을 목표로 방수한다. ③ 관창보조는 소방호스를 땅에 살짝 닿도록 들어서 잡아준다. ④ 피스톨 관창의 노즐은 오른쪽 방향 끝까지 돌려서 사용한다. ⑤ 관창의 개폐조작은 2~5초 이내로 끊어서 조작한다. ⑥ 좌(우)측, 중앙, 우(좌)측 순으로 상층부에 방수하며 구획실 공간 전체 용적을 채울 수 있도록 수차례 나눠서 방수한다.

숏 펄싱

롱 펄싱

(2) 페인팅(painting) 방수기법

① 내부 벽면과 천정을 페인트 칠 하듯 물을 살짝 방수하는 방식이다.
② 벽면과 천정이 나무와 같은 가연성 물질로 구성되어 있으면 표면냉각과 열분해를 줄여줄 수 있으며, 불연성 물질로 되어 있으면 복사열 방출을 줄여 가연물 열분해를 방지하고 가연성 연기층을 냉각시키는 효과가 있다.
③ 또한, 지나치게 많은 양의 방수는 하지 않는다. 냉각 후에 결과를 보기 위해 잠시 기다린 후 쉿쉿 소리가 들리면 매우 높은 온도를 의미하고 바닥에 물이 떨어지는 소리는 낮은 온도를 의미한다.
④ 벽면이 매우 뜨겁다면 너무 많은 증기가 발생하지 않도록 페인팅 방수 중단 시간을 길게 할 필요도 있다.

※ 페인팅 방수요령
ⓐ 움직임이 큼으로 펄싱 방수 자세보다 좀 더 높은 자세를 유지한다.
ⓑ 관창수는 화점실 접근 시 문틀 주변에 방수(불이 다른 구역으로 번지지 않도록 냉각)하고, 화점실 진입 시 벽면 및 천정을 목표로 방수한다.
ⓒ 반동력이 크지 않으므로 이동에 용이하다.
ⓓ 관창의 노즐은 오른쪽 방향 끝에서 왼쪽으로 조금 열어서 사용한다.
ⓔ 관창의 개폐장치는 조금 열어 물줄기가 보이게 벽면과 천정에 닿을 정도로 조작한다.
ⓕ 방수 시 페인트칠을 하듯 위에서 아래로, 천정 한쪽 끝에서 반대쪽 끝으로 지그재그 방식으로 적정량을 방수하도록 한다.
ⓖ 매우 높은 열량을 가진 벽면에 방수 시 많은 수증기가 발생하지 않도록 주의한다.

(3) 펜슬링(penciling) 방수기법* 23년 소방장

① 직사방수 형태로 물방울의 크기를 키워 중간에 기화되는 일이 없도록 물을 던지듯 끊어서 화점에 바로 방수하여 화재진압을 시작하는 방식이며,
② 연소중인 물체의 표면을 냉각시켜 주면서 다량의 수증기 발생 억제 및 열 균형을 유지시켜 가시성을 유지시키는 효과가 있다.

※ 펜슬링 방수요령**** 21년 소방교 / 22년 소방교
ⓐ 확실한 발 디딤 장소를 확보하고 낮은 자세를 유지한다.
ⓑ 관창수는 화점을 목표로 방수한다.
ⓒ 반동력이 크므로 관창보조는 소방호스를 땅에 살짝 닿도록 들어서 잡아준다.
ⓓ 관창의 노즐은 오른쪽 방향 끝에서 왼쪽으로 1/4바퀴 돌려 직사방수 형태로 사용한다.
ⓔ 관창의 개폐장치를 열어 물줄기를 던지듯 끊어서 조작한다.
ⓕ 구획실 내 화점이 여러 곳일 경우 펜슬링(화점), 펄싱방수(공간), 펜슬링 그리고 페인팅 기법을 반복하면서 주변공간을 냉각시키고 화재를 완전히 진압한다.

3D방수기법 적용 시 가장 적합한 물방울 사이즈는 대략 0.3mm라는 것이 일반적이며, 실제 상황에서 물방울 크기를 측정하기 위한 가장 효과적인 방법은 숏펄싱 방수 시 공기중에 4~5초간 물방울들이 남아있는 것을

확인하는 방법이다.

또한, 3D방수기법은 해당 구획실의 크기가 70㎡이상일 경우 부적합하다고 볼 수 있다. 물론 다양한 변수를 고려하여야 하는데 해당 구획실의 가연물 양, 화염의 크기 및 지속시간, 개구부의 수, 구획실의 크기는 어느 정도인지 다양한 변수를 고려하여야 한다.

가스의 열균형은 온도에 따라 층을 형성하는 경향을 말한다. 즉 가장 온도가 높은 가스는 최상층에 모이는 경향이 있는 반면 낮은 층에는 보다 차가운 가스가 모이게 된다. 공기, 가스 및 미립자의 가열된 혼합체인 연기는 상승하며 이러한 열균형의 특성 때문에 소방대원들은 낮은 자세로 진입하여 활동하여야 한다.
만약 화점을 보자마자 다량의 방수를 하게 되면 공기 중에 다량의 수증기가 발생하여 연기와 수증기의 소용돌이치는 혼합현상이 발생하게 되어 정상적인 열균형을 파괴하여 뜨거운 가스는 구획실 전체에 섞인다. 이로 인해 소방대원들은 화상을 입게 된다.

하나의 물방울은 100℃에서 수분팽창 시 1,700배로 부피가 팽창하며 온도가 점차 상승하여 608℃에서는 4,200배까지 팽창하게 된다. 이와 같은 원리를 이용 펄싱 방수기법은 구획실 상층부의 가연성 가스를 냉각(연소범위 및 부피 축소)시키고, 수분(수증기)팽창을 이용하여 구획실 안으로 산소유입을 차단시켜 산소농도를 낮추는 효과가 있다. 그렇기 때문에 구획실 화재진압에 있어 3D방수기법이 꼭 필요한 이유라 할 수 있다.

TIP 숏펄싱, 미디움, 롱펄싱 내용을 숙지하세요. 화점 목표를 방수하는 것은 무엇인가요? ^^

13 연소 확대 방지

(1) 숨겨진 공간 확인*

① 천장을 가진 건축물 화재의 경우 화재가 발생한 장소 근처에 있는 천장을 개방하여 확인한다.
② 냉난방 시스템의 흡입관 주위의 천장을 개방해보고 불꽃 통과 여부를 확인한다. 만약 천장에 조명기구가 설치되어 있다면 전력을 차단한 후 이 기구를 제거하여 천장을 개방해야 한다.
③ 배연을 위해 개방한 창틀을 확인한다. 종종 배연 시 흘러나온 불꽃과 연기는 창틀 주위의 밀폐된 공간으로 침입하여 재 발화되는 원인이 되기도 한다.
④ 화재 지점 근처의 벽 속을 조사해야 한다.
　ⓐ 벽을 통한 열이 전도 또는 과열 : 벽의 간주 사이의 배이를 개방하여 확인
　ⓑ 콘센트가 있는 벽 부분에 연소 흔적 : 반드시 개방하여 확인

간주(間柱)	기둥과 기둥 사이에 설치하는 가는 기둥으로 사잇기둥이라고도 한다.
배이(bays)	건축에서 사용되는 용어로 기둥과 기둥사이, 여기서는 사잇기둥과 사잇기둥으로 구획된 공간.

⑤ 화재가 이미 이 층을 통과했다면, 호스팀을 즉시 상층(꼭대기 층)으로 이동시키고 지붕 공간이나 다락방을 검색해야 한다. 이러한 조치는 특히 수직 통로를 가진 개조된 건물인 경우에 더욱 필요하다.
⑥ 화재가 방화에 의해 발생했거나, 가연성 액체가 기폭제로서 바닥에 쏟아진 경우 건물 구조상 직하층에 연소 확대 우려가 없는지 확인해야 한다. 필요한 경우 바닥을 개방해 보거나 아래층 천장을 개방해 보아야 한다.

(2) 창문	① 인접 건물이나 상층부로의 연소 확대 유무를 확인할 때 <u>창문 주변을 가장 우선적으로 확인해야 한다.</u> 이 경우에는 즉시 지휘소에 연소 확대 우려사실을 알리고 진압팀의 추가배치를 요청해야 한다. ② 화재가 발생된 곳에서 창문이나 철재 셔터가 열려있는 곳으로 연소 확대가 우려되면 즉시 창문 또는 셔터 문을 닫고, 기타 연소 확대의 매개물이 될 수 있는 커튼과 가구 등의 가연성 물질을 제거한다. ● 가장 중요한 것은, 진입팀은 항상 갑작스러운 연소 확대나 폭발에 대비하여 후퇴할 수 있는 대피로가 있는지 확인하면서 진입해야 한다.
(3) 지붕	① 수평 연소 확대여부를 판단하기 위하여 인접 공간을 확인할 때, 화재발생 장소의 전후좌우에 위치한 인접 구획 공간의 천장을 개방해 보고 천장 또는 지붕 공간을 통해 들어오는 연기나 불꽃이 있는지 반드시 확인해야 한다. ② 겉으로 보기에 구획되어 있는 건물도 천장이나 지붕공간이 하나로 연결되어 있는 건물이 많다. ③ 경사지붕으로 된 주택과 같은 건물은 천장부분의 확인과 함께 지붕외관을 통해 연기의 발생 유무를 확인하고 연소 확대 여부를 판단해야 한다.

(4) 지하	① 지하층과 같이 외부 접근과 방수가 어려운 화재는 화재진압과 연소 확대를 방지하기가 어렵다.
	   ㉠ 첫째, 인접 지하공간까지 연소가 확대될 것이다.
	   ㉡ 둘째, 상층부 바닥 층의 구조에 따라 약화 또는 붕괴될 것이다.
	   ㉢ 셋째, 불꽃이 상층부로 통하는 파이프나 작은 공간을 통해 위층으로 확대되어, 전체로 확대된다.
	② 출입구를 통한 호스전개가 불가능한 경우 인접 지하공간이나 건물 뒤쪽을 살펴보아야 한다.
	③ <u>진입이 불가능한 상황에서 화재진압의 실익이 크다면 개구부를 통해 폼액을 주입한다.</u>
	● 폼액 유출원인이 되는 지하 공간 내의 출입구나 개구부를 밀폐시켜야 한다. 폼액 주입을 통한 지하 공간 화재 진압을 할 때 건물구조상 상층부 **바닥 붕괴 위험**이 높은 경우가 있으므로 1층에 있는 모든 사람을 대피시키고 모든 창문과 문을 열어 환기시켜야 한다.
	④ 인접 공간이나 건물로 향하는 모든 문, 창문, 통로 등의 숨겨진 구멍을 확인한다.
	⑤ <u>가장 우선적으로 확인해야 할 곳은 상층부로 향하는 수직 통로(구멍)이며 이곳을 완벽하게 차단해야 한다.</u>
	⑥ 폼액 주입이 효과가 없을 경우 장시간의 방어적 진압을 준비하고, 불길이 전체 건물로 확대되는 것에 대한 대비책으로 지하 공간 직상 층에 미리 대량 방수를 하는 것도 고려해 보아야 한다.

(5) 노출방어

① <u>목재 건축물 화재의 경우, 인접 건물로의 복사열 차단을 위해 건물 사이부분에 상당량의 물을 방수</u>한다.
② 화재가 발생한 목재 건축물에서 나오는 복사열은 수십m 이상 떨어진 곳의 창틀이나 처마에 연소 확대를 일으킨다.
   ⓐ 화재가 발생한 목재 건축물에 방수해야 하는가?

ⓑ 두 건축물 사이의 워터커튼을 형성하기 위해 분무방수를 해야 하는가?
ⓒ 인접 건물에 방수해야 하는가?

③ 인접건물 측면에 복사열의 영향을 받을 경우 ➡ 인접건물 측면에 직접 방수하여 온도를 낮춤과 동시에 불씨를 제거하고, 창문과 처마 아래를 통해 작은 화재가 옮겨 붙을 경우를 대비하여 추가 호스와 검색 팀을 인접 건물에 배치하도록 한다.

④ 인접건물로의 호스배치는 화염의 크기나 화재발생 지점의 높이를 고려하여 <u>연소 건물보다 몇 층 높은 곳에 배치한다.</u>

> ○ 이것은 인접건물의 연소 확대우려가 높은 곳을 보호하거나 다른 인접건물의 지붕 등 높은 곳에 직접 방수할 수 있도록 하기 위한 것이다.

⑤ 인접 건물에 호스를 배치하는 목적이 연소 확대로부터 인접 건물을 보호하는 것이라면, 호스 전개 시부터 각 건물의 층과 지점에 도달할 수 있을 정도의 호스를 충분히 전개하여야 한다.

> ○ 이때는 화재발생 건물(지점)과 같은 높이의 층이거나 이보다 높은 층(지점)에서 주로 연소 확대가 이루어진다는 점을 고려해야 한다.

⑥ 인접건물과의 사이 공간에서 심한 대류가 발생되고 있다면 인접건물의 높은 곳의 창문을 통해서 연소가 확대될 가능성이 높다.

⑦ 복사열은 목재 또는 플라스틱으로 된 창틀에 쉽게 연소 확대 시킬 수 있으며 높은 건물의 지붕 위치까지 불씨를 옮겨 놓기도 한다.

> ○ **복사열에 의한 연소 확대를 막기 위한 전술적 가이드라인*** 16년 경북 소방교
> ① <u>가장 효과가 없는(적은) 전술은 워터커튼(water curtain)을 설정하는 것이다.</u> 복사열은 작은 물방울 사이의 공간을 통해 통과되며, 물의 낭비가 가장 심하다.
> ② 화재가 소규모거나 65mm 관창 이용이 가능할 때 화재발생 건물에 직접 방수하고 진압한다.
> ③ 화재가 대규모인 경우로 화점진압의 효과가 없을 때에는 40mm 관창을 이용하여 인접 건물의 측면에 직접 방수한다.
> ④ 인접 건물에 복사열에 의한 연소 확대가 이미 진행되었거나 **확대 우려가 있는 높은 경우**에는, <u>인접건물 내부로의 연소 확대를 막기 위해 인접 건물 내부(개구부가 있는 층)에 진압팀을 배치해야 한다.</u>

Check

① 한겹 말은 호스는 보관대에 보관할 때, 사용 후 (   )할 때 사용한다.
② 여유호스는 위해 방지를 위해서 펌프측의 (   )m에 둔다.
③ 옥외계단 호스 연장 시 (   ) 이상의 경우는 매달아 올려 연장한다.
④ 사다리 등반에 의한 호스연장 방법은 (   )층 이하의 경우 실시한다.
⑤ 고속분무방수는 노즐압력 (   )Mpa 노즐 전개각도 (   )도 정도를 원칙으로 한다.
⑥ 3D방수기법에서 가연물에 직접 방수하는 방법은(   )이다.
⑦ 엄호방수요령은 관창각도는 (   )도로 하고 관창수 스스로가 차열을 필요로 할 때는 (   )도로 한다.
⑧ 워터커튼은 가장 효과가 없는 것이다.(○)
⑨ 숏펄싱은 입자크기가 (   )mm 이하로 작을수록 효과가 높다.
⑩ 롱펄싱의 관창개폐 조작은 (   )초 이내로 끊어서 조작한다.

제12절 파괴활동

1 파괴기구 활용* 15년 소방장/ 23년 소방위

동력 절단기	활용 요령	㉠ 절단물에 따라 날을 선택하고 보호커버를 조정한다. ㉡ 왼손으로 앞의 핸들을, 오른손으로 뒤 핸들의 조정레버를 조작할 수 있도록 잡고 왼발을 반보정도 앞으로 내딛는다. ㉢ 엔진을 회전시켜 절단면에 직각이 되도록 절단한다. ㉣ 절단은 곧장 실시하고 날이 휘지 않도록 한다.
	안전 관리	㉠ 헬멧, 방진안경, 안전장갑을 착용한다. ㉡ 원칙적으로 가연성가스가 체류하는 장소에서는 사용을 금한다. 부득이한 경우는 분무방수를 받으며 인화위험을 배제한 상황 하에서 실시한다. ㉢ 조작원은 절단날 후방 직선상에 발을 놓지 않는다. ㉣ 절단날 전후방에 조작원 외 접근을 막는다. ㉤ 불꽃에 의한 가연물 착화 위험이 있으므로 충분한 안전대책을 강구한다.
가스 절단기	활용 요령	㉠ 절단물의 전면에서 화구가 절단부를 향해 가열한다. ㉡ 절단부가 가열된 시점에서 산소레버를 당겨 절단방향으로 화구를 이동한다. ㉢ 불꽃은 절단면에 대해 수직 또는 절단방향으로 하고 절단용 산소량은 절단재의 두께에 따라 가감한다. ▶ 23년 소방위
	안전 관리	㉠ 헬멧, 방진안경, 안전장갑을 착용한다. ㉡ 기름 등이 묻은 공구류 등은 취급하지 않는다. ㉢ 조정기를 용기밸브에 부착할 때는 확실히 하여 누설되지 않도록 한다. ㉣ 수납은 소화한 후 용기밸브를 닫고 절단기의 밸브를 열어 잔류 가스를 방출한 후에 절단기 밸브를 잠그고 화구를 냉각시킨 후에 수납한다. ㉤ 절단하는 것에 의해서 2차 재해를 발생시킬 염려가 없는가를 확인한다. 특히 가연물이 있는 경우는 충분한 안전대책을 강구한다.

2 셔터 파괴요령*** 13년 경남 소방교/ 15년 소방장/ 23년 소방위

중량물 셔터 파괴요령	직접 화염의 영향을 받고 있지 않는 경우	• 파괴를 최소한도로 줄이기 위해 셔터 아래방향을 진입할 수 있을 만큼 절단하고 내부에 진입하여 개방한다. • 절단기로 스레트를 수직으로 자른 후, 스레트를 당겨 뺀다. • 긴 스판셔터를 절단할 때는 진입 가능한 폭에 2개의 구멍을 만들어 제일 끝의 스레트를 빼내면 개구부가 된다. • 셔터의 레일에 걸친 부분에는 스레트 1매 간격으로 연결 금속물이 부착되어 있어 탈착되지 않으므로 주의를 요한다. ※ 동력절단기, 가스절단기, 공기톱
	셔터에서 연기가 분출한 경우	• 공기호흡기를 착용하고 측면에 방수태세를 갖춘다. • 연기의 분출을 적게 하기 위해 셔터의 아래방향을 절단한다. • 셔터의 한 변을 절단하여 스레트를 빼기 전에 내부를 확인한다.

		• 스레트는 서서히 잡아 빼고 내부의 상황을 확인하면서 필요에 따라 분무방수를 한다. 단, 수손방지에 충분한 유의를 기할 필요가 있다. • 진입구를 만들 경우는 측면에 위치하여 <u>백드래프트에 주의한다.</u> ※ 동력절단기, 가스절단기, 산소절단기, 공기톱
	셔터가 가열에 의해 붉게 변화한 경우	• 스레트를 잡아 빼기 곤란하므로 <u>아치형으로 절단한다.</u> • 최초는 노즐이 통과 가능한 정도의 구멍을 만들고 내부에 방수하여 화세를 제압한 후 진입구를 크게 한다. ※ <u>가스절단기, 산소절단기</u>

경량셔터 파괴요령		① <u>해머로 스레트를 강타하면 휘어져서 개방불능이 되므로 주의한다.</u>
		② 셔터의 열쇠부분을 해머로 강타하여 <u>열쇠를 파괴 후 개방한다.</u>
		③ 셔터하단 중앙부와 바닥면 사이에 지렛대를 넣어 밀어 올린다.
		④ 가운데 기둥을 분리하는 방법
		  • 중간기둥의 바닥면에 있는 밑 부분을 지렛대로 들어 올린 후 강하게 당겨 스레트에서 분리시킨다.
		  • 밑 부분에서 올라가지 않을 경우는 중간의 바닥에서 15cm~20cm의 위치를 대해머로 강타하여 스레트를 분리한다.
		  • 동력절단기, 가스절단기 등으로 중간하부의 말단 금속부분을 절단하여 스레트를 분리한다.
		     ※ 파괴기구 : 해머, 갈고리, 동력절단기, 가스절단기, 지렛대

파이프셔터 파괴요령? ▶ 23년 소방위		① <u>동력절단기에 의한 절단은 가드레일에 가까운 곳을 선정한다.</u> ② 가드레일 직근의 파이프부분을 대해머로 강타하여 굽혀서 가드레일에서 파이프를 분리한다. ③ 중간기둥의 경량셔터에 준하여 행한다. ④ 파괴한 셔터는 행동장해가 되지 않도록 윗 방향으로 걷어 올려 로프로 결속하여 놓는다. ※ 파괴기구 : 동력절단기, 가스절단기, 산소절단기, 유압구조기구, 해머

TIP 화재진압 대원이 화염의 영향이 있는지 없는지 구분하여 숙지하시기 바랍니다. ^^

○ **셔터파괴 시 안전관리***
① 셔터의 개방 또는 파괴는 지휘자의 지시에 의한다.
② 건물관계자와 연락을 긴밀히 하여 내부상황을 신속히 파악하고 셔터조작의 가부를 판단한다.
③ 셔터 개방조작이 불가능한 경우의 파괴방법은 다음에 의한다.
  • 위해방지를 위해 작업자 이외는 접근을 막는다.
  • 파괴에 필요한 기구를 집결한다.
  • 셔터 스레트, 가드레일 등 사이에서 연기가 분출하는 경우는 <u>개구부에 의해 백드래프트 및 플래시오버가 발생될 염려가 있으므로 개구부의 면적을 적게 한다.</u>
  • 방연셔터는 연기의 분출이 적어서 연소상황의 판단을 잘못할 수 있으므로 신중을 기해 개구부를 확보한다.
④ 진입구를 개방하는 경우 정면을 피해 측면에 위치하고 백드래프트에 주의한다.

3 문 개방(파괴에 의한 개방)

직접화염의 영향을 받고 있지 않는 경우	파괴 기구	동력절단기, 가스절단기, 철선절단기, 지렛대, 파이프렌치, 전기드릴
	파괴방법	• 문과 틀에 틈이 있으면 돌출부분을 동력절단기 또는 가스절단기로 절단한다. • 문과 틀 사이에 동력절단기 날이 들어갈 수 없는 경우는 지렛대를 넣어 간격을 확보한다. • 위의 방법이 불가능한 경우는 손잡이와 문틀의 중간을 절단하여 돌출부분을 분리한다. 2중 철판인 문은 1개씩 2회로 나누어 절단한다. • 전기드릴로 주위에 3~4개소의 구멍을 뚫은 뒤 드라이버 등을 넣어 돌출부분을 제거한다. 단, 기술적으로는 매우 곤란하다. • 원통형 자물쇠의 경우는 파이프렌치로 손잡이를 돌려 파괴한다. • 안을 볼 수 있는 창은 유리를 파괴한 후 손을 넣어 펜치 등을 사용하여 자물쇠를 개방한다.
직접 화염의 영향을 받고 있는 경우	파괴기구	동력절단기, 가스절단기, 철선절단기, 지렛대, 파이프렌치, 전기드릴
	파괴방법	(위의 파괴방법 외의 추가사항) • 돌출부분 절단에 의해 문이 개방되면 농연, 증기가 분출할 염려가 있으므로 셔터의 파괴요령에 준한 방호조치를 한다. • 파괴 후 문을 개방하는 경우는 문 측면에 위치하여 내부 상황을 확인하면서 서서히 개방한다. • 문이 가열되고 있는 경우는 방수에 의한 증기가 돌아오는 것에 주의하여 헬멧 후드로 얼굴을 가린다. • 알루미늄 재질의 문은 경첩부분을 대해머로 강타하여 파괴하거나 또는 가스 절단기 등을 활용하는 것이 효과적이다.

4 벽 파괴** 19년 소방위

철근콘크리트조 ▶ 23년 소방위	• 포크레인 등의 중장비 동원 가능 시 중장비를 활용한다. • 파괴하고자 하는 벽체에 착암기로 구멍을 여러 개 뚫는다. • 관통시킨 구멍과 중간을 해머로 강타하여 구멍을 크게 확보한다. 이때 해머를 사용할 경우는 모서리를 가격하는 것이 효과적이다. • 철근이 노출되어 있거나 해머를 유효하게 사용할 수 있는 경우는 착암기 또는 정을 병행하여 구멍을 크게 확보한다. • 굵기 9mm 이하의 철근은 철선절단기를 사용하고 그 이상인 경우는 동력절단기, 가스절단기 등을 사용하여 절단한다. ※ 착암기, 해머, 정, 동력절단기, 가스절단기, 철선절단기
블록 또는 벽돌조	• 공동부분을 해머로 강타하여 파괴한다. 단, 중량블록은 경량블록에 비해 상당히 강도가 있으므로 착암기로 여러 개의 구멍을 관통시키면 효과적이다. • 벽의 보강을 위해 9mm 철근이 각 블록마다 1본 정도 들어가 있는 경우도 있으므로 철선절단기 또는 가스절단기로 절단한다. ※ 해머, 착암기, 철선절단기, 가스절단기

5 천장 파괴★★★ 13년 충북 소방장·소방교

목조 천장	① 파괴범위를 정해 창이나 갈고리로 마감부분을 박리시킨다. ② 천정 마감재료 일부를 박리시킨 후 파괴시킨다. ③ 넓은 범위에 걸쳐 파괴하고자 하는 경우는 해머, 지렛대 등으로 지탱부분을 강타하여 제거한다. ※ 창, 갈고리, 톱, 해머, 지렛대, 사다리
경량철골 천장	① 경량철골 천정은 패널로 구성되어 있어 당겨도 쉽게 분리되지 않는다. 따라서 갈고리로 마감재료 일부를 박리시킨 후, 사다리를 사용하여 패널부분을 지렛대 또는 드라이버로 비틀면 용이하게 분리할 수 있다. ② 경량철골 또는 천정 마감재료가 불연재료인 경우는 닥트화재 등을 제외하고는 급격히 연소하지 않는다. 따라서 천정파괴는 최소한도로 하고 오히려 형광등의 매설기구를 분리한 후 확인하는 편이 효과적이다. ※ 지렛대, 해머, 스패너, 드라이버, 갈고리, 사다리

6 유리 파괴★★★ 10년 부산 소방장/ 경남 소방교/ 23년 소방위

(1) 일반적 유의사항*

① 창유리 등의 파괴는 지휘자의 지시에 의한다.
② 유리낙하에 따른 2차 재해의 방지에 주력하고 특히 고층에서 파괴할 때는 지상과의 연락을 긴밀히 하여 유리의 낙하구역에 경계구역을 설정한다.
  ○ 경계구역은 풍속 15m 이상의 경우는 파괴하는 창의 높이를 반경으로 하고 풍속 15m 미만인 때는 창의 높이의 1/2 반경으로 한다.
③ 상공에서 낙하하는 유리파편은 나뭇잎과 같이 보여 서서히 낙하한다고 착각하기 쉽지만 실제의 낙하속도는 빨라 극히 위험하다. 또한 지상에 충돌한 반동으로 사방으로 비산하여 이 파편으로 부상당하는 예가 있다.
④ 두꺼운 유리 파괴 시 해머 등을 사용할 때는 충격에 의해 균형을 잃을 염려가 있으므로 신체확보에 주의한다.
⑤ 소방호스나 사다리 옆의 창유리 등을 파괴할 때는 유리파편이 사다리 등에 부딪쳐 떨어질 위험이 있다.
⑥ 창의 파괴에 의해서 백드래프트 또는 플래시오버를 일으킬 염려가 있는 경우 몸의 위치를 창의 측면이 되도록 한다. 또한 창의 좌측에 위치하여 잘 쓰는 팔(오른팔)을 사용한다.
⑦ 판유리의 파괴순서는 유리의 중량을 고려하여 윗부분부터 횡으로 파괴한다.
⑧ 보호장구를 착용한다.

(2) 유리 파괴요령*** 16년 부산 소방장

5mm 이하의 보통 판유리	• 옥내에 진입이 가능한 경우 창의 잠금 부분 가까이를 손 넣을 정도로 파괴하여 잠금을 풀고 창을 개방한다. • 옥내에 진입할 수 없는 경우는 유리파편을 실내에 떨어지도록 파괴한다. 창의 상부에서 조금씩 파괴하면 파편도 적고 외부로의 비산도 적다. • 진입로가 되는 창의 파괴는 창틀의 유리파편을 완전히 제거하여 위해방지를 꾀한다. • 보통 유리의 비산 거리는 창 높이의 1/2 거리이다. 이에 따라서 경계구역을 설정한다. ※ 관창, 손도끼, 갈고리, 해머, 도끼, 지렛대.
6mm 이상 보통 판유리	• 파괴에는 강력한 충격력이 필요하며 예리한 기구가 효과적이다. • 유리의 두께가 불명인 경우는 가볍게 가격하여 유리에서 받는 반동 등을 고려하여 파괴에 요하는 충격력의 배분에 유의한다. • 12mm 이상 두꺼운 유리는 대해머로도 파괴가 용이하지 못하므로 유리의 열전도율이 낮은 특성을 이용하여 가스절단기로 급속 가열하여 열에 의해 파괴되도록 한다. 가열 직후 방수하여 급랭시키면 더욱 효과적이다. • 유리 파편낙하에 의한 2차 재해를 방지하기 위해 유리에 접착테이프, 모포시트 등을 붙여 외부로의 비산을 방지하는 방법도 있다. ※ 도끼, 대해머, 도어오프너, 가스절단기
망입유리	• 보호안경 및 헬멧의 안면보호렌즈를 활용하여 유리파편의 비산에 의한 위해를 방지한다. • 창의 중앙부분을 강타하여 금이 생기더라도 효과는 없으므로 반드시 창틀에 가까운 부분을 파괴한다. • 유리파편은 철선(약 1mm)에 부착하여 탈착되지 않기 때문에 창 전면을 파괴하는 경우는 도끼로 망선을 아치형으로 파괴한 다음 실내로 향하여 눌러 떨어뜨린다. • 부분적인 파괴는 망선을 노출시킨 후 펜치 등으로 절단한다. ※ 도어오프너, 해머, 도끼, 지렛대
방탄유리	• 충격에 의해 파괴되지만 탈락은 없다. 단, 충격을 가할 때 작은 파편이 비산하므로 방진안경 또는 헬멧의 후드를 활용하여 위해를 방지한다. • 해머, 도끼 등으로 유리를 가늘게 깨고 칼 등을 사용하여 플라스틱 막을 잘라 내거나 가스절단기 등으로 태워 자른다. ※ 도어오프너, 대해머, 도끼, 지렛대, 가스절단기
강화유리	• 강화유리 표면에 두께의 1/6에 달하는 갈라진 틈이 생기면 전체가 입상으로 파괴된다. • 문 또는 창의 4각 모서리(보통 좌하단)에 회사마크가 있으면 강화유리이며 도끼 또는 해머 등으로 일부분을 겨냥하여 파괴한다. 또한 강화유리는 내열, 내충격력이 강하므로 가능한 한 예리한 기구를 이용한다. • 테 없는 문, 회전문 등은 대부분 강화유리이다. ※ 도어오프너, 대해머, 도끼, 지렛대, 가스절단기
복층유리	복층유리는 일반적으로 보통 판유리를 이용하고 있지만 예외로서 망입유리, 강화 유리를 이용한 것도 있는데 파괴요령은 위의 내용과 같다.

TIP 유리 종류별 파괴요령을 숙지하세요. 보통유리의 비산거리는 창높이에 1/2입니다. ^^

7 바닥 파괴

(1) 바닥 종류(목조, 방화조 제외)

철근콘크리트조 바닥(슬래브)	• 대들보에서 대들보로 철근을 격자(格子)상태로 맞추어 여기에 콘크리트를 넣어 고정하는 공법이다. • 배근(配筋)간격은 보통 콘크리트의 경우 짧은 변 방향은 20cm, 긴 방향은 30cm(경량 콘크리트는 짧은 변 20cm, 갈변 25cm) 이하로서 슬래브 두께는 최소한 8cm(경량 콘크리트 10cm) 이상이다. 따라서 슬래브는 두껍게 되어 있다고 판단한다.
덱플레이트(Deck Plate)조 바닥	두께 1.2mm 내지 1.6mm의 덱플레이트를 큰 대들보에 용접한 후, 13mm 정도의 철근을 넣고 15mm 내지 18mm 두께로 콘크리트를 넣는 것이다.
PC콘크리트판 (precast) 바닥	바닥 또는 벽 재료를 플랜트에서 생산하여 현장에서 조립하는 방식으로 미리 규격화된 하네트에 배근하여 놓고 여기에 콘크리트를 넣어 중기양생 등에 의하여 즉시 제조하는 것으로 표면상 아름답고 현장노무를 감소시킬 수 있는 이점이 있다. 또한 프리캐스트판의 두께는 철근콘크리트 슬래브와 거의 같다.

(2) 바닥파괴의 일반적 유의사항

① 건축설계도 등의 자료를 수집하고 대들보, 기둥, 배관상황을 추정하여 파괴장소를 선정한다.
② 파괴장소 결정 및 시기는 현장지휘자의 지시에 의하여 한다.
③ 설계도 등을 입수 할 수 없을 때는 기둥위치에서 대들보의 장소를 추정하고 그 부분을 제외한 장소를 해머로 강타하여 그 반동력 또는 충격음으로 파괴할 수 있는가를 판단한다.
④ <u>철근 및 배관류는 바닥 중앙보다 약간 떨어진 장소가 가장 적으므로 파괴가 용이하다.</u>
⑤ 화점실의 창이 파괴되어 연기가 분출하고 있는 경우 <u>그 직상층 바닥 슬래브에 구멍을 뚫어도 화염의 분출은 적지 않고 오히려 급기측으로 되는 경우가 많다.</u> 단, 화점실의 창이 없는 경우 또는 창이 파괴되지 않았을 때는 파괴된 개구부로부터 화염이 분출할 우려가 있다. 따라서 경계관창 배치가 필요하다.
⑥ 고열을 받은 부분은 콘크리트가 부서지기 쉽게 되므로 비교적 파괴가 용이하다.

(3) 바닥 파괴요령

철근콘크리트조 바닥	• 대들보가 없는 위치를 선정하여 착암기로 바닥을 관통시킨다. 착암기의 끝 부분이 철근에 맞부딪친 경우는 착암기를 비스듬히 기울여서 철근을 피하며 구멍을 깊게 한다. • 착암기에 체중을 실어 강하게 누른다. • 피로가 심하므로 수시로 교대하여 작업한다. • <u>3~4개소를 원형으로 관통시켜 그 구멍 중간을 대해머로 강타하여 구멍을 크게 한다.</u> • 정을 사용하여 해머로 강타하면 파괴가 용이하다. • 철근이 노출되면 와이어컷터 또는 가스절단기로 절단한다. 단, <u>방수를 위한 개구부의 경우는 철근을 절단할 필요는 없다.</u> ※ 착암기, 해머, 정, 가스절단기, 산소절단기 등

텍플레이트조 바닥	• 두꺼운 부분은 15cm, 얇은 부분은 8cm 내지 10cm 정도이므로 얇은 부분을 중점적으로 뚫는다. • 착암기 끝 부분이 덱플레이트에 닿으면 그 이상 맞부딪쳐 나가지 않으므로 다른 장소에 구멍을 뚫어 대해머, 정을 이용하여 구멍을 크게 한다. • 덱플레이트가 노출되면 가스절단기 또는 산소절단기로 절단한다. 이 경우 구멍 가운데에 남아 있는 콘크리트 조각 또는 가루가 분사염으로 비산하므로 손앞으로 향하여 불어 날아가도록 화구를 향한다. • 화점실 직상층에서 작업할 경우 화염의 분출위험이 있는 경우는 대원의 방호 조치를 도모한 후 플레이트를 절단을 한다. ※ 착암기, 해머, 정, 지렛대, 가스절단기, 산소절단기 등
PC 콘크리트판 바닥	• 공장에서 생산된 PC 콘크리트판을 현지에서 대들보와 대들보 사이에 걸쳐 용접한 것으로 대들보 이외의 부분에 PC판과 PC판을 접하는 부분에서의 파괴가 가장 효과적이다. • 기타 파괴요령은 철근콘크리트조 바닥파괴에 준하여 한다. ※ 착암기, 해머, 정, 지렛대, 가스절단기, 산소절단기 등

8 엘리베이터 문의 파괴

엘리베이터 문은 양쪽으로 여는 것이 일반적이고 예외적으로 한쪽으로 열리는 문, 아코디언 문 등이 있다. 파괴요령은 어느 형태에 있어서도 공통이다. 또한 파괴는 긴급을 요하는 경우에 한하여 실시한다.

(1) 엘리베이터 파괴요령

적합한 기구	㉠ 에어백　　　　　　　　　　㉡ 유압식구조기구 ㉢ 도어오프너, 지렛대　　　　㉣ 크기가 적당한 나무
작업 순서	㉠ 엘리베이터의 정지위치를 층별 표시 또는 인디케이터(Indicator)로서 확인한다. ㉡ 엘리베이터용 전동기의 전원을 차단한다. ㉢ 정지 층의 문을 개방한다. ㉣ 구조대상자에 대한 사후처리에 주의한다.
파괴 방법	㉠ 에어백에 의한 파괴방법 　ⓐ 콘트롤박스에 에어백을 연결하여 2개를 준비한다. 　ⓑ 양손으로 승강장 도어를 벌린 후 도어 하단부에 에어백 1개를 넣는다. 　ⓒ 도어에 넣은 에어백을 조금 벌린 후 도어 상단부에 에어백 1개를 넣는다. 　ⓓ 에어백 2개를 같은 속도로 전개하여 승강장 도어를 넓힌다. 　ⓔ 한쪽으로 열리는 문, 아코디언 문도 상기요령으로 파괴할 수 있다. ㉡ 에어백이 없는 경우의 파괴 방법 　ⓐ 문과 문 사이 아랫부분에 도어오프너, 지렛대 등을 집어넣는다. 　ⓑ 3cm 정도 간격이 되면 유압식구조기구를 넣어 눌러서 넓힌다. 　ⓒ 간격이 있으면 나무를 집어넣어 고정하고 웨지램을 위쪽으로 이동시키면서 나무도 위쪽으로 이동한다. 　ⓓ 문의 1/2 높이에 달한 때 웨지램을 대(능력 1톤 이상)로 교환하여 문에 설치하여 있는 록핀을 절단할 때까지 조작을 계속한다. 　ⓔ 웨지램의 부하가 급히 가볍게 된 때가 록핀이 절단된 때이고 문을 좌우로 강하게 당기면 개방

할 수 있다.
① 한쪽으로 열리는 문, 아코디언 문도 상기요령으로 파괴할 수 있다.

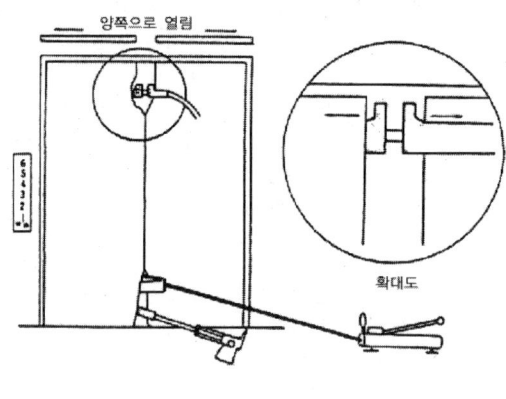

(엘리베이터 파괴요령)

9 루버(Louver)

루버는 건축물 외벽 면에 설치한 것으로 그 목적은 건물의 벽의 장식, 직사일광 차단, 풍속영업 대상물에 있어서 밖에서 볼 수 없게 가리는 목적 등으로 올려진 것이다. 또한 설치목적에 따라서 루버 종류도 프레스로레스 콘크리트제, 철제(스텐레스, 알루미늄을 포함) 등이 있다.

일반적 사항	① 루버가 설치되지 않은 창이 있으면 그 부분의 창을 우선적으로 파괴한다. ② 파괴장소의 선정은 현장지휘자의 지시에 의한다. ③ 파괴장소의 루버 구조, 재질, 강도 등을 확인한다. ④ 파편 등의 비산에 의한 2차재해 방지에 주의하고 낙하구역에는 반드시 경계구역을 설정한다. ⑤ 높은 곳에서의 작업은 신체의 균형을 잃기 쉬우므로 충분한 발판을 확보한다.
파괴 방법	⊙ 콘크리트 루버 　ⓐ 루버의 상부 접촉부를 대해머로 강타하여 파괴한다. 　ⓑ 접속 금구가 노출되어 있는 경우는 가스절단기 또는 산소절단기 등으로 절단하면서 해머를 병행 사용한다. 　ⓒ 정, 해머를 사용하여 루버 접속부 부근의 콘크리트를 파괴한다. ⓛ 철제 루버 　ⓐ 엔진컷터, 공기톱으로 루버 상단 또는 하단을 절단하여 좌우로 흔들어 열어서 진입구를 만든다. 　ⓑ 가스절단기, 산소절단기도 위와 같은 방법으로 사용하며 개구의 크기는 종 1.2m, 횡 0.8m 이상으로 한다. ⓒ 사다리 위에서 작업을 실시할 경우 　ⓐ 엔진컷터, 공기톱은 굴절사다리차의 바스켓 등 신체의 균형을 유지하기 쉬운 발판 위에서 사용한다. 　ⓑ 사다리 위에서 작업하는 경우의 자세는 다음과 같다. 　　- 사다리 선단부의 4번 또는 5번 가로대 밑에 위치하여 왼(오른)발을 가로대 사이에 넣어서 걸치고 반대측 발은 그보다 한 단계 밑에 위치하여 중심을 낮게 한다. 　　- 작업범위는 허리로부터 어깨까지의 사이로 한다.

10 갤러리

갤러리는 공조설비의 급배기구 또는 실내공기를 환기하기 위하여 설치한 것으로 콘크리트제 및 철제로 대별한다.

일반적 유의사항	① 모서리에 가까운 부분을 강타 또는 절단하여 파괴한다. ② 나사 잠기는 식의 경우는 펜치, 스패너 등으로 나사부분을 돌려 해체한다. 공조용 갤러리의 접속은 나사식의 것이 많다.
파괴 요령	① **파괴에 적합한 기구** 　㉠ 펜치, 스패너　㉡ 대해머, 지렛대　㉢ 엔진컷터, 공기톱, 가스절단기 ② **파괴방법** 　㉠ 접속방법을 확인하여 나사식의 것은 나사를 제거한다. 　㉡ 기타 파괴방법은 루버 파괴요령에 준하여 한다.

11 덕트

덕트는 설치목적에 따라서 공조용, 배기 전용으로 대별되며 설치방법에 따라서 솟아 오른 덕트(종덕트) 또는 횡덕트로 구분된다.

일반적 유의사항	① 덕트에는 요소에 점검구가 설치되어 있으므로 점검구에서 연기, 열기 등을 확인한다. 점검구가 없는 장소는 파괴하여 확인한다. ② 노출된 닥트는 변색된 부분을 중점적으로 손을 접촉하는 등으로 온도차에 의해 판단한다.
파괴 요령	① **파괴에 적합한 기구** 　㉠ 해머, 지렛대　㉡ 엔진컷터, 가스절단기 ② **파괴방법** 　㉠ 점검구에서 확인할 수 없는 부분, 덕트가 상당한 열을 받고 있는 부분, 열에 의해 변색되고 있는 부분을 중점으로 엔진컷터, 가스절단기 등으로 절단한다. 　㉡ 횡덕트에 불이 남아 있는 경우는 방수에 의해 소화하고 열 기류에 태워서 분말소화기를 방사하는 방법도 효과가 크므로 파괴방법도 이점에 주의하여 필요 최소한도로 한다. 　㉢ 덕트 접촉부를 대해머로 강타하여 구멍이 난 부분을 지렛대 등으로 비틀어 구멍을 크게 한다.

12 파괴에 의한 진입로 확보 및 엄호방수

활동 요령	① 현장도착 후 파괴기구를 현장 가까이 운반하여 집결시킨다. ② 선착대 활동 　㉮ 공기호흡기를 착용한다. 　㉯ 2명 1조로 첫째 조는 동력절단기, 두번째 조는 조명기구를 운반, 1층의 셔터위치에 이르고 첫째 조는 두번째 조의 엄호 하에 셔터파괴작업을 개시한다. 두번째 조는 소속대의 소방호스를 연장하여 대기한다. 　㉰ 첫째 조는 절단한 셔터 개구부로 진입하여, 두 번째 조의 엄호 하에 2층 방화문을 파괴한다. 　㉱ 두번째 조는 공기호흡기를 착용하고 개방된 문으로 내부 진입한다.

안전관리	① 창 및 문의 파괴 개구부에 의한 백드래프트 현상에 주의한다. ② 불꽃을 발생하는 기구에 의한 2차 재해에 주의한다. ③ 유리낙하에 의한 부상에 주의한다.

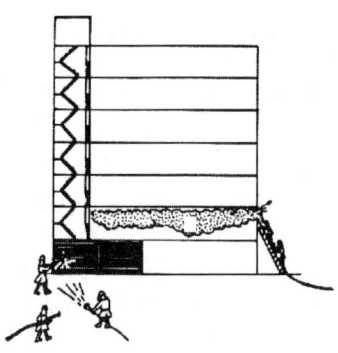

(진입로 확보 및 엄호방수 요령)

Check

① 셔터가 가열되어 붉게 변화하고 있는 경우 (　)형으로 절단한다.
② 경계구역은 풍속 (　)m 이상의 경우는 파괴하는 창의 높이를 반경으로 하고 풍속 (　)m 미만인 때는 창의 높이의 (　) 반경으로 한다.
③ 사다리 활용 방수는 사다리 설치각도는 (　)도이고, 어깨에 거는 방법의 경우는 직사방수로 (　)Mpa 한도이고, 허리에 대는 방법은 창틀이나 사다리 선단에 결속하면 (　)Mpa까지 가능하다.
④ (　)는 화면이 적을 경우 전체를 덮도록 한다.
⑤ (　)는 덕트스페이스, 파이프샤프트 내 소화에 유효하다.

제13절 소방시설의 활용

1 자동화재탐지 설비

설치 개요	화재 초기 단계에서 발생하는 열이나 연기를 자동적으로 검출하여, 건물 내의 관계자에게 발화 장소를 알리고 동시에 경보를 내보내는 설비이다. 구성요소는 열이나 연기를 감지하는 감지기, 발화 장소를 명시하고 수신 및 조작이 가능한 수신기, 발신기, 음향장치, 배선, 전원으로 구성되어 있다.
활용 요령	① 발화지점의 위치확인은 수신기에서 화재표시등 및 지구표시등의 점등위치로 확인한다. ② 음향장치(지구경종, 비상방송설비, 사이렌 등)가 정상적으로 송출되는지 확인하고, 송출되지 않을 경우 음향장치 조작스위치를 1회 눌러서 정상상태로 한다. ③ 수신기의 전원이 차단되어 있는 경우 수신기 문을 열고 전원스위치를 확인한다.(OFF에서 ON상태로 전환) ④ 비상방송설비 및 소화설비, 제연설비 등의 감시제어반과 겸용하는 경우에는, 연동되는 설비의 작동상태를 확인한다. 　ⓐ 비상방송설비 : 비상방송의 송출여부 확인 　ⓑ 소화설비 : 각 설비의 펌프기동상태 확인 　ⓒ 제연설비 : 제연설비 팬(급기, 배기) 댐퍼의 동작상태 확인

2 연결송수관설비* 16년 경기 소방장

(1) 설비의 개요

고층건물 화재시 소방대원들이 소방호스를 끌어 올리거나 어깨에 메어 화재가 발생한 고층부까지 운반 또는 연장하는 일련의 작업은 대단히 힘든 작업일 뿐 아니라, 방수개시까지 많은 시간을 소모하게 되어 화재가 확대될 우려가 많다. 이러한 고층건물 등의 신속하고 효율적인 소화작업을 위하여 건물 내에 소방대 전용의 소방호스를 설치하여 소방펌프차로부터 소방용수를 공급하면 소방호스의 연장을 하지 않고서도 해당 층의 방수구에서 단시간 내에 방수작업을 개시할 수 있는 설비이다.

송수 요령	① 송수는 단독 펌프차대의 1구 송수를 원칙으로 하고 소방용수가 먼 경우에는 중계대형으로 한다. ② 송수계통이 2 이상일 때는 연합송수가 되므로 송수구 부분의 송수압력이 같아지도록 펌프를 운용, 뒤에서 송수하는 펌프차대는 약 10% 정도 높은 압력으로 송수한다. ③ 송수 초기에는 압력계 등 각종 계기의 지침상황에 유의하고 송수압력이 적정한지를 확인한다. ④ 송수쪽의 게이트밸브가 폐쇄되어 있으면 송수할 수 없으므로 관계자에게 지시하여 밸브를 신속하게 개방시킨다.(게이트밸브의 위치는 방재센터 또는 소화전함 내에 표시되어 있다.) ⑤ 옥상수조 쪽의 체크밸브의 기능이 저하되어 송수가 옥상수조로 유입, 유효압력을 얻을 수 없을 때는 옥상수조 쪽의 게이트밸브를 잠그면 활용할 수 있다. ⑥ 건식배관의 경우 드레인콕크나 방수구밸브가 개방되어 있으면 누수 된 물의 손실이 크므로 콕크나 밸브를 폐쇄한다.
방수 요령	① 방수압력은 방수구의 밸브 개폐로 조정한다. ② 상·하층에서 동시에 방수할 때에는 하층의 방수압력을 작게 하지 않으면 상층에서 유효압력을 얻을 수 없는 경우가 있다.

③ 옥내소화전과 주배관이 공용으로 되어 있는 것은 기동스위치를 조작함으로써 1구 정도는 더 방수가 가능하다.
④ 연결송수관의 방수구함 표면에는 방수구의표시가 있다.
⑤ 방수구는 옥내소화전함 내에 공용으로 설치된 것과 단독으로 격납함 내에 설치된 것이 있다.
⑥ 옥내소화전과 주배관을 겸용하고 있는 것은 사용시 고압의 방수압력이 걸리므로 자위소방대가 옥내소화전을 사용 중인 경우에는 그 사용을 중지시키는 등의 조치를 한다.

3 연결살수설비

(1) 설비개요

지하가 또는 지하실 화재에 있어서는 농연이 충만하기 때문에 소방대의 진입이 매우 어렵고, 화점 부분에 유효하게 방수하는 것이 곤란한 경우가 많다. 연결살수설비는 이러한 일정규모 이상의 판매시설 및 지하층과 그곳의 연결통로의 천장 면에 살수헤드를 설치하여 화재시 소방호스를 연장하지 않고 소방펌프차로부터 송수된 가업송수에 의하여 살수시켜 소화하는 설비이다.

(2) 활용요령

① 관계자로부터 청취 또는 최초진입대원의 상황보고 등으로부터 판단하여 연소범위를 확실히 파악하고 활용한다. 특히, 개방형헤드의 경우 송수구역을 오인하여 송수하면 다량의 수손을 초래할 염려가 있다.
② 송수구 부근에 송수구역, 선택밸브, 송수계통도가 게시되어 있으므로 내용을 충분히 파악한 후 조작한다.
③ 송수구는 65㎜ 쌍구형으로 설치하여야하나 살수헤드수가 10개 이하인 경우는 단구형으로 할 수 있다.
④ 송수구역에 의해 송수구의 위치가 제각기 다를 수 있으므로 주의한다.
⑤ 개방형헤드가 설치되고 송수구역에 나누어져 있는 경우는 각종 밸브의 조작을 완료한 후 송수한다.
⑥ 펌프의 송수압력은 1~1.5Mpa를 목표로 한다.
⑦ 검색조를 편성하여 지하의 소화상황을 확인하며, 소화완료 후는 즉시 송수를 중지한다. 또한 검색조가 농연 등으로 진입할 수 없는 경우는 10~15분마다 송수를 일시 정지하고 내부의 변화유무를 확인하고 필요에 따라 송수를 재개하는 등의 조치를 취한다.
⑧ 헤드에서 살수에 의한 소화효과는 배출되는 연기의 열, 색깔 및 수증기를 참고하여 판단한다.
⑨ 화점실의 온도가 높은 경우는 살수설비의 배관 등이 탈락하는 경우도 예상되므로 장시간 송수하더라도 소화효과가 없는 경우는 별도의 소화수단을 병행한다.
⑩ 배관에는 배수밸브가 설치되어 있으므로 송수정지 후 헤드에서의 계속적인 살수를 중지시킬 수 있다.

4 옥내소화전 설비

(1) 설비개요
건물 내에서의 화재발생시 소방대상물의 관계자 또는 자위소방대원이 복도나 계단 가까이에 설치된 소화전함내의 장치나 기구를 이용하여 화재 초기에 신속하게 진화할 수 있도록 설치된 초기화재진압용 소화설비의 일종이다.

(2) 활용요령
① 소화전함
  ㉠ 계단, 복도 등에 적색등(표시등)이 있는 장소에는 일반적으로 소화전이 설치되어 있으므로 필요 시 적극 활용한다.
  ㉡ 소화전 설치개소의 적색등은 소화전의 상부에 설치되어 있다.
  ㉢ 소화전함의 표면에는 "소화전"이란 표시가 있다.
  ㉣ 연결송수관 겸용 소화전함의 표면에는 소화전 이외에 "방수구"의 문자가 표시되어 있다.
  ㉤ 소화전함의 크기는 일반적으로 $0.5m^2$ 이상이다. 연결송수관 설비와 겸용인 경우도 동일하다.
② 설치위치
  특별한 설치위치 규정은 없으나 보통 활용에 편리한 계단실내에 설치되는 것이 일반적이다.
③ 수 원
  ㉠ 수조규모에 따라 다르지만 일반적으로 20분사용 정도이다.
  ㉡ 연결송수관 겸용인 경우는 연결송수관 송수구에 의해 가압송수시도 사용이 가능하다.
④ 기 타
  ㉠ 소방대 방수준비가 완료될 때까지 또는 파이프샤프트, 닥트 및 소규모 화재의 경우는 적극적으로 옥내소화전을 활용한다.
  ㉡ 사용능력의 한계는 동일 층에 있어서 2개 이상 설치된 경우는 사용 가능 개수 2개까지, 2개 이하인 경우는 전부 사용할 수 있다.
⑤ 건물 층수가 많으면 많을수록 아래층에 고압송수가 예상되므로 위해 방지상 관창압력 조정은 소화전함 내의 앵글밸브를 사용한다.

5 스프링클러설비

(1) 설비개요
화재의 소화 및 연소 확대방지를 목적으로 일반 소방대상물에 설치하는 설비로서 물탱크, 제어반, 가압송수장치, 유수검지장치, 제어반 등으로 구성된 설비로 장점은 초기화재에 적합하고, 조작이 쉽고 안전하며 사람이 없을 때에도 자동적으로 화재를 감지하여 소화함으로 화재초기 진화에 효과적이며 소화약제가 물이므로 경제적이다. 그러나 설치비용이 다른 소방설비에 비하여 많이 들며 설치가 복잡할 뿐만 아니라 동작시 수손피해가 크다는 단점이 있다.

(2) 활용요령

① 출동대는 소방차를 스프링클러설비의 연결송수구 주변에 위치시키고 수신기에서 발화지점 위치를 확인하여 저층·고층 등 송수구의 위치를 확인 후 호스65㎜를 연결
② 스프링클러설비에 의한 완전진화 시 대원에 의한 잔화정리
③ 스프링클러가 설치된 건물의 효과적인 화재진압을 위해서 적절한 배연이 필요
④ 무전기를 소지한 대원을 스프링클러 급수를 차단할 수 있는 개폐밸브(개폐표시형밸브)에 배치(알람밸브실, 제어반, 유수검지장치실, 기계실 등)
⑤ 스프링클러 설비에 의한 급수를 차단하기 전에 화재진압 및 확대방지 작전에 필요한 적정 진압대원을 배치
⑥ 화재발생 장소에 설치된 고가설비(제품) 및 장비, 가구 등에 대한 수손피해를 최소화

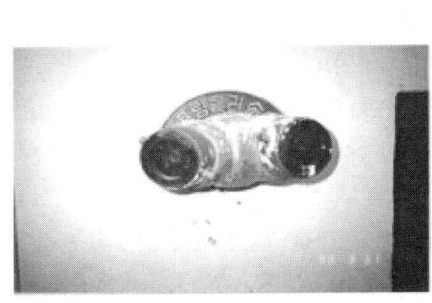 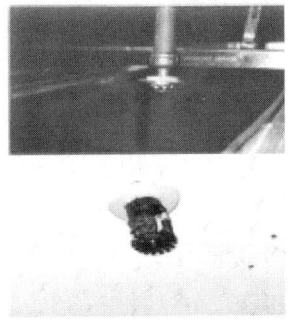

(스프링클러설비)

※ 스프링클러설비는 1723년 영국의 화학자 A.Godfrey에 의하여 처음으로 만들어 졌으며 단순히 물통과 도화선으로 구성되어 화재시 화염이 도화선에 점화, 화약이 폭발하여 물통의 물이 방출되는 간이설비였지만, 그 후 계속 개발하고 발전되어 1874년 미국 Henry Parmelee에 의해서 오늘날과 같은 자동 스프링클러헤드가 개발되어 실용화되기에 이르렀다.

6 이산화탄소·할로겐화합물소화설비* 17년 소방장

(1) 설비개요

이산화탄소와 할로겐화합물 소화약제는 저장용기 내에서는 액체상태이지만 상온, 고압에서 기체상태로 변하는 가스계 소화약제이다.

할로겐화합물 소화약제는 주로 화학적 방법에 의해 소화시키지만 이산화탄소소화약제는 산소농도의 희석 등 물리적 방법에 의해서 소화시키기 때문에 소화성능이 할로겐화합물 소화성능보다 크게 떨어진다.

소화원리는 공기 중에 포함되어 있는 산소는 약 21%로서 일반적으로 가연물이 연소하기 위해서는 공기 중에 산소농도가 15% 이상 존재 하여야 한다. 이산화탄소와 할로겐화합물 소화설비는 화재구역 내에 소화약제를 공급, 분사하여 방호구역 내에 산소농도를 10%이하로 낮춰 질식시키며, 이산화탄소의 단열 팽창에 의한 냉각소화효과에 의해 화재를 진압한다.

(2) 활용상의 유의사항

① 현장도착 시 이미 가스가 방출되어 있는 경우
  ㉠ 다음 대상물은 자동방출방식이며 인명위험이 높음
    ⓐ 상시 사람이 없는 대상물의 방호구역
    ⓑ 불특정 다수인이 출입하지 않는 방호구역 또는 야간에 무인이 되는 대상물내 방호구역
  ㉡ 이산화탄소 소화설비의 가스비중은 공기비중의 1.5배이며 방출 후 기화가스는 침강하므로 당해 설비를 설치한 층보다 아래층에 방호구역이 있는 경우는 그 방사구역으로부터 누출된 가스 등을 예측하여 행동한다.

② 소방대 지시에 의해 가스를 방출시킨 경우
  ㉠ 이산화탄소 및 할로겐화합물 소화설비의 활용에 대하여는 연소실체를 파악하고, 사용의 유무를 판단한다.
  ㉡ 전역 방출 방식에 있어서는 방출 전에 대피경보를 발한다.
  ㉢ 수동기동장치의 가스방출 버튼 덮개 개방에 따른 경보울림에 유의
  ㉣ 수동기동장치가 오작동의 경우에는 용기밸브 또는 방출밸브가 개방할 때까지의 시간 내에(방출 지연 장치가 20~30초 설정) 복구 완료시까지 소화가스 방출정지 버튼을 누른 상태로 유지하여 방출 차단

(3) 안전관리

① 관계자로부터 가스방출을 확인하거나 가스방출이 의심될 경우 대원 진입을 금지하고 인명구조 등을 위하여 진입 필요 시 공기호흡기를 착용 후 진압하고 방호구역의 출입구는 닫한 상태를 유지
② 이산화탄소 소화설비가 방사한 때 내부압력상승에 의해서 출입구 방화문, 방화샷타, 개구부 틈에서 누설가스가 방호구획의 밖으로 분출할 염려가 있으므로 주의
③ 선택밸브의 조작을 잘못해 화재장소 이외의 방호구획에 가스가 충만할 염려가 있으므로 산소가스 측정기로 안전을 확인한 구역 이외는 위험범위라 간주하고 행동
④ 방호구역 내에 구조대상자 및 공기호흡기를 장착하지 않은 소방대원이 있는가를 확인하고 농연 등으로 소방대의 진입 곤란한 화재의 경우 관계자와 함께 배연 및 가스 방출 조치
⑤ 이산화탄소 소화설비에 있어서는 방사시 용기 등의 금속분이 얼고 손을 접촉하면 동상의 우려가 있으므로 주의

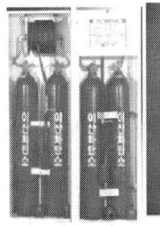

(이산화탄소설비) (하론설비)

7 제연설비

(1) 설비개요

제연설비는 건물 화재발생시 많은 양의 유독가스와 연기가 발생하여 소화활동은 물론 피난에 있어서도 큰 장해 요인이 되어 유독가스와 연기를 건물 밖으로 배출하는 설비이다. 제연설비는 화재에 의하여 생긴 대량의 연기를 전부 배출하기 위한 것이 아니고, 연기의 확산을 방지하여 피난통로를 확보하기 위한 통로의 제연에 역점을 둔 것이다. 즉 제연설비는 소방활동과 거주자의 피난을 원활하게 하기 위한 설비이다.

(2) 활용요령

① 자연제연방식은 극장, 공연장 등의 무대부에 설치되고 수동개방장치는 배연구(창 등) 부근에 설치되어 있으며 취급방법이 명시되어 있다.
② 제연설비 설치대상물의 경우에는 관계자에게 제연설비의 설치장소 및 제연방법 등을 물어보고 필요에 따라 관계자에게 조작시켜 활용한다.
③ 제연설비의 활용은 화재 초기부터 중기까지의 활용이 효과적이고 중기 이후 대량의 연기가 발생할 때에는 제연효과가 적다.
④ 제연설비 작동시에 환기설비가 작동되고 있으면 공기가 휘돌아 제연효과가 저하되므로 환기설비를 정지시킨다.
⑤ 스모크 타워(smoke tower) : 원격조작의 경우에는 방재센터 등에 의하여 작동 상황을 확인하고 수동인 경우에는 배연구의 개폐유무에 관하여 관계자로부터 의견을 청취한다.
⑥ 지하주차장 : 제연설비의 작동방법이 방재센터 등에 의한 원격작동인가 또는 연기감지기에 의한 연동작동인가를 확인한다.

8 비상방송설비

① 화재발생 시 자동전환에 의해 비상방송으로 교체되는 것이 원칙이지만 수동인 경우도 있으므로 업무방송에서 비상방송으로 스위치를 조작한다.
② 경보음(싸이렌)은 비상스위치를 조작하는 것에 의해 자동적으로 명동하고 조작부 옆의 마이크 스위치를 누르면 경보음은 정지되고 육성으로 방송할 수 있다.

③ 필요 층을 선택하여 지시, 명령을 발할 때는 층별 작동스위치를 눌러 방송한다.
④ 각 층에 있는 대원들에게 동일한 내용의 지시, 명령을 발할 경우는 일제 스위치로 바꿔 방송한다.
⑤ 화재층 또는 화재가 연소 확대하고 있는 층은 사용 불가능하므로 주의한다. 단, 다른 층의 스피커에는 영향을 받지 않도록 설계되어 있다.
⑥ 스피커의 음량은 90폰 이상이며, 상당한 소음 중에서도 유효히 방송할 수 있다.

9 수신반(종합방재실)

(1) 다음 사항을 확인하고 지휘관에게 보고

① 감지기가 작동되고 있는 위치(발화지점)
② CCTV로 보이는 상황
③ 각 소방시설의 위치, 위험시설의 위치
④ 건물 내 수용인원 및 구획별 용도, 진입 및 대피 경로 등

(2) 제반 방재시설의 작동상태를 확인하면서 필요한 조치

① 제연설비, 소방펌프, 비상용 승강기, 방화셔터 등 필요한 시설이 작동하고 있지 않을 경우 수동 작동 및 비상조치
② 시설이 작동되지 않을 경우 건물 관계자(시설관리 기술인력)로 하여금 긴급복구요구
③ 자체 방송시설로 건물 내 인원 대피 유도
④ 가스계 소화설비 방호구역에 사람이 없는 것을 확인 후 작동

10 비상콘센트설비

(1) 설비개요

건축물의 지하나 고층부에 화재가 발생한 경우에 소방대원이 전기를 동력원으로 조명기구, 파괴기구 등 소화활동에 필요한 장비를 사용할 경우에 전기를 공급할 수 있는 전원설비이다.

(2) 활용 요령

11층 이상의 고층건물, 지하층 등에 설치되어 있으므로 조명기구 등을 유효하게 활용할 수 있다.
① 보호함의 문을 개방하고 어댑터를 꽂는다.
② 휴대한 전기기구의 플러그를 어댑터와 연결한다.
③ 어댑터 코드에 연결된 줄을 풀어 훅(hook)에 걸고 플러그가 빠지지 않게 한다.
④ 휴대한 기구의 스위치를 넣고 전선을 연장한다.

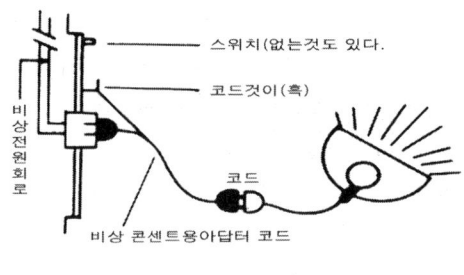

(설비 활용 예)

11 무선통신보조설비

(1) 설비개요

터널, 지하가, 지하층 등 전파의 반송특성이 나빠 무선교신이 곤란한 장소에 설치되어 소방대의 무선통신을 원활하게 하기 위한 설비로서 무전기 접속단자함, 누설동축케이블, 분배기, 증폭기 등으로 구성되어 있다.

(2) 활용요령

① 지상 또는 방재실, 수위실 등에 설치되어 있는 무전기 접속단자를 찾는다(바닥으로부터 0.8m 이상 1.5m 이하의 위치)
② 무전기 접속단자함의 문을 열고 단자의 캡을 벗긴 후 접속용 커넥터(방재실이나 소방차에 비치)를 연결한다.
③ 휴대용무전기의 안테나를 분리시킨 후 접속단자에 연결된 커넥터의 반대 부분을 연결시킨 후 교신한다.
④ 지상의 접속단자에 접속한 휴대무전기는 지하가 진입대원과의 교신 전용이 되고 당해 무전기는 지상과의 교신은 불가능하다.
⑤ 접속단자에 접속한 휴대무전기와 지하가에 있는 대원이 교신중의 경우는 다른 지하가의 대원은 교신을 짧게 한다.

12 연소방지설비

길이가 500m 이상, 폭 1.8m 이상, 높이 2m 이상인 지하구에 설치되어 있는 설비로서, 화재 발생시 연결송수구를 통해 송수된 가압수가 지하구 천정부에 설치된 헤드에 의해 살수되어 연소확대를 방지하는 설비로서 송수구, 살수구역표지, 배관, 헤드로 구성되어 있다.

설치대상	지하구(전력 또는 통신사업용인 것에 한한다)
활용요령	① 현장 관계자나 자동화재탐지설비의 수신반을 확인하여 화점 위치를 파악한다. ② 펌프차를 연결송수구 인근에 부서한다.

③ 화점구역의 좌우 살수구역을 점령하여 <u>65mm 호스를 연결송수구에 연결송수한다.</u>
④ <u>1개의 송수구(1개의 살수구역) 송수압력은 약 0.2~0.5Mpa로</u> 한다.
⑤ 화재 진행 상황을 수신반으로 계속 확인한다.

제14절 기타 활동

1 조명작업

(1) 화재현장에서의 조명 작업은 각 대원의 발밑을 비추기 위한 손전등과 통로, 방, 계단 등을 조명하기 위한 이동식조명등이 있다. 또한 옥외의 일부를 조명하는 경우에는 차량의 전조등, 서치라이트 등의 활용도 고려한다.

(2) 특수한 조명으로서는 위험장소 등의 표시에 케미컬라이트가 사용되고 있다. 이들 조명작업 중 <u>가장 많이 사용되고 있는 것이 이동식조명등</u>이며 특히 주의하여야 할 사항은 다음과 같다.

① 넓은 범위를 밝게 비출 수 있는 위치를 설정하고, 상황에 따라서는 반사효과를 이용한 간접조명을 한다.
② 눈이 부시는 것을 방지하기 위하여 <u>조명등은 높은 위치에 설정할 것</u>
③ 전선은 도로나 통로의 중앙을 피하여 <u>벽이나 담 등을 따라서 연장할 것</u>
④ 점등한 상태로의 이동은 원칙적으로 하지 말 것
⑤ 발전기의 설치장소는 물이 닿지 않는 안전한 장소를 선정할 것
⑥ 발전기는 원칙적으로 옥내에서는 사용하지 않는다. 다만, 부득이하게 사용할 경우에는 환기에 주의한다.
⑦ 발전기의 운반손잡이 등에 전선의 접속 측 말단을 고정시키고 전선 등에 충격이 가해졌을 때 접속부가 빠지지 않도록 조치한다.

2 비화경계

(1) 실시원칙

① 목조나 방화조의 건물화재에서는 화재중기 이후 특히 지붕이 파괴되고 열에 의하여 불티가 비산한다.
② 불티가 직접적인 피해를 내는 것은 적지만 조건에 따라서는 낙하한 불티에서 화재가 발생한 경우가 있다.
③ 화재로 비산한 불티는 불티이거나 또는 나뭇조각인 상태이다.
④ 비화화재의 경계는 불티가 많이 낙하하는 장소를 중심으로 실시한다.
⑤ 경계방법은 높은 곳에서의 감시나 순찰 등에 의한 방법이 많지만 화재방어중인 소방대라 하더라도

화재현장의 가까운 곳에는 관심을 가지고 행동하며, 보이는 범위에는 스스로 경계를 할 필요가 있다.
⑥ 부근 주민이나 의용소방대원, 자위소방대에 협조를 구하는 경우도 있다.
⑦ 비산범위 내에 인화성이 높은 위험물을 취급하고 있는 제조소 등에 위험이 있는 경우에는 취급을 일시정지 또는 자위소방대의 경계배치를 지도한다.

(2) 비화경계 협조사항(부근주민)

① 창이나 문 등의 개구부는 폐쇄하여 옥내에 불티가 날아 들어가지 않도록 한다.
② 물통 등을 활용하기 쉬운 장소에 준비해 둔다.
③ 건물내외를 수시로 돌아보고 발연장소 등의 발견에 노력한다.
④ 세탁물, 섬유원단 등 옥외에 있는 빨래는 미리 옥내로 옮겨 둔다. 이때 불티가 세탁물 특히 원단 등에 붙지는 않았는지 세밀히 확인한다.
⑤ 불티가 심하게 낙하한 장소 또는 초가, 목조지붕 등에는 미리 주수해 둔다.
⑥ 화재를 발견하면 초기에 소화함과 동시에 부근에 있는 소방대 또는 119번으로 통보한다.

3 수손(水損)방지

(1) 수손 피해 발생 요인 및 배경

발생 요인	화재 시 짙은 연기와 열기로 인하여 화점을 확인하지 않은 채 주수하기 때문에 소화효과가 적은 물에 의한 피해가 많다.
배 경	㉠ 내화건물 등 자연배수가 열악한 건물에 발생하기 쉽다. ㉡ 컴퓨터나 사무자동화기기 등 물에 약한 고액의 기기가 보급되어 소량의 소화수에도 영향을 받기 쉽다. ㉢ 건물내장재나 생활용품의 고급화 추세로 물에 의한 피해가 증가하는 경향에 있다.

● 화재에 의한 피해에는
1. 소실에 의한 것
2. 연기에 의한 것
3. 파괴에 의한 것
4. 소화수에 의한 것이 있다.

(2) 수손 방지의 요점·방법

수손 방지의 요점	㉠ 방수량을 필요최소한도로 한다. ㉡ 신속하게 소화수를 옥외로 배수시킨다. ㉢ 영향을 받는 설비, 기기 등을 신속하게 방수시트 등으로 방호한다.
수손 방지 행동 이전의 조치	㉠ 방수 시는 개폐를 민첩하게 실시한다. ㉡ 부분파괴를 병행해서 효과적인 소화를 실시한다. ㉢ 연소실체를 파악해 방수한다.
수손 방지 방법	㉠ 방수시트의 이용　　㉡ 모래부대 등의 이용 ㉢ 배수작업　　　　　㉣ 기자재의 활용

(3) 수손방지 활동 요령

수손방지 작업은 지휘자의 명령에 근거해 실시한다. 활동의 순위는 ㉠ 화점 직하층의 방 ㉡ 양옆의 방 ㉢ 다른 방 ㉣ 다른 층 순서로 한다.

① 방수시트의 전개
  ㉠ 방수시트의 전개 시 되도록 주름이 잡히지 않도록 펴고 주위는 두 겹으로 접어서 누수가 되지 않도록 한다.
  ㉡ 누수가 심하고 넓은 범위는 신문지, 방수시트나 모포 등을 뭉쳐서 담을 만들어 방수시트를 깔아서 다른 곳으로 유출시키지 않도록 한다.
  ㉢ 방수시트가 만수가 되면 양동이 등으로 외부로 반출한다. 배수 작업은 관계자 등에게 실시케 하는 등 활동의 효율성을 꾀한다.
  ㉣ 물품 등으로 침투할 염려가 있는 경우는 적당한 받침대 위에 옮기고서 방수시트를 전개한다.
  ㉤ 방수시트를 천장 등에 못을 박고 옷장 등 높이가 있는 물품을 이용해서 누수를 창으로부터 옥외, 현관, 욕실, 베란다 등의 낮은 장소나 배수구로 유도한다.
  ㉥ 벽 사이의 장롱 등은 벽을 따라 내려오는 물로부터 막기 위해 벽에서 떨어뜨려 방수시트를 전개한다.
  ㉦ 전자기기 등의 중요하고 쉽게 이동이 곤란한 것 또는 수손에 의해 사회적, 경제적으로 손해가 큰 물품에 대해서는 방수시트로 충분히 보호한다.

② 계단의 배수요령
계단으로부터 유출하는 물에 대해서는 계단에 방수시트를 깔고 물을 아래층 문밖으로 내보낸다. 계단의 배수요령은 다음방법에 의한다.
  ㉠ 2명의 대원이 2매의 방수시트를 연장한다. 처음 1매를 계단 밑 부분에 넓게 계단형태로 맞춘다.
  ㉡ 다음 방수시트는 단 윗부분에서 같은 모양으로 넓게 1매 째의 방수시트에 30㎝ 겹치게 한다.
  ㉢ 난간이 있는 경우는 방수시트를 난간에 걸치고 난간이 없는 경우는 끝을 말아 올려 둑을 만든다.
  ㉣ 피복할 물품이 큰 경우 또는 긴 배수로를 만들 경우에는 다음 요령과 같이 실시한다.
    ⓐ 위쪽의 방수시트는 약 50㎝ 접어 올리고 밑이 되는 방수시트를 약 25㎝ 위에 포갠다.
    ⓑ 위가 되는 접은 방수시트의 절반을 밑이 되는 방수시트 위에 접어 올린다.
    ⓒ 2매의 방수시트가 겹쳐진 부분을 밑이 되는 방향으로 접는다.

③ 스프링클러 작동시의 조치
  ㉠ 스프링클러 설비의 제어변을 차단한다.
  ㉡ 헤드에 나무마개를 삽입하는 방법 등으로 물을 차단한다.

④ 지하실의 소화수의 배수
계단, 승강기 등에서 지하실로 유입된 소화수의 배수는 지하 최하층의 집배수조의 맨홀의 뚜껑을 열어서 유입시키고 건축물에 설치되어 있는 배수펌프나 잔수처리기를 활용해서 배수한다.

4 잔화정리

- 화재현장의 일반적인 양상으로서는 맹렬한 불꽃을 내고 있는 화재라도 방수가 개시되면 곧 현장은 연기와 증기가 충만한 상태가 되어 버린다.
- 더욱이 방수가 계속되어 연소물의 표면을 물로 덮으면 열은 연기와 온도가 낮은 증기가 떠오르는 상태가 되며 이 시점에서는 불꽃은 외관상 보이지 않게 된다. 이것이 화재의 진압상태이다.
- 이 상태에서는 방수의 사각부분이나 물이 침투되어 있지 않은 부분에 많은 불씨가 남아 있다. 잔화정리는 이들 불씨의 장해를 제거하면서 하나하나 처리해 가는 작업이다.
- 잔화정리의 방법으로서는 낮은 압력의 방수가 주된 것이지만 방수를 해도 물이 침투되기 어려운 원단 등의 섬유류나 목재더미, 종이류 더미 등은 재연의 염려가 있으므로 옥외로 반출하던가 물을 적셔둔다.

(1) 잔화확인

① 잔화를 빠뜨리기 쉬운 부분
  ㉠ 작은 거실 뒤, 천장 뒤, 바닥아래 및 닥트, 파이프스페이스 등의 세로 구멍
  ㉡ 모르타르 벽 등의 이중 벽 내
  ㉢ 주방 등의 화기시설 주위의 철판을 부착한 내장 뒷면
  ㉣ 벽장 및 문틈
  ㉤ 기와 아래 및 돗자리 이음새
  ㉥ 무염연소 또는 심층부 화재가 되기 쉬운 물건 등 (이불, 매트, 섬유류, 계단, 목재 및 나무 부스러기류)

② 잔화를 빠뜨리기 쉬운 부분의 점검요령
  ㉠ 작은 실(室) 뒤, 천장 뒤, 바닥아래 및 닥트, 파이프스페이스 등의 세로 구멍 부분
    ⓐ 점검구(벽장의 천장부분) 등으로부터 내부를 확인한다.
    ⓑ 천장, 바닥 및 닥트 등을 파괴해서 확인한다.
  ㉡ 모르타르 벽 등의 이중 벽 내
    ⓐ 변색부분 등의 윗면을 손으로 접촉하여 온도를 확인한다.
    ⓑ 작은 실 뒤를 살펴보고 화기 및 연기의 상황을 확인한다.
    ⓒ 이중벽의 일부를 파괴해서 확인한다.
  ㉢ 주방 등의 화기시설 주위의 철판을 부착한 내장 뒷면을 확인한다.
  ㉣ 벽장, 문틈
  ㉤ 기와아래, 돗자리의 이음새 부분
  ㉥ 이불, 매트, 섬유류, 종이, 목재 및 나무 부스러기 류

(2) 잔화정리요령 * 15년 인천 소방장

잔화 정리 요령	㉠ 지휘자로부터 지정된 담당구역을 <u>바깥에서 → 중심으로, 위층에서 → 아래층으로, 높은 장소에서 → 낮은 장소로의 순</u>으로 실시한다. ㉡ 개구부를 개방하고 배연, 배열하고 활동환경을 정리해서 실시하는 것과 동시에 조명기구를 활용한다. ㉢ 방수는 관창압력을 감압해서 직사주수, 분무주수 등 관창은 기민하게 조작한다. ㉣ 방수는 한 장소에 고정하는 것이 아니라 대소의 이동이나 국부파괴, 뒤집어 파는 등 적극적으로 실시해 주수사각이 생기지 않도록 한다. 필요에 따라 호스를 증가한다. ㉤ 합판, 대들보의 뒤 측, 벽 사이 등 주수사각이 되고 있는 장소에 방수한다. 모르타르 벽 등이 방수해서 곧 마르는 것은 잔화의 위험이 있기 때문에 손으로 벽체의 열을 확인하는 등 잔화정리에 철저를 기한다. ㉥ 잔해물이나 붕괴물을 쇠갈고리 등으로 제거해서 방수한다. ㉦ 가연물이 퇴적되어 있을 때는 관창을 끼워 넣거나 파서 헤집어 방수한다. ㉧ 과잉 방수를 피하고 수손을 방지한다.
위해 방지	㉠ 연소방지에서 잔화정리에 걸쳐서 벽체의 도괴, 기와의 낙하, 기둥의 넘어짐 및 발바닥의 자상 등에 의한 공무재해가 많이 발생하고 있다. 잔화정리는 항상 이러한 위해 방지에 세심한 주의를 기울여 실시한다. ㉡ 물체의 낙하가 예상되는 장소에 진입하는 경우는 진입 전에 방수 기타의 방법으로 사전에 낙하물을 제거한다. ㉢ 미리 진입해 있는 대원에 대해 방수에 의한 위해 방지에 주의한다. ㉣ 쇠갈고리를 사용하고 있는 경우는 주위의 대원에 위해를 입히지 않도록 주의한다. ㉤ 조명은 될 수 있는 한 광범위하게 조명할 수 있는 위치를 선정한다.
재출화 방지	㉠ 화재조사를 위해 방화경계구역을 설정함과 동시 재출화를 방지하고 <u>현장을 보전하기 위하여 필요할 때에는 화재 진화 후에 현장에 대한 감시경계를 해야 한다.</u> ㉡ <u>경계는 가능한 한 관할 소방대 1개 대를 지휘자가 지정한다.</u> ㉢ 소방대가 직접 감시경계 하기가 곤란한 경우 또는 화재 대상물의 관계자 등이 부재인 경우에는 경찰관이나 동사무소직원 기타 거주자에 대해서 현장보전 및 긴급시의 필요한 조치 등을 설명하고 현장경계 협력을 구한다. ㉣ 이 경우 위험하다고 인정되는 장소의 구체적인 위험성과 재출화 방지에 철저를 기하고 <u>필요에 따라서는 현장에 대한 설명서(인계인수서)를 교부한다.</u>

5 현장보존

① 물질적인 면에서는 재산보호임과 동시에 화재원인 조사를 쉽게 하고 나아가 범죄행위를 전제로 한 경찰수사에 협력하기 위한 것이므로 가능한 한 <u>화재현장을 화재직전의 상태로 유지시키는 것이다.</u>
② 연소물건의 신속한 소화가 필요하다. 화재방어와 현장보존의 두 개의 목적달성은 어려운 면도 있지만 방어활동에서는 과잉파괴, 과잉방수 등은 가능한 한 피하여야 한다.
③ 현장보존에 너무 치중하여 화재를 확대시키거나 시간을 낭비해서는 안 된다.
④ 화재원인 조사에는 탄 흔적에서 조사의 난이가 좌우되는 것이기 때문에 화재방어 그 자체가 현장보존 행위이다.

> ● 화재방어 활동 중 주의사항
> ① 현장보존의 결정은 화재조사 요원과 연락을 취하여 설정하고 외부인의 출입을 금지한다.
> ② 범위 내에서의 잔화정리는 분무방수 혹은 저압방수로 하고 특히 화기를 사용했다고 생각되는 물건의 위치, 사용상황을 판단할 수 있는 화기 내의 재, 기타 잔존부분에 변화를 주지 않도록 주의하고 소실물건의 파괴, 이동 등을 주의한다.
> ③ 범위 내의 물건, 특히 발화원으로 보이는 물건이 있었던 위치, 소실의 정도 및 상황 등에서 판단할 수 있도록 확인해 둘 필요가 있다.
> ④ 출화장소 부근에 유류 등의 위험물이 있는 경우에는 이러한 위험물이 유출되지 않도록 세심한 주의가 필요하다.
> ⑤ 진압활동에 지장이 되는 간선, 배관 등을 절단한 경우에는 보존해야 한다.

6 현장 홍보

소방활동 측면에서는 무엇보다 현장활동에 필요한 구조대상자 및 화재건물 상황 등의 정보를 구하거나 방화경계구역에서의 퇴거, 지시 등에 관한 홍보가 가장 중요하다.

따라서 화재현장 홍보는 소방의 실태를 주민에게 알리고 소방행정에 대한 이해와 신뢰를 얻기 위한 절호의 기회이며 이러한 기회를 이용하여 화재진화 후 적극적으로 소방홍보를 실시하여야 한다.

목적	① 소방활동에 필요한 각종 정보의 입수 ② 긴급피난 지시나 현장의 위험성 고지 ③ 소방활동에 대한 이해를 요청 ④ 화재현장상황을 설명함으로서 주민 화재예방의식 고취 ⑤ 매스컴을 통하여 널리 화재실태를 알림
형태와 요령	① 소방활동을 효율적으로 하기 위한 홍보 　소방활동을 효율적으로 하기 위해서는 출동도중이라도 차량용 확성기를 이용하여 소방차량이 주행하기 쉽도록 협력을 구한다. 또 현장부근에서는 일반인의 위해방지나 소방대의 활동공간을 확보할 필요가 있다. ② 소방에 대한 이해를 구하기 위한 홍보 　화재건물이나 인접건물의 관계자는 화재상황을 알고 싶어하고 소방활동에 따라 불편함을 겪는 등 일상생활에 영향을 받는다. 따라서 소방활동 및 화재상황을 홍보하여 소방에 대한 이해와 신뢰를 높일 필요가 있다. 단, 화재의 상황을 홍보하는 경우 화재건물에 관계되는 것일지라도 개인의 프라이버시는 지켜야 하며 홍보 내용에도 한계가 있음을 주의한다. ③ 매스컴에 대한 홍보 　매스컴에 대한 홍보는 현장 지휘자의 지시에 따라 일원화로 하여야 하며 각 대원은 필요한 정보를 수시로 지휘자에게 보고하여야 한다.

7 현장 철수

소방활동의 최종행동이고 소방활동에 사용한 기구를 수납·점검함과 동시에 다음 재해에 대비하기 위한 행동이다. 철수는 지휘자의 명령에 의해 전 대원이 협력하여 신속하고 질서 있게 행동하여야 한다.

(1) 현장 철수시의 행동요령

수납	㉠ 사용한 기구는 각자가 책임을 지고 소정의 장소에 수납한다. 타대의 것과 혼돈하지 않도록 하고, 타대에서 임시 빌린 기자재는 양자가 입회한 다음 확인하고 반납한다. ㉡ 소방호스의 수납은 한 겹 말음 또는 접은 호스로 하여 관창에서 순차적으로 실시하는 것을 한다. ㉢ 정리한 소방호스는 차량 등 일정한 장소에 적재하는 등 사용 본수를 확인하고 적재한다. ㉣ 소방호스를 차량 외부로 적재하는 경우는 로프 등으로 고정한다.
점검	㉠ 제1차적으로는 각자가 사용한 기자재를 책임을 가지고 점검한다. ㉡ 제2차적으로는 점검구분에 따라서 점검한다. ㉢ 특히 장비의 대여에 대해서는 명확하게 해 둘 것. ㉣ 점검결과는 세세하고 누락 없이 지휘자에게 보고한다. ㉤ 현장점검은 방어활동을 실시하지 않을 때라도 반드시 실시한다. ㉥ 화재현장, 인원, 장비, 기계기구에 이상이 있을 때에는 그 상황을 지휘자에게 즉시 보고하고 필요한 지시를 받는다. ㉦ 철수할 때에는 재발화 감시경계, 현장보존 등에 관한 사항을 관계자에게 협조를 구한 후 철수하여야 한다.
철수 (유의 사항)	㉠ 교통사고 방지 　ⓐ 전원이 긴장하여 교통법규를 지키고 사고방지를 꾀한다. 　ⓑ 좁은 길, 후퇴 시는 적극적으로 하차하는 등으로 해서 반드시 유도한다. ㉡ 적재기구의 낙하방지에 주의한다. ㉢ 재 출동에 대비해 무전의 수신 등 긴장을 계속한다. ㉣ 기타 귀서 후의 소방활동 기록작성 등을 위해서 필요한 조사 등은 전원이 협력해서 신속하게 실시한다.

(2) 재 출동 준비

① 기구의 손상, 분실 등의 유무를 신속하게 점검하고 다음 출동에 대비한다.
② 차량의 연료, 윤활유를 보급한다.
③ 적재 호스를 보충한다.
④ 조명기구, 공기호흡기, 로프 등을 점검하고 기능을 확인한다.
⑤ 개인장비를 정비한다.
⑥ 피복의 교체는 신속하게 정리한다.
⑦ 파손, 사용불능의 자재는 신속하게 보수 또는 교환한다.

> **Check**
> ① 연결송수관 활용 시 송수계통이 2 이상일 때는 연합송수가 되므로 송수구 부분의 송수압력이 (　) 지도록 펌프를 운용한다. 또 뒤에서 송수하는 펌프차대는 약 (　)% 정도 높은 압력으로 송수한다.
> ② (　)설비는 길이가 (　)m 이상, 폭 (　)m 이상, 높이 (　)m 이상인 지하구에 설치되어 있는 설비이다.
> ③ 수손방지 활동 순위는 화점 직하층의 방 ➡ (　)방 ➡ 다른 방 ➡ 다른 층

화재진압 및 현장활동

03 기출 및 예상문제

01 "짙은 연기 내 진입요령"에 대한 설명으로 옳은 것은?

① 휴대경보기의 스위치「ON」을 확인한다.
② 공기호흡기 면체는 짙은연기 내 진입 직후에 착용한다.
③ 면체는 진입직후 양압에서 대기압으로 전환한다.
④ 진입 전에 대원카드를 동료 직원에게 맡기도록 한다.

해설 ✪ 짙은연기 내 진입 요령
㉠ 공기호흡기 및 휴대용 경보기를 확실하게 착용한다.
　ⓐ 면체는 공기의 낭비를 피하기 위해 진입 직전에 대기압에서 양압으로 전환한다.
　ⓑ 휴대경보기의 스위치「ON」을 확인한다.
　ⓒ 짙은 연기 내에서는 면체를 절대로 벗지 않는다.
㉡ 조명기구는 사용할 수 있는 상태를 유지한다.
㉢ 퇴로확보에 필요한 로프, 조명기구 코드 및 호스 등 외부와 연락할 수 있는 수단을 확보하고 확인한다.
㉣ 진입 전에 대원카드를 지휘자에게 제출한다.

02 화점실 진입 요령에 대한 설명으로 잘못된 것은?

① 화점실 문 개방 시 문의 측면에 위치해 엄호방수의 자세를 취하면서 서서히 개방한다.
② 불꽃이 보이는 실내에서는 방수 전에 신속하게 연소범위를 확인한다.
③ 진입 전에 방화복에 물을 뿌리면 무게 때문에 활동이 어려우므로 지양한다.
④ 천정 부분에 직사방수로 낙하물이나 도괴물을 제거 후 진입한다.

해설 ✪ 화점실 등으로의 진입★ 21년 소방장
㉠ 화점실 등의 문을 개방하는 경우는 화염의 분출 등에 의한 위험을 피하기 위해 문의 측면에 위치해 엄호방수 태세를 취하면서 서서히 문을 개방한다.
㉡ 불꽃이 보이는 실내에서는 중성대가 형성되고 있는 경우가 많기 때문에 방수 전에 신속하게 연소범위를 확인한다.
㉢ 방수 시에는 시계가 어렵고 열기에 갇히는 것에 유의한다.
㉣ 연소실 내에 진입하는 경우는 천정 부분에 직사방수를 하면서 낙하물이나 도괴물을 제거 후 진입한다.
㉤ 고온의 화재실 내로 진입하는 경우는 전방팀과 후방팀이 1개 조로 활동하는 2단 방수형태로 공격하고 후방의 호스(관창)팀은 분무방수로 전방팀을 보호 및 경계하면서 지원역할을 한다.
㉥ 진입 전에는 소매와 목 부위의 노출부분이 없도록 보호한다.

정답 01. ③　02. ③

03 창문개방 시 유의사항으로 틀린 것은?

① 아래층에 개구부를 만들면 중성대가 올라가므로 그 창의 전체가 급기구가 될 수 있다.
② 동일층에 있어서 급기, 배기측 창으로 구별할 수 있을 때는 급기측의 창으로 진입한다.
③ 사다리를 설치할 때는 창틀 등에 고정하여 안전을 도모한다.
④ 화염의 분출 상황을 확인하여 사다리 설치위치를 결정한다.

해설 ✚ 창문 개방 시 유의사항
㉠ 화염의 분출상황을 확인하여 사다리 설치위치를 결정한다.
㉡ 풍향을 고려하여 창을 개방하고, 실내의 연기를 배출한다.
㉢ 사다리를 설치할 때는 창틀 등에 고정하여 안전을 도모한다.
㉣ 개구부에 중성대가 생긴 때에는 바닥 면에 가까운 부분은 잘 보이는 경우가 많으므로 방수하기 전에 신속히 관찰하여 내부 상황을 파악한다.
㉤ 고층건물 상층의 창에 중성대가 생겨 화염과 연기가 분출하고 있을 때 불필요하게 <u>아래층에 개구부를 만들면 중성대가 내려 가게 되어 그 창의 전체가 배기구로 될 염려가 있으므로 주의</u>한다.
㉥ 동일층에 있어서 급기측 창과 배기측 창으로 구별할 수 있을 때는 <u>급기측의 창으로 진입</u>한다.
㉦ 창의 개방에 있어서는 백드래프트(Back draft, 이하 '역류'로 명명함) 또는 플래시오버(Flash over)에 주의하여 방수 태세를 갖춘 후 개방한다.

04 공기호흡기 사용 가능시간 산출방법으로 다음 내용에 가장 적합한 시간은?

> 충전압력 300kgf/㎠의 6.8ℓ 용기를 사용하여 경보 벨이 울릴 때까지 사용할 경우, 활동 대원이 매분 50ℓ의 공기를 소비한다면 사용가능시간은? (탈출소요압력 55kgf/㎠)

① 22분 ② 41분
③ 33분 ④ 12분

해설 ✚ 공기호흡기의 사용 가능시간 산출공식 ★★ 14년 경기 소방교/ 16년 강원 소방교/ 19년 소방위

$$\text{사용가능시간(분)} = \frac{\{\text{충전압력(kgf/㎠)} - \text{탈출소요압력(kgf/㎠)}\} \times \text{용기용량}(\ell)}{\text{분당 호흡량}(\ell/\text{분})}$$

• 충전압력 300kgf/㎠의 6.8ℓ 용기를 사용하여 경보 벨이 울릴 때까지 사용할 경우, 활동 대원이 매분 40ℓ의 공기를 소비한다고 하면 다음 계산에 의하여 사용가능 시간을 판단할 수 있다.

$$\text{사용가능시간(분)} = \frac{(300 - 55) \times 6.8}{50} = \text{약 33(분)}$$

• 탈출소요압력은 경보 벨이 울리는 압력(신형 SCA680의 경우 55kgf/㎠, 구형은 35kgf/㎠=경보개시압력 30kgf/㎠+오차범위 5kgf/㎠)으로 산출하기 때문에, 탈출경로가 긴 경우 그에 따른 여유시간이 더 필요하다.
• 공기소비량은 훈련 시 등 비교적 가벼운 활동을 한 경우의 일반적인 소비량이고 각 개인의 활동 강도, 긴장도, 호흡방법 등에 따라 달라지므로 사전에 파악해 두어야 한다.

정답 03. ① 04. ③

05 "짙은연기 시 옥내진입 및 행동요령"으로써 옳은 것은?

① 진입은 반드시 3명 1조로 하고 단독행동은 피해야 한다.
② 여러 팀이 진입하는 경우는 검색봉을 활용해서 천정을 두드리면서 진입한다.
③ 어두운 곳에 진입 할 때는 자세를 낮추고 바닥을 따라 진입한다.
④ 공기용기의 잔량에 주의해서 경보 벨이 울리면 즉시 탈출한다.

해설 ✚ 진입 및 행동요령★★ 12년 소방위 / 21년 소방장
1) 진입은 반드시 2명 1조로, 생명로프를 신체에 결착하여 진입하고 단독행동은 피해야 한다.
2) 2개 이상의 계단통로가 있고 급기계단, 배기계단으로 나뉘어 있을 때는 연기가 적은 급기계단으로 진입한다.
3) 어두운 곳에 진입할 때는 조명기구로 발밑을 조명하면서 자세를 낮추고 벽체 등을 따라 진입한다.
4) 자동폐쇄식 방화문을 통과하여 진입하는 경우는 쐐기 또는 빗장 등을 사용하여 퇴로에 필요한 폭의 개구부를 확보한다.
5) 넓은 장소에 여러 진입팀이 진입하는 경우는 검색봉을 활용해서 바닥을 두드리면서 진입하고 이 소리로 상호위치를 판단한다.
6) 공기용기의 잔량에 주의해서 경보 벨이 울리면 즉시 탈출한다.

06 다음 ( ) 안에 들어갈 내용은?

> 건물 상호간의 간격이 ( )m 이내의 경우는 복식사다리를 접은 상태로 수평으로 걸쳐 그 위를 건너 진입한다.

① 5
② 1
③ 10
④ 2.5

해설 ✚ 인접건물의 옥상 또는 창을 통한 진입요령★ 06년 소방위
㉠ 건물 상호간의 간격이 좁고 마주보는 면에 창 등 개구부가 있는 경우에는 발화건물의 창을 파괴하여 개구부를 만들고 양쪽 건물 사이에 갈고리, 천정파괴기, 사다리 등을 걸쳐 진입한다.
　※ 이 방법은 상당한 위험이 따르므로 신중을 기해야 하며 진입대원의 안전을 도모하기 위해 로프로 결착한다.
㉡ 건물 상호간의 간격이 2.5m 이내의 경우는 복식사다리를 접은 상태로 수평으로 걸쳐 그 위를 건너 진입한다.
　※ 이 경우 2개 이상의 사다리를 병렬로 묶어 설치한 후, 양쪽 사다리에 체중을 싣고 엎드려 건너면 더욱 안전하다.
㉢ 수평으로 걸친 사다리를 이용하는 경우는 사다리에 상하진동 등의 충격, 지나친 하중을 주지 않도록 조심스럽게 행동한다.

07 구조대상자가 있다고 판단할 수 없는 것은?

① 정보가 없는 경우
② 약간 조용한 현장
③ 공동주택 등에서 야간전등이 꺼져 있는 주거
④ 문에 도어체크가 걸려있는 경우

정답 05. ④ 06. ④ 07. ③

[해설] ● 구조대상자 확인 상황판단* 16년 서울 소방교
구조대상자의 존재여부가 불명확할 때는 구조대상자가 있다고 가정하고 확인될 때까지 검색을 실시해야 한다.
ⓐ 정보가 없는 경우에도 구조대상자가 있다고 판단한다.
ⓑ 약간 조용한 현장은 구조대상자가 있다고 판단한다.
ⓒ 야간대의 주택 등의 화재는 구조대상자가 있다고 판단한다.
ⓓ 공동주택 등에서 야간전등이 꺼져 있는 주거는 경계대상으로 한다.
ⓔ 문에 도어첵크가 걸려 있는 경우는 구조대상자가 있다고 판단한다.
ⓕ 가스미터기, 간판 등에 유의한다.

08 인명검색 요령으로 틀린 것은?

① 검색이 완료된 장소에는 출입구 등에 표시한다.
② 구조대상자가 있다는 정보를 수집했을 때 확인될 때까지 검색한다.
③ 오감을 최대한 활용해서 검색한다.
④ 검색은 불꽃과 연기가 강한 장소를 최우선으로 하고 중점장소, 배연방향도 실시한다.

[해설] ● 인명 검색요령**
㉠ 검색활동 지휘자는 검색원에게 분담범위, 검색개소를 명확하게 지시한다.
㉡ 검색은 중점장소를 최우선으로 실시하고 불꽃과 연기가 강한 장소, 배연방향도 우선하여 단계적으로 실시한다.
㉢ 인명검색이 열, 연기 때문에 곤란할 때는 엄호방수 하에 실시한다.
㉣ 연기나 열이 없는 경우라도 연소위험이 큰 장소나 연기의 체류가 예상되는 장소는 검색을 실시한다.
㉤ 구조대상자가 있다는 정보를 수집했을 때에는 확인될 때까지 검색한다.
㉥ 검색의 중복을 방지하기 위하여 검색이 완료된 장소에 대하여는 지휘본부로 보고하고 종료장소의 출입구 등에 표시한다.
㉦ 검색조를 교체하는 경우는 검색경로, 검색실시 범위 및 내부의 상황 등을 교체자에게 인계한다.
㉧ 오감을 최대한도로 활용해서 검색을 실시한다.

09 "인명검색 중점장소"로써 틀린 것은?

① 야간화재시의 거실, 침실 부분
② 계단부근
③ 베란다, 창가
④ 옥내계단으로 통하는 출입구

[해설] ● 검색중점 장소(구조대상자가 있을만한 장소)*
검색은 탐문에 근거한 장소를 최우선으로 하되 다음의 장소를 중점적으로 실시한다.
㉠ 야간화재시의 거실, 침실 부분
㉡ 계단 부근(특히 옥외계단으로 통하는 출입구)
㉢ 막다른 계단 및 복도 또는 복도의 모퉁이
㉣ 승강기 부근
㉤ 피난기구가 설치되어 있는 부근
㉥ 베란다, 창가
㉦ 방의 구석진 곳, 대형가구 속 또는 그 사이
㉧ 목욕탕, 화장실 등 연기나 열기를 피하기 위한 일시적인 피난가능 장소

[정답] 08. ④ 09. ④

10 배연의 기본에 대한 설명으로써 다음 ( ) 안에 들어갈 내용은?

중성대 ( )에는 연기가 외부로 분출, ( )은 외부로부터 신선한 공기 유입

① 위쪽
② 아래쪽
③ 가운데
④ 옆쪽

해설
- 배연의 기본은 화재실의 중성대 위쪽에는 연기가 외부로 분출, 아래쪽은 외부로부터 신선한 공기가 유입된다.

11 인명검색을 위한 내부진입 우선순위로 바른 것은?

① 화점하층 → 화점상층 → 연소층 → 인근실 → 화점실
② 화점실 → 화점상층 → 화점하층 → 인근실 → 연소층
③ 인근실 → 화점실 → 연소층 → 화점하층 → 화점상층
④ 화점실 → 인근실 → 연소층 → 화점상층 → 화점하층

해설 ✪ 인명검색 내부진입순서* 16년 경기 소방장/ 22년 소방교
- 출화건물, 주위건물 순으로 한다.
- 화점실, 인근실, 연소층, 화점상층, 화점하층의 순위로 한다.

12 다음 중 수직배연에 관한 설명으로 잘못된 것은?

① 유독가스를 배출할 수 있도록 지붕을 파괴하는 등의 환기구를 만드는 것을 말한다.
② 유리창의 과잉파괴가 행해지면 수직 환기 효과가 증가한다.
③ 부적절한 강제 환기와 병행하면 자연환기는 그 효과가 감소한다.
④ 지붕파괴가 힘든 내화구조의 콘크리트 지붕 등의 수직배연은 제한적일 수밖에 없다.

해설 ✪ 수직 배연*** 13년 서울 소방장
① 배연요령
  ㉠ 가열된 연기 및 유독가스를 지붕 등 윗방향으로 배출할 수 있도록 지붕을 파괴하는 등의 환기구를 만드는 것을 말한다.
  ㉡ 배연방식은 화재로부터 생성된 뜨거운 가스를 배출하는데 가장 효과적인 방법이다.
  ㉢ 지붕파괴가 힘든 내화구조의 콘크리트 지붕 등의 수직배연은 제한적일 수밖에 없다.
  ㉣ 그러한 건물의 경우는 최상층의 창문이나 옥탑 등의 개구부를 개방하여 배연하는 방법을 취해야 한다.
② 유의점
  ㉠ 부적절한 강제 환기와 병행하면 자연환기는 그 효과가 감소한다.
  ㉡ 유리창의 과잉파괴가 행해지면 수직 환기 효과가 감소한다.
  ㉢ 배연이 되고 있는 수직 환기구나 통로에서 방수를 하면 기류의 방향을 돌려놓는 결과가 되므로 주의한다.

정답 10. ①② 11. ④ 12. ②

13 수평배연에 관한 설명으로써 틀린 것은?

① 창문이나 출입문을 통하여 연기가 빠져나가게 하는 것을 수평배연이라 한다.
② 일반적으로 수직배연을 하기에 알맞은 건물이 수평배연에는 좋지 않다.
③ 바람이 불지 않을 때에는 수평배연의 효과가 감소한다.
④ 풍상방향의 개구부를 급기구로 풍하방향의 개구부를 배기구로 하는 것이 가장 효과적이다.

해설 ● 수평 배연
① 배연요령
  ㉠ 창문이나 출입문처럼 벽에 있는 출구로 연기가 빠져나가게 하는 것을 수평배연이라 한다.
  ㉡ 일반적으로 수직배연을 하기에 알맞은 건물이 수평배연에도 좋다.
  ㉢ 수평배연은 바람의 방향에 따라서 풍상방향의 개구부를 급기구로 풍하방향의 개구부를 배기구로 설정하는 것이 가장 효과적이다.
② 유의점
  ㉠ 바람이 불지 않을 때에는 수평배연의 효과가 감소한다.
  ㉡ 바람의 영향을 받는 곳은 급기구와 배기구 설정에 유의한다.
  ㉢ 아래층에서 배출된 연기가 상층의 개구부를 통해 유입되지 않도록 유의한다.

14 강제배연방식으로 급기측에서 분무방수로 기류를 애용하는 방법이다. 틀린 것은?

① 노즐 전개각도 60도 정도로 급기구를 완전히 덮을 수 있는 거리를 방수 위치로 선정한다.
② 개구부가 넓은 경우에는 2구이상의 분무주수로 실시한다.
③ 노즐압력은 0.3Mpa이상 분무방수를 한다.
④ 화염과 배기구 사이에 구조대상자, 구조대원이 있다면 위험을 초래할 수 있다.

해설 급기측에서 분무방수하여 기류를 이용하는 방법 * 23년 소방장
① 노즐 전개각도 60도 정도로 급기구를 완전히 덮을 수 있는 거리를 방수 위치로 선정하고, 개구부가 넓은 경우에는 2구이상의 분무주수로 실시한다.
② 노즐압력은 0.6Mpa이상 분무방수를 한다.
③ 배기구측에 진입대가 있을 때는 서로 연락을 취해 안전을 배려하면서 방수한다.
※ 특히 화염과 배기구 사이에 구조대상자, 구조대원이 있다면 위험하다.

15 송풍기 활용배연에 대한 설명으로 잘못된 것은?

① 송풍압력으로 건물 외부의 압력보다 건물 내의 압력을 낮게 하여 배연하는 방법이다.
② 양성압력형이란 개구부의 하단 등 낮은 장소에 설치하여 불어넣는 방식을 말한다.
③ 음성입력형이란 배출구에서 배출가스를 뽑아내는 방식을 말한다.
④ 설치하기가 편리하고 배연의 강도를 조절할 수 있다.

정답 13. ② 14. ③ 15. ①

[해설]
✪ 송풍기 활용 배연★★★ 14년 경남 소방장/ 15년 소방위/ 17년 소방장
① 송풍압력으로 건물 외부의 압력보다 건물 내의 압력을 높게 하여 배연하는 방법이다.
② 일반적으로 개구부의 하단 등 낮은 장소에 설치하여 불어넣는 방식을 주로 쓰고 있다.(양성압력형 환기법)
③ 배출구에서 배출가스를 뽑아내는 방식(음성입력형)도 사용하고 있다.
④ 송풍기를 활용한 배연은 동력원에 의존해야 하는 단점이 있다.

✪ 송풍기 활용 장점★
① 소방대원이 실내에 진입하지 않고도 강제 환기를 시작할 수 있다.
② 자연환기의 흐름을 보충하기 때문에 수평 및 수직 환기의 효과와 같다.
③ 설치하기가 편리하고 배연의 강도를 조절할 수 있다.
④ 모든 건물이나 도관에 응용할 수 있다.

16 구조대상자가 다수 있는 경우의 구조방법으로 틀린 것은?

① 자력 피난 불 가능자를 우선으로 구조한다.
② 중상자, 노인, 아이 등 위험도가 높은 사람을 우선으로 구조한다.
③ 큰 목소리로 위치를 알려주는 자를 우선 구조한다.
④ 인명위험이 절박한 부분을 우선으로 구조한다.

[해설] ✪ 구조의 기본★★
㉠ 구조대상자를 발견한 경우는 지휘자에게 보고 후 즉시 구조한다.
㉡ 탈출방법 등은 지휘자의 명령에 근거한 방법으로 한다.(명령을 받을 겨를이 없는 경우는 신속하고 안전하게 구출할 수 있는 방법으로 한다.)
㉢ 탈출 장소는 피난장소(지상)에 구출하는 것을 원칙으로 한다. 다만 구명이 긴급한 때는 일시적으로 응급처치를 취할 장소로 우선 이동한다.
㉣ 구조대상자가 다수 있는 경우는 다음에 의한다.★
 ⓐ 인명위험이 절박한 부분 또는 층을 우선으로 구조한다.
 ⓑ 중상자, 노인, 아이 등 위험도가 높은 사람을 우선으로 구조한다.
 ⓒ 자력 피난 불능자를 우선으로 구조한다.

17 구조대상자 운반법으로 다음 내용과 관계 깊은 것은?

> 구조대상자의 부상부위가 가슴부분 또는 허리부분의 경우는 피한다. 주로 구출거리가 짧은 경우에 활용한다.

① 안아 올려 운반구출
② 양쪽 겨드랑이 잡아당겨 구출
③ 1인 확보 운반 구출
④ 등에 업고 포복 구출

정답 16. ③ 17. ③

해설 ✚ 구조대상자 운반법* 17년 소방장**

1. 안아 올려 운반구출	주로 구출 거리가 짧은 경우에 이용한다.
2. 끈 운반 구출	구조대상자의 부상부위가 허리 부분인 경우는 피한다.
3. 전진, 후퇴 포복구출	짙은 연기 중의 구출에 적합하다. 주로 구출거리가 짧은 경우에 활용한다.
4. 메어서 운반구출	구조대상자의 부상부위가 허리 또는 복부부분의 경우는 피한다.
5. 양쪽 겨드랑이 잡아당겨 구출	구출거리가 짧은 경우에 활용한다.
6. 1인 확보 운반 구출	구조대상자의 부상부위가 가슴부분 또는 허리부분의 경우는 피한다. 주로 구출거리가 짧은 경우에 활용한다.
7. 뒤로 옷깃을 끌어당겨 구출	구조대상자는 낮은 위치에 있으므로 짙은 연기 중의 구출에 적합하다.
8. 모포 등을 이용하여 끌어당겨 구출	구조대상자는 낮은 위치에 있으므로 농연 중의 구출에 적합하다. 발부분의 모포 등을 묶으면 구조대상자의 이탈을 막을 수 있다. 구조대상자의 부상에 대하여는 그다지 고려할 것 없이 구출할 수 있다.
9. 등에 업고 포복 구출	구조대상자는 낮은 위치에 있으므로 농연 중의 구출에 적합하다. 주로 구출거리가 짧은 경우에 활용한다.

18 다음 중 고층건물의 기준은?

① 30~49층(120~200m)
② 지하층을 제외한 층수가 11층 이상
③ 50층 이상, 200m 이상
④ 16층 이상 건물 총칭

해설
고층건물이란 지하층을 제외한 층수가 11층 이상, 준 초고층건물은 30~49층(120~200m) 건물, 초고층 건물은 50층 이상, 200m 이상의 건축물로 정의되나 여기서의 고층건물은 11층 이상의 건물을 총칭한다.

19 굴뚝효과에 대한 설명으로 옳지 않은 것은?

① 고층건물 내외에서 온도와 기압의 차이로 발생하는 자연적 대류현상
② 창문이 열려있는 저층건물에서 많이 발생한다.
③ 고층건물에서 공기의 흐름에 가장 큰 영향을 끼치며, 계단실 또는 엘리베이터 샤프트에서 가장 두드러진다.
④ 창문과 같은 개구부가 열리거나 깨질 때, 굴뚝효과는 이상기류를 만들어낸다.

정답 18. ② 19. ②

해설
- 창문이 열려있는 저층건물에서는 발생하지 않는다.

❂ 고층건물화재 배연작전★★★★ 13년 소방위/ 부산 소방장
① 저층 건물에서, 농연의 흐름을 좌우하는 요소는 화재로 인한 열, 대류의 흐름, 연소 압력, 창문 등 개구부 개방을 통한 외부 바람에 의해 결정된다.
② 고층건물에서 농연은 이러한 요소에 더하여 굴뚝효과(Stack Effect, 연돌효과라고도 함)와 공조시스템(HVAC System)의 영향을 받는다.

❂ 굴뚝효과 : 고층건물 내외에서 온도와 기압의 차이로 발생하는 자연적 대류현상
① 기온의 차이와 안·밖의 대기압 차이로 인한 공기의 자연스러운 흐름을 나타낸다.
② 고층건물에서 공기의 흐름에 가장 큰 영향을 끼치며, 계단실 또는 엘리베이터 샤프트에서 가장 두드러진다.
③ 창문과 같은 개구부가 열리거나 깨질 때, 굴뚝효과는 이상기류를 만들어낸다.
④ 창문이 열려있는 저층건물에서는 발생하지 않는다.
⑤ 화재 시 농연의 흐름은 공조시스템 차단을 통해 어느 정도 통제할 수 있으나 아무 것도 굴뚝효과를 막을 수는 없다.

20 "상업용 고층건물 화재 배연작전"에 대한 설명으로 틀린 것은?

① 배연은 연소확대 가능성이 매우 낮아 화재진압이 완료된 후에 실시해야 한다.
② 심각한 생명의 위험이 없고 화재를 통제할 수 없을 경우 배연은 금지된다.
③ 사무실용 고층화재시 일반적으로 쓰이는 기본적 진압방법은 공조 시스템을 즉시 가동하는 것이다.
④ 화재가 완전히 진압된 후 잔류 농연 통제가 용이해 지면 창문과 계단에 있는 농연과 열을 방출시킨다.

해설
- 사무실용 고층화재 시 기본적 진압방법은 공조시스템을 차단하고 배연 작용 없이 화재를 진압한다.
★★ 13년 부산 소방장/ 17년 소방장

21 "상업용 고층건물 화재 배연"을 하지 않는 4가지 이유로 틀린 것은?

① 굴뚝효과로 건물 내부의 대류 흐름을 예측할 수 없다.
② 계단실을 농연으로 가득 차게 만들 수 있다.
③ 청정구역에 농연을 끌어들이는 결과를 초래할 수 있다.
④ 기류에 포함된 산소로 인하여 화재의 크기와 강도를 약화시킬 수 있다.

해설 ❂ 상업용 고층건물 화재 시 배연을 하지 않는 4가지 구체적인 이유★★★ 14년 부산 소방장
① 굴뚝효과로 인해, 당신은 건물 내부의 대류 흐름을 예측할 수 없다.
② 배연은 불꽃 폭풍을 촉발할 지도 모르고, 거주자들과 소방대원들을 위층에 가두면서 계단실을 농연으로 가득 차게 만들 수 있다.
③ 건물 내에서의 대류 흐름은 예측할 수 없기 때문에 배연으로 인하여 오히려 청정구역에 농연을 끌어들이는 결과를 초래할 수 있다.
④ 기류에 포함된 산소로 인하여 화재의 크기와 강도를 증가시킬 수 있다.

정답 20. ③ 21. ④

22 피난유도원의 지정에 대해 ( ) 안에 들어갈 내용은?

> 계단출입구 ( )명, 통로 모퉁이 ( )명

① 5, 2
② 3, 2
③ 5, 1
④ 2, 1

해설
- 계단출입구 2명, 통로 모퉁이 1명

23 다음 중 집단유도원의 지정에 있어서 적합한 인원은?

① 어른 30명에 1명, 어린이 20명에 1명
② 어른 40명에 1명, 어린이 20명에 2명
③ 어른 50명에 1명, 어린이 20명에 1명
④ 어른 30명에 1명, 어린이 20명에 2명

해설
1. 계단 출입구 2명, 통로 모퉁이 1명
2. 집단유도는 어른 50명에 1명, 어린이 20명에 1명 정도가 적합하다.

24 계단 등 수직피난에서 "피난에 사용하는 계단 등의 우선순위 원칙"은?

① 옥외계단 – 피난교 – 특별피난계단 – 옥외피난용 사다리
② 피난교 – 특별피난계단 – 옥외피난용 사다리 – 옥외계단
③ 특별피난계단 – 옥외피난용 사다리 – 옥외계단 – 피난교
④ 특별피난계단 – 옥외피난용 사다리 – 피난교 – 옥외계단

해설
- 피난계단 사용 우선순위 : 옥외계단 – 피난교 – 특별피난계단 – 옥외피난용 사다리 * 20년 소방장 / 23년 소방교

25 계단 등 수직피난계단의 유도요령으로 옳은 것은?

① 피난상황을 고려하여 계단 모서리 등으로 많은 사람이 혼잡하지 않도록 유입인원을 통제한다.
② 바로위층 피난을 우선으로 하고 계단을 내려오는 사람은 직상층으로 유도한 후 지상으로 대피시킨다.
③ 옥상 직하층의 피난 자 등은 지상으로 피난장소로 지정한다.
④ 화점층 계단 출입구는 계단의 피난 자들이 통과할 때까지 개방한다.

정답 22. ④ 23. ③ 24. ① 25. ①

해설 ⊙ 계단 등 수직피난계단 유도 요령* 23년 소방교
1. 피난에 사용하는 계단 등의 우선순위는 원칙으로 옥외계단, 피난교, 특별피난계단, 옥외피난용 사다리 및 피난계단의 순서로 한다.
2. 계단에서의 이동은 상층으로부터의 피난상황을 고려하여 계단 모서리 등으로 많은 사람이 혼잡하지 않도록 유입인원을 통제한다.
3. 바로 위층 피난을 우선으로 하고 계단을 내려오는 사람은 직하층으로 일시 유도한 후 지상으로 대피시킨다.
4. 옥상 직하 층의 피난자 등은 옥상을 일시 피난장소로 지정한다.
5. 화점층 계단 출입구는 계단의 피난 자들이 통과할 때까지 폐쇄한다.

26 화재발생 시 배연을 하는 기본적인 이유가 아닌 것은?

① 생명을 구하기 위해
② 폭발을 막거나 줄이기 위해
③ 호스연장과 관창배치를 원활하게하기 위해
④ 대기환경 오염 방지를 위해

해설 ⊙ 배연을 하는 4가지 기본적인 이유
① 생명을 구하기 위해
② 호스연장과 관창배치를 원활하게하기 위해
③ 폭발의 효과를 막거나 줄이기 위해
④ 연소확대를 제한하기 위해

27 다음 중 강제배연방식이 아닌 것은?

① 송풍기 활용
② 고발포 활용
③ 수평배연
④ 분무주수 활용

해설

⊙ 자연배연 방식

수직배연	건물의 경우 천정, 지붕의 배출구를 파괴 또는 개방하여 배출구로 하는 방식이다.
수평배연	벽에 있는 창문이나 출입문을 개방하여 배연하는 방식이다.

⊙ 강제배연 방식

송풍기 활용	회전식 강철 팬의 회전력에 의한 압력으로 배연하는 방식
분무방수 활용	분무방수에 의한 수압으로 배연하는 방식
배연차 활용	배연차에 장착된 기계장치에 의해 연기를 흡입하여 배출하는 방식
고발포 활용	고발포 방사시의 압력에 의해 배연하는 방식
제연설비 및 공기조화설비활용	건물에 설비된 제연설비 및 공기조화설비는 소방대의 장비와 인력이 필요하지 않은 장점이 있으므로 최대한 활용할 수 있는 방안을 강구해야 한다.

정답 26. ④ 27. ③

28 "공조시스템 가동절차 4단계"에 대한 설명 중 세 번째 해당하는 것은?

> ⓐ 연기가 차있는 층의 재순환 통로를 차단
> ⓑ 신선한 공기 유입을 위해 공기 흡입구 개방
> ⓒ 공조 시스템을 작동
> ⓓ 외부 배출을 위해 배기구 개방

① ⓓ　　　　　　　　　② ⓐ
③ ⓑ　　　　　　　　　④ ⓒ

해설 ✪ 공조시스템 가동절차 4단계★★ 14년 경기 소방장
① 신선한 공기 유입을 위해 공기 흡입구를 열도록 한다.
② 연기가 차있는 층의 재순환 통로를 차단하도록 한다.
③ 외부 배출을 위해 배기구를 열도록 한다.
④ 공조 시스템을 작동시키도록 한다.

29 배연을 위해 굴뚝효과를 이용하기 위한 설명으로써 틀린 것은?

① 밀폐된 공간 내의 자연스러운 수직적 공기의 흐름이다.
② 안이 밖보다 따뜻한 겨울에는 공기의 흐름은 일반적으로 위쪽이다.
③ 높은 건물일수록 굴뚝효과는 점점 줄어든다.
④ 계단에 있는 다른 모든 문이 닫혀있다면, 기류가 가끔 자동으로 계단실로 배출된다.

해설
• 공기의 움직임은 건물의 높이에 영향을 받는데, 높은 건물일수록 그 효과가 크다. 또한 건물이 좀 더 강하게 밀폐되어 있으면 굴뚝효과가 더 강해진다.

30 "저층화재에서 발생하는 연기의 흐름을 좌우하는 요소"가 아닌 것은?

① 연소 압력　　　　　　② 대류의 흐름
③ 연돌효과　　　　　　 ④ 화재로 인한 열

해설 ✪ 저층 건물에서 농연의 흐름을 좌우하는 요소
① 화재로 인한 열 ② 대류의 흐름 ③ 연소 압력 ④ 창문 등 개구부 개방을 통한 외부 바람에 의해서 결정된다.
고층건물에서 농연은 이러한 요소에 더하여 **굴뚝효과**(Stack Effect, **연돌효과**라고도 함)와 **공조시스템**(HVAC System)의 영향을 받는다.

정답 28. ① 29. ③ 30. ③

31 다음 중 "로이드레만 전법"의 요령으로 틀린 것은?

① 연소물체 또는 옥내의 온도가 높은 상층부를 향하여 방수한다.
② 방수 시 개구부는 가능한 크게 하는 것이 위험성을 감소시킨다.
③ 고온에 가열된 증기의 증가에 의해서 대원이 피해를 받지 않는 위치를 선정한다.
④ 옥내의 연소가 완만하여 열기가 적은 연기의 경우 이 전법을 이용하는 것은 효과는 적으므로 유의한다.

해설

● 간접공격법(로이드레만 전법)에 의한 배연, 배열★★★ 14년 경기 소방교
연기와 열을 제거하기 위해 물의 흡열작용에 의한 냉각과 환기에 의한 옥내 고온기체 및 연기의 배출을 보다 유효하게 하기 위하여 안개모양의 방수법을 간접공격법(로이드레만전법)이라 한다. 즉, 물의 큰 기화잠열(538cal)과 기화시의 체적팽창력을 활용하여 배연·배열하는 방법인 것이다.

● 간접공격법 요령
1. 연소물체 또는 옥내의 온도가 높은 상층부를 향하여 방수한다.
2. 고온에 가열된 증기의 증가에 의해서 대원이 피해를 받지 않는 위치를 선정한다.
3. 방수 시 개구부는 가능한 한 작게 하는 것이 위험성을 감소시킨다.
4. 가열증기가 몰아칠 경우는 분무방수에 의한 고속분무로 화점실 천정 면에 충돌시켜 반사방수를 병행한다.
5. 옥내의 연소가 완만하여 열기가 적은 연기의 경우 이 전법을 이용하는 것은 효과는 적으므로 유의한다.

32 아래 내용과 관계 깊은 것은?

주로 소방차량에 적재할 때, 화재현장에서 사용 후 철수할 때 등에 쓰인다.

① 한 겹 말은 호스
② 접은 호스
③ 두 겹 말은 호스
④ 두 겹 접은 호스

해설

한 겹 말은 호스	• 소방호스를 일직선으로 편 다음 숫 카프링 쪽에서 암 카프링 쪽을 향하여 굴리면서 감아 가는 것이다. • 일반적으로 소방호스 보관대에 보관할 때, 화재현장에서 사용 후 철수하기 위해 적재할 때 등에 사용한다.
두겹 말은 호스	• 소방호스를 두 겹으로 포개어 놓고 겹쳐진 채로 소방호스를 감아 가는 것이다. • 좁은 장소 등에서 소방호스가 감겨진 상태에서 곧바로 사용하고자 할 때 주로 사용된다. ★ 20년 소방교
접은 호스	• 소방호스를 일정한 길이로 접어서 포개어 놓는 방법이다. • 주로 소방차량에 적재할 때, 화재현장에서 사용 후 철수할 때 등에 쓰인다.

정답 31. ② 32. ②

33 소방호스 적재방법 중 다음 내용과 관계있는 것은?

> 적재하기가 쉽고 적재함에서 손쉽게 꺼내 운반할 수 있는 장점이 있으나 소방호스가 강하게 접히는 부분이 많은 단점이 있다.

① 아코디언형 적재
② 말굽형 적재
③ 평면형 적재
④ 혼합형 적재

[해설]

아코디언형 적재	• 소방호스를 적재함 가장자리에 맞추어 겹겹이 세워서 적재하는 방법이다. • 적재하기가 쉽고 적재함에서 손쉽게 꺼내 운반할 수 있는 장점이 있으나 소방호스가 강하게 접히는 부분이 많은 단점이 있다.
말굽형 적재	• 적재 모양이 말굽을 닮아서 붙인 명칭으로 소방호스를 적재함 가장자리에 맞춰 주변을 빙 돌려서 세워 U자 모양으로 적재하는 방법이다. • 소방호스가 강하게 접히는 부분이 적은 장점이 있으나 어깨운반 시의 등에 불편한 단점이 있다.
평면형 적재	• 접은 형태의 소방호스를 눕혀서 평평하게 적재함 크기에 맞추어 적재하는 방법이다. • 소방차의 진동 등에도 덜 닳는 장점이 있으나 소방호스가 강하게 접혀 눌리는 단점이 있다.
혼합형(특수형) 적재	• 소방호스의 적재형태를 혼합하거나 구경이 다른 소방호스를 연결구를 사용하여 혼합 적재하는 형태이다.

34 옥외계단의 경우 손으로 연장, 소방호스를 매달아 연장이 가능한 것은?

① 3층 이하
② 4층 이상
③ 2층 이하
④ 4층 이하

[해설] ✪ **옥외계단의 연장**★★★ 21년 소방교
① 3층 이하의 경우는 손으로 연장하거나 소방호스를 매달아 올려 연장한다.
② 4층 이상의 경우는 매달아 올려 연장한다.
③ 계단부분의 연장된 소방호스는 다선 연장은 피하고 소방호스 매달아 올림으로 연장한다.
④ 송수에 따라 소방호스가 연장되므로 굴곡에 주의한다.
⑤ 소방호스 매달아 올림 연장 시는 소방호스를 지지·고정한다.

[정답] 33. ① 34. ①

35 다음 중 부적절한 호스배치의 실수를 방지하기 위한 5가지 유의사항으로 잘못된 것은?

① 첫 번째 호스팀은 화점 층의 내부계단을 방어하면서 출입문에서 외부창문 방향으로 진압해 나가야 한다.
② 두 번째 호스팀은 첫 번째 호스를 보충하는 것을 원칙으로 한다.
③ 세 번째 호스팀은 불길을 지나쳐서 배치되도록 된다.
④ 문은 가급적 천천히 개방하되 위험한 경우에는 처음부터 손잡이를 로프로 감은 다음 문을 원격 조정하는 것이 안전하다.

해설 ✪ 부적절한 호스배치의 실수를 방지하기 위해서는 다음 5가지 유의사항
① 다층구조 건물화재에서 강제진입의 중요성을 인식한다.
② 첫 번째 호스팀은 화점 층의 내부계단을 방어하면서 출입문에서 외부창문 방향으로 진압해 나가야 한다.
③ 두 번째 호스팀은 첫 번째 호스를 보충하는 것을 원칙으로 하고 안전하고 필요한 경우(검색 및 상층부 확대방지 목적 등)에만 위층으로 연결해야 한다.
④ 어떤 호스팀도 불길을 지나쳐서 배치되어서는 안 된다.
⑤ 진입할 때, 문을 갑자기 개방해서는 안 되며, 가능한 천천히 개방하되 위험한 경우에는 처음부터 손잡이를 로프로 감은 다음 문을 원격 조정하는 것이 안전하다.

36 "공격적 내부진압전술의 구성요소" 중 옳지 않은 것은?

① 엄호관창이 배치된 후에 건물에 진입해서 화재 지점을 검색해야 한다.
② 화재가 완전 진압되기 전에 화재 발생 위층을 검색해야 한다.
③ 출입구로 진입하여 연소 중인 건물이나 복도로 호스를 전개해야 한다.
④ 화재 현장으로 신속하게 진입하기 위해 40mm 호스를 이용한다.

해설 ✪ 공격적 내부진압전술의 10가지 전술적 구성요소★★ 13년 서울 소방교/ 16년 소방위/ 서울 소방장
① 출입구로 진입하여 연소 중인 건물이나 복도로 호스를 전개해야 한다.
② 배연을 위해 상층부 파괴나 지붕배연을 시도해야 한다.
③ 엄호관창(protective hose-line)이 배치되기 전에 건물에 진입해서 화재 지점을 검색해야 한다.
④ 화재가 완전히 진압되기 전에 희생자 구조를 위한 예비검색을 실시해야 한다.
⑤ 화재가 완전 진압되기 전에 화재 발생 위층을 검색해야 한다.
⑥ 배연을 위해, 소방관들은 창문을 파괴해야 한다.
⑦ 문을 개방하기도 하고, 내부에 불길이 있을 때 문을 닫아야 하는 경우도 있다.
⑧ 숨은 공간에 연소 확대의 우려가 있는지 확인하기 위해 벽이나 천정을 파괴해야 한다.
⑨ 화재 현장으로 신속하게 진입하기 위해 40mm 호스를 이용한다.
⑩ 소화전과 같이 지속적인 소방용수 공급원보다는 제한된 소방용수 환경에서 화재를 진압해야 한다.

정답 35. ③ 36. ①

37 안전한 내부진압활동을 위한 안전 수칙으로 틀린 것은?

① 헬멧의 귀 덮개를 내리고 턱 끈을 착용하고 안면보호대를 내린다.
② 안전을 위해 화재실로 들어가는 진입팀 바로 뒤에 붙어서 부서해야 한다.
③ 출입구에서부터 방수하여 화재실의 열기를 식힌 다음 현장에 진입한다.
④ 화재현장에 진입할 때는 가능한 배연동시원칙을 지키도록 한다.

해설 ○ 안전한 내부진압활동을 위한 안전 수칙
① 방화복을 착용할 때는 지퍼를 모두 올리고 목 벨크로를 부착, 손목토시를 착용한다. 헬멧의 귀 덮개를 내리고 턱 끈을 착용하고 안면보호대를 내린다.
② 현장에 진입할 때 상층부에 체류하는 고온의 가스연기층 보다 몸을 낮게 유지하고 진입한다.
③ 펌프차에서 방수개시를 하기 전, 즉 물 공급이 안 된 호스를 전개하여 진입해서는 안 되며, 호스에 물이 공급될 때 진입, 출입구에서부터 방수하여 화재실의 열기를 식힌 다음 현장에 진입한다.
④ 화재현장에 진입할 때는 가능한 배연동시원칙을 지키도록 한다. 현장에 진입할 때는 화염과 열기, 그리고 연기 배출하기 위해 가능한 모든 문, 창문 채광창을 개방한다.
⑤ 현장에 진입하기 전에, 바닥에 넘어진 (연소중인)가구와 불씨 등을 소화 한 후에 진입한다.
⑥ 추락과 상부 허벅지 화상을 방지하기 위해, 가능한 '기어가기 기법'을 이용하라. 현장에 진입할 때 우선 한쪽 다리를 먼저 뻗고 바닥부분의 안전을 확인하면서 뒷다리로 무게 중심을 잡는다.
⑦ 유사시에 후퇴가 곤란한 화재 지점으로 지나쳐 나아가서는 안 된다. 무심코 지나친 화점이 순식간에 다시 되살아 날 수 있다는 것을 염두 해 둔다.
⑧ 화점을 공격하는 호스 팀이 맞바람을 맞으며 진압을 해야 한다면, 현장지휘관에게 알려 흡기 쪽의 개구부에서 공격이 이루어지도록 두 번째 호스를 배치하고 첫 번째 호스팀은 철수하면서, 문을 닫고, 인접 구역이나 건물을 보호하는 임무에 재배치되어야 한다.
⑨ 현장지휘관이 외부에서만 방수하도록 하고 최초의 호스팀이 철수하도록 지시하면, 즉시 안전한 외부 위치로 돌아와야 한다.
⑩ 화재실로 들어가는 진입팀 바로 뒤에 붙어서 부서해서는 안 된다. 바로 앞에 있는 팀이 "Flashover" 등으로 갑작스러운 화염과 열기가 밀어 닥칠 때 후퇴의 여지를 남겨두어야 한다. 뒤에 있는 팀은 앞에 있는 팀이 바로 앞에서 느끼는 열기를 항상 느끼지 못할 수 있다.

38 소방호스연장과 관창배치의 일반적 유의사항으로 옳은 것은?

① 소방차 방수구 측 여유호스는 위해 방지를 위해서 펌프측의 5~6m에 둔다.
② 소요 호스는 수리위치에서 출화 지점까지의 거리에 30% 정도의 여유를 둔 호스 수로 한다.
③ 가능하면 간선도로의 횡단을 피하고 횡단하는 경우는 되도록 도로에 직각으로 연장한다.
④ 진입목표 계단이 5층 이하의 경우는 옥내연장 또는 적재사다리에 의한 연장으로 한다.

해설 ○ 호스연장의 원칙과 관창배치★★★ 02년 인천 소방장/ 13년 충북 소방장·소방교/ 19년 소방위
① 펌프차의 방수구의 결합은 화점이 보이는 측의 방수구를 기본으로 하고 방수구 측에 여유호스를 둔다. 여유호스는 위해 방지를 위해서 펌프측의 2~3m에 둔다.
② 호스연장 경로는 관창배치 위치까지 최단시간에 도달할 수 있어야 한다.
③ 도로, 건물의 꺾인 부분은 호스를 넓게 벌려서 연장한다.
④ 극단적인 꼬임이나 뒤틀리지 않도록 하고 송수 시에 있어서 호스의 반동에 의한 부상방지를 꾀한다.
⑤ 간선도로의 횡단은 가능한 피한다. 횡단하는 경우는 되도록 도로에 대해서 직각으로 연장하고 교통량이 많은 도로는 보도에 연장한다.
⑥ 날카로운 철선이나 울타리 등을 넘는 경우는 호스를 손상시키지 않도록 한다.
⑦ 화점 건물에서의 낙하물이나 열에 의한 호스손상을 예상해 되도록 처마 밑, 창 아래 등을 피해서 연장한다.

정답 37. ② 38. ②

⑧ 화면에 평행하는 도로는 호스를 보호하기 위해 도로경계석 밑으로 호스를 연장한다.
⑨ 호스연장은 타 대를 고려해 평면적, 입체적으로 포위해서 연장한다.
⑩ 진입목표 계단이 3층 이하의 경우는 옥내연장 또는 적재사다리에 의한 연장으로 한다.
⑪ 소요 호스의 판단은 수리위치에서 출화 지점까지의 거리에 30% 정도의 여유를 둔 호스 수로 한다.
⑫ 4층 이상의 경우는 옥외 끌어올림(끌어내림)연장이나 사다리차에 의한 연장으로 하고 낙하방지 대책을 강구한다.
⑬ 호스의 파열이나 절단 등으로 자기대의 차량위치가 멀어진 경우 교환할 호스는 근처의 대(隊)에서 빌리도록 한다.

39 복사열에 의한 연소 확대를 막기 위한 전술적 가이드라인으로 옳은 것은?

① 인접 건물에 복사열에 의한 연소 확대가 이미 진행되었거나 확대 우려가 있는 높은 경우에는, 인접 건물 내부(개구부가 있는 층)에 호스팀이 배치되어야 한다.
② 워터커튼(water curtain)을 설정하는 것은 가장 효과가 뛰어난 전술이며, 물의 낭비도 적다.
③ 화재가 소규모나 40mm 관창 이용이 가능할 때, 화재발생 건물(지점)에 직접 방수하고 진압한다.
④ 화재가 대규모인 경우로 화점진압의 효과가 없을 때에는 65mm 관창을 이용하여 인접 건물의 측면에 직접 방수한다.

해설 ✪ 화재건물과 인접건물 사이의 복사열에 의한 연소 확대를 막기 위한 전술적 가이드라인
① 가장 효과가 없는(적은) 전술은 워터커튼(water curtain)을 설정하는 것이다. 복사열은 작은 물방을 사이의 공간을 통해 통과되며, 물의 낭비가 가장 심하다.
② 화재가 소규모나 65mm 관창 이용이 가능할 때, 화재발생 건물(지점)에 직접 방수하고 진압한다.
③ 화재가 대규모인 경우로 화점진압의 효과가 없을 때에는 40mm 관창을 이용하여 인접 건물의 측면에 직접 방수한다.
④ 인접 건물에 복사열에 의한 연소 확대가 이미 진행되었거나 확대 우려가 있는 높은 경우에는, 인접건물 내부로의 연소 확대를 막기 위해 인접 건물 내부(개구부가 있는 층)에 호스팀이 배치되어야 한다.

40 사다리를 이용한 소방호스연장에서 설명이 잘못된 것은?

① 진입 및 소방호스결합을 확인하고 나서 송수한다.
② 관창은 사다리 위에서 결합한다.
③ 옥내진입용의 여유소방호스는 지상에서 확보하여 진입 후 당겨 올린다.
④ 진입 후에는 소방호스를 사다리에서 반드시 분리한다.

해설 ✪ 사다리를 이용한 연장**** 06년 서울 소방장
㉠ 사다리등반에 의한 소방호스연장 방법은 3층 이하의 경우에 실시한다.
㉡ 관창은 지상에서 결합한다.
㉢ 등반자는 사다리의 안전 확보를 확인하고 등반한다.
㉣ 사다리 등반 시는 사다리 위로 소방호스를 연장하고, 진입 후에는 소방호스를 사다리에서 반드시 분리한다.
㉤ 옥내진입용의 여유소방호스는 지상에서 확보하여 진입 후 당겨 올린다.
㉥ 진입 및 소방호스결합을 확인하고 나서 송수한다.

정답 39. ① 40. ②

41 소방호스지지 요령으로 옳은 것은?* 21년 소방교

① 충수된 소방호스 중량은 65mm가 약 80kg, 40mm가 약 50kg이다.
② 4층 이상의 경우에는 진입층 및 중간층에서 고정한다.
③ 로프는 원칙적으로 소방호스 2본에 1개소를 고정한다.
④ 소방호스의 지지점은 결합부의 바로 위에 하는 것이 가장 효과적이다.

[해설]
1. 충수된 소방호스의 중량은 65mm가 약 80kg, 40mm가 50kg이다.
2. 소방호스의 지지, 고정은 소방호스에 로프로 걸어 매기를 하는 것이 효과적이며 원칙으로 1본에 1개소를 고정한다.
3. 소방호스의 지지점은 결합부의 바로 밑이 가장 효과적이다.
4. 4층 이하의 경우는 진입층에서 고정한다.
5. 5층 이상의 경우는 진입층 및 중간층에서 고정한다.
6. 지지, 고정은 송수되기 전에 임시고정을 실시하고 송수된 후 로프가 미끄러지지 않도록 고정한다.

42 소방호스 추가연장 및 교체 요령으로 틀린 것은?

① 큰 파열은 호스재킷으로 조치한다.
② 방수 중 추가연장 시에는 제수기를 조작하여 물의 흐름을 막는다.
③ 교체용 소방호스, 카프링스패너 등을 준비하여 소방호스를 교체한다.
④ 소속 대의 차량이 먼 경우 교체 소방호스를 가까운 출동대로부터 차용하여 이용한다.

[해설]

추가 연장	① 건물관계자로부터 각종 정보를 수집한다. ② 선착대는 건물의 직근에 부서하여 연결송수관을 점유한다. ③ 대원은 호스 2본, 관창 1본을 휴대, 계단을 이용하여 직하층에 이르고 방수구에 호스를 연장하여 화점으로 진입한다. ④ 필요시 중계방수를 해주고 2인 1조로 직하층에 진입하여 적정한 개구부를 선정하고 옥외호스 인양 방법으로 호스를 연장한다.
교체 요령	① 적은 파열은 호스재킷으로 조치한다. ② 방수 중 추가연장 또는 크게 파열된 경우는 제수기를 조작하여 물의 흐름을 막는다. ③ 교체용 호스, 카프링스패너 등을 준비하여 호스을 교체한다. ④ 소속 대의 차량의 위치가 먼 경우는 교체호스을 가까운 출동대로부터 차용하여 이용한다.

정답 41. ① 42. ①

43 "대규모 건물 관창배치요령"으로 틀린 것은?

① 대구경의 노즐을 사용한다.
② 방수포를 건물 정면에 배치하여 활용한다.
③ 관창배치의 우선순위는 인접건물 또는 연소위험이 큰 곳으로 한다.
④ 사찰, 중요문화재 건물이 접근 곤란할 때는 방수포를 활용하여 고압으로 대량 방수한다.

해설

대규모 건물	• 대구경의 노즐을 사용한다. • 관창 배치 우선순위는 인접건물 또는 연소위험이 큰 곳으로 한다. • 방수포를 건물 측면에 배치하여 활용한다. • 연소저지선을 설정할 때의 관창 배치 중점장소는 방화벽, 방화구획, 건물의 구부러진 부분, 옥내계단 부분 등으로 한다. • 학교, 기숙사 등의 건물은 연소방향에 있는 적은 천정구획(12m 간격이내)을 방어 중점으로 천정을 파괴하여 천정에 방수한다. • 사찰, 중요문화재 건물이 접근 곤란할 때는 방수포를 활용하여 고압으로 대량 방수한다.

44 "기상조건별 관창배치 우선순위" 중 잘못된 것은?

① 풍속이 5m/sec 이상은 풍하측에 비화경계관창을 배치
② 풍속이 3m/sec를 초과하면 풍하측을 중점으로 관창을 배치
③ 풍속이 3m/sec 이하가 되면 방사량이 큰 쪽을 중심으로 관창을 배치
④ 강풍때는 풍상측에 대구경 관창을 배치

해설 ✪ 기상조건별 관창배치 우선순위★★ 14년 소방위/ 경기 소방교
• 풍속이 5m/sec 이상이 되면 비화발생 위험이 있으므로 풍하측에 비화경계 관창을 배치한다.
• 풍속이 3m/sec를 초과하면 풍하측의 연소위험이 크므로 풍하측을 중점으로 관창을 배치한다.
• 풍속이 3m/sec 이하가 되면 방사열이 큰 쪽이 연소위험이 있으므로 그 방향을 중점으로 관창을 배치한다.
• 강풍(대략 풍속 13m/sec 이상) 때는 풍횡측에 대구경 관창을 배치하여 협공한다.

45 "옥내계단 경계관창 배치"에 대한 설명으로 옳은 것은?

① 화점층의 계단실로 통하는 방화문을 개방하고 화점실의 창을 파괴한다.
② 옥탑계단실의 문을 폐쇄하고 계단실 내 연기를 배출한다.
③ 직상층의 계단실로 통하는 방화문을 개방하여 연기의 유입을 막는다.
④ 화점층 방화문의 외측 및 상층의 계단실 부근을 중점적으로 경계한다.

정답 43. ② 44. ④ 45. ④

해설 ✪ 경계관창 배치요령* 18년 소방교	
옥내계단	• 화점층의 계단실로 통하는 방화문을 폐쇄하고 화점실의 창을 파괴한다. • 직상층의 계단실로 통하는 방화문을 폐쇄하여 연기의 유입을 막는다. • 옥탑 계단실의 문을 개방하여 계단실내의 연기를 배출한다. • 화점층 방화문의 외측 및 상층의 계단실 부근을 중점적으로 경계한다. • 상층에 구조대상자가 있는 경우가 있으므로 특히 위와 같은 행동으로 각층에의 연기유입을 방지하는 것이 중요하다.

46 닥트스페이스(Duct Space)관창 배치순서로 옳은 것은?

① 최상층 – 직상층 – 화점층
② 직상층 – 화점층 – 최상층
③ 직상층 – 최상층 – 화점층
④ 화점층 – 직상층 – 최상층

해설	
닥트스페이스	• 닥트 보온재가 가연재인 경우는 벽체 관통부의 매설이 불안전한 장소로부터 연소할 수 있다. • 상층의 점검구 등에서 연기발생 상황의 확인 및 방화 댐퍼의 개폐상황을 확인하여 개방된 경우는 폐쇄한다. • 관창은 화점층, 직상층, 최상층에 배치한다.

47 "구획별 관창배치 요령"으로 잘못된 것은?

① 인접건물의 비화위험이 없는 화재는 필요에 따라 배치한다.
② 구획 중앙부 화재는 풍하측을 우선으로 한다.
③ 도로에 면하는 화재는 도로의 접하는 쪽을 우선으로 배치한다.
④ 인접 건물로 비화위험이 있는 화재는 연소위험이 있는 방향에 배치한다.

해설 ✪ 구획별 관창 배치 우선 순위** 14년 경기 소방장
• 인접 건물로 비화위험이 있는 화재는 연소위험이 있는 방향에 배치하고 기타 관창은 필요에 따라 배치한다.
• 도로에 면하는 화재는 도로의 접하지 않는 쪽을 우선으로 배치하고 풍횡측 및 풍상측의 순으로 포위한다.
• 구획 중앙부 화재는 풍하측을 우선으로 하고 풍횡측 및 풍상측의 순으로 포위한다.

정답 46. ④ 47. ③

48 전개형 방수요령에서 ( )안에 들어갈 내용은?

> 전개형 분무노즐을 사용하는 경우 노즐의 압력이 (ⓐ) 미만은 관창수 1인, (ⓑ) 이상일 경우 관창보조가 필요하다. 반동력은 (ⓒ) 이하가 적당하다.

① ⓐ 0.3Mpa ⓑ 0.3Mpa ⓒ 2Mpa
② ⓐ 0.3Mpa ⓑ 0.5Mpa ⓒ 3Mpa
③ ⓐ 0.2Mpa ⓑ 0.5Mpa ⓒ 5Mpa
④ ⓐ 0.2Mpa ⓑ 0.2Mpa ⓒ 5Mpa

해설 ● 방수 요령
1. 확실한 발 디딤 장소를 확보한다.
2. 관창수와 관창보조는 방수 방향과 소방호스가 직선이 되도록 위치한다.
3. 관창수는 반동력과 충격에 대비하여 체중을 전방에 둔다.
4. 연소실체를 목표로 방수한다.
5. 전개형 분무노즐을 사용하는 경우 노즐의 압력이 0.3Mpa 미만일 때는 관창수 1인, 0.3Mpa 이상일 경우는 관창보조가 필요하다. 반동력은 약 2Mpa 이하가 적당하다.
6. 목표를 겨냥하여 방수하고, 광범위하게 소화하기 위해서는 상하, 좌우 또는 원형 등의 응용방법을 활용한다.
7. 관창의 개폐조작은 서서히 한다.

49 다음 중 직사방수의 특성으로 틀린 것은?

① 사정거리가 길고, 바람의 영향이 적다.
② 파괴력이 강하고 낙화위험이 있는 물건의 제거에 유효하다.
③ 방향전환, 이동방수가 용이하다.
④ 옥외에서 옥내로 방수하는 경우 반사방수를 실시하면 유효하다.

해설 ● 직사방수의 특성★★ 08년 경북 소방장
1. 사정거리가 길고, 다른 방법에 비해 바람의 영향이 적으므로 화세가 강해 접근할 수 없는 경우에 유효하다.
2. 파괴력이 강해 창유리, 지붕 기와 등의 파괴, 제거 및 낙하위험이 있는 물건의 제거에도 유효하다.
3. 목표물에 대한 명중성이 있다.
4. 반동력이 커서 방향전환, 이동방수가 용이하지 않다.
5. 장애물에 대해서는 방수 범위가 좁아 용이하다.
6. 옥외에서 옥내로 또는 지상에서 높은 곳으로 방수하는 경우 반사방수를 실시하면 유효하다. 단, 사정거리 및 사정각도에 주의한다.

정답 48. ① 49. ③

50 직사 방수 시 안전관리에 관한 내용으로 틀린 것은?

① 고압으로 가까운 물건에 방수하면 반동력이 증가하므로 주의한다.
② 고압으로 위험이 있는 경우 자세를 낮추고 체중을 뒷발에 실어 버틴다.
③ 방수위치를 변경할 경우 일시 중지하고 이동한다.
④ 송전중인 전선에 방수는 감전의 위험이 있으므로 안전거리를 확보할 필요가 있다.

해설 ✪ 직사방수 안전관리
① 반동력의 감소에 유의한다. 관창 뒤 2m 정도에 여유소방호스를 직경 1.5m 정도의 원이 되도록 하면 반동력은 약 0.1Mpa도 줄게 된다.
② 고압으로 위험이 있는 경우 자세를 낮추고 체중을 앞발에 실어 버틴다.
③ 고압으로 가까운 물건에 방수하면 반동력이 증가하므로 주의한다.
④ 방수 위치를 변경할 경우는 일시 중지하고 이동한다.
⑤ 송전 중인 전선에의 방수는 감전의 위험이 있으므로 안전거리를 확보할 필요가 있다. 보통 1mA는 안전치가 되고 있지만 조건, 피로 등을 고려하면 그 이상의 거리를 확보하여 방수할 필요가 있다.

노즐구경 40mm, 노즐압력 0.5Mpa 경우	노즐과 물체의 거리	압 력 상 승
	5m	0.1Mpa
	8m	0.05Mpa

51 고속분무 방수요령으로 옳은 것은?

① 노즐압력 0.3Mpa 전개각도 5~10°
② 노즐압력 0.4Mpa 전개각도 10~15°
③ 노즐압력 0.5Mpa 전개각도 10~20°
④ 노즐압력 0.6Mpa 전개각도 10~30°

해설 ✪ 고속분무방수의 요령★★ 13년 울산/ 경북 소방교 / 14년 인천 소방장/ 20년 소방위 / 22년 소방위
• 노즐압력 0.6Mpa 노즐 전개각도 10~30°정도를 원칙으로 한다.
• 방수방법 등은 직사방수와 같은 요령으로 한다.

52 고속분무 방수의 특성이 아닌 것은?

① 간접공격법에 적합하다.
② 전도화염의 저지에 유효하다.
③ 사정거리는 직사방수보다 짧다.
④ 고압으로 유류화재에 질식효과가 있다.

해설 ✪ 고속분무방수 특성★★ 14년 인천 소방장/ 18년 소방교/ 소방장/ 22년 소방위
1. 방수범위가 직사방수에 비해 넓다.
2. 화점에 접근할 수 있는 경우는 소화에 유효하다.
3. 연소저지에 유효하다.

정답 50. ② 51. ④ 52. ①

4. 닥트스페이스, 파이프샤프트 내 등의 소화에 유효하다.
5. 사정거리는 직사방수보다 짧다.
6. 파괴력은 직사방수보다 약하다.
7. 감전의 위험은 직사방수보다 적다.
8. 전도화염의 저지에 유효하다.
9. 반동력이 적다.
10. 파괴 시 충격력이 적다.
11. 고압으로 유류화재에 질식효과가 있다.

53 중속분무방수요령으로 옳은 것은?

① 노즐압력 3kg/㎠ 이상, 전개각도 30°이상으로 한다.
② 관창개폐는 신속히 한다.
③ 옥외 또는 풍하에서 활용하는 것이 효과적이다.
④ 화면이 큰 경우 전체를 덮도록 한다.

해설 ✪ **중속방수 요령** ★★ 18년 소방교/ 소방장/ 20년 소방위/ 22년 소방위

1. 노즐압력 3kg/㎠ 이상, 노즐 전개각도는 30도 이상으로 한다.
2. 관창의 개폐는 서서히 조작한다.
3. 소화, 배연, 차열, 엄호, 배열 등 방수 목적을 명확히 하여 실시한다.
4. 옥내 또는 풍상에서 활용하는 것이 효과적이다.
5. 고온이 되고 있는 부분 또는 연소실체에 직접 소화수가 도달하는 위치에 방수한다. 또한 냉각방수의 경우는 간접 방수해도 좋지만 수손 방지에 충분히 고려한다.
6. 화면이 적은 경우는 전체를 덮도록 한다.
7. 소규모 유류화재를 소화할 경우는 표면을 덮도록 고압방수한다.
8. 소구획 실내의 배연을 목적으로 한 방수는 개구부 전체를 덮도록 한다.

54 중속분무방수 특성에 관한 설명으로 틀린 것은?

① 검색 진입대원의 신체보호에 유효하다.
② 방수범위가 좁다. 따라서 연소실체에의 방수가 불가능하다.
③ 바람과 상승기류의 영향을 받는다.
④ 용기, 소탱크의 냉각에 유효하다.

해설 ✪ **중속분무방수 특성** ★ 18년 소방교/ 소방장/ 20년 소방위/ 22년 소방위

1. 방수범위가 넓다. 따라서 연소실체에의 방수가 가능하다.
2. 분무수막에 의한 냉각효과가 크다.
3. 검색 진입대원의 신체보호에 유효하다.
4. 소구획실 내에서의 소화 방수에 유효하다.
5. 파괴를 필요로 할 때는 충격력이 약해 부적당하다.
6. 전개각도에 의해 시야가 가려 전방의 상황파악이 어렵다.
7. 반동력이 적다.
8. 사정거리가 짧으므로 화열이 강한 경우는 연소실체에 직접 방수는 곤란하다.

정답 53. ① 54. ②

9. 바람과 상승기류의 영향을 받는다.
10. 용기, 소탱크의 냉각에 유효하다.
11. 소규모 유류화재, 가스화재의 소화에 유효하다.
12. 방수에 의한 감전위험은 비교적 적다.

55 "로이드레만전법"과 관련 있는 것은?

① 직사방수
② 고속분무방수
③ 중속분무 방수
④ 저속분무 방수

[해설] ✪ 간접공격법(로이드레만전법)이란* 16년 경기 소방교 / 20년 소방위 / 22년 소방위

미국 웨스트버지니아주 버커스블시의 전 소방서장이고 제2차대전 중 연안경비대 소방학교 교관으로 있었던 로이드레만(Roid-Lemman)이 제창한 분무소화전법이다. 내화건물 화재 시에 소방활동 상 최대의 장애가 되고 있는 것은 연기와 열이며, 이 연기와 열을 제거하기 위해 물의 흡열작용에 의한 냉각과 환기에 의한 열기와 연기의 배출을 보다 유효하게 하는 것을 목적으로 한 것이다. 즉, 15℃의 1g물이 100℃에 도달할 때의 흡수열량은(비열) 85cal이고 수증기화 하기 위한 기화잠열은 538cal가 되어 총 623cal의 열을 흡수한다. 또한 기화한 수증기는 원래 물 체적의 1,600~1,700배에 달해 흡열 및 체적팽창압력을 이용하여 소화, 배연, 배열을 실시하는 것을 목적으로 한 것이다.

56 저속분무방수에 대한 설명으로 틀린 것은?

① 방수위치는 개구부의 정면을 피하고 분출하는 증기에 견딜 수 있도록 방호한다.
② 연소가 활발한 구역은 공간 내 고열이 있는 상층부를 향해 방수한다.
③ 방수 시 개구부는 가능한 크게 하는 것이 위험성을 감소시킨다.
④ 연소물체 또는 옥내의 온도가 높은 상층부를 향하여 방수한다.

[해설]
• 방수 시 개구부는 가능한 한 작게 하는 것이 위험성을 감소시킨다.
✪ 저속분무방수 요령** 06년 서울 소방장 / 13년 경남 소방장 / 14년 서울 소방장/ 20년 소방위/ 22년 소방위
  ① 간접공격법에 가장 적합한 방수방법이다.
  ② 방수위치는 개구부의 정면을 피하고, 분출하는 증기에 견딜 수 있도록 방호한다.
  ③ 연소가 활발한 구역에서는 공간내의 고열이 있는 상층부를 향해 방수한다.
  ④ 분출하는 연기가 흑색에서 백색으로 변하고 분출속도가 약해진 때에는 일시 정지하여 내부의 상황을 확인하면서 잔화를 소화한다.

정답 55. ④ 56. ③

57. 간접공격법의 효과에서 방수 중의 실내 배출되는 연기와 증기량의 판단으로 다음 내용과 관계있는 것은?

> 흑연에 백연이 섞여 점점 백연에 가깝다.

① 제1단계 ② 제2단계
③ 제3단계 ④ 제4단계

해설 ● 간접공격법의 효과와 판단
1. 제1단계 – 방수초기 – 연기와 화염의 분출이 급격히 약해진다.
2. 제2단계 – 방수중기 – 흑연에 백연이 섞여 점점 백연에 가깝다.
3. 제3단계 – 방수종기 – 백연의 분출속도가 약한 것으로 일시 중지하여 내부 상황을 확인하고 작은 화점이 존재할 정도의 화세는 약하므로 서서히 내부에 진입하여 국소 방수로 수손방지에 유의하면서 잔화정리 한다.

58. 확산방수에 대한 설명으로써 틀린 것은?

① 소방력이 클 때 방어에 유효하다.
② 광범위 하게 방수하는 것이 효과적이다.
③ 냉각에 유리하다.
④ 직사 또는 분무방수로 하는 것이 효과적이다.

해설
• 소방력이 작을 때 방어에 유효하다.

59. 반사방수에 대한 설명으로써 잘못된 것은?

① 직사 또는 분무방수로 한다.
② 천정 등에 있어서는 반사 확산시켜 목표에 방수한다.
③ 옥외에서 옥내의 사각지점 소화에 유효하다.
④ 방수효과 확인이 신속 가능하다.

해설
• 방수효과 확인이 곤란하므로 효과 없는 방수가 되기 쉬운 결점이 있다.

정답 57. ② 58. ① 59. ④

60 사다리를 활용한 방수에 대한 설명으로써 옳은 것은?

① 방수자세는 가로대에 한쪽 발을 2단 밑의 가로대에 걸어 몸을 안정시킨 후 양손을 사용한다.
② 사다리 설치 각도는 65°이하를 원칙으로 한다.
③ 어깨에 거는 방법의 경우 전개형 분무노즐의 직사방수로 5kg/㎠가 한도이다.
④ 배기구의 경우에는 분무방수로, 급기구의 경우는 직사 또는 분무방수로 한다.

해설 ✪ 사다리를 활용한 방수요령★★ 15년 소방장
1. 사다리 설치각도는 75도 이하를 원칙으로 한다.
2. 사다리 지주 밑 부분을 안정시키고, 선단부는 창틀 기타 물건 등에 결속시킨다.
3. 방수자세는 사다리의 적정한 높이에서 가로대에 한쪽 발을 2단 밑의 가로대에 걸어 몸을 안정시킨 후 양손을 사용할 수 있도록 한다.
4. 관창수는 보통 허리에 관창을 밀어붙이도록 하지만 상황에 따라서 어깨에 붙이는 방법도 취한다.
5. 어깨에 거는 방법의 경우는 전개형 분무노즐의 직사방수로 2.5kg/㎠가 한도이지만 허리에 대는 방법은 관창을 로프로 창틀 또는 사다리선단에 결속하면 3~4kg/㎠까지도 방수할 수 있다.
6. 개구부 부분의 중성대 유무에 따라 직사방수 또는 분무방수를 한다.
7. 배기구의 경우는 직사방수로, 급기구의 경우는 직사방수 또는 분무방수를 한다.

61 "사다리차 방수요령"으로 옳은 것은?

① 사다리 각도는 75°이하로 하고 건물과 3~5m 이상 떨어져 한다.
② 실내에의 방수는 직접방수를 원칙으로 하고, 위에서 아래방향으로 방수하는 동시에 좌우로 확산되도록 한다.
③ 방수의 개시, 정지, 방향전환은 신속히 한다.
④ 방수각도의 전환은 좌우각도 60°이내, 상하 약 15°이내로 한다.

해설 ✪ 사다리차 방수요령
1. 사다리 선단의 관창을 사용한다.
2. 소방호스는 도중에서 사다리 가로대에 고정한다.
3. 사다리는 방수 목표에 대한 정확한 위치에 접근시킨다.
4. 사다리각도는 75도 이하로 하고, 건물과 3~5m 이상 떨어져 방수한다.
5. 방수의 개시, 정지, 방향의 전환은 급격히 하지 않도록 한다.
6. 방수는 보통 노즐구경 23mm로 노즐압력 9kg/㎠ 이하로 하고 기립각도, 신장 각도, 풍압, 선회각도를 고려하여 실시한다.
7. 방수각도의 전환은 좌우각도 15도 이내, 상하 약 60도 이내로 하고 그 이상의 각도가 요구되는 경우는 사다리의 선회, 연장, 접는 방법으로 한다.
8. 배연을 목적으로 분무방수 하는 경우는 개구부를 덮도록 열린 각도를 조정한다.
9. 실내에의 방수는 반사방수를 원칙으로 하고, 밑에서 위 방향으로 방수하는 동시에 좌우로 확산되도록 한다.
10. 소화, 배연 등의 방수 목적을 명확히 한다.

정답 60. ① 61. ①

62 다음 중 방수포 방수에 대한 설명으로 틀린 것은?

① 사정거리가 길고 대량의 방수가 가능하며 화세를 일거에 진압하기에 유효한 방법이다.
② 옥외로부터 소화는 불가능하지만 화세가 강한 화재에 유효하다.
③ 방수개시 및 정지는 원칙으로 펌프차의 방수구 밸브를 조작한다.
④ 국부파괴를 겸한 방수에 유효하다.

해설 ✪ 방수포방수 요령
1. 사정거리가 길고 대량의 방수가 가능하며 화세를 일거에 진압하기에 유효한 방법이다. 그러나 수원이 쉽게 고갈되는 것이 단점이다.
2. 진입 또는 접근 불가능한 화재와 극장 등의 높은 천정화재에 유효하다.
3. 국부파괴를 겸한 방수에 유효하다.
4. 대구획인 화재에 유효하다.
5. 옥외로부터 소화가 가능하며, 화세가 강한 화재에 유효하다.
6. 방수방향을 변경할 때는 반동력에 주의하여 서서히 조작한다.
7. 방수개시 및 정지는 원칙으로 펌프차의 방수구 밸브로 조작한다.

63 화재실 소화방법으로 옳은 것은?

① 진입구에서 실내에 충만한 짙은연기를 통해 희미한 화점 또는 연소가 확인된 때는 실내로 진입해 직사방수 또는 분무방수에 의해 소화한다.
② 조명기구를 활용해서 발밑을 주의하면서 서서히 진입한다.
③ 실내 전체가 연소하고 있는 화재중기의 경우 화점에 직사방수 및 확산방수를 병행 실시한다.
④ 주수목표는 벽면 – 바닥면 – 수용물 – 천정 등의 순서로 한다.

해설 화재실의 소화
① 진입구에서 실내에 충만한 짙은 연기를 통해 희미한 화점 또는 연소가 확인된 때 ➡ 화점에 직사방수 및 확산방수를 병행해서 실시한다.
② 화재 초기로 수용물 또는 벽면, 바닥면 혹은 천장 등이 부분적으로 연소하고 있을 때 ➡ 실내로 진입해 직사방수 또는 분무방수에 의해 소화한다.
③ 실내전체가 연소하고 있는 화재중기의 경우 ➡ 직사방수에 의해 진입구로부터 실내전체에 확산 방수한다.
④ 방수목표 → ㉠ 천장 ㉡ 벽면 ㉢ 수용물 ㉣ 바닥면 등의 순서로 한다.
⑤ 칸막이 가구 및 가구집기류 등의 목조부분에 대해서는 직사방수 등에 의한 부분파괴하고 물의 침투를 조절해서 소화한다.
⑥ 조명기구를 활용해서 발밑을 주의하면서 서서히 진입한다.
⑦ 천장, 선반 위 등에서의 낙하물 및 가구류의 도괴에 주의하며 상황에 따라서 천장에서의 낙하물을 제거 후 진입한다.

정답 62. ② 63. ②

64 엄호방수에 대한 설명으로써 옳지 않은 것은?

① 관창압력 0.6Mpa 정도로 분무방수 한다.
② 복사열이 강한 장소에서 직사방수 작업을 할 때 필요하다.
③ 작업 중인 대원 전면에서 분무방수로 보호한다.
④ 관창의 각도는 60~70°로 하고 스스로가 차열을 필요로 할 때는 70~90°로 한다.

해설 ✪ 엄호방수 요령 ★★★ 16년 서울 소방장/ 22년 소방위
① 관창압력 0.6Mpa 정도로 분무방수를 한다.
② 관창각도는 60~70도로 하고 관창수 스스로가 차열을 필요로 할 때는 70~90도로 한다.
③ 엄호방수는 작업 중인 대원의 등 뒤에서 신체 전체를 덮을 수 있도록 분무방수로 한다.
④ 강렬한 복사열로부터 대원을 방호할 때는 열원과 대원 사이에 분무방수를 행한다.

65 "대원에 대한 엄호방수"의 필요성에 대한 설명으로써 옳지 않은 것은?

① 바닥파괴 시 갑자기 열이 솟구쳐 오를 때
② 농연과 열기가 충만한 실외에서 인명검색 할 때
③ 복사열이 강한 장소에서 직사방수 작업을 할 때
④ 소방활동 중에 농연, 열기 등이 휘몰아칠 염려가 있을 때

해설 ✪ 대원에 대한 엄호방수 ★★★ 13년 부산/ 강원 소방장
① 농연과 열기가 충만한 실내에서 인명검색 할 때
② 가연성가스, 유독가스 중에서 소방활동을 할 때
③ 소방활동 중에 농연, 열기 등이 휘몰아칠 염려가 있을 때
④ 복사열이 강한 장소에서 직사방수 작업을 할 때
⑤ 열이 강한 장소에서 셔터 파괴 시
⑥ 바닥파괴 시 갑자기 열이 솟구쳐 오를 때

66 "구조대상자에 대한 엄호방수"요령으로 설명이 틀린 것은?

① 구조대상자가 있다고 생각되는 직근의 천정 또는 벽면으로 방수한다.
② 유효사정을 확보하기 위해 저속분무 방수한다.
③ 열기에 휩싸여 있는 구조대상가 있거나 또는 대원이 복사열에 의해 접근이 곤란할 경우의 방수 요령이다.
④ 방수는 반사방수 또는 상하 확산방수로 수막을 형성하여 차열한다.

해설 ✪ 구조대상자에 대한 엄호방수(구조방수) ★★ 14년 소방위/ 16년 서울 소방장
연소 중의 실내에서 연기, 열기에 휩싸여 있는 구조대상자가 있거나 또는 대원이 복사열에 의해 접근이 곤란할 경우의 방수 요령은 다음과 같다.

정답 64. ③ 65. ② 66. ②

① 구조대상자가 있다고 생각되는 직근의 천정 또는 벽면으로 방수한다.
② 유효사정을 확보하기 위해 고속분무(10~15°)방수한다.
③ 방수 종별은 반사방수 또는 상하 확산방수로 수막을 형성하여 차열한다.

67 셔터파괴 장비 중 중량셔터 파괴에 적당한 기구는?

① 갈고리
② 지렛대
③ 해머
④ 공기톱

해설
- 경량셔터 파괴기구 : 해머, 갈고리, 동력절단기, 가스절단기, 지렛대

68 다음 중 "중량물셔터파괴요령"으로 잘못된 것은?(단, 셔터에서 연기가 분출하고 있는 경우)

① 절단기로 스레트를 수직으로 자른 후, 스레트를 당겨 뺀다.
② 공기호흡기를 착용하고 측면에 방수태세를 갖춘다.
③ 연기의 분출을 적게 하기 위해 셔터의 아래방향을 절단한다.
④ 진입구를 만들 경우는 측면에 위치하여 백드래프트에 주의한다.

해설 ✪ 셔터에서 연기가 분출하고 있는 경우★★ 13년 경남 소방교/ 15년 소방장
- 공기호흡기를 착용하고 측면에 방수태세를 갖춘다.
- 연기의 분출을 적게 하기 위해 셔터의 아래방향을 절단한다.
- 셔터의 한 변을 절단하여 스레트를 빼기 전에 내부를 확인한다.
- 스레트는 서서히 잡아 빼고 내부의 상황을 확인하면서 필요에 따라 분무방수를 한다. 단, 수손방지에 충분한 유의를 기할 필요가 있다.
- 진입구를 만들 경우는 측면에 위치하여 백드래프트에 주의한다.
  - 동력절단기, 가스절단기, 산소절단기, 공기톱

69 문 개방에 필요한 파괴기구가 아닌 것은?

① 정
② 파이프렌치
③ 전기드릴
④ 지렛대

해설
- 벽 파괴 필요한 기구 : 착암기, 정, 동력절단기, 가스절단기, 철선절단기

정답 67. ④ 68. ① 69. ①

70 다음 중 천정파괴요령에 대한 설명으로 옳은 것은?(단, 경량철골천정)

① 닥트화재 등을 제외하고는 급격히 연소하지 않는다.
② 천정 마감재료 일부를 박리시킨 후 파괴시킨다.
③ 넓은 범위에 걸쳐 파괴하고자 하는 경우는 해머, 지렛대 등으로 지탱부분을 강타하여 제거한다.
④ 파괴범위를 정해 창이나 갈고리로 마감부분을 박리시킨다.

해설 ✪ 경량철골천정★★★ 13년 충북 소방장·소방교
① 경량철골 천정은 패널로 구성되어 있어 당겨도 쉽게 분리되지 않는다. 따라서 갈고리로 마감재료 일부를 박리시킨 후, 사다리를 사용하여 패널부분을 지렛대 또는 드라이버로 비틀면 용이하게 분리할 수 있다.
② 경량철골 또는 천정 마감재료가 불연재료인 경우는 닥트화재 등을 제외하고는 급격히 연소하지 않는다. 따라서 천정파괴는 최소한도로 하고 오히려 형광등의 매설기구를 분리한 후 확인하는 편이 효과적이다.
- 지렛대, 해머, 스패너, 드라이버, 갈고리, 사다리

71 망입유리에 대한 설명으로 옳은 것은?

① 보통유리의 비산 거리는 창 높이의 1/2 거리이다.
② 파괴에 적당한 기구는 관창, 손도끼 등이다.
③ 창의 중앙부분을 강타하여 금이 생기더라도 효과는 없으므로 반드시 창틀에 가까운 부분을 파괴한다.
④ 창의 상부에서 조금씩 파괴하면 파편도 적고 외부로의 비산도 적다.

해설 5mm 이하의 보통 판유리
- 옥내에 진입이 가능한 경우 창의 잠금 부분 가까이를 손 넣을 정도로 파괴하여 잠금을 풀고 창을 개방한다.
- 옥내에 진입할 수 없는 경우는 유리파편을 실내에 떨어지도록 파괴한다. 창의 상부에서 조금씩 파괴하면 파편도 적고 외부로의 비산도 적다.
- 진입로가 되는 창의 파괴는 창틀의 유리파편을 완전히 제거하여 위해방지를 꾀한다.
- 보통 유리의 비산 거리는 창 높이의 1/2 거리이다. 이에 따라서 경계구역을 설정한다.
  ※ 관창, 손도끼, 갈고리, 해머, 도끼, 지렛대.

72 유리파괴에 있어서 다음내용과 가장 적합한 것은?

경계구역 내의 풍속이 10m이고, 창의 높이는 36m이다. 낙하구역의 반경은?

① 20m   ② 18m   ③ 36m   ④ 25m

해설
- 경계구역은 풍속 15m 이상의 경우는 파괴하는 창의 높이를 반경으로 하고 풍속 15m 미만인 때는 창의 높이의 1/2을 반경으로 한다. ★ 10년 부산 소방장/ 경남 소방교

정답 70. ① 71. ③ 72. ②

73 "유리파괴의 일반적 유의사항"으로 틀린 것은?

① 창유리 등의 파괴는 지휘자의 지시에 의한다.
② 백드래프트 또는 플래시오버를 일으킬 염려가 있는 경우 몸의 위치를 창의 측면이 되도록 한다.
③ 유리의 중량을 고려하여 아랫부분부터 횡으로 파괴한다.
④ 고층에서 파괴할 때는 지상과의 연락을 긴밀히 하여 유리의 낙하구역에 경계구역을 설정한다.

해설 ✪ 유리파괴의 일반적 유의사항★★ 10년 경남 소방교
① 창유리 등의 파괴는 지휘자의 지시에 의한다.
② 유리낙하에 따른 2차 재해의 방지에 주력하고 특히 고층에서 파괴할 때는 지상과의 연락을 긴밀히 하여 유리의 낙하구역에 경계구역을 설정한다. 경계구역은 풍속 15m 이상의 경우는 파괴하는 창의 높이를 반경으로 하고 풍속 15m 미만인 때는 창의 높이의 1/2을 반경으로 한다.
③ 상공에서 낙하하는 유리파편은 나뭇잎과 같이 보여 서서히 낙하한다고 착각하기 쉽지만 실제의 낙하속도는 빨라 극히 위험하다. 또한 지상에 충돌한 반동으로 사방으로 비산하여 이 파편으로 부상당하는 예가 있다.
④ 두꺼운 유리 파괴시 대해머 등을 사용할 때는 충격에 의해 균형을 잃을 염려가 있으므로 신체확보에 주의한다.
⑤ 소방호스나 사다리 옆의 창유리 등을 파괴할 때는 유리파편이 사다리 등에 부딪쳐 떨어질 위험이 있다.
⑥ 창의 파괴에 의해서 백드래프트 또는 플래시오버를 일으킬 염려가 있는 경우 몸의 위치를 창의 측면이 되도록 한다. 또한 창의 좌측에 위치하여 잘 쓰는 팔(오른팔)을 사용한다.
⑦ 판유리의 파괴순서는 유리의 중량을 고려하여 윗부분부터 횡으로 파괴한다.
⑧ 보호장구를 착용한다.

74 "반드시 창틀 가까운 부분을 파괴"해야 하는 것은?

① 방탄유리
② 강화유리
③ 망입유리
④ 6mm 이상 보통 판유리

해설 ✪ 망입유리 파괴요령★ 16년 부산 소방장
• 방진안경 및 헬멧 후드를 활용하여 유리파편의 비산에 의한 위해를 방지한다.
• 창의 중앙부분을 강타하여 금이 생기더라도 효과는 없으므로 반드시 창틀에 가까운 부분을 파괴한다.
• 유리파편은 철선(약 1mm)에 부착하여 탈착되지 않기 때문에 창 전면을 파괴하는 경우는 도끼로 망선을 아치형으로 파괴한 다음 실내로 향하여 눌러 떨어뜨린다.
• 부분적인 파괴는 망선을 노출시킨 후 펜치 등으로 절단한다. - 도어오프너, 해머, 도끼, 지렛대

정답 73. ③   74. ③

75 바닥의 종류에 대한 설명 중 "덱플레이트(Deck Plate)조 바닥"이란?

① 두께 1.2mm 내지 1.6mm의 덱플레이트를 큰 대들보에 용접한 후, 13mm 정도의 철근을 넣고 15mm 내지 18mm 두께로 콘크리트를 넣는 것이다.
② 바닥 또는 벽 재료를 플랜트에서 생산하여 현장에서 조립하는 방식이다.
③ 규격화된 하네트에 배근하여 놓고 여기에 콘크리트를 넣어 중기양생 등에 의하여 즉시 제조하는 것이다.
④ 대들보에서 대들보로 철근을 격자(格子)상태로 맞추어 여기에 콘크리트를 넣어 고정하는 공법이다.

[해설]

덱플레이트(Deck Plate)조 바닥	두께 1.2mm 내지 1.6mm의 덱플레이트를 큰 대들보에 용접한 후, 13mm 정도의 철근을 넣고 15mm 내지 18mm 두께로 콘크리트를 넣는 것이다.

76 "엘리베이터 문의 파괴에 대한 작업순서"로써 가장 우선 조치해야 할 것은?

① 정지 층의 문을 폐쇄한다.
② 엘리베이터용 전동기의 전원을 차단한다.
③ 엘리베이터의 정지위치를 층별 표시 또는 인디케이터(Indicator)로서 확인한다.
④ 구조대상자에 대한 사후처리에 주의한다.

[해설] ● 작업순서
㉠ 엘리베이터의 정지위치를 층별 표시 또는 인디케이터(Indicator)로서 확인한다.
㉡ 엘리베이터용 전동기의 전원을 차단한다.
㉢ 정지 층의 문을 개방한다.
㉣ 구조대상자에 대한 사후처리에 주의한다.

정답 75. ①　76. ③

77 다음 내용과 관계있는 것은?

"1723년 영국의 화학자 A.Godfrey에 의하여 처음으로 만들어 졌으며 단순히 물통과 도화선으로 구성되어 화재 시 화염이 도화선에 점화, 화약이 폭발하여 물통의 물이 방출되는 간이설비였지만, 그 후 계속 개발하고 발전되어 1874년 미국 Henry Parmelee에 의해서 오늘날과 같은 설비가 개발되어 실용화되기에 이르렀다."

① 옥내소화전설비
② 연결살수설비
③ 스프링클러설비
④ 제연설비

해설
- 스프링클러설비에 대한 설명이다.

78 다음 중 연소방지설비에 대한 설명으로 옳은 것은?

① 1개의 송수구의 송수압력은 5~10kg/cm^2이다.
② 길이가 500m 이상, 폭 1.8m 이상, 높이 2m 이상인 지상에 설치되어있는 설비이다.
③ 송수구, 살수구역표시, 배관, 헤드로 구성되어있다.
④ 화점구역의 좌우 살수구역을 점령하여 40㎜ 소방호스를 연결 송수한다.

해설 ✪ **연소방지설비**

길이가 500m 이상, 폭 1.8m 이상, 높이 2m 이상인 지하구에 설치되어 있는 설비로서, 화재 발생시 연결송수구를 통해 송수된 가압수가 지하구 천정부에 설치된 헤드에 의해 살수되어 연소확대를 방지하는 설비로서 송수구, 살수구역표지, 배관, 헤드로 구성되어 있다.
1. 현장 관계자나 자동화재탐지설비의 수신반을 확인하여 화점 위치를 파악한다.
2. 펌프차를 연결송수구 인근에 부서한다.
3. 화점구역의 좌우 살수구역을 점령하여 65㎜ 호스를 연결송수구에 연결송수한다.
4. 1개의 송수구(1개의 살수구역) 송수압력은 약 2~5kg/cm^2로 한다.
5. 화재 진행 상황을 수신반으로 계속 확인한다.

정답 77. ③ 78. ③

79 조명작업에 대한 설명으로써 잘못된 것은?

① 조명등은 높은 위치에 설정한다.
② 이동은 원칙적으로 점등한 상태로 할 것
③ 전선은 도로나 통로의 중앙을 피하여 벽이나 담 등을 따라서 연장할 것
④ 발전기는 원칙적으로 옥내에서는 사용하지 않는다.

[해설] ◆ 이동식조명등의 주의사항
1. 넓은 범위를 밝게 비출 수 있는 위치를 설정하고, 상황에 따라서는 반사효과를 이용한 간접조명을 한다.
2. 눈이 부시는 것을 방지하기 위하여 조명등은 높은 위치에 설정할 것
3. 전선은 도로나 통로의 중앙을 피하여 벽이나 담 등을 따라서 연장할 것
4. 점등한 상태로의 이동은 원칙적으로 하지 말 것
5. 발전기의 설치장소는 물이 닿지 않는 안전한 장소를 선정할 것
6. 발전기는 원칙적으로 옥내에서는 사용하지 않는다. 다만, 부득이하게 사용할 경우에는 환기에 주의한다.
7. 발전기의 운반손잡이 등에 전선의 접속 측 말단을 고정시키고 전선 등에 충격이 가해졌을 때 접속부가 빠지지 않도록 조치한다.

80 잔화정리 요령에 대한 설명으로 바르지 않은 것은?

① 바깥에서 중심으로, 위층에서 아래층으로, 높은 곳에서 낮은 곳으로 실시한다.
② 피복물이나 도괴물을 쇠갈고리 등으로 제거해서 방수한다.
③ 방수사각이 되고 있는 장소에 방수한다.
④ 대량방수를 하여 잔불을 제거한다.

[해설]

잔화정리 요령	㉠ 지휘자로부터 지정된 담당구역을 바깥에서 중심으로, 위층에서 아래층으로, 높은 장소에서 낮은 장소로의 순으로 실시한다. ㉡ 개구부를 개방하고 배연, 배열하고 활동환경을 정리해서 실시하는 것과 동시에 조명기구를 활용한다. ㉢ 방수는 관창압력을 감압해서 직사방수, 분무방수 등 관창은 기민하게 조작한다. ㉣ 방수는 한 장소에 고정하는 것이 아니라 대소의 이동이나 국부파괴, 뒤집어 파는 등 적극적으로 실시해 방수사각이 생기지 않도록 한다. 필요에 따라 호스를 증가한다. ㉤ 합판, 대들보의 뒤 측, 벽 사이 등 방수사각이 되고 있는 장소에 방수한다. 모르타르 벽 등이 방수해서 곧 마르는 것은 잔화의 위험이 있기 때문에 손으로 벽체의 열을 확인하는 등 잔화정리에 철저를 기한다. ㉥ 피복물이나 도괴물을 쇠갈고리 등으로 제거해서 방수한다. ㉦ 가연물이 퇴적되어 있을 때는 관창을 끼워 넣든가 파서 헤집던가 해서 방수한다. ㉧ 과잉 방수를 피하고 수손을 방지한다.

정답 79. ② 80. ④

81 화재현장 홍보목적 중 잘못된 것은?

① 화재현장상황을 설명함으로서 주민 화재예방의식 고취
② 화재피해액 사전발표로 피해주민 신속 보상
③ 긴급피난지시나 현장의 위험성 고지
④ 매스컴을 통하여 널리 화재실태를 알림

해설 ✪ 화재현장 홍보의 목적
1. 소방활동에 필요한 각종 정보의 입수
2. 긴급피난 지시나 현장의 위험성 고지
3. 소방활동에 대한 이해를 요청
4. 화재현장상황을 설명함으로서 주민 화재예방의식 고취
5. 매스컴을 통하여 널리 화재실태를 알림

82 화재에 의한 피해원인 중 옳지 않은 것은?

① 연기에 의한 것
② 소실에 의한 것
③ 소화수에 의한 것
④ 인력부족에 의한 것

해설 화재에 의한 피해
1. 소실에 의한 것
2. 연기에 의한 것
3. 파괴에 의한 것
4. 소화수에 의한 것이 있다.

정답 81. ② 82. ④

CHAPTER 05 화재진압과 소방전술

- 화재진압대의 승패는 흔히 초기진압 작전에 관계한 사람들의 기술과 지식에 달려 있다. 진입계획을 갖추고 충분한 양의 물이 적절히 공급되며 잘 훈련된 소방대원들로 구성된 소방대는 화재를 대부분 초기에 진압할 수 있다. 초기진압이 실패하면 불이 거세지고 소방대의 통제 밖에 놓이게 된다.
- 모든 대원은 그들이 펼칠 전술과 사용하는 모든 장비에 대하여 철저히 훈련하는 것이 중요하다. 자주 써 보고 훈련했던 장비를 이용하는 것이 빠르고 효과적이다.
- 소방대원들이 긴급 상황에서 위험하거나 위험 가능성이 있는 곳에서 작업할 때는 항상 2인 1조로 작업해야 한다. 혼자서는 무리한 힘을 써야 하고, 갇혔을 때는 혼자서 탈출할 수 없게 될 수도 있다.

◉ 출동대원들의 잠재적인 위험요소
- 임박한 건물 붕괴
- 진압팀의 뒤나 아래 또는 위에 있는 불길
- 호스라인(hoseline)의 꼬임이나 호스라인에 방해가 되는 것
- 구멍, 약한 계단 또는 다른 추락 위험들
- 화재 때문에 약해진 지주 위에 있는 짐들
- 엎질러질 가능성이 있는 위험하거나 인화성이 높은 가연물들
- 백드래프트(backdraft) 또는 플래시오버 상태
- 전기 충격 위험들
- 대원들의 탈진, 혼란, 공포
- 부상자들

제1절 일반가연물 화재진압

1 목조건물 화재진압

화재특성	① 화염 분출면이 크고 복사열이 커서 접근하기 곤란하다. ② 인접 건물로의 연소 속도가 매우 빠르고 다량방수나 인접건물에의 예비방수가 중요하다.
진압원칙	① 초기단계에서는 화점에 진입하여 집중 방수하여 진압한다. ② 화재중기에서는 옥내진입 시 화재의 역류(Back draft)에 주의, 공기호흡기를 착용한다. 또, 옥내진입은 반드시 방수와 병행한다. ③ 가장 화세가 왕성한 때는 화세제압이상으로 주위로의 연소방지에 중점을 둔다. ④ 건물의 내벽, 다락방과 같은 구획부분, 복도, 계단실 등을 연소방지 중점개소로 선정한다. ⑤ 외벽 또는 내벽 등이 방수에 방해가 될 때는 국부파괴를 하여 방수사각이 생기지 않도록 한다. ※ 목조건물 화재의 경우 방수 효과는 두드러지게 나타나는 것이 보통이며, 같은 장소에 수분동안 방수해도 화재상황의 변화가 없으면 연소실체에 물이 닿지 않는 것이므로 방수 위치를 변경할 필요가 있다.

관창 배치 ★	목조건물 화재는 주위건물로의 연소 확대 저지를 중점으로 하기 때문에 관창의 배치도 연소 위험이 큰 쪽, 연소할 경우 진압활동이 곤란한 쪽으로의 배치를 우선한다. ① 관창배치의 우선순위는 화재의 뒷면, 측면 및 2층, 1층의 순으로 한다. ② 바람이 있는 경우 풍하, 풍횡, 풍상의 순으로 한다. ③ 경사지 등은 높은 쪽, 횡, 낮은 쪽의 순으로 한다. ④ 화재건물에 내화조 건물이 인접해 있는 경우는 내화조 건물에 개구부가 있다고 생각하고 경계 및 연소방지를 위하여 내화조 건물내부로 신속하게 경계관창의 배치 또는 확인한다. ▶ 13년 경남 소방장/ 15년 소방위
진압 요령	① 현장도착 시, 화재발생 건물의 관계자 및 부근에 있는 사람으로부터 구조대상자, 부상자, 건물내부의 상황 등 소방활동에 필요한 정보를 적극적으로 수집 ② 구조대상자 등 인명위험의 정보를 수집한 때에는 ➡ 인명검색을 최우선적으로 전개 ③ 연소 중인 건물내부의 검색, 구조 활동은 ➡ 반드시 엄호방수를 받으면서 내부로 진입 ④ 현장 최고지휘자가 인명위험이 없다고 판단 ➡ 연소진압을 중점적으로 실시 ⑤ 선착대로서 인명검색 외에 여력이 있는 경우 ➡ 연소위험이 가장 큰 쪽에 진입하여 활동 ⑥ 후착대는 선착대와 연계하여 활동하며 특히, 선착대가 진입하고 있지 않은 연소 확대 위험이 있는 장소에 진입한다. ⑦ 인접건물에 연소위험이 있는 경우에는 ➡ 분무방수(고속) 등으로 예비방수를 하여 연소를 저지한다. ⑧ 지붕이 타서 파괴된 경우에는 ➡ 비화의 염려가 있으므로 비화경계 활동을 실시한다. ⑨ 방수관창의 수는 필요 최소한으로 하여 과잉방수를 하지 않도록 한다. ⑩ 적재사다리 또는 인접건물의 베란다 등을 활용하여 화점에 확실하게 방수한다.

2 방화조건물 화재진압

화재 특성	① 화재초기의 연소상황은 일반적으로 목조화재와 비슷하다. ② 화재초기 이후는 건물의 외벽과 처마의 사이가 적기 때문에 연기가 밖으로 나오기 어렵다. 따라서 공기의 유입이 적고 연기나 열기가 충만하기 쉽다. ③ 건물 내에는 훈소 상태가 되면 목조건물 화재에 비하여 연소가 완만하다. ④ 화염과 연기가 벽체내부를 따라 확산되어 예기치 않게 건물전체로 확대되는 경우가 있다. ⑤ 화재의 최성기 이후에는 몰탈의 박리, 외벽의 붕괴가 일어나기 쉽다. ⑥ 몰타르 벽이기 때문에 방수한 물이 침투하기 어렵고 외벽, 처마, 지붕 속에 잔화가 발생하기 쉽다.
진압 원칙	원칙적으로는 목조건물의 경우와 유사하지만, 목조건물 화재와 비교하면 연소확대 속도는 느리다. 또, 기밀성도 높으므로 화점 및 연소범위를 파악하는 것이 진압활동의 포인트이다. ① 선착대는 화점건물 및 주변건물의 인명검색을 우선적으로 실시한다. ② 소화활동은 연소위험이 큰 곳에 진입하여 연소방지를 중점으로 실시한다. ③ 인접건물로의 연소는 창 등의 개구부와 처마를 통하여 이루어지는 경우가 많으므로 이 부분은 조기에 방수 한다. ④ 방화조 건물은 내부에 농연이 충만하고 화점의 확인이 곤란하기 때문에 필요한 경우 분무방수 등으로 제거하면서 화점발견에 노력한다. ⑤ 벽체 혹은 천정 속에 들어간 불의 확인은 열화상카메라 등 장비를 통해 확인한다.
관창 배치	① 뒷면을 최우선으로 하고 측면, 2층 및 1층의 순으로 옥내진입을 원칙으로 한다. ② 풍향, 주위의 건물배치를 고려하여 관창배치의 우선순위를 결정한다. ③ 연소건물에 내화조 건물의 개구부가 면하여 경우 내화조건물에 관창을 배치한다.

진압 요령	① 분무방수에 의한 배연, 배열을 하고 화점을 확인 후 연소실체에 방수한다. ② 짙은 연기가 충만해 있는 경우는 낮은 자세로 중성대 아래를 들여다보고 화점위치를 확인한다. ③ 벽이나 지붕속 등의 화원은 천정을 국부 파괴하여 화점에 방수한다. ④ 짙은 연기, 열기가 건물에 충만해 있는 경우는 Flash-over에 주의하고 문을 조금 열어 내부에 방수를 한 다음 개방한다. ⑤ 인접건물로의 연소는 개구부에서 불꽃이 분출하기 시작한 때부터 지붕이 파괴될 때까지가 가장 위험하다. 따라서 이 시기에 인접건물과의 사이에 경계관창을 배치한다. ⑥ 개구부가 적고 방수사각이 생기기 쉬운 건물은 외벽을 국부 파괴하여 방수구를 설정한다. ⑦ 방화조 건물의 화재방어는 몰탈의 박리, 낙하, 외벽의 도괴에 주의한다. ⑧ 잔화처리는 벽속, 처마속, 지붕속 등에 잔화가 남기 쉬우므로 육안, 촉수, 부분파괴에 의하여 잔화를 처리하고 재연소방지에 노력한다. ⑨ 방화조 건물의 2층은 방수한 물이 바닥에 고여 상당한 중량이 되므로 만약 바닥이 연소하고 있으면 잔화처리 등으로 사람이 올라갔을 때 붕괴될 가능성이 있다.

3 내화조건물 화재진압* 16년 소방위

화재 특성		내화조건물은 철근콘크리트조, 조적조, 석조, 콘크리트조 및 블록조 등 주요구조부가 내화성능을 가진 건물이다. 여기서는 3층 이상 7층 미만의 중층 내화건물 화재방어 요령만 기술한다. ※ 일반적으로 내화조건물의 화재는 건물 주요구조부는 타지 않기 때문에 건축물의 기밀성이 우수하고, 초기의 연소는 완만하다.
	화재 초기	① 화세가 약하다. ② 외부의 공기가 유입되지 않는 상태에서 연기의 중성대가 확실하게 나타난다. ③ 화점확인도 자세를 낮추면 비교적 쉽게 발견할 수가 있다.
	중기 이후	① 짙은 연기와 열기가 실내, 복도에 충만하다. ② 내부진입과 화점확인도 어렵게 된다. ③ 배관샤프트, 계단, 닥트 등을 연소 경로로 하여 상층으로 연소 확대된다.
인명 구조		① 소방활동은 인명구조를 최우선으로 한다. ② 구조대상자에 관한 정보는 모호한 내용이라고 해도 추적하여 조사를 한다. ③ 인명검색은 대별로 임무를 분담하여 모든 구획을 한다. ④ 구조대상자가 있는 경우 → 열기로부터 몸을 보호하기 위하여 직접 분무방수를 한다. ⑤ 유독가스나 연기를 마시고 쓰러져 있는 사람을 발견하면 현장에서 기도확보 등 응급처치 를실시하고 구급대와의 연계 하에 구명에 노력한다.
관창 배치		① 관창은 급기측, 배기측의 2개소 이상의 개구부에 배치하고 방수는 급기측에서 실시하며, 배기측은 원칙적으로 경계관창으로 한다. ② 경계관창은 화점 직상층 및 좌우측의 공간에 경계선을 배치하고 관창까지 송수하여 연소 확대에 대비한다. ③ 내화조 건물은 닥트 및 배관 스페이스 등의 공간을 경로로 한 연소 확대가 예상되므로 각 층 및 각 실의 경계와 확인을 조기에 실시한다.
배연 요령		① 아래층을 급기구, 상층(옥탑)을 배연구로 설정하여 옥내 계단의 연기를 배출시켜(clear zone을 설정) 피난자의 탈출 및 대원의 활동을 쉽게 한다. ② 배연설비를 적절하게 활용한다. ③ 급기측, 배기측으로 진입한 각 대는 서로 연락을 취하여 배연 및 소화활동의 효과를 높인다.

진압 요령	④ 필요한 경우 분무방수로 배연한다. ① 화점실에 연기의 중성대가 있는 경우에는 자세를 낮게 하여 실내를 직접 보고 구조대상자 및 화점을 확인한다. ② 수손방지를 위하여 분무방수 및 직사방수를 병용하여 실시한다. ③ 개구부를 급격하게 개방하면 역류(Back draft)에 의한 화상 등의 우려가 있으므로 방수를 하면서 천천히 개방한다. ④ 내화조 건물에서 개구부가 적을 때에는 파괴기구로 개구부를 만든다. ⑤ 야간에는 조명기구의 활용으로 방어효과를 높인다. ⑥ 초기에 구조대상자가 없는 것이 확인된 상황에서의 소방활동은 화제진압을 중점으로 하여 연소확대 방지에 노력한다. ⑦ 공기호흡기를 착용하고 내부진입을 적극적으로 시도하고 반드시 화점에 방수한다.
수손 방지	① 내화조 건물에서는 짙은 연기, 농연, 열기가 있어도 함부로 방수해서는 안 된다. 이러한 방수는 화점 확인을 어렵게 하고 수손의 원인이 되므로 반드시 화점을 확인하고 방수한다. ② 밀폐된 아파트 등 소 구획된 실내에서는 방수량이 적은 포그건(Fog Gun) 등을 사용한다. ③ 화점 직하층의 방 등에 천정에서부터 누수가 있는 경우는 가구 등에 방수커버를 덮어 오손을 방지한다. 또, 실내의 수용물만 탄 소규모 화재의 경우 화재실내에서도 마찬가지의 오손방지를 적극적으로 한다. ④ 건물지하에 있는 기계실 및 전기설비에 물이 들어가지 않도록 모래주머니, 방수커버 등으로 조치한다.

TIP 목조, 방화조, 내화조건물의 특성과 관창배치, 화재진압요령 등을 비교할 수 있어야 해요 ^^

4 주택화재*

화재 특성	① 주택화재는 목조건물이나 내화조건물이 많다. 계단이 1개소인 건물이 많고 2층을 침실로 사용하고 있으므로 잠재적으로 인명위험이 높으며, 1층은 생활공간으로서 항상 화기를 사용하는 주방, 거실 등이 많기 때문에 화재발생 위험이 높다. ② 화재발생 시간은 일반적으로 불을 많이 사용하는 저녁식사시간대에 많이 발생하며 16시에서 18시까지가 가장 많고 심야에는 적은 편이고, 소사자는 다른 용도에 비하여 집단에서 벗어나 많이 발생하고 있으며 특징은 고령자, 노약자, 소아가 대부분이다. ③ 발화 장소는 부엌의 조리 기구나 거실의 난방 기구에서 발화빈도가 높다. 최근에는 방화에 의한 주택화재도 많이 발생하고 있다. ④ 조리기구에서의 발화는 가스렌지가 압도적으로 많고 최근에는 냉동식품의 보급이 많아져 식용유에서 발화되는 경우도 있으며 난방기구는 석유난로에서의 발화가 많다.
진압 요령	① 목조, 내화조건물 화재방어와 거의 같다. ② 주택은 일상생활의 장소이기 때문에 화재 시에는 항상 인명위험이 있으므로 신속한 인명구조 활동이 요구된다. ③ 공동주택의 경우는 일반적으로 각 세대가 독립되어 있고 경계벽이 천정 속까지 내화구조로 되어 있으므로 연소확대 위험은 없다. ④ 기본적인 진압요령은 목조, 내화조건물 화재진압 요령에 의한다. ● 주택 화재진압에서의 유의사항 　• 인명검색은 평소 잘 사용하는 각 거실, 화장실 등을 중점 확인한다. 　• 옥외에서 확인한 상황에서 구조대상자의 유무를 추정하고 특히, 창의 개방, 전기의 점등에서도 시

- 이 있을 가능성이 있다고 생각하고 적극적으로 구조활동을 수행한다.
- 벽장, 천장, 지붕속 등으로 연소 확대되므로 인접방의 천장을 국부파괴하고 관창을 넣어 화를 진압한다.
- 목조 주택 화재는 연소가 빠르고 인접 건물로 연소 대 될 것이 예상되므로 조기에 뒷쪽에 관창을 치하여야 한다.
- 잔화정리는 건물의 기둥, 보, 기와 및 벽체의 낙하 또는 붕괴의 위험을 제거하면서 구역을 지정히 파괴기구를 활용하면서 실시한다.
- 섬유원단, 신문지 또는 잡지 등의 경우 내부까지 불씨가 있다고 생각하고 소화활동을 하며 옥외는 물을 채운 드럼통 등에 담궈 안전하게 소화하여 재발화를 방지한다.
- 재발화 방지는 관계자 등에게 경계를 철저히 하도록 협조의뢰 한다.

5 지하화재 *** 16년 소방장 / 21년 소방교 / 소방장 / 23년 소방교

화재 특성	① 짙은 연기가 충만하기 때문에 진입구, 계단, 통로의 사용이 곤란하다. ② 공기의 유입이 적기 때문에 연소가 완만하지만 시간이 경과함에 따라 복잡한 연소상태를 나타낸다. ③ 출입구가 1개소인 경우에는 진입이 곤란하고 급기구, 배기구의 구별이 어렵다. ④ 지하실은 전기실, 기계실 등이 설치되어 있는 경우에는 소방대의 활동위험이 매우 크다.
진압 곤란성	① 짙은 연기, 열기에 의한 내부 상황의 파악이 어렵고, 활동장애 요소가 많다. ② 진입구가 한정되어 활동범위의 제한을 받는다. ③ 진입구가 1개소인 경우에는 한 방향으로만 현장 활동을 하게 되어 혼잡하고 활동에 지장을 초래한다. ④ 장비와 기자재의 집중 관리장소를 현장 가까이에 둘 수 없는 경우가 많다.
진압 요령 **	① 지하실에는 불연성가스 등의 소화설비가 있는 경우가 많으므로 내부의 구획, 통로, 용도, 수용물 등을 파악한 후 행동한다. ② 진입개소가 2개소인 경우에는 급기, 배기방향을 결정한 후 급기측에서 분무방수 또는 배연기기 등을 이용하여 진입구를 설정한다. ③ 개구부가 2개소 이상일 때는 연기가 많이 분출되는 개구부를 배연구로 하고 반대쪽의 개구부를 진입구로 한다. ④ 소화는 분무, 직사 또는 포그방수로 한다. 또, 관창을 들고 진입하는 대원을 열기로부터 보호하기 위하여 필요한 경우에는 분무방수로 엄호 방수한다. ⑤ 급기측 계단에서 화학차를 활용하여 고발포를 방사(放射), 질식소화를 한다. ⑥ 고발포를 방사하는 경우에는 화세를 확대시키는 경우도 있기 때문에 상층에 경계관창의 배치를 소홀히 해서는 안 된다. ⑦ 대원이 내부 진입할 때에는 확인자를 지정하고, 출입자를 확실하게 파악, 관찰하여야 한다. ⑧ 짙은 연기 열기가 충만하여 진입이 곤란한 경우에는 상층부 바닥을 파괴하여 개구부를 만들고 직접 방수

TIP 지하실 화재는 진입구가 한정되어 배연으로 인한 활동장애, 고발포방사와 상층부 바닥파괴를 기억하세요. ^^

6 대규모 목조건물화재

화재 특성	대규모의 목구조 화재는 화세가 강하고, 연소속도도 빠르기 때문에 확대될 위험이 크다. 또, 다량의 불티가 비산하기 때문에 비화(飛火)의 발생위험도 높다.
진압 곤란성	① 화면이 넓어 관창배치를 조기에 하기가 곤란하다. ② 화세가 강하고 대량방수를 필요로 한다. ③ 기둥, 보 등이 타면 건물의 도괴 위험이 있다. ④ 연소 확대된 경우의 소화는 방화벽 등 구획장소 이외에서는 곤란하다. ⑤ 천장이 높은 건물이 많고 지붕속이나 천장 속으로 물이 침투되기 어렵다. ⑥ 화세가 격렬하고 복사열이 강렬하며 화면이 넓기 때문에 건물에 접근하는 것이 곤란하다. ⑦ 공장 등에서 지붕이 불연재인 경우에는 화염이 위로 분출되지 못하므로 불꽃이나 연기가 옆으로 연소확대 한다.
진압 요령	① 수량이 풍부한 소방용수를 선정한다. 연못, 풀, 저수조, 하천 등의 수리를 점령하여 대량 방수체제를 취한다. ② 옥내에 진입할 때의 관창부서는 화염의 확대를 고려하여 여유호스를 확보하면서 진입한다. ③ 천장 속의 화염확대는 빠르므로 여유거리를 취하여 천장 등의 파괴를 하면서 화점에 방수한다. ④ 옥내로 진입 곤란한 경우의 관창배치는 화점건물의 화세제압과 인접건물로의 연소방지로 구분하여 연소방지 후 화점 건물로 진입수단을 마련한다. ⑤ 연소 확대 방지에는 방화벽, 계단구, 건물의 굴곡부 등에 관창을 집중시킨다. ⑥ 방수는 도괴, 낙하를 방지하기 위하여 높은 곳을 목표로 한다. ⑦ 복사열이 크고 비화위험이 있으므로 부근의 건물에 대하여 주의를 기울인다. ⑧ 붕괴, 천장낙하에 주의하고 직사방수로 떨어지기 쉬운 것을 떨어뜨린 후 진입한다.

TIP 남대문, 대형사찰 건물이 해당되는데 일단 기와지붕은 물 침투가 어렵고 화세가 강하고 비화, 붕괴되며, 풍부한 수량이 필요하답니다. ^^

7 특정용도 건물화재

(1) 백화점 및 대형 점포의 화재**** 19년 소방장 / 21년 소방교

화재 특성	백화점 및 대형 점포에서는 영업 중에 불특정 다수인의 출입이 있고, 가연성 상품이 대량으로 진열되어 있기 때문에 일단 화재가 발생되면 연소력도 강하고 인명위험도 매우 높다.
인명 구조	㉠ 자위소방대로부터 이용객의 상황을 파악함과 동시에 비상방송설비 등을 활용하여 안전한 장소로 피난유도 시킨다. ㉡ 옥상 피난자가 뛰어내리지 않도록 차량용 확성기 등으로 방송한다. ㉢ 인명검색은 공기호흡기를 착용하고 원칙적으로 2명 1조로 행동한다. ㉣ 검색장소는 식당, 계단실, 에스컬레이터 로비, 창 근처, 화장실 등을 중점으로 실시하고 중복되지 않도록 분담한다. ㉤ 옥상의 피난자는 연기가 적은 장소로 이동시키는 등 지상에서 확성기를 사용하여 유도하고 상황에 따라서 대원을 옥상으로 진입하게 한다. ㉥ 사다리차를 활용하여 진입하는 경우에는 위험성이 높은 구조대상자부터 우선적으로 구출한다. ㉦ 구조대상자가 다수인 경우에는 현장부근에 구호소를 설치한다. ㉧ 구조된 구조대상자의 성명, 연령, 성별 및 부상정도 등 현장지휘본부는 정확한 정보수집에 노력한다. ㉨ 인원에 여유가 있는 경우는 화재로 인한 부상자의 수용병원에 조사요원을 파견한다.

진압 요령	⊙ 선착대는 관계자로부터 정보를 수집하고 자동화재탐지기 수신반에서 연소범위를 확인한다. 또, 수신반의 표시가 여러 층인 경우에는 공조용 닥트 화재인 경우도 있다. ⓒ 소화활동은 옥내소화전 및 소방전용방수구 등 각종 설비를 최대한 활용한다. ⓒ 복사열이 강한 경우의 진입방수는 기둥, 상품박스, 칸막이 또는 셔터 등을 방패로 하여 실시한다. ⓔ 방수는 화점을 정확하게 확인하여 직접방수를 하고 수손방지에 노력한다. ⓘ 낙하물은 직사방수로 떨어뜨려 안전을 확보한다. ⓑ 방수는 급기측, 배기측으로 구분하고 급기측에서 진입하는 것을 원칙으로 한다. ⓢ 지하변전실, 기계실로 소화수가 유입되는 것을 방지한다. ⓞ 비상용 콘센트 또는 조명기구를 이용하여 화재진압 활동의 효과를 높인다.

TIP 다수인명피해가 예상되므로 구호소를 설치하고 자체소방시설을 최대한 활용해야 합니다.^^

(2) 여관, 호텔화재 등 숙박시설 화재진압

화재 특성	⊙ 여관, 호텔의 이용객 대부분은 건물의 구조를 잘 모르거나 음주나, 해방감 등으로 화재에 대하여 무방비 상태인 경우가 많다. ⓒ 화재가 발생할 경우 종업원들의 적절한 안내방송, 소방기관에의 신고는 물론 피난유도 등의 소방활동을 신속하게 하지 않으면 많은 사상자가 발생할 가능성이 있으므로 과거에도 많은 사상자가 발생한 사례가 많다. ⓒ 대부분 각 방이 밀실이고 심야에는 숙박자가 숙면상태이기 때문에 비상벨 등에도 인지할 수 없는 상태가 예상된다.
인명 구조	⊙ 여관, 호텔의 각 객실은 밀실이 많고 대상물 측에서의 피난상황 확인이 어렵기 때문에 구조대상자가 객실에 있다고 생각하고 모든 실의 검색활동을 실시한다. 또, 숙박자 명부의 활용을 고려한다. ⓒ 피난자는 피난하기 위하여 계단실, 복도에 집중하는 경우가 많지만 소화활동으로 진입한 소방대와 충돌하지 않도록 유도하고 피난의 장애가 되지 않는 진입로를 선정한다. ⓒ 선착대는 2인 1조가 되어 공기호흡기를 장착하고 화점층을 검색한다. ⓔ 화염이 화점실에서 분출되고 있는 경우는 베란다, 복도 등 횡방향으로 대피토록 유도한다. ⓘ 하나의 실이라도 최성기 상태인 경우에는 상층까지의 위험상태를 인식한다. ⓑ 구조활동과 동시에 옥외로 뛰어 내릴 위험은 없는지를 반드시 확인한다. ⓢ 호텔의 입지조건에 따라서는 인접건물을 통하여 진입 구조 할 수 있는 경우도 있으므로 유효하게 활용한다. ⓞ 피난에 계단을 활용할 수 없는 경우에는 건물에 설치된 피난기구를 활용한다. ⓩ 피난자, 구조자, 구조대상자의 상황파악을 위해 인접건물에 구조호스를 배치한다.
화재 진압	⊙ 선착대는 경비원, 야간의 숙직자로부터 초기대응 상황을 구체적으로 수집하고 상황을 파악한다. ⓒ 자동화재 탐지설비의 작동상황을 확인하여 필요한 기자재, 진입수단을 결정하고 활동한다. ⓒ 관창진입은 화점층, 화점층 상층부를 최우선하여 배치한다. ⓔ 관창은 원칙적으로 각층마다 배치한다. 복도 등에 광범위하게 연소 확대되고 있는 경우에는 방화구획을 이용하여 연소를 저지한다. ⓘ 상층이 발화 층인 경우에는 방수한 물이 계단 등으로 흘러내리므로 방수카바를 이용하여 옥외로 배수되도록 조치하는 등 수손방지에 노력한다. ⓑ 짙은 연기·열기가 충만한 내부에 진입할 경우 직사방수 하는 대원을 엄호하기 위하여 뒤에서 분무방수를 한다. ⓢ 침대, 커튼, 카페트 등의 잔화정리는 옥외로 이동시키거나 욕실에서 물을 적셔 완전하게 소화한다.

TIP 다수 사상자 발생이 예상되므로 자체인력으로 객실마다 검색활동 후 대피유도가 우선이며, 구호소를 설치하고 관창은 각 층마다 배치해야 합니다. ^^

(3) 병원화재진압(사회복지시설 포함)

특성	⊙ 병원의 야간, 휴일의 방화체제는 규모에 따라서 다르지만 거의 당직의사, 간호사 및 수명의 경비원 등 소수의 인원이 관리하는 체제로 운영된다. ⓒ 야간에 발화하면 피난행동이 불편한 노인이나 입원환자를 한정된 인원으로 대응해야 하는 것이 현실이다. ⓒ 노인복지시설(양로원 등)이나 정신병원 등은 고령이나 장애 때문에 유사시 이상심리 상태가 되어 구조대원이 말하는 것을 이해하지 못하는 경우도 생각할 수 있다. ⓔ 설치되어 있는 소방용설비의 조작방법도 병원직원 중 일부사람만 알고 있다는 점을 고려해야 한다.
인명 구조	⊙ 인명검색은 화점실 및 화점실과 가까운 실을 최우선하여 실시한다. ⓒ 선착대는 정보수집을 정확하게 하고 화점실, 린넨(Linen)실, 계단실, 화장실 등 평소의 생활공간을 최우선적으로 검색한다. ※ 린넨(Linen)실 : 병원, 호텔 등에서 침대시트를 보관해놓는 방을 말한다. ⓒ 병원 관계자에게 피난방법, 피난장소를 알려준다. ⓔ 보행불능자 등은 원칙적으로 들것 등으로 운반하고 부득이하게 업고 구출하는 경우에도 2명 1조로 하여 확실하게 이동시킨다. ⓜ 구조대상자를(동시에 많은 사람을) 구출할 경우는 미끄럼대, 구조대·피난사다리 등 건물의 소방용시설을 활용한다. ⓗ 인명구조 활동은 엄호방수를 병행하여 구출한다. ⓢ 환자는 화재로 인하여 정신적 불안이 가중되므로 안정시키는 조치를 취한다. ⓞ 구출된 사람의 임시구호소는 인접건물에 안전한 장소가 있으면 그곳을 1차 피난장소로 정하여 보온 등의 구호조치를 하고 가능한 한 빨리 안전한 장소로 수용한다. ⓩ 산부인과 등에서는 보행이 불가능한 신생아 등이 있는 장소를 중점적으로 구조활동을 전개한다.
진압 요령	⊙ 선착대는 경비원, 당직원으로부터 정확한 화점 및 구조대상자의 정보를 수집한다. ⓒ 화재초기, 중기의 방어는 적극적으로 내부진입 수단을 강구하여 관창을 전개한다. ⓒ 병원에 설치되어 있는 소화설비 등을 효과적으로 활용한다. ⓔ 자위소방대가 있는 경우에는 소방대가 도착한 후에도 계속하여 지원협력하게 한다. ⓜ 연소확대가 예상되는 경우 관창배치는 제1을 화점층, 제2를 화점상층을 목표로 배치한다. ⓗ 방수는 직사, 분무를 효과적으로 하여 소화한다. ⓢ 환자에게 방수하면, 쇼크 또는 냉기로 악영향을 주는 경우가 있으므로 엄호방수는 주의를 요한다. ⓞ 화재진압계획이 있는 것은 그 계획을 참고하여 소방활동을 한다.
구급 대책	⊙ 대량 환자가 발생될 것으로 예상되면 신속하게 현장응급의료소를 설치한다. ⓒ 현장응급의료소는 구급차의 진입 또는 퇴로가 용이한 장소, 진입방향과 퇴로방향을 일방통행으로 설치한다. 　●　후착대는 구급차의 진입, 퇴로에 장애가 되지 않는 위치에 부서하도록 통제한다. ⓒ 현장응급의료소 또는 상황실에서 병원분산배치표를 참고하여 환자이송을 분산시켜 이송하고, 환자가 집중되는 주요 병원에는 미리 연락 등의 조치를 취한다. ⓔ 환자의 증상을 평가하고 쇼크에 빠지지 않도록 보온조치를 한다. ⓜ 필요시 의사 등 전문 의료요원을 요청한다. ⓗ 부상자 및 구조대상자의 인원, 성명, 성별, 부상정도 및 수용병원의 조사를 하는 전담대원을 지정하여 정확하고 종합적인 정보처리를 한다. ⓢ 현장응급의료소에는 관계자외의 출입을 통제하는 소방통제선을 설치한다.

TIP 병원화재는 기본적으로 야간근무자가 소수이며, 거동이 불편한 환자들이 대부분이므로 대피할 수 있는 자체 미끄럼대, 구조대 등을 활용, 현장응급의료소를 설치하고 평소 자체훈련이 필요하답니다. ^^

8 밀집가구 화재

목조, 방화조 밀집지역은 도로가 협소하고 소방용수사정도 나쁜 지역이 많다. 따라서 보다 정확하고 신속한 관창배치 및 방수체제를 요구한다.

○ 수개의 동에 연소 확대된 경우 도로나 내화조 건물 등을 활용하지 않으면 연소를 저지할 수 없게 된다.

화재 특성	① 일반적으로 도로가 협소하다. ② 인접건물간의 간격이 좁고, 소방대의 진입이 어렵다. 따라서 가구내부로의 관창배치가 늦어지므로 가구내부에서 화재가 확대되어 버린다. ③ 창에서 분출되는 화염으로 인접건물의 처마 혹은 창을 통하여 차례로 연소 확대된다.
일반 진압	① 화재의 연소정도 및 확대방향 등을 종합적으로 판단하여 방어선(방면)을 결정 진입한다. ② 필요자원은 미리 판단하여 지원요청 한다. ③ 도로, 공지, 하천, 내화조 건물을 연소저지선으로 설정하여 방어한다. ④ 인접건물에 착화한 경우는 화세제압보다 인접건물로의 연소 확대 저지를 우선하여 중점 진입한다.
목조 밀집 지역 진입	① 목조밀집지역의 중앙부에서 화재가 발생한 경우는 출동도중이라도 포위체제의 출동로를 취한다. ② 수량이 풍부한 소방수 대에 부서 혹은 송수분대로부터 중계를 받는 체제로 전환한다. ③ 관창은 큰 구경을 사용하고 연유호스는 보통 화재의 경우보다 1~2본정도 더 연장한다. ④ 건물의 옥내 옥외에서의 진입을 병행하고 중요방면에 관창을 집중 혹은 예비 방수한다. ⑤ 비화의 발생도 예상되므로 이에 대응할 수 있는 부대배치도 필요이다. ⑥ 위험물품, 특수가연물 등이 있는 경우에는 필요한 부대를 요청한다.
목조 내화조 혼재	① 목조와 내화조가 무질서하게 밀집되어 있고 도로상황이 나빠 진입이 곤란한 지역에서 비화, 연소 확대된 경우 선착대는 화점 인접건물의 화세저지에 주력하고 후착대는 내화조 건물로의 연소를 저지하기 위하여 건물 내로 관창을 배치하여 건물로 침입하는 화세를 방지한다. ② 내화조 건물에 관창을 배치하는 시기는 가능한 한 조기에 하여야 한다. ○ 내화조 건물 내에서 연소 확대되면 각층에 관창이 필요하게 되고 그렇게 되면 다수의 분대를 투입하지 않으면 안 되기 때문이다.

TIP 밀집지역은 연소 확대가 빠르므로 연소저지선을 설정, 소방용수를 확보하고 포위하여 대구경 관창을 활용해야 합니다. ^^

제2절 (초)고층건물화재 소방전술*** 13년 서울 소방교

소방관계법령에서 정하고 있는 고층건물은 지하층을 제외한 층수가 11층 이상으로 되어 있으며, 건축법규상 초고층 건물은 50층 이상, 200m 이상의 건축물로 정의된다. 이와 별도로 30~49층(120~200m) 건물을 '준 초고층'건축물로 분류하여 50층 이상 초고층건물에 준하는 건축법적 기준을 적용하도록 하고 있다.**

1 고층화재의 일반적 특성

① 화재초기는 내부의 가연물에 착화하여 가연성 가스를 발산하면서 연소하기 시작한다. 이 때문에 흰 연기, 수증기가 왕성하게 분출하여 실내를 유동한다.
② 불완전 연소가스가 실내에 충만하여 시계(視界)가 불능한 상태가 된다.
③ 화점실에서 나온 연기는 계단 등을 경유하여 위층부터 차례로 연기가 충만해지고, 이때는 보통 공기 유입쪽(급기측)과 연기가 나가는 쪽(배기측)이 구분된다.
④ 중기 이후가 되면 검은 연기가 분출되고 창유리가 파괴되어 화염이 분출된다.
⑤ 화염의 분출과 동시에 공기의 공급에 의하여 화세는 강렬해진다.
⑥ 고온의 불꽃으로 외벽에 박리현상이 일어나고 때에 따라서는 파열하여 비산한다.
⑦ 건물구조상 결함(스라브의 구멍, 파이프 관통부의 마감 불완전 등)이 있으면 그 부분을 통하여 상층으로 연소한다. EPS(전기배선 샤프트)내에 묶여 있는 케이블은 만약 화재가 발생할 경우 다른 층으로의 연소나 연기확산의 경로가 된다.
⑧ 베란다 등이 없는 벽면에서는 창에서 분출되는 불꽃이 상층으로 연소 확대된다.
⑨ 계단실, 에스컬레이터 등의 구획이 개방된 경우 그 곳을 통하여 상층으로 연소한다.
⑩ 초고층 건물의 상층은 강화유리 등으로 설치되어 있어 화재가 확대될 경우 광범위하게 파괴, 낙하 될 염려가 있으므로 주의한다.

- 박리현상 : 하나의 재료가 다른 재료와의 경계면에서 떨어져 나가는 것이다.

2 고층화재진압의 전술적 환경

(1) 고층화재의 전술환경* 20년 소방장

건물 높이	소방전술에서 고층건물의 개념은 11층(지하층 제외, 50층 이상은 초고층에 해당)이상의 건물을 의미하지만 고층건물의 높이 개념은 상대적 개념에 불과하다. 만약, 관할 소방서에서 보유한 **가장 큰 사다리가 12m라면, 12m 이상의 건축물도 고층건물**이 될 수 있다. ● 출동대 사다리가 닿지 않는 고층화재의 경우 　㉠ 사다리를 통한 구조활동이 불가하므로 인명검색과 구조는 내부 계단에 의해서만 가능하다. 　㉡ 직접(집중)방수에 의한 진압작전이 사실상 불가능하다는 점에서 전술적 선택범위는 극히 제한적인 상황에 직면한다.
넓은 구역	일반적으로 600~900㎡의 개방된 구획공간을 가진 고층건물 화재는 1~2개의 관창으로는 진입하기 매우 곤란하다. 따라서 화세보다 현재의 소방력이 부족한 경우 화점 구획을 진압하기보다 화재확대를 방지하는 것이 최상의 전략이다. ● 일반적으로 고층건물 화재의 확대를 방지하고 화점층(1개층)으로 제한하기 위해서는 40~50명 정도의 즉각적인 대응이 필요하다. 실패할 경우 화재를 통제하고 주변 건물로의 확산을 막기 위해 100~200명의 소방대원들이 더 필요하게 될 것이다.
반응 시간	반응시간은 화재신고 접수를 받을 때부터 소방대원이 최초로 화재현장에 방수할 때까지 걸리는 시간을 말하는 것으로 다른 화재에 비해 고층건물 화재 시 반응시간은 매우 느리다.

- **다른 화재에 비해 고층건물 화재 시 반응시간을 느리게 만드는 요인**★★
  ① 건물 내 큰 로비를 수십~수백 미터 걸어야 하는 시간
  ② 화점위치와 상황정보를 묻기 위해 건물관리인을 찾고 질문하는 시간
  ③ 자동화재탐지설비 수신반(alarm panel)을 발견한 후 화점층을 확인하고 공조설비(HVAC system)를 닫는 시간
  ④ 화점층에 가기위해 엘리베이터를 기다리고 마스터키를 조작하여 엘리베이터에 탑승하여 올라가는 시간
  ⑤ 엘리베이터에서 내려 화점을 찾고 접근하는 시간
  ⑥ 직하층 옥내소화전에 호스와 관창을 연결하여 화점층으로 연장하는 시간
  ⑦ 정확한 화점 발견을 위해 연기가 가득 찬 곳을 인명 검색하는 시간
  ⑧ 만약 수십~수백 개의 구획공간이 있을 경우 이곳을 인명 검색하는데 걸리는 시간 등 일반화재에서 보기 어려운 반응시간 지체사유가 발생한다.

건물설비	고층건물화재 진압활동에서 가장 중요한 성공요인은 소방시설을 포함한 건물설비시스템이다. 건물설비시스템의 어느 것이라도 제대로 작동되지 않거나 존재하지 않는다면, 정상적인 소방 활동은 기대하기 어렵다.
통신	화재현장에서의 통신(의사소통)은 필수적이다. 화재진압대원들은 인명검색과 구조활동 임무를 맡은 대원들과 통신해야 한다. 건물 내에 진입한 팀은 현장지휘소와 통신해야 하지만 강철구조로 된 고층건물은 무선통신이 어려운 것이 일반적이다.
창문	소방전술적 관점에서 고층건물은 창문이 없는 건물로 간주되어야 한다. 건물의 문은 닫혀있고, 문을 열기 위해서는 열쇠가 필요하며, 유리가 매우 크고 두꺼워 파괴가 어렵고, 고층으로 인한 압력차 때문에 유리를 파괴할 경우 강한 바람의 유입으로 위험한 경우가 많기 때문이다. ● 고층건물 구조는 사실상 지하실처럼 폐쇄되어 있기 때문에, 화재로 인한 열과 연기가 내부에 갇혀 있는 상태에서 창문을 파괴하거나 개방할 경우 굴뚝효과를 유발시켜 강렬한 농연이 상층으로 급격히 확산될 수 있으므로 **창문개방을 통한 배연작전은 매우 신중**하게 하여야 한다.
내화구조	대부분의 고층건물은 건축법상 내화구조의 건축물로 분류되지만, 소방 전술적 관점에서는 더 이상 내화구조의 건축물로 보기 어렵다. ● 내화구조는 법이론 관점에서 폭발이나 붕괴 등의 원인이 없을 경우 화재를 한개 층으로 제한할 수 있도록 벽, 바닥, 천장은 내화성을 가지고 있어야 한다는 가정에서 출발한다. 석유화학물질이 가미된 생활가구, 가연성 인테리어 구조, 공조시스템에 의한 층별 관통구조 등 현대사회의 고층건물은 더 이상 내화구조의 건축물로 보기 어렵다.
중앙공조	현대사회의 고층건물이 내화적이지 못한 이유 중 하나는 공조시스템(HVAC system)의 존재이다. 공조시스템의 배관과 통로가 벽, 바닥, 천장을 관통한다. 고층화재에서 종종 **층별 또는 구획 간 화재확대는 공조 시스템을 통하여 확대**되는 경우가 많다. ● 최근의 고층빌딩은 공조시스템을 설치할 때 유사시 화재확대를 막기 위해 방화댐퍼(Fire Damper)를 설치하도록 하고 있어, 이에 대한 정상작동여부를 사전에 점검하고 확인하는 것이 중요하다. 그러나 화재(연기)감지기와 연동되어 비상시 공조 시스템을 차단시키는 기능을 하는 방화댐퍼(Fire Damper)는 화재탐지기가 생략되어 있거나 잘 작동 되지 않는 경우가 많아 화재발생 시 연기와 열이 이와 같은 공조 시스템을 통해 확대되는 경우가 많다.

TIP 고층건물화재진압은 건물높이, 넓이 등 반응시간을 느리게 만드는 요인을 우선 암기하고, HVAC의 연소확대, 자체 소방시설의 작동여부 등이 성공실패의 관건이 될거예요. ^^

(2) 고층빌딩화재 환경의 위험성 *16년 경기 소방장, 17년 소방위

① 일반적인 화재진압상의 위험성외에도 건물구조상 특별한 위험이 산재하고 있다.

> ○ 복잡성, 다양한 건물시스템, 유리파편, 엘리베이터, 붕괴낙하물체, 공기흐름의 불안전성, 등

② 화재 진압 시 엘리베이터 등의 문제
  ㉠ 대표적 순직사고는 화점 층을 잘못 파악하였거나 바로아래층에서 내릴 때 승강기문이 열림과 동시에 화염이 대원들을 덮치는 경우이다.
  ㉡ 엘리베이터를 사용하여 화점층으로 진입할 경우 반드시 고려해야 할 사항
    Ⓐ 화재가 발생한 층을 정확히 알아야 한다.
    Ⓑ 화재발생 층으로부터 두 개 층 아래에서 내려 계단을 통해 진입해야 한다.
    Ⓒ 승강문이 개방된 상태에서 엘리베이터 사용 중 통로 중간에 멈춰서 갇히는 경우
  ㉢ 개방된 엘리베이터 통로에 방향을 잃은 소방대원들이 추락하는 경우
  ㉣ 안전조치가 미비한 각종 쓰레기 배출통로, 케이블 통로, 공기정화 통로 등
  ㉤ 고열로 인한 바닥균열 등으로 심할 경우에는 붕괴되어 화재가 아래층으로 확산되기도 한다.

> ○ 고층건물 바닥의 철골구조는 보통 5~7.5cm의 콘크리트로 덮여 있는 파형강(Corrugated Steel)이 내장되어 있다. 강철과 콘크리트 바닥의 조합으로 된 철골구조는 형강보(Steel Beam)에 의해 지지된다.
> ○ 화재로 발생한 열이 천장을 파괴하고 파형강의 위·아래에 열을 가할 때, 위에 있던 콘크리트는 경계선에서 갈라져 위로 휘고, 형강보가 비틀어지면서 바닥 부분이 약화된다.

  ㉥ 콘크리트 폭열현상(Spalling failure)으로 천장의 보드나 판넬을 지지하고 있던 철 구조물이 뽑히면서 천장 보드가 붕괴되거나 박리된 콘크리트 덩어리가 떨어지면서 화재가 확대되거나 순직사고가 발생되기도 한다.
  ㉦ 건물구조의 복잡성으로 인명 검색할 때 출입구를 찾지 못하거나 통로를 잃어버릴 위험이 있다. 이때는 반드시 안전로프를 사용해야 한다.
  ㉧ 화점 부근의 650~750℃에 달하는 높은 농연온도는 굴뚝효과로 인해 고층에서부터 차츰 아래로 쌓여 내려오는 성층화를 형성하여 고층건물 중간 또는 전 층에 체류할 수도 있다.
  ㉨ 고층건물의 밀폐된 환경은 소방대원들에게 큰 위험요인이다. 밀폐공간에서의 공기는 급속히 고온으로 변하며, 20kg이상의 안전장구를 착용할 경우 체온이 급격히 높아져 열사병으로 의식을 잃는 사고가 자주 발생한다.
  ㉩ 45분짜리 공기용기를 소진한 후 반드시 충분한 휴식을 취한 후 재투입될 수 있도록 교대 조를 운영해야 하며, 내부공격에 투입된 대원을 연속하여 2개 이상의 공기용기를 소진하도록 방치해서는 안 된다.

폭열 현상	콘크리트, 석재 등 내화재료(耐火材料)가 고열에 의해 내부 습기가 팽창되면서 균열이 일어나 박리되는(薄利)현상으로 화재 시 콘크리트 구조물에 물리적, 화학적 영향을 주어 파괴되는 현상을 말한다. 일반적으로 300℃ 이상에서 발생한다.
박리 현상	양파껍질처럼 떨어져 나오는 현상으로 콘크리트 중의 수분이 열팽창으로 콘크리트가 떨어져 나가는 것을 말하며, 원인은 열도 있지만 다양한 원인에 의해 발생되고 폭열과 같은 콘크리트가 터지듯이 떨어지는 것은 아니다.

> **TIP** 건물구조가 복잡하고 엘리베이터, 밀폐환경, 폭열과 박리현상의 차이 등 다양한 위험성을 숙지해야 합니다. ^^

3 고층화재 진압전술**** 13년 충북 소방교·소방장/ 16년 경기 소방장/ 17년 소방위

(1) 진압전술 일반**** 21년/ 23년 소방위

내화구조 건물 화재방어에 준하는 일반적인 진압전술 외에 고층건물 화재진압전술 요령은 다음과 같다.

① 화점층 및 화점상층의 인명구조 및 피난유도를 최우선으로 한다.
선착대는 방재센터로 직접 가서 화점층의 구조대상자 유무, 소방설비의 작동상황, 자위소방대의 활동상황, 건물내부 구조 등 상황을 확인한다.

② 현장지휘관은 선착대장 및 관계자로부터 청취한 정보 등을 종합적으로 분석 판단하여 연소저지선, 제연수단 및 소화수단을 결정한다.

③ 다수의 피난자가 있는 경우에는 피난로 확보를 위해 소화활동을 일시 중지하고 방화문을 폐쇄하여 연기확산 방지조치를 취하고, 특별피난계단과 부속실내의 연기를 배출(크리어존, clear zone)한다. 피난시설의 활용은 옥내특별피난계단을 사용하고, 피난장소는 화재발생지역 위 아래로 2~3층 정도 떨어진 지역으로 거주인원을 이동시킨다.

④ 1차 경계범위는 당해 화재구역의 직상층으로 한다. 직상층이 돌파될 우려가 있는 경우는 그 구역 및 그 구역 직상층을 경계범위로 하고 순차적으로 경계범위를 넓힌다.

⑤ 화점층이 고층인 경우 소방대 진입은 엘리베이터 사용이 안전하다고 판명되는 경우 화재층을 기점으로 2층 이하까지 이용하고 화점층으로의 진입은 옥내특별피난계단을 활용한다.

⑥ 발화층이 3층 이상인 경우에는 원칙적으로 연결송수관을 활용한다. 건물에 설치되어 있는 연결송수관의 송수구 수에 따라 연결송수관 송수대, 스프링클러 송수대를 지정하고 필요한 경우에는 보조 펌프(booster pump)도 활용한다. 내부 호스 연장은 소방대 전용 방수구에서 2구 또는 분기하여 연장한다.

⑦ 배연수단을 신속하게 결정한다. 인명검색·화점검색에 있어서 제2차 안전구획으로의 연기오염방지 조치를 하고 피난 완료시까지 특별피난 계단의 연기오염 방지에 노력한다.

⑧ 방화구획, 개구부의 방화문 폐쇄상황을 확인한다.

⑨ 화점을 확인한 시점에서 전진 지휘소를 직하층에 설치하고 자원대기소를 전진지휘소 아래층에 설치하여 교대인력, 공기호흡 예비용기, 조명기구 등의 기자재를 집중시켜 관리한다.

⑩ 인명구조를 위해 사다리차 등의 특수차량도 효과적으로 활용하고, 외부공격은 지휘관의 통제에 따라 실시한다. 화점층 내부로 진입한 진압대는 소방전용 방수구를 점령하여 공격한다. 경계대는 화점의 직상층 계단 또는 직상층에 배치한다.

⑪ 진입대의 활동거점은 화점층의 특별피난계단 부속실에 확보하는 것을 원칙으로 한다.

⑫ 방수는 직사, 분무방수를 병행하며 과잉방수에 의한 수손피해 방지에 노력한다.

⑬ 초고층건물의 경우 소방설비의 규제가 엄격하므로 급격한 연소확대는 적다고 생각해도 좋다. 따라서 방수에 의한 소화활동을 함부로 성급하게 해서는 안 된다.

⑭ 활동은 지휘자의 지시에 따라서 하는 것을 원칙으로 한다. 특히, 연소상황을 변화시키는 창의 파괴나 도어의 개방은 신중하게 한다.
⑮ 옥상으로 피난한 사람은 상황에 따라 헬리콥터로 구출한다.

> **TIP** 피난을 우선으로 하고 엘리베이터위치, 전진지휘소, 자원대기소, 직상층 경계관창 등을 기억하세요. ^^

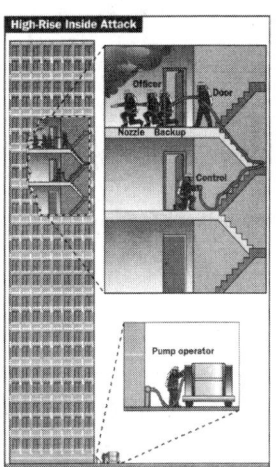

(내부진압팀 기본전술 개념)

(2) 주거용 고층빌딩에서의 소방전술

① <u>1990년대 이후 플라스터 보드(Plasterboard), 방화유리 등과 같은 신개념 건축자재의 사용으로 외부 벽과 각 층간에 생기는 틈새를 석고보드, 파우더, 테이핑과 페인트칠 등으로 메우고 있어 이와 같은 틈새를 통한 상층부로의 화재확대가 빈발하고 있다.</u>
② 외부미관용 가연성 금속판의 사용과 각종배관, 전선이 통과하는 공간을 통해서도 화재가 확대하는 사례가 있어 오늘날의 주거용 고층건물에서의 외부 방화벽이 연소확대를 억제하는 데 한계가 있다는 점에 유의할 필요가 있다.
③ 주거용 고층건물의 또 다른 화재환경의 변화는 <u>건물유지관리, 경비업무 등의 외부위탁과 전담인력이 감소하고 있는 점이다.</u> 소방대원들은 종종 건물의 담당자를 찾는 데 애를 먹는다.

> ● <u>주거용 건축물의 복도</u>
> • <u>수십 미터 이상의 길이에, 복도는 또한 L자 또는 T자 모양이며, 대부분 한쪽 끝이 막힌 막다른 통로인 경우가 많으며, 어떤 곳은 창문이 없는 밀폐식 구조를 가지고 있다.</u>
> • 복도는 연소되고 있는 호실의 문이 열림과 동시에 열과 연기, 불꽃이 밀려들어오게 된다.
> • <u>복도 부분의 배연이 불가능한 경우 복도는 오븐과 같은 역할을 한다.</u>
> • 연소 중인 호실의 아파트 문이 타기 전에, 소방대원들은 복도를 평가한 후 ① 배연이 가능한가? ② 출구는 어디인가? ③ <u>호스연장팀은 준비가 되었는가? 를 확인하고 플래시오버 현상(Flashover), 역류현상(Back draft), 롤오버현상(Rollover) 등 돌발 사태에 따른 대비를 한 후 진입을 시도해야 한다.</u>
> • 주거용 고층건물 중에 종종, 몇 개의 복도가 상호 연결되어 있고, 그에 따라 <u>배관연결통로와 같은 공조시스템을 통해 화재가 확대될 수 있다.</u> 이 경우 공조시스템을 폐쇄하는 것이 매우 중요하므로 이와 같은 상황이 발견되면 현장지휘관에게 알려야 한다.
>
> ● <u>고층건물 화재 시 치명적 위험성을 가진 짙은 연기로부터 안전을 확보하기 위한 6가지 수칙</u>
> ① <u>화재발생 층으로부터 2~3층 아래 엘리베이터에서 내려, 계단을 통해 화점층에 진입하고,</u> 유사시 신속한 후퇴상황에 대비하여 계단위치와 대피방향에 대해 사전에 확인할 것
> ② 복도의 배치구조를 확인할 것
> ③ 강제 진입 시, 유사시의 긴급대피에 필요한 인근 호실(내화조 구획공간)로의 접근권을 확보할 것
> ④ 진압팀(관창수)이 화점에 접근할 수 있을 정도로 호스연장팀이 호스를 충분히 끌어놓았는지 확인할 것
> ⑤ 강제진입과 동시에 진입한 출입문을 장악하고 통제할 것
> ⑥ 열과 연기가 심하지 않은 소형 화재의 경우, 아파트(각 호실) 내부를 인명검색 할 경우 <u>한 명 이상의 대원을 반드시 복도에 배치해 두어야 한다.</u> 이때, 복도 배치요원은 화재상황이 갑자기 악화될 경우 각 아파트(각 호실) 내부에 있는 인명검색 대원들의 긴급대피를 유도하고, 복도에 연기와 열이 가득 차는 것을 막는 복도 배연임무를 맡게 된다.

> **TIP** 주거용 고층건물은 화재위험요인이 많아요. 외부플라스터보드, 틈새 연소재료사용, 밀폐식복도, HVAC 등이며 내부인명검색 시 복도에 대원 배치가 필요합니다. ^^

(3) 고층건물 화재진압 전략***

① 정면 공격	• 정면공격은 고층건물 화재에서 가장 흔하고 성공적으로 사용되는 전략으로 화점층 진입통로를 따라 호스를 전개하여 직접적으로 진압하는 공격적 전략에 해당한다. • <u>고층화재 사례 중 95% 정도는 이와 같은 정면공격전략에 의해 진압된다.</u>

② 측면 공격	• 고층건물 화재에서 <u>두 번째로 흔한</u> 전략이다.
	• <u>정면공격이 실패한 경우 적용할 수 있는 유용한 공격 전략으로 보고 있다.</u>
	  ※ 굴뚝효과(Stack Effect)나 창문을 통한 배연작업이 개시될 때 발생하는 강한 바람에 화염이 휩쓸려 정면 공격팀을 덮치거나 덮칠 우려가 있을 때 유용하다.
	• <u>측면공격은 정면공격이 시행되고 있는 동안 보조적 수단으로도 실행될 수 있다.</u>
	  ※ 이때에는 상호 교차방수에 의한 부상이나 안전사고가 발생하지 않도록 두 팀 상호간의 긴밀한 의사소통이나 Teamwork 유지를 위한 지휘조정이 필수적이다.
	• 1차 정면공격 시 문이 열리거나 창문이 깨질 때 굴뚝효과와 창문을 통해 들어오는 급속한 공기의 유입으로 터널효과가 발생되고 유입된 공기에 휩쓸린 화염이 1차 정면 진입한 대원들을 덮칠 수 있다.
	• 이러한 터널효과가 일단 형성되고 나면 대게 처음 형성된 방향이 그대로 유지된다. 터널효과에 따른 화염의 위협은 측면공격을 시작하기 위해 다른 문이나 창문을 개방할 때마다 문제가 될 수 있으므로 항상 터널효과를 고려한 공격과 후퇴준비가 필수적이다.
	• 측면공격은 인명검색을 하고 있는 대원이 비교적 열과 연기로부터 자유로운 두 번째 접근통로를 발견했을 때 선택적으로 사용할 수 있다.
	• 개방형 층계 구조로 된 오피스텔용 고층건물과 각 층의 모든 지점을 두 방향에서 접근할 수 있는 주거용 고층건물화재에도 측면공격전략이 이용될 수 있다.
	  ※ <u>단일 접근통로의 주거전용 고층건물의 경우 측면공격은 거의 사용할 수 없다.</u>

③ 방어적 공격	• <u>고층건물 화재 시 스프링클러에 의한 진압이 실패하고 정면공격과 측면공격 모두 실패했다면 제3의 선택전략은 방어적 공격 전략을 취하는 것이다.</u>
	• <u>화재진압보다 확산방지에 주력하는 전략을 의미하며</u> 출동대는 화재발생 층에 있는 모든 가연물이 소진될 동안 계단을 통제하는 것이 핵심사항이다.
	  ※ 각 층 연소물이 소진되는 시간은 가연물의 양에 따라 대게 1~2시간 이상 걸린다.
	• 방어적 공격에 있어, 상층부로의 확산은 내화건축자재의 종류에 따라 달라진다.
	• 계단실에 일반관창을 호스에서 분리하여 휴대용 일제방사관창(deluge nozzle)으로 화재확산을 막는 데 주력할 수 있다.
	  ※ 휴대용 일제방사관창은 화염에의 접근성을 높이고 소수의 인력으로 운용할 수 있는 장점이 있으나 일반관창을 사용할 때 보다 더 높은 압력을 유지해야 한다.
	• 공격적 방어 전략에서 성공여부는 건물 자체의 내화성에 달려있다. 공조시스템과 같은 통로가 폐쇄되어 있다면 화재는 상층부로 확대되지 않을 수도 있다.

④ 공격 유보 (Non attack)	• 공격유보 전략은 <u>심각한 화재상황이 진행 중이며 화재가 통제될 수 없다는 판단이 내려질 때 이용되는 전략</u>이다. ※ <u>화점층 위에서 아래층으로 대피하고 있는 동안 화점층에 진입 경우 문틈으로 연기와 열이 계단실로 일시에 유입되는 상황이라면 무리한 진입공격이 이루어지면 안되고</u>, 인명검색팀이 화점층을 검색할 필요가 있을 경우에는 검색팀이 진입한 즉시 출입문을 닫아야 한다. 진입공격이 가능하다면 다른 층계를 이용하여 화재를 진압하거나 모든 대피자들이 나올 때까지 기다려야 한다.

⑤ 외부 공격	• 고층화재에 대한 통계적 조사에 따르면 화재발생시점이 일과시간 이후이거나 진압작전이 가능한 저층부분에서 더 많이 발생된다. • 인명구조가 가능한 곳에 부서한 후 신속하게 사다리를 전개하여야 한다. • 사다리차의 용도는 인명구조가 우선이고 그 후 외부공격에 대한 지휘관의 지시가 있을 경우에 만 외부공격에 합류하여야 한다. • 화점 층이 사다리차 전개 높이 아래이거나, 내부 정면공격과 측면공격이 실패한 경우, 즉시 외부공격을 시도해야 한다. ※ 외부 방어적 공격에 사용되는 <u>사다리차 전개각도는 75도</u>이며, 공격지점에 대한 수평적 유효 방수거리를 최대화시키기 위해서는 <u>관창의 조준 각도를 32도</u>가 되게 해야 하고, 수직으로 최대의 유효 방수거리를 유지할 수 있도록 하기 위해서는 관창의 각도를 75도가 되도록 해야 한다. 이와 같은 조건하에서 외부공격에 사용되는 <u>고가사다리차의 유효 방수도달거리는 13~15층이다.</u>

TIP 95%는 정면공격으로 진압되며, 초기진압을 실패할 경우 측면공격 그리고 외부공격이 이루어지며, 외부공격은 대부분 저층입니다. 또한 공격유보 원인을 이해해야 합니다. ^^

○ 고수(공간방어)전략(Defend-in-place strategy)★★★ 16년 전북 소방장
고층건물 화재 시 대부분의 거주자가 건물 안에 남아 있는 동안 화재를 진압하는 고수절략을 고려할 필요가 있다.
1. 전제조건으로는 초기에 건물구조에 대한 상황판단이 가능하여야 하고 비상방송시스템의 정상적 작동, 무선 통신, 기타 특정 공간 내에서 화재를 억제할 수 있는 전술적 환경이 충족된 사항에서 아래의 조건을 만족 할 수 있어야 된다.
   ① **화재가 특정 공간(장소) 범위 안에서 제한될 수 있는 건물구조를 가지고 있을 것**
   ② **거주자들 모두 해당 공간(건물) 내에 머무르라는** 현장지휘관의 명령을 듣고 따르거나 통제가 가능하다는 확신이 있을 것 **등이다.**
2. 대피로 인한 대량 인명피해위험성이 공간방어전략에 의한 위험성 보다 클 경우로 한정하여 사용하여야 한다.
3. 고층건물 화재 시 이와 같은 전략이 유효하기 위해 자동 스프링클러 시스템은 물론, 화재 진압한 후 연기를 배출시키는 제연 시스템도 정상적으로 작동되어야 한다.

TIP 향후 출제경향이 높으니 고수 전략 필요조건을 암기하시기 바랍니다. ^^

4 고층화재의 주요확산 경로★★★ 14년 부산 소방장/ 16년 부산 소방교

자동노출	• 고층건물화재에서 수직 확산의 가장 흔한 원인은 <u>창문에서 창문으로의 확산경로</u>이다. 이와 같은 화재환경을 "자동노출(Autoexposure)"이라 한다. 일반적으로 화염에 의해 화점 층 창문에서 옆 또는 상층부 창문으로 비화되거나 창문 유리가 파괴 또는 프레임이 녹게 된다. ※ 화염이 상층부로 확산될 위험성이 있거나 확산 중일 때 상층부의 구획공간에 대한 조치사항 ① 현장지휘관에게 보고한다. ② 창문 쪽 벽 외부에 철재셔터가 있으면 닫는다. ③ 창문이 열려있으면 닫는다. ④ 연소 가능한 차광막, 커튼, 기타 주변의 연소가능물질을 제거한다. ⑤ 내외부에서 창문 부근에 방수한다. ⑥ 창문 내부 근처에 스프링클러가 있다면 스프링클러를 작동시키거나 연결 송수구를 통한 방수를 시작하도록 한다.

커튼 월	• 최근 주상복합건축물 같은 고급형 고층빌딩 외벽을 커튼 월(Curtain wall)로 시공하고 재질은 알루미늄, 스테인리스 강철, 유리, 석조, 플라스틱 등 주로 가연성 금속일 경우가 많고, 하층부에서 꼭대기 층까지 건물 전체 표면에 걸쳐 시공되어 있다. • 커튼 월을 부착하기 위해 설치되는 철재 사각파이프와 바닥판과의 사이에 작은 틈이 생기는 등 화재를 상층부까지 확대시키는 매개체가 될 수 있다. 만약 이 틈새 공간이 내화재질로 완벽히 차단되어 있지 않으면 화염이 통과할 수 있는 수직 통로 구실을 하므로 각 층에 배치된 검색대원들은 이 틈새 공간을 반드시 확인해야 한다.
다용도실	• 수직통로(Shafts)가 고층건물의 각 층을 관통하여 꼭대기 층까지 연결되어있다. • "다용도실" 또는 "비품실"이라 불리는 이 작은 연결통로를 통한 연소확대가 확대 된다. • 수직통로(Shafts)에 전선 등의 절연물질에 불이 붙기 시작하면 빠르게 확산되므로 전선과 같은 연소물질에 대한 제거소화나 집중방수를 통한 화재차단에 주력해야한다.
공조덕트	• 각 층의 주변부에 공기를 공급하는 덕트(Ducts)는 각 층으로 관통하는 구조로 종종 덕트가 상층부로 화재가 확대되는 은밀한 통로가 될 수 있으며, 각 층에 화염과 연기를 유입시킬 수 있다. • 검색임무에 투입된 대원들은 각 층에 있는 **공조덕트의 천장 배기구를 확인하여 연소확대가 일어나고 있는지 확인**해야 한다. • 배기구는 보통 각 층(또는 각 실)의 중앙 부분에 위치하고 있다. • 배관통로 입구는 천장 위에 위치해 있으므로 배기구 주변 천장을 파괴한 후 연기나 불꽃이 나오는 것이 보이면 조절판(Damper)을 닫고, 현장지휘관에게 알려야 한다. • 현장지휘관은 중앙공조시스템이 꺼졌는지, 방화 댐퍼가 차단되어 다른 층으로 확대되고 있는지 확인해야 한다.

TIP 자동노출은 창문과 창문, 커튼월은 틈새공간의 내화재질, 다용도실은 수직통로 가연재, 공조덕트는 상층부 화재확대를 이해하세요. ^^

5 고층건물 화재 시 인명검색과 구조

(1) 상층부 화재확산여부 검색

① 화재상황을 확인한다.
② 화점층 진압팀이 화재를 진압할 수 있는지 판단한다.
③ 그것이 불가능하다면, 상황이 변할 때까지 대기한다.
④ 대기할 경우 이 결정을 담당 지휘관에게 보고해야 한다.
⑤ 상층부로 올라갈 때는, 화염과 연기가 없고 화점층 진압팀이 이용하지 않는 계단을 이용한다.
⑥ 대피로가 차단될 상황을 인지하고 통보해 줄 수 있도록 각 층에 상황감시 대원을 배치한다.
⑦ 도끼 등 강제 진입도구를 가지고 올라가야 한다.
⑧ 투입할 때와 대기위치로 복귀한 경우 담당 지휘관에게 보고한다.
⑨ 구명로프, 무전기, 렌턴을 휴대하고 진입한다.

(2) 상층부 인명구조 검색

① 초기 대피에 실패하는 이유

기계적 결함	연기감지기가 작동되지 않아 근무자가 화재발생 신호를 인지하지 못하거나 스프링클러가 작동되지 않아 소방대가 현장에 도착할 때 이미 불은 통제할 수 없을 정도로 전 층으로 확대되어 대피시점을 놓치는 경우를 들 수 있다.
인적 결함	거주자가 계단이 어디에 위치하고 있는지 모르거나 어떤 화재대피 훈련도 실시되지 않았다는 점이다.

② 고층건물 화재 시, 인명구조를 위한 전술적 접근방법
  ㉠ 접근 가능한 층에서의 구조방법으로 소규모의 화재이거나 하나의 구획공간에 제한되어 있을 때, 농연확대를 막고 그 층에만 농연이 체류하도록 하는 방법
  ㉡ 화염, 열, 연기로 인해 그 층에 접근할 수 없을 때 이용되는 방법이 있다.

(3) 검색 팀 배치

① 1차 검색이 끝나고 2차 인명검색 때는 충분한 인력을 배치해야 하며, 전체적인 지휘통제 하에 조직적으로 수행한다.
② 현장지휘관은 각 팀의 검색진행과정을 알 수 있도록 보고체계를 유지하고 지속적인 모니터를 해야 한다.
③ <u>2차 인명검색 시 가장 중요한 상황분석활동으로는 건물관리인으로부터 정보를 획득하는 것이다.</u>
④ 검색구역을 나눌 때 에는 각 층을 반 혹은 1/4로 나누어 대원들을 할당하는 것이 지휘통제범위가 명확하고 검색팀의 책임범위가 명확하여 검색의 효율성을 높일 수 있는 일반적 검색방법이다.
⑤ 인명검색을 할 때에는 대피자들이 탈출할 때 보통 문을 잠그지 않는다는 것을 기억해야 한다.

- 검색시간이 오래 걸리거나 촉박하여 우선순위를 정해야 한다면, **최우선적으로 출입문이 잠겨있는 문을 먼저 확인**해야 한다. 만약 창문이 깨져 있는 사무실을 발견하면, 누군가 뛰어내렸을 가능성이 있음을 인지해야 한다.
- <u>고층건물 화재에서 희생자가 가장 많이 발견되는 곳은 주로 화재현장에서 출구와 창문으로 이어지는 복도, 엘리베이터 로비, 층계 사이에 끼인 엘리베이터 내부, 화점 층 상부의 계단실, 화점 주변 사무실과 욕실(화장실) 등</u>이므로 검색대원은 이와 같은 장소를 위주로 정밀검색하여야 한다.

Check
① 관창배치의 우선순위는 화재의 (   ), (   ) 및 (   )층, (   )층의 순으로 한다.
② 바람이 있는 경우 (   ), (   ), (   )의 순으로 한다.
③ 발화층이 (   )층 이상인 경우에는 원칙적으로 연결송수관을 활용한다.
④ (   )공격은 고층건물화재 중 95% 정도는 진압된다.
⑤ (   )전략은 전제조건으로는 초기에 건물구조에 대한 상황판단이 가능하여야 하고 비상방송시스템의 정상적 작동, 무선통신, 기타 특정 공간 내에서 화재를 억제할 수 있는 전술적 환경이 충족된 사항에서 아래의 조건을 만족 할 수 있어야 된다.

제3절 위험물(유류) 화재진압

- 발화건물 내에 위험물이 있는 경우에는 그 특성에 맞는 방수방법을 취하지 않으면 안 된다.
  - 화재발생 위험성이 매우 크다.(화재위험성)
  - 연소 속도가 빠르고 화재가 발생하면 확대될 위험성이 크다.(확대위험성)
  - 화재 시 소화가 곤란하다.(소화곤란성)
- 위험물 화재는 인화성 액체나 기체와 관련된 화재이다.
  1. 가연물이 괴어 있는 곳에 서 있지 말라.
     - 가연물이 괴어 있거나 기름 섞인 물이 흘러나오는 곳에 서 있으면 방화복이 가연물을 흡수하여 심지 역할을 할 수 있다. 액체가 고인 곳이 점화될 때는 말할 수 없이 위험하다.
  2. 새어 나오고 있는 물질을 막지 못하는 한 안전밸브나 송유관 둘레에 붙은 불은 꺼지지 않는다.
     - 유출이 멈출 때까지 새어 나오는 액체를 한 곳에 가두어 두도록 한다.
     - 타지 않은 증기는 일반적으로 공기보다 무거워서, 점화될 수도 있는 낮은 곳에 가스층이나 웅덩이 모양을 하고 있다.
  3. 릴리프밸브(relief valve)에서 나는 소리가 커지거나 화염이 거세지는 것은 탱크가 곧 폭발한다는 징후이다. 소방대원들은 심각한 화재상황에서 초과된 압력을 릴리프밸브가 안전하게 해제시킬 수 있다는 것은 시도하지 않아야 한다. 화재로 인해 크고 작은 인화성 액체저장탱크가 폭발하는 바람에 많은 소방대원들이 목숨을 잃는 사례가 있었다.
     - 탱크(용기) 속에 인화성 액체가 들어있을 때, 그 액체의 갑작스런 방출과 지속적인 기화작용은 탱크의 파열 즉, 블래비(BLEVE, Boiling Liquid Expanding Vapor Explosion ; 끓는 액체로부터 나오는 증기가 팽창하여 생기는 폭발)를 일으킨다.
     - 블레비(BLEVE, 비등액체팽창증기폭발)로 인해 탱크 압력이 폭발적으로 방출되고, 탱크가 조각나고 복사열을 띤 독특한 불덩어리(fire ball)가 생성된다.
     - 블레비는 액체 윗부분의 탱크 표면에 불꽃이 닿거나 혹은 탱크 표면을 냉각시키는 물이 부족할 때 가장 흔히 발생한다. 이런 화재를 진압할 때는 물을 탱크의 윗부분에 뿌려야 하는데 될 수 있으면 무인 대량 방수 장비를 사용한다.
- 인화성 액체 화재를 진압하기 위한 최선의 방법은 포의 사용이다. B급 화재를 진화할 때 물은 몇 가지 형태(냉각제, 기계기구, 대체매개물, 보호막)로 구성된다. 차량으로 운반되는 인화성 가연물과 가스시설과 관련된 사고는 B급 화재 진압 기술이 필요하다.
- 포(foam) : 특수관창이나 혼합장치를 통해 호스에서 방출되는 물과 혼합되어 가스로 가득 찬 무겁고 뿌연 기포를 형성하여 화재, 특히 인화성 액체 관련 화재를 질식 소화할 수 있는 혼합물. 포소화약제를 함유하고 있는 수용액에 공기가 혼합된 공기포는 연소 중인 액체표면 위를 자유롭게 흐르고 공기와 휘발성 및 가연성 증기의 접근을 차단하여 공기를 몰아내는 포막을 형성하고 바람 및 통풍 또는 열과 화염에 의해 발생할 수 있는 파괴작용에 저항력이 있으며, 기계적인 파괴의 경우에도 공기를 재차단 할 수 있다. 포는 팽창비에 따라, 1)저팽창포 : 팽창비 20 이하, 2)중팽창포 : 팽창비 20~200, 3)고팽창포 : 팽창비 200~1000으로 분류한다.

1 위험물 화재진압을 위한 물의 사용

냉각제 사용	① 물은 유류 및 가스 (B급) 화재를 소화하는데 사용한다. 　㉠ 포(泡, foam) 첨가제를 넣지 않은 물은 비중이 낮은 석유제품(휘발유 또는 등유 따위)이나 알코올에는 특별한 효과는 없다. 　㉡ 발생된 열을 충분히 흡수할 수 있을 만큼 많은 물을 물방울로 만들어서 사용하면 비중이 높은 석유(가공하지 않은 원유)에서 발생한 화재를 소화할 수 있다. ② 노출물을 보호하기 위한 냉각제로써 유용하다. 　㉠ 노출된 표면 위에 보호막이 생기도록 물을 뿌릴 필요가 있다. 　㉡ 금속제 탱크나 대들보처럼 약해지거나 무너질 수도 있는 일반 가연성 물질과 또 다른 물질에도 적용된다. 　㉢ 화재가 발생한 저장 탱크에는 담겨있는 액체 높이보다 위쪽에 물을 뿌려야 한다.
기계적 도구로 사용	① 소방대원들은 복사열을 막고 또 방수가 액체 가연물 속으로 깊이 들어가지 않도록 넓은 각도나 침투형 분무방수로 물을 뿌려야 한다. ② 불타고 있는 액체 가연물 속으로 물줄기가 들어가면 가연성 증기가 많이 생기게 돼서 화염이 더 거세지게 된다. ③ 분무형태의 가장자리와 가연물 표면이 계속 닿아 있도록 주의를 기울여야 한다. 그렇지 않으면 화염이 물줄기 밑으로 빠져 나와서 진압팀 주변으로 역류할 수도 있다. ④ 분무방수는 인화성 증기를 희석 및 분산시키는 데 도움이 되고, 인화성 증기를 원하는 곳으로 움직이게 하는데 조금은 도움이 된다.
대체 매개물 사용	① 새고 있는 탱크나 송유관에서 나오고 있는 기름을 대체하는 데 물을 쓸 수 있다. 가연물이 새어 나와서 계속 타고 있는 화재는 새고 있는 송유관 속으로 물을 역으로 보내거나 탱크의 새는 곳보다 더 높이 물을 채워서 소화할 수도 있다. ② 새는 만큼 물을 공급하면, 물의 비율이 크기 때문에 매개물은 휘발성 물질을 수면 위에 뜨게 할 것이다. ● 필요한 화재진압을 위해 인화성 액체를 희석시키는 데 물은 거의 이용하지 않지만 새는 것을 막을 수 있는 작은 화재에는 유용한 방법이다.
보호막 사용	① 액체가연물이나 기체가연물의 밸브를 잠그기 위해 전진하고 있는 대원들을 보호하기 위한 막을 만들 때 호스를 쓸 수 있다. ② 인화성 액체나 기체가연물 탱크가 화염 충격에 노출되었을 때는 릴리프밸브를 잠글 때까지 최대 유효 사거리에서 직사방수를 해야 한다. 물이 탱크 양쪽으로 흘러내리도록 탱크 꼭대기를 따라 포물선 형태로 방수를 한다. 이때 생긴 수막이 탱크안의 증기가 있는 공간을 식혀주고 탱크 밑에 있는 쇠기둥도 열기로부터 보호해준다. ③ 흘러나오는 가연물은 임시복구 하거나 차단하기 위해서 넓은 분무방수(wide fog : 45°~80°)로 대원을 보호하면서 전진하여야 한다. ④ 주된 관창이 어떤 결함으로 인해 방수를 하지 못할 경우 소방대원을 보호하고 추가적인 탱크 냉각이 필요할 경우를 위해서 보조관창(backup line)을 준비하여야 하며, 이것은 주된 관창과는 다른 펌프차나 수원에 연결되어 있어야 한다. ⑤ 화재에 노출된 저장탱크에 접근할 때는 탱크 끝에서부터 접근하지 말고, 탱크와 직각으로 접근해야 한다. 왜냐하면, 탱크는 점차 균열이 발생하고 폭발하면서 탱크 끝부분으로 화염이 분출하기 때문이다. * 16년 경기 소방장

TIP 위험물화재의 포 소화약제 사용과 노출표면에 에멀전효과를 활용하고 탱크 냉각은 위쪽에 방수해야 합니다. 그리고 송유관이 새고 있으면 물을 넣어 소화할 수 있고 대원이 밸브를 잠글 때 엄호방수가 필요하답니다. ^^

2 유류 수송차의 화재

인화성 액체를 수송하는 차량에 대한 화재를 소화하는 기술은 저장 시설에서 발생한 화재와 비슷하다.
→ <u>연소 가능한 가연물의 양, 탱크가 파열될 가능성, 노출에 따른 위험</u>

- **유류수송차량과 유류탱크 화재의 차이점**
  - 소방대원이 교통사고 위험에 노출됨
  - 지나가는 차량 운전자의 생명 위협
  - 소방용수의 부족
  - 관련된 물질이 무엇인가를 결정하는데 따르는 어려움
  - 엎질러지고 유출된 것을 쓸어 담는데 따르는 어려움
  - 충돌한 힘 때문에 손상되거나 약해진 탱크나 배관
  - 차량이기 때문에 안정돼 있지 않다는 점
  - 사고 현장(주택가 근처, 학교 등)에 대한 관심 집중

※ 대형사고는 교통을 일시 정지시킬 수 있지만, 많은 부수적인 활동들이 거의 정상에 가까운 속도로 차량이 현장을 통과하도록 처리해야 한다. <u>초기 비상조치를 취하는 동안에는 사고 차선과 한 차선을 더 차단해야 한다.</u>

3 가스시설 화재진압

(1) 가스의 위험성(가스폭발·화재의 특징)

특징		・가스화재는 가연성가스 누설에 의해 공기 중에 방출되고 불꽃을 내면서 연소하게 된다. ・공기 중에 방출된 가연성가스가 착화되지 않았을 때는 폭발한계내의 혼합가스가 되어 체류하게 된다. ・<u>폐쇄된 장소에서 폭발한계내의 혼합기체에 착화되면 가스가 폭발한다.</u> ・가스 점화원으로 불꽃, 전기스파크, 정전기 방전, 충격불꽃 등의 화원이 원인이 되는 경우가 많다.
위험성		・확산 : 가스의 비중은 LPG를 제외한 대부분이 공기보다 가벼워 확산속도가 빠르다. ・누설 : 고압 또는 압축가스로서 사용되므로 사소한 결함에도 누설되기 쉽다. ・소화곤란 : 높은 압력으로 분출, 연소하는 가스화재는 소화하기 어려울 뿐 아니라 누설 중 소화하더라도 2차 폭발가능성이 크다.
설비상의 안전대책	안전밸브	탱크에 있어서 안전밸브는 폭발예방에 중요한 기능을 하지만 구경이 작든지 부착방법이 나쁘면 오히려 사고를 크게 할 수도 있다. <u>안전밸브의 방출판은 저항이 적은 곧은 모양의 것으로 해야 하며 구부려 달면 안 된다.</u> 또, 빗물이 들어가는 것을 막으려고 끝부분을 구부리면 분출가스에 의해서 주위로 연소할 위험이 있으므로 곧게 캡을 씌운다.
	과류방지 밸브	탱크 배관이 파괴된 경우 대량의 가스가 분출되면 위험하므로 탱크에 과류방지 밸브를 부착시켜 유량이 지나치게 증가하여 밸브 내·외의 압력차가 커지면 밸브를 닫는다.
	방화·방폭벽	연소위험, 피폭위험이 있는 곳에는 탱크 주위에 철근콘크리트재의 장벽을 쌓는다.

(2) 플랜트 가스폭발

① 폭발 위험성의 예지(폭발위험성분석)

정적 위험성의 예지	가연성, 독성, 부식성 등 물성에 기인하는 위험성과 외부의 힘, 열응력, 상변화, 진동, 유동 소음, 고온, 저온 등 상태의 위험성의 경우가 있다.
동적 위험성의 예지	화학반응의 진행, 계의 온도, 압력상승에 의한 물질의 위험성 증대와 부하(負荷)의 변화에 의한 위험성증가 등 어떤 조건의 변화에 따라 시간과 함께 변화하는 위험성이다.

② 발화원의 관리

폭발예방의 수단으로서 발화원을 없애는 것은 매우 효과적인 방법으로 발화원은 화염, 고열물질 및 고온표면, 충격·마찰, 단열압축, 자연발화, 화학반응, 전기, 정전기, 광선 및 방사선 등을 들 수 있다.

(3) BLEVE 현상과 예방법***

BLEVE 현상과 Fire Ball	BLEVE란 가연성 액화가스 주위에 화재가 발생한 경우 기상부 탱크강판이 국부 가열되어 그 부분의 강도가 약해지면 탱크가 파열되고 이때 **내부의 가열된 액화가스가 급속히 팽창 분출하면서 폭발하는 현상**을 말한다.
	BLEVE 등에 의한 인화성 증기가 분출 확산하여 공기와의 혼합이 폭발범위에 이르렀을 때 발생하는 공 형태의 화염으로 원자폭탄이 폭발할 때 생기는 버섯형의 화염덩어리를 **파이어볼(Fire Ball)**이라 한다.
발생과정* * 14년 소방위	① 액체가 들어있는 탱크주위에 화재발생 ② 탱크벽 가열 ③ 액체의 온도 상승 및 압력상승 ④ 화염과 접촉부위 탱크 강도 약화 ⑤ 탱크파열 ⑥ 내용물(증기)의 폭발적 분출 증가(Fire Ball 형성) ※ 가연성 액체인 경우 탱크파열시 점화되어 파이어볼(Fire Ball)을 형성하게 되나 BLEVE 현상이 화재에 기인한 것이 아닌 경우 탱크파열시 증기운폭발을 일으킨다.
BLEVE의 예방법	안전밸브는 탱크내부의 압력을 일정수준 이하로 유지시켜 줄 뿐이며 BLEVE의 발생을 근본적으로 막기 위해서는 다음과 같은 추가조치가 필요하다. ① 감압시스템에 의하여 탱크내의 압력을 내려준다. ② 화염으로부터 탱크로의 입열을 억제한다. ③ 폭발방지 장치를 설치한다. 이 장치는 주거상업지역에 설치된 10톤 이상의 LPG 저장 탱크에 설치하도록 되어 있다. ※ 대부분의 시설에서 복사열을 완벽히 흡수하는 데 필요한 물을 분무하기는 어려우나, 화염에 노출되어 있는 탱크 외벽에 물을 분무하는 것은 대단히 중요한 의미가 있다. 그것은 안전장치 작동압력에서의 탱크파괴점 이하로 탱크강판의 온도를 유지할 수 있기 때문이다. 냉각시켜야 할 중요부위는 탱크의 상부 즉, 기상부이다. ※ 폭발방지장치는 탱크내벽에 열전도도가 좋은 물질을 설치하여, 탱크가 화염에 노출 되어 있을 때 탱크기상부 강판으로 흡수되는 열을 탱크내의 액상가스로 신속히 전달 되면서, 탱크기상부 강판의 온도를 파괴점 이하로 유지함으로써 블레비의 발생을 방지하는 원리이다. 열전달 물질로는 열전도도가 큰 알루미늄 합금박판을 가공하여 만든 것이 사용된다.

> **TIP** BLEVE 현상은 화재로 인한 탱크의 폭발이므로 압력을 낮추거나 탱크상층부 냉각이 필요하고, 폭발하면 Fireball이 발생해요. ^^

(4) 가스의 불완전연소 현상**** 22년 소방위/ 23년 소방교

황염 (노란색 불꽃)	• 공기량 부족으로 버너에서 **황적색염이 나오는 현상** - 황염이 길어져 저온의 피열체에 접촉되면 불완전연소를 촉진시켜 일산화탄소를 발생한다. - 1차 공기의 조절장치를 충분히 열어도 황염이 소실되지 않으면 버너의 관창구경이 커져서 가스공급이 과대하게 되었거나 가스의 공급압력이 낮기 때문이다. - 용기 잔액이 적은 경우에 황염이 발생하는 것은 가스의 성분변화와 가스의 공급저하에 의한 것이다.
Lifting (선화)	• 가스분출구멍으로 부터 가스유출속도가 연소속도보다 크게 되었을 때 가스는 염공에 접하여 연소치 않고 염공에서 떨어져서 연소한다. - 버너의 염공(가스분출구멍)에 먼지 등이 끼어 염공이 작게 된 경우 혼합가스의 유출속도가 크게 된다. - 가스의 공급압력이 높거나 관창의 구경이 큰 경우 가스의 유출속도가 크게 된다. - 연소가스의 배출 불충분으로 2차 공기 중의 산소가 부족한 경우 연소속도가 작게 된다. - 공기조절장치를 너무 많이 열어 가스의 공급량이 많게 되면 리프팅이 일어나지만 가스의 공급량이 적게 될 때는 백드래프트 또는 불이 꺼지는 원인이 된다.
Flash back (역화)	• 가스의 연소가 염공의 가스 유출속도보다 더 클 때, 또는 연소속도는 일정해도 가스의 유출속도가 더 작을 때 불꽃이 버너 내부로 들어가는 현상 - 부식에 의해서 염공이 크게 되면 혼합가스의 유출속도가 상대적으로 느려져 플래시백의 원인이 되며, 관창구경이 너무 작다든지 관창의 구멍에 먼지가 부착하는 경우는 코크가 충분하게 열리지 않아 가스압력의 저하로 플래시백의 원인이 된다. - 가스버너 위에 큰 냄비 등을 올려서 장시간 사용할 경우나 버너에 직접 탄을 올려서 불을 일으킬 경우는 버너가 과열되어서 혼합가스의 온도가 올라가는 원인이 되며 또한 연소속도가 크게 되어 플래시백 현상이 나타나기 쉽다.
Blow off	선화상태에서 가스분출이 심하여 노즐에서 떨어져 꺼버리는 현상

TIP 근래 들어 출제빈도가 높아지고 있어요. 황염은 공기부족, 선화는 유출압력이 크고, 역화는 유출압력이 작을 때, Blow off는 유출압력이 너무 클 때 나타나는 현상이랍니다. ^^

(5) 가스종류별 성상과 소화법

① 액화석유가스(LPG)

㉠ 액화석유가스(LPG, Liquefied Petroleum Gas)는 프로판, 부탄, 부틸렌, 프로필렌등 탄화수소의 혼합물이다.

㉡ LPG는 상온(常溫)에서 기체로 존재하지만, 보관용기 내 압력을 6~7kg/㎠으로 가압하면 쉽게 액화할 수 있다.

㉢ LPG의 주성분이 액화되기 쉬운 이유는 기체상태의 프로판 가스를 액화시키는 데 필요한 최고 온도가 96.8℃로 비교적 낮기 때문이다.

■ **소화활동**★★★ 13년 소방위/ 15년 소방장/ 16년 서울 소방장/ 17년 소방장

일반 가정에서	① 용기의 메인밸브를 차단하여 가스분출을 중지시킨다. ② 화재 때문에 가열되어 있을 경우에는 폭발을 대비하여 유효한 차단물을 이용하여 용기를 전도시키지 않도록 분무방수로 냉각시킨다. ③ 건물화재의 진화 후에도 용기의 화염이 소화되지 않았을 때에는 가스방출이 끝날 때까지 연소시키는 것이 좋다.
LPG 다량 취급 장소	① 충전용기를 다량 취급하는 장소의 화재는 차례로 용기가 가열된다. ② 안전밸브작동으로 화면이 확대되고 사방으로 비산할 수 있으나 가스의 유동은 거의 없다. ③ 유효한 차단물을 이용하고, 집적소에 대하여는 다량으로 방수하여 냉각한다. ④ 대원의 접근은 절대로 피하고 원격방수를 하여 위해 방지에 주의한다.
탱크로리, 저장탱크	① 탱크로리, 저장탱크의 경우 가스의 유동은 거의 없으므로 주위에 연소방지와 용기의 냉각에 중점을 둔다. ② 착화할 때까지 장시간이 소요되면 가스의 유동범위가 넓어지므로, 여러 가지 화원으로 인해 여러 곳에 독립화재가 발생한다.
경계구역의 설정	① 풍향, 풍속, 지형, 건물상황 등을 고려하여 위험범위를 넓게 잡고 취기, 가스측정기 등으로 안전을 확인한 후에 서서히 위험구역을 좁혀간다. ② 가스 확산여부에 대한 확인에는 지상은 물론 지하시설까지 실시한다. ③ 경계구역은 유출가스 뿐만 아니라 용기의 폭발, 비산 등을 고려한 범위를 잡는다.
소방용수 부서	① 원칙적으로 풍상, 풍횡의 위치에 있는 수리(소화전 등)에 부서하고 경계구역 내의 것은 사용하지 않는다. ② 하천, 맨홀 등은 가스의 분출점이 될 위험성이 있으므로 사용하지 않는다. ③ 부서하는 수리(소화전 등)의 부근에 지하시설물의 맨홀 등이 있는 경우에는 폭발위험에 주의한다. ④ 기타 가스가 체류하기 쉬운 장소가 부근에 있는 경우에는 분무방수로 확산시키도록 한다.
진입	진입은 풍상, 풍횡으로부터 접근하는 것을 원칙으로 한다. ① 부득이 분출장소에 접근할 경우 대량의 물 분무를 하고 그 내부를 행동범위로 한다. 엄호대원은 가능한 신체노출부위를 적게 하고, 전신의 피복을 완전히 적신다. ② 대원은 행동 중 피복의 정전기를 제거하도록 한다. ③ 경계구역에 펌프차 등이 절대로 진입하여서는 안 된다. ④ 풍향의 변화에 주의한다. ⑤ 무선기의 발신, 확성기의 사용, 징 박은 구두를 신고 진입하는 것을 피한다. ｜　　　　｜　풍횡　｜　　　｜ ｜　풍하　｜화재지점 (가스누출)｜　풍상　｜　← 풍향 ｜　　　　｜　풍횡　｜　　　｜　← 풍향
방수★ ★ 13년 소방위	① 소방용수 부서위치 결정시에는 폭발에 의한 위험방지를 위하여 건물 밑이나 담 가장자리 등 가스가 체류할 장소는 피하고 가능한 넓은 장소에 부서한다. ② 연소방지를 위한 방수는 직접 연소위험이 있는 부분에 방수하는 것과 연소염을 차단하는 분무방수 방법이 있다.

③ 용기의 폭발방지를 위한 방수는 화염에 의한 온도상승을 방지하기 위한 것이므로, 탱크 등과 연소화염이 떨어져 있는 경우는 그 중간에 분무방수를 하면 복사열을 차단하는 효과가 있다.
④ 미연소가스가 유동하는 지하시설, 하천, 건물내부 등에 대하여는 강력 분무방수를 하여 가스를 조기에 확산·희석시켜 연소를 방지한다.

TIP 주의할 사항은 풍상으로 진입인데요. 일반적으로 연소 확대방지는 풍하진입이며, 직접연소나 가스의 위험성은 풍상으로 진입이랍니다. ^^

② 액화천연가스(LNG)
  ㉠ 액화천연가스(LNG, Liquefied Natural Gas)는 지하 유정에서 뽑아 올린 가스로, 유정가스(Wet Gas) 중에서 메탄성분만을 추출(抽出)한 천연가스이다.
  ㉡ 수송 및 저장을 위해 −162℃로 냉각하여 그 부피를 1/600로 줄인 무색·투명한 초저온 액체를 말한다.
  ㉢ 공해물질이 거의 없고 열량이 높아 경제적이며 주로 도시가스 및 발전용 연료로 사용된다.
  ㉣ 액화된 천연가스는 LNG 전용 선박이나 탱크에 담아 사용처에 운송된다.
  ㉤ 운송된 액화가스는 다시 LNG 기화기에 의하여 가스화 시켜서 도시가스 사업소나 발전소, 공장 등으로 공급된다.
  ㉥ 소화: 누설된 LNG가 착화된 경우에는 누설원을 차단해야 하며, 화재의 소화에는 분말소화기를 사용한다. 그러나 일단 소화가 되더라도 누설된 LNG의 증발을 정지하는 일은 가능하지 않아, LNG가 기화하여 부근의 공기 중에 확산, 체류하여 재차 발화할 우려가 있어 상황에 따라 누설된 LNG를 전부 연소시키는 방법이 효과적인 경우도 있다.

> **◎ LNG 특성**
> ① 액화 시 체적이 1/600로 축소, 무색·투명하다.
> ② 주성분이 메탄으로서 비중이 0.65로 공기보다 약 절반가량 가벼워 누설 시 대기 중으로 증발하여 프로판, 부탄가스보다 폭발위험이 적다.
> ③ 연소 시 공해물질이 거의 없는 청정연료이다.
> ④ 불꽃 조절이 용이하고, 열효율이 높다.
> ⑤ 지하 배관으로 공급되므로 연료 수송이 용이하다.
> ⑥ 무색·무취의 기체이나, 메르캅탄이라는 부취제를 첨가(마늘 썩는 냄새)하여 누설 시 쉽게 감지할 수 있도록 하였다.

액화석유가스와 액화천연가스의 비교표

구 분	LPG	LNG
명 칭	액화석유가스	액화천연가스
주성분	프로판(C_3H_8, 80%) 프로필렌(15%) 에탄(4%), 에틸렌(1%)	메탄(CH_4, 90%) 에탄(8.5%) 프로판(2%)
공급 방법	가스용기, 집단공급시설, 수송이나 보관이 액체상태	가스전 → LNG선박 → 하역설비 → 저장설비 → 가압설비 → 기화설비 → 감압설비 → 계량설비 → 수요처에 기체로 공급(발전소, 가정, 산업체)
액화방법	상온에서 기체상태, 냉각이나 가압으로 액화(1/250로 압축), 프로판의 비점 96.8℃	−162℃(비점) 이하로 액화하여 부피를 1/600 압축, 공급 시 기화
가스특징	무색·무취(부취제 첨가)	무색·무취(인수기지에서 부취제 첨가)
가스비중 (공기비중=1)	S=1.32(프로판62.5%) 가스누출경보기 바닥에 시공	S=0.65(메탄 85% 이상) 가스누출기 벽체 상부(천장부)에 시공
공급방법	소규모, 이동식(봄베)	대규모 집단공급시설

4 위험물의 류별 특성과 소화방법 ★★★

(1) **제1류** ★★ 14년 경기 소방교/ 18년 소방장/ 22년 소방위

특성	① 불연성이지만 분자 내에 산소를 다량 함유하여 그 산소에 의하여 다른 물질을 연소시키는 이른바 산화제이다. ② 가열 등에 의하여 급격하게 분해, 산소를 방출하기 때문에 다른 가연물의 연소를 조장(助長)하고 때로는 폭발하는 경우도 있다. ③ 대부분이 무색의 결정 또는 백색의 분말이며 물보다 무겁고 수용성이다.
소화 방법	① 위험물의 분해를 억제하는 것을 중점으로 대량방수를 하고 연소물과 위험물의 온도를 내리는 방법을 취한다. ② 직사·분무방수, 포말소화, 건조사가 효과적이다. ③ 분말소화는 인산염류를 사용한 것을 사용한다. ④ 알칼리금속의 과산화물에의 방수는 절대엄금이다.

(2) **제2류** ★★ 22년 소방위

특성	① 모두 연소하기 쉬운 고체이고 비교적 저온에서 발화한다. ② 자체가 유독하고 연소할 때에 유독가스가 발생한다. ③ 공기 중에서 발화하는 성질을 가지고 있다(황화린). ④ 산이나 물과 접촉하면 발열한다. ⑤ 산화제와의 접촉, 혼합은 매우 위험하며 충격 등에 의하여 격렬하게 연소하거나 폭발할 위험성이 있다.
소화 방법	① 질식 또는 방수소화 방법을 취한다.

② 직사, 분무방수, 포말소화, 건조사로 소화하지만 고압방수에 의한 위험물의 비산은 피한다.
③ 금수성 물질(금속분 등)은 건조사로 질식소화의 방법을 취한다.

(3) 제3류** 22년 소방위

특성	① 물과 작용하여 발열반응을 일으키거나 가연성 가스를 발생하여 연소하는 자연발화성 물질이며, 금수성 물질이다. ② 특히 금속칼륨, 금속나트륨은 공기 중에서 타고 또, 물과 격렬하게 반응하여 폭발하는 경우가 있으므로 물, 습기에 접촉하지 않도록 석유 등의 보호액속에 저장한다.
소화 방법	① 방수소화를 피하고 주위로의 연소방지에 중점을 둔다. ② 직접 소화방법으로서는 건조사로 질식소화 또는 금속화재용 분말소화제를 사용하는 정도이다. ③ 보호액인 석유가 연소할 경우에는 CO_2나 분말을 사용해도 좋다.

(4) 제4류

특성	① 액체이며 인화점이 낮은 것은 상온에서도 불꽃이나 불티 등에 의하여 인화한다. ② 연소는 폭발과 같은 비정상 연소도 있지만 보통은 개방적인 액면에서 계속적으로 발생하는 증기의 연소이다. ③ 제4류에는 원유를 비롯하여 휘발유, 등유, 경유 등의 석유류가 포함되어 있으며 제4류의 위험물은 저장 취급하는 시설도 많고 양도 매우 많다. ④ 제4류의 위험물은 가연성증기를 발생하여 액온이 인화점이상인 경우에는 불티나 화재 등의 작은 화원에서도 인화한다. 인화점이 상온보다 낮은 물품의 경우는 항상 인화될 위험성을 가지고 있다. ⑤ 액체가 미립자로 되어 있는 경우에는 인화점이하의 온도에서도 착화하며 조건에 따라서는 분진폭발과 같은 모양으로 폭발한다. ⑥ 증기는 일반적으로 공기보다 무겁고 낮은 곳에 체류하기 쉬우며 지면, 하수구(배수구) 등을 따라 위험한 농도의 증기가 멀리까지 확산될 위험성을 가지고 있다. ⑦ 가연성 액체의 증기는 공기, 산소 등과 혼합하여 혼합기체의 조성이 일정농도 범위에 있을 때 착화한다. ⑧ 농도가 넓은 것 또는 하한계가 낮은 것일수록 위험성이 크다. ⑨ 제4류 위험물의 대부분은 물보다도 가볍고 또, 물에 녹지 않는다. 따라서 유출된 위험물이 물 위에 떠서 물과 함께 유동하며 광범위하게 확산되어 위험구역을 확대시키는 경우가 있다.
소화방법	① 소화방법은 질식소화가 효과적이다. 그 수단으로서 연소위험물에 대한 소화와 화면 확대방지 태세를 취하여야 한다. ② 소화는 포, 분말, CO_2가스, 건조사 등을 주로 사용하지만 상황에 따라서는 탱크용기 등을 외부에서 냉각시켜 가연성 증기의 발생을 억제하는 수단도 생각할 수 있다. ③ 평면적 유류화재의 초기소화에 필요한 포의 두께는 최저 5~6㎝이어야하기 때문에 연소면적에 따라 필요한 소화포의 양을 계산한다. ④ 화면 확대를 방지하기 위하여 토사 등을 유효하게 활용하여 위험물의 유동을 막는다. ⑤ 유류화재에 대한 방수소화의 효과는 인화점이 낮고 휘발성이 강한 것은 방수에 의한 냉각소화는 불가능하다. 그러나 소량이면 분무방수에 의한 화세 억제의 효과가 있다. 또, 인화점이 높고 휘발성이 약한 것은 강력한 분무방수로 소화할 수 있다.

(5) 제5류

특성	① 물보다 무거운 고체 또는 액체의 가연성 물질이며 또, 산소함유 물질도 있기 때문에 자기연소를 일으키기 쉽고 연소속도가 매우 빠르다. ② 가열, 마찰, 충격에 의하여 착화하고 폭발하는 것이 많고 또, 장시간 방치하면 자연발화 하는 것도 있다. ③ 유기과산화물을 제외하고 일반적으로 그것 자체는 불연성이며 단독의 경우보다 다른 가연물과 혼재한 경우가 위험성이 높다. ④ 니트로셀룰로이드, 니트로글리셀린은 가열, 충격, 마찰에 의하여 폭발 위험이 있다. ⑤ 질산에틸, 질산메틸은 극히 인화하기 쉬운 액체이고 가열에 의한 폭발 위험이 있다. ⑥ 니트로화합물은 화기, 가열, 충격, 마찰 등에 민감한 고체이고 폭발물의 원료 등으로 사용한다.
소화 방법	① 일반적으로 대량방수에 의하여 냉각소화 한다. ② 산소함유물질이므로 질식소화는 효과가 없다. ③ 소량일 때 또는 화재의 초기에는 소화가 가능하지만 그 이상일 때는 폭발에 주의하면서 원격 소화 한다. ④ 셀룰로이드류의 화재는 순식간에 확대될 위험이 있으며 또, 물의 침투성이 나쁘기 때문에 계면활성제를 사용하든가, 응급한 경우 포를 사용해도 좋다.

(6) 제6류

특성	① 강산류인 동시에 강산화제이다. ② **물보다 무겁고 물에 녹지만** 그때 격렬하게 발열한다. ③ 어떠한 경우에도 그 **자체는 불연성**이다.
소화방법* * 14년 인천 소방장	① 위험물 자체는 연소하지 않으므로 연소물에 맞는 소화방법을 취한다. ② 그러나 제6류 위험물은 금수성(禁水性)이다. ③ 위험물의 유동을 막고 또, 고농도의 위험물은 물과 작용하여 비산하며 인체에 접촉하면 화상을 일으킨다. ④ 발생하는 증기는 유해한 것이 많으므로 활동 중에는 공기호흡기 등을 활용한다. ⑤ 유출사고 시는 유동범위가 최소화되도록 적극적으로 방어하고 소다회, 중탄산소다, 소석회 등의 중화제를 사용한다. 소량일 때에는 건조사, 흙 등으로 흡수시킨다. ⑥ 주위의 상황에 따라서는 대량의 물로 희석하는 방법도 있다.

> **TIP** 류별 특성과 소화방법을 꼭! 숙지하세요. 언제든지 출제될 수 있습니다. 특히 산소와 반응하는 류별 소화방법을 체크하세요. ^^

유해화학물질 종류 및 소화수단**

유 별	유해위험물	영 문 명	소화수단(제독제)
제1류	염소산칼륨	POTASSIUM CHLORATE	물
	염소산나트륨	SODIUM CHLORATE	물
	과산화칼륨	POTASSIVUM PEROXIDE	건조사
	과산화나트륨	SODIUM PEROXIDE	건조사
	삼산화크롬	CHROMIC ANHYDRIDE	가성소다수용액, 소석회
	중크롬산염류	DICHROMIC ACID	물

제2류	황화린	PHOSPHROUS SULFIDE	활성탄, 지오라이트, 활석분
제3류	금속칼륨	POTASSIUM	건조사
	금속나트륨	SODIUM	건조사
	황린	YELLOW PHOSPHRUS	활성탄, 지오라이트, 활석분
	알킬알루미늄	ALKYL ALUMINNUM	규조토, 활성탄, 활석분
제4류	이소프렌	ISOPRENE	물
	에테르	DIETHYL ETHER	물, 규조토, 활석분
	이황화탄소	CARBON DISULFIDE	물, 규조토, 활석분
	아세트알데히드	ACET ALDEHYDE	하이포염소산염, 규조토
	산화프로필렌	PROPYLENE OXIDE	규조토, 활성탄, 활석분, 황산수용액
	벤젠	BENZENE	계면활성제, 규조토, 활석분
	톨루엔	TOLUENE	계면활성제, 규조토, 활석분
	크실렌	XYLENE	계면활성제, 규조토, 활석분
	메타크릴산메틸	METHYL METH ACRYLATE	물
	1·2디클로로에탄	1·2DICHLORO ETHANE	활성탄, 규조토
	헥산	HEXANE	유화제, 소석회
	아크릴로니트릴	ACRYLONTRILE	물
	포르말린	FORMALIN	가성소다수용액, 물
	아크로레인	ACROLEIN	물
	에틸렌디아민	ETHYLENE DIAMINE	물
	디클로로에틸에테르	DICHLORO ETHYLETHER	물
	아릴알콜	ALLYL ALCOHOL	물
	아닐린	ANILINE	유화제, 건조사, 톱밥
	니트로벤젠	NITRO BENZENE	물, 건조사, 톱밥
	메탄올	METHANOL	물
	초산메틸	METHYL ACETATE	가성소다수용액, 물
	초산에틸	ETHYL ACETATE	가성소다수용액, 물
	피리딘	PYRIDINE	탄산소다, 가성소다수용액, 건조사
	크로로벤젠	CHLORO BENZENE	탄산소다, 가성소다수용액
	시안화수소	HYDROGEN CYANIDE	물, 가성소다수용액
	니켈카르보닐	NICKEL CARBONYL	건조사, 규조토, 활성탄, 활석분
	메타아크릴로니트릴	METHACRYLONITRILE	건조사, 규조토, 활성탄, 활석분
	메타비닐케톤	METHA VINYL KETONE	건조사, 규조토, 활성탄, 활석분
	메틸에틸케톤	METHYL ETHYL KETONE	건조사, 규조토, 활성탄, 활석분

	메틸히드라진	METHYLHYDRAZINE	건조사, 규조토, 활성탄, 활석분
	아세트산에틸	ETHYL ACETATE	건조사, 규조토, 활성탄, 활석분
	아크롤레인	ACROLEIN	건조사, 규조토, 활성탄, 활석분
	아크릴로니트릴	ACRYLONITRILE	건조사, 규조토, 활성탄, 활석분
	크로로메틸메틸에테르	CHLOROMETHYLMETHYL ETHER	건조사, 규조토, 활성탄, 활석분
	프로피오노니트릴	PROPIONONITRILE	건조사, 규조토, 활성탄, 활석분
	1,3-디히드로-1	1,3-DIHIDRO-1	건조사, 규조토, 활성탄, 활석분
	1,2-이염화에탄	1,2-DICHLOROETHAN	건조사, 규조토, 활성탄, 활석분
제5류	디니트로톨루엔	DINITRO TOLUENE	계면활성제, 건조사, 소다회, 물
	니트로글리콜	NITRO GLYCOL	계면활성제, 건조사, 소다회, 물
	니트로글리세린	NITRO GRICERINE	계면활성제, 건조사, 소다회, 물
	피크린산	PICRIC ACID	물, 건조사
	과산화요소	UREA PEROXIDE	건조사, 방수커버
	과산화벤조일	BENZOYL PEROXIDE	가성소다수용액, 물
	메틸에틸케톤 퍼옥사이드	METHYL ETHYL KETONE-PEROXIDE	가성소다수용액, 물
제6류	농황산	SULFURIC ACID	소석회
	농질산	NITRIC ACID	가성소다수용액
	발연질산	FUMING NITRIC ACID	소석회
	발연황산	FUMING SULFURIC ACID	소석회
	과산화수소	HYDROGEN PEROXIDE	규조토, 건조사, 물
	과염소산	PERCHLORIC ACID	규조토, 건조사, 물

5 위험물화재의 특수현상과 대처법 ***** 21년 소방교/ 소방장/ 22년 소방위/ 23년 소방장

(1) 오일오버(Oilover) 현상

① 위험물 저장탱크 내에 저장된 제4류 위험물의 양이 내용적의 1/2(50%) 이하로 충전되어 있을 때 화재로 인하여 증기 압력이 상승하면서 저장탱크내의 유류를 외부로 분출하면서 탱크가 파열되는 현상을 말하며, 보일오버, 스로프오버, 후로스오버현상보다 위험성이 더 큰 것으로 알려져 있다.

② 위험물 저장탱크에 화재가 발생하여 오일오버(Oilover)의 위험이 있는 경우, 소화방법으로는 질식소화를 원칙으로 하며, 소화약제로는 포, 분말, CO_2 등을 주로 사용한다. 질식효과를 나타내는 데 필요한 포의 두께는 최저 5~6cm 정도이나, 연소면적에 따라 충분한 양을 살포해야 질식소화효과를 나타낼 수 있다.

③ 오일오버에 대한 간접적 대처방법으로 화재 상황에 따라서 저장탱크용기 등을 외부에서 냉각시켜

가연성증기 발생을 억제하는 것이 유효한 대처방법이다. 화재가 확산되는 것을 막기 위해서는 모래 등으로 방제 둑을 쌓아 확산범위를 최소화하여야 한다.

(2) 보일오버(Boilover) 현상

① 석유류가 혼합된 원유를 저장하는 탱크내부에 물이 외부 또는 자체적으로 발생한 상태에서 탱크표면에 화재가 발생하여 원유와 물이 함께 저장탱크 밖으로 흘러넘치는 현상으로, 인근 저장탱크나 건물로 화염이 밀물처럼 확대되면서 대규모 화재로 발전하는 계기가 되기도 한다.
② 보일오버에 대한 대처방법으로 저장탱크용기를 외부에서 냉각시키고, 원유와 물이 흘러넘쳐 주변으로 확산되는 것을 최소화시키기 위해 신속히 모래 등으로 방제 둑을 쌓는다.

(3) 후로스오버(Frothover) 현상

① 점성을 가진 뜨거운 유류표면 아래 부분에서 물이 비등할 경우 비등하는 물에 의해 탱크 내 유류가 넘치는 현상을 말하며, 직접적으로 화재발생을 일으키지는 않는다.
② 후로스오버 현상에 대한 대처방법도 보일오버에 대한 대처방법에 준하여 조치하도록 한다.

(4) 슬로프오버(Slopover) 현상

야채를 식용유에 넣을 때 야채 내 수분이 비등하면서 주위의 뜨거운 식용유를 밖으로 튀어나오게 하는 현상, 또는 소화용수가 연소유의 뜨거운 표면에 유입되는 급비등으로 부피팽창을 일으켜 탱크외부로 유류를 분출시키는 현상과 같이, 물보다 끓는점(비점)이 높은 점성을 가진 유류에 물이 접촉될 때 유류 표면온도에 의해 물이 수증기가 되어 팽창, 비등함에 따라 유류를 외부로 비산시키는 현상을 말한다.

◉ 슬로프오버 현상에 대한 대처방법도 보일오버에 대한 대처방법에 준하여 조치하도록 한다.

▩ 위험물화재의 특수현상 개념 비교★★

▶ 16년 경북 소방교/ 19년 소방장 / 21년 소방교/ 소방장 / 22년 소방위 / 23년 소방장

구분	오일오버 (Oilover)	보일오버 (Boilover)	후로스오버 (Frothover)	슬로프오버 (Slopover)
특성	화재로 저장탱크내의 유류가 외부로 분출하면서 탱크가 파열하는 현상	탱크표면화재로 원유와 물이 함께 탱크 밖으로 흘러넘치는 현상	유류표면 아래 비등하는 물에 의해 탱크 내 유류가 넘치는 현상	유류 표면온도에 의해 물이 수증기가 되어 팽창, 비등함에 따라 유류를 외부로 비산시키는 현상
위험성	위험성이 가장 높음	대규모 화재로 확대되는 원인	직접적 화재발생요인은 아님	직접적 화재발생요인은 아님

TIP 출제빈도가 높아지고 있어요. 종류별 특성과 위험성을 암기하고 특히 오일오버와 보일오버는 화재와 관련이 있으며, 오일오버는 화재로 인한 탱크폭발현상 이랍니다. ^^

6 유해화학물질 사고 대응

(1) 유해화학물질비상대응핸드북(ERG) 활용

유해화학물질비상대응핸드북(ERG)은 캐나다 교통부(Canadian Transport Emergency Center)와 미국 교통성(DOT), 멕시코 교통통신국(SCT), 아르헨티나의 비상대응정보센터(CIQUIME)와 협력하여 개발 제작한 것으로 유해물질 취급 및 수송에 대한 응급상황 시 비상 대응을 위한 약 750,000종 이상의 화학제품 DB 자료이다.

※ 유해화학물질비상대응핸드북 활용방법은 다음과 같다.
① 위험물차량의 형태나 표식 또는 관계자의 송장 등에서 UN번호(노랑), 영문물질명(청색), 한글물질명(갈색)을 확인한다.
② 확인된 해당 물질명(영문,한글)이나 UN번호 CAS번호의 지침 번호를 찾아 주황색 부분에서 대응방법을 찾는다.
③ ①번 사항에서 유해물질목록이 음영으로 표시되어 있으면 녹색 부분을 찾아 초기이격거리와 방호활동거리를 확인한다.
④ 물질 미확인 시 : 지침번호111번을 활용한다.

(유해화학물질 비상대응핸드북)

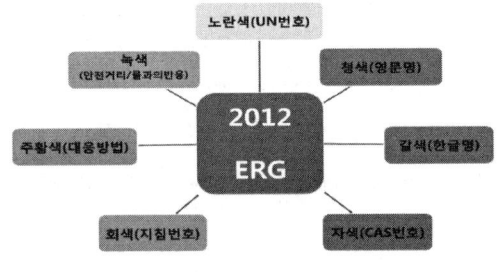

(유해화학물질 비상대응핸드북 색인별 유해물질 목록)

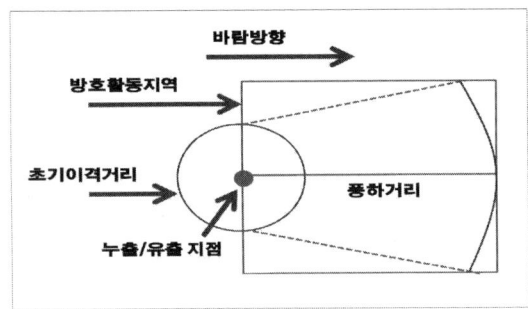

▩ 초기 이격거리 및 방호활동거리

초기이격거리	유출, 누출이 일어난 지점 사방으로 모든 사람을 격리시켜야 하는 거리, 반경으로 표시
초기이격지역	사람의 생명을 위협할 정도의 농도에 노출될 수 있는 풍상·풍하 사고주변지역
방호활동거리	유출/누출이 일어난 지점으로부터 보호조치가 수행 되어야 하는 풍하거리
방호활동지역	사람들이 무기력해져서 인체 건강상 회복할 수 없을 정도의 심각한 영향을 줄 수 있는 사고지점으로 부터 풍하방향 지역

(2) 선착대원 안전조치 및 현장접근요령

① 사고현장 접근 시 풍상방향에서 진입
  - 서두르지 말고 상황을 완전히 파악하며 관계자 등을 통해 사고와 관련된 정보를 수집한다.
  - 사고현장을 기준으로 바람이 불어오는 방향을 풍상이라 한다. 화재나 유해물질 사고에 있어서는 풍하방향에서 활동하는 경우가 가장 위험하다.

② 안전거리 확보
  - 위험지역에 접근하지 말고 사람들을 현장에서 이격시켜 충분한 안전지역을 확보한다.

③ 사고와 관련된 위험성 확인
  - 현장의 표지판, 라벨, 서류(운송서류 등), 관계자 등이 아주 귀중한 정보를 제공하므로 이 정보에 기초하여 위험성을 평가하고 판단하여 초기 안전조치를 취한다.
  - 사업주 또는 신뢰성 있는 새로운 정보가 있으면 유해화학물질 비상 대응 핸드북의 안전조치 및 비상대응방법을 변경하여 적용할 수 있다.
  - 초기 대응은 최악의 시나리오를 가정하여 조치한다.
  - 유해물질의 특성이 파악되었다면 현장 상황에 맞게 적용한다.

④ 현장상황의 판단
  - 화재가 발생하고 유해물질이 유출/누출되어 확산되고 있는가?
  - 풍향, 풍속, 기온 등 기상조건은 어떠한가?
  - 지형 조건은 어떠한가?
  - 누가/ 무엇이 위험에 노출되어 있는가? (사람, 재산, 환경)
  - 어떤 조치를 취해야 하는가?, 대피가 필요한가?, 제방을 쌓아야 하는가?
  - 어떤 지원(인력·장비)이 필요하며, 현장투입이 가능한가?
  - 즉각적인 조치로 무엇을 할 수 있는가?

⑤ 지원요청
  - 상부에 보고하여 지원과 전문가의 조언을 얻는다.

⑥ 현장 진입여부의 결정
  - 인명과 재산, 환경을 보호하기 위한 구조대원들 또한 희생자와 같은 위험에 처할 수 있다.
  - 반드시 적절한 보호장비를 갖추었을 경우에만 현장에 진입한다.

⑦ 적절한 대응활동
  - 현장지휘소를 설치하고 통신수단을 확보한다.

- 희생자는 가능한 신속하게 구조하고 필요할 경우 대피시킨다.
- 현장 상황을 계속 파악하고, 상황에 따라 융통성 있게 대처한다.
- 대응활동의 핵심은 구조대원 등을 포함한 현장의 인원을 보호하는 것이다.

⑧ 기타 준수사항
- 유출된 물질을 밟거나 만지지 않는다.
- 비록 유해물질로 확인되지 않는 경우라도 흄, 연기, 증기 등을 흡입하지 않는다.
- 냄새가 없다고 가스나 증기가 무해하다고 생각하지 말라
- 냄새가 없는 가스도 위험할 수 있다.
- 빈 용기를 다룰 때는 잔여 유해물질이 남아 있을 수 있으므로 주의한다.

제4절 전기화재진압

1 전기화재진압의 특성

① 어떤 상업용이나 고층 건물에서는 승강기, 공기 취급 장비를 작동하는데 전기가 필요하니까 <u>전체 건물을 일방적으로 단전해선 안 된다.</u>
② 전력이 끊어지면 이러한 화재들은 스스로 꺼지거나 비록 계속 탄다고 해도 A급 또는 B급 화재로 떨어질 것이다.
③ 정밀한 전자 장비와 컴퓨터 장치에 발생한 화재를 소화할 때는 <u>이산화탄소(carbon dioxide)나 하론(halon) 등 청정소화약제를 써서 장비가 더 이상 손상되지 않도록 해야 한다.</u>
④ 전기가 흐르고 있는 설비는 원래 감전 위험이 있으므로 필요치 않는 한 방수하지 말아야 한다. 만약 물을 사용한다면 거리를 두고 분무방수를 하여야 한다.
⑤ C급 화재 진압기술은 송전선과 장비, 지하선, 그리고 상업적인 고전압 시설과 관련한 화재를 위해 필요하다.

2 송전선과 장비

(1) <u>송전선이 끊어져서 화재가 났을 때</u>

<u>끊어진 양쪽을 전신주 거리만큼 깨끗이 치워야 한다.</u> 화재현장에서 최대한으로 안전하기 위해서는 경험 있는 전력회사 직원이 적절한 장비로써 전선을 끊어야만 한다.

(2) <u>변압기에서 발생한 화재는</u>

① 폴리염화비페닐(poly-chlorinated biphenyl)을 포함하고 있는 냉각액 때문에 인체와 환경에 심각한 위험을 일으킬 수 있다.

② 이 냉각액은 발암 물질이고, 또 기름 성분이 있어서 인화성이 있다.
③ 지상에 있는 변압기 화재는 분말소화기로 조심스럽게 소화해야 하며, 높은 곳에 있는 변압기 화재는 자격 있는 사람이 고가 장비를 타고 분말소화기로 소화할 때까지는 연소하도록 놔둬야 한다.
④ 사다리를 전신주에 기대어 설치할 경우에 소방대원은 전원과 냉각액으로 인해 위험에 처하게 될 것이다. 이런 화재에 방수를 하는 것은 그 위험한 물질을 땅위에 뿌리는 것과 같다.

3 지하매설 전선

① 지하전송시스템은 케이블을 위한 선로와 반원통형 모양의 공간으로 이루어져 있다. 이 시스템에서 가장 자주 일어나는 위험은 맨홀 뚜껑을 상당한 거리까지 날려 보낼 수 있는 폭발이다.
② 이러한 사고는 퓨즈가 끊어지거나 쇼트가 나서 생긴 화염이 고여 있는 가스에 불이 붙어서 생긴다.
③ 소방대원들뿐만 아니라 시민들에게도 위험하다. 만약 이런 상황이 예상되면 시민들을 그 지역에서 벗어나도록 하고, 소방차가 맨홀 위에 정차해 있지 않도록 확인해야 한다.
④ 소방대원들은 구조 작업의 시도를 제외하고는 맨홀에 들어가지 않아야 한다. 소화 작업은 밖에서도 할 수 있다.
⑤ 소방대원들은 이산화탄소나 분말소화약제를 맨홀 속으로 간단히 뿌리고 뚜껑을 제자리에 놓는다. 젖은 담요나 수손방지용 덮개(Salvage cover)를 맨홀 뚜껑 위에 덮고 산소 침투를 막아서 소화에 도움이 되도록 한다.
⑥ 가까이에 전기설비가 있기 때문에 소화약제로 물을 권장하지 않는다. 또 물이 유출되면 전기 전도체가 될 수 있는 진흙 범벅이 만들어지기도 한다. 물은 비록 분무형태라도 이런 상황에선 사용해선 안 된다.
  ※ 왜냐하면 쇼크의 위험이 커질 수도 있고, 화재에 관계가 없는 전기설비들에 대해 심각한 손상을 끼칠 수가 있기 때문이다.

4 상업용 고압 설비

① 고압설비화재에서 발생하는 연기는 플라스틱 절연제와 냉각제에 쓰이는 유독한 화학 약품 때문에 매우 위험하다.
② 구조 작업이 필요할 때에는 공기호흡기를 착용하고, 밖에서 다른 대원이 감독하는 생명선을 꼭 연결한 뒤에 진입한다.
③ 수색할 때는 접촉할 수도 있는 전류가 흐르는 설비에는 반사 작용으로 움켜쥐는 것을 예방하기 위해 주먹이나 손등이 닿게 한다. 만약 독성물질이 화재와 관련된다면 대원들은 진압활동 후 오염제거 절차를 따라야 한다.

5 전력차단

① 안전이라는 관점에서 건물진화작업을 하는 동안 조명, 배연을 위한 장비 및 펌프 등을 가동하기 위해서 전력은 가능한 한 남겨둬야 한다.
② 소방대원들은 긴급 운용을 행할 시에 건물 안으로 전력이 흐르는 것을 통제할 수 있어야 한다.
③ 한 지역에서 화재가 발생했다면 굳이 전체 건물의 전력을 차단할 필요는 없다. 전기를 끊는 순간에 건물의 전기사용이 제한되고, 전기적인 위험이 생길 수도 있다.
④ 결과적으로 전기 회사 직원들이 전력을 차단해야 한다.
⑤ 소방대가 전력을 차단해야 할 때에는 차단한 결과를 아는 훈련된 대원이 그 일을 해야 한다.
⑥ 소방대원들은 단자함에 있는 메인 스위치를 열든지 퓨즈를 제거하여 전력을 통제해야 한다.
⑦ 만약 그 이상의 전력을 통제해야 할 때에는 승인된 장비를 사용하는 전기 기사가 그 일을 해야만 한다.
⑧ 어떤 주거용이나 상업용 계량기는 제거한다고 해서 단전되는 것은 아니다.
⑨ 소방대원들은 비상용 발전기 같은 응급 발전 성능이 있는 설비의 위치를 숙지해야 한다.
⑩ 그런 경우에 계량기나 메인 스위치를 뽑아도 완전히 단전되지 않는다.

6 전기의 위험성

감전 결과	① 심정지 ② 심실세동 ③ 호흡정지 ④ 무의식적인 근육수축 ⑤ 마비 ⑥ 표피 또는 내부화상 ⑦ 관절손상 ⑧ 눈에 자외선 호(arc)형 화상
감전충격 심화요소	① 신체를 통과하는 전류의 통로 ② 피부저항 정도 – 젖거나(저항이 낮고) 건조(저항이 높음) ③ 노출시간 ④ 유효전류 – 유출 암페어 수 ⑤ 유효 전압 – 전기가 일어나는 힘 ⑥ 주파수 – 교류 또는 직류

7 전기화재 대응활동 원칙

① 어떤 전선도 소방대원이 끊지 말고 기다려서 훈련된 전기기사가 끊도록 한다. 지금 당장 끊지 않으면 안 되는 상황에서 적절한 훈련을 받은 소방대원이 알맞은 장비를 가지고 있을 때는 예외이다.
② 전기위험이 있을 때는 항상 소방대원은 완전 방화복을 착용하고 정식으로 시험하여 승인된 절연도구만을 사용해야 한다.
③ 모든 전선에 고압이 흐르고 있다고 생각하고 다룬다.
④ 소방대원은 감전과 화상뿐만 아니라 전기 아크 때문에 생길 수 있는 시력 손상에 대해서도 경계해야 한다. 전선에서 발생한 아크를 직접 쳐다보아서는 안 된다.

⑤ 끊어진 전선을 봤을 때는 안전을 위해 양쪽으로 전신주 한 구간을 위험지역으로 생각해야 한다. 쇼트 때문에 다른 전선도 이미 약해져서 나중에 떨어져 내릴 수 있기 때문이다.

⑥ 전선이 한 가닥 이상 떨어져있고, 한 가닥에서 아크가 발생하고 다른 한 가닥은 그렇지 않을 때는 모든 전선이 똑같이 위험한 것으로 간주한다.

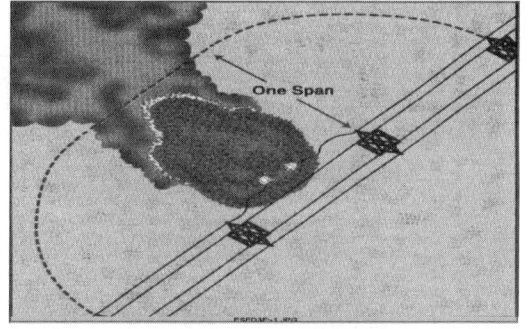

⑦ 전류가 흐르는 전기장치 주위에는 직사방수를 해서는 안 된다. 적어도 관창 압력 700 Kpa로 분무 방수해야 한다. 그리고 소방장비는 이러한 지역 가까이서 사용해서는 안 된다.

⑧ 머리 위쪽에 있는 전선근처에서는 사다리, 소방호스 또는 장비를 올리고 내리는데 주의를 기울여야 한다.

⑨ 담장에 대해서도 특별히 중요하게 생각해야 한다. 일단 전류가 흐르는 전선이 담장, 철재 방호책 따위에 닿아 있는 한 전하가 걸리게 된다. 담장이 길기 때문에 사람들을 보호하는 데는 곤란한 위험이 생길 수 있다.

⑩ 소방대원은 전선이 땅에 떨어져 있는 지역에서는 조심스럽게 나아가야 하고, 발에서 따끔 따끔 아픈 감각을 느낄 때는 조심해야 한다. 안전화에 있는 탄소 때문에 적은 양의 전하가 충전된 지면으로 흐른다는 징후이다.

⑪ 전선과 접촉되어 있는 소방차나 자동차를 소방대원이 만져서는 안 된다. 거기에 신체를 접촉하면 감전이 일어나도록 땅으로 통하는 회로를 완성하는 셈이 될 것이다. 만약 감전된 소방차에서 빠져나올 필요가 있을 때는 소방대원이 소방차와 지면에 동시에 닿지 않도록 소방차로부터 뛰어나와야 한다.

⑫ 전선이 떨어진 지역과 작업위치 사이의 충분한 안전거리를 유지함으로써 지면 경사 위험을 피한다. 지면경사(ground gradient)는 저항이 가장 적은 통로를 따라 (가장 높은 곳에서 가장 낮은 곳으로) 지면으로 흐르는 전도체를 통과하는 경향을 말한다. 지면에 닿아있는 곳으로부터 수 미터 떨어져 있는 물체의 표면을 통하여 전류를 방출하는 전도체가 땅바닥에 눕혀져 있는 전도체에서는 일반적으로 있는 일이다.

⑬ 전압이 높으면 높을수록 멀리 흐를 가능성이 높다. 만약 소방대원이 전선이 떨어진 지역에서 소방호스, 사다리, 곡괭이 장대(pike pole), 또는 다른 물건을 끌고 다닌다면 그들은 지면경사 상황에 들어서고 있는 위험에 처하게 된다. 만약 소방대원의 발과 접지해 있는 물체 사이에 전기적인 잠재성 측면에서 다른 점이 있다면, 전류가 소방대원을 통과하여 끌고 다니는 물체를 통하여 지면으로 되돌아간다는 것이다.

만약 감전된 소방차에서 빠져 나올 필요가 있을 때는 소방대원이 소방차와 지면에 동시에 닿지 않도록 소방차로부터 뛰어나와야 한다.

제5절 차량화재 진압

1 차량화재 성상

자동차 (일반도로)	① 발화는 전기계통이나 연료계통의 고장 외에 충돌 등 여러 가지가 있다. 연료에 인화하거나 적재화물에 연소하기 쉬운 물건이 있으면 급격하게 연소 확대 된다. ② 도로상이나 공지, 주차장 등의 발생장소, 버스 등 다수의 승차인원이 있는 경우, 트럭의 운반물의 종별 등에 따라서 화재상황은 다양하다.
자동차(고속도로)	화재의 발생건수는 비교적 적지만 연쇄충돌 등 2차 재해발생의 위험성이 매우 높다.
궤도차량	철도차량으로서는 화차, 탱크차 등 연료 또는 가연물 수송에 이용되는 것부터 전기, 디젤의 각 기관차, 모노레일, 케이블카, 로프웨이(ropeway) 등도 있지만 여기서는 가장 많이 이용되고 있는 열차(전동차)를 대상으로 한다. ① 철도차량 그 자체는 불연재로 만들어지고, 내장재도 난연성 물품으로 만들어져 있다. 그러나 수용물품 등이 연소하면 내장재로부터 다량의 연기가 발생된다. 더욱이 전기케이블 뭉치도 상황에 따라서는 연소할 가능성이 있다. ② 이동하는 구조물이 불특정 지점에서 화재를 일으키기 때문에 차량에 비치된 소화기 이외에는 소화용 설비는 전혀 없다. ③ 역 이외의 장소에서 발화한 경우 피난에 혼란이 따른다. 특히 고압선로 또는 철교 위, 터널 내인 경우는 궤도 위로 피난하여야 하므로 위험성이 높다.
지하철	① 역에서 발생한 화재는 터널에서의 공기유입에 의하여 연소는 활발하게 된다. 화재의 연기는 지상 통풍구로 배연되기 때문에 배기측에서의 진입은 곤란하게 된다. ② 터널내의 지하철 화재도 연기의 발생량이 많고, 게다가 사고 상황을 역쪽에서도 파악할 수 없는 경우가 많으며 화재확인에도 시간이 걸린다. 또, 승객의 인명위험도 크고 특히 러쉬아워에 발생한 경우에는 대혼란이 예상된다.

2 차량화재 진압활동

(1) 자동차·버스 등의 화재
① 인명구조를 위한 선착대는 가능한 한 차량에 접근하여 비상구의 개방, 창유리의 파괴를 하고 차내에 강력한 고속분무방수를 한다.
② 후착대는 반대쪽에서 진압한다. 차량이 소형인 경우에는 승차원의 위치에서부터 불을 따라가면서 포위되도록 분무방수를 하면 효과적이다.
③ 방수로 소화하는 경우든, 소화기로 소화하는 경우든 본네트(bonnet)나 도어를 개방하지 않으면 연소실체에 대한 소화효과는 없으므로 주의한다.
④ 고속도로에서의 차량화재는 상하행선 양 방향에서 출동하는 것을 원칙으로 한다. 고가도로의 경우 비상용 진입구, 적재사다리, 사다리차, 굴절차 등을 이용하여 방어한다.
⑤ 교외의 경우에는 소방용수의 부족이나 소방차량의 진입로가 없는 등 조건이 아주 나쁘다. 어떠한 경우에도 고속도로 순찰대, 도로공사에 통행규제 조치를 요청하여 활동의 안전을 확보하여야 한다.

(2) 궤도차량의 화재
① 전동차, 궤도차, 기차 등 열차화재의 경우 선착대는 철도의 운전지령센타와 연계하여 전원차단 및 후속차량의 운행정지를 확인한다.
② 호스 1본을 연장하여 분무방수로 승객에 대한 엄호방수를 실시하고 창, 도어의 국부파괴 또는 수동으로 도어를 개방하여 내부로 진입한다.
③ 다른 출동대는 연소중인 차량의 앞·뒤에서 공격적 방수를 하여 일시에 진입한다.
④ 인접차량에 연소위험이 있을 때는 풍하측의 차량을 분리하거나 또는 연결부에서 화세를 저지한다.
⑤ 차량을 분리할 경우에는 선로의 경사에 의한 폭주, 기타 2차 재해를 일으키지 않도록 주의하여야 한다. 터널 내부에서의 열차화재는 농연, 고열, 화재가스가 충만하므로 급기측에서의 진입 및 유도가 원칙이다.

(3) 유조열차의 화재
포 소화약제로 주위의 화세를 제압하고 하수구 등으로의 유류 유입을 저지한 후 차례로 범위를 축소해 간다. 특히, 인접 미연소 차량에의 연소방지에 중점을 두고 차량의 분리, 탱크의 냉각 등 상황에 따른 행동을 한다. 또한, 시가지에서 발화한 경우에는 유류의 유출저지와 시가지로의 확대를 방지하는 데 중점을 두어야 한다.

(4) 지하철의 화재
① 화점이 전동차인가 역인가를 확인하고 행동하는 것이 필요하다.
② 지하철의 운행 규칙에서는 터널 내에서 전동차 화재가 발생한 때에는 진행방향 직근의 역까지 운행하도록 되어 있다.
③ 그러나 송전차단이나 탈선 등으로 정지하는 경우도 있으므로 위치를 추정하여 진압방법을 결정한

다. 진입할 때는 다음과 같은 방법으로 한다.
㉠ 지상과의 통로는 연기의 배출구(배연구) 또는 공기의 유입구(급기구)로 되므로 터널의 고저를 생각하여 연기의 분출이 없는 쪽에서 진입한다. 단, 연기 중에 구조대상자가 있는 것이 예측될 때는 배기구 측의 검색도 필요하다.
㉡ 역구내인 경우라도 일반적으로 배연 설비는 없다. 구내의 연기는 통기공에서도 분출되고, 터널 내부나 역의 로비(광장)에도 충만하게 된다. 터널의 급기측 통기공을 이용하여 화재에 접근하는 방법도 있다.

> ◐ 배연되지 않는 가장 가까운 통기공으로서의 진입도 가능하지만 수직트랩 등을 이용하여 터널내로 진입하는 수도 있으므로 전락방지 등 안전확보 및 조명기구의 활용이 불가결하다.

Check

① BLEVE 발생과정은 ① 액체가 들어있는 탱크주위에 화재발생 → ② 탱크벽 가열 → ③ 액체의 온도 상승 및 압력상승 → ④ 화염과 접촉부위 탱크 강도 약화 → ⑤ 탱크파열 → ⑥ ( )
② ( )은 가스의 연소가 염공의 가스 유출속도보다 더 클 때, 또는 연소속도는 일정해도 가스의 유출속도가 더 작을 때 불꽃이 버너 내부로 들어가는 현상
③ 제2류 위험물의 금수성 물질(금속분 등)은 ( )로 ( )소화의 방법을 취한다.
④ ( ) 위험물은 자기반응성이며, 질식소화는 효과가 없으므로 일반적으로 대량의 물로 냉각소화가 효과적이다.
⑤ ( )오버는 탱크표면화재로 원유와 물이 함께 탱크 밖으로 흘러넘치는 현상이다.

제6절 전략과 전술**

1 전략·전술의 개요

(1) 전략·전술의 개념

▨ 전략과 전술개념 비교

전 략	전 술
문제 상황에 효과적으로 대응하기 위한 기본방침(계획)으로 주로 <u>최상위 현장조직(또는 지휘관)단위에서 적용된다.</u>	전략적 방침(계획)을 실행하기 위한 구체적 방법으로 <u>최하위 현장조직단위에서 적용된다.</u>

(2) 전략의 유형*

공격적 작전	화재 초기 또는 성장기에 건물내부로 신속히 진입하여 초기검색과 화재진압이 이루어지는 형태로, 화재를 진화하는 데 초점이 맞추어진다. ※ <u>소방력이 화세보다 우세할 때 적용한다.</u>
방어적 작전	① 화재의 연소확대를 방지하는 데 초점을 맞추는 형태로, 내부공격을 할 수 없는 화재상황에서 장시간의 외부대량방수를 통해 연소확대를 차단하거나 저절로 소화될 때까지 외부에서 방수하는 것을 말한다. ② 방어적 작전상황하에서는 원칙적으로 소방대원이 발화지점에 진입하는 것이 금지되며, 주변 통제가 중요시된다. 이것은 <u>소방력이 화세보다 약한 경우와, 주로 화재의 성장기 또는 쇠퇴기에 적용된다.</u>
한계적 작전	공격적 작전상황의 끝에 가깝고, 방어적 작전상황의 시작에 해당될 때 적용되는 작전형태로, 내부공격이 궁극적으로 효과적이지는 않지만 구조대상자의 안전을 위해 내부공격이 이루어지는 경우이거나 내부공격을 중단하고 외부공격을 해야 할 시점, 즉 **전략변경이 요구되는 시점에 적용되는 전략형태**이다. ※ <u>한계적 작전상황하에서는 공격적 작전과 방어적 작전이 동시에 이루어지는 것을 의미하지는 않으며, 주로 외부에서의 방어적 작전을 준비 또는 대기하고 있는 상황에서 인명구조와 연소확대 방지를 위해 내부공격이 필요한 경우가 그 예이다.</u>

TIP 한계적 작전이란 외부 방어적 작전 준비 중 내부에서 구조와 진압 임무가 남아있는 사항으로 이해하세요. ^^

(3) 소방전술의 유형**** 14년 경기 소방교/ 16년 전북 소방장/ 19년 소방교·소방장

포위전술	관창을 화점에 포위 배치하여 진압하는 전술형태로 초기 진압 시에 적합하다.
공격전술	관창을 화점에 진입 배치하는 전술형태로 소규모 화재에 적합하다.
블록전술	<u>인접건물로의 화재확대방지를 위해 적용하는 전술형태로 블록(Block)의 4방면 중 확대가능한 면을 동시에 방어하는 전술이다.</u>
중점전술	<u>화세(또는 화재범위)에 비해 소방력이 부족하여 전체 화재현장을 모두 커버 할 수 없는 경우 사회적 경제적 혹은 소방상 중요한 시설 또는 대상물을 중점적으로 대응 또는 진압하는 전술형태를 말한다.</u>
집중전술	소방대가 집중적으로 진화하는 작전으로 <u>예를 들면 위험물 옥외저장탱크 화재 등에 사용된다.</u>

블록과 포위전술의 비교 **

블록전술	블록(Block)전술은 화점이 블록(Block)을 기준으로 포위 진압하는 방어적 개념이다.
포위전술	포위전술은 화점을 기준으로 포위 진압하는 공격적 개념이다.

TIP 포위전술은 화점을 포위하여 초기 진압하는 공격적 개념이며, 블록전술은 외부의 화재를 블록으로 확대되지 않도록 방어개념으로 이해하세요. ^^

(4) 작전계획(공격계획)

① 전술적 우선순위 원칙

작전계획(공격계획은)은 전략(상위목표) 달성을 위해 수립되는 전술(하위목표)들의 총체적 우선순위에 의한 배열이다. 전술들의 총체적 배열은 인명구조 → 화재진압 → 재산보호의 순으로 우선순위가 결정된다.

② 작전계획(공격계획)의 절차(기본적 단계)*

  ㉠ 상황평가 – 상황분석
  ㉡ 전술적 접근법의 개발 – 기본적인 문제해결방법 제시
  ㉢ 전술적 필요의 판정 – 구체적 계획
  ㉣ 사용가능한 자원의 판정 – 자원분석
  ㉤ 임무부여

> ※ 공격적 작전형태 하에서의 전술적 접근법의 예로는 "초기검색과 구조작업의 완수를 돕기 위해 호스를 가지고 신속히 내부공격, 발화공간 내에서의 화재진압, 동시에 배연작업과 다락확인, 화재진압에 이어 재산보호활동 실시"를 들 수 있다. 이러한 전술적 접근법에 의할 때 전술적 필요의 판정은 "내부호스공격, 초기검색의 완수, 화재진압, 다락의 확인, 재산보호활동 개시 등이 된다.

2 전략변경 시 고려 요소

- 건축물 화재진압에서 가장 흔하게 발생되는 전략선택의 실수는 공격적 모드와, 방어적 모드를 동시에 혼합하여 구사한다는 점이다. 내부 진입공격을 하고 있는 동안 외부에서 방수포(master stream)를 이용한 공격을 하는 것은 종종 대원들을 위험에 빠지게 만든다.
- 내부에 있는 대원이 강력한 방수압(stream)에 의해 쓰러지거나, 고압력 방수포의 방수(master streams)에 따라 구조물이 붕괴되어 구조물에 깔리거나 갇히게 되는 경우도 있다.
- 내부 진입용 관창은 40mm를 기본으로 하며 1분 당 1135ℓ 의 물을 방수한다. 반면에 방수포(master stream)는 1분 당 1892ℓ 이상의 물을 방수한다. 이것은 1분 당 약 2톤 이상의 양에 해당되며, 1초 당 30m 거리에서 방수포 관창을 통해 나오는 2톤가량의 물은 굉장히 강력한 힘이다. 이것을 부적절하게 이용할 경우에는, 천장을 무너뜨리고 연약한 벽돌 벽과 난간을 붕괴시킬 수 있다. 이것은 널빤지 지붕을 들어올리고, 지붕널과 타일, 갓돌을 공중으로 날려 보낼 수 있다.
- 방수포에 의해 방수된 물은 흘러 넘쳐 건물 밖으로 흘러나오게 되며, 일부는 열에 의해 증발되지만, 상당량의 물이 건물 내의 석고벽이나 천장, 바닥, 천에 흡수되고 마침내 건물 붕괴가 발생할 수 있다.

(1) 대부분의 건축물 화재에서, 초기 화재진압은 대원들의 내부진입을 통한 공격적 진압활동에 의해 이루어진다(공격전략). 이 공격적 전략은 건축물 화재의 95% 가량에 성공적으로 이용될 수 있다. 이 전략이 실패하면, 현장지휘관은 내부진입 대원들을 철수시키고 방수포(master stream)를 이용한 방어적 외부 진압에 의존하게 된다(방어적 공격전략).

(2) 방어적 외부 진압은 일시적 전략으로 이용되기도 한다. 방수포를 통해 화세가 어느 정도 꺾이고 나면 대원들이 다시 내부 진입을 통한 공격적 진압을 하게 된다(방어적 공격전략 후 공격전략).

(3) 방어적 외부 진압전략이 처음부터 끝까지 적용되는 경우도 있다. 방어적 외부 진압(방어적 공격전략)에 의해 화재가 완전히 진압된 후 건물 잔화정리와 내부 검색이 이루어진다.

(4) 내부 진입을 통한 공격 전략에서 방수포(master stream)를 이용한 외부 방어적 공격 전략으로 안전하게 전환하기 위한 4가지 필수요소는 다음과 같다.
   ① 내부 (방면)지휘관과 외부 (방면)지휘관 간의 의사소통과 조정
   ② 내부 (방면)지휘관의 효과적인 대원 지휘·통솔 능력
   ③ 현장지휘관의 방수 지시가 있을 때 즉각 방수할 수 있는 펌프차 방수포 담당 대원의 배치
   ④ 현장에서 불변의 우선순위를 이해하는 현장지휘관(생명보호 → 연소확대 방지 → 재산 보호원칙)

(5) 건축물화재에서 외부 평가를 통해 화재가 내부 진압으로 통제할 수 없다고 판단되면, 방수포를 이용한 외부 진압을 해야 한다.

> ● 건축물화재에서 한 층으로 제한된 화재는 외부평가보다는 내부 상황평가가 가장 효과적이다. 화재가 한 공간에 제한될 때 현장지휘관은 대게 내부 상황의 평가를 요구한다. 그러나 지붕이나 다른 상층부로 연소 확대가 이루어지면, 외부 상황평가가 가장 효과적이다. 이때, 현장지휘관은 화재의 전체 상황을 외부에서 관찰하게 된다. 외부 평가를 통해 화재가 내부 진압으로 통제할 수 없다고 판단되면, 방수포(master stream)를 이용한 외부 진압을 해야 한다.
> ● 외부 진압 결정(방어적 공격전략)이 이루어지고 나면, 내부 (방면)지휘관은 내부 진압대원들이 철수하도록 한다. 방수포 공격이 일시적으로 이용되는 것이라면, 내부 진입대원들은 아래층으로 임시 철수하여 대기해야 한다. 그러나 장시간 방수포 공격이 이용되면 모든 대원들은 붕괴 위험 구역을 벗어나 건물 밖으로 철수해야 한다.

TIP 방어적 외부전략은 주로 방수포를 활용하는데 내부에 남아있는 대원의 신속한 철수가 성공의 관건이므로 외부와 내부 지휘관의 의사소통이 중요할 수 있어요. ^^

3 전략변경 시 조정·통제(Managing Control)

① 급격히 확대되는 화재 시 내부진압에서 방수포(master stream)를 이용한 외부 진압으로 전략이 변경되면, 내부 진압 팀은 신속히 철수해야 한다.

② 특히 내부공격에서 외부공격으로의 전략변경은 내부 진입대원들이 얼마나 신속히 철수하여 공격의 공백시간을 줄여주느냐에 그 성공여부가 달려 있다.

③ 이것은 현장지휘관이나 내부 지휘관이 진입대원들에 대한 확고한 통제권을 가진 경우에 가장 잘 실행된다.

④ 방수포 공격을 시작하기 위해 현장지휘관은 ① 내부 지휘관, ② 방수포 관창수, ③ 운전요원을

모두 접촉 또는 통신할 수 있어야 한다. 이들 모두 각자 무전기를 구비하고 있어야 한다.
⑤ 현장지휘관이 방수개시를 명하기 전에 반드시 내부 진입대원들의 철수가 완료되었는지 확인해야 한다.

4 진압 우선순위(Priorities of Firefighting)** 19년 소방장

① 공격에서 방어 모드로 전략을 변경할 때는 반드시 진압의 우선순위(생명보호 → 연소확대 방지 → 재산 보호)에 따라 행동해야 한다.
② RECEO원칙, 즉 생명보호 → 외부 연소확대 방지 → 내부 연소확대 방지 → 화점 진압 → 정밀검색 및 잔화정리의 5가지 원칙으로 확장하여 이용되기도 한다.
③ 다층구조의 건축물화재에서 위층에서 연소가 진행되고 있을 때, 일반적으로 내부 진입 공격이 이루어지며, 이때 화세 진압이 어렵다고 판단되면 방수포 등에 의한 외부 공격준비를 시작해야 한다.
※ 생명보호 우선원칙에는 대원들의 생명도 포함되며, 화재 확대방지와 재산보호는 그 다음 우선순위에 해당된다.

5 안전한 방수포 활용(Master Stream Safety)

① 굴절사다리차나 고가사다리차의 방수포 공격은 외부 공격 전략에서 가장 효과적인 진압수단이다.
② 오랜 시간동안 위험한 건물 내부에 호스를 배치하는 것 보다 외부에서 방수포를 활용한 진압방식은 가장 흔하게 이용하는 방식이다.
③ 그러나 이것이 전체적 자원통제가 느슨해 진 상태에서 사용되거나 부적절하게 이용되면, 오히려 대원들의 생명을 위협할 수 있는 위험한 진압방식이 되기도 한다.
④ 이것이 안전하게 이용되기 위해서는 정확한 위치에 배치되고, 대원들이 방수포 및 차량조작법에 숙련되어 있어야 하며, 지속적으로 물이 공급되도록 해야 한다. 만약 이러한 조건이 갖추어지지 않는다면 방수포는 위험한 공격 수단이 된다.

> ※ 1980년대 이후에 개발된 소방차량의 방수포(Master stream)는 다음 3가지 측면에서 근대식 소방차 보다 그 효과성이 향상되었다.
> ① 대규경의 관창이 개발되었다.
> ② 무전능력의 향상으로 현장지휘관이 방수포를 직접적 통제 하에 좀 더 신속하게 활용할 수 있게 되었다.
> ③ 가장 중요한 변화는 방수포 공격이 이제 더 이상 지상 공격에만 한정되는 것이 아니라 사다리차에 의한 공중 공격이 가능해졌다는 점이다.

⑤ 방수포를 안전하게 활용하기 위해서는 다음과 같은 방수포 공격의 8대 전술원칙을 고려해야 한다.
※ 방수포는 분당 평균 1,892ℓ (약 2톤) 정도의 물을 방수할 수 있고, 10여분 동안 방수할 경우에는 약 20톤의 물이 방수된다. 만약 3대의 차량이 방수포 공격을 한다면 10분간 60여 톤의 물이 건물 속에 방수된다.

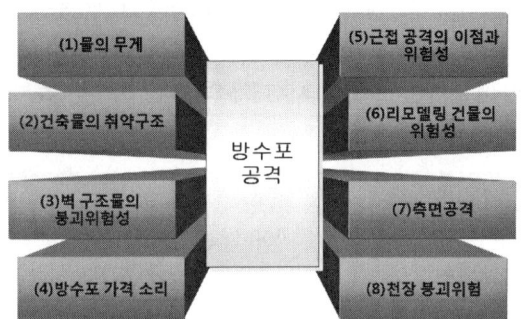

〈방수포 공격의 8대 전술 원칙〉

방수포 공격의 8대 원칙★★

① 물의 무게	방수포(Master stream) 관창을 사용할 때는 1분 당 2~4톤의 물을 화재로 취약해진 건물에 퍼붓고 있다는 것을 기억해야 한다.
② 건축물의 취약구조	화세가 어느 정도 성장한 단계에서 이들 시설물에 대한 (방수포에 의한) 물의 대량방수가 이루어지면 붕괴위험이 매우 높아지게 된다.
③ 벽 구조물의 붕괴위험성	화세가 어느 정도 성장하고 나면 불안전한 블록 벽이나 벽돌 벽 등은 고온의 열기에 의해 취약해지게 되며, 이것이 방수포 공격(Master stream)을 받게 되면 고압의 물이 벽체를 붕괴시키고, 잔해물을 공중으로 날려 보내게 되는 등 위험요인이 상존하게 된다.
④ 방수포 가격 소리	**농연에 의해 화염이 보이지 않는 화재의 경우, 방수포 공격의 효과성을 알 수 있는 방법 중 소리감각에 의존하는 방법이 있다.** 방수포로 방수되는 물이 벽돌 벽과 같은 딱딱한 벽체를 가격한다면 "후두둑" 물이 떨어지는 소리를 듣게 될 것이며, 목조 건물의 사이드 벽은 "두두둥" 소리 같은 드럼 소리를 만들어 낸다.
⑤ 근접 공격의 이점과 위험성	• 굴절사다리차나 고가사다리차의 방수포 공격의 **가장 큰 이점**은 일반 펌프차에 비해 화재실 창문 근처에 위치하여 **화점을 직접 조준하여 공중에서 효과적으로 진압할 수 있다는 점**이다. • 그러나 공중에서 근접하여 방수포로 공격하는 것은 연소 건물의 앞쪽 벽이 불안정할 때 치명적일 수 있다. • 그러므로 건물 붕괴의 위험이 있을 때 버킷(bucket)을 잔해물 추락에 의해 강타될 수 있는 곳에 위치시켜서는 안 된다. • 난간(balcony)이 붕괴하면 버킷(bucket)에 있던 방수포 관창수는 압사할 위험이 높다.
⑥ 리모델링 건물의 위험성	개축, 수리 중인 벽돌 구조의 건물은 종종 내부 내력벽이나 칸막이가 제거된 체 공사를 진행하기도 한다. 이와 같은 건축물은 오직 4개의 벽돌 벽만 남겨져 있으며 이와 같은 상황에서의 방수포 공격은 매우 위험하다.
⑦ 측면공격	• 방수포 공격으로 맞은면 벽체 붕괴위험이 있을 경우에는 뒤쪽에 배치된 대원들은 건물 모서리 부분에 위치하여 **측면공격을 시도해야 한다.** • 이러한 공격은 화점실 내의 방수 각도의 제한과 도달거리가 짧아지는 문제가 생기지만, 그럼에도 불구하고 벽이 붕괴되면 대원들의 안전은 확보 될 수 있다. • 또한 건물붕괴를 고려하여 충분한 유격거리를 유지한 채 창문 정면 공중에서 방수하는 방수포 공격은 그것이 덜 효과적이지만, 붕괴상황과 추락 물로부터 안전한 공격방식이라는 점 때문에 많이 사용되는 공격방식이다.

	• 그러나 벽체 붕괴 위험이 없거나 화재의 크기를 감안할 때 근접 공중 방수가 효과적인 화재 진압을 위해 필요한 상황이라면 창문에 버킷(bucket)을 밀착하여 관창을 작동해야 한다.
⑧ 천장 붕괴위험	**천장이나 지붕을 향한 방수를 할 때** 는 물의 흡수에 의해 **천장의 전체 하중이 급격히 증가**하는 반면에 **화재열기로 천장 지지대가 약해지는 상반된 상황이 주는 위험성을 고려해야** 한다.

> **Check**
> ① ( ) 작전은 공격적 작전상황의 끝에 가깝고, 방어적 작전상황의 시작에 해당될 때 적용되는 작전 형태이다.
> ② ( )전술은 관창을 화점에 진입 배치하는 전술형태로 소규모 화재에 적합하다.
> ③ 블록(Block)전술은 화점이 블록(Block)을 기준으로 포위 진압하는 ( ) 개념이다.
> ④ ( )은 전략적 방침(계획)을 실행하기 위한 구체적 방법으로 최하위 현장조직단위에서 적용된다.
> ⑤ 공격에서 방어 모드로 전략을 변경할 때 진압의 우선순위는 (( ) → 연소확대 방지 → ( ))에 따라 행동해야 한다.

04 기출 및 예상문제

화재진압 및 현장활동

01 "목조건물의 관창배치 우선순위"가 맞는 것은?

① 화재의 뒷면 – 측면 – 2층 – 1층
② 화재의 측면 – 뒷면 – 2층 – 1층
③ 화재의 측면 – 2층 – 1층 – 뒷면
④ 1층 – 화재의 뒷면 – 측면 – 2층

해설 ✪ 목조건물 관창배치 ★★★ 13년 경남 소방장/ 15년 소방위
① 관창배치의 우선순위는 화재의 뒷면, 측면 및 2층, 1층의 순으로 한다.(방화조건물 동일)
② 바람이 있는 경우 풍하, 풍횡, 풍상의 순으로 한다.
③ 경사지 등은 높은 쪽, 횡, 낮은 쪽의 순으로 한다.
④ 화재건물에 내화조 건물이 인접해 있는 경우는 내화조 건물에 개구부가 있다고 생각하고 경계 및 연소방지를 위하여 내화조 건물내부로 신속하게 경계관창의 배치 또는 확인을 한다.

02 "목조건물 화재진압 요령"에 대한 설명으로 틀린 것은?

① 인접건물에 연소위험이 있는 경우에는 고속분무방수 등으로 예비방수를 하여 연소를 저지한다.
② 선착대는 인명검색 외 여력이 있는 경우 연소 확대 위험이 없는 장소에 진입한다.
③ 지붕이 타서 파괴된 경우에는 비화의 염려가 있으므로 비화경계 활동을 실시한다.
④ 방수관창의 수는 필요 최소한으로 하여 과잉방수를 하지 않도록 한다.

해설 ✪ 목조건물 화재진압 요령
① 현장도착 시 소방활동에 필요한 정보를 적극적으로 수집한다.
② 구조대상자 등 인명위험의 정보를 수집한 때에는 인명검색을 최우선적으로 전개한다.
③ 연소 중인 건물내부의 검색, 구조활동은 반드시 엄호방수를 받으면서 내부로 진입한다.
④ 현장 최고지휘자가 인명위험이 없다고 판단한 경우에는 연소진압을 중점적으로 실시한다.
⑤ 선착대로서 인명검색 외 여력이 있는 경우 연소위험이 가장 큰 쪽에 진입 활동한다.
⑥ 후착대는 선착대와 연계, 선착대가 진입하고 있지 않은 연소 확대 위험이 큰 쪽에 진입 활동한다.
⑦ 인접건물에 연소위험이 있는 경우에는 <u>분무방수(고속) 등으로 예비방수를 하여 연소를 저지한다.</u>
⑧ 지붕이 타서 파괴된 경우에는 비화의 염려가 있으므로 비화경계 활동을 실시한다.
⑨ <u>방수관창의 수는 필요 최소한으로 하여 과잉방수를 하지 않도록 한다.</u>
⑩ 적재사다리 또는 인접건물의 베란다 등을 활용하여 화점에 확실하게 방수한다.

정답 01. ① 02. ②

03 "방화조건물 화재의 특성"에 대한 설명으로 틀린 것은?

① 화염과 연기가 벽체내부를 따라 확산되어 예기치 않게 건물전체로 확대되는 경우가 있다.
② 공기의 유입이 적고 연기나 열기가 충만하기 쉽다.
③ 화재초기의 연소상황은 대개 목조화재와 비슷하다.
④ 건물 내에는 훈소 상태가 되면 목조건물 화재와 같이 연소가 빠르게 진행된다.

해설 ◎ 방화조건물 화재의 특성
① 화재초기의 연소상황은 대개 목조화재와 비슷하다.
② 화재초기 이후는 건물의 외벽과 처마의 사이가 적기 때문에 연기가 밖으로 나오기 어렵다. 따라서 공기의 유입이 적고 연기나 열기가 충만하기 쉽다.
③ 건물 내에는 훈소 상태가 되면 목조건물 화재에 비하여 연소가 완만하다.
④ 화염과 연기가 벽체내부를 따라 확산되어 예기치 않게 건물전체로 확대되는 경우가 있다.
⑤ 화재의 최성기 이후에는 몰탈의 박리, 외벽의 붕괴가 일어나기 쉽다.
⑥ 몰타르 벽이기 때문에 방수한 물이 침투하기 어렵고 외벽, 처마, 지붕 속에 잔화가 발생하기 쉽다.

04 "방화조 건물 화재진압 요령"에 대한 설명으로 잘못된 것은?

① 짙은 연기가 충만해 있는 경우는 낮은 자세로 중성대로부터 들여다보고 화점위치를 확인한다.
② 짙은 연기, 열기가 건물에 충만해 있는 경우는 Flash-over에 주의하고 문을 조금 열어 내부에 방수를 한 다음 개방한다.
③ 개구부가 적고 방수사각이 생기기 쉬운 건물의 방수를 위해 외벽을 파괴해서는 안 된다.
④ 방화조 건물의 화재방어는 몰탈의 박리, 낙하, 외벽의 도괴에 주의한다.

해설 ◎ 방화조 건물 화재진압 요령
① 분무방수에 의한 배연, 배열을 하고 화점을 확인 후 연소실체에 방수한다.
② 짙은 연기가 충만해 있는 경우는 낮은 자세로 중성대로부터 들여다보고 화점위치를 확인한다.
③ 벽이나 지붕속 등의 화원은 천장을 국부 파괴하여 화점에 방수한다.
④ 짙은 연기, 열기가 건물에 충만해 있는 경우는 Flash-over에 주의하고 문을 조금 열어 내부에 방수를 한 다음 개방한다.
⑤ 인접건물로의 연소는 개구부에서 불꽃이 분출하기 시작한 때부터 지붕이 파괴될 때까지가 가장 위험하다. 따라서 이 시기에 인접건물과의 사이에 경계관창을 배치한다.
⑥ 개구부가 적고 방수사각이 생기기 쉬운 건물은 외벽을 국부 파괴하여 방수구를 설정한다.
⑦ 방화조 건물의 화재방어는 몰탈의 박리, 낙하, 외벽의 도괴에 주의한다
⑧ 잔화처리는 벽속, 처마속, 지붕속 등에 잔화가 남기 쉬우므로 육안, 촉수, 국부파괴에 의하여 잔화를 처리하고 재연소방지에 노력한다.
⑨ 방화조 건물의 2층은 방수한 물이 바닥에 고여 상당한 중량이 되므로 만약 바닥이 타고 있으면 잔화처리 등으로 사람이 올라갔을 때 도괴될 염려가 있다.

정답 03. ④ 04. ③

05 "내화조건물 화재진압요령"으로 틀린 것은?

① 공기호흡기를 착용하고 내부진입을 적극적으로 시도하고 반드시 화점에 방수한다.
② 방수는 수손방지를 위하여 분무방수 및 직사방수를 병용하여 실시한다.
③ 개구부를 급격하게 개방하면 역류(Back draft)를 방지한다.
④ 내화조 건물에서 개구부가 적을 때에는 파괴기구로 개구부를 만든다.

해설 ◆ 내화조 건물 화재진압 요령* 16년 소방위
① 화점실에 연기의 중성대가 있는 경우에는 자세를 낮추어 실내를 직접 보고 구조대상자 및 화점을 확인한다.
② 방수는 수손방지를 위하여 <u>분무방수 및 직사방수를</u> 병용하여 실시한다.
③ 개구부를 급격하게 개방하면 역류(Back draft)에 의한 화상 등의 염려가 있으므로 방수를 하면서 천천히 개방한다.
④ 내화조 건물에서 개구부가 적을 때에는 파괴기구로 개구부를 만든다.
⑤ 야간에는 조명기구의 활용으로 방어효과를 높인다.
⑥ 초기에 구조대상자가 없는 것이 확인된 상황에서의 소방활동은 화세제압을 중점으로 하여 연소확대 방지에 노력한다.
⑦ 공기호흡기를 착용하고 내부진입을 적극적으로 시도하고 반드시 화점에 방수한다.

06 "방화조 건물 화재진압 원칙"에 대한 설명으로 잘못된 것은?

① 목조건물 화재와 비교하면 연소확대 속도는 매우 빠르다.
② 선착대는 화점건물 및 주변건물의 인명검색을 우선적으로 실시한다.
③ 인접건물로의 연소는 창 등의 개구부와 처마를 통하여 이루어지는 경우가 많다.
④ 벽체 혹은 천장 속에 들어간 불의 확인은 손을 대어 확인한다.

해설 ◆ 방화조 건물 화재진압 원칙
원칙적으로는 목조건물의 경우와 마찬가지만, 목조건물 화재와 비교하면 <u>연소확대 속도는 느리다</u>. 또, 기밀성도 높으므로 화점 및 연소범위를 파악하는 것이 진압활동의 포인트이다.

07 고층화재 진압 시 사용되는 전략으로 "측면공격"에 대한 설명으로 틀린 것은?

① 고층건물 화재에서 두 번째로 흔한 전략이다.
② 정면공격이 시행되고 있는 동안 보조적 수단으로 실행 될 수 있다.
③ 고층화재 사례 중 95% 정도는 측면공격전략에 의해 진압된다.
④ 굴뚝효과나 창문을 통한 배연작업이 개시 될 때 발생하는 강한 바람에 화염이 휩쓸려 정면 공격 팀을 덮치거나 덮칠 우려가 있을 때 유용하다.

정답 05. ③ 06. ① 07. ③

[해설] **정면공격**
① 정면공격은 고층건물 화재에서 가장 흔하고 성공적으로 사용되는 전략으로 화점층 진입통로를 따라 호스를 전개하여 직접적으로 진입하는 공격적 전략에 해당한다.
② 고층화재 사례 중 95% 정도는 이와 같은 정면공격전략에 의해 진압된다.

08 "고층건물 화재에 대한 특성"으로 잘못된 것은?

① 베란다 등이 없는 벽면에서는 창에서 분출되는 불꽃이 상층으로 연소 확대된다.
② 초기에 검은 연기가 분출되고 창유리가 파괴되어 화염이 분출된다.
③ 고온의 불꽃으로 건물외벽의 모르타르에 박리현상이 일어나고 때에 따라서는 파열하여 비산하다.
④ 불완전 연소가스가 실내에 충만하여 시계가 불능한 상태가 된다.

[해설] ✚ 고층건물 화재특성
1. 화재초기는 내부의 가연물에 착화하여 가연성 가스를 발산하면서 연소하기 시작한다. 이 때문에 흰 연기, 수증기가 왕성하게 분출하여 실내를 유동한다.
2. 불완전 연소가스가 실내에 충만하여 시계가 불능한 상태가 된다.
3. 화점실에서 나온 연기는 계단 등을 경유하여 위층부터 차례로 연기가 충만해진다. 또, 이 단계에서는 일반적으로 공기의 유입쪽인 급기측과 연기가 나가는 쪽인 배기측이 확실하게 나타난다.
4. 중기 이후가 되면 검은 연기가 분출되고 창유리가 파괴되어 화염이 분출된다.
5. 화염의 분출과 동시에 공기의 공급에 의하여 화세는 더욱 강렬해 진다.
6. 고온의 불꽃으로 건물외벽의 모르타르에 박리현상이 일어나고 때에 따라서는 파열하여 비산하다.
7. 건물구조상 결함(슬래브의 구멍, 파이프 관통부의 마감 불완전 등)이 있으면 그 부분을 통하여 상층으로 연소한다.
8. 베란다 등이 없는 벽면에서는 창에서 분출되는 불꽃이 상층으로 연소 확대된다.
9. 계단실, 에스컬레이터 등의 구획이 개방되어 있으면 그 곳을 통하여 상층으로 연소한다.
10. 초고층 건물의 상층은 강화유리 등으로 설치되어 있어 화재가 확대될 경우 광범위하게 파괴, 낙하될 염려가 있으므로 주의한다.

[정답] 08. ②

09 고층건물 화재 시 "6가지 수칙"으로써 잘못된 것은?

① 강제진입과 동시에 진입한 출입문을 장악하고 통제할 것.
② 화재발생 층의 직하층 엘리베이터에서 내려, 계단을 통해 화점층에 진입한다.
③ 복도의 배치구조를 사전에 확인할 것
④ 열과 연기가 심하지 않은 소형 화재의 경우, 아파트(각 호실) 내부를 인명검색 할 경우 한 명 이상의 대원을 반드시 복도에 배치해 두어야 한다.

해설 ● 고층건물 화재 시 치명적 위험성을 가진 짙은 연기로부터 안전을 확보하기 위한 6가지 수칙
① 화재발생 층으로부터 2~3층 아래 엘리베이터에서 내려, 계단을 통해 화점층에 진입하고, 유사시 신속한 후퇴상황에 대비하여 계단위치와 대피방향에 대해 사전에 확인할 것
② 복도의 배치구조를 확인할 것
③ 강제 진입 시, 유사시의 긴급대피에 필요한 인근 호실(내화조 구획공간)로의 접근권을 확보할 것
④ 진압팀(관창수)이 화점에 접근할 수 있을 정도로 호스연장팀이 호스를 충분히 끌어놓았는지 확인할 것
⑤ 강제진입과 동시에 진입한 출입문을 장악하고 통제할 것
⑥ 열과 연기가 심하지 않은 소형 화재의 경우, 아파트(각 호실) 내부를 인명검색 할 경우 한 명 이상의 대원을 반드시 복도에 배치해 두어야 한다. 이때, 복도 배치요원은 화재상황이 갑자기 악화될 경우 각 아파트(각 호실) 내부에 있는 인명검색 대원들의 긴급대피를 유도하고, 복도에 연기와 열이 가득 차는 것을 막는 복도 배연임무를 맡게 된다.

10 고층건물화재 진압전술 요령으로 잘못된 것은?**** 13년 충북 소방장·소방교 / 21년/ 23년 소방위

① 진입대의 활동거점은 화점층의 특별피난계단 부속실에 확보하는 것을 원칙으로 한다.
② 발화층이 3층 이상인 경우에는 원칙적으로 펌프차에서 40m/m 호스를 연결한다.
③ 화점층 및 화점상층의 인명구조 및 피난유도를 최우선으로 한다.
④ 피난장소는 피난안전층(구역) 또는 화점층보다 1~2개 층 아래로 지정한다.

해설 ● 발화층이 3층 이상인 경우
원칙적으로 연결송수관을 활용한다. 건물에 설치되어 있는 연결송수관의 송수구 수에 따라 연결송수관 송수대, 스프링클러 송수대를 지정하고 필요한 경우에는 보조 펌프(booster pump)도 활용한다. 내부 호스 연장은 소방대 전용 방수구에서 2구 또는 분기하여 연장한다.

11 고층건물 화재 시 "가장 흔하고 성공적으로 사용되는 전략"은?

① 방어적 공격   ② 공격유보   ③ 외부공격   ④ 정면공격

해설
● 고층건물 화재진압 시 사용되는 전략에는 정면공격, 측면공격, 방어적공격, 공격유보, 외부공격이 있다.

정면 공격	• 정면공격은 고층건물 화재에서 가장 흔하고 성공적으로 사용되는 전략으로 화점층 진입통로를 따라 호스를 전개하여 직접적으로 진입하는 공격적 전략에 해당한다. • 고층화재 사례 중 95% 정도는 이와 같은 정면공격전략에 의해 진압된다.

정답 09. ② 10. ② 11. ④

12 주택화재진압에서의 유의사항 중 틀린 것은?

① 인명검색은 평소 잘 사용하지 않는 창고, 베란다, 주방 등을 중점 확인한다.
② 조기에 뒷쪽에 관창을 배치하여야 한다.
③ 인접방의 천장을 국부파괴하고 관창을 넣어 화재를 진압한다.
④ 재연화재 방지로서 관계자 등에게 경계를 철저히 하도록 협조 의뢰한다.

해설 ◎ 주택 화재진압에서의 유의사항
- 인명검색은 평소 잘 사용하는 각 거실, 화장실 등을 중점 확인한다.
- 옥외에서 확인한 상황에서 구조대상자의 유무를 추정하고 특히, 창의 개방, 전기의 점등에서도 사람이 있을 가능성이 있다고 생각하고 적극적으로 구조활동에 노력한다.
- 벽장, 천장, 지붕속 등으로 연소 확대되기 때문에 인접방의 천장을 국부파괴하고 관창을 넣어 화재를 진압한다.
- 목조 주택 화재는 연소가 빠르고 인접 건물로 연소 확대 될 것이 예상되므로 조기에 뒷쪽에 관창을 배치하여야 한다.
- 잔화정리는 건물의 기둥, 보, 기와 및 벽체의 낙하 또는 도괴의 위험을 제거하면서 구역을 지정하여 파괴기구를 활용하면서 실시한다.
- 섬유원단, 신문지 또는 잡지 등의 경우 내부까지 불씨가 있다고 생각하고 소화활동을 하며 옥외 또는 물을 채운 드럼 등에 담궈 안전하게 소화하여 재연화재를 방지한다.
- 재연화재 방지로서 관계자 등에게 경계를 철저히 하도록 협조 의뢰한다.

13 지하실화재 진압요령으로 잘못된 것은?

① 진입개소가 2개소인 경우에는 급기, 배기방향을 결정한 후 급기측에서 분무방수 또는, 배연기기 등을 이용하여 진입구를 설정한다.
② 진입하는 대원을 열기로부터 보호하기 위하여 필요한 경우에는 분무방수로 엄호 방수한다.
③ 농연열기가 충만하여 진입이 곤란한 경우에는 상층부 바닥을 파괴하여 개구부를 만들고 직접 방수하여 소화하는 경우도 있다.
④ 배기측 계단에서 화학차를 활용하여 고발포를 방사(放射), 질식소화를 한다.

해설 ◎ 지하 화재진압 요령* 16년 서울 소방장 / 21년 소방교/ 소방장 / 23년 소방교
① 지하실에는 불연성가스 등의 소화설비가 있는 경우가 많으므로 내부의 구획, 통로, 용도, 수용물 등을 파악한 후 행동한다.
② 진입개소가 2개소인 경우에는 급기, 배기방향을 결정한 후 급기측에서 분무방수 또는, 배연기기 등을 이용하여 진입구를 설정한다.
③ 개구부가 2개소 이상일 때는 연기가 많이 분출되는 개구부를 배연구로 하고 반대쪽의 개구부를 진입구로 한다.
④ 소화는 분무, 직사 또는 포그 방수로 한다. 또, 관창을 들고 진입하는 대원을 열기로부터 보호하기 위하여 필요한 경우에는 분무방수로 엄호 방수한다.
⑤ 급기측 계단에서 화학차를 활용하여 고발포를 방사(放射), 질식소화를 한다.
⑥ 고발포를 방사하는 경우에는 화세를 확대시키는 경우도 있기 때문에 상층에 경계관창의 배치를 소홀히 해서는 안 된다.
⑦ 대원이 내부 진입할 때에는 확인자를 지정하고, 출입자를 확실하게 파악, 관찰하여야 한다.
⑧ 짙은 연기·열기가 충만하여 진입이 곤란한 경우에는 상층부 바닥을 파괴하여 개구부를 만들고 직접 방수하여 소화하는 경우도 있다.

정답 12. ① 13. ④

14 "고층건물 화재의 전술적 환경"에 대한 설명으로 틀린 것은?

① 건물높이
② 넓은 구획
③ 건물설비 시스템
④ 빠른 반응

해설 ✪ 고층건물의 전술적 환경 * 20년 소방장
① 건물높이로 인한 전술적 제한(Building Height)
② 넓은 구획의 건물구조로 인한 전술적 제한(Large Floor Areas)
③ 반응시간(Reflect Time) : 반응시간(Reflect Time)은 화재신고 접수를 받을 때부터 소방대원이 최초로 화재현장에 방수할 때까지 걸리는 시간을 말하는 것으로 다른 화재에 비해 고층건물 화재 시 반응시간은 매우 느리다.
④ 건물설비시스템(Building Systems)
⑤ 통신(Communications)
⑥ 창문(Windows)
⑦ 내화구조(Fire Resistivity)
⑧ 중앙 공조시스템(Central Air System)

15 "고층건물 주요확산 경로"에 대한 설명으로 다음과 관계있는 것은? *** 14년/ 16년 부산 소방교·장

> 고층건물화재에서 수직 확산의 가장 흔한 원인은 창문에서 창문으로의 확산경로이다.

① 자동노출
② 커튼 월
③ 다용도실
④ 공조덕트

해설 ✪ 자동노출 **
• 고층건물화재에서 수직 확산의 가장 흔한 원인은 창문에서 창문으로의 확산경로이다. 이와 같은 화재환경을 "자동노출(Autoexposure)"이라 한다. 일반적으로 화염에 의해 화점 층 창문에서 옆 또는 상층부 창문으로 비화되거나 창문 유리가 파괴 또는 프레임이 녹게 된다.

정답 14. ④ 15. ①

16 "고수 전략"에 대한 설명이 잘못된 것은?

① 대피로 인한 대량 인명피해위험성이 공간방어 전략에 의한 위험성보다 작을 경우로 한정하여 사용하여야 한다.
② 거주자들 모두 해당 공간(건물) 내에 머무르라는 현장지휘관의 명령을 듣고 따르거나 통제가 가능하다는 확신이 있어야 한다.
③ 화재가 특정 공간(장소) 범위 안에서 제한될 수 있는 건물구조를 가지고 있어야 한다.
④ 고층건물 화재 시 모든 거주자들이 안전하게 대피하는데 어려움이 있는 경우 사용하는 전략이다.

해설 ✪ 고수(공간방어)전략(Defend-in-place strategy)★ 16년 부산 소방교
고층건물 화재 시 대부분의 거주자가 건물 안에 남아 있는 동안 화재를 진압하는 전략이다.
1. 전제조건으로는 초기에 건물구조에 대한 상황판단이 가능하여야 하고 비상방송시스템의 정상적 작동, 무선통신, 기타 특정 공간 내에서 화재를 억제할 수 있는 전술적 환경이 충족된 사항에서 아래의 조건을 만족 할 수 있어야 된다.
  ① 화재가 특정 공간(장소) 범위 안에서 제한될 수 있는 건물구조를 가지고 있을 것
  ② 거주자들 모두 해당 공간(건물) 내에 머무르라는 현장지휘관의 명령을 듣고 따르거나 통제가 가능하다는 확신이 있을 것 등이다.
2. 대피로 인한 대량 인명피해위험성이 공간방어전략에 의한 위험성 보다 클 경우로 한정하여 사용하여야 한다.
3. 고층건물 화재 시 이와 같은 전략이 유효하기 위해 자동 스프링클러 시스템은 물론, 화재 진압한 후 연기를 배출시키는 제연 시스템도 정상적으로 작동되어야 한다.

17 고층화재 시 다른 화재에 비해 반응시간을 느리게 만드는 요인이 아닌 것은?

① 건물 내 큰 로비를 수십~수백 미터 걸어야 하는 시간
② 화점위치와 상황정보를 묻기 위해 건물관리인을 찾고 질문하는 시간
③ 소방관들이 화재현장에 출동하고 진입준비 하는데 걸리는 시간
④ 정확한 화점 발견을 위해 연기가 가득 찬 곳을 인명 검색하는 시간

해설 ✪ 다른 화재에 비해 고층건물 화재 시 반응시간을 느리게 만드는 요인
① 건물 내 큰 로비를 수십~수백 미터 걸어야 하는 시간
② 화점위치와 상황정보를 묻기 위해 건물관리인을 찾고 질문하는 시간
③ 자동화재탐지설비 수신반(alarm panel)을 발견한 후 화점층을 확인하고 공조설비를 닫는 시간
④ 화점층에 가기위해 엘리베이터를 기다리고 마스터키를 조작하여 엘리베이터에 탑승하여 올라가는 시간
⑤ 엘리베이터에서 내려 화점을 찾고 접근하는 시간
⑥ 직하층 옥내소화전에 호스와 관창을 연결하여 화점층으로 연장하는 시간
⑦ 정확한 화점 발견을 위해 연기가 가득 찬 곳을 인명 검색하는 시간
⑧ 만약 수십~수백 개의 구획공간이 있을 경우 이곳을 인명 검색하는데 걸리는 시간 등 일반화재에서 보기 어려운 반응시간 지체 사유가 발생한다.

정답 16. ① 17. ③

18 LPG 화재 시 진입요령으로 틀린 것은?

① 무선기의 발신, 확성기의 사용, 징 박은 구두를 신고 진입하는 것을 피한다.
② 엄호대원은 가능한 전신의 피복을 적신다.
③ 경계구역에 펌프차는 상황에 따라 진입한다.
④ 풍향의 변화에 주의한다.

해설 ● 진입은 풍상, 풍횡으로부터 접근하는 것을 원칙으로 한다.
① 부득이 분출장소에 접근할 경우 대량의 물 분무를 하고 그 내부를 행동범위로 한다. 엄호대원은 가능한 신체노출부위를 적게 하고, 전신의 피복을 완전히 적신다.
② 대원은 행동 중 피복의 정전기를 제거하도록 한다.
③ 경계구역에 펌프차 등이 절대로 진입하여서는 안 된다.
④ 풍향의 변화에 주의한다.
⑤ 무선기의 발신, 확성기의 사용, 징 박은 구두를 신고 진입하는 것을 피한다.

19 변압기에서 발생한 화재에 대한 설명으로 잘못된 것은?

① 폴리 염화 비페닐(poly-chlorinated biphenyl)을 포함하고 있는 냉각액 때문에 인체와 환경에 심각한 위험을 일으킬 수 있다.
② 높은 곳에 있는 변압기 화재는 소방관이 고가 장비를 타고 분말소화기로 소화할 때까지는 연소하도록 놔둬야 한다.
③ 냉각액은 발암 물질이고, 또 기름 성분이 있어서 인화성이 있다.
④ 사다리를 전신주에 기대어 설치할 경우에 소방대원은 전원과 냉각액으로 인해 위험에 처하게 될 수 있다.

해설 ● 변압기에서 발생한 화재는
① 폴리 염화 비페닐(poly-chlorinated biphenyl)을 포함하고 있는 냉각액 때문에 인체와 환경에 심각한 위험을 일으킬 수 있다.
② 냉각액은 발암 물질이고, 또 기름 성분이 있어서 인화성이 있다.
③ 지상에 있는 변압기 화재는 분말소화기로 조심스럽게 소화해야 하며, 높은 곳에 있는 변압기 화재는 자격 있는 사람이 고가 장비를 타고 분말소화기로 소화할 때까지는 연소하도록 놔둬야 한다.
④ 사다리를 전신주에 기대어 설치할 경우에 소방대원은 전원과 냉각액으로 인해 위험에 처하게 될 것이다. 이런 화재에 방수를 하는 것은 그 위험한 물질을 땅위에 뿌리는 것과 같다.

정답 18. ③ 19. ②

20 지하실 화재 특성에 대한 설명으로 틀린 것은?

① 짙은 연기가 충만하기 때문에 진입구, 계단, 통로의 사용이 곤란하다.
② 공기의 유입이 자유롭기 때문에 연소가 급격하지만 시간이 경과함에 따라 복잡한 상태를 나타낸다.
③ 출입구가 1개소인 경우에는 진입이 곤란하고 급기구, 배기구의 구별이 어렵다.
④ 지하실은 전기실, 기계실 등이 설치되어 있는 경우에는 소방대의 활동위험이 매우 크다.

해설 ✪ 지하실 화재의 특성
① 짙은 연기가 충만하기 때문에 진입구, 계단, 통로의 사용이 곤란하다.
② 공기의 유입이 적기 때문에 연소가 완만하지만 시간이 경과함에 따라 복잡한 연소상태를 나타낸다.
③ 출입구가 1개소인 경우에는 진입이 곤란하고 급기구, 배기구의 구별이 어렵다.
④ 지하실은 전기실, 기계실 등이 설치되어 있는 경우에는 소방대의 활동위험이 매우 크다.

21 BLEVE 발생과정으로 옳은 것은?

① 화재발생 – 탱크벽 가열 – 액체의 온도 상승 – 탱크파열 – 폭발적 분출 증가
② 화재발생 – 액체의 온도 상승 – 탱크벽 가열 – 탱크파열 – 폭발적 분출 증가
③ 화재발생 – 탱크벽 가열 – 액체의 온도 상승 – 폭발적 분출 증가 – 탱크파열
④ 화재발생 – 폭발적 분출 증가 – 탱크벽 가열 – 액체의 온도 상승 – 탱크파열

해설 ✪ BLEVE 발생과정 ★★★

발생과정★ ★ 14년 소방위	① 액체가 들어있는 탱크주위에 화재발생 ② 탱크벽 가열 ③ 액체의 온도 상승 및 압력상승 ④ 화염과 접촉부위 탱크 강도 약화 ⑤ 탱크파열 ⑥ 내용물(증기)의 폭발적 분출 증가 (파이어볼(Fire Ball)을 형성) – BLEVE현상이 화재에 기인한 것이 아닌 경우 탱크파열시 증기운폭발을 일으킨다.

정답 20. ② 21. ①

22 가스의 불완전 연소현상으로 다음 내용과 관계있는 것은?

> 가스의 연소가 염공의 가스 유출속도보다 더 클 때, 또는 연소속도는 일정해도 가스의 유출속도가 더 작을 때 불꽃이 버너 내부로 들어가는 현상

① 플래시 백
② 플래임 오버
③ 리프팅
④ 백드래프트

[해설] Flash back * 23년 소방교

Flash back (역화)	• 가스의 연소가 염공의 가스 유출속도보다 더 클 때, 또는 연소속도는 일정해도 가스의 유출속도가 더 작을 때 불꽃이 버너 내부로 들어가는 현상 – 부식에 의해서 염공이 크게 되면 혼합가스의 유출속도가 상대적으로 느려져 플래시백의 원인이 되며, 관창구경이 너무 작다든지 관창의 구멍에 먼지가 부착하는 경우는 코크가 충분하게 열리지 않아 가스압력의 저하로 플래시백의 원인이 된다. – 가스버너 위에 큰 냄비 등을 올려서 장시간 사용할 경우나 버너위에 직접 탄을 올려서 불을 일으킬 경우는 버너가 과열되어서 혼합가스의 온도가 올라가는 원인이 되며 또한 연소속도가 크게 되어 플래시백 현상이 나타나기 쉽다.

23 선화상태에서 가스분출이 심하여 노즐에서 떨어져 꺼져버리는 현상은?

① Blow off
② Flash back
③ BLEVE
④ Fire Ball

[해설]

Blow off	선화상태에서 가스분출이 심하여 노즐에서 떨어져 꺼져버리는 현상

정답 22. ① 23. ①

24 다음 중 LPG에 대한 설명이 맞는 것은?

① 액화천연가스이다.
② 대규모 집단공급시설이다.
③ 메탄(CH_4, 90%), 에탄(8.5%), 프로판(2%)이 주 성분이다.
④ 가스용기, 집단공급시설, 수송이나 보관이 액체 상태이다.

[해설] ④는 LPG에 대한 설명이며, 나머지는 LNG에 대한 설명임.

25 LPG화재 시 소화방법으로 잘못된 것은?

① 진입은 풍횡, 풍상으로부터 접근하는 것을 원칙으로 한다.
② 미연소가스가 유동하는 지하시설, 하천, 건물내부 등에 대하여는 강력 분무방수를 한다.
③ 수리는 하천, 맨홀 등은 가스의 분출점이 될 위험성이 있으므로 사용하지 않는다.
④ 건물 밑이나 담 가장자리 등 가스가 체류할 장소는 피하고 가능한 넓은 장소에 부서한다.

[해설] ✪ 진입은 풍상, 풍횡으로 접근하는 것을 원칙** 13년 소방위/ 15년 소방장/ 16년 서울 소방장/ 17년 소방장

방수* * 13년 소방위	① 부서위치 결정시에는 폭발에 의한 위험방지를 위하여 건물 밑이나 담 가장자리 등 가스가 체류할 장소는 피하고 가능한 넓은 장소에 부서한다. ② 연소방지를 위한 방수는 직접 연소위험이 있는 부분에 방수하는 것과 연소염을 차단하는 분무방수방법이 있다. ③ 용기의 폭발방지를 위한 방수는 화염에 의한 온도상승을 방지하기 위한 것이므로, 탱크 등과 연소화염이 떨어져 있는 경우는 그 중간에 분무방수를 하면 복사열을 차단하는 효과가 있다. ④ 미연소가스가 유동하는 지하시설, 하천, 건물내부 등에 대하여는 강력 분무방수를 하여 가스를 조기에 확산·희석시켜 연소방지를 꾀한다.

26 1류 위험물에 대한 설명으로 잘못된 것은?

① 불연성이지만 분자 내에 산소를 다량 함유하여 그 산소에 의하여 다른 물질을 연소시키는 이른바 산화제이다.
② 대부분이 무색의 결정 또는 백색의 분말이며 물보다 무겁고 수용성이다.
③ 분말소화는 인산염류를 사용한 것을 사용한다.
④ 알칼리금속의 과산화물의 소화방법은 대량의 물을 사용하는 것이 효과적이다.

[정답] 24. ④ 25. ① 26. ④

| 해설 | ○ 1류 위험물의 소화방법★★ 14년 경기 소방교/ 18년 소방장/ 22년 소방위 |

| 소화 방법 | ① 위험물의 분해를 억제하는 것을 중점으로 대량방수를 하고 연소물과 위험물의 온도를 내리는 방법을 취한다.
② 직사·분무방수, 포말소화, 건조사가 효과적이다.
③ 분말소화는 인산염류를 사용한 것을 사용한다.
④ 알칼리금속의 과산화물에의 방수는 절대엄금이다. |

27 제5류 위험물에 대한 설명으로 틀린 것은?

① 소량일 때 또는 화재의 초기에는 소화가 가능하다.
② 산소함유물질이므로 질식소화는 효과가 없다.
③ 니트로화합물은 화기, 가열, 충격, 마찰 등에 민감한 고체이고 폭발물의 원료 등으로 사용한다.
④ 알칼리금속과산화물은 냉각소화가 불가능하다.

해설 ○ 알칼리금속과산화물은 1류 위험물이다.* 18년 소방장

28 제3류 위험물에 대한 소화방법으로 옳은 것은? * 22년 소방위

① 황화린은 공기 중에서 발화하는 성질을 가지고 있다.
② 금속칼륨, 금속나트륨은 석유 등의 보호액속에 저장한다.
③ 니트로셀룰로이드, 니트로글리셀린은 가열, 충격, 마찰에 의하여 폭발 위험이 있다.
④ 셀룰로이드류의 화재는 순식간에 확대될 위험이 있으며 또, 물의 침투성이 나쁘기 때문에 계면활성제를 사용하든가, 응급한 경우 포를 사용해도 좋다.

해설
① 은 2류 위험물, ③④는 5류 위험물에 대한 설명이다.

정답 27. ④ 28. ②

29 유류화재의 특수현상으로서 다음 내용과 관계있는 것은? ** 19년/ 21년 소방교/ 소방장 / 23년 소방장

유류표면 아래 비등하는 물에 의해 탱크내 유류가 넘치는 현상

① 슬롭오버(Slopover)
② 오일오버(Oilover)
③ 보일오버(Boilover)
④ 후로스오버(Frothover)

해설

구분	오일오버(Oilover)	보일오버(Boilover)	후로스오버(Frothover)	슬롭오버(Slopover)
특성	화재로 저장탱크 내의 유류가 외부로 분출하면서 탱크가 파열하는 현상	탱크표면화재로 원유와 물이 함께 탱크밖으로 흘러넘치는 현상	유류표면 아래 비등하는 물에 의해 탱크내 유류가 넘치는 현상	유류 표면온도에 의해 물이 수증기가 되어 팽창, 비등함에 따라 유류를 외부로 비산시키는 현상
위험성	위험성이 가장 높음	대규모 화재로 확대되는 원인	직접적 화재 발생요인은 아님	직접적 화재 발생요인은 아님

30 일반자동차, 버스 등의 화재 진압요령으로 틀린 것은?

① 인명구조를 위한 선착대는 가능한 한 차량에 접근하여 비상구의 개방, 창유리의 파괴를 하고 차내에 강력한 분무방수를 한다.
② 차량이 소형인 경우에는 승차원의 위치에서부터 불을 따라가면서 포위되도록 분무방수를 하면 효과적이다.
③ 교외의 경우에는 소방용수의 부족이나 소방차량의 진입로가 없는 등 조건이 아주 나쁘다.
④ 방수로 소화하는 경우든, 소화기로 소화하는 경우든 본네트(bonnet)나 도어를 개방해서는 안된다.

해설 ✚ 일반자동차, 버스 차량화재 진압 요령
① 인명구조를 위한 선착대는 가능한 한 차량에 접근하여 비상구의 개방, 창유리의 파괴를 하고 차내에 강력한 분무방수를 한다.
② 후착대는 반대쪽에서 진압한다. 차량이 소형인 경우에는 승차원의 위치에서부터 불을 따라가면서 포위되도록 분무방수를 하면 효과적이다.
③ 방수로 소화하는 경우든, 소화기로 소화하는 경우든 본네트(bonnet)나 도어를 개방하지 않으면 연소실체에 대한 소화효과는 없으므로 주의한다.
④ 교외의 경우에는 소방용수의 부족이나 소방차량의 진입로가 없는 등 조건이 아주 나쁘다. 어떠한 경우에도 고속도로 순찰대, 도로공사에 통행규제 조치를 요청하여 활동의 안전을 확보하여야 한다.

정답 29. ④ 30. ④

31 지하매설 전선에 대한 화재위험사항으로 틀린 것은?

① 가까이에 전기설비가 있기 때문에 소화약제로 물을 권장하지 않는다.
② 퓨즈가 끊어지거나 쇼트가 나서 생긴 화염이 고여 있는 가스에 불이 붙어서 생긴다.
③ 소방대원들은 구조 작업 상황이라도 맨홀에 들어가지 않아야 한다.
④ 지하전송시스템은 케이블을 위한 선로와 반원통형 모양의 공간으로 이루어져 있다.

해설 ○ 지하매설 전선
① 지하전송시스템은 케이블을 위한 선로와 반원통형 모양의 공간으로 이루어져 있다. 이 시스템에서 가장 자주 일어나는 위험은 맨홀 뚜껑을 상당한 거리까지 날려 보낼 수 있는 폭발이다.
② 이러한 사고는 퓨즈가 끊어지거나 쇼트가 나서 생긴 화염이 고여 있는 가스에 불이 붙어서 생긴다.
③ 소방대원들뿐만 아니라 시민들에게도 위험하다. 만약 이런 상황이 예상되면 시민들을 그 지역에서 벗어나도록 하고, 소방차가 맨홀 위에 정차해 있지 않도록 확인해야 한다.
④ 소방대원들은 구조 작업의 시도를 제외하고는 맨홀에 들어가지 않아야 한다. 소화 작업은 밖에서도 할 수 있다.
⑤ 소방대원들은 이산화탄소나 분말소화약제를 맨홀 속으로 간단히 뿌리고 뚜껑을 제자리에 놓는다. 젖은 담요나 수손방지용 덮개(Salvage cover)를 맨홀 뚜껑 위에 덮고 산소 침투를 막아서 소화에 도움이 되도록 한다.
⑥ 가까이에 전기설비가 있기 때문에 소화약제로 물을 권장하지 않는다. 또 물이 유출되면 전기 전도체가 될 수 있는 진흙 범벅이 만들어지기도 한다. 물은 비록 분무형태라도 이런 상황에선 사용해선 안 된다.
※ 왜냐하면 쇼크의 위험이 커질 수도 있고, 화재에 관계가 없는 전기설비들에 대해 심각한 손상을 끼칠 수가 있기 때문이다.

32 목조밀집지역의 화재진압활동으로 틀린 것은?

① 관창은 작은(45m)구경을 사용하고 여유호스는 보통 화재의 경우보다 1~2본 정도 더 연장한다.
② 목조밀집지역의 중앙부에서 화재가 발생한 경우는 출동도중이라도 포위체제의 출동로를 취한다.
③ 건물의 옥내, 옥외에서의 진입을 병행하고 중요방면에 관창을 집중 혹은 예비 방수한다.
④ 비화의 발생도 예상되므로 이에 대응할 수 있는 분대배치도 필요하다.

해설 ○ 목조밀집지역 진압활동
① 목조밀집지역의 중앙부에서 화재가 발생한 경우는 출동도중이라도 포위체제의 출동로를 취한다.
② 수량이 풍부한 소방수리에 부서 혹은 응원분대로부터 중계를 받는 체제로 전환한다.
③ 관창은 큰 구경을 사용하고 여유호스는 보통 화재의 경우보다 1~2본 정도 더 연장한다.
④ 건물의 옥내, 옥외에서의 진입을 병행하고 중요방면에 관창을 집중 혹은 예비방수한다.
⑤ 비화의 발생도 예상되므로 이에 대응할 수 있는 분대배치도 필요하다.
⑥ 위험물품, 특수가연물 등이 있는 경우에는 필요한 분대를 요청한다.

정답 31. ③ 32. ①

33 "고층건물 상층부 화재확산여부" 검색 내용으로 틀린 것은?

① 투입할 때와 대기위치로 복귀한 경우 담당 지휘관에게 보고한다.
② 반드시 도끼 또는 기타 강제 진입도구를 가지고 올라가야 한다.
③ 상층부로 올라갈 때는 화염과 연기가 없고 화점층 진압팀이 이용하는 계단으로 한다.
④ 반드시 구명로프, 공기호흡기, 무전기, 플래시를 소지하고 이용하라.

해설 ⊕ 상층부 화재확산여부 검색
① 화재상황을 확인한다.
② 화점층 진압팀이 화재를 진압할 수 있는지 판단한다.
③ 그것이 불가능하다면, 상황이 변할 때까지 대기한다.
④ 대기할 경우 이 결정을 담당 지휘관에게 보고해야 한다.
⑤ 상층부로 올라갈 때는, 화염과 연기가 없고 화점층 진압팀이 이용하지 않는 계단을 이용한다.
⑥ 대피로가 차단될 상황을 인지하고 통보해 줄 수 있도록 각 층에 상황감시 대원을 배치한다.
⑦ 반드시 도끼 또는 기타 강제 진입도구를 가지고 올라가야 한다.
⑧ 투입할 때와 대기위치로 복귀한 경우 담당 지휘관에게 보고한다.
⑨ 반드시 구명로프, 공기호흡기, 무전기, 플래시를 소지하고 이용하라.

34 다음 중 "방어활동"에 적합한 전술은?

① 수비전술
② 블록전술
③ 포위전술
④ 공격전술

해설 ⊕ 공격전술의 종류★★ 13년 소방위/ 경기 소방장/ 14년 경기 소방교/ 16년 전북 소방장/ 19년 소방교·소방장

공격전술 종류		
	포위 전술	관창을 화점에 포위 배치하여 진압하는 전술형태로 <u>초기 진압 시에 적합</u>하다.
	공격 전술	관창을 화점에 진입 배치하는 전술형태로 <u>소규모 화재에 적합</u>하다.
	블록 전술	주로 인접건물로의 화재확대방지를 위해 적용하는 전술형태로 블록(Block)의 4방면 중 <u>확대 가능한 면을 동시에 방어하는 전술</u>이다.
	중점 전술	화재발생장소 주변에 사회적, 경제적, 혹은 소방상 중요한 시설 또는 대상물이 있고 이것에 중점을 두어 진압하는 경우 또는 천재지변 등 보통의 전술로는 진압이 곤란한 경우의 전술이다. 예를 들면 대폭발 등으로 다수의 인명을 보호해야하는 경우 피난로, 피난예정지 확보와 같은 <u>방어활동에 중점</u>을 둔다.
	집중 전술	부대가 집중하여 일시에 진화하는 작전으로 예를 들면 <u>위험물 옥외저장탱크 화재</u> 등에 사용된다.

정답 33. ③ 34. ②

35 "전략변경 시 고려요소"로서 옳지 않은 것은?

① 내부(방면)지휘관의 효과적인 대원 지휘·통솔 능력
② 현장지휘관의 방수 지시가 있을 때 즉각 방수할 수 있는 펌프차 방수포 담당 대원의 배치
③ 내부진압대원과 외부 진압대원 간 의소통과 조정
④ 현장에서 불변의 우선순위를 이해하는 현장지휘관(생명보호 → 연소확대 방지 → 재산 보호원칙)

해설
✪ 내부 진입을 통한 공격 전략에서 방수포(master stream)를 이용한 외부 방어적 공격 전략으로 안전하게 전환하기 위한 4가지 필수요소는 다음과 같다.
① 내부(방면)지휘관과 외부 (방면)지휘관 간의 의사소통과 조정
② 내부(방면)지휘관의 효과적인 대원 지휘·통솔 능력
③ 현장지휘관의 방수 지시가 있을 때 즉각 방수할 수 있는 펌프차 방수포(master stream) 담당 대원의 배치
④ 현장에서 불변의 우선순위를 이해하는 현장지휘관(생명보호 → 연소확대 방지 → 재산 보호원칙)

36 "방수포 공격의 8대 원칙"과 관계없는 것은?

① 측면공격
② 방수포가격 소리
③ 물의 무게
④ 고가차의 기능

해설 ✪ 방수포 공격의 8대 원칙
1. 물의 무게
2. 건축물의 취약구조
3. 방수포 가격 소리
4. 벽 구조물의 붕괴위험성
5. 근접 공격의 이점과 위험성
6. 리모델링 건물의 위험성
7. 측면공격
8. 천장 붕괴위험

37 다음 내용과 관계 깊은 것은?

> 전략적 방침(계획)을 실행하기 위한 구체적 방법으로 최하위 현장조직단위에서 적용된다.

① 전략
② 작전
③ 전술
④ 부대편성

해설

전 략	전 술
문제 상황에 효과적으로 대응하기 위한 기본방침(계획)으로 주로 최상위 현장조직(또는 지휘관)단위에서 적용된다.	전략적 방침(계획)을 실행하기 위한 구체적 방법으로 최하위 현장조직단위에서 적용된다.

정답 35. ③ 36. ④ 37. ③

38 다음은 전략 유형의 종류로써 관계 깊은 것은?

> 공격적 작전상황의 끝에 가깝고, 방어적 작전상황의 시작에 해당될 때 적용되는 작전형태

① 공격적 작전 ② 한계적 작전
③ 방어적 작전 ④ 선택적 작전

해설

공격적 작전	화재 초기 또는 성장기에 건물내부로 신속히 진입하여 초기검색과 화재진압이 이루어지는 형태로, 화재를 진화하는 데 초점이 맞추어진다. ※ 이것은 주로 소방력이 화세보다 우세할 때 적용한다.
방어적 작전	① 화재의 연소확대를 방지하는 데 초점을 맞추는 형태로, 내부공격을 할 수 없는 화재상황에서 장시간의 외부대량방수를 통해 연소확대를 차단하거나 저절로 소화될 때까지 외부에서 방수하는 것을 말한다. ② 방어적 작전상황하에서는 원칙적으로 소방대원이 발화지점에 진입하는 것이 금지되며, 주변통제가 중요시된다. 이것은 소방력이 화세보다 약한 경우와, 주로 화재의 성장기 또는 쇠퇴기에 적용된다.
한계적 작전	공격적 작전상황의 끝에 가깝고, 방어적 작전상황의 시작에 해당될 때 적용되는 작전형태로, 내부공격이 궁극적으로 효과적이지는 않지만 구조대상자의 안전을 위해 내부공격이 이루어지는 경우이거나 내부공격을 중단하고 외부공격을 해야 할 시점, 즉 전략변경이 요구되는 시점에 적용되는 전략형태이다. ※ 한계적 작전상황하에서는 공격적 작전과 방어적 작전이 동시에 이루어지는 것을 의미하지는 않으며, 주로 외부에서의 방어적 작전을 준비 또는 대기하고 있는 상황에서 인명구조와 연소 확대 방지를 위해 내부공격이 필요한 경우가 그 예이다.

39 다음 중 진압우선순위가 바른 것은?

> ㉠ 인명구조   ㉡ 화재진압   ㉢ 재산보호

① ㉠ - ㉢ - ㉡   ② ㉢ - ㉡ - ㉠
③ ㉠ - ㉡ - ㉢   ④ ㉡ - ㉠ - ㉢

해설 ✪ 진압 우선순위(Priorities of Firefighting)
① 공격에서 방어 모드로 전략을 변경할 때는 반드시 진압의 우선순위(생명보호 → 연소확대 방지 → 재산 보호)에 따라 행동해야 한다.
② 이것은 RECEO원칙, 즉 생명보호 → 외부 연소확대 방지 → 내부 연소확대 방지 → 화점 진압 → 정밀검색 및 잔화정리의 5가지 원칙으로 확장하여 이용되기도 한다.
③ 다층구조의 건축물화재에서 위층에서 연소가 진행되고 있을 때, 일반적으로 내부 진입 공격이 이루어지며, 이때 화세 진압이 어렵다고 판단되면 방수포 등에 의한 외부 공격준비를 시작해야 한다.

정답 38. ② 39. ③

40 작전 계획에 기본적 절차로써 가장 우선되어야 할 것은?

① 임무부여
② 전술적 접근법의 개발
③ 상황평가
④ 전술적 필요의 판정

해설 ✪ 작전계획(공격계획)의 절차(기본적 단계)★
㉠ 상황평가 – 상황분석
㉡ 전술적 접근법의 개발 – 기본적인 문제해결방법 제시
㉢ 전술적 필요의 판정 – 구체적 계획
㉣ 사용가능한 자원의 판정 – 자원분석
㉤ 임무부여

41 3D 방수기법에 대한 설명으로 틀린 것은?

① 숏펄싱은 1초 이내로 짧게 끊어서 방수하며, 물의 입자(0.3mm 이하)가 작을수록 효과가 높은 장점을 가지고 있다.
② 실제 상황에서 물방울 크기를 측정하기 위한 가장 효과적인 방법은 숏펄싱 방수 시 공기 중에 1~2초간 물방울들이 남아있는 것을 확인하는 방법이다.
③ 펜슬링 기법은 연소 가연물에 직접 방수하여 화재 진압을 하는 방법을 말한다.
④ 3D방수기법 적용 시 가장 적합한 물방울 사이즈는 대략 0.3mm라는 것이 일반적이다.

해설
3D 방수기법은 펄싱(pulsing), 페인팅(painting), 펜슬링(penciling)으로 나눌 수 있다.
★★ 19년 소방장 / 21년 소방교/ 소방장 / 21년 소방교/ 소방장 / 22년 / 23년 소방위

펄싱 기법	– 공간을 3차원적으로 냉각시키는 방식이며, – 방수를 통해 주변의 공기와 연기를 냉각시키고,
페인팅 기법	– 벽면의 온도를 낮추고 열분해를 중단시키는 것이며, – 벽면과 천정의 온도를 낮추고 열분해 중단시키는 것이며
펜슬링 기법	– 연소 가연물에 직접 방수하여 화재 진압을 하는 방법을 말한다. – 화점에 직접 방수를 하면서 화재를 진압하는 방식이다.

✪ 3D방수기법 적용 시 가장 적합한 물방울 사이즈는 대략 0.3mm라는 것이 일반적이며, 실제 상황에서 물방울 크기를 측정하기 위한 가장 효과적인 방법은 숏펄싱 방수 시 공기중에 4~5초간 물방울들이 남아있는 것을 확인하는 방법이다.

정답 40. ③ 41. ②

CHAPTER 06 특수화재의 소방활동 요령

제1절 선박 화재

1 선박화재의 특성

① 사용목적에서 상선, 함선 기타 선박 등으로 구분되지만 그 주된 것은 여객선, 화물선, 어선, 유조선, 나룻배 등이 있다.
② <u>선박내부의 구조는 복잡하게 구획되어 있으며 창 등 개구부도 적어 지하실과 같은 환경이다.</u>
③ 선체는 수상에 있기 때문에 요동과 동시에 방수에 의한 전복위험이 크다.
④ 유조선은 폭발이나 대형화재가 되는 위험이 있다. 어느 쪽의 선박도 내부에 고열, 농연이나 화재가스가 충만해 인명위험이 크다.
⑤ 수상에서의 화재는 소방정이 대응하는 것이고 여기서는 부두에 계류 또는 정박 중의 대상에 대해서 설명한다.

2 소방활동 요령

활동원칙	① 활동은 지휘자의 활동방침에 근거해 행동하고 독자적 판단에 의한 행동을 하지 않는다. ② 인명검색과 구조를 최우선으로 하고 승객이 있는 경우는 해상 등으로 투신하지 않도록 유도한다. ③ 선내는 복잡하고 협소하기 때문에 단독으로 진입하지 않는다. ④ 방수는 분무방수, 안개방수 등을 주로 하고 기민한 관창조작으로 방수를 최소한도에 그치도록 한다.
여객선	① 육상에서 활동하는 소방대는 독립행동을 피하고 선장과 연락 후 전술행동을 결정한다. ② <u>분무방수를 주로 하되 최소한도로 하고 상황에 따라 고발포 주입이 효과적이다.</u> ③ 인명검색 및 구조활동을 우선으로 한다. ④ 화점 확인에 노력하며 단독행동을 금한다. ⑤ <u>진입은 풍상에서 실시한다.</u> ⑥ 무리한 출입문 개방이나 국부파괴는 연기나 열의 분출로 위험이 있다.
화물선	① 통로는 바닷물 방수를 위해 칸막이 벽이 많다. 화재초기 이외는 짙은 연기가 가득하여 화점확인이 다른 선박에 비해 매우 곤란하다. ② 화재 시 보통 건물에 비하여 배연효과가 떨어지고, 연기, 가스 등이 가득하여 시계가 불량하기 때문에 선내의 화재진압 작업은 곤란하고 연소속도는 일반적으로 완만하다.
유조선	① 필요한 소화약제 및 특수 장비의 응원을 요청하고 승무원의 구출, 부근 선박의 통제 및 펌프차와 연락 등을 정확하게 판단한다. ② 유조선내의 유류가 유출하는 경우는 연안시설물 및 주변에 있는 다른 선박에의 연소방지 및 환경보호에 중점을 둔다.

TIP 선박화재는 지하화재와 유사하므로 분무방수와 고발포주입이 효과적이며, 풍상으로 진입하세요. ^^

제2절 항공기 화재

1 항공기 화재의 특성 ** 13년 소방위

항공기에는 대형여객기, 화물기, 군용기, 자가용 비행기 및 헬리콥터 등이 있다. 기체는 알루미늄 합금 등으로 구성되어 있다
① 대형기는 다량의 항공연료를 적재하고 있기 때문에 연소는 급격하게 발생하고 인명위험이 매우 높다.
② 시가지에 추락해 출화한 경우는 지상건물로의 연소 확대도 생기고 대형화재로 발전한다.
③ 연소방향 및 연소속도가 풍향, 풍속 등 기상상황 및 지형의 영향을 받기 쉽다.
④ 화재 후 알루미늄 합금 등이 단시간에 연소하여 외판 등의 금속부분이 용해된다.
⑤ 연료탱크가 주날개 안에 있기 때문에 주날개 부근이 화재의 중심이 되고 유출연료 등에 의하여 주위에 연소 확대된다.
⑥ 연료가 많이 유출되는 경우는 낮은 곳으로 화면이 급격하게 확대될 위험성이 있다.
⑦ 연료탱크에 손상이 없고 액체의 일부가 연소하는 경우는 연소가 비교적 완만하고 연소속도도 느리다.
⑧ 군용기 화재에 있어서는 탑재된 폭탄, 총탄 및 장착된 화약이 폭발을 일으킬 우려가 있다.

2 소방활동 요령 ** 23년 소방교

진입 및 위치 선정	① 진입위치 선정은 초기 진압활동에 많은 영향을 미치며 소방대가 비행장에 진입할 경우는 통보내용, 수리상황, 기상상황 및 부지경사를 고려하여 진입구를 선정한다. ② 활주로의 진입은 비행장 관계자에게 활주로 폐쇄조치가 되어 있는가를 확인하여 2차재해 방지에 세심한 주의를 기한다. ③ 접근은 머리 부분, 풍상, 측면으로 접근한다. ④ 전투기 이외의 항공기 경우는 일반적으로 머리 부분으로 접근한다. ⑤ 기관총 또는 로켓포를 장착한 전투기의 경우는 머리 부분부터의 접근은 위험하기 때문에 꼬리부분이나 측면으로 접근한다. ⑥ 제트기의 경우는 엔진에서 고온의 배기가스가 강력히 분출되기 때문에 화상을 방지하기 위하여 머리 부분부터 대략 7.5m 이상의 거리를 유지한다. ⑦ 프로펠러기의 경우는 프로펠러에 접근하지 않는다. ⑧ 대량의 연료유출에 의하여 화세확대가 예상되기 때문에 항상 퇴로를 고려하여 접근한다. ⑨ 주날개 및 바퀴의 접근을 피한다. ⑩ 기체에 접근이나 기내진입 시에는 구조대원과 함께 포 소화, 분무방수 등으로서 엄호방수하고 백드래프트에 의한 재연소방지에 노력한다. ⑪ 기내 승객들의 구조는 출입구 등의 구출구에 접근하여 구조 용이한 자부터 신속히 구조한다.
활동 원칙	① 비행장 내에 있어서는 자위소방대와의 긴밀한 연계 하에 인명구조를 최우선으로 한다. 실시한다. 포 방사에 의한 화재진압을 중심으로 하고 풍상에서 접근한다. ② 작업 중에 직접 관계자 외의 출입을 금지하며 사고기의 착륙지점, 정지 예상지점 부근에 화학차를 배치한다. ③ 피난유도 및 구출은 동체의 풍상 측의 비상탈출구를 이용해서 탈출장치(Escape Chute)를 활용한다. ④ 지휘관은 현장의 통제, 인명구조, 화재방어 등의 3가지에 중점을 두고 지휘하여야 한다.

	⑤ 연료의 유출에 의하여 화세를 확대시키지 않도록 토사 등의 살포를 고려한다. ⑥ 이륙 시 추락의 경우는 상당량의 연료가 탑재되어 있으므로 화재의 급격한 확대가 예상되기 때문에 신속한 소화체제를 갖춘다. ⑦ 연료관 또는 유압관의 파손부분으로부터 유류가 누출되고 있는 경우는 유출량을 감소시키기 위하여 나무로 막거나 누출방지 작업을 한다. ⑧ 가열된 동체를 급속히 냉각하면 파열하는 경우가 있기 때문에 주의한다. ⑨ 복사열이 강하기 때문에 활동대원은 반드시 방열복을 착용한 후 활동한다. ⑩ 화재현장 및 그 주변에는 「화기엄금」의 조치를 한다.

포 방사
활동
	① 동체착륙을 할 경우에는 활주로에 공기포를 피복한다.
	   ㉠ 피복 길이는 활주로의 1/3을 목표로 하며 피복 폭은 쌍발기 이상은 엔진간격의 약 1.5배, 단발기는 8~10m로 한다.
	   ㉡ 포의 두께는 4~5cm 정도로 하고 시간적 여유 또는 포 원액에 여유가 없는 경우는 100~150m 범위를 긴급히 전면 피복한다.
	② 관창은 진입구 부근에 포방사를 실시하고 스스로 인명구조 외에 다른 구조대원 및 구조대상자를 보호한다.
	③ 포 소화와 분무방수를 중점으로 하고, 직사방수는 하지 않는다.
	④ 동체하부 및 그 주변 약 5m 이내를 우선적으로 소화한다.
	⑤ 고발포는 지표 등 평탄한 부분을, 저발포 방사는 기체 등 입체부분을 소화한다.
	⑥ 포 방사에 있어서 직접 직사방수는 동체보호 등 필요 최소한에 그치고 광범위하게 방사를 한다.
	⑦ 포의 침투가 어려운 날개 내부 등의 소화는 이산화탄소를 활용한다.

TIP 동체는 알루미늄합금으로 연소속도가 빠르고 대량연료유출로 화재확대가 급격합니다. 전투기는 머리 부분, 기관총·로켓포 장착은 꼬리 부분으로 해야 하고 제트기는 고온의 배기가스로 머리 부분, 풍상, 측면으로 접근, 포방사로 진압하세요. ^^

제3절 산림 화재

1 산림화재의 형태와 특성*

산림화재란 산림, 야산, 들판의 수목, 잡초, 경작물 등이 타는 것으로 그 화재원인은 낙뢰 등의 자연현상에 의한 것과 모닥불, 담배 등의 인위적 원인에 의한 것이 있다.

◎ 화재의 형태에는 수관화(樹冠火), 수간화(樹幹火), 지표화(地表火), 지중화(地中火)가 있다.

수관화	나무의 수관(樹冠 : 나무의 가지와 잎이 달려있는 부분)이 연소하는 화재이고 일단 연소하기 시작하면 화세가 강해 소화가 곤란하다.
수간화	수목이 연소하는 화재로 고목 등은 수간화가 되기 쉽다.
지표화	지표를 덮고 있는 낙엽가지 등이 타는 것이다.
지중화	땅속의 부식층(腐植層) 등이 연소하는 것이다.
기복이 심한 산지	골짜기에서 봉우리를 향해서 연소하는 것이 보통이지만 강풍기상 하에서의 화재는 봉우리에서 골짜기로 역류하기도 한다.
평탄한 지역	지표에서 연소한 화염이 수관에 옮기고 수관과 지표의 2단 연소가 된다.
경사면	연소속도는 대단히 빠르고 또한 비화에 의한 연소확대 위험도 높고 긴 화선(火線)이 된다.

2 소방활동 요령

① 소방활동은 지휘자의 명령에 의해 행동한다.
② 소방활동은 건물로의 연소저지에 우선한다.
③ 장비는 이동식 펌프, 도끼 등 산림화재에 적합한 장비를 사용한다.
④ 소화활동 시는 자기의 퇴로를 반드시 확보함과 동시에 소화 가능한 방향에서 착수한다.
⑤ 풍하측 및 경사면 위측 등의 연소확대 방향의 화재에는 위험이 있기 때문에 들어가지 않는다. 또한 연소 중의 급경사면 아래에는 낙석의 위험이 있다.
⑥ 소화방법에는 직접 방수나 흙을 뿌리거나 두드려 끄는 방법과 수림 등을 베어내서 방화선을 만들어 화세를 약하게 하는 방법이 있다.
⑦ 산의 지세, 기상, 입목상황, 화세 등을 종합적으로 고려해 효과적인 방법을 선정하여 소화한다.
⑧ 헬기는 출동시간이 많이 소요되기 때문에 사전에 관계기관과 충분히 협의하는 것이 필요하다.
⑨ 헬기는 지상에서 진압하는 소방대를 지원하여 공중소화와 동시에 비화상황 등을 관찰하여 지상부대에게 정보를 제공한다.

- 방어선 설정의 경우
  ① 연소 확대되어 화세가 강한 경우
  ② 연소속도가 빠르고 직접 소화작업이 불가능한 경우
  ③ 지형, 지물로 인하여 직접소화가 불가능한 경우
  ④ 이상연소가 발생한다고 생각되는 지형의 경우 방어선의 설정은 연소속도와 방어선 구축 작업능력을 충분히 고려하여 한다.

> **TIP** 수간, 수관, 지표화, 지중화를 이해하고 반드시 퇴로 확보와 연소저지가 우선입니다. ^^

제4절 방사능시설 화재진압

1 RI(방사성동위원소)의 성상과 인체의 영향

- RI(Radio Isotope)란 방사선을 방출하는 동위원소 및 그 화합물과 이러한 것의 함유물을 말한다.

(1) 방사능과 방사선

① 방사능이란 방사선을 내는 능력 혹은 방사선을 내는 물질로서 우라늄 등의 방사성물질은 이 성질을 가진 물질이다.
② 방사선이란 방사선물질에서 방출되는 α 선, β 선 및 γ 선으로 특수한 장치 등으로 만들어지는 X 선, 양자선 및 전자선 또는 원자로에서 만들어지는 중성자선을 말하며 투과성, 전리작용(電離作用), 형광작용(螢光作用)의 성질이 있다.

α 선	물질의 투과력은 대단히 약하고 종이 1장으로 거의 완전히 멈춘다. 물질을 전리하는 힘은 크다.
β 선	α 선보다 투과력은 강하지만 공기 중에서 수m, 알루미늄·플라스틱 수mm의 두께로 완전히 멈춘다. 물질을 전리하는 힘은 α 선보다 약하다.
γ 선	물질의 투과력은 대단히 강하다. 물질을 전리하는 힘은 β 선보다 약하다.

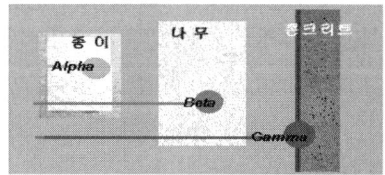

(방사선별 투과력의 비교)

(2) 방사선 피폭

외부 피폭	인체의 외측에서 피부에 조사(照射)되는 것으로 투과력이 큰 γ 선 등이 위험하다. 외부 피폭 방호의 3대원칙으로는 거리, 시간 차폐이며 내용으로는 ① 거리는 멀리, ② 시간은 짧게, ③ 방사선의 종류에 적합한 방어물로 차폐하는 것이다.
내부 피폭	호흡기, 소화기 및 피부 등을 통해서 인체에 들어온 상태를 말하며 외부피폭과 달리 α 선이 가장위험하다. 내부피폭 방호의 3대 원칙으로는 격납, 희석, 차단이 있으며 매용으로는 ① 격리는 작업장소를 제한하여 방사성물질을 주변 환경에서 차단하는 것이고 ② 희석은 공기정화 등을 통해 방사성물질의 농도를 희석시키는 것이며, ③ 차단은 보호복 및 공기호흡기 등을 활용하여 인체 침입 경로를 차단하는 것이다.

(3) 오 염

방사선동위원소가 직접 인체의 피부, 착용의류, 소방설비 기자재에 흡착하는 것을 말한다. 오염은 외부피폭은 물론이고 내부피복의 위험도 크고 또한 적절한 조치를 지연하면 방사선에 의한 위험범위가 확대된다.

2 방사성동위원소 재해의 특성

방사선동위원소는 최근 발전, 의료, 공업 등 각 분야에 걸쳐서 새로운 에너지로서 활용되고 있다. 이에 따라 도로에서의 수송이나 발전소에서의 사고 등에 의한 하천의 오염 등 사회생활 중에서의 위험성도 최근에 증가하고 있다. 방사선동위원소 재해는 크게 누설에 의한 방사선오염과 저장시설 등의 화재가 있다.

① 방사능오염은 위험구역 내에서의 피폭 등의 2차 재해의 발생위험이 크고 광범위하게 미칠 우려가 있다.
② 저장시설 등의 화재에서는 표면상의 위험은 느낄 수 없기 때문에 통상 화재와 같이 행동을 해서 방수에 의한 방사능오염 등의 2차 재해의 발생위험도 높다.
③ 방사성동위원소 재해는 눈에 보이지 않기 때문에 초기 활동을 가볍게 보면 커다란 2차 재해가 발생할 위험이 있고 또한 장시간에 걸쳐서 지역이나 인체에 영향을 초래할 수 있다.

3 소방활동 *** 08년 경북 소방장/ 14년 경남 소방장

(1) 일반원칙

① 대원은 지휘자의 통제 하에 단독행동은 엄금한다.
② 위치 선정은 풍상, 높은 장소로 한다.
③ 방사선 피폭방지를 위해 관계자 및 장비를 활용해서 위험구역을 설정하고 로프 등으로 표시한다.
④ 소방활동은 인명구조 및 대원 개개의 피폭방지를 최우선으로 실시한다.
⑤ 위험구역 내에서 소방활동을 실시한 경우는 기자재 및 인체의 오염검사를 실시한다.

⑥ 활동 중 외상을 입은 경우는 즉시 지휘자에게 보고한다.
⑦ 활동은 필요최소한도로 하고 위험구역 내로의 진입시간을 짧게 한다.
⑧ 시설 관계자(방사선취급주임)를 확보하고, RI장비를 구비한 중앙구조본부를 활용한다.

(2) 방사선의 검출활동

검출 중점 장소	㉠ 소방대의 진입경로가 되는 장소 ㉡ 출입구, 창 기타 개구부 및 그 부근 ㉢ 시설내의 통로, 벽체, 굴곡 부근 ㉣ 표면오염의 가능성이 있는 장소 ㉤ RI를 운송한 경우는 그 주변 및 운송경로 ㉥ 출화행위자의 피난경로 ㉦ 기타 체외피폭의 염려가 있는 장소
검출 요령	㉠ 검출은 시설관계자를 적극적으로 활용해서 실시하고 원칙적으로 화학기동 중대원은 보조적인 검출활동을 실시한다. ㉡ 검출은 측정기의 예비조작을 실시해서 기능을 확인한 후 방사능 방호복 및 호흡보호기를 착용하고 신체를 노출하지 않고 실시한다. ㉢ 검출은 핵종(核種) 및 수량과 사용상황을 확인하고 실시한다. ㉣ 검출은 복수의 측정기를 활용하고 외주부(外周部)부터 순차적으로 내부를 향해서 실시함과 동시에 검출구역을 분담해서 실시하고 검출누락이 없도록 한다. ㉤ 검출활동으로 옥내에 진입하는 경우는 진입구를 한정하고 대원카드에 의해 출입자를 체크한다. ㉥ 검출결과는 레벨이 높은 쪽을 채용하고 반드시 검출위치 및 선량률을 기재한다.

★ 16년 부산 소방교

(3) 방사선 위험구역의 설정★★

현장통제 및 대응활동을 위하여 "대응구역설정 개념도"에 따라 구역을 설정한다. 구역 설정 시에는 눈에 잘 띄는 띠 또는 로프를 사용하거나 구분이 잘 되는 도로 및 건물 등으로 제한할 수 있다.

Hot Zone	① 출입자에 대하여 방사선의 장해를 방지하기 위한 조치가 필요한 구역이다. ② 공간 방사선량률 20μ Sv/h 이상 지역은 소방활동 구역이며 공간방사선량률 100μ Sv/h 이상 지역에 대해서는 U-REST 등 방사선전문가들이 활동하는 구역이다. ※ 방사선사고지원단(U-REST, Ubiquitous-Regional Radiation Emergency Supporting Team)이란 방사선방호 전문지식을 갖춘 초동대응활동이 가능한 자원봉사조직으로 2015년 현재 15개 권역에 150여명이 활동하고 있다.
Warm Zone	① 소방·구조대원 등 필수 비상대응요원만 진입하여 활동하는 공간으로 일반인 및 차량의 출입을 제한하기 위하여 설정하는 지역이다. ② 공간방사선량률이 자연방사선준위(0.1 ~0.2μ Sv/h) 이상 20μ Sv/h 미만인 지역으로 Hot Zone과 경찰통제선 사이에 비상대응조치를 수행하기에 필요한 공간이다.
Cold Zone	경찰통제선(Police Line) 바깥 지역으로 공간방사선량률이 자연방사선준위(0.1 ~0.2μ Sv/h)수준인 구역이다.

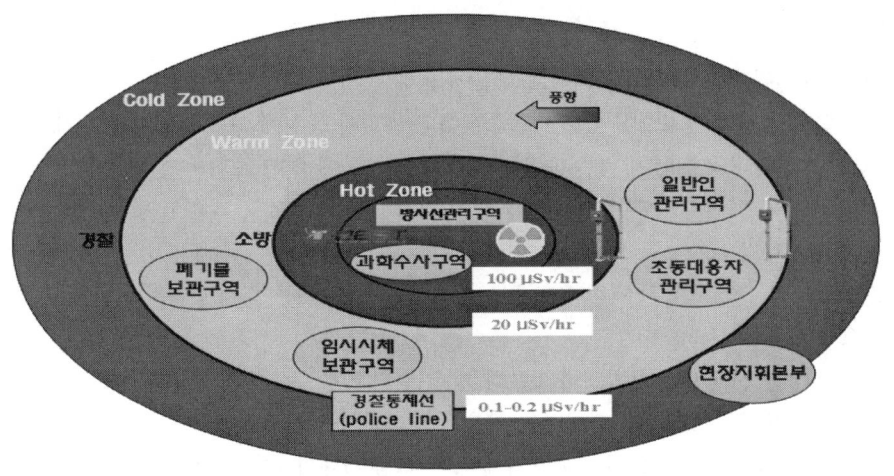

(대응구역설정 개념도)

대응구역의 기능 및 특성

구역	설명/기능	특성
현장지휘본부	초동 대응자 집결, 현장지휘총괄 및 공식적인 정보공개창구	보안상 물리적으로 안전하고 통제하기 편리한 곳
과학수사구역	범죄수사에 필요한 자료의 가공, 기록, 조사, 사진촬영, 저장 등	방사선 관리구역 내 출입 및 오염 경찰통제선 근처
일반인관리구역	방사선 관리구역에서 소개된 일반인들에 대한 격리, 환자분류, 응급처치, 오염검사, 일반인 등록 및 제염구역	구급차 접근이 가능한 경찰통제선내 장소로 방사선량률이 자연방사선량과 비슷한 정도의 구역(0.3μ Sv/h)
초동대응자 관리구역	방사선구역을 출입하는 자, 초동대응자 및 장비의 오염 통제구역	방사선 관리구역 경계와 가까운 곳 일반인 관리구역과 가능한 먼 곳에 위치
임시시체보관구역	오염되었을지 모르거나 과학수사반/합동조사반에 의해 조사되어야하는 시체 임시 보관구역	일반인이 볼 수 없는 통제구역 내 구역으로 텐트나 기존의 시설물을 이용
폐기물보관구역	오염된 물품을 보관하기 위한 구역	경찰통제선 내에서 바람 또는 비에 의한 오염의 확산을 방지할 수 있는 곳

(4) 위험구역 내의 활동통제

① 소방활동은 피폭 또는 오염의 극한방지를 꾀하기 위해 지휘자가 지정한 필요최소한의 인원으로 하고 위험구역 내에 반입 장비는 필요최소한도로 한다.
② 위험구역 내에는 외상이 있는 자 및 컨디션이 나쁜 자는 진입하지 않는다.
③ 방사능방호복 및 호흡보호기를 착용하고 되도록 외기와 신체를 차단한다.
④ 소방활동 교대요원을 확보하고 되도록 위험구역 내에서의 활동시간의 단축을 꾀한다.
⑤ 위험구역 내에 진입하는 경우는 관계시설에 설치해 있는 선량계 등 피폭선량 측정기구를 휴대한다.

(5) 소화활동

소화활동은 시설관계자와 연대를 꾀하고 다음에 의해 실시한다.
① 소화수단은 시설에 설치되어 있는 소화설비를 활용함과 동시에 고발포 활용에 대해 고려하고 방수에 의한 오염확대의 위험이 없는 경우는 적극적으로 물에 의한 소화를 실시한다.
② 관리구역 내에 있어서 방수는 방사성 물질에 직접 방수하는 것을 피하고 방사성물질의 비산 및 유출방지를 꾀한다.
③ 화재상황에서 관리구역 내에 방수할 필요성이 있는 경우에는 직사방수는 피하고 저속분무방수를 원칙으로 한다.
④ 소화수에 의한 오염확대를 방지하기 위해 방수는 최소한으로 한다.
⑤ 이산화탄소 및 할로겐화물소화설비를 활용해서 소화하는 경우는 특히 산소결핍의 2차 재해 방지에 노력함과 동시에 화재실의 압력증가에 따른 오염 확대방지에 노력한다.
⑥ 관계시설의 화재로 방수를 위한 접근이 대원의 피폭방지가 불가능한 경우는 인접 소방대상물로의 연소방지를 우선으로 소화활동을 한다.
⑦ 오염된 연기가 외부로 분출할 염려가 있는 경우는 개구부의 파괴 또는 개방은 지휘자의 지시에 의한다.
⑧ 잔화처리는 반드시 시설관계자의 입회하에 실시함과 동시에 특히 위험구역에서는 쇠갈고리 등을 활용하고 직접 손으로 접촉하지 않는다.
⑨ RI 관계시설 주변의 화재의 경우는 RI 관계시설로의 연소방지를 고려하고 소화활동을 실시한다.

(6) 안전관리

오염 검사	㉠ 오염검사는 원칙적으로 시설 내의 오염검사기를 활용, 시설관계자에게 실시하게 한다. ㉡ 오염은 다량의 물과 비눗물(알카리성보다 산성 쪽이 효과가 있다)에 의한 세척이 효과적이지만 관계시설에 설치해 있는 제염제를 유효하게 활용한다. ㉢ 오염된 소방설비는 일정한 장소에 집중 관리해 필요에 따라 감시원 배치와 동시에 경계로프, 표식을 내걸고 분실 및 이동 등에 의한 2차 오염방지에 노력한다. ㉣ 오염물은 시설관계자에 일괄해서 인도하고 처리를 의뢰한다. 소방설비는 원칙적으로 재사용하지 않는다. 다만 오염된 것이 제염의 결과 재사용 할 수 있는 것은 제외한다. ㉤ 소방대원은 오염검사가 종료하고 지시가 있을 때까지 절대로 흡연 및 음식물을 섭취하지 않는다.
피복시 응급 조치	㉠ 피폭선량은 원칙적으로 위험구역 내에 진입할 때에 착용한 피폭선량 측정용구에 의해 파악한다. 그리고 위험구역 내에서의 피폭선량은 각종 선원(線源)의 강도에 의해 다르지만 검출에 근거한 선량과 활동시간에 따라서 파악할 수 있다. ㉡ 피폭한 대원은 「방사선 오염피폭 상황기록표」를 작성해 행동시간, 부서위치, 행동경로 및 행동개요를 기록한다. ㉢ 체내 피폭했을 때 또는 피폭 염려가 있는 방사선 오염구역에서 소방활동을 한 경우는 오염검출 후 양치질과 피폭상황에 따라 구토를 한다. ㉣ 베인 상처에 오염이 있는 경우는 즉시 다량의 물에 의한 제염과 동시에 출혈은 체내로의 방사성 물질의 침투를 막고 배설촉진의 효과가 있기 때문에 생명에 위험이 없는 경우에는 지혈을 하지 않는다. ★★ 12년 서울 소방장

> **TIP** 우선 α, β, γ 선의 특성을 암기하고 풍상, 높은 곳에서 대응해야하며, 검출은 시설관계자를 활용하고 방사선 위험구역 설정을 이해하세요. ^^

제5절 독극물 화재

1 독극물 화재특성

독·극물 재해란 법, 법령 등에서 규제되고 있는 독성 또는 유해성을 갖는 물질 등에 관계되는 화재 및 화재 이외의 재해로 다음의 특성을 갖는다.

2차 재해 발생위험	독·극물은 인체에 대한 독성을 갖는 것에 더하여 인화·폭발성 또는 자연발화성 등의 특성을 동시에 가지고 있는 물질이 많기 때문에 2차적 재해의 발생위험이 크다.
복잡 다양 위험성	독·극물은 고유의 성질에 의해 공기, 물, 열 및 다른 물질 등에 의한 화학반응과 물리적 변화가 다양하다. 그리고 이러한 반응이나 변화가 복잡해서 새로운 위험성을 띠는 등 복잡 다양하고 위험성이 크다.
피해 크고 광범위한 위험성	독·극물은 인화·폭발에 의한 인적, 물적 피해의 극대화 및 독가스의 확산이나 독·극물의 하천유입 등에 의한 피해의 확대성을 가지고 있다. 또한 이러한 것이 복합해서 그 위험성이 보다 크게 된다.

2 소방활동

(1) **일반원칙**

① **소방활동구역의 설정**
   냄새, 자극냄새 혹은 착색가스를 확인한 경우 주위상황 등에 의해 독·극물 등 독성가스의 존재가 인정되는 경우는 체류구역, 지형 및 풍향을 고려해서 그 주변에 로프, 표식 등으로 신속하게 소방활동구역을 설정하고 퇴거명령, 구역으로의 출입제한 및 화기 사용제한을 하여 주민 등의 안전을 확보한다.

② **독극물위험구역 및 폭발위험구역의 설정**
   소방활동구역 내에서 독성가스 농도가 인체 허용농도를 넘는 구역에 독·극물 위험구역을, 독성가스이며 가연성가스여서 인화·폭발의 위험이 있는 경우에는 폭발위험구역을 설정해 그 구역 내의 소방활동을 철저히 통제한다.

③ **관계자·자위소방대와의 연대 하에 활동**
   독·극물 취급책임자, 종업원 등의 시설관계자를 조기에 확보하고 활동방침 결정에 필요한 정보수집, 응급조치 및 소화활동에 적극적으로 활용한다.

④ 소방활동 방침은 각급 지휘자를 통해서 전 대원에게 주지시킨다.

⑤ 소방활동은 인명검색·구조 및 독·극물 등의 누설·유출정지 조치를 우선하고 정지조치를 할 수 없는 경우는 누설·유출범위의 확대방지 또는 연소방지를 중점으로 한다.

⑥ 인명검색은 검색구역을 특정해 부대 또는 대원을 지정하고 출화 또는 누설·유출장소 부근을 중점으로 독·극물 등의 확산, 유동방향을 따라 검색범위를 확대해 실시한다.

⑦ 소화활동은 누설·유출정지 등의 응급조치에 의한 소화를 최우선으로 하고 응급조치에 필요한 범위를 우선 소화한다. 또한 화재실태에 적절한 소화수단을 선정해서 실시한다.
⑧ 독·극물 위험구역 또는 폭발위험구역 내의 재해약자의 피난유도를 실시하고 그 외의 자에 대해서는 피난장소를 지정해서 자력으로 피난하게 한다.

(2) 인명검색·구조

① 독극물위험구역은 초기에는 출화 또는 누설·유출장소 부근을 중점으로 하고 검색구역은 될 수 있는 한 특정해서 인명검색을 실시한다.
② 독성가스의 확산, 유동 방향에 인명검색범위를 확대하고 독·극물 위험구역 또는 폭발위험구역 내 전부를 실시한다.
③ 구조대상자를 단시간에 구출할 수 있는 구조수단·방법으로 실시한다.
④ 독성가스의 확산·유출 또는 중화 등의 응급조치가 가능한 경우, 구조활동과 병행해서 실시한다.
⑤ 인화 또는 폭발위험이 있는 경우는 엄호방수 하에서 실시한다.
⑥ 예측 불가한 사태에 활동할 수 있는 대원의 배치 및 연락할 수 있는 체제를 유지한다.
⑦ 구조대상자의 안전 확보 상황 등에서 필요에 따라 구조대상자에 호흡보호기를 착용시킨다.
⑧ <u>오염된 구조대상자에 대해 독·극물위험구역 외에서 탈의, 비눗물, 물 등의 제염조치를 실시하고 그 후 구호소 등의 안전한 장소에서 구호조치를 실시한다.</u>

(3) 응급조치 활동

응급조치는 시설관계자 등과 충분한 연대 하에 시설의 설비 등을 적극적으로 활용해서 실시한다.
① 누설·유출 방지조치를 최우선으로 실시한다.
② 응급조치는 재해실태 및 시설 측의 대응력을 고려해서 효과적인 응급조치방법을 실시한다.
③ 누설·유출정지의 응급조치를 할 수 없는 경우 또는 응급기자재의 조달에 시간이 필요한 경우는 다음 조치를 우선해서 실시한다.
　㉠ 사고 시의 조치
　　주민의 퇴거 및 피난을 우선하고 용기의 반출이 가능한 경우는 안전한 장소로 반출한다.
　　액체의 경우는 토사, 모래주머니 또는 용기로의 회수 등에 의한 누설·유출범위의 확대방지조치(하수도 또는 하천으로의 유입방지를 포함한다)를 한다.
　㉡ 화재 시의 조치
　　ⓐ 주민의 퇴거 및 피난을 우선한다.
　　ⓑ 용기 등을 반출 가능한 경우는 안전한 장소로 반출한다.
　　ⓒ 폭발위험이 있는 경우 탱크, 용기 등으로 냉각 방수한다.
　　ⓓ 액체의 경우는 토사, 모래주머니 등에 의한 유출범위 및 화재의 확대방지조치를 한다.
　　ⓔ 가스의 경우는 불활성가스, 소화제, 분무 등에 의한 화재의 억제조치를 한다.
　　ⓕ 연소방지를 꾀한다.
　　ⓖ 기타의 조치(약제, 분무에 의한 중화·희석, 유출부분의 폐쇄, 회수 등)

(4) 소화활동

① 소화활동은 시설관계자 등과 충분한 연대 하에 시설관계자 및 시설의 설비 등을 적극적으로 활용해서 실시한다.
② 가연성 독성가스로 밸브의 폐쇄 등 누설·유출정지의 응급조치에 의해 직접 소화할 수 있는 경우는 응급조치에 의한 방법으로 실시한다.
③ 가연성 독성가스의 소화는 소화 후 밸브의 폐쇄 등에 의한 응급조치에 의해 누설·유출방지를 할 수 있는 경우에 실시한다.
④ 액체 독·극물 등의 소화활동에 있어서 밸브의 폐쇄 등 응급조치에 의해 누설·유출정지가 가능한 경우는 화재의 확대방지를 위해 소화에 선행 또는 병행해서 누설·유출정지의 응급조치를 실시한다.
⑤ 소화는 독·극물 등의 위험성, 저장형태 및 발염장소 등 화재실태에 적합한 소화방법을 선정해서 실시하며 독극물의 중화, 희석 등의 응급조치를 병행해서 실시한다.
⑥ 독·극물 등의 누설·유출정지가 곤란한 경우는 주변으로의 연소방지를 중점으로 한다.

> ● 방수에 의한 소화활동 시 주의사항
> • 2차 재해에 대비해서 안전한 장소에 부서하고 무인방수 할 수 있는 태세를 유지한다.
> • 독극물 등에 의해 오염된 소화수가 하수, 하천 등에 유입되지 않도록 누출방지 조치를 한다.
> • 독극물 등의 확산, 비산 및 용기의 파손, 전도방지 등의 조치를 강구한다.

⑦ 저장시설 또는 용기집적소 등에 위험이 있는 경우는 독·극물의 이송, 취급, 용기의 반출 및 대량방수에 의한 냉각활동을 소화활동과 병행한다.

(5) 안전관리의 원칙

① 독성가스를 확인한 경우 또는 독성가스의 존재가 불명확하더라도 현장상황에 따라 독성가스가 발행할 가능성이 높아서 경계구역을 설정한 때는 독·극물 위험구역에 준한 신체 방호조치를 하고 소방활동을 실시한다.
② 독성가스의 인명위험, 화재위험, 폭발위험 등에 대해서 정확하게 파악함과 동시에 활동대원에게 위험정보를 알려야한다.
③ 독극물 위험구역 또는 폭발위험구역 내에서 소방 활동을 실시하고 퇴출한 대원은 각급 지휘자에 신체상황을 보고한다.
④ 독극물 위험구역 또는 폭발위험구역 내에서의 활동 중 방호의 등에 이상이 인정되는 경우는 신속하게 독·극물 위험구역 또는 폭발위험구역 외로 탈출하고 신체상 이상 유무를 확인하고 지휘자에게 보고한다.

> ● 활동 중에 숨이 막히고 눈의 통증 등의 이상을 느낀 경우 조치사항
> • 호흡을 얕게 하고 손수건, 상의 등으로 입을 막고 풍상방향 등 위험성이 적은 방향으로 피한다.
> • 공기호흡기의 면체를 착용하기 전에 이상을 느낀 경우는 용기의 밸브를 개방하면서 면체를 헐겁게 착용하고 면체 내의 가스를 제거한 후 확실하게 착용한다.
> • 공기호흡기의 면체를 착용한 상태로 냄새 등의 이상을 감지한 경우는 용기밸브의 개방조작을 실시하고 신속하게 위험성이 적은 장소로 탈출한다.

⑤ 방독마스크를 사용하는 경우는 호흡필터가 독성가스에 대해 유효한 것을 확인 한 다음에 사용한다. 다만 화재의 경우나 독성가스의 종류가 불명확한 경우에는 사용하지 않는다.
⑥ 구조대상자에 대한 구출·구호조치는 구조대상자의 의복 등에 직접 접촉하지 않도록 장갑 등을 착용하고 당해 의복에 부착한 독·극물 등에 의한 2차재해 방지에 유의한다.

> **TIP** 인체에 독성과 폭발성, 2차재해 위험성이 있으며 바람의 영향을 받아요. 밸브폐쇄로 누출을 막고 방수 시 하수, 하천유입이 안되도록 유의합니다. ㅅㅅ

제6절 공동구 화재진압

1 공동구의 의의

(1) 소방시설 설치유지 및 안전관리에 관한 법률

지하구(地下溝)는 『전력, 통신용의 전선이나 가스, 냉난방용의 배관 또는 이와 비슷한 것을 집합 수용하기 위하여 설치하는 지하 공작물로서 사람이 점검 또는 보수하기 위하여 출입이 가능한 것 중 폭 1.8m 이상, 높이 2m 이상이며 길이가 50m 이상(전력 또는 통신사업용 이외의 것은 500m 이상)』으로 정의되어 있다.

(2) 도시계획법

『공동구(共同溝)라 함은 전기, 가스, 수도 등의 공급시설 및 통신시설, 하수도시설 등 지하매설물을 공동 수용함으로써 도시의 미관, 도로구조의 보존과 원활한 교통의 소통을 위하여 지하에 설치하는 시설물』이라고 정의되어 있다.

> ● 공동구는 도시민의 일상생활에 필요한 전기, 통신, 상수도, 도시가스, 하수도뿐만 아니라 냉난방시설, 진공 집합관, 정보처리 케이블 등의 공급처리시설을 가공전선이나 개별적 공급시설형태로 설치함으로써 발생하는 여러 가지 문제점을 해결하기 위하여 동일구 내에 2종 이상의 시설물을 공동으로 수용 공급하기 위한 지하 시설물을 총칭한다 할 수 있다.

2 공동구 화재의 특성

(1) 소방활동이 장시간 소요되며 곤란하다

① 연기, 열, 유독가스 등이 다량으로 발생하여 산소결핍 상태가 되고 연소실체, 연소범위 등의 화재상황 파악이 곤란하다.
② 진입구가 한정되기 때문에 대원의 진입 및 활동이 현저하게 제약을 받고 활동도 장시간이 되어 체력의 소모도 심하다.
③ 소방대의 활동이 지하부분 및 지상부분에 더해져 광범위하게 분산하기 때문에 활동통제가 곤란하게 된다.

④ 공동구에 수납된 케이블 등의 외장피복(폴리에틸렌 등)이 연소하기 때문에 한번 착화하면 소화할 때까지는 케이블피복이 용해하면서 계속적으로 연소한다.

(2) 사회적, 경제적 영향이 크다

직접피해에 의한 라이프 라인(전기, 가스, 통신 등의 유통로) 등 사회적, 경제적으로 대단히 큰 피해와 혼란이 발생할 우려가 있다.

3 소방활동

일반 원칙	① 소방활동은 인명검색·구조를 최우선으로 한다. ② 소방활동은 공동구 내에 시설물 및 접속하고 있는 건물로의 연소방지를 중점으로 한다. ③ 조기에 관계자 등을 확보하여 출화장소, 연소범위 및 구조대상자 등의 정보를 수집함과 동시에 맨홀의 개방 및 현장 확인에 적극적으로 활용한다. ④ 부서는 맨홀 등에서 분출하는 연기에 시계가 불량하기 때문에 원칙적으로 풍상·풍횡 측에서 진입한다. 선착대는 분출연기 맨홀의 직근으로, 후착대는 지휘자의 지시에 의해 결정한다.
검색 구조 활동	① 인명검색·구조활동은 구조대상자 및 장소에 대해서 충분한 정보수집을 실시하고 장시간 사용 가능한 공기호흡기를 착용하고 진입구 및 검색범위를 설정해서 실시한다. ② 진입은 급기구 측으로 하고 복수의 검색반에 의해 실시한다. ③ 검색은 반드시 엄호방수 하에 실시한다.
소화 활동	① 진입조건이 정리될 때까지 연소저지선이 되는 맨홀, 급·배기구측에 대구경관창을 배치하고 화세의 억제를 꾀한다. ② 진입태세가 준비되면 장시간 사용 가능한 공기호흡기를 착용하고 급기측에서 진입함과 동시에 배기측에 경계관창을 배치한다. ③ 공동구 내의 소방활동은 복수의 방수형태에 의해 배열·배연을 하고, 동시에 배기 측에 배기구를 확보해서 ①과 같은 조치를 실시한다. 또한 급격한 짙은 연기의 분출이 있는 경우 또는 화세가 강한 경우에는 2중, 3중의 엄호방수에 의해 안전을 확보한 다음에 실시한다. ④ 소구획으로 구분되어 있는 경우는 고발포에 의한 소화활동을 실시한다. ⑤ 연소방지설비가 설치되어 있는 경우 신속히 활용한다.
안전 관리	① 진입은 원칙적으로 2인 1조로 하고 지상과의 확실한 통신연락수단을 확보한다. ② 유도로프를 결속하여 진입하거나 진입구 직하에 케미컬라이트(지하가 등에서 쓰는 발광스틱)를 배치하는 등의 퇴로를 확보한다. ③ 공동구 내 및 부근의 유독성가스 및 가연성가스의 검지를 지속적으로 실시한다. ④ 가연성가스가 누설 또는 발생하고 있는 경우는 엔진컷터, 휴대무선 및 조명기구 등 불꽃이 발생하는 기자재는 사용하지 않는다. ⑤ 공동구 내는 각종 케이블 및 계단의 차이도 생각하여 손전등 등의 조명기구를 휴대하고 넘어지지 않도록 한다. ⑥ 진입 전에 개인장비의 재점검을 실시하고 기밀의 유무 및 활동가능 시간을 확인하고 퇴출 예정 시간을 보고한다.

TIP 아현동 공동구 화재로 경제적 손실이 크며, 도시가 마비될 수 있는 화재, 지하공동구 모든 케이블 피복이 연소, 유독성가스로 접근이 곤란합니다. 풍상으로 접근하고 케미컬라이트 배치, 연소방지설비와 소규모 고발포 소화활동이 필요합니다. ∧∧

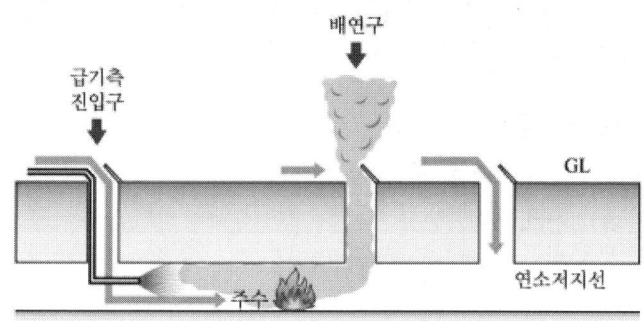

(공동구 화재 배연요령)

제7절 터널 화재진압

1 도로 터널

화재 특성	① 외기의 풍향에 의하여 터널내의 풍향이 변화하는 곳이 있고 진입구가 한정되는 것이 많다. ② LPG, 위험물 탱크로리 등의 화재 시 2차폭발의 위험이 있다. ③ 길이가 긴 터널에서 교통사고 등으로 차량화재가 발생하여 도로가 막히면 진행하던 차량이 긴급대피하지 못하여 다수의 인명피해의 위험이 있다. ④ 터널 내 화재는 차량의 유류로 인한 위험물 화재로서의 특징이 있고 화학차에 의한 소화대응이 필요하다. ⑤ 소방수리가 설치되지 않은 곳이 많아 화재의 확대위험이 있다.
소방 활동	⑤ 터널 내에 진입 시는 반드시 엄호방수로 안전을 확보하면서 활동한다. ⑥ 터널 내에 설치되어 있는 소화전 등의 소방시설을 적극적으로 활용한다. ⑦ 인명검색, 구조 및 피난유도는 원칙으로 상·하행선의 연결통로 등을 활용한다. ⑧ 화재상황에 따라서는 풍하 측으로 무인방수탑차를 배치하여 인명구조활동에 활용한다. ⑨ 상황에 따라서 헬리콥터를 활용한 구조자 이송을 적극 고려한다. ⑩ 위험물 및 독극물이 유출되어 있는 경우는 터널의 경사에 주의하여 행동한다.

TIP 터널에서 위험물 이동탱크차량 전복사고는 2차폭발로 이어지며 다수인명피해가 예상됩니다.
자체소방시설을 활용하고, 무인방수탑차를 배치, 상하행선 연결통로를 적극 활용해야 합니다. ^^

2 철도터널 화재진압

화재 특성	① 지상풍의 영향 등으로 화점의 위치 등 화재상황 파악이 곤란하다. ② 지상풍의 영향으로 구내의 기류가 한 방향으로 흐르기 때문에 풍하 측에서 진입한 부대는 농연 때문에 활동이 곤란하다. ③ 진입구로부터 화재발생 지점까지의 거리가 먼 곳은 소방활동이 현저하게 제약을 받는다.

	④ 소방활동 범위가 인접 역 또는 터널 출입구의 양 방향으로 진입하기 때문에 전 출동대의 현황파악 및 행동통제 등이 곤란하다.
소방 활동	① 객차 화재의 경우는 인명구조 활동을 최우선으로 활동한다. ② 인접 역의 관계자, 선착대로부터 정보를 수집한다. ③ 열차운행의 정지를 반드시 확인하고 행동한다. ④ 진입은 급기측으로부터 한다. ⑤ 지상부대와의 연락태세를 유지하고 터널 내로 진입한다. ⑥ 지휘본부는 급기측의 출입 가능한 장소 부근에 설치한다. ⑦ 지휘분담은 급기측 및 배연측으로 구분하여 부상자가 많은 경우는 구호담당을 운영한다. ⑧ 상하행선이 구획되어 있는 경우는 화재발생구역 반대쪽으로부터 연결구 등을 활용하여 구조한다. ⑨ 터널 내에 설치되어 있는 소방설비를 유효하게 활용한다. ⑩ 고열 부분에서의 구조활동은 엄호방수 하에 실시한다. ⑪ 터널 내에 가연성가스 및 독극물 등이 유출되고 있는 경우는 배수로의 비탈 등 유동방향에 주의한다.

제8절 화약류 화재진압

1 화약류 재해의 특성

① 화약류 제조공정에 있어서 마찰, 충격, 스파크 등의 원인이 의해 착화 및 폭발위험이 높다.
② 발화 후의 현장은 광범위한 피해 및 다수의 부상자의 발생과 화재를 동반하고 있는 경우가 많다.
   (최근의 예. 2000년 5월 네덜란드 동부 엔스헤데의 폭죽창고 폭발로 500여명 사상)
③ 화약류 공장에서의 재해는 대량의 화약류를 저장하고 있을 위험이 있기 때문에 유폭(誘爆) 등 2차 재해의 발생위험이 크다.
④ 사회적으로 큰 영향을 미치기 쉽다.

2 소방활동

일반 원칙	① 경계구역을 조기에 설정해 피해의 확대방지 및 2차 재해방지를 중점으로 한다. ② 발화현장 내에 있는 자를 우선적으로 피난유도를 실시한다. ③ 화재발생 시에는 연소방향의 연소저지선을 설정해 충분한 예비방수를 실시한다. ④ 화약류의 저장소 등은 최 중점 활동장소로 하고 우선적으로 관창 배치한다.
검색 구조 활동	① 현장진입 전에 2차 재해발생 위험에 대한 조치를 강구한다. ② 2인 1조에 의한 검색·구조활동을 실시한다. ③ 구출 시에는 심한 충격을 주거나 불꽃을 발생시키거나 하지 않는 방법을 강구한다.

소화 활동	① 방수는 연소실체를 향해서 실시하고 효과 없는 방수는 하지 않는다. ② 방수의 수력에 의해 화약류에는 직접 또는 간접의 충격력이 가해지지 않도록 실시한다. ③ 최중점 활동장소는 포위대형을 취하고 충분한 예비방수를 실시한다. ④ 수용성의 화약류는 소화용수와 함께 하수 등으로 유입하지 않도록 조치를 강구한다.
안전 관리	① 현장 내는 화기엄금을 함과 동시에 차량의 진입이나 내연기관을 동력으로 하는 기계류를 사용하지 않는다. ② 활동 시에는 불의의 폭발, 폭연에 대비해 항상 자신의 신체를 견고한 물체에 차폐할 수 있도록 한다. ③ 화재발생 유무에 관계없이 잔여가스가 체류하고 있는 경우에는 공기호흡기를 착용한다. ④ 경계구역을 설정(안전거리는 관계자와 협의해서 결정한다)하고 보도매체 기자 등의 진입을 금지한다. ⑤ 항상 전체를 감시하는 자를 정해서 상황변화, 위험현상의 발생에 대비해둔다. ⑥ 현장으로의 진입로 및 퇴로를 확인해 둔다. ⑦ 중점 활동장소(가장 위험한 장소)를 숙지해둔다.

제9절 압기(壓氣)공사장 화재

1 압기공사장 재해 특성

① 재해현장이 <u>상압(常壓)보다 높기 때문에 대원의 귀나 코 등에 결함이 있는 경우는 소방활동이 불가능</u>하다. 또한 호흡기 등의 사용시간이 일반현장에 비교해서 짧고 진입에 대해서도 제한되기 때문에 활동에 시간이 소요된다.
② <u>압기현장 때문에 에어로크 설치에 의해 진입구가 한쪽방향으로 제한된다. 또한 호스 등 기자재 및 휴대무전기는 에어로크로 단절되기 때문에 소방활동이 곤란하게 된다.</u>
③ 산소분압이 높은 것에 의해 인화점이 낮아지고 연소확대 위험이 높다.
④ 갱(坑) 내에는 작업용 기계유, 케이블 등이 존재하기 때문에 화재 시에는 고열, 농연, 유독가스가 밀폐공간에 충만해 재해실체의 파악이 지극히 곤란하다.
⑤ 지하가 제한된 공간의 건설작업 현장 등이기 때문에 활동환경이 대단히 열악하다.

2 소방활동

일반 원칙	① 대원 개개의 활동을 금지하고 지휘자의 통제 하에 실시한다. ② 화재진압 및 인명구조활동은 2차 재해의 방지를 중점으로 한다. ③ <u>압기 갱내 진입대원은 잠수연수 수료자 또는 특별구조대원 중에서 적임자가 실시한다.</u> ④ <u>공사관계자의 적극적인 활용을 하고 관계기관과 연계활동을 실시한다.</u>

	⑤ 공기호흡기의 착용 및 이탈은 안전한 장소를 지정해서 실시한다. 특히 압기 갱내 작업에 임할 때에는 사용시간이 통상보다 짧아지므로 충분히 유의한다.
소화 활동	① **진입 가능한 경우** 　㉠ 연결송수관이 설치되어 있고 갱내로 송수가 가능한 경우는 소방호스를 연장해서 방수를 실시한다. 　㉡ 소방호스연장이 불가능한 경우는 물 양동이를 활용해서 소화한다. 　㉢ 압기를 개방(갱내를 대기압화 한다)하는 것이 가능한 경우의 소화는 압기 개방 후 통상의 일반화재와 같은 활동을 실시한다. 　㉣ 갱내에 고발포 소화장치, 스프링클러설비, 연결살수설비 등이 설치되어 있을 때는 적극적으로 활용한다. ② **진입 불가능한 경우** 　㉠ 검색 가능한 곳의 구조대상자를 검색하고 자연 진화를 기다린다. 　㉡ <u>압기 갱내 화재로 구조대상자가 없는 경우는 수몰에 의한 소화, 자연진화, 불연가스 봉입 등에 의한 소화방법으로 실시한다.</u>
안전 관리	① 압기 갱내 화재 시의 진입은 반드시 공기호흡기를 착용하고 갱내에서는 절대로 면체를 벗지 않는다. ② 압기 갱내 진입대원은 원칙적으로 2인 1조로 실시하고 대원상호간에 안전로프를 연결한다. ③ 압기 갱내의 공기호흡기의 공기소비량은 대기압 상태에서와 비교해 게이지 1kg/㎠의 경우는 약 2배가 되는 것에 유의하고 탈출 시는 맨홀로크에서 감압하는 시간을 고려해서 사전에 진입시간을 결정한다. ④ 갱내는 일반적으로 협소하고 진입로 및 활동장소 주변에 놓여 있는 기자재 등의 장해물이 많기 때문에 넘어지지 않도록 한다. ⑤ 출동 대원은 각 지휘자의 지시, 명령에 근거해 활동하고 단독행동은 엄금한다. ⑥ 압기 갱내 진입대원은 진입 시의 건강체크는 물론이고 각 개인에 있어서도 컨디션이 나쁜 경우는 사전에 신고하는 등 자기관리를 실시한다. ⑦ 압기 갱내 진입 직전에 있어서 기자재 및 개인장비의 재점검을 정확하게 실시한다.

> **TIP** 탄광갱도 붕괴사고를 본다면 갱내에는 기압으로 인한 에어로크가 설치되어 진입구가 한정되어 있고 무선통신이 불가하여 특별한 진압대책이 어려운 실정이며, 기압에 경험이 있는 잠수수료자를 활용하고 인명구조가 종료되면 자연진화, 수몰, 불연성가스 봉입 등의 소화방법이 필요합니다. ^^

Check
① 항공기 화재에서 포 방사활동은 동체하부 및 그 주변 약 ( )m 이내를 우선적으로 소화한다.
② 기관총, 로켓포를 장착한 전투기는 ( )이나 측면으로 접근한다.
③ 산림화재에 있어서 ( )는 수목이 연소하는 화재로 고목 등은 수간화가 되기 쉽다.
④ ( )선 은 물질의 투과력은 약하고 종이 1장으로 거의 완전히 멈춘다.
⑤ 소방 구조대원 등 필수 비상대응요원만 진입하여 활동하는 공간을 ( )라고 한다.
⑥ 방사선 오염 시 베인 상처에 오염이 있는 경우 생명에 위험이 없는 경우 ( )은 하지 않는다.
⑦ 방사선 내부피복은 호흡기, 소화기 및 피부 등을 통하여 인체에 들어온 상태를 말하며 ( )선이 가장 위험하다.

화재진압 및 현장활동

05 기출 및 예상문제

01 선박화재 특성으로 틀린 것은?

① 선박내부의 구조는 복잡하게 구획되어 있는데다가 창 등 개구부도 적다.
② 유조선에서는 폭발이나 대형화재가 되는 위험이 있다.
③ 어느 쪽의 선박도 내부에 고열, 농연이나 화재가스가 충만해 인명위험이 크다.
④ 선체가 수상에 있지만 방수에 의한 전복위험은 적다.

해설 ✿ 선박화재의 특성
1. 사용목적에서 상선, 함선 기타 선박 등으로 구분되지만 그 주된 것은 여객선, 화물선, 어선, 유조선, 나룻배 등이 있다.
2. 선박내부의 구조는 복잡하게 구획되어 있으며 창 등 개구부도 적어 지하실과 같은 환경이다.
3. 선체는 수상에 있기 때문에 동요함과 동시에 방수에 의한 전복위험이 크다.
4. 유조선에서는 폭발이나 대형화재가 되는 위험이 있다. 어느 쪽의 선박도 내부에 고열, 농연이나 화재가스가 충만해 인명위험이 크다.
5. 수상에서의 화재는 소방정이 대응하는 것이고 여기서는 부두에 계류 또는 정박중의 대상에 대해서 설명한다.

02 항공기 화재의 활동원칙에 대한 설명으로 옳지 않은 것은?

① 피난유도 및 구출은 동체의 풍상 측의 비상탈출구를 이용해서 탈출장치를 활용
② 대량방수에 의한 소화를 주체로 하고 풍상에서 접근
③ 연료의 유출에 의하여 화세를 확대시키지 않도록 토사 등의 살포를 고려
④ 화재현장 및 그 주변에는 「화기엄금」의 조치

해설 ✿ 항공기 화재 시 활동 원칙★
① 비행장 내에 있어서는 자위소방대와의 긴밀한 연계 하에 인명구조를 최우선으로 한다.
② 포방사에 의한 소화를 주체로 하고 풍상에서 접근한다.
③ 작업 중에 직접 관계자 외의 출입을 금지하며 사고기의 착륙지점, 정지예상지점 부근에 화학차를 배치한다.
④ 피난유도 및 구출은 동체의 풍상 측의 비상탈출구를 이용해서 탈출장치(Escape Chute)를 활용한다.
⑤ 현장의 통제, 인명구조, 화재방어 등의 3가지에 중점을 두고 지휘하여야 한다.
⑥ 연료의 유출에 의하여 화세를 확대시키지 않도록 토사 등의 살포를 고려한다.
⑦ 이륙 시 추락의 경우는 상당량의 연료가 탑재되어 있으므로 화재의 급격한 확대가 예상되기 때문에 신속한 소화체제를 갖춘다.
⑧ 연료관 또는 유압관의 파손부분으로부터 유류가 유출되고 있는 경우는 유출량을 감소시키기 위하여 가능한 한 나무로 막거나 구부린다.
⑨ 가열된 동체를 급속히 냉각하면 파열하는 경우가 있기 때문에 주의한다.
⑩ 복사열이 강하기 때문에 활동대원은 반드시 방열복을 착용한 후 활동한다.
⑪ 화재현장 및 그 주변에는 「화기엄금」의 조치를 한다.

정답 01. ④ 02. ②

03 "항공기 화재"의 특성에 대한 설명 중 틀린 것은?

① 연소방향 및 연소속도가 풍향, 풍속 등 기상상황 및 지형의 영향을 받기 쉽다.
② 단시간에 알루미늄 합금 등이 연소하여 외판 등의 금속부분이 용해된다.
③ 연료탱크가 꼬리날개에 있어 꼬리날개 부근이 화재의 중심이 된다.
④ 연료탱크에 손상이 없고 액체의 일부가 연소하는 경우는 연소가 비교적 완만하고 연소속도도 느리다.

해설
연료탱크가 주날개 안에 있기 때문에 주날개 부근이 화재의 중심이 되고 유출연료 등에 의하여 주위에 연소 확대된다.
★★ 13년 소방위

04 "항공기화재" 진입방법으로 옳은 것은?

① 접근은 꼬리부분, 풍하, 측면으로 접근한다.
② 전투기 이외의 항공기 경우는 일반적으로 꼬리부분부터 접근한다.
③ 주 날개 및 바퀴로 접근한다.
④ 대량의 연료 유출에 의하여 화세확대가 예상되기 때문에 항상 퇴로를 고려하여 접근한다.

해설 ● 진입 및 부서방법 ★★ 23년 소방교
1. 진입위치 선정은 초기 진압활동에 매우 큰 영향을 미치며 소방대가 비행장에 진입할 경우는 통보내용, 수리상황, 기상상황 및 부지경사를 고려하여 진입구를 선정한다.
2. 활주로의 진입은 비행장 관계자에게 활주로 폐쇄조치가 되어 있는가를 확인하여 2차재해 방지에 세심한 주의를 기한다.
3. 접근은 머리 부분, 풍상, 측면으로 접근한다.
4. 전투기 이외의 항공기 경우는 일반적으로 머리 부분으로 접근한다.
5. 기관총 또는 로켓포를 장착한 전투기의 경우는 머리 부분부터의 접근은 위험하기 때문에 꼬리부분이나 측면으로 접근한다.
6. 제트기의 경우는 엔진에서 고온의 배기가스가 강력히 분출되기 때문에 화상을 방지하기 위하여 머리 부분부터 대략 7.5m 이상의 거리를 유지한다.
7. 프로펠러기의 경우는 프로펠러에 접근하지 않는다.
8. 대량의 연료 유출에 의하여 화세확대가 예상되기 때문에 항상 퇴로를 고려하여 접근한다.
9. 주 날개 및 바퀴에의 접근을 피한다.
10. 기체에 접근이나 기내진입 시에는 구조대원과 함께 포 소화, 분무방수 등으로서 엄호방수하고 백드래프트에 의한 재연방지에 노력한다.
11. 기내 승객들의 구조는 출입구 등의 구출구에 접근하여 구조 용이한 자부터 신속히 구조한다.

정답 03. ③ 04. ④

05 항공기 포 방사활동 중 틀린 것은?

① 피복 길이는 활주로의 1/3을 목표로 한다.
② 포의 두께는 4~5㎝ 정도로 한다.
③ 시간적 여유 또는 포 원액에 여유가 없는 경우는 40~50m 범위를 긴급히 전면 피복한다.
④ 동체하부 및 그 주변 약 5m 이내를 우선적으로 소화한다.

해설 ✪ 포 방사활동
1. 동체착륙을 할 경우에는 활주로에 공기포를 피복한다.
   - 피복 길이는 활주로의 1/3을 목표로 하며 피복 폭은 쌍발기 이상은 엔진간격의 약 1.5배, 단발기는 8~10m로 한다.
   - 포의 두께는 4~5㎝ 정도로 하고 시간적 여유 또는 포 원액에 여유가 없는 경우는 100~150m 범위를 긴급히 전면 피복한다.
2. 관창은 진입구 부근에 포방사를 실시하고 스스로 인명구조 외에 다른 구조대원 및 구조대상자를 보호한다.
3. 포소화와 분무방수를 중점으로 하고, 직사방수는 하지 않는다.
4. 동체하부 및 그 주변 약 5m이내를 우선적으로 소화한다.
5. 고발포는 지표 등 평탄한 부분을, 저발포 방사는 기체 등 입체부분을 소화한다.
6. 포 방사에 있어서 직접 직사방수는 동체보호 등 필요 최소한에 그치고 광범위하게 방사를 한다.
7. 포의 침투가 어려운 날개 내부 등의 소화는 이산화탄소를 활용한다.

06 다음 ( ) 안에 들어갈 내용은?

> 땅속의 부식층(腐植層) 등이 연소하는 것이다.

① 수관화　　　　　　　　② 지중화
③ 지표화　　　　　　　　④ 수선화

해설
1. 수관화는 나무의 수관(樹冠)이 연소하는 화재이고 일단 연소하기 시작하면 화세가 강해 소화가 곤란하다.
2. 수간화는 수목이 연소하는 화재로 고목 등은 수간화가 되기 쉽다.
3. 지표화는 지표를 덮고 있는 낙엽가지 등이 타는 것이다.
4. 지중화는 땅속의 부식층(腐植層) 등이 연소하는 것이다.

07 산불화재의 방어선을 설정한 경우에 대한 설명으로 옳지 않은 것은?

① 지형, 지물로 인하여 직접소화가 가능한 경우
② 연소 확대되어 화세가 강한 경우
③ 연소속도가 빠르고 직접 소화 작업이 불가능한 경우
④ 이상연소가 발생한다고 생각되는 지형의 경우 방어선의 설정은 연소속도와 방어선 구축 작업능력을 충분히 고려하여 한다.

정답 05. ③　06. ②　07. ①

해설 ● 방어선 설정의 경우
1. 연소 확대되어 화세가 강한 경우
2. 연소속도가 빠르고 직접 소화 작업이 불가능한 경우
3. 지형, 지물로 인하여 직접소화가 불가능한 경우
4. 이상연소가 발생한다고 생각되는 지형의 경우 방어선의 설정은 연소속도와 방어선 구축 작업능력을 충분히 고려하여 한다.

08 방사선사고 시 소화활동으로 틀린 것은?

① 오염된 연기가 외부로 분출할 염려가 있는 경우는 개구부의 파괴 또는 개방은 지휘자의 지시에 의한다.
② 화재상황에서 관리구역 내에 방수할 필요성이 있는 경우에는 저속분무방수는 피하고 직사방수를 원칙으로 한다.
③ 위험구역에서는 쇠갈고리 등을 활용하고 직접 손으로 접촉하지 않는다.
④ RI 관계시설 주변의 화재의 경우는 RI 관계시설로의 연소방지를 고려하고 소화활동을 실시한다.

해설 ● 방사선사고 시 소화활동
1. 소화수단은 되도록 시설에 설치되어 있는 소화설비를 활용함과 동시에 고발포 활용에 대해서도 고려하고 방수에 의한 오염 확대의 위험이 없는 경우는 적극적으로 물에 의한 소화를 실시한다.
2. 관리구역 내에 있어서 방수는 방사성 물질에 직접 방수하는 것을 피하고 방사성물질의 비산 및 유출방지를 꾀한다.
3. 화재상황에서 관리구역 내에 방수할 필요성이 있는 경우에는 직사방수는 피하고 저속분무방수를 원칙으로 한다.
4. 소화수에 의한 오염 확대를 방지하기 위해 방수는 최소한으로 한다.
5. 이산화탄소 및 할로겐화물소화설비를 활용해서 소화하는 경우는 특히 산소결핍의 2차재해 방지에 노력함과 동시에 화재실의 압력증가에 따른 오염확대방지에 노력한다.
6. 관계시설의 화재로 방수를 위한 접근이 대원의 피폭방지가 불가능한 경우는 인접 소방대상물로의 연소방지를 우선으로 소화활동을 한다.
7. 오염된 연기가 외부로 분출할 염려가 있는 경우는 개구부의 파괴 또는 개방은 지휘자의 지시에 의한다.
8. 잔화처리는 반드시 시설관계자의 입회하에 실시함과 동시에 특히 위험구역에서는 쇠갈고리 등을 활용하고 직접 손으로 접촉하지 않는다.
9. RI 관계시설 주변의 화재의 경우는 RI 관계시설로의 연소방지를 고려하고 소화활동을 실시한다.

09 "RI시설 화재" 시 소방활동의 일반원칙으로 틀린 것은?

① RI장비를 구비한 중앙구조본부를 활용한다.
② 대원은 지휘자의 통제 하에 단독행동을 금한다.
③ 활동은 필요최소한도로 하고 위험구역 내로의 진입시간을 짧게 한다.
④ 위치 선정은 풍하, 낮은 장소로 한다.

정답 08. ② 09. ④

해설 ✪ RI시설 화재 시 소방활동의 일반원칙*** 08년 경북 소방장/ 14년 경남 소방장
① 대원은 지휘자의 통제 하에 단독행동은 엄금한다.
② 위치 선정은 풍상, 높은 장소로 한다.
③ 방사선 피폭방지를 위해 관계자 및 장비를 활용해서 위험구역을 설정하고 로프 등으로 표시한다.
④ 소방활동은 인명구조 및 대원 개개의 피폭방지를 최우선으로 실시한다.
⑤ 위험구역 내에서 소방활동을 실시한 경우는 기자재 및 인체의 오염검사를 실시한다.
⑥ 활동 중 외상을 입은 경우는 즉시 지휘자에게 보고한다.
⑦ 활동은 필요최소한도로 하고 위험구역 내로의 진입시간을 짧게 한다.
⑧ 시설 관계자(방사선취급주임)를 확보하고, RI장비를 구비한 중앙구조본부를 활용한다.

10 방사선 외부피복의 3대원칙에 해당되지 않는 것은?

① 희석
② 시간
③ 거리
④ 차폐

해설

외부 피폭	인체의 외측에서 피부에 조사(照射)되는 것으로 투과력이 큰 γ 선 등이 위험하다. 외부 피폭 방호의 3대 원칙으로는 거리, 시간 차폐이며 내용으로는 ① 거리는 멀리, ② 시간은 짧게, ③ 방사선의 종류에 적합한 방어물로 차폐하는 것이다.
내부 피폭	호흡기, 소화기 및 피부 등을 통해서 인체에 들어온 상태를 말하며 외부피폭과 달리 α 선이 가장 위험하다. 내부피폭 방호의 3대 원칙으로는 격납, 희석, 차단이 있으며 매용으로는 ① 격리는 작업장소를 제한하여 방사성물질을 주변 환경에서 차단하는 것이고 ② 희석은 공기정화 등을 통해 방사성 물질의 농도를 희석시키는 것이며, ③ 차단은 보호복 및 공기호흡기 등을 활용하여 인체 침입 경로를 차단하는 것이다.

11 방사선 위험구역에서 소방·구조대원 등 필수 비상대응요원만 진입하여 활동하는 공간으로 설정된 지역은?

① Hot Zone
② Warm Zone
③ Cold Zone
④ fire Zone

정답 10. ① 11. ②

Hot Zone	① 출입자에 대하여 방사선의 장해를 방지하기 위한 조치가 필요한 구역이다. ② 공간 방사선량률 20μ Sv/h 이상 지역은 소방활동 구역이며 공간방사선량률 100μ Sv/h 이상 지역에 대해서는 U-REST 등 방사선전문가들이 활동하는 구역이다. ※ 방사선사고지원단(U-REST, Ubiquitous-Regional Radiation Emergency Supporting Team)이란 방사선방호 전문지식을 갖춘 초동대응활동이 가능한 자원봉사조직으로 2015년 현재 15개 권역에 150여명이 활동하고 있다
Warm Zone	① 소방·구조대원 등 필수 비상대응요원만 진입하여 활동하는 공간으로 일반인 및 차량의 출입을 제한하기 위하여 설정하는 지역이다. ② 공간방사선량률이 자연방사선준위(0.1~0.2μ Sv/h) 이상 20μ Sv/h 미만인 지역으로 Hot Zone과 경찰통제선 사이에 비상대응조치를 수행하기에 필요한 공간이다.
Cold Zone	경찰통제선(Police Line) 바깥 지역으로 공간방사선량률이 자연방사선준위(0.1~0.2μ Sv/h)수준인 구역이다.

12 "독극물 화재" 시 인명검색, 구조요령으로 틀린 것은?

① 구조대상자의 안전 확보상황 등에서 필요에 따라 구조대상자에 호흡보호기를 착용시킨다.
② 예측 불가한 사태에 활동할 수 있는 대원의 배치 및 연락할 수 있는 체제를 유지한다.
③ 인화 또는 폭발위험이 있는 경우는 엄호방수를 금지한다.
④ 독극물위험구역은 초기에는 출화 또는 누설·유출 장소 부근을 중점으로 하고 검색구역은 될 수 있는 한 특정해서 인명검색을 실시한다.

해설 ◆ 인명검색·구조
1. 독극물위험구역은 초기에는 출화 또는 누설·유출 장소 부근을 중점으로 하고 검색구역은 될 수 있는 한 특정해서 인명검색을 실시한다.
2. 독성가스의 확산, 유동방향에 인명검색범위를 확대하고 독·극물 위험구역 또는 폭발위험구역 내 전부를 실시한다.
3. 구조대상자를 단시간에 구출할 수 있는 구조수단·방법으로 실시한다.
4. 독성가스의 확산·유출 또는 중화 등의 응급조치가 가능한 경우는 구조활동과 병행해서 실시한다.
5. 인화 또는 폭발위험이 있는 경우는 엄호방수 하에서 실시한다.
6. 예측 불가한 사태에 활동할 수 있는 대원의 배치 및 연락할 수 있는 체제를 유지한다.
7. 구조대상자의 안전 확보상황 등에서 필요에 따라 구조대상자에 호흡보호기를 착용시킨다.
8. 오염된 구조대상자에 대해 독·극물위험구역 외에서 탈의, 비눗물, 물 등의 제염조치를 실시하고 그 후 구호소 등의 안전한 장소에서 구호조치를 실시한다.

정답 12. ③

13 "공동구 화재"에 대한 설명으로 틀린 것은?

① 폭 1.8m 이상, 높이 2m 이상이며 길이가 50m 이상(전력 또는 통신사업용 이외의 것은 500m 이상)으로 정의되어 있다.
② 진입조건이 정리될 때까지의 사이는 연소저지선이 되는 맨홀, 급·배기구측에 소구경노즐을 배치하고 화세의 억제를 꾀한다.
③ 소구획으로 구분되어 있는 경우는 고발포에 의한 소화활동을 실시한다.
④ 연소방지설비가 설치되어 있는 경우 신속히 활용한다.

해설 ✪ 공동구 화재 소화활동
① 진입조건이 정리될 때까지의 사이는 연소저지선이 되는 맨홀, 급·배기구측에 대구경노즐을 배치하고 화세의 억제를 꾀한다.
② 진입태세가 정리되면 장시간 사용 가능한 공기호흡기를 착용하고 급기측에서 진입함과 동시에 배기측에 경계관창을 배치한다.
③ 공동구 내의 소방활동은 복수의 방수형태에 의해 배열·배연을 실시함과 동시에 배기 측에 배기구를 확보해서 ①항과 같은 조치를 실시한다. 또한 급격한 짙은 연기의 분출이 있는 경우 또는 화세가 강한 경우에는 2중, 3중의 엄호방수에 의해 안전을 확보한 다음에 실시한다.
④ 소구획으로 구분되어 있는 경우는 고발포에 의한 소화활동을 실시한다.
⑤ 연소방지설비가 설치되어 있는 경우 신속히 활용한다.

14 "터널 화재"의 특성 중 틀린 것은?

① LPG, 위험물 탱크로리 등의 화재 시 2차폭발의 위험이 있다.
② 소방 수리가 설치되지 않은 곳이 많아 화재의 확대위험이 있다.
③ 화학차에 의한 소화대응은 자제한다.
④ 외기에 의해 터널내의 풍향이 변화하는 곳이 있고 진입구가 한정되는 것이 많다.

해설 ✪ 터널화재 특성
1. 외기의 풍향에 의하여 터널내의 풍향이 변화하는 곳이 있고 진입구가 한정되는 것이 많다.
2. LPG, 위험물 탱크로리 등의 화재 시 2차폭발의 위험이 있다.
3. 길이가 긴 터널에서 교통사고 등으로 차량화재가 발생하여 도로가 막히면 진행하던 차량이 긴급대피하지 못하여 다수의 인명피해의 위험이 있다.
4. 터널 내 화재는 차량의 유류로 인한 위험물화재로서의 특징이 있고 화학차에 의한 소화대응이 필요하다.
5. 소방수리가 설치되지 않은 곳이 많아 화재의 확대위험이 있다.

정답 13. ② 14. ③

15 "화약류화재"에 관한 설명으로 옳지 않은 것은?

① 중점 활동장소는 포위대형을 취하고 충분한 예비방수를 실시한다.
② 수용성의 화약류는 소화용수와 함께 하수 등으로 유입하지 않도록 조치를 강구한다.
③ 화약류 제조공정에 있어서 마찰, 충격, 스파크 등의 원인이 의해 착화 및 폭발위험이 높다.
④ 수용성의 화약류는 소화용수와 함께 하수 등으로 유입되도록 조치를 강구한다.

해설
- 수용성의 화약류는 소화용수와 함께 하수 등으로 유입되지 않도록 조치를 강구한다.

16 "압기공사장 화재"에 관한 설명으로 옳은 것은?

① 압기현장 때문에 에어로크 설치에 의해 진입구가 양쪽방향으로 활용된다.
② 압기 갱내 작업에 임할 때에는 활동시간이 통상보다 길어지므로 충분히 유의한다.
③ 호스 등 기자재 및 휴대무전기는 에어로크로 단절되기 때문에 소방활동이 곤란하게 된다.
④ 압기 갱내 화재로 구조대상자가 있는 경우는 수몰에 의한 소화, 자연진화, 불연가스 봉입 등에 의한 소화방법으로 실시한다.

해설 ● 압기공사장 화재
1. 압기현장 때문에 에어로크 설치에 의해 진입구가 한쪽방향으로 활용된다.
2. 압기 갱내 작업에 임할 때에는 활동시간이 통상보다 짧아지므로 충분히 유의한다.
3. 호스 등 기자재 및 휴대무전기는 에어로크로 단절되기 때문에 소방활동이 곤란하게 된다.
4. 압기 갱내 화재로 구조대상자가 없는 경우는 수몰에 의한 소화, 자연진화, 불연가스 봉입 등에 의한 소화방법으로 실시한다.

정답 15. ④ 16. ③

CHAPTER 07 지휘이론

제1절 지휘개념

소방지휘는 『지휘자가 지휘권을 가지고 자기의 의도를 실현하기 위하여 조직을 활용하여 소방대 또는 개인에게 일정의 행동을 강제하는 것』으로 정의된다.
지휘자는 그 임무를 수행하기 위하여 지휘권을 행사하고 소방대 또는 대원에게 의도하는 활동을 지시한다.

1 지휘 책임

행동책임	부하는 지휘자의 명령을 충실히 실행하는 입장에 있으므로 부하의 행동 및 그 결과에 대하여는 지휘자가 전 책임을 지는 것이다.
임무의 수행책임	임무완수는 지휘자의 책임이다. 소방활동에 있어서 각대의 활동은 행동목적, 행동 목표에 따라서 의의가 붙여지고 그 목적, 목표달성에 의해 그 존재 가치를 가진다.

2 지휘활동 기본★★★ 17년 소방위

실태 파악	화재현장에서 지휘관이 최우선해야할 것은 실태파악이며, 이를 위한 정보수집은 현장활동의 시초다.
정보	정보를 수집하는 때에도 각 소방대는 행동을 개시하는 것이므로 가능한 한 빨리 정보를 수집하여 실태 파악에 노력하여야 한다.
결심	정보를 기본으로 하여 실태를 파악하고 무엇을 해야 할 것인가, 소방대 배치와 임무는 어떻게 해야 할 것인가를 결심한다.
명령	지휘자는 꼭 책임을 자각하고 방침을 빨리 결정하여 그 방침에 의하여 강력히 견인하는 것이고 이것을 도중에 변경하지 않는 것이다. 이 자각으로부터 견고한 신념이 발생하는 것이다.

▧ 지휘활동의 기본적 구조

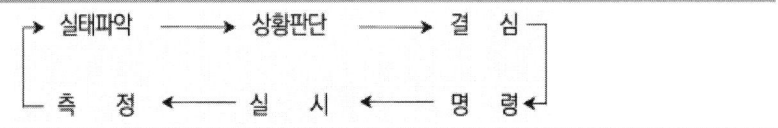

TIP 기본적 구조순서를 기억하고 현장지휘관이 최우선할 것은 실태파악입니다. ^^

3 소방대 통솔

통솔은 조직체를 어느 목표를 향하여 이끌어 가는 것을 말한다. 일반 행정기관과 기업에서도 조직인 이상 통솔작용은 사실상 존재하지만 이것은 여기에서의 통솔과는 다르고 「관리」 또는 「지도」라는 용어를 일반적으로 사용하고 있다.

조직의 활동 능력을 향상	소방활동은 재해의 확대성, 행동위험, 우발성 등의 특성에 대처하기 위하여 고도의 활동능력과 조직력의 결집이 요구된다. 이것은 하루아침에 달성할 수 있는 것은 아니고 부하를 교육, 훈련하여 미리 상황 발생에 대비하여 전력을 양성하는 것이 중요하다. 특히 지휘자는 현장 활동에 있어서 책임의 막중함을 자각하고 우수한 지휘를 할 수 있도록 능력을 높이고 체력, 기력을 충실하게 할 필요가 있다.
조직의 일체성 강화	지휘자는 상하 상호의 신뢰관계를 유지하여 부하를 장악하고, 행동력을 높이고, 재해시에 있어서는 조직이 생명체를 가질 수 있도록 일체성을 유지하고 확보 한다.
소방대의 통일적 활동	결정의 지연은 부대를 수습에 관계없이 혼란으로 이끌기 쉽다. 방침을 결정하면 지휘하의 부대에 임무를 부여하여 그 실현을 기할 수 있지만 소방대를 통일적으로 활동시키기 위해서는 소방대를 확실히 장악하여야 한다. 소방대 장악은 조직활동의 원점이다.

◉ 부대통솔이라고 하는 것은 이상의 3가지가 하나로 통합되고 병행되는 것이다.

4 상황판단★★ ▶ 16년 소방위

의의	소방지휘에 있어서 상황판단이라고 하는 것은 현장의 상황으로부터 재해의 실태를 파악하여 이것에 임무를 주고 이 상황에서『지금 무엇을 할 것인가』를 항상 판단하는 것이다. 상황판단은 적시, 적절한 결심에 도달하는 기반이 되는 것이다.
원칙★★	① 직감과 선입감 및 희망적 관찰을 피하고 가능한 한 정보에 따라서 객관적으로 숙고할 필요가 있다. ② 상황판단을 위해 가장 중요한 것은 재난상황을 정확히 파악하는 것이다. 　소방활동의 대상인 화재현장은 항상 불확정의 상황이다. 지휘관은 화재현장 활동시 정보수집을 적극적으로 하고 전반적인 상황을 빨리 파악하는 것에 전력을 기울여야 한다. ③ 화재현장은 항상 변화한다. 어떤 순식간의 상황변화에도 반드시 예고는 있다. 지휘자는 변화의 징후를 간과해서는 안 된다. 이를 위해서는 현재의 상황을 냉정하게 알고 끊임없이 상황판단을 계속하는 것이다. ④ 지휘자는 일 방면의 작은 일에 사로잡히지 않고 넓은 면을 봐야 한다. 　지휘자는 대원보다 한층 높은 곳에서 전반적인 상황을 내려다보고 넓은 면을 파악한 후 상황에 대응한 조치를 취할 필요가 있다. 지휘관은 어디까지나 전 부대의 지휘가 그 임무이다. 정보를 종합하여 전체를 확인하면서 상황판단을 하여야 한다.

TIP 지휘관은 상황판단이 최우선이고 객관적인 판단과 넓은 면을 봐야합니다. ^^

제2절 화재현장지휘·통제

현장지휘 임무를 수행하는 직원은
① 현장에 도착했을 때 누가 어떤 임무를 맡는 것이 적합한지?
② 어디에 지휘소를 설치할 것인지? 출동대(차량)는 어디에 위치시켜야 하는지?
③ 고정지휘를 할 경우에 건축물 내부 화재의 확대 또는 진압효과를 어떻게 파악할 것인지?
④ 폭발 또는 붕괴 위험성은?
⑤ 누군가 실종된다면 어떻게 할 것인지?

이와 같은 상황에 직면한 지휘팀은 다음과 같은 지휘명령시스템의 10가지 구성요소를 통해 출동대를 체계적으로 조직화하고 통제할 수 있다.

1 현장 도착 선언★★

현장 도착 선언(Announcing arrival)을 하는 가장 중요한 취지는, 현 시점에서 현장에 있는 지휘관이 누구인지 알 수 있다는 것이다. 원칙적으로 최초로 도착한 선착대장이 상급 지휘관이 올 때까지 지휘관이 된다.
① 모든 출동대(지휘차 포함)는 현장 도착 즉시 무선보고를 해야 한다.
② 지휘차는 물론 모든 출동대가 알 수 있도록 (차량)무전기를 통해 보고하는 것을 원칙으로 한다.
③ 도착 시간을 공표하고 기록하는 것은 출동 대응시간을 나타내는 공식 통계자료가 된다.
④ 만약 늦은 대응으로 인해 소송이 제기된다면 그에 대한 중요한 정보가 될 수 있다.

> **TIP** 최초 현장지휘관은 가장 먼저 도착한 센터장이 될 것이고 화재가 확대되면서 본서의 현장대응팀장이 지휘관으로 지휘권 이양이 이루어지고 화재확대 여부에 따라 지휘관은 상급자로 교체됩니다. 각 출동대 현장 도착 보고는 무선으로 해야 합니다. ^^

지휘권 장악 형태★★★ 23년 소방교/ 소방위

형 태	내 용(개념)
전진지휘 형태	• 최일선에서 임무중심 지휘방식, 즉각적·공격적 활동이 필요하고 지휘권을 이양하는 것이 부적절한 경우 선착대장이 사용 • 배연, 검색구조, 내부호스관리 등과 같은 실제임무를 이행하는 단위지휘관이 사용가능
이동지휘 형태	• 지휘관이 재난현장주위를 돌아다니며 지휘, 원칙적으로 방면지휘관만 사용가능 • 선착대장이 주로 취하는 직접지휘형태로 공격적 화재진압, 인명구조, 대원의 안전 등의 문제와 직결되는 불확실한 상황에서 위험현장을 직접 지휘하는 형태
고정지휘 형태	• 복잡한 전체 현장을 거시적 관점에서 지휘하기 위해 외부에서 고정지휘를 하는 형태 • 공식화된 지휘위치에서 단위지휘관을 총괄지휘, 다수의 단위대를 총괄조정 할 경우 고정지휘를 원칙 • 고정지휘소는 지휘차 또는 현장지휘소

> **TIP** 지휘형태(전진, 이동, 고정)의 차이점을 기억하세요. ^^

2 대원 임무편성표(Fire-fighter accountability system)

모든 대원에 대한 정확한 임무부여와 기록 관리는 지휘기능의 시작에 해당된다. 따라서 화재진압과정에서 붕괴나 폭발이 발생하면, 각 지휘관은 소속 직원에 대한 인원수를 파악하고 대원의 행방을 확인해야 한다. 그러나 "악화가 양화를 구축" 하듯이 이러한 기능은 종종 보다 더 중요한 지휘기능을 압도하게 만드는 번거로운 일이 될 수 있다.

> ● 선진 외국에서는 이러한 "지휘 DATE 기반 기능"을 신속하게 이행하도록 자동화 해주는 시스템을 개발 운영하고 있다. "A name-tag system" 또는 "A riding-list system"이 이것이다. Riding-list system은 매일 근무일정표에 따라 지휘관 자신을 포함한 대원들의 임무별 목록을 자동으로 편성하여 관리하는 시스템을 말한다. 이러한 목록에는 할당된 임무와 책임운용 장비가 각각 기록되어 있다. 이것은 현장에서 장비를 분실하는 문제를 줄이는 데 도움이 될 수 있다. 이러한 목록은 매일 근무시간 시작과 동시에 2부를 출력하여 1부는 각 출동대 차량(운전석 위 Clipboard)에 1부는 출동대 지휘관(센터장)이 휴대하도록 하고 있다.

3 표준작전절차(Standard Operating Procedure)★★

(1) SOP의 개요

표준작전절차(SOP)는 화재 등 사고현장에서 대응자원의 효과성을 증대시키기 위하여 표준행동과정을 수립한 조직적 작전명령의 틀로써,
① 모든 사고 상황에 적용하는 기본 작전원칙을 기록한 절차를 말한다.
② 표준작전절차는 누가 어디서 무엇을 해야 하는지를 개략적으로 나타내 주는 일반적 작전계획이다.
③ 이것은 가장 빈번한 화재와 사고 유형을 기초로 수립되어야 한다.
④ 표준작전절차는 현장지휘관이 현장에서 조정하거나 변경시키지 않는 한 표준적인 일반절차로 이행된다.

SOP의 일반적 구성내용	• 기본적 지휘기능(지휘권을 장악하고 지속시키는 표준방법) • 지휘책임 분산방법(분대장에게 사고지역의 일부분을 위임하거나 일정한 책임기능을 위임하는 표준방법) • 통신과 출동체계 • 현장안전관리 • 전술적 우선순위(인명구조-화재진압-재산보호)와 관련된 지원기능을 수립하는 지침 • 초기자원배치의 표준적 방법(출동소방차량배치 방법) • 각 출동대의 책임과 기능에 대한 개요
SOP의 특징	• 기록된 절차(논의 합의된 계획서의 기록) • 공식화(현장경험에서 나온 효과적인 기술들을 공식적으로 채택한 것) • 모든 상황에 적용가능 • 시행(실행가능성 없는 복잡한 규정과 같은 것이 아니라, 실용성 및 시행가능성 있는 절차) • 사고관리모델로 통합(전체 사고관리체계의 기초 및 골격으로 적용)

> **TIP** SOP는 현장활동의 기본 작전절차입니다. 현장이란 변수가 워낙 많으므로 SOP를 기본으로 해서 상황에 맞게 조정할 수 있겠죠. ^^

4 지휘조직구조

현장지휘자(팀)은 현장지휘소 현황판에 각 출동대의 임무할당 및 배치 위치를 나타내는 지휘조직구조(조직표)를 기록유지하여야 한다.
① 누가 단위 지휘관인지?
② 몇 명의 대원이 각 대에 배정되었는지?
③ 배치 및 활동위치는 어딘지?
　또한, 위험구역에 진입한 대의 진입시간과 교대예정시간, 교대조 또는 대기조 편성 여부 등을 기록하면서 전체적 조직화가 유지되도록 관리하는 도구로 활용한다.

○ 해결하여야 할 상황이 복잡하거나 대규모 화재인 경우에는 대응초기에서부터 작성한 조직구조 "도표"를 토대로 보다 큰 규모의 조직관리에 활용하는 ICS(긴급구조통제단)을 활용하여 관리한다. 이 ICS의 기본 조직구조는 총괄지휘기능(통합지휘팀, 안전담당, 연락공보담당), 계획기능(대응계획부), 대응기능(현장지휘대), 자원지원기능(자원지원부), 긴급복구기능(긴급복구부) 등으로 확장하여 사용할 수 있고, 각 부서의 조직은 현장지휘관의 재량에 따라 필요한 만큼 운영된다.

5 현장조직(분대) 편성*

(1) 임무부여의 원칙

현장조직 편성을 위한 임무부여 수준은 크게 전략수준, 전술수준, 임무수준으로 구분할 수 있는데 화재사고의 성격이 복잡하거나 대규모인 경우 이러한 각각의 작전수준은 권한위임의 원칙에 따라 하위 단위지휘관으로 위임된다.

전략 수준	현장지휘관의 임무와 책임수준에 해당하는 것으로 전체 전략을 결정하고, 전반적인 목표수립, 목표의 우선순위결정, 활동계획(작전계획) 개발, 자원확보 및 배치, 전술수준의 각 소방대(隊)에 대한 목표부여 등의 사항이 여기에 포함된다.
전술 수준	전략수준에서 결정된 각 목표(문제)를 해결하기 위한 수준으로, 이러한 목표해결을 위한 대원배치, 임무수행 시 안전관리 등의 내용이 여기에 포함된다.
임무 수준	전술수준에서 부여된 목표를 해결하기 위해 부여된 임무수행의 수준으로 각 개별 출동대나 특정대원에 의해 달성되는 활동을 의미한다.

TIP 전략은 지휘관급의 활동계획이며, 전술은 전략수준에서 결정된 목표를 해결하는 것이고, 임무수준은 각 개별 출동대의 활동을 의미하는 것입니다.

(2) 분대편성** 23년 소방위

분대편성 또는 현장분할은 화재 현장을 작고 관리 가능한 부분으로 나누어 관리하는 것을 말한다. 현장을 몇 개의 방면 또는 구역으로 나누고 각각에 대하여 단위지휘 책임자를 지정하여 운영하는 것은 권한위임의 일종으로 각 단위지휘관에게 보다 큰 책임의식을 가지도록 하고 동시에 전반적 지휘통제범위(통솔범위)를 늘려주게 된다.

방면별 명명법	좌측소대, 우측소대, 후방소대, 전방소대 등 ※ 화재현장이 동서남북 방향과 일치할 경우 : 동·서·남·북쪽 분대로 명명할 수 있다.
지역별 명명법	A 지역소대, B 지역소대, C 지역소대 등
임무별 명명법*	진압소대, 배연소대, 구조소대, 대피소대, 지붕소대 등 ※ 임무별 명명법은 방면별 명명법이 적합하지 않거나 화재현장이 동서남북 방향과 일치하지 않을경우에 배치된 임무(목표)에 따라 명명한다.
건축물의 층별 명명법	각 층수 사용(지하1분대, 1(층)분대, 2(층)분대, 3(층)분대……7층 분대, 8층 분대 등)

TIP 분대편성 기능별 내용을 숙지하여야 합니다. ^^

● **분대편성의 이점*** 14년 소방위 / 23년 소방위
  ① 현장지휘관의 통솔범위를 확대할 수 있다.
  ② 의사전달체계를 더욱 효과적으로 해준다.
  ③ 대규모 현장을 일정한 단위조직으로 나누는 표준시스템을 제공한다.
  ④ 중요한 지원기능을 나열해준다.
  ⑤ 대원의 안전을 제고시킨다.

6 지휘소 설치·운영

① 어떤 화재이든 지휘소는 반드시 설치 운영되어야 한다.
② 현장지휘는 지휘소에서 하는 것을 원칙으로 한다.
③ 조직표와 지휘기록을 유지관리하기 위해 현황판(command board)을 설치한다.
④ 현장에 도착하는 모든 인력과 출동대(차량)은 반드시 지휘소에 도착사실을 보고하고 임무를 부여 받아야 한다.
⑤ 현장을 이탈하는 모든 인력과 출동대(차량)은 반드시 지휘소에 보고 한 후 이탈해야 한다.

⑥ 현장지휘관은 가능한 지휘소에 위치해 있어야 한다. 만약 현장지휘관(IC, Incident Commander)이 지휘소를 이탈할 때는 차 하위 단위지휘관 또는 지휘보좌 기능을 담당하는 대원이 지시사항을 전달하고 정보를 수집해야 한다.(이 기능은 중단 없이 지속되어야 한다.)
⑦ 지휘소는 가능한 풍향을 고려하여 인접한 노출건물이 보이는 정면부분에 위치하여야 한다.

TIP 과거에는 주로 대형화재 발생 시 지휘소를 설치했으나 현재는 모든 화재는 반드시 지휘소를 설치운영해야 합니다. ^^

(1) 지휘위치잡기 즉, 지휘소 위치 선정시 고려사항*** 17년 소방장

① 최대 시계(視界)확보 : 건물인 경우 2개 이상 방향 관찰 가능한 장소 선택, 화재전반을 용이하게 파악할 수 있는 장소로 풍상이나 풍횡으로 하고 풍하측은 피한다.
② 주변지역(환경)에 대한 최대 시계확보 : 출동 각 대의 지휘자, 기타 관계자가 용이하게 확인할 수 있는 장소
③ 눈에 잘 띄는 곳
④ 안전한 곳

⑤ 차량이동과 작전에 방해되지 않는 곳
⑥ 출동대 활동(작전상황)을 관찰할 수 있는 곳
⑦ 각종 통신관계의 활용, 보고, 연락 등이 순조롭고 부대의 지휘운용이 용이한 장소

> **TIP** 과거에 출제가 빈번했던 내용으로 지휘관은 현장지휘소에서 판단하고 지휘해야 한답니다. ^^

7 대기단계(Staging of apparatus) 운영

다수 출동대가 현장에 출동한 복잡한 상황 하에서는 많은 출동대 차량이 서로 혼잡스럽게 배치되어 차량진출입을 방해하거나 원하는 위치에 차량을 배치하는 것이 곤란하게 될 수 있다. 이러한 상황에서는 출동대 차량을 체계적으로 관리하기 위한 표준작전절차가 운영되어야 한다.

대기 1단계 (Level Ⅰ staging)	• 화재의 초기 단계로 선착대를 제외한 출동대 차량은 인접 코너에서 대기 한다. • 지휘관의 배치지시가 없는 한, 연소 건물이 있는 도로 인접장소에서 대기해야 한다.
대기 2단계 (Level Ⅱ staging)	• 큰 화재의 경우 운영이 필요하다. • 이것은 화재 현장 근처에 차량을 주차시키고 자원지원분대장(자원대기소장)이 대기 차량을 전반적으로 관리한다. • 화재현장을 중심으로 시내 진입방향과 외곽방향의 인접 교차로가 적정 대기위치로 운영될 수 있다.

8 상황보고(Progress reports)

(1) 단계별 상황보고

현장지휘관이 하는 상황보고는 3회 이상 하는 것을 원칙으로 한다.

1단계	• 현장도착과 동시에 화재상황 개요, 연소건물의 유형, 연소확대상황 등을 포함한 개략적 상황정보를 상황실에 보고하여야 한다. • 이것은 상황실과 상급지휘관의 상황판단을 돕기 위한 예비보고 절차에 해당된다.
2단계	상황의 전개과정에 따라 화재진압작전의 성공 또는 실패여부를 알리면서 현장지휘관이 적용하고 있는 전략을 설명하는 내용을 보고해야 한다. ※ 보고에서는 추가 지원자원 요구, 1·2차 검색 결과 등에 대한 내용이 포함되며 세부보고절차에 해당된다.
3단계	최종 보고는 화재가 진압되었다는 보고이다. ※ 상황보고는 현장지휘시스템의 필수적인 부분(과정)으로 그 취지는 현장에 도착하였거나 도착할 예정인 출동대가 현장상황을 예측·분석할 수 있도록 해주며, 상급지휘관이 상황실을 통해 화재 상황을 관찰하도록 해준다. 그러나 이와 같은 주기적인 상황보고의 가장 중요한 기능은, 일정한 시간대별(10분 또는 15분 주기)로 현 전략을 재검토·평가하도록 해준다는 데 있다.

(2) 1단계(초기) 무선보고 내용

현장에 도착한 출동대장(현장지휘관)은 상황실에 무선보고를 통해 지휘권을 장악하였음을 선언하고, 아래 초기 무선보고를 통해 출동 중인 전체 대원들이 현장상황을 이해하고 어떻게 대응해야 할 것인지

를 예측할 수 있게 하여야 한다.

> **초기 무선보고 내용에 포함사항**★★
> ① 현장 도착 출동대 명칭
> ② 사고 상황 개요 : 건물규모, 용도, 위험물 누출 등
> ③ 현재 상황 : 연소 중, 대량 환자 발생 등
> ④ 시도된 활동 개요
> ⑤ 전략 선언(건축물 화재 시에만 해당) : 공격적, 방어적, 한계적 진압
> ⑥ 명백한 안전문제
> ⑦ 지휘권의 장악, 지휘관의 신원, 지휘소의 위치
> ⑧ 필요한 자원 요구

지휘관의 무선명명	각 지휘관별 고유 무선번호를 그대로 사용(다른 간부에게 지휘권이 이양되면 무선명칭도 바뀜)하는 것보다, 사고 장소를 딴 무선명칭(예 : "신림동 주택화재 지휘관")과 같이 단순하고 표준화된 명칭을 사용하는 것이 효과적이다.
무선교신 지침★★	① 짧고, 명확, 간결할 것 ② 산만한 형식주의를 피할 것 ③ 메세지의 우선순위화 : 중요한 것부터 먼저교신 ④ 임무에 기인한 메시지 : 어떻게 할 것인가 보다 무엇을 할 것인가의 특정임무중심 지시 ⑤ 복명복창
화재초기 상급자에게 보고사항★	① 발신대명, 화재지명·번지, 업종, 화재의 종류 ② 건물구조, 층수, 연소 동 수, 위험물, 소화약제 등의 상황 ③ 화재상황, 연소의 추이, 저지의 여부 ④ 부근건물 상황, 소방용수 상황 ⑤ 인적위험유무, 사상자의 상황 ⑥ 응원요청, 기타 요구사항
총괄지휘자 에게 보고사항★	① 화재의 추이와 자기 담당면의 방어개요 ② 자기담당면의 소요 소방력 ③ 소방용수 상황 ④ 인명검색, 구조·피난유도와 그 결과 ⑤ 위험물품의 유무, 소화약제의 상황 ⑥ 후착대의 경우는 방어의 유무
각 대간 연락사항★	① 각 방면에 있어서 화재진압 및 인명구조상황, 이동부서 등의 여부 ② 선·후착대의 부서 및 진입과 그 상황 ③ 위험물·위험장소의 상황 ④ 기타 잔화정리·귀서 등의 연락

TIP 화재초기상급자, 총괄지휘자, 각 대간 연락사항 비교 문제가 출제될 수 있어요. ^^

9 1·2차 검색(Primary and secondary searches)

현장지휘관의 역할 중 가장 중요한 것 중의 하나는 1·2차 검색을 통해 구조대상자 유무를 확인하는 것이다. 현장지휘관은 화재진압에 너무 몰두한 나머지 희생자 검색을 간과해서는 안 된다. 화재를 진압하는 각 분대에 건물 내의 1·2차 검색임무를 명확히 할당해야 한다. 사고 현장을 떠난 후 며칠 뒤에 가서야 잔해에서 희생자가 발견되는 일보다 더 치욕스러운 일은 없다.

1차 검색	즉각적이며 체계적인 방식으로 희생자가 가장 잘 발견되는 곳을 중점으로 신속하게 현장을 검색하는 것이다.
2차 검색	좀 더 느리면서 건물 전체와 주변을 철저하게 정밀 검색하는 것이다.

10 현장 검토회의

사고수습이 끝난 후 현장에 출동한 모든 소방관들을 소집하여 대응상의 문제점을 지적하고 개선할 사항과 새로운 지식정보를 공유해야 한다.

> ● 소속 직원들이 아래의 12가지 질문을 평가했을 때 평균 10개 이상 정확히 답할 수 있다면 그 조직은 현장지휘시스템 속에서 조직적, 체계적으로 활동할 수 있는 역량을 가지고 있는 것으로 볼 수 있다. 만약 5~6개의 질문에만 답할 수밖에 없다면 그 조직은 추가적인 훈련이 필요하다는 점을 고려해야 한다.
> ① 직위가 같은 2명의 지휘관이 화재 현장에 처음으로 도착할 때, 누구에게 책임권이 있는가?
> ② 대원 임무편성표는 무엇인가?
> ③ 건축물 화재에서 4분대(Exposure 4)는 어디에 위치한 분대인가?
> ④ 건축물 화재에서 2분대(Exposure 2)는 어디에 위치한 분대인가?
> ⑤ 다층건물 화재에서 선착한 4개 분대는 어느 곳에서 진압을 해야 하는가?
> ⑥ 현장 도착 시 어느 곳에서 임무를 부여 받고 보고는 어디에 해야 하는가?
> ⑦ 대기 1단계는 무엇을 의미하는가?
> ⑧ 통제단 지휘체계(ICS)의 5가지 기능은 무엇인가?
> ⑨ 예비보고와 세부상황보고 간 차이점은 무엇인가?
> ⑩ 분대편성(Sectoring)이란 무엇인가?
> ⑪ 1차 검색과 2차 검색의 차이점은 무엇인가?
> ⑫ 언제 현장검토회의가 개최되는가?

> **Check**
> ① 지휘활동의 기본 구조는 실태파악 → 상황판단 → ( ) → 명령 → 실시 → 측정
> ② 지휘자는 ( )의 작은 일에 사로잡히지 않고 ( )을 보는 것이 중요하다.
> ③ 지휘권 장악 형태 : 전진지휘형태, ( ), 고정지휘형태
> ④ 진압소대, 배연소대, 구조소대, 대피소대, 지붕소대는 ( )이다.
> ⑤ 현장조직 편성을 위한 임무부여 수준은 전략수준, ( ), 임무수준이다.

화재진압 및 현장활동
06 기출 및 예상문제

01 다음 중 화재현장에서 지휘관이 최우선해야할 것은?

① 실태파악　　　　　　② 명령
③ 상황판단　　　　　　④ 측정

[해설] ※ 지휘활동의 기본적 구조* 17년 소방위

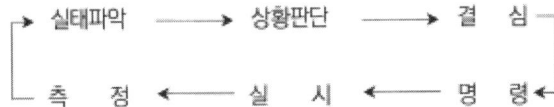

02 "현장상황판단의 원칙"에 대한 설명으로써 옳지 않은 것은?** 16년 부산 소방장

① 화재현장은 항상 변화하고 어떤 순식간의 상황변화에도 반드시 예고는 있다.
② 상황판단을 한 후에 중요한 것은 재해 상태를 정확히 파악하는 것이다.
③ 지휘자는 일 방면의 작은 일에 사로잡히지 않고 넓은 면을 봐야한다.
④ 지휘자는 선입감 및 희망적 관찰을 가지고 판단할 필요가 있다.

[해설]
• 지휘자는 직감과 선입감 및 희망적 관찰을 피하고 가능한 한 정보에 따라서 객관적으로 숙고할 필요가 있다.

03 단계별 상황보고에서 "세부보고절차"에 해당되는 것은?

① 상황실과 상급지휘관의 상황판단을 돕기 위한 보고
② 화재상황 개요, 연소건물의 유형, 연소 확대 상황
③ 추가 지원자원 요구, 1·2차 검색 결과
④ 화재가 진압되었다는 보고

정답　01. ①　02. ④　03. ③

해설 ○ 단계별 상황보고

현장지휘관이 하는 상황보고는 3회 이상 하는 것을 원칙으로 한다.

1단계	• 현장도착과 동시에 화재상황 개요, 연소건물의 유형, 연소 확대 상황 등을 포함한 개략적 상황정보를 상황실에 보고하여야 한다. • 이것은 상황실과 상급지휘관의 상황판단을 돕기 위한 예비보고 절차에 해당된다.
2단계	상황의 전개과정에 따라 화재진압작전의 성공 또는 실패여부를 알리면서 현장지휘관이 적용하고 있는 전략을 설명하는 내용을 보고해야 한다. ※ 보고에서는 추가 지원 자원 요구, 1·2차 검색 결과 등에 대한 내용이 포함되며 세부보고절차에 해당된다.
3단계	최종 보고는 화재가 진압되었다는 보고이다. ※ 상황보고는 현장지휘시스템의 필수적인 부분(과정)으로 그 취지는 현장에 도착하였거나 도착할 예정인 출동대가 현장상황을 예측·분석할 수 있도록 해주며, 상급지휘관이 상황실을 통해 화재 상황을 관찰하도록 해준다. 그러나 이와 같은 주기적인 상황보고의 가장 중요한 기능은, 일정한 시간대별(10분 또는 15분 주기)로 현 전략을 재검토·평가하도록 해준다는 데 있다.

04 사고현장 분대편성에 대한 방법으로써 다음 내용과 관계있는 것은?

> 진압소대, 배연소대, 구조소대, 대피소대, 지붕소대 등

① 방면별 명명법   ② 지역별 명명법
③ 임무별 명명법   ④ 건축물의 층별 명명법

해설 분대편성 명명법 ★23년 소방위

방면별 명명법	좌측소대, 우측소대, 후방소대, 전방소대 등 – 화재현장이 동서남북 방향과 일치할 경우 : 동·서·남·북쪽 분대로 명명할 수 있다.
지역별 명명법	A 지역소대, B 지역소대, C 지역소대 등
임무별 명명법	진압소대, 배연소대, 구조소대, 대피소대, 지붕소대 등 ※ 임무별 명명법은 방면별 명명법이 적합하지 않거나 화재현장이 동서남북 방향과 일치하지 않을경우에 배치된 임무(목표)에 따라 명명한다.
건축물의 층별 명명법	각 층수 사용(지하분대, 1(층)분대, 2(층)분대, 3(층)분대......7층 분대, 8층 분대 등)

정답 04. ③

05 지휘권 장악형태에서 다음 내용과 관계 깊은 것은?

배연, 검색구조, 내부호스관리 등과 같은 실제임무를 이행하는 단위지휘관이 사용가능

① 고정지휘 형태
② 이동지휘 형태
③ 방면지휘 형태
④ 전진지휘 형태

해설 ❍ 현장지휘권 장악 형태 *23년 소방교/ 소방위

형태	내 용(개념)
전진지휘 형태	• 최일선에서 임무중심 지휘방식, 즉각적·공격적 활동이 필요하고 지휘권을 이양하는 것이 부적절한 경우 선착대장이 사용 • 배연, 검색구조, 내부호스관리 등과 같은 실제임무를 이행하는 단위지휘관이 사용가능
이동지휘 형태	• 지휘관이 재난현장주위를 돌아다니며 지휘, 원칙적으로 방면지휘관만 사용가능 • 선착대장이 주로 취하는 직접지휘형태로 공격적 화재진압, 인명구조, 대원의 안전 등의 문제와 직결되는 불확실한 상황에서 위험현장을 직접 지휘하는 형태
고정지휘 형태	• 복잡한 전체 현장을 거시적 관점에서 지휘하기 위해 외부에서 고정지휘를 하는 형태 • 공식화된 지휘위치에서 단위지휘관을 총괄지휘, 다수의 단위대를 총괄조정 할 경우 고정지휘를 원칙 • 고정지휘소는 지휘차 또는 현장지휘소

06 현장지휘관의 상황보고에서 "1단계 무선보고내용"이 아닌 것은?

① 명백한 안전문제
② 지휘권의 장악, 지휘관의 신원, 지휘소의 위치
③ 사상자의 상황
④ 필요한 자원 요구

해설 ❍ 초기 무선보고 내용에 포함사항★★
① 현장 도착 출동대 명칭
② 사고 상황 개요 : 건물규모, 용도, 위험물 누출 등
③ 현재 상황 : 연소 중, 대량 환자 발생 등
④ 시도된 활동 개요
⑤ 전략 선언(건축물 화재 시에만 해당) : 공격적, 방어적, 한계적 진입
⑥ 명백한 안전문제
⑦ 지휘권의 장악, 지휘관의 신원, 지휘소의 위치
⑧ 필요한 자원 요구

정답 05. ④ 06. ③

07 현장지휘자가 "화재초기 상급지휘자에게 보고할 사항"으로 옳지 않은 것은?

① 발신대명, 화재지명·번지, 업종, 화재의 종류
② 화재상황, 연소의 추이, 저지의 여부
③ 인적위험유무, 사상자의 상황
④ 출동대원의 명단

[해설] ✚ 화재초기 상급지휘자에게 보고할 사항
1. 발신대명, 화재지명·번지, 업종, 화재의 종류
2. 건물구조, 층수, 연소 동 수, 위험물, 소화약제 등의 상황
3. 화재상황, 연소의 추이, 저지의 여부
4. 부근건물 상황, 소방용수 상황
5. 인적위험유무, 사상자의 상황
6. 응원요청, 기타 요구사항

08 "출동대 간 연락사항"으로 잘못된 것은?

① 각 방면에 있어서 화재진압 및 인명구조상황, 이동부서 등의 여부
② 선·후착대의 부서 및 진입과 그 상황
③ 소방용수 상황
④ 위험물·위험장소의 상황

[해설]

각 대간 연락사항	① 각 방면에 있어서 화재진압 및 인명구조상황, 이동부서 등의 여부 ② 선·후착대의 부서 및 진입과 그 상황 ③ 위험물·위험장소의 상황 ④ 기타 잔화정리·귀서 등의 연락

09 "SOP의 개요"에 대한 설명이 잘못된 것은?

① 모든 사고 상황에 적용하는 기본 작전원칙을 기록한 절차를 말한다.
② 이것은 가장 드문 화재와 사고 유형을 기초로 수립되어야 한다.
③ 누가 어디서 무엇을 해야 하는지를 개략적으로 나타내 주는 일반적 작전계획이다.
④ 현장지휘관이 현장에서 조정하거나 변경시키지 않는 한 표준적인 일반절차로 이행된다.

정답 07. ④ 08. ③ 09. ②

[해설]
○ 표준작전절차(SOP)는 화재 등 사고현장에서 대응자원의 효과성을 증대시키기 위하여 표준행동과정을 수립한 조직적 작전명령의 틀
① 모든 사고 상황에 적용하는 기본 작전원칙을 기록한 절차를 말한다.
② 표준작전절차는 누가 어디서 무엇을 해야 하는지를 개략적으로 나타내 주는 일반적 작전계획이다.
③ 이것은 가장 빈번한 화재와 사고 유형을 기초로 수립되어야 한다.
④ 표준작전절차는 현장지휘관이 현장에서 조정하거나 변경시키지 않는 한 표준적인 일반절차로 이행된다.

10 현장지휘소 설치·운영에 관한 설명으로 잘못된 것은?

① 현장지휘는 원칙적으로 지휘소에서 해서는 안 된다.
② 어떤 화재이든 지휘소는 반드시 설치 운영되어야 한다.
③ 조직표와 지휘기록을 유지관리하기 위해 현황판을 설치한다.
④ 현장을 이탈하는 모든 인력과 출동대는 반드시 지휘소에 보고 한 후 이탈해야 한다.

[해설] ○ 현장지휘관의 신속한 결정을 내리기 위한 전제사항* 21년 소방교
- 현장지휘관은 가정과 사실을 분리시켜야 한다.
- 의사결정에 있어 유연성을 지녀야 한다.
- 보고 받거나 관찰된 조건들에 대한 표준대응법을 개발해야 한다.
- 행동을 개시한 후에는 관리자의 역할로 돌아가야 한다.

11 현장지휘소 설치·운영에 대한 설명으로 틀린 것은?

① 건물인 경우 2개 이상 방향 관찰 가능한 장소
② 주변지역을 가장 잘 볼 수 있는 곳
③ 풍하를 우선으로 하고 풍횡이나 풍상은 피한다.
④ 각종 통신관계의 활용, 보고, 연락 등이 순조롭고 부대의 지휘운용이 용이한 장소

[해설] 지휘소 설치·운영
① 어떤 화재이든 지휘소는 반드시 설치 운영되어야 한다.
② 현장지휘는 지휘소에서 하는 것을 원칙으로 한다.
③ 조직표와 지휘기록을 유지관리하기 위해 현황판(command board)을 설치한다.
④ 현장에 도착하는 모든 인력과 출동대는 반드시 지휘소에 도착사실을 보고하고 임무를 받아야 한다.
⑤ 현장을 이탈하는 모든 인력과 출동대(차량)은 반드시 지휘소에 보고 한 후 이탈해야 한다.
⑥ 현장지휘관은 가능한 지휘소에 위치해 있어야 한다.
⑦ 지휘소는 가능한 풍향을 고려하여 인접한 노출건물이 보이는 정면부분에 위치하여야 한다.

[정답] 10. ① 11. ③

12 분대편성의 이점이 아닌 것은?

① 현장지휘관의 통솔 범위를 줄여준다.
② 의사전달체계를 더욱 효과적으로 해 준다.
③ 중요한 지원 기능을 나열해 준다.
④ 소방대원의 안전을 제고시킨다.

해설 ✪ 분대편성의 이점★★★ 14년 소방위 / 23년 소방위
1. 현장지휘관의 통솔범위를 확대할 수 있다.
2. 의사전달체계를 더욱 효과적으로 해 준다.
3. 대규모 현장을 일정한 단위조직으로 나누는 표준시스템을 제공한다.
4. 중요한 지원기능을 나열해 준다.
5. 대원의 안전을 제고시킨다.

13 "무선교신 지침"으로 잘못된 것은?

① 짧고 명확하고 간결할 것
② 복명, 복창
③ 메시지의 우선 순위화
④ 중요한 것은 나중에 교신

해설 ✪ 무선교신 지침(원칙)
1. 짧고, 명확, 간결할 것
2. 산만한 형식주의를 피할 것
3. 메시지의 우선 순위화 : 중요한 것부터 먼저교신
4. 임무에 기인한 메시지 : 어떻게 할 것인가 보다 무엇을 할 것인가의 특정임무중심 지시
5. 복명복창

정답 12. ① 13. ④

CHAPTER 08 소방용수시설

제1절 소방용수 ★★23년 소방장

물은 냉각효과가 가장 크고 쉽게 구할 수 있는 경제적인 물질이다. 냉각효과가 큰 것은 물의 비열과 기화열(증발잠열)이 크기 때문인데 그 중에서도 증발잠열이 냉각효과의 주된 요인으로 작용한다.

※ 화재진압 필수 3요소 : 숙련된 소방관, 최신장비, 풍부한 소방용수

- 물의 증발잠열은 539cal/g이다. 이것은 100℃의 물 1g을 같은 온도의 수증기로 변하게 하는 데에는 539cal의 열량이 필요하다는 것을 뜻한다.
- 100℃의 물 1g이 같은 온도의 수증기로 변할 때에는 주위로부터 539cal의 열을 빼앗는다는 것을 의미하며 물이 증발할 때에는 주위로부터 이와 같이 많은 열을 빼앗기 때문에 물은 훌륭한 소화약제가 될 수 있는 것이다.
- 화열과 접촉하여 발생되는 수증기는 불연성 기체의 일종이므로 연소를 억제하는 데 기여할 수도 있다. 즉 약간의 질식효과도 보여줄 수 있다.
- 증발될 때 체적은 약 1,700배 이상 커진다. 이것은 1리터의 액체상태의 물은 기화된 후 약 1.7㎥의 공간을 차지할 수 있는 양이 됨을 의미한다.

여러 가지 물질의 융해열과 기화열

물 질(1g)	녹는점(℃)	융해열(cal/g)	끓는점(℃)	기화열(cal/g)
에틸 알코올	−114	25	78	204
납	330	5.5	1170	175
수 은	−39	2.8	358	70
수 소	−259	85	−253	108
물	0	79.7	100	539
암모니아	−78	84	−33	325
아 연	420	24	918	475

○ 물의 특성
① 가격이 저렴하고 ② 어디에서도 쉽게 구할 수 있으며 ③ 기화열이 크며 연소물체에 도달하기 쉽고, ④ 사용하기 편리하고, 침투성이 높기 때문에 어떠한 소화제보다 소화효과가 크다는 물의 특성을 이용한 것.

1 소방용수(消防用水)의 정의

(1) 소방용수라 함은 <u>소방기본법 제10조에 규정하는 소방에 필요한 소방용수시설 및 수도법 제45조의 규정에 따라 설치된 소화전</u>을 말한다.

> ○ 소방기본법 제10조(소방용수시설의 설치 및 관리 등)
>   시·도지사는 소방활동에 필요한 소화전(消火栓)·급수탑(給水塔)·저수조(貯水槽)(이하 "소방용수시설"이라 한다)를 설치하고 유지·관리하여야 한다.
> ○ 수도법 제45조(소화전)
>   일반수도사업자는 관할 소방서장과 사전협의를 거친 후 소화전을 설치하여야 하며 설치 사실을 관할 소방서장에게 통지하고 그 소화전을 유지·관리하여야 한다.

(2) 소방용수는 소방기관이 소방활동에 사용할 것을 목적으로 시 또는 도의 책임 하에 설치하거나 지정된 것이므로 그 설치기준은 소방기본법시행규칙 제6조(소방용수시설 설치기준)에 의하여 정해져 있다.

▨ 소방용수표지(소방기본법 제6조 제1항 관련)

지하에 설치하는 소화전 또는 저수조의 소방용수표지	급수탑 및 지상에 설치하는 소화전·저수조의 소방용수표지
• 맨홀뚜껑은 지름 648밀리미터 이상의 것으로 할 것. 다만, 승하강식 소화전의 경우에는 이를 적용하지 아니한다. • 맨홀뚜껑에는 "소화전·주차금지" 또는 "저수조·주차금지"의 표시를 할 것 • 맨홀뚜껑 부근에는 노란색반사도료로 폭 15센티미터의 선을 그 둘레를 따라 칠할 것	• 안쪽 문자는 흰색, 바깥쪽 문자는 노란색, 안쪽 바탕은 붉은색, 바깥쪽 바탕은 파란색으로 하고 반사재료를 사용한다. • 위의 표지를 세우는 것이 매우 어렵거나 부적당한 경우에는 그 규격 등을 다르게 할 수 있다.
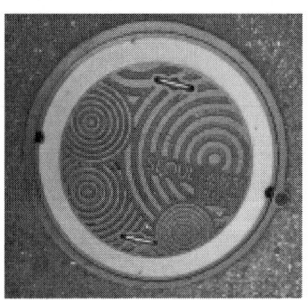	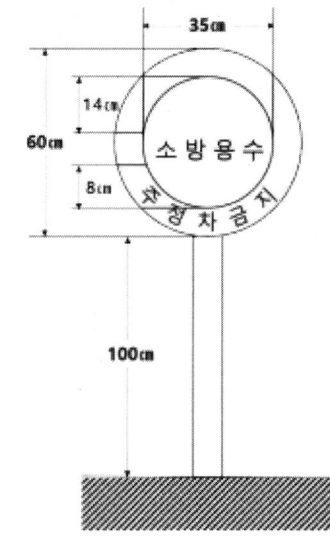

2 소방용수시설의 종류

소방용수는 일반적으로 인공적인 것과 자연적인 것으로 구분되며 그 종류는 다음과 같이 구분한다.

3 소방용수시설별 설치기준 ★★★★★ 16년 소방위/ 부산 소방교/ 17년 소방위/ 소방장/ 22년 소방장

소방용수는 소방대가 화재 시 소화활동을 위한 충분한 수량과 소방용 기계 기구를 유효하게 활용할 수 있는 위치, 구조이어야 한다.

소화전	상수도와 연결하여 지하식 또는 지상식의 구조로 하고, 소방용 호스와 연결하는 소화전의 연결금속구의 구경은 65밀리미터로 한다.
급수탑*	급수배관의 구경은 100밀리미터 이상으로 하고, 개폐밸브는 지상에서 1.5미터 이상 1.7미터 이하의 위치에 설치한다.
저수조	① 지면으로부터 낙차가 4.5미터 이하(진공펌프 흡수가능 10.33m) ② 흡수부분의 수심은 0.5미터 이상 ③ 소방펌프차가 용이하게 부서 할 수 있어야 한다.(흡수관 1본, 15m) ④ 흡수관의 투입구가 사각형의 경우에는 한 변의 길이가 60센티미터 이상, 원형의 경우에는 지름이 60센티미터 이상일 것 ⑤ 저수조는 상수도와 연결되거나 언제나 만수(滿水)되어 있는 구조의 것이어야 한다. ⑥ 흡수에 지장이 없도록 토사, 쓰레기 등을 제거할 수 있는 설비를 갖추어야 한다.

TIP 소화전, 급수탑, 저수조의 기준을 꼭! 기억하시기 바랍니다. 급수탑의 급수배관은 100밀리미터 이상입니다. 저수조는 지면으로부터 낙차가 얼마인가요?

소방용수시설별 장·단점 비교* 20년 소방교

종별	장점	단점
지상식 소화전	사용이 간편하고 관리가 용이하다.	• 지상으로 돌출되어 있기 때문에 차량 등에 의하여 파손될 우려가 있다. • 도로에는 설치가 곤란하다
지하식 소화전	지하에 매설되어 있어 보행 및 교통에 지장이 없다.	• 사용이 불편하고 관리가 어렵다. • 강설 시 동결되어 사용할 수 없는 경우가 발생한다. • 도로포장 공사 시 매몰 우려 및 뚜껑 인상을 해야 한다.
급수탑	물탱크 차량에 급수하는 데 가장 용이하다.	• 도로면에 설치되어 있기 때문에 차량 등에 의해 파손되는 경우가 많다. • 설치기준 부족으로 불필요한 물이 낭비되며 배수장치의 설치방법에 따라 동절기에 동결되는 경우가 생긴다. • 유지관리 미숙으로 동절기에 보온조치 등 불필요한 예산이 낭비된다. • 도시미관을 해친다.
저수조	• 대량의 물이 저장되어 있기 때문에 단수 시 급수작전에 효과를 기할 수 있다. • 고지대 등 급수작전이 미흡한 지역에 설치할 경우 지대한 효과를 기할 수 있다.	• 설치비용이 많이 든다. • 뚜껑이 너무 무거워 사용하기가 불편하다. • 설치위치 선정이 용이하지 않다 • 공사 시 교통에 많은 지장이 초래된다.

4 소방용수의 설치기준*** 16년 서울 소방교/ 18년 소방장/ 20년 소방장

① 소방호스(호스, hose)연장은 다음과 같이 도로를 따라서 연장한 경우 소방호스의 굴곡을 고려하여 기하학적으로 산출하면 반경 약 100m의 범위 내가 된다.
② 소방용수는 도시계획법상의 공업 및 상업지역, 주거지역은 100m 이내, 그 밖의 지역은 140m 이내에 설치하도록 되어 있다.

호스연장과 도달거리의 관계

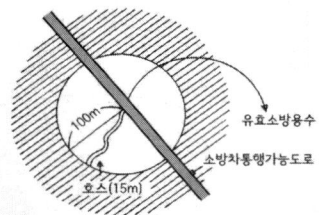

- 소방대의 유효활동 범위와 지역의 건축물 밀집도, 인구 및 기상상황을 고려하여 평상시의 설치기준으로서 소방기본법시행규칙 제6조에 정해져 있다.

- 평상시의 소방대의 유효활동 범위는 소방 활동의 신속, 정확성을 고려하여 연장 호스 10본(150m) 이내일 것으로 하고 있다.

> **TIP** 소방호스의 길이는 15m이며, 10본을 연장하면 150m가 한계인 것입니다. 그러나 소방호스는 펴는 과정에서 뱀처럼 굴곡을 고려해 100m가 범위가 되는 것입니다. ^^

5 소방용수시설 유지관리 ★★ 13년 서울 소방교

① 공설소화전, 저수조, 급수탑 등은 그 설치 재원을 각 시·도의 소방공동시설세로 하고 있으므로 유지·관리는 사용주체인 소방관서에서 해야 한다.
② 수도에 있어서는 그 설치자가 설치·유지와 관리를 한다. 이를 명확히 하기 위하여 소방기본법과 수도법에서 정하고 있다.

> ● 소방기본법 제10조(소방용수시설) 제1항 : 소방활동에 필요한 소화전, 급수탑, 저수조 기타의 소방용수시설은 관한 시·도가 설치하여 유지 관리하여야 한다.

소방기본법 시행규칙 제7조(소방용수시설 및 지리조사)

※ 소방본부장 또는 소방서장은 원활한 소방 활동을 위하여 다음 각 호의 조사를 월 1회 이상 실시하여야 한다.
- 소방용수시설에 대한 조사
- 소방대상물에 인접한 도로의 폭, 교통상황, 도로주변의 토지의 고저, 건축물의 개황, 그 밖에 소방 활동에 필요한 지리에 대한 조사를 실시하며, 조사결과를 2년간 보관하여야 한다.

※ 소방활동자료조사 등에 관한 규정 제12조 (소방용수·지리조사 실시)
① 정밀조사 : 연 2회(해빙기, 동절기)
② 정기조사 : 월 1회 이상
③ 수시조사 : 도로공사를 한 경우, 수도부서에서 소방용수시설 신설 또는 이설을 한 경우, 취약지역 등
④ 조사방법은 「현장 소방공무원 복무규칙」 제22조 및 제23조에 따른다.

③ 소방 활동에 필요한 소화전·급수탑·저수조 기타의 소방용수시설은 관할 시·도가 설치하여 유지 관리하여야 한다.
④ 소방용수시설은 소방관서의 재산으로서 그 책임을 다하여야 하며, 고장개소가 발생 시 상수도 관리 부서인 각 수도사업소에 개·보수사항을 의뢰하여 보수하거나 소방기관 자체 예산으로 보수하고 있다.

벌칙

1. **소방기본법 제50조** (벌칙) 다음에 해당하는 자는 5년 이하의 징역 또는 5천만원 이하의 벌금에 처한다.★★★
   20년 소방위

   정당한 사유 없이 소방용수시설 또는 비상소화장치를 사용하거나 소방용수시설 또는 비상소화장치의 효용을 해치거나 그 정당한 사용을 방해한 사람

2. **도로교통법 제32조** (정차 및 주차의 금지) 모든 차의 운전자는 다음 각 호의 어느 하나에 해당하는 곳에서는 차를 정차하거나 주차하여서는 아니 된다. 다만, 이 법이나 이 법에 따른 명령 또는 경찰공무원의 지시를 따르는 경우와 위험방지를 위하여 일시 정지하는 경우에는 그러하지 아니하다.
   ① 교차로·횡단보도·건널목이나 보도와 차도가 구분된 도로의 보도(「주차장법」에 따라 차도와 보도에 걸쳐서 설치된 노상주차장은 제외한다)
   ② 교차로의 가장자리나 도로의 모퉁이로부터 5미터 이내인 곳
   ③ 안전지대가 설치된 도로에서는 그 안전지대의 사방으로부터 각각 10미터 이내인 곳
   ④ 버스여객자동차의 정류지(停留地)임을 표시하는 기둥이나 표지판 또는 선이 설치된 곳으로부터 10미터 이내인 곳. 다만, 버스여객자동차의 운전자가 그 버스여객자동차의 운행시간 중에 운행노선에 따르는 정류장에서 승객을 태우거나 내리기 위하여 차를 정차하거나 주차하는 경우에는 그러하지 아니하다.
   ⑤ 건널목의 가장자리 또는 횡단보도로부터 10미터 이내인 곳
   ⑥ 다음 각 목의 곳으로부터 5미터 이내인 곳
      가. 「소방기본법」 제10조에 따른 소방용수시설 또는 비상소화장치가 설치된 곳
      나. 「화재예방, 소방시설 설치·유지 및 안전관리에 관한 법률」 제2조제1항제1호에 따른 소방시설로서 대통령령으로 정하는 시설이 설치된 곳
   ⑦ 시도경찰청장이 도로에서의 위험을 방지하고 교통의 안전과 원활한 소통을 확보하기 위하여 필요하다고 인정하여 지정한 곳

> **TIP** 소방용수시설 설치, 유지, 관리는 시도지사이며, 유지관리는 소방서장, 설치는 수도사업법에 따른 수도사업자로 볼 수 있습니다. ^^

6 상수도 소방용수 설비★★ 13년 경남 소방장/ 14년 인천 소방장

용어 정의	① "호칭지름"이라 함은 일반적으로 표기하는 배관의 직경을 말한다. ② "수평투영면"이라 함은 건축물을 수평으로 투영하였을 경우의 면을 말한다. ③ 제수변이란 배관의 도중에 설치되어 배관 내 물의 흐름을 개폐할 수 있는 밸브
설치 기준	① 호칭지름 75mm 이상의 수도배관에 호칭지름 100㎜ 이상의 소화전을 접속할 것 ② 소화전은 소방자동차 등의 진입이 쉬운 도로변 또는 공지에 설치할 것 ③ 소화전 설치거리는 소방대상물의 수평투영면의 각 부분으로부터 140m 이하가 되도록 설치할 것

7 소화수조 및 저수조 설비

용어 정의	① "소화수조 또는 저수조"라 함은 수조를 설치하고 여기에 소화에 필요한 물을 항시 채워 두는 것을 말한다. ② "채수구"라 함은 소방차의 소방호스와 접결되는 흡입구를 말한다.
설치 기준	① 소화수조, 저수조의 채수구 또는 흡수관투입구는 소방차가 2m 이내의 지점까지 접근할 수 있는 위치에 설치하여야 한다. ★ 13년 경남 소방장 ② 소화수조 또는 저수조의 저수량은 소방대상물의 연면적을 다음 표에 따른 기준면적으로 나누어 얻은 수에 20m³를 곱한 양 이상이 되도록 하여야 한다.

소방대상물의 구분	면 적
• 1층 및 2층의 바닥면적 합계가 15,000m² 이상인 소방대상물	7,500m²
• 제1호에 해당되지 아니하는 그 밖의 소방대상물	12,500m²

(1) 지하에 설치하는 소화용수설비의 흡수관투입구는 그 한 변이 0.6m 이상이거나 직경이 0.6m 이상인 것으로 하고, 소요수량이 80m³ 미만인 것에 있어서는 1개 이상, 80m³ 이상인 것에 있어서는 2개 이상을 설치하여야 하며, "흡수관투입구"라고 표시한 표지를 할 것

(2) 소화용수설비에 설치하는 채수구는 소방용 호스 또는 소방용 흡수관에 사용하는 구경 65mm 이상의 나사식 결합 금속구를 설치할 것

소요수량	20m³ 이상 40m³ 미만	40m³ 이상 100m³ 미만	100m³ 이상
채수구의 수	1개	2개	3개

(3) 채수구는 지면으로부터의 높이가 0.5m 이상 1m 이하의 위치에 설치하고 "채수구"라고 표시한 표지를 할 것

(4) 소화용수설비를 설치하여야 할 소방대상물에 있어서 유수의 양이 0.8m³/min 이상인 유수를 사용할 수 있는 경우에는 소화수조를 설치하지 아니할 수 있다.

(5) 가압송수장치는 소화수조 또는 저수조가 지표면으로부터의 깊이(수조 내부바닥까지의 길이를 말한다)가 4.5m 이상인 지하에 있는 경우와 저수량을 지표면으로부터 4.5m 이하인 지하에서 확보할 수 있는 경우에는 소화수조 또는 저수조의 지표면으로 부터의 깊이에 관계없이 가압송수장치를 설치하지 아니할 수 있다.

소요수량	20m³ 이상 40m³ 미만	40m³ 이상 100m³ 미만	100m³ 이상
가압송수장치의 1분당 양수량	1,100ℓ 이상	2,200ℓ 이상	3,300ℓ 이상

(6) 소화수조가 옥상 또는 옥탑의 부분에 설치된 경우에는 지상에 설치된 채수구에서의 압력이 0.15MPa 이상이 되도록 하여야 한다.

(7) 전동기 또는 내연기관에 따른 펌프를 이용하는 가압송수장치는 다음 각 호의 기준에 따라 설치하여야 한다.
 ① 쉽게 접근할 수 있고 점검하기에 충분한 공간이 있는 장소로서 화재 및 침수 등의 재해로 인한

피해를 받을 우려가 없는 곳에 설치할 것
② 동결방지조치를 하거나 동결의 우려가 없는 장소에 설치할 것
③ 펌프는 전용으로 할 것. 다만, 다른 소화설비와 겸용하는 경우 각각의 소화설비의 성능에 지장이 없을 때에는 예외로 한다.
④ <u>펌프의 토출측에는 압력계를 체크밸브 이전에 펌프토출측 플랜지에서 가까운 곳에 설치하고, 흡입 측에는 연성계 또는 진공계를 설치할 것</u>. 다만, 수원의 수위가 펌프의 위치보다 높거나 수직회전축 펌프의 경우에는 연성계 또는 진공계를 설치하지 아니할 수 있다.
⑤ 가압송수장치에는 정격부하 운전 시 펌프의 성능을 시험하기 위한 배관을 설치할 것
⑥ 가압송수장치에는 체절운전 시 수온의 상승을 방지하기 위한 순환배관을 설치할 것
⑦ 기동장치로는 보호판을 부착한 기동스위치를 채수구 직근에 설치할 것

수원의 수위가 펌프보다 낮은 위치에 있는 가압송수장치	• 물올림장치에는 전용의 탱크를 설치할 것 • 탱크의 유효수량은 100ℓ 이상으로 하되, 구경 15㎜ 이상의 급수 배관에 따라 당해 탱크에 물이 계속 보급되도록 할 것
내연기관을 사용하는 경우	• 내연기관의 기동은 채수구의 위치에서 원격조작으로 가능하고 기동을 명시하는 적색등을 설치할 것 • 제어반에 따라 내연기관의 기동이 가능하고 상시 충전되어 있는 축전지설비를 갖출 것

⑧ 가압송수장치에는 "소화용수설비펌프"라고 표시한 표지를 할 것. 이 경우 그 가압송수장치를 다른 설비와 겸용하는 때에는 그 겸용되는 설비의 이름을 표시한 표지를 함께 하여야 한다.

> **Check**
> ① 소방용수시설의 종류로는 소화전, ( ), 저수조이다.
> ② 급수탑의 설치기준은 배관구경( )㎜, 개폐밸브는 (지상 ~ m)이상 이다.
> ③ 저수조는 지면으로부터 낙차가 ( )m이하가 되어야 한다.
> ④ 소방용수는 주거, 공업, 상업지역은 ( )m이내, 그 밖의 지역은 ( )m 이다.
> ⑤ 정당한 사유 없이 소방용수시설 또는 비상소화장치의 효용을 해치거나 정당한 사용을 방해한 사람은 ( )년 이하의 징역, ( )천만원 이하의 벌금에 처한다.
> ⑥ 채수구는 지면으로부터 높이가 ( )m 이상 ( )m 이하의 위치에 설치한다.

화재진압 및 현장활동

07 기출 및 예상문제

01 "소방용수시설 설치기준"으로 틀린 것은?

① 소화전호스와 연결하는 소화전의 구경은 65mm로 한다.
② 급수탑 급수배관 구경은 100mm이상으로 한다.
③ 급수탑 개폐밸브는 지상에서 1.5m 이상 1.7미터 이하에 설치한다.
④ 저수조는 지면으로부터 낙차가 4.5m 이상, 흡수부분의 수심은 0.5m 이하이다.

해설 ✚ 소방용수시설 설치기준* 14년 부산 소방교/ 16년 소방위/ 부산 소방교/ 20년 소방장/ 22년 소방장

소화전	상수도와 연결하여 지하식 또는 지상식의 구조로 하고, 소방용 호스와 연결하는 소화전의 연결금속구의 구경은 65밀리미터로 한다.
급수탑	급수배관의 구경은 100밀리미터 이상으로 하고, 개폐밸브는 지상에서 1.5미터 이상 1.7미터 이하의 위치에 설치한다.
저수조	① 지면으로부터 낙차가 4.5미터 이하(진공펌프 흡수가능 10.33m) ② 흡수부분의 수심은 0.5미터 이상 ③ 소방펌프차가 용이하게 부서 할 수 있어야 한다.(흡수관 1본, 15m) ④ 흡수에 지장이 없도록 토사 및 쓰레기 등을 제거할 수 있는 설비를 갖출 것 ⑤ 흡수관의 투입구가 사각형의 경우에는 한 변의 길이가 60센티미터 이상, 원형의 경우에는 지름이 60센티미터 이상일 것 ⑥ 저수조는 상수도와 연결되거나 언제나 만수((滿水)되어 있는 구조의 것이어야 한다.

02 소방용수시설 설치, 유지, 관리주체는?

① 소방본부장
② 행정안전부장관
③ 소방서장
④ 시도지사

해설
• 소방기본법 제10조 소방용수시설은 시도지사가 설치·유지·관리한다.

정답 01. ④ 02. ④

03 소방용수시설유지·관리에 관한 설명으로 옳은 것은?

① 소방본부장 또는 소방서장은 원활한 소방 활동을 위하여 소방용수시설의 조사를 연 1회 이상 실시하여야 한다.
② 소방용수시설에 대한 조사결과를 1년간 보관하여야 한다.
③ 소화전·급수탑·저수조 기타의 소방용수시설은 관할 소방서장이 설치하여 유지 및 관리하여야 한다.
④ 고장발생 시 상수도 관리 부서인 각 수도사업소에 개·보수사항을 의뢰하여 보수하거나 소방기관 자체 예산으로 보수하고 있다.

해설 ✪ 소방용수시설 유지관리 ★★ 13년 서울 소방교
① 소방 활동에 필요한 소화전·급수탑·저수조 기타의 소방용수시설은 관할 시·도가 설치하여 유지 관리하여야 한다.
② 소방용수시설은 소방관서의 재산으로서 그 책임을 다하여야 하며, 고장발생 시 상수도 관리 부서인 각 수도사업소에 개·보수 사항을 의뢰하여 보수하거나 소방기관 자체 예산으로 보수하고 있다.

04 상수도소방용수설비에 대한 설명으로써 다음 ( ) 안에 들어갈 적당한 내용은?

> 호칭지름 ( )㎜ 이상의 수도배관에 호칭지름 ( )㎜ 이상의 소화전을 접속할 것

① 75, 100
② 65, 100
③ 65, 80
④ 80, 100

해설 ✪ 상수도 소방용수 설비 설치기준 ★★ 13년 경남 소방장/ 14년 인천 소방장
① 호칭지름 75㎜ 이상의 수도배관에 호칭지름 100㎜ 이상의 소화전을 접속할 것
② 소화전은 소방자동차 등의 진입이 쉬운 도로변 또는 공지에 설치할 것
③ 소화전 설치거리는 소방대상물의 수평투영면의 각 부분으로부터 140m 이하가 되도록 설치할 것

05 "지하소화전 규격"으로 잘못된 것은?

① 맨홀뚜껑은 지름 648밀리미터 이상의 것으로 할 것
② 맨홀뚜껑에는 "소화전·주차금지" 또는 "저수조·주차금지"의 표시를 할 것
③ 맨홀뚜껑 부근에는 노란색반사도료로 폭 15센티미터의 선을 그 둘레를 따라 칠할 것
④ 안쪽 문자는 흰색, 바깥쪽 문자는 파란색, 바깥쪽 바탕은 노란색으로 하고 반사 재료를 사용한다.

정답 03. ④ 04. ① 05. ④

지하에 설치하는 소화전 또는 저수조의 소방용수표지	급수탑 및 지상에 설치하는 소화전·저수조의 소방용수표지
• 맨홀뚜껑은 지름 648밀리미터 이상의 것으로 할 것. 다만, 승하강식 소화전의 경우에는 이를 적용하지 아니한다. • 맨홀뚜껑에는 "소화전·주차금지" 또는 "저수조·주차금지"의 표시를 할 것 • 맨홀뚜껑 부근에는 노란색반사도료로 폭 15센티미터의 선을 그 둘레를 따라 칠할 것	• 안쪽문자는 흰색, 바깥쪽 문자는 노란색, 안쪽 바탕은 붉은색, 바깥쪽 바탕은 파란색으로 하고 반사 재료를 사용한다. • 위의 표지를 세우는 것이 매우 어렵거나 부적당한 경우에는 그 규격 등을 다르게 할 수 있다.

06 소화수조 및 저수조 설비에 대한 설명으로 틀린 것은?

① 1층 및 2층의 바닥면적 합계가 15,000㎡ 이상인 소방대상물 면적은 7,500㎡이다.
② "소화수조 또는 저수조"라 함은 수조를 설치하고 여기에 소화에 필요한 물을 항시 채워두는 것을 말한다.
③ "채수구"라 함은 소방차의 소방호스와 접결 되는 흡입구를 말한다.
④ 소화수조, 저수조의 채수구 또는 흡수관투입구는 소방차가 5m 이내의 지점까지 접근할 수 있는 위치에 설치하여야 한다.

용어 정의	① "소화수조 또는 저수조"라 함은 수조를 설치하고 여기에 소화에 필요한 물을 항시 채워두는 것을 말한다. ② "채수구"라 함은 소방차의 소방호스와 접결되는 흡입구를 말한다.

설치
대상
	① 소화수조, 저수조의 채수구 또는 흡수관투입구는 <u>소방차가 2m 이내의 지점까지 접근할 수 있는 위치에 설치하여야 한다.</u> * 13년 경남 소방장
	② 소화수조 또는 저수조의 저수량은 소방대상물의 연면적을 다음 표에 따른 기준면적으로 나누어 얻은 수에 20㎥를 곱한 양 이상이 되도록 하여야 한다.
	
	    | 소방대상물의 구분 | 면 적 |
	    |---|---|
	    | • 1층 및 2층의 바닥면적 합계가 15,000㎡ 이상인 소방대상물 | 7,500㎡ |
	    | • 제1호에 해당되지 아니하는 그 밖의 소방대상물 | 12,500㎡ |

07 화재진압의 필수 3요소가 아닌 것은?

① 강인한 정신력
② 숙련된 소방관
③ 최신 장비
④ 풍부한 소방용수

해설 ❋ 화재진압 필수 3요소 : 숙련된 소방관, 최신 장비, 풍부한 소방용수

정답 06. ④ 07. ①

08 상업지역 소방용수의 배치기준은?

① 수평거리 100m 이하
② 수평거리 140m 이하
③ 보행거리 100m 이하
④ 보행거리 140m 이하

해설 ● 소방용수의 배치기준* 22년 소방장
① 소방호스(호스, hose)연장은 다음과 같이 도로를 따라서 연장한 경우 소방호스의 굴곡을 고려하여 기하학적으로 산출하면 반경 약 100m의 범위 내가 된다.
② 소방용수는 도시계획법상의 공업 및 상업지역, 주거지역은 100m 이내, 그 밖의 지역은 140m 이내에 설치하도록 되어 있다.

09 소방용수설비에 대한 내용이 옳은 것은?

① 급수탑은 물탱크차에 급수하기가 용이하다.
② 지상식소화전은 도로에 설치하기가 좋다.
③ 지하식소화전은 사용이 편리하고 관리하기가 수월하다.
④ 저수조는 설치위치 선정이 용이하다.

해설 ● 소방용수설비 장단점* 20년 소방교
① 지상식소화전은 도로에 설치가 곤란하다.
② 지하식소화전은 사용이 불편하고 관리가 어렵다.
③ 저수조는 설치비용이 많이 들고 설치위치 선정이 용이하지 않다.

10 다음 내용과 관계 깊은 것은?

> 정당한 사유 없이 소방용수시설 또는 비상소화장치를 사용하는 자는 (   )이하의 징역 또는 (   )이하의 벌금에 처한다.

① 3년, 3천만원
② 3년, 5천만원
③ 5년, 5천만원
④ 10년, 5천만원

해설
● 소방기본법 제50조 (벌칙) 다음 각호의 1에 해당하는 자는 5년 이하의 징역 또는 5천만원 이하의 벌금에 처한다.* 20년 소방위
① 정당한 사유 없이 소방용수시설 또는 비상소화장치를 사용하는 행위
② 정당한 사유 없이 손상·파괴·철거 또는 그 밖의 방법으로 소방용수시설 또는 비상소화장치의 효용을 해치는 행위
③ 소방용수시설 또는 비상소화장치의 정당한 사용을 방해하는 행위

정답 08. ① 09. ① 10. ③

소방승진은 이패스 소방사원 www.kfs119.co.kr

FIELD FIRE TACTICS
필드 소방전술

PART 02

소방현장안전관리

CHAPTER 1 현장 안전관리의 기본
CHAPTER 2 재해원인
CHAPTER 3 안전교육 및 행동
CHAPTER 4 소방활동과 보호구

CHAPTER 01 현장 안전관리의 기본

제1절 안전의 원리

1 안전(安全)의 의의

(1) 안전의 정의

'안전(安全)'이란 용어는 여러 가지 뜻으로 통용, 해석되고 있어 한마디로 축약하여 정의하기에는 무척 광범위하다. 안전공학(安全工學) 측면에서의 안전의 의의를 살펴보면 '안정되며 위험하지 않은 상태를 말할 뿐만 아니라 그것이 완전한 상태에 달해 있고, 재차 부족한 일이 없는 상태'를 말하는 것으로 정의되고 있다.

- 소방활동에 있어서 안전이 달성되었다고 하는 것은 '현장 소방활동 시 대원이 상해를 당하거나 그 위험이 없고, 장비, 용수시설 등이 손해·손상을 받지 않으며, 또 앞으로도 받을 우려가 없는 상태로 잘 관리되고 있는 이상적 상태'를 뜻한다고 할 것이다.
- 소방활동에서의 '안전관리(安全管理)'란 '화재진압, 구조·구급, 재난수습 등 현장소방활동 임무수행시 사고가 발생하지 않는 상태를 유지하여, 소방공무원의 신체와 소방장비 등을 보호하기 위한 제반활동'이라고 정의할 수 있다.

(2) 안전에 영향을 주는 요소

활동에 대한 이해 (활동 자체에 대한 어려움)	현장활동 임무수행에 앞서, 그 활동에 어떤 위험성이 잠재되어 있고 수반되는지를 이해하고 활동하여야 한다.
행동자의 능력 수준	개인의 현장적응에 대한 기술이나 능력 미달은 종종 사고 발생의 큰 원인이 되고 있으며 육체적 한계 역시 행동에 영향을 미칠 수 있다.
행동자의 직·간접적 상태	행동자의 정신적·신체적 상태는 끊임없이 변화한다. 따라서 순간의 상황대응요구가 인간의 자기능력보다 더 클 때 각종 안전사고가 발생한다. 그러므로 인간의 정신적, 신체적 리듬을 결정하는 태도와 감정, 즉 활동자의 정신적·신체적인 직·간접적 실태는 인간의 행동을 결정하는데 중요한 역할을 한다.
현장의 환경 및 분위기	환경 및 분위기는 자연적인 요소와 행동하는 인간에 의한 인적 요소들을 포함한다. 환경 및 분위기는 결과에 긍정적인 요소로 작용할 수도 있고, 부정적인 영향을 줄 수도 있다.

- 직·간접적으로 불안전한 상황으로 이끄는 자연환경 요소는 비, 눈, 먼지, 얼음, 바람, 추위와 더위 등이 있다. 인적 환경요소는 집, 이웃, 직장, 책임자(지휘자), 그리고 매일 사용하는 장비와 기계 등을 포함한다. 이러한 자연적·인적 환경 요소는 개인의 안전을 감소시킬 수도 있지만 때론 증진시킬 수도 있다.

2 안전관리(Safety management)란?

(1) 안전관리의 정의

산업안전 측면에서는 "생산성의 향상과 손실(Loss)의 최소화를 위하여 행하는 것으로 비능률적 요소인 사고가 발생하지 않는 상태를 유지하기 위한 활동, 즉 재해로부터 인간의 생명과 재산을 보호하기 위한 계획적이고 체계적인 제반 활동"을 말한다.

> ● 「재난 및 안전관리 기본법」상 안전관리란 "시설 및 물질 등으로부터 사람의 생명·신체 및 재산의 안전을 확보하기 위하여 행하는 모든 활동"이라고 정의하고 있다.

(2) 안전관리의 목표

인명 존중	안전관리의 기본 목표는 말할 것도 없이 인명존중의 휴머니즘, 즉 인도적 신념의 실현이다. 안전관리는 휴머니즘을 토대로 하여 행해진다. 큰 이익 때문에 재해를 용납한다고 하는 논리, 위험한 재해현장에서 소방활동을 하기 위해서 소방대원의 상해는 어느 정도 감수해야 되지 않느냐는 논리는 인정되지 않는다. 인명존중과 인도적 신념이야말로 안전관리활동의 핵심이기 때문이다.
안전한 소방 활동	현장활동 시 대원의 안전사고는 화재방어 활동의 신속·효율성을 저해하여 결과적으로 국민의 생명과 재산에 손실을 미치게 하는 것과 다름이 아니다. 그러므로 소방장비, 방어행동 등의 안전화는 소방활동의 능률을 향상시키고 대국민 서비스를 향상시키는 것이 된다. 이것은 또 소방안전관리의 테마이기도 하다.
사회적 신뢰 확립	국민의 생명과 재산보호를 사명으로 하고 있는 소방조직에서 오히려 자체사고(재해)가 자주 발생한다고 하면, 그것을 보는 국민의 시각은 소방조직에 대한 믿음과 신뢰의 저하라 할 것이다.

제2절 재해와 사고

1 재해와 사고(Accident)의 정의

안전관리 면에서의 재해의 정의를 정확히 말한다면 ILO의 "국제노동통계가 회의"에서 채택한 것으로, 즉, '재해란 사람(근로자)이 물체, 물질 혹은 타인과 접촉하든 또는 사람이 물체 혹은 어떤 환경 조건하에 놓이든지, 또는 사람의 행동에 따라 그 결과로 인해 사람의 상해를 동반하는 사건이다'라고 하는 것이다.

> ● 사고라는 의미는 무엇인가. 미국의 안전 권위자인 R.P. Blake는 '사고란 당면하는 사상의 정상적인 진행을 저지 또는 방해하는 사건이다.'라고 정의하고 있다.

2 안전사고란?

'안전'이란 사고가 없거나 재해가 없는 상태를 나타낸다. 따라서 '안전사고'란 고의성이 없는 어떤 불안전한 행동이나 조건이 선행되어, 일을 저해하거나 또는 능률을 저하시키며 직접 또는 간접적으로 인명이나 재산의 손실을 가져올 수 있는 사건을 말한다.

3 재해의 범위

재해라는 것은 상해의 유무나 그 정도를 가지고 구분하거나 판가름하는 것이 아니라는 사실을 명심해야만 한다. 오히려 현실적으로 무상해 재해로 나타나는 것이 상해재해보다 발생 확률로서 약 8배~32배가 많다는 것이 재해통계이론의 정설이다. 따라서 비록 상해를 받지 않는 무상해의 사고라도 일단 발생된 사상(事象)은 전부 재해로서 파악하고 그에 알맞은 재해대책을 강구하는 것이 안전관리의 중대한 과제라 할 것이다.

> **Check**
> ① 안전에 영향을 주는 요소로써 행동자의 활동에 대한 이해, 행동자의 능력수준, (   ), 행동자의 직간접 상태, 현장의 환경 및 분위기이다.
> ② 안전관리의 목표는 인명존중, 안전한 소방활동, 사회적 신뢰확립이다. "소방조직에서 오히려 자체사고가 자주 발생한다는 것"은 (   )에 대한 것이다.

제3절 소방활동 안전관리

> ● 순직·공상자 발생 현황
> 2001년 3월 서울 홍제동 주택화재 시 붕괴사고로 6명 순직과, 2008. 8. 20. 서울 은평구 나이트클럽 화재에서 천정부 붕괴로 3명 순직, 2010. 12. 3. 서울 송파구 잠실대교 남단에서 수난구조작업 중 구조보트가 전복되어 2명 순직, 2011. 12. 3. 경기 평택시 서정동 침대전시장에 화재진압 중 2층 건물 붕괴로 2명이 순직하는 등 예측할 수 없는 재난환경 변화로 매년 끊임없이 사고가 발생하여 다시 한 번 "안전이 최우선이다."라는 안전의식과 교육의 중요성을 일깨워 주었다. 최근 5년간 총 2,967명의 공사상자 유형으로 구급활동이 659명으로 22.2%였으며, 그 외 화재진압이 640명으로 21.6%, 교육훈련이 71명으로 2.4%, 구조활동이 248명으로 8.3%를 차지하였으며 기타가 1,349명으로 45.5%를 차지하였다.

1 소방활동의 특수성**** 22년 소방장

확대 위험성과 불안정성	• 재해는 예고 없이 돌발적으로 발생하고 항상 상태변화의 연속으로 예측이 극히 곤란하다. 또한 인적·물적 피해의 확대 위험성을 수반하며 급속하게 진행되므로 대상물이 불안정한 특성이 있다. • 일반사업장에서의 안전사고가 일과성 위주인 것과 비교할 때, 소방현장 활동은 위험사태 발생 후 연장임무 수행이라는 양면성이라는 특징을 갖고 있다.
활동 장해	재해현장에는 소방대원의 행동을 저해하는 각종 요인이 있다. 출동 시에는 도로상 교통혼잡과 주차위반 차량 등으로 인하여 현장 도착이 지연되고, 화재현장에서의 화염, 열기, 연기 등으로 활동장해를 받게 된다.
행동의 위험성	• 재해현장에서 소방대원의 행동은 평상시에 있어서 일반인의 생활행동과 역행하는 등 전혀 다른 위험성이 존재하고 있다. • 근무자나 거주자가 당황해서 피난 나오는 장소로 소방대원은 현장 임무수행을 위하여 진입하는 경우다. 「화재현장에서 소방대원은 담을 넘는다든지 사다리를 활용하여 2층이나 3층 혹은 인접 건물로 진입하거나, 통행이 어려운 곳을 통과하거나, 오르기 힘든 곳을 오르거나, 화염 등으로 위험하여 들어갈 수 없는 곳을 진입하여야 하는 경우가 있다.」
활동환경의 이상성	화재현장 상황은 항상 정상적인 상태를 상실한 상황이 연출된다. 또한 가스, 유류, 화공약품 등에 의한 폭발현상 등 예측 불가능한 상황이 항상 잠재되어 있으며, 사람들은 이상심리에 지배되어 긴장, 흥분상태에 있고, 소방대원의 심리상태도 역시 마찬가지이다.
정신적·육체적 피로	현장활동은 많은 체력이 소모되는 격무이며, 예고 없이 갑작스럽게 이루어지므로 시간이 경과할수록 정신적·육체적 피로가 가중된다. 소방활동은 체력소모, 피로증대를 초래하고 정신적인 부담도 크므로 이로 인한 주의력, 사고력 감퇴와 동시에 위험성이 증대함에 유의해야 한다.

TIP 안전관리에서 중요한 내용으로 최근 출제되면서 중요성이 부각되고 있습니다. 밑줄 친 부분을 기억하시기 바랍니다.

2 소방활동과 안전

① 소방기관은 국민의 생명, 신체 및 재산을 각종 재난으로부터 보호하는 중대한 임무를 수행하기 위해서 재해현장으로 출동하는 것이며, 완벽한 임무수행이 소방조직의 목표다.
② 일반적으로 재해현장은 위험요소가 복합된 환경에서 소방활동을 하여야 하므로 재해현장에서는 안전 한계선을 설정하여 소방활동의 행동한계 지역으로 운영하고 있다.
③ 안전한계를 구체적으로 선을 긋는다는 것은 상당히 곤란하기 때문에 지휘자나 대원은 항상 안전에 대한 배려와 확인을 한 후에 현장 임무를 달성해야 한다.
④ 이와 같은 위험성을 수반하는 임무수행을 전제로 하는 경우만이 안전관리 사고방식이 중시되는 이유이다.
　※ 안전관리는 그 자체가 목적이 아니고 조직목적을 달성하기 위한 과정, 즉 「임무수행을 전제로 한 적극적인 행동대책」이라는데 의의가 있다고 할 것이다.
　　적극적 행동대책은 인명 검색 시 공기호흡기 장착과 엄호방수, 관창배치, 낙하위험물을 방수에 의해 제거 후 진입하는 등 예측된 위험성에 대한 사전 준비나 대응을 도모하면서 효율적인 활동을 실시하는 것이다. 그러나 『안전만 확보된다면』이라든가, 『목표달성이냐, 안전확보냐』라고 하는 발상이 아니고 소방활동 전문가로서 양자 모두를 만족시키는 것이 요건이다.

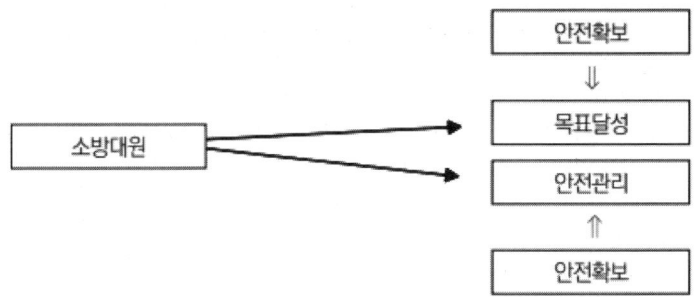

3 안전관리의 필요성

① 사고방지를 위해서는 잠재적 위험요인을 사전에 배제하는 것이 안전관리의 기본이다.
② 근래에 들어 소방전술의 개념이 종래의 화재진압에서 사고현장 구조·구급, 위험물질 처리, 산불진압, 재난수습 등으로까지 확대됨으로 인하여 그 필요성은 더욱 증대되고 있는 실정이다.
③ 특히 화재진압활동은 육체적으로 힘들고 어려운 작업이며, 현장상황은 화염, 유독가스, 감전, 붕괴, 폭발, 차량사고 등의 위험과 적정하지 못한 소방작전 등 환경적, 인위적인 위험요소가 많다.
④ 그러므로 화재현장 활동은 신체·정신적으로 강인하고 경계심이 있으며, 적절한 교육훈련을 받고, 완전한 보호 장구를 갖추고, 안전한 방법으로 임무를 수행하기 위하여 조직된 대원들의 영역이다.
⑤ 따라서 화재현장 책임자는 항상 대원의 안전 확보가 모든 전술적 상황의 단계에서 근본적인 목표임을 명심해야 한다.

4 기업과 소방조직의 안전관리 차이

① 소방의 안전관리는 일반기업과 비교해서 근본적으로 다르다. 기업은 공사현장에서 처음부터 『안전제일』의 표어를 걸고 안전을 최우선으로 하고 있다.
② 공사방법, 필수기자재, 작업순서 등이 면밀히 계획·설계되고 공정표에 의하여 공사가 진행되고 있다.
③ 공사의 진행에 수반한 안전대책도 최대한 배려가 되고 있고 예측된 위험성은 모두 배제하려고 노력하며 작업 시 사전 주지가 이루어져 안전조치를 선행시키면서 공사를 통제하고 있다.
④ 그러나 소방대의 활동대상인 재해현장은 어떠한가? 화재현장에서는 연소중인 건물내부를 알지 못하는 경우가 많기 때문에 어디서 무엇이 타고 있으며 연소 확대 위험은 없는지의 유무, 또한 구조대상자의 유·무 상황도 알기 어렵고 짙은 연기와 열기 때문에 현장작전 의도대로 이행되지 않는 경우가 많다.
⑤ 그러므로 화재로 인한 피해확대 방지와 인명위험 배제를 위해 소방대는 상황 파악과 병행해서 인명검색, 구조, 연소저지 등 활동을 우선해서 실시하는 것이다.
⑥ 이와 같이 소방의 현장안전관리는 공사현장의 안전관리와는 달리 소방대의 활동이 화재상황에 따

라 대응하는 실정이므로 가능한 신속하게 화재를 소방의 통제 하에 두고서 활동하도록 하여야 하는 것이다.

> 소방활동은 임무수행과 안전 확보를 동시에 병행하여야 함이 기업과 소방조직의 안전관리에 대한 차이점이라 볼 수 있다.

5 소방 안전관리의 특성 **** 16년 부산 소방교/ 17년 소방장/ 18년 소방위 / 21년 소방교/ 소방장/ 소방위

일체성 적극성	재해현장 소방활동에 있어서 안전관리에 대한 일체성의 예는 호스연장 시 호스를 화재 건물과 가까이 두고 연장하지 않도록 하는 것은 화재건물의 낙하물체나 고열의 복사열에 의한 호스손상을 방지하여 결과적으로 진압활동이나 인명구조시 엄호방수가 완전히 이루어질 수 있도록 하기 위한 것이다. • 대원 자신의 안전으로 연결되어 소방활동이 적극적으로 실행될 수 있도록 한다. • 효과적인 소방활동을 염두해둔 적극적인 행동대책이라고 할 수 있다.
특이성 양면성	소방 조직의 재난현장 활동은 임무 수행과 동시에 대원의 안전을 확보하여야 하는 양면성이 요구된다.
계속성 반복성	안전관리는 끝없이 계속·반복적으로 실시되어야 한다. 재해현장의 안전관리는 출동에서부터 귀소하여 다음 출동을 위한 점검·정비까지 계속된다.

TIP 안전관리에서 가장 출제건수가 많은 내용입니다. 특히 특이성과 양면성은 위험을 감수하면서 진입해야 하는 대원의 임무를 말하는 것입니다. 필히! 숙지하시기 바랍니다. ^^

Check
① 소방활동 특수성은 ⓐ 확대위험성과 불안정성 ⓑ 활동장해, 행동의 위험성 ⓒ 활동환경의 이상성 ⓓ 정신적육체적 피로이다.
  ※ 화재현장에서 소방대원은 담을 넘는다든지 사다리를 활용하여 3층 혹은 인접 건물로 진입하거나 하는 것은 (   )에 해당된다.
② 소방안전관리의 특성에는 ⓐ 일체성·적극성 ⓑ 특이성·반복성 ⓒ 계속성·반복성이다.
  ※ 재난현장에서 임무수행과 동시에 대원의 안전을 확보해야 하는 것은 (   )에 해당된다.

CHAPTER 02 재해원인

제1절 위험의 요인

1. 불안전한 상태와 불안전한 행위

(1) 불안전한 상태★★★ 16년 부산 소방장/ 18년 소방장

물건 자체의 결함	설계불량, 공작의 결함, 노후, 피로, 사용한계, 고장 미수리, 정비 불량 등
방호조치의 결함	무방호, 방호 불충분, 무접지 및 무절연이나 불충분, 차폐 불충분, 구간·표시의 결함 등
물건을 두는 방법, 작업장소의 결함	작업장 공간부족, 기계·장치·용구·집기의 배치결함, 물건의 보관방법 부적절 등
보호구 복장 등 결함	장구·개인 안전장비의 결함 등
작업환경의 결함	소음, 조명 및 환기의 결함, 위험표지 및 경보의 결함, 기타 작업환경 결함
자연환경 등	눈, 비, 안개, 바람 등 기상상태 불량

> **TIP** 각종 결함에 대한 내용들이 출제됩니다. 물건자체와 방호조치의 비교를 기억하셔야 됩니다. ^^

(2) 불안전한 행위와 요인★★ 18년 소방장

① 의식에 착오가 있었던 경우
② 의식 했던 대로 행동이 되지 않은 경우
③ 의식이 없이 행동을 했을 경우
  ㉠ 안전한 행동을 알지 못했기 때문(지식의 부족)
  ㉡ 안전하게 되지 않았기 때문에(기능의 미숙)
  ㉢ 안전한 방법을 알고 있거나 안전하게 할 수 있는 능력을 가지고 있으면서 하지 않았기 때문에(태도의 불량, 의욕의 결여)

※ 그것은 「모른다」, 「할 수 없다」, 「하지 않는다」라고 할 수 있다.

모른다.	가연성 가스에 대한 기초지식이 없으면 LPG화재 발생 시 부서 방향이나 2차폭발 등의 발생에 대응한 방어활동이 안전하게 이루어질 수 없다.
할 수 없다.	사다리 위에서 동력절단기를 이용한 파괴 작업을 할 때 체력과 기술이 부족하면 떨어질 위험이 있는 경우는 안전한 행동을 「할 수 없다」는 것이 된다.
하지 않는다.	자기중심적인 사고나 방심 등(이 정도는 괜찮겠지 등)으로 사다리 방수 시 신체결속을 하지 않은 불안전한 작업 자세나 자기 확보를 취하지 않는 경우는 「하지 않는다」에 해당한다.

① 지식의 부족 : 안전한 행위를 모른다.

교육하지(배우지) 않았기 때문	본인보다는 관리자의 잘못인 경우가 많다.
기억하지 못하기 때문	본인의 탓도 크지만 교육을 하는 측의 방법 등도 생각해볼 여지가 있다.
잊었기 때문에	관리자보다는 본인의 태도가 문제시된다.

※ 신임대원의 경우 현장활동 안전지식은 아주 낮다고 보아 이 점에 특히 유의하여 철저히 지도하여야 한다.

② 기능의 미숙 : 안전한 행위를 할 수 없다.

작업에 대한 기능이 미숙하기 때문	훈련부족
작업이 힘겹기 때문에	현장의 임무분담 등의 작업배치가 잘못된 것이다.
작업량이 능력에 비해 과대하기 때문에	현장의 임무분담 등의 작업배치가 잘못된 것이다.

① 한 팀이 되어 공동으로 임무를 수행하는 소방활동 현장에서 장비활용 미숙이나, 체력이 부족한 대원이 혼합되어 있는 경우
② 넷이서 해야 할 일을 세 사람에게 시킨다든지 했을 때는 불안전한 행위로 나타난다.
③ 이러한 불안전한 행위를 없애기 위해서는 소대장 등 감독자가 해결해야 할 사항이 많다.

③ 태도불량(의욕의 결여) : 알고 있으며, 할 수 있는 능력을 가지고도 하지 않는다.

상황파악에 잘못이 있을 때	개인의 적성에 따르는 경우가 많다.
좋지 않다는 것을 의식하면서 행동할 경우	본인의 작업태도 불량, 안전의식의 결함에서 생기므로 교정의 여지가 있다.
무의식으로 하는 경우	일반적인 경향으로 안전한 수단이 생략되는 경향은 다음과 같다. ① 작업보다 안전수단의 비중이 커질 때 ② 자신과잉 ③ 주위의 영향(주위에 동화) ④ 안전인식 결여 ⑤ 피로했을 때 ⑥ 직장(현장) 분위기 등

TIP 지식, 기능의 부족 태도불량의 원인관계를 암기하세요. ^^

2 위험요인의 회피능력* 18년 소방교 / 23년 소방위

재해현장 활동 시에는 위험한 현상을 관찰하여 위험요인을 예지, 예측하고 위험요인을 회피하는 능력을 몸에 익히지 않으면 의미가 없다. 이 위험요인에 대한 감수성을 일반적으로 '위험예지능력'이라 부르고 위험예지능력을 기르기 위해서 다음 사항을 준수하여야 한다.
① 자기의 주위에 있는 위험요인 예지능력(외적 위험요인 예지능력)
② 자신의 내면에 있는 위험요인을 통제할 수 있는 능력(내적 위험요인 통제능력)
③ 올바른 것을 실행하는 능력

제2절 재해(사고)발생 이론

1 하인리히(H.W.Heinrich) 이론★★★ 15년 소방장/ 19년 소방장/ 22년/ 23년 소방위

산업재해 발생 원리에 대한 최초의 것으로 하인리히의 저서「산업재해방지론」에서 주장한 이른바 사고 발생의 연쇄성을 강조한 도미노(domino)이론으로서, 재해란 상해로 귀착되는 5개 요인의 연쇄작용의 결과로 초래된다는 것이다. 즉, 상해는 항상 사고에 의해 일어나고 사고는 항상 순차적으로 앞서는 요인의 결과로 일어난다고 하였다.
하인리히는 사고발생 과정을 5개의 골패원리로서 다음과 같이 나타내었다.

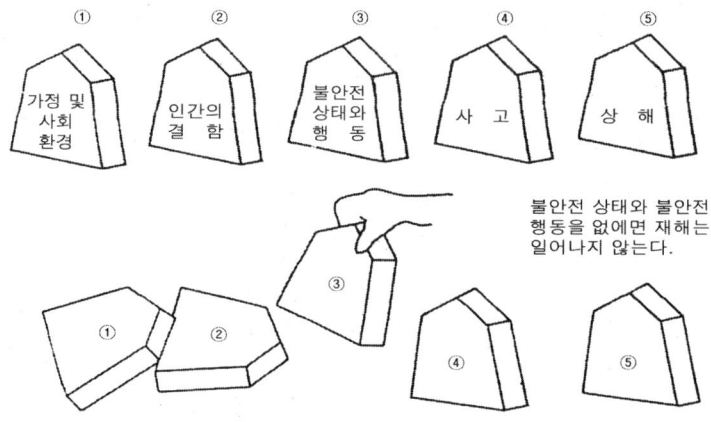

(Heinrich 5개의 골패 원리

(Heinrich 이론 ★)

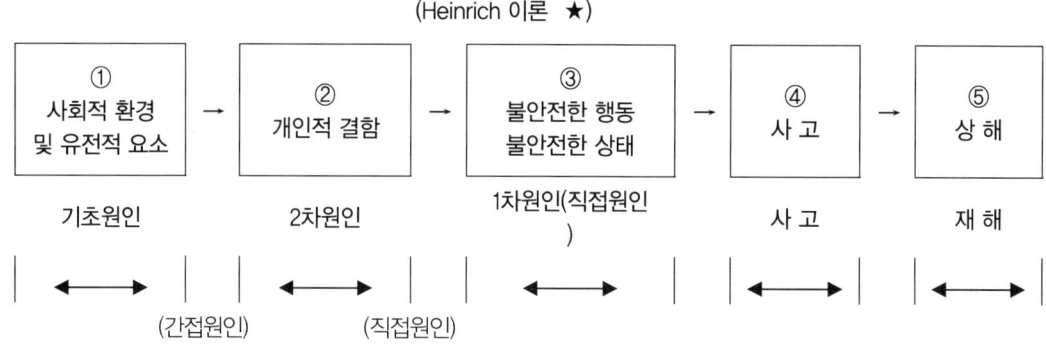

사회적 환경 및 유전적 요소	무모, 완고, 탐욕, 기타 바람직하지 못한 성격은 유전에 의해서 계승되며, 환경은 바람직하지 못한 성격을 조장하고 교육을 방해할 것이다. 유전 및 환경은 모두 인적 결함의 원인이 된다.
개인적 결함	신경질, 무분별, 무지 등과 같은 선천적 또는 후천적인 인적 결함은 불안전한 행동을 일으키거나 또는 기계적, 물리적인 위험성이 존재하게 하는데 밀접한 원인이 된다.

불안전한 행동이나 불안전한 상태	매달려 있는 짐 아래에 서 있다든지, 안전장치를 제거하는 등과 같은 사람의 불안전한 행동, 방호장치 없는 톱니바퀴, 난간이 없는 계단, 불충분한 조명 등과 같은 기계적 또는 물리적인 위험성은 직접적인 사고의 원인이 된다.
사 고	물체의 낙하, 비래(飛來)물에 의한 타격 등과 같은 현상은 상해의 원인이 된다.
상 해	좌상, 열상 등의 상해는 사고의 결과로서 생긴다.

- 하인리히 이론을 요약하면 제일 앞의 골패가 쓰러지면 그 줄의 골패가 전부 나란히 놓인 도미노의 줄에서 이 연쇄를 구성하는 요인 중 하나라도 제거하면 사상의 연쇄적 진행을 저지할 수 있어서 재해는 일어나지 않는다는 것이다. 안전관리활동에 의해 제거할 수 있는 것은 ③의 불안전 행동과 불안전 상태이다. 그러므로 사고·재해를 방지하기 위해서는 불안전한 행동 및 불안전한 상태의 두 개를 모두 없애지 않으면 안 된다는 것이다.★★
- 하인리히는 사고와 재해의 관련을 명백히 하기 위해 「1:29:300의 법칙」으로 재해구성비율을 설명하면서 1회의 중상재해가 발생했다면 그 사람은 같은 원인으로 29회의 경상재해를 일으키고, 또 같은 성질의 무상해 사고를 300회 동반한다고 하는 것이다. 전 사고 330건 중 중상이 나올 확률은 1건, 경상이 29건, 무재해사고는 300건이 발생할 수 있다고 주장하였다.★★

TIP 고전적 하인리히의 골패순서를 암기하고 사고를 막기 위해 제거해야할 직접원인을 숙지하세요. 또한 재해구성 비율에 대해서도 기억하시면 좋을듯해요. ∽

2 Frank Bird 이론(최신의 도미노이론)★★ 19년 소방장 / 20년 소방교 / 22년/ 23년 소방위

하인리히의 5개 골패원리는 그 후 새로운 도미노이론에 의해 교체되었다. 새로운 재해연쇄는 버드(Bird)에 의해 제기되었는데 5개 요인에 대해 다음과 같이 설명하고 있다.

(Bird의 재해연쇄이론) ★★ 22년/ 23년 소방위

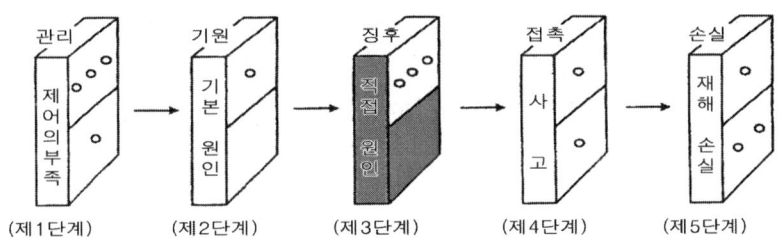

(1) 제어의 부족-관리(1단계)

제어의 부족은 경영자, 안전관리자 등 안전감독기관이 안전에 관한 제도, 조직, 지도, 관리 등을 소홀히 하는 것을 의미한다. 그리고 안전관리계획에는 사고연쇄중의 모든 요인을 해결하기 위한 대책이 포함되어 있어야 한다.

① 안전관리계획 및 자기 자신이 실시해야 할 직무계획의 책정
② 각 직무활동에서의 실시기준의 설정
③ 설정된 기준에 의한 실적평가
④ 계획의 개선, 추가 등의 순서

(2) 기본원인-기원(2단계)

개인적 요인	지식 및 기능의 부족, 부적당한 동기부여, 육체적 또는 정신적인 제반문제 등
작업상의 요인	기계설비의 결함, 부적절한 작업기준, 부적당한 기기의 사용방법, 작업체제 등 재해의 직접원인을 해결하는 것보다는 오히려 그 근원이 되는 기본원인을 찾아내어 가장 유효한 제어를 달성하는 것이 중요하다.

(3) 직접원인-징후(3단계)

이것은 불안전한 행동 또는 불안전한 상태로 일컬어지는 것으로서 하인리히의 연쇄이론에서도 가장 중요한 대책사항으로 관리자는 이러한 징후를 효과적으로 발견·분류하기 위한 시스템을 만들고 그 기본원인을 규명하여 제어방법을 설정할 필요가 있다.

(4) 사고-접촉(4단계)

사고란 육체적 손상, 상해, 재해의 손실에 귀결되는 바람직하지 못한 사상으로서 신체 또는 구조물의 구분치를 넘어선 에너지원과의 접촉 또는 정상적인 신체의 작용을 저해하는 물질과의 접촉이라고 할 수 있다. 연쇄이론에 있어서의 사고는 접촉의 단계라 말할 수 있다.

(5) 상해-손실(5단계)

재해연쇄의 요인에서 사용되는 상해라는 말에는 작업 장소에서 생기는 정신적, 신경적 또는 육체적인 영향과 함께 외상적 상해와 질병의 양자를 포함하는 인간의 육체적 손상을 포함하고 있다.

이상의 설명 중에서 가장 중요한 것은 (2) 및 (3)으로 기본원인과 직접원인의 관련에 대해서 언급한 점이다. 즉 고전적 도미노이론(하인리히 이론)에서는 직접원인만 제거하면 재해는 일어나지 않는다고 하였지만 최신의 도미노이론에서는 반드시 기본원인을 제거하라고 주장한 것이다.

> 버드는 또한 17만5천 건의 사고를 분석한 결과 중상 또는 폐질 1, 경상(물적 또는 인적상해) 10, 무상해사고(물적 손실) 30, 무상해·무사고 고장(위험순간) 600의 비율로 사고가 발생한다는 이른바 「1 : 10 : 30 : 600의 법칙」을 주장하였다.

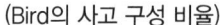

(Bird의 사고 구성 비율)

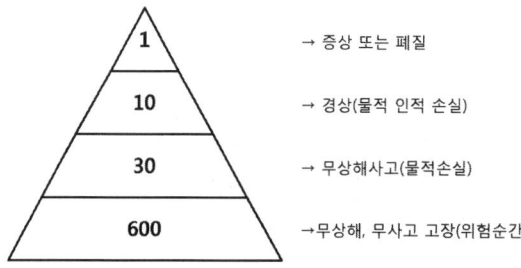

> **TIP** 출제빈도가 높아지고 있는 내용으로 버드의 신 도미노이론 핵심은 사고를 막기 위해 직접원인 뿐 만 아니라 기본원인도 제거하자고 주장하는 것입니다. 또한 Bird의 사고구성 비율도 기억하시기 바랍니다. ^^

3 재해의 기본원인(4개의 M) ★★ 17년 소방장/ 22년 소방위

안전을 과학적으로 진행시키기 위해서는 인간의 미스에 대한 과학적인 이해가 필요하고 재해라고 하는 최종결과로 중대한 관계를 가진 사항의 전부를 조사하고 분석하여 그것들의 연쇄관계를 명백히 하고 그 결과를 검토하는 키워드로서 4개의 M이 있다.

Man (인간)	인간이 실수를 일으키는 요소도 중요하지만 본인보다도 본인 이외의 사람, 직장에서는 동료나 상사 등 인간환경을 중시한다. 직장에서의 인간관계, 집단의 본연의 모습은 지휘·명령·지시·연락 등에 영향을 주고, 인간행동의 신뢰성으로 관계하는 것이다.
Machine (기계)	기계 설비 등의 물적 조건을 말하는 것으로 기계의 위험 방호설비, 기계나 통로의 안전유지, 인간·기계·인터페이스의 인간공학적 설계 등이다.
Media (작업)	Media란 본래 인간과 기계를 연결하는 매체라고 하는 의미지만 구체적으로는 작업정보, 작업방법, 작업환경 등이다.
Management (관리)	안전법규의 철저, 기준류의 정비, 안전관리 조직, 교육훈련, 계획, 지휘감독 등의 관리이다.

TIP 4M의 종류와 내용을 암기하시기 바랍니다. ^^

이 4개의 M은 항공기나 교통만의 기본적 사항은 아니고, 인간이 일을 하는 모든 경우에 적용할 수 있는 것이다. 화재진화작업, 기계조작, 자동차 운전 등 각각 위험의 특징은 다르지만 그것은 이 4개의 M의 구체적 내용을 각각의 일에 해당하는 사항을 확정 시켜 재해요인으로서 직접적이고 결정적인 인과관계를 갖는다고 판단되는 것에 대하여 검토해서, 대책으로 굳혀 실행하면 안전은 확보되는 것이다.

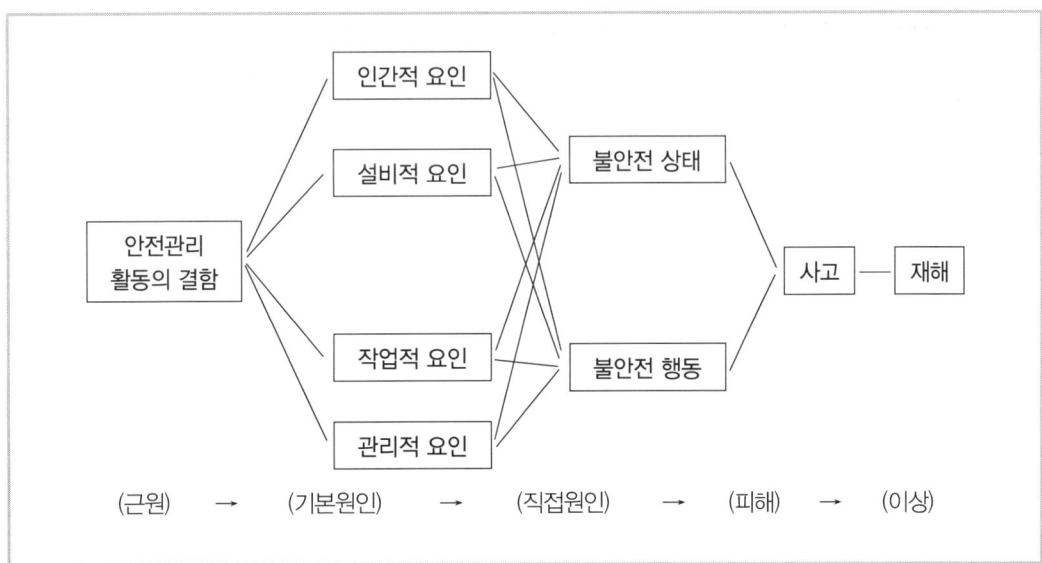

재해의 기본원인으로서의 4M*** 16년 경기 소방장/ 22년 소방위

Man (인간)	① 심리적 원인 : 망각, 걱정거리, 무의식 행동, 위험감각, 지름길 반응, 생략행위, 억측판단, 착오 등 ② 생리적 원인 : 피로, 수면부족, 신체기능, 알코올, 질병, 나이 먹는 것 등 ③ 직장적 원인 : 직장의 인간관계, 리더십, 팀워크, 커뮤니케이션 등
Machine (작업시설)	① 기계·설비의 설계상의 결함 ② 위험방호의 불량 ③ 본질 안전화의 부족(인간공학적 배려의 부족) ④ 표준화의 부족 ⑤ 점검 정비의 부족
Media (작업)	① 작업 정보의 부적절 ② 작업자세, 작업동작의 결함 ③ 작업방법의 부적절 ④ 작업공간의 불량 ⑤ 작업환경 조건의 불량
Management (관리)	① 관리조직의 결함 ② 규정·매뉴얼의 불비, 불철저 ③ 안전관리 계획의 불량 ④ 교육·훈련 부족 ⑤ 부하에 대한 지도·감독 부족 ⑥ 적성배치의 불충분 ⑦ 건강관리의 불량 등

TIP 최근 들어 출제빈도가 높아지고 있어요. 4M종류에 따른 내용을 비교할 수 있어야 해요. ^^

Check
① 불안전한 상태에서 "설계불량, 공작의 결함, 노후, 고장 등은 ( )해당된다.
② 하인리히 이론에서 재해를 방지하기 위해서 제거되어야 하는 것은 ( )이다.
③ 재해의 기본원인 4M은 Man, Machine, ( ), Management이다.

제3절 재해예방 및 조사

1 재해예방의 4원칙 *** 19년 소방교

예방 가능의 원칙	천재지변을 제외한 모든 인위적 재난은 원칙적으로 예방이 가능하다.
손실 우연의 원칙	사고의 결과로서 생긴 재해 손실은 사고 당시의 조건에 따라 우연적으로 발생한다. 따라서 재해 방지의 대상은 우연성에 좌우되는 손실의 방지보다는 사고 발생 자체의 방지가 되어야 한다.
원인 연계의 원칙	사고발생에는 반드시 원인이 있고 대부분 복합적으로 연계되므로 모든 원인은 종합적으로 검토되어야 한다.
대책선정의 원칙	사고의 원인이나 불안전 요소가 발견되면 반드시 대책을 선정 실시하여야 하며 사고예방을 위한 가능한 안전대책은 반드시 존재한다.

○ 대책은 재해방지의 세 기둥(3개의 E)이라 할 수 있는 다음의 것이 있다. ** 21년 소방위
  1. Engineering(기술적 대책) : 안전 설계, 작업환경·설비의 개선, 행정의 개선, 안전기준의 설정, 점검 보존의 확립 등
  2. Education(교육적 대책) : 안전지식 또는 기능의 결여나 부적절한 태도 시정
  3. Enforcement(관리적 대책) : 관리적 대책은 엄격한 규칙에 의해 제도적으로 시행되어야 하므로 다음의 조건이 충족되어야 한다. *** 14년 소방위 / 21년 소방위
     • 적합한 기준 설정
     • 각종 규정 및 수칙의 준수
     • 전 작업자의 기준 이해
     • 관리자 및 지휘자의 솔선수범
     • 부단한 동기 부여와 사기 향상

TIP 재해예방대책 4원칙을 암기하고 3E 내용을 서로 비교할 수 있어야 하며, 특히 기술적 대책과 관리적대책의 내용을 기억하시기 바랍니다. ^^

2 사고예방대책의 기본원리 5단계 *** 15년 소방교 / 22년 소방교

1단계 안전조직 (조직체계 확립)	경영자의 안전목표 설정, 안전관리자 선임, 안전라인 및 참모조직, 안전활동 방침 및 계획수립, 조직을 통한 안전활동 전개 등 안전관리에서 가장 기본적인 활동은 안전관리조직의 구성이다.
2단계 사실의 발견 (현황파악)	각종 사고 및 활동기록의 검토, 작업 분석, 안전점검 및 검사, 사고조사, 안전회의 및 토의, 근로자의 제안 및 여론 조사 등에 의하여 불안전 요소를 발견한다.
3단계 분석 평가 (원인 규명)	사고원인 및 경향성 분석, 사고기록 및 관계자료 분석, 인적·물적 환경조건 분석, 작업공정 분석, 교육훈련 및 직장배치 분석, 안전수칙 및 방호장비의 적부 분석 등을 통하여 사고의 직접 및 간접 원인을 찾아낸다.

4단계 시정방법의 선정 (대책 선정)	기술적 개선, 배치조정, 교육훈련의 개선, 안전행정의 개선, 규정 및 수칙 등 제도의 개선, 안전운동의 전개 등 효과적인 개선방법을 선정한다.
5단계 시정책의 적용 (목표달성)	시정책은 3E, 즉 기술(Engineering), 교육(Education), 관리(Enforcement)를 완성함으로써 이루어진다.

> **TIP** 과거출제방식은 5단계 순서를 묻는다면, 근래 출제방식은 다음 내용이 몇 단계냐? 주관식으로 출제되는 경향입니다. ^^

3 재해(사고) 조사

(1) 재해조사의 목적

재해조사의 목적은 재해 발생 원인을 분명하게 밝힘으로써 가장 적절한 방지대책을 찾아내어 동종의 재해를 미연에 방지하는 데 있다.

(2) 재해조사의 원칙

재해조사의 원칙적인 중요사항을 열거하면 다음과 같다.

① 조사자

재해의 발단, 진행, 원인 등에 대해서 정확하고 공평하게 객관적으로 검토할 수 있는 사람이어야 한다.

② 실시방법

소정의 양식에 의해 될 수 있는 한 진상에 대해서 깊이 파고들 필요가 있다.

③ 기본원인 추구와 대책의 중요도 부여

직접적인 물체의 불안전한 상태와 사람의 불안전한 행동의 확정은 용이한 경우가 많지만 기본원인 "4개의 M"(Man:인간, Machine:기계, Media:작업정보, Management:관리)은 즉각 정확한 판단이 나온다고 할 수 없다. 인간적인 요인만 강조되어 그 이외의 요인이 지적되지 않는다든지 반대로 기계나 설비적인 요인만이 부각되어 인간적인 요인이 불문의 형이 되는 일이 있어서는 안 된다.

기본원인에 대해서는 합리적, 과학적인 태도가 요구된다. 그러기 위해서는 불안전 상태와 불안전 행동의 각각에 대해서 개별적으로 기본원인을 검토하는 것이 좋다.

④ 조사 시 유의해야 할 사항

조기착수	재해현장은 변경되기 쉽고, 관계자도 세세한 것은 잊어버리기 쉽기 때문에 조사는 재해 발생 후 가능한 한 빨리 착수하는 것이 좋다. 또 조사가 종료될 때까지 현장보존에 유의한다.
사실의 수집	현장상황을 기록으로 남기기 위하여 사진촬영, 재료시험, 화학분석을 필요로 하는 것은 신속히 실시한다.
정확성의 확보	조사자는 냉정한 판단, 행동에 유의해서 조사의 순서·방법을 효율적으로 진행시킨다. 재해의 대부분은 반복형의 것으로 직접원인도 비교적 판단하기 쉬운 것이 많기 때문에 목격자, 기타

	관계자의 설명에 주관적인 감정이 들어갈 가능성이 있다. 따라서 조사자는 이런 점에 충분히 유의해서 공정하게 조사를 배려하도록 하는 것이 필요하다. 또 판단하기 어려운 특수사고는 전문가의 협조를 의뢰한다.
5W1H*	재해조사는 그 사실을 5W 1H의 원칙에 입각하여 보고되어야 한다. ① 누가 (Who) ② 언제 (When) ③ 어디에서 (Where) ④ 왜 (Why) ⑤ 어떻게 (How) ⑥ 무엇을 하였는가(하지 않았는가) (What) ※ 이 중에서 중요한 내용은 ④ ⑤ ⑥ 이다. 이 세 가지는 재해발생 원인에 확정적으로 관계되기 때문에 잘못이 있어서는 안 된다.

(3) 재해조사의 순서*

재해조사를 효율적으로 정확하게 실시하여 가장 좋은 재발 방지대책을 수립하고 앞으로의 안전관리활동을 한층 더 충실하게 하기 위하여 다음의 순서대로 행하는 것이 좋다.

① 제1단계 : 사실의 확인
② 제2단계 : 직접원인과 문제점의 확인
③ 제3단계 : 기본원인과 근본적 문제의 결정
④ 제4단계 : 대책수립

> **TIP** 단계별 내용을 확인하시면 될 듯합니다. ^^

> **Check**
> ① 재해예방의 4원칙은 ⓐ 예방가능 ⓑ ( ) ⓒ 원인연계 ⓓ 대책선정의 원칙이다.
> ② 재해방지의 3E에서 각종규정 및 수칙준수는 ( )이다.
> ③ 사고예방대책의 기본원리 5단계는 ⓐ 안전조직 ⓑ 사실의 발견 ⓒ ( ) ⓓ 시정방법의 개선 ⓓ 시정책의 적용
>   ※ 시정책은 3E, ⓐ Engineering ⓑ Education ⓒ Enforcement 이다.

CHAPTER 03 안전교육 및 행동

제1절 안전교육의 개관

1 안전교육의 필요성

소방대원의 안전을 위협하는 요인이 증대되는 추세에 대응하고 안전수준의 향상에 도움이 되는 적절한 안전교육을 실시하는 것이 강력하게 요구되고 있다. 또 어떠한 소방활동 현장에서도 기본적인 직무를 안전하게 수행할 수 있는 지식과 기능·기술을 가지고 항상 그것을 안전하게 실행할 수 있는 능력을 가질 필요가 있다.

2 안전교육의 목적

안전교육은 소방대원으로 하여금 각종 소방활동현장에 내재한 잠재적 위험요인을 발견할 수 있는 능력과 안전한 소방활동을 할 수 있는 능력을 기르고 향상하여 안전사고를 방지하기 위하여 실시한다. 안전교육은 또한 소방대원에게 현장활동에 대한 자신감과 안전에 대한 믿음을 부여하고 그로 인한 안전사고 예방의 결과는 직·간접적인 사회경제적인 손실방지 뿐만 아니라 국민에 대한 질 높은 소방행정서비스로 연결되므로 대국민 신뢰 증진에도 기여하게 되는 것이다.

방향	소방활동 안전교육은 사고사례를 중심으로 하는 것이 좋으며 안전의식을 함양하는 방향으로 교육을 실시한다. 과거 각종 재해현장에서 발생했던 안전사고사례를 선정하여 그 사고의 문제점과 대응책을 중심으로 교육하면 더욱 효과적이다.
목표	안전교육의 목표는 소방대원에 대한 ① 의식(정신)의 안전화 ② 행동의 안전화 ③ 기계·기구의 안전화의 3가지 정도로 요약하여 실시한다.
효과	① 잠재적 위험요인의 발견능력 향상 ② 사고발생 가능성 예지 ③ 안전사고 예방 기술 습득 ④ 사고조사 및 비상상황 대응력 강화

3 안전교육의 방법

(1) 안전교육의 방법★★

① 강의식 교육 : 강사가 음성, 언어에 의거, 일방적으로 교육내용을 전달하는 학습방식

장 점 ★ 16년 경기	① 경제적이다.(다수에게 많은 지식을 일시에 제공 가능) ② 기초적인 내용, 논리적인 설명에 효과적이다.

소방교	③ <u>시간이 절약된다.</u> ④ 강의내용이나 진행방법을 자유롭게 변경시킬 수 있다. ⑤ 교육생 상호 자극에 의한 학습효과가 높아진다. ⑥ <u>정보전달에 효과적이다.</u>
단점	① <u>일방적, 획일적, 기계적이므로 교육생이 단조로움을 느낀다.</u> ② 교육생 개개인의 이해정도를 파악하기 어렵다. ③ 교육생을 수동적인 태도에 몰아넣고, 스스로 생각하려는 적극성을 잃게 된다. ④ 교육 중 질문을 받게 되는 경우가 드물기 때문에 강의에 흥미를 잃기 쉽다.

② 시범실습식 교육 ▶ 23년 소방위

시범 실습식은 교육생의 경험영역에서 교재를 선정하고 배열하는 교육법으로 <u>직접 사물에 접촉하여 관찰·실험하고 수집·검증·정리하는 직접경험에 의해 지도하려는 것이다.</u>

장점	① 행동요소를 포함하는 기술교육에 적합하다. ② 교육생의 적극적인 참여를 가져온다. ③ <u>이해도 측정이 용이하다.</u> ④ 의사전달의 효과를 보완할 수 있다.
단점	① 시간이나 장소, 교육생의 수에 제한을 받는다. ② 사고력 학습에 부적합하다.

※ 진행방법 : 설명단계 → 시범단계 → 실습단계 → 감독단계 → 평가단계

③ 토의식 교육

피교육자간의 토의를 전제로 해서 목적하는바 최선책을 취해나가는 방식을 말한다. 이것은 인간이 동료들 사이에 듣고 싶은 '사회적 욕구', 자기의 의견을 인정받고 싶은 '자아욕구', 자기의 생각을 반영시키고 싶은 '자아실현욕구' 등에 따른 기법으로서, 학습활동에의 능동적인 참여와 자주적인 학습을 조직해서 피교육자 상호간의 계발작용도 기대할 수 있는 효과가 큰 기법이다. 이 교육은 어느 정도의 안전지식과 실제의 경험을 가진 자에 대한 교육으로서 효과적이라 할 수 있다.

목적	① 적극적이고 자발적으로 참여할 수 있도록 한다. ② 교육내용의 이해도를 정확히 측정한다. ③ <u>여러 사람의 지식과 경험을 공유한다.</u> ④ 집단생리를 터득하고 회의 운영기술을 습득한다.
토의 조건	① 공평한 발언기회를 부여한다. ② 자유로운 토의 분위기가 조성되어야 한다. ③ <u>참가자는 주제에 어느 정도 지식과 경험이 갖추어져야 한다.</u> ④ 강사는 토의의 목적과 방법을 명확히 하여 교육생을 유도한다.

④ 사례연구법(문제해결식 교육)** 16년 경기 소방장/ 18년 소방위/ 23년 소방위

<u>미국 하버드대에서 개발된 토의방식의 일종인 교육기법으로</u> 재해(사고)사례해결에 직접 참가하여 그 의사결정이나 해결과정에서 어떤 문제의 핵심원인을 집단토의에 의해 규명하고 판단력과 대책을 개발하려는 것이다. 단기간의 실무에서 발생하는 문제에 접하여 그 해결을 위하여 고도의 판단력을 양성할 수 있는 유효한 귀납적인 방법이다.

장 점	① 현실적인 문제의 학습이 가능하다. ② 흥미가 있고 학습동기를 유발할 수 있다. ③ 생각하는 학습교류가 가능하다.
단 점	① 원칙과 룰(rule)의 체계적 습득이 어렵다. ② 적절한 사례의 확보가 곤란하다. ③ 학습의 진보를 측정하기 힘들다.

※ 진행단계
- 제1단계(도입 및 사례의 제시)
- 제2단계(사례의 사실파악)
- 제3단계(다수의 문제점 발견)
- 제4단계(핵심 문제점 발견)
- 제5단계(해결책 수립)
- 제6단계[피드백(Feed Back)]

● 사례연구는 시대적 요구에 합치되는 교육훈련기법이라고 할 수 있으나 사례연구에 의한 지도는 결코 용이하지 않다. 그러나 문제의 핵심을 잡아 기본적 행동으로 만들어 내는 프로세스에 성공한다면 가장 효과가 큰 훈련기법이라 할 수 있다.

⑤ 역할기법(Role Playing)*

현실에 가까운 모의적인 장면을 설정하여 그 안에서 각자가 특정한 역할을 연기함으로서 현실의 문제해결을 생각하는 방법과 능력을 몸에 익히는 방법이다. 부여받은 상황에서 연기자에게 자유롭게 연기를 하도록 하고, 종료 후에 각각의 입장에서 문제점, 대책 등 전원이 토의하고 검토한다.

장 점	① 연기자는 학습내용을 체험하여 몸으로 배울 수 있고 자기의 행동에 관해서 여러 가지 의견을 들을 수 있다. ② 다른 사람의 연기를 보고 많은 것을 배울 수 있다.
단 점	① 관리력 등 높은 정도의 능력 훈련에는 적당하지 않다. ② 취해야 할 자세를 강의로 가르치고 그것을 연기하는 등 다른 방법과 결합하는 것이 필요하다. ③ 연기자가 진지해지지 않는 경향이 있다.

※ 실시단계 : 설명 → 워밍업(Warming-up) → 역할결정 → 연기실시(5~10분) → 분석, 검토 → 재연

TIP 안전교육의 종류별 내용과 장단점을 숙지하세요. 특히 사례연구법은 미국하버드에서 개발되었고 진행단계가 있으며, 시범실습식, 역할기법은 실시단계가 있으니 외워두셔야 할 듯합니다. ^^

(2) 교육실시상 주의사항

안전교육의 실시 상 주의사항은 다음과 같다.
① 교육내용은 구체적이고 실제와 연결할 것
② 교육대상자의 지식, 기능에 따른 교재 작성
③ 피교육자의 이해도를 측정하며 어려운 것은 반복 실시
④ 강의는 시청각교육과 결부
⑤ 피교육자가 머리를 쓰도록 할 것

4 안전교육의 종류와 내용** 22년 소방장

구 분	종 류	교육내용	교육방법의 요점
안전교육	지식교육	• 취급하는 기계·설비의 구조, 기능, 성능의 개념형성 • 재해발생 원리를 이해시킨다. • 안전관리, 작업에 필요한 법규, 규정, 기준을 알게 한다.	알아야 할 것의 개념 형성을 꾀한다.
안전교육	문제해결교육	• 원인지향의 문제해결로 과거·현재의 문제를 대상으로 하여 사실 확인에서 문제점의 발견, 원인탐구에서 대책을 세우는 순서를 알게 한다. • 목표지향의 문제처리를 할 수 있게 한다.	사고력과 종합능력을 육성한다.
인간형성	기능교육	• 화재진압·구조·구급 등의 작업방법, 기계·기구류의 취급 등 조작방법을 숙달시킨다.	응용능력의 육성이며 실기를 주체로 한다.
인간형성	태도교육	• 안전작업에 대한 몸가짐 마음가짐을 몸에 붙게 한다. • 안전규율, 직장규율을 몸에 붙이도록 한다. • 의욕을 갖게 한다.	안전의식에 관한 가치관 형성교육을 한다.

TIP 최근 들어 출제경향은 교육내용을 먼저 물어보는 주관식 위주로 출제됩니다. 예를 들면, "취급하는 기계설비의 구조"와 관계있는 것은 무엇인가요? 지식교육인 것입니다. ^^

제2절 위험예지훈련***

불안전한 상태	사고의 원인으로서 불안전 행위와 비교하여 보다 근원적인 원인이라고 할 수 있다. 물건이나 시설에서 무엇인가 결함이 있는 경우에는 대원의 불안전 행위가 없어도 사고는 발생할 수 있다. ※ 장비·기자재의 설계 불량이나 재질의 불량품 등 • 일반적으로 ① 재해현장의 활동장소 및 활동환경 등 전반이 불안전한 상태를 말한다. ② 훈련·연습 시에는 비 올 때 높은 장소 진입훈련, 훈련시설의 노후화·부식화, 훈련장소의 난잡 등	
불안전한 행위	① 안전한 상태를 불안전 상태로 바꿔 놓는 행위 또는 사고 발생의 조건을 유발시킬 우려가 있는 행위를 말한다. ② 담장위에서 안전조치를 취하지 않고 방수를 하는 행동, 불안한 자세로 중량물을 지지하거나, 농연이 충만 된 개구부를 함부로 열거나, 아래를 확인하지 않고 상층부의 유리를 파괴하는 등의 행위를 말한다.	

1 위험예지훈련의 의의 및 목적

의의	위험예지(Danger Prediction)훈련은 종래 사용해 오던 여러 가지의 교육 및 훈련기법과는 다른 『전원참가의 기법』이다. 즉 위험예지훈련은 직장이나 작업의 상황 속에서 잠재하는 위험요인을 직장 소집단에서 토의하고 생각하며 행동하기에 앞서 해결하는 습관화하는 훈련이다. ○ 일본에서는 동경소방청이 지난 80년 안전주임 교육에서 실습을 실시한 것을 시작으로 초급간부 보직연수에서 계속 하고 있으며, 화재현장의 안전 확보에 대하여 충분한 성과를 기대할 수 있기 때문에 실시 요령을 소방분야에 맞도록 일부 수정하여 전국으로 보급을 확대하고 있다.
목적	이 훈련의 목적은 소방활동현장이나 훈련·연습교육장에서 '섬뜩하거나' 또는 '가슴이 철렁 내려앉는' 사례와 소방활동이나 훈련·연습 시에 잠재하는 수없이 많은 위험요인 등을 포착하여 그 위험성을 정확하게 인식하고 안전을 확보하는 방향으로 대응책을 수립하는 것이다.

2 위험예지훈련의 개요

감수성을 높임	안전을 확보하기 위해서는 위험에 대한 감수성을 높이는 것이 필요하다. 위험예지훈련은 소방활동이나 훈련·연습 중에서 위험요인을 발견 할 수 있는 감수성을 소대원(개인) 수준에서 소대(팀) 수준으로 높이는 훈련이다.
모임의 중요성 인식	안전 확보를 위해서는 적극적인 토론과 화합이 필요하다. 위험예지훈련 위험요인에 대하여 토론, 이해연구를 돕기 위한 모임이며, 훈련이다. 토론이 중요한 의미를 가지므로 브레인스토밍 요령으로 다음 사항을 유의한다. ① 편안한 분위기에서 행한다. ② 전원이 자유롭게 발언한다. ③ 발언에 대하여 비판은 하지 않으며 논의도 하지 않는다. ④ 타인의 이야기를 잘 듣고 서로가 자기의 생각을 높여가도록 한다. ⑤ 질보다는 양을 중요시한다. ★★ 14년 서울/ 부산 소방장

> **TIP** 위험예지훈련은 사전에 위험요인을 제거하자는 내용입니다. 훈련은 토론을 통한 브레인스토밍요령으로 진행되는 것입니다. 유의사항을 암기하세요. 질보다는 양을 중요시 한답니다. ^^

3 위험예지훈련의 흐름의 효과

(1) 훈련의 흐름

① 소방활동이나 훈련·연습상황을 그림으로 나타낸 시트(Sheet)를 사용하여 그 가운데에 "어떠한 위험이 잠재하고 있는가?"를 소대 내에서 활발하게 토의하여 위험 요인을 도출한다.

② "이것이 문제다."라고 파악된 위험요인에 대해 "해결하려면 어떻게 하는 것이 좋을까"를 전원이 단시간에 생각하여 결정하는 훈련이다.

> **훈련시트 작성의 유의점** * 21년 소방교
>
> ① 시트는 대원의 친숙도가 큰 상황(예를 들면 사고 사례나 신체 훈련의 상황 등)으로부터 선정하는 방법이 부드럽게 진행이 된다.
> ② 한 장의 시트에 여러 가지 상황을 기입하지 말 것
> ③ 아주 자세한 부분까지 그려 넣지 말 것
> ④ 간단한 조사, 잘못된 조사가 되어서는 안 되기 때문에 고의로 제작한 도해가 아닐 것
> ⑤ 어두운 분위기가 아닌 밝은 분위기로 그려진 것이 좋다.
> ⑥ 도해의 상황이 광범위한 활동 등에 미치는 경우에는 그 가운데의 특정 부분에 한정하여 실시하는 것도 하나의 방법이다.
>
> **TIP** 시트를 활용해서 훈련하는 방법인데요. 밑줄 친 부분을 기억하세요.^^

(2) 훈련의 효과

① 상기 훈련의 흐름에 의하여 소대원의 위험에 대한 감수성이 높아진다. 다시 말하면 하찮은 위험요인이라도 이것을 발견(지적)하는 것은 감수성이 높음을 나타나는 것이며, 반면에 자기의 생각으로 이해할 수 없는 요인에는 '정말 그러한 것도 있구나'라고 생각이 들게 됨으로써 다른 사람의 감수성을 높여 주는 효과가 있다.
② 전원이 납득하면서 단계에 따라 토의를 진행하는 것으로 횟수를 중복하는 중에 문제해결 능력이 향상된다.
③ 행동에 따른 안전 확보는 그때 그 장소에서 임기응변의 대응이 불가결이다. 위험예지훈련에 의한 단시간 Meeting은 임기응변의 요청에도 첨가되는 것이다. 즉 위험으로의 감수성 수준이 향상되고, 활발한 토의가 습관화되는 것에 의하여, 예를 들면 위험을 인지하였을 때 즉시 소리를 내어 주변의 대원에게 알림과 동시에 대응책도 고려하도록 하는 방법이다.
④ 활발한 분위기 중에 소대 내 전원이 지식이나 체험을 각자의 안전에 도움이 되도록 하려는 점에서 팀워크방식이 유익하다.
⑤ 예지훈련의 축적으로 여러 가지 상태의 견해나 생각이나 방법이 개발되고 시야를 넓혀 사례를 찾아내는 데 효용이 있다.

(3) 준비작업

준비물	• 도해시트(훈련시트)　　　• 모조지(갱지·흑판·OHP 등), 필기구
팀 편성	1조의 인원을 5~6명으로 한다.
역할분담	리더, 서기로 정한다. 필요에 따라 발표자, 리포트담당 등으로 구분하되, 현장에서 리더가 서기를 겸해도 좋다.
시간배분 계획	어느 단계까지 하느냐, 각 단계를 몇으로 할 것인가, 특히 제1단계에 몇 개의 항목을 채택할 것인가 등을 미리 결정해 멤버에게 알려 둘 것
훈련의 취지 설명	처음 참가하는 경우에는 왜 이 훈련을 하는가를 알기 쉽게 설명한다.

4 위험예지훈련의 진행방법

그림에 있는 소방활동이나 훈련·연습의 상황 속에 "어떠한 위험이 잠재하고 있는가"를 소대원이 토론할 경우 다음의 문제 해결의 4가지 단계를 거쳐 순서에 따라 진행한다.

◎ 위험예지훈련 진행사항*** 16년 부산 소방교/ 22년 소방교

라운드	문제해결 라운드	위험예지훈련 라운드	위험예지훈련 진행방법
1R	위험사실을 파악 (현상파악)	'어떠한 위험이 잠재하고 있는가'	모두의 토론으로 그림 상황 속에 잠재한 위험요인을 발견한다.
2R	위험원인을 조사 (본질추구)	'이것이 위험의 요점이다'	발견된 위험요인 가운데 이것이 중요하다고 생각되는 위험을 파악하고 ○표, ◎표를 붙인다.
3R	대책을 세운다 (대책수립)	'당신이라면 어떻게 할 것인가'	◎표를 한 중요위험을 해결하기 위해서는 '어떻게 하면 좋은가'를 생각하여 구체적인 대책을 세운다.
4R	행동계획을 결정 (목표달성)	'우리들은 이렇게 한다'	대책 중 중점실시 항목에 ※표를 붙여 그것을 실천하기 위한 팀 행동 목표를 세운다.

TIP 위험예지훈련의 라운드 순서를 암기하시면 될듯해요. ^^

5 위험예지훈련 행동매뉴얼 예시 및 시트(Sheet)

(1) 행동매뉴얼

4라운드 기법을 통한 그림과 행동매뉴얼 예시를 다음과 같이 제시하였으며 지적확인 자세 및 touch & call은 아래 그림과 같다.

(지적확인 자세)　　　　　(지적확인 동작)　　　　　(touch & call)

(2) 훈련시트

다음의 그림을 참고하여 위험예지훈련 제1~4라운드의 진행방법과 touch & call로 종료하는 행동매뉴얼 예시를 제시하였다.

위험예지 훈련 행동 매뉴얼(예시)

◆ **지적확인 자세**
- 차렷 자세에서 발을 어깨넓이 만큼 벌리고 왼발은 한 발짝 앞으로 내어 말굽이 자세로 하며, 양손을 허리에 올린다.
- 오른손을 검지와 중지를 한데 모아서 오른쪽 귀 높이까지 들어서 힘차게 자기의 눈높이까지 쭉 펴면서 ~ 좋아! 라고 제창한다.

◆ **Touch & Call**
- 전원이 원형으로 모여서 왼손의 엄지와 새끼손가락을 서로 잡아 지휘관(현장안전점검관)의 지휘 하에 오른손을 귀 높이까지 들어 지적하며 끝으로 ○○소방서 무사고로 나가자 좋아! 라고 3회 제창한 후 박수를 3회 치며 Touch & Call을 종료한다.

준비	1. 개인 역할분담 • 1번 대원 : 현장안전점검관 • 2번 : 관창수 • 3번 : 관창보조 • 4번 : 운전원
도입	2. 개인 보호장비 점검 지적확인 실시 • 4인 1조의 구성원으로 상호 마주 보며 지적 확인을 하되 1번원이 지휘관(현장안전점검관)으로 가정하여 선창하면 대원이 제창으로 진행 • 헬멧 턱끈 좋아! • 공기호흡기 면체 및 충전압력 000kg/㎠ 좋아! • 방수화 상태 좋아!
4Round 기법 활용	◇ 지휘관(현장안전점검관)[대원 1] : 지금부터 위험예지훈련을 실시하겠습니다. 오늘은 제시된 도해와 같이 건축물에서 화재를 진입하고 있습니다. 위험예지훈련 4라운드 기법을 통한 행동매뉴얼에 따라 각자 발표를 하여 주시기 바랍니다. 3. 1R(현상파악) : 어떤 위험이 잠재하고 있는가? 　◇ 지휘관(현장안전점검관) :건축물 화재와 관련하여 제 1라운드의 현상파악에서는 어떤 위험이 잠재하고 있습니까? 　　– 대원 2 : 『 ~ 해서 ~ ㄴ다. 좋아!』 또는 『 ~ 때문에 ~ 다. 좋아!』 　　　(예시 : 안전을 소홀히 하면 다치게 된다. 좋아!. 개인보호장비 점검을 소홀히 하면 위험에 처할 수 있다 좋아!) 　　– 대원 3 : 『 ~ 해서 ~ ㄴ 다. 좋아!』 또는 『 ~ 때문에 ~ 다. 좋아!』 　　　(예시 : 주의집중을 하지 않으면 사고가 날 수 있다. 좋아!) 　◇ 안전점검관 : 네, 좋으신 의견을 제시해 주셨습니다. 4. 2R(본질추구) : 이것이 위험의 포인트이다! 　◇ 지휘관(현장안전점검관) : 제 2Round의 「본질추구」에서 위험의 포인트를 말씀해 주시기 바랍니다. 　　– 대원 4 : 『 ~ 해서 ~ ㄴ 다. 좋아!』 　　　(예시 : 1. 혼자 방수하다 장애물에 걸려 넘어질 수 있다. 좋아! 　　　　　　 2. 안전장비를 착용하지 않으면 위험할 수 있다. 좋아! 　　　　　　 3. 난간에서 떨어지면 크게 다칠 수 가 있다. 좋아!) 　◇ 지휘관(현장안전점검관) : 네, 맞습니다. 여러 좋은 의견 중에서 난간에서 떨어지면 크게 다칠 수 가 있겠지요?

4Round
기법
활용
	〈위험의 포인트〉
	◇ 지휘관(현장안전점검관) : 오늘 위험의 포인트는 『난간에서 떨어지면 크게 다칠 수가 있다』로 하겠습니다.
	   – 지휘관의 선창에 따라 1회만 제창하겠습니다.
	   – 위험의 포인트(지휘관이 선창하면 대원은 후창한다), 『난간에서 떨어지면 크게 다칠 수 가 있다. 좋아!』
	
	5. 3R(대책수립) : 당신이라면 어떻게 할 것인가?
	◇ 지휘관(현장안전점검관) : 다음은 제 3Round의 「대책수립」에서 안전사고를 방지하기 위해서는 어떻게 하면 좋은지 의견을 제시하여 주시기 바랍니다.
	   – 대원 2 : 『~ 이런 상황에서는 ~ 이렇게 하는게 좋겠습니다.』
	   (예시 : 1. 안전을 확보하고 방수하자. 좋아!
	            2. 2인1조로 방수하자. 좋아!)
	◇ 지휘관(안전점검관) : 네, 그렇습니다. 아무리 강조해도 안전을 확보하고 방수하는 것이 제일 입니다. 안전을 확보하고 2인1조로 방수하여야 하겠습니다.
	
	6. 4R(목표설정) : 우리들은 이렇게 하자!
	◇ 지휘관(현장안전점검관) : 그럼 다음은 제 4Round의 「목표설정」인 팀의 행동목표를 말씀해 주시기 바랍니다.
	   – 대원 3 : 『~을 ~ 하여 ~ 하자. 좋아!』
	   (예시 : 안전을 확보하여 사고를 방지하자. 좋아!)
	◇ 지휘관(현장안전점검관) : 네, 안전을 확보하여 사고를 방지하여야 합니다.
	◇ 지휘관(현장안전점검관) : 그럼, 팀의 행동목표를 One Point로 줄여 지적확인을 해 주시기 바랍니다.
	   – 대원 4 : 『안전확보 좋아!』
	◇ 지휘관(현장안전점검관) : 네 좋습니다. 그럼 오늘의 One Point는 『안전확보 좋아!』로 하겠습니다.
	   – 안전점검관이 선창하면 다같이 3회 반복하여 제창하겠습니다.
	◇ 지휘관(현장안전점검관) : 『안전확보 좋아!』
	   – 전 대원 : 『안전확보 좋아!』 3회 연속적으로 제창

Touch
&
Call
	7. Touch & Call
	◇ 지휘관(현장안전점검관) : 그럼 끝으로 Touch & Call 로 위험예지 훈련을 마치도록 하겠습니다.
	   – 전 대원 Touch & Call 준비.
	   – ○○소방서 무사고로 나가자. 좋아!(3회 제창 후, 박수 짝! 짝! 짝!)
	◇ 지휘관(현장안전점검관) : 위험예지훈련 끝

> **Check**
> ① **안전교육의 방법에서** 교육생의 경험영역에서 교재를 선정하고 배열하는 교육법으로 직접 사물에 접촉하여 관찰·실험하고 수집·검증·정리하는 직접경험에 의해 지도하려는 것은 (　　)교육이다.
> ② **안전교육의 종류에서** 취급하는 기계·설비의 구조, 기능, 성능의 개념형성은 (　　)교육이다.
> ③ 위험예지훈련의 진행방법에서 4R에서 "이것이 위험의 요점이다" (　　)라운드?

제3절 스트레스(Stress)의 예방 및 관리

1 스트레스(Stress)의 의의

스트레스(Stress)란 '신체적, 정신적 긴장이 원인이 되어, 몸 안에서 일어나는 일련의 비특이적인 방어반응'이라고 정의할 수 있으며, 질병의 원인이 되기도 한다. 사람들은 일상생활에서 각종 스트레스를 받게 된다.

스트레스 요인**	최근에 소방대원의 업무와 관련된 정신적 스트레스에 대한 관심이 높아지고 있으며, 소방대원들에게 정신적 스트레스를 가(加)하는 주요한 요인들을 열거하면 다음과 같다. ① 사고현장에서 충격적인 장면목격 및 공포감 ② 화재현장에서의 소사체(燒死體) 목격 ③ 동료대원들의 순직, 죽음에 대한 공포 ④ 사망자 유족들의 흐느낌·오열(嗚咽) ⑤ 비정상적 근무체제, 출동에 대한 정신적 긴장 ⑥ 상관 및 동료들과의 부조화(不調和) ⑦ 업무량의 과중(過重) ⑧ 조직 외적인 요인(구조조정, 보수의 불만족 등) 등 ▶ 14년 인천 소방장
신체적 스트레스 예방	① 소방대원의 순직과 부상의 원인은 신체적 스트레스와 매우 깊은 관련성을 가지고 있다. ② 이것은 화재진압과 인명구조 작업에 요구되는 체력을 약화시킬 뿐만 아니라 정신적 인내심 및 저항능력(抵抗能力)을 약화시켜 결국 사고 내지는 질병과 연결될 수 있다. ③ 각종 현장에서의 스트레스가 심장마비라는 치명적인 결과를 초래할 수 있다. 심장마비나 스트레스와의 인과관계(因果關係)는 의학계의 연구결과에도 명백히 나타나고 있다. 결국 신체적 스트레스 요인을 줄이는 것도 소방공무원의 순직율(殉職率)을 줄이는 방법 중의 하나이다. ④ 체력증진계획을 적극 실천하면 대원들의 순환계 기능을 강화시켜 스트레스와 관련된 부상, 질병 및 사망률을 줄일 수 있다. ⑤ 건강한 신체는 스트레스에 대한 저항력을 가지고 있다. 이러한 저항력을 키울 수 있는 것 중의 하나가 "운동"이다. 운동을 통하여 근육, 심장, 폐의 기능을 강화시켜 심장마비의 발생 및 스트레스와 관련된 질병, 부상의 가능성을 줄일 수 있다.

2 정신적 스트레스(Stress)

소방활동과 정신적 스트레스	① 소방업무에 장기간 종사하고 있는 선임대원들은(예를 들면 구조대원인 경우) 신임대원들보다 비교적 적은 량의 스트레스를 겪으면서 구조활동에 임할 수 있다. ② 왜냐하면 그 사고와 유사한 수많은 사고를 수습했던 경험이 있기 때문이다. 반면에 경험이 부족한 신임대원인 경우 처참한 사고현장에서 그들에게 부여된 임무를 수행할 경우 강한 정신적 스트레스를 느낄 것이다.
스트레스와 신체방어	① 인간의 신체는 자신이 견딜 수 있는 스트레스의 한계를 초과하는 사고현장에 노출될 경우 신체적·정신적으로 매우 민감하게 반응한다.

체계	② 대형사고 현장활동 후의 체력쇠약(體力衰弱)으로 인한 극도의 피로와 현장활동 후의 비정상적 행동은 주로 각 개인이 스트레스에 효과적으로 대처하지 못하고 있기 때문이다. 즉 극도의 피로감을 느끼는 것과 비정상적인 행동을 하는 것은 대원자신의 신체방어체계(身體防禦體系)가 무너지고 있다는 것을 의미한다.

3 스트레스의 징후(Sign)*

① 사고현장에서의 부적응(不適應) 및 행동력의 저하
② 사기의 저하 및 의욕상실
③ 악몽과 불면증(不眠症)
④ 과거에 대한 지나친 회상
⑤ 비정상적인 식욕
⑥ 극도의 성급함과 격분(激憤)
⑦ 알코올의 섭취량 증가와 중독

4 스트레스(Stress)의 결과

면역기능 약화	극심한 스트레스는 신체의 면역기능(免疫機能)을 저하시키는 요인으로서 작용한다. 즉, 보다 더 쉽게 병에 걸릴 수 있다는 것이다.
사고 발생 가능성 증가	스트레스로 인한 면역기능의 약화와 앞에서 언급한 각종 징후들의 복합적인 영향관계로 인하여 현장 활동 내지는 소방업무 수행 중에 사고의 발생가능성은 한층 더 높아질 수밖에 없다. 또한 조직전체의 사기저하와 업무효율의 저하로 연결될 가능성이 매우 높다고 할 수 있다.

5 조직차원에서의 지원과 대책강구

조직차원의 노력	관서의 운영책임자는 스트레스 때문에 발생되고 있는 각종 문제들의 악영향(惡影響)을 인식하여야 하며, 필요한 경우 전문 의료진으로부터의 도움을 받을 수 있도록 조치하여야 한다. 조직구성원들의 부정적이고 적대적인 태도 때문에 도움을 청하는 대원이 필요한 도움을 받지 못하고 조직전체에 악영향을 미치는 것은 소방관서 전체의 책임이라고 할 수 있다.
체력증진 계획 활성화	체계적이고 규칙적으로 체력증진계획을 시행할 경우 소방업무와 관련된 신체·정신적 스트레스는 상당부분 해소될 수 있다.
전문조언과 상담	조직차원에서 누가 어떤 종류의 스트레스를 어느 정도로 겪고 있는지를 식별할 수 있는 능력을 갖추어야 하며, 이들에 대한 실질적인 조언과 상담을 실시하는 방안을 강구하여야 한다.

> **Check**
> ① 스트레스 징후에서 ⓐ 과거에 대한 지나친 ( ) ⓑ 비정상적인 ( )

제4절 소방공무원 교육훈련의 안전과 잠재적 위험요소

1. 교관과 교육생의 적정인원*

훈련 중의 사고나 부상은 교관이 모든 교육생을 관찰할 수 없을 때 발생될 가능성이 높다. <u>훈련을 실시할 때 바람직한 교육생과 교관의 비율은 5명 : 1명이다.</u> 만약 제반여건 때문에 5 : 1의 원칙을 적용하는 것이 불가능한 경우라 할지라도 가능하면 교육생의 안전 확보 및 교육의 효과를 높이기 위하여 교관 1인당 교육생의 수를 적게 편성하도록 하는 것이 바람직하다.

2. 교육생들의 안전에 관한 책임

교관의 책임*	<u>교육생들의 안전에 대한 책임은 교관에게 있다.</u> 교관들에게 있어 당연하고 옳다고 생각되는 것이 교육생들에게 잘 받아들여지지 않는 경우가 흔히 있다. 따라서 강제성을 부과(附課)하여야 하는 경우가 많다.
신체적 조건을 고려한 안전 훈련 실시	교육생들이 독감, 두통 또는 다른 질병을 가지고 있는 경우에 의료검진을 실시하여 훈련참여가 부적합하다고 판단될 경우 훈련에 참여시키지 않도록 조치하여야 한다. 연령이 높거나 혹은 정상적인 신체 상태를 유지하고 있지 못하다고 판단되는 대원은 즉시 피로의 유무, 흉통(胸痛), 호흡곤란 등에 관하여 진단을 받도록 조치하여야 한다.
신체적 조건을 고려한 사고예방	신체적 결함을 무시한 채 훈련을 강행(强行)할 경우 사고로 발전될 가능성이 높다. 따라서 훈련의 실시 전에 각 대원의 신체 상태에 대해 체크를 함으로써 사고의 발생을 방지할 수 있다고 할 수 있다.
교육생의 정서적인 부분에 관한 고려	교관은 개인적인 문제인 가정불화, 개인적인 위기 등과 같은 정서적 문제점에 대하여도 관심을 가져야 한다. 왜냐하면 이러한 불안전한 정서적인 요소들은 교육생들의 훈련에 대한 집중력을 저하시켜 안전사고를 유발시킬 가능성이 매우 높기 때문이다.

3. 교육에 있어서의 태도 및 방법

수업내용의 이해에 대한 속단의 지양	교관은 수업내용에 대한 이해의 정도가 극히 부진하거나, 의문사항에 대해 질문하는 것을 극히 꺼려하는 교육생을 유심히 관찰하여야 한다. 이러한 경우 "수업내용의 모든 것을 이해하였을 것이다."라는 등의 속단(速斷)으로 넘어가려고 하지 말고 인내심을 가지면서 계속적인 반복교육을 실시하여 개념을 완벽히 이해하도록 하는 것이 중요하다.
교육생에 대한 과민반응의 자제	교육생들이 잘 이해하지 못하는 것에 대해 화를 내거나 혹은 강압적(强壓的)인 태도를 보이지 않아야 한다. 왜냐하면 이러한 행동은 교육생들과의 자연스러운 의사소통을 가로막아 학습효과를 저하시킬 수 있기 때문이다.
훈련 중의 무질서 방지를 통한	훈련 중의 무질서(난잡함)는 곧 사고와 연결될 수 있다. 만약 교육생들이 이러한 현상을 보일 경우 그 원인을 밝혀낼 필요가 있다. 일반적으로 지루한 강의나 훈련은 교육생들을 정신적으로 산만하게 하여 교육효과를 저하시키는데, 이러한 지루함은 교관의 자질부족인 경우나 혹은 교육생

사고예방	전원이 시범(示範)을 볼 수 없는 경우, 또는 교육생의 수가 과다하여 많은 교육생들이 교육내용에 참여할 수 없게 된 경우에 발생될 수 있다.
교관요원 자신의 안전 확보	화재진압 훈련에 임하는 교육생뿐만 아니라 교관요원들도 반드시 방호복과 공기호흡기를 착용하여야 하며, 특히 훈련실시 전에 안전담당간부(안전담당관)나 교관이 교육생의 안전상태를 철저하게 점검하는 것이 중요하다. 모든 복장이나 장비는 교육생의 체형(體型)에 적당하도록 조정하여야 하며, 정확하게 착용이 되고 난 뒤에 훈련시설로 진입하도록 하여야 한다. ◎ 열기로 인한 스트레스의 영향 • 활동하는 데 가장 좋은 온도는 18~21℃ 정도이다. • 심한 열기로 인한 스트레스의 강도에 따라 사고가 증감한다. • 열기로 인한 스트레스는 연령이 높을수록 현저하다.

> **Check**
> ① 교관과 교육생의 적정인원은 교관 1명 : 교육생(   )이다.
> ② 교육생의 안전에 대한 책임은 (   )에게 있다.
> ③ 열기로 인한 스트레스는 연령이 (   )수록 현저하다.

제5절 소방차량운행 등의 안전

소방업무와 관련된 사고원인 중 출동(出動) 및 귀서단계(歸署段階) 그리고 출·퇴근과 개인 활동에서의 교통사고가 큰 비중을 차지하고 있으며, 우리의 경우도 교통사고에 의한 소방력(消防力)의 손실이 큰 비중을 차지하고 있다(출동 및 귀서, 개인 승용차를 이용한 출·퇴근 및 개인활동 시의 교통사고 등을 포함). 따라서 이에 대한 대책이 수립되어야 한다.

1 출동경로의 선정(選定)

(1) **도로조건의 고려**
① 도로건설공사 지역
② 교통혼잡
③ 인구과밀 지역
④ 철도 건널목, 위험한 교차로, 교량
⑤ 불안전한 교량 등
⑥ 시가행진(市街行進)

(2) **타(他) 분대(分隊)의 고려**
① 타 분대의 출동경로 인지
② 교차로에서의 안전확보
③ 응원출동분대에 대한 고려

2 교통법규(交通法規)의 준수(긴급자동차)

정의	"긴급자동차라 함은 소방자동차, 구급자동차 그 밖의 대통령령이 정하는 자동차로서 그 본래의 긴급한 용도로 사용되고 있는 중인 자동차를 말한다."라고 도로교통법에서 정하고 있다.

특례	긴급자동차(緊急自動車)는 일반적으로 일반차량에 적용되고 있는 속도의 제한을 받지 않은 상태에서 통행의 우선순위를 가지고 있으나, 이것은 어디까지나 시민의 생명과 재산에 피해를 주지 않는 범위 내에서의 우선통행(優先通行)을 말한다.
	• 도로교통법 제30조(긴급자동차에 대한 특례) 긴급자동차에 대하여는 다음 각 호의 사항을 적용하지 아니한다.
	  1. 속도제한, 앞지르기 금지, 끼어들기 금지, 신호위반, 보도침범, 중앙선 침범, 횡단금지
	  2. 안전거리 확보, 앞지르기 방법, 정차 및 주차금지, 고장 등의 조치

유의 사항	① 긴급자동차로서의 특례(特例)혜택을 받기 위해서는 반드시 경광등이나 사이렌을 울리거나 또는 전조등을 점등한 상태이어야 한다는 것이다. ② 또 하나 주의하여야 할 사항은 도로교통법의 특례조항에 근거하여 운행하고 있다고 하더라도 우천지역(雨天地域), 짙은 안개지역, 결빙지역(結氷地域), 시야(視野)가 불충분한 지역을 통과할 경우 극히 안전에 유의하여야 한다는 것이다. ③ 왜냐하면 시야가 불충분하거나 정상적인 도로조건 하에서는 일반차량이 충분히 양보해 줄 수 있지만, 위의 도로조건 하에서는 양보할 수 없는 경우가 많기 때문이다.
특례	현장으로의 신속한 출동은 시민의 생명과 재산에 위해(危害)를 가(加)하지 않는 범위 내에서 이루어져야 하며, 긴급 현장으로의 출동이 결코 사고를 정당화시킬 수 없다는 것이다. 소방차량의 우선통행권에 있어서도 비록 권리(權利)를 가지고 있기는 하지만 그것이 절대적 권리(絶對的權利)가 아니라는 것을 알아야 한다.

제6절 안전한 운전기법과 방어운전

1 안전한 운전기법*

(1) 운전원의 태도(態度)

소방차량을 안전하게 운행하는 데 필요한 첫 번째 요건은 안전에 관한 적절한 태도를 가지는 것인데, 평온하고 침착한 태도가 가장 필수적이다.

(2) 차량 내(內)에서의 안전

안전한 운행을 위하여 운전요원도 최소한의 안전장구를 착용하여야 하며, 연속적으로 작동되는 각종 음향경보장치의 음향에 의한 청력손실도 유의하여야 한다.

- 일반적으로 소음의 강도가 80dB 이상인 경우 청력(聽力)의 손상(損傷)을 가져올 수 있다.

(3) 안전벨트의 착용

차량에 승차하고 있는 모든 대원은 운행 중인 차량 내에서 발생될지도 모를 급정지(急停止) 및 교통사고에 대비하여 반드시 안전벨트를 착용하여야 한다.

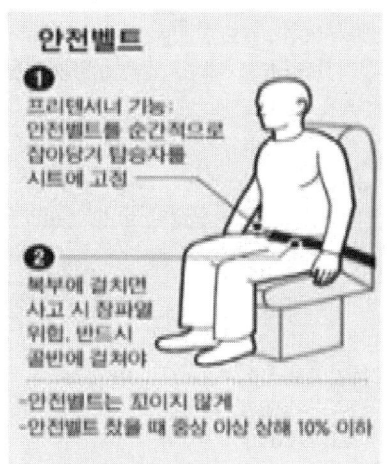 

(4) 승차원의 안전 확보

소방차의 출발은 모든 대원이 보호복을 착용하고 자리에 앉아 안전벨트를 착용한 상태에서 분대장의 출발신호에 따라 이루어져야 한다.

(5) 소방차의 후진(後進)

소방차량의 후진이 필요한 경우 반드시 1명 이상의 보조자가 확보된 상태에서 실시하여야 하며, 이러한 것은 현장활동을 종료한 후 귀서준비를 하거나 또는 차고에 입고(入庫)할 경우에도 동일하다.

(6) 분대장의 역할과 태도

① 분대장의 역할은 출동경보가 발령된 시점부터 시작된다.
② 가장 중요한 역할은 정확한 사고지점을 확인하고 출동경로를 선정하는 것이다.
③ 출동 중에는 필요한 경우 운전요원의 보조역할을 할 수도 있어야 한다.
④ 운전요원이 운전에만 전념할 수 있도록 하여야 한다.
⑤ 분대장이 조급함을 보이거나 운전원을 재촉하지 않아야 한다.
⑥ 분대장 자신 스스로가 먼저 침착한 상태를 유지하여야 한다.
⑦ 운전자가 방어운전을 할 수 있도록 분위기를 조성한다. (현장으로 출동하는 운전요원은 되도록 빨리 도착하려고 서두르는 경향이 있으며, 때로는 그들의 운전능력을 과신하는 경우도 있다)
⑧ 운전요원의 좋지 않은 운전태도는 분대장에게도 책임이 있다.

2 방어운전(防禦運轉) 기법

(1) 다른 운전자의 행동예측*

① 소방차 등의 긴급자동차가 1차선을 주행 중일 때 기타의 차량은 도로의 바깥차선으로 피양(避讓) 또는 양보한다는 것이다. 그러나 이것은 주행 중인 차량일 경우에만 가능하지 만약 신호대기(信號待期)나 혹은 주·정차중인 차량의 경우에는 불가능하다.

② 소방차량의 사이렌 소리와 경광등(警光燈) 불빛을 보면 운전자들은 다소 흥분된 상태가 되거나 초보운전자의 경우 1차선 내지는 소방차량의 주행방향을 향하여 급작스럽게 방향을 바꾸는 경우도 있으므로 극히 주의하여야 한다.

③ 창문을 닫고 주행 중인 일반차량은 실내 라디오 등의 소리로 인하여 소방차량의 사이렌 소리를 듣지 못하는 경우도 있기 때문에 주행에 방해가 되는 경우도 흔히 있다.

④ 교차로에 진입하는 소방차량은 위험한 경우 충분히 안전하게 정지할 수 있는 정도의 속도로 천천히 주행하여야 한다. 그리고 교차로에서 적색신호일 경우 일시적으로 멈추거나 서행상태로 주행하는 것이 모두의 안전을 위해 바람직하다고 할 수 있다.

⑤ 교통량이 많은 사거리나 4방향을 동시에 식별할 수 없는 교차로인 경우 속도를 30km/h 이내로 줄이는 것이 안전하다고 할 수 있다. 그러나 이러한 경우에도 모든 경보장치를 최대한 작동시키면서 서행(徐行)하는 것을 잊지 말아야 한다.

⑥ 사이렌, 경광등, 나팔소리(Horn) 등의 경보장치를 작동한다고 하더라도 도시의 소음이나 공사장의 소음 등으로 인하여 모든 운전자들이 전부 소방차량의 주행을 인지할 것이라는 완전한 기대는 하지 않는 것이 좋다.

(2) 충분한 시야(視野)의 확보

① 핸들보다 높은 위치에서 전면(前面)을 주시한다.
② 넓은 시야를 확보한다.
③ 눈을 계속하여 움직인다.
④ 운전에만 정신을 집중한다.
⑤ 차량에 설치되어 있는 각종 경보장치를 적극 활용한다.

(3) 급제동(急制動)의 예측

① 주행속도(走行速度)는 차량의 정지거리와 밀접한 관련이 있다. 따라서 모든 운전 요원들은 해당 차량의 속도별 정지거리 및 정지시간을 정확히 파악하고 있어야 한다.

② 총 정지거리는 정지를 하여야 할 상황을 인지한 후 브레이크를 밟고 차량이 완전히 정지하는 순간까지의 거리를 말하며, 운전자반응거리와 차량의 정지거리의 합을 말한다.

③ 운전자 반응거리란 차량의 운전자가 정지의 필요성을 인식한 후 운전자의 발이 엑셀레이터를 떠나 브레이크 페달을 밟는 순간까지의 주행한 거리를 말하며, 차량정지거리란 브레이크가 작동하여 차량이 완전히 정지될 때까지의 주행거리를 말한다.

> 주행속도가 빠를수록 운전자반응거리는 길어지고 운전자가 확보할 수 있는 시야는 좁아진다. (예 시속 60km 주행 시에 시야는 약 60° 정도이나 시속 100km정도의 속도로 주행 시에 운전자가 확보할 수 있는 시야는 약 40° 정도로 좁아진다).

④ 총 정지거리에 영향을 미치는 요소는 차량의 중량, 적재물의 정도, 차량의 전고, 전폭, 전장, 차량 자체성능, 제동장치의 성능, 운전자의 반응속도, 도로의 포장상태, 우천여부, 결빙여부 등의 여러 요인에 의하여 달라진다.

⑤ 해당차량에 대한 총 정지거리는 해당차량의 운전자와 지휘자가 평소에 인식하고 있어야 한다.

(4) 자동차의 미끄러짐 방지

① 운행 중인 소방차량의 미끄러짐은 대형사고와 연결될 가능성이 매우 높으며, 미끄러짐의 원인은 다음과 같다.
  ㉠ 소방차량의 과속(過速)
  ㉡ 소방차량의 자체중량에 대한 부주의(不注意)
  ㉢ 장애물에 대한 대비부족(다른 차량 및 횡단중인 동물 등)

② 자동차의 미끄러짐 현상과 관련하여 타이어의 적정공기압(適正空氣壓)을 유지하는 것과 타이어의 마모상태를 수시로 확인하여 교체하는 것이 하나의 예방책이 될 수 있다.

3 고속도로에서의 운행과 활동*

고속도로 등에서의 사고는 주로 교통사고이거나 교통사고로 인한 화재사고가 대부분을 차지하고 있다. 따라서 다수의 사상자(死傷者)가 발생하거나 위험물과 관련된 사고의 위험성이 매우 높으며, 현장활동 시 주요한 고려요소는 다음과 같다.

(1) 접근이 곤란하다

사고현장에 도착하기 위해서는 반드시 톨-게이트(Toll-Gate)를 통과하기 때문에 접근하는 데 많은 시간이 소요될 수 있다.

(2) 화재발생시 지속적인 소방용수의 확보가 곤란하다

고속도로 상에는 소화전(消火栓)이나 저수조 등의 소방용수 시설이 설치되어 있지 않거나 비록 있다고 하더라도 시설의 활용에 있어 극히 제한적일 수밖에 없다.

(3) 활동 시 대원들이 통행차량의 위험에 노출된다.

고속도로 상에서의 현장활동 시 대원들이 위험에 노출될 가능성이 있다고 판단될 경우 교통의 흐름을 차단하거나 통제하여야 한다.

(4) 유관기관과의 협조하에 소방대원의 안전을 확보하여야 한다.

경찰관으로부터 통행하는 차량으로부터 소방대원들을 보호할 수 있도록 요청하여야 한다.

(5) 고속도로 상에서의 주차방법에 유의한다. ★★★ 16년 서울 소방교 / 20년 소방교

① 주 교통흐름을 어느 정도 차단할 수 있는 위치에 주차한다.
② <u>주차각도는 차선의 방향으로부터 비스듬한 각도(角度)를 가지고 주차하여 진행하는 차량으로부터 대원의 안전을 확보하도록 한다.</u>
③ <u>주차된 소방차량의 앞바퀴는 사고현장과 일직선이 아닌 방향으로 즉 사고현장의 외곽부분으로 향하도록 정렬하여 진행하는 차량이 소방차량과 충돌할 경우 소방차량에 의해 대원이 부상당하지 않도록 하여야 한다.</u>
④ <u>사고현장의 완벽한 안전확보를 위하여 사고현장(작업공간 15m정도 포함)으로부터 제한속도에 비례하여(100㎞ 이면 100m 가량) 정도 떨어진 위치에 추가의(경찰차 등) 차량을 배치시켜 일반 운전자들이 서행하거나 우회할 수 있도록 조치하여야 한다.</u>
⑤ 대원들이 통행차량으로부터 부상을 당하지 않도록 주의를 환기하여야 한다.
⑥ 대원들이 방호된 활동영역을 가급적 벗어나지 않도록 한다.

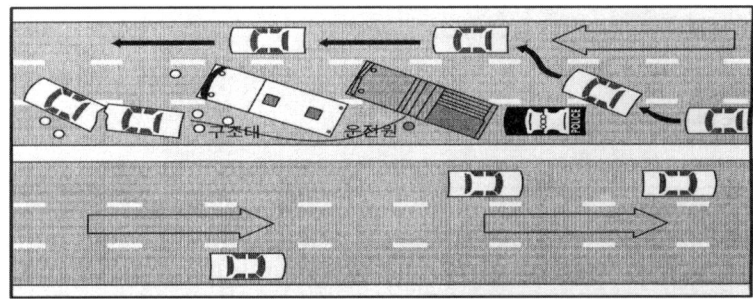

※ 차량배치와 대원의 안전 확보 : 고속도로 사고 시 소방차량은 차선과 비스듬한 각도를 형성하는 방향으로 배치시켜 주행 중인 일반 차량으로부터 대원을 보호하여야 한다.

TIP 고속도로 주차요령은 사고현장을 지나가는 일반차량의 2차 사고를 방지하기 위해서입니다. 밑줄 친 내용을 기억하세요. ^^

Check
① 소방차량 탑승 시 운전원도 안전헬멧을 반드시 착용하여야 한다.(O)
② 소방차를 차고에 입고할 때도 반드시 보조자가 확보된 상태에서 실시한다.(O)
③ 고속도로에서 주차할 때 사고현장의 완벽한 확보를 위해 작업 공간 (   )m를 도고 제한속도에 비례하여 100km 시 (   )m 가량을 둔다.
④ 고속도로 사고 시 소방차량은 차선과 똑 같은 각도로 배치 시켜야 한다.(×)

제7절 화재현장에서의 안전과 표준작전절차(SOP)

1 화재현장에서의 안전의 의의

의의와 중요성	안전한 현장활동을 하기 위하여 사고현장과 관련 있는 정보와 지식을 충분히 가지고 있는 것도 매우 중요한 요소 중의 하나라고 할 수 있다. 만약 화재현장과 관련된 충분한 지식과 정보(구조물의 특성, 가연물의 유형, 특별한 위험요인 등)를 가지고 있지 못할 경우 화재의 양상(樣相)에 대한 예측은 매우 곤란하게 될 것이다.
화재현장에서 사고유발요인	① 현장지휘체계의 미정립 ② 불충분한 가동 ③ 대상물에 대한 불충분한 정보와 지식 ④ 화재와 관련된 잠재적 위험요인의 간과(看過) ⑤ 구조물에 미치는 하중(荷重)에 대한 잘못된 판단 ⑥ 잘못된 명령, 착각(錯覺) ⑦ 현장에서의 무질서(無秩序) ⑧ 훈련 및 능력의 부족 등

2 표준작전절차(SOP)의 수립과 활용

SOP의미	표준작전절차(SOP : Standard Operating Procedures)라는 것은 어떠한 사고의 유형에도 적용 가능한 표준적인 소방활동 지침을 말한다. 즉 각종 사고 시 핵심적(공통적)으로 적용할 수 있는 가장 기본적이고 필수적인 절차를 말하는 것이다.
SOP와 사고방지	① 표준작전절차는 현장에서 활동하는 모든 조직구성원들 모두에게 전파되고 교육되어야 만 효과적인 진압활동과 지휘활동을 할 수 있게 된다. ② 그리고 대원들이 이러한 절차에 익숙해져 있을 경우 현장에서의 혼선 및 혼란은 훨씬 줄어들 수 있을 것이다. ③ 이유는 대원들이 그들의 임무를 충분히 숙지(熟知)하고 있을 경우 다음의 행동요령에 대해 충분한 준비를 할 수 있기 때문이며, 이로 인해 발생 가능한 사고를 예방할 수 있다.
화재현장에서 SOP활용	화재의 종류와 양상(樣相)이 매우 다양하고 예측이 곤란하다고 하더라도, 거의 대부분의 화재는 그 양상에 있어서 일정한 유사성(類似性)을 가지면서 발생된다. 이러한 유사성 때문에 표준화된 작전절차 즉 표준작전절차(SOP)가 적용될 수 있는 것이다. 그래서 현장의 지휘관 및 모든 구성원들은 이러한 표준작전절차를 철저하게 숙지하고 있어야 하며, 이것에 기초하여 행동계획을 수립할 수 있어야 한다.
SOP수립시 관심사항	표준작전절차를 수립 시 "안전"을 최우선의 관심사로 두어야 하며, 모든 상황에 적용 가능한 것이어야 한다.

제8절 안전담당간부(안전담당관)의 지정과 활용

> 안전담당간부는 미국의 사고지휘체계(ICS)하에서 구성된 주요 5개 기능인 지휘기능, 작전기능, 계획기능, 병참기능, 재정/행정기능 중에서 지휘기능에 중점을 두고 있다고 할 수 있다.

1. 현장지휘관의 책임

(1) 현장활동 중에 일어나는 모든 상황들에 대한 총괄적인 책임을 진다.
(2) 소방현장에서 발생하는 모든 안전사고에 대해서도 총괄적인 책임을 진다.
(3) 현장지휘관의 중요한 책임 4가지 중 가장 우선적인 책임은 소방대원의 안전과 생존의 보장이라고 할 수 있다.

> **TIP** 현장지휘관의 중요한 책임 : ① 대원의 안전과 생존보장 ② 구조대상자의 보호, 구출, 응급처치
> ③ 화재를 진압하고 인명안전 보장 ④ 재산보호

2. 안전담당간부(안전담당관)의 활용

(1) 사고현장에서의 안전에 관한 총체적인 책임은 현장지휘관이 진다.
(2) 한사람의 지휘관이 모든 것을 다 처리할 수 없으므로 현장지휘관은 현장활동의 안전성과 명령의 신속이행(迅速履行)을 위하여 단위조직 지휘자(指揮者)들을 적극 활용하여야 한다.
(3) 소방서장이 현장지휘부를 설치하고 지휘부에 보좌관, 전령, 정보원, 안전담당자 등을 두어 화재현장과 화재조사보고업무를 효율적으로 운영할 수 있도록 방호활동전술지침에 명문화하고 있다.

안전담당간부 (안전담당관) 의 지정	① 안전담당간부가 지휘관에게 전문적인 조언가의 역할을 수행함으로써 안전에 관한 그의 역할을 충실히 이행(履行)할 수 있게 할 수 있다. ② 현장지휘관과는 달리 안전담당간부는 안전 분야에 대해 보다 더 전문적이고 세밀하게 통제 및 감시업무를 수행할 수 있다. ③ 즉 현장에 근접하여 안전이행(安全履行) 여부를 확인함으로써 현장지휘관이나 다른 간부들이 간과(看過)하거나 놓칠 수 있는 부분을 발견할 수 있다는 것이다.
안전담당간부의 권한 행사	권한의 행사는 지휘계통에 따라 수행하여야 함에도 불구하고 안전 분야에 있어서 안전담당간부는 현장에서의 불안전한 행동과 조건을 발견한 경우 지휘계통을 거치지 아니하고 즉시 중단시킬 권한 및 현장지휘관이 실행하고자 하는 방법과 계획이 안전하지 않다고 판단될 경우 거부권(拒否權)을 행사할 권한도 가지고 있어야 한다.
현장지휘관의 보좌기능 수행	지휘관이나 안전담당간부에게 있어 최우선의 관심사는 대원들의 안전 확보에 있기 때문에 가능하면 함께 일하면서 현장의 지휘관을 보좌하는 것이 바람직하다고 할 수 있다.
안전담당간부의 기능과 범위확대 운영	① 사고의 규모가 크거나 현장의 상황이 매우 위험한 경우 안전을 위하여 1인 이상의 안전담당간부가 지정될 수도 있다. ② 극히 위험하거나 비일상적인 사고현장에서는 안전기능(安全機能)을 보강시켜야 한다는 것이다.

③ 우리의 경우 대형화재시는 안전담당관을 소방과장(보좌 : 장비팀장)으로 지정·운영할 수 있으며 안전담당관은 각 방면별로 보조자를 둘 수 있도록 방호활동전술지침에 명문화하고 있다.

제9절 붕괴사고의 예방과 현장활동 단계별 전술적 고려사항

1 붕괴사고의 예방

붕괴사고 예방을 위해 사전활동 계획수립 시 조사할 사항	① 벽돌조 건물인 경우 벽의 균열 유무 ② 내력벽(耐力壁)에 있어서 철근의 적정성 여부(전문장비와 기술자를 필요로 한다.) ③ 몰탈과 벽돌의 약화 여부 ④ 시멘트를 이용한 벽의 보강 여부 ⑤ 보호되지 않은 강철빔이나 트러스의 존재유무(538℃의 열을 받으면 22㎝정도가 신장된다. 그래서 트러스가 붕괴된다.) ⑥ 목재로 된 I-Beam(빔)이나 트러스의 유무(목재로 된 빔이나 트러스는 낮은 열에도 쉽게 붕괴될 수 있다.) ⑦ 중량물을 지탱하고 있는 마루의 유무 ⑧ 대리석으로 된 계단의 유무(물에 젖은 대리석은 매우 미끄러워 전도, 전락의 우려가 있다.) ⑨ 기타 현장활동상 장애요인이 될 수 있는 요소 등
천장의 붕괴사고	① 화재현장에서 천장으로부터의 낙하붕괴물에 의해 부상을 당하는 경우가 흔히 있다. 그리고 천장이 붕괴되면서 지붕까지 동시에 붕괴되는 경우가 발생되기도 한다. ② 실내에 진입하여 활동하는 대원은 천장의 붕괴 가능성을 수시(隨時)로 확인하여야 하며, 불가피하게 지붕 위에서 작업에 임하는 대원 또한 마찬가지로 위험성 여부를 사전에 발견하고 이에 대한 대책을 수립하는 것이 필요하다.
건축물 용도변경 등에 관한 고려	① 사전활동계획(事前活動計劃)을 수립함에 있어 또 하나 중요한 것은 해당 건물이 건축되고 난 이후 발생된 변화에 대해서 파악하여야 한다는 것이다. 불법적으로 용도 내지는 구조를 변경시킨다는 것은 화재발생시 다수의 인명사고를 유발시킬 가능성을 내포(內包)하고 있음을 암시한다. ② 바닥면적의 증가, 구획(區劃)의 증가, 건물간의 상호연결(相互連結), 용도의 변경, 화재안전상 위험한 물질의 사용 등이 이에 해당된다. 위에서 언급한 이러한 모든 위험요소들은 사전활동계획 단계에서 고려되어야 하며, 실제 사고현장에서 대원들의 안전을 보장하기 위해 적극적으로 활용되어야 한다. 만약 사전활동계획이 완벽히 수립되었다면 현장지휘관이 보다 더 신속하고 정확하게 상황을 판단할 수 있게 될 것이다. ③ 사전활동계획을 통하여 다양한 건축형태, 주거형태, 건물의 형태에 관하여 익숙해짐으로써 현장지휘관의 위치에 있는 사람은 보다 더 많은 필요한 정보를 입수할 수 있게 되며, 결과적으로 보다 더 효과적인 상황판단(狀況判斷) 및 현장지휘활동(現場指揮活動)을 수행할 수 있을 것이다.

2 현장활동 단계별 전술적 고려사항

(1) 신고의 접수단계

신고의 접수단계에서부터 현장의 상황에 대한 판단이 시작되며, 다음과 같은 많은 사항들을 고려하여야 한다.
① 신고의 종류판단
② 신고자의 위치와 출동경로의 선정(選定)
③ 사전활동계획에서 수집된 각종 정보의 검색(檢索)과 활용
　㉠ 건물규모 및 건축연령(建築年令)
　㉡ 건축형태(建築形態)
　㉢ 소방시설의 유무 및 종류
　㉣ 대상물의 용도(用途)
　㉤ 인명위험 유무
　㉥ 특별한 위험요소의 존재여부
④ 활용장비의 결정
⑤ 소방용수의 선정계획(選定計劃)
⑥ 기타 고려사항
　㉠ 현재일시
　㉡ 기상상태
　㉢ 사고건물의 지형 및 지세(地勢) 등

(2) 출동단계

소방대가 사고현장으로 출동하는 단계에서 고려해야 할 주요사항은 다음과 같다.
① 출동경로의 적정성에 대한 재평가(再評價)
② 타대(他隊)의 도착시간에 대한 고려
③ 소화전(消火栓)과 소방용수(消火用水)의 확보에 대한 내용
④ 현장으로의 진입경로(進入經路)에 관한 내용(장애물의 유무 등)
⑤ 사전활동계획에 따른 소방차량의 주차위치 선정(選定)
⑥ 현장관계자로부터의 추가정보 입수
⑦ 응원출동(應援出動)의 필요성 여부 등

(3) 도착단계

일단 현장에 도착하게 되면 사전활동계획에 따른 정보를 출동단계에서 입수한 정보 및 현장도착시의 개략적인 상황판단에 따른 정보와 결합시켜 작전방법 및 형태를 결정하여야 한다. 현장에 도착하는 단계에 있어서는 다음과 같은 사항들을 재평가(再評價) 하여야 한다.
① 특이한 징후(연기, 폭발의 가능성 등)

② 위험요인의 발견 및 결정
③ 화염과 연기의 형태분석(역화의 가능성 판단)
④ 화재의 확산경로(擴散經路) 점검 및 판단
⑤ 건물구조의 판단
⑥ 외부화염의 양상판단(樣相判斷)을 통한 내부상황의 추정

(4) 신임 소방대원의 안전에 관한 감독

모든 소방대원들은 현장활동에 참여하기 전에 반드시 충분한 교육과 훈련을 받아야 한다. 그러나 신임 소방대원이 적절한 훈련을 이수(履修) 하였다고 하더라도, 반드시 경험이 충분한 대원들과 팀을 이루면서 그들의 감독 하에서 활동하도록 하여야 한다.
① 현장활동 또는 교육훈련 시 신임대원이 안전 감독의 범위를 벗어나지 않도록 하여야 한다.
② 신임대원이 항상 보호 장비를 정확히 착용 또는 사용하고 있는지를 감독하여야 한다.
③ 신임대원이 안전하게 활동을 하고 있는지를 감독하여야 한다.
④ 신임대원의 부정확한 행동과 나쁜 태도가 습관화되지 않도록 신속하게 지적하여야 한다.
⑤ 쉽게 흥분하거나 당황하는 신임대원들에 대한 감독과 지도를 철저히 하여야 한다.

3 화재의 성장단계별 주요 화재현상의 이해와 대응

화재의 성장단계(成長段階)를 파악하는 것은 전술적 우선순위(戰術的 優先順位)를 결정하는 데 있어 매우 중요한 요소 중의 하나이다. 예를 들어 화재의 단계가 열기 및 연기가 충만한 최성기(最盛期)에 있는 경우 인명을 구조하기란 그리 쉽지 않기 때문이다.

(1) 플래시오버(Flashover) 현상

① 플래시오버현상이란 대류(對流)와 복사(輻射) 또는 이 두 가지의 결합에 의해 충분히 가열된 공간에 있는 가연물이 발화(發火)되는 것을 말한다.
② 이 공간 안에 있는 가연물은 발화점까지 가열되어 있는 상태에 있기 때문에 동시연소의 형태를 가진다.
③ 실내 전체가 발화온도까지 미리 충분히 가열된 상태에서 한순간에 화재로 뒤덮이는 상태이다.

※ 플래시오버 징후
① 실내의 조건이 현저한 자유연소의 단계에 있는 경우
② 열 때문에 소방대원이 낮은 자세를 유지할 수밖에 없는 경우
③ 실내에 과도한 열이 축적되어 있는 경우
④ 열기가 느껴지면서 두껍고, 뜨겁고, 진한 연기가 아래로 쌓이는 경우

> 이러한 징후(徵候)가 관찰되었을 때 지휘자는 특별한 조치를 취해야 한다. 다시 말하면 공간을 냉각시키기 위한 방수작업(放水作業)과 배연작업(排煙作業)을 실시하여야 한다는 것이다. 만약 열의 축적이 계속 진행되는 상황에서 무리하게 진화작업(鎭火作業)을 계속하는 경우 플래시오버 현상으로 인해 부상을 당할 수 있는 가능성이 매우 높기 때문에 즉시 대피시키도록 한다. 경우에 따라서 화염이 보이지 않다가 벽이나 천장 등으로부터 갑자기 돌출하여 플래시오버와 유사한 상태를 조성하기도 한다. 따라서 지휘자는 활동환경에 대하여 지속적인 상황평가를 실시하여야 한다.

(2) 롤오버(Rollover) 현상

① <u>화재의 초기단계에서 발생된 가연성 가스가 산소와 혼합하여 천장부분에 집적(集積)될 때 발생한다.</u>
② <u>뜨거운 가스가 실내공기압의 차이에 따라 천장을 구르면서 화재가 발생되지 않은 지역으로 굴러가는 현상을 말한다.</u>
③ 가연성 가스가 발화온도에 도달하여 발화되면 화재의 선단부(先端部)는 급속한 속도와 화염을 형성하면서 천장으로 지나가게 된다.
④ 호스를 연장하거나 실내에 진입할 경우 낮은 자세를 유지하라는 것은 바로 이러한 이유 때문이다.

> 플래시오버와 롤오버의 가장 큰 차이점은 롤오버의 경우 플래시오버와 같이 복사열에 의한 영향이 그리 많지 않다는 것과 한순간에 전체지역을 발화시키는 원인이 되지 않는다는 것이다.

(3) 백드래프트(Backdraft) 현상

① <u>역화는 산소가 부족하거나 훈소상태(燻燒狀態)에 있는 실내에 산소가 일시적으로 다량(多量) 공급될 때 연소가스가 순간적으로 발화하는 현상이라고 정의할 수 있으며, 강한 폭발력을 가지고 있다.</u>
② <u>주로 역화현상은 폐쇄된 공간 내에서 화재가 진행될 때, 연소과정에 필요한 산소가 부족한 상태일 때 발생 가능성이 매우 높다.</u>

③ 플래시오버와 역화의 차이점은 현존(現存)하는 산소의 량이다.
④ 플래시오버에 있어서는 연소에 필요한 충분한 산소가 있으며, 플래시오버가 발생하기 전의 화재는 자유연소 형태이다.
⑤ 반면에 역화현상에 있어서는 연소에 필요한 산소가 부족하며, 화재는 훈소형태를 띄고 있다. 즉 산소가 부족한 상태를 말한다.

> 일반적으로 대부분의 화재현장은 비교적 충분한 산소의 공급이 이루어지고 있어 역화현상이 흔히 발생되지는 않는다(지하화재의 경우는 제외). 그러나 폐쇄된 공간에서 발생한 경우 산소가 부족해지면서 훈소상태(燻燒狀態)에 접어들며, 일산화탄소와 탄화된 입자, 연기 및 부유물을 포함한 가스가 축적되게 된다. 이러한 조건에서 건물내부로 산소가 공급되면 화재가 확대되거나 폭발현상이 발생될 수 있다. 일산화탄소의 경우 그 자체가 연소가능 하며, 발화온도는 609℃ 정도이다.

역화 전단계

역화

백드래프트의 징후

건물의 외부에서 관찰할 수 있는 역화의 징후	① 연기가 균열된 틈이나 작은 구멍을 통하여 빠져 나오고 건물 안으로 연기가 빨려 들어가는 현상이 발생된 경우 ② 화염은 보이지 않으나 창문이나 문이 뜨거운 경우 ③ 유리창의 안쪽으로 타르와 유사한 기름성분의 물질이 흘러내리는 경우 ④ 창문을 통해 보았을 때 건물 내에서 연기가 소용돌이 치고 있는 경우
건물의 내부에서 관찰할 수 있는 역화의 징후	① 압력차이로 인해 공기가 내부로 빨려 들어가는 듯 한 특이한 소리(호각소리와 유사)가 들리는 경우 ② 연기가 건물 내로 되돌아가거나 맴도는 경우 ③ 연기가 아주 빠르게 소용돌이치는 경우 ④ 훈소 상태에 있는 뜨거운 화재인 경우 ⑤ 산소공급의 감소로 약화된 불꽃이 관찰될 경우
백드래프트현상으로 인한 사고의 예방과 지휘	① 지휘관은 현장의 상황에 적절한 전술의 적용을 통하여 백드래프트 현상의 발생을 방지할 수 있다. ② 백드래프트 현상의 방지를 위해서는 지붕을 통한 수직배연이 매우 효과적이나 수직배연활동을 하기 전에 창문이나 문을 통한 수평진입(水平鎭壓)이나 배연(排煙)이 이루어져서는 안 된다. ※ 즉, 호스를 연장하여 진입하려는 지점의 측면에서 준비하고 있어야 한다는 것이다. ③ 만약 지붕에서의 배연활동을 할 경우에는 내부진입활동과의 타이밍의 조화는 매우 중요하다. 왜냐하면 부적절한 전술의 적용으로 인하여 소방대원이 플래시오버나 백드래프트의 상황에 종종 빠지는 경우가 있기 때문이다.

TIP 백드래프트 현상은 화재의 진행단계에서 공부하였으니 복습하는 의미로 기억하시길 바랍니다. ^^

4 인명구조 활동 시의 안전

(1) 안전행동 지침*

① 화재가 상당히 진전되었거나 발화건물의 상태가 너무 열악하여 구조대원의 생명이 매우 위험한 경우 절대 진입해서는 안 된다. 그러한 상황 하에서 구조대상자가 살아 있다는 것은 거의 불가능하기 때문이다.
② 백드래프트의 가능성이 있는 경우 배연(排煙)이 이루어지고 난 후에 진입(進入)을 시도하여야 한다. 배연이 이루어지기 전에 진입을 시도할 경우 백드래프트 현상으로 인하여 심각한 부상을 초래할 수 있다.
③ 항상 공기호흡기를 포함하여 완전한 보호복을 착용하여야 한다.
④ 항상 팀을 지어서 활동하여야 하며, 대원 간에 지속적인 연락을 취해야 한다. 동료대원의 안전에 대한 책임은 모든 대원에게 있음을 명심한다.
⑤ 계획성 있는 행동이어야 하며, 맹목적으로 행동하지 않는다. 왜냐하면 계획적으로 활동하는 것이 방향감각을 잃어버릴 가능성을 줄여주기 때문이다.
⑥ 검색에 투입된 모든 대원을 위한 2차 대피수단이 준비되어 있어야 한다.
⑦ 발화층, 상층부에서 활동할 때는 언제든지 방수할 수 있는 소방호스를 가지고 있어야 한다. 호스는 화재진압에 사용할 수도 있고, 엄호용으로도 활용할 수 있기 때문이다.
⑧ 실내로 들어가는 입구에 표시를 하고, 방안으로 들어갈 때 회전한 방향을 기억해야 한다. 빠져 나오기 위해서는 반대방향으로 회전해야 한다.
⑨ 문을 개방하기 전에 손등으로 문을 만져보아 열기가 있는지 확인해야 한다.
⑩ 낮은 자세를 유지하고 조심스럽게 이동해야 한다.
⑪ 모든 감각을 동원하여 경계를 늦추지 말아야 한다.
⑫ 뜨거운 부분과 약해진 부분은 조심해야 한다.
⑬ 항상 벽을 따라서 움직여야 한다.
⑭ 화재가 확대될 가능성이 없다고 판단되는 경우 창문을 개방하여 열과 연기를 배출시켜야 한다.
⑮ 검색이 완료되면 소속 지휘자에게 신속하게 이상 유무를 보고한다.

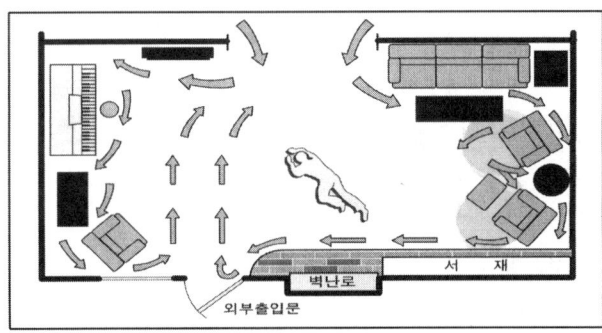

(검색활동을 실시하기 전에 사전에 검색경로를 설정)

(2) 방향 상실 시의 안전행동

인명검색 활동 중 방향을 잃었다면 최대한 침착성을 유지한 상태에서 벽을 따라 처음에 들어왔던 출입문 방향으로 이동하여야 한다. 왜냐하면 거의 대부분의 경우에 있어 벽을 따라 이동 할 경우 진입하였던 출입문을 발견할 수 있기 때문이다.

(3) 소방로프를 활용한 안전 확보

구조대원이 로프를 가지고 들어왔다면 그것을 따라 나가면 된다. 호스는 구조대원이 밖으로 나갈 수 있게 해주는 가장 확실한 방법이므로 호스를 절대 버려서는 안 된다.

(4) 손전등을 활용한 안전 확보

항상 손전등을 휴대하여야 한다. 왜냐하면 구조대상자를 발견하는 데 사용할 수 도 있지만, 위급한 경우 자신의 위치를 알리는데 사용할 수도 있기 때문이다.

> ● 구조대원이 스스로 위험한 상황에 처해 있다고 느낄 경우 손전등을 바닥에 놓아 빛이 천장을 비추도록 하여 자신이 위험한 상황에 처해 있다는 것을 알리는 데 활용할 수 있다는 것이다. 그러나 이러한 신호체계는 동료들 간에 상호 충분히 숙지하고 있어야만 그 효과를 발휘할 수 있다.
> ☞ 진입할때는 손전등을 바닥에 비추지만 구조대원이 위험에 처할때는 천장을 비춘답니다.^^

(5) 출입문 개방 시의 안전 확보

① 출입문은 조심스럽게 천천히 개방하여야 하며, 열기를 확인하기 위하여 문을 먼저 만져 보아야 한다.
② 문의 정면에 위치해서는 안 되며, 한쪽으로 비켜 선 낮은 자세를 유지하며 천천히 문을 열어야 한다. 이렇게 함으로써 문 뒤편에 있는 화염과 연소생성물이 머리위로 지나갈 수 있게 할 수 있다.
③ 출입문을 안쪽으로 열기가 힘들다고 해서 문을 발로 차지 말아야 한다. 왜냐하면 구조대상자가 대피하기 위해 문 근처에 있는 경우 더 큰 부상을 당할 수도 있기 때문이다.
④ 건물을 통하여 이동할 때는 약화되었거나 위험한 상황이 연출될 수 있는 조건들을 지속적으로 관찰하여야 한다. 특히 진행방향 앞부분의 바닥이 안전한지를 손이나 도구를 이용해서 지속적으로 확인하여야 한다.

> **TIP** 구조요령은 벽을 따라 진입하고 문을 개방할 때는 정면을 피하고 자세를 낮춰야 하며, 손등으로 열기를 확인, 구조대원이 위험에 처하면 손전등으로 천장을 비추도록 하는 것입니다. ^^

5 기타 현장활동 시의 안전지침

(1) 공중에서의 방수활동 시 유의사항

① 고가사다리차나 굴절소방차량을 이용하여 공중에서 화염부분으로 방수할 경우 인위적인 혹은 자연적인 배연구(排煙口)를 절대 차단해서는 안 된다.
② 이러한 경우 실내에서 작업하는 대원들이 역류현상이나 방수된 물줄기 등으로 인해 다칠 수 있다.
③ 불가피한 경우 실내에서 활동하고 있는 진압대와의 상호교신을 통하여 사고가 발생되지 않도록 한다.

④ 또한 불필요하게 창문을 파괴하지 않도록 주의해야 한다. 왜냐하면 수손피해(水損被害)가 발생되며, 건물내부로 연소 확대가 이루어 질 가능성이 있어 사고가 발생될 가능성이 높기 때문이다.

(2) 붕괴피해 예상범위의 설정

① 소화활동 중인 건물의 안전성이 의심스럽다면 발화건물 주변의 안전지역 또는 붕괴 예상지역을 설정하여야 한다.
② 일반적으로 붕괴로 부터 비교적 안전한 지역의 범위를 설정할 경우 <u>건물의 높이와 같은 정도의 반경외부(半徑外部)</u>정도로 설정한다.

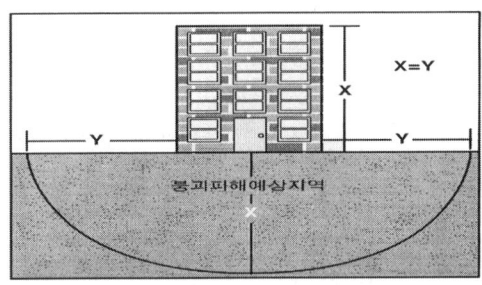

(붕괴피해 예상범위)

(3) 방수활동 시의 고려사항

① <u>소방대원이 건물의 내부에 진입하여 화재를 진압하고 있는데도 불구하고 외부에서 화점(火點)을 향하여 방수하는 것은 소방대원의 불필요한 부상을 초래할 수 있다.</u> 왜냐하면 외부에서 방수된 물이 화염, 열기, 연기를 내부의 대원이 있는 방향으로 직접적으로 몰아갈 수 있기 때문이다.
② 내부에서 대원이 활동하고 있는 경우에 창문이나 배연구를 통하여 <u>내부로 방수(放水)해서는 안 된다.</u>
③ 연소확대의 저지를 위해 방수활동을 하고 있는 대원들도 창문이나 지붕 등에 있는 개구부(開口部)를 향하여 직접 방수하지 않도록 하여야 한다.

(4) 소방호스 활용 시의 고려사항

① <u>여러 개의 호스가 동시에 내부로 전개될 경우 각 호스별로 구분이 가능한 표식(標識)을 해두면 매우 효과적이다.</u> 즉 불필요한 부분에 있는 호스에 물을 보내지 않아 소방용수의 낭비를 방지할 수 있다는 것이다.
② 호스를 연장하거나 운반할 때 자신이 다룰 수 있는 양 만큼의 호스를 차량에서 내리거나 운반하여 척추 등의 손상을 방지하여야 한다.
③ 호스를 위층으로 연장할 때 충분한 호스의 이용이 가능한지를 확인해야 한다.
④ 충수(充水) 되지 않은 소방호스를 가지고 화재지역에 진입해서는 안 된다.
⑤ <u>관창은 대원이 화재를 진압할 위치에 자리를 잡을 때까지 개방해서는 안 된다.</u> 만약 연기가 있는 부분을 향하여 무조건적으로 관창을 개방 할 경우 가열된 연소가스 때문에 뜨거워진 방출수(放出

水)가 앞부분에 있는 소방대원의 작업을 방해할 수 있다.
⑥ 관창이 다루기가 힘들 정도로 크거나 수압(水壓)이 과도(過度)할 경우 관창수는 관창을 놓치지 않도록 하기 위해 최대한 관창의 앞부분을 잡아야 한다. 관창을 놓친다면 자신뿐만 아니라 주변에 있는 동료들에게까지 치명적인 부상을 초래할 수 있다.

(5) 현장으로의 진입자세에 대한 고려

① 화재를 진압하기 위하여 이동할 때는 낮은 자세를 유지하여야 한다. 이렇게 함으로써 머리 위의 뜨거운 연소가스에 의한 화상을 방지할 수 있다. 또한 보다 나은 시계(視界)를 확보할 수 있으며,

> ○ 이러한 현상은 강렬하게 연소가 진행되면서 배연(排煙)이 이루어지지 않는 공간에 직접적으로 방수했을 때 발생한다.

② 현장에 진입 시 낮은 자세를 유지하는 또 다른 이유는 실내의 진입을 위하여 출입문을 개방할 때 머리위로 배출되는 뜨거운 연기와 열기로부터 대원을 보호하기 위한 것이다. 특히 지하실 화재의 진압활동 시 낮은 자세를 유지하는 것은 매우 중요하다.
③ 계단의 상부나 중간지점은 열기가 많기 때문에 바닥보다 활동하기가 힘들며, 계단과 지하실의 출입문 주위는 소방대원의 신속한 후퇴를 위하여 장애물이 방치되지 않도록 한다.
④ 지하실에 소방호스가 연장되어 있다면 지하실에 있는 소방대원을 보호하고, 화재가 상층으로 연소가 확대되는 것을 방지하기 위하여 예비호스를 계단의 상단부에 배치하는 것이 바람직하다.
⑤ 지하실의 경우 소방호스를 지지하고 있는 마지막 소방대원은 뒷부분에서 위협을 줄 수 있는 화재나 다른 위험요소에 대하여 주의를 게을리 해서는 안 된다.
⑥ 지하실의 출입구에 위치한 소방대원도 마찬가지로 지하실 입구의 1층의 상황을 감시해야 한다. 특히 중요한 것은 지하실에 들어가고 빠져 나온 소방대원의 수를 지속적으로 확인하는 것이다. 이것은 지하실로부터 긴급히 대피하여야 할 경우 대단히 중요한 사항이다.

(6) 긴급철수(緊急撤收)지시에 대한 고려

소방력(消防力)이 열세(劣勢)에 있는 경우 과도하게 공격적인 것은 때때로 문제가 될 수 있으며, 만약 지휘관이 긴급철수를 지시하였다면 즉시 그 지시에 따라야 하며, 철수의 지시와 그 전달방법과 신호에 있어서도 실수가 있어서는 안 된다.

> ○ 작전전개의 적정성에 관한 논쟁은 사고의 수습이 끝난 후에 하여도 늦지 않다.

(7) 재산보호 및 잔화탐색(殘火探索) 활동시의 고려사항

① 현장활동의 마지막 단계인 재산보호 및 잔화탐색 활동 시 유의하여야 할 사항은 거의 모든 대원들이 인명구조, 화재진압활동 등으로 인하여 체력이 약화된 상태에 있다는 것이다. 따라서 예기치 못한 사고의 발생이 높다고 할 수 있다.
② 피로에 지친 대원은 위험요인에 대한 경계심이 저하되고 행동이 늦어지게 되며, 자신에 대한 방어를 태만(怠慢)히 하는 경우가 있다. 따라서 지휘관은 이러한 점에 유의하여 대원들의 활동이 종료되는 시점까지 주의를 게을리 하지 않도록 하여야 한다.

③ 잔화탐색활동을 실시하기 전에 반드시 건물의 위험요인에 대한 조사와 판단이 이루어져야 한다. 이는 이미 화염으로 인해 약해져 있는 건물로부터 대원을 보호하기 위한 최소한의 조치에 해당된다.
④ 개구부(開口部)나 약화된 구조물에서 추락하여 부상을 당할 가능성이 많으며, 이러한 부분을 발견한 경우 신속히 출입금지 표시를 하거나 차단물을 설치하여야 한다.
⑤ 유리, 못 또는 날카로운 물체에 발을 찔리는 사고도 흔히 발생할 수 있으므로 이에 유의한다.
⑥ 잔화탐색활동을 실시 할 경우 보호복과 장비를 착용하지 않는 경우를 흔히 볼 수 있는 데, 이러한 행동은 현장활동으로 인한 피로 및 정신적 긴장의 이완 등의 요인 때문에 발생되는 보편적인 불안전한 행동이다. 결과적으로 보호장구를 갖추지 않아 창상(創傷) 절상(切上), 또는 안면부상(顔面負傷)을 쉽게 당할 수 있다.
⑦ 잔화탐색(殘火探索)시 공기호흡기를 벗는 경우를 발견할 수 있다. 일산화탄소와 같은 유독가스는 수분이 이미 함유된 불완전연소상태에서 더 많이 발생되므로 대원들의 호흡기계통에 치명적이라고 할 수 있다.
⑧ 화재발생 시 유독가스는 내부 공기압력에 의해 벽이나 천장의 안쪽으로 밀려들어 갔다가 잔화탐색(殘火探索) 및 진압활동(鎭壓活動)중 밖으로 방출되며, 이때 공기 호흡기를 착용하지 않은 소방대원은 이 유독가스를 흡입할 수밖에 없다. 또한 유독가스의 흡입과 석면(石綿)에의 노출 가능성 때문에 모든 잔화정리 작업 시 공기호흡기를 착용하도록 엄격히 지시하여야 한다.

(8) 경계구역의 설정과 출입의 제한 시의 고려사항

경계구역 내에는 적절히 훈련받은 사람만이 출입할 수 있도록 하여야 하며, 이 구역 내에 있는 사람이라 할지라도 반드시 보호복과 공기호흡기를 착용하도록 하여야 한다. 경계구역 내에 있는 사람은 그들 나름으로의 임무를 부여받고 있어야 하며, 별다른 임무 없이 구경하거나 현장을 배회하는 일이 없도록 하여야 한다.

(9) 사다리의 활용에 있어서의 고려사항

① 사다리를 설치할 때는 반드시 견고하고 평평한 바닥에 설치하여야 한다. 사다리의 바닥에 미끄럼 방지용 고정판이 없는 경우에는 반드시 하부에서 1인이 지지하도록 하며, 고정판이 있다고 하더라도 그러하여야 한다.
② 사다리는 유리창의 전면, 창문샤시, 화분받침대 또는 무너질 수 있는 표면에는 절대 설치하지 않아야 한다. 왜냐하면 사다리가 설치된 상부에서 파괴 작업이 진행되거나 실내의 폭발, 역화현상이 발생될 경우 대단히 위험하기 때문이다.
③ 사다리 위에서 방수작업을 할 경우 호스를 두 다리의 사이에 두지 않도록 한다. 왜냐하면 만약 호스가 파열 또는 과압이 작용 할 경우 그 충격으로 전락(轉落)될 가능성이 있기 때문이다. 또한 사다리 위에서 방수 할 경우 직접적으로(두 손으로) 호스의 하중을 지탱하지 않고, 호스 고정장치나 로프 등을 이용하여 작업을 하는 것이 안전하다.
④ 사다리를 이용하여 창문으로 진입 할 경우 유리창 및 파편을 완전히 제거한 후 진입하도록 한다. 왜냐하면 유리파편으로 인한 절상(切傷)의 방지와 창문을 통한 신속한 탈출을 용이하게 하기 위함

이다.
⑤ 사다리를 통하여 대원이 창문으로 진입을 한 경우 사다리는 불가피 한 경우를 제외하고 이동시키지 않아야 한다. 왜냐하면 사다리를 이용하여 실내에 진입한 대원은 현장활동 중에도 최초의 위치에 사다리가 있는 것으로 생각하고 있기 때문이며, 만약 사다리가 이동된 경우 신속한 비상탈출이 불가능하기 때문이다.

6 소방대원들에 대한 피로의 회복

(1) 피로한 소방대원의 발견 및 조치

① 현장에서 발생하는 사고의 원인 중 "대원의 피로현상"이 큰 부분을 차지한다. 피로한 상태에 있는 대원은 현재 그가 피로한 상태에 있다는 것을 증명하기가 어렵기 때문에 그렇지 않은 대원들보다 더 위험한 상태에 있다고 할 수 있다.
② 사고의 초기부터 화재진압이나 구조 활동에 참가한 대원들은 잔화정리 작업 및 조사활동에는 제외시켜 피로한 상태에서 작업을 하지 않도록 하여야 한다.

(2) 피로의 유발요인 및 정도

① 피로를 유발시키는 요인은 현장활동 시의 체력소모, 열기, 추위, 습기, 감정의 혼란 등이 있다.
② 대원별 피로의 정도는 현재의 상황과 조건, 그리고 해당업무와 대원의 현재의 신체능력의 정도에 따라 달라질 수 있다.

(3) 피로의 회복 및 안정

회복지역은(휴식지역)경계구역의 외부에 설정하여야 한다.
① 회복지역(휴식지역)에서는 보호 장비와 보호복을 벗을 수 있고, 앉아 있거나 혹은 휴식을 취할 수 있어야 한다.
② 구급대원들이 각 개인의 신체적·정신적 이상 유무를 점검할 수 있도록 하여야 한다.
③ 대원들에게 필요한 음식과 음료수를 공급할 수 있어야 한다.
④ 피로회복과 관련된 전문인들을 배치하여 대원의 피로회복에 노력하여야 한다.
⑤ 장시간(長時間)의 활동이 요구되는 상황에서는 구급대원, 적십자사, 자원봉사자, 병원의료진, 민간인 자원봉사자 등으로 구성된 특별회복분대(特別回復分隊)를 편성하여 대원의 피로회복, 의료검진, 음식물의 공급업무에 활용한다.
⑥ 대형화재라고 판단 될 경우 현장지휘관은 비번대원(非番隊員)을 비상소집(非常召集)하여 신체적 과부하에 의한 대원의 피로축적(疲勞蓄積)을 예방하여야 하며, 비상소집 된 대원과의 교대(交代)를 통하여 안전사고를 방지하여야 한다.
⑦ 고층건물화재의 경우 단거리 경주하듯 발화층까지 뛰어올라가지 않아야 한다.

(4) 기상조건과 피로

① 무더운 기후에서의 소방활동
  ㉠ 극심한 고온 혹은 고습도 하에서는 대원들이 쉽게 무기력증(無氣力症), 탈진 현상 및 열사병을 초래할 가능성이 있다.
  ㉡ 무더운 기후조건하에서 공기순환이 잘되지 않는 보호복과 장비의 휴대 및 격렬한 신체활동 때문에 정상적인 조건보다 더욱더 빨리 피로현상이 발생될 수 있다.

② 비정상적인 기후로 인해 발생될 수 있는 피로의 증상(Symptom)에는 다음과 같은 것이 있다.
  ㉠ 무기력함의 발생   ㉡ 두통의 발생
  ㉢ 오한(惡寒)의 발생   ㉣ 메스꺼움/구토현상
  ㉤ 근육경련   ㉥ 숨가쁨 등

  ● 소방활동 중에 대원 자신이 이러한 증상(Symptom)을 느낄 경우 신속히 지휘관에게 보고하여야 하며, 마찬가지로 현장의 지휘관들도 소속대원이 이러한 징후(Sign)를 보이는지 지속적으로 관찰하여야 한다.

③ 비정상적 기후조건의 고려
  ㉠ <u>충분한 수분의 공급이 무엇보다도 중요하다. 수분을 공급하는 주기(週期)는 공기호흡기 용기를 교환하는 25~30분 정도가 좋으며, 1회에 마시는 물의 양은 약 100~150g 정도가 적당하다. 또한 가능하다면 약 10분 정도의 휴식시간을 가지는 것이 좋다.</u>
  ㉡ 소금정제는 격렬한 신체활동이 이루어지는 동안에는 위장으로의 흡수가 느리며 체내대사를 방해하여 <u>구토나 메스꺼움 현상을 유발할 수 있기 때문에 섭취하지 않는 것이 좋다.</u>
  ㉢ <u>대원들이 충분한 휴식을 취할 수 있도록 하여야 한다.</u> 피로의 징후(Sign)를 보이는 대원들을 즉시 휴식하도록 조치하여야 한다. 현장에서 대원들의 관리를 책임지고 있는 간부들 자신의 피로를 적절히 조절하는 것도 중요하다.

  ● 증상(Symptom) : 환자가 호소하는 내용을 말한다.(주관적 판단)
  ● 징후(Sign) : 의료인이 환자를 관찰하거나 검사함으로써 얻을 수 있는 정보를 말한다.(혈압, 맥박, 호흡)

Check

① 표준작전절차(SOP)는 어떠한 사고의 유형에도 적용가능한 표준적인 소방 활동 지침을 말한다. 또한 각종 사고 시 핵심적으로 적용할 수 있는 가장 기본적이고 필수적인 절차이다.(O)
② 사고현장에서 안전에 관한 총체적인 책임은 현장지휘관이 진다.(O)
③ 플래시오버현상이란 (   )와 (   ) 두가지 결합에 의해 충분히 가열된 공간에 있는 가연물이 발화되는 것을 말한다.
④ 롤오버의 경우 플래시오버와 같이 복사열에 의한 영향이 그리 많지 않다.(O)
⑤ 한순간에 전체지역을 발화시키는 것은 롤오버이다.(×)
⑥ 백드래프트 현상을 막기위해 수직배연을 하기 전에 창문이나 문을 통한 수평진입이 이루어져야 한다.(×)
⑦ 백드래프트가 있는 경우 배연이 이루어지고 난 후에 진입을 시도하여야 한다.(O)
⑧ 구조대원이 위험에 처할 경우 손전등은 천장을 비추도록 한다.(O)
⑨ 붕괴피해 예상범위를 설정은 건물 높이와 같은 정도의 반경외부 정도로 한다.(O)
⑩ 경계구역 내에서는 보호복과 공기호흡기를 착용할 필요는 없다.(×)
⑪ (   ) 경계구역 내에는 적절히 훈련받은 사람만이 출입할 수 있도록 하여야 하며, 이 구역 내에 있는 사람이라 할지라도 반드시 보호복과 공기호흡기를 착용하도록 하여야 한다.

CHAPTER 04 소방활동과 보호구

제1절 보호구의 개요

1 보호구의 정의

보호구는 근원적인 1차적 안전대책에 이은 소극적인 2차적 안전대책으로서 외부의 유해한 자극물을 차단하거나 그 영향을 감소시킬 목적으로 작업자의 신체에 장착하는 것을 말한다.

2 보호구의 사용 및 관리

보호구 사용시 유의사항	① 작업에 적절한 보호구를 선정한다. ② 필요한 수량의 보호구를 비치한다. ③ 작업자에게 올바른 사용방법을 빠짐없이 가르친다. ④ 보호구는 사용하는 데 불편이 없도록 철저히 한다. ⑤ 작업할 때 필요한 보호구는 반드시 사용하도록 한다.
안전보호구 선택시 알아야할 사항	① 작업 중 언제나 사용하는 것(예 방화복, 헬멧, 안전화, 장갑), 작업 중 필요한 때에 사용하는 것(보호안경 등), 위급한 때에 사용하는 것(예 공기호흡기)등 사용목적에 적합하여야 한다. ② 보호구 검정에 합격된 품질이 좋은 것이어야 한다. ③ 사용하는 방법이 간편하고 손질하기가 쉬워야 한다. ④ 무게가 가볍고 크기가 사용자에게 알맞아야 한다.
보호구 구비조선	① 착용이 간편할 것 ② 작업에 방해가 안 되도록 할 것 ③ 유해 위험요소에 대한 방호성능이 충분히 있을 것 ④ 보호구의 원재료의 품질이 양호한 것일 것 ⑤ 구조와 끝마무리가 양호할 것 ⑥ 겉모양과 표면이 섬세하고 외관상 좋을 것
보호구 보관방법	① 광선을 피하고 통풍이 잘되는 장소에 보관할 것 ② 부식성, 유해성, 인화성, 액체, 기름, 산(酸) 등과 혼합하여 보관하지 말 것 ③ 발열성 물질을 보관하는 주변에 가까이 두지 말 것 ④ 땀으로 오염된 경우에 세척하고 건조하여 변형되지 않도록 할 것 ⑤ 먼지 등이 묻은 경우에는 깨끗이 씻고 그늘에서 건조할 것
보호구 선정조건	① 종류 ② 형상 ③ 성능 ④ 수량 ⑤ 강도

제2절 소방용 보호구

방화복	• 아라미드 계통 등 내열성의 섬유재질에 열 방호성 및 방수성을 보강 제작된 것으로 소방대원의 신체를 보호함을 목적으로 한다. • 방열복보다는 내열성이 떨어지지만 일반적인 화재현장 활동 시 소방대원이 일상적으로 착용하는 필수 보호복이다. • 겉감과 중간층, 안감 등의 3중으로 되어 있으며, 어두운 곳에서도 식별이 쉽도록 겉감에는 형광재 및 역반사재의 반사테이프가 부착되고 상의와 하의로(원피스형태의 구형 '방수복'과는 구별) 나누어져 있다.
방열복	• 화재로 인한 복사열이 강한 장소의 화염 속에서 인명구출이나 소화활동 시에 소방대원의 신체를 보호할 수 있는 보호복이다. • 내열성이 강한 아라미드 계통의 섬유표면에 알루미늄으로 특수 코팅 처리한 겉감과 내열섬유의 중간층, 안감 등 여러 겹으로 되어 있어 격렬한 화재에 의한 고열(적외선)을 반사시키고 차단하여 신체를 보호해 준다. • 공기호흡기와 함께 소방법상 피난설비(인명구조기구)로 분류되어 있으며, 방열 상·하의, 방열장갑, 방열화, 방열두건으로 구성되어 있다.
방화복	• 아라미드 계통 등 내열성의 섬유재질에 열 방호성 및 방수성을 보강 제작된 것으로 소방대원의 신체를 보호함을 목적으로 한다. • 방열복보다는 내열성이 떨어지지만 일반적인 화재현장 활동 시 소방대원이 일상적으로 착용하는 필수 보호복이다. • 겉감과 중간층, 안감 등의 3중으로 되어 있으며, 어두운 곳에서도 식별이 쉽도록 겉감에는 형광재 및 역반사재의 반사테이프가 부착되고 상의와 하의로(원피스형태의 구형 '방수복'과는 구별) 나누어져 있다.
방열복	• 화재로 인한 복사열이 강한 장소의 화염 속에서 인명구출이나 소화활동 시에 소방대원의 신체를 보호할 수 있는 보호복이다. • 내열성이 강한 아라미드 계통의 섬유표면에 알루미늄으로 특수 코팅 처리한 겉감과 내열섬유의 중간층, 안감 등 여러 겹으로 되어 있어 격렬한 화재에 의한 고열(적외선)을 반사시키고 차단하여 신체를 보호해 준다. • 공기호흡기와 함께 소방법상 피난설비(인명구조기구)로 분류되어 있으며, 방열 상·하의, 방열장갑, 방열화, 방열두건으로 구성되어 있다.
헬멧	• 현장에서 물체의 낙하물이나 충격 및 열 등으로부터 소방대원의 머리부위를 보호해 준다. • 모체는 방탄용으로 쓰이는 난연·내열성의 폴리카보네이트 재질로서 가볍고 착용감이 좋으며 겉면은 UV 코팅 처리로 긁힘 방지 기능을 갖추었다. • 내측면에는 무선 송·수신장치가 설치되어 공기호흡기 면체를 착용한 상태에서도 무선 송·수신이 가능하며, 외부의 충격을 완화해 주는 충격 흡수용 내장재가 부착되어 있다. • 폴리카보네이트 재질의 보안렌즈는 폭발성이 있는 위험한 작업환경에서도 안면을 보호한다. 그밖에 물받이, 턱끈 및 턱받침, 착장체 및 머리고정대 등으로 구성되어 있다.
안전화	• 소방활동 시 화열과 발 부위에 무거운 물건을 떨어뜨리거나 못 등 날카로운 물체 등을 밟았을 때 대원을 보호해주는 보호구이다. • 내열성의 고무제와 가죽제(천연가죽 또는 극세사로 직조된 인조가죽) 2종류로 구분되어 있으며, 몸통, 겉창, 선심, 안감 등으로 구성되어 있다.

공기 호흡기	• 양압식 공기호흡기는 면체내의 압력이 항상 외기압보다 높게 하여 V형 면체와 안면과의 밀착도를 높이는 동시에 공기가 샐 때에는 외부로 유출되게 하여 외부의 오염된 공기가 들어오는 것을 방지하는 호흡 보호용 기구이다. • 등지게식으로 되어 있는 실린더에 고압으로(구형 150kg/㎠, 신형 300kg/㎠) 충전된 공기가 일정한 압력(8kg/㎠)으로 공급되어 면체내에는 20mmH₂O(약0.027kg/㎠)로 유지되게 되어 있다. • 최근에 나온 신형의 공기호흡기는 안면 마스크를 쓴 상태에서 대기호흡을 할 수 있는 대기호흡장치가 부착되어 사용의 편리성이 한층 높아졌다. • 저 시력자의 시야확보를 위하여, 공기호흡기 면체 안면부내에 장착시켜 사용할 수 있는 착탈이 편리한 안경테도 참고할 필요가 있다.
산소 호흡기	• 외부로 산소가 배출되지 않도록 폐회로를 구성하면서 청정약제(카레임)로 정화해서 사용함으로 공기호흡기보다 비교적 장시간(2시간 이내)을 사용할 수 있는 장비로서, 고압 산소용기로부터 감압된 산소를 유량조절기에 의해 단계별로 산소량을 조절할 수 있어 사용이 편리하다.
방연(방진) 마스크	• 호흡 시 매연이나 분진을 여과하여 주는 보호구로서, 여과효율이 높아야 하며 안면 밀착성이 좋아야 한다.
인명구조 경보기	• 인명구조경보기는 시야가 어두운 현장활동 시 대원이 일정시간 움직이지 않으면 주위에 경보음을 발신하여 위험을 경보해 주는 보호구이다. 건전지교체식이므로 일정시간 경과 시 제때에 충전해야 한다.
보안경	• 신체부위 중 특히 중요한 눈을 보호 해주는 보호구이다. 눈은 대수롭지 않은 것 같은 상처 등도 의외로 큰 후유증을 남기는 경우가 많으므로 현장활동 시 적극적으로 보호안경을 착용해야 한다. • 보안경은 활동 시 먼지 등 유해물질이 눈에 들어가지 않게 방지하는 방진안경과 자외선(아크용접 작업 시) 적외선(가스용접작업) 등으로부터 눈을 보호해주는 차광안경으로 구분할 수 있다.
로프	• 주로 인명검색·구조 등의 소방활동 시 대원의 추락방지나 퇴로확보 등을 위한 중요한 보호구로서 활용되고 있다. • 로프는 열이나 충격, 습기 등에 약하므로 관리 유지에 세심한 주의를 기울여야 하며, 사용 시 건물 모서리 등 예리한 물건에 직접 접촉되지 않도록 해야 한다. • 현행「소방장비관리규정」상 사용할 때마다 그 횟수 등을 기록하도록 규정하여 그 로프의 관리유지 기준을 한층 강화하였다.
안전벨트	• 인명구조활동 시 대원의 신체 및 구조대상자를 안전하게 결착하여 안전한 장소로 이동할 때 사용하는 장비이다.
공기안전매트	• 상부매트는 사람이 낙하하면 각 변 4개의 배기공으로 바람이 빠져 충격을 흡수하여 푹신한 쿠션 역할을 하고, 하부매트는 상부매트의 잔여 충격이 흡수되어 반동 없이 안전하게 피난할 수 있다.

내전복	• 화재현장에서 전기 감전을 방지할 수 있는 것으로 7,000~22,000V까지 사용이 가능한 소방대원의 신체보호 장비로서 내전복, 내전장갑, 내전장화로 구성되어 있다.
방독 보호복	• 유해화학물질 및 유독물 누출시의 제독작업과 방사능으로부터 대원을 보호할 수 있는 장비이다.
방사선 보호복	• 방사능 오염이나 내부피폭을 강력히 방지하면서 소화작업이나 응급처치 등의 활동이 가능하도록 한 보호복이다.

Check

① 개인안전장비는 방화복, 헬멧, ( ), 안전장갑, 방연마스크이다.
② 소방용 보호구는 방화복, 방열복, 헬멧, 안전화, ( )이다.
③ 내전복은 감전을 방지할 수 있는 것으로 (7,000~22,000V)까지 사용이 가능하며, 내전복, 내전장갑, 내전장화로 구성되어 있다.(O)

부록 소방현장안전관리지침

【화재진압활동 안전수칙】

1. 지휘관의 안전수칙

(1) 지휘관은 화재진압·구조작전에 현장을 안전하게 운영하여야 한다.
(2) 지휘관은 대원들을 화재진압 및 인명구조에 있어서 무리하게 내부진입을 요구해서는 아니 된다.
(3) 지휘관은 대형화재 일 경우에는 현장에 안전 관리자를 지정 운영하여야 한다.
(4) 지휘관은 건물 등이 崩壞(붕괴) 우려가 없는지 안전관리자로 하여금 살피도록 한다.
(5) 대형화재일 경우에는 안전관리자는 방면안보조자를 두어 정보를 수집한다.
(6) 안전관리자는 현장을 순회하면서 안전을 유지하며, 문제의 정보가 수집되면 즉시 대원들에게 전파하여야 한다.
(7) 지휘관(안전관리자)은 안전장비 착용사항을 점검하고 2인1조로 행동하도록 조치하여야 한다.
(8) 지휘관은 대원들을 화재진압·인명구조를 위한 탐색·구조에 임할 때는 지휘관(안전관리자)에게 보고하고 내부진입을 하도록 하여야 한다.

2. 지휘관 현장지휘원칙

(1) 지휘관의 책임

① 모든 화재진압·구조·구급현장의 책임은 총지휘관에게 있다.
② 즉소·소화재시는 센터장(구조대장·진압대장), 중·소화재는 방호과장 또는 당직관, 대화재는 소방서장 또는 소방본부장이 직접 지휘한다.
③ 현장투입에 있어 개인안전장비 미착용으로 안전사고가 발생 할 때는 지휘계통에 따라 엄중 문책한다.
④ 화재·구조현장에 관계기관의 출동책임자는 소방관서장의 요청에 의하여 다음과 같은 업무를 수행한다.
  ㉠ 경찰서 : 교통통제, 도난방지, 화재현장의 질서유지, 화재발생자(실화자, 방화자) 등에 대한 소방관서와의 연계합동조사
  ㉡ 한국전력 : 연소확대 및 감전의 요인이 되는 전력통제
  ㉢ 시청(구청) : 사상자의 처리 및 이재민 구호
  ㉣ 보건소 : 부상자의 긴급구호 및 수송
  ㉤ 수도사업소 : 소방관서장의 요청에 의거 상수도의 통제
  ㉥ 가스안전공사 : 가스화재 시 장비, 약품지원 및 가스시설 조치

3 대원의 현장기본 안전수칙

(1) 대원들은 현장지휘관의 명을 받아 행동하여야 한다.
(2) 화재현장의 내부진입 또는 야간에는 조명을 충분히 밝히고 활동여야 한다.
(3) 현장내부 진입하는 대원은 개인장구를 착용하고 2인1조로 행동하는 것을 원칙으로 한다.
(4) 대원들은 화재진압·인명구조를 위한 탐색·구조에 임할 때는 지휘관(안전 관리자)에게 보고하여야 한다.
(5) 대원이 내부진입 시는 공기호흡기 착용과 손전등 등을 휴대하고, 안전로프를 이용하여 진입자의 표시를 하고 진입한다.
(6) 내부진입을 할 때에는 주위를 살피고, 붕괴의 우려가 없는지 재삼 살피며 진입한다.
(7) 현장진입에 있어 개인안전장비 미착용으로 안전사고 발생이 없도록 유의하여야 한다.
(8) 대원들은 현장에서 안전을 유지하며 활동하여야 한다.
(9) 대원들은 안전상 문제(정보)가 발생할 때에는 즉시 대원들에게 전파하고 지휘관에게 보고하여야 한다.

【화재현장 소방작전 활동 안전관리】

1 현장도착 시

(1) 차에서 내릴 때에는 지휘자의 지시에 따를 것이며 차량 문을 열 때에는 뛰어내리지 말고 주위상황에 주의하라.
(2) 소방차의 보조브레이크(side-break)는 확실하게 채워놓고 반드시 고임목으로 고이도록 하라.
(3) 호스연장, 사다리운반 등의 행동이 경합할 경우 대원 상호간의 충돌에 주의하라.
(4) 소화전, 저수조 등의 위치를 표시하여 활동 중 걸리거나 빠지지 않도록 하라.

2 호스연장 시

(1) 결합구(coupling)나 관창(nozzle)이 땅에 떨어지지 않도록 하고 호스두루마리 상태에 주의하여 꼬이지 않도록 전개하라.
(2) 앞이 잘 보이지 않는 장소, 도로의 교차점 또는 풍하측에서 호스를 연장할 때에는 차량이나 피난 자에게 음성 또는 경적으로 주의를 환기시켜라.
(3) 호스는 기둥이나 사다리 등에 걸리지 않도록 전개하라.

3 방수 시

(1) 기관사는 관창 위치가 확인되지 않거나 관창까지 많은 방수시간이 필요로 할 때에는 전령을 두고

방수의 강도를 조정하라.
(2) 예비방수는 관창 위치가 보일 때로 국한하고 언제든지 방수중지 할 수 있는 태세로 실시하라.
(3) 앞이 잘 보이는 장소라 하더라도 사다리 이용 등 높은 곳에 호스를 연장할 때에는 관창수가 확실하게 위치하고 난 다음 방수하라.
(4) 호스의 결합상태를 반드시 확인하고 방수 콕크를 급격하게 열지 않도록 하라.
(5) 방수전의 관창 진입은 지나치게 내부진입이 되지 않도록 한다.

4 도괴(붕괴)위험

(1) 지휘자는 직접 또는 안전담당자를 두어 화재현장의 안전도를 측정하도록 한다.
(2) 지휘관은 화재건축물의 구조와 위험도를 살피고 도괴위험성이 확인되는 즉시 전 대원에게 확성기 또는 육성으로 전달한다.
(3) 철근 스라브 건축물이라 할지라도 오래된 건축물이거나 벽과 기둥 문틀의 구조가 부실 할 경우에는 도괴위험이 있으니 대원들의 내부진입에 유의하여야 한다.
(4) 화재진압에 당하면서 벽과 기둥을 도끼·해머 등으로 강약을 확인 할 필요가 있다.
(5) 지휘자는 도괴가 예상되는 지역에 위험라인을 설치하고 위험내용을 확성기나 무전기 등으로 전 대원에게 주지시키도록 하라.
(6) 기둥, 중방(中枋)등에 철골재를 사용한 건축물은 열에 약하고 변형이나 굴절에 따른 도괴위험이 있으므로 주의하라.
(7) 석조나 연와조와 같은 건축물은 일부가 무너지면 타지 않은 부분까지 동시에 붕괴되는 경우가 있으므로 주의하라.
(8) 창고는 화물의 붕괴위험이 있으므로 유사시 대피할 수 있도록 충분한 안전거리를 확보한 상태에서 행동하라.
(9) 원목 야적장은 목재의 붕괴나 도괴위험이 있으므로 주의하라.
(10) 추락물과 2차 붕괴가 가장 큰 안전사고의 위험이다.
(11) 반드시 전기의 공급이 차단되었는지 확인 후 진입한다.
(12) 중장비, 유압장비의 사용 시 불안정한 콘크리트 등의 추락, 붕괴 등에 유의한다.
(13) 건축물 등이 여러 형태로 붕괴된 곳에서는 수직방향으로 서있는 벽이나 기둥이 지지물이므로 이 부분을 유압으로 들거나 자르지 않도록 유의해야 한다.
(14) <u>구조대원이 수색하기 전에 반드시 구조견, 전자 및 음향 수색장비를 이용하여 수색을 실시한다.</u>

5 낙하물 위험

(1) 옥내 진입시 및 소방활동 중에는 우선 머리 윗 부분을 둘러보고 기왓장 등 떨어지기 쉬운 물건이 있을 때에는 갈고리 또는 직사주수로 털어 내도록 한다. 또한 소리를 질러 주위 대원에게 주의를 환기시켜라.

(2) 처마 끝에서 작업할 때에는 기와 등이 떨어지기 쉬우므로 신속하게 행동하고 기와 등이 떨어지는 것을 확인하였을 때에는 벽에 몸을 기대든가 건물 내에 몸을 피하도록 하라.
(3) 방화구조 건물의 몰탈 벽에 균열이 생기고 부풀었을 때에는 붕괴직전이므로 주의하라.
(4) 콘크리트 내벽은 화재 최성기가 되면 폭열하여 떨어지므로 주의하라.
(5) 기둥·중방(中枋)의 연결부분이 타고 있을 때에는 도괴·낙하의 위험이 있으므로 조기 주수토록 하고 그 밑에 있지 않도록 하라.
(6) 공장·창고의 천장에는 하역기계장비·크레인 등이 있으므로 각별한 주의를 기울이도록 하라.
(7) 높은 곳에서 작업할 때에는 자재나 파괴물의 낙하에 주의하고 지상대원과 긴밀한 연락으로 위험범위를 알려주어 그 행동을 통제하라.
(8) 사무실이나 공동주택의 창가와 베란다에는 화분 등 낙하물이 있으므로 주의하라.

6 추락이나 전도 위험

(1) 높은 곳에서 작업할 때에는 안전벨트 등으로 몸을 지탱하되 딛고 있는 곳이 안전한가 확인하라.
(2) 창문으로부터 건물 내부로 진입할 때에는 갈고리 등으로 디딜 곳의 장력과 강도를 확인하라.
(3) 목조·방화조 건물은 마루 빠짐, 천장낙하의 위험이 있으므로 옥내 중앙부를 피하여 창가 등에 위치토록 하라.
(4) 처마·헛난간 등을 타고 갈 때에는 그 장력과 강도를 확인하되 특히 창문부분은 취약하므로 더 주의하라.
(5) 스레트지붕·플라스틱지붕에 부득이 올라갈 경우에는 사다리나 판자 등으로 발 디딜 곳을 확보한 다음 다시 안전벨트로 몸을 의지하여 올라가도록 하라.
(6) 지붕 위에서 주수 할 때에는 호스를 잘 걸치도록 하여 미끄러져 떨어지지 않도록 하고 적설 또는 동결된 지붕 위는 올라가지 않도록 하라.
(7) 염색·도금·피혁공장 등에는 석탄·소다·염산·탄닌용기와 용광로 등이 있으므로 여기에 빠지지 않도록 주의하라.
(8) 기계식 주차장에는 피트와 뚜껑이 없는 유분리 용기 배수구가 있으므로 주의하라.
(9) 물이 고여 있는 수로·구멍·웅덩이 등은 잘 분간할 수 없으므로 로프, 헝겊 등으로 표시하여 두도록 하라.
(10) 공사 중인 건축물, 벽체가 없는 골마루, 계단, 베란다에는 로프를 쳐놓고 추락 방지를 꾀하도록 하라.
(11) 가스폭발에 의한 고층건축물의 마루나 벽체 등은 균열흔 혹은 파괴 등으로 장력과 강도가 저하되어 있으므로 주의하라.
(12) 야간에는 조명기를 적극적으로 활용하여 디딜 곳의 안전에 유의하라.
(13) 극장이나 영화관 등의 마루는 경사져 있거나 계단이 있으며 기계실이나 보일러실 등의 바닥은 기름기 때문에 미끄러지기 쉬우니 주의하라.
(14) 출입구·복도·계단 등에 있는 장애물이나 방수중인 호스에 걸려 넘어지지 않도록 하라.

7 폭발 위험

(1) 도시가스·프로판가스·메탄가스·위험물 유증기 등은 옥내에 누출·충만 된 경우는 옥외에서의 전원차단과 창문 등(공기보다 가벼운 가스는 상단 부를 개방)을 파괴하여 가스를 연소범위에 미달되도록 충분히 희석시켜라.
(2) 니트로글리세린·질화면·피크린산은 가열충격 등에 의한 폭발 위험이 있으므로 충분한 거리를 두고 방수포 등을 활용하여 냉각시켜라.
(3) 산소제조공장 또는 많은 산소통은 연소가 급격하게 진전될 위험이 있으므로 충분한 주의를 기울여 행동하라.
(4) 금속나트륨·금속칼륨·카바이트 등 금속성 물질은 주수로 인한 가연성 가스의 폭발이나 폭발적 연소위험이 있으므로 절대로 주수하지 말라.
(5) 용광로에의 주수는 수증기폭발등에 의한 폭발적 연소위험이 있으므로 절대로 주수하지 말라.
(6) 전분·밀가루·나무가루 등이 수용된 소방대상물은 분진 폭발위험이 있으므로 충분한 거리를 두고 분무 주수토록 하라.
(7) 셀룰로이드화재는 연소력이 지극히 크므로 연소확대에 유의하여 행동하라.
(8) 메틸에틸케톤퍼옥사이드는 가열·충격 등에 의한 분해폭발위험이 있으므로 충분한 거리를 두고 필수대원 이외는 근접시키지 않도록 하라.
(9) 지하창고·피트·맨홀 등의 폐쇄개소 내에 진입할 경우에는 가연성 가스의 유무와 농도 등을 파악하여 2차, 3차 등 연쇄폭발화재를 예방토록 하라.
(10) 창고화재는 수용물에 대한 구체적인 정보를 인지 할 때까지 내부진입을 금하고 폭발물이 있을 때에는 방수포로 원거리에서 주수하라.

8 감전 위험

(1) 특별고압(7,000v 이상) 또는 고압(750v, 교류600v 이상)의 발전 및 변압시설의 화재는 원칙적으로 전기기술자 또는 한전관계직원과 같이 행동하라.
(2) 부하가 걸려 있는 고압전선 또는 전주변압기 등에 주수하는 경우에는 우선 전원을 차단하도록 하되 봉상주수를 금하고 분무주수토록 하라.
(3) 변전실이 침수되었을 때에는 전원차단을 확인할 때까지는 진입하지 말라.
(4) 유압변압기나 유압차단기 등의 화재는 이산화탄소·고발포·냉각제(dry ice) 등에 의한 질식소화를 실시하라.
(5) 지하철화재는 운전지령실과의 신속한 연결로 전원차단을 확인한 다음 행동하라.
(6) 전차화재는 펜터그래프(pantograph)의 분리를 확인한 다음 행동하라.
(7) 현장에 접근 할 때는 반드시 전기의 차단여부를 확인한다.
(8) 비오는 날, 물웅덩이, 축축한 땅 등의 현장과, 물 묻은 장비에는 전기가 흐르고 있다고 가정하고 활동해야 한다.

(9) 야간에는 반드시 충분한 거리에서 강력한 조명으로 현장을 확인하고 접근해야 한다.
(10) 전주에 연결되어 떨어진 전선은 전기가 흐르고 있을 가능성이 더 크다.
(11) 전기실 화재진압은 물기가 없는 절연봉, 절연장갑 및 장화, 절연로프(철심로프제외) 등을 사용해야 한다.

9 백드래프트(Backdraft) 위험

(1) 주수개시 전에는 화염 열이나 농연 등을 수반한 역화위험이 있으므로 우선 비켜 주수토록 하고 안전을 확인한 다음 정면 주수토록 하라.
(2) 배기 측에서 주수할 때에는 흡기측에 역화위험이 있으므로 흡기측 배치대원과 연결을 취하여 안전을 확인한 다음 주수하라.
(3) 염색·피혁·도금공장 등에 있는 각종 약품용기나 용광로 등은 비산 혹은 역화 위험을 대비하여 봉상주수를 금하도록 하라.

10 배연 내 작업

(1) 현장지휘본부장은 반드시 통제자를 지정토록 하라.
(2) 통제자는 진입자를 최소한의 필수인원으로 통제하고 끊임없이 진입자의 건재를 확인하라.
(3) 진입할 때에는 반드시 공기호흡기를 장착하고 안면마스크를 쓴 다음 탈출할 때까지 만지지도 말고 벗지도 말라.
(4) 일산화탄소의 가스퇴적은 연기농도와는 직접 관계가 없으며 시간에 비례하므로 연기의 양만 가지고 판단하지 말며 연기가 엷어졌다고 쉽게 안면마스크를 벗지 않도록 하라.

11 파괴작업

(1) 개구부를 설정 파괴하는 경우는 내부에 진입한 각대와 연결을 취하여 안전을 확인한 다음 실시하라.
(2) 창문·출입문·셔터 등을 개방코자 할 때에는 주수태세를 취한 다음 파괴토록 하고 플래시오버(flash-over)현상에 의한 화염의 분출 등에 대비하여 정면을 피하고 측면에 위치토록 하라.
(3) 유리를 파괴할 때에는 방화모의 앞부분으로 가리고 유리측면에 위치토록 하되, 파괴는 관창이나 갈고리·해머(hammer) 등으로 파괴하고 손이나 드라이버(driver)등으로 작업하지 말 것이며 대형유리는 윗부분부터 파괴하고 창살파편은 완전히 제거하라.
(4) 대형해머·도끼·갈고리 등을 사용할 때에는 항상 주위의 안전에 주의하라.

【구조현장 안전관리】

1 인명구조활동 10대 기본수칙

(1) 2인 이상이 1조로 활동하는 것을 원칙으로 하되, 공기호흡기를 착용한 경우에는 어떤 경우에도 2인 이상의 조를 편성하여 활동하여야 한다.
(2) 소방활동이 이루어지고 있는 현장에서는 누구라도 반드시 보호 장구를 착용 하여야 하며, 미리 제1대피장소, 제2대피장소를 설정하고 활동한다.
(3) 초기 작업현장에서는 반드시 1명의 대원(Standby Member)이 현장과 활동상황을 감시하고, 현장대원과 통신을 유지하며, 위험요인을 경고하여야 한다.
(4) 대형재난 현장에서는 반드시 2명 이상의 구조대원으로 긴급개입요원(Rapid Intervention Crew)을 편성하여 현장에서 활동하는 대원을 구조하기 위하여 완전한 구조 및 보호장구를 갖추고 대기하여야 한다. 이 경우, 긴급개입요원은 3항의 역할을 겸한다.
(5) 전염병, 방사능 등 독극물질에 전염되거나 노출되지 않도록 유의한다.
(6) 반드시 충분한 조명을 확보한 뒤 활동한다.
(7) 반드시 붕괴, 도괴, 낙하, 추락, 폭발 등 위험요소에 대한 안전평가를 실시한 후에 현장에 진입한다.
(8) 현장 지휘관은 소방활동 현장의 모든 상황을 완벽히 파악하고(Size-up : 상황파악) 안전확보에 최우선을 두어 지휘하여야 한다.
(9) 급격한 체력소진 등 자신의 신체의 이상반응에 유의해야 한다.
(10) 사고나 준사고(Near Accident : 아차사고)의 경험을 분석하여 교훈으로 삼는다.

2 구조대원 현장활동 안전관리

(1) **구조대원 자기관리 철저**
① 안전관리의 기본은 대원 각자의 자기관리에 달려 있다는 것을 인식하고 평소 체력·정신력·담력·기술연마에 노력한다.
② 현장상황에 올바르게 대응할 수 있는 판단력과 행동력을 양성한다.
③ 각종 구조기자재의 사용법을 숙지 및 습득하도록 한다.

(2) **일반구조**
① 교통사고현장에서는 흘러나온 유류 등으로 인한 미끄럼방지를 위해 모래 등을 뿌리고 작업을 개시한다.
② 차량의 위나 밑으로 들어갈 때에는 차량 받침목 등으로 고정시킨 후 작업을 실시한다.
③ 사고차량의 상태(기울어짐, 적재, 경사지)를 판단하여 불안전한 요소는 제거하거나, 최대한 안정화, 고정화시킨다.

④ 후속차량의 2차 출동사고를 방지키 위해 통제요원(경찰, 도로공사)을 후면에 배치한다.
⑤ 차량의 절단, 파괴 등으로 날카로워진 부분은 보호조치하여 대원의 부상을 방지 하고, 차량 잔해물은 안전한 곳으로 제거한다.
⑥ 사고 상황에 따른 대원들의 비상식량을 확보한다.
⑦ 로프 등 설치시 확보물의 강도확인 및 2개 이상의 지지점을 설치한다.
⑧ 스레트지붕, 프라스틱지붕을 올라갈 경우 발 디딤에 주의하여 추락방지
⑨ 창문 등으로 진입시 창가 베란다에 있는 화분 등이 떨어지지 않도록 주의한다.
⑩ 좁은 공간에서 대원상호간 접촉, 장해물과의 접촉 또는 전도 등에 의해 보호구 (공기호흡기 등)가 이탈되지 않도록 주의한다.
⑪ 고층아파트 진입시에는 안전로프 및 안전매트를 사용하여 안전 조치한다.
⑫ 헬기 등을 이용한 인명 구조 시에는 주변의 상황을 적절히 판단하여 비산될 수 있는 것들을 제거한다.
⑬ 화재 등 사고현장의 내부진입 또는 야간에는 조명을 충분히 밝히고 활동하여야 한다.

(3) 맨홀, 지하탱크, 정화조 사고

① 밀폐된 공간에는 반드시 유독가스, 산소부족, 가연성 가스등이 체류하고 있다고 가정하고 활동한다.
② 탈출구와 활동공간이 협소하므로 공기호흡기 사용한계시간을 준수한다.
③ 방독면을 착용하고 진입해서는 안된다. 방독면은 몇 가지 적응가스에만 유효하기 때문이다.
④ 도장작업 중이거나 위험물 탱크는 폭발의 위험이 매우 크므로 공기호흡기 예비용기 등으로 신선한 공기를 불어넣은 후(Purge) 작업을 개시한다.
⑤ 맨홀, 탱크에는 물, 유류 등 내용물이 남아있는 경우가 대부분이므로 익사할 가능성에 유의한다.
⑥ 녹슬거나 삭은 계단 및 손잡이, 미끄러운 벽면에 유의한다.
⑦ 충분한 조명을 확보하되, 반드시 방폭 조명기구를 사용해야 한다.
⑧ 충분한 공기호흡기 예비용기를 공급해야 한다.

(4) 엘리베이터 사고

① 엘리베이터가 갑자기 작동하는 경우가 있으므로 함부로 스위치를 조작하지 않는다.
② 엘리베이터 구조활동은 항상 추락, 낙하물, 감전의 위험이 있다.
③ 엘리베이터와 건물에 한 다리씩 걸치고 서 있지 않는다.
④ 화재건물에서 엘리베이터를 이용할 때는 화재층 위로 올라가지 않도록 특히 유의하고, 해당 층을 누르기 전에 2-3층을 눌러 제대로 작동하는지를 확인한다.

(5) 수중인명구조, 선박침몰, 화재, 차량추락사고

① 사고현장의 조류(파고, 유속, 와류, 탁류 등), 수온, 기상, 수심, 수중시정을 반드시 확인한다.
② 유류의 유출, 화재에 따른 2차 재해에 주의한다.
③ 수상, 수중구조에서 개인적인 판단과 행동은 치명적이다.
④ 수중 수색 및 구조는 반드시 다음과 같이 조를 편성하여 활동해야 한다.

㉠ 2인 1조의 수색 및 구조를 실시
㉡ 안전줄 1명 및 입출수 보조 1명 확보
㉢ 완벽한 장비를 착용한 구조잠수사 2명 대기, 유사시 구조대원 구조준비 대기
⑤ 반드시 수중 조류 및 파도에 견딜 수 있는 하강줄을 설치한 뒤 작업한다.
⑥ 수중조류의 이동으로 구조대상자 및 구조대원의 이동에 주의한다.
⑦ 침몰 선박내 격실의 수색은 퇴출이 쉽도록 반드시 안전로프를 결착한다.
⑧ 추락한 차량 내부로의 진입은 위험하다.
⑨ 벼랑, 절벽, 경사지로부터 추락물에 주의한다.
⑩ 입출수시 모터보트, 선박, 제트스키 등의 스크류에 유의한다.
⑪ 수초, 로프, 그물 등이 몸에 감기지 않도록 주의하고 구명칼을 휴대한다.
⑫ 수심이 깊은 경우 급격한 감압이 되지 않도록 잠수시간을 배분한다.
⑬ 급격한 체력소모를 방지한다.
⑭ 구조대원 자신의 구조
㉠ 모든 행동을 중지하고 사태를 파악한다.
㉡ 불필요한 장비를 버린다.
㉢ 신체의 에너지를 비축한다.
㉣ 침착하게 문제를 해결한다.

(6) 수상인명구조

① 잠수 활동시 장해물에 신체 또는 장비가 상하지 않도록 수중 장애물과 수심을 확인하고 잠수
② 동력선에 의한 구조활동을 할 경우 스크류에 의한 부상으로부터 구조대상자 및 대원의 안전확보 조치
③ 수영인명구조는 최후에 사용하는 방법이다. 구조대상자에게 휘감기지 않도록 주의한다.
④ 급격한 체력소모에 주의한다.
⑤ 파도나 조류와 싸우지 말고 흐름을 탄다.
⑥ 조류의 역방향으로 구조대상자에게 접근한다.

(7) 빙상사고

① 동계용 호흡기를 사용하고, 호흡기(Regulator) 및 고압호스 등 연결부위가 얼어 파열되거나 막힘에 주의한다.
② 얼음의 두께, 수심, 유속, 탁도 등을 확인한다.
③ 두꺼운 얼음이라고 한 곳에 너무 많은 인원과 장비가 모이지 않도록 한다.
④ 반드시 2인1조로 잠수하고 안전로프를 결착해야 한다.
⑤ 얼음 아래의 잠수는 반드시 입수한 곳으로 출수해야 하므로 잠수장비의 사용시간이 짧다는 것을 명심해야 한다.
⑥ 혈관이 얼기 쉬운 얼굴, 손, 목 등의 보온과 체온의 급격한 저하에 유의한다.
⑦ 출구를 잃지 않도록 유의한다.

(8) 산악·암벽·빙벽인명구조

① 산악 사고 시에는 무리한 등반은 대원의 체력을 급속히 소모시키므로 체력상황에 맞추어 등반한다.
② 숲이 우거진 지역에서는 뱀, 독충 등에 의한 부상방지 조치를 한다.
③ 산악 사고 시에는 무리한 등반은 대원의 체력을 급속히 소모시키므로 체력상황에 맞추어 등반한다.
④ 낙석, 붕괴, 추락에 유의한다.
⑤ 반드시 2개 이상의 지지점을 확보하고, 강도를 확인한다.
⑥ 낙뢰의 징후에 유의한다.
⑦ 독사, 곤충에 물리지 않도록 신체의 노출부위를 없앤다.
⑧ 손에 땀이 나서 장비를 놓치거나 추락하는 것에 유의한다.
⑨ 경사면, 절벽에서 구조대원이 서로 부딪히거나 밀치지 않도록 주의한다.
⑩ 길을 잃기 쉬우므로 나침반과 지도를 휴대한다.
⑪ 겨울철에는 눈사태, 얼음의 추락에 유의해야 한다.
⑫ 빙벽은 지지물이 녹아 파괴되기 쉽다.

(9) 광산·터널붕괴·산사태

① 대부분 공사중 발생하므로 폭발물의 존재에 유의한다.
② 매몰은 연약한 지반, 토사에 의한 것이 대부분이므로 2차 붕괴에 유의한다.
③ 물이 흘러나오는 토사는 반드시 붕괴의 위험이 있다.
④ 굴삭기 등 중장비를 활용해야 하므로 작업반경내 진입시 주의한다.

【구급현장 안전관리】

1 구급환자 이송 전 안전준비사항

(1) 전염병환자를 이송 후에는 반드시 신체를 깨끗이 씻고 손은 소독용 세제로 소속한다.
(2) 구급대원의 전염병 감염여부 수시 확인 및 보균자 발견시 교체한다.
(3) 구급차에는 상시 전염병 환자를 대비한 1회용품을 적재한다.
(4) <u>환자 응급처치시에는 반드시 1회용 장갑을 착용한다.</u>
(5) 귀서 시에는 긴급자동차가 아니므로 일반자동차의 교통법규를 준수한다.
(6) 구급차에는 상시 전염병 환자를 대비한 1회용품을 적재한다.
(7) 구급대원의 전염병 감염여부 수시 확인 및 보균자 발견시 교체 운영규정에 따라 철저한 점검을 실시한다.
(8) 구급대의 운영규정에 따라 철저한 점검을 실시한다.
   - 차량세척 등 청결 및 소독 실시

(9) 출동 및 현장활동시의 문제점을 분석하여 재발방지에 힘쓴다.

2 구급차 현장활동 안전관리

(1) 정차를 할 때는 안전한곳에 안정되게 정차를 하여 2차 사고를 없앤다.
(2) 환자의 무기소지 여부도 잘 살펴 돌발 사고에 대비한다. (유사시 경찰과 동승한다)
(3) 응급환자 조치시 구급대원의 체력이 한계에 도달하지 않도록 한다.
(4) 환자 이송시, 구급차에서 하차시 안전사고에 유의한다.

【소방차 출동 및 귀서 시 교통사고 예방】

1 소방차량 교통사고 방지대책

(1) 각 대별 교통사고방지 기술지도원을 지정 운영한다.
 - 지정 대상자 : 본서 장비팀장 또는 장비반장
(2) 직장교육훈련 → 운전요원 교육훈련 → 연간 교육계획 수립 운용

(3) **운전요원 교육**
① 운전요원으로서의 각종 소방활동의 근간 요원으로서의 자각과 책임 그리고 왕성한 사기의욕을 고취시킨다.
② 소방장비에 관한 지식과 기술·기능능력을 고양시키고 관내 지·수리 사정에 정통하도록 한다.
③ 교통현장에 잠재되어 있는 위험을 예지 할 수 있는 감수성과 집중력을 높이고 교통안전의식을 높인다.
④ 평소 건강관리에 유의하도록 하며 직무수행에 지장이 없도록 한다.
⑤ 화목한 직장분위기 조성과 상하·동료간 원만한 동료의식을 갖도록 지도한다.
⑥ 교통사고사례 검토·연구 - 차량 유도요령의 숙지

2 소방차량 안전운전 관리지침

(1) **운전요원의 화재출동 전 안전점검수칙**
① 운전요원은 차량 일일점검 및 수시 점검을 실시하여 출동에 지장이 없도록 한다.
② 운전요원은 출발전 출동인원을 점검하고 출발하여야 한다.
③ 운전요원은 적재비품을 낙하위험이 없는가 사전점검을 하여야 한다.

④ 경광등 점등, 싸이렌 취명에 지장이 없는가 점검하여야 한다.
⑤ 운전요원은 차고에서 출발할 때에 안전하게 출발하여야 하며, 다른 출동차량에 방해를 주어서는 안 된다.

(2) 긴급출동 시
① 승차원 전원에 의한 안전운행의 확보
긴급출동시 교통사고 방지는 운전요원을 비롯 탑승자 전원이 일치 협력하여 안전운행에 전념하도록 한다.

(3) 승차원 전원의 안전운행의 기본
① 긴급출동의 마음자세 유지할 것
② 관내 지·수리 사정에 정통할 것
③ 출동 시 주의력 집중·이상 유무 관찰 확행

(4) 소방차 귀서 시 안전수칙
① 지휘관은 이상 유무 사항을 확인 후 안전하게 귀서하도록 주지시켜야 한다.
② 운전요원은 차량장비 이상 유무를 확인 후 귀서해야 한다.
③ 운전요원은 진압대원이 탑승했나 확인하고 출발해야 한다.

3 관리자가 처리하여야 할 사항

(1) 운전요원의 건강상태를 확인하여 임무를 부여할 것
(2) 이상기후·천재·기타 이유에 따른 안전운행 확보를 위한 필요한 지시와 조치를 할 것
(3) 차량 점검·정비 및 교대점검을 확행시킬 것
(4) 차량운행 및 점검·정비기록부를 기록 유지하도록 할 것
(5) 장비 점검·정비는 유사시 사용가능 상태를 유지하고 장비수명을 연장하는 것임을 명심시킬 것

4 운전요원 및 탑승원 안전운행 사항

(1) 안전운행의 마음가짐
출동지연이란 조바심으로 정지신호를 무시하는 등 수초동안을 못 참게 됨으로써 위험을 초래하는 경우가 있으므로 안전 확인에 여유를 가질 수 있는 마음가짐으로 운행할 수 있도록 할 것

(2) 지리 및 소방용수시설의 숙지
지리, 소방용수시설의 숙지는 여유 있는 마음을 갖게 하는 안전운행의 기본이므로 평소부터 이의 숙지에 힘쓰고 출동에 있어서는 진압대원 전원이 이를 확인할 것

(3) 주의력의 거양

긴급 주행 중에 있어서는 도처에 위험이 잠재하고 있으므로 운전요원은 방어운전에 전력할 것이며 진압대원 전원이 이를 확인 협조토록 하고 평소부터 잠재위험을 발견 대응하는 능력을 길러둘 것

(4) 차량유도요원의 숙련

긴급 운행 중에는 좁은 도로의 통과, 수리부서시 진퇴 등 차량유도가 불가피하므로 운전요원과 진압대원이 일체가 되어 신속·안전하게 유도할 수 있도록 평소부터 차량 유도요령을 숙련시켜 둘 것

(5) 긴급자동차의 안전운행 의무를 이행할 것

5 안전운행에 필요한 기본사항

(1) 긴급자동차의 요건

도로교통법에서 긴급자동차란 긴급을 요하는 공적 내지 공공적 업무에 사용되는 자동차로서 그 업무수행을 위하여 운전중인 것을 말하며 또한 싸이렌 취명, 경광등의 점등으로 외관적으로도 타차량의 운전자 등이 식별할 수 있도록 표시되어 있는 자동차를 말한다. 따라서 소화활동을 마치고 돌아가는 소방차는 이에 해당되지 않으며 화재출동중이라 하더라도 싸이렌 취명을 하지 않거나 경광등을 점등하지 않을 때에는 긴급자동차로서 적용받지 않는다.

(2) 긴급자동차의 법령상 특례와 안전운전의 의무

긴급자동차는 법령상 특례와 일반차량 적용 조항의 면제 등 조치가 있으나 안전운전의 의무가 면제되는 것은 아니다.

(3) 일반차량의 피양의무

소방법이나 도로교통법에서 소방차 출동에 따른 피양의무가 지워지고 있다.

(4) 긴급자동차의 주의의무

이 주의의무란 객관적 입장에서 평가자(재판관 등)에 의하여 판단되어야 하겠지만 일반적으로 과거의 운전 등의 경험과 지식으로 주행시 주위상황에 의한 구체적 위험의 잠재를 예측하고 그 위험을 피하는 의무이다.

【소방훈련 기본안전관리】

> **소방훈련 기본안전관리**
> 1. 추락위험이 수반된 훈련에는 생명로프 및 안전매트 등을 반드시 사용하여 충분한 안전조치를 취하라.
> 2. 훈련 시 구조대상자는 원칙적으로 인형을 활용하라.
>   단, 그렇지 못할 때에는 충분한 안전조치를 취하도록 하라.
> 3. 화염 열이나 농연속에서의 훈련을 실시할 때에는 안전책임자 외에 유사시 신속히 대응할 수 있는 안전요원을 별도로 배치하여 두라.
> 4. 각급 지휘자 및 안전책임자 등은 소방훈련 안전점검기준에 따라 사전점검을 실시하라.
> 5. 인명구조용 기자재는 안전사용기준과 요령에 따라 바르게 취급(사용)토록 하라.

1 소방훈련 안전점검기준

(1) 훈련계획

① 훈련목표는 규정, 지침에 따라 선정되어 있는가?
② 훈련목적·취지·중점내용에 있어서 안전성이 확실하게 명시되어 있는가?
③ 안전교육 등 안전에 관한 내용이 포함되어 있는가?
④ 과거의 훈련결과에서 얻어진 교훈을 반영하고 있는가?
⑤ 단계적인 능력향상을 꾀하도록 계획되어 있는가?
⑥ 훈련내용과 훈련량은 피교육자의 체력 및 기량에 적합한가?
⑦ 훈련 중 상황변화에 대응한 예비계획을 검토 하고 있는가?
⑧ 실시요령은 구체적이며 치밀하게 계획되어 있는가?
⑨ 사전 안전점검을 실시계획은 하고 있는가?
⑩ 안전행동에 관한 교육계획은 있는가?
⑪ 훈련시기 및 시간에 무리는 없는가?

(2) 훈련시설

① 장소시설의 안전성에 관하여 검토되었는가?
② 타 훈련 및 업무 등과 경합되지 않는가?
③ 안전매트 등의 안전 기구는 준비되었는가?
④ 마모·부식·노후화 되지는 않았는가?
⑤ 시설의 강도와 부착상태는 안전한가?
⑥ 기능저하나 불량개소는 없는가?
⑦ 위험개소의 보강상태는 완전한가?
⑧ 안전매트 등의 안전 기구는 바르게 취급되고 있으며 사용은 가능한가?

(3) 훈련장소

① 훈련목적이나 대원의 능력에 적합하며 잘 정리 정돈되어 있는가?

② 잠재위험이 있는 곳을 확인하였으며 필요한 조치는 하였는가?
③ 낙하 및 붕괴위험을 제거하였는가?
④ 지반이나 착지장소 등은 안전하며 추락 등의 위험은 없는가?
⑤ 추락위험장소에 철책 등 위험방지조치를 취하였는가?
⑥ 훈련내용에 적합한 넓이를 확보하였는가?
⑦ 위험범위의 표지와 출입금지조치는 되어 있는가?

(4) **개인장비**

① 방화복 등의 착용상태는 완전한가?
② 훈련내용에서 생명로프를 필요로 할 경우에 이를 장착하고 있으며 준비되어 있는가?
③ 경적 등에 의한 비상연락 기구는 준비하고 있는가?

(5) **대 원**

① 건강상태는 어떠한가?
② 체력이나 능력 등의 개인차는 파악·조치하고 있는가?
③ 훈련실시요령을 파악하고 있으며 그 이해도는 어떠한가?
④ 안전행동요령은 숙지하고 있는가?

(6) **전 반**

① 훈련용 기재의 취급은 적정한가?
② 확인구령은 부치고 있는가?
③ 모험적인 행동과 안전을 무시한 행동은 없는가?
④ 작업 공간을 확보하였는가?
⑤ 제한·금지사항은 준수하고 있는가?
⑥ 기타 전반적인 불안정한 상태는 없는가?

> **Check**
> ① 사상자처리 및 이재민 구호는 시청에서 업무를 수행한다.(○)
> ② 부상자의 긴급구호 및 수송은 경찰서에서 업무를 수행한다.(×)
> ③ 유리를 파괴할 때는 방화모의 앞부분을 가리고 유리 ( )에 위치토록하고 대형유리는 ( )부분부터 파괴한다.
> ④ 유리를 파괴할 때 손이나 드라이버 등으로 작업하지 말 것이다.(○)
> ⑤ 즉소화재는 센터장 또는 ( ), 중 화재는 방호과장 또는 ( ), 대화재는 소방서장 또는 ( )이 직접 지휘한다.

01 기출 및 예상문제

소방현장안전관리

---

01 소방활동의 특수성 중 다음 내용과 관계 깊은 것은?

> 일반사업장에서의 안전사고가 일과성 위주인 것과 비교할 때, 소방현장 활동은 위험사태 발생 후 연장임무 수행이라는 양면성이라는 특징을 갖고 있다.

① 예측가능성
② 행동의 위험성
③ 정신적, 육체적 피로
④ 확대위험성과 불안정성

해설 ❋ 소방활동의 특수성** 22년 소방장

확대 위험성과 불안정성	• 재해는 예고 없이 돌발적으로 발생하고 항상 상태변화의 연속으로 예측이 극히 곤란하다. 또한 인적·물적 피해의 확대 위험성을 수반하며 급속하게 진행되므로 대상물이 불안정한 특성이 있다. • 일반사업장에서의 안전사고가 일과성 위주인 것과 비교할 때, 소방현장 활동은 위험사태 발생 후 연장임무 수행이라는 양면성이라는 특징을 갖고 있다.
활동 장해	재해현장에는 소방대원의 행동을 저해하는 각종 요인이 있다. 출동시에는 도로상 교통혼잡과 주차위반 차량 등으로 인하여 현장 도착이 지연되고, 화재현장에서의 화염, 열기, 연기 등으로 활동장해를 받게 된다.
행동의 위험성	재해현장에서 소방대원의 행동은 평상시에 있어서 일반인의 생활행동과 역행하는 등 전혀 다른 위험성이 존재하고 있다. • 근무자나 거주자가 당황해서 피난 나오는 장소로 소방대원은 현장 임무수행을 위하여 진입하는 경우다. 「화재현장에서 소방대원은 담을 넘는다든지 사다리를 활용하여 2층이나 3층 혹은 인접 건물로 진입하거나, 통행이 어려운 곳을 통과하거나, 오르기 힘든 곳을 오르거나, 화염 등으로 위험하여 들어갈 수 없는 곳을 진입하여야 하는 경우가 있다.」
활동환경의 이상성	화재현장 상황은 항상 정상적인 상태를 상실한 상황이 연출된다. 또한 가스, 유류, 화공약품 등에 의한 폭발현상 등 예측 불가능한 상황이 항상 잠재되어 있으며, 사람들은 이상심리에 지배되어 긴장, 흥분상태에 있고, 소방대원의 심리상태도 역시 마찬가지이다.
정신적·육체적 피로	현장활동은 많은 체력이 소모되는 격무이며, 예고 없이 갑작스럽게 이루어지므로 시간이 경과할수록 정신적·육체적 피로가 가중된다. 소방활동은 체력소모, 피로증대를 초래하고 정신적인 부담도 크므로 이로 인한 주의력, 사고력 감퇴와 동시에 위험성이 증대함에 유의해야 한다.

정답 01. ④

02 안전에 영향을 주는 요소들로 다음 내용과 관계가 깊은 것은?

> 개인의 현장적응에 대한 기술이나 능력 미달은 종종 사고 발생의 큰 원인이 되고 있으며 육체적 한계 역시 행동에 영향을 미칠 수 있다.

① 활동에 대한 이해
② 행동자의 직·간접적 상태
③ 행동자의 능력 수준
④ 현장의 환경 및 분위기

해설 ○ 안전에 영향을 주는 요소

활동에 대한 이해 (활동 자체에 대한 어려움)	현장활동 임무수행에 앞서, 그 활동에 어떤 위험성이 잠재되어 있고 수반되는지를 이해하고 활동하여야 한다.
행동자의 능력 수준	개인의 현장적응에 대한 기술이나 능력 미달은 종종 사고 발생의 큰 원인이 되고 있으며 육체적 한계 역시 행동에 영향을 미칠 수 있다.
행동자의 직·간접적 상태	행동자의 정신적·신체적 상태는 끊임없이 변화한다. 따라서 순간의 상황대응요구가 인간의 자기능력보다 더 클 때 각종 안전사고가 발생한다. 그러므로 인간의 정신적, 신체적 리듬을 결정하는 태도와 감정, 즉 활동자의 정신적·신체적인 직·간접적 실태는 인간의 행동을 결정하는데 중요한 역할을 한다.
현장의 환경 및 분위기	환경 및 분위기는 자연적인 요소와 행동하는 인간에 의한 인적 요소들을 포함한다. 환경 및 분위기는 결과에 긍정적인 요소로 작용할 수도 있고, 부정적인 영향을 줄 수도 있다.

03 안전관리 목표에 있어서 다음 내용과 관계있는 것은?

> 국민의 생명과 재산보호를 사명으로 하고 있는 소방조직에서 오히려 자체사고(재해)가 자주 발생한다.

① 인명존중
② 안전한 소방활동
③ 사회신뢰확립
④ 현장안전관리

해설 ○ 안전관리의 목표

인명 존중	인도적 신념의 실현으로 큰 이익 때문에 재해를 용납한다고 하는 논리, 위험한 재해현장에서 소방활동을 하기 위해서 소방대원의 상해는 어느 정도 감수해야 되지 않느냐는 논리는 인정되지 않는다. 인명존중과 인도적 신념이야말로 안전관리활동의 핵심이 아니면 안 되기 때문이다.
안전한 소방활동	현장활동시 대원의 안전사고는 화재방어 활동의 신속·효율성을 저해하여 결과적으로 국민의 생명과 재산에 손실을 미치게 하는 것과 다름이 아니다. 그러므로 소방장비, 방어행동 등의 안전화는 소방활동의 능률을 향상시키고 대국민 서비스를 향상시키는 것이 된다. 이것은 또 소방안전관리의 테마이기도 하다.
사회적 신뢰확립	국민의 생명과 재산보호를 사명으로 하고 있는 소방조직에서 오히려 자체사고(재해)가 자주 발생한다고 하면, 그것을 보는 국민의 시각은 소방조직에 대한 믿음과 신뢰의 저하라 할 것이다.

정답 02. ③ 03. ③

04 소방안전관리의 특성 중 다음 내용과 관계 깊은 것은?

> 호스연장시 호스를 화재 건물과 가까이 두고 연장하지 않도록 하는 것

① 일체성
② 반복성
③ 양면성
④ 특이성

해설 ● 소방안전관리의 특성 ★★★ 16년 부산 소방교/ 17년 소방교/ 18년 소방위/ 21년 소방교/ 소방장/ 소방위

일체성 적극성	재해현장 소방활동에 있어서 안전관리에 대한 일체성의 예는 호스연장 시 호스를 화재 건물과 가까이 두고 연장하지 않도록 하는 것은 화재건물의 낙하물체나 고열의 복사열에 의한 호스손상을 방지하여 결과적으로 진압활동이나 인명구조시 엄호방수가 완전히 이루어질 수 있도록 하기 위한 것이다. • 대원 자신의 안전으로 연결되어 소방활동이 적극적으로 실행될 수 있도록 한다. • 효과적인 소방활동을 염두해둔 적극적인 행동대책이라고 할 수 있다.
특이성 양면성	소방 조직의 재난현장 활동은 임무 수행과 동시에 대원의 안전을 확보하여야 하는 양면성이 요구된다.
계속성 반복성	안전관리는 끝없이 계속·반복적으로 실시되어야 한다. 재해현장의 안전관리는 출동에서부터 귀소하여 다음 출동을 위한 점검·정비까지 계속된다.

05 다음 내용과 관계 깊은 것은?

> 플래시오버현상이란 ( )와 ( ) 또는 이 두 가지의 결합에 의해 충분히 가열된 공간에 있는 가연물이 발화되는 것을 말한다.

① 대류, 복사
② 전도, 대류
③ 복사, 플래쉬 백
④ 복사, 전도

해설
• 플래시오버현상이란 대류와 복사 또는 이 두 가지의 결합에 의해 충분히 가열된 공간에 있는 가연물이 발화되는 것을 말한다.

정답 04. ① 05. ①

06 하인리히의 도미노이론 사고발생과정의 순서가 바르게 된 것은?

① 개인적 결함–사회 환경적 및 유전적 요소–사고–불안전한 행동–상해
② 사회 환경적 및 유전적 요소–개인적 결함–불안전한 행동–사고–상해
③ 불안전한 행동–개인적 결함–사회 환경적 및 유전적 요소–사고–상해
④ 개인적 결함–사회 환경적 및 유전적 요소–사고–불안전한 행동–상해

해설 하인리히 도미노 이론 ★★ 23년 소방위

07 하인리히 이론에서 안전관리활동에 의해 제거할 수 있는 것은?

① 개인적 결함
② 사회적 환경
③ 불안전한 행동이나 불안전한 상태
④ 사고

해설 안전관리 활동 이론 ★★ 23년 소방위
하인리히 이론을 요약하면 제일 앞의 골패가 쓰러지면 그 줄의 골패가 전부 나란히 놓여진 도미노의 줄에서 이 연쇄를 구성하는 요인 중 하나라도 제거하면 사상의 연쇄적 진행은 저지할 수 있어서 재해는 일어나지 않는다는 것이다. 안전관리활동에 의해 제거할 수 있는 것은 ③의 불안전 행동과 불안전 상태이다. 그러므로 사고·재해를 방지하기 위해서는 불안전한 행동 및 불안전한 상태의 두 개를 모두 없애지 않으면 안 된다는 것이다.

08 하인리히의 「1 : 29 : 300의 법칙」에서 "29"수치의 의미는?

① 중상재해
② 경상재해
③ 무상해
④ 사망재해

해설 하인리히 이론 ★★ 23년 소방위
하인리히는 사고와 재해의 관련을 명백히 하기 위해 '1 : 29 : 300의 법칙'으로 재해구성비율을 설명하면서 1회의 중상재해가 발생했다면 그 사람은 같은 원인으로 29회의 경상재해를 일으키고, 또 같은 성질의 무상해 사고를 300회 동반한다고 하는 것이다. 전 사고 330건 중 중상이 나올 확률은 1건, 경상이 29건, 무재해사고는 300건이 발생할 수 있다고 주장하였다.

정답 06. ② 07. ③ 08. ②

09 불안전행위에서 다음 내용과 관계 깊은 것은?

> 이러한 불안전한 행위를 없애기 위해서는 소대장 등 감독자가 해결해야 할 사항이 많다.

① 지식의 부족 ② 태도의 불량
③ 기능의 미숙 ④ 의욕의 결여

해설 기능의 미숙 : 안전한 행위를 할 수 없다.

작업에 대한 기능이 미숙하기 때문	훈련부족
작업이 힘겹기 때문에	현장의 임무분담 등의 작업배치가 잘못된 것이다.
작업량이 능력에 비해 과대하기 때문에	현장의 임무분담 등의 작업배치가 잘못된 것이다.

① 한 팀이 되어 공동으로 임무를 수행하는 소방활동 현장에서 장비활용 미숙이나, 체력이 부족한 대원이 혼합되어 있는 경우
② 넷이서 해야 할 일을 세 사람에게 시킨다든지 했을 때는 불안전한 행위로 나타난다.
③ 이러한 불안전한 행위를 없애기 위해서는 소대장 등 감독자가 해결해야 할 사항이 많다.

10 Frank Bird의 최신 도미노이론 5단계 중 3단계는 무엇인가?

① 직접원인 ② 기본원인
③ 사고   ④ 재해손실

해설 ✪ Bird의 재해연쇄이론* 19년 소방장 / 20년 소방교 / 23년 소방위

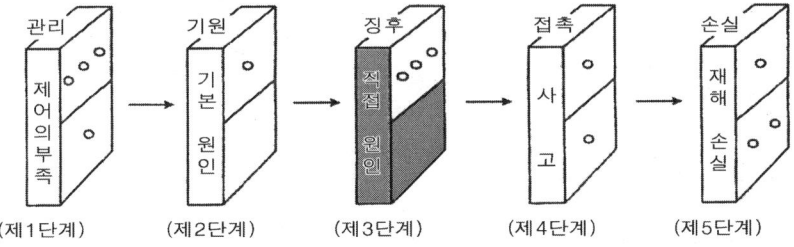

정답 09. ③ 10. ①

11 Frank Bird의 최신 도미노이론에서 직접원인 외에 반드시 제거하라고 주장한 것은?

① 제어의 부족(1단계)
② 기본원인(2단계)
③ 직접원인(3단계)
④ 사고(4단계)

> **해설** 버드이론 ★★ 23년 소방위
> 고전적 도미노이론(하인리히 이론)에서는 직접원인만 제거하면 재해는 일어나지 않는다고 하였지만 최신의 도미노이론에서는 반드시 기본원인을 제거하라고 주장한 것이다.

12 버드의 '1 : 10 : 30 : 600의 법칙'에서 "30"에 해당하는 것은?

① 중상, 폐질
② 무상해, 무사고 고장(위험순간)
③ 무상해사고(물적 손실)
④ 경상(물적, 인적상해)

> **해설**
> 버드는 또한 17만5천 건의 사고를 분석한 결과 중상 또는 폐질 1, 경상(물적 또는 인적상해) 10, 무상해사고(물적 손실) 30, 무상해·무사고 고장(위험순간) 600의 비율로 사고가 발생한다는 이른바 '1 : 10 : 30 : 600의 법칙'을 주장하였다.

13 재해의 기본원인 키워드 4개의 M에 속하지 않는 것은?

① Man(인간)
② Machine(기계)
③ Media(작업)
④ Memory(기억)

> **해설** ✪ 재해의 기본원인(4개의 M)★ 16년 경기 소방장/ 17년 소방장/ 22년 소방위
>
> | | |
> |---|---|
> | Man(인간) | 인간이 실수를 일으키는 요소도 중요하지만 본인보다도 본인 이외의 사람, 직장에서는 동료나 상사 등 인간환경을 중시한다. 직장에서의 인간관계, 집단의 본연의 모습은 지휘·명령·지시·연락 등에 영향을 주고, 인간행동의 신뢰성으로 관계하는 것이다. |
> | Machine(기계) | 기계 설비 등의 물적 조건을 말하는 것으로 기계의 위험 방호설비, 기계나 통로의 안전유지, 인간·기계·인터페이스의 인간공학적 설계 등이다. |
> | Media(작업) | Media란 본래 인간과 기계를 연결하는 매체라고 하는 의미지만 구체적으로는 작업정보, 작업방법, 작업환경 등이다. |
> | Management(관리) | 안전법규의 철저, 기준류의 정비, 안전관리 조직, 교육훈련, 계획, 지휘감독 등의 관리이다. |

정답 11. ② 12. ② 13. ④

14 다음 중 재해예방대책 4원칙이 아닌 것은?

① 원인연계의 원칙
② 대책선정의 원칙
③ 신속대응의 원칙
④ 손실우연의 원칙

해설 ✪ 재해예방의 4원칙 ★★★ 19년 소방교

예방 가능의 원칙	천재지변을 제외한 모든 인위적 재난은 원칙적으로 예방이 가능하다.
손실 우연의 원칙	사고의 결과로서 생긴 재해 손실은 사고 당시의 조건에 따라 우연적으로 발생한다. 따라서 재해 방지의 대상은 우연성에 좌우되는 손실의 방지보다는 사고 발생 자체의 방지가 되어야 한다.
원인 연계의 원칙	사고발생에는 반드시 원인이 있고 대부분 복합적으로 연계되므로 모든 원인은 종합적으로 검토되어야 한다.
대책선정의 원칙	사고의 원인이나 불안전 요소가 발견되면 반드시 대책을 선정 실시하여야 하며 사고예방을 위한 가능한 안전대책은 반드시 존재한다.

15 재해예방대책에서 대책선정의 원칙 중 "관리적 대책"에 해당되지 않은 것은?

① 안전기준의 설정
② 각종규정 및 수칙의 준수
③ 적합한 기준설정
④ 관리자 및 지휘자의 솔선수범

해설 ✪ 대책은 재해방지의 세 기둥(3개의 E)이라 할 수 있는 다음의 것이 있다. ★★ 21년 소방위
① Engineering(기술적 대책) : 안전 설계, 작업환경·설비의 개선, 행정의 개선, 안전기준의 설정, 점검 보존의 확립 등
② Education(교육적 대책) : 안전지식 또는 기능의 결여나 부적절한 태도 시정
③ Enforcement(관리적 대책) : 관리적 대책은 엄격한 규칙에 의해 제도적으로 시행되어야 하므로 다음의 조건이 충족되어야 한다.
★★★ 14년 소방위
• 적합한 기준 설정
• 각종 규정 및 수칙의 준수
• 전 작업자의 기준 이해
• 관리자 및 지휘자의 솔선수범
• 부단한 동기 부여와 사기 향상

16 사고예방대책의 기본원리 5단계 중 다음 내용은 몇 단계에 속하는가?

각종 사고 및 활동기록의 검토, 작업 분석, 안전점검 및 검사, 사고조사, 안전회의 및 토의, 근로자의 제안 및 여론 조사 등에 의하여 불안전 요소를 발견한다.

① 안전조직
② 분석평가
③ 목표달성
④ 사실의 발견

해설 ✪ 2단계 사실의 발견 ★★ 15년 소방교/ 22년 소방교
각종사고 및 활동기록의 검토, 작업분석, 안전점검 및 검사, 사고조사, 안전회의 및 토의, 근로자의 제안 및 여론조사 등에 의하여 불안전 요소를 발견한다.

정답 14. ③ 15. ① 16. ④

17 재해조사의 순서로써 제3단계는 무엇인가?

① 사실의 확인
② 대책수립
③ 직접원인과 문제점의 확인
④ 기본원인과 근본적 문제의 결정

해설 ✪ 재해조사의 순서
① 제1단계–사실의 확인
② 제2단계–직접원인과 문제점의 확인
③ 제3단계–기본원인과 근본적 문제의 결정
④ 제4단계–대책수립

18 소방대원에 대한 안전교육의 목표가 될 수 없는 것은?

① 기계·기구의 안전화
② 보고체계의 안전화
③ 행동의 안전화
④ 의식(정신)의 안전화

해설 ✪ 안전교육의 목표
소방대원에 대한 ① 의식(정신)의 안전화 ② 행동의 안전화 ③ 기계·기구의 안전화의 3가지 정도로 요약하여 실시한다.

19 안전교육의 방법에서 다음 내용과 같은 장점을 가지고 있는 방법은?

> ㉠ 현실적인 문제의 학습이 가능하다.
> ㉡ 흥미가 있고 학습동기를 유발할 수 있다.
> ㉢ 생각하는 학습교류가 가능하다.

① 사례연구법
② 시범실습식 교육
③ 강의식 교육
④ 토의식 교육

해설 ✪ 사례연구법(문제해결식 교육)** 14년 경남 소방장/ 18년 소방위/ 23년 소방위

장 점	① 현실적인 문제의 학습이 가능하다. ② 흥미가 있고 학습동기를 유발할 수 있다. ③ 생각하는 학습교류가 가능하다.
단 점	① 원칙과 룰(rule)의 체계적 습득이 어렵다. ② 적절한 사례의 확보가 곤란하다. ③ 학습의 진보를 측정하기 힘들다.

정답 17. ④ 18. ② 19. ①

20 안전교육의 방법 중 역할기법(Role Playing)의 실시단계를 바르게 나열한 것은?

① 설명 → 워밍업(Warming-up) → 역할결정 → 연기실시 → 분석, 검토 → 재연
② 워밍업(Warming-up) → 설명 → 역할결정 → 연기실시 → 분석, 검토 → 재연
③ 역할결정 → 설명 → 워밍업(Warming-up) → 연기실시 → 분석, 검토 → 재연
④ 분석, 검토 → 설명 → 워밍업(Warming-up) → 역할결정 → 연기실시 → 재연

해설 ● 역할기법(Role Playing)
현실에 가까운 모의적인 장면을 설정하여 그 안에서 각자가 특정한 역할을 연기함으로서 현실의 문제해결을 생각하는 방법과 능력을 몸에 익히는 방법이다. 부여받은 상황에서 연기자에게 자유롭게 연기를 하도록 하고, 종료 후에 각각의 입장에서 문제점, 대책 등 전원이 토의하고 검토한다.

● 실시단계
설명 → 워밍업(Warming-up) → 역할결정 → 연기실시(5~10분) → 분석, 검토 → 재연

21 안전교육의 종류와 내용 중 "태도교육"과 관계있는 것은?

① 재해발생 원리를 이해한다.
② 목표지향의 문제처리를 할 수 있게 한다.
③ 의욕을 갖게 한다.
④ 기계, 기구의 취급 등 조작방법을 숙달

해설 ● 안전교육의 종류(태도교육)
• 안전작업에 대한 몸가짐 마음가짐을 몸에 붙게 한다.
• 안전규율, 직장규율을 몸에 붙이도록 한다.
• 의욕을 갖게 한다.

22 위험예지훈련 모임(Meeting)의 중요성에 대한 설명 중 내용이 잘못된 것은?

① 발언에 대하여 비판은 하지 않으며 논의도 하지 않는다.
② 타인의 이야기를 잘 듣고 서로가 자기의 생각을 높여가도록 한다.
③ 양보다는 질을 중요시한다.
④ 전원이 자유롭게 발언한다.

해설 ● 모임(Meeting)의 중요성을 인식한다.*** 14년 서울/ 부산 소방장
① 편안한 분위기에서 행한다.
② 전원이 자유롭게 발언한다.
③ 발언에 대하여 비판은 하지 않으며 논의도 하지 않는다.
④ 타인의 이야기를 잘 듣고 서로가 자기의 생각을 높여가도록 한다.
⑤ 질보다는 양을 중요시한다.

정답 20. ① 21. ③ 22. ③

23. 브레인스토밍(Brain Storming) 요령에 따른 훈련시트 작성방법으로 잘못된 것은?

① 한 장의 시트에 여러 가지 상황을 기입하지 말 것
② 아주 자세한 부분까지 그려 넣을 것
③ 어두운 분위기가 아닌 밝은 분위기로 그려진 것이 좋다.
④ 간단한 조사, 잘못된 조사가 되어서는 안 되기 때문에 고의로 제작한 도해가 아닐 것

해설 ✚ 훈련시트 작성의 유의점 ★ 21년 소방교
① 시트는 대원의 친숙도가 큰 상황(예를 들면 사고 사례나 신체 훈련의 상황 등)으로부터 선정하는 방법이 부드럽게 진행이 된다.
② 한 장의 시트에 여러 가지 상황을 기입하지 말 것
③ 아주 자세한 부분까지 그려 넣지 말 것
④ 간단한 조사, 잘못된 조사가 되어서는 안 되기 때문에 고의로 제작한 도해가 아닐 것
⑤ 어두운 분위기가 아닌 밝은 분위기로 그려진 것이 좋다.
⑥ 도해의 상황이 광범위한 활동 등에 미치는 경우에는 그 가운데의 특정 부분에 한정하여 실시하는 것도 하나의 방법이다.

24. 위험예지훈련 진행방법에서 제2라운드에 해당되는 사항은?

① 어떠한 위험이 잠재하고 있는가?
② 우리들은 이렇게 한다.
③ 당신이라면 어떻게 할 것인가?
④ 이것이 위험의 요점이다.

해설 ✚ 위험예지훈련 진행사항★ 16년 부산 소방교/ 22년 소방교

라운드	문제해결 라운드	위험예지훈련 라운드	위험예지훈련 진행방법
1R	위험사실을 파악 (현상파악)	'어떠한 위험이 잠재하고 있는가'	모두의 토론으로 그림 상황 속에 잠재한 위험요인을 발견한다.
2R	위험원인을 조사 (본질추구)	'이것이 위험의 요점이다'	발견된 위험요인 가운데 이것이 중요하다고 생각되는 위험을 파악하고 ○표, ◎표를 붙인다.
3R	대책을 세운다 (대책수립)	'당신이라면 어떻게 할 것인가'	◎표를 한 중요위험을 해결하기 위해서는 「어떻게 하면 좋은가」를 생각하여 구체적인 대책을 세운다.
4R	행동계획을 결정 (목표달성)	'우리들은 이렇게 한다'	대책 중 중점실시 항목에 ※표를 붙여 그것을 실천하기 위한 팀 행동 목표를 세운다.

25. 스트레스 징후에 대한 설명으로 틀린 것은?

① 극도의 성급함과 격분(激憤)
② 사기의 저하 및 의욕상실
③ 사고현장에서의 부적응(不適應) 및 행동력의 저하
④ 식욕증가

정답 23. ② 24. ④ 25. ④

해설 ✪ 스트레스의 징후(Sign)★★ 14년 인천 소방장
① 사고현장에서의 부적응(不適應) 및 행동력의 저하
② 사기의 저하 및 의욕상실
③ 악몽과 불면증(不眠症)
④ 과거에 대한 지나친 회상
⑤ 비정상적인 식욕
⑥ 극도의 성급함과 격분(激憤)
⑦ 알코올의 섭취량 증가와 중독

26 훈련을 실시할 때 바람직한 교육생과 교관의 비율은?

① 5 : 1　　　　　　　　　　② 4 : 1
③ 3 : 1　　　　　　　　　　④ 2 : 1

해설
훈련 중의 사고나 부상은 교관이 모든 교육생을 관찰할 수 없을 때 발생될 가능성이 높다. 훈련을 실시할 때 바람직한 교육생과 교관의 비율은 5명 : 1명이다.

27 소방차량안전과 관련된 내용으로 잘못 설명된 것은?

① 운전요원도 최소한의 안전장구를 착용하여야 한다.
② 교통량이 많은 사거리나 4방향을 동시에 식별할 수 없는 교차로인 경우 속도를 30km/h이내로 줄이는 것이 안전하다.
③ 소방차량의 후진 시 차고에 입고할 경우를 제외하고, 반드시 1명 이상의 보조자가 확보된 상태이어야 한다.
④ 분대장은 출동 중에 필요한 경우 운전요원의 보조역할을 할 수도 있어야 한다.

해설　자동차 후진
소방차량의 후진이 필요한 경우 반드시 1명 이상의 보조자가 확보된 상태에서 실시하여야 하며, 이러한 것은 현장활동을 종료한 후 귀서준비를 하거나 또는 차고에 입고(入庫)할 경우에도 동일하다.

28 고속도로에서의 주차방법으로 잘못 설명된 것은?

① 주차각도는 차선의 방향으로부터 비스듬한 각도를 가지고 주차한다.
② 사고현장의 작업공간은 15m 정도이며, 제한속도에 비례하여 떨어진 위치에 추가차량을 배치
③ 주차된 소방차량의 앞바퀴는 사고현장의 안쪽방향으로 향하도록 정렬한다.
④ 대원들이 방호된 활동영역을 가급적 벗어나지 않도록 한다.

정답　26. ①　27. ③　28. ③

[해설] ★ 고속도로에서의 주차방법에 유의사항★ 16년 서울 소방교 / 20년 소방교
① 주 교통흐름을 어느 정도 차단할 수 있는 위치에 주차한다.
② 주차각도는 차선의 방향으로부터 비스듬한 각도(角度)를 가지고 주차하여 진행하는 차량으로부터 대원의 안전을 확보하도록 한다.
③ 주차된 소방차량의 앞바퀴는 사고현장과 일직선이 아닌 방향으로 즉 사고현장의 외곽부분으로 향하도록 정렬하여 진행하는 차량이 소방차량과 충돌할 경우 소방차량에 의해 대원이 부상당하지 않도록 하여야 한다.
④ 사고현장의 완벽한 안전확보를 위하여 사고현장(작업공간 15m정도 포함)으로부터 제한속도에 비례하여(100km 이면 100m 가량) 정도 떨어진 위치에 추가의(경찰차 등) 차량을 배치시켜 일반 운전자들이 서행하거나 우회할 수 있도록 조치하여야 한다.
⑤ 대원들이 통행차량으로부터 부상을 당하지 않도록 주의를 환기하여야 한다.
⑥ 대원들이 방호(防護)된 활동영역을 가급적 벗어나지 않도록 한다.
 • 고속도로 사고 시 소방차량은 차선과 비스듬한 각도를 형성하는 방향으로 배치시켜 주행 중인 일반 차량으로부터 대원을 보호하여야 한다.

29 "불안전한 상태"에서 다음 내용과 관계 깊은 것은?

무 절연이나 불충분, 차폐 불충분, 구간·표시의 결함 등

① 방호조치의 결함
② 물건 자체의 결함
③ 작업환경의 결함
④ 작업장소의 결함

[해설] 불안전한 상태

물건 자체의 결함	설계불량, 공작의 결함, 노후, 피로, 사용한계, 고장 미수리, 정비 불량 등
방호조치의 결함	무방호, 방호 불충분, 무접지 및 무절연이나 불충분, 차폐 불충분, 구간·표시의 결함 등
물건을 두는 방법, 작업장소의 결함	작업장 공간부족, 기계·장치·용구·집기의 배치결함, 물건의 보관방법 부적절 등
보호구 복장 등 결함	장구·개인 안전장비의 결함 등
작업환경의 결함	소음, 조명 및 환기의 결함, 위험표지 및 경보의 결함, 기타 작업환경 결함
자연환경 등	눈, 비, 안개, 바람 등 기상상태 불량

30 현장지휘관의 책임에 있어서 중·소 화재에 대한 지휘관의 책임은?

① 구조대장
② 소방본부장
③ 방호과장
④ 진압대장

[해설] 지휘관의 책임

[정답] 29. ① 30. ③

① 모든 화재진압·구조·구급현장의 책임은 총지휘관에게 있다.
② 즉소·소화재시는 센터장(구조대장·진압대장)중·소화재는 방호과장 또는 당직관, 대화재는 소방서장 또는 소방본부장이 직접 지휘한다.
③ 현장투입에 있어 개인안전장비 미착용으로 안전사고가 발생 할 때는 지휘계통에 따라 엄중 문책한다.
④ 화재·구조현장에 관계기관의 출동책임자는 소방관서장의 요청에 의하여 다음과 같은 업무를 수행한다.

31 위험요인의 회피능력에 대한 내용으로 옳지 않은 것은??

① 외적 위험요인 예지능력
② 내적 위험요인 예지능력
③ 올바른 것을 실행하는 능력
④ 안전수칙을 준수하는 능력

해설 위험예지 회피 능력 * 23년 소방위
① 자기의 주위에 있는 위험요인 예지능력(외적 위험요인 예지능력)
② 자신의 내면에 있는 위험요인을 통제할 수 있는 능력(내적 위험요인 통제능력)
③ 올바른 것을 실행하는 능력

정답 31. ④

소방수첩은 이패스 소방사전 www.kfs119.co.kr

FIELD FIRE TACTICS
필드 소방전술

PART 03

화재조사

CHAPTER 1 화재조사의 의의
CHAPTER 2 화재조사 방법
CHAPTER 3 화재조사 관련 법률
CHAPTER 4 화재조사 서류

CHAPTER 01 화재조사의 의의

제1절 화재조사의 개념

1 화재조사의 정의

「화재」란 사람의 의도에 반하거나 고의에 의해 발생하는 연소현상으로서 소화시설 등을 사용하여 소화할 필요가 있거나 또는 사람의 의도에 반해 발생하거나 확대된 화학적인 폭발현상을 말한다.

사람의 의도에 반하거나 고의 또는 과실	① 화기취급 중 발생하는 실화뿐만 아니라 부작위에 의한 자연발화 또는 천재지변에 의한 화재도 포함한다. ② "고의에 의한다"고 하는 것은 일정한 대상에 대하여 피해 발생을 목적으로 착화 및 화재를 유도하였거나 직접 불을 지른 경우를 말한다.		
연소현상	"연소"라고 함은 가연성물질이 산소와 결합하여 열과 빛을 내며 급속히 산화되어 형질이 변경되는 화학반응을 말하며, 다음 현상들과는 구분된다.		
	금속의 용융	열과 빛은 발하되 산화현상이 아니므로 연소가 아니다.	
	금속의 녹	산소와 결합하는 산화반응이나 반응속도가 완만하고, 열과 빛을 내지 않기 때문에 연소가 아니다.	
	핵융합 및 핵분열	열과 빛은 발하되 산화현상이 아니므로 연소가 아니다.	
소화할 필요가 있다는 것	① 연소현상으로서 소화의 필요성이 있어야 한다. ② 소화의 필요성의 정도는 소화시설이나 그와 유사한 정도의 시설을 사용할 수준 이상이어야 한다는 말이다.		
화학적인 폭발현상	① 과실 등으로 인하여 발생하거나 확대된 화학적 폭발현상을 의미한다. ② 순간적인 연소현상이 있는 혼합가스폭발, 가스의 분해폭발, 분진폭발 등의 화학적 변화에 의한 폭발은 급격한 연소현상으로써 화재 범주에 포함된다. ③ 연소현상이 없는 보일러 내압조 파열 등 단순한 물리적인 파열은 화재로 정의하지 않는다.		

○ 휴지나 쓰레기를 소각하는 것과 같이 자산가치의 손실이 없고 자연히 소화될 것이 분명하여 소화의 필요성을 느끼지 않거나 설령 소화의 필요성이 있다고 하여도 소화시설이나 소화장비 또는 간이소화용구 등을 활용하여 진화할 필요가 없는 것은 화재로 볼 수 없다. 그러나 구체적인 사안에 있어서 소화의 필요성 정도와 그 수준에 관하여는 해석이 나누어질 수 있으므로 실무적으로 소방관서에 화재신고가 접수된 것은 관계자가 소화의 필요성을 인정한 것으로 간주하고, 이를 화재로 인정하여 화재조사관은 현장 조사 실 후 보고까지 이행한다. 이때 인명 또는 재산피해가 없는 경우라도 화재로 정의한다.

TIP 화재란 실수든, 고의든 화재로 볼 수 있으며, 반드시 소방시설을 사용하여야 합니다. ^^

2 화재조사의 목적

① 화재에 의한 피해를 알리고 <u>유사화재의 방지와 피해의 경감</u>에 이바지한다.

② 출화원인을 규명하고 예방행정의 자료로 한다.
③ 화재확대 및 연소원인을 규명하여 예방 및 진압대책상의 자료로 한다.
④ 사상자의 발생원인과 소방안전관리상황 등을 규명하여 인명구조 및 안전대책의 자료로 한다.
⑤ 화재의 발생상황, 원인, 손해상황 등을 통계화 함으로써 널리 소방정보를 수집하고 행정시책의 자료로 한다.

3 화재조사의 범위 및 절차 ***** 21년 소방장 / 22년 소방위

화재조사 사항	① 화재원인에 관한 사항 ② 화재로 인한 인명·재산피해상황 ③ 대응활동에 관한 사항 ④ 소방시설 등의 설치·관리 및 작동 여부에 관한 사항 ⑤ 화재발생건축물과 구조물, 화재유형별 화재위험성 등에 관한 사항 ⑥ 화재안전조사의 실시결과에 관한 사항
대상 및 절차	① 소방기본법에 따른 소방대상물에서 발생한 화재 ② 그 밖에 소방관서장이 화재조사가 필요하다고 인정하는 화재

(1) 화재조사 절차

종류	범위
현장 출동 중 조사	화재발생 접수, 출동 중 화재상황 파악 등
화재현장 조사	화재의 발화원인, 연소상황 및 피해상황 조사 등
정밀조사	감식·감정, 화재원인 판정 등
화재조사 결과 보고	결과 보고

※ 산림보호법에 따른 산불 조사 등 다른 법률에 따른 화재관련 조사가 원활히 수행될 수 있도록 협조해야 한다.

(2) 화재원인 및 피해조사

	종류	범위
화재원인 조사	발화원인 조사	발화지점, 발화열원, 발화요인, 최초 착화물 및 발화관련기기 등
	발견·통보 및 초기 소화상황 조사	발견동기, 통보 및 초기소화 등 일련의 행동과정
	연소상황 조사	화재의 연소경로 및 연소 확대물, 연소 확대사유 등
	피난상황 조사	피난경로, 피난장애요인 등
	소방·방화시설 등 조사	소방·방화시설의 활용 또는 작동 등의 상황
화재피해 조사	인명피해	• 화재로 인한 사망자 및 부상자 • 화재진압 중 발생한 사망자 및 부상자

재산피해	• 사상자 정보 및 사상 발생원인 • 소실피해 : 열에 의한 탄화, 용융, 파손 등의 피해 • 수손피해 : 소화활동으로 발생한 수손피해 등 • 기타피해 : 연기, 물품반출, 화재 중 발생한 폭발 등에 의한 피해 등

TIP 화재원인조사와 피해조사를 비교하는데 반드시 범위도 함께 공부하시기 바랍니다. ^^

(3) 관계기관과의 상관관계

소방	• 발화·연소 확대원인 규명으로 화재예방 기준개선 • 화재예방 시책마련 및 화재 대응 대책보완 • 사법기관의 수사 활동 기여
사법기관	• 방화·실화 수사를 통한 사회 안녕 추구
기업	• 제조물 화재 위험요소 규명으로 소비자 보호 • 피해자 규제 및 법적 분쟁 대응
학계	• 학문적 연구를 통한 화재 관련 다양한 대안 강구

4 화재조사 유관기관 등

경찰	① 화재조사의 주체는 소방기관으로 명시되어 있으나 화재 원인이 실화나 방화와 관련되어있어 범죄수사의 주체인 경찰관서와 상충(相沖)되고 있다. 화재현장에 가장 먼저 출동한 소방관서는 법적인 업무수행을 위해 화재조사를 수행하고 동시에 경찰은 형법 제164조 내지 제171조)에 명시된 대로 화재와 관련된 범죄자 처벌을 목적으로 하면서 각 기관의 업무목적 달성을 위해 서로 부딪힐 수 있어 소방법령에서는 소방과 경찰의 상충을 미연에 방지하고 협력을 위해 법적 장치로서 방화와 실화에 대해 경찰관서에 통보와 증거의 보전 등에 대하여 정하고 있다. ② 소방당국은 화재 현장에 최초 출동하여 초기정보를 많이 가지고 있을 수밖에 없고, 경찰은 이후 소방을 통해 간접적으로 정보를 수집하는 경우가 많으며, 이는 국가적으로 볼 때, 두 기관이 동일한 대상에 조사를 실시하는 행정력 손실로 보일 수 있을 뿐만 아니라 화재피해자에게는 다소 불편을 가져다 줄 우려가 크고, 대국민적 행정행위에 있어도 일관성의 결여가 우려되기도 한다. ※ 경찰이 화재진압과 화재통계 관리하고, 국민들에게 화재안전을 위한 행정을 제공할 수 없다면 소방당국이 화재수사권을 갖는 것도 바람직할 것이다.
전기· 가스 공사	① 화재조사에 대한 법적인 권한이 없으나 공사의 이익을 위하여 화재 조사를 실시하고 있는 대표적인 공기업은 전기안전공사와 가스안전공사이다. 우리나라의 대부분의 에너지원으로 사용되는 전기와 가스는 우리 생활에서는 없어서는 안 될 에너지다. ② 전기안전공사는 계량기 이후의 설비에 안전을 담당하고 있는데 화재 원인이 전기와 관련 되었을 때 정확한 원인조사를 통해 회사의 영리를 추구하고 있으며 마찬가지로 가스안전공사도 가스 설비와 관련된 화재조사를 통해 사고 예방 등 회사 영리 추구를 하고 있다.
보험	① 거액의 화재보험에 가입 후 보험금 편취를 목적으로 방화를 자행하는 사례가 늘고 있다. 이

회사	로 인해 선의의 보험가입자가 피해를 보고 있다. 2006년부터 2008년까지 안산에서 발생한 강호순 방화범죄 사건은 이를 잘 입증해 준다. ② 보험회사는 이와 관련해서 <u>가입자의 보험액 손실을 막고 적정한 보상을 통한 국민 생활 안정에 기여하기 위해서</u> 보험에 가입된 물건에 대해 화재조사를 실시한다.
민간 회사	<u>제조물책임법이 2002년 7월 1일 시행되면서 기업들은 화재에 관심이 높아지고 있었다.</u> 물론 전에도 제품이 화재와 연관될 때 기업이미지 실추 때문에 관심이 없었던 건 아니었다. 회사가 실시하는 화재조사는 자신이 만든 제품이 화재가 발생하였을 때 제조물책임법 관련해서 정확한 조사를 통해 제품하자에 대한 보상뿐 만 아니라 제품개선 등을 위해 화재조사를 실시하고 있다. 「제조물책임법(製造物責任法, Product liability) : 제조된 물건의 결함으로 부터 소비자를 보호하고 제조자로 하여금 그 피해를 보상하게 하는 법을 말한다. 이는 제조자로 하여금 위험을 예측하여 해결책을 세워 제품제조시 반영하여 생산하도록 장려하는 것을 목적으로 하고 있다. 제조자에게 무과실책임을 부여하여 소비자가 오용을 하더라도 피해를 보상하게 하고 있다.」
학계 기타	연구 활동이 이루어지고 있고, 최근에는 국내에도 민간조사원의 활동도 점점 활발해지고 그 분야도 점점 확대되고 있는 것으로 보아 화재도 예외는 아닐 것이다. 화재 현장에 대한 정보연구를 통해 새로운 장비의 개발이나 화재 안전을 위해 정부에 요구할 수 있는 다양한 결론을 얻기 위해 다양한 기관 및 단체 등에서 스스로 필요에 따라 화재조사를 하고 있다.

5 화재조사의 특징*

현장성	화재조사의 고급정보들은 주로 현장에서 얻어진다. <u>119신고를 받는 순간부터 신고일시와 신고자의 인적사항, 목소리(당시의 심경파악 등 중요한 자료로 활용됨) 등이 기록되면서 화재조사는 시작되며 출동 중에도 풍속과 풍향에 영향을 받는 화염과 연기의 움직이는 상황, 주변의 이상한 소리 등을 체크하는 조사가 진행되는데 대부분의 조사는 현장에 도착하자마자 본격적으로 전개된다.</u> ㅇ 최초 발견자, 신고자, 목격자, 초기진화종사자 등을 중심으로 탐문하여, 특이하고 급격한 연소부위나 물건, 열이나 연기의 진행방향, 소실 또는 훼손된 물품의 위치 및 상태, 기타 화재 흔적 등을 정밀관찰하고 감식 또는 감정에 필요한 시료 및 증거물 등을 수집하는 조사활동은 바로 화재현장에서 이루어진다.
신속성	화재조사에 관한 당사자(피의자)또는 참고인으로 진술해야 할 최초 발견자, 신고자, 목격자, 방화 또는 실화 혐의자로 추정되는 자는 <u>시간이 경과하면 거짓으로 진술할 수 있고</u> 추후 법정에 소환되는 것을 두려워하거나 귀찮게 생각해서 도주할 우려가 있으므로 질문조사에 신속함이 요구된다. 특히 화재 피해자일 경우는 시간이 경과함에 따라 최초와 다른 심경변화를 가져올 수 있고, 보험에 가입된 경우에는 범행을 숨기거나 피해내용 및 금액을 훨씬 부풀려 주장하기도 한다. 또한 화재현장에서 발견되는 증거물은 상당히 다양하고 <u>시간이 흐를수록 부식 또는 산화되거나 부패되기 쉬우므로 현장보존 및 증거물 확보가 어렵거나 불가능해질 수도 있기 때문이다.</u>
정밀 과학성	화재조사의 수단과 방법이 비과학적이거나 비전문적이라면 그 결과는 엄청난 모순으로 끝날 것이다. 엉뚱한 사람이 방화 또는 실화 피의자로 몰거나, 손해배상이나 보험금도 받아야 할 정액보다 훨씬 적게 받을 수밖에 없는 오류로 이어질 수 있다. 그러므로 화재조사는 화재나 폭발의 위험과 연소과정에 관한 지식, 기술, 경험을 바탕으로 필요한 첨단 장비, 시설, 기법을 가지고 체계적이고, 전문적이어야 함은 물론, 종합 과학적 방법으로 집행되어야 한다.

보존성	화재조사에서 가장 핵심적인 자료라 할 수 있는 것은 바로 증거물인 것이다. 증거물가 많다. 따라서 현장에서 확인되거나 수집된 모든 인적, 물적 증거물은 반드시 보존 및 기록되어야 하고 영구 보존이 가능하도록 하여야 한다.
안전 하게 진행	화재현장은 수시로 상황이 급변하거나 폭발, 재발화, 구조물 붕괴, 감전, 가스 또는 유해물질 누출 등 지명적인 위험요소가 존재한다. 화재진압·구조·구급 종사자는 물론 화재조사에 임하는 자 역시 안전에 대한 각별한 주의가 요구된다. 특히 평소 화재현장에 익숙하지 못한 경찰관, 법정과학자 및 기타 조사자들은 현장 조사업무 수행 중 전혀 위험 인식은 상태 그대로 보존되어야 효용적 가치가 있는 것이다. 그러나 화재현장에서의 증거물품이 될 수 있는 것은 거의 인멸 또는 훼손됨으로써 화재조사에 큰 어려움을 겪을 때을 하지 않을 수도 있다.
강제성	관계인의 협조 없이 화재조사를 실시한다는 것은 정말 어려운 일이다. 관계인의 입장에서 보면 조사에 순응하는 것이 자기에게 불리한 경우가 있을 수 있는데 이때에 관계인에 대하여 필요한 보고 또는 자료의 제출을 명하거나 질문하여도 침묵을 지키거나 사실과는 전혀 다른 진술을 하는 사람들이 대부분이다. 이렇게 되면 화재조사는 난항에 부딪히게 되므로 소방기본법 제30조의 규정에 의한 강제조사권을 발동할 수밖에 없다.
프리즘	화재조사기관의 조사자나 그 조사에 응하는 관계인들은 시각과 주장이 각각 다르다. 화재와 관련되어 피해자는 피해자대로, 보험사는 보험사대로, 배상책임자는 배상책임자대로, 참고인은 참고인대로 각각 손해책임과 배상 등의 문제를 생각한 나머지 자기의 입장만을 고려하여 주장하기도 하므로 이는 빛을 만드는 프리즘과 같다.

TIP 화재조사의 특징 7가지 내용을 기억하시기 바랍니다. 화재조사에서 핵심은 증거물입니다. ^^

6 화재조사의 공표

(1) 국민이 유사한 화재로부터 피해를 입지않도록 하기 위한 경우 등 필요한 경우에 화재조사결과를 공표할 수 있다. 다만 수사가 진행 중이거나 수사의 필요성이 인정되는 경우에는 관계 수사기관의 장과 공표 여부에 관하여 사전에 협의를 하여야 한다.

화재조사 결과 공표	국민이 유사한 화재로부터 피해를 입지 않도록 하기 위해 필요한 경우
	사회적 관심이 집중되어 국민의 알권리 충족 등 공공의 이익을 위해 필요한 경우
화재조사 결과 공표시 포함	화재원인에 관한 사항
	화재로 인한 인명·재산피해에 관한 사항
	화재발생 건축물과 구노물에 관한 사항
	그 밖에 화재예방을 위해 공표할 필요가 있다고 소방관서장이 인정하는 사항
	공표방법 : 소방관서의 인터넷 홈페이지, 신문, 방송을 이용하는 등 일반인이 쉽게 알 수 있는 방법

(2) 화재가 발생한 경우 원인과 피해에 대하여 발표하는 것은 그 화재에 대한 사회적 관심이 높으면 높을수록 그에 따른 홍보 효과도 높아진다.
(3) 화재에 대한 과학적, 합리적 근거에 의해 원인을 규명한 경우, 출화 원인, 연소 확대 원인, 사상자의 발생원인, 손해 정도 등을 발표하는 것은 널리 국민에게 화재에 대한 위험을 지적하고 주의를 환기시킴으로써 유사 화재를 방지하는 등 소방행정에 큰 공헌을 할 수 있는 효과를 가진다.

※ 발표에 있어서 관계인의 명예나 사생활이 침해되거나 민·형사상 물의를 일으킬 수도 있으므로 신중함이 요구된다.

> **Check**
> ① 화재란 사람의 의도에 (　)하거나 (　)에 의해서 라고 한다.
> ② 화재란 소화설비 등을 사용하여야 할 필요가 있다.(○)
> ③ 화재 원인조사에서 연소상황조사란 화재의 연소경로 및 연소 확대물 등이다.(○)
> ④ 화재로 인한 사망자는 화재원인조사에 해당된다.(×)
> ⑤ 화재조사 현장성이란 화재조사에 도움을 줄 수 있는 고급정보들은 주로 현장에서 얻어진다.(○)

CHAPTER 02 화재조사 방법

제1절 과학적 조사방법* 17년 소방위

1. 필요성 인식	• 문제가 존재한다는 것을 확인해야 한다. 이 경우, 화재나 폭발이 발생한 사실과 향후 비슷한 사고를 방지할 수 있도록 그 원인이 파악되어야 한다.
2. 문제의 정의	• 존재하는 문제를 확인했으면, 화재조사관은 어떤 방식으로 문제를 해결할 수 있는지 결정해야 한다. 이 경우, 발화지점과 원인에 대한 적절한 조사가 수행되어야 한다.
3. 데이터 수집	• 화재 패턴과 같은 물리적 증거 확인 및 실험실 분석을 위한 증거물 수집 • 실험실 조사 결과물, 목격자 진술과 같은 사람들이 관측한 기록 • 사진 촬영, 도면, 메모를 통한 현장 기록 • 소방서와 경찰서와 같은 공식 현장 관련 보고서 • 이전 현장 조사의 증거서류나 결과물
4. 데이터 분석	• 과학적 방법에서는 수집된 모든 데이터가 분석되어야 한다. 이는 최종 가설을 만들기 전에 수행되어야 하는 필수적 단계이다. • 데이터의 확인, 수집 및 분류는 데이터 분석과 다르다. 데이터 분석은 지식, 훈련, 경험 및 전문성이 있는 자가 수행한 분석을 토대로 한다.
5. 가설 개발 (귀납적 추론)	• 화재조사관은 분석한 데이터를 토대로 이러한 현상이 화재 패턴의 특성인지 여부, 그리고 화재 확산, 발화지점의 규명, 발화 과정, 화재 원인, 화재 또는 폭발 사고에 대한 책임이나 손상의 원인 등에 대한 가설(들)을 만들어 낸다. • 화재조사관이 관찰을 통해 수집한 경험적 데이터만을 토대로 해서 수립된 다음, 화재조사관의 지식, 훈련, 경험 및 전문성을 토대로 사건에 대한 설명이 가능하여야 하며, 객관적인 데이터와 결론을 설명하여야 한다.
6. 가설검정 (연역적 추론)	• 화재조사관은 조심스럽고 신중한 검증 과정을 통과한 가설만을 입증된 가설로 사용할 수 있다. • 가설의 검증은 연역적 추론의 원칙에 따라 수행되어야 하며, 이때 화재조사관은 본인의 가설을 특정 사건에 대한 현상과 관련된 과학적 지식뿐만 아니라 알려진 모든 사실과 비교해야 한다. • 검증하는 단계는 가능한 모든 가설을 검증하여 한 가지 가설만이 사실과 과학적 원리에 부합할 때까지 계속되어야 한다. • 연역적 추론에 의한 검증 단계를 통과한 가설이 없는 경우에는 이 문제를 미결된 것으로 간주해야 한다.

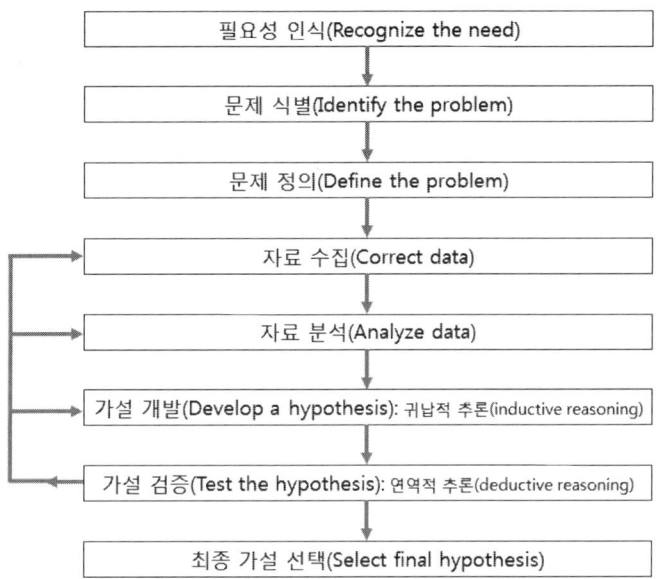

TIP 과학적 조사방법의 순서를 암기하시고 특히 가설개발(귀납적), 가설검정(연역적)을 기억하세요. ^^

제2절 화재조사관의 권한과 의무

권한	① 화재 또는 소화로 인한 피해의 조사권(수손·파손·오손 등) ② 관계자에 대한 질문권 ③ 관계기관에 대한 필요사항 통보 요구권 ④ 관계자에 대한 자료 제출 명령권 ⑤ 소속 공무원이 행하는 조사를 위한 출입 검사 명령권 ⑥ 경찰관이 방화 또는 실화의 혐의가 있어 피의자를 체포 또는 증거물을 압수했을 경우 검사에게 사건을 송치하기 전까지 피의자에 대한 질문과 압수된 증거물에 대한 조사권
의무	① 출입검사 시 개인 주거의 경우 관계자의 승낙을 얻을 의무 ② 출입검사 시 관계자 비밀을 타인에게 누설금지 의무 ③ 출입검사 시 신분을 증명하는 증표를 제시할 의무 ④ 방화 또는 실화의 혐의가 있다고 인정될 시는 경찰관서에 지체 없이 통보 및 필요한 증거를 수집·보존의무 ⑤ 피의자 체포 중 또는 증거물 압수 중 조사업무 수행 시 경찰관의 수사에 지장을 주지 않을 의무 ⑥ 성실한 자세로 화재 원인을 끝까지 추적하여 원인 규명에 최선을 다할 의무 ⑦ 조사 시 경찰관과 상호협력 의무 ⑧ 관계보험회사에의 조사 협력 의무

마음 가짐	① 화재조사는 물적 증거를 객체로 하여 과학적 방법으로 합리적으로 사실을 규명하지 않으면 안 된다. ② 소방기본법에 부여된 권리와 의무를 초과하여 조사를 실시하면 안 된다. ③ 부당하게 개인의 권리를 침해하고 자유를 제한하지 않도록 유념한다. ④ 직무를 이용하여 개인의 민사관계에 관여하여서는 안 된다 ⑤ 과학적, 기술적으로 타당성에 입각하여 조사하여야 한다. ⑥ 특이한 화재현상에 대하여 깊은 관심과 관계지식을 최대한 활용하여야 한다. ⑦ 실체적 진실규명을 한다는 사명감으로 최선을 다하여야 한다. ⑧ 객관적 사실을 토대로 흔들림 없이 중심을 지켜야 한다.

제3절 화재피해조사 방법

1 피해액 산정

(1) 화재피해액은 화재 당시의 피해물과 동일한 구조, 용도, 질, 규모를 재건축 또는 재구입하는 데 소요되는 가액에서 사용손모(損耗) 및 경과연수에 따른 감가공제를 하고 현재가액을 산정하는 실질적·구체적 방식에 의한다.

(2) 회계장부상 현재가액이 입증된 경우에는 그 가액에 의한다. 그러나 정확한 피해물품을 확인하기 곤란하거나 기타 부득이한 사유에 의하여 실질적·구체적 방식에 의할 수 없는 경우에는 소방청장이 정하는 화재피해액 산정매뉴얼의 간이평가방식으로 산정할 수 있다.

> ● 건물 등 자산에 대한 최종잔가율은 건물·부대설비·가재도구는 20%로 하며, 그 이외의 자산은 10%로 정한다.

2 피해액 계산방법

▩ 고정자산에 대한 화재피해액 계산방법** 14년 소방위

산정대상	산 정 기 준
건 물	「신축단가(㎡당)×소실면적×[1−(0.8×경과연수/내용연수)]×손해율」의 공식에 의하되, 신축단가는 한국감정원이 최근 발표한 '건물신축단가표'에 의한다.
부대설비	「건물신축단가×소실면적×설비종류별 재설비 비율×[1−(0.8×경과연수/내용연수)]×손해율」의 공식에 의한다. 다만 부대설비 피해액을 실질적·구체적 방식에 의할 경우「단위(면적·개소 등)당 표준단가×피해단위×[1−(0.8×경과연수/내용연수)]×손해율」의 공식에 의하되, 건물표준단가 및 부대설비 단위당 표준단가는 한국감정원이 최근 발표한 '건물신축단가표'에 의한다.
구 축 물 * 13년 소방위	「소실단위의 회계장부상 구축물가액×손해율」의 공식에 의하거나 「소실단위의 원시건축비×물가상승율×[1−(0.9×경과연수/내용연수)]×손해율」의 공식에 의한다. 다만 회계장부상

	구축물가액 또는 원시건축비의 가액이 확인되지 않는 경우에는 「단위(m, m², m³)당 표준단가×소실단위×[1-(0.9×경과연수/내용연수)]×손해율」의 공식에 의하되, 구축물의 단위당 표준단가는 매뉴얼이 정하는 바에 의한다.
영업시설	「m²당 표준단가×소실면적×[1-(0.9×경과연수/내용연수)]×손해율」의 공식에 의하되, 업종별 m²당 표준단가는 매뉴얼이 정하는 바에 의한다.
잔존물제거	「화재피해액×10%」의 공식에 의한다.
기계장치 및 선박·항공기	「감정평가서 또는 회계장부상 현재가액×손해율」의 공식에 의한다. 다만 감정평가서 또는 회계장부상 현재가액이 확인되지 않아 실질적·구체적 방법에 의해 피해액을 산정하는 경우에는 「재구입비×[1-(0.9×경과연수/내용연수)]×손해율」의 공식에 의하되, 실질적·구체적 방법에 의한 재구입비는 조사자가 확인·조사한 가격에 의한다.
공구 및 기구	「회계장부상 현재가액×손해율」의 공식에 의한다. 다만 회계장부상 현재가액이 확인되지 않아 실질적·구체적 방법에 의해 피해액을 산정하는 경우에는 「재구입비×[1-(0.9×경과연수/내용연수)]×손해율」의 공식에 의하되, 실질적·구체적 방법에 의한 재구입비는 물가 정보지의 가격에 의한다.
집기비품	「회계장부상 현재가액×손해율」의 공식에 의한다. 다만 회계장부상 현재가액이 확인되지 않는 경우에는 「m²당 표준단가×소실면적×[1-(0.9×경과연수/내용연수)]×손해율」의 공식에 의하거나 실질적·구체적 방법에 의해 피해액을 산정하는 경우에는 「재구입비×[1-(0.9×경과연수/내용연수)]×손해율」의 공식에 의하되, 집기비품의 m²당 표준단가는 매뉴얼이 정하는 바에 의하며, 실질적·구체적 방법에 의한 재구입비는 물가정보지의 가격에 의한다.
가재도구	「(주택종류별·상태별 기준액×가중치)+(주택면적별 기준액×가중치)+(거주인원별 기준액×가중치)+(주택가격(m²당)별 기준액× 가중치)」의 공식에 의한다. 다만 실질적·구체적 방법에 의해 피해액을 가재도구 개별품목별로 산정하는 경우에는 「재구입비× [1-(0.8×경과연수/내용연수)]×손해율」의 공식에 의하되, 가재도구의 항목별 기준액 및 가중치는 매뉴얼이 정하는 바에 의하며, 실질적·구체적 방법에 의한 재구입비는 물가정보지의 가격에 의한다.
차량, 동물, 식물	전부손해의 경우 시중매매가격으로 하며, 전부손해가 아닌 경우 수리비 및 치료비로 한다.
재고자산	「회계장부상 현재가액×손해율」의 공식에 의한다. 다만 회계장부상 현재가액이 확인되지 않는 경우에는 「연간매출액÷재고자산회전율×손해율」의 공식에 의하되, 재고자산회전율은 한국은행이 최근 발표한 '기업경영분석' 내용에 의한다.
회화(그림), 골동품, 미술공예품, 귀금속 및 보석류	전부손해의 경우 감정가격으로 하며, 전부손해가 아닌 경우 원상복구에 소요되는 비용으로 한다.
임야의 입목	소실 전의 입목가격에서 소실한 입목의 잔존가격을 뺀 가격으로 한다. 단, 피해액산정이 곤란할 경우 소실면적 등 피해 규모만 산정할 수 있다.
기 타	피해 당시의 현재가를 재구입비로 하여 피해액을 산정한다.

TIP 과거에는 공식을 묻는 문제가 가끔 출제되었으나 근래는 잘 출제되지 않지만 건물이나 구축물에 대한 공식은 암기해둘 필요가 있어요. ^^

① 피해물의 경과연수가 불분명한 경우 → 그 자산의 구조, 재질 또는 관계자 및 참고인의 진술 기타 관계자료 등을 토대로 객관적인 판단을 하여 경과연수를 정한다.
② 공구 및 기구·집기비품·가재도구를 일괄하여 재구입비를 산정하는 경우 → 개별 품목의 경과연수에 의한 잔가율이 50%를 초과하더라도 50%로 수정할 수 있으며, 중고구입 기계장치 및 집기비품으로서 그 제작년도를 알 수 없는 경우 → 그 상태에 따라 신품가액의 30% 내지 50%를 잔가율로 정할 수 있다.

> **Check**
> ① 과학적인 조사방법과정에서 필요한 부분을 인식하는 것이 가장 우선이다.(O)
> ② 가설개발은 (   )추론이며, 가설검증은 (   )추론이라고 볼 수 있다.
> ③ 화재 피해액 산정에서 건물 등 자산에 대한 최종잔가율은 건물부대설비, 구축물, 가재도구는 (   )%로 하며, 그 외의 자산은 (   )%로 정한다.
> ④ 건물의 산정기준은 신축단가×소실면적×〔1-(0.8×경과년수/내용년수)〕×손해율 이다.

CHAPTER 03 화재조사 관련 법률

제1절 행정조사기본법

> **TIP** 화재조사법이 신설되어 정리가 미흡한 부분이 있어요. ^^

제1조(목적) 이 법은 행정조사에 관한 기본원칙·행정조사의 방법 및 절차 등에 관한 공통적인 사항을 규정함으로써 행정의 공정성·투명성 및 효율성을 높이고, 국민의 권익을 보호함을 목적으로 한다.

1 행정조사의 기본원칙

① 행정조사는 조사목적을 달성하는데 필요한 최소한의 범위 내에서 실시
② 조사목적에 적합하도록 조사 대상선정 및 조사 실시
③ 유사·동일 사안에 대해서는 공동조사 실시
④ 직무상 알게 된 비밀 누설 금지 및 조사 정보의 목적 외 사용금지 등

> **제4조(행정조사의 기본원칙)** ① 행정조사는 조사목적을 달성하는데 필요한 최소한의 범위 안에서 실시하여야 하며, 다른 목적 등을 위하여 조사권을 남용하여서는 아니 된다.
> ② 행정기관은 조사목적에 적합하도록 조사대상자를 선정하여 행정조사를 실시하여야 한다.
> ③ 행정기관은 유사하거나 동일한 사안에 대하여는 공동조사 등을 실시함으로써 행정조사가 중복되지 아니하도록 하여야 한다.
> ④ 행정조사는 법령등의 위반에 대한 처벌보다는 법령등을 준수하도록 유도하는 데 중점을 두어야 한다.
> ⑤ 다른 법률에 따르지 아니하고는 행정조사의 대상자 또는 행정조사의 내용을 공표하거나 직무상 알게 된 비밀을 누설하여서는 아니 된다.
> ⑥ 행정기관은 행정조사를 통하여 알게 된 정보를 다른 법률에 따라 내부에서 이용하거나 다른 기관에 제공하는 경우를 제외하고는 원래의 조사목적 이외의 용도로 이용하거나 타인에게 제공하여서는 아니 된다.

2 행정조사기본법의 주요내용

① 행정기관이 행정조사를 실시해야 할 경우 준수해야 하는 기본적 원칙을 규정하고 법령에 근거가 있는 경우에 한하여 행정조사를 실시할 수 있도록 함.
② 여러 행정기관이 동일하거나 유사한 목적으로 조사를 실시하는 경우 공동조사를 실시하도록 하였음.
③ "위법행위가 의심되는 새로운 증거를 확보한 경우를 제외"하고는 행정조사를 받은 사안에 대해서는 중복하여 재조사를 할 수 없도록 함.
④ 조사과정에서 발생할 수 있는 권익침해를 방지하기 위해, 행정기관이 자료제출요구, 현장조사 등

을 실시하는 경우에는 조사개시 7일전까지 관련내용을 조사대상자에게 서면으로 통지하도록 의무화하였음.
ⓔ 조사대상자는 조사원 교체신청, 서면요구서에 대한 의견제출, 연기신청, 변호사 등 전문가 입회, 녹음 또는 녹화 등을 통해 권익을 보호할 수 있도록 권익보호 규정을 마련 하였음.
ⓔ 정보화 등 행정환경 변화에 부응하여 행정기관이 요구하는 자료를 조사대상자가 인터넷 등 정보통신망을 통해 제출할 수 있도록 하였다.

3 행정조사기본법의 주요조문

(제2조 정의) ① "행정조사"란 행정기관이 정책을 결정하거나 직무를 수행하는 데 필요한 정보나 자료를 수집하기 위하여 현장조사·문서열람·시료채취 등을 하거나 조사대상자에게 보고요구·자료제출요구 및 출석·진술 요구를 행하는 활동을 말한다.
② "행정기관"이란 법령 및 조례·규칙(이하 "법령등"이라 한다)에 따라 행정권한이 있는 기관과 그 권한을 위임 또는 위탁받은 법인·단체 또는 그 기관이나 개인을 말한다.
③ "조사원"이란 행정조사업무를 수행하는 행정기관의 공무원·직원 또는 개인을 말한다.
④ "조사대상자"란 행정조사의 대상이 되는 법인·단체 또는 그 기관이나 개인을 말한다.

제7조(조사의 주기) 행정조사는 법령등 또는 행정조사운영계획으로 정하는 바에 따라 정기적으로 실시함을 원칙으로 한다. 다만, 다음 각 호 중 어느 하나에 해당하는 경우에는 수시조사를 할 수 있다.
① 법률에서 수시조사를 규정하고 있는 경우
② 법령등의 위반에 대하여 혐의가 있는 경우
③ 다른 행정기관으로부터 법령등의 위반에 관한 혐의를 통보 또는 이첩 받은 경우
④ 법령등의 위반에 대한 신고를 받거나 민원이 접수된 경우
⑤ 그 밖에 행정조사의 필요성이 인정되는 사항으로서 대통령령으로 정하는 경우

제9조(출석·진술 요구) 행정기관의 장이 조사대상자의 출석·진술을 요구하는 때에는 다음 각 호의 사항이 기재된 출석요구서를 발송하여야 한다.
① 조사대상자는 지정된 출석일시에 출석하는 경우 업무 또는 생활에 지장이 있는 때에는 행정기관의 장에게 출석일시를 변경하여 줄 것을 신청할 수 있으며, 변경신청을 받은 행정기관의 장은 행정조사의 목적을 달성할 수 있는 범위 안에서 출석일시를 변경할 수 있다.
② 출석한 조사대상자가 제1항에 따른 출석요구서에 기재된 내용을 이행하지 아니하여 행정조사의 목적을 달성할 수 없는 경우를 제외하고는 조사원은 조사대상자의 1회 출석으로 당해 조사를 종결하여야 한다.

제10조(보고요구와 자료제출의 요구) ① 행정기관의 장은 조사대상자에게 조사사항에 대하여 보고를 요구하는 때에는 다음 각 호의 사항이 포함된 보고요구서를 발송하여야 한다.
② 행정기관의 장은 조사대상자에게 장부·서류나 그 밖의 자료를 제출하도록 요구하는 때에는 다음 각 호의 사항이 기재된 자료제출요구서를 발송하여야 한다.

제11조(현장조사) ① 조사원이 가택·사무실 또는 사업장 등에 출입하여 현장조사를 실시하는 경우에는 행정기관의 장은 다음 각 호의 사항이 기재된 현장출입조사서 또는 법령등에서 현장조사시 제시하도록 규정하고 있는 문서를 조사대상자에게 발송하여야 한다.
② 제1항에 따른 현장조사는 해가 뜨기 전이나 해가 진 뒤에는 할 수 없다. 다만, 다음 각 호의 어느 하나에 해당하는 경우에는 그러하지 아니하다.
  - 조사대상자 동의, 업무시간에 행정조사실시, 주간 조사가 불가능하거나 법령위반확인 불가능
③ 제1항 및 제2항에 따라 현장조사를 하는 조사원은 그 권한을 나타내는 증표를 지니고 이를 조사대상자에게 내보여야 한다.

제12조(시료채취) ① 조사원이 조사목적의 달성을 위하여 시료채취를 하는 경우에는 그 시료의 소유자 및 관리자의 정상적인 경제활동을 방해하지 아니하는 범위 안에서 최소한도로 하여야 한다.
② 행정기관의 장은 제1항에 따른 시료채취로 조사대상자에게 손실을 입힌 때에는 대통령령으로 정하는 절차와 방법에 따라 그 손실을 보상하여야 한다.

제13조(자료등의 영치) ① 조사원이 현장조사 중에 자료·서류·물건 등(이하 이 조에서 "자료등"이라 한다)을 영치하는 때에는 조사대상자 또는 그 대리인을 입회시켜야 한다.
② 조사원이 제1항에 따라 자료등을 영치하는 경우에 조사대상자의 생활이나 영업이 사실상 불가능하게 될 우려가 있는 때에는 조사원은 자료등을 사진으로 촬영하거나 사본을 작성하는 등의 방법으로 영치에 갈음할 수 있다. 다만, 증거인멸의 우려가 있는 자료등을 영치하는 경우에는 그러하지 아니하다.

제15조(중복조사의 제한) ① 제7조에 따라 정기조사 또는 수시조사를 실시한 행정기관의 장은 동일한 사안에 대하여 동일한 조사대상자를 재조사 하여서는 아니 된다.
다만, 당해 행정기관이 이미 조사를 받은 조사대상자에 대하여 위법행위가 의심되는 새로운 증거를 확보한 경우에는 그러하지 아니하다.
② 행정조사를 실시할 행정기관의 장은 행정조사를 실시하기 전에 다른 행정기관에서 동일한 조사대상자에게 동일하거나 유사한 사안에 대하여 행정조사를 실시하였는지 여부를 확인할 수 있다.
③ 행정조사를 실시할 행정기관의 장이 제2항에 따른 사실을 확인하기 위하여 행정조사의 결과에 대한 자료를 요청하는 경우 요청받은 행정기관의 장은 특별한 사유가 없는 한 관련 자료를 제공하여야 한다.

제23조(조사권 행사의 제한) ① 조사원은 제9조부터 제11조까지에 따라 사전에 발송된 사항에 한하여 조사대상자를 조사하되, 사전통지한 사항과 관련된 추가적인 행정조사가 필요할 경우에는 조사대상자에게 추가조사의 필요성과 조사내용 등에 관한 사항을 서면이나 구두로 통보한 후 추가조사를 실시할 수 있다.
② 조사대상자는 법률·회계 등에 대하여 전문지식이 있는 관계 전문가로 하여금 행정조사를 받는 과정에 입회하게 하거나 의견을 진술하게 할 수 있다.
③ 조사대상자와 조사원은 조사과정을 방해하지 아니하는 범위 안에서 행정조사의 과정을 녹음하거나 녹화할 수 있다. 이 경우 녹음·녹화의 범위 등은 상호 협의하여 정하여야 한다.
④ 조사대상자와 조사원이 제3항에 따라 녹음이나 녹화를 하는 경우에는 사전에 이를 당해 행정기관의 장에게 통지하여야 한다.

제4절 소방의 화재조사에 관한 법률

제1장 총칙

제1조(목적) 이 법은 화재예방 및 소방정책에 활용하기 위하여 화재원인, 화재성장 및 확산, 피해현황 등에 관한 과학적·전문적인 조사에 필요한 사항을 규정함을 목적으로 한다.

제2조(정의) ① 이 법에서 사용하는 용어의 뜻은 다음과 같다.

화재	사람의 의도에 반하거나 고의 또는 과실에 의하여 발생하는 연소 현상으로서 소화할 필요가 있는 현상 또는 사람의 의도에 반하여 발생하거나 확대된 화학적 폭발현상을 말한다.
화재조사	소방청장, 소방본부장 또는 소방서장이 화재원인, 피해상황, 대응활동 등을 파악하기 위하여 자료의 수집, 관계인등에 대한 질문, 현장 확인, 감식, 감정 및 실험 등을 하는 일련의 행위를 말한다.
화재조사관	화재조사에 전문성을 인정받아 화재조사를 수행하는 소방공무원을 말한다.
관계인 등	화재가 발생한 소방대상물의 소유자·관리자 또는 점유자(이하 "관계인"이라 한다) 및 다음 각 목의 사람을 말한다. 가. 화재 현장을 발견하고 신고한 사람 나. 화재 현장을 목격한 사람 다. 소화활동을 행하거나 인명구조활동(유도대피 포함)에 관계된 사람 라. 화재를 발생시키거나 화재발생과 관계된 사람

② 이 법에서 사용하는 용어의 뜻은 제1항에서 규정하는 것을 제외하고는 「소방기본법」, 「화재예방, 소방시설 설치·유지 및 안전관리에 관한 법률」에서 정하는 바에 따른다.

제3조(국가 등의 책무) ① 국가와 지방자치단체는 화재조사에 필요한 기술의 연구·개발 및 화재조사의 정확도를 향상시키기 위한 시책을 강구하고 추진하여야 한다.
② 관계인등은 화재조사가 적절하게 이루어질 수 있도록 협력하여야 한다.

제4조(다른 법률과의 관계) 화재조사에 관하여 다른 법률에 특별한 규정이 있는 경우를 제외하고는 이 법에서 정하는 바에 따른다.

제2장 화재조사의 실시 등

제5조(화재조사의 실시) ① 소방청장, 소방본부장 또는 소방서장(이하 "소방관서장"이라 한다)은 화재발생 사실을 알게 된 때에는 지체 없이 화재조사를 하여야 한다. 이 경우 수사기관의 범죄수사에 지장을 주어서는 아니 된다.
② 소방관서장은 제1항에 따라 화재조사를 하는 경우 다음 각 호의 사항에 대하여 조사하여야 한다.
　1. 화재원인에 관한 사항

2. 화재로 인한 인명·재산피해상황
   3. 대응활동에 관한 사항
   4. 소방시설 등의 설치·관리 및 작동 여부에 관한 사항
   5. 화재발생건축물과 구조물, 화재유형별 화재위험성 등에 관한 사항
   6. 그 밖에 대통령령으로 정하는 사항
③ 제1항 및 제2항에 따른 화재조사의 대상 및 절차 등에 필요한 사항은 대통령령으로 정한다.

제6조(화재조사전담부서의 설치·운영 등) ① 소방관서장은 전문성에 기반하는 화재조사를 위하여 화재조사전담부서(이하 "전담부서"라 한다)를 설치·운영하여야 한다.
② 전담부서는 다음 각 호의 업무를 수행한다.
   1. 화재조사의 실시 및 조사결과 분석·관리
   2. 화재조사 관련 기술개발과 화재조사관의 역량증진
   3. 화재조사에 필요한 시설·장비의 관리·운영
   4. 그 밖의 화재조사에 관하여 필요한 업무
③ 소방관서장은 화재조사관으로 하여금 화재조사 업무를 수행하게 하여야 한다.
④ 화재조사관은 소방청장이 실시하는 화재조사에 관한 시험에 합격한 소방공무원 등 화재조사에 관한 전문적인 자격을 가진 소방공무원으로 한다.
⑤ 전담부서의 구성·운영, 화재조사관의 구체적인 자격기준 및 교육훈련 등에 필요한 사항은 대통령령으로 정한다.

제7조(화재합동조사단의 구성·운영) ① 소방관서장은 사상자가 많거나 사회적 이목을 끄는 화재 등 대통령령으로 정하는 대형화재 등이 발생한 경우 종합적이고 정밀한 화재조사를 위하여 유관기관 및 관계 전문가를 포함한 화재합동조사단을 구성·운영할 수 있다.
② 제1항에 따른 화재합동조사단의 구성과 운영 등에 필요한 사항은 대통령령으로 정한다.

제8조(화재현장 보존 등) ① 소방관서장은 화재조사를 위하여 필요한 범위에서 화재현장 보존조치를 하거나 화재현장과 그 인근 지역을 통제구역으로 설정할 수 있다. 다만, 방화(放火) 또는 실화(失火)의 혐의로 수사의 대상이 된 경우에는 관할 경찰서장 또는 해양경찰서장(이하 "경찰서장"이라 한다)이 통제구역을 설정한다.
② 누구든지 소방관서장 또는 경찰서장의 허가 없이 제1항에 따라 설정된 통제구역에 출입하여서는 아니 된다.
③ 제1항에 따라 화재현장 보존조치를 하거나 통제구역을 설정한 경우 누구든지 소방관서장 또는 경찰서장의 허가 없이 화재현장에 있는 물건 등을 이동시키거나 변경·훼손하여서는 아니 된다. 다만, 공공의 이익에 중대한 영향을 미친다고 판단되거나 인명구조 등 긴급한 사유가 있는 경우에는 그러하지 아니하다.
④ 화재현장 보존조치, 통제구역의 설정 및 출입 등에 필요한 사항은 대통령령으로 정한다.

제9조(출입·조사 등) ① 소방관서장은 화재조사를 위하여 필요한 경우에 관계인에게 보고 또는 자료제출을 명하거나 화재조사관으로 하여금 해당 장소에 출입하여 화재조사를 하게 하거나 관계인등에게 질문하게 할 수 있다.
② 제1항에 따라 화재조사를 하는 화재조사관은 그 권한을 표시하는 증표를 지니고 이를 관계인등에게 보여주어야 한다.
③ 제1항에 따라 화재조사를 하는 화재조사관은 관계인의 정당한 업무를 방해하거나 화재조사를 수행하면서 알게 된 비밀을 다른 용도로 사용하거나 다른 사람에게 누설하여서는 아니 된다.

제10조(관계인등의 출석 등) ① 소방관서장은 화재조사가 필요한 경우 관계인등을 소방관서에 출석하게 하여 질문할 수 있다.
② 제1항에 따른 관계인등의 출석 및 질문 등에 필요한 사항은 대통령령으로 정한다.

제11조(화재조사 증거물 수집 등) ① 소방관서장은 화재조사를 위하여 필요한 경우 증거물을 수집하여 검사·시험·분석 등을 할 수 있다. 다만, 범죄수사와 관련된 증거물인 경우에는 수사기관의 장과 협의하여 수집할 수 있다.
② 소방관서장은 수사기관의 장이 방화 또는 실화의 혐의가 있어서 이미 피의자를 체포하였거나 증거물을 압수하였을 때에 화재조사를 위하여 필요한 경우에는 범죄수사에 지장을 주지 아니하는 범위에서 그 피의자 또는 압수된 증거물에 대한 조사를 할 수 있다. 이 경우 수사기관의 장은 소방관서장의 신속한 화재조사를 위하여 특별한 사유가 없으면 조사에 협조하여야 한다.
③ 제1항에 따른 증거물 수집의 범위, 방법 및 절차 등에 필요한 사항은 대통령령으로 정한다.

제12조(소방공무원과 경찰공무원의 협력 등) ① 소방공무원과 경찰공무원(제주특별자치도의 자치경찰공무원을 포함한다)은 다음 각 호의 사항에 대하여 서로 협력하여야 한다.
　1. 화재현장의 출입·보존 및 통제에 관한 사항
　2. 화재조사에 필요한 증거물의 수집 및 보존에 관한 사항
　3. 관계인등에 대한 진술 확보에 관한 사항
　4. 그 밖에 화재조사에 필요한 사항
② 소방관서장은 방화 또는 실화의 혐의가 있다고 인정되면 지체 없이 경찰서장에게 그 사실을 알리고 필요한 증거를 수집·보존하는 등 그 범죄수사에 협력하여야 한다.

제13조(관계 기관 등의 협조) ① 소방관서장, 중앙행정기관의 장, 지방자치단체의 장, 보험회사, 그 밖의 관련 기관·단체의 장은 화재조사에 필요한 사항에 대하여 서로 협력하여야 한다.
② 소방관서장은 화재원인 규명 및 피해액 산출 등을 위하여 필요한 경우에는 금융감독원, 관계 보험회사 등에 「개인정보 보호법」 제2조제1호에 따른 개인정보를 포함한 보험가입 정보 등을 요청할 수 있다. 이 경우 정보 제공을 요청받은 기관은 정당한 사유가 없으면 이를 거부할 수 없다.

제3장 화재조사 결과의 공표 등

제14조(화재조사 결과의 공표) ① 소방관서장은 국민이 유사한 화재로부터 피해를 입지 않도록 하기 위한 경우 등 필요한 경우 화재조사 결과를 공표할 수 있다. 다만, 수사가 진행 중이거나 수사의 필요성이 인정되는 경우에는 관계 수사기관의 장과 공표 여부에 관하여 사전에 협의하여야 한다.
② 제1항에 따른 공표의 범위·방법 및 절차 등에 관하여 필요한 사항은 행정안전부령으로 정한다.

제15조(화재조사 결과의 통보) 소방관서장은 화재조사 결과를 중앙행정기관의 장, 지방자치단체의 장, 그 밖의 관련 기관·단체의 장 또는 관계인 등에게 통보하여 유사한 화재가 발생하지 않도록 필요한 조치를 취할 것을 요청할 수 있다.

제16조(화재증명원의 발급) ① 소방관서장은 화재와 관련된 이해관계인 또는 화재발생 내용 입증이 필요한 사람이 화재를 증명하는 서류(이하 이 조에서 "화재증명원"이라 한다) 발급을 신청하는 때에는 화재증명원을 발급하여야 한다.
② 화재증명원의 발급신청 절차·방법·서식 및 기재사항, 온라인 발급 등에 필요한 사항은 행정안전부령으로 정한다.

제4장 화재조사 기반구축

제17조(감정기관의 지정·운영 등) ① 소방청장은 과학적이고 전문적인 화재조사를 위하여 대통령령으로 정하는 시설과 전문인력 등 지정기준을 갖춘 기관을 화재감정기관(이하 "감정기관"이라 한다)으로 지정·운영하여야 한다.
② 소방청장은 제1항에 따라 지정된 감정기관에서의 과학적 조사·분석 등에 소요되는 비용의 전부 또는 일부를 지원할 수 있다.
③ 소방청장은 감정기관으로 지정받은 자가 다음 각 호의 어느 하나에 해당하는 경우에는 지정을 취소할 수 있다. 다만, 제1호에 해당하는 경우에는 지정을 취소하여야 한다.
  1. 거짓이나 그 밖의 부정한 방법으로 지정을 받은 경우
  2. 제1항에 따른 지정기준에 적합하지 아니하게 된 경우
  3. 고의 또는 중대한 과실로 감정 결과를 사실과 다르게 작성한 경우
  4. 그 밖에 대통령령으로 정하는 사항을 위반한 경우
④ 소방청장은 제3항에 따라 감정기관의 지정을 취소하려면 청문을 하여야 한다.
⑤ 감정기관의 지정기준, 지정 절차, 지정 취소 및 운영 등에 필요한 사항은 대통령령으로 정한다.

제18조(벌칙 적용에서 공무원 의제) 제17조에 따라 지정된 감정기관의 임직원은 「형법」제127조 및 제129조부터 제132조까지의 규정에 따른 벌칙을 적용할 때에는 공무원으로 본다.

제19조(국가화재정보시스템의 구축·운영) ① 소방청장은 화재조사 결과, 화재원인, 피해상황 등에 관

한 화재정보를 종합적으로 수집·관리하여 화재예방과 소방활동에 활용할 수 있는 국가화재정보시스템을 구축·운영하여야 한다.
② 제1항에 따른 화재정보의 수집·관리 및 활용 등에 필요한 사항은 대통령령으로 정한다.

제20조(연구개발사업의 지원) ① 소방청장은 화재조사 기법에 필요한 연구·실험·조사·기술개발 등(이하 이 조에서 "연구개발사업"이라 한다)을 지원하는 시책을 수립할 수 있다.
② 소방청장은 연구개발사업을 효율적으로 추진하기 위하여 다음 각 호의 어느 하나에 해당하는 기관 또는 단체 등에게 연구개발사업을 수행하게 하거나 공동으로 수행할 수 있다.
  1. 국공립 연구기관
  2. 「특정연구기관 육성법」 제2조에 따른 특정연구기관
  3. 「과학기술분야 정부출연연구기관 등의 설립·운영 및 육성에 관한 법률」에 따라 설립된 과학기술분야 정부출연연구기관
  4. 「고등교육법」 제2조에 따른 대학·산업대학·전문대학·기술대학
  5. 「민법」이나 다른 법률에 따라 설립된 법인으로서 화재조사 관련 연구기관 또는 법인 부설 연구소
  6. 「기초연구진흥 및 기술개발지원에 관한 법률」 제14조의2제1항에 따라 인정받은 기업부설연구소 또는 기업의 연구개발전담부서
  7. 그 밖에 대통령령으로 정하는 화재조사와 관련한 연구·조사·기술개발 등을 수행하는 기관 또는 단체
③ 소방청장은 제2항 각 호의 기관 또는 단체 등에 대하여 연구개발사업을 실시하는 데 필요한 경비의 전부 또는 일부를 출연하거나 보조할 수 있다.
④ 연구개발사업의 추진에 필요한 사항은 행정안전부령으로 정한다.

제5장 벌칙

제21조(벌칙) 다음 각 호의 어느 하나에 해당하는 사람은 300만원 이하의 벌금에 처한다.
  1. 제8조제3항을 위반하여 허가 없이 화재현장에 있는 물건 등을 이동시키거나 변경·훼손한 사람
  2. 정당한 사유 없이 제9조제1항에 따른 화재조사관의 출입 또는 조사를 거부·방해 또는 기피한 사람
  3. 제9조제3항을 위반하여 관계인의 정당한 업무를 방해하거나 화재조사를 수행하면서 알게 된 비밀을 다른 용도로 사용하거나 다른 사람에게 누설한 사람
  4. 정당한 사유 없이 제11조제1항에 따른 증거물 수집을 거부·방해 또는 기피한 사람

제22조(양벌규정) 법인의 대표자나 법인 또는 개인의 대리인, 사용인, 그 밖의 종업원이 그 법인 또는 개인의 업무에 관하여 제21조에 해당하는 위반행위를 하면 그 행위자를 벌하는 외에 그 법인 또는 개인에게도 해당 조문의 벌금형을 과(科)한다. 다만, 법인 또는 개인이 그 위반행위를 방지하기 위하여 해당 업무에 관하여 상당한 주의와 감독을 게을리 하지 아니한 경우에는 그러하지 아니하다.

제23조(과태료) ① 다음 각 호의 어느 하나에 해당하는 사람에게는 200만원 이하의 과태료를 부과한다.
   1. 제8조제2항을 위반하여 허가 없이 통제구역에 출입한 사람
   2. 제9조제1항에 따른 명령을 위반하여 보고 또는 자료 제출을 하지 아니하거나 거짓으로 보고 또는 자료를 제출한 사람
   3. 정당한 사유 없이 제10조제1항에 따른 출석을 거부하거나 질문에 대하여 거짓으로 진술한 사람
② 제1항에 따른 과태료는 대통령령으로 정하는 바에 따라 소방관서장 또는 경찰서장이 부과·징수한다.

제5절 소방의 화재조사에 관한 법률 시행령

제1조(목적) 이 영은 「소방의 화재조사에 관한 법률」에서 위임된 사항과 그 시행에 필요한 사항을 규정함을 목적으로 한다.

제2조(화재조사의 대상) 「소방의 화재조사에 관한 법률」(이하 "법"이라 한다) 제5조에 따라 소방청장, 소방본부장 또는 소방서장(이하 "소방관서장"이라 한다)이 화재조사를 실시해야 할 대상은 다음 각 호와 같다.
   1. 「소방기본법」에 따른 소방대상물에서 발생한 화재
   2. 그 밖에 소방관서장이 화재조사가 필요하다고 인정하는 화재

제3조(화재조사의 내용·절차) ① 법 제5조제2항제6호에서 "대통령령으로 정하는 사항"이란 「화재예방, 소방시설 설치·유지 및 안전관리에 관한 법률」 제4조제2항제4호에 따른 소방특별조사의 실시 결과에 관한 사항을 말한다.
② 화재조사는 다음 각 호의 절차에 따라 실시한다.
   1. 현장출동 중 조사: 화재발생 접수, 출동 중 화재상황 파악 등
   2. 화재현장 조사: 화재의 발화(發火)원인, 연소상황 및 피해상황 조사 등
   3. 정밀조사: 감식·감정, 화재원인 판정 등
   4. 화재조사 결과 보고
③ 소방관서장은 화재조사를 하는 경우 「산림보호법」 제42조에 따른 산불 조사 등 다른 법률에 따른 화재 관련 조사가 원활히 수행될 수 있도록 협조해야 한다.

제4조(화재조사전담부서의 구성·운영) ① 소방관서장은 법 제6조제1항에 따른 화재조사전담부서(이하 "전담부서"라 한다)에 화재조사관을 2명 이상 배치해야 한다.
② 전담부서에는 화재조사를 위한 감식·감정 장비 등 행정안전부령으로 정하는 장비와 시설을 갖추어 두어야 한다.
③ 제1항 및 제2항에서 규정한 사항 외에 전담부서의 구성·운영에 필요한 사항은 행정안전부령으로 정한다.

제5조(화재조사관의 자격기준 등) ① 법 제6조제3항에 따라 화재조사 업무를 수행하는 화재조사관은 다음 각 호의 어느 하나에 해당하는 소방공무원으로 한다.
   1. 소방청장이 실시하는 화재조사에 관한 시험에 합격한 소방공무원
   2. 「국가기술자격법」에 따른 국가기술자격의 직무분야 중 화재감식평가 분야의 기사 또는 산업기사 자격을 취득한 소방공무원
② 제1항제1호의 화재조사에 관한 시험의 방법, 과목, 그 밖에 시험 시행에 필요한 사항은 행정안전부령으로 정한다.

제6조(화재조사에 관한 교육훈련) ① 소방관서장은 다음 각 호의 구분에 따라 화재조사관에 대한 교육훈련을 실시한다.
   1. 화재조사관 양성을 위한 전문교육
   2. 화재조사관의 전문능력 향상을 위한 전문교육
   3. 전담부서에 배치된 화재조사관을 위한 의무 보수교육
② 소방관서장은 필요한 경우 제1항에 따른 교육훈련을 다른 소방관서나 화재조사 관련 전문기관에 위탁하여 실시할 수 있다.
③ 제1항 및 제2항에서 규정한 사항 외에 화재조사에 관한 교육훈련에 필요한 사항은 행정안전부령으로 정한다.

제7조(화재합동조사단의 구성·운영) ① 법 제7조제1항에서 "사상자가 많거나 사회적 이목을 끄는 화재 등 대통령령으로 정하는 대형화재"란 다음 각 호의 화재를 말한다.
   1. 사망자가 5명 이상 발생한 화재
   2. 화재로 인한 사회적·경제적 영향이 광범위하다고 소방관서장이 인정하는 화재
② 법 제7조제1항에 따른 화재합동조사단(이하 "화재합동조사단"이라 한다)의 단원은 다음 각 호의 어느 하나에 해당하는 사람 중에서 소방관서장이 임명하거나 위촉한다.
   1. 화재조사관
   2. 화재조사 업무에 관한 경력이 3년 이상인 소방공무원
   3. 「고등교육법」 제2조에 따른 학교 또는 이에 준하는 교육기관에서 화재조사, 소방 또는 안전관리 등 관련 분야 조교수 이상의 직에 3년 이상 재직한 사람
   4. 「국가기술자격법」에 따른 국가기술자격의 직무분야 중 안전관리 분야에서 산업기사 이

상의 자격을 취득한 사람
　　5. 그 밖에 건축·안전 분야 또는 화재조사에 관한 학식과 경험이 풍부한 사람
③ 화재합동조사단의 단장은 단원 중에서 소방관서장이 지명하거나 위촉하는 사람이 된다.
④ 소방관서장은 화재합동조사단 운영을 위하여 관계 행정기관 또는 기관·단체의 장에게 소속 공무원 또는 소속 임직원의 파견을 요청할 수 있다.
⑤ 화재합동조사단은 화재조사를 완료하면 소방관서장에게 다음 각 호의 사항이 포함된 화재조사 결과를 보고해야 한다.
　　1. 화재합동조사단 운영 개요
　　2. 화재조사 개요
　　3. 화재조사에 관한 법 제5조제2항 각 호의 사항
　　4. 다수의 인명피해가 발생한 경우 그 원인
　　5. 현행 제도의 문제점 및 개선 방안
　　6. 그 밖에 소방관서장이 필요하다고 인정하는 사항
⑥ 소방관서장은 화재합동조사단의 단장 또는 단원에게 예산의 범위에서 수당·여비와 그 밖에 필요한 경비를 지급할 수 있다. 다만, 공무원이 소관 업무와 직접적으로 관련되어 참여하는 경우에는 지급하지 않는다.
⑦ 제1항부터 제6항까지에서 규정한 사항 외에 화재합동조사단의 구성·운영에 필요한 사항은 소방청장이 정한다.

제8조(화재현장 보존조치 통지 등) 소방관서장이나 관할 경찰서장 또는 해양경찰서장(이하 "경찰서장"이라 한다)은 법 제8조제1항에 따라 화재현장 보존조치를 하거나 통제구역을 설정하는 경우 다음 각 호의 사항을 화재가 발생한 소방대상물의 소유자·관리자 또는 점유자(이하 "관계인"이라 한다)에게 알리고 해당 사항이 포함된 표지를 설치해야 한다.
　　1. 화재현장 보존조치나 통제구역 설정의 이유 및 주체
　　2. 화재현장 보존조치나 통제구역 설정의 범위
　　3. 화재현장 보존조치나 통제구역 설정의 기간

제9조(화재현장 보존조치 등의 해제) 소방관서장이나 경찰서장은 다음 각 호의 경우에는 법 제8조제1항에 따른 화재현장 보존조치나 통제구역의 설정을 지체 없이 해제해야 한다.
　　1. 화재조사가 완료된 경우
　　2. 화재현장 보존조치나 통제구역의 설정이 해당 화재조사와 관련이 없다고 인정되는 경우

제10조(관계인등에 대한 출석요구 및 질문 등) ① 소방관서장은 법 제10조제1항에 따라 관계인등의 출석을 요구하려면 출석일 3일 전까지 다음 각 호의 사항을 관계인등에게 알려야 한다.
　　1. 출석 일시와 장소
　　2. 출석 요구 사유

3. 그 밖에 화재조사와 관련하여 필요한 사항
② 관계인등은 제1항에 따라 지정된 출석 일시에 출석하는 경우 업무 또는 생활에 지장이 있을 때에는 소방관서장에게 출석 일시를 변경하여 줄 것을 신청할 수 있다. 이 경우 소방관서장은 화재조사의 목적을 달성할 수 있는 범위에서 출석 일시를 변경할 수 있다.
③ 소방관서장은 법 제10조제1항에 따라 출석한 관계인등에게 수당과 여비를 지급할 수 있다.

제11조(화재조사 증거물 수집 등) ① 소방관서장은 법 제11조에 따라 화재조사를 위하여 필요한 최소한의 범위에서 화재조사관에게 증거물을 수집하여 검사·시험·분석 등을 하게 할 수 있다.
② 소방관서장은 제1항에 따라 증거물을 수집한 경우 이를 관계인에게 알려야 한다.
③ 소방관서장은 제1항에 따라 수집한 증거물이 다음 각 호의 어느 하나에 해당하는 경우에는 증거물을 지체 없이 반환해야 한다.
  1. 화재와 관련이 없다고 인정되는 경우
  2. 화재조사가 완료되는 등 증거물을 보관할 필요가 없게 된 경우
④ 제1항부터 제3항까지에서 규정한 사항 외에 증거물의 수집·관리에 필요한 사항은 행정안전부령으로 정한다.

제12조(화재감정기관의 지정기준) ① 법 제17조제1항에서 "대통령령으로 정하는 시설과 전문인력 등 지정기준"이란 다음 각 호의 기준을 말한다.
  1. 화재조사를 수행할 수 있는 다음 각 목의 시설을 모두 갖출 것
    가. 증거물, 화재조사 장비 등을 안전하게 보호할 수 있는 설비를 갖춘 시설
    나. 증거물 등을 장기간 보존·보관할 수 있는 시설
    다. 증거물의 감식·감정을 수행하는 과정 등을 촬영하고 이를 디지털파일의 형태로 처리·보관할 수 있는 시설
  2. 화재조사에 필요한 다음 각 목의 구분에 따른 전문인력을 각각 보유할 것
    가. 주된 기술인력: 다음의 어느 하나에 해당하는 사람을 2명 이상 보유할 것
      1) 「국가기술자격법」에 따른 국가기술자격의 직무분야 중 화재감식평가 분야의 기사 자격 취득 후 화재조사 관련 분야에서 5년 이상 근무한 사람
      2) 화재조사관 자격 취득 후 화재조사 관련 분야에서 5년 이상 근무한 사람
      3) 이공계 분야의 박사학위 취득 후 화재조사 관련 분야에서 2년 이상 근무한 사람
    나. 보조 기술인력: 다음의 어느 하나에 해당하는 사람을 3명 이상 보유할 것
      1) 「국가기술자격법」에 따른 국가기술자격의 직무분야 중 화재감식평가 분야의 기사 또는 산업기사 자격을 취득한 사람
      2) 화재조사관 자격을 취득한 사람
      3) 소방청장이 인정하는 화재조사 관련 국제자격증 소지자
      4) 이공계 분야의 석사 이상 학위 취득 후 화재조사 관련 분야에서 1년 이상 근무한 사람
  3. 화재조사를 수행할 수 있는 감식·감정 장비, 증거물 수집 장비 등을 갖출 것

② 법 제17조제1항에 따라 지정된 화재감정기관(이하 "화재감정기관"이라 한다)이 갖추어야 할 시설과 전문인력 등에 관한 세부적인 기준은 소방청장이 정하여 고시한다.

제13조(화재감정기관 지정 절차 및 취소 등) ① 화재감정기관으로 지정받으려는 자는 행정안전부령으로 정하는 화재감정기관 지정신청서에 다음 각 호의 서류를 첨부하여 소방청장에게 제출해야 한다. 이 경우 소방청장은 제출된 서류에 보완이 필요하다고 판단되면 보완에 필요한 기간을 정하여 보완을 요구할 수 있다.
    1. 시설 현황에 관한 서류
    2. 조직 및 인력 현황에 관한 서류(인력 현황의 경우에는 자격 및 경력을 증명하는 서류를 포함한다)
    3. 화재조사 관련 장비 현황에 관한 서류
    4. 법인의 정관 또는 단체의 규약(법인 또는 단체인 경우만 해당한다)
② 소방청장은 제1항에 따라 화재감정기관의 지정을 신청한 자가 제12조에 따른 지정기준을 충족하는 경우 화재감정기관으로 지정하고, 행정안전부령으로 정하는 화재감정기관 지정서를 발급해야 한다.
③ 법 제17조제3항제4호에서 "대통령령으로 정하는 사항을 위반한 경우"란 다음 각 호의 어느 하나에 해당하는 경우를 말한다.
    1. 의뢰받은 감정을 정당한 사유 없이 거부하거나 1개월 이상 수행하지 않은 경우
    2. 거짓이나 그 밖의 부정한 방법으로 감정 비용을 청구한 경우
④ 법 제17조제3항에 따라 지정이 취소된 화재감정기관은 지정이 취소된 날부터 10일 이내에 화재감정기관 지정서를 반환해야 한다.
⑤ 제1항부터 제4항까지에서 규정한 사항 외에 화재감정기관의 지정 및 지정 취소 등에 필요한 사항은 행정안전부령으로 정한다.

제14조(국가화재정보시스템의 운영) ① 소방청장은 법 제19조제1항에 따른 국가화재정보시스템(이하 "국가화재정보시스템"이라 한다)을 활용하여 다음 각 호의 화재정보를 수집·관리해야 한다.
    1. 화재원인
    2. 화재피해상황
    3. 대응활동에 관한 사항
    4. 소방시설 등의 설치·관리 및 작동 여부에 관한 사항
    5. 화재발생건축물과 구조물, 화재유형별 화재위험성 등에 관한 사항
    6. 화재예방 관계 법령 등의 이행 및 위반 등에 관한 사항
    7. 법 제13조제2항에 따른 관계인의 보험가입 정보 등에 관한 사항
    8. 그 밖에 화재예방과 소방활동에 활용할 수 있는 정보
② 소방관서장은 국가화재정보시스템을 활용하여 제1항 각 호의 화재정보를 기록·유지 및 보관해야 한다.
③ 제1항 및 제2항에서 규정한 사항 외에 국가화재정보시스템의 운영 및 활용 등에 필요한 사항은 소

방청장이 정한다.

제15조(연구개발사업의 지원 등) 법 제20조제2항제7호에서 "대통령령으로 정하는 화재조사와 관련한 연구·조사·기술개발 등을 수행하는 기관 또는 단체"란 화재감정기관을 말한다.

제16조(민감정보 및 고유식별정보의 처리) ① 소방관서장은 다음 각 호의 사무를 수행하기 위하여 불가피한 경우 「개인정보 보호법」 제23조제1항에 따른 건강에 관한 정보가 포함된 자료를 처리할 수 있다.
  1. 법 제5조제2항제2호에 따른 인명피해상황 조사에 관한 사무
  2. 국가화재정보시스템의 운영에 관한 사무
② 소방관서장은 법 제16조에 따른 화재증명원의 발급에 관한 사무를 수행하기 위하여 불가피한 경우 「개인정보 보호법 시행령」 제19조 각 호의 주민등록번호, 여권번호, 운전면허의 면허번호 또는 외국인등록번호가 포함된 자료를 처리할 수 있다.

제17조(과태료의 부과·징수) ① 법 제23조제1항에 따른 과태료는 소방관서장이 부과·징수한다. 다만, 법 제8조제2항을 위반하여 경찰서장이 설정한 통제구역을 허가 없이 출입한 사람에 대한 과태료는 경찰서장이 부과·징수한다.
② 제1항에 따른 과태료의 부과기준은 별표와 같다.

제6절 소방의 화재조사에 관한 법률 시행규칙

제1조(목적) 이 규칙은 「소방의 화재조사에 관한 법률」 및 같은 법 시행령에서 위임된 사항과 그 시행에 필요한 사항을 규정함을 목적으로 한다.

제2조(화재조사 결과의 보고) ① 「소방의 화재조사에 관한 법률」(이하 "법"이라 한다) 제6조제1항에 따른 화재조사전담부서(이하 "전담부서"라 한다)가 화재조사를 완료한 경우에는 화재조사 결과를 소방청장, 소방본부장 또는 소방서장(이하 "소방관서장"이라 한다)에게 보고해야 한다.
② 제1항에 따른 보고는 소방청장이 정하는 화재발생종합보고서에 따른다.

제3조(전담부서의 장비·시설) 「소방의 화재조사에 관한 법률 시행령」(이하 "영"이라 한다) 제4조제2항에서 "화재조사를 위한 감식·감정 장비 등 행정안전부령으로 정하는 장비와 시설"이란 별표의 장비와 시설을 말한다.

제4조(화재조사에 관한 시험) ① 소방청장이 영 제5조제1항제1호의 화재조사에 관한 시험(이하 "자격시험"이라 한다)을 실시하는 경우에는 시험의 과목·일시·장소 및 응시 자격·절차 등을 시험 실시 30일 전까지 소방청의 인터넷 홈페이지에 공고해야 한다.

② 자격시험에 응시할 수 있는 사람은 소방공무원 중 다음 각 호의 어느 하나에 해당하는 사람으로 한다.
　　1. 영 제6조제1항제1호의 화재조사관 양성을 위한 전문교육을 이수한 사람
　　2. 국립과학수사연구원 또는 소방청장이 인정하는 외국의 화재조사 관련 기관에서 8주 이상 화재조사에 관한 전문교육을 이수한 사람
③ 자격시험은 1차 시험과 2차 시험으로 구분하여 실시하며, 1차 시험에 합격한 사람만이 2차 시험에 응시할 수 있다.
④ 소방청장은 영 제5조제1항 각 호의 소방공무원에게 별지 제1호서식의 화재조사관 자격증을 발급해야 한다.
⑤ 소방청장은 자격시험에서 부정한 행위를 한 사람에 대해서는 그 시험을 정지 또는 무효로 하거나 합격을 취소한다.

제5조(화재조사에 관한 교육훈련) ① 영 제6조제1항제1호의 화재조사관 양성을 위한 전문교육의 내용은 다음 각 호와 같다.
　　1. 화재조사 이론과 실습
　　2. 화재조사 시설 및 장비의 사용에 관한 사항
　　3. 주요·특이 화재조사, 감식·감정에 관한 사항
　　4. 화재조사 관련 정책 및 법령에 관한 사항
　　5. 그 밖에 소방청장이 화재조사 관련 전문능력의 배양을 위해 필요하다고 인정하는 사항
② 전담부서에 배치된 화재조사관은 영 제6조제1항제3호의 의무 보수교육을 2년마다 받아야 한다. 다만, 전담부서에 배치된 후 처음 받는 의무 보수교육은 배치 후 1년 이내에 받아야 한다.
③ 소방관서장은 제2항에 따라 의무 보수교육을 이수하지 않은 사람에게 보수교육을 이수할 때까지 화재조사 업무를 수행하게 해서는 안 된다.
④ 제1항부터 제3항까지에서 규정한 사항 외에 화재조사에 관한 교육훈련에 필요한 사항은 소방청장이 정한다.

<u>제6조(화재조사관 증표) 법 제9조제2항에 따른 화재조사관의 권한을 표시하는 증표는 별지 제1호서식의 화재조사관 자격증으로 한다.</u>

제7조(화재조사 증거물의 수집·관리) ① 영 제11조제1항에 따라 화재조사 증거물을 수집하는 경우 증거물의 수집과정을 사진 촬영 또는 영상 녹화의 방법으로 기록해야 한다.
② 제1항에 따른 사진 또는 영상 파일은 법 제19조에 따른 국가화재정보시스템에 전송하여 보관한다.
③ 제1항 및 제2항에서 규정한 사항 외에 화재조사 증거물의 수집·관리에 필요한 사항은 소방청장이 정한다.

제8조(화재조사 결과의 공표) ① 소방관서장은 법 제14조제1항에 따라 다음 각 호의 경우에는 화재조사 결과를 공표할 수 있다.

1. 국민이 유사한 화재로부터 피해를 입지 않도록 하기 위해 필요한 경우
2. 사회적 관심이 집중되어 국민의 알 권리 충족 등 공공의 이익을 위해 필요한 경우

② <u>소방관서장은 제1항에 따라 화재조사의 결과를 공표할 때에는 다음 각 호의 사항을 포함시켜야 한다.</u>
1. 화재원인에 관한 사항
2. 화재로 인한 인명·재산피해에 관한 사항
3. 화재발생 건축물과 구조물에 관한 사항
4. 그 밖에 화재예방을 위해 공표할 필요가 있다고 소방관서장이 인정하는 사항

③ 제1항에 따른 화재조사 결과의 공표는 소방관서의 인터넷 홈페이지에 게재하거나, 「신문 등의 진흥에 관한 법률」에 따른 신문 또는 「방송법」에 따른 방송을 이용하는 등 일반인이 쉽게 알 수 있는 방법으로 한다.

제9조(화재증명원의 신청 및 발급) ① 법 제16조제1항에 따른 화재증명원(이하 "화재증명원"이라 한다)의 발급을 신청하려는 자는 별지 제2호서식의 화재증명원 발급신청서를 소방관서장에게 제출해야 한다. 이 경우 신청인은 본인의 신분이 확인될 수 있는 신분증명서 또는 법인 등기사항증명서(법인인 경우만 해당한다)를 제시해야 한다.

② 제1항에 따라 신청을 받은 소방관서장은 신청인이 화재와 관련된 이해관계인 또는 화재발생 내용 입증이 필요한 사람인 경우에는 별지 제3호서식의 화재증명원을 신청인에게 발급해야 한다. 이 경우 별지 제4호서식의 화재증명원 발급대장에 그 사실을 기록하고 이를 보관·관리해야 한다.

제10조(화재감정기관의 지정 신청 및 지정서 발급) ① 영 제13조제1항 각 호 외의 부분 전단에서 "행정안전부령으로 정하는 화재감정기관 지정신청서"란 별지 제5호서식의 화재감정기관 지정신청서를 말한다.

② 제1항에 따른 화재감정기관 지정신청서를 받은 소방청장은 「전자정부법」 제36조제1항에 따른 행정정보의 공동이용을 통하여 법인 등기사항증명서(법인인 경우만 해당한다)와 사업자등록증을 확인해야 한다. 다만, 신청인이 사업자등록증의 확인에 동의하지 않는 경우에는 그 사본을 첨부하도록 해야 한다.

③ 소방청장은 영 제13조제1항 각 호 외의 부분 후단에 따라 화재감정기관 지정신청서 또는 첨부서류에 보완이 필요하다고 판단되면 10일 이내의 기간을 정하여 보완을 요구할 수 있다.

④ 영 제13조제2항에서 "행정안전부령으로 정하는 화재감정기관 지정서"란 별지 제6호서식의 화재감정기관 지정서를 말한다.

⑤ 제4항에 따른 화재감정기관 지정서를 발급한 소방청장은 별지 제7호서식의 화재감정기관 지정대장에 그 사실을 기록하고 이를 보관·관리해야 한다.

⑥ 소방청장이 법 제17조제1항에 따라 화재감정기관을 지정한 경우에는 그 사실을 소방청의 인터넷 홈페이지에 게재해야 한다.

제11조(감정의뢰 등) ① 소방관서장이 법 제17조제1항에 따라 지정된 화재감정기관(이하 "화재감정기관"이라 한다)에 감정을 의뢰할 때에는 별지 제8호서식의 감정의뢰서에 증거물 등 감정대상물을 첨부하여 제출해야 한다.
② 화재감정기관의 장은 제1항에 따라 제출된 감정의뢰서 등에 흠결이 있을 경우 보완을 요청할 수 있다.

제12조(감정 결과의 통보) ① 화재감정기관의 장은 감정이 완료되면 감정 결과를 감정을 의뢰한 소방관서장에게 지체 없이 통보해야 한다.
② 제1항에 따른 통보는 별지 제9호서식의 감정 결과 통보서에 따른다.
③ 화재감정기관의 장은 제1항에 따라 감정 결과를 통보할 때 감정을 의뢰받았던 증거물 등 감정대상물을 반환해야 한다. 다만, 훼손 등의 사유로 증거물 등 감정대상물을 반환할 수 없는 경우에는 감정 결과만 통보할 수 있다.
④ 화재감정기관의 장은 소방청장이 정하는 기간 동안 제1항에 따른 감정 결과 및 감정 관련 자료(데이터 파일을 포함한다)를 보존해야 한다.

전담부서에 갖추어야 할 장비와 시설(제3조 관련)

구분	기자재명 및 시설규모
발굴용구 (8종)	공구세트, 전동 드릴, 전동 그라인더(절삭·연마기), 전동 드라이버, 이동용 진공청소기, 휴대용 열풍기, 에어컴프레서(공기압축기), 전동 절단기
기록용 기기 (13종)	디지털카메라(DSLR)세트, 비디오카메라세트, TV, 적외선거리측정기, 디지털온도·습도측정시스템, 디지털풍향풍속기록계, 정밀저울, 버니어캘리퍼스(아들자가 달려 두께나 지름을 재는 기구), 웨어러블캠, 3D스캐너, 3D카메라(AR), 3D캐드시스템, 드론
감식기기 (16종)	절연저항계, 멀티테스터기, 클램프미터, 정전기측정장치, 누설전류계, 검전기, 복합가스측정기, 가스(유증)검지기, 확대경, 산업용실체현미경, 적외선열상카메라, 접지저항계, 휴대용디지털현미경, 디지털탄화심도계, 슈미트해머(콘크리트 반발 경도 측정기구), 내시경현미경
감정용 기기(21종)	가스크로마토그래피, 고속카메라세트, 화재시뮬레이션시스템, X선 촬영기, 금속현미경, 시편(試片)절단기, 시편성형기, 시편연마기, 접점저항계, 직류전압전류계, 교류전압전류계, 오실로스코프(변화가 심한 전기 현상의 파형을 눈으로 관찰하는 장치), 주사전자현미경, 인화점측정기, 발화점측정기, 미량융점측정기, 온도기록계, 폭발압력측정기세트, 전압조정기(직류, 교류), 적외선 분광광도계, 전기단락흔실험장치[1차 용융흔(鎔融痕), 2차 용융흔(鎔融痕), 3차 용융흔(鎔融痕) 측정 가능]
조명기기(5종)	이동용 발전기, 이동용 조명기, 휴대용 랜턴, 헤드랜턴, 전원공급장치(500A 이상)
안전장비 (8종)	보호용 작업복, 보호용 장갑, 안전화, 안전모(무전송수신기 내장), 마스크(방진마스크, 방독마스크), 보안경, 안전고리, 화재조사 조끼
증거 수집 장비(6종)	증거물수집기구세트(핀셋류, 가위류 등), 증거물보관세트(상자, 봉투, 밀폐용기, 증거수집용 캔 등), 증거물 표지세트(번호, 스티커, 삼각형 표지 등), 증거물 태그 세트(대, 중, 소), 증거물보관장치, 디지털증거물저장장치
화재조사 차량(2종)	화재조사 전용차량, 화재조사 첨단 분석차량(비파괴 검사기, 산업용 실체현미경 등 탑재)
보조장비 (6종)	노트북컴퓨터, 전선 릴, 이동용 에어컴프레서, 접이식 사다리, 화재조사 전용 의복(활동복, 방한복), 화재조사용 가방

화재조사 분석실	화재조사 분석실의 구성장비를 유효하게 보존·사용할 수 있고, 환기 시설 및 수도·배관시설이 있는 30제곱미터(㎡) 이상의 실(室)
화재조사 분석실 구성장비(10종)	증거물보관함, 시료보관함, 실험작업대, 바이스(가공물 고정을 위한 기구), 개수대, 초음파세척기, 실험용 기구류(비커, 피펫, 유리병 등), 건조기, 항온항습기, 오토 데시케이터(물질 건조, 흡습성 시료 보존을 위한 유리 보존기)

비고
1. 위 표에서 화재조사 차량은 탑승공간과 장비 적재공간이 구분되어 주요 장비의 적재·활용이 가능하고, 차량 내부에 기초 조사사무용 테이블을 설치할 수 있는 차량을 말한다.
2. 위 표에서 화재조사 전용 의복은 화재진압대원, 구조대원 및 구급대원의 의복과 구별이 가능하고, 화재조사 활동에 적합한 기능을 가진 것을 말한다.
3. 위 표에서 화재조사용 가방은 일상적인 외부 충격으로부터 가방 내부의 장비 및 물품이 손상되지 않을 정도의 강도를 갖춘 재질로 제작되고, 휴대가 간편한 가방을 말한다.
4. 위 표에서 화재조사 분석실의 면적은 청사 공간의 효율적 활용을 위하여 불가피한 경우 최소 기준 면적의 절반 이상에 해당하는 면적으로 조정할 수 있다.

TIP 화재조사 기자재 구분과 종류가 앞으로 출제될 가능성이 있으니 암기바랍니다. ^^

과태료의 부과기준(제17조 관련)

1. 일반기준

가. 위반행위의 횟수에 따른 과태료의 가중된 부과기준은 최근 1년간 같은 위반행위로 과태료 부과처분을 받은 경우에 적용한다. 이 경우 기간의 계산은 위반행위에 대하여 과태료 부과처분을 받은 날과 그 처분 후 다시 같은 위반행위를 하여 적발된 날을 기준으로 한다.

나. 가목에 따라 가중된 부과처분을 하는 경우 가중처분의 적용 차수는 그 위반행위 전 부과처분 차수(가목에 따른 기간 내에 과태료 부과처분이 둘 이상 있었던 경우에는 높은 차수를 말한다)의 다음 차수로 한다.

다. 과태료 부과권자는 다음 어느 하나에 해당하는 경우에는 제2호의 개별기준에 따른 과태료의 2분의 1 범위에서 그 금액을 줄여 부과할 수 있다. 다만, 줄여 부과할 사유가 여러 개 있는 경우라도 감경의 범위는 2분의 1을 넘을 수 없다.

  1) 위반행위자가 화재 등 재난으로 재산에 현저한 손실이 발생한 경우 또는 사업의 부도·경매 또는 소송 계속 등 사업여건이 악화된 경우로서 과태료 부과권자가 감경하는 것이 타당하다고 인정하는 경우. 다만, 최근 1년 이내에 소방 관계 법령(「소방의 화재조사에 관한 법률」, 「소방기본법」, 「화재예방, 소방시설 설치·유지 및 안전관리에 관한 법률」, 「소방시설공사업법」, 「위험물안전관리법」, 「다중이용업소의 안전관리에 관한 특별법」 및 그 하위법령을 말한다)을 2회 이상 위반한 자는 제외한다.
  2) 위반행위자가 위반행위로 인한 결과를 시정하거나 해소한 경우

2. 개별기준 **TIP** 위반행위에 대한 과태료 금액을 꼭 확인바랍니다 ^^

위반행위	근거 법조문	과태료 금액(단위: 만원)		
		1회	2회	3회
가. 법 제8조제2항을 위반하여 허가 없이 통제구역에 출입한 경우	법 제23조 제1항제1호	100	150	200
나. 법 제9조제1항에 따른 명령을 위반하여 보고 또는 자료 제출을 하지 않거나 거짓으로 보고 또는 자료 제출을 한 경우	법 제23조 제1항제2호	100	150	200
다. 정당한 사유 없이 법 제10조제1항에 따른 출석을 거부하거나 질문에 대하여 거짓으로 진술한 경우	법 제23조 제1항제3호	100	150	200

제7절 화재조사 및 보고규정

1 목적

화재조사의 집행과 보고 및 사무처리에 필요한 사항을 정하는 것을 목적으로 한다.

1 용어의 정의 *** 11년 부산 소방장/ 16년 소방위/ 20년 소방교 / 22년 소방교 / 23년 소방위

용어	정의
감식	화재원인의 판정을 위하여 전문적인 지식, 기술 및 경험을 활용하여 주로 시각에 의한 종합적인 판단으로 구체적인 사실관계를 명확하게 규명하는 것을 말한다.
감정	화재와 관계되는 물건의 형상, 구조, 재질, 성분, 성질 등 이와 관련된 모든 현상에 대하여 과학적 방법에 의한 필요한 실험을 행하고 그 결과를 근거로 화재원인을 밝히는 자료를 얻는 것을 말한다.
발화	열원에 의하여 가연물질에 지속적으로 불이 붙는 현상을 말한다.
발화열원	발화의 최초 원인이 된 불꽃 또는 열을 말한다.
발화지점	열원과 가연물이 상호작용하여 화재가 시작된 지점을 말한다.
발화장소	화재가 발생한 장소를 말한다.
최초착화물	발화열원에 의해 불이 붙은 최초의 가연물을 말한다.
발화요인	발화열원에 의하여 발화로 이어진 연소현상에 영향을 준 인적·물적·자연적인 요인을 말한다.
발화관련 기기	발화에 관련된 불꽃 또는 열을 발생시킨 기기 또는 장치나 제품을 말한다.
동력원	발화관련 기기나 제품을 작동 또는 연소시킬 때 사용되어진 연료 또는 에너지를 말한다.
연소확대물	연소가 확대되는데 있어 결정적 영향을 미친 가연물을 말한다.
재구입비	화재 당시의 피해물과 같거나 비슷한 것을 재건축(설계 감리비를 포함한다) 또는 재취득하는데 필요한 금액을 말한다.
내용연수	고정자산을 경제적으로 사용할 수 있는 연수를 말한다.
손해율	피해물의 종류, 손상 상태 및 정도에 따라 피해금액을 적정화시키는 일정한 비율을 말한다.
잔가율	화재 당시에 피해물의 재구입비에 대한 현재가의 비율을 말한다.
최종잔가율	피해물의 내용연수가 다한 경우 잔존하는 가치의 재구입비에 대한 비율을 말한다.
화재현장	화재가 발생하여 소방대 및 관계인 등에 의해 소화활동이 행하여지고 있거나 행하여진 장소를 말한다.
접수	119종합상황실(이하 "상황실"이라 한다)에서 유·무선 전화 또는 다매체를 통하여 화재 등의 신고를 받는 것을 말한다.
출동	화재를 접수하고 상황실로부터 출동지령을 받아 소방대가 차고 등에서 출발하는 것을 말한다.
도착	출동지령을 받고 출동한 소방대가 현장에 도착하는 것을 말한다.
선착대	화재현장에 가장 먼저 도착한 소방대를 말한다.

초진	소방대의 소화활동으로 화재확대의 위험이 현저하게 줄어들거나 없어진 상태를 말한다.
잔불정리	화재 초진 후 잔불을 점검하고 처리하는 것을 말한다. 이 단계에서는 열에 의한 수증기나 화염 없이 연기만 발생하는 연소현상이 포함될 수 있다.
완진	소방대에 의한 소화활동의 필요성이 사라진 것을 말한다.
철수	진화가 끝난 후, 소방대가 화재현장에서 복귀하는 것을 말한다.
재발화감시	화재를 진화한 후 화재가 재발되지 않도록 감시조를 편성하여 일정 시간 동안 감시하는 것을 말한다.

TIP 용어의 정의를 암기하고 특히 감식, 감정, 손해율, 잔가율에 대해 숙지하시면 좋을 듯해요 ^^

(1) 화재의 유형

건축·구조물 화재	건축물, 구조물 또는 그 수용물이 소손된 것.
자동차·철도차량 화재	자동차, 철도차량 및 피견인 차량 또는 그 적재물이 소손된 것.
위험물·가스제조소 등 화재	위험물제조소 등, 가스제조·저장·취급시설 등이 소손된 것.
선박·항공기화재	선박, 항공기 또는 그 적재물이 소손된 것.
임야화재	산림, 야산, 들판의 수목, 잡초, 경작물 등이 소손된 것.
기타화재	위의 각 호에 해당되지 않는 화재

○ 화재가 복합되어 발생한 경우에는 화재의 구분을 화재피해액이 큰 것으로 하며, 화재피해액이 같은 경우나 화재피해액이 큰 것으로 구분하는 것이 사회관념상 적당치 않을 경우에는 발화 장소로 화재를 구분한다.

(2) 관련내용 정리

화재조사의 개시 및 원칙	① 화재조사관은 화재발생 사실을 인지하는 즉시 화재조사를 시작해야 한다. ② 소방관서장은 조사관을 근무 교대조별로 2인 이상 배치하고, 장비·시설을 기준 이상으로 확보하여 조사업무를 수행하도록 하여야 한다. ③ 조사는 물적 증거를 바탕으로 과학적인 방법을 통해 합리적인 사실의 규명을 원칙으로 한다.
화재조사관의 책무	① 조사관은 조사에 필요한 전문적 지식과 기술의 습득에 노력하여 조사업무를 능률적이고 효율적으로 수행해야 한다. ② 조사관은 그 직무를 이용하여 관계인등의 민사 분쟁에 개입해서는 아니 된다.
화재출동 대원의 협조	① 화재현장에 출동하는 소방대원은 조사에 도움이 되는 사항을 확인하고, 화재현장에서도 소방활동 중에 파악한 정보를 조사관에게 알려주어야 한다. ② 화재현장의 선착대 선임자는 철수 후 지체 없이 국가화재정보시스템에 화재현장출동보고서를 작성·입력해야 한다.
관계인등 협조	① 화재현장과 기타 관계있는 장소에 출입할 때에는 관계인등의 입회 하에 실시하는 것을 원칙으로 한다. ② 조사관은 조사에 필요한 자료 등을 관계인등에게 요구할 수 있으며, 관계인등이 반환을 요구할 때는 조사의 목적을 달성한 후 관계인등에게 반환해야 한다.
관계인 등 진술	① 관계인등에게 질문을 할 때에는 시기, 장소 등을 고려하여 진술하는 사람으로부터 임의진술을 얻도록 해야 하며 진술의 자유 또는 신체의 자유를 침해하여 임의성을 의심할 만한 방법

	을 취해서는 아니 된다. ② 관계인등에게 질문을 할 때에는 희망하는 진술내용을 얻기 위하여 상대방에게 암시하는 등의 방법으로 유도해서는 아니 된다. ③ 획득한 진술이 소문 등에 의한 사항인 경우 그 사실을 직접 경험한 관계인등의 진술을 얻도록 해야 한다.
감식 및 감정	① 소방관서장은 조사 시 전문지식과 기술이 필요하다고 인정되는 경우 국립소방연구원 또는 화재감정기관 등에 감정을 의뢰할 수 있다. ② 소방관서장은 과학적이고 합리적인 화재원인 규명을 위하여 화재현장에서 수거한 물품에 대하여 감정을 실시하고 화재원인 입증을 위한 재현실험 등을 할 수 있다.

(3) 화재건수 결정*** 19년 소방교 / 20년 소방장

① 1건의 화재란 : 1개의 발화점으로부터 확대된 것으로 발화부터 진화까지를 말하지만 다음과 같은 예외사항이 있다.
② 동일범이 아닌 각기 다른 사람에 의한 방화, 불장난은 동일 대상물에서 발화했더라도 각각 별건의 화재로 한다.
③ 동일 소방대상물의 발화점이 2개소 이상 있는 다음화재는 1건의 화재로 한다.
　㉠ 누전점이 동일한 누전에 의한 화재
　㉡ 지진, 낙뢰 등 자연현상에 의한 다발화재
④ 발화지점이 한 곳인 화재현장이 둘 이상의 관할구역에 걸친 화재는 발화지점이 속한 소방서에서 1건의 화재로 산정한다. 다만, 발화지점 확인이 어려운 경우에는 화재피해금액이 큰 관할구역 소방서의 화재 건수로 산정한다.

> **TIP** 화재현장이 둘 이상 관할구역에 걸친 화재는 발화지점이 속한 소방서에서 1건으로 처리해요. ^^

(4) 발화일시의 결정**

발화일시의 결정은 관계자 등의 화재발견상황 통보(인지)시간 및 화재발생 건물의 구조, 재질 상태와 화기취급 등의 상황을 종합적으로 검토하여 결정한다. 다만, 자체진화 등 사후인지 화재로 그 결정이 곤란한 경우에는 발생시간을 추정할 수 있다.

● 화재원인 및 장소 등 화재의 분류는 소방청장이 정하는 국가화재분류체계에 의한 분류표에 의한다.

(5) 사상자*** 19년 소방교 / 20년 소방장 / 22년 소방장

화재현장에서 사망 또는 부상당한 사람을 말한다. 단, 화재현장에서 부상을 당한 후 72시간 이내에 사망한 경우에는 당해 화재로 인한 사망자로 본다.

> ● 부상의 정도는 의사의 진단을 기초로 하여 다음과 같이 분류한다.
> • 중상 : 3주 이상의 입원치료를 필요로 하는 부상
> • 경상 : 중상 이외의 부상(입원치료를 필요로 하지 않는 것도 포함)
> ※ 다만 병원치료를 필요로 하지 않고 단순하게 연기를 흡입한 사람은 제외

> **TIP** 화재건수, 소실정도, 동수산정, 소실면적은 언제든 출제될 수 있거든요 ^^

3 조사업무의 체계

(1) **조사책임**★★★ 22년 소방장

① 소방본부장 또는 소방서장은 관할구역내의 화재에 대하여 조사를 하여야 한다. 다만 광역조사 화재에 대하여는 광역 화재조사단에서 조사책임을 지고 조사하여야 한다.
② 운행 중인 차량, 선박, 항공기에서 발생한 화재는 소화활동을 행한 장소를 관할하는 본부장 또는 소방서장이 조사하여야 한다.

  TIP 화재조사책임은 화재를 진화한 소방서가 아니라 화재를 관할하는 소방관서장이랍니다 ^^

(2) **건물동수 산정**★★★★ 20년 소방장 / 21년 소방교 / 소방위 / 23년 소방교

① 주요구조부가 하나로 연결되어 있는 것은 1동으로 한다. 다만 건널 복도 등으로 2 이상의 동에 연결되어 있는 것은 그 부분을 절반으로 분리하여 각 동으로 본다.
② 건물의 외벽을 이용하여 실을 만들어 헛간, 목욕탕, 작업실, 사무실 및 기타 건물 용도로 사용하고 있는 것은 주 건물과 1동으로 본다.

③ 구조에 관계없이 지붕 및 실이 하나로 연결되어 있는 것은 동일동으로 본다.

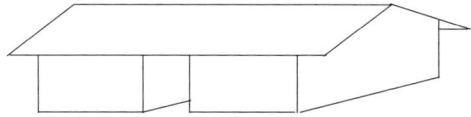

④ 목조 또는 내화조 건물의 경우 격벽으로 방화구획이 되어 있는 경우도 동일동으로 한다.

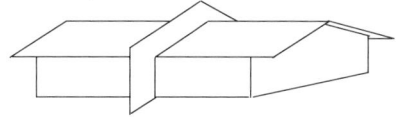

⑤ 독립된 건물과 건물 사이에 차광막, 비막이 등의 덮개를 설치하고 그 밑을 통로 등으로 사용하는 경우는 다른 동으로 한다. (작업장과 작업장 사이에 조명유리 등으로 비막이를 설치하여 지붕과 지붕이 연결되어 있는 경우)

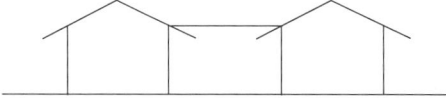

⑥ 내화조 건물의 옥상에 목조 또는 방화구조 건물이 별도 설치되어 있는 경우는 별동으로 한다. 다만, 이들 건물의 기능상 하나인 경우(옥내 계단이 있는 경우)는 동일동으로 한다.
⑦ 내화조 건물의 외벽을 이용하여 목조 또는 방화구조건물이 별도 설치되어 있고 건물 내부와 구획되어 있는 경우 다른 동으로 한다. 다만, 주된 건물에 부착된 건물이 옥내로 출입구가 연결되어 있는

경우와 기계설비 등이 쌍방에 연결되어 있는 경우 등 건물 기능상 하나인 경우는 동일동으로 본다.

TIP 헛간, 목욕탕, 주요구조부가 하나로 연결은 동일동입니다. 다른 동은 어떤 것이 있나요? ^^

(3) 화재의 소실정도 **** 22년 소방장

전소	건물의 70% 이상(입체면적에 대한 비율을 말함. 이하 같다)이 소실되었거나 그 미만이라도 잔존부분이 보수를 하여도 재사용 불가능한 것
반소	건물의 30% 이상 70% 미만이 소실된 것
부분소	전소, 반소에 해당되지 않는 것

※ 자동차·철도차량, 선박 및 항공기 등의 소실정도는 위의 규정을 적용한다.

TIP 전소부분에서 "소실면적 미만이라도 보수하여 재사용 불가능하면 전소" 기억하세요.^^

(4) 소실면적의 산정 *** 19년 소방교 / 20년 소방장 / 22년 소방장

① 건물의 소실면적 산정은 소실 바닥면적으로 한다.
② 수손 및 기타 파손의 경우에도 위 규정을 적용한다.

(5) 화재피해금액 산정

① 화재피해금액은 화재 당시의 피해물과 동일한 구조, 용도, 질, 규모를 재건축 또는 재구입하는데 소요되는 가액에서 경과연수 등에 따른 감가공제를 하고 현재가액을 산정하는 실질적·구체적 방식에 따른다. 다만, 회계장부상 현재가액이 입증된 경우에는 그에 따른다.
② 제1항의 규정에도 불구하고 정확한 피해물품을 확인하기 곤란한 경우에는 소방청장이 정하는 「화재피해금액 산정매뉴얼」(이하 "매뉴얼"이라 한다)의 간이평가방식으로 산정할 수 있다.
③ 건물 등 자산에 대한 최종잔가율은 건물·부대설비·구축물·가재도구는 20%로 하며, 그 이외의 자산은 10%로 정한다.
④ 건물 등 자산에 대한 내용연수는 매뉴얼에서 정한 바에 따른다.
⑤ 대상별 화재피해금액 산정기준은 별표 2에 따른다.
⑥ 관계인은 화재피해금액 산정에 이의가 있는 경우 별지 제12호서식 또는 별지 제12호의2서식에 따라 관할 소방관서장에게 재산피해신고를 할 수 있다.
⑦ 제6항에 따른 신고서를 접수한 관할 소방관서장은 화재피해금액을 재산정해야 한다.

(6) 세대수 산정

세대수의 산정은 거주와 생계를 함께 하고 있는 사람들의 집단 또는 하나의 가구를 구성하여 살고 있는 독신자로서 자신의 주거에 사용되는 건물에 대하여 재산권을 행사할 수 있는 사람을 1세대로 한다.

(7) 합동조사단의 운영 및 종료

① 소방관서장은 영 제7조제1항에 해당하는 화재가 발생한 경우 다음 각 호에 따라 화재합동조사단을 구성하여 운영하는 것을 원칙으로 한다.

소방청장	사상자가 30명 이상이거나 2개 시·도 이상에 걸쳐 발생한 화재(임야화재는 제외한다. 이하 같다)
소방본부장	사상자가 20명 이상이거나 2개 시·군·구 이상에 발생한 화재
소방서장	사망자가 5명 이상이거나 사상자가 10명 이상 또는 재산피해액이 100억원 이상 발생한 화재

② 제1항에도 불구하고 소방관서장은 영 제7조제1항제2호 및 「소방기본법 시행규칙」제3조제2항제1호에 해당하는 화재에 대하여 화재합동조사단을 구성하여 운영할 수 있다.
③ 소방관서장은 영 제7조제2항과 영 제7조제4항에 해당하는 자 중에서 단장 1명과 단원 4명 이상을 화재합동조사단원으로 임명하거나 위촉할 수 있다.
④ 화재합동조사단원은 화재현장 지휘자 및 조사관, 출동 소방대원과 협력하여 조사와 관련된 정보를 수집할 수 있다.
⑤ 소방관서장은 화재합동조사단의 조사가 완료되었거나, 계속 유지할 필요가 없는 경우 업무를 종료하고 해산시킬 수 있다.

(8) 조사 보고

① 조사관이 조사를 시작한 때에는 소방관서장에게 지체 없이 화재·구조·구급상황보고서를 작성·보고해야 한다.
② 조사의 최종 결과보고는 화재 발생일로부터 30일 이내에 보고해야 한다.
  2. 제1호에 해당하지 않는 화재 : 별지 제1호서식 내지 제11호서식까지 작성하여 화재 발생일로부터 15일 이내에 보고해야 한다.
③ 제2항에도 불구하고 다음 각 호의 정당한 사유가 있는 경우에는 소방관서장에게 사전 보고를 한 후 필요한 기간만큼 조사 보고일을 연장할 수 있다.
  1. 법 제5조제1항 단서에 따른 수사기관의 범죄수사가 진행 중인 경우
  2. 화재감정기관 등에 감정을 의뢰한 경우
  3. 추가 화재현장조사 등이 필요한 경우
④ 제3항에 따라 조사 보고일을 연장한 경우 그 사유가 해소된 날부터 10일 이내에 소방관서장에게 조사결과를 보고해야 한다.
⑤ 치외법권지역 등 조사권을 행사할 수 없는 경우는 조사 가능한 내용만 조사하여 제21조 각 호의 조사 서식 중 해당 서류를 작성·보고한다.
⑥ 소방본부장 및 소방서장은 제2항에 따른 조사결과 서류를 영 제14조에 따라 국가화재정보시스템에 입력·관리해야 하며 영구보존방법에 따라 보존해야 한다.

(9) 화재증명원 발급

① 소방관서장은 화재증명원 발급을 통합전자민원창구로 신청하면 전자민원문서로 발급해야 한다.
② 소방관서장은 화재피해자로부터 소방대가 출동하지 아니한 화재장소의 화재증명원 발급신청이 있는 경우 조사관으로 하여금 사후 조사를 실시하게 할 수 있다. 이 경우 발화장소 및 발화지점의 현장이 보존되어 있는 경우에만 조사를 하며, 화재현장출동보고서 작성은 생략할 수 있다.

③ 화재증명원 발급 시 인명피해 및 재산피해 내역을 기재한다. 다만, 조사가 진행 중인 경우에는 "조사 중"으로 기재한다.
④ 재산피해내역 중 피해금액은 기재하지 아니하며 피해물건만 종류별로 구분하여 기재한다. 다만, 민원인의 요구가 있는 경우에는 피해금액을 기재하여 발급할 수 있다.
⑤ 화재증명원 발급신청을 받은 소방관서장은 발화장소 관할 지역과 관계없이 발화장소 관할 소방서로부터 화재사실을 확인받아 화재증명원을 발급할 수 있다.

(10) 화재통계관리

소방청장은 화재통계를 소방정책에 반영하고 유사한 화재를 예방하기 위해 매년 통계연감을 작성하여 국가화재정보시스템 등에 공표해야 한다.

(11) 조사관의 교육훈련

① 규칙 제5조제4항에 따라 조사에 관한 교육훈련에 필요한 과목은 별표 3으로 한다.
② 제1항의 교육과목별 시간과 방법은 소방본부장, 소방서장 또는 「소방공무원 교육훈련규정」제13조에 따라 교육과정을 운영하는 교육훈련기관의 장이 정한다. 다만, 규칙 제5조제2항에 따른 의무 보수교육 시간은 4시간 이상으로 한다.
③ 소방관서장은 조사관에 대하여 연구과제 부여, 학술대회 개최, 조사 관련 전문기관에 위탁훈련·교육을 실시하는 등 조사능력 향상에 노력하여야 한다.

> **Check**
> ① 벌칙에 있어서 정당한 사유없이 화재조사관의 출입 또는 조사를 거부·방해 또는 기피한 사람은 (　)만원 이하의 벌금에 처한다.
> ② (　)는 화재원인을 판정하기 위하여 전문적인 지식, 기술 및 경험을 활용하여 사실관계를 규명하는 것이다.
> ③ (　)이란 화재 당시에 피해물의 재구입비에 대한 현자가의 비율을 말한다.
> ④ 화재조사본부장은 화재조사 업무를 관장하는 과장으로 한다.(○)
> ⑤ 동일범이 아닌 각기 다른 사람에 의한 방화는 동일대상물에서 발화했더라도 1건으로 본다.(○)
> ⑥ 반소란 건물의 (　)% 이상 (　)% 미만이 소실된 것이다.
> ⑦ 목조 또는 내화조 건물의 경우 격벽으로 방화구획이 되어 있는 경우 (　)으로 한다.
> ⑧ 건물의 소실면적 산정은 소실 바닥면적으로 산정한다.(○)
> ⑨ 합동조사단 운영에 있어서 소방청장 기준 : 사상자 (　)명 이상, 2개 시도이상 걸쳐 발생한 화재
> ⑩ 화재현장에서 부상을 당한 후 (　)시간 이내에 사망한 경우를 당해 화재로 인한 사망자로 본다.

CHAPTER 04 화재조사 서류

제1절 화재조사 서류의 개념

1 화재조사 서류의 의의

화재조사서류란 소방기본법에서 규정하고 있는 「화재조사」의 결과를 사진이나 도면 등에 의하여 정확하게 기록하고 소방기관으로서의 최종의사결정을 기록한 문서이다.

① 화재조사서류는 화재현장을 영구적으로 보존하는 자료로서 화재 1건마다 작성된다.
② 축적된 조사데이터는 분석·유형화하여 시민에 대한 예방지도나 소방관계법령 등의 소방행정 제시의 기초자료로 하는 외에 소방활동자료로서 소방업무 전반에 활용된다.

> ● 화재조사서류는 공문서로서 정보공개 대상으로 되는 것은 물론 소방기관이 전문적이고 공평한 입장에서 작성하는 것으로 사법기관 등의 유효한 증거자료로서의 측면도 가지고 있다.

2 화재조사 서류의 구성 및 양식

① 화재조사의 목적은 현장조사 집행 후 그 결론을 표시한 「화재조사서류」가 작성됨으로써 처음으로 달성되는 것이다.
② 소방기본법에 근거한 조사 집행의 결과로서의 법적인 성격을 가지는 것이기 때문에 통일된 기본적인 양식으로 할 필요가 있는 것이다.
③ 정리·분석을 용이하게 하여 자료로서의 유용성을 높이고 활용범위도 확대시키기 위해 표준적인 서류구성과 그 양식에 기초할 필요가 있는 것이다.
④ 때문에 기본적인 양식이 소방청 훈령인 『화재조사 및 보고규정』으로 규정되어 있다.

제2절 화재발생 종합보고서

1 작성목적과 작성자

화재발생종합보고서는 화재개요를 종합 정리하여 규명하는 것이기 때문에 화재현장 조사서 등과는 달리 특별히 작성자에 대한 제한은 없다.

▩ 화재발생종합보고서 운영 체계도

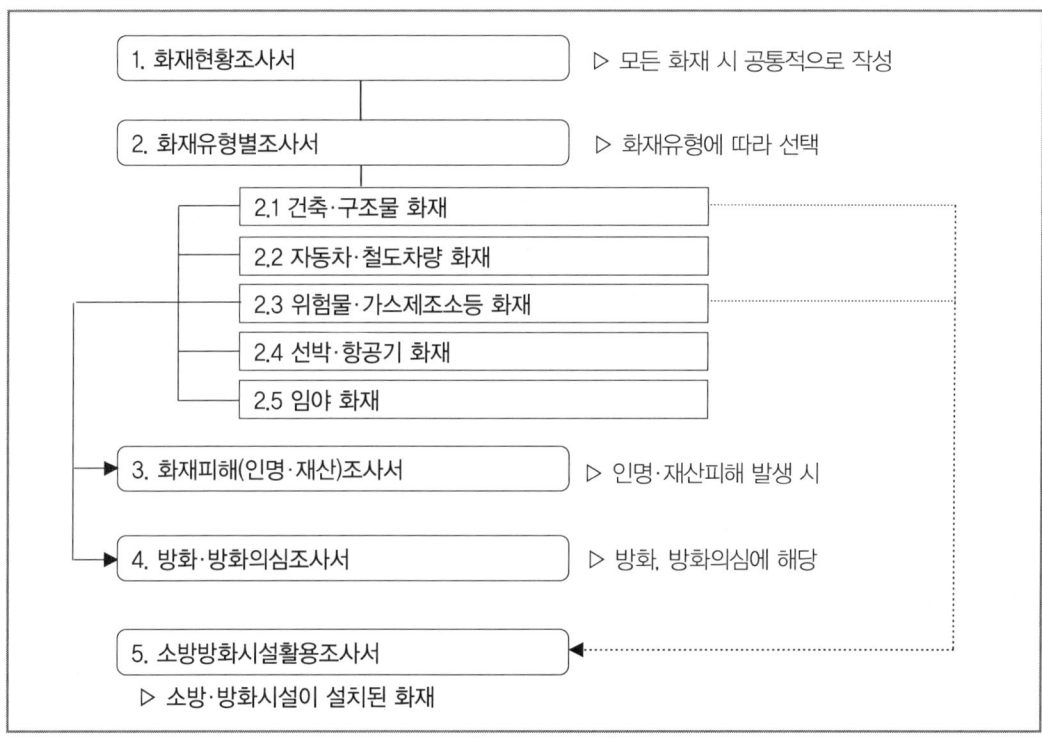

※ 화재현장조사서는 모든 화재에 공통적으로 작성하는 서식임.

2 화재발생종합보고서 작성

① 모든 화재에 공통적으로 화재현황 조사서를 작성
② 화재유형에 따라 화재 유형별 조사서를 작성(건축·구조물화재, 자동차·철도차량화재, 위험물·가스제조소등 화재, 선박·항공기 화재, 임야화재)
③ 인명이나 또는 재산피해 발생 시 화재피해 조사서 작성(인명피해, 재산피해)
④ 방화 또는 방화의심에 해당하는 경우 방화·방화의심조사서를 작성
⑤ 소방·방화시설이 설치된 건축·구조물화재 또는 위험물·가스제조소등 화재에는 소방방화시설 활용조사서를 작성해야 한다.

제3절 화재현장조사서

1 작성 목적

작성목적은 「소손물건」을 관찰하여 규명한 사실과 관계자의 진술을 자료로 하여 소방기관이 최종결론에 도달한 논리구성이나 고찰, 판단을 기록하는 것으로 화재조서서류의 핵심이 되며, 발화원인판정 등의 기초 자료로 하는 것이다. 또한 화재현장 발굴 작업이나 복원작업 상황을 상세하게 기록한 증거보존 자료로서의 일면도 가지고 있다.

① 발화원인, 연소확대 원인, 사상자 발생원인 등을 조사한 서류로 유사화재 방지, 연소확대 및 인명피해방지 등의 화재예방을 중심으로 한 소방행정에 반영함
② 대외적으로는 잠자리에서의 담배에 의한 화재, 가스레인지 사용부주의에 의한 음식물화재 등 유사화재의 예방을 위해 널리 국민에게 알리는 것에서부터 전기·가스·화학 등을 포함하여 광범위 하다.
③ 대내적으로는 소방관련법령(시도 화재예방조례 등을 포함)의 제·개정검토나 소방검사 등 예방업무의 착안점을 도출하는 것 등이 있다.
④ 특히, 발화원인에 대해서는 대외적인 소방행정 반영과 결부되므로 논리적 고찰을 통한 철저한 규명이 요구된다.
⑤ 현장조사란 진화 후 이러한 법률사안을 내포한 화재현장에 출입하여 발화원인이나 기타 소방행정상의 문제점을 조사하는 것을 말한다.
⑥ 본 조사서를 작성하는 목적은 발화원 판정 등의 기초 자료로 하는 것이며 화재현장 발굴 작업이나 복원작업상황을 상세하게 기록한 증거보존 자료로서의 가치가 있다.

2 작성자

작성자는 현장조사를 직접 행한 자로 한정하고 다른 사람이 대신하여 작성하는 것은 인정되지 않는다. 대규모 건물화재 등에서 현장조사를 분담하여 실시한 경우에는 부여받은 대상물의 현장조사서를 각각 작성한 후 취합 관리한다.

3 작성상의 유의사항

현장조사는 소방기본법의 강제조사권에 근거하여 행하는 법률행위적 행정조사로서 권한을 가진 상대방의 승낙을 득하고 입회하는 임의조사이다. 이 때문에 현장조사 시 입회인 및 조사개시와 종료시간은 반드시 기입한다. 또한 현장조사가 수일간에 걸친 경우에는 날짜(日)를 단위로 「제○회」라고 기재한다. 현장조사서는 앞에서 해설한 바와 같이 화재현장의 발굴·복원 종료 시까지의 상태를 화재원인판정등의 자료로서 혹은 방화범죄 등의 증거보존 자료로서 기록하여 두는 것이다.

(1) 관찰·확인사실의 객관적인 기재

① 현장조사서에는 주관적 판단이나 조사자가 의도하는 결론으로 유도하는 듯한 기재방법은 금한다.
② 현장조사서의 기재는 조사자의 의사나 판단이 개입되지 않도록 현장상황이나 소손물건 등을 객관적으로 가능한 있는 그대로 표현하는 것이 좋다.

(2) 관계자의 입회와 진술

① 조사를 실시하는 경우에는 공평성·중립성을 담보하기 위하여 반드시 입회인을 둔다. 조사현장에는 화재의 결과로 건물자체가 무너졌거나, 건물 내부 시설·가구마감재 기타 수용물 등이 소손되어 원형을 잃고 잔해물만 남았거나 넘어짐 또는 추락되어 있는 경우가 많다. 이 때문에 입회인을 통하여 발화전의 상황을 확인할 필요가 있다.
② 그러나 화재현장조사서 작성시 입회인의 설명내용을 마치 조사원이 확인·관찰한 사실인 것처럼 기재하는 사례가 있으나 그것은 부적절한 것이다. 「입회인의 설명 내용」과 「조사원의 관찰·확인 사실」은 명확하게 구분하여 기재하여야 한다.
③ 구별하는 방법은 다음의 예와 같이 「입회인의 설명에 의하면」이라고 전제하는 것이 일반적이다.

> ● 원형이 남아있지 않은 건물의 설명
> 입회인 ○○○(51세)의 설명에 의하면 「여기에는 지붕이 한옥기와로 얹어져 있었고 외벽은 블럭벽돌조 단층건물로서 95㎡의 주택이 건축되어 있었다.」고 한다. 건물의 구획 등을 입회인의 설명을 토대로 첨부도를 작성하였다. 이후 이 도면을 기준으로 확인·관찰한다.

(3) 발굴·복원단계에서의 조사사항 기재

조사의 핵심이 되는 「발굴·복원단계」에서의 관찰·확인은 발화원·경과·착화물과 결부된 사실을 구체적이며 상세하게 기재해 둘 필요가 있다. 특히, 발화원인으로 된 화원에 대하여 긍정해야할 사실 뿐만 아니라 화원으로서 부정해야할 사실을 빠짐없이 조사하여 기재하여야 한다. 본 조사서에서 기재되지 않은 사실은 화재조사 시 확인·관찰한 것으로 화재원인판정에 인용할 수 없기 때문이다.

(4) 간단명료하고 계통적인 기재

「발화건물의 판정」 등과 관련하여 소손의 강약과 방향, 소손물건의 위치, 재질, 형상, 크기 등을 조사과정의 흐름에 따라 직접 확인한 내용만 이해하기 쉽고 간결하며 짜임새 있게 기재하여야 한다. 추상적이고 애매한 표현, 사실을 의도적으로 왜곡하는 듯한 과대한 표현 등은 피해야할 기술 형태이다.

(5) 원인판정에 이르는 논리구성과 각 조사서에 기재한 사실 등의 취급

① 판정에 이르는 논리구성은 원칙적으로 소손상황을 객관적으로 기재한 화재현장조사서의 「사실」을 주체로 한다.
② 화재현장출동보고서 및 질문조사서의 진술사항 등을 그 사실의 보완자료로 활용하여 필요한 검토 후 결론을 도출한다. 각 판정의 기술은 항상 이 흐름을 골격으로 하여 논리전개 하여야 한다.
③ 판정결과와 모순된 진술의 처리

- 관계자의 진술 중에는 「발화건물의 판정」 등의 결과와 모순되는 경우가 있다. 실무상 이러한 증언은 그 신빙성 충분한 검토를 거친 후 조사서 작성 시에는 모순이 없는 진술만을 열거하여 판정근거로 한다.
- 그러나 조사현장의 검토에서 부정된 내용에 대해서도 결론 도출과정에서는 반증을 열거해 나가면서 부정하여야 한다.
- 이러한 진술이 언급되지 않은 일방적인 논술은 진술의 기재를 의도적으로 회피한 것과 같은 인상이 있어 화재현장조사서를 읽는 제3자에게 의구심을 주게 된다. 판정결과와 모순된 진술에 대해서는 그 진술에 대한 기술이 필요한 것이다.

(6) 각 조사서에 기재한 사실 등의 취급

화재현장 출동보고서	• 화재현장조사서의 기재사실은 주로 발화건물 판정 및 발화지점 판정 시에 인용된다. • 화재현장조사서에 기재된 사실은 간접자료로 다루어지나 소방공무원이 관찰 조사 한 사실로부터 관계자의 진술을 기재한 질문조사서 보다도 높은 신뢰성을 갖는다.
질문기록서	• 질문기록서에 기재된 발견·신고자 등의 진술은 현장조사서에 기재된 사실의 보완적 자료로서 다루어진다. • 발견·신고자, 초기소화자 등은 소방대보다도 먼저 화재의 연소상황을 볼 수 있으므로 이들의 진술은 소방공백시간인 발화로부터 소방대 도착 시까지의 화재상황의 파악에 도움을 줄 수 있는 것이다. • 그러나 화재 시는 냉정한 판단이 어려운 이상 상태 하에 있어 착오나 추측 등 사실을 왜곡할 만한 요인이 많다. 또 법률상의 문제 때문에 알고 있는 것이라도 진술하지 않거나 사실과 반대되는 진술을 하는 사람도 있다. • 따라서 관계자의 진술에 대해서는 있는 그대로 받아들이지 말고 신중하게 검토할 필요가 있다. ※ 이러한 것 때문에 질문기록서에 기재한 관계자의 증언은 화재현장조사서에 기재한 「물증」의 보완적인 역할로 생각하면 된다.

(7) 각 조사서에 기재한 사실 등의 인용방법과 인용개소의 기재

각 조사서에 기재된 사실 등의 「인용」은 발화원인 등을 판정하는 이론전개의 기본으로서 화재현장조사서 작성상의 중요한 기술적 요소이다.

필요한 문장을 발췌하여 인용하는 방법	필요한 문장을 요약하여 인용하는 방법
발견·신고자 ○○○(25세)는 질문기록서에서 「…큰소리가 나서 잠에서 깨어……2층 창가에서 밖을 보니 △△△의 집이 불타고 있었다. …불은 2층 동측 창가에서 나오고 있었다.. 이외의 창은 연기만 나고 있었다.」라고 하는 진술을 하고 있다.	발견·신고자 ○○○(25세)는 질문기록서에서 「△△△ 소유의 주택 2층 동측 창에서 불꽃이 나오고 있었다.」고 진술한다.

① 인용개소의 기재

판정근거로서 인용한 부분은 다음 항목을 명확하게 기재한다.
- 인용한 서류명
- 인용한 사실의 기재 개소
- 인용한 사실의 내용

㉠ 화재조사 시에 관찰했으나 현장조사서에서 기재하지 않은 사실, 발견·신고자 등의 관계자가 진술한 중요사항임에도 질문기록서에 녹취하지 않은 내용 등은 진실이라 해도 발화 원인 등의 판정근거로서 열거할 수 없다.
㉡ 판정근거가 되는 사실 등은 모두 화재현장조사서, 질문기록서 등에 기재되어야 한다.
㉢ 각 조사서 기재사실만으로는 발화원인 등의 입증이 불충분하여 보충실험을 행하거나 문헌을 인용하여 논리 전개한 경우는 실험데이터의 첨부나 문헌의 「인용개소의 명시」가 필요하다.

Check
① 화재조사서류는 화재현장을 (　)으로 보존하는 자료로서 화재 1건마다 작성된다.
② 현장조사는 소방기본법의 강제조사권에 근거하여 행하는 법률행위적 행정조사로서 권한을 가진 상대방의 승낙을 득하고 입회하는 임의조사이다.(○)

01 기출 및 예상문제

화재조사

01 다음 중 연소현상으로 볼 수 있는 것은?

① 혼합가스의 폭발 ② 보일러 파열
③ 금속의 용융 ④ 핵융합 및 핵분열

해설 ✪ 순간적 연소현상이 있는 혼합가스폭발, 가스의 분해폭발, 분진폭발 등의 화학적 변화에 의한 폭발은 급격한 연소현상으로써 화재범주에 속한다. 그러나 연소 현상이 없는 보일러 파열 등 단순한 물리적인 파열은 폭발화재로 정의하지 않는다.

02 화재조사의 특징으로 볼 수 없는 것은?

① 강제성 ② 정밀 과학성
③ 자율성 ④ 보존성

해설 ✪ 화재조사의 특징 : 현장성, 신속성, 정밀과학성, 보존성, 안전성, 강제성, 프리즘식으로 진행된다.

03 "화재발생 인지시간"으로 옳은 것은?

① 화재발견 상황통보시각 ② 상황을 종합적으로 검토하여 결정
③ 초기진화가 시작된 후 ④ 소방관서에 최초로 신고 된 시점

해설 ✪ **발화일시 결정**★★
발화일시의 결정은 관계자의 화재발견상황통보시각 및 화재발생 건물의 구조, 재질 상태와 화기취급 등의 상황을 종합적으로 검토하여 결정한다. 다만, 인지시간은 소방관서에 최초로 신고 된 시점을 말하며 자체진화 등의 사후인지 화재로 그 결정이 곤란한 경우에는 발생시간을 추정할 수 있다.

04 건물동수 산정으로 옳은 것은?

① 건널 복도 등으로 2이상의 동에 연결되어 있는 것은 그 부분을 절반으로 분리하여 동일동으로 본다.
② 독립된 건물과 건물 사이에 차광막, 비막이 등의 덮개를 설치하고 그 밑을 통로등으로 사용하는 경우는 동일동으로 본다.
③ 구조에 관계없이 지붕 및 실이 하나로 연결되어 있는 것은 동일동으로 본다.
④ 목조 또는 내화조 건물의 경우 격벽으로 방화구획이 되어 있는 경우도 별동으로 본다.

정답 01. ① 02. ③ 03. ④ 04. ③

[해설] 구조에 관계없이 지붕 및 실이 하나로 연결되어 있는 것은 같은 동으로 본다. ★★★
▶ 14년 서울/ 경기 소방장 / 21년 소방장 / 22년 소방장

05 화재피해조사에 해당되지 않는 것은?

① 소화활동 중 발생한 사망자
② 연소 확대 경로파악
③ 열에 의한 탄화
④ 소화활동 중 사용된 물로 인한 피해

[해설] ★★ 14년 경남 소방장 / 21년 소방장 / 22년 소방위

종 류	범 위
인명피해조사	• 소화활동 중 발생한 사망자 및 부상자 • 화재진압 중 발생한 사망자 및 부상자
재산피해조사	• 열에 의한 탄화, 용융, 파손 등의 피해 • 소화활동 중 사용된 물로 인한 피해 • 그밖에 연기, 물품반출, 화재로 인한 폭발 등에 의한 피해

06 화재조사 용어의 정의로써 다음 내용과 관계있는 것은?

> 피해물의 경제적 내용연수가 다한 경우 잔존하는 가치의 재구입비에 대한 비율을 말한다.

① 최종잔가율
② 잔가율
③ 내용연수
④ 재구입비

[해설]
1. "최종잔가율"이란 피해물의 경제적 내용연수가 다한 경우 잔존하는 가치의 재구입비에 대한 비율을 말한다.
2. "잔가율"이란 화재 당시에 피해물의 재구입비에 대한 현재가의 비율을 말한다. ★★ 22년 소방교

07 고정자산을 경제적으로 사용할 수 있는 것은?

① 최종잔가율
② 내용연수
③ 잔가율
④ 손해율

[해설] ✪ 화재조사 용어의 정의★ 16년 소방위 / 20년 소방교
1. "내용연수"란 고정자산을 경제적으로 사용할 수 있는 연수를 말한다.
2. "손해율"이란 피해물의 종류, 손상 상태 및 정도에 따라 피해액을 적정화시키는 일정한 비율을 말한다.
3. "잔가율"이란 화재 당시에 피해물의 재구입비에 대한 현재가의 비율을 말한다.
4. "최종잔가율"이란 피해물의 경제적 내용연수가 다한 경우 잔존하는 가치의 재구입비에 대한 비율을 말한다.

[정답] 05. ② 06. ① 07. ②

08 화재감정 및 시험을 위해 소방서에 설치할 수 있는 것은?

① 화재조사 시험, 분석연구실
② 화재원인 분석실
③ 화재조사 분석실
④ 화재피해 분석실

해설 ○ 감정, 시험 등을 위하여 소방본부에 "화재조사 시험·분석연구실"을, 소방서에 "화재조사분석실"을 설치·운영한다.

09 "화재조사 전담부서 구성원 자격" 중 맞는 것은?

① 소방공무원으로 1년 이상 특별구조대 근무한 자
② 소방청장이 실시하는 화재진화사 교육을 이수한 소방공무원
③ 건축·위험물·전기·안전관리 분야 전문자격증을 소지한 사람
④ 소방공무원으로 5년 이상 근무

해설 ○ 화재조사 전담부서 설치
간부급 소방공무원과 소방청장이 실시하는 화재조사에 관한 시험에 합격한 소방공무원으로 구성하여 운영하여야 한다. 다만, 해당자가 없는 경우에는 건축·위험물·전기·안전관리(가스·소방·소방설비·전기안전·화재감식평가) 분야 산업기사 이상의 자격을 취득한 자 또는 소방공무원으로서 화재조사 분야에서 1년 이상 근무한 자로 지정하여 운영하되 우선적으로 화재조사반 과정 교육을 이수하도록 하여야 하여 소방청장이 실시하는 화재조사에 관한 시험에 응시할 수 있도록 하여야 한다.

10 "화재조사본부의 설치 운영"에 관한 사항으로 잘못된 것은?

① 조사본부에는 조사본부장과 조사관 및 조사자 등을 둔다.
② 조사본부장은 화재조사 업무를 총괄하는 소방서장으로 한다.
③ 조사관은 소방본부 및 소방서의 화재조사업무를 담당한다.
④ 본부장 또는 서장은 대형화재·중요화재 및 특수화재 등이 발생하여 조사를 위하여 필요할 경우 조사본부를 설치운영 할 수 있다.

해설 ○ 조사본부장은 화재조사 업무를 관장하는 과장으로 한다.

정답 08. ③ 09. ③ 10. ②

11 "화재조사본부장의 책임"으로 볼 수 없는 것은?

① 조사기록 서류 등의 분석 및 관리
② 조사요원 등의 지휘감독과 화재조사 집행
③ 현장보존, 정보관리 및 관계기관에서의 협조
④ 조사본부 운영 및 총괄에 관한 사항처리

해설
1. 조사본부장은 화재조사 업무를 관장하는 과장으로 하고 부득이한 경우에는 별도로 지정할 수 있으며, 조사본부장의 책임은 다음과 같다.
   ㉠ 조사요원 등의 지휘감독과 화재조사 집행
   ㉡ 현장보존, 정보관리 및 관계기관에서의 협조
   ㉢ 기타 조사본부 운영 및 총괄에 관한 사항처리
2. 조사관은 소방본부 및 소방서의 화재조사업무를 담당하고 다음과 같은 책임을 진다.
   ㉠ 조사자의 집행
   ㉡ 조사기록 서류 등의 분석 및 관리

12 화재조사의 질문에 관한 사항으로 잘못된 것은?

① 질문을 할 때는 시기, 장소 등을 고려, 피질문자의 임의진술을 얻도록 하여야 한다.
② 소문 등에 의한 사항은 그 사실을 직접 경험한 사람의 진술을 얻도록 하여야 한다.
③ 기대나 희망하는 진술내용을 얻기 위하여 상대방에게 암시하는 등의 방법으로 유도하여야 한다.
④ 관계자 등의 질문은 질문기록서에 작성하여 증거를 확보한다.

해설 ✚ 관계자 질문
1. 질문을 할 때에는 시기, 장소 등을 고려하여 피질문자의 임의진술을 얻도록 하여야 한다.
2. 질문을 할 때에는 기대나 희망하는 진술내용을 얻기 위하여 상대방에게 암시하는 등의 방법으로 유도하여서는 아니 된다.
3. 소문 등에 의한 사항은 그 사실을 직접 경험한 사람의 진술을 얻도록 하여야 한다.
4. 관계자 등에 대한 질문 사항은 질문기록서에 작성하여 그 증거를 확보한다.

13 화재 건수에 대한 내용으로 틀린 것은?

① 1건의 화재는 1개의 발화점으로부터 확대된 것을 말한다.
② 각기 다른 사람에 의한 방화는 동일 대상물에서 발화했더라도 각각 별건의 화재로 한다.
③ 동일 소방대상물의 발화점이 2개소 이상 있는 다음의 화재는 1건의 화재로 한다.
④ 관할구역이 2개소 이상 걸친 화재는 화재진화를 종료하는 소방서에서 1건의 화재로 처리한다.

정답 11. ① 12. ③ 13. ④

[해설] ✪ **화재건수**★★★ 19년 소방교 / 20년 소방장 / 22년 소방장
① 1건의 화재란 : 1개의 발화점으로부터 확대된 것으로 발화부터 진화까지를 말하지만 다음과 같은 예외사항이 있다.
② 동일범이 아닌 각기 다른 사람에 의한 방화, 불장난은 동일 대상물에서 발화했더라도 <u>각각 별개의 화재</u>로 한다.
③ 동일 소방대상물의 발화점이 2개소 이상 있는 다음화재는 1건의 화재로 한다.
  – 누전점이 동일한 누전에 의한 화재
  – 지진, 낙뢰 등 자연현상에 의한 다발화재
④ <u>관할구역이 2개소 이상 걸친 화재에 대해서는 발화 소방대상물의 소재지를 관할하는 소방서에서 1건의 화재로 한다.</u>

14 화재의 소실정도에 있어서 옳은 것은?

① 건물의 60% 소실된 것은 전소이다.
② 건물의 20% 소실된 것은 반소이다.
③ 건물의 30% 소실된 것은 부분소이다.
④ 건물의 50%가 소실되고 잔존부분이 보수하여도 재사용이 불가능한 것은 전소이다.

[해설] ✪ **화재의 소실정도**★★★ 22년 소방장

전소	건물의 70% 이상(입체면적에 대한 비율을 말함. 이하 같다)이 소실되었거나 그 미만이라도 잔존부분이 보수를 하여도 재사용 불가능한 것
반소	건물의 30% 이상 70% 미만이 소실된 것
부분소	전소, 반소에 해당되지 않는 것

※ 자동차·철도차량, 선박 및 항공기 등의 소실정도는 위의 규정을 적용한다.

15 "화재의 유형"에 대한 설명으로 틀린 것은?

① 임야화재는 산림, 야산, 들판의 수목, 잡초, 경작물 등이 소손된 것을 말한다.
② 화재가 복합되어 발생한 경우에는 화재의 구분을 화재피해액이 많은 것으로 한다.
③ 화재피해액이 같은 경우나 화재피해액이 큰 것으로 구분하는 것이 사회관념상 적당치 않을 경우에는 화재진화 종료 장소로 화재를 구분한다.
④ 자동차·철도차량 화재는 자동차, 철도차량 및 피견인 차량 또는 그 적재물이 소손된 것이다.

[해설]
화재가 복합되어 발생한 경우에는 화재의 구분을 화재피해액이 많은 것으로 하며, 화재피해액이 같은 경우나 화재피해액이 큰 것으로 구분하는 것이 사회관념상 적당치 않을 경우에는 발화 장소로 화재를 구분 한다.

정답 14. ④ 15. ③

16 화재현장에서 부상을 당한 후 며칠 이내 사망한 경우 당해 화재의 사망자로 볼 수 있는가?

① 1일 ② 3일
③ 5일 ④ 7일

[해설]
화재현장에서 부상을 당한 후 3일(72시간) 이내에 사망한 경우에는 당해 화재로 인한 사망자로 본다.
★★★ 19년 소방교 / 20년 소방장 / 22년 소방장

17 화재현장에서 발생한 "중상"에 대한 기준으로 옳은 것은?

① 1주 이상의 통근치료를 필요로 하는 부상
② 2주 이상의 통근치료를 필요로 하는 부상
③ 3주 이상의 입원치료를 필요로 하는 부상
④ 3주 이상의 통근치료를 필요로 하는 부상

[해설]
1. 중상 : 3주 이상의 입원치료를 필요로 하는 부상
2. 경상 : 중상 이외의 부상(입원치료를 필요로 하지 않는 것도 포함)★★ 22년 소방장

18 "화재현장조사"에 대한 설명 중 잘못된 것은?

① 감식 등 화재현장조사는 화재시 및 진화 전에 실시하는 것을 원칙으로 한다.
② 본부장 또는 서장은 현장조사를 위하여 필요하다고 인정될 때에는 소방활동구역을 설정할 수 있다.
③ 조사관은 화재발생원인, 연소상황, 피난상황 및 소방시설 상황 등의 화재원인을 조사하여야 한다.
④ 조사관은 화재발생 건물의 인명피해와 재산피해 발생상황을 조사하여야 한다.

[해설] ✚ 감식 등 화재현장조사는 화재시 및 진화 후에 걸쳐 실시하는 것을 원칙으로 한다. 다만, 정확한 조사를 위해 본부장 또는 서장이 필요하다고 인정할 경우에는 다음 날 주간에 화재현장조사를 실시할 수 있다.

19 다음 중 "소방청장에게 긴급 상황"으로 보고할 대상이 아닌 것은?

① 사망자 8명 발생 ② 재산피해 150억 발생
③ 외국공관의 화재 ④ 이재민 80명 발생

[해설] ✚ 이재민 100이상 화재는 긴급보고사항이다.★★★ 14년 인천 소방장

정답 16. ② 17. ③ 18. ① 19. ④

20 긴급한 화재조사보고 대상 중 "특수화재"에 속하는 것은?

① 관공서
② 지하철
③ 발전소
④ 백화점

해설

대형화재	• 인명피해 : 사망 5명 이상이거나 사상자 10명 이상 발생한 화재 • 재산피해 : 50억원 이상 추정되는 화재
중요화재	• 관공서, 학교, 정부미도정공장, 문화재, 지하철, 지하구 등 공공건물 및 시설의 화재 • 관광호텔, 고층건물, 지하상가, 시장, 백화점, 대량 위험물을 제조·저장, 취급하는 장소, 대형화재 취약대상 및 화재경계지구 • 이재민 100명 이상 발생화재* 16년 경북 소방교
특수화재	• 철도, 항구에 매어둔 외항선, 항공기, 발전소 및 변전소의 화재* 18년 소방위 • 특수사고, 방화 등 화재원인이 특이하다고 인정되는 화재 • 외국공관 및 그 사택 • 기타 대상이 특수하여 사회의 이목이 집중될 것으로 예상되는 화재

21 화재상황보고 요령이 잘못 설명된 것은?

① 화재상황보고는 최초보고, 중간보고, 최종보고로 구분한다.
② 규명되지 않은 화재원인 및 피해내역이라도 추정해서 보고할 수는 없다.
③ 재산피해내역 및 화재원인 등은 중간보고에 해당된다.
④ 최종보고는 화재종료 직후 최초보고 및 중간보고를 취합하여 보고

해설

최초보고	선착대가 화재현장 도착즉시 현장지휘관 책임 하에 화재의 규모, 인명피해 발생여부, 건물구조 개요 등을 보고
중간보고	최초보고 후 화재상황의 진전에 따라 연소확대 여부, 인명구조활동 상황, 진화활동상황, 재산피해내역 및 화재원인 등을 수시 보고(단, 규명되지 아니한 화재원인 및 피해내역은 추정보고)
최종보고	화재종료 직후 최초보고 및 중간보고를 취합하여 보고

※ 소방서장은 화재조사의 진행상황을 소방본부장에게 수시 보고하고 기록 유지한다.

22 합동조사단의 운영에서 사상자 20명 이상, 2개 시·군·구 이상에 발생한 화재 기준은?

① 행정안전부장관
② 소방청장
③ 소방서장
④ 소방본부장

정답 20. ③ 21. ② 22. ④

해설 합동조사단 운영 및 종료

소방청장	사상자가 30명 이상이거나 2개 시·도 이상에 걸쳐 발생한 화재(임야화재는 제외한다. 이하 같다)
소방본부장	사상자가 20명 이상이거나 2개 시·군·구 이상에 발생한 화재
소방서장	사망자가 5명 이상이거나 사상자가 10명 이상 또는 재산피해액이 100억원 이상 발생한 화재

23 화재현장 지휘본부 속보체제에 대한 설명으로 옳은 것은?

① 현장보고책임자는 반장 또는 담당급 이상으로 한다.
② 상황실보고책임자는 계장급 이상으로 한다.
③ 상황보고는 계통도에 따라 보고하되, 긴급을 요하는 상황은 소방청 119종합상황실에 직접 보고할 수 있다.
④ 소방본부의 보고책임자는 서장급 이상으로 한다

해설
㉠ 현장보고책임자는 계장 또는 담당급 이상으로 한다.
㉡ 상황실보고책임자는 과장급 이상으로 한다.
㉢ 소방본부 보고책임자는 계장팀장 또는 담당급 이상으로 한다.
㉣ 상황보고는 계통도에 따라 보고하되, 긴급을 요하는 상황은 소방청 119종합상황실에 직접 보고할 수 있다.

24 과학적 화재조사방법 중 "귀납적 추론"에 해당되는 것은?

① 필요성 인식
② 가설개발
③ 가설정립
④ 자료 분석

해설 필요성 인식 – 문제식별 – 문제정의 – 자료수집 – 자료분석 – 가설개발(귀납적 추론) – 가설검증(연역적 추론) – 최종 가설 선택 ★ 17년 소방위

25 "건물·부대설비·가재도구"에 대한 최종잔가율은?

① 5%
② 10%
③ 15%
④ 20%

해설 ❋ 건물 자산에 대한 최종잔가율 ★ 22년 소방교
• 건물·부대설비·가재도구 : 20%
• 그 외의 자산 : 10%

정답 23. ③ 24. ② 25. ④

26 운행 중인 차량, 선박 및 항공기 화재 시 조사책임자는?

① 등록지를 관할하는 본부장, 소방서장
② 소화활동을 행한 장소를 관할하는 본부장, 서장
③ 최초로 신고를 접수한 본부장, 서장
④ 소화활동을 지원한 본부장, 서장

[해설] 운행 중인 차량, 선박 및 항공기에서 발생한 화재는 소화활동을 행한 장소를 관할하는 본부장 또는 소방서장에게 조사책임이 있다.

27 화재현장조사 절차에 대한 설명으로 다음 내용과 관계있는 것은?

> 화재의 발화원인, 연소상황 및 피해상황 조사

① 정밀조사
② 화재조사결과보고
③ 현장출동 중 조사
④ 화재현장조사

[해설] 화재현장 조사 : 화재의 발화(發火)원인, 연소상황 및 피해상황 조사 등

28 '피해물의 경과연수가 불분명한 경우" 조치사항으로 ( )안에 들어갈 내용은?

> 공구 및 기구·집기비품·가재도구를 일괄하여 재구입비를 산정하는 경우 개별 품목의 경과연수에 의한 잔가율이 ( )%를 초과하더라도 ( )%로 수정할 수 있으며, 중고구입 기계장치 및 집기비품으로서 그 제작년도를 알 수 없는 경우에는 그 상태에 따라 신품가액의 ( )% 내지 ( )%를 잔가율로 정할 수 있다.

① 50, 30, 50, 30
② 50, 50, 30, 50
③ 30, 30, 30, 50
④ 30, 50, 30, 50

[해설] ◎ 피해물의 경과연수가 불분명한 경우
① 그 자산의 구조, 재질 또는 관계자 및 참고인의 진술 기타 관계자료 등을 토대로 객관적인 판단을 하여 경과연수를 정한다.
② 공구 및 기구·집기비품·가재도구를 일괄하여 재구입비를 산정하는 경우 개별 품목의 경과연수에 의한 잔가율이 50%를 초과하

정답 26. ② 27. ④ 28. ②

더라도 50%로 수정할 수 있으며, 중고구입 기계장치 및 집기비품으로서 그 제작년도를 알 수 없는 경우에는 그 상태에 따라 신품가액의 30% 내지 50%를 잔가율로 정할 수 있다.

29 "화재발생종합보고서 작성 시 유의사항"에 대한 설명으로 잘못된 것은?

① 현장조사 시 입회인을 제외한 조사개시와 종료시간은 반드시 기입한다.
② 현장조사를 실시하는 경우, 공평성을 담보하기 위하여 반드시 입회인을 둔다.
③ 주관적 판단이나 조사자가 의도하는 결론으로 유도하는 기재방법은 금한다.
④ 조사현장에서 자기가 직접 관찰 확인한 사실을 기재하는 것이다.

해설 현장조사 시 입회인 및 조사개시와 종료시간은 반드시 기입한다.

30 다음 벌칙 중 벌금 300만원에 처하는 것은?

① 허가 없이 통제구역에 출입한 사람
② 자료 제출을 하지 아니하거나 거짓으로 보고 또는 자료를 제출한 사람
③ 정당한 사유 없이 출석을 거부하거나 질문에 대하여 거짓으로 진술한 사람
④ 관계인의 정당한 업무를 방해하거나 화재조사를 수행하면서 알게 된 비밀을 다른 용도로 사용하거나 다른 사람에게 누설한 사람

해설 ● 벌금 300만원
㉠ 허가 없이 화재현장에 있는 물건 등을 이동시키거나 변경·훼손한 사람
㉡ 정당한 사유 없이 화재조사관의 출입 또는 조사를 거부·방해 또는 기피한 사람
㉢ 관계인의 정당한 업무를 방해하거나 화재조사를 수행하면서 알게 된 비밀을 다른 용도로 사용하거나 다른 사람에게 누설한 사람
㉣ 정당한 사유 없이 증거물 수집을 거부·방해 또는 기피한 사람

정답 29. ① 30. ④

소방승진은 이패스 소방사관 www.kfs119.co.kr

FIELD FIRE TACTICS
필드 소방전술

PART 04
소방자동차 구조원리

CHAPTER 1 소방자동차 구조원리

CHAPTER 01 소방자동차 구조원리

제1절 소방자동차 기본 구조 및 원리

1 소방자동차 구조 일반

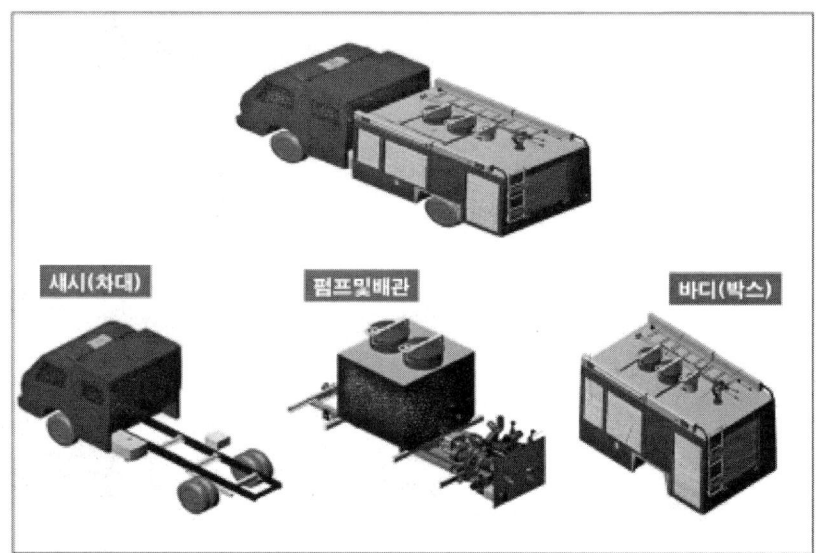

2 소방자동차 구분

차체(Body)	대원이 승차할 수 있는 승차석과 물 또는 진압장비를 싣는 적재함으로 프레임 위에 차체가 별도로 설치되며 용도에 따라 펌프차, 물탱크차, 굴절사다리차, 고가사다리차, 구조공작차 등으로 구분된다.
섀시(Chassis)	프레임, 동력전달장치, 조향장치, 현가장치, 제동장치 등으로 구성된다.
소방펌프	동력인출장치(power take off), 주펌프, 진공펌프, 기타 소화장치 등으로 구성된다.

- 용어정리
  ① 동력전달장치 : 엔진에서 발생한 동력을 구동바퀴까지 전달하는 일련의 장치를 말하며 <u>엔진-클러치-변속기-추진축-차동기어-차축-구동바퀴</u> 등으로 구성되어 있다.
  ② 조향장치 : 자동차의 진행방향을 임의로 바꾸기 위한 장치이며 보통 조향핸들을 돌려서 앞바퀴로 조향한다.
  ③ 현가장치 : 자동차가 주행할 때 노면에서 받는 진동이나 충격을 흡수하기 위해 프레임과 차축사이에 완충

장치를 설치하여 승차감을 좋게 하고, 또 자동차의 각 부분의 손상을 방지한다.
④ 동력인출장치(power take off)/P.T.O : 동력 인출 장치는 <u>엔진의 동력을 자동차 주행과는 관계없이 다른 용도에 이용하기 위해서 설치한 장치로서 변속기의 부축 기어에 공전기어를 섭동시켜 동력을 인출한다.</u> 동력 인출의 단속은 공전 기어를 결합 및 분리시켜야 하며, 덤프 트럭의 유압펌프구동 및 소방자동차의 물 펌프 구동 등에 이용한다.

(1) (P.T.O 장착 전·후 비교표)

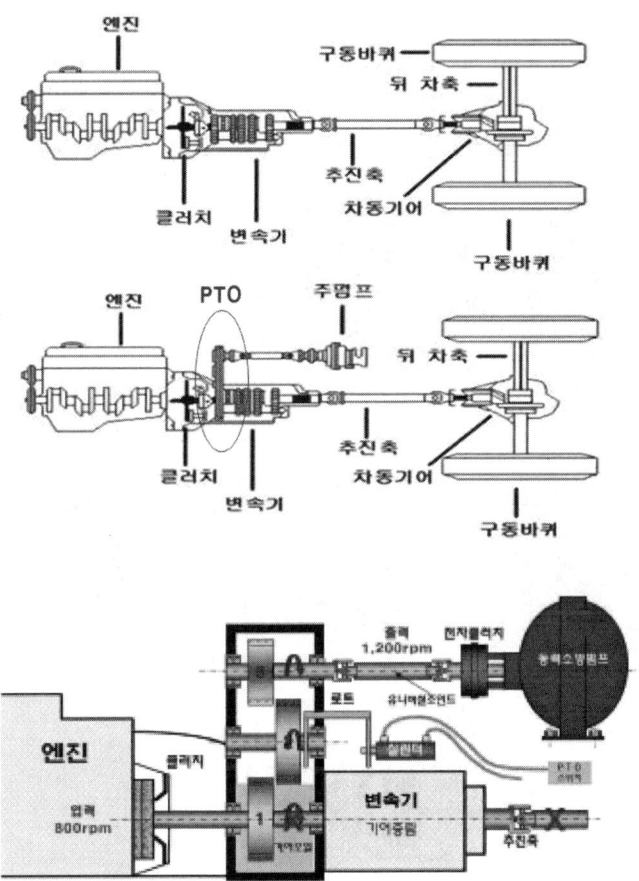

3 동력인출장치(P.T.O : Power Take Off System)

기관에서 발생된 동력은 주행목적 이외에 부가적인 용도로 이용하기 위해 변속기 옆면에 설치되어 벨트 또는 기어를 설치할 수 있게 부축 또는 기어 등이 나와 있는데, 일방향 타입과 조작 레버에 의해 방향전환이 가능한 타입이 있으며, 주로 소방차, 견인차, 믹서 트럭, 트랙터 등 특수 차량에 많이 쓰이고 있다.

(1) 동력인출장치(P.T.O) 종류

① 수동변속기 P.T.O
- P.T.O 는 클러치와 변속기 중간에 취부 되어 엔진의 동력을 P.T.O 내부의 3개 기어의 물림에 의해서 얻어진 동력을 주 펌프에 전달된다. 이 동력의 절환은 중간 기어를 전, 후 방향으로 이동시켜 행하여지며 펌프를 구동 시킬 때는 주차브레이크를 당기고 변속레버를 필히 "중립"에 놓아야 한다.
    ※ P.T.O 의 조작은 "클러치"를 충분히 밟고 2초 이상 경과 후 동작시킨다.
- P.T.O 연결 방법은 수동 케이블방식, 자동 전기식이 있으며, 최근 제작되는 소방자동차는 편의성을 강조하여 자동 전기식을 주로 채택하고 있으며, 전기식의 경우에는 비상시를 대비하여 수동방식으로도 가능토록 차량제작 시 적용하고 있다.

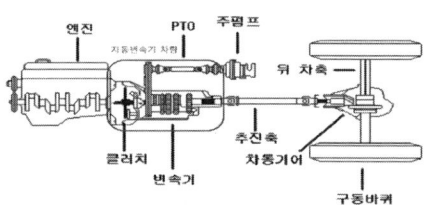

② 자동변속기 P.T.O

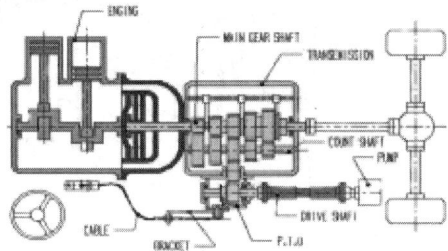

③ 복합 P.T.O(Split P.T.O)

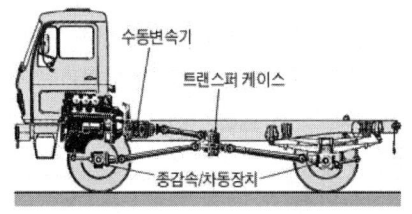

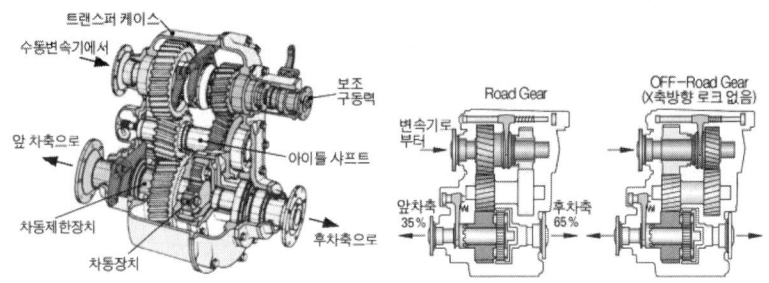

(2) 동력인출장치(P.T.O)의 작동방식

소방펌프에 동력을 전달하는 P.T.O 작동방식은 케이블식, 전기식 또는 에어+전기를 혼합하여 작동하는 방식이 있으며, 제작사별로 부착위치는 다르지만 작동방식은 동일한 구조로 되어 있다. 최근 소방자동차에도 자동변속기가 장착되면서 자동 P.T.O가 사용되고 있다.

4 소방펌프

(1) 소방펌프의 일반사항

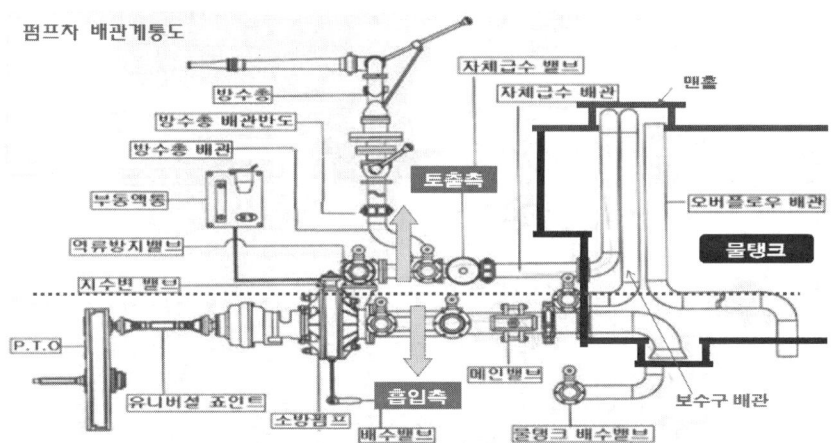

(2) 펌프의 종류

① 왕복펌프(피스톤 플런저 펌프, 다이어후렘 펌프 등)
② 원심펌프(볼류우트펌프, 터어빈펌프 등) TIP 소방차에 주로사용^^
③ 사류펌프
④ 축류펌프(프로펠러펌프)
⑤ 회전펌프
⑥ 특수펌프(마찰펌프, 기포펌프, 제트 펌프 등)

(3) 소방용도로 사용되는 펌프

① 많은 유량을 필요로 하며 먼 곳까지 방사할 수 있는 압력의 성능을 가져야 된다. 그래서 대부분 원심(Centrifugal)펌프를 사용하고 있다.
② 원심펌프는 임펠러의 원심 작용에 의해 액체에 에너지를 부여하여 높은 곳에 양수하거나 먼 곳에 압송하는 펌프이다.

원심펌프의 장점	배출량의 대소, 양정의 대소 등에 관계없이 광범위하게 이용할 수 있고 구조가 간단하며, 고장 및 마모가 적고 성능과 효율도 좋아 많이 사용되고 있다.
원심펌프의 단점	자흡을 할 수 없어 마중물장치(진공펌프)를 설치해야 하며 회전수 변화가 배출량의 변화에 미치는 영향이 다른 종류의 펌프보다 크고 값이 비싸다.

(4) 소방펌프 조작 시 일어날 수 있는 현상**** 17년 소방위/ 19년 소방위/ 22년 소방교

캐비테이션 (Cavitation, 공동현상)	소방펌프 내부에서 흡입양정이 높거나, 유속의 급변 또는 와류의 발생, 유로에서의 장애 등에 의해 압력이 국부적으로 포화증기압 이하로 내려가 기포가 발생되는 현상이 일어날 수 있는데, 이 현상을 캐비테이션(공동현상)이라 한다. ※ 캐비테이션 발생 시 조치사항* 16년 경기 소방장 / 21년 소방교 - 흡수관측의 손실을 가능한 작게 한다. - 소방펌프 흡수량을 높이고, 소방펌프의 회전수를 낮춘다. - 동일한 회전수와 방수량에서는 방수밸브를 조절한다. - 흡수관의 스트레이너 등에 이물질이 있는 경우 이를 제거한다.
수격(Water hammer)현상	관내에 물이 가득 차서 흐르는 경우 그 관로의 끝에 있는 밸브를 갑자기 닫을 경우 물이 갖고 있는 운동에너지는 압력에너지로 변하고 큰 압력 상승이 일어나서 관을 넓히려고 한다. 이 압력상승은 압력파가 되어 관내를 왕복한다. 이런 현상을 수격작용이라고 한다. 압력파가 클 경우에 가장 약한 부분이 파손될 수 있어 원심펌프에서는 임펠러 파손을 막기 위해 역류방지밸브(논리턴밸브)를 설치하고 있다.
서징현상 (Surging)	소방펌프 사용 중에 한 숨을 쉬는 것과 같은 상태가 되어, 소방펌프 조작판의 연성계와 압력계의 바늘이 흔들리고 동시에 방수량이 변화하는 현상이다. 서징현상이 강할 때에는 극심한 진동과 소음을 발생한다. ※ 서징현상 방지대책 배관 중간에 수조(물이 모여 있는 부분) 또는 기체상태의 부분(공기가 모여 있는 부분)이 존재하지 않도록 배관을 설계하여야 한다.

TIP 가장 출제빈도가 높습니다. 캐비테이션과 서징현상, 그리고 조치사항까지 꼭! 숙지하세요. ^^

① 소방펌프 조작 시 주의사항
  ㉠ 물이 없는 상태로 소방펌프 장시간 작동금지
  ㉡ 소방펌프 작동 전 P.T.O 오일량 점검 확인
  ㉢ 소방펌프 작동 시 온도계 확인 및 P.T.O 냉각수밸브 개방
  ㉣ 소방펌프 작동 후 정기적으로 그리스 주입 정비
  ㉤ 소방펌프 작동 중 소음이 발생할 경우 압력계 및 연성계 확인 후 급격한 변화가 있으면 회전속도(RPM)를 줄이고 확인 점검
  ㉥ 소방펌프 조작판 압력계 및 연성계 수시 확인 점검
  ㉦ 흡수 시 진공 오일량 확인 및 흡수관 스트레이너 필히 사용

(5) 소방펌프장치의 구조

소방펌프장치 주요 구성품은 주 펌프, 진공펌프, 진공펌프 동력전달장치 및 전자클러치, 지수밸브, 역류방지밸브 등으로 구성되어 있으며 기관으로부터의 동력이 P.T.O 의하여 전달되는 구조로 되어있다.

① 주 펌프 ② 진공펌프 동력전달장치 및 전자클러치
③ 진공펌프 ④ 지수밸브 ⑤ 역류방지밸브

① 주 펌프
주 펌프는 임펠러, 가이드베인, 케이스 등으로 되어 있고 임펠러의 회전에 의하여 유체에 압력을 가해 방출한다. 펌프는 2개의 날개차가 안내날개의 적벽을 경계로 하여 대칭으로 고정되어 있어 상호 균형을 이루기 때문에 트러스트 베어링이 필요하지 않는 것이 특징이다. 펌프축의 축 받침은 수로 중심에 있어 물로 냉각되는 구조로 되어 있다.

※ 펌프의 축받침은 수로의 중심선 상에 위치하고 소화수에 의해 자연 냉각되므로 물 없이 빈 펌프를 장시간 작동시키면 과열로 인하여 고장의 원인이 된다.

(안내날개 및 임펠러)

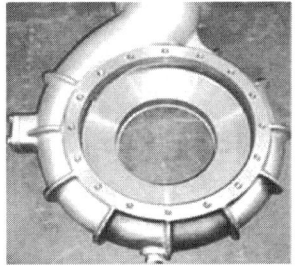
(소방펌프 케이스)

② 펌프 주축 윤활장치
펌프실 측판에 설치되어 있는 그리스 컵에 베어링용 그리스를 충진시켜 주펌프 샤프트와

슬리이브와의 접촉면에 급유를 하여야 한다. 그리스 오일은 펌프축의 마찰 및 마모감소와 방청, 냉각, 밀봉작용을 한다.

③ 그랜드 너트 및 패킹

펌프 그랜드 너트는 펌프축이 커버에서 외부로 노출되는 부분은 압력이 걸려있기 때문에 누수방지를 위하여 그랜드패킹을 삽입한 후 그랜드 너트를 조여 주게 되어있다.

※ 펌프가 5kg/㎠ 압력으로 동작중 일때 그랜드 리테이너 에서 1초에 한 두 방울씩 뚝뚝 떨어지는 것이 정상이며, 너트를 지나치게 조이면 과열되어 펌프축 손상의 원인이 되며, 많은 물이 누수 될 경우에는, 진공작업시 진공이 형성되지 않으므로 그랜드너트를 조정 또는 그랜드패킹을 교환하여야 한다.

근 소방자동차는 그리스주입으로 소방용수가 오염을 방지하고 소방펌프의 효율을 증대시키기 하여 그랜드너트방식을 메카니컬씰(mechanical seal)방식으로 변화시켰다.

※ 메카니컬씰의 장점 : 구조상 그리스 주입을 하지 않고 그랜드너트가 없어 정비성과 유지관리에 편리한 장점이 있다.

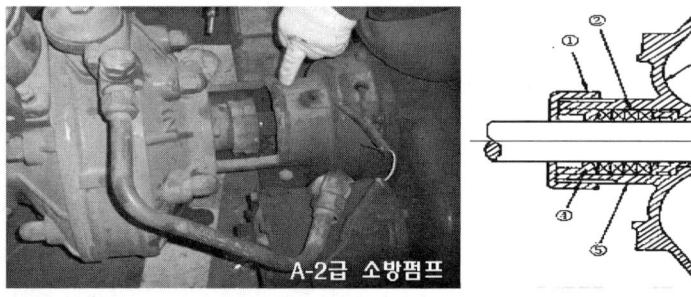

① 그랜드 너트   ② 그랜드 패킹   ③ 주펌프 커버
④ 그랜드 리테이너   ⑤ 펌프 그랜드   ⑥ 주펌프 축

(펌프 그랜드부 구조)

※ 그랜드 패킹 삽입부분에 그리스를 주입하여 밀봉작용을 극대화 하고 또한 윤활 냉각작용을 할 수 있도록 한다.
- 축 회전 시 물이 1초에 한 두 방울 정도 떨어지는 것이 정상이다.
- 축 회전 시 물이 전혀 안 떨어지면 축이 과열되어 손상된다.
- 축 회전 시 물이 줄줄 흐르면 소방펌프 효율(압력, 진공)이 떨어진다.

④ 메카니컬씰(mechanical seal)

(메카니컬씰 및 불량 시 누수장면)

메카니컬씰을 적용한 펌프는 펌프축에서 물이 절대 흘러서는 안 된다. 메인밸브 개방 시 펌프 하단부에서 물이 누수 될 때는 가장 먼저 메카니컬씰의 손상을 의심해 본다.

- 축 회전 시 물이 떨어지는 것은 메카니컬씰 고장이 의심된다.
- 축 회전 시 물이 전혀 안 떨어지면 정상이다.

메카니컬씰 방식(mechanical seal type)의 주의사항은 P.T.O 작동시 펌프내 물 없이 작동되는 사례가 없도록 하여야 메카니컬씰 손상을 방지할 수 있다.

⑤ 진공펌프

소방펌프자동차 물탱크에 적재된 물은 펌프보다 높은 위치에 있으므로 대기압에 의해 펌프에 유입되지만, 지하 저수조나 하천 등의 수원은 펌프보다 아래에 있기 때문에 펌프에 물을 채워주기 위해서는 진공장치가 필요하다.

> ※ 진공이란
> 현실에서 완전한 진공을 만드는 것은 기술적으로 불가능하며, 보통은 고도의 감압상태를 말한다. 현재 실현할 수 있는 최고도의 진공은 10~15torr(토르) 정도이며 1㎤당 약 35개의 분자를 포함한다. 이탈리아 물리학자 토리첼리(Evangelista Torricelli, 1608~1647)는 1.2m 길이의 유리관을 수은으로 채운 다음 접시 위에 거꾸로 세웠을 때 수은의 일부가 흘러나오지 않고 관속 수은 위의 공간이 진공으로 되는 것을 관찰했다. 토리첼리는 처음으로 지속적인 진공을 만든 사람이 되었다. 토리첼리는 공기가 무게를 가진다고 생각하였으며, 이것이 대기압이라고 생각하였다. 그는 10m의 물기둥의 압력이 대기압과 같을 것이라고 생각하였으나, 이 실험을 위해서 10m의 유리관을 만들 수가 없었다.
>
>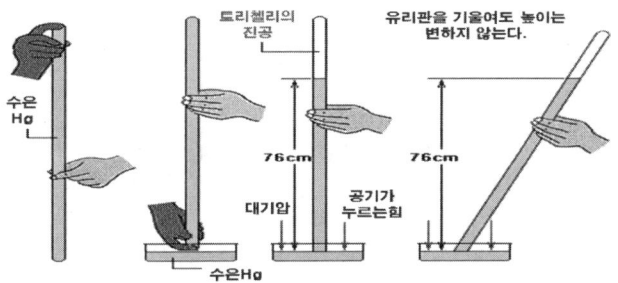
>
> (토리첼리의 진공실험)
>
> 그래서 그는 1643년, 수은이 물보다 더 무거우므로 물 대신 이용하면 더 짧은 길이의 유리관으로도 실험을 할 수 있다고 생각하고 수은을 이용하여 실험을 하였다. 수은은 자연계의 물질 가운데 가장 무거운 액체이다. 당시에는 수은의 위험성에 대해 잘 몰랐었기 때문에 주변에서 쉽게 수은을 구할 수가 있었다.
>
> | 1기압(atm) | 1.033227 kgf/㎠, 10.332275 mH2O, 760 mmHg, 14.696 PSI, 101,325 Pa, 1.01325 bar |
> |---|---|

㉠ 진공펌프 원리

흡수관 내 공기를 빨아들여 진공상태로 소방자동차에서 흡수를 원활하게 해주는 역할을 하며 일반적으로 로터리 베인펌프를 가장 많이 사용하고 있다.

※ 로터리 베인펌프의 내부 구조를 살펴보면 로우터, 베인날개, 베인펌프 본체로 구성되어 있는데, 로우터의 중심과 베인펌프 본체의 중심은 편심되어 있다.

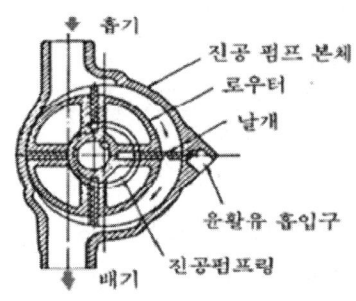 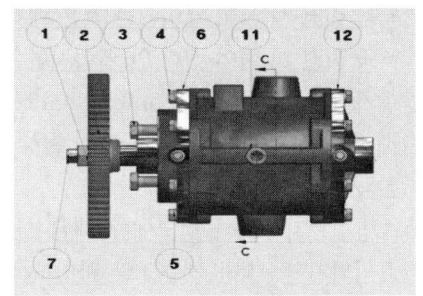

(진공펌프 내부 및 외관도)

ⓒ 진공펌프의 작동원리

베인날개 스프링 또는 원심력에 의해서 베인펌프 본체 내면에 밀착된 상태로 돌아가게 되는데, 이때 날개와 날개 사이에 공간이 생기게 되고, 이 공간은 로우터의 회전에 따라 용적이 달라지게 된다. 한쪽 베인날개가 흡기부를 지나면서 공간용적은 점차 커지게 되고 베인 흡기부 끝단을 통과할 때 공간용적은 최대가 된다. 이렇게 하여 흡기부로부터 빨아들인 공기는 다음 단계에서 압축이 되고 이것이 배기부를 지나면서 배출이 되는 것이다.

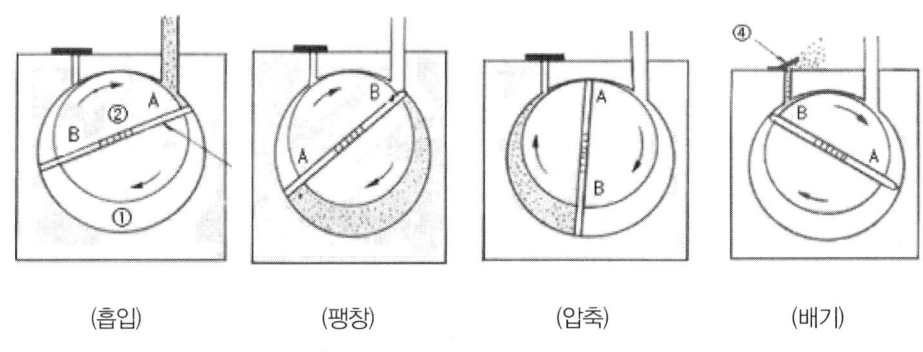

(흡입)　　　　(팽창)　　　　(압축)　　　　(배기)

(진공펌프 작동원리)

ⓒ 진공펌프 동력전달장치

진공펌프 동력전달장치에는 롤러클러치, 벨트방식을 사용하는 기계식과 전자클러치를 사용하는 전기식이 있다.

【롤러 클러치방식】
주로 1998년 이전 차량에 적용하였으며, 수동레버를 돌리면 롤러클러치가 연결되어 동력을 제공하고 펌프내 양수가 되면 수압(3kg/㎠ 이하)에 의해 수압실린더가 레버를 복귀 시키게 된다.

【벨트방식】
동력원에 V벨트 풀리를 설치하고 벨트연결에 의하여 동력을 제공받는다.

【전자클러치 방식】
전자클러치 코일에 DC24V에 전원이 공급되면 마크네틱 로터에 강한자속이 발생되어 아마투어를 끌어당기면 클러치가 연결되어 동력을 전달한다.
※ 현재 적용

【피스톤 방식】
전기신호를 받아 피스톤의 왕복운동으로 공기를 제거하는 방식
※ 현재 적용

(진공펌프 동력전달장치 종류)

▨ 【수압실린더(롤러클러치)를 사용하는 진공펌프 동력전달장치】

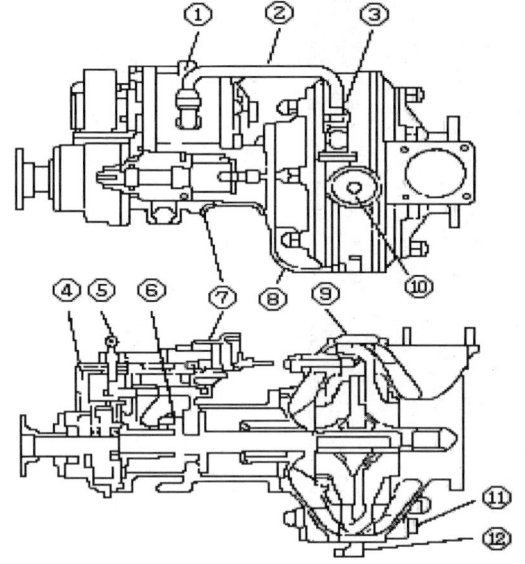

① 진공펌프
② 진공파이프
③ 첵크밸브
④ 진공펌프 구동기어케이스
⑤ 수동레버
⑥ 로라클러치
⑦ 수압실린더
⑧ 수압실린더 작동파이프
⑨ 워터펌프
⑩ 지수변
⑪ 플러그
⑫ 파이브 엘보

(롤러클러치 구성도)

⑤ 수동레버를 작동시키면 ④ 구동기어가 펌프 회전기어에 물려 진공펌프가 회전하기 시작한다. ② 진공파이프를 통하여 흡수배관의 공기가 진공펌프로 **빨려** 나가면 흡수관을 통해 공기와 물이 같이 밀고 나온다. 이때 ⑩번 지수변이 닫히고 ⑧번 수압실린더 작동파이프를 통해 압력을 받은 물이 ⑦ 수압실린더로 들어와 ⑤ 수동레버를 왼쪽으로 민다. 그러면 진공펌프 구동기어가 펌프 회전기어에서 빠지면서 진공펌프의 작동은 멈추게 된다.

▨ 【전자클러치를 사용하는 진공펌프 동력 전달장치】

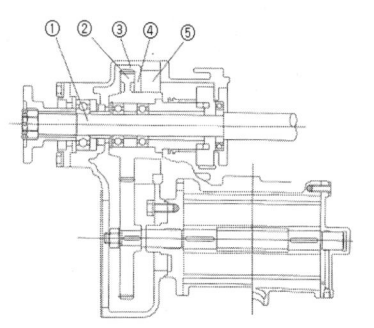

① 펌프축
② 구동기어
③ 아마튜어
④ 로터
⑤ 코일
⑥ 진공펌프 축

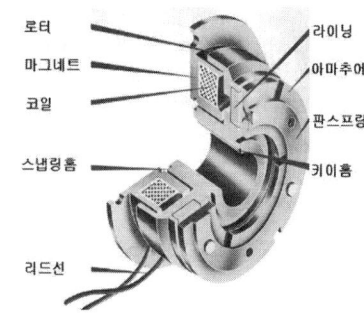

(전자클러치 구동방식)

(전자클러치의 구조)

전자클러치는 아마튜어, 로터, 코일 등으로 구성되어 있고 전원을 넣으면(작동버튼 조작) 전자력이 발생되어 주 펌프축의 로터 진공펌프가 구동기어에 연결된 아마튜어판을 접속시켜 진공펌프가 회전된다. <u>진공펌프가 900~1,200rpm으로 회전되며, 펌프회로 내에 진공이 완료되는 시점에 수압이 발생된다.</u> 이 압력(1.5kg/㎠)을 압력 스위치가 감지하여 전원을 차단시켜 로터와 아마튜어판이 자동적으로 분리되어 진공펌프가 정지되게 되어 있다.

현재 수압 실린더를 사용하는 수동식 진공펌프는 이동식 동력소방펌프에서 주로 활용되며, 전자클러치를 사용하는 자동식 진공펌프는 소방자동차에 활용되고 있다.

㉣ 진공오일*** 18년 소방교/ 22년 소방장　**TIP**　진공오일의 역할과 용량을 기억하세요. ︿︿

　　진공 펌프가 작동되면 펌프의 윤활유 흡입구를 통해 오일이 자동적으로 흡입 되어져서 진공 펌프 내의 냉각과 윤활 기능을 수행하게 된다. 진공오일 탱크의 용량은 3m인 흡수관 1개로 3회 이상 진공 할 수 있는 용량을 저장할 수 있는 용량이어야 하며, <u>1회 진공 시 소모되는 진공오일의 양은 0.5리터 이하이어야 한다.</u>

오일규격	API CD급 이상. SAE 15W/40	4계절용
탱크용량	보통 4.0ℓ 탱크 설치	엔진오일 또는 유압작동유

　ⓐ <u>진공오일의 작용은 유막형성, 윤활작업, 냉각작용이다.</u>
　ⓑ 투명 창으로 되어있어 항상 육안 확인하여 적정량을 채워준다.
　ⓒ <u>진공오일이 없으면 진공이 잘 되지 않으며 진공펌프가 손상된다.</u>
　ⓓ <u>진공오일 용량은 1.5리터 이상이다.</u>
　ⓔ 사용오일은 전용 진공오일을 사용하나, <u>불가피한 경우에는 자동차용 엔진오일도 사용할 수 있다.</u> 기어오일보다는 엔진오일이 점도가 부드럽기 때문이다.

(진공펌프 오일 공급)

⑥ **지수밸브** ** 18년 소방교

지수밸브는 주 펌프의 상부에 설치 되어있다. 진공펌프가 작동되면 지수밸브 내부는 진공상태가 되어 다이아프램이 아래쪽으로 끌리기 때문에 밸브는 아래쪽으로 내려가서 열린다.
주 펌프에도 진공이 완료되면 양수된 물의 압력으로 밸브는 진공펌프로 물이 들어가게 되는 것을 막아준다. 다이아프램이 불량이면 진공 작용을 하지 못하고 진공펌프에 물이 들어가는 경우가 있다. 장기간 사용하지 않는 경우에는 밸브가 눌러 붙는 때가 있으므로 지수밸브의 다이아프램 상단의 볼트 머리를 손으로 눌러 상하 작동을 시키며 방청유를 도포하여준다.

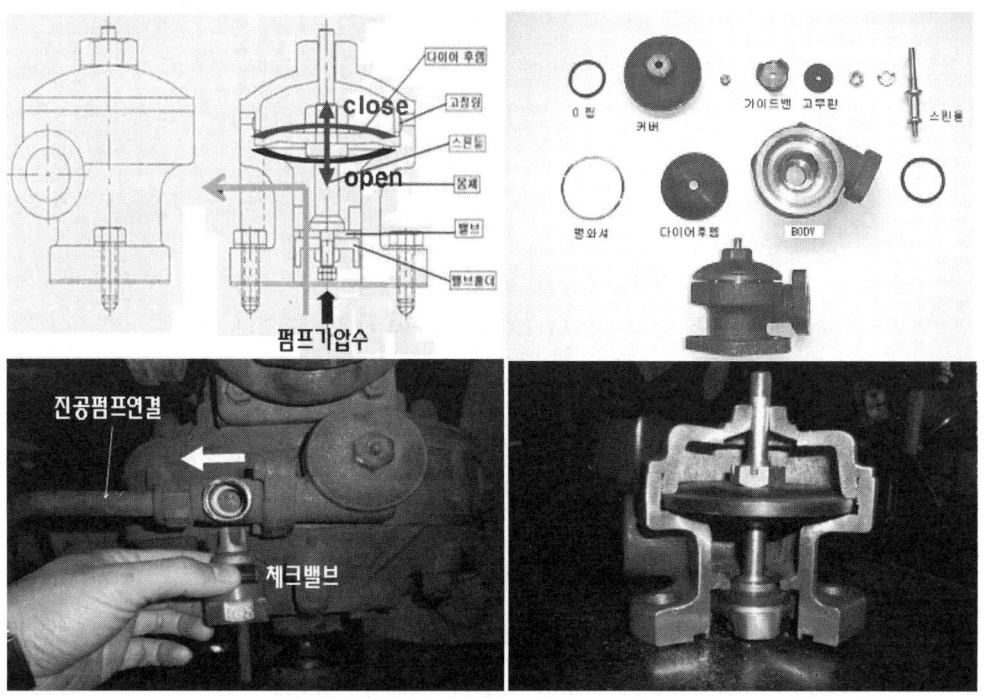

(지수밸브의 구조)

⑦ **역류방지밸브*** 18년 소방교/ 23년 소방장
  ㉠ 주 펌프 상부에 위치해 있으며 펌프에서 토출된 물이 다시 펌프로 유입되지 않도록 체크밸브 역할을 하여 펌프의 효율을 높이고 방수측에서 발생할 수 있는 수격작용으로부터 펌프를 보호하는 역할을 한다.
  ㉡ 펌프 진공 시 토출 측 배관라인의 기밀을 유지하여, 펌프보다 아래에 있는 물을 펌프에 채울 수 있도록 진공장치 보조기능도 하고 있다.
  ㉢ 역류방지밸브 측에 이물질이 끼지 않도록 유지하며 테스트는 진공을 걸어 놓고, 방수밸브에 손으로 막아 손이 빨려 들어가는 느낌이 난다면 역류방지밸브가 불량이다.
  ㉣ 역류방지밸브가 필요한 이유 중 또 하나가 양수(진공해서 물을 끌어올림)해서 펌프 속에 물이 있는 상태로 방수를 하지 않을 때 물이 다시 빠지지 않도록 유지해 연속적인 방수가 가능하도록 한다.

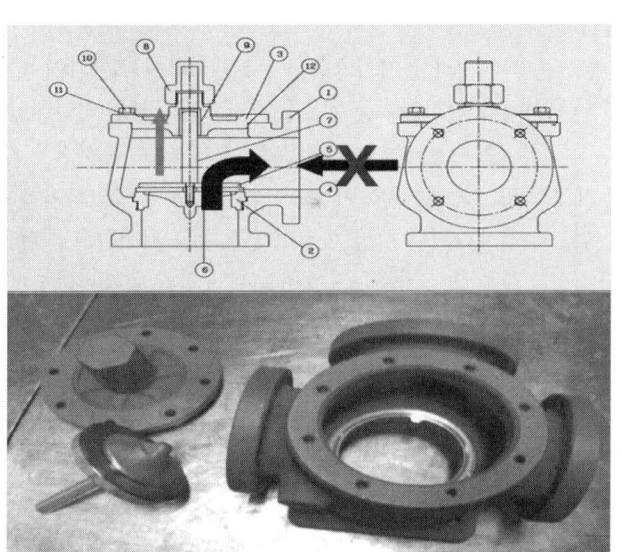

① 몸체	② 밸브시트	③ 밸브커버	④ 패킹
⑤ 밸브홀더	⑥ 밸브	⑦ 스핀들	⑧ 밸브캡
⑨ 오링	⑩ 볼트	⑪ 와셔	⑫ 패킹

(역류방지밸브의 구조)

⑧ 압력계 및 연성계

펌프실 측면에 부착된 압력계는 주펌프 방수측의 압력을 눈금으로 지시하며 단위는 SI단위계 Mpa이다. 압력계는 펌프 방수배관에서 인출된 동관에 연결 되어 있다.

　　　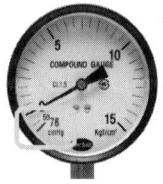

(압력계)　　　　　　　　　(연성계)

㉠ 압력계

역류방지밸브나 방수배관에 동관으로 연결하여 펌프실 양측 조작반에 취부 되어 있으며 눈금이 kg/㎠로 표시되며 펌프의 방수압력을 나타낸다. 압력계는 방수배관에 연결되어진다.

㉡ 연성계

소방펌프 흡입부나 흡수배관에서 동관으로 연결하여 펌프실 양측 조작반에 취부 되어 있다. 물을 흡수할 경우 연성계의 바늘은 진공범위(노란부분)를 가리키며, 소화전 또는 다른 소방자동차로부터 중계송수를 받는 경우 압력이 있는 물을 급수시킬 때 연성계는 흰 지시부분(압력측)을 가리킨다.

※ 진공도가 급격히 상승하는 것은 스트레이너 등이 오물이나 찌꺼기 등으로 막혀있음을 나타내므로 즉시 점검한다.

⑨ 펌프 RPM 조절기

펌프 RPM 조절방법은 기계식과 전기식으로 구분된다. 기계식은 와이어 또는 링크로트 등이 엔진 연료분사장치에 연결되어 엔진회전수를 컨트롤 하고, 전기식은 커먼레일 엔진의 자동차속도제어 체계 정속주행장치(크루즈모드)를 이용하여 고압펌프의 연료 분사량을 ECU에서 제어한다. 펌프 RPM을 조절 할 때는 엔진 또는 펌프의 이상음이 발생하는지 확인하여야 하며, 급격하게 회전수를 상승시키지 않는다. 최근 제작되는 차량은 전기식을 주로 채택하고 있다.

※ 방수 중 방수구를 닫을 경우에는 엔진 회전수(rpm)를 낮게 한 후 닫아야 하며, 전기식의 경우 누름스위치 조작과 RPM 상승은 약간의 시간차를 두고 작동되므로 반복해서 누를 경우 순간적인 압력변동으로 안전사고 발생우려가 있음.

○ 펌프의 상사법칙은 회전수 또는 펌프임펠러 직경의 변화에 따라 유량, 압력, 펌프에 필요한 동력이 어떻게 비례하여 변화는 지에 관한 것으로, 즉, 회전수가 1,000rpm일 때 유량이 1,000리터, 압력이 2kgf/㎠이였다면, 회전수를 2,000rpm으로 상승시켰을 때에는 유량 2,000리터, 압력은 8kgf/㎠ 로 변화됨을 예측할 수 있다.

$$Q_2 = \frac{N_2}{N_1} \times \left(\frac{D_2}{D_1}\right)^3 \times Q_1$$

구 분	회전수 (N)	임펠러 직경 (D)
유량 (Q)	1승에 비례	3승에 비례
압력 (H)	2승에 비례	2승에 비례
동력 (L)	3승에 비례	5승에 비례

5 배관

(1) 펌프흡입측 배관

흡수구와 저수지 사이에는 흡입 호스를 연결하여 물을 보충해야 하며 호스 끝에는 오물이나 찌꺼기의 혼입을 방지하기 위해 스트레이너가 부착되어 있다.

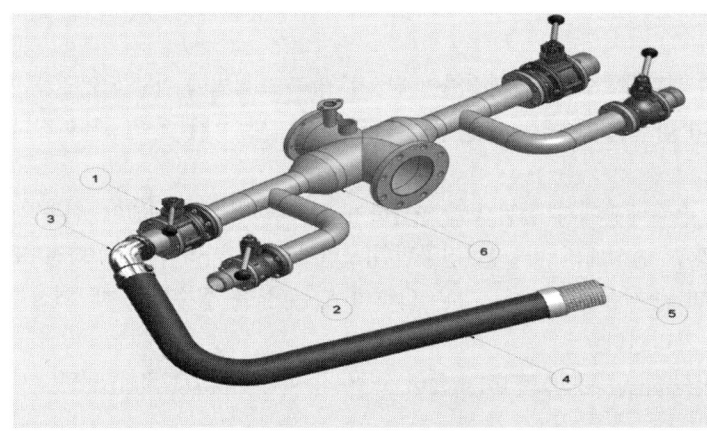

① 흡수 볼 콕크
② 중계 볼 콕크
③ 흡수호스 엘보우
④ 흡수호스
⑤ 여과망
⑥ 흡수 파이프

(흡수배관도)

① 흡수구 배관

흡수파이프는 주 펌프 흡수측에 좌·우로 분기되어 끝에는 흡수 볼 콕크가 취부되어 있다. 주 펌프 흡수측은 양수 시 진공상태로 되기 때문에 사용하지 않는 쪽의 볼 콕크는 완전히 잠가야 한다. 그리고 흡수 볼 콕크 및 흡수호스등의 패킹은 정기적 점검이 필요하다.

흡수호스는 수원지(저수조, 강, 호수 등)로 부터의 양수 시 흡수구에 연결되고 그 끝에는 여과망이 장착되어 있다. 소방자동차가 양수하기 위하여 진공펌프가 작동하면 흡수호스 안은 진공상태가 되어 양수가 시작되는데, 펌프흡입측 배관라인에 누기에 있으면 양수기 되지 않으므로 주의해야 한다.

※ 흡수관은 형상유지 호스로 내부에 철선이 들어가 있는 호스로 타 차량에 밟히거나, 급격히 구부려져 일단 변형이 되면 원래 상태로 돌아가지 않고 사용이 불가하게 되므로 주의한다.

② 중계구 배관

중계구 배관은 타 소방차량으로부터 물을 중계구를 통하여 공급받을 경우 2개의 펌프가 직렬로 연결되기 때문에 높은 양정을 얻어낼 수 있으며, 지상식소화전 등으로 부터 물을 공급 받을 때에도 펌프 흡입측에는 부압이 형성되기 때문에 물을 보다 효율적으로 공급 받을 수 있다.

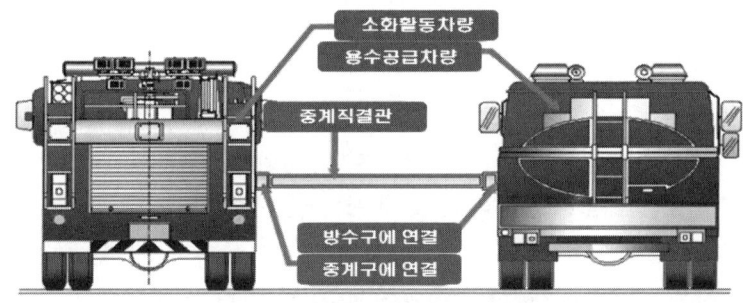

(중계관을 이용한 급수)

※ 중계구를 이용한 급수는 펌프 흡입측에 수압이 가해지므로 펌프포로포셔너 방식의 폼 혼합장치를 사용하는 경우에는 포수용액이 펌프 흡입측으로 유입되지 못하게 되어 폼이 형성되지 않으니 유의하여야 한다.

③ 물탱크 메인밸브

주 펌프와 물탱크를 연결하는 흡수파이프 중간에 설치되어 있으며 조작은 좌·우 어느 쪽이든 작동하면 같이 움직인다. 개폐방법은 에어실린더를 이용한 자동방식과 수동레버 방식이 있는데 수동 작동 시는 에어 볼밸브를 차단하여야 조작이 가능하며, 자체 물탱크 물을 사용 하고자 할 때만 사용하고 하천이나 수원지에서 흡수 시는 반드시 닫힘 위치에 두어야 한다. 볼 콕크와 탱크사이 진동방지 위하여 완충조인트가 설치되어 있으며, 메인밸브와 물탱크 사이의 배관은 동절기 동파되기 쉬우므로 히팅장치가 설치되어 있다.

(2) 펌프 토출측 배관

방수측 배관은 역류방지밸브 좌·우에 2개로 분리된 방수파이프가 취부되어 있고 그 선단에는 볼밸브가 있어 밸브개폐에 의하여 방수가 진행되며 펌프실 상부에는 방수총이 취부되어 있으며, 자체 급수배관이 설치되어 펌프에서 토출된 물을 물탱크로 다시 유입시킬 수 있으며, 방수구 등 밸브의 개폐 시 하중은 25kg 이하로 규정되어 있다.

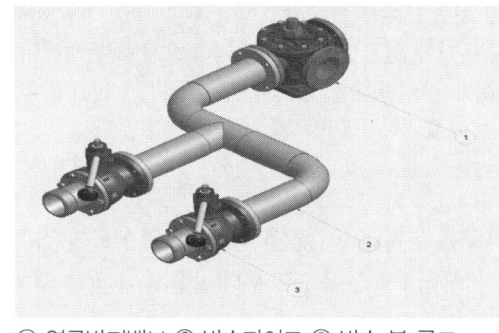

① 역류방지밸브 ② 방수파이프 ③ 방수 볼 콕크

(토출측 배관도)

① 자체급수구 밸브

방수 파이프 중간에는 물탱크 송수용 파이프와 밸브가 설치되어 있으며, 방수 가능한 상태에서 자체급수구 밸브를 '열림'위치에 놓으면 물탱크로 물을 송수할 수 있다. 물탱크에 소화수가 가득차면 오버플로우 배관으로 넘쳐 흐르므로 물탱크 측면의 에 유의하면서 송수하여야 한다.

(자체급수구 밸브)

② 방수포

방수포는 수평으로 360° 회전, 상방으로 75°, 하방으로 30°의 범위로 방수 할 수 있다.

(방수포 밸브)

6 그 외 밸브 및 장치

(1) 배관 신축이음

펌프의 진동으로 배관 및 연결부의 파손이 우려 되는 부위에 설치하여 진동을 흡수하여 배관을 보호하는 역할을 한다.

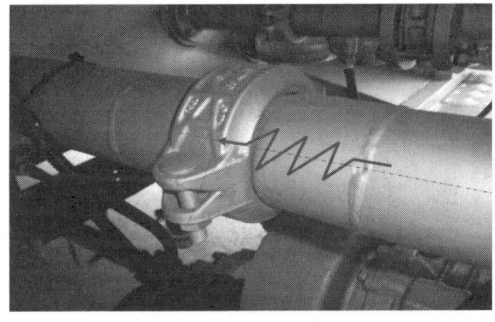

(홈죠인트(글르브드))　　　　　　　　(신축배관(플렉시블))

(2) 히팅장치

동절기 추운 지역에서는 난방장치가 불량한 차고 내에서 또는 출동시 메인밸브와 물탱크 사이에 항상 물이 고여 있는 배관에 동파가 우려된다. 동파 방지를 위하여 DC 24V 또는 AC 220V 전원으로 사용이 가능한 히팅장치가 설치되어 있다. AC 220V 전원사용은 차량후면에 설치된 이젝트에 전선코드를 연결하여 배관히팅을 하고 출동으로 인한 차량전원 투입시 자동으로 이탈되는 구조로 되어있다.

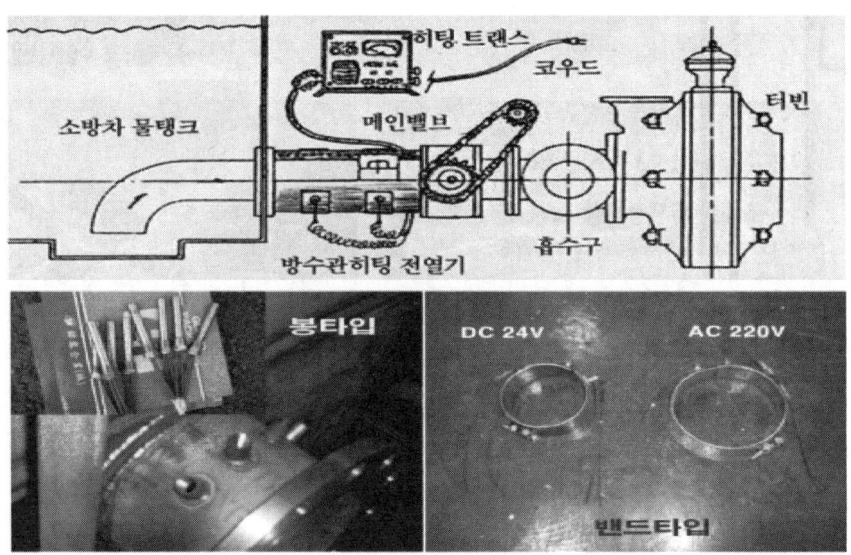

(히팅장치)

(3) **배수밸브**★★★ 19년 소방교

방수 완료 후에 펌프 및 배관내에 잔류 물을 완전히 배출하기 위하여 배수밸브가 설치되어 있다. 펌프 운전 중에는 필히 닫혀 있어야 하며 사용하지 않을 때는 열어 놓아 동절기 펌프 및 배관의 동파방지를 하여야 한다. 자동방식은 PTO 동작시 연동되어 배수밸브가 작동되는 구조로 되어있다.

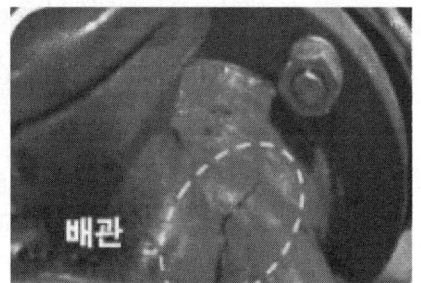

(4) **냉각수 밸브**★★★ 19년 소방교

펌프실 측면에 냉각수 밸브와 스트레이너가 설치되어 있다. 장시간 소방펌프를 작동하면 PTO와 엔진에 많은 열이 발생하는데 이를 주펌프 방수측에서 공급되는 물을 냉각수 라인으로 공급하여 냉각을 한다. 이 냉각수 라인은 스트레이너를 통하여 PTO를 거쳐 엔진 라지에이터 배관(옵션)을 냉각 시킨 후 외부로 방출하도록 설치되어 있다. 스트레이너 청소는 캡을 캡렌치를 이용하여 탈착한 후 세척한다.

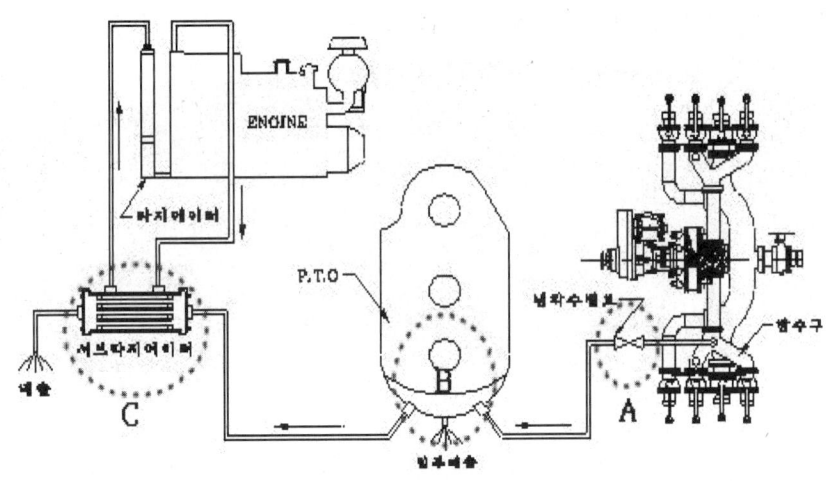

(PTO 냉각라인 계통도)

(5) 자위분무 밸브

화재현장 열기로부터 차체를 보호하기 위하여 펌프실 측면에 자위분무밸브가 설치되어 있으며, 자위분무밸브에 연결된 배관은 펌프 방수측 배관에서 인출되어 펌프에서 토출된 가압수를 자위분무 노즐로 살수하는 구조로 되어 있다.

※ 자위분무밸브가 후면이 아닌 양측면에 각각 설치된 차량은 밸브 조작 시 반대측 방향 살수헤드에서 물이 살수된다.

(자위분무밸브 및 분무장면)

(6) 물탱크

물탱크는 부식방지를 위하여 스테인레스 재질의 철판을 사용하여 제작되며, 하부에는 원활하게 물을 흡수하기 위한 섹션피트가 설치되어 있고, 상부 맨홀에는 자체급수구배관, 오브플로우배관, 보수구배관이 집결되어 있다. 물탱크 내부는 차량 주행시 원심력에 의한 차량전복을 방지하기 위하여 방파판이 설치되어 있으며, 측면에서 펌프배관에서 독립된 보수구밸브가 위치하고 있다.

(물탱크 내부 방파판)

(물탱크와 직결된 보수구 배관)

(7) 수량계

수량계는 물탱크내 소방용수의 공급상황을 확인하여 소방용수 부족을 사전에 대처하기 위하여 물탱크 외측면에 설치되어 있다. 자동식과 수동식이 있으며 수동식은 대기압의 부력을 이용하여 경량의 뜨게로 수위를 측정하며, 전자식은 전기적인 센서를 탱크내부에 설치하여 수원의 양을 확인할 수 있도록 되어있다.

(8) 소방펌프 조작반의 구성

(차체 조작반 판넬)   (차체 조작반 배관(판넬 후면))

- 수량계 : 물탱크에 저장되어 있는 용수의 용량을 표시해 주는 장치
- 저수위 경보 : 물탱크 수위 1/5(80%) 이하에서 부저가 울리도록 하는 스위치
- 액량계 : 폼탱크의 용량을 표시해 주는 장치
- 차체 작업등(좌) : 운전석 방향 차체 상부에 설치된 작업등 작동스위치
- 차체 작업등(우) : 경방석 방향 차체 상부에 설치된 작업등 작동스위치
- 메인밸브 : 물탱크의 물을 소방펌프로 연결할 때 사용하는 밸브
- 진공펌프 작동 표시등 : 진공펌프가 작동중임을 알리는 표시등
- 계기등 : 조작반 상부에 설치되어 조작판넬을 비추는 조명등 작동스위치
- 소방펌프회전계(RPM) : 소방펌프회전속도를 디지털방식으로 표시
- 소방펌프 스로틀장치 : 소방펌프회전을 수동 조작하여 소방펌프RPM을 제어하는 장치
- <u>펌프 흡입 게이지(연성계) : 물을 흡수할 때 흡수압력(정압/부압)을 측정</u>
- <u>펌프 방수 게이지(압력계) : 소방펌프에 걸린 방수압력(정압)을 측정</u>
- 자동 양수 장치 : 진공 펌프를 작동하여 진공을 잡을 때 사용하는 장치
- 그리스 주입 장치 : 소방펌프 그리스를 주입하는 장치
- 자위분무 밸브 : 화재 시 소방자동차를 보호하기 위해 좌·우측에 물을 분사하는 밸브
- 폼 메인 밸브 : 폼을 폼 조절밸브로 연결 시켜주는 밸브
- 송수 밸브 : 폼액 사용 시 물을 폼 혼합기에 송수하는 밸브
- 세척 밸브 : 폼액 사용 후 폼액 라인을 세척하는 밸브
- 폼 조절밸브 : 폼의 양을 조절하는 밸브
- 폼 배수밸브 : 폼 탱크의 폼을 배수할 때 사용하는 밸브
- 폼액 보충 펌프 : 폼액을 보충할 때 사용하는 펌프
- 동력인출장치(P.T.O) 냉각수장치 : P.T.O를 냉각 시켜주는 밸브
- 무전기 분배기함 : 소방펌프 조작패널 무전 송·수신장치
- 자체급수 : 방수배관을 이용하여 물탱크에 물을 공급할 때 사용
- 흡수구 : 물 흡수, 물 보급 받을 때 사용
- 중계구 : 외부로부터 물을 보급 받아 방수할 때 사용(흡수구 역할도 함)
- 보수구 : 외부로부터 물을 보급 받아 물탱크에 공급
- 방수구 : 소방펌프로부터 가압된 용수를 방수 할 때 사용
- 진공오일 보수구 : 외부로부터 진공오일을 공급할 때 사용
- 냉각수 밸브 : 동절기 소방펌프 내 잔류물에 의한 동파방지를 위해 사용
- 조명스위치 : 소방펌프조작패널 조명등, 소방펌프실 조명등 제어할 때 사용

(9) 동절기 소방펌프 부동액 주입

동절기 소방펌프를 작동시키고 나면 펌프 및 각 배관은 반드시 배수작업을 실시하여야 하며, 혹한기에는 부동액을 펌프 및 방수구 등에 도포하여야 효율적인 장비관리와 만일의 출동에 즉시 대응할 수 있으며, <u>부동액을 보관하는 탱크의 용량은 주로 4리터 탱크를 사용하고 있다.</u>

① **부동액 주입방법** ** 23년 소방교
　㉠ 진공펌프를 이용하는 방법(방수구는 직접적 관련은 없지만 모든 밸브는 닫혀 있다) 차량이 안정화되고 펌프 및 배관의 배수가 완료된 상태에서 PTO 연결 → 진공펌프를 작동시킨다(비상스위치 사용권장) 이때 연성계 바늘은 진공측으로 지수밸브 스핀들은 아래로 내려간다 → 진공이 형성되면 진공펌프를 정지시킨다 → 부동액 주입밸브를 2~3초간 열었다가 다시 닫는다.
　　※ 부동액 주입은 펌프내부에 물 없이 PTO를 작동시키는 것이므로 짧은 시간 내에 부동액주입 작업을 마쳐야 하며, 만일 부동액 주입밸브를 먼저열고 진공펌프를 작동시키면 부동액이 진공펌프로 흡입되어 외부로 배출된다.
　㉡ 진공펌프를 이용하지 않는 방법*** 19년 소방장
　　차량이 안정화되고 펌프 및 배관의 배수가 완료된 상태에서 → 부동액 밸브를 열어 일정량을 흐르게 한 후 닫는다 → 지수밸브 스핀들을 손으로 눌러 부동액을 펌프내부로 흐르게 한다(지수밸브가 펌프상부에 설치되어 있을 경우) → PTO를 약 5초 정도 작동시킨 후 해제한다(소방펌프를 작동시켜 부동액이 잘 도포 되도록 함)

　　※ 참고 – 펌프기준 배관 및 밸브 등의 위치

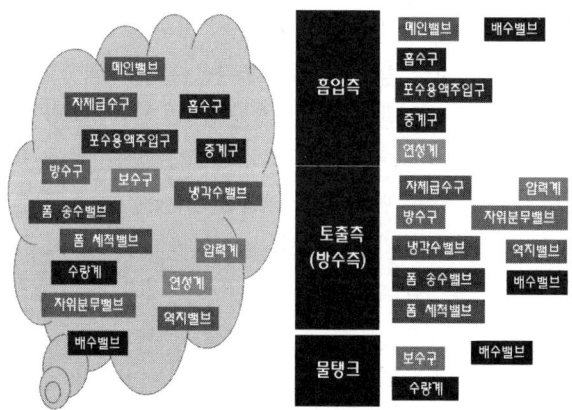

(펌프기준 배관 및 밸브 등의 위치) ** 19년 소방교/ 소방장

TIP 소방차에는 여러 밸브와 배관이 있는데 흡입측, 토출측, 물탱크로 구분해서 기억해 보세요. ^^

※ 자동스노우 체인
자동스노우 체인의 작동은 차량 운행 중 운전석에서 최저 5Km/h 이상 속도에서 스위치를 ON으로 작동시켜야 하며, 복구 시에서는 차량 정지 전에 스위치 OFF로 하여 체인을 거두어야 한다. 정지 상태에서 작동시킨 후 출발하면 고장의 원인이 됨.

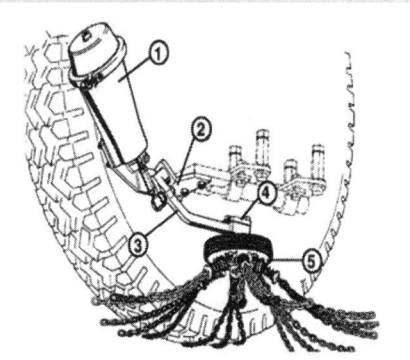

(자동 스노우 체인)

7 폼 혼합방법 *** 21년 소방위 / 22년 소방교

소방자동차에 적용되는 포 혼합방식은 주로 펌프프로포셔너 방식이 적용된다. 펌프프로포셔너 방식은 설치가 간단하고 비용이 저렴하다는 장점이 있지만 포 원액과 물이 혼합 된 포수용액이 펌프흡입측으로 주입되므로 포수용액 일부가 물탱크로 유입될 수 있다. 최근에는 포 원액을 펌프 방수측 배관에 압입할 수 있는 별도펌프를 장착하는 프레저사이드 프로포셔너 방식과, 콤프레셔를 이용하여 에어를 토출측 배관에 주입하여 폼을 형성하는 CAFS시스템을 적용하기도 한다.

■ 베르누이 정리
유체의 속도가 증가 하면 유체 내부의 압력이 감소 한다는 물리학의 법칙으로 배관상에 흐르는 유체는 속도에너지, 압력에너지, 위치에너지의 3가지 다른 에너지를 갖고 있으며, 비압축성 유체로서 점성을 무시하고 유동영역이 층류일 때 에너지 보존의 법칙이 성립된다. 유선을 따라 운동하는 유체입자가 가지는 에너지의 총합은 유선상의 임의의 지점에서 항상 일정 불변하다. 이런 물리학의 법칙은 소방자동차의 폼혼합장치 벤튜리관(폼이젝트)에 적용되어 폼 원액을 효율적으로 흡입하여 혼합된다.

압력E + 속도E + 위치E = 일정(에너지보존의 법칙)

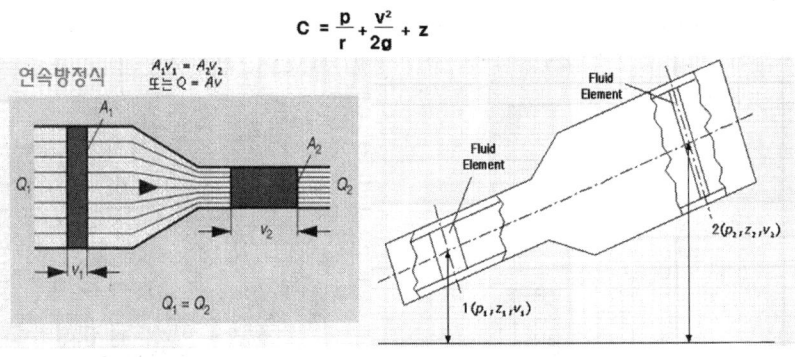

(베르누이 정리)

(1) 소방자동차의 폼 혼합방식** 15년 소방위

① 라인프로포셔너

라인프로포셔너는 펌프와 발포기 사이에 설치된 벤츄리관의 벤츄리 작용에 의하여 포소화약제를 흡입, 혼합하는 방식으로 폼 전용관창을 사용하여야 한다.

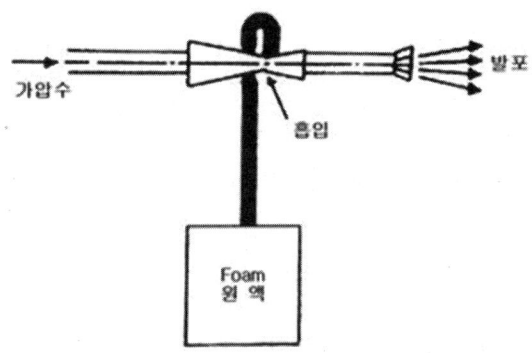

(라인프로포셔너방식 계통 간략도)

② 펌프 프로포셔너 방식*** 22년 소방교

㉠ 방수측과 흡수측 사이의 바이패스 회로상에는 폼 이젝트 본체와 농도 조정밸브가 설치되어 있다.

㉡ 펌프의 방수측 배관에 연결된 폼 송수밸브의 개방으로 방사되는 물은 송수라인을 통해 폼 이젝트 본체에서 분출되고 이때, 농도 조정밸브를 통과한 약액이 흡입되어 물과 혼합되어 포수용액이 된다.

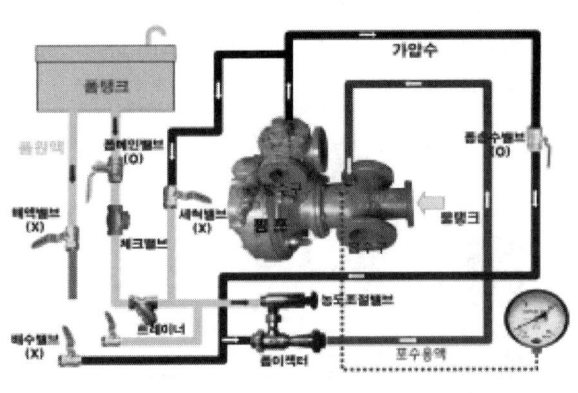

(펌프프로포셔너방식 계통 간략도)

- 폼 장치
  - 메인밸브 : 폼 배출을 위한 주 밸브
  - 송수밸브 : 폼 흡입력 증대(방수배관에서 폼 배관으로 물 공급밸브)
  - 역류방지밸브 : 폼탱크 전 또는 폼 메인밸브 후에 설치되어있으며 펌프 및 배관 내 폼 세척 시 폼탱크로 물 유입을 방지한다.
  - 폼 이젝터 : 펌프 프로포셔너 방식 폼 발생장치
  - 세척밸브 : 방수배관과 폼 배관을 연결시켜서 폼 사용 후 소방펌프의 물로 배관 내 폼을 세척할 때 사용하는 밸브
  - 폼액 조절밸브 : 폼 메인밸브 말단부에 설치되어있으며 일정한 폼액을 조절한다.

- 폼 조절밸브

 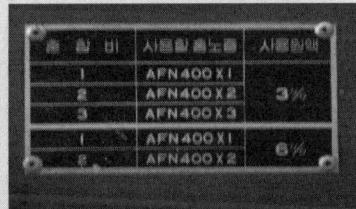

(폼 조절밸브)　　　　　　　　(폼액조절비율표)

- 3% 폼 사용 시 : 레인지 1번 AFN(AIR FOAM NOZZLE) 분당 토출량 400ℓ (65mm) 관창 1개
- 3% 폼 사용 시 : 레인지 2번 AFN(AIR FOAM NOZZLE) 분당 토출량 400ℓ (65mm) 관창 2개
- 3% 폼 사용 시 : 레인지 3번 AFN(AIR FOAM NOZZLE) 분당 토출량 400ℓ (65mm) 관창 3개
- 6% 폼 사용 시 : 레인지 1번 AFN(AIR FOAM NOZZLE) 분당 토출량 400ℓ (65mm) 관창 1개
- 6% 폼 사용 시 : 레인지 2번 AFN(AIR FOAM NOZZLE) 분당 토출량 400ℓ (65mm) 관창 2개

③ 프레저사이드프로포셔너** 15년 소방교/ 16년 부산 소방교
  ㉠ 펌프 방수측 배관에 플로우미터에서 배관 내 유속을 감지하여 송수량을 측정한다.
  ㉡ 송수량에 따라 컨트롤유닛에 세팅해 둔 농도조절 값에 따라 약제 압입용 펌프가 폼 원액을 방수측 라인에 압입하여 주입되는 구조로 되어 있다.

ⓒ 펌프프로포셔너 방식에 비해 폼 혼합량이 균일하다는 장점은 있으나, 압입용 펌프를 별도로 설치하여야 하는 등 설치비용은 증가하는 단점이 있으며 적용방식은 전기식 또는 기계식으로 폼 원액 1%~6%까지 적용한다.

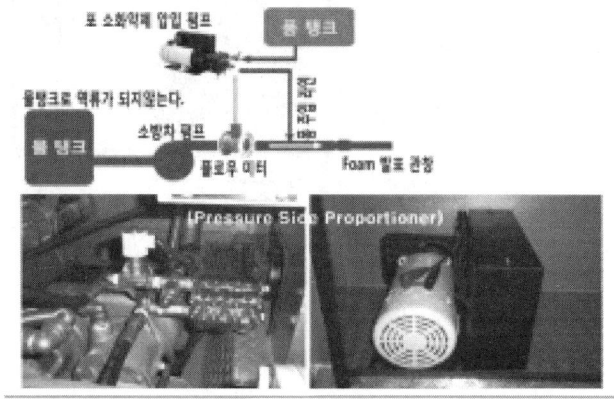

(프레저사이드프로포셔너방식 계통 간략도)

④ 압축공기포 방식(CAFS : Compressed Air Foam System)
  ㉠ 물과 폼 원액을 가압된 공기 또는 질소와 조합하여 기존의 폼과는 완전히 다른 형태의 부착성이 매우 뛰어난 균일한 형태의 포를 형성하는 시스템
  ㉡ 압축공기포는 소화 효과가 매우 뛰어나고 부착성 우수할 뿐 만 아니라 높은 분사 속도로 원거리 방수가 가능하며 또한 물 사용량을 1/7 이상으로 줄여 수손 피해를 최소화 할 수 있다.

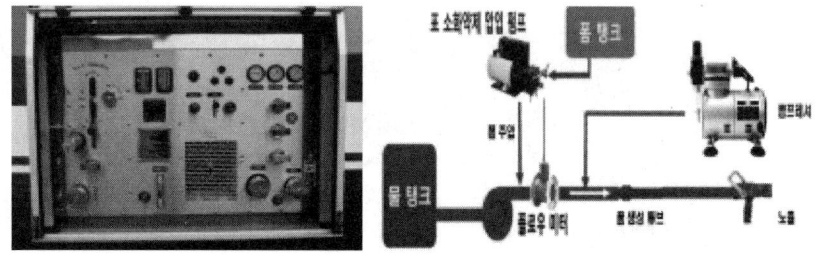

(CAFS 방식 계통 간략도)

TIP 언제든지 출제될 수 있어요. 소방차에는 펌프프로포셔너 방식을 주로 사용하는데 근래는 CAFS 방식을 많이 사용하는 추세랍니다. 압입용 펌프와 관계있는 것은 무엇인가요? ^^

(2) 폼 관창

폼 관창은 폼을 형성하는데 중요한 역할을 한다. 폼은 공기포로서 폼수용액에 공기가 유입되어야 폼이 원활하게 형성된다. 폼 관창은 포수용액과 공기가 잘 혼합될 수 있도록 공기 흡입구가 설치되어 있으며, 폼 전용관창과 일반관창 비교 그림을 보면 관창에 따라 폼 형성도가 확연히 달라지는 것을 볼 수 있다.

(관창에 따른 폼 형성도 비교)

■ 폼 장치 점검사항

고장발생 이상 현상	① 폼 탱크 내에 공기 유입이 적어 폼액 발포향이 적어진다. ② 폼액이 모두 빠져나가면서 공기 유입 불량으로 진공형성 후 폼 탱크가 오그라짐 현상이 발생한다. ③ 바이패스 배관의 이탈 및 변형으로 흡입력 부족현상이 나타날 수 있다. ④ 폼 방수가 안 될 경우 폼액 배관 막힘, 송수밸브 닫힘, 폼 수량을 확인한다.
평상 시 확인사항	① 차고 바닥에 폼액 누유확인 ② 폼 탱크액량 확인(폼 탱크 내 물이 유입확인) ③ 폼액의 인체 접촉 주위 ④ 폼액이 장비, 차량 등에 접촉되었을 경우 방치하지 말고, 물로 즉시 세척한다.

8 소방자동차의 기타 소화 장치

(1) 분말장치

① 구성
  ㉠ 소화약제 : 인산암모늄 $NH_4H_2PO_4$(3종분말)
  ㉡ 분말탱크 : 설계압력 $16kg/cm^2$ 이상의 탱크
  ㉢ 질소탱크 : 68ℓ 용기
  ㉣ 호스릴 : 내경 20mm 이상, 시험압력 $200kg/cm^2$ 이상
  ㉤ 압력조정기 : 질소저장용기압력($90kg/cm^2$)을 감압하여 ($12kg/cm^2$)분말탱크에 공급한다.

② 작동방법
  ㉠ 가압용 질소가스 용기의 밸브를 개방하고 송압밸브를 열면 압력조정기에 의해 감압조정된 질소가스가 분말탱크내로 유입되고,
  ㉡ 탱크 내의 분말이 교반되고 탱크내부 압력이 $10~12kg/cm^2$으로 상승되면
  ㉢ 호스릴을 전개한 다음 방사노즐 밸브를 열고 하단의 메인 송수밸브를 열면 분말이 방사된다.

③ 사용 후 조작
  ㉠ 분말 방출을 중지할 경우에는 하단의 메인 송수밸브와 송압 밸브를 잠그고 사용 호스릴의 크리닝 밸브를 열어서 호스 내의 잔류 분말가루를 세척한다.
  ㉡ 질소탱크 밸브를 잠근다.
  ㉢ 크리닝 밸브를 잠근다.
  ㉣ 분말탱크 상부의 배압밸브를 서서히 열어 탱크내의 잔류압력을 배출한다.

  ● 주의 : 배압밸브를 급격히 열면 분말이 함께 배출될 수 있다.

  ㉤ 분말 탱크 내의 잔류압력을 완전히 배출시킨 후 배압밸브를 잠근다.
  ㉥ 방출호스를 호스릴에 수납하고 사용한 질소가스 및 분말을 재충전하여 차후 사용에 대비한다.

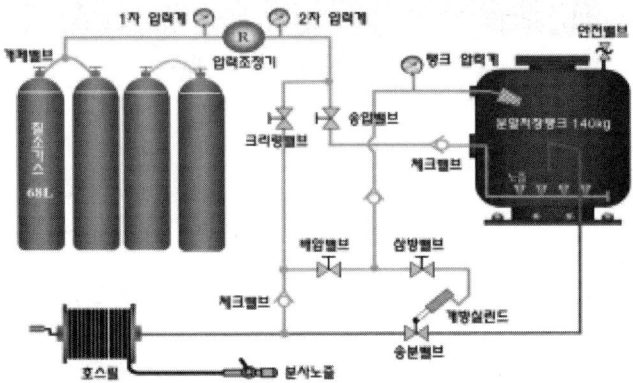

(분말장치 구성도)

④ 소화 메카니즘
  ㉠ 부촉매 효과 : NH_4^*의 연쇄반응 억제
  ㉡ 질식효과 : NH_3, H_2O에 의한 질식
  ㉢ 냉각효과 : H_2O 및 흡열반응
  ㉣ 방진효과 : HPO_3의 유리상 피막형성
  ㉤ 복사열차단

(2) **이산화탄소 소화장치**

구성	가) 약제 : 이산화탄소 CO_2 나) 저장용기 : 68리터(내용량 45kg) 다) 기동용기 : 1리터, 0.68kg 라) 호스릴 : 3/8인치, 30m
작동방법	가) 기동용기 안전핀을 제거 작동버튼을 눌러 개방한다. 나) 기동용기가 개방되지 않으면 직접 저장용기를 개방한다. 다) 호스릴을 전개하여 노즐을 개방하여 분사한다.
주의사항	가) 좁은 공간에서 분사 시 질식우려 나) 유류 등 가연물의 비산방지 다) 동상주의
소화 메커니즘	가) 질식효과 : CO_2 방출에 의한 O_2 농도 저하(O_2 15% 미만으로 소화) 나) 냉각효과 : 증발잠열 및 줄톰슨효과에 의한 냉각효과

(3) 할로겐화합물 및 불활성가스 소화장치

구성	가) 약제 : 청정소화약제 나) 저장용기 : 내용량 75kg 다) 기동용기 : 1리터, 0.68kg 라) 호스릴 : 3/8인치, 30m
작동방법	가) 기동용기 안전핀을 제거 후 작동버튼을 눌러 개방한다. 나) 기동용기가 개방되지 않으면 직접 저장용기를 개방한다. 다) 호스릴을 전개하여 노즐을 개방하여 분사한다.
주의사항	가) 좁은 공간에서 분사 시 질식 우려 나) 유류 등 가연물의 비산방지 다) 유해가스 발생우려
소화 메커니즘	가) 냉각효과 : 흡열반응에 냉각효과 나) 부촉매효과 : 보조적으로 연쇄반응 차단에 의한 소화효과 발생 다) 불활성가스약제 경우 : 질식 냉각효과로 소화

9 방수 및 흡수방법

(1) 소방자동차 탱크의 물을 이용한 방수방법

소방자동차에 항상 충만 되어있는 물을 이용한 방수방법이며, 소방자동차에서 방수 조작하는 가장 기본적인 조작 방법이다.

① **방수**★★★ 21년 소방교/ 소방장

  ㉠ 화점 위치에서 가까운 곳, 화염에서 안전한 곳에 차량을 부서한다.
  ㉡ 주차 브레이크를 확실히 체결한 후 고임목을 타이어 앞, 뒤로 확실하게 고정한다.
  ㉢ 엔진의 속도를 낮게 유지하고 변속기가 중립(N) 위치에 있는지 확인한다.
  ㉣ 클러치 페달을 밟는다. 오토미션 차량은 중립(N) 위치 재확인한다.
  ㉤ 동력인출장치(P.T.O)를 작동시킨다.
  ㉥ 클러치 페달을 서서히 놓는다. 엔진소리가 바뀌는지 확인하고 펌프가 회전하는 소리를 듣는다.
  ㉦ 메인밸브를 열림 위치로 조작한다. 자동 및 수동방식이 있으므로 선택 조작한다.
  ㉧ 방수구에 호스를 연결하고, 관창 연결 후 방수 준비한다.
  ㉨ 방수밸브를 서서히 연다.
  ㉩ 방수가 시작되면 압력계를 보면서 엔진 회전(RPM)조절기를 적정 수준으로 조절한다.
  ㉪ 엔진 오일과 P.T.O오일의 온도를 90℃ 이하로 유지하기 위하여 냉각수 밸브를 개방하여 열을 식혀준다.
  ㉫ 야간 조작 시에는 조작반 주위의 조명을 밝힌다.

② **방수정지**★★★ 18년 소방위

  ㉠ 엔진 회전(RPM)조절기를 조작하여 소방펌프 회전속도를 낮춘다.
  ㉡ 방수밸브를 서서히 잠근 후 메인밸브를 닫힘 위치로 조작한다.
  ㉢ 운전석에 승차하여 클러치 페달을 밟는다.

ⓔ 동력인출장치(P.T.O)작동을 중지시킨다.
ⓜ 클러치 페달을 서서히 놓는다. 엔진소리가 바뀌는가 확인하고 펌프 회전이 정지 되었는가 확인한다.
ⓗ 하차하여 배수밸브를 개방하고 배관 내 물이 배수되는지 확인한다.

> **TIP** 최근에는 주관식 문제로 출제되고 있어요. 방수와 방수정지 순서를 기억하세요. ^^

※ 참고★★ 21년 소방교/ 소방장
1. 동절기 방수 후에는 지수밸브 이용 소방펌프에 부동액을 채워 동파방지 한다.
2. 동절기 방수 후 귀소 시에는 24V 히팅 장치 이용 배관 동파방지 한다.
3. 차고 격납 후에는 220V 외부 커넥터 이용 배터리 충전 및 배관 히팅장치 작동한다.

③ 물탱크에 물 보수 방법★★
㉠ 급수탑을 이용하여 물을 받을 때 → 물탱크 상부 뚜껑 개방 후 직접 받는다.
㉡ 흡수구, 중계구를 통해 소화전 또는 소방자동차로부터 나오는 물을 물탱크로 보수할 경우 → 자체급수밸브를 개방하여 직접 받는다.
㉢ 보수구를 통해 소화전 또는 소방자동차로부터 나오는 물을 물탱크로 보수할 경우 → 보수구밸브를 개방하여 직접 받는다.

> **TIP** 보수방법 3가지를 기억하세요. 앞으로 출제가능성이 높습니다. ^^

(2) 중계 송수를 이용한 방수 및 소화전을 이용한 급수

소화전에 직결관을 연결하거나, 소방자동차의 중계구에 접속시키고 소방펌프를 작동하여 중계 송수할 수 있다. 진공이 필요하지 않기 때문에 진공펌프의 작동이 필요 없다.

① 중계 송수를 이용한 방수방법

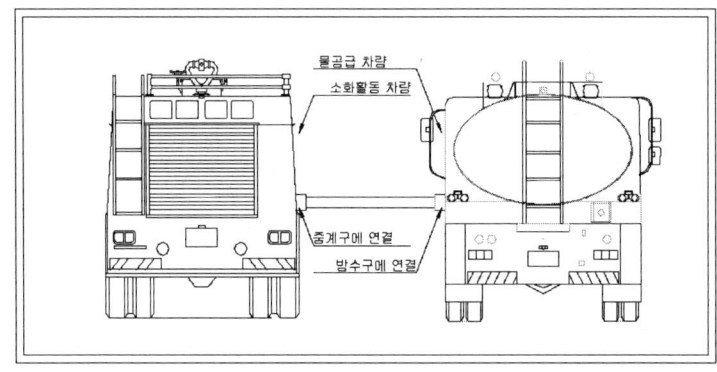

(중계관을 이용한 급수)

㉠ 물탱크의 물이 없을 경우 타 소방자동차로부터 물을 공급받아 방수하는 방법이다.
㉡ 타 소방자동차의 방수구와 물 없는 소방자동차의 중계구를 연결하여 물을 공급받아 방수한다. 메인밸브를 잠그고 자체급수밸브를 개방하여 물탱크로 보수한다.
㉢ 소방자동차 연성계를 이용하여 송수압력을 확인하고 송수압력보다 낮게 소방펌프압력을 유지한다.

ⓓ 타 소방자동차의 방수압력보다 물 없는 소방자동차의 소방펌프 회전속도를 낮춘다.
② 저수조, 하천 등을 이용한 방수

(흡수관을 이용한 급수)

㉠ 흡수 및 방수준비★★
　ⓐ 저수조 및 하천 등 흡수 가능한 장소에 차량을 부서시킨다.
　ⓑ 주차 브레이크를 확실히 체결한 후 고임목을 타이어 앞, 뒤로 확실하게 고정한다.
　ⓒ 엔진의 속도를 낮게 유지하고 변속기가 중립(N) 위치에 있는지 확인한다.
　ⓓ 흡수호스를 흡수구에 연결하고 호스 스트레이너를 완전히 수중에 가라 앉힌다.
　ⓔ 클러치 페달을 밟는다. 오토미션 차량은 중립(N) 위치 재확인한다.
　ⓕ 동력인출장치(P.T.O)를 작동시킨다.
　ⓖ 클러치 페달을 서서히 놓는다.(물 펌프가 회전한다.) 엔진소리가 바뀌는지 확인하고 펌프가 회전하는 소리를 듣는다.
　ⓗ 방수구에 호스를 연결하고, 관창을 연결 방수 준비한다.

㉡ 흡수★★
　ⓐ 진공펌프의 윤활을 위하여 진공 오일 탱크의 오일의 양을 확인한다.
　ⓑ 흡수관이 연결된 흡수구 밸브를 제외한 모든 밸브를 닫는다.(방수배관에 연결된 밸브는 무관하다.)
　ⓒ 진공펌프 조작반의 "작동" 버튼을 조작, 진공이 되는지 연성계를 확인한다.
　ⓓ 엔진 회전수 1,000rpm~1,200rpm까지 증가시키기 위해 엔진회전 조절기를 조절한다.
　ⓔ 물이 펌프 안으로 들어오고 압력이 3kg/㎠ 이내에서 진공펌프 클러치가 자동적으로 분리된다.(완료램프 점등확인)

※ 주의
진공펌프 클러치가 자동적으로 분리되지 않으면 (약 30초 이상) 진공펌프를 정지시키기 위하여 수동으로 정지버튼을 눌러야한다. 그리고 그 원인을 점검하고 다시 작동시켜야 한다. 진공 펌프는 장시간 가동시키지 말아야한다.

㉢ 방수★★
　ⓐ 방수구 밸브를 조작 서서히 방수밸브를 개방한다.

ⓑ 방수가 시작되면 필요한 방수압력과 방수량에 맞게 압력계를 보면서 엔진 회전(RPM)조절기를 적정하게 조절한다.
ⓒ <u>동력인출장치(P.T.O) 온도를 90℃ 이하로 유지하기 위하여 냉각수 밸브를 개방한다.</u>

> ※ 주의
> 1. 불필요하게 엔진의 속도를 증가시키지 말아야하며, 방수 밸브는 천천히 여닫는다.
> 2. 수원지 물의 양을 수시 관찰한다.
> 3. 엔진의 온도가 극도로 높아졌을 때 많은 양의 냉각수를 급작스럽게 냉각 계통에 공급하지 말고 서서히 공급해야한다.

㉣ 방수 정지★★★ 21년 소방교/ 소방장
  ⓐ 엔진 회전(RPM) 조절기를 조작하여 소방펌프 회전속도를 낮춘다.
  ⓑ 방수밸브를 서서히 잠근 후 흡수구 밸브도 닫힘 위치로 조작한다.
  ⓒ 운전석에 승차하여 클러치 페달을 밟고 P.T.O 작동을 정지시킨다.
  ⓓ 클러치 페달을 서서히 놓는다. 엔진소리가 바뀌는가 확인하고 펌프 회전이 정지 되었는가 확인한다.
  ⓔ 배수밸브를 개방하고 배관 내 물이 배수되는지 확인한다.

TIP 이러한 순서들이 주관식으로 출제되는 추세입니다. 순서를 꼭 숙지하세요. ^^

※ NPSH av(유효흡입양정)
유효흡입양정이란 펌프운전시 캐비테이션(공동현상)을 일으키지 않고 펌프가 안전하게 운전될 수 있는 환경조건 인지를 나타내는 척도의 값으로 NPSH 단위는 미터(m) 및 피트(Feet) 길이 단위로 나타낸다.

$$NPSH\ av(m) = P_0/r - P_V/r - P_h/r - h$$

계산식에서 알 수 있듯이 유효흡입양정은 펌프의 성능 즉, 정격토출압력, 송수량 등 성능과는 관계가 없으며, 물의 온도, 흡수관 마찰손실, 펌프와 수면과의 낙차에 따라 양수가 가능한 적정한 환경인지를 판단할 수 있는 객관적 척도로 활용할 수 있으며, 유효흡입양정에 대해서 학습을 하여야 하는 이유는 이 이론을 이해하면 양수작업을 좀 더 효율적으로 수행할 수 있게 된다.

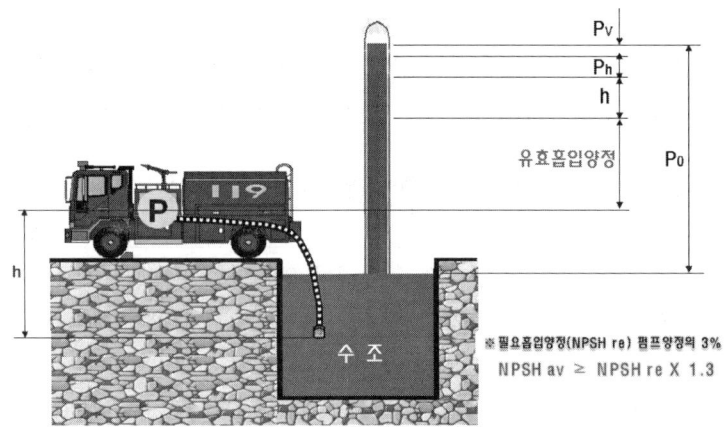

(NPSH av 유효흡입양정)

유효흡입양정은 펌프 상부를 완전진공시 펌프위로 얼마 높이까지 물을 채울 수 있는지를 나타내는 값으로, 유효흡입양정이 높으면 높을수록 양수작업 환경이 좋다고 할 수 있다.
① P0 : 대기압력 환산수두(m) : 소방펌프 내부를 완전진공으로 만들기는 어렵지만 대기압력 환산수두는 높을수록 양수에 좋은 환경이다. 수두를 높게 하려면 진공펌프 등 소방장비가 정상적으로 관리가 되어야 하며, 펌프 및 흡입측 배관라인에 외부에서 공기가 유입되지 않아야 된다.(완전진공시 수두 10.332mH2O)
② Pv : 물의 증기압력 환산수두(m) : 물은 온도에 따라 액체에서 기체로 변하는데, 이때 증기가 가지는 압력으로 증기압력이 높으면 양수에 도움이 되지 않는다. 즉, 미지근한 물보다는 차가운 물이 양수에 유리하다.
③ Ph : 흡입측 마찰손실 환산수두(m) : 펌프보다 아래에 있는 물이 펌프속으로 유입된다는 것은 유체가 흐르는 것으로 이때 마찰손실이 발생하게 된다. 마찰손실이 많으면 양수작업에 좋지 않다. 마찰손실을 작게 하기 위해선 흡수관의 길이를 짧게 하고, 흡수관의 구경은 큰 것이 좋으며, 흡수관 투입시 곡선보다는 직선으로 펼쳐 사용하는 것이 좋고, 스트레이너 주위에 이물질이 없어야 한다.
④ h : 펌프와의 낙차(m) : 흡수작업시 소방자동차와 수면과의 낙차를 최대한 낮게 하여야 한다. 낙차가 높으면 양수불능에 이르게 된다.
⑤ r : 물의 비중량(1,000kgf/m³) : 압력 단위를 수두로 환산하기 위해서 물의 비중량 값을 적용한다.

③ 소화전을 이용한 급수방법** **TIP** 순서를 기억하세요. ㅅㅅ

㉠ 소방펌프 구동 → ㉡ 중계구 직결관을 이용하여 소화전 연결 → ㉢ 중계구 개방 (메인밸브는 잠금상태) → ㉣ 자체급수밸브 개방 → ㉤ 물탱크 급수 또는 소화전을 물탱크 보수에 직접연결하여 물탱크 급수

(3) 폼 방수

① 펌프 프로포셔너 방식 폼 방수

㉠ 펌프 프로포셔너 메인밸브를 개방한다.
㉡ 폼액 조절 밸브(3%, 6%)를 조절한다.
㉢ 폼액 순환밸브(송수밸브)를 개방한다.
㉣ 2~3초 후 폼액이 물과 혼합되어 방수가 시작된다.

> ※ 주의
> 1. 관창 및 방수총은 폼액 전용 관창을 사용하여야 한다.
>   일반관창을 사용하면 부식의 원인이 되며, 폼액 발포 배율의 성능이 현저하게 떨어진다.
> 2. 소화전 또는 다른 펌프를 사용하면 흡수 파이프에 다른 압력이 있어 프로포셔너를 사용할 수 없게 된다. 따라서 중계 또는 송수소화전을 사용할 때는 일단 물탱크에 중계하여 사용해야한다.
> 3. 호스를 연장하여 방수하는 경우에는 호스내의 마찰력에 의한 손실이 생기고 이 손실압력을 펌프압력에 계산하지 않으면 안 된다.

압력 손실표

방출량 \ 호수연장수	2	4	6
400L/min	0.3	0.5	0.8
470L/min	0.4	0.7	1.0
530L/min	0.5	0.9	1.5
800L/min	1.5	2.0	3.7

② 폼 방수 정지
　㉠ 폼액 메인 밸브를 닫힘 상태로 한다.
　㉡ 폼 세척밸브를 개방한다.
　㉢ 반드시 배관 세척이 끝날 때까지 방수노즐을 닫아서는 안 된다.

③ 폼 방수 후 배관 및 탱크의 세척
　㉠ 배관의 세척
　　ⓐ 먼저 폼 메인밸브가 완전히 닫혔는가를 확인한다.
　　ⓑ 세척밸브, 약액조절밸브, 송수밸브 그리고 배수밸브를 열면 펌프 프로포셔너 및 배관 내에 남아있는 약액이 방수구로 방출된다.

> ※ 주의
> 배수밸브 및 방수구에서 맑은 물이 나올 때까지 세척하고 또 각배관의 배수밸브에서도 배수를 해야 한다. 포말 발생장치의 작동 후에는 항상 배관을 세척해야 한다.

　㉡ 폼액 탱크의 세척
　　ⓐ 폼탱크의 배수밸브를 열고 폼액을 완전히 배출시킨다.
　　ⓑ 자체펌프에 의하여 세척하는 경우에는 폼 관련 모든 밸브를 개방한다.
　　ⓒ 배수밸브에서 깨끗한 물이 나올 때까지 완전히 세척한다.

Check
① (　)는 유속의 급변 또는 와류의 발생, 유로에서의 장애 등에 의해 압력이 국부적으로 포화증기압 이하로 내려가 기포가 발생되는 현상이라 한다.
② 소방자동차 엔진의 동력을 소방펌프로 전달하는 것을 (　)이라 한다.
③ (　)는 콤프레셔를 이용하여 에어를 토출측 배관에 주입하여 폼을 형성하는 방식이다.
④ 진공오일은 냉각작용, (　), 윤활작업이다.
⑤ (　)는 진공이 완료되면 진공펌프로 들어가는 물을 막아준다.
⑥ 방수구는 토출측에 있고 중계구는 흡입측에 위치되어 있다.(○)
⑦ 소화전을 이용한 급수방법에서 최우선 조치사항은 (　)이다.

제2절 특수 소방자동차

1 소방사다리차 분류

고가 사다리차 (33미터 이상)	1) 고가사다리차는 전장 12,500밀리미터 이하, 전폭 2,500밀리미터 이하, 전고 4,000밀리미터 이하로 한다. 다만, 작업대가 설치되지 않은 경우의 전고는 3,900밀리미터 이하로 하여야 한다. 2) 고가사다리차는 2단 이상의 트러스 구조로 각 단의 움직임은 상하로 이루어진 사다리 장치가 유압에 의하여 신장·수축·상승·하강·좌회전 및 우회전 기능을 하는 것을 말한다. 3) 33미터 이상의 고가사다리차에는 승강기 또는 작업대 장치(이하 '작업대'라 한다)가 있어야 한다.
고가 사다리차 (33미터 미만)	1) 고가사다리차는 전장 10,000밀리미터 이하, 전폭 2,500밀리미터 이하, 전고 3,900밀리미터 이하로 한다. 다만, 작업대가 설치되지 않은 경우의 전고는 3,800밀리미터 이하로 하여야 한다. 2) 고가 사다리차는 2단 이상의 트러스 구조로 각 단의 움직임은 상하로 이루어진 사다리 장치가 유압에 의하여 신장 및 수축, 기립상승, 기립하강, 좌회전 및 우회전 기능을 하는 것을 말한다. 3) 33미터 미만의 고가 사다리차에는 승강기 또는 작업대가 있어야 한다. 다만, 소방펌프 및 물탱크가 설치된 경우에는 승강기 또는 작업대를 설치하지 아니할 수 있다. 4) 20미터 이하의 사다리차에 수평자세 교정 장치가 없는 경우 3도의 경사지에서 작업할 수 있도록 하여야 하고 프로그램 저장장치, 방수포 카메라, 풍속계를 적용하지 아니할 수 있다.
굴절 사다리차 (33미터 이상)	1) 굴절사다리차는 전장 12,500밀리미터 이하, 전폭 2,500밀리미터 이하, 전고 4,000밀리미터 이하로 한다. 다만, 작업대가 설치되지 않은 경우의 전고는 3,900밀리미터 이하로 하여야 한다. 2) 굴절사다리차는 2단 이상의 트러스 구조로 각 단의 움직임은 한 개 이상의 굴절식으로 이루어진 사다리 장치가 유압에 의하여 신장 및 수축, 기립상승, 기립하강, 좌회전 및 우회전 기능을 하는 것을 말한다. 3) 33미터 이상의 굴절사다리차에는 작업대가 있어야 한다.
굴절 사다리차 (33미터 미만)	1) 굴절사다리차는 전장 10,000밀리미터 이하, 전폭 2,500밀리미터 이하, 전고 3,900밀리미터 이하로 한다. 다만, 작업대가 설치되지 않은 경우의 전고는 3,800밀리미터 이하로 하여야 한다. 2) 굴절사다리차는 2단 이상의 트러스 구조로 각 단의 움직임은 한 개 이상의 굴절로 이루어진 사다리 장치가 유압에 의하여 신장 및 수축, 기립상승, 기립하강, 좌회전 및 우회전 기능을 하는 것을 말한다. 3) 33미터 미만의 굴절사다리차에는 작업대가 있어야 한다. 다만, 소방펌프 및 물탱크가 설치된 경우에는 작업대를 설치하지 아니할 수 있다. 4) 20미터 이하의 굴절사다리차에 수평자세 교정 장치가 없는 경우 3도의 경사지에서 작업할 수 있도록 하여야 하고 프로그램 저장장치, 방수포 카메라, 풍속계를 적용하지 아니할 수 있다.
굴절탑 사다리차 (33미터 이상)	1) 굴절탑사다리차는 전장 13,000밀리미터 이하, 전폭 2,500밀리미터 이하, 전고 4,000밀리미터 이하로 한다. 2) 굴절차는 2단 이상의 박스형 구조로 각 단의 움직임은 한 개 이상의 굴절식으로 이루어진 굴절붐 장치가 유압에 의하여 신장 및 수축, 기립상승, 기립하강, 좌회전 및 우회전 기능을 하는 것을 말한다. 3) 33미터 이상의 굴절차에는 작업대가 있어야 한다.
굴절탑 사다리차 (33미터 미만)	1) 굴절탑사다리차는 전장 10,000밀리미터 이하, 전폭 2,500밀리미터 이하, 전고 3,900밀리미터 이하로 한다. 2) 굴절탑사다리차는 2단 이상의 박스형 구조로 각 단의 움직임은 한 개 이상의 굴절로 이루어진 굴절탑 장치가 유압에 의하여 신장 및 수축, 기립상승, 기립하강, 좌회전 및 우회전 기능을 하는 것을 말한다. 3) 33미터 미만의 굴절사다리차에는 작업대가 있어야 한다. 4) 20미터 이하의 굴절탑사다리차에 수평자세 교정장치가 없는 경우 3도의 경사지에서 작업할 수 있도록 하여야 하고 프로그램 저장장치, 방수포 카메라, 풍속계를 적용하지 아니할 수 있다.

2 소방사다리차의 구조

(1) 기본요건

① 워밍업을 하지 않고 즉시 작업이 가능해야 하고, 도로여건과 무관하게 최단거리로 통과 할 수 있는 침투력이 좋아야 하며 작업 속도 등에서 긴급 대응성능을 갖추어야 함
② 장비 특성상 장비 1대당 여러 명의 운전원이 교대근무를 통하여 사용하기 때문에 조작방법의 편리성과 간편해야 함
③ 대부분 장비 가동율이 높지 않으나 상시 출동대기상태인 관계로 장기보관 대책이 필요함

(2) 주요제원

다음에 기술하는 소방사다리차의 주요 제원은 장비의 평가 및 운영상 중요한 정보로 활용되어 진다.
① 길이(전장) : 장비의 주행방향 길이, 국내 법규상 최대 13미터를 초과할 수 없다.
② 너비(전폭) : 장비의 좌측에서 우측까지 거리, 후사경을 제외한 상태에서 측정된 최 외곽 거리이고, 국내 법규상 2.5미터를 초과 할 수 없다.
③ 높이(전고) : 주행상태 기준 지면에서 장비의 제일 높은 곳 까지 거리이며 국내 법규상 4미터를 초과할 수 없다.

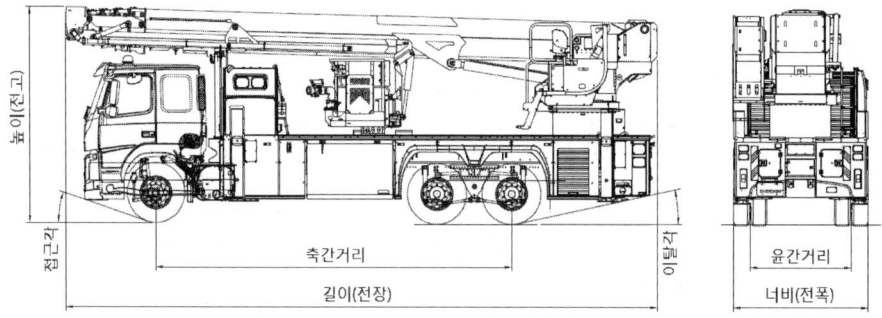

④ 공차 하중 : 차량의 탑승자 및 적재물이 없고 연료는 가득 채운 상태의 중량이다.
⑤ 적차하중 : 차량의 탑승자, 적재물 및 연료를 포함한 상태의 중량이다.
⑥ 축간거리 : 제일 앞축 중심에서 제일 뒷축중심까지 거리이다.
⑦ 윤간거리 : 좌측 타이어 중식에서 우측 타이어 중심까지 거리이다.
⑧ 접근각 : 차량의 1축 타이어와 전면 하부와 이루는 경사각도임.
⑨ 이탈각 : 차량의 마지막 타이어와 차량의 후부 하부와 이루는 경사각도임.
⑩ 작업높이 : 임의의 작업반경에서 측정된 값으로 작업이 이루어지는 높이로 최저지상고를 갖는 타이어가 지면부터 50밀리미터 이내에서 이격되도록 아웃트리거를 지지한 상태에서 확장구조물은 임의의 높이로 인출한 후 지면에서 작업대 난간까지 높이를 말한다. 다만, 작업대가 없는 사다리의 경우 마지막 사다리 끝단 가로대까지 측정된 거리를 말한다.

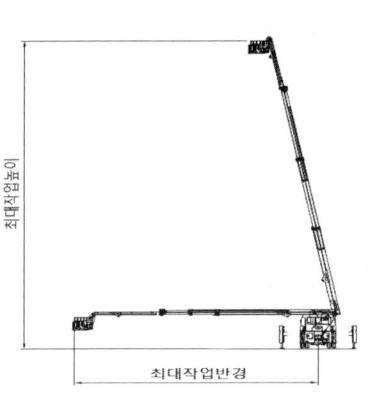
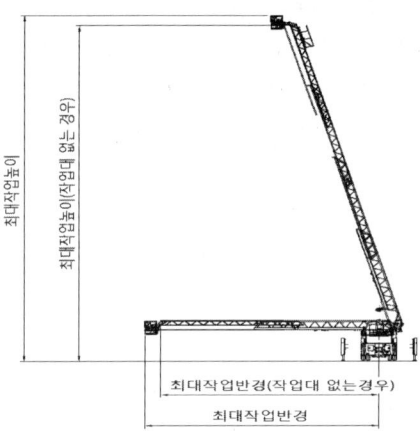

⑪ 최대작업높이 : 최저지상고를 갖는 타이어가 지면으로부터 50밀리미터 이내 떨어지도록 아웃트리거를 지지한 상태에서 사다리는 최대 높이로 인출한 후 지면에서 작업대 난간까지 측정된 거리이고, 미터단위로 표기하며 소수점 이하의 숫자는 산입하지 아니 한다. 다만, 작업대가 없는 경우 지면에서 마지막 사다리 끝단 가로대까지 측정된 거리를 적용하고, 아웃트리거가 2개 미만인 경우 타이어가 지면에 지지된 상태에서 거리를 측정한다.

⑫ 작업반경 : 임의의 작업높이에서 측정된 값으로 턴테이블 회전중심에서부터 작업대 난간 앞면까지의 거리를 말한다. 다만, 작업대가 없는 사다리의 경우 마지막 사다리 끝단 가로대까지 측정된 거리를 말한다.

⑬ 최대작업반경 : 확장구조물이 전, 후, 좌, 우 제일 유리한 방향에서 전개된 상태에서 측정된 제일 큰 한계작업반경을 말한다.

⑭ 한계작업반경 : 확장구조물이 규정된 하중을 적재한 상태 및 임의의 높이 또는 상승상태에서 전복이나 구조물 강성에 적합한 상태를 유지할 수 있는 가장 큰 작업반경을 말한다.

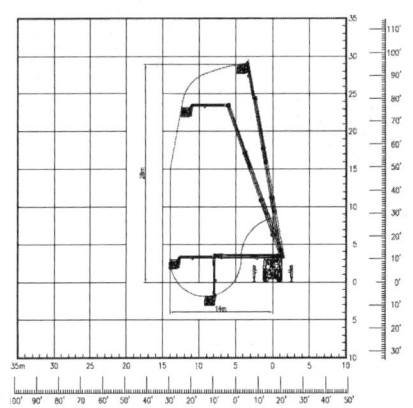
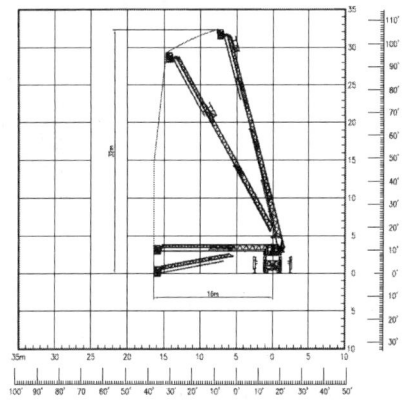

⑮ 작업선도 : 소방사다리차를 이용하여 구조가 가능한 높이 및 거리를 그림으로 나타낸 표이며 장비 운영자는 이를 토대로 작업 가능한 범위를 알 수 있다. 장비 운영자는 이를 이용하여 작업대가 접근 가능한 범위 및 승강기 사용가능한 범위를 숙지하여야 한다.

⑯ 정격하중 : 사다리선단 또는 작업대, 승강기 등에 탑승인원 및 구조용장비등에 대한 중량을 의미 한다.
⑰ 수평자세교정각도 : 지면기울기로부터 확장구조물을 수평으로 교정한 각도
⑱ 기립각도 : 직진붐 또는 직진사다리구간과 수평면이 이루는 각도
⑲ 굴절각도 : 굴절붐 또는 굴절사다리와 직진식 확장구조물이 이루는 각도

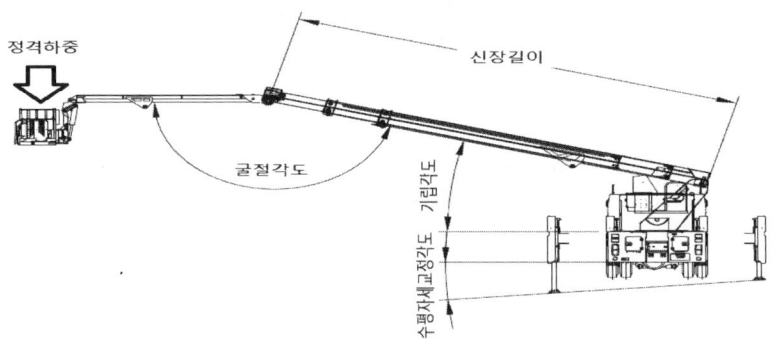

(3) 서브프레임 구성

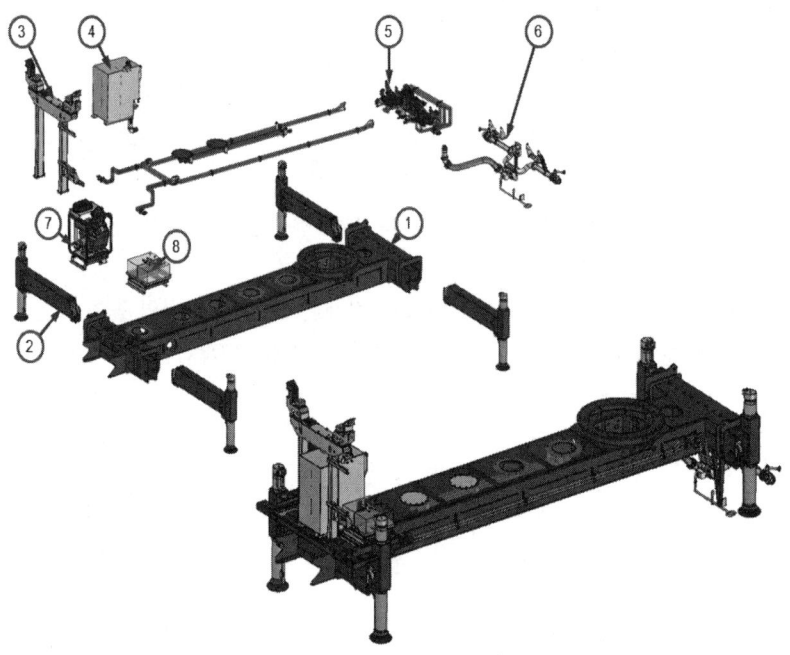

① 서브프레임 : 차대와 상부 구조물 및 차체를 고정하는 역할을 수행한다.
② 아웃트리거 : 확장구조물이 전개되더라도 전복이 발생하지 않도록 지면지지 역할을 수행한다.
③ 사다리(붐) 지지대 : 확장구조물 수납된 상태를 지지하여 주며 주행 시 확장고조물이 흔들리지 않도록 한다.
④ 유압유 탱크 : 유압장치 작동에 필요한 충분한 용량의 유압유를 저장하고 있으며 가열장치가 설치되어 있다.
⑤ 유압장치 : 유압펌프, 방향전환장치, 유압조절장치 등이 포함되어 있다.

⑥ 하부 수배관장치 : 방수를 위한 배관이 방수총까지 연결되어 있다
⑦ 보조엔진 : 주동력계통 이상발생시 장비를 구동할 수 있다.
⑧ 축전지

(4) 아웃트리거

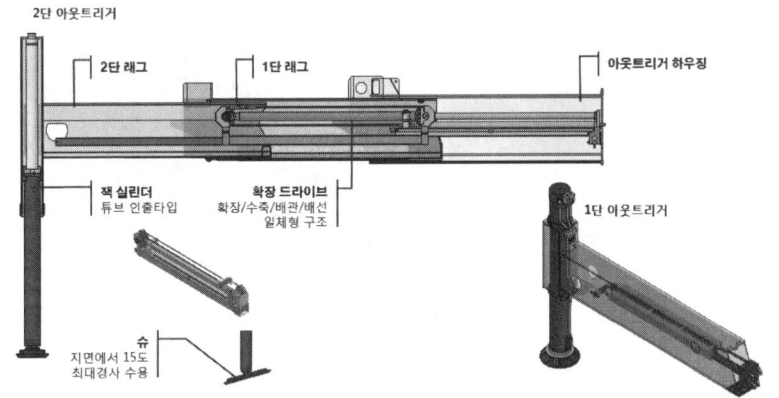

① 아웃트리거는 확장구조물이 전개되더라도 전복이 발생되지 않도록 지면지지 역할을 수행하는 장치이며, 이를 구성하기 위하여 서브프레임에 고정된 박스에 신장, 수축을 수행하는 랙과 지면을 지지하는 잭으로 구성된다.
② 잭에는 지면안착이 이루어지는 슈가 부착되어지고 확장 및 잭 실린더에는 인터락 밸브가 설치되어 배관파손에 의한 전복이 이루어지지 않도록 되어있다.

(5) 턴테이블

서브프레임 상단에 설치되고 확장구조물을 지지하며 기립, 회전 운동을 수행한다.

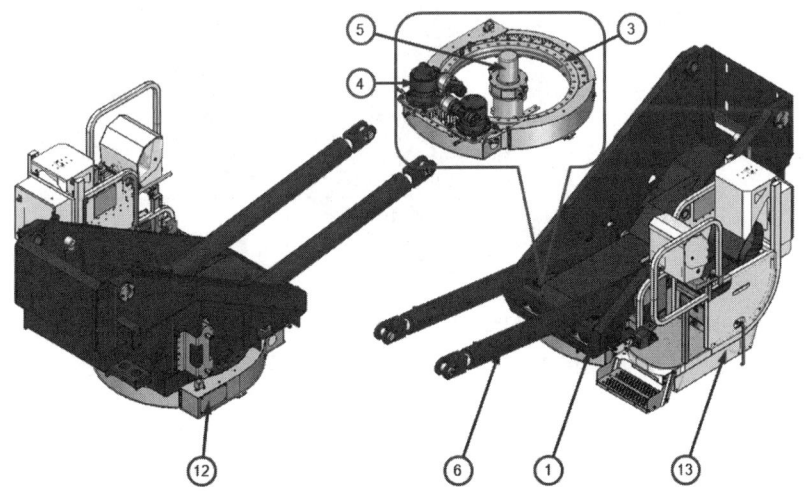

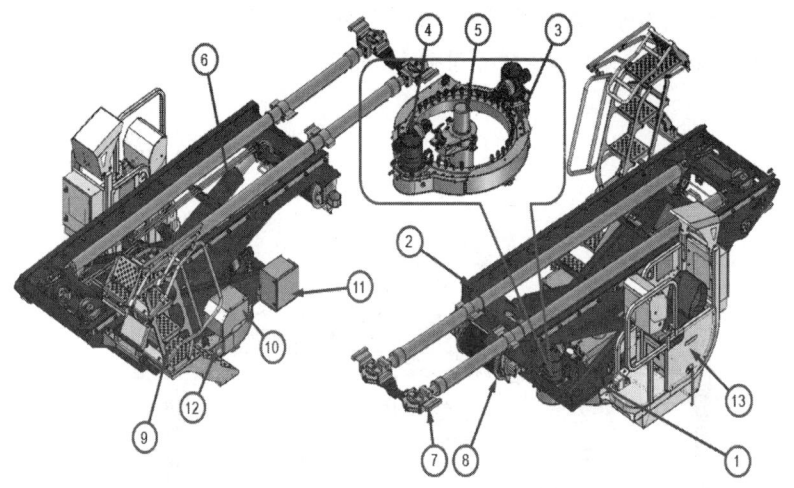

① 턴테이블 구조물　② 사다리차 상부 턴테이블　③ 회전 링기어
④ 회전 감속기　⑤ 로터리조인트 및 스위블 조인트　⑥ 기립실린더
⑦ 사다리 확장실린더　⑧ 승강기 와이어 드럼　⑨ 승강기 접근계단
⑩ 유압밸브　⑪ 그리스주입장치　⑫ 회전센서
⑬ 턴테이블 조작대

(6) 작업대장치

① 굴절차 작업대

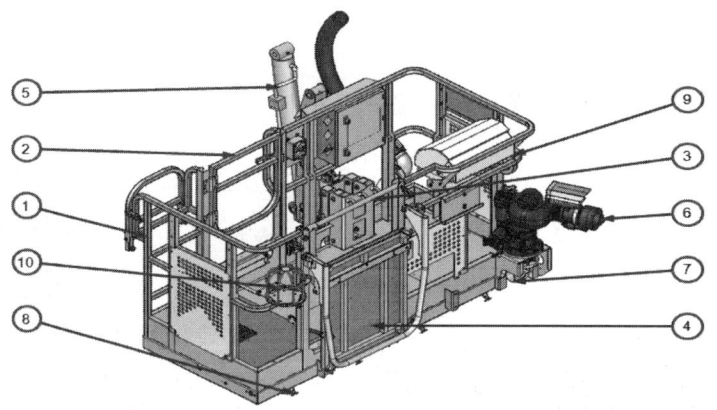

① 작업대 구조물　② 뒷면 출입구　③ 전면 출입구　④ 보조발판
⑤ 밸런스 실린더　⑥ 방수총　⑦ 수배관 연결구　⑧ 자위분무장치　⑨ 조작대

② 사다리차 승강기 장치

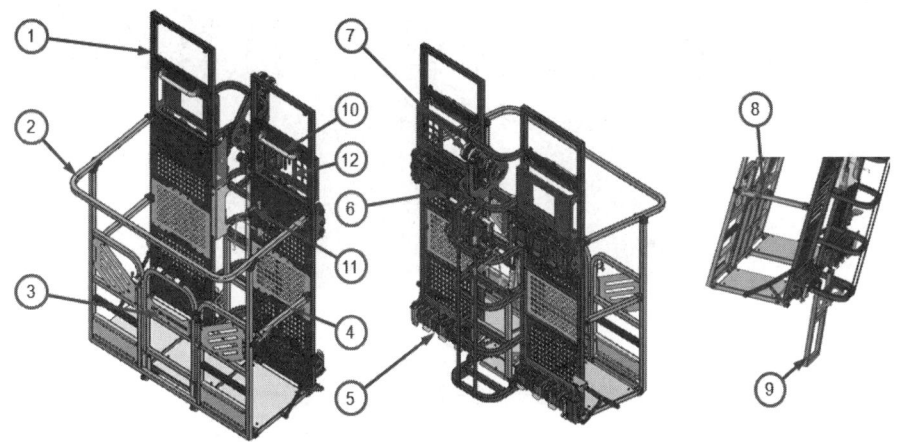

① 프레임 구조물	② 난간장치	③ 뒷면 출입구	④ 옆면 출입구
⑤ 하부 롤러	⑥ 캠롤러브레이크	⑦ 승강이 와이어 롤러	⑧ 탈출구
⑨ 탈출사다리	⑩ 손잡이	⑪ 안전벨트 고리	⑫ 통신장치

(7) 송수용 배관 및 방수총

① 급수구 : 펌프차 또는 탱크차로부터 호스를 통하여 급수를 받을 수 있는 곳이며 역류방지를 위하여 볼밸브를 설치한다.
② 릴리프 밸브 : 규정된 압력을 초과하지 않도록 한다.
③ 배수구 : 드레인 밸브 작동 시 배수구를 통하여 배출되어 진다.
④ 자동드레인 밸브 : 확장구조물 수축 시 자동으로 배수구를 열어준다.
⑤ 수동드레인 밸브 : 자동드레인 문제 발생 시 수동드레인 밸브를 통하여 배수를 할 수 있다.
⑥ 호스 연결구 : 상부로 공급되는 배관

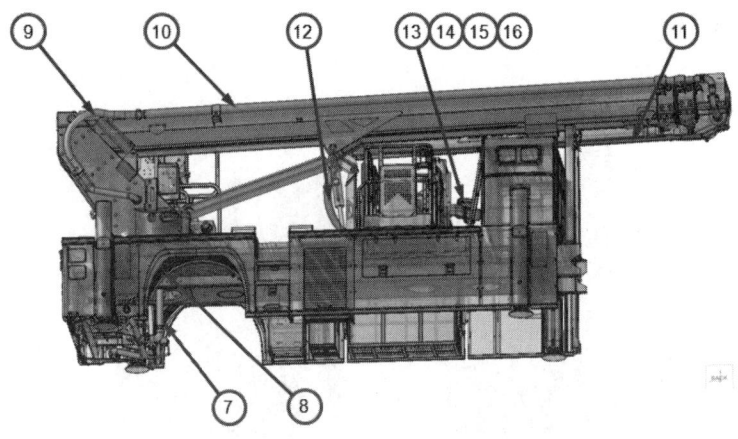

(굴절차용 송수용 배관 및 방수총)

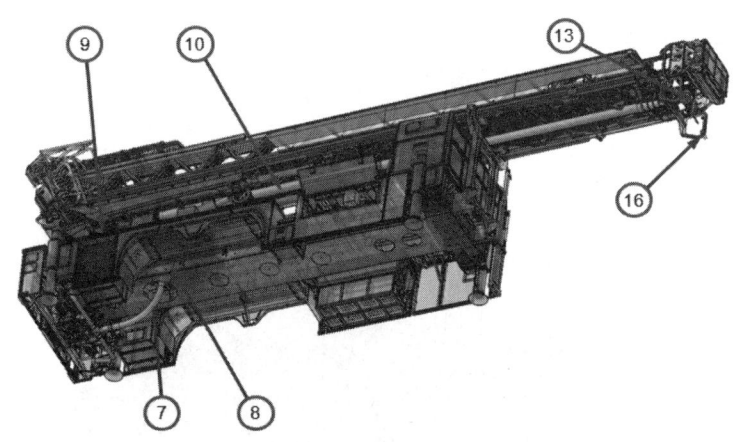

(사다리차용 송수용 배관 및 방수총)

- ⑦ 하부 수배관 호스 : 하부에서 스위블 조인트로 연결되는 배관
- ⑧ 스위블 조인트 : 턴테이블위치에 있으며 무한회전을 지원한다.
- ⑨ 턴테이블 수배관 : 스위블에서 호스실린더로 연결된 배관
- ⑩ 호스 실린더 : 다단 구조로 되어 있으며 직진식 확장구조물과 연동하여 움직이는 구조로 되어있다.
- ⑪ 굴절붐 수배관
- ⑫ 작업대 수배관
- ⑬ 방수총
- ⑭ 외부 연결구 : 작업대를 통하여 현장 진입하여 직접 호스를 이용하여 화재진압을 할 때 사용함
- ⑮ 자위분무장치 : 작업대 및 탑승자를 화염원으로부터 보호
- ⑯ 방수총 차단밸브 : 외부연결구 사용 시 방수총으로 토출되는 라인은 차단하고 외부연결구 볼밸브를 열어주어야 한다.

(8) 사다리 확장구조물

일반적으로 사다리는 각형파이프를 조합한 용접구조물로 제작되어진다. 사다리 내부에는 가로대를 통하여 직접 이동할 수 있는 통로가 제공 되어 지고, 각사다리는 유압실린더에 연동된 와이어에 의하여 신장 및 수축이 이루어질 수 있도록 되어 있다.

(9) 굴절붐

① 일반적으로 굴절붐은 고장력 철판을 이용하여 박스형태의 구조물로 제작되어진다. 굴절붐과 직진붐 조합으로 이루어지고 직진붐은 유압실린더에 연동된 와이어 또는 체인에 의하여 신장 및 수축을 하고, 굴절붐은 유압실린더에 의하여 직접 작동하도록 되어 있다.

② 굴절붐 측면에 보조사다리를 설치하여 비상시 사다리를 이용한 연속구조 활동을 수행할 수 있는 장치이다. 일반적으로 사다리재질은 알루미늄으로 제작되어지고 굴절구간, 작업대에서 사다리로 이동구간 및 1단 구간에서 차체상판까지 이동시 안전에 유념하여야 한다.

3 고가·굴절사다리차 안전운행

(1) 주의 사항

① 안전장치를 제거하거나 변경하지 말고 정상적 작동여부를 확인한다.
② 사다리와 아웃트리거 및 방수 펌프, 비상발전장치 등 모든 장치의 기능을 교대시간에 사전 점검을 하여야 한다.
③ 특수자동차 취급설명서, 안전표시 등을 반복하여 읽고 숙지하여 조작자가 사용하는 장비에 익숙해 져야 한다.
④ 안전예방에 대한 조작자의 태도는 매우 중요하며 일어날 가능성이 있는 사고에 대한 예견을 하는 습관은 사고를 미연에 방지하게 할 것이며 조작자가 사고에 대응하는 시간을 빠르게 히 줄 것이다.
⑤ 출동현장 여건에 따라 작업을 일시 중단할 경우에는 운전석을 잠가 놓거나 조작 박스를 잠가 둠으로써 다른 사람이 사용하지 못하도록 한다.
⑥ 차량제작 시 제한된 최대 정격하중을 초과하지 않는다.
⑦ 차량에서 공구나 물체를 던져 올리거나 내리지 않는다.
⑧ 조작 중 움직이거나 고정된 물체(장애물)가 작업반경내에 있는지 확인한다.
⑨ 바스켓이 작동중일 때에는 차량 주변에 사람이 서 있지 않도록 한다.
⑩ 특수차량의 안전장치나 조작 장치를 임의로 수정하거나 만지지 않도록 하며 취급설명서에서 지정한 주기에 따라 정기적인 보수유지 규칙을 준수한다.
⑪ 특수차량에 관한 작동과 운용에 관한 훈련을 받고 이러한 능력을 갖추었음이 입증된 자   로서 장비 관리자가 지정한자만 조작한다.
⑫ 개인안전 장비를 착용한 상태에서 작업하여야 합니다.

> ◉ 턴테이블 조작위치 : 안전모, 안전화 착용
> ◉ 바스켓 또는 사다리 위치 : 안전모, 안전벨트, 안전화 착용

(2) 장비의 사용 제한

- 모든 소방자동차는 국내 도로교통법에서 정한 특수자동차로 승인을 득한 장비이다.
- 소방자동차의 장비는 소방용 기계기구 관리법상의 제반법규에 준하여 제작된 장비이며 장비의 모든 기술적인 사양과 외관사양은 관련기관의 심의와 검사를 거쳐 성능 및 형식승인을 득한 장비들이다.
- 소방자동차가 출고된 이후 임의로 외관 및 기능을 개조·제거하거나 사용이 제한된 용도로 사용 할 경우 법률적, 안전적 책임에서 자유로울 수 없을 것이다.
- 고가·굴절사다리차의 사용제한 용도는 다음과 같다.
① 고압선 작업용으로 사용하지 않는다.
② 특수물질 수송용으로 사용하지 않는다.
③ 크레인 대용으로 사용할 수 없다. 어떠한 상황 하에서도 사다리나 붐으로 중량물을 들어 올려서는 안 되며 장비에 표준 적재량 이외의 물건은 적재할 수 없고 또한 승강기나 바스켓에는 허용 하중 이외의 하중을 적재할 수 없다.
④ 화물수송용으로 사용하지 않는다. 승강기 및 바스켓은 이삿짐수송 또는 기타 화물 수송에 대한 안전이 고려되지 않았다.
⑤ 사다리 장비는 승강기나 바스켓에 실린 하중을 수직으로 올리거나 내리기 위한 목적으로만 설계된 장비이며 따라서 수평으로 당기거나 미는 작업은 금지되어 있다.

(3) 긴급출동 운행 시 안전운행 기본 10훈

① 교통상황에 따른 적정속도 주행 및 적신호 교차로에서는 일시정지 후 좌우를 살피면서 서행으로 통과한다.
② 적신호 교차로에서는 피양차량 등에 의한 사각이 있을 경우 그 직전에서 확실하게 일시정지 후 안전을 확인하고 통과한다.
③ 적신호 교차로에서는 주위 보행자 및 차량 등의 움직임을 확실하게 파악한 후 안전속도로 통과한다.
④ 적신호 교차로에서 좌회전 시는 좌측통행 보행자 및 자전거 등에 주의한다.
⑤ 신호등이 없는 교차로에서는 교차로 직전에 확실하게 일시정지 후 좌우 안전을 확인하고 서행으로 통과한다.
⑥ 이면도로나 협소한 도로에서는 보행자 또는 자전거 등의 돌연 돌출에 주의하면서 안전운행 하도록 한다.
⑦ 중앙선을 넘어 운행하거나 일방통행로의 역방향으로 운행 시는 전방의 차량 등에 주의를 기울이면서 안전한 속도로 주행 또는 서행한다.
⑧ 후진하는 경우에는 후진방향, 위치 및 장애물 등을 확인한 후 서행하고 사각이 있을 경우는 안전여부를 반드시 파악한다.
⑨ 도로교통상황에 따라 상시 안전운행에 주의를 한다.
⑩ 현장 도착 시에는 현장 작업 전에 반드시 고임목을 이용하여 소방차를 안전하게 고정주차 후 현장 활동을 실시한다.

(4) 고가·굴절사다리차의 안전수칙

① 아웃트리거 작업 안전수칙

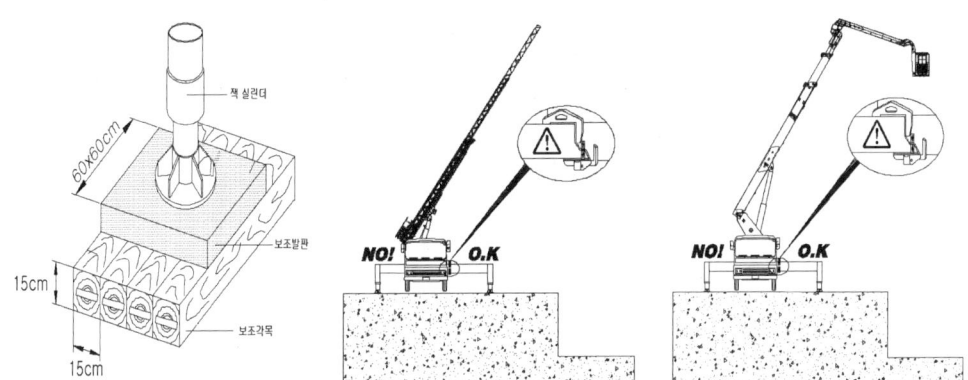

ⓐ 운전자는 장비를 설치하고자 하는 지면이 충분히 견고한지 세심하게 관찰해야 한다.
ⓑ 운전자는 필히 그 현장의 지면의 상태를 잘 아는 주민 기타 관계된 사람들에게 지면의 상태에 대하여 문의하여야 하며, 조금이라도 의심스러운 지면에는 장비를 설치하지 않는다.
ⓒ 만약 작업할 지면이 단단하지 않거나 스태빌라이저의 표준 발판으로 지탱이 어렵다고 판단될 때에는 표준 발판 밑에 보조발판을 삽입하여 스태빌라이저가 받는 압력을 분산시켜 발판의 최대 정격허용 압력이내에 모든 스태빌라이저의 압력이 가해지도록 한다.
ⓓ 아웃트리거 암에 표시된 최대반력을 감안하여 보다 넓은 지지면이 필요한 경우 가로×세로가 최소 15cm×15cm인 보조 각목을 사용한다.
ⓔ 작동 시 모든 아웃트리거는 완전히 펼쳐지고 지지되어야 하며 차량은 항상 수평상태를 유지하여야만 한다.
ⓕ 지면의 최대지지력은 KN/㎡으로 표시하며 지면의 종류에 따른 최대지지력은 다음과 같다.

지면의 종류	허용압력 (KN/㎡)
다져지지 않은 객토	150
최소두께 20cm인 아스팔트	200
다져진 쇄석골재	250
굳은 점토나 진흙땅	300
입자가 틀린 오톨도톨한 지면	350
밀집된 자갈	400~500
사력층(적당히 다져진 자갈땅)	750
바싹하게 바란 암석	1000

② 아웃트리거의 올바른 설치방법
　㉠ 장비를 작동하기 전에 스태빌라이저가 단단히 지면에 고정되었는지 또한 차량의 타이어가 지면으로부터 떨어져 차량의 중량이 적절하게 분산되었는지 육안으로 확인한다.
　㉡ 전후 아웃트리거를 완전히 펼치지 않거나 장비를 수평으로 설치하지 않았을 때 사다리나 붐의 스윙 또는 상하작동에 의한 관성력에 의한 장비의 전복 또는 신체부위의 손상을 초래할 수 있다.
　㉢ 아웃트리거 확장위치에 간섭물체를 확인한다.
③ 고가사다리 작업 안전 수칙*** 20년 소방교 / 21년 소방위

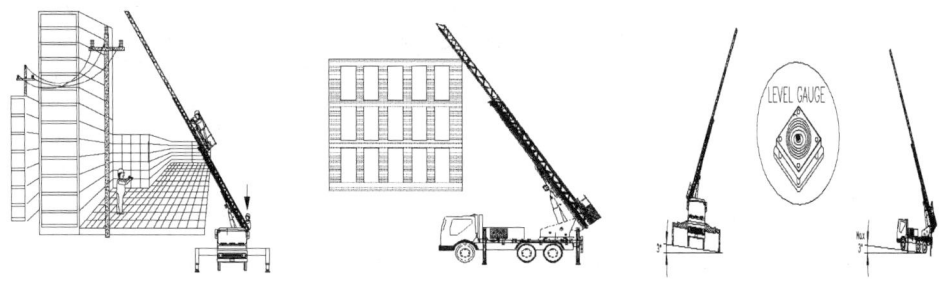

　㉠ 사다리를 펼친 후 직접 계단을 타고 오를 수 있다. 계단을 탈 때 미끄러지거나, 추락할 위험이 있기 때문에 안전벨트를 반드시 착용한다.
　㉡ 안전장비를 이용하기 전에 이상이 없는지 항상 주의하여 살핀다.
　㉢ 사다리를 탈 때 지상에 있는 작업자의 지시에 따른다.
　㉣ 승강기와 사다리 사이에 간혹 신체의 일부분(손, 발, 팔 등)이 끼일 수 있으므로 작업을 할 때는 안전화와 장갑을 끼고 이용한다.
　㉤ 운전자가 전선이나 위험 요소와의 거리를 가늠할 수 없는 현장에서는 반드시 보조자의 유도를 받거나 장비를 안전한 곳에 다시 설치한다.
　㉥ 사다리 및 붐을 회전 할 때 건물이나 기타 장애물이 있을 수 있다. 사다리 선단 또는 바스켓에 센서가 부착되어 장애물 감지 시 갑자기 사다리가 멈출 수 있다. 장애물에 부딪히지 않게 장비를 안전한 곳에 다시 설치한다.
　㉦ 사다리 및 붐을 안착 시킬 때 컨트롤 박스에서 사다리 안착 되었는지 램프로서 확인 가능하므로, 반드시 컨트롤 박스에서 붐이 안착 되었는지 확인한 후 주행한다.
　㉧ 장비는 사다리의 작업 반경에 의하여 설계되어 있다. 작업 반경에 의하여 작업을 하여야 하며 작업범위를 넘어서 작업 할 경우 장비가 전복이 되거나 아웃트리거에 손상이 갈 수 있다.
　㉨ 사다리가 건물이나 기타 장애물에 걸리지 않도록 한다.
　㉩ <u>장비 설치 시 전, 후, 좌, 우 최대 5도 이상 기울이지 않는다.</u>
④ 승강기 안전 수칙
　㉠ 승강기 용량을 초과시키지 않는다. 사다리차 장비는 승강기의 중량에 맞게 설계되어 있다.
　㉡ 승강기 작동 중 반드시 손잡이를 잡고 안전벨트를 착용한다. 사다리가 높이 올라갔을 때 어떤 위험이 닥칠 수 있는지는 알 수 없다. 승강기가 완전히 내려 왔을지라도 작업자가 지시하기 전에는 내려서는 안 된다.

ⓒ 승강기를 탑승 하였을 때는 승강기 내에서 뛰거나, 장난을 쳐서는 안 된다.
ⓓ 만일 원격 조정기나 승강기에서 작업 중일 때 '비상 정지 버튼이 작동'되었다면 결함을 고친 후에 '재작동'을 위해서는 붐, 사다리 및 아웃트리거 장치와 방수 펌프 장치의 모든 레버와 스위치는 중립 상태에 있어야 한다.

⑤ 사다리 접근계단 안전 수칙
  ⓐ 사다리 승강기를 급히 올라가기 위해서 스톱퍼를 잡았을 때 스톱퍼가 당겨지면서 손을 다칠 위험이 있다.
  ⓑ 접근 계단은 비좁기 때문에 뛰어내리거나 장난치지 않는다.
  ⓒ 아웃트리거를 모두 펼치지 않은 상태에서 절대 사다리 접근계단에 오르거나 접근하지 않는다.

⑥ 굴절붐 작업 안전 수칙*** 20년 소방교 / 21년 소방위

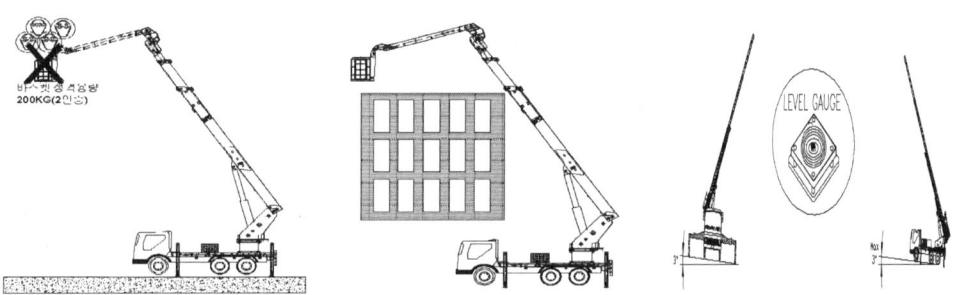

  ⓐ 바스켓 용량을 초과시키지 않는다.
  ⓑ 장비 설치 시 전, 후, 좌, 우 최대 3도 이상 기울이지 않는다.
  ⓒ 장비는 사다리의 작업 반경에 의하여 설계되어 있다.
    작업반경에 의하여 작업을 하며 작업범위를 넘어서 작업 할 경우 장비가 전복이 되거나 아웃트리거에 손상이 갈 수 있다.
  ⓓ 붐이 건물이나 기타 장애물에 걸리지 않도록 한다.

⑦ 보조 사다리 안전수칙
  ⓐ 보조 사다리는 굴절 붐에 달려있다. 이것은 어떤 안전장치도 되어있지 않기 때문에 반드시 안전벨트를 착용하고 올라간다.
  ⓑ 보조 사다리를 오를 때 미끄러질 수 있다. 반드시 사다리에 미끄럼 방지 테이프가 붙어 있는지 확인한다.
  ⓒ 지상에 있는 작업자의 지시를 따른다. 어떤 사고가 발생할 수 있을지는 예측할 수 없기 때문에 대처가 빠른 지상의 작업자가 지시하는 대로 대처한다.

⑧ 보조 난간 안전수칙

㉠ 보조 난간은 안전하게 사다리승강기에서 건물로 넘어 갈 수 있도록 만든 보조 장비이다. 부주의로 인하여 추락할 수 있으므로 유의한다.

㉡ 손잡이와 승강기 사이에 신체가 낄 수 있으니 반드시 장갑 등 안전한 복장을 입고 작업하길 바란다.

⑨ 플렛폼 안전수칙

㉠ 작업 위치로 이동하기 위하여 너무 큰 높이로 회전할 경우 사다리나 승강기에서 떨어지는 물체에 의한 플랫폼에 있는 작업자의 신체부위 손상 우려가 있다.

㉡ 플랫폼에서 작업 중 메인 작업자가 미쳐 플랫폼에서 작업 중인 것을 발견 하지 못하고 작동하여 사다리 및 붐을 안착 시킬 때 플랫폼 위에 있는 작업자가 다칠 수 있다.

㉢ 플랫폼에서 움직이다가 플랫폼 난간이 있지만 난간을 발견하지 못할 경우 낙하 위험이 있다.

㉣ 플랫폼 가장자리에 계단이 있어 주의하지 않으면 계단으로 떨어질 수 있다.

㉤ 플랫폼을 이용하여 차량 캡 위에 올라가지 않는다. 캡은 미끄럼 방지용으로 만들어진 것이 아니므로 기름, 유압, 물에 의해 미끄러질 수 있다.

㉥ 사다리의 턴테이블이 회전할 때 턴테이블의 모서리에 부딪힐 수 있다.

㉦ 사다리의 턴테이블이 회전 한 상태에서 뒤쪽 플랫폼에 작업자가 위치하였을 때 앞 쪽으로 건널 때 낙하 위험이 있다.

㉧ 조작대의 바닥에 보조 발판이 설치되어 있다. 그 보조 발판을 펼치고 접을 때 낙하에 조심한다.

⑩ 계단 사용 안전 수칙

㉠ 계단을 오르내리거나 플랫폼 위에서의 작업 중 부품이나 호스에 걸려서 넘어지거나 부딪혀서 야기되는 손이나 머리의 손상에 주의한다.

㉡ 차체 계단을 이용하여 내려올 때 뛰어내리거나, 계단 위에서 미끄러지지 않도록 주의한다.

㉢ 보조사다리 사용 시 반드시 난간을 잡고 이용한다.

㉣ 장비 위나 계단, 혹은 발로 디디고 다니는 곳은 기름이나 기타 오물들을 깨끗이 제거한다.

⑪ 조작반 사용 안전 수칙

㉠ 컨트롤 레버를 작동하여 작업대를 작업위치로 이동할 때에는 레버를 한 번에 수 초 동안 작동하여 서서히 접근한다.

㉡ 컨트롤 레버는 항상 정숙하고 조심스럽게 작동한다. 경솔하고 부주의한 작동은 사고의 원인이 된다.

㉢ 레버를 작동 중일 때에는 작업대의 진행 방향을 항상 주시한다.

㉣ "장비의 작동" 및 "주행 위치로의 복귀"는 반드시 그 작동 순서에 준하여 작업해야 하며 그렇게 하지 않을 경우 장비는 작동하지 않는다.

⑫ 아웃트리거 조작반 사용 안전 수칙

㉠ 아웃트리거를 조작하기 전에 아웃트리거를 폈을 때 장애물 또는 사람이 있는지 확인한다.

㉡ 조작하기 전 조작반 작동요령을 확인한다.

㉢ 상부 사다리 작동 중 하부 아웃트리거를 절대 조작하면 안 된다.

㉣ 작업 후 반드시 전원을 차단시킨다.

⑬ 상부 조작반 사용 안전 수칙
  ㉠ 하부 아웃트리거 조작이 끝났음을 확인 한 후 상부 조작반을 사용
  ㉡ 상부 조작 시 오작동을 방지하기 위해서 반드시 작동 요령을 숙지
  ㉢ 조작할 때 사다리의 상태 또는 승강기의 상태를 확인 하면서 조작 풍속 또는 기타 장애물에 의하여 오작동 또는 위험이 따르기 때문에 항상 주의하여 작동하여야 한다.
  ㉣ 작업대의 출렁거림과 구조적 결함 및 사용자의 위험을 초래 할 수 있는 급격한 신장/수축이나 하강 및 상승 동작을 하지 않는다.

⑭ 풍속 안전수칙
  ㉠ 사다리 작업 시 풍속이 8m/s 이상 되면 사다리가 더 이상 움직이지 않게 시스템이 작동되어 있다. 그러나 시스템을 무시하고 작업을 하였을 경우 큰 위험이 따른다.

풍력급	풍력 분류	풍속 초속 m/sec	풍속 시속 km/h	판별 요령
0	정 온	0~0.2	0~1	연기가 흔들림 없이 수직으로 올라간다.
1	지경풍	0.4~1.4	1~5	풍향을 연기의 움직임만으로 감지할 수 있고 풍향계는 움직이지 않는다.
2	경 풍	1.6~3	6~11	얼굴에 살랑거리는 바람을 느낄 수 있고 풍향계가 약간씩 움직인다.
3	연 풍	3.4~5.3	12~9	나무의 잔가지와 깃발이 살랑거린다.
4	화 풍	5.5~7.8	20~28	먼지와 휴지가 날리고 나뭇가지와 가느다란 깃대가 흔들린다.
5	질 풍	8~10.6	29~38	수면에 잔물결이 일고 호수에 거품모양의 물결이 인다.
6	대 풍	10.8~13.7	39~49	튼튼한 깃대가 움직이고 전화선이 울며, 우산을 쓰기가 어렵다.
7	강 풍	13.9~17	50~61	모든 나무가 흔들리고 바람을 거슬러 이동하기가 곤란하다.
8	질강풍	17.2~20.6	62~74	나뭇가지가 찢어지고 바깥에서 걷기가 매우 힘들다.
9	대강풍	20.8~24.5	75~88	제한적으로 건물이나, 건물의 타일이 파손되고 높은 굴뚝의 꼭대기가 휘몰아친다.
10	전강풍	24.7~28.3	89~102	나무가 뿌리째 뽑히고 건물이 무너지거나 파손될 징후가 보인다.
11	폭 풍	28.6~32.2	103~116	간판이나 건물의 일부가 파손된다.
12	태 풍	32.5 이상	117 이상	건물의 지붕이 날아가고 독립가옥이 전파된다.

⑮ 고압선 안전수칙★★★ 20년 소방교

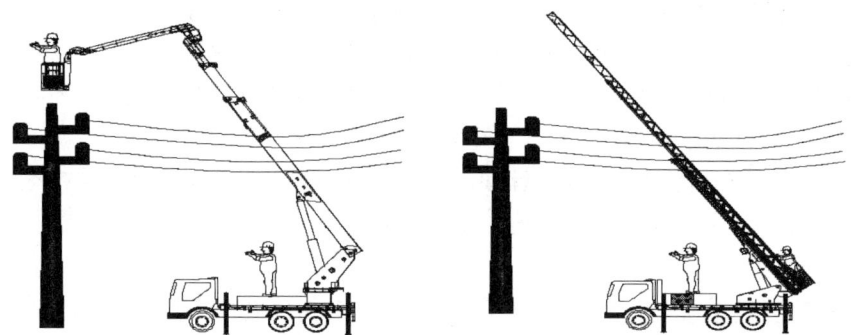

㉠ 사다리 전개 시 고압 전선의 감전에 주의한다.
㉡ <u>전선이 가까운 곳에서 작업할 때에는 최소한 5m의 거리를 유지하여야 한다.</u>
㉢ 전선과의 접근한도

전압	접근한도
0 ~ 1000V	3 feet (1 m)
1KV ~ 110KV	10 feet (3 m)
110KV ~ 220KV	14 feet (4 m)
220KV ~ 400KV	17 feet (5 m)
전압량을 모를 때	17 feet (5 m)

㉣ 장비가 전선을 접촉하였을 때 생기는 감전
㉤ 전선의 연결이 잘못되어 있거나 전원 케이블이 손상되어 있을 경우에 전기기관을 만졌을 때 감전 및 누전에 의해 발생하는 전기 충격
㉥ <u>모든 전선으로부터 최소 5m 이상 거리를 유지하여야 한다.</u>
㉦ 리모트 컨트롤의 케이블이나 컨트롤 박스는 전도체임을 항상 명심한다.

⑯ 주행안전수칙★★★ 20년 소방교 / 21년 소방위
㉠ <u>고가 및 굴절 사다리차는 일반적으로 무게중심이 위쪽에 있다.</u>
㉡ <u>급커브 주행 시 전복되지 않도록 커브 전에서 미리 감속해야 한다.</u>
㉢ 예비 소방호스나 호스등 기타 부품들을 적재하고 주행 시 제원표에 명시된 축 하중이나 전고, 전폭등이 제원표 상의 수치들을 초과할 수 없다.
㉣ <u>주차 시에는 주차 브레이크를 체결하고 고임목으로 차량을 고정시킨다.</u>
㉤ 인명구조 및 화재진압등 기타 작업을 종료 후 이동 할 때에는 사다리를 제 위치에 안전하게 안착시키고 아웃트리거를 완전히 접은 후 주행 중 펼쳐지는 것을 방지하기 위한 조치를 한 후 주행한다.

> **TIP** 고가차 각종 안전수칙은 출제경향이 높아요. 특히, 밑줄 친 부분을 암기하시기 바랍니다. ^^

4 고가사다리차

(1) 고가사다리차의 일반구조

　① 아웃트리거** 14년 경남 소방장

　　㉠ 아웃트리거 시스템
　　　내부홀딩 밸브와 복동식 유압실린더에 의해 작동되는 이중박스 빔 및 잭으로 되어있고 장비의 수동 또는 자동 레벨링은 아웃트리거 주 조정 판넬에서 선택 가능하다.

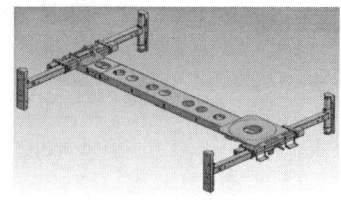

(H형 아웃트리거)

　　㉡ 일반구조
　　　ⓐ 아웃트리거의 확장 다리는 사각으로 제작되며 아웃트리거 하우징은 서브 프레임과 하나의 구조물로 제작되었다.
　　　ⓑ 슈(Shoe)
　　　　아웃트리거 슈가 불규칙한 지면에 안착 되었을 때 지면에 안정적인 면 접촉이 이루어질 수 있도록 원형 아웃트리거는 볼 링크 방식의 슈가 장착되어있다.

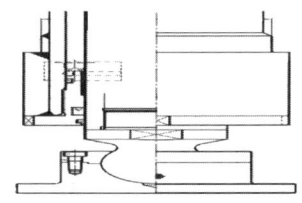 

(아웃트리거 슈 및 원형 잭 실린더 구조)

　　　ⓒ 실린더
　　　　아웃트리거 시스템에는 각각 확장 실린더 1개와 잭 실린더 1개씩 설치되며 총 8개의 실린더로 구성되어 있다.

　　㉢ 아웃트리거 성능
　　　ⓐ 아웃트리거에 작용하는 수직하중 용량 :
　　　　각 20 ton × 4개 = 80 ton
　　　ⓑ 아웃트리거 타입 : H 타입
　　　ⓒ 최대 폭 : 5.2m 이내
　　　ⓓ 작업 유효 각도 : 최대 5°

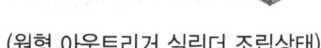

(원형 아웃트리거 실린더 조립상태)

　　　ⓔ 아웃트리거 동작 속도 : 30초 이내(펼침 기준-시작부터 자동 수평 완료 시까지)

　② 턴테이블
　　㉠ 일반구조
　　　사다리에 적용되는 모든 하중의 150% 이상의 하중에 견딜 수 있도록 설계 되었다.

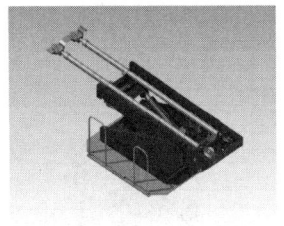  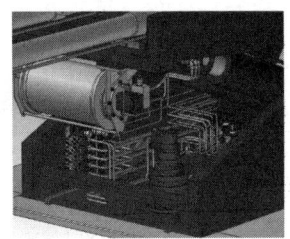

(턴 테이블)   (메인 조작대)   (감속기)

    ⓛ 선회장치

      선회장치는 스위블 조인트를 이용하여 <u>360도 무한회전이 가능한 구조</u>로 되어 있다. 스위블 조인트는 전기, 유압, 수관이 통과할 수 있는 구조로 되어 있다.

③ 사다리

  ㉠ 고가사다리

    ⓐ 사다리 시스템은 직진 6단으로 구성되어 있다.

    ⓑ 6단 사다리 끝단에는 보조스텝이 설치되어 건축물 접안 시 건물과 사다리간 틈새가 없도록 보조해 준다.(신규 출고 차량)

    ⓒ 사다리의 최대 전개 시 지면으로부터의 작업 높이는 46m 이상이다.

    ⓓ 사다리를 지면과 수평(0도) 했을 때 신장할 수 있는 최대 길이는 15m 이상이다.

    ⓔ <u>사다리 시스템의 최대 기립각도는 80도이며 최대 하향각도는 -7도이다.</u>

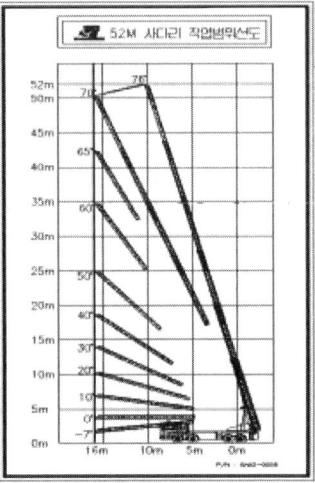

    ⓕ 사다리의 상승, 하강, 펼침, 수축은 유압 실린더에 의해 작동 된다.

    ⓖ 사다리가 작동 되고 난 뒤 최대 작업 높이까지 도달되는 시간은 130초 이내에 완료된다.

    ⓗ 사다리의 최대 작업 높이 52m에서 턴테이블의 360도 회전에 소요되는 시간은 130초 이내에 완료

    ⓘ 사다리 제작에 사용되는 재질은 ASTM500 이상의 재질이 사용된다.

  ㉡ 혼합 굴절 사다리차

    ⓐ 시스템은 직진 붐 6단과 짚(굴절) 붐 1단으로 이루어진다.

    ⓑ 바스켓이 장착된 바스켓 붐은 붐시스템 마지막에 연결되어 있는 짚 붐과 연결되어진다.

    ⓒ 붐의 최대 전개 시 지면으로부터의 작업 높이는 46m이다.

    ⓓ 붐을 지면과 수평(0도) 했을 때 신장할 수 있는 최대 길이는 15m이다.

    ⓔ 붐 시스템의 최대 기립각은 80도이며 최대 하향각은 0도이다.

    ⓕ 마지막 짚붐의 작업 각도는 직진식 붐 대비 0도에서 175도이다.

    ⓖ 모든 붐은 유압 실린더에 의해 작동된다.

ⓗ 붐이 작동 되고 난 뒤 최대 작업 높이까지 도달되는 시간은 130초 이내에 완료된다.
ⓘ 붐이 최대 작업 높이 46m에서 턴테이블의 360도 회전에 소요되는 시간은 80초 이내에 완료된다.
ⓙ 마지막 짚붐의 작업 각도가 135도일 때 작업높이는 46m이다.

(승강기 원치)	(승강기 와이어)	(직진식 승강기)	(혼합굴절바스켓)	(승강기 브레이크)
(승강기브레이크)	(사다리 비출)	(승강기 록킹)	(소방호스 연결)	(텔레스코픽 호스)
(수직구조대 장착)	(바스켓 수평)	(수직구조대 사용)	(바스켓 수평)	(짚 붐 및 바스켓)
(승강기 보조레일)	(방수포 이동장치)	(보조스텝)	(보조사다리)	(바스켓 레벨바)

④ 아웃트리거 안전 센서
　㉠ 각 아웃트리거의 동작 끝부분(확장/수축/상승/하강)에 센서들을 부착하여 아웃트리거의 동작에 있어 최대 한계점을 인식하여 자동 정지한다.
　㉡ 수평센서의 전선이 단락되거나 고장이 발생하였을 경우, 컨트롤러에서 이를 감지하여 오토 레벨링 등의 자동 동작을 제한한다.
　㉢ 수평센서의 전선이 단락되거나 고장이 발생하였을 경우, 조작반의 수평 정상 램프와 수평 이상 램프가 동시에 점멸한다.
　㉣ 지표 경사면이 5도 초과 시 아웃트리거 및 차량을 보호하기 위해 오토 레벨링 동작이 제한된다.(수평 정상 램프와 수평 이상 램프가 동시에 점멸된다)

ⓜ 전복 위험 1차 경보 : 상부 조작 중 하중 편차, 지면 침하 등으로 수평 이상 상태가 발생할 경우, 상부에 신호를 전송하여 경보를 발생하여 잭 들림 현상을 예방한다.
ⓗ 전복 위험 2차 경보 및 인터록 : 상부 조작 중 하중 편차, 지면 침하 등에 의해 잭 들림 현상이 발생하였을 경우, 경보와 함께 상부 조작의 동작 중 기립실린더 하강, 신장실린더 수축 이외에는 모든 작동을 제한한다.
ⓢ 아웃트리거 자동 전개 동작 중 장애물을 감지하면, 자동 정지하여 장애물과의 충돌을 방지한다.

5 굴절사다리차

굴절 사다리차는 3단 붐 굴절식 구조와 직진식과 굴절 붐의 혼합 구조로 나누어진다.
고층빌딩 화재 시 인명구조 및 화재진압을 할 수 있도록 지상높이 20m급, 30m급, 40m급과 50m으로 제작된 소방차량이다.
작동 방법은 고가사다리차의 일반적인 작동 방법과 동일하므로 고가사다리차의 일반적인 사항을 숙지한 후 작동하기 바란다.

바스켓	바스켓 안전작업하중은 200~340kg이며 바스켓 하중은 이 하중을 초과하면 안 된다.
바스켓 보조발판	인명 구조 시 건물과 사다리의 간격을 좁혀 보다 안전하게 인명구조를 할 수 있도록 보조하는 장치이며, 수직구조대를 장착 할 수 있는 설치대가 설치되어있다.
수직구조대	27m 수직구조대 총 중량은 68kg이며 장착 틀 부착 섬유포(1벌 길이 6m)는 18kg, (틀 포함)이고 중간 섬유포는 (1벌 길이 3m)7.2kg이다. (참고 : 섬유포 1m : 2.4kg 부착틀 : 3kg)

6 각종 센서

메인 붐 각도 센서	메인 붐 각도 센서는 메인 붐의 현재 각도를 실시간으로 감지하여 컨트롤러에 신호를 전송하며, -10도에서 +135도까지의 세팅 범위를 가지고 있다.
리미트 스위치형 센서	① 굴절식 붐 신장 완료 센서 : 턴테이블→1단. 1단→2단. 2단→3단에 위치하며 작동 한계점에 도달 시 작동하며, 작동 시 메인 조작대 경고등이 점등된다. ② 굴절식 붐 수납 완료 센서 : 붐이 수납위치에 도달하였는지를 감지하여 자동 정지를 할 수 있도록 컨트롤러에 신호를 전송한다. ③ 안착 감지 센서 : 붐 안착 시 안전하게 안착이 이루어졌는지 감지한다.
각주형 근접 센서	① 짚 붐 수납 완료 센서 : 짚 붐이 수납위치에 도달하였는지를 감지하여 자동 정지를 할 수 있도록 컨트롤러에 신호를 전송하며, 고주파 발진형 근접센서이다. ② 메인 붐 신축완료 센서 : 메인 붐의 수축 상태 감지하며, 고주파 발진형 근접 센서이다. ③ 안착 감지 센서 : 메인 붐 안착 시 안전하게 안착이 이루어졌는지 감지하며, 고주파 발진형 근접센서이다.
사다리 장애물 근접 센서	장애물 센서는 사다리 선단 끝 부분 및 바스켓 좌/우 및 하단에 장착되어 운전 중 장애물과의 충돌을 방지하며, 리미트 스위치 방식 및 광(적외선) 센서를 사용한다.
로타리 엔코더	짚 붐 각도 센서는 절대 값 로타리 엔코더(분해능 360)로서 메인 붐과 짚 붐과의 각도를 감지한다.

제3절 배연·조연 소방자동차

화재현장에서 발생하는 것으로는 연기와 뜨거운 공기, 유독가스 등이 발생되며 화재진압의 관건은 이를 신속히 어떻게 제거하느냐에 달려있다. 이에 배연의 중요성은 이루 말할 수 없을 정도로 중요하다. 그러나 송·배풍기를 사용하기 전에 현장의 상황, 주변여건, 평소훈련도 등을 항상 고려하여야 한다.

1 배 연

(1) 배연의 기본적인 요소
① 현장의 열기와 연기 및 유독가스 배출
② 적절한 환기로서 구조대상자의 생명을 구하며, 시야확보로 피난유도 원활
③ 화염의 확산 방지 및 화재손실을 줄여준다.
④ 내부온도를 내려주고 진압 시 불꽃과 농연을 외부로 배출하는 기능 수행

(2) 배연의 방법
배연작업은 매연, 열, 화재가스 등이 빠져나갈 방향을 결정하는 것부터 시작해야 한다. 방향이 정해졌으면 매연이나 열, 화재 가스 등의 오염물을 밖으로 옮기기 위한 방법이 결정되어야 한다. 이 두 가지 기본적인 작업에는 '자연식 배연'과 '기계적 배연'이 있다.

① 자연식 배연
밀폐된 빌딩에서 화재가 발생하면 화재가 난 층을 비롯하여 다른 층들을 뜨거운 연기와 유독가스 등으로 가득 차게 된다. 이때 문과 창문, 천장 등을 열어서 빌딩 내에 차 있는 유독물들을 밖으로 빼낼 수가 있는데 이렇게 자연적인 대류 현상을 이용해 배연하는 방법을 '자연식 배연'이라고 한다.
㉠ 자연식 배연이 효과적으로 실행되기 위한 조건
ⓐ 통풍이 되는 곳의 연소물의 유무
ⓑ 통풍이 되고 있는 문이나 창문의 크기와 개수
ⓒ 바람의 방향(바람이 불어오는 방향과 나가는 방향)
ⓓ 습도(축축하고 차가운 날씨에서는 자연적 대류가 활발하지 못하다)
ⓔ 빌딩 내부와 외부사이의 온도차
※ 수직배연 : 지붕에 있는 출구를 열거나 출구를 만들어 가열된 가스와 연기가 대기 중으로 빠져 나갈 수 있도록 하는 방법
※ 수평배연 : 창문이나 출입문처럼 벽에 있는 출구를 통하여 연기 등이 빠져 나가게 하는 방법

(수직배연)

(수평배연)

② 기계식 배연
  ㉠ 양압식 배연(외부 → 내부)
    ⓐ 대원들이 배풍기 사용 시 유해내부 오염물에 노출되지 않는다. (현장의 외부에 설치)
    ⓑ 배풍기의 위치상 배풍기 사용 후 청소 및 정비 최소화 시켜준다.
    ⓒ <u>양압식은 음압식보다 효율면에서 약 2배의 효과</u>
    ⓓ 배풍기 사용 시 중성대의 상단 방향(20도~30도)과 일정한 거리에서 작동
  ㉡ 음압식 배연(내부 → 외부)
    ⓐ 오염물들이 배풍기를 통하여 유입 <u>추가적인 장비청소와 정비 요함(크레소트발생 : 화재 시 매연에는 불연가스들과 불연타르 같은 액체를 내포</u> → 이 오염물은 배풍기 사용 후 제거가 아주 어려움)
    ⓑ 효과적인 사용을 위해 줄끈, 사다리 등 다른 도구가 필요
    ⓒ 화재 내부에서의 소음발생
    ⓓ 내부 배풍기 설치 시 상부에 있는 오염물제거에 효과가 적다. (공기는 저항이 제일 적은 통로를 쫓아 흐른다, 맑은 공기 후미를 따라 흐른다. 이에 음압식 배연 방법은 층의 상부에 설치해야 효과면에서 크다)
    ⓔ <u>배풍기 설치 시 바람의 방향과 같은 방향으로 되도록 설치</u>(연기의 진행방향과 바람방향 일치)
    ⓕ 건물의 옆면으로 배연 시 직선통로의 벤츄리효과를 이용하여 바람방향과 비스듬이 설치
    ※ <u>송풍기 설치는 낮은 곳에서 위로, 배풍기 설치 시는 상단에 설치</u>

(양압식 배연)　　　　　　　　　(음압식 배연)

(3) 배연결정 시 고려사항
  ① 지금 배연이 필요한가?
    건물 내부의 열기 및 구조대상자의 상태 파악
      예 요구조자를 구하기 위해 구조작업과 동시에 배연이 이루어져야 할 경우
      예 화세가 강하여 화재를 진압 한 후 배연이 필요한 경우
  ② 어느 부분을 개방해야 하는가?
    건물의 형태, 화점의 위치, 화재범위, 풍향 등을 고려
  ③ 어떤 방법으로 배연할 것인가?
    자연환기(수직배연, 수평배연), 강제환기(배연기, 수압)

(4) 양압식 배연기

① 양압식 배연기 장점

대원들은 화재현장에서 폭발로 인한 파편, 붕괴, 소음, 열기, 불꽃, 연기 등 수많은 위험에 노출되어 있다.

양압 배연을 실시함으로써 유독가스, 열기, 화염, 연기 등 대원들의 안전을 위협하고 신속한 진압 작전을 방해하는 요소를 효과적으로 제거할 수 있다.

② 배연기 위치 선정

㉠ 배연기의 바람으로 개구부를 완전히 막을 수 있는 거리 : 개구부의 대각선을 기준거리로 한다.
㉡ 화점근처에 안전한 개구부 개방 : 배연기를 20~30도 상향으로 설치한다.
㉢ 화점근처 배기구 확보 : 화재의 확대를 대비해야 한다.

(5) 배연기의 올바른 설치방법

① 급기구의 대각선 길이 = 급기구와 배연기 사이의 거리
② 배연기가 입구에 비해 클 경우 → 배연기는 입구쪽에 근거리 배치
③ 배연기가 입구에 비해 작을 경우 → 배연기를 입구에서 원거리 배치

(6) 배연기 위치선정 시 고려할 사항

① 배연기의 바람으로 급기구를 완전히 막아주지 않을 경우, 틈새로 산소를 머금은 공기가 들어가게 되어 불길이 더 커질 수 있다.
② 급기구를 완전히 막지 않으면, 양압이 제대로 형성되지 않을 뿐만 아니라 바람이 소용돌이를 일으키면서 연소확대를 초래할 수 있다.

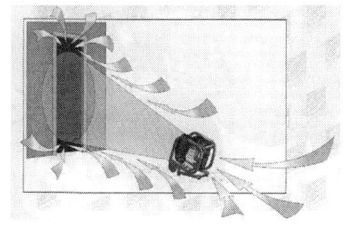

③ 양압 배연기는 바람이 아닌 공기의 압력을 이용하는 방식임

(잘못된 설치 예)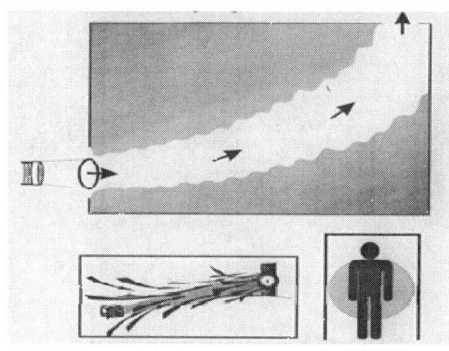

(올바른 설치 예)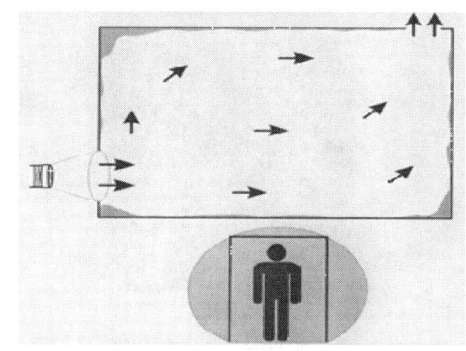

연기가 제대로 배출되지 않는다. 바람을 불어넣는 면적이 작기 때문에 급기구로 대원들이 진입할 때마다 공기의 흐름이 막혀 배연 작업이 끊길 수 있다.

건물 내부 전체가 일정한 기압상태가 되어 연기를 전부 제거할 수 있다. 충분한 양의 공기를 계속 불어넣어줄 수 있기 때문에 중단될 염려가 없다.

(7) 양압 배연을 활용한 진압 작전

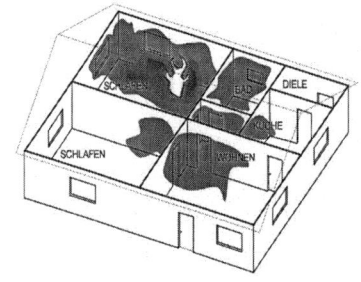

① 현장 도착 시 건물이 연기로 완전히 가득한 상태

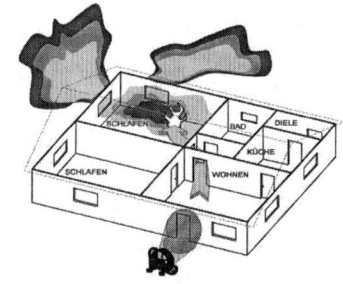

② 효율적인 배연을 위한 급기구와 배기구를 설정

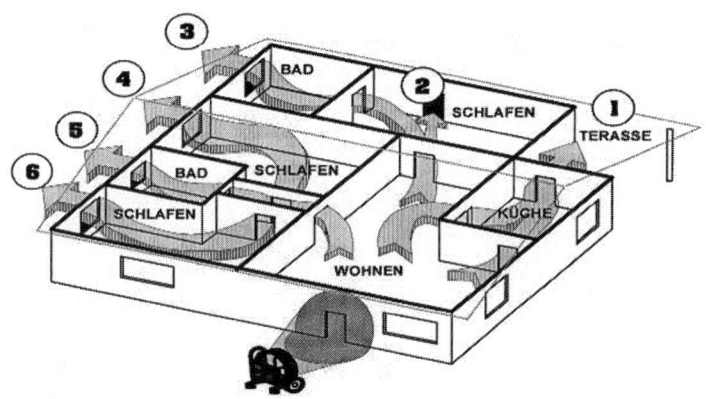

③ 문과 창문을 적절히 열고 닫음으로써 배기구를 조절하여 구획별로 배연작업을 벌이면 효과적으로 시간을 단축할 수 있다.

(8) 상황에 따른 양압 배연기 설치방법

(배기구가 없는 방에서 화재 발생 시)

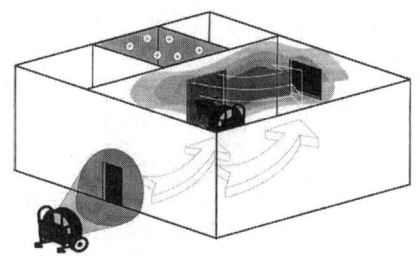

건물 입구에 배연기를 설치하고 배연을 실시할 부분의 입구에서 추가 배연기를 이용한 배연작업 실시한다.

(배연기 2대 이상 일렬배치)

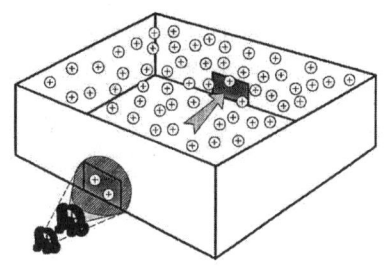

대형 배풍기를 급기구에서 약 0.6m 후방에 놓고 소형배풍기를 대형배풍기 뒤에 놓아 급기구를 추가 가압공기로 봉인한다. 이러한 조합은 앞쪽 배풍기의 효율을 약 10% 증가시켜준다.

(화재현장의 개구부가 클 경우)

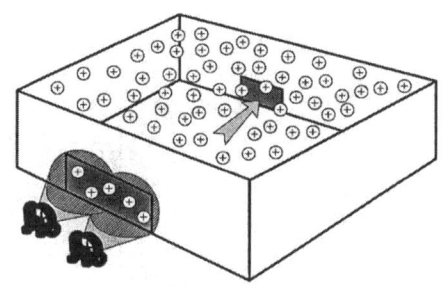

두 대 이상의 배연기를 옆으로 나란히 배열하는 방식은 일렬배치보다는 덜 효율적이다. 그러나 급기구의 면적이 대형일 때 필요한 배치방식이다.

(대형건물의 화재 발생 시)

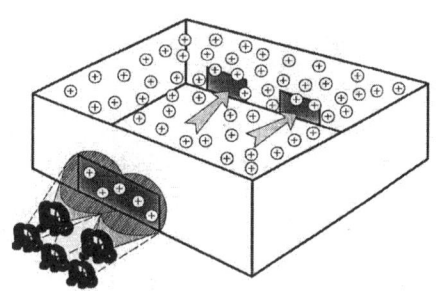

대형 건물 배연 작업 시, 다수의 배연기를 앞서 설명한 두 가지 방법을 응용하여 설치한다.

(완전 구획이 이루어지지 않은 건물)

완전 구획이 이루어지지 않은 상가 건물 화재의 경우 1, 2번 배연기로 양압을 형성하여 연기를 모은 후 3번 배연기를 이용해 배연한다.

(고층건물 화재)

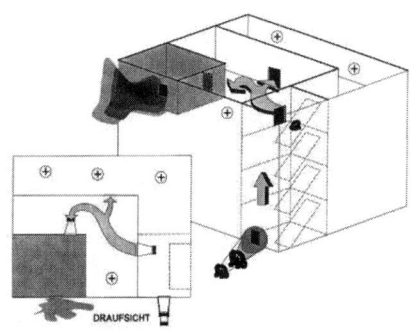

고층건물 화재의 경우 1층 외부에서 배연 작업을 실시하면서 화점층 내부에서도 배연기를 가동하면 더 효과적이다.

(면적이 넓은 건물)

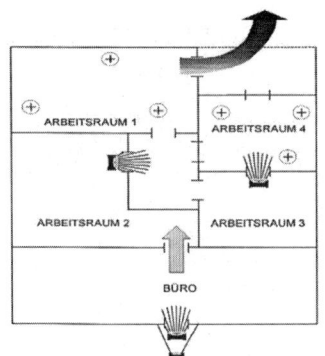

면적이 넓은 건물에서 여러 대의 배연기와 출입문들을 적절히 이용해 양압을 형성하고 연기가 없는 방을 보호하는 작전을 적용할 수 있다.

(고층건물 화재 시 저층에서 화재발생)

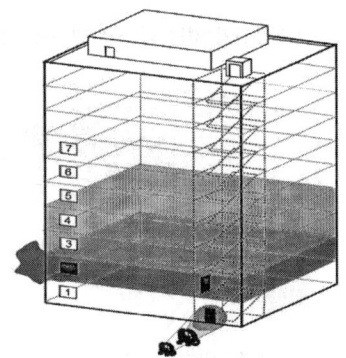

2층에서 화재가 발생한 경우 1단계로 계단을 이용해 양압을 형성하여 화점층을 배연, 그 다음 순차적으로 3층과 4층의 배연 실시

(고층건물 계단통로가 두 군데인 경우)

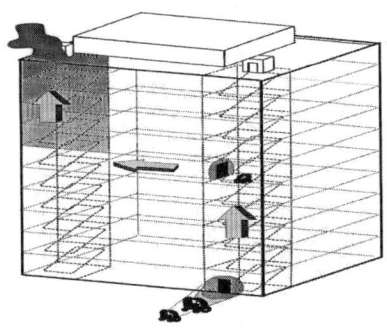

계단통로가 두 군데인 경우 내부에 추가고 배연기를 설치하여 연기를 한 쪽 계단으로 유도한 다음 나머지 계단 통로를 진압 및 구조작업에 사용 가능

(고층건물 화재 시 고층에서 화재발생)

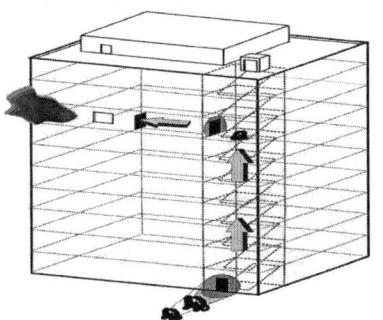

계단을 이용하여 양압형성 후, 화점층창문을 배출구로 사용하여 배연작업 실시

(고층건물 화재 시)

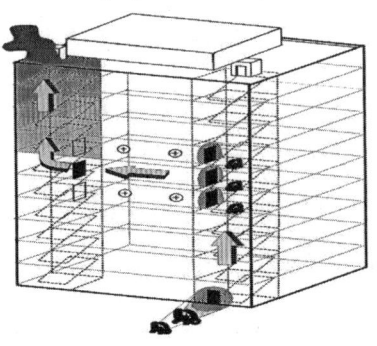

배연 작업을 실시하면서 화점층과 직상층, 직하층에 추가로 배연기를 설치하여 양압을 형성, 타 층을 보호하는 작업

(대형 저장소 화재 시)

폭발 위험이 있는 대형 저장고 등에서 배연작업 실시 가능

(수용성 유독물질)	(선박 화재 시)
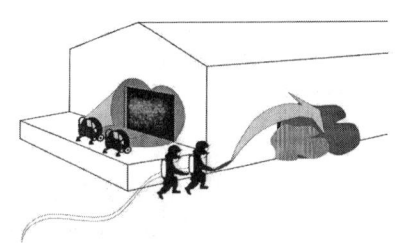	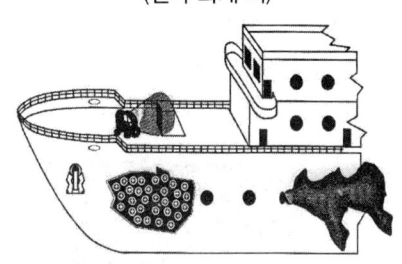
수용성 유독물질 제거 시 1차로 물을 더해 배연작업을 실시하고 2차로 방수를 실시하여 독성을 제거하는 방법	선상에서 배연기를 이용하여 선실 내 양압을 형성, 배연 작업을 실시

(9) 양압 배연 시 주의사항

① 배기구 근처에서 소방활동 중인 대원은 양압 배연기 사용 시 배기구쪽 대원이 위험에 빠질 수 있다.
② 배연작업을 위한 문 개방 및 배연기 설치 시 Backdraft현상에 주의해야 한다.
③ 배연기 설치 시 계획적, 조직적, 필요한 구체적 절차에 따라 실시해야 한다.
④ 부적절한 배연위치는 연소확대를 일으킬 수 있다.
⑤ 배연 작업 시 배기구 근처에 화재확대 방지를 위해 경계관창을 배치해야 한다.

2 배연·조연소방자동차

배연소방차는 화재현장의 배연을 주목적으로 사용 하고 조연소방차는 화재현장이 어두운 밤이면 1단 굴절과 2단 직진 붐을 높이 올려 주위를 밝히도록 하고 배연이 필요한 경우엔 배연을, 지하화재 및 유류화재엔 고발포를 사용할 수 있도록 고발포기를 장착하여 다목적으로 만들어진 소방자동차이다.

(1) 배연소방차와 조연소방차의 차이점

	배연소방차	조연소방차	비 고
소방펌프	○	×	
물탱크	○	×	
폼탱크	○	○	
AC발전기 출력	15kw 이상	20kw 이상	
고정형 전선릴	×	○	
조명탑	Dual-Tilt방식 2m 이상	1단, 2단 붐 형태 9.6m 이상	
	LED출력광도 14,000루멘 이상 × 4구	제논라이트 AC 220V/300W × 8구	
송풍장치 (회전속도)	최저풍량 200㎥/min	최저풍량 200㎥/min	
	최고풍량 3,333㎥/min 이상	최고풍량 1,000㎥/min 이상(고발포용 송풍장치)	

(2) 배연소방차

① 음압식 배연소방차
- 화재현장의 농연을 차량의 배연기로 흡입하여 배기구로 배출하는 구조
- 오염물들이 배풍기를 통하여 유입되어 추가적인 장비청소와 정비 요함

(음압식 배연소방차)

(음압식 배연의 원리)

㉠ 음압식 배연차 작동방법

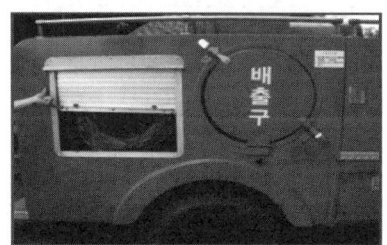

1. 배출구를 개방한다.

2. 시동을 걸고 반드시 PTO조작 전에 스로틀 레버를 돌려 RPM을 1200정도에 맞춘다. ↓

3. 클러치를 밟고 PTO레버를 잡아 당겨 넣은 후 클러치를 최대한 서서히 놓는다(PTO가 정상적으로 연결되면 붉은색등 점등)

4. 흡입구를 원하는 장소에 배치한다.

② 양압식 배연소방차
- 화재현장 개구부 입구에서 건물 안쪽으로 바람을 불어 양압을 형성하여 배기구로 농연을 배출하는 구조
- 대원들이 배풍기 사용 시 유해내부 오염물에 노출되지 않는다.
- 배풍기의 위치상 배풍기 사용 후 청소 및 정비 최소화 시켜준다.
- 양압식은 음압식보다 효율면에서 약 2배의 효과가 있다.

(양압식 배연소방차)

(양압식 배연의 원리)

㉠ 양압식 배연소방차의 사용 사례

(항공기 화재)

(터널 화재)

(고층건물 화재)

(지하 화재)

(테러나 유독성 물질 누출 시 분무주수 및 상황 종료 후 장구류 제독 작업)

(3) 조연소방차의 사용범위
① 화재현장의 배연작업
② 야간 화재현장 이동식 조명탑 역할
③ 지하 및 유류화재에서 고발포 형성

> **Check**
> ① 고가사다리차는 장비 설치 시 전, 후, 좌, 우 최대 (　)도 이상 기울이지 않는다.
> ② 고가차는 전선 가까운 곳에서 작업할 때 최소한 (　)m의 거리를 유지한다.
> ③ 기계식 배연방법에서 내부 → 외부로 배연하는 것을 (　)배연 방법이라 한다.
> ④ 사다리 작업 시 풍속이 (　)m/s 이상 되면 사다리가 더 이상 움직이지 않는다.
> ⑤ 고가 및 굴절사다리차는 일반적으로 무게중심이 (　)쪽에 있다.

01 기출 및 예상문제

소방자동차 구조원리

01 소방자동차 진공오일에 관한 설명으로 틀린 것은?

① 유막형성, 윤활, 냉각작용을 한다.
② 항상 육안으로 확인하여 적정량을 채워준다.
③ 진공오일 용량은 1.5리터 이상이다.
④ 전용 진공오일을 사용하여야 하나, 불가피한 경우에는 엔진오일보다 기어오일 사용을 권장한다.

[해설] ✪ 진공오일* 18년 소방교 / 22년 소방장
ⓐ 진공오일의 작용은 유막형성, 윤활작업, 냉각작용이다.
ⓑ 투명 창으로 되어있어 항상 육안 확인하여 적정량을 채워준다.
ⓒ 진공오일이 없으면 진공이 잘 되지 않으며 진공펌프가 손상된다.
ⓓ 진공오일 용량은 1.5리터 이상이다.
ⓔ 사용오일은 전용 진공오일을 사용하나, 불가피한 경우에는 자동차용 엔진오일도 사용할 수 있다. 기어오일보다는 엔진오일이 점도가 부드럽기 때문이다.

02 소방용도로 사용되는 펌프에 해당되는 것은?

① 왕복펌프
② 사류펌프
③ 원심펌프
④ 축류펌프

[해설] ✪ 펌프의 종류* 22년 소방장
① 왕복펌프(피스톤 플런저 펌프, 다이어후렘 펌프 등)
② 원심펌프(볼류우트펌프, 터어빈펌프 등)
③ 사류펌프
④ 축류펌프(프로펠러펌프)
⑤ 회전펌프
⑥ 특수펌프(마찰펌프, 기포펌프, 제트 펌프 등)

03 소방차 용어의 정리에서 다음 내용과 관계 깊은 것은?

> 자동차가 주행할 때 노면에서 받는 진동이나 충격을 흡수한다.

① 동력전달장치
② 조향장치
③ 동력인출장치
④ 현가장치

정답 01. ④ 02. ③ 03. ④

[해설] ✪ 용어정리
① 동력전달장치 : 엔진에서 발생한 동력을 구동바퀴까지 전달하는 일련의 장치를 말하며 엔진-클러치-변속기-추진축-차동기어-차축-구동바퀴 등으로 구성되어 있다.
② 조향장치 : 자동차의 진행방향을 임의로 바꾸기 위한 장치이며 보통 조향핸들을 돌려서 앞바퀴로 조향한다.
③ 현가장치 : 자동차가 주행할 때 노면에서 받는 진동이나 충격을 흡수하기 위해 프레임과 차축사이에 완충장치를 설치하여 승차감을 좋게 하고, 또 자동차의 각 부분의 손상을 방지한다.
④ 동력인출장치(power take off)/P.T.O : 동력 인출 장치는 엔진의 동력을 자동차 주행과는 관계없이 다른 용도에 이용하기 위해서 설치한 장치로서 변속기의 부축 기어에 공전기어를 섭동시켜 동력을 인출한다. 동력 인출의 단속은 공전 기어를 결합 및 분리시켜야 하며, 덤프 트럭의 유압펌프구동 및 소방자동차의 물 펌프 구동 등에 이용한다.

04 소방차의 P.T.O란 무엇을 지칭하는가?

① 동력인출장치
② 추진축
③ 소방펌프
④ 차동기어장치

[해설]
동력인출장치(P.T.O : Power Take Off System)는 차량변속기로부터 소방펌프에 동력을 전달하는 장치이다.

05 주 펌프 진공이 완료되면 양수된 물의 압력으로 진공펌프로 물이 들어가는 것을 막아주는 것은?

① 주 펌프
② 지수밸브
③ 전자클러치
④ 역류방지 밸브

[해설]

지수밸브	주 펌프 상부에 있으며 진공펌프가 작동되면 지수밸브 내부는 진공상태가 되어 다이아프램이 아래쪽으로 끌리기 때문에 밸브는 아래쪽으로 내려가서 열린다. 진공이 완료되면 양수된 물의 압력으로 진공펌프로 물이 들어가는 것을 막아준다.

06 소방차 동력 인출장치(P.T.O)에 대한 설명으로 틀린 것은?

① 물 펌프의 동력은 엔진에서 P.T.O에 의해서 전달된다.
② P.T.O는 엔진과 클러치 중간에 설치되어있다.
③ 동력의 전환은 중간 기어를 전, 후 방향으로 이동시켜 행하여진다.
④ 변속레버 제 1단 또는 제 2단에서는 주행하면서도 방수가 가능하다.

[해설]
• P.T.O는 클러치와 변속기 중간에 설치되어있다.

[정답] 04. ① 05. ② 06. ②

07 펌프조작 시 일어날 수 있는 현상으로 다음 내용과 관계있는 것은?

> 관내에 물이 가득 차서 흐르는 경우 그 관로의 끝에 있는 밸브를 갑자기 닫을 경우 물이 갖고 있는 운동에너지는 압력에너지로 변하고 큰 압력 상승이 일어나서 관을 넓히려고 한다.

① 원심펌프의 케비테이션 ② 서어징
③ 수격(Water hammer)작용 ④ 전자클러치

해설 ✚ 펌프조작 시 일어날 수 있는 현상(수격현상)* 17년 소방위 / 21년 소방교 / 22년 소방교

수격(Water hammer)현상	관내에 물이 가득 차서 흐르는 경우 그 관로의 끝에 있는 밸브를 갑자기 닫을 경우 물이 갖고 있는 운동에너지는 압력에너지로 변하고 큰 압력 상승이 일어나서 관을 넓히려고 한다. 이 압력상승은 압력파가 되어 관내를 왕복한다. 이런 현상을 수격작용이라고 한다. 압력파가 클 경우에 가장 약한 부분이 파손될 수 있어 원심펌프에서는 임펠러 파손을 막기 위해 역류방지밸브(논리턴밸브)를 설치하고 있다.

08 소방차 방수정지의 진행순서 중 가장 먼저 조치해야할 것은?

① 배수밸브를 개방하고 배관 내 물이 배수되는지 확인한다.
② 엔진 회전(RPM) 조절기를 조작하여 소방펌프 회전속도를 낮춘다.
③ 운전석에 승차하여 클러치 페달을 밟고 P.T.O 작동을 정지시킨다.
④ 방수밸브를 서서히 잠근 후 흡수구 밸브도 닫힘 위치로 조작한다.

해설 ✚ 방수 정지순서* 18년 소방위
ⓐ 엔진 회전(RPM) 조절기를 조작하여 소방펌프 회전속도를 낮춘다.
ⓑ 방수밸브를 서서히 잠근 후 흡수구 밸브도 닫힘 위치로 조작한다.
ⓒ 운전석에 승차하여 클러치 페달을 밟고 P.T.O 작동을 정지시킨다.
ⓓ 클러치 페달을 서서히 놓는다. 엔진소리가 바뀌는 가 확인하고 펌프 회전이 정지 되었는가 확인한다.
ⓔ 배수밸브를 개방하고 배관 내 물이 배수되는지 확인한다.

09 소방펌프의 종류로써 "볼류우트, 터빈펌프"와 관계있는 것은?

① 회전펌프 ② 축류펌프
③ 왕복펌프 ④ 원심펌프

정답 07. ③ 08. ② 09. ④

해설 ❂ 펌프의 종류
1) 왕복펌프(피스톤 플런저 펌프, 다이어후렘 펌프 등) 2) 원심펌프(볼류우트펌프, 터어빈펌프 등)
3) 사류펌프   4) 축류펌프(프로펠러펌프)
5) 회전펌프   6) 특수펌프(마찰펌프, 기포펌프, 제트 펌프 등)

10. 물탱크에 물 보수방법으로 다음 내용과 관계 깊은 것은?

> 흡수구, 중계구를 통해 소화전 또는 소방자동차로부터 나오는 물을 물탱크로 보수할 경우

① 보수구 밸브를 개방하여 직접 받는다.
② 물탱크 상부뚜껑을 개방 후 받는다.
③ 지수밸브를 개방하여 직접 받는다.
④ 자체급수밸브를 개방하여 직접 받는다.

해설 물탱크 물 보수방법
㉠ 급수탑을 이용하여 물을 받을 때 → 물탱크 상부 뚜껑 개방 후 직접 받는다.
㉡ 흡수구, 중계구를 통해 소화전 또는 소방자동차로부터 나오는 물을 물탱크로 보수할 경우 → 자체급수밸브를 개방하여 직접 받는다.
㉢ 보수구를 통해 소화전 또는 소방자동차로부터 나오는 물을 물탱크로 보수할 경우 → 보수구밸브를 개방하여 직접 받는다.

11. 진공펌프에서 가장 많이 사용하는 펌프방식은?

① 로터리 베인펌프
② 터빈펌프
③ 마찰펌프
④ 다이어후렘펌프

해설 진공펌프의 원리
흡수관 내 공기를 빨아들여 진공상태로 소방자동차에서 흡수를 원활하게 해주는 역할을 하며 일반적으로 로터리 베인펌프를 가장 많이 사용하고 있다.

12. 소화전을 이용한 급수방법 중 3번째에 해당되는 것은?

> ㉠ 소방펌프구동   ㉡ 물탱크보수
> ㉢ 자체급수밸브개방   ㉣ 중계구 개방
> ㉤ 직결관을 이용하여 소화전 연결

① ㉥
② ㉢
③ ㉣
④ ㉤

정답 10. ④ 11. ① 12. ③

해설 ✚ 소화전을 이용한 방수방법

소방펌프 구동 → 직결관을 이용하여 소화전 연결 → 중계구 개방 → 자체급수밸브 개방 → 물탱크 보수

13 소방차 펌프기준 배관 및 밸브위치에서 토출측(방수측)과 관계없는 것은?

① 압력계 ② 방수구
③ 중계구 ④ 역지밸브

해설 ✚ 펌프기준 배관 및 밸브 등의 위치 ★★ 19년 소방교·소방장
ⓐ 흡입측 : 메인밸브, 배수밸브, 흡수구, 포수용액주입구, 중계구, 연성계
ⓑ 토출측 : 자체급수, 압력계, 방수구, 자위분무밸브, 냉각수밸브, 역지밸브, 폼 송수밸브, 폼 세척밸브, 배수밸브
ⓒ 물탱크 : 보수구, 배수밸브, 수량계

14 고가사다리차 작업 시 사다리 작동 풍속 제한은?

① 8m/sec ② 10m/sec
③ 2m/sec ④ 3m/sec

해설
• 고가사다리차 사용제한 풍속은 8m/sec이다.

15 "굴절사다리차 안전수칙"으로서 틀린 것은?

① 고압선으로부터 8m이상 거리를 둔다.
② 바스켓용량을 초과하지 않는다.
③ 급커브 주행 시 미리 감속해야 한다.
④ 전·후·좌·우 3도 이상 기울이지 않는다.

해설 • 고압선으로부터 5m 이상 거리를 유지한다. ★ 20년 소방교/ 21년 소방위

정답 13. ③ 14. ① 15. ①

16 고가사다리차 아웃트리거에 대한 설명으로 잘못된 것은?

① 아웃트리거의 확장 다리는 사각으로 제작되며 아웃트리거 하우징은 서브 프레임과 별개의 구조물로 제작되었다.
② 실린더는 아웃트리거 시스템에 각각 확장 실린더 1개와 잭 실린더 1개씩 설치되며 총 8개의 실린더로 구성되어 있다.
③ 작업 유효 각도는 최대 5도이다.
④ 원형 아웃트리거는 볼 링크 방식의 슈가 장착되어있다.

해설 ✪ 아웃트리거의 일반구조 ★★ 14년 경남 소방장
① 아웃트리거의 확장 다리는 사각으로 제작되며 아웃트리거 하우징은 서브 프레임과 하나의 구조물로 제작되었다.
② 슈(shoe) : 아웃트리거 슈가 불규칙한 지면에 안착 되었을 때 지면에 안정적인 면 접촉이 이루어질 수 있도록 원형 아웃트리거는 볼 링크 방식의 슈가 장착되어있다.
③ 실린더 : 아웃트리거 시스템에는 각각 확장 실린더 1개와 잭 실린더 1개씩 설치되며 총 8개의 실린더로 구성되어 있다.

17 소방자동차 폼 혼합 방식으로 다음 내용과 관계있는 것은?

> 송수량에 따라 컨트롤유닛에 세팅해 둔 농도조절 값에 따라 약제 압입용 펌프가 폼 원액을 방수측 라인에 압입하여 주입되는 구조로 되어 있다.

① 펌프 프로포셔너 방식
② 프레져사이드 프로포셔너 방식
③ 압축공기포 방식
④ 프레져 프로포셔너 방식

해설 ✪ 프레져사이드프로포셔너 방식 ★★ 15년 소방교/ 16년 부산 소방교 / 21년 소방위 / 22년 소방교
㉠ 펌프 방수측 배관에 플로우미터에서 배관 내 유속을 감지하여 송수량을 측정한다.
㉡ 송수량에 따라 컨트롤유닛에 세팅해 둔 농도조절 값에 따라 약제 압입용 펌프가 폼 원액을 방수측 라인에 압입하여 주입되는 구조로 되어 있다.
㉢ 펌프프로포셔너 방식에 비해 폼 혼합량이 균일하다는 장점이 있으나, 압입용 펌프를 별도로 설치하여야 하는 등 설치비용은 증가하는 단점이 있으며 적용방식은 전기식 또는 기계식으로 폼원액 1%~6%까지 적용한다

18 소방자동차 주행안전수칙에 대한 설명으로 잘못된 것은?

① 급커브 주행 시 전복되지 않도록 커브 전에서 미리 감속해야 한다.
② 고가 및 굴절 사다리차는 일반적으로 무게중심이 아래에 있다.
③ 주차 시에는 주차 브레이크를 체결하고 고임목으로 차량을 고정시킨다.
④ 예비 소방호스나 호스등 기타 부품들을 적재하고 주행 시 제원표에 명시된 축 하중이나 전고, 전폭 등이 제원표 상의 수치들을 초과할 수 없다.

정답 16. ① 17. ② 18. ②

[해설] * 21년 소방위
고가 및 굴절 사다리차는 일반적으로 무게중심이 위 방향에 있다.

19 소방자동차 관리에 관한 사항으로 잘못된 것은?

① 차고 격납 후에는 220V 외부 커넥터 이용 배터리 충전 및 배관 히팅장치 작동한다.
② 동절기 방수 후 귀소 시에는 24V 히팅 장치 이용 배관 동파방지 한다.
③ 동절기 방수 후에는 냉각수밸브 이용 소방펌프에 부동액을 채워 동파방지 한다.
④ 엔진 오일과 P.T.O오일의 온도를 90℃ 이하로 유지하기 위하여 냉각수 밸브를 개방하여 열을 식혀 준다.

[해설] * 21년 소방교/ 소방장
• 동절기 방수 후에는 지수밸브 이용 소방펌프에 부동액을 채워 동파방지 한다.

20 다음 중 메커니컬씰에 대한 설명으로 옳은 것은?

① 축 회전 시 물이 1초에 한 두 방울 정도 떨어지는 것이 정상이다.
② 축 회전 시 물이 전혀 안 떨어지면 정상이다.
③ 축 회전 시 물이 줄줄 흐르면 소방펌프 효율이 떨어진다.
④ 축 회전 시 물이 전혀 안 떨어지면 축이 과열되어 손상된다.

[해설] 메커니컬씰
㉠ 축 회전 시 물이 떨어지는 것은 메커니컬씰 고장이 의심된다.
㉡ 축 회전 시 물이 전혀 안 떨어지면 정상이다.

21 양압식 배연소방차에 대한 설명으로 옳은?

① 배풍기의 위치상 배풍기 사용 후 청소 및 정비를 최소화 시켜준다.
② 화재현장 안쪽에서 건물 바깥쪽으로 바람을 불어 급기구로 농연을 배출하는 구조이다.
③ 대원들이 배풍기 사용 시 유해내부 오염물에 노출될 수 있다.
④ 음압식은 양압식보다 효율면에서 약 2배의 효과가 있다.

[해설] ✪ 양압식 배연소방차
1. 화재현장 개구부 입구에서 건물 안쪽으로 바람을 불어 양압을 형성하여 배기구로 농연을 배출하는 구조
2. 대원들이 배풍기 사용 시 유해내부 오염물에 노출되지 않는다.
3. 배풍기의 위치상 배풍기 사용 후 청소 및 정비 최소화 시켜준다.
4. 양압식은 음압식보다 효율면에서 약 2배의 효과가 있다.

[정답] 19. ③ 20. ② 21. ①

22 소방자동차 역류방지밸브의 기능에 관한 설명으로 옳은 것은?

① 주 펌프 하부에 위치해 있으며 펌프에서 토출된 물이 다시 펌프로 유입되지 않도록 체크밸브 역할을 하여 펌프의 효율을 높이고 방수측에서 발생할 수 있는 수격작용으로부터 펌프를 보호하는 역할을 한다.
② 펌프 진공 시 흡입 측 배관라인의 기밀을 유지한다.
③ 역류방지밸브 측에 이물질이 끼지 않도록 유지하며 테스트는 진공을 걸어 놓고, 방수밸브에 손으로 막아 손이 빨려 들어가는 느낌이 난다면 역류방지밸브가 불량이다.
④ 펌프보다 위에 있는 물을 펌프에 채울 수 있도록 진공장치 보조기능도 하고 있다.

[해설] ★ 23년 소방장

1. 주 펌프 상부에 위치해 있으며 펌프에서 토출된 물이 다시 펌프로 유입되지 않도록 체크밸브 역할을 하여 펌프의 효율을 높이고 방수측에서 발생할 수 있는 수격작용으로부터 펌프를 보호하는 역할을 한다.
2. 펌프 진공 시 토출 측 배관라인의 기밀을 유지하여, 펌프보다 아래에 있는 물을 펌프에 채울 수 있도록 진공장치 보조기능도 하고 있다.
3. 역류방지밸브 측에 이물질이 끼지 않도록 유지하며 테스트는 진공을 걸어 놓고, 방수밸브에 손으로 막아 손이 빨려 들어가는 느낌이 난다면 역류방지밸브가 불량이다.
4. 역류방지밸브가 필요한 이유 중 또 하나가 양수(진공해서 물을 끌어올림)해서 펌프 속에 물이 있는 상태로 방수를 하지 않을 때 물이 다시 빠지지 않도록 유지해 연속적인 방수가 가능하도록 한다.

23 저수조, 하천 등을 이용한 흡수요령에 대한 설명으로 틀린 것은?

① 흡수관이 연결된 흡수구 밸브를 제외한 모든 밸브를 닫는다.
② 엔진 회전수 1,000rpm~1,200rpm까지 증가시키기 위해 엔진회전 조절기를 조절한다.
③ 진공펌프 조작반의 "작동"버튼을 조작, 진공이 되는지 연성계를 확인한다.
④ 진공펌프 클러치가 15초 이상 자동적으로 분리되지 않으면 진공펌프를 정지시키기 위하여 수동으로 정지버튼을 눌러야한다.

[해설] 저수조, 하천에서의 흡수요령 ★ 23년 소방교

ⓐ 진공펌프의 윤활을 위하여 진공 오일 탱크의 오일의 양을 확인한다.
ⓑ 흡수관이 연결된 흡수구 밸브를 제외한 모든 밸브를 닫는다.(방수배관에 연결된 밸브는 무관하다.)
ⓒ 진공펌프 조작반의 "작동"버튼을 조작, 진공이 되는지 연성계를 확인한다.
ⓓ 엔진 회전수 1,000rpm~1,200rpm까지 증가시키기 위해 엔진회전 조절기를 조절한다.
ⓔ 물이 펌프 안으로 들어오고 압력이 3kg/cm² 이내에서 진공펌프 클러치가 자동적으로 분리된다. (완료램프 점등확인)

※ 주의
진공펌프 클러치가 자동적으로 분리되지 않으면 (약 30초 이상) 진공펌프를 정지시키기 위하여 수동으로 정지 버튼을 눌러야한다. 그리고 그 원인을 점검하고 다시 작동시켜야 한다. 진공 펌프는 장시간 가동시키지 말아야한다.

정답 22. ③ 23. ④

소방송진은 이패스 소방사진 www.kfs119.co.kr

FIELD FIRE TACTICS
필드 소방전술

PART 05

23년~19년 소방전술 기출 및 복원 문제

CHAPTER 01 23년 소방위 승진시험 기출문제
CHAPTER 02 23년 소방장 승진시험 기출문제
CHAPTER 03 23년 소방교 승진시험 기출문제
CHAPTER 04 22년 소방위 승진시험 기출문제
CHAPTER 05 22년 소방장 승진시험 기출문제
CHAPTER 06 22년 소방교 승진시험 기출문제
CHAPTER 07 21년 소방위 승진시험 복원문제
CHAPTER 08 21년 소방장 승진시험 복원문제
CHAPTER 09 21년 소방교 승진시험 복원문제
CHAPTER 10 20년 소방위 승진시험 복원문제
CHAPTER 11 20년 소방장 승진시험 복원문제
CHAPTER 12 20년 소방교 승진시험 복원문제
CHAPTER 13 19년 소방위 승진시험 복원문제
CHAPTER 14 19년 소방장 승진시험 복원문제
CHAPTER 15 19년 소방교 승진시험 복원문제

CHAPTER 01 23년 소방위 승진시험 기출문제

01 소방활동 검토회의에 관한 설명으로 옳지 않은 것은?

① 119안전센터에서는 본부 및 소방서 검토회의 대상을 제외하고 즉소화재를 포함하여 매 건마다 실시한다.
② 중요화재, 특수화재의 경우 통제관은 관할 소방서장으로 하되 필요한 경우 소방본부장이 할 수 있다.
③ 건물의 구조별 도시방법은 목조는 녹색, 방화조는 황색, 내화조는 적색으로 표시한다.
④ 소방활동도에는 부근의 도로, 소방용수, 펌프부서 및 수관 연장 방향 등을 기입한다.

[해설] (검토회의 준비)
(1) 소실건물에 인접한 주위 잔존물과 방어상 관련이 있었던 지형 및 공작물 등을 빠짐없이 기입한다.
(2) 건물의 구조별 표시방법은 목조는 녹색, 방화조는 황색, 내화조는 적색으로 표시한다.
(3) 화재발생 건물의 표시방법은 평면도 또는 투시도로 하되 화재발생부분을 알아보기 쉽게 한다.
(4) 관창진입 부서는 119안전센터명(소대명), 방수구경 및 사용 호스 수를 기입한다.
(5) 방위, 풍향, 풍속, 건물의 간격과 화점, 발화건물의 소실 및 소실면적을 기입한다.
(6) 화재발견 시 및 현장도착시의 연소범위는 주선으로 구분표시하고 그 소실면적의 누계를 기입한다. 다만, 최초 도착시의 연소범위는 선착대의 도착 시 상황을 검토 설명하면서 회의장에서 기입하는 것으로 한다.
(7) 소방활동도에는 부근의 도로, 수리, 펌프부서 및 호스 연장 방향 등을 기입한다.
(8) 축척은 정확히 하고 되도록 확대하여 작성한다.
(9) 도로는 그 폭원을 미터(m)로 표시한다.
(10) 방위표시도는 반드시 기입한다.
(11) 소방용수시설은 소정기호에 의하여 그 지역 내에 있는 것 전부를 기입하고 소화전에는 배관구경을 기타수리에 있어서는 수량을 기입한다.
(12) 출동대는 소방차의 위치 및 소방호스를 소정기호로써 소대명을 붙여 다음과 같은 색으로 구분 표시한다.
　① 제1출동대는 적색
　② 제2출동대는 청색
　③ 제3출동대는 녹색
　④ 응원대는 황색

통제관	① 대형화재 발생 시의 통제관은 소방본부장이 된다. ② 중요화재, 특수화재의 경우 통제관은 관할 소방서장으로 하되 필요한 경우 소방본부장이 할 수 있다.
참석자	① 소방활동에 참여한 직원(긴급구조통제단 각 부 및 유관기관 담당자를 포함) ② 예방관계 사무담당직원 ③ 기타 화재규모, 방어활동 등을 참작하여 통제관이 필요하다고 지정하는 사람

※ 119안전센터는 본부 및 소방서 대상을 제외한 매 건마다(즉소화재 제외)

정답 01. ①

02 화재현장 지휘·통제에 관한 내용으로 옳지 않은 것은?

① 전진지휘는 배연, 검색구조, 내부 소방호스 관리 등과 같은 실제임무를 이행하는 단위지휘관이 사용 가능한 형태이다.
② 전략수준은 전술수준에서 결정된 각 목표(문제)를 해결하기 위한 수준이다.
③ 분대 편성 시 임무별 명명법에는 지붕소대, 진압소대, 배연소대, 구조소대, 대피소대 등이 있다.
④ 분대 편성의 이점으로 현장지휘관의 통솔범위를 확대 할 수 있다.

해설

전진지휘 형태	• 최일선에서 임무중심 지휘방식, 즉각적·공격적 활동이 필요하고 지휘권을 이양하는 것이 부적절한 경우 선착대장이 사용 • 배연, 검색구조, 내부호스관리 등과 같은 실제임무를 이행하는 단위지휘관이 사용가능
이동지휘 형태	• 지휘관이 재난현장주위를 돌아다니며 지휘, 원칙적으로 방면지휘관만 사용가능 • 선착대장이 주로 취하는 직접지휘형태로 공격적 화재진압, 인명구조, 대원의 안전 등의 문제와 직결되는 불확실한 상황에서 위험현장을 직접 지휘하는 형태
고정지휘 형태	• 복잡한 전체 현장을 거시적 관점에서 지휘하기 위해 외부에서 고정지휘를 하는 형태 • 공식화된 지휘위치에서 단위지휘관을 총괄지휘, 다수의 단위대를 총괄조정 할 경우 고정지휘를 원칙 • 고정지휘소는 지휘차 또는 현장지휘소
방면별 명명법	좌측소대, 우측소대, 후방소대, 전방소대 등 ※ 화재현장이 동서남북 방향과 일치할 경우 : 동·서·남·북쪽 분대로 명명할 수 있다.
지역별 명명법	A 지역소대, B 지역소대, C 지역소대 등
임무별 명명법	진압소대, 배연소대, 구조소대, 대피소대, 지붕소대 등 ※ 임무별 명명법은 방면별 명명법이 적합하지 않거나 화재현장이 동서남북 방향과 일치하지 않을경우에 배치된 임무(목표)에 따라 명명한다.
건축물의 층별 명명법	각 층수 사용(지하1분대, 1(층)분대, 2(층)분대, 3(층)분대, 분대, 8층 분대 등)
전략 수준	현장지휘관의 임무와 책임수준에 해당하는 것으로 전체 전략을 결정하고, 전반적인 목표수립, 목표의 우선순위결정, 활동계획(작전계획) 개발, 자원확보 및 배치, 전술수준의 각 소방대(隊)에 대한 목표부여 등의 사항이 여기에 포함된다.
전술 수준	전략수준에서 결정된 각 목표(문제)를 해결하기 위한 수준으로, 이러한 목표해결을 위한 대원배치, 임무수행 시 안전관리 등의 내용이 여기에 포함된다.
임무 수준	전술수준에서 부여된 목표를 해결하기 위해 부여된 임무수행의 수준으로 각 개별 출동대나 특정대원에 의해 달성되는 활동을 의미한다.

정답 02. ②

03 파괴활동에 관한 내용으로 옳은 것은?

① 가스절단기 사용 시 절단물의 측면에서 화구가 절단부를 향해 가열한다.
② 철근콘크리트조 바닥의 파괴 목적이 주수를 위한 개구부일 경우 바닥의 철근이 노출되면 와이어커터 또는 가스절단기로 반드시 절단한다.
③ 판유리의 파괴순서는 유리의 중량을 고려하여 윗부분부터 종 방향으로 파괴한다.
④ 파이프셔터의 파괴 시 동력절단기에 의한 절단은 가이드레일에 가까운 곳을 선정한다.

해설

가스 절단기	활용 요령	㉠ 절단물의 전면에서 화구가 절단부를 향해 가열한다. ㉡ 절단부가 가열된 시점에서 산소레버를 당겨 절단방향으로 화구를 이동한다. ㉢ 불꽃은 절단면에 대해 수직 또는 절단방향으로 하고 절단용 산소량은 절단재의 두께에 따라 가감한다.
	안전 관리	㉠ 헬멧, 방진안경, 안전장갑을 착용한다. ㉡ 기름 등이 묻은 공구류 등은 취급하지 않는다. ㉢ 조정기를 용기밸브에 부착할 때는 확실히 하여 누설되지 않도록 한다. ㉣ 수납은 소화한 후 용기밸브를 닫고 절단기의 밸브를 열어 잔류 가스를 방출한 후에 절단기 밸브를 잠그고 화구를 냉각시킨 후에 수납한다. ㉤ 절단하는 것에 의해서 2차 재해를 발생시킬 염려가 없는가를 확인한다. 특히 가연물이 있는 경우는 충분한 안전대책을 강구한다.
파이프셔터 파괴요령		① 동력절단기에 의한 절단은 가드레일에 가까운 곳을 선정한다. ② 가드레일 직근의 파이프부분을 대해머로 강타하여 굽혀서 가드레일에서 파이프를 분리한다. ③ 중간기둥의 경량셔터에 준하여 행한다. ④ 파괴한 셔터는 행동장해가 되지 않도록 윗 방향으로 걷어 올려 로프로 결속하여 놓는다. ※ 파괴기구 : 동력절단기, 가스절단기, 산소절단기, 유압구조기구, 해머

※ 판유리의 파괴순서는 유리의 중량을 고려하여 윗부분부터 횡으로 파괴한다.

04 재난현장 표준작전절차 중 초고층건물 화재 현장대응 절차를 서술한 것으로 옳은 것은?

① 화점층이 고층인 경우 소방대는 비상용승강기를 화재층을 기점으로 3층 이하까지 이용, 화점층 진입은 옥내 또는 특별피난계단을 활용한다.
② 거주자 피난유도시 15층마다 설치된 피난 및 안전구역으로 대피 유도한다.
③ 발화층이 2층 이상인 경우 연결송수관 활용, 내부 수관 연장은 소방대 전용방수구에서 연장한다.
④ 화점의 직상층 계단 또는 직상층에 경계팀 배치, 진입팀의 활동거점은 화점층의 특별피난계단 부속실에 확보한다.

해설 (초고층건물 화재현장대응 절차)
- 선착대장은 방재센터에서 화점층 요구조자 유무, 소방설비 작동상황, 자위소방대 활동상황, 건물내부 구조 등 확인
- 화점층이 고층인 경우 소방대는 비상용승강기를 화재 층을 기점으로 2층 이하까지 이용, 화점층 진입은 옥내 또는 특별

정답 03. ④ 04. ④

피난계단 활용
- 화점층 및 화점상층의 인명구조 및 피난유도 최우선, 상황에 따라 소화활동 중지
- 다수 피난자가 있는 경우 피난로 확보를 위한 조치 실시
- 거주자 피난유도 시 30층 마다 설치된 피난 및 안전구역으로 대피유도
- 현장지휘관은 선착대장 및 관계자로부터 취득한 정보를 종합적 분석 판단 연소저지선, 배연 및 화재진압 방법 결정
- 현장지휘관은 출동대 담당범위 및 각 대(원)별 임무지정 등 총괄지휘
- 화점을 확인한 시점에서 전진 지휘소는 화점층 기점 2개층 아래 설치, 자원대기소(Staging-area)는 화점 직하층에 설치하여, 교대 인력, 예비용기, 조명기구 등 기자재를 집중시켜 관리
- 1차 경계범위는 당해 화재구역의 직상층으로 하며, 직상층이 돌파 될 우려가 있는 경우 그 구역 직상층을 경계범위로 하고 순차적으로 경계범위 넓힘
- 화점의 직상층 계단 또는 직상층에 경계팀 배치. 진입팀의 활동거점은 화점층의 특별피난계단 부속실에 확보
- 발화층이 3층 이상인 경우 연결송수관 활용, 내부 수관연장은 소방대 전용 방수구에서 연장
- 배연수단 신속히 결정. 방화구획, 개구부의 방화문 폐쇄상황 확인
- 인명구조 위한 사다리차 등 특수차량 활용, 외부공격은 지휘관의 통제에 따라 실시

05 재해(사고)발생 이론 중 하인리히(H.W.Heinrich)이론과 버드(Frank Bird)이론을 설명한 것으로 옳지 않은 것은?

① 제어의 부족 → 기본원인 → 직접원인 → 사고 재해 손실 5단계로 설명한 것은 버드의 재해연쇄이론이다.
② 버드 이론 중 기계설비의 결함, 작업체제 등은 기본 원인에 해당한다.
③ '1:29:300의 법칙'으로 재해구성비율을 설명한 이론은 하인리히 이론이다.
④ 하인리히 이론에서는 기본원인만 제거 하면 재해는 일어나지 않는다고 하였다.

해설 (하인리히)

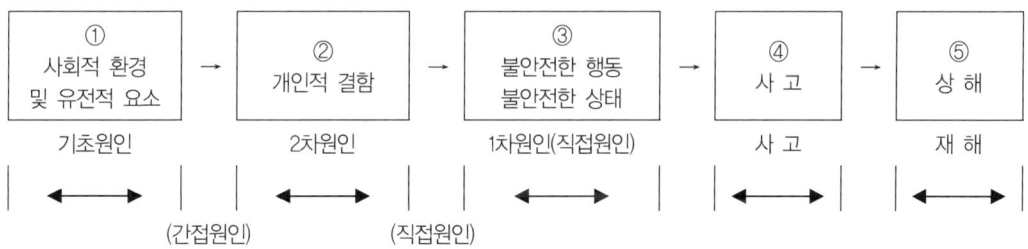

(버드)

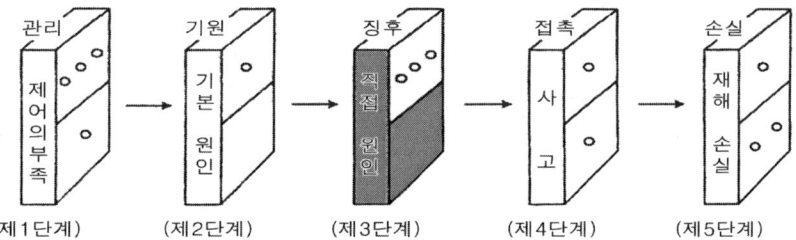

정답 05. ④

개인적 요인	지식 및 기능의 부족, 부적당한 동기부여, 육체적 또는 정신적인 제반문제 등
작업상의 요인	기계설비의 결함, 부적절한 작업기준, 부적당한 기기의 사용방법, 작업체제 등 재해의 직접원인을 해결하는 것보다는 오히려 그 근원이 되는 기본원인을 찾아내어 가장 유효한 제어를 달성하는 것이 중요하다.

06 안전교육의 방법 중 사례연구법의 장점으로 옳지 않은 것은?

① 이해도 측정이 용이하다.
② 흥미와 학습동기를 유발할 수 있다.
③ 생각하는 학습 교류가 가능하다.
④ 현실적인 문제의 학습이 가능하다.

해설 (시범실습식 교육)

시범 실습식은 교육생의 경험영역에서 교재를 선정하고 배열하는 교육법으로 직접 사물에 접촉하여 관찰·실험하고 수집·검증·정리하는 직접경험에 의해 지도하려는 것이다.

장 점	① 행동요소를 포함하는 기술교육에 적합하다. ② 교육생의 적극적인 참여를 가져온다. ③ 이해도 측정이 용이하다. ④ 의사전달의 효과를 보완할 수 있다.
단 점	① 시간이나 장소, 교육생의 수에 제한을 받는다. ② 사고력 학습에 부적합하다.

※ 진행방법 : 설명단계 → 시범단계 → 실습단계 → 감독단계 → 평가단계

(사례연구법(문제해결식 교육)
미국 하버드대에서 개발된 토의방식의 일종인 교육기법으로 재해(사고)사례해결에 직접 참가하여 그 의사결정이나 해결과정에서 어떤 문제의 핵심원인을 집단토의에 의해 규명하고 판단력과 대책을 개발하려는 것이다. 단기간의 실무에서 발생하는 문제에 접하여 그 해결을 위하여 고도의 판단력을 양성할 수 있는 유효한 귀납적인 방법이다.

장 점	① 현실적인 문제의 학습이 가능하다. ② 흥미가 있고 학습동기를 유발할 수 있다. ③ 생각하는 학습교류가 가능하다.
단 점	① 원칙과 룰(rule)의 체계적 습득이 어렵다. ② 적절한 사례의 확보가 곤란하다. ③ 학습의 진보를 측정하기 힘들다.

정답 06. ①

07 분진폭발에 관한 설명으로 옳지 않은 것은?

① 연소속도나 폭발압력은 가스폭발에 비교하여 작으나 연소시간이 길고, 에너지가 크기 때문에 파괴력과 타는 정도가 크다. 즉, 발생하는 총 에너지는 가스폭발의 수백 배이고 온도는 2,000~3,000℃까지 올라간다.
② 최대 폭발 압력 상승 속도는 입자의 크기가 작을수록 증가하는데 이는 입자의 크기가 작을수록 확산과 발화가 쉽기 때문이다.
③ 폭발성분진의 종류 중 금속류에는 Al, Mg, Zn, Fe, Ni, Si 등이 있고, 목질류에는 목분, 콜크분, 리그닌분, 종이가루 등이 있다.
④ 입자표면이 공기(산소)에 대하여 활성이 있는 경우 폭로시간이 짧아질수록 폭발성이 낮아진다.

해설 (분진폭발의 특성)
㉠ 연소속도나 폭발압력은 가스폭발에 비교하여 작으나 연소시간이 길고, 에너지가 크기 때문에 파괴력과 타는 정도가 크다.
★ 발생에너지는 가스폭발의 수백 배이고 온도는 2,000~3,000℃까지 올라간다. 그 이유는 단위 체적당의 탄화수소의 양이 많기 때문이다.
㉡ 폭발의 입자가 연소되면서 비산하므로 이것에 접촉되는 가연물은 국부적으로 심한 탄화를 일으키며 특히 인체에 닿으면 심한 화상을 입는다.
㉢ 최초의 부분적인 폭발에 의해 폭풍이 주위의 분진을 날리게 하여 2차, 3차의 폭발로 파급됨에 따라 피해가 크게 된다.
㉣ 가스에 비하여 불완전한 연소를 일으키기 쉬우므로 탄소가 타서 없어지지 않고 연소 후의 일산화탄소가 다량으로 존재하는 경우가 있어 가스에 의한 중독의 위험성이 있다.

> ★ 폭발성 분진
> - 탄소제품 : 석탄, 목탄, 코크스, 활성탄
> - 비 료 : 생선가루, 혈분 등
> - 식료품 : 전분, 설탕, 밀가루, 분유, 곡분, 건조효모 등
> - 금속류 : Al, Mg, Zn, Fe, Ni, Si, Ti, V, Zr(지르코늄)
> - 목질류 : 목분, 콜크분, 리그닌분, 종이가루 등
> - 합성 약품류 : 염료중간체, 각종 플라스틱, 합성세제, 고무류 등
> - 농산가공품류 : 후추가루, 제충분, 담배가루 등

입자의 형성과 표면의 상태	• 평균입경이 동일한 분진인 경우, 분진의 형상에 따라 폭발성이 달라진다. 즉 구상, 침상, 평편상 입자순으로 폭발성이 증가한다. • 입자표면이 공기(산소)에 대하여 활성이 있는 경우 폭로시간이 길어질수록 폭발성이 낮아진다. 따라서 분해공정에서 발생되는 분진은 활성이 높고 위험성도 크다.

정답 07. ④

08 위험물의 연소 특성에 관한 설명으로 옳은 것만을 모두 고른 것은?

> 가. 적린은 연소 시 오산화인의 흰 연기가 발생한다.
> 나. 유황은 연소 시 푸른 불꽃을 내며 이산화황을 발생한다.
> 다. 인화아연은 연소 시 가연성·맹독성의 포스핀가스를 발생한다.
> 라. 디에틸알루미늄클로라이드는 연소 시 이산화질소를 발생한다.

① 가, 나
② 나, 다
③ 가, 나, 다
④ 가, 다, 라

해설

적린	• 암적색 무취의 분말로 황린과 동소체이다. • 조해성이 있으며, 연소하면 황린과 같이 유독성 오산화인의 흰 연기를 발생한다.
유황	공기 중에서 연소하기 쉬우며 연소자체는 격렬하지 않지만 푸른 약한 불꽃을 내며 다량의 유독가스를 발생한다.
인화아연	암회색의 결정성 분말인 금수성·가연성·부식성 고체이며, 연소하면 가연성·맹독성의 포스핀 가스를 발생한다.
디에틸알루미늄 클로라이드	• 무색투명한 가연성 액체이며, 외관은 등유와 유사하다. • 유기화합물 합성에 사용되며, 공기 중에선 어떤 온도에서도 자연발화한다. • 연소 시 자극성, 유독성의 염화수소(HCL)를 발생한다.

※ 당초 정답은 ③번 (가, 나, 다)이었으나 포스핀가스를 발생하기 위해서는 물이 $6H_2O$가 존재해야 하므로 틀렸다는 이의가 제기되었습니다. 따라서 소방청에서 받아들여 복수정답으로 처리함으로써 정답은 ① ② ③으로 정리되었습니다.
※ 인화아연에 에 대한 화학식은 다음과 같습니다. $Zn_3p_2 + \underline{6H_2O} \rightarrow 3Zn(O_2)_2 + 2PH_3$(포스핀)

09 건물 붕괴 위험성 평가의 3가지 요소인 벽, 골조(기둥과 대들보), 바닥층 중 가장 위험한 붕괴 요인이 벽인 건물 구조로 짝지어진 것은?

① 경량 목구조, 조적조
② 중량 목구조, 경량 목구조
③ 내화구조, 준 내화구조
④ 준 내화구조, 중량 목구조

해설 붕괴위험성 평가 (벽, 골조, 바닥 층의 3가지 요소)

내화조	콘크리트 바닥 층의 강도 • 내부 바닥 층의 갈라짐, 휘어짐, 갈라진 콘크리트 틈새로 상승하는 불꽃과 연기를 발견했다면 이것은 붕괴 신호라는 것을 인식
준내화조	철재구조의 지붕 붕괴의 취약성 • 지붕위에 올라가 소방 활동을 하는 것은 극히 위험 • 안전한 배연방법으로 수평배연 기법이 필요

정답 08. ③ 09. ①

조적조	벽 붕괴 • 수직하중에는 강하지만 수평으로 주어진 하중은 벽체를 쉽게 무너지게 한다.
중량 목구조	지붕과 바닥 층을 지탱하는 트러스트 구조의 연결부분 • 건물 외부 코너 부분이 가장 안전한 곳
경량 목구조	벽 붕괴 • 3~4개의 벽체가 동시에 붕괴되는 유일한 건물 유형이므로 진압활동 중 진압대원들이 매몰될 가능성이 가장 높다.

10 다음에서 설명하는 잠수병으로 옳은 것은?

> 압력이 높은 해저에서 압력이 낮은 수면으로 상승 할 때 호흡을 멈추고 있으면 폐 속의 공기는 팽창하고 결국에는 폐포를 손상시키며, 공기가 폐에서 혈관계에 들어가 혈관의 흐름을 막음으로써, 장기에 기능 부전을 일으켜 발생하는 질환

① 산소중독
② 공기색전증
③ 감압병
④ 탄산가스 중독

해설 (공기색전증)
압력이 높은 해저에서 압력이 낮은 수면으로 상승할 때 호흡을 멈추고 있으면 폐의증세 조직이 파괴되는데 이를 공기색전증이라 한다.

증 세	• 기침, 혈포(血泡), 의식불명 등
치료법	• 재가압 요법을 사용
예방법	• 부상할 때 절대로 호흡을 정지하지 말고 급속한 상승을 하지 않으며, • 해저에서는 공기가 없어질 때까지 있어서는 안 된다.

11 소방대원이 화재현장 검색 및 구조활동 시 예상치 못한 상황으로 화재건물 속에 갇히거나 길을 잃었을 경우 취하여야 할 행동으로 옳지 않은 것은?

① 방향을 잃은 대원은 침착함을 유지하여 흥분과 공포감으로 인한 공기소모를 방지해야 한다.
② 창문이 있다면 창턱에 걸터앉아서 인명구조경보기를 틀거나 손전등 또는 팔을 흔들어 지원요청 신호를 보낼 수 있다.
③ 이동할 수 없을 만큼의 부상을 입었다면 생명에 지장이 없는 장비들을 포기하여야 한다.
④ 다른 대원의 도움을 받지 못하고 혼자서 탈출할 경우 수관 커플링의 결합부위를 찾아서 암커플링이 향하는 방향으로 기어서 탈출한다.

정답 10. ② 11. ④

해설 (갇혔거나 길을 잃은 경우)

침착	⊙ 자제력을 잃는 것은 곧 그 대원이 정상적인 판단을 하지 못하는 상황을 유발하고 흥분과 공포감으로 공기 소모를 정상치 이상으로 급격히 상승시킬 수 있다. ⓒ 가능한 한 처음 검색을 시작했던 방향을 기억해 내어 돌아가야 한다. 그것이 불가능 하면 건물의 출구를 찾거나 적어도 화재현장을 벗어날 출구만큼은 찾아내야 한다. ※ 위험에 처했을 때 인명구조경보기를 작동
도움 요청	⊙ 근처에 있을지 모를 다른 대원이 들을 수 있도록 큰 소리로 도움을 청해야 한다. ⓒ 출구를 찾을 수 없다면 비교적 안전하다고 생각되는 장소로 대피해서 인명구조경보기(PASS)를 작동 시킨다. ⓒ 창문이 있다면 창턱에 걸터앉아서 인명구조경보기를 틀거나 손전등을 사용하거나 팔을 흔들어서 지원을 요청하는 신호를 보낼 수 있다. ⓔ 창문 밖으로 물건을 던져서 구조를 요청하는 신호를 보낼 수 있지만 방화복이나 헬멧 등 보호장비를 던져서는 안 된다.
이동이 불가능한 경우	⊙ 붕괴된 건물에 갇히거나 주변으로 이동할 수 없을 만큼 부상을 입었다면 생명에 지장이 없는 장비들을 포기하여야 한다. ⓒ 즉각적으로 인명구조경보기를 작동시키고 냉정을 유지하면서 산소공급량을 극대화시켜야 한다.
위험한 현장에서 탈출하기*	⊙ 다른 대원의 도움을 받지 못하고 혼자서 탈출해야 하는 경우 가장 손쉬운 방법은 호스를 따라서 나 가는 것이다. ⓒ 다른 대원이 위치를 알 수 있도록 큰 소리를 외치고 커플링의 결합부위를 찾아서 숫 커플링이 향하 는 쪽으로 기어 나간다. ⓒ 암 커플링이 향하는 방향은 관창 쪽이 되어 화점으로 향하게 된다. ⓔ 호스를 찾지 못한 경우에는 • 한쪽 벽에 도달할 때까지 똑바로 기어나간다. • 그 다음 벽을 따라서 한 방향으로 진행하며 도중에 방향을 바꾸지 않도록 한다. 가능하면 벽이나 창문을 파괴한다. ⓛ 지쳐서 더 이상 움직일 수 없게 되거나 의식이 흐려지면 • 랜턴이 천장을 비추도록 놓고 출입문 가운데나 벽에 누워서 발견되기 쉽게 한다. • 구조대원은 벽을 따라서 진입하기 때문에 벽 주변에 있으면 발견이 용이하고 • 벽이 음향을 반사하여 인명구조경보기의 가청효과를 극대화시킨다. • 천정을 비추는 전등 빛은 다른 구조대원들이 용이하게 발견할 수 있다.

12 다음에서 설명하는 장비로 옳은 것은?

> 지진과 건물붕괴 등 인명피해가 큰 재난 상황에서 구조자가 생존자를 찾을 수 있도록 돕는 장비로 일명 써치탭(Search TAP)이라고 한다.

① 고성능 영상탐지기
② 매몰자 전파탐지기
③ 매몰자 음향탐지기
④ 매몰자 영상탐지기

정답 12. ④

해설	
매몰자 영상탐지기	써치탭(Search TAP)으로 불리는 매몰자영상탐지기는 지진과 건물붕괴 등 인명 피해가 큰 재난 상황에서 구조자가 생존자를 찾을 수 있도록 돕는 장비로 작은 틈새 또는 구멍으로 카메라와 마이크, 스피커가 부착된 신축봉을 투입하여 공간 내부를 자세히 보기 위한 장비이다.
매몰자 음향탐지기	매몰, 고립된 사람의 고함이나 신음, 두드림 등의 신호를 보낼 수 있는 생존자를 찾아내기 위한 장비이다.
전파탐기기	**붕괴된** 건물의 잔해나 붕괴물 속에 마이크로파대의 전파를 방사하여 매몰한 생존자의 호흡에 의한 움직임을 반사파로부터 검출하는 것으로 그 생존을 탐사하는 장비이다.

13 수중구조 시 잠수에 사용하는 용어로 옳지 않은 것은?

① 수면에서 하강하여 최대수심에서 활동하다가 상승을 시작할 때까지의 시간을 '실제 잠수시간'이라 한다.
② 체내의 잔류 질소량을 잠수하고자 하는 수심에 따라 결정되는 시간으로 바꾸어 표현한 것을 '잔류 질소시간'이라 한다.
③ 스쿠버 잠수 후 10분 이후에서부터 15시간 내에 실행 되는 스쿠버 잠수를 '재 잠수'라 한다.
④ 이전 잠수로 인해 줄어든 시간(잔류 질소시간)과 실제 재 잠수 시간을 합하여 나타낸 것을 '총 잠수시간'이라 한다.

해설	
실제잠수 시간	이것은 수면에서 하강하여 최대수심에서 활동하다가 상승을 시작할 때까지의 시간을 말한다.
잠수 계획표	잠수 진행과정을 일종의 도표로 나타내어 보는 것이다. 이 잠수 계획 도표를 사용하게 되면 보다 계획적이고 효율적인 잠수를 할 수 있다.
잔류 질소군	잠수 후 체내에 녹아 있는 질소의 양(잔류질소)의 표시를 영문 알파벳으로 표기한 것을 말한다. 가장 작은 양의 질소가 녹아 있음을 나타내는 기호는 A이다.
수면 휴식 시간	- 잠수 후 재 잠수 전까지의 수면 및 물 밖에서 진행되는 휴식시간을 말한다. - 12시간 내의 재 잠수를 계획하는데, 가장 중요한 것은 수면 및 물 밖의 휴식 동안 몸 안에 얼마만큼 잔류 질소가 남아 있는가 하는 것이다. - 수면 휴식시간을 많이 가질수록 이미 용해된 신체 내 질소는 호흡을 통해 밖으로 나간다. - 다시 잠수하기 전 체내에 잔류된 질소의 양을 알아보기 위하여 새로운 잠수기호를 설정한다. 이 기호는 수면휴식 시간표를 사용하면 쉽게 찾을 수 있다.
잔류 질소시간	체내의 잔류 질소량을 잠수하고자 하는 수심에 따라 결정되는 시간으로 바꾸어 표현한 것이다.
감압정지 와 감압시간	실제 잠수 시간이 최대 잠수 가능시간을 초과했을 때에 상승도중 감압표상에 지시된 수심에서 지시된 시간만큼 머무르는 것을 "감압정지"라 하고, 머무르는 시간을 "감압시간"이라 한다. 그리고 감압은 가슴 정 중앙이 지시된 수심에 위치하여야 한다.

정답 13. ③

재 잠수	스쿠버 잠수 후 10분 이후에서부터 12시간 내에 실행되는 스쿠버 잠수를 말한다.
총 잠수 시간	재 잠수 때에 적용할 잠수시간의 결정은 총 잠수시간으로 전 잠수로 인해 줄어든 시간(잔류 질소시간)과 실제 재 잠수 시간을 합하여 나타낸다.
최대잠수 가능조정시간	역시 재 잠수 때에 적용할 최대 잠수 가능시간의 결정은 잔류 질소시간에 따라 변한다. 따라서 최대 잠수 가능조정 시간은 최대 잠수 가능시간에서 잔류질소 시간을 뺀 나머지 시간이다.
안전정지	모든 스쿠버잠수 후 상승할 때에 수심 5m 지점에서 약 5분간 정지하여 상승속도를 완화한다. 이러한 상승 중 정지를 "안전정지"라 한다. 이 안전정지 시간은 잠수시간 및 수면휴식 시간에 포함시키지 않는다. 또한 감압지시에 따른 감압과는 무관하다.

14 위험요인의 회피 능력배양 방법으로 옳지 않은 것은?

① 내적 위험요인 통제능력
② 외적 위험요인 예지능력
③ 배우고 익히는 숙지능력
④ 행동으로 실행하는 능력

해설

외적위험 요인 예지능력	대원 스스로 과거의 경험과 지식에 의해 오감 등으로 판단하여 주위에 있는 위험요인을 발견해 내는 능력
내적위험 요인 통제능력	자기 내면에 있는 위험요인 즉, 자기중심적인 사고나 감정을 올바른 방향으로 통제할 수 있는 능력
실행능력	외적·내적 위험요인을 판단하고 이것을 행동으로 실행하는 능력

15 구조활동의 원칙에서 명령통일에 관한 설명으로 옳지 않은 것은?

① 한 대원은 오직 한 사람의 지휘관에게만 보고하고 한 사람의 지휘만을 받는다는 것이다.
② 현장을 장악한 현장지휘관의 판단 하에 엄정한 규율을 바탕으로 조직적인 부대활동을 기본원칙으로 하며 자의적인 단독행동은 절대로 해서는 안된다.
③ 현장에서 긴급히 대원을 철수하는 등 급박한 경우라도 반드시 명령통일의 원칙을 준수하여야 한다.
④ 명령계통에 있지 않은 대원에게 지시·명령을 내리는 것은 현장의 혼란을 가중한다.

해설 (명령통일)
① 명령의 통일성을 유지하기 위해 자의적인 단독행동은 절대 금지한다.
② 한 대원은 오직 한사람의 지휘관에게만 보고하고 한 사람의 지휘만을 받는다.
③ 대원의 안전에 위협이 되는 심각한 위험상황이 발생하여 현장에서 긴급히 대원을 철수시킨다든가 하는 급박한 경우 외에는 반드시 명령통일의 원칙을 준수하여야 한다.

정답 14. ③ 15. ③

16 화학물질 분류 및 표지에 관한 세계조화 시스템(GHS) 위험성 표시 방법으로 옳은 것은?

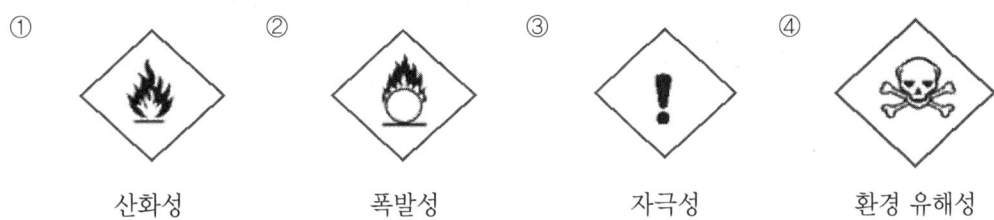

① 산화성　② 폭발성　③ 자극성　④ 환경 유해성

해설 (국내 표시법과 GHS 심벌의 비교)

17 소방청장은 국외에서 대형재난 등이 발생한 경우 재외 국민의 보호 또는 재난 발생국의 국민에 대한 인도주의적 구조 활동을 위하여 국제구조대를 편성하여 운영할 수 있다. 이와 관련하여 국제구조대의 편성과 운영에 관한 내용으로 옳지 않은 것은?

① 소방청장은 외교부장관과 협의를 거쳐 국제구조대를 재난발생국에 파견할 수 있다.
② 중앙소방학교장은 국제구조대를 국외에 파견할 것에 대비하여 구조대원에 대한 교육훈련 등을 실시할 수 있다.
③ 국제구조대의 편성, 파견, 교육 훈련 및 국제구조대원의 귀국 후 건강관리와 그 밖에 필요한 사항은 대통령령으로 정한다.
④ 국제구조대는 행정안전부령으로 정하는 장비를 구비하여야 한다.

정답　16. ③　17. ②

해설 (국제구조대의 편성과 운영)

① 소방청장은 국외에서 대형재난 등이 발생한 경우 재외국민의 보호 또는 재난발생국의 국민에 대한 인도주의적 구조 활동을 위하여 국제구조대를 편성하여 운영할 수 있다.
② 소방청장은 외교부장관과 협의를 거쳐 제1항에 따른 국제구조대를 재난발생국에 파견할 수 있다.
③ 소방청장은 제1항에 따른 국제구조대를 국외에 파견할 것에 대비하여 구조대원에 대한 교육훈련 등을 실시할 수 있다.
④ 소방청장은 제1항에 따른 국제구조대의 국외재난대응능력을 향상시키기 위하여 국제연합 등 관련 국제기구와의 협력체계 구축, 해외재난정보의 수집 및 기술연구 등을 위한 시책을 추진할 수 있다.
⑤ 소방청장은 제2항에 따라 국제구조대를 재난발생국에 파견하기 위하여 필요한 경우 관계 중앙행정기관의 장 또는 시·도지사에게 직원의 파견 및 장비의 지원을 요청할 수 있다. 이 경우 관계 중앙행정기관의 장 또는 시·도지사는 특별한 사유가 없으면 요청에 따라야 한다.
⑥ 제1항부터 제5항까지의 규정에 따른 국제구조대의 편성, 파견, 교육 훈련 및 국제구조대원의 귀국 후 건강관리와 그 밖에 필요한 사항은 대통령령으로 정한다.
⑦ 제1항에 따른 국제구조대는 행정안전부령으로 정하는 장비를 구비하여야 한다.

18 다수사상자 발생현장에서 호흡이 없는 30대 남성의 기도를 다시 개방했더니 숨을 쉬기 시작했다. 이 환자의 STRAT 분류법으로 옳은 것은?

① 긴급
② 응급
③ 비응급
④ 지연

해설 (START 분류법)

호흡 확인	호흡이 없는 환자가 기도개방처치로 호흡을 한다면 긴급환자, 그래도 호흡이 없다면 지연환자로 분류한다. 호흡수가 분당 30회 이상이면 긴급환자, 30회 이하라면 응급환자로 분류한다.
맥박 확인	환자 상태가 무의식, 무호흡, 무맥이라면 지연환자로 분류하고 호흡은 없고 맥박이 있다면 긴급환자로 분류한다. 호흡과 맥박이 모두 있는 환자라면 다음 환자로 넘어가야 한다.
의식수준	의식이 명료하다면 응급환자로 의식장애가 있다면 긴급환자로 분류한다.
지정된 장소에 모인 환자	걸을 수 있다고 해서 모두 비 응급 환자라 분류해서는 안 되며 그 중에서도 의식장애, 출혈, 쇼크 전구증상 있는 환자가 있을 수 있다. 따라서 START분류법에 의해 호흡, 맥박, 의식 수준을 평가해 재분류해야 한다.

19 허벅지에 깊은 열상이 발생하여 직접 압박에도 지혈이 되지 않아 지혈대를 사용하고자 한다. 지혈대 사용에 관한 설명으로 옳은 것은?

① 철사나 밧줄을 사용한다.
② 말초부위 순환이 되도록 간헐적으로 풀어준다.
③ 관절 위에 적용한다.
④ 출혈이 멈추면 막대가 풀려 느슨해지지 않도록 주의 한다.

정답 18. ①   19. ④

해설 (지혈대 사용 시 유의사항)
1. 상처 바로 윗부분에 지혈대를 적용한다.(관절부위는 피해서 적용)
2. 벨크로 스트랩 끝부분을 심장쪽으로 당겨 강하게 조여 준다.
    ⓐ 지혈대의 막대기를 돌려서 더욱 압력을 가해준다.(팔이라면 손등 혹은 손목의 맥박이 잡히는지 확인하고 다리라면 발등 혹은 발목에 맥박이 잡히는지 확인하며 느껴지지 않을 때까지 조여 준다. 맥박이 잘 느껴지지 않거나 잡히지 않는다면 환자가 고통을 호소할 정도로 압력을 가해준다)
    ⓑ 지혈대의 막대를 필요한 만큼 조여 주었다면 플라스틱 홀더 안으로 막대기를 넣어준다.
    ⓒ 지혈대는 풀리지 않도록 하고 적용한 시간과 일시를 쉽게 알아볼 수 있도록 표기한다.
    (지혈대의 적용시간은 중요하기 때문에 무조건 표기해야 한다.)
    – 항상 넓은 지혈대를 사용해야 한다.
    – 철사, 밧줄, 벨트 등은 조직을 손상시키므로 사용해서는 안 된다.
    – 한번 조인 지혈대는 병원에 올 때까지 풀어서는 안 된다.
    – 관절 위에 사용해서는 안 된다.

20. 출혈로 인해 혈액량이 감소될 경우 인체의 초기 보상 작용으로 나타나는 순환계의 반응으로 옳은 것은?

① 혈관이 수축하고, 맥박이 빨라진다.
② 혈관이 이완하고, 맥박이 빨라진다.
③ 혈관이 수축하고, 맥박이 느려진다.
④ 혈관이 이완하고, 맥박이 느려진다.

해설 (출혈)
① 성인의 경우 갑작스런 100cc 출혈은 문제가 되지 않지만 전체 혈액량이 500~800cc인 신생아에게는 심각한다.
② 일반적으로 성인은 1ℓ, 소아는 0.5ℓ, 신생아는 0.1ℓ 실혈될 경우 위험하다.
③ 외부출혈이라도 옷, 장식천, 깔개, 땅 등에 흡수된 실혈량은 측정할 수 없으며 내부출혈인 경우 더더욱 알 수 없다는 문제점이 있다.
④ 정상적인 출혈 반응은 손상 혈관이 수축되고 혈소판과 응고인자는 혈액을 응고시켜 지혈반응을 나타내는데 심한 출혈에는 이 기능이 정상적으로 작용하지 않을 수 있다.

21. 부목고정의 기본원칙으로 옳은 것은?

① 뼈가 손상부위 밖으로 나와 있으면 원래 위치로 넣는다.
② 관절부위 손상은 위-아래 뼈를 고정해야 한다.
③ 쇼크의 징후가 보여도 먼저 완벽하게 부목으로 고정한 후 이송한다.
④ 손끝 및 발끝은 노출이 되지 않게 부목을 적용한다.

정답 20. ① 21. ②

해설 (일반적인 부목 사용방법)
① 부목 외에 다른 불필요한 것은 제거한다.
② 손상부위에 따라 가장 적합한 부목을 사용해라.
③ 뼈 손상 여부가 의심될 경우에는 손상됐다고 가정하고 부목으로 고정한다.
④ 근골격계 손상환자가 쇼크 징후 등을 보이면 즉각적으로 이송해야 하며, 부목에 앞서 신속한 이송이 필요한 경우는 긴 척추고정판을 이용해 환자를 고정해야 한다.
⑤ 심각한 손상 환자는 부목으로 고정하기 위해 시간을 지연해서는 안 되며 신속하게 이송해야 한다.
⑥ 부목 고정 전에 한 명의 대원은 손상부위 양 쪽을 각각 잡아 손상부위를 고정시킨다. 이는 부목으로 완전히 고정될 때까지 잡고 있어야 한다.
⑦ 부목 고정 전에 팔·다리 손상 먼쪽의 맥박, 운동기능 그리고 감각을 평가해야 한다. 부목 고정 후에도 다시 한 번 평가한다. 항상 부목 고정 전·후에 대해 기록해야 한다.
⑧ 손상부위의 의복은 잘라 내어 개방시킨 후 평가해야 한다.
⑨ 개방 상처는 멸균거즈로 드레싱한 후에 부목으로 고정해야 한다.
⑩ 팔다리의 심각한 변형이나 먼쪽의 청색증 또는 맥박이 촉지 되지 않는다면 부드럽게 손으로 견인하여 정상 해부학적 위치로 맞춘 후 부목으로 고정시킨다.
⑪ 뼈가 손상 부위 밖으로 나와 있다면 다시 원래 위치로 넣으려고 해서는 안 된다.
⑫ 불편감과 압박을 예방하기 위해 패드를 대준다.
⑬ 가능하다면 환자와 부목사이 빈 공간에 패드를 대준다.
⑭ 가능하다면 환자를 움직이기 전에 부목을 대준다. 위급한 상황이나 치명적인 상태인 경우에는 제외이다.
⑮ 손상부위 위·아래에 있는 관절을 고정시켜야 한다. 예를 들면 아래팔골절에는 팔목과 팔꿈관절을 고정시켜야 한다.
⑯ 관절부위 손상에는 위·아래 뼈를 고정시켜야 한다. 예를 들면 팔꿈치골절에는 위팔과 아래팔을 고정시켜야 한다.
⑰ 손과 다리를 포함한 먼쪽 팔다리손상에서 부목을 대줄 때는 순환상태를 평가하기 위해 손끝과 발끝은 보이게 해야 한다.
⑱ 팔, 손목, 손, 손가락 부목 전에는 팔찌, 시계, 반지 등을 제거해야 한다. 부종으로 인해 순환에 장애를 줄 수 있기 때문이다.

22. 자전거를 타다가 넘어지면서 머리와 얼굴부위에 심한 충격으로 척추손상이 의심되고, 이마에 결출상과 코에 출혈이 있는 환자의 응급처치로 옳지 않은 것은?

① 척추고정에 방해가 되어 헬멧을 제거하였다.
② 목뼈 손상이 의심되어 턱 밀어올리기 방법으로 기도를 개방하였다.
③ 의식장애 환자는 경추를 고정하고 편안하게 회복자세를 취해주었다.
④ 결손된 피부가 발견되어 접합수술을 위해 병원으로 함께 이송하였다.

해설 (의식장애)
의식장애는 경미한 착란현상, 지남력장애에서 무반응까지 다양하다. 의식장애를 초래하는 원인으로는 뇌로 가는 당, 산소, 혈액결핍 등이 있으며 뇌는 영구적으로 그리고 쉽게 손상 받을 수 있다는 문제점이 있다. 의식장애 환자는 신속한 이동이 가장 중요하다.

23. 고혈당 환자에 관한 설명으로 옳지 않은 것은?

① 피부는 따뜻하고 건조하다.
② 호흡에서 아세톤 냄새가 나기도 한다.
③ 보통은 저혈당 환자에 비해 증상의 시작이 서서히 진행 된다.

정답 22. ③ 23. ④

④ 인슐린 복용 후 식사를 하지 않는 경우에 주로 발생 한다.

[해설] (저혈당의 원인)
① 인슐린 복용 후 식사를 하지 않은 경우
② 인슐린 복용 후 음식물을 토한 경우
③ 평소보다 힘든 운동이나 작업을 했을 경우

시 작	• 저혈당은 갑자기 나타나는 반면 고혈당은 보통 서서히 진행된다. • 그 이유는 고혈당인 경우 뇌로 혈당이 전달되는 반면 저혈당은 혈당이 뇌에 도달할 수 없어 갑자기 경련이 일어나기 때문이다.
피 부	고혈당환자는 따뜻하고 붉으며 건조한 피부를 갖는 반면 저혈당 환자는 차갑고 창백하며 축축한 피부를 나타낸다.
호 흡	• 고혈당 환자의 호흡에서는 아세톤 냄새가 나기도 한다. • 고혈당 환자는 종종 빠르고 깊은 호흡을 나타내고 구갈증, 복통, 구토 증상도 나타난다. • 고혈당과 저혈당을 분명히 구분하기 위해서는 혈당측정기를 이용해 판단해야 한다.

24 무더운 여름 날 야외에서 장시간 작업을 하던 50대 여성의 의식이 혼미하며 피부가 뜨겁고 건조한 모습을 보이고 있다. 환자의 처치로 옳은 것은?

① 이온음료를 마시게 한다.
② 저체온이 발생하지 않게 구급차를 따뜻하게 해준다.
③ 환자의 몸을 축축하게 해주고 부채질을 해준다.
④ 가온된 산소를 공급한다.

[해설]

정상이거나 차가우며 창백하고 축축한 피부인 경우	뜨겁고 건조하거나 축축한 피부인 경우
시원하게 옷을 벗기고 느슨하게 한다.	시원하게 옷을 벗기고 느슨하게 한다.
부채질 등 증발을 이용해 시원하게 해준다.	목, 겨드랑이, 서혜부에 차가운 팩을 댄다.
다리를 약간 올리고 앙와위를 취해준다.	차가운 물로 몸을 축축하게 해주고(수건, 스펀지 이용) 부채질(선풍기) 해준다.
반응이 있고 구토가 없다면 앉아서 물이나 이온음료를 마시게 하고 그렇지 않다면 좌측위로 병원으로 이송한다.	구강으로 아무것도 주어서는 안 되며 냉방기를 최고로 맞춰 놓고 신속하게 이송한다.
이송 중 계속 환자를 평가 및 처치한다.	이송 중 계속 환자를 평가 및 처치한다.

[정답] 24. ③

25 분만 후 신생아의 처치로 옳은 것은?

① 탯줄은 축축한 멸균거즈로 감싸서 건조되는 것을 방지 한다.
② 신생아 소생술 시 가슴압박과 인공호흡의 비율은 15 : 2로 한다.
③ 구형 흡인기를 신생아의 입에 넣고 누른 다음 흡인을 2~3회 반복한다.
④ 첫 번째 탯줄결찰(제대결찰)은 신생아로부터 약 5cm정도 떨어져 결찰한다.

해설

태아의 머리가 완전히 나왔다면 한손으로 계속 지지해 주고 다른 손은 소독된 거즈로 닦고 구형흡입기로 입, 코 순으로 흡인한다. 구형흡입기를 누른 다음 입에 약 2.5~3.5cm 넣고 흡인하고 뺀 후에는 수건에 흡인물을 버리도록 한다. 이 과정을 두세번 반복하고 코는 1~2번 반복한다. 코에는 1.2cm 이하로 넣어야 한다

(일반적인 과정)
1. 신생아 보온을 유지한다.
   • 제대 결찰 전에 수분을 없애고 신생아 포로 전신을 감싸야 한다. 태지는 보호막임으로 물로 닦아서 는 안 된다.
2. 분만용 세트에서 제대감자로 제대가 찢어지지 않도록 천천히 결찰한다.
3. 첫 번째 제대감자의 결찰높이는 신생아로부터 약 10cm 정도 떨어져 결찰한다.
4. 두 번째 제대감자의 결찰높이는 첫 번째 제대에서 신생아 쪽으로 5cm 정도 떨어져 결찰한다.
5. 소독된 가위로 제대감자 사이를 자른다.
   • 자른 후에는 결찰을 풀거나 다시 하려고 시도해서는 안 된다. 태반측 제대는 피, 체액, 배설물에 닿지 않게 놓고 신생아편 제대 끝에서는 출혈되지 않는지 확인해야 한다. 출혈이 있다면 가능하다면 현 제대감자에 가깝게 다른 제대감자로 결찰한다.

※ 당초 정답은 ① 번이었으나 탯줄은 건조한 상태를 유지하여 떨어져 나가도록 하는 것이 맞다는 취지의 이의 제기가 있었습니다. 따라서 소방청에서 받아들여 이 문제는 정답이 없는 걸로 결정되었습니다.

정답 25. ①

CHAPTER 02 23년 소방장 승진시험 기출문제

01 소화약제인 물의 물리적 성질에 관한 설명으로 옳지 않은 것은?

① 0℃의 얼음 1g이 0℃의 액체 물로 변하는데 필요한 용융(융해)열은 79.7 cal/g이다.
② 0℃의 액체 물 1g을 100℃의 수증기로 만드는데 필요한 열량은 539.6 cal/g이다.
③ 물의 비중은 1 atm을 기준으로 4℃일 때 0.999972로 가장 무거우며, 4℃보다 높거나 낮아도 이 값보다 작아 진다.
④ 물의 표면 장력은 20℃에서 72.75 dyne/cm이며, 온도가 상승하면 표면 장력은 작아진다.

해설 (물의 물리적 성질)
① 물은 상온에서 비교적 안정된 액체로 자연 상태에서는 기체(수증기), 액체, 고체(얼음)의 세 가지 형태로 존재한다.
② 0℃의 얼음 1g이 0℃의 액체 물로 변하는 데 필요한 용융열(용융 잠열)은 79.7cal/g이다.
③ 100℃의 액체 물 1g을 100℃의 수증기로 만드는 데 필요한 열량인 증발 잠열(기화열)은 539.6cal/g으로 다른 물질에 비해 매우 큰 편이다.
④ 물 1g을 1℃ 올리는 데 필요한 열량인 비열은 1cal/g·℃로 다른 물질에 비해 상당히 큰 편이다. 따라서 20℃의 물 1g을 100℃까지 가열하기 위해서는 80cal의 열이 필요하다.
⑤ 대기압 하에서 100℃의 물이 액체에서 수증기로 바뀌면 체적은 약1,700배 정도 증가한다(100℃의 포화수와 건조포화수 증기의 비체적은 각각 0.001044ℓ/g, 1.673ℓ/g).
⑥ 1atm에서 물의 빙점(융점)은 0℃, 비점은 100℃이다. 이들 값은 압력에 따라 변한다.
⑦ 물의 비중은 1atm을 기준으로 4℃일 때 0.999972로 가장 무거우며 4℃보다 높거나 낮아도 이 값보다 작아진다.
⑧ 물은 압력을 받으면 약간은 압축되나 기체에 비하면 무시해도 좋을 정도이므로 비압축성 유체로 간주할 수 있다. 온도에 따라 다르기는 하지만 1kg/cm²의 압력 증가에 평균 $3.0 \times 10^{-10} \sim 5.0 \times 10^{-10}$씩 부피가 감소한다.
⑨ 물의 점도는 1atm, 20℃에서 1.0cP(1centipoise=0.01g/cm·sec)이며 온도가 올라가면 점도는 작아진다(50℃에서는 0.55cP).
⑩ 물의 표면 장력은 20℃에서 72.75dyne/cm이며 온도가 상승하면 표면 장력은 작아진다(40℃에서는 69.48dyne/cm).

정답 01. ② 02. ①

02 「화재조사 및 보고규정」에서 사용하는 관련 용어의 정의로 옳지 않은 것은?

① "잔불정리"란 화재 완진 후 잔불을 점검하고 처리하는 것을 말한다. 이 단계에서는 열에 의한 수중기나 화염 없이 연기만 발생하는 연소현상이 포함될 수 있다.
② "재발화감시"란 화재를 진화한 후 화재가 재발되지 않도록 감시조를 편성하여 일정 시간 동안 감시하는 것을 말한다.
③ "발화요인"이란 발화열원에 의하여 발화로 이어진 연소 현상에 영향을 준 인적·물적·자연적인 요인을 말한다.
④ "감정"이란 화재와 관계되는 물건의 형상, 구조, 재질, 성분, 성질 등 이와 관련된 모든 현상에 대하여 과학적 방법에 의한 필요한 실험을 행하고 그 결과를 근거로 화재원인을 밝히는 자료를 얻는 것을 말한다.

해설

잔불 정리	화재 초진 후 잔불을 점검하고 처리하는 것을 말한다. 이 단계에서는 열에 의한 수증기나 화염 없이 연기만 발생하는 연소현상이 포함될 수 있다.
완진	소방대에 의한 소화활동의 필요성이 사라진 것을 말한다.
철수	진화가 끝난 후, 소방대가 화재현장에서 복귀하는 것을 말한다.
재발화 감시	화재를 진화한 후 화재가 재발되지 않도록 감시조를 편성하여 일정 시간 동안 감시하는 것을 말한다.
감정	화재와 관계되는 물건의 형상, 구조, 재질, 성분, 성질 등 이와 관련된 모든 현상에 대하여 과학적 방법에 의한 필요한 실험을 행하고 그 결과를 근거로 화재원인을 밝히는 자료를 얻는 것을 말한다.
발화 요인	발화열원에 의하여 발화로 이어진 연소현상에 영향을 준 인적·물적·자연적인 요인을 말한다.

정답 02. ①

03. 상온에서 고체로 존재하는 고체 가연물질의 일반적 연소에 관한 설명으로 옳지 않은 것은?

① 표면연소는 고체가연물이 열분해나 증발하지 않고 표면에서 산소와 급격히 산화 반응하여 연소하는 현상이다.
② 분해연소 물질에는 목탄, 코크스, 금속(분·박·리본 포함)등의 연소가 해당된다.
③ 분해연소는 고체 가연물질을 가열하면 열분해를 일으켜 나온 분해가스 등이 연소하는 형태를 말한다.
④ 자기연소 물질에는 니트로셀룰로오스, 트리니트로톨루엔, 니트로글리세린, 트리니트로페놀 등이 있다.

[해설]

표면연소 (직접연소)	• 고체 가연물이 열분해나 증발하지 않고 표면에서 산소와 급격히 산화 반응하여 연소하는 현상 즉, 목탄 등이 열분해에 의해서 가연성 가스를 발생하지 않고 그 물질 자체가 연소하는 현상으로 불꽃이 없는 것(무염연소)이 특징이다. ※ 목탄, 코우크스, 금속(분·박·리본 포함) 등의 연소가 해당되며 나무와 같은 가연물의 연소 말기에도 표면연소가 이루어진다.
증발연소	• 고체 가연물이 열분해를 일으키지 않고 증발하여 증기가 연소되거나 먼저 융해된 액체가 기화하여 증기가 된 다음 연소하는 현상을 말한다. ※ 액체 가연물질의 증발연소 형태와 같으며, 황(S), 나프탈렌($C_{10}H_8$), 파라핀(양초) 등이 있다.
분해연소	• 고체 가연물질을 가열하면 열분해를 일으켜 나온 분해가스 등이 연소하는 형태를 말하며 열분해에 의해 생기는 물질에는 일산화탄소(CO), 이산화탄소(CO_2), 수소(H_2), 메탄(CH_4) 등이 있다. ※ 분해연소 물질에는 목재·석탄·종이·섬유·프라스틱·합성수지·고무류 등이 있으며 이들은 연소가 일어나면 연소열에 의해 고체의 열분해는 계속 일어나 가연물이 없어질 때까지 계속된다. 유기고체 →(열분해)→ 가연가스(+산소, +점화에너지) → 연소
자기연소 (내부연소)	• 가연물이 물질의 분자 내에 산소를 함유하고 있어 열분해에 의해서 가연성 가스와 산소를 동시에 발생시키므로 공기 중의 산소 없이 연소할 수 있는 것을 말한다. ※ 위험물안전관리법시행령 별표 1의 제5류 위험물인 니트로셀룰로오스(NC), 트리니트로톨루엔(TNT), 니트로글리세린(NG), 트리니트로페놀(TNP) 등이 있으며 대부분 폭발성을 지니고 있으므로 폭발성 물질로 취급되고 있다.

정답 03. ②

04 ( ) 안에 들어갈 특수현상으로 옳은 것은?

구분	오일오버(Oilover)	(ㄱ)	(ㄴ)	(ㄷ)
특성	화재로 저장탱크 내의 유류가 외부로 분출하면서 탱크가 파열하는 현상	탱크표면 화재로 원유와 물이 함께 탱크 밖으로 흘러넘치는 현상	유류표면 아래 비등하는 물에 의해 탱크 내 유류가 넘치는 현상	유류 표면온도에 의해 물이 수증기가 되어 팽창, 비등함에 따라 유류를 외부로 비산시키는 현상
위험성	위험성이 가장 높음	대규모 화재로 확대되는 원인	직접적 화재발생 요인은 아님	직접적 화재발생 요인은 아님

	ㄱ	ㄴ	ㄷ
①	보일오버(Boilover)	후로스오버(Frothover)	슬롭오버(Slopover)
②	보일오버(Boilover)	슬롭오버(Slopover)	후로스오버(Frothover)
③	후로스오버(Frothover)	보일오버(Boilover)	슬롭오버(Slopover)
④	후로스오버(Frothover)	슬롭오버(Slopover)	보일오버(Boilover)

[해설]

구분	오일오버(Oilover)	보일오버(Boilover)	후로스오버(Frothover)	슬로프오버(Slopover)
특성	화재로 저장탱크내의 유류가 외부로 분출하면서 탱크가 파열하는 현상	탱크표면화재로 원유와 물이 함께 탱크 밖으로 흘러넘치는 현상	유류표면 아래 비등하는 물에 의해 탱크 내 유류가 넘치는 현상	유류 표면온도에 의해 물이 수증기가 되어 팽창, 비등함에 따라 유류를 외부로 비산시키는 현상
위험성	위험성이 가장 높음	대규모 화재로 확대되는 원인	직접적 화재발생요인은 아님	직접적 화재발생요인은 아님

정답 04. ①

05 백드래프트(Backdraft)와 플래쉬오버 (Flashover)에 관한 설명으로 옳지 않은 것은?

① 백드래프트보다 플래쉬오버의 발생 빈도가 높다.
② 백드래프트가 일어나고 있는 동안 건축물을 파괴할 수 있는 충격파가 발생하면서 창문이 부서지고 연기와 화염 폭풍이 개구부를 가격할지도 모른다.
③ 플래쉬오버의 악화요인은 공기이다. 소방관들이 짙은 연기로 가득 찬 밀폐 공간에 들어가면서 유입되는 신선한 공기가 고온의 일산화탄소와 혼합하여 폭발이 발생하게 된다. 반면에 백드래프트의 악화 원인은 공기가 아니라 열이다.
④ 플래쉬오버는 성장기의 마지막이자 최성기의 시작점 (경계선)에서 발생한다. 반면에 백드래프트는 성장기 또는 쇠퇴기에서 연기가 제한된 공간에 갇혀 있을 때 발생한다.

[해설]

구 분	백드래프트현상	플래시오버현상
연소현상	훈소상태(불완전연소상태)	자유연소상태
산 소 량	산소 부족	상대적으로 산소공급원활
폭발성 유무	폭발현상이며 그에 따른 충격파, 붕괴, 화염폭풍 발생	폭발이 아님
악화요인(연소 확대의 주 매개체)	외부유입 공기(산소)	열(축적된 복사열)
발생시점	성장기, 감퇴기	성장기의 마지막이자 최성기의 시작점

06 강제배연의 한 형태인 분무주수를 활용한 배연요령으로 옳지 않은 것은?

① 관창압력은 0.6 Mpa 이상 분무주수를 한다.
② 관창 전개각도 30° 정도로 급기구를 완전히 덮을 수 있는 거리를 주수위치로 선정하며, 개구부가 넓은 경우에는 2구 이상의 분무주수로 실시한다.
③ 배기구측에 진입대가 있을 때는 서로 연락을 취해 안전을 확보하면서 방수한다.
④ 화염과 배기구 사이에 구조대상자 또는 구조대원이 위치해 있다면 화염에 의해 큰 위험을 초래할 수 있어 정확한 확인과 주의가 요구된다.

[해설] (급기구측에서 분무주수하여 기류를 이용하는 방법)
① 노즐 전개각도 60도 정도로 급기구를 완전히 덮을 수 있는 거리를 방수 위치로 선정하고, 개구부가 넓은 경우에는 2구이상의 분무주수로 실시한다.
② 노즐압력은 0.6Mpa이상 분무방수를 한다.
③ 배기구측에 진입대가 있을 때는 서로 연락을 취해 안전을 배려하면서 방수한다.
  ※ 특히 화염과 배기구 사이에 구조대상자, 구조대원이 있다면 위험하다.

[정답] 05. ③   06. ②

07 「소방활동 검토회의 운영규정」에 관한 내용으로 옳은 것은?

① 검토회의는 화재발생일로부터 7일 이내에 개최한다.
② 검토회의를 개최하였을 때에는 개최일로부터 3일 이내에 그 결과를 소방청장에게 보고하여야 한다.
③ 대형화재, 중요화재, 특수화재의 경우 통제관은 관할 소방서장이 된다.
④ 소방활동도에는 부근의 도로, 수리, 펌프부서 및 수관 연장 방향 등을 기입한다.

해설 (소방활동 검토회의 및 장소)
① 검토회의는 화재발생일로부터 10일 이내에 개최한다.
② 검토회의는 화재지를 관할하는 소방본부 또는 소방서에서 개최한다.
③ 검토회의를 개최하였을 때에는 그 결과를 소방청장에게 즉시 보고하여야 한다.

통제관	① 대형화재 발생 시의 통제관은 소방본부장이 된다. ② 중요화재, 특수화재의 경우 통제관은 관할 소방서장으로 하되 필요한 경우 소방본부장이 할 수 있다.
참석자	① 소방활동에 참여한 직원(긴급구조통제단 각 부 및 유관기관 담당자를 포함) ② 예방관계 사무담당직원 ③ 기타 화재규모, 방어활동 등을 참작하여 통제관이 필요하다고 지정하는 사람

08 다음에서 기술하고 있는 화재의 진행단계에 관한 설명으로 옳은 것은?

> 화점 주위에서 화재가 서서히 진행하다가 어느 정도 시간이 경과함에 따라 대류와 복사현상에 의해 일정 공간 안에 있는 가연물이 발화점까지 가열되어 일순간에 걸쳐 동시 발화되는 현상

① 뜨거운 가스층으로부터 발산하는 복사에너지는 일반적으로 30kW/㎡를 초과한다.
② 이 현상이 발생하는 것과 관련된 정확한 온도는 없지만 대략 483℃에서 649℃까지 범위가 폭넓게 사용된다.
③ 열분해 작용에 의해 발산하는 가장 보편적인 가스 중의 하나인 이산화탄소(CO_2)의 발화온도와 상관관계가 있다.
④ 최고조에 다다른 실내의 열 발산율은 1,000kW 또는 그 이상이 될 수 있다.

해설 (플래시오버 현상)
① 화점 주위에서 화재가 서서히 진행하다가 어느 정도 시간이 경과함에 따라 대류와 복사현상에 의해 일정 공간 안에 있는 가연물이 발화점까지 가열되어 일순간에 걸쳐 동시 발화되는 현상을 말한다.
② 직접적 발생원인은 자기발화(Autoignition)가 일어나고 있는 연소공간에서 발생되는 열의 재방출(Reradiation)에 의해 열이 집적되어 온도가 상승하면서 전체 공간을 순식간에 화염으로 가득 차게 만드는 것이다.
③ 플래시오버가 발생할 때, 뜨거운 가스층으로부터 발산하는 복사에너지는 일반적으로 20kW/㎡를 초과한다.
④ 이러한 복사열은 구획실내의 가연성물질에 열분해작용을 일으킨다. 이 시기에 생성되는 가스는 천장부분의 가스층으로부터 발산하는 복사에너지에 의해 발화온도까지 가열된다.
⑤ 천장부분에 쌓이는 더운 가스층에서 발산하는 복사열은 가연물을 가열하고, 증기를 생성한다.

정답 07. ④ 08. ②

- 과학자들이 다양한 형태로 플래시오버를 정의하고 있지만, 대부분의 과학자들은 공간내의 모든 가연성 물질이 동시적 발화를 일으키는 구획실 내의 온도라고 정의하는데 기초를 두고 있다. 이러한 현상이 발생하는 것과 관련된 정확한 온도는 없지만, 대략 483℃에서 649℃(900°F에서 1200°F)까지 범위가 폭 넓게 사용된다. 이러한 범위는 열분해작용에 의해 발산되는 가장 보편적인 가스 중의 하나인 일산화탄소(CO)의 발화온도(609℃ 또는 1,128°F)와 상관관계를 가진다.

  연소하는 구획실 내에서 플래시오버가 발생하기 바로 전에 몇 가지 현상들이 발생한다. 온도가 급격히 상승하고, 추가적인 가연물들이 연관되면서, 구획실 내의 가연물들이 열분해현상으로 인해 가연성 가스를 발산하게 된다. 플래시오버가 발생하면, 구획실 내의 가연성 물질들과 열분해현상에 의해 발산된 가스들은 발화한다. 그리고 이로 인해 방 전체는 화염에 휩싸이게 된다. 최고조에 오른 실내의 플래시오버 상태에서 발산되는 열 발산율은 10,000 kW 또는 그 이상이 될 수 있다.

  플래시오버가 일어나기 이전에 구획실로부터 대피하지 못한 거주자는 생존하기 힘들 것이다. 또한, 소방대원들이 구획실에서 플래시오버에 직면한다면, 개인 보호 장비를 착용하고 있음에도 불구하고 극도의 위험에 처하게 된다.

09 소방자동차 역류방지밸브의 기능에 관한 설명으로 옳은 것은?

① 주 펌프 하부에 위치해 있으며 펌프에서 토출된 물이 다시 펌프로 유입되지 않도록 체크밸브 역할을 한다.
② 방수측에서 발생할 수 있는 수격작용으로부터 펌프를 보호하는 역할을 한다.
③ 펌프 진공 시 흡입측 배관라인의 기밀을 유지한다.
④ 펌프보다 위에 있는 물을 펌프에 채울 수 있도록 진공 장치를 보조한다.

[해설]
1. 주 펌프 상부에 위치해 있으며 펌프에서 토출된 물이 다시 펌프로 유입되지 않도록 체크밸브 역할을 하여 펌프의 효율을 높이고 방수측에서 발생할 수 있는 수격작용으로부터 펌프를 보호하는 역할을 한다.
2. 펌프 진공 시 토출 측 배관라인의 기밀을 유지하여, 펌프보다 아래에 있는 물을 펌프에 채울 수 있도록 진공장치 보조기능도 하고 있다.
3. 역류방지밸브 측에 이물질이 끼지 않도록 유지하며 테스트는 진공을 걸어 놓고, 방수밸브에 손으로 막아 손이 빨려 들어가는 느낌이 난다면 역류방지밸브가 불량이다.
4. 역류방지밸브가 필요한 이유 중 또 하나가 양수(진공해서 물을 끌어올림)해서 펌프 속에 물이 있는 상태로 방수를 하지 않을 때 물이 다시 빠지지 않도록 유지해 연속적인 방수가 가능하도록 한다.

정답 09. ②

10 잠수병의 종류 중 탄산가스 중독에 관한 설명으로 옳은 것은?

① 몸이 나른해지고 정신이 흐려져 올바른 판단을 내릴 수 없으며 술에 취한 것과 같은 기분이 들어 엉뚱한 행동을 하게 된다.
② 근육의 경련, 멀미, 현기증, 발작, 호흡곤란 등의 증세를 나타내며 예방법으로는 순수 산소를 사용하지 않고 반드시 공기를 사용한다.
③ 호흡이 가빠지고 숨이 차며 안면충혈이 생기거나 심할 경우 실신하기도 하며 예방법으로는 크고 깊은 호흡을 규칙적으로 한다.
④ 예방법으로는 상승할 때 절대로 호흡을 정지하지 말고 급속한 상승을 하지 않는다.

해설 (탄산가스 중독)

인체는 탄산가스를 배출하고 산소를 흡입해야 하는데 잠수 중에 탄산가스가 충분히 배출되지 않고 몸속에 축적되면 탄산가스 중독을 일으킨다. 탄산가스 중독의 원인은 다이빙 중에 공기를 아끼려고 숨을 참으면서 호흡한다든지 힘든 작업을 할 경우에 생긴다.

증 세	호흡이 가빠지고 숨이 차며 안면 충혈과 심할 경우 실신하기도 한다.
예방법	크고 깊은 호흡을 규칙적으로 하는 것

※ ① 질소마취 / ② 산소중독 / ④ 공기색전증

11 중량물 구조장비인 에어백의 사용법 및 주의사항으로 옳지 않은 것은?

① 2개의 에어백을 사용하는 경우 작은 에어백을 위에 놓고 아래의 에어백을 먼저 부풀려 위치를 잡는다.
② 에어백이 필요한 높이까지 부풀어 오르면 공기를 조금 빼면서 에어백과 버팀목으로 하중이 분산되도록 해야 안전하다.
③ 소형에어백과 대형에어백을 겹쳐 사용할 경우 최대 부양능력이 대형에어백의 부양능력을 초과하지 못한다.
④ 대상물이 들어올려지는 것과 동시에 버팀목을 넣고 높이가 높아짐에 따라 버팀목을 추가한다.

해설

에어백	1. 에어백은 단단한 표면에 놓는다. 2. 에어백을 겹쳐서 사용할 때에는 2층을 초과하지 않도록 한다. 작은 백을 위에 놓고 큰 백을 아래에 놓는다. 3. 에어백을 사용할 때에는 반드시 충분한 버팀목을 준비해서 에어백이 팽창되는 것과 동시에 측면에서 버팀목을 넣어준다. 4. 공기는 천천히 주입하고 지속적으로 균형유지에 주의한다. 5. 날카롭거나 뜨거운 표면에 에어백이 직접 닿지 않게 한다. 6. 자동차는 물론이고 어떤 물체든 에어백만으로 지탱해서는 안 된다. 에어백이 필요한 높이까지 부풀어 오르면 버팀목을 완전히 끼우고 공기를 조금 빼내서 에어백과 버팀목으로 하중이 분산되도록 한다.
버팀목	1. 구조대상자의 신체가 차량에 깔리거나 차량바깥으로 나와 있는 경우 차량의 균형유지에 더욱 주의하여 조금의 흔들림도 없도록 완전히 고정한다. 2. 차량과 버팀목의 밀착도를 높이기 위해서 작은 나무조각이나 쐐기를 이용할 수 있다. 3. 측면으로 기울어진 차량은 넘어지지 않도록 버팀목이나 로프로 고정한다.

정답 10. ③ 11. ③

12 다음과 같은 미국방화협회(NFPA)704표시법(마름모형 도표)서 화학물질의 고유한 위험에 관한 해석으로 옳은 것은?

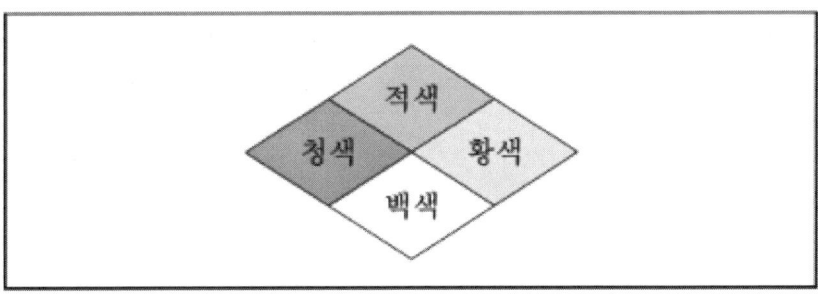

	청색	적색	황색	백색
①	인체유해성	화재위험성	반응성	기타특성 (특별한 위험)
②	반응성	화재위험성	인체유해성	기타특성 (특별한 위험)
③	인체유해성	기타특성 (특별한 위험)	반응성	화재위험성
④	화재위험성	인체유해성	기타특성 (특별한 위험)	반응성

[해설]
도표는 해당 화학물질의 "인체유해성", "화재위험성", "반응성", "기타 중요한 특성"을 나타내고 특별한 위험성이 없는 "0"에서부터 극도의 위험을 나타내는 "4"까지 다섯가지 숫자 등급을 이용하여 각 위험성의 정도를 나타낸다. 마름모형 도표에서 왼쪽은 청색으로 인체유해성을, 위쪽은 적색으로 화재위험성을, 오른쪽은 황색으로 반응성을 나타낸다. 특히 하단부는 주로 물과의 반응을 표시하기 위해 사용되는데 "₩"는 물의 사용이 위험하다는 것을 나타내고 산화성 화학물질은 O, ×로 표시하기도 한다.

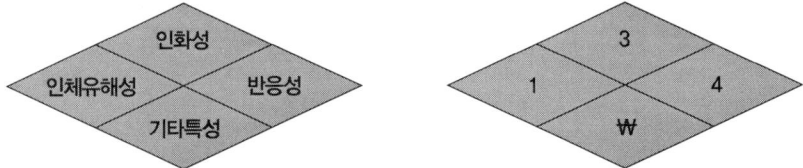

NFPA 704 표시법

정답 12. ①

13 ( )안에 들어갈 로프총의 사용방법과 주의사항에 관한 내용으로 옳은 것은?

> 가. 사격각도는 현장상황에 따라 다르지만 수평각도는 (ㄱ)가 이상적이다.
> 나. 장전 후에는 총구를 수평면 기준으로 (ㄴ)의 각도를 유지해야 격발이 된다.
> 다. 부득이 (ㄷ)의 각도로 발사할 필요가 있는 경우 에는 총올 뒤집으면 격발이 가능하다.

	ㄱ	ㄴ	ㄷ
①	45°	65° 이상	65° 이하
②	45°	65° 이하	65° 이상
③	65°	45° 이상	45° 이하
④	65°	45° 이하	45° 이상

해설 ● 로프총을 사용 시 유의점

현장상황에 따라 다르지만 수평각도 65° 가 이상적이다.
① 즉시 발사할 것이 아니면 장전하여 두지 말아야 하며, 만약 장전 후 잠시 기다리게 될 경우에는 반드시 안전핀을 눌러둔다.
② 장전 후에는 총구를 수평면 기준으로 45° 이상의 각도를 유지해야 격발이 된다. 총구를 내려서 격발이 되지 않으면 노리쇠만 뒤로 당겨준다. 45° 이하의 각도를 유지하고 있는 경우에도 갑작스러운 충격을 받으면 발사될 수도 있음을 유의한다. 부득이 45° 이하의 각도로 발사할 필요가 있는 경우에는 총을 뒤집으면 격발이 가능하다.
③ 발사하기 전에 구조대상자에게 안내 방송을 하고 착탄 예상지점 주변의 인원을 대피시켜 안전사고가 발생하지 않도록 한다.
④ 견인탄을 장전하지 않았더라도 사람을 향해 공포를 발사하면 안 된다. 추진탄의 압력이나 고압공기에 의해 부상을 입을 우려가 있다. 장기간 사용한 총은 안전핀을 눌러 놓아도 격발장치가 풀려 자동 격발될 수 있다.
⑤ 견인탄은 탄두와 날개를 완전하게 결합하고 견인로프가 풀리지 않도록 결착한다. 사용한 견인탄은 탄두에 이상이 없는 경우에 날개를 교환하면 재사용할 수 있다.
⑥ 공압식과 화약식에 사용하는 견인탄은 내경은 같으나 재질과 중량에 차이가 있으므로 교환 사용하지 않도록 한다.
⑦ 견인로프의 길이는 120m로서 원거리 발사 시에는 로프끝 부분이 로프 홀더에서 이탈하여 견인탄과 함께 끌려갈 우려가 있으므로 로프를 홀에 집어넣고, 바깥쪽 로프 끝을 홀더 뚜껑에 끼워서 견인로프가 빠지지 않도록 한다.
⑧ 발사 후에는 탄피를 제거하고 총기 손질에 준하여 약실을 청소한다.

정답 13. ③

14 수상구조 시 직접 구조방법 중 구조대상자가 의식이 있을 때 가장 많이 사용하는 가슴잡이 방법의 설명으로 옳은 것은?

① 주로 구조대상자의 전방으로 접근할 때 사용한다. 구조대원은 오른손으로 구조대상자의 오른손을 잡는다.
② 구조대원이 구조대상자의 후방으로 접근하여 한쪽 손으로 구조대상자의 같은 쪽 겨드랑이를 잡는다. 이때 구조 대원의 손은 겨드랑이 밑에서 위로 끼듯이 잡고 구조 대상자가 수면과 수평을 유지하도록 하고 횡영 동작으로 이동을 시작한다.
③ 구조대상자의 자세가 수직일 경우에는 두 팔로 겨드랑이를 잡고 팔꿈치를 구조대상자의 등에 댄다. 손으로는 끌고 팔꿈치로는 미는 동작을 하여 구조대상자의 자세가 수면과 수평이 되도록 이끈다.
④ 구조대상자의 후방으로 접근하여 오른손을 뻗어 구조 대상자의 오른쪽 겨드랑이를 잡아 끌듯이 하며 위로 올린다. 가능하면 구조대상자의 자세가 수평을 유지하도록 하는 것이 좋다.

해설

한 겨드랑이 끌기	• 구조대원이 구조대상자의 후방으로 접근하여 한쪽 손으로 구조대상자의 같은 쪽 겨드랑이를 잡는다. • 이때 구조대원의 손은 겨드랑이 밑에서 위로 끼듯이 잡고 구조대상자가 수면과 수평을 유지하도록 하고 횡영 동작으로 이동을 시작한다. • 일반적으로 먼 거리를 이동할 때에 사용한다.
두 겨드랑이 끌기	• 두 겨드랑이 끌기도 같은 방법으로 하되 구조대원이 두 팔을 모두 사용하는 것이 다르다. • 구조대상자의 자세가 수직일 경우에는 두 팔로 겨드랑이를 잡고 팔꿈치를 구조대상자의 등에 댄다. • 손으로는 끌고 팔꿈치로는 미는 동작을 하여 요구조자의 자세가 수면과 수평이 되도록 이끈다. • 두 겨드랑이 끌기에서는 팔 동작을 하지 않는 배영으로 이동한다.
손목 끌기	• 주로 구조대상자의 전방으로 접근할 때 사용한다. • 구조대원은 오른손으로 구조대상자의 오른손을 잡는다. • 만약 구조대상자의 얼굴이 수면을 향하고 있을 때에는 하늘을 향하도록 돌려놓는다. • 이때에는 구조대상자를 1m 이상 끌고 가다가 잡고 있는 손을 물 밑으로 큰 반원을 그리듯 하며 돌려서 얼굴이 위로 나오도록 한다.
가슴잡이 (의식있는)	구조대상자가 의식이 있을 때에 가장 많이 사용되는 방법은 '가슴잡이'다. 구조대원은 구조대상자의 후방으로 접근하여 오른손을 뻗어 구조대상자의 오른쪽 겨드랑이를 잡아 끌 듯이하며 위로 올린다. 가능하면 구조대상자의 자세가 수평을 유지하도록 하는 것이 좋다.

정답 14. ④

15 헬기 출동 요청 시 헬리포트나 헬리패드가 없는 장소에서 착륙장소 선정을 위한 고려 사항으로 옳지 않은 것은?

① 헬기의 바람에 날릴 우려가 있는 물체는 고정시키거나 제거하고 가능하면 먼지가 날리지 않도록 표면에 물을 뿌려둔다.
② 착륙장소와 장애물과의 경사도가 20° 이내로 이착륙이 가능한 곳을 선정한다.
③ 수직 장애물이 없는 평탄한 지역(지면경사도 8° 이내)을 선정한다.
④ 이착륙 경로(Flight Path)30m 이내에 장애물이 없어야 한다.

해설 (헬리포트나 헬리패드가 없는 장소에서 착륙장을 선정하는 경우)
ⓐ 수직 장애물이 없는 평탄한 지역(지면경사도 8° 이내)
ⓑ 고압선, 전화선 등 장애물이 없는 곳
ⓒ 착륙장소와 장애물과의 경사도가 12° 이내로 이착륙이 가능한 곳을 선정한다.
ⓓ 이착륙 경로(Flight Path) 30m 이내에 장애물이 없어야 한다.
ⓔ 깃발, 연기, 연막탄 등으로 헬기 착륙을 유도한다.
ⓕ 헬기의 바람에 날릴 우려가 있는 물체는 고정시키거나 제거하고 가능하면 먼지가 날지 않도록 표면에 물을 뿌려둔다.
ⓖ 착륙지점 주변의 출입을 금지하며 경계요원을 배치한다.

16 유해물질사고 시 누출 물질의 처리방법에 관한 설명으로 옳은 것은?

① 덮기 : 휘발성이 약한 액체에는 적용할 수 없다.
② 흡수 : 누출된 물질을 스펀지나 흙, 신문지, 톱밥 등의 물질에 흡수시켜 회수한다.
③ 중화 : 오염물질의 농도를 낮추어 위험성을 줄이는 방법이다.
④ 응고 : 유화제를 사용하여 오염물질의 친수성을 높이는 방법이다.

해설 (화학적)

흡수	주로 액체 물질에 적용하는 방법이다. 누출된 물질을 스펀지나 흙, 신문지, 톱밥 등의 흡수성 물질에 흡수시켜 회수한다. 2 이상의 서로 다른 물질을 동시에 흡수시키고자 하는 경우에는 화학반응에 따르는 위험성이 없는지 확인하여야 한다.
유화처리	유화제를 사용하여 오염물질의 친수성을 높이는 방법으로 처리한다. 주로 기름(에)이 누출되었을 경우에 사용하며, 특히 원유 등의 대량 누출시에 적용한다. 환경오염문제로 논란이 될 수 있다.
중화	주로 부식성 물질에 사용하는 방법이다. 중화과정에서 발열이나 유독성 물질생성, 기타 위험성이 발생할 수 있으므로 화학자의 검토가 필요하고 위험을 감소시키기 위해서 오염물질의 양보다 적게 조금씩 투입하여야 한다.
응고	오염물질을 약품이나 흡착제로 흡착, 응고시켜 처리할 수 있다. 오염물질의 종류와 사용된 약품에 따라 효과가 달라진다. 응고된 물질은 밀폐, 격납한다.
소독	주로 장비나 물자, 또는 환경 정화를 위해 표백제나 기타 화학약품을 사용해서 소독한다. 사람의 경우에는 화학약품을 사용하는 것보다 물로 세척하는 것이 더 효과적이다.

정답 15. ② 16. ②

(물리적)	
흡착	활성탄과 모래는 일반적으로 널리 사용되는 흡착제이다. 대부분의 화학물질을 사용하는 장소에는 기본적으로 활성탄이나 모래를 비치하고 있다.
덮기	고체, 특히 분말형태의 물질은 비닐이나 천 등으로 덮어서 확산을 방지한다. 휘발성이 약한 액체에도 적용할 수 있다.
희석	오염물질의 농도를 낮추어 위험성을 줄이는 방법이다. 가스가 누출된 장소에 신선한 공기를 불어넣거나 수용성 물질에 대량의 물을 투입하는 방법을 사용한다.
폐기	장비나 물품에 오염이 심각하여 제독이 곤란하거나 처리비용이 과도하게 소요되는 경우에는 해당 물품을 폐기한다.
밀폐, 격납	오염물질을 드럼통과 같은 밀폐 용기에 넣어 확산을 차단하는 방법이다.
세척, 제거	오염된 물질과 장비를 현장에서 세척, 제거한다. 제거된 물질은 밀폐 용기에 격납한다.
흡입	고형 오염물질은 진공청소기로 흡입, 청소하여 위험성을 줄일 수 있다. 일반 가정용 진공청소기는 미세분말을 통과시키기 때문에 분말 오염물질에는 적용할 수 없다. 정밀 제독을 위해서는 고효율미립자 필터를 사용한 전용 진공청소기를 사용한다.
증기 확산	실내의 오염농도를 낮추기 위해 창문을 열고 환기시킨다. 고압송풍기를 이용하면 보다 효과적으로 오염물질을 분산시켜 빠른 시간에 농도를 낮출 수 있다.

17 수중탐색 방법에 관한 설명으로 옳은 것은?

① 소용돌이 탐색 : 비교적 작은 물체를 탐색하는데 적합한 방법으로 탐색구역의 중앙에서 출발하여 이동거리를 조금씩 증가시키면서 매번 한 쪽 방향으로 $90°$씩 회전 하며 탐색한다.

② 원형탐색 : 시야가 좋지 않으며 탐색면적이 좁고 수심이 깊을 때 활용하는 방법으로 인원과 장비의 소요가 적은 반면 탐색할 수 있는 범위가 좁다.

③ U자탐색 : 시야가 좋고 탐색면적이 넓을 때 사용하는 방법으로 탐색구역의 외곽에 평행한 기준선을 두 줄로 설정하고, 기준선 간에 수직방향의 줄을 팽팽하게 설치 한다.

④ 왕복탐색 : 탐색 구역을 'ㄹ'자 형태로 탐색하는 방법으로 장애물이 없는 평평한 지형에서 비교적 작은 물체를 탐색하는데 적합하다.

해설

| U자 탐색* | 탐색 구역을 "ㄹ"자 형태로 탐색하는 방법으로 장애물이 없는 평평한 지형에서 비교적 작은 물체를 탐색하는데 적합하다. 각 평행선의 간격은 시야거리 정도가 적당하며, 수류가 있을 경우에는 수류와 평행한 방향으로 이동한다. | 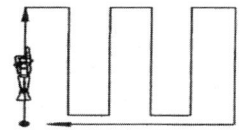 |

정답 17. ②

소용돌이 탐색*	비교적 큰 물체를 탐색하는데 적합한 방법으로 탐색구역의 중앙에서 출발하여 이동거리를 조금씩 증가시키면서 매번 한 쪽 방향으로 90° 씩 회전하며 탐색한다.
왕복탐색	시야가 좋고 탐색면적이 넓을 때 사용하는 방법이다. ⓐ 탐색구역의 외곽에 평행한 기준선을 두 줄로 설정하고, 기준선과 기준선에 수직방향의 줄을 팽팽하게 설치한다. ⓑ 실제 구조활동 시는 두 명의 다이버가 동시에 같은 방향으로 이동하면서 수색에 임한다. 특히 시야가 확보되는 않는 경우 긴급사항이 발생 시 반대에서 서로 비껴 지나가는 방법은 맞지 않으며 인명구조사 1급 교육시에도 두 명의 다이버는 동시에 같은 방향으로 이동하며 수색하는 방법으로 교육을 실시하고 있다.
원형탐색	시야가 좋지 않으며 탐색면적이 좁고 수심이 깊을 때 활용하는 방법이다. ⓐ 인원과 장비의 소요가 적은 반면 탐색할 수 있는 범위가 좁다.

18 구급대원이 작성할 수 있는 일지를 모두 고른 것으로 옳은 것은?

> 가. 구급활동일지
> 나. 구급 거절·거부 확인서
> 다. 심폐정지환자 응급처치 세부상황표
> 라. 중증외상환자 응급처치 세부상황표
> 마. 응급 초진 기록지
> 바. 감염성 질병 및 유해물질 등 접촉 보고서
> 사. 심뇌혈관질환자 응급처치 세부상황표

① 가, 나, 다, 라
② 가, 나, 다, 라, 마
③ 가, 나, 다, 라, 마, 바
④ 가, 나, 다, 라, 바, 사

해설 (기록지 작성은 의무사항으로)
① 구급활동일지 ② 구급거절·거부 확인서 ③ 심폐정지환자 응급처치 세부상황표 ④ 중증외상환자 응급처치 세부상황표
⑤ 심뇌혈관질환자 응급처치 세부상황표 ⑥ 감염성 질병 및 유해물질 등 접촉보고서 등이 있다.

정답 18. ④

19 다음 중 다수사상자 발생 시 중중도 분류로 옳은 것은?

○ 생명을 위협할 만한 쇼크 또는 저산소증이 나타나거나 임박한 환자
○ 즉각적인 처치를 행할 경우에 안정화 될 가능성과 소생 가능성이 있는 환자

① 긴급 환자(적색)
② 응급 환자(황색)
③ 비응급 환자(녹색)
④ 지연 환자(흑색)

해설 (중중도 분류 4가지)

긴급 환자 (적색)	생명을 위협할만한 쇼크 또는 저산소증이 나타나거나 임박한 경우, 만약 즉각적인 처치를 행할 경우에 환자는 안정화될 가능성과 소생 가능성이 있는 경우	I I
응급 환자 (황색)	손상이 전신적인 증상이나 효과를 유발하지만, 아직까지 쇼크 또는 저산소증 상태가 아닌 경우, 전신적 반응이 발생하더라도 적절한 조치를 행할 경우 즉각적인 위험 없이 45~60분 정도 견딜 수 있는 상태	II II
비응급 환자 (녹색)	전신적인 위험 없이 손상이 국한된 경우, 최소한의 조치로도 수 시간 이상 아무 문제가 없는 상태	III III
지연 환자 (흑색)	대량 재난시에 임상적 및 생물학적 사망이 명확히 구분되지 않는 상태와, 자발 순환이나 호흡이 없는 모든 무반응의 상태를 죽음으로 생각한다. 몇몇 분류에서는 어떤 처치에도 불구하고 생존 가능성이 희박한 경우를 포함	0 † 0

20 승용차와 1톤 화물차량 사고로 차량 주변에 연료가 누출되고 흰 연기가 나고 있다. 환자평가 단계에서 가장 먼저 파악해야 할 것으로 옳은 것은?

① 현장안전 확인
② 1차(즉각적인)평가
③ 주요 병력 및 신체 검진
④ 세부 신체 검진

해설
현장 안전 확인 ➡ 1차(즉각적인) 평가 ➡ 주요 병력 및 신체 검진 ➡ 세부 신체 검진 ➡ 재평가(보통 15분마다 평가해야 하며 위급한 환자인 경우는 5분마다 평가해야 한다.)

정답 19. ① 20. ①

21 현장 출동하여 성인 환자에게 1차 평가를 시행했다. 우선적인 처치 및 이송이 요구되는 환자는?(제시된 상황 이외에 다른 손상 및 증상이 없음)

① 지혈이 안 되는 출혈
② 손가락의 절단
③ 1m 높이에서의 낙상
④ 수축기혈압 110mmHg

해설
1차 평가의 주요 목적은 치명적인 상태를 발견하고 현장에서 바로 처치하기 위해서이다.
① 환자의 전반적인 상태
② 환자 평가(의식, 기도, 호흡, 순환)
③ 치명적인 상태에는 즉각적인 처치를 실시한다.
　- 기도 유지, 산소공급, 인공호흡 제공, 치명적인 출혈에 대한 지혈 등
④ 이송여부 결정
　※ 낙상 : 주변에 흔히 볼 수 있는 손상으로 높이, 지면 상태, 처음 닿는 인체 부위에 따라 손상 정도가 달라진다. 성인은 6m 이상, 소아는 3m 이상의 높이에서 위험하며 내부 장기와 척추손상이 주로 발생한다.★

22 생체징후 중 맥박에 관한 설명으로 옳지 않은 것은?

① 신생아의 맥박이 150회/분인 경우를 빠른맥이라고 한다.
② 불규칙한 맥박을 부정맥이라 하며 무의식 환자 또는 의식장애 환자에서는 위급한 상태임을 나타낸다.
③ 운동, 공포, 열, 고혈압, 출혈 초기, 임신의 경우 빠르고 규칙적이며 강한 맥박이 나타나기도 한다.
④ 머리손상, 약물, 중독, 심질환이 있을 경우 느린 맥박이 나타나기도 한다.

해설 맥박 양상

맥박	원인
빠르고 규칙적이며 강함	운동, 공포, 열, 고혈압, 출혈 초기, 임신
빠르고 규칙적이며 약함	쇼크, 출혈 후기
느림	머리손상, 약물중독, 심질환, 소아의 산소결핍
불규칙적	심전도계 문제, 부정맥
무맥	심장마비, 중증 출혈, 중증 저체온증

구분	맥박수(회/분)	구분	맥박수(회/분)
성인	60~100	유아(2~4)	80~130
청소년기(11~14)	60~105	6~12개월	80~140
학령기(7~11)	70~110	5개월 미만	90~140
미취학기(4~6)	80~120	신생아	120~160

정답 21. ① 22. ①

23. 구출고정대(KED)의 착용 순서로 옳은 것은?

> 가. 적절한 크기의 목보호대를 선택하여 착용시킨다.
> 나. 빠른 외상환자 1차 평가를 실시한다.
> 다. 손으로 환자의 머리를 고정하고 환자의 A, B, C 상태를 확인한다.
> 라. 구출고정대를 환자의 등 뒤에 조심스럽게 위치 시킨다.
> 마. 구출고정대의 몸통 고정끈을 중간, 하단, 상단의 순으로 연결하고 조인다.
> 바. 양쪽 넙다리 부분에 패드를 적용하고 다리 고정끈을 연결한다.

① 가 → 나 → 다 → 라 → 바 → 마
② 나 → 가 → 다 → 라 → 마 → 바
③ 다 → 가 → 나 → 라 → 마 → 바
④ 다 → 나 → 가 → 라 → 바 → 마

해설 (구출고정대(KED) 착용순서)
1. 손으로 환자의 머리를 고정하고, 환자의 A,B,C 상태를 확인한다.
   (이때, 환자의 A,B,C에 심각한 문제가 있는 경우 목보호대 및 긴척추고정판을 이용하여 빠른 환자구출법을 시행한다)
2. 적절한 크기의 목보호대를 선택하여 착용시킨다.
3. 빠른 외상환자 1차 평가를 시행한다.
4. 구출고정대(KED)를 환자의 등 뒤에 조심스럽게 위치시키며, 구출고정대(KED)를 몸통의 중앙으로 정렬하고 날개부분을 겨드랑이에 밀착시킨다.
5. 구출고정대(KED)의 몸통 고정끈을 중간, 하단, 상단의 순으로 연결하고 조인다.
6. 양쪽 넙다리 부분에 패드를 적용하고 다리 고정끈을 연결한다.
7. 구출고정대(KED)의 뒤통수에 빈 공간을 채울 정도만 패드를 넣고 고정한다.
8. 환자를 90°로 회전시키고 긴 척추고정판에 눕힌 후 긴 척추고정판을 들어 바닥에 내려놓는다.
9. 환자가 긴 척추고정판의 중립위치에 있는지 확인하고 다리, 가슴끈을 느슨하게 해준다.
10. 긴 척추고정판에 환자를 고정하고, 팔다리의 순환, 운동, 감각 기능을 확인한다.

24. 환자가 머리나 척추 손상이 의심될 때 헬멧을 제거해야 하는 경우로 옳은 것은?

① 기도나 호흡에 문제가 없을 때
② 호흡정지나 심장마비가 있을 때
③ 헬멧이 환자를 평가하고 기도나 호흡을 관찰하는데 방해가 되지 않을 때
④ 헬멧을 쓴 상태가 긴 척추고정판에 환자를 고정했을 경우 머리의 움직임이 없을 때

정답 23. ③　24. ②

해설 (헬멧제거)

헬멧 제거하지 말아야 함	• 헬멧이 환자를 평가하고 기도나 호흡을 관찰하는데 방해가 되지 않을 때 • 현재 기도나 호흡에 문제가 없을 때 • 헬멧 제거가 환자에게 더한 위험을 초래할 때 • 헬멧을 착용한 상태가 오히려 적절하게 고정되어 질 수 있을 때 • 헬멧을 쓴 상태가 긴 척추고정판에 환자를 고정시켰을 때 머리의 움직임이 없을 때
헬멧 제거	• <u>헬멧이 기도와 호흡을 평가하고 관찰하는데 방해가 될 때</u> • 헬멧이 환자의 기도를 유지하고 인공호흡을 방해할 때 • 헬멧 형태가 척추고정을 방해할 때 – 예를 들면, 소방관 헬멧의 경우 넓은 가장자리 때문에 머리와 목을 고정시키기에는 부적절하다. • 고정시키기엔 헬멧 안에서의 공간이 넓어 머리가 움직일 때 • 환자가 호흡정지나 심장마비가 있을 때

25 소아 심폐소생술에 관한 설명으로 옳은 것은? (2020년 한국심폐소생술 가이드라인에 따름)

① 가슴압박 위치는 젖꼭지 연결선 바로 아래에 압박한다.
② 가슴 압박수축기와 압박이완기의 비율은 50:50으로 한다.
③ 압박 후 완전한 이완은 갈비뼈 골절의 부작용을 최소화하기 위해서이다.
④ 가슴압박 중단시간을 최소화하기 위하여 AED 분석 중에도 가슴압박을 한다.

해설 (가슴압박요령)
① 환자의 가슴 중앙(복장뼈 아래쪽 1/2)에 손꿈치를 올려놓고 팔꿈관절이 굽혀지지 않도록 하여 일직선을 유지한다. 가슴 압박 중에는 처치자의 손가락이 환자의 가슴에 가능한 닿지 않도록 하여야 가슴압박에 의한 합병증을 줄일 수 있다.
② 처치자의 손과 어깨는 일직선을 유지하고 환자의 가슴과는 직각을 유지한다(바닥에 무릎을 꿇은 자세를 취해줘야 한다).
③ <u>압박 깊이는 보통 체격의 성인에서는 가슴압박 깊이는 약 5cm가 되어야 한다.</u>(6cm를 넘는 경우에는 합병증 발생의 가능성 증가) 환자의 체격에 따라 가슴압박의 깊이를 조절할 수 있다. <u>소아와 영아에서는 가슴 전후직경의 1/3 정도가 압박되도록</u> 한다.
④ 가슴을 압박한 후, 가슴 벽이 정상 위치로 완전히 올라오도록 해야 한다.
  – <u>이완과 압박의 비율은 50 : 50이 되어야 한다.</u> 이유는 이완기에 정맥환류가 이루어져야 하므로 환자의 가슴에 구조자의 체중이 실리지 않도록 충분히 이완시켜야 한다.
  – <u>만약 충분히 이완시키지 않으면 정맥환류가 감소되어 가슴압박에 의한 혈류량을 충분히 유지하지 못 할 수 있다.</u>
  – <u>가슴압박의 속도는 최소 분당 100~120회는 넘지 않도록 해야 하며 가슴압박 대 인공호흡의 비율은 심장동맥 관류압에</u> 중요한 영향을 주는 것으로 알려져 있다.
  – 가슴압박이 진행될수록 심장동맥 관류압은 점차 상승하는 것으로 알려져 있다.
  – 성인인 경우 처치자의 수와 관계없이 <u>가슴압박 : 인공호흡의 비율을 30:2로 한다.</u>
⑤ 가슴 압박의 중단을 최소화하려고 노력해야 하며 맥박확인, 심전도 확인, 제세동 등 필수적인 치료를 위하여 <u>가슴압박의 중단이 불가피한 경우에도 10초 이상 가슴 압박을 중단해서는 안 된다.</u>(Hands off time 〈10초〉)

정답 25. ②

CHAPTER 03 23년 소방교 승진시험 기출문제

01 다음에서 설명하는 지휘권 장악 형태로 옳은 것은?

> 선착대장이 주로 취하는 직접지휘 형태로 공격적 화재진압, 인명구조, 대원의 안전 등의 문제와 직결되는 불확실한 상황에서 위험 현장을 직접 지휘하는 형태

① 총괄지휘 형태　② 이동지휘 형태　③ 고정지휘 형태　④ 전진지휘 형태

[해설]

형 태	내　용(개념)
전진지휘 형태	• 최일선에서 임무중심 지휘방식, 즉각적·공격적 활동이 필요하고 지휘권을 이양하는 것이 부적절한 경우 선착대장이 사용 • 배연, 검색구조, 내부호스관리 등과 같은 실제임무를 이행하는 단위지휘관이 사용가능
이동지휘 형태	• 지휘관이 재난현장주위를 돌아다니며 지휘, <u>원칙적으로 방면지휘관만 사용가능</u> • <u>선착대장이 주로 취하는 직접지휘형태로 공격적 화재진압, 인명구조, 대원의 안전 등의 문제와 직결되는 불확실한 상황에서 위험현장을 직접 지휘하는 형태</u>
고정지휘 형태	• 복잡한 전체 현장을 거시적 관점에서 지휘하기 위해 외부에서 고정지휘를 하는 형태 • 공식화된 지휘위치에서 단위지휘관을 총괄지휘, 다수의 단위대를 총괄조정 할 경우 고정지휘를 원칙 • <u>고정지휘소는 지휘차 또는 현장지휘소</u>

02 화재의 진행에 영향을 미치는 요인으로 옳지 않은 것은?

① 배연구(환기구)의 크기, 수 및 위치　② 유도등의 크기 및 위치
③ 구획실을 둘러싸고 있는 물질들의 열 특성　④ 최초 발화되는 가연물의 크기, 합성물 및 위치

[해설] (발화해서 쇠퇴하기까지, 구획실 화재의 성상과 진행단계에 영향을 미치는 요인들)
① 배연구의 크기, 수 및 위치
② 구획실의 크기
③ 구획실을 둘러싸고 있는 물질들의 열 특성
④ 구획실의 천장높이
⑤ 최초 발화되는 가연물의 크기, 합성물의 위치
⑥ 추가적 가연물의 이용가능성 및 위치이다.

[정답] 01. ②　02. ②

03 항공기 화재진압 시 진입 및 위치선정에 관한 설명으로 옳지 않은 것은?

① 제트기의 경우는 엔진에서 고온의 배기가스를 강력히 분출하기 때문에 화상을 방지하기 위하여 머리 부분부터 대략 7.5m 이상의 거리를 유지한다.
② 기내 승객들의 구조는 출입구 등의 구출구에 접근하여 구조가 용이한 구조대상자부터 신속하게 구조한다.
③ 기체에 접근이나 기내진입 시에는 구조대원과 함께 포소화, 분무주수 등 엄호주수하고 백드래프트에 의한 재연소 방지에 노력한다.
④ 기관총 또는 로켓포를 장착한 전투기의 경우는 머리 부분부터 접근한다.

해설 (항공기 화재진압 시 진입 및 위치선정)
① 진입위치 선정은 초기 진압활동에 많은 영향을 미치며 소방대가 비행장에 진입할 경우는 통보내용, 수리상황, 기상상황 및 부지 경사를 고려하여 진입구를 선정한다.
② 활주로의 진입은 비행장 관계자에게 활주로 폐쇄조치가 되어 있는가를 확인하여 2차재해 방지에 세심한 주의를 기한다.
③ 접근은 머리 부분, 풍상, 측면으로 접근한다.
④ 전투기 이외의 항공기 경우는 일반적으로 머리 부분으로 접근한다.
⑤ 기관총 또는 로켓포를 장착한 전투기의 경우는 머리 부분부터의 접근은 위험하기 때문에 꼬리부분이나 측면으로 접근한다.
⑥ 제트기의 경우는 엔진에서 고온의 배기가스가 강력히 분출되기 때문에 화상을 방지하기 위하여 머리 부분부터 대략 7.5m 이상의 거리를 유지한다.
⑦ 프로펠러기의 경우는 프로펠러에 접근하지 않는다.
⑧ 대량의 연료유출에 의하여 화세확대가 예상되기 때문에 항상 퇴로를 고려하여 접근한다.
⑨ 주날개 및 바퀴의 접근을 피한다.
⑩ 기체에 접근이나 기내진입 시에는 구조대원과 함께 포 소화, 분무방수 등으로서 엄호방수하고 백드래프트에 의한 재연소방지에 노력한다.
⑪ 기내 승객들의 구조는 출입구 등의 구출구에 접근하여 구조 용이한 자부터 신속히 구조한다.

04 3D 주수기법 중 펄싱 (pulsing)에 관한 설명으로 옳은 것은?

① 펄싱(pulsing)은 직사주수 형태로 물방울의 크기를 키워 중간에 기화되는 일이 없도록 물을 던지듯 끊어서 화점에 바로 주수하는 방식이다.
② 출입문 내부 천장부분에 숏 펄싱 (Short pulsing) 하는 이유는 문을 열었을 때 나오는 가스가 산소와 결합해서 점화되는 것을 방지하기 위해 상부의 가스와 공기를 냉각시켜 자연발화의 가능성을 없애주기 위함이다.
③ 숏 펄싱(Short pulsing)은 1초 이내로 짧게 끊어서 주수하며, 물의 입자가 작을 수록(3mm 이하) 효과가 높은 장점을 가진다.
④ 롱 펄싱(Long pulsing)은 주어진 상황에 따라 1~2초의 간격으로 다양하게 적용한다.

정답 03. ④   04. ②

해설
① 펜슬링은 직사방수 형태로 물방울의 크기를 키워 중간에 기화되는 일이 없도록 물을 던지듯 끊어서 화점에 바로 방수하여 화재진압을 시작하는 방식이다.
② 출입문 내부 천장부분에 방수한다. 그 이유는 문을 열자마자 내부의 진한농도의 가연성가스가 바깥으로 나오면서 산소와 혼합되며 연소범위 내에 들어와서 자연발화 될 가능성이 있기 때문이다.
③ 1초 이내로 짧게 끊어서 방수하며, 물의 입자(0.3mm 이하)가 작을수록 효과가 높은 장점을 가지고 있다.
④ 롱펄싱은 상부 화염 소화, 가스층 희석 및 온도를 낮추어 대원들이 내부로 더 깊이 침투할 수 있도록 하며, 주어진 상황에 따라서 3~5초의 간격으로 다양하게 적용한다.

05 계단 등 수직피난에 관한 설명으로 옳지 않은 것은?

① 화점층 계단 출입구는 계단의 피난자들이 통과할 때까지 폐쇄한다.
② 옥상 직하층의 피난자 등은 옥상을 일시 피난장소로 지정한다.
③ 바로 위층 피난을 우선으로 하고 계단을 내려오는 사람은 직하층으로 일시 유도한 후 지상으로 대피시킨다.
④ 피난에 사용하는 계단등의 우선순위는 원칙적으로 옥외피난용사다리 및 피난계단, 특별피난계단, 피난교, 옥외계단 순서로 한다.

해설 (계단 등 수직피난)
① 피난에 사용하는 계단 등의 우선순위는 원칙으로 ① 옥외계단 ② 피난교 ③ 특별피난계단 ④ 옥외피난용 사다리 및 피난계단의 순서로 한다.
② 계단에서의 이동은 상층으로부터의 피난상황을 고려하여 계단 모서리 등으로 많은 사람이 혼잡하지 않도록 유입인원을 통제한다.
③ 바로 위층 피난을 우선으로 하고 계단을 내려오는 사람은 직하층으로 일시 유도한 후 지상으로 대피시킨다.
④ 옥상 직하 층의 피난 자 등은 옥상을 일시 피난장소로 지정한다.
⑤ 화점층 계단 출입구는 계단의 피난 자들이 통과할 때까지 폐쇄한다.

06 지하실 화재의 특성과 화재진압 요령으로 옳지 않은 것은?

① 공기의 유입이 적기 때문에 연소가 완만하고, 시간이 경과함에 따라 단순한 연소상태를 나타낸다.
② 출입구가 1개소인 경우에는 진입이 곤란하고, 급기구와 배기구의 구별이 어렵다.
③ 개구부가 2개소 이상일 때는 연기가 많이 분출되는 개구부를 배연구로 하고, 반대쪽의 개구부를 진입구로 한다.
④ 농도가 진한 연기와 열기가 가득하여 진입이 곤란한 경우에는 상층부 바닥을 파괴하여 개구부를 만들고, 직접 방수하여 소화하는 경우도 있다.

정답 05. ④ 06. ①

화재 특성	① 짙은 연기가 충만하기 때문에 진입구, 계단, 통로의 사용이 곤란하다. ② 공기의 유입이 적기 때문에 연소가 완만하지만 시간이 경과함에 따라 복잡한 연소상태를 나타낸다. ③ 출입구가 1개소인 경우에는 진입이 곤란하고 급기구, 배기구의 구별이 어렵다. ④ 지하실은 전기실, 기계실 등이 설치되어 있는 경우에는 소방대의 활동위험이 매우 크다.
진입 곤란성	① 짙은 연기, 열기에 의한 내부 상황의 파악이 어렵고, 활동장애 요소가 많다. ② 진입구가 한정되어 활동범위의 제한을 받는다. ③ 진입구가 1개소인 경우에는 한 방향으로만 현장 활동을 하게 되어 혼잡하고 활동에 지장을 초래한다. ④ 장비와 기자재의 집중 관리장소를 현장 가까이에 둘 수 없는 경우가 많다.
진압 요령 ★★	① 지하실에는 불연성가스 등의 소화설비가 있는 경우가 많으므로 내부의 구획, 통로, 용도, 수용물 등을 파악한 후 행동한다. ② 진입개소가 2개소인 경우에는 급기, 배기방향을 결정한 후 급기측에서 분무방수 또는 배연기기 등을 이용하여 진입구를 설정한다. ③ 개구부가 2개소 이상일 때는 연기가 많이 분출되는 개구부를 배연구로 하고 반대쪽의 개구부를 진입구로 한다. ④ 소화는 분무, 직사 또는 포그방수로 한다. 또, 관창을 들고 진입하는 대원을 열기로부터 보호하기 위하여 필요한 경우에는 분무방수로 엄호 방수한다. ⑤ 급기측 계단에서 화학차를 활용하여 고발포를 방사(放射), 질식소화를 한다. ⑥ 고발포를 방사하는 경우에는 화세를 확대시키는 경우도 있기 때문에 상층에 경계관창의 배치를 소홀히 해서는 안 된다. ⑦ 대원이 내부 진입할 때에는 확인자를 지정하고, 출입자를 확실하게 파악, 관찰하여야 한다. ⑧ 짙은 연기 열기가 충만하여 진입이 곤란한 경우에는 상층부 바닥을 파괴하여 개구부를 만들고 직접 방수

07 가스의 불완전 연소현상인 리프팅(Lifting)의 원인으로 모두 옳은 것은?

가. 공기조절 장치를 너무 많이 열어 가스의 공급량이 많아졌을 경우
나. 버너의 가스분출 구멍에 먼지 등이 끼어 가스분출 구멍이 작아진 경우
다. 부식에 의해서 가스분출 구멍이 커졌을 경우
라. 가스버너 위에 큰 냄비 등을 올려서 장시간 사용 할 경우

① 가, 나   ② 나, 다   ③ 다, 라   ④ 가, 다

해설
1. 공기조절장치를 너무 많이 열어 가스의 공급량이 많게 되면 리프팅이 일어나지만 가스의 공급량이 적게 될 때는 백드래프트 또는 불이 꺼지는 원인이 된다.
2. 버너의 염공(가스분출구멍)에 먼지 등이 끼어 염공이 작게 된 경우 혼합가스의 유출속도가 크게 된다.
3. 부식에 의해서 염공이 크게 되면 혼합가스의 유출속도가 상대적으로 느려져 플래시백의 원인이 되며, 관창구경이 너무 작다든지 관창의 구멍에 먼지가 부착하는 경우는 코크가 충분하게 열리지 않아 가스압력의 저하로 플래시백의 원인이 된다.
4. 가스버너 위에 큰 냄비 등을 올려서 장시간 사용할 경우나 버너에 직접 탄을 올려서 불을 일으킬 경우는 버너가 과열되어서 혼합가스의 온도가 올라가는 원인이 되며 또한 연소속도가 크게 되어 플래시백 현상이 나타나기 쉽다.

정답 07. ①

08 「화재조사 및 보고규정」에 따른 건물동수 산정방법으로 옳은 것은?

① 건물의 외벽을 이용하여 실을 만들어 헛간, 목욕탕, 작업실, 사무실 및 기타 건물 용도로 사용하고 있는 것은 주건물과 별동으로 한다.
② 독립된 건물과 건물 사이에 차광막, 비막이 등의 덮개를 설치하고 그 밑을 통로 등으로 사용하는 경우 동일동으로 한다.
③ 내화조 건물의 옥상에 목조 또는 방화구조 건물이 별도 설치되어 있는 경우는 동일동으로 한다.
④ 내화조 건물의 외벽을 이용하여 목조 또는 방화구조 건물이 별도 설치되어 있고 건물 내부와 구획되어 있는 경우 별동으로 한다.

해설 (건물동수 산정)
① 주요구조부가 하나로 연결되어 있는 것은 1동으로 한다. 다만 건널 복도 등으로 2 이상의 동에 연결되어 있는 것은 그 부분을 절반으로 분리하여 각 동으로 본다.
② 건물의 외벽을 이용하여 실을 만들어 헛간, 목욕탕, 작업실, 사무실 및 기타 건물 용도로 사용하고 있는 것은 주 건물과 1동으로 본다.
③ 구조에 관계없이 지붕 및 실이 하나로 연결되어 있는 것은 동일동으로 본다.
④ 목조 또는 내화조 건물의 경우 격벽으로 방화구획이 되어 있는 경우도 동일동으로 한다.
⑤ 독립된 건물과 건물 사이에 차광막, 비막이 등의 덮개를 설치하고 그 밑을 통로 등으로 사용하는 경우는 다른 동으로 한다. (작업장과 작업장 사이에 조명유리 등으로 비막이를 설치하여 지붕과 지붕이 연결되어 있는 경우)
⑥ 내화조 건물의 옥상에 목조 또는 방화구조 건물이 별도 설치되어 있는 경우는 별동으로 한다. 다만, 이들 건물의 기능상 하나인 경우(옥내 계단이 있는 경우)는 동일동으로 한다.
⑦ 내화조 건물의 외벽을 이용하여 목조 또는 방화구조건물이 별도 설치되어 있고 건물 내부와 구획되어 있는 경우 다른 동으로 한다. 다만, 주된 건물에 부착된 건물이 옥내로 출입구가 연결되어 있는 경우와 기계설비 등이 쌍방에 연결되어 있는 경우 등 건물 기능상 하나인 경우는 동일동으로 본다.

09 소방자동차 진공펌프 성능시험 방법을 순서대로 나열한 것이다. ( ) 안에 들어갈 숫자로 옳은 것은?

> 가. 모든 밸브가 닫혀 있는지 확인한다.
> 나. 시동 후 PTO를 정상적으로 작동한다.
> 다. 진공펌프를 작동한다.
> 라. 엔진회전수를 (ㄱ) RPM으로 조정한다.
> 마. (ㄴ)초 작동 후 진공펌프를 정지한다.

① 1,000 30
② 1,000 60
③ 1,200 30
④ 1,200 60

해설 (진공펌프 성능시험)
- 모든 밸브가 닫혔는지 확인한다.
- 시동 후 PTO를 정상적으로 작동시킨다.
- 진공펌프 작동한다.
- 엔진회전수를 1200rpm으로 올린다.
- 30초 작동 후 진공펌프를 정지한다.

정답 08. ④ 09. ③

10 잠수물리에 관한 설명으로 옳은 것은?

① 밀도란 단위 질량에 대한 부피의 비율을 말한다.
② 물 속에서는 빛의 굴절로 인하여 물체가 실제보다 2배 더 크게 보인다.
③ 수중에서는 대기보다 소리가 2배 정도 빠르게 전달되기 때문에 소리의 방향을 판단하기 어렵다.
④ 수중 구조대원이 수면에서 1분에 15ℓ 의 공기가 필요하다면, 수심 20m에서는 45ℓ 의 공기가 필요하다.

해설 (잠수물리)
1. 밀도란 단위 부피에 대한 질량의 비율을 말한다.
2. 물속에서는 빛의 굴절로 인해 물체가 실제보다 25% 정도 가깝고 크게 보인다.
3. 수중에서는 대기보다 소리가 4배 정도 빠르게 전달되기 때문에 소리의 방향을 판단하기 어렵다.
4. 열은 물은 공기보다 약 25배 빨리 열을 전달한다. 따라서 체온감소가 빨리온다.
5. 수중구조대원이 수면에서 1분에 15ℓ 의 공기가 필요하다면 수심 20m 에서는 45ℓ 의 공기가 필요하다.

11 다음 설명에 맞는 로프매듭법으로 옳은 것은?

> 로프 중간에 고리를 만들 필요가 있을 경우에 사용하며 다른 매듭에 비하여 충격을 받은 경우에도 풀기가 쉬운 것이 장점이다. 중간 부분이 손상된 로프를 임시로 사용하고자 하는 경우에 손상된 부분이 가운데로 오도록 하여 매듭을 만들면 손상된 부분에 힘이 가해지지 않아 응급대처가 가능하다.

① 클램하이스트 매듭(klemheist lmot)
② 나비 매듭(butterfly knot)
③ 감아매기 매듭(prussik knot)
④ 한겹 매듭(backet bend)

해설 (나비매듭)
㉠ 로프 중간에 고리를 만들 필요가 있을 경우에 사용한다.
㉡ 다른 매듭에 비하여 충격을 받은 경우에도 풀기가 쉬운 것이 장점이다.
㉢ 중간 부분이 손상된 로프를 임시로 사용하고자 하는 경우에 손상된 부분이 가운데로 오도록 하여 매듭을 만들면 손상된 부분에 힘이 가해지지 않아 응급대처가 가능하다.

정답 10. ④ 11. ②

12 구조활동의 전개에 관한 설명으로 옳지 않은 것은?

① 구조활동시에는 구조대상자와 그 가족 등의 심리상태를 고려하여 필요에 따라서 현장 주변에 있는 군중의 접근을 차단하거나 주위의 시선으로부터 보호 할 수 있는 조치를 강구한다.
② 사고현장 범위 내에서 각종 구조활동에 방해되거나 대원에게 위험요소가 되는 장애물은 모두 확인 및 제거 한다.
③ 사고현장에 위험물, 전기, 가스 등 복합적인 위험요인이 혼재하는 경우에는 위험이 작은 장애부터 순차적으로 제거하면서 구조활동을 전개한다.
④ 지휘자는 현장 상황을 즉시 판단하여 그 판단에 기인 하는 구출방법, 구출순서의 결정, 대원의 임무 부여 후 구출행동을 이행하도록 한다.

해설 (구조활동의 전개)

주변에 있는 관계자 또는 군중의 접근을 차단하거나 주위의 시선으로부터 보호할 수 있는 조치를 강구하여 <u>구조대상자의 프라이버시 보호에 주의</u>한다.

구출방법의 결정 원칙	① 가장 안전하고 신속한 방법 ② 상태의 긴급성에 맞는 방법 ③ 현장의 상황 및 특성을 고려한 방법 ④ 실패의 가능성이 가장 적은 방법 ⑤ 재산 피해가 적은 방법
구출방법의 결정 시 피해야 할 요인	① 일반인에게 피해가 예측되는 방법 ② 2차 재해의 발생이 예측되는 방법 ③ <u>개인적인 추측에 의한 현장판단</u> ④ <u>전체를 파악하지 않고 일면의 확인에 의해 결정한 방법</u>
구조 활동의 순서	① <u>현장활동에 방해되는 각종 장해요인을 제거한다.</u> ② 2차 재해의 발생위험을 제거한다. ③ 구조대상자의 구명에 필요한 조치를 취한다. ④ 구조대상자의 상태 악화 방지에 필요한 조치를 취한다. ⑤ 구출활동을 개시한다.
장애물 제거 시의 유의사항	① 필요한 기자재를 준비한다. ② 대원의 안전을 확보한다. ③ 구조대상자의 생명·신체에 영향이 있는 장애를 우선 제거한다. ④ <u>위험이 큰 장애부터 제거한다.</u> ⑤ <u>장애는 주위에서 중심부로 향하여 순차적으로 제거한다.</u>

정답 12. ③

13 「119구조·구급에 관한 법률 시행령」상 119구조대의 편성과 운영에 관한 내용으로 옳지 않은 것은?

① 일반구조대 시·도의 규칙으로 정하는 바에 따라 소방서마다 1개 대(隊)이상 설치하되, 소방서가 없는 시·군·구의 경우에는 해당 시·군·구 지역의 중심지에 있는 119안전센터에 설치할 수 있다.
② 테러대응구조대는 테러 및 특수 재난에 전문적으로 대응하기 위하여 설치한다.
③ 특수구조대는 소방대상물, 지역 특성, 재난 발생 유형 및 빈도 등을 고려하여 소방청 훈령으로 정하는 바에 따라 지역을 관할하는 소방서에 설치한다.
④ 특수구조대 구분으로는 화학구조대, 수난구조대, 산악구조대, 고속국도구조대, 지하철구조대가 있다.

해설

일반구조대	시·도의 규칙으로 정하는 바에 따라 소방서마다 1개 대(隊) 이상 설치하되, 소방서가 없는 시·군·구의 경우에는 해당 시·군·구 지역의 중심지에 있는 119안전센터에 설치할 수 있다.
특수구조대★★	소방대상물, 지역 특성, 재난발생 유형 및 빈도 등을 고려하여 시·도의 규칙으로 정하는 바에 따라 지역을 관할하는 소방서에 설치한다. 다만, 고속국도구조대는 직할구조대에 설치할 수 있다. ① 화학구조대 : 화학공장이 밀집한 지역 ② 수난구조대 : 내수면 지역 ※ 하천·댐·호수·저수지 기타 인공으로 조성된 담수나 기수의 수류 또는 수면 ③ 산악구조대 : 자연공원 등 산악지역 ④ 고속국도구조대 ⑤ 지하철구조대 : 도시철도의 역사 및 역무시설
직할구조대	대형·특수 재난사고의 구조, 현장 지휘 및 지원 등을 위하여 소방청 또는 소방본부에 설치하되, 소방본부에 설치하는 경우에는 시·도의 규칙으로 정하는 바에 따른다.
테러대응 구조대 (비상설구조대)	테러 및 특수재난에 전문적으로 대응하기 위하여 필요한 경우 소방청 또는 소방본부에 설치하는 것을 원칙으로 하되, 구조대의 효율적 운영을 위해 필요한 경우, 화학구조대와 직할구조대를 테러대응구조대로 지정할 수 있다.
국제구조대 (비상설구조대)	소방청장은 국외에서 대형재난 등이 발생한 경우 재외국민의 보호 또는 재난발생국의 국민에 대한 인도주의적 구조활동을 위하여 국제구조대를 편성하여 운영할 수 있다. 현재 소방청에 설치하는 직할구조대인 중앙119구조본부에서 업무를 담당하고 있다.
119항공대	소방청장 또는 소방본부장은 초고층 건축물 등에서 구조대상자의 생명을 안전하게 구조하거나 도서·벽지에서 발생한 응급환자를 의료기관에 긴급히 이송하기 위하여 항공구조구급대를 편성하여 운영한다.

1. 구조대의 출동구역은 행정안전부령으로 정한다.
2. 소방청장·소방본부장 또는 소방서장(이하 "소방청장 등"이라 한다)은 여름철 물놀이 장소에서의 안전을 확보하기 위하여 필요한 경우 민간 자원봉사자로 구성된 구조대(이하 "119시민수상구조대"라 한다)를 지원할 수 있다.
3. 119시민수상구조대의 운영, 그 밖에 필요한 사항은 시·도의 조례로 정한다.

정답 13. ③

14 현장에 도착한 구조대원과 장비만으로 구조활동이 어려울 경우 추가 구조대 응원요청 판단기준에 관한 설명으로 옳지 않은 것은?

① 특수차량 또는 특수장비를 필요로 하는 경우
② 구조대상자가 많거나 현장이 광범위하여 추가 인원이 필요한 경우
③ 특수한 지식, 기술을 필요로 하는 경우
④ 사고양상이 특이하고 고도의 판단을 필요로 하는 경우

[해설]

구조대 요청	① 사고개요, 구조대상자의 숫자, 필요한 구조대의 수 및 장비 등을 조기에 판단하고 요청자를 명시하여 요청한다. ② 요청 판단기준 　㉠ 구조대상자가 많거나 현장이 광범위하여 추가 인원이 필요한 경우 　㉡ 특수차량 또는 특수장비를 필요로 하는 경우 　㉢ 특수한 지식, 기술을 필요로 하는 경우 　㉣ 기타 행정적, 사회적 영향으로부터 필요하다고 생각되는 경우
구급대 요청	① 사고개요, 부상자수, 상태 및 정도를 부가하여 필요한 구급차 수를 요청한다. ② 필요한 구급차의 대수는 구급대 1대당 중증 또는 심각한 경우는 1인, 중증은 2인, 경증은 정원 내를 대략의 기준으로 한다.
지휘대 출동 기준	① 사고양상이 2개대 이상의 구조대의 대처를 필요로 하는 경우 ② 다수의 사상자가 발생한 경우 ③ 구급대를 2대 이상 필요로 하는 경우 ④ 기타 관계기관과 연계하여 활동할 경우 ⑤ 사고양상의 광범위 등으로 정보수집에 곤란을 수반하는 경우 ⑥ 사고양상이 특이하고 고도의 판단을 필요로 하는 경우 ⑦ 경계구역 설정이 필요하다고 판단되는 경우 ⑧ 소방홍보상 필요하다고 판단되는 경우(사고의 특이성, 구조 활동의 형태, 기타 특별한 홍보상황이 있는 경우) ⑨ 소방대원, 의용소방대원, 일반인 및 관계자 등의 부상사고가 발생한 경우 ⑩ 제3자의 행위에 의한 중대한 활동장애 및 활동에 따르는 고통 등이 있는 경우 ⑪ 행정적, 사회적 영향이 예상되는 경우 ⑫ 기타 구조활동상 필요하다고 판단되는 경우

정답 14. ④

15 잠수장비의 관리방법으로 옳지 않은 것은?

① 오리발을 장기간 보관시 고무부분에 분가루나 실리콘 스프레이를 뿌려 두는 것이 좋다.
② 잠수복을 사용한 후에는 깨끗한 물로 씻어서 직사광선을 피해서 말리며 옷걸이에 걸어서 보관하는 것이 바람직하다.
③ 부력조절기는 사용 후 깨끗한 물로 씻으면서 내부로는 물이 들어가지 않게 주의하여 세척하고 통풍이 잘되는 곳에서 말려야 한다.
④ 공기통은 장기간 보관할 때 공기통에 공기를 50 bar로 압축하여 세워두고, 다음번 사용할 때에는 공기통을 깨끗이 비우고 새로운 공기를 압축하여 사용한다.

해설

공기통 (Tank)	• 실린더(cylinder), 렁(lung), 봄베(bombe), 탱크(Tank) 등 다양한 명칭으로 불리는 공기통은 고압에서 견딜 수 있고 가벼운 소재로 제작되며 알루미늄 합금을 많이 사용한다. • 공기통 맨 위 부분에 용량, 재질, 압력, 제품 일련번호, 수압 검사날짜 및 수압 검사표시, 제조사 명칭 등이 표시되어 있다. • 수압 검사는 처음 구입 후 5년만에, 이후에는 3년마다, 육안검사는 1년마다 검사하는 것을 권장한다. • 「고압가스 안전관리법」에서는 신규검사 후 10년까지는 5년마다, 10년 경과 후에는 3년마다 검사를 받도록 규정하고 있다. • 공기통은 매년 내부의 습기 및 기름 찌꺼기 유무 등을 점검하고 운반할 때나 보관할 때에는 공기통이 손상되지 않도록 주의한다. • 장기간 보관할 때 공기통에 공기를 50kg/㎠으로 압축하여 세워두고, 다음번 사용할 때에는 공기통을 깨끗이 비우고 새로운 공기를 압축하여 사용한다.
부력조절기 (BC)	• 수면에서 휴식을 위한 양성부력을 제공해 주며 비상시에는 구조장비 역할까지 담당할 수 있다. • 잠수복과 중량벨트의 조화로 부력이 중성화되었으나, 잠수복의 네오프렌은 기포로 형성되었기 때문에 수압을 받으면 그 부피가 줄어들어 부력이 저하된다. • 이때 부력조절기 안에 공기를 넣어주면 자유롭게 부력을 조절할 수 있게 된다. • 사용 후 깨끗한 물로 씻어야 하고, 내부도 물로 헹구어서 공기를 넣어 통풍이 잘되는 곳에서 말려야 한다.
오리발 (Fins)	• 오리발은 물에서 기동성과 효율성을 높여주고 최소의 노력으로 많은 추진력을 제공해 준다. • 오리발을 사용함으로서 다이버들은 수영을 할 때보다 손을 자유롭게 움직일 수 있다. • 오리발은 자기 발에 맞고 잘 벗겨지지 않는 것을 선택한다. • 사용 후에는 햇빛을 피하여 민물로 씻어서 보관하여야 하며 장기간 보관 시에는 고무부분에 분가루나 실리콘 스프레이를 뿌려 두는 것이 좋다.
공기통 (Tank)	• 실린더(cylinder), 렁(lung), 봄베(bombe), 탱크(Tank) 등 다양한 명칭으로 불리는 공기통은 고압에서 견딜 수 있고 가벼운 소재로 제작되며 알루미늄 합금을 많이 사용한다. • 공기통 맨 위 부분에 용량, 재질, 압력, 제품 일련번호, 수압 검사날짜 및 수압 검사표시, 제조사 명칭 등이 표시되어 있다. • 수압 검사는 처음 구입 후 5년만에, 이후에는 3년마다, 육안검사는 1년마다 검사하는 것을 권장한다. • 「고압가스 안전관리법」에서는 신규검사 후 10년까지는 5년마다, 10년 경과 후에는 3년마다 검사를 받도록 규정하고 있다. • 공기통은 매년 내부의 습기 및 기름 찌꺼기 유무 등을 점검하고 운반할 때나 보관할 때에는 공기통이 손상되지 않도록 주의한다. • 장기간 보관할 때 공기통에 공기를 50kg/㎠으로 압축하여 세워두고, 다음번 사용할 때에는 공기통을 깨끗이 비우고 새로운 공기를 압축하여 사용한다.

정답 15. ③

부력조절기 (BC)	• 수면에서 휴식을 위한 양성부력을 제공해 주며 비상시에는 구조장비 역할까지 담당할 수 있다. • 잠수복과 중량벨트의 조화로 부력이 중성화되었으나, 잠수복의 네오프렌은 기포로 형성되었기 때문에 수압을 받으면 그 부피가 줄어들어 부력이 저하된다. • 이때 부력조절기 안에 공기를 넣어주면 자유롭게 부력을 조절할 수 있게 된다. • 사용 후 깨끗한 물로 씻어야 하고, 내부도 물로 헹구어서 공기를 넣어 통풍이 잘되는 곳에서 말려야 한다.
오리발 (Fins)	• 오리발은 물에서 기동성과 효율성을 높여주고 최소의 노력으로 많은 추진력을 제공해 준다. • 오리발을 사용함으로서 다이버들은 수영을 할 때보다 손을 자유롭게 움직일 수 있다. • 오리발은 자기 발에 맞고 잘 벗겨지지 않는 것을 선택한다. • 사용 후에는 햇빛을 피하여 민물로 씻어서 보관하여야 하며 장기간 보관 시에는 고무부분에 분가루나 실리콘 스프레이를 뿌려 두는 것이 좋다.

16 사고현장에서 구조활동을 할 때에 반드시 지켜야 할 원칙으로 옳지 않은 것은?

① 구조활동은 현장을 장악한 현장지휘관의 판단 하에 엄정한 규율을 바탕으로 조직적인 부대활동을 기본원칙으로 한다.
② 현장의 안전을 확보하고 자신의 안전을 지키는 일은 어떠한 구조현장에 있어서도 절대적으로 지켜야 할 가장 중요한 원칙이다.
③ 구조대원들은 자신이 사고를 발생시킨 것이 아니라는 사실을 기억하고 불필요한 위험을 감수하지 않도록 한다.
④ 모든 사고현장에서 가장 우선하여 고려할 사항은 사고의 안정화, 인명의 안전, 재산가치의 보존 순서이다.

해설

현장의 안전 확보	① 구조대원은 행동에 들어가기 전에 자기 자신의 안전을 먼저 확인해야 한다. 그러므로 현장의 안전을 확보하고 자신의 안전을 지키는 일은 어떠한 구조현장에 있어서도 절대적으로 지켜야 할 가장 중요한 원칙이다. ② 사고의 양상과 주변의 위험요인을 파악하고 자신의 능력이 감당할 수 있는 한계 내에서 구조활동에 임하도록 한다.
명령 통일	① 명령의 통일성을 유지하기 위해 자의적인 단독행동은 절대 금지한다. ② 한 대원은 오직 한사람의 지휘관에게만 보고하고 한 사람의 지휘만을 받는다. ③ 대원의 안전에 위협이 되는 심각한 위험상황이 발생하여 현장에서 긴급히 대원을 철수시킨다든가 하는 급박한 경우 외에는 반드시 명령통일의 원칙을 준수하여야 한다.
현장활동 우선순위	인명의 안전(Life safety)	우선적으로 고려
	사고의 안정화(Incident stabilization)	사고 확대 방지
	재산가치의 보존(Property conservation)	재산손실의 최소화

정답 16. ④

17 물에 빠진 구조대상자를 직접구조 기술로 구조할 때 올바른 방법은?

① 손목끌기는 주로 구조대상자가 의식이 있을 때에 가장 많이 사용되는 방법이다.
② 두 겨드랑이끌기는 일반적으로 먼 거리를 이동할 때에 사용한다.
③ 손목끌기는 주로 구조대상자의 전방으로 접근할 때 사용한다.
④ 가슴잡이는 주로 구조대상자가 의식을 잃었을 때 구조하는 방법이다.

해설

한 겨드랑이 끌기	• 구조대원이 구조대상자의 후방으로 접근하여 한쪽 손으로 구조대상자의 같은 쪽 겨드랑이를 잡는다. • 이때 구조대원의 손은 겨드랑이 밑에서 위로 끼듯이 잡고 구조대상자가 수면과 수평을 유지하도록 하고 횡영 동작으로 이동을 시작한다. • 일반적으로 먼 거리를 이동할 때에 사용한다.
두 겨드랑이 끌기	• 두 겨드랑이 끌기도 같은 방법으로 하되 구조대원이 두 팔을 모두 사용하는 것이 다르다. • 구조대상자의 자세가 수직일 경우에는 두 팔로 겨드랑이를 잡고 팔꿈치를 구조대상자의 등에 댄다. • 손으로는 끌고 팔꿈치로는 미는 동작을 하여 요구조자의 자세가 수면과 수평이 되도록 이끈다. • 두 겨드랑이 끌기에서는 팔 동작을 하지 않는 배영으로 이동한다.
손목 끌기	• 주로 구조대상자의 전방으로 접근할 때 사용한다. • 구조대원은 오른손으로 구조대상자의 오른손을 잡는다. • 만약 구조대상자의 얼굴이 수면을 향하고 있을 때에는 하늘을 향하도록 돌려놓는다. • 이때에는 구조대상자를 1m 이상 끌고 가다가 잡고 있는 손을 물 밑으로 큰 반원을 그리듯 하며 돌려서 얼굴이 위로 나오도록 한다.
가슴잡이	(의식이 있는 구조대상자) 구조대상자가 의식이 있을 때에 가장 많이 사용되는 방법은 '가슴잡이'다. 구조대원은 구조대상자의 후방으로 접근하여 오른손을 뻗어 구조대상자의 오른쪽 겨드랑이를 잡아 끌 듯이하며 위로 올린다. 가능하면 구조대상자의 자세가 수평을 유지하도록 하는 것이 좋다. • 동시에 구조대원의 왼팔은 구조대상자의 왼쪽 어깨를 나와 오른쪽 겨드랑이를 감아 잡는다. • 이어 힘찬 다리차기와 함께 오른팔의 동작으로 구조대상자를 수면으로 올리며 이동을 시작한다. • 그러나 구조대상자가 물위로 많이 올라올수록 구조대원이 물속으로 많이 가라앉아 호흡이 곤란할 수도 있음을 유의하여야 한다.

18 법률적으로 사망이나 영구적인 불구를 방지하기 위하여 긴급한 응급처치를 필요로 하는 환자는 그에 대한 치료와 이송에 동의할 것으로 보는 견해로 긴급한 상황에서 인정하는 동의로 옳은 것은?

① 명시적 동의
② 묵시적 동의
③ 정신질환자의 동의
④ 미성년자 치료에 있어서의 동의

정답 17. ③ 18. ②

묵시적 동의	㉠ 즉시 응급처치가 절실하게 필요한 사람으로 그들이 할 수 있다면, 응급처치에 동의했을 것이라고 추정한다. ㉡ 법률적으로 사망이나 영구적인 불구를 방지하기 위하여 긴급한 응급처치를 필요로 하는 환자는 그에 대한 치료와 이송에 동의해야 한다는 입장이다. ㉢ 이러한 묵시적 동의는 긴급한 상황에만 국한된다. 무의식환자와 쇼크, 뇌 손상, 알코올이나 약물중독 등의 피해자들이 그 실례이다. ㉣ 일반적으로 묵시적 동의는 환자가 의식불명 또는 망상에 빠져 있거나, 신체적으로 동의할 수 없는 경우에 적용된다. ㉤ 환자의 동의를 구할 수 없으나 책임을 질만한 보호자나 친척이 있는 경우에는 그들에게 허락을 얻어내는 것이 바람직하다. 대부분의 경우, 법률은 배우자나 친척 등에게 동의가 불가능한 환자를 대신하여 동의할 수 있는 권리로 인정하고 있다.

19 물리적, 화학적 과정을 통하여 모든 미생물을 완전하게 제거하고 파괴 시키는 것에 관한 용어로 옳은 것은?

① 세척
② 소독
③ 멸균
④ 화학제

해설

세 척	대상물로부터 모든 이물질(토양, 유기물 등)을 제거하는 과정으로 소독과 멸균의 가장 기초단계이다. 일반적으로 물과 기계적인 마찰, 세제를 사용한다.
소 독	생물체가 아닌 환경으로부터 세균의 아포를 제외한 미생물을 제거하는 과정이다. 일반적으로 액체 화학제, 습식 저온 살균제에 의해 이루어진다.
멸 균	물리적, 화학적 과정을 통하여 모든 미생물을 완전하게 제거하고 파괴시키는 것을 말하며 고압증기 멸균법, 가스멸균법, 건열멸균법, H2O2 Plasma 멸균법과 액체 화학제 등을 이용한다.
살균제	미생물 중 병원성 미생물을 사멸시키기 위한 물질을 말한다. 이 중 피부나 조직에 사용하는 살균제를 피부소독제(antiseptics)라 한다.
화학제	진균과 박테리아의 아포를 포함한 모든 형태의 미생물을 파괴하는 것으로 화학멸균제(Chemical sterilant)라고도 하며, 단기간 접촉되는 경우 높은 수준의 소독제로 작용할 수 있다.

20 장시간 화재현장에서 화재진압을 하다 쓰러진 대원을 발견하였다. 특별한 외상은 없고 탈진으로 인한 쇼크 증상으로 판단된다면 현장에서 처치할 수 있는 환자 자세로 옳은 것은?

① 바로 누운 자세
② 엎드린 자세
③ 반 앉은 자세
④ 변형된 트렌델렌버그 자세

정답 19. ③ 20. ④

해설

구 분	환자자세	기대효과	자세유형
바로누운자세	얼굴을 위로 향하고 누운 자세	• 신체의 골격과 근육에 무리한 긴장을 주지 않는다.	
옆누운자세	좌우측면으로 누운 자세	• 혀의 이완 방지 • 분비물의 배출이 용이 • 질식방지에 효과적	
엎드린자세	얼굴을 아래로 향하고 누운 자세	• 의식이 없거나 구토환자의 경우 질식 방지에 효과적이다.	
트렌델렌버그자세	등을 바닥에 대고 누워, 침상다리 쪽을 45° 높여 머리가 낮고 다리가 높은 자세	• 중요한 장기로 혈액을 순환시켜 증상 악화방지 및 하지출혈을 감소시킨다.	
변형된 트렌델렌버그자세	머리와 가슴은 수평 되게 유지하고 다리를 45°로 올려주는 자세	• 정맥 귀환량을 증가시켜 심박출력을 강화하는 데 효과가 있기 때문에 쇼크자세로 사용된다.	
앉은자세	윗몸을 45~60° 세워서 앉은 자세	• 흉곽을 넓히고 폐의 울혈완화 및 가스교환이 용이하여 호흡상태 악화를 방지한다.	

21 인체의 기능에 관한 설명으로 옳지 않은 것은?

① 근골격계 : 신체의 외형 유지, 내부 장기 보호, 신체의 움직임을 가능하게 한다.
② 순환계 : 심장, 기관지, 허파로 구성되어 있으며 인체의 모든 부분에 혈액을 공급하는 기능이 있다.
③ 호흡기계 : 세포에 꼭 필요한 산소를 공급해 주는 역할을 한다.
④ 신경계 : 자발적·비자발적 모든 행동을 조절하는 기능과 환경이나 감각에 반응하는 역할을 한다.

해설

순환계	3가지 주요 요소(심장, 혈관, 혈액)로 구성되어 있으며 인체의 모든 부분에 혈액을 공급하는 기능을 갖고 있다.
호흡기계	세포에 꼭 필요한 산소를 공급해 주는 역할을 하고 있다. 외부에서 산소를 포함한 공기를 호흡함으로써 허파꽈리에서 혈관으로부터 가스를 교환하는 역할을 한다.
신경계	자발적·비자발적 모든 행동을 조절하는 기능과 환경이나 감각에 반응하는 역할을 하고 있다. 신경계는 크게 중앙신경계와 말초신경계로 나눌 수 있다.
근골 격계	3가지 주요 기능은 ㉠ 외형 유지 ㉡ 내부 장기 보호 ㉢ 신체의 움직임을 가능하게 해주는 것이다.

정답 21. ②

22 구급업무 수행 시 기록지를 작성해야 하는 이유로 모두 옳은 것은?

> 가. 앞으로 응급의료체계 발전을 위해 필요하다.
> 나. 환자 처치 및 이송에 대해 체계적으로 실시되었음을 나타낼 수 있다.
> 다. 현장 도착시간을 줄이기 위해 도로사항이나 지름길을 안내하기 위해 필요하다.
> 라. 환자 상태에 관한 의료진과 구급대원의 정보 연계를 위해서 필요하다.
> 마. 상황실에 병원 도착시간을 알리고 이송 후 출동대기 가능성을 안내하기 위해 필요하다.

① 가, 나, 마
② 나, 다, 라
③ 다, 라, 마
④ 가, 나, 라

해설 (기록지를 작성해야 하는 이유)
① 신고에 따른 진행과정에 대해 법적인 문서가 된다.
② 환자 처치 및 이송에 대해 체계적으로 실시되었음을 나타낼 수 있다.
③ 앞으로의 응급의료체계 발전을 위해 필요하다.
④ 연구 및 통계에 자료를 제공할 수 있다.

23 START 분류법의 설명으로 옳지 않은 것은?

① 환자 평가는 호흡, 맥박, 의식 수준을 평가한다.
② 현장 도착 시 걸을 수 있는 환자는 지정된 장소로 이동하라고 말한다.
③ 호흡수 29회/분의 환자는 긴급환자로 분류한다.
④ 다수사상자 발생 시 신속한 분류 및 처치를 위해 사용된다.

해설 (START 분류법)
1. 우선 걸을 수 있는 환자는 지정된 장소로 이동하라고 말한다.
2. 남아 있는 환자에 대해 의식, 호흡, 맥박을 확인하여 분류한다.
   - 긴급 환자 : 의식 장애, 호흡수 30회/분 초과, 말초맥박 촉진 불가능
   - 응급 환자 : 의식 명료, 호흡수 30회/분 이하, 말초맥박 촉진 가능
   - 지연 환자 : 기도 개방 후에도 무호흡, 무맥

※ START 분류법의 평가항목 : 환자평가는 RPM을 기본으로 한다.
㉠ Respiration : 호흡
㉡ Pulse : 맥박
㉢ Mental Status : 의식 수준

정답 22. ④ 23. ③

24 입인두 기도기를 이용한 기도 유지에 관한 설명으로 옳지 않은 것은?

① 구토 반사가 있으면 제거해야 한다.
② 기도기 끝이 입천장을 향하도록 하여 구강 내로 삽입 한다.
③ 입 가장자리에서 입안으로 넣은 후 90° 회전시키는 방법도 있다.
④ 의식이 있거나 반혼수 상태 환자에게 사용한다.

해설

용도	무의식 환자의 기도유지를 위해 사용
크기 선정	• 입 가장자리에서부터 귀볼까지 • 입 중심에서부터 하악각까지
규격	55, 60, 70, 80, 90, 100, 110, 120 mm
재질	PVC
사용법	• 크기 선정법에 따라 크기를 선택한다. • 환자의 입을 수지교차법으로 연다. • 기도기 끝이 입천장을 향하도록 하여 구강내로 삽입한다. • 입천장에 닿으면 180도 회전시켜서 후방으로 밀어 넣는다. • 입 가장자리에서 입안으로 넣은 후 90° 회전시키는 방법도 있다. • 기도기 플랜지가 환자의 입술이나 치아에 걸려 있도록 한다. • 입 정중앙에 위치하도록 한다.(필요하다면 테이프로 고정)
주의 사항	• 의식이 있고, 반혼수 상태 환자에게는 부적절(구토유발 및 제거행동) • 크기가 크거나 작으면 후두개 압박이나 성대경련과 같이 오히려 기도유지가 안되거나 기도 폐쇄를 유발할 수 있다. • 구토 반사가 있으면 제거해야 한다. • 구토에 의해 위 내용물에 의한 흡인을 방지할 수 없다.

25 다음에서 설명하는 장비로 옳은 것은?

○ 주변 상황이나 구급대원의 상태에 관계 없이 정확히 심폐소생술을 시행할 수 있다.
○ 환자 이송 중에도 효과적인 가슴압박이 가능하다.

① 자동 심장충격기
② 기계식 가슴압박 장치
③ 자동식 산소소생기
④ 호흡량 측정기

정답 24. ④ 25. ②

해설 (기계식 가슴압박 장치)
① 건강한 구급대원이라도 평균 5분 이상 심폐소생술을 시행하기 힘들다.
② 구급차로 이송중일 때는 거의 시행이 불가능하다.
③ 주변상황이나 구급대원의 상태에 관계없이 정확히 심폐소생술을 시행할 수 있다.

용도	압축공기 형태는 주로 병원 내 안정적인 산소 공급이 가능한 곳에서는 장시간의 심폐소생술을 효과적으로 적용가능하나 구급차 및 헬리콥터 내에서는 산소탱크 용적에 따라 시간제한을 받는다. 
종류	압축공기(산소)용, 전기충전용

CHAPTER 04 22년 소방위 승진시험 기출문제

01 가스의 불완전 연소현상에 관한 설명으로 옳은 것은?

① 버너에서 황적색염이 나오는 것은 공기량이 부족해서이지만, 황염이 길어져 저온의 피열체에 접촉되면 불완전연소를 촉진시켜 이산화탄소를 발생시키므로 주의한다.
② 리프팅(Lifting : 선화)은 버너의 가스분출 구멍에 먼지 등이 끼어 가스분출 구멍이 작게된 경우 혼합가스의 유출 속도가 낮아져 나타나는 현상이다.
③ 플래시백(Flash back : 역화)은 가스의 연소가 가스분출구멍의 가스 유출 속도보다 더 클 때 또는 연소 속도는 일정해도 가스의 유출 속도가 더 작게 되었을 때, 가스분출 구멍에서 버너 내부로 불꽃이 침입하여 노즐의 끝에서 연소하면서 나타나는 현상이다.
④ 블로우 오프(Blow off)는 역화상태에서 가스분출이 심하여 불꽃이 노즐에서 떨어져 꺼져버리는 현상이다.

해설 가스의 불완전 연소현상

황염 (노란색 불꽃)	• 공기량 부족으로 버너에서 **황적색염이 나오는 현상** – 황염이 길어져 저온의 피열체에 접촉되면 불완전연소를 촉진시켜 일산화탄소를 발생한다. – 조절장치를 충분히 열어도 황염이 소실되지 않으면 버너의 관창구경이 커져서 가스공급이 과대하게 되었거나 가스의 공급압력이 낮기 때문이다. – 용기 잔액이 적은 경우에 황염이 발생하는 것은 가스의 성분변화와 가스의 공급저하에 의한 것이다.
Lifting (선화)	• 가스분출구멍으로 부터 가스유출속도가 연소속도보다 크게 되었을 때 가스는 염공에 접하여 연소치 않고 염공에서 떨어져서 연소한다. – 버너의 염공(가스분출구멍)에 먼지 등이 끼어 염공이 작게 된 경우 혼합가스의 유출속도가 크게 된다. – 가스의 공급압력이 높거나 관창의 구경이 큰 경우 가스의 유출속도가 크게 된다. – 연소가스의 배출 불충분으로 2차 공기 중의 산소가 부족한 경우 연소속도가 작게 된다. – 공기조절장치를 너무 많이 열어 가스의 공급량이 많게 되면 리프팅이 일어나지만 가스의 공급량이 적게 될 때는 백드래프트 또는 불이 꺼지는 원인이 된다.
Flash back (역화)	• 가스의 연소가 염공의 가스 유출속도보다 더 클 때, 또는 연소속도는 일정해도 가스의 유출속도가 더 작을 때 불꽃이 버너 내부로 들어가는 현상 – 부식에 의해서 염공이 크게 되면 혼합가스의 유출속도가 상대적으로 느려져 플래시백의 원인이 되며, 관창구경이 너무 작다든지 관창의 구멍에 먼지가 부착하는 경우는 코크가 충분하게 열리지 않아 가스압력의 저하로 플래시백의 원인이 된다. – 가스버너 위에 큰 냄비 등을 올려서 장시간 사용할 경우나 버너에 직접 탄을 올려서 불을 일으킬 경우는 버너가 과열되어서 혼합가스의 온도가 올라가는 원인이 되며 또한 연소속도가 크게 되어 플래시백 현상이 나타나기 쉽다.
Blow off	선화상태에서 가스분출이 심하여 노즐에서 떨어져 꺼버리는 현상

정답 01. ③

02 화재의 특수현상에 관한 설명으로 옳지 않은 것은?

① 플래임오버(Flameover)는 복도와 같은 통로공간에서 벽, 바닥 표면의 가연물에 화염이 급속하게 확산하는 현상이다.
② 롤오버(Rollover)는 연소과정에서 발생된 가연성 가스가공기 중 산소와 혼합되어 천장부분에 집적된 상태에서발화온도에 도달하여 발화함으로써 화염의 끝부분이 매우 빠르게 확대되어 가는 현상이다.
③ 플래시오버(Flashover)의 대표적인 전조현상으로 고온의연기 발생과 롤오버(Rollover) 현상이 관찰된다는 점에 유의해야 한다.
④ 백드래프트(Backdraft)는 물리적 폭발로, 가연물, 산소(산화제), 열(점화원)이 기본적으로 필요하다.

[해설] 화재의 특수현상
① Flameover는 복도와 같은 통로공간에서 벽, 바닥 표면의 가연물에 화염이 급속하게 확산되는 현상을 묘사하는 용어이다.
② 연소과정에서 발생된 가연성가스가 공기(산소)와 혼합되어 천장부분에 집적된 상태에서 발화온도에 도달하여 발화함으로서 화재의 선단부분이 매우 빠르게 확대되어 가는 현상을 말한다.
③ 고온의 연기 발생과 Rollover 현상이 관찰된다.
④ 폭발에는 BLEVE와 같은 물리적 폭발과 연소폭발과 같은 화학적 폭발로 구분할 수 있으며, 백드래프트(Backdraft)는 화학적 폭발에 해당한다.

03 위험물화재의 특수현상과 대처법에 대한 설명으로 옳지 않은 것은?

① 보일오버(Boilover)는 석유류가 혼합된 원유를 저장하는 탱크 내부에 물이 외부 또는 자체적으로 발생한 상태에서 탱크 표면에 화재가 발생하여 원유와 물이 함께 저장탱크 밖으로 흘러넘치는 현상이다.
② 위험물 저장탱크에 화재가 발생하여 오일오버(Oilover)의 위험이 있는 경우 냉각소화를 원칙으로 한다.
③ 프로스오버(Frothover)는 점성을 가진 뜨거운 유류 표면 아래 부분에서 물이 비등할 경우 비등하는 물에 의해 탱크 내 유류가 넘치는 현상이다.
④ 슬롭오버(Slopover) 현상의 위험성은 직접적 화재발생요인이 아니다.

[해설] 위험물 화재 특수현상

구분	오일오버 (Oilover)	보일오버 (Boilover)	후로스오버 (Frothover)	슬로프오버 (Slopover)
특성	화재로 저장탱크내의 유류가 외부로 분출하면서 탱크가 파열하는 현상	탱크표면화재로 원유와 물이 함께 탱크 밖으로 흘러넘치는 현상	유류표면 아래 비등하는 물에 의해 탱크 내 유류가 넘치는 현상	유류 표면온도에 의해 물이 수증기가 되어 팽창, 비등함에 따라 유류를 외부로 비산시키는 현상
위험성	위험성이 가장 높음	대규모 화재로 확대되는 원인	직접적 화재발생요인은 아님	직접적 화재발생요인은 아님

[정답] 02. ④ 03. ②

04 주수 요령 및 특성에 대한 설명으로 옳지 않은 것은?

① 중속분무주수는 관창압력 0.6 MPa 이상, 관창 전개각도 30° 이상으로 한다.
② 저속분무주수는 간접공격법에 가장 적합한 주수방법으로, 수손피해가 적고 소화시간이 짧다.
③ 고속분무주수는 직사주수보다 사정거리가 짧고 파괴력이약하다.
④ 대원에 대한 엄호주수 요령으로, 강렬한 복사열로부터 대원을 방호할 때는 열원과 대원사이에 분무주수를 행한다.

해설 주수요령
① 중속분무 : 노즐압력 0.3Mpa 이상, 노즐 전개각도는 30도 이상으로 한다.
② 저속분무 : 간접공격법에 가장 적합한 주수방법이며, 수손이 적고 소화시간이 짧다.
③ 고속분무 : 사정거리는 직사주수보다 짧다. 파괴력은 직사주수보다 약하다.
④ 엄호주수 : 강렬한 복사열로부터 대원을 방호할 때는 열원과 대원 사이에 분무주수를 행한다.

05 위험물 유별 화재진압 방법으로 옳지 않은 것은?

① 알칼리금속의 과산화물 및 이를 함유한 것에는 물을 사용해서는 안 된다.
② 철분, 금속분, 마그네슘은 마른 모래, 건조분말, 금속화재용 분말 소화 약제를 사용하여 질식 소화 한다.
③ 수용성 석유류 화재의 경우 알콜형포, 다량의 물로 희석 소화한다.
④ 유황, 황화린, 인화성고체는 물을 이용한 냉각소화가 적당하다.

해설 류별 소화방법
① 알칼리금속의 과산화물에의 방수는 절대엄금이다.
② 철분, 금속분, 마그네슘은 마른 모래, 건조분말, 금속화재용 분말 소화약제를 사용하여 질식 소화 한다.
③ 수용성 석유류의 화재- 알코올형포, 다량의 물로 희석소화
④ 적린, 유황, 인화성 고체는 물을 이용한 냉각소화가 적당하다.
   ※ 황화인은 CO_2, 마른 모래, 건조분말에 의한 질식소화를 한다.

06 소화약제의 사용이 제한되는 소화대상물로 옳지 않은 것은?

① 포 소화약제 - 전기화재, 통신 기기실, 컴퓨터실
② 이산화탄소 소화약제 - 제5류 위험물
③ 할론 소화약제 - 기상, 액상의 인화성 물질
④ 분말 소화약제 - 가연성 금속(Na, K, Mg, Ti, Zr 등)

정답 04. ① 05. ④ 06. ③

[해설] 소화약제 사용 제한
① 포 소화약제 : 감전의 우려가 있어 전기화재나 통신 기기실, 컴퓨터실
② 이산화탄소 소화약제 : 제5류 위험물과 같이 자체적으로 산소를 가지고 있는 물질
③ 하론 소화약제 : Na, K, Mg, Ti(티타늄), Zr(지르코늄), U(우라늄), Pu(플루토늄)
④ 분말소화약제 : 정밀한 전기·전자 장비가 설치되어 있는 장소(컴퓨터실, 전화 교환실 등)

07 발화점, 인화점, 연소점에 대한 설명으로 옳지 않은 것은?

① 일반적으로 발화점은 발열량이 낮을수록, 산소와 친화력이 클수록 낮아진다.
② 인화점은 가연성 액체 또는 고체로부터 발생한 인화성증기의 농도가 점화원에 의해 착화 될 수 있는 최저온도를 말한다.
③ 연소점은 연소반응이 계속될 수 있는 온도를 말한다.
④ 가연성 가스와 공기의 조성비에 따라 발화점이 달라진다.

[해설] 용어정의
① 발화점은 발열량이 높을수록, 산소와 친화력이 클수록 발화점이 낮아진다.
② 인화점은 가연성 액체 또는 고체로부터 발생한 인화성 증기의 농도가 점화원에 의해 착화 될 수 있는 최저온도를 말한다.
③ 연소점은 연소상태가 계속 유지될 수 있는 최저온도를 말한다.
④ 가연성가스와 공기의 조성비에 따라 발화점이 달라진다.

08 하인리히(Heinrich)와 버드(Bird)의 재해발생 이론 및 재해의 기본원인에 대한 설명으로 옳지 않은 것은?

① 하인리히 이론에서 상해는 항상 사고에 의해 일어나고 사고는 항상 순차적으로 앞서는 요인의 결과로 일어난다.
② 하인리히 이론에서 안전관리활동으로 제거할 수 있는 것은 개인적 결함이다.
③ 버드 이론의 5단계는 제어의 부족·관리(1단계) → 기본원인·기원(2단계) → 직접원인·징후(3단계) → 사고·접촉(4단계) → 상해·손실(5단계)이다.
④ 재해의 기본원인인 4개의 M은 인간(Man), 기계(Machine), 매체(Media), 관리(Management) 이다.

[해설]
하인리히 이론에서 안전관리활동으로 제거할 수 있는 것은 불안전한 행동과 불안전한 상태이다.

정답 07. ① 08. ②

09 화재현장에서 발생하는 유해 생성물질에 관한 설명으로 옳지 않은 것은?

① 시안화수소(HCN)는 PVC와 같이 염소가 함유된 수지류가 탈 때 주로 생성되는데 독성허용농도는 5 ppm(mg/m³)이며 향료, 의약, 농약 등의 제조에 이용되고 자극성이 아주 강해 눈과 호흡기에 영향을 준다.
② 암모니아(NH₃)는 질소 함유물이 연소할 때 발생하는 연소생성물로서 유독성이 있고 강한 자극성을 가진 무색의 기체로 흡입 시 점액질과 기도조직에 심한 손상을 초래하며, 냉동시설의 냉매로 많이 쓰인다.
③ 이산화황(SO₂)은 유황이 함유된 물질인 동물의 털, 고무와 일부 목재류 등이 연소하는 과정에서 발생하는 것으로 무색의 자극성 냄새를 가진 유독성 기체로 눈 및 호흡기 등에 점막을 상하게 하고 질식사할 우려가 있다.
④ 불화수소(HF)는 합성수지인 불소수지가 연소할 때 발생되는 연소생성물로서 무색의 자극성 기체이며 유독성이 강하고, 허용농도는 3 ppm(mg/m³)이다.

해설 화재현장에서 유독가스

종류	발생조건	허용농도(TWA)
일산화탄소 (CO)	불완전 연소 시 발생	50 ppm
아황산가스 (SO₂)	중질유, 고무, 황화합물 등의 연소 시 발생	5 ppm
염화수소 (HCl)	플라스틱, PVC	5 ppm
시안화수소 (HCN)	우레탄, 나일론, 폴리에틸렌, 고무, 모직물 등의 연소	10 ppm
암모니아 (NH₃)	열경화성 수지, 나일론 등의 연소 시 발생	25 ppm
포스겐 (COCl₂)	프레온 가스와 불꽃의 접촉	0.1 ppm

10 화재원인 조사의 범위로 옳지 않은 것은?

① 피난상황 조사는 피해경로, 피해요인 등을 조사한다.
② 발화원인 조사는 발화지점, 발화열원, 발화요인, 최초 착화물 및 발화 관련 기기 등을 조사한다.
③ 연소상황 조사는 화재의 연소 경로 및 연소 확대물, 연소 확대 사유 등을 조사한다.
④ 소방, 방화시설 등의 조사는 소방, 방화시설의 활용 또는 작동 등의 상황을 조사한다.

해설 원인조사

종류	범위
발화원인 조사	발화지점, 발화열원, 발화요인, 최초 착화물 및 발화관련기기 등
발견·통보 및 초기 소화상황 조사	발견동기, 통보 및 초기소화 등 일련의 행동과정
연소상황 조사	화재의 연소경로 및 연소 확대물, 연소 확대사유 등
피난상황 조사	피난경로, 피난장애요인 등
소방·방화시설 등 조사	소방·방화시설의 활용 또는 작동 등의 상황

정답 09. ① 10. ①

11 재난관리주관기관이란 재난이나 그 밖의 각종 사고에 대하여 그 유형별로 예방·대비·대응 및 복구 등의 업무를 주관하여 수행하도록 대통령령으로 정하는 관계중앙행정기관을 말한다. 사업장에서 발생한 대규모 인적 사고에 대한 재난관리주관기관은?

① 산업통상자원부　　　　　② 소방청
③ 국토교통부　　　　　　　④ 고용노동부

해설 고용노동부 : 사업장에서 발생한 대규모 인적 사고

12 잠수 장비 구성 또는 관리에 대한 설명으로 옳지 않은 것은?

① 잠수복은 보편적으로 수온이 24 ℃ 이하에서는 발포 고무로 만든 습식 잠수복을 착용하고 수온이 13 ℃ 이하로 낮아지면 건식 잠수복을 착용하도록 권장한다.
② 부력조절기는 수면에서 휴식을 위한 양성부력을 제공해주며 비상시에는 구조장비 역할까지 담당할 수 있다.
③ 압력계는 공기통에 남은 공기의 압력을 측정한다고 하여 잔압계라고도 하며, 이것은 자동차의 연료 계기와 마찬가지로 공기통에 공기가 얼마나 있는가를 나타내주는 호흡기 1 단계와 저압 호스로 연결하여 사용한다.
④ 호흡기는 2단계에 걸쳐 압력을 감소시키며, 처음 단계에서는 탱크의 압력을 9~11 bar(125~150 psi)까지 감소시키고, 이 중간 압력은 두 번째 단계를 거쳐 주위의 압력과 같아지게 된다.

해설 압격계

압력계	• 공기통에 남은 공기의 압력을 측정한다고 하여 잔압계라고도 한다. • 자동차의 연료계기와 마찬가지로 공기통에 공기가 얼마나 있는가를 나타내주는 호흡기 1단계와 고압호스로 연결하여 사용한다.

13 119구조대의 편성과 운영에 관한 설명으로 옳은 것은?

① 구조대의 종류, 구조대원의 자격기준, 그 밖에 필요한 사항은 행정안전부령으로 정한다.
② 소방대상물, 지역 특성, 재난 발생 유형 및 빈도 등을 고려하여 시·도의 조례로 정한다.
③ 소방청장·소방본부장 또는 소방서장은 여름철 물놀이 장소에서의 안전을 확보하기 위하여 필요한 경우 민간 자원봉사자로 구성된 구조대를 지원할 수 있다.
④ 소방청장·소방본부장 또는 소방서장은 위급상황에서 요구조자의 생명 등을 신속하고 안전하게 구조하는 업무를 수행하기 위하여 행정안전부령으로 정하는 바에 따라 119구조대를 편성하여 운영하여야 한다.

정답 11. ④　12. ③　13. ③

[해설] **119구조대의 편성과 운영**
① 구조대의 종류, 구조대원의 자격기준, 그 밖에 필요한 사항은 대통령령으로 정한다.
② 소방대상물, 지역 특성, 재난 발생 유형 및 빈도 등을 고려하여 시·도의 규칙으로 정한다.
③ 소방청장·소방본부장 또는 소방서장은 여름철 물놀이 장소에서의 안전을 확보하기 위하여 필요한 경우 민간 자원봉사자로 구성된 구조대를 지원할 수 있다.
④ 소방청장·소방본부장 또는 소방서장은 위급상황에서 요구조자의 생명 등을 신속하고 안전하게 구조하는 업무를 수행하기 위하여 대통령령으로 정하는 바에 따라 119구조대를 편성하여 운영하여야 한다.

14 마디짓기(결절) 매듭법에 대한 설명으로 옳지 않은 것은?

① 이중 8자 매듭 : 로프 끝에 두 개의 고리를 만들 수 있어 두 개의 확보물에 로프를 고정하는 경우에 매우 유용하다.
② 두 겹 8자 매듭 : 많은 힘을 받을 수 있고 힘이 가해진 경우에도 풀기가 쉬우므로 로프를 연결하거나, 안전을 확보하기 위한 매듭으로 자주 사용된다.
③ 고정매듭 : 로프의 굵기에 관계없이 묶고 풀기가 쉬우며 조여지지 않으므로 로프를 물체에 묶어 지지점을 만들거나 유도 로프를 결착하는 경우 등에 활용한다.
④ 나비매듭 : 나비매듭은 로프 중간에 고리를 만들 필요가 있을 경우에 사용하며 다른 매듭에 비하여 충격을 받은 경우에도 풀기가 쉬운 것이 장점이다.

[해설] **두 겹 8자 매듭** :
㉠ 간편하고 튼튼하기 때문에 로프에 고리를 만드는 경우 가장 많이 활용된다.
㉡ 로프에 고리를 만들어 카라비너에 걸거나 나무, 기둥 등에 확보하고자 하는 경우 폭넓게 활용한다.
㉢ 로프를 두 겹으로 겹쳐서 8자 매듭으로 묶는 방법과 한 겹으로 되감기 하는 방식이 있다.

15 헬리콥터 탑승 및 하강 시 주의사항에 대한 설명으로 옳은 것은?

① 헬리콥터에 탑승할 때에 기체의 전면은 주 회전날개로 위험하므로 꼬리날개가 있는 기체의 뒤쪽에서 접근하며, 기장 또는 기내 안전원의 신호에 따라 탑승한다.
② 하강위치에 접근하면 기내 안전요원이 기체에 설치된 현수로프에 카라비너를 건다.
③ 하강 시 착지점 약 2m 상공에서 서서히 제동을 걸기 시작하여 반드시 정지할 수 있는 스피드까지 낮추어 지상에 천천히 착지한다.
④ 발을 헬기에 붙인 채 최대한 몸을 뒤로 기울여 하늘을 쳐다보는 자세를 취한 후 안전원의 하강개시 신호에 따라 발바닥으로 헬기를 살짝 밀며 제동을 풀고 한 번에 하강한다.

[해설] **헬기안전수칙**
① 꼬리부분의 날개에 위험성이 있기 때문에 뒤쪽으로 접근하는 것은 엄금한다.
② 하강위치에 접근하면 기내 안전요원의 지시로 현수로프의 카라비너를 기체에 설치된 지지점에 건다
③ 착지점 약 10m 상공에서 서서히 제동을 걸기 시작 지상 약 3m 위치에서는 반드시 정지할 수 있는 스피드까지 낮추어 지상에 천천히 착지한다.

[정답] 14. ② 15. ④

④ 발을 헬기에 붙인 채 최대한 몸을 뒤로 기울여 하늘을 쳐다보는 자세를 취한 다음 안전원의 '하강개시' 신호에 따라 발바닥으로 헬기를 살짝 밀며 제동을 풀고 한번에 하강한다.

16 다음에서 설명하는 가스는?

> 가스의 독특한 특성 때문에 용매를 다공 물질에 용해시켜 사용되는 가스로 압축하거나 액화시키면 분해 폭발을 일으키므로 용기에 다공성 물질을 넣고 가스를 잘 녹이는 용제(아세톤, 디메틸포롬아미드 등)를 넣어 충전한다.

① 아세틸렌
② 산화에틸렌
③ 액화암모니아
④ 수소

[해설] 용해가스

가스의 독특한 특성 때문에 용매를 추진시킨 다공 물질에 용해시켜 사용되는 가스로 아세틸렌가스는 압축하거나 액화시키면 분해 폭발을 일으키므로 용기에 다공 물질과 가스를 잘 녹이는 용제(아세톤, 디메틸포름아미드 등)를 넣어 용해시켜 충전한다.	아세틸렌

17 건물 붕괴유형의 개념 또는 특징으로 옳은 것은?

① 건물이 붕괴될 가능성이나 징후가 관찰되면 즉시 안전조치를 취해야 하며, 우선 건물 안에서 작업하고 있는 모든 대원들을 즉시 건물 밖으로 철수시키고 건물의 둘레에 붕괴 안전 지역을 설정하며, 일반적으로 붕괴 안전지역은 건물 둘레의 1.5배 이상으로 한다.
② 경사형 붕괴는 마주 보는 두 외벽에 모두 결함이 발생하여 바닥이나 지붕이 아래로 무너져 내리는 경우에 발생한다.
③ V자형 붕괴는 마주 보는 두 외벽 중 하나에 결함이 있을 때 발생한다.
④ 캔틸레버형 붕괴는 가장 안전하지 못하고, 2차 붕괴에 가장 취약한 유형이며, 건물에 가해지는 충격에 의하여 한쪽 벽판이나 지붕 조립부분이 무너져 내리고 다른 한쪽은 원형을 그대로 유지하고 있는 형태의 붕괴를 말한다.

[해설] 건물붕괴 유형
① 건물이 붕괴될 가능성이나 징후가 관찰되면 즉시 안전조치를 취해야 하며, 우선 건물 안에서 작업하고 있는 모든 대원들을 즉시 건물 밖으로 철수시키고 건물의 둘레에 붕괴 안 전 지역을 설정하며, 일반적으로 붕괴 안전지역은 건물 높이의 1.5배 이상으로 한다.
② 팬케이크형 붕괴는 마주 보는 두 외벽에 모두 결함이 발생하여 바닥이나 지붕이 아래로 무너져 내리는 경우에 발생한다.
③ V자형 붕괴는 가구나 장비, 기타 잔해 같은 무거운 물건들이 바닥 중심부에 집중되었을 때 V형의 붕괴가 일어날 수 있다.
④ 캔틸레버형 붕괴는 가장 안전하지 못하고, 2차 붕괴에 가장 취약한 유형이며, 건물에 가해지는 충격에 의하여 한쪽 벽판이나 지붕 조립부분이 무너져 내리고 다른 한쪽은 원형을 그대로 유지하고 있는 형태의 붕괴를 말한다.

[정답] 16. ① 17. ④

18 「재난 및 안전관리기본법」상 긴급구조 현장지휘에 관한 내용으로 옳지 않은 것은?

① 재난현장에서 긴급구조활동을 하는 긴급구조지원기관의 인력·장비·물자에 대한 운용은 현장지휘를 하는 긴급구조통제단장(각급 통제단장)의 지휘·통제에 따라야 한다.
② 재난현장의 구조활동 등 초동 조치상황에 대한 언론발표 등은 연락공보담당이 지명하는 자가 한다.
③ 시·군·구 긴급구조통제단장은 통합지원본부의 장에게 긴급구조에 필요한 인력이나 물자등의 지원을 요청할 수 있다.
④ 각급 통제단장은 긴급구조 활동을 종료하려는 때에는 재난현장에 참여한 지역사고수습본부장, 통합지원본부의장 등과 협의를 거쳐 결정하여야 한다.

[해설]
언론발표는 재난현장의 구조활동 등 초동 조치상황에 대한 언론 발표 등은 각급통제단장이 지명하는 자가 한다.

19 화학물질이나 물리적 위험물질 등 위험물 누출사고 현장에서의 구급활동 내용으로 옳은 것은?

① 오염구역(hot zone)에서 오염물질에 노출된 의복은 환자에게 그대로 입혀 둔 채 환자를 이불 등으로 감싸서 오염통제구역(warm zone)으로 이송한다.
② 제독장치는 오염구역에 설치하여 오염을 제거한 후, 환자를 오염통제구역으로 이동하게 한다.
③ 오염통제구역에서 사용한 구급장비는 안전구역(cold zone)에서 사용해서는 안 된다.
④ 현장지휘소 및 인력과 자원대기소는 오염통제구역에 설치한다.

[해설] 오염구역
① 오염된 의복과 악세사리를 현장에서 가위를 이용해 제거 후 사용한 의료기구 및 의복은 현장에 남겨두고 환자만 이동한다.
② 오염 통제구역은 오염구역과 안전구역 사이에 위치해 있으며 과 같이 제독 텐트 및 필요 시 펌프차량 등이 위치해 오염을 통제하는 구역이다.
③ 오염통제구역에서 사용한 구급장비는 안전구역에서 사용해서는 안 된다.
④ 안전구역은 현장지휘소 및 인력·자원 대기소 등 현장활동 지원을 하는 구역으로 구급대원이 활동하는 구역이기도 하다.

20 연부조직손상에 관한 응급처치로 옳은 것은?

① 개방성 가슴 손상 – 폐쇄드레싱을 적용하고 환자 이송 중 쇼크 등의 증상이 발생하면, 증상 완화를 위해 폐쇄드레싱을 보강해준다.
② 개방성 배 손상 – 나온 장기는 오염되지 않도록 다시 배 속으로 집어넣고 고농도의 산소를 공급하면서 신속하게 이송한다.
③ 절단 – 완전 절단된 절단부위는 생리식염수를 적신 멸균거즈로 감싼 후 얼음에 직접 닿도록 하여 차갑게 유지한다.
④ 관통상 – 단순하게 뺨을 관통한 상태에서는 기도유지를 위해서나 추가적인 입안 손상을 막기 위해 관통한 물체를 제거한다.

해설 연부조직손상
① 개방성 가슴 손상 : 만약 이송 중 환자가 의식저하, 호흡곤란 악화, 저혈압 징후를 보이면 흉강 내 공기가 빠져나오게 폐쇄드레싱을 제거하거나 삼면 드레싱을 해주어야 한다.
② 개방성 배 손상 : 나온 장기에 닿지 않도록 주의해야 하며 다시 집어넣으려 시도하면 안 된다.
③ 절단 : 비닐백에 조직을 넣어 밀봉 후 차갑게 유지해야 하는데 얼음에 직접 조직이 닿지 않도록 해야 한다.
④ 관통상 : 단순하게 뺨을 관통한 상태(기도유지를 위해서나 추가적인 입안 손상을 막기 위해)에서 관통한 물제를 제거한다.

21 기도의 확보를 방해하는 입안의 구토물이나 체액 등을 흡인하기 위해 사용하는 흡인기의 사용방법에 관한 설명으로 옳지 않은 것은?

① 경성 흡인팁은 상기도 흡인에만 사용한다.
② 환자에게 적용하기 전 흡인관을 막고 충분히 압력이 올라가는지를 확인한다.
③ 성인은 한번 흡인할 때 20초간 실시하고, 흡인 전·후에 충분히 산소를 공급한다.
④ 의식이 없는 환자의 경우 흡인하는 구급대원과 마주 보는 측위를 취해 분비물의 배액을 촉진한다.

해설
성인은 한번 흡인할 때 15초간 실시하고, 흡인 전·후에 충분히 산소를 공급한다.

정답 20. ④ 21. ③

22. 고층빌딩 공사현장의 지반 약화로 인근 노후 건물이 붕괴되어 부상자가 여러 명 발생하였다. START 분류법을 기준으로 임시응급의료소로 운반된 다음의 환자 중 가장 먼저 처치나 병원이송이 필요한 경우는?

	주증상	의식수준	기도유지	호흡	순환	보행가능
①	두통	명료	유지	1~2초당 1회	정상	불가
②	위팔 열상	명료	유지	3초당 1회	정상	불가
③	넙다리 골절	명료	유지	5초당 1회	정상	불가
④	복부관통상	혼수	불가	무호흡	서맥	불가

[해설] 호흡
① 1~2초당 1회 : 1초 60회, 2초 30회(긴급환자)
② 3초당 1회 : 20회
③ 5초당 1회 : 정상
④ 무호흡 : 지연, 사망

23. 호흡유지 장비에 관한 설명으로 옳지 않은 것은?
① 코 삽입관(nasal cannula)은 산소유량을 분당 6~10 ℓ로 조절하여 사용한다.
② 벤추리 마스크(venturi mask)는 만성폐쇄성폐질환(COPD) 환자에게 유용하다.
③ 비재호흡마스크(non-rebreather mask)는 100 %에 가까운 산소를 제공할 수 있다.
④ 단순 얼굴 마스크(oxygen mask)는 흡입산소농도를 35~60 %까지 증가시킬 수 있다.

[해설]
코 삽입관(nasal cannula)은 산소유량을 분당 1~6 ℓ로 조절하여 사용한다.

24. 환자평가는 단계적으로 적절하게 진행되어야 한다. 다음 중 1차 평가의 단계를 옳게 나열한 것은?
① 첫인상 - 순환 - 기도 - 호흡 - 의식수준 - 위급 정도 판단
② 첫인상 - 의식수준 - 기도 - 호흡 - 순환 - 위급 정도 판단
③ 첫인상 - 기도 - 호흡 - 순환 - 의식수준 - 위급 정도 판단
④ 첫인상 - 의식수준 - 순환 - 기도 - 호흡 - 위급 정도 판단

[해설] 1차 평가(첫인상 - 의식수준 - 기도 - 호흡 - 순환 - 위급 정도 판단)

정답 22. ① 23. ① 24. ②

25 산모 이송 중 구급차에서 산모가 아기를 출산하였다. 신생아의 몸은 분홍색이나 손과 팔다리는 청색증을 보이며 제한된 움직임이 있고, 심장 박동수는 분당 95회, 자극 시 얼굴을 찡그리고, 호흡은 약하고 불규칙한 양상을 보였다. 이 신생아의 아프가 점수는?

① 4점   ② 5점
③ 6점   ④ 7

[해설] APGAR 점수(출생 후 1분, 5분 후 재평가 실시

평가내용	점 수		
	0	1	2
피부색 : 일반적 외형	청색증	몸은 핑크, 손과 팔다리는 청색	손과 발까지 핑크색
심장 박동수	없음	100회 이하	100회 이상
반사흥분도 : 찡그림	없음	자극 시 최소의 반응/얼굴을 찡그림	코 안쪽 자극에 울고 기침, 재채기 반응
근육의 강도 : 움직임	흐늘거림/부진함	팔과 다리에 약간의 굴곡 제한된 움직임	적극적으로 움직임
호흡 : 쉼 쉬는 노력	없음	약하고/느림/불규칙	우렁참

※ 8~10점 : 정상출산으로 기본적인 신생아 관리
3~7점 : 경증의 질식 상태, 호흡을 보조함, 부드럽게 자극, 입-코 흡인
0~2점 : 심한 질식 상태, 기관 내 삽관, 산소공급, CPR

정답 25. ②

CHAPTER 05 22년 소방장 승진시험 기출문제

01 구획실 내 화재진행 단계의 순서를 옳게 나열한 것은?

> 가. 연소하는 가연물 위로 화염이 형성되기 시작한다. 화염이 커짐에 따라 주위 공간으로부터 화염이 상승하는 공간으로 공기를 끌어들이기 시작한다.
> 나. 구획실 내부의 상태는 매우 급속하게 변화하는데, 이때 화재는 처음 발화된 물질의 연소가 지배적인 상태로부터 구획실 내의 모든 노출된 가연성 물체의 표면이 동시 발화하는 상태로 변한다.
> 다. 화재가 구획실 내에 있는 이용 가능한 가연물을 소모하게 됨에 따라, 열 발산율은 감소하기 시작한다.
> 라. 구획실 내의 모든 가연물이 화재에 관련될 때에 일어난다. 이 시기에 구획실 내에서 연소하는 가연물은 이용 가능한 최대의 열량을 발산하고 많은 양의 연소가스를 생성한다.
> 마. 화재의 4요소들이 서로 결합하여 연소가 시작될 때의 시기를 말한다. 발화의 물리적 현상은 스파크나 불꽃에 의해 유도되거나 자연발화처럼 어떤 물질이 자체의 열에 의해 발화점에 도달한다.

① 가 → 나 → 마 → 다 → 라
② 가 → 마 → 나 → 다 → 라
③ 마 → 가 → 나 → 라 → 다
④ 마 → 나 → 가 → 라 → 다

해설 화재의 진행단계
① 성장기 : 연소하는 가연물 위로 화염이 형성되기 시작한다. 화염이 커짐에 따라 주위 공간으로부터 화염이 상승하는 공간으로 공기를 끌어들이기 시작한다.
② Flash over : 구획실 내부의 상태는 매우 급속하게 변화하는데, 이때 화재는 처음 발화된 물질의 연소가 지배적인 상태로부터 구획실 내의 모든 노출된 가연성 물체의 표면이 동시 발화하는 상태로 변한다.
③ 감퇴기 : 화재가 구획실 내에 있는 이용 가능한 가연물을 소모하게 됨에 따라, 열 발산율은 감소하기 시작한다.
④ 최성기 : 구획실 내의 모든 가연물이 화재에 관련될 때에 일어난다. 이 시기에 구획실 내에서 연소하는 가연물은 이용 가능한 최대의 열량을 발산하고 많은 양의 연소가스를 생성한다.
⑤ 발화기 : 화재의 4요소들이 서로 결합하여 연소가 시작될 때의 시기를 말한다. 발화의 물리적 현상은 스파크나 불꽃에 의해 유도되거나 자연발화처럼 어떤 물질이 자체의 열에 의해 발화점에 도달한다.

정답 01. ③

02 소방용수시설의 설치기준에 관한 설명이다. (　) 안에 들어갈 내용으로 옳은 것은?

- 소화전은 상수도와 연결하여 지하식 또는 지상식의 구조로 하고, 소방용 호스와 연결하는 소화전의 연결금속구의 구경은 (㉠)로 한다.
- 급수탑의 급수배관의 구경은 (㉡) 이상으로 하고, 개폐밸브는 지상에서 (㉢)의 위치에 설치한다.
- 저수조는 지면으로부터 낙차가 4.5 m 이하, 흡수부분의 수심은 0.5 m 이상이며, 소방차가 쉽게 접근할 수 있도록 하며, 저수조에 물을 공급하는 방법은 상수도에연결하여 (㉣)으로 급수되는 구조이어야 한다.
- 흡수관의 투입구가 사각형인 경우에는 한 변의 길이가 60 ㎝ 이상, 원형의 경우에는 지름이 60 ㎝ 이상이어야 하며, 흡수에 지장이 없도록 토사 및 쓰레기 등을 제거할 수 있는 설비를 갖추어야 한다.

	㉠	㉡	㉢	㉣
①	65 mm	100 mm	0.8 m 이상 1.5 m 이하	자동 또는 수동
②	100 mm	65 mm	1.5 m 이상 1.7 m 이하	자동
③	65 mm	100 mm	1.5 m 이상 1.7 m 이하	자동
④	100 mm	65 mm	0.8 m 이상 1.5 m 이하	자동 또는 수동

해설 소방용수시설 설치기준
① 소화전은 상수도와 연결하여 지하식 또는 지상식의 구조로 하고, 소방용 호스와 연결하는 소화전의 연결금속구의 구경은 65mm로 한다.
② 급수탑의 급수배관의 구경은 100mm 이상으로 하고, 개폐밸브는 지상에서 1.5~1.7m의 위치에 설치한다.
③ 저수조는 지면으로부터 낙차가 4.5 m 이하, 흡수부분의 수심은 0.5 m 이상이며, 소방차가 쉽게 접근할 수 있도록 하며, 저수조에 물을 공급하는 방법은 상수도에 연결하여 자동으로 급수되는 구조이어야 한다.
④ 흡수관의 투입구가 사각형인 경우에는 한 변의 길이가 60 ㎝ 이상, 원형의 경우에는 지름이 60 ㎝ 이상이어야 하며, 흡수에 지장이 없도록 토사 및 쓰레기 등을 제거할 수 있는 설비를 갖추어야 한다.

정답 02. ③

03 건축물 화재에서 화점의 위치를 찾아내는 방법 중 알람밸브(유수검지장치)가 작동될 때 그 원인을 찾는 5단계 활동 순서를 옳게 나열한 것은?

> 가. 건물 위층부터 검색을 시작한다. 검색분대는 꼭대기층에서부터 계단을 내려오면서 각 층 입구에서 물소리나 연기 냄새가 나는지 확인해야 한다.
> 나. 수신기상에 표시된 층을 확인하고 이 구역을 검색하되, 수신기상에 정확한 위치와 층이 확인되지 않을 수도 있다.
> 다. 가압송수장치의 펌프를 확인한다.
> 라. 스프링클러 시스템을 리세팅 한 후 경보가 다시 발생하는지 확인한다. 경보가 다시 울리면 화재이거나 배관 누수일 가능성이 크다.
> 마. 소방시설관리업체에 소방시설에 대한 전반적인 점검과 보수를 하도록 한다.

① 가 → 나 → 다 → 라 → 마
② 가 → 나 → 라 → 다 → 마
③ 나 → 다 → 라 → 가 → 마
④ 나 → 라 → 가 → 다 → 마

해설 알람밸브 5단계 활동

1단계	우선, 수신기 상에 표시된 층을 확인하고 이 구역을 검색한다.
2단계	스프링클러 시스템을 리세팅(resetting) 한 후 경보가 다시 발생하는지 확인한다.
3단계	건물 위층부터 검색을 시작한다. 검색분대는 꼭대기 층에서부터 계단을 내려오면서 각 층 입구에서 물소리나 연기 냄새가 나는지 확인해야 한다.
4단계	가압송수장치의 펌프를 확인하여 고장 등을 확인한다.
5단계	소방시설관리업체로 하여금 소방시설에 대한 전반적인 점검과 보수를 하도록 조치한다.

정답 03. ④

04 연소 용어 중 ( ) 안에 들어갈 내용으로 옳은 것은?

- 액체의 증기압이 대기압과 같게 되어 끓기 시작하는 온도를 (㉠)이라고 한다.
- 대기압(1 atm) 상태에서 고체가 녹아 액체가 되는 온도를 (㉡)이라고 한다.
- 어떤 물질 1 g을 1 ℃ 올리는 데 필요한 열량을 (㉢)이라고 한다.
- 어떤 물질에 열의 출입이 있더라도 물질의 온도는 변하지 않고 상태변화에만 사용되는 열을 (㉣)이라고 한다.

	㉠	㉡	㉢	㉣
①	비점	융점	잠열	비열
②	융점	잠열	비열	비점
③	융점	비점	잠열	비열
④	비점	융점	비열	잠열

[해설] 연소 용어정의
① 액체의 증기압이 대기압과 같게 되어 끓기 시작하는 온도를 비점 이라고 한다.
② 대기압(1 atm) 상태에서 고체가 녹아 액체가 되는 온도를 융점 이라고 한다.
③ 어떤 물질 1 g을 1 ℃ 올리는 데 필요한 열량을 비열 이라고 한다.
④ 어떤 물질에 열의 출입이 있더라도 물질의 온도는 변하지 않고 상태변화에만 사용되는 열을 잠열 이라고 한다.

05 화재 현장에서 발생하는 유독가스의 발생조건, 허용농도(TWA)가 올바르게 연결된 것은?

① 아황산가스(SO_2) - 중질유, 고무 연소 시 - 5 ppm
② 시안화수소(HCN) - 열경화성 수지, 나일론 연소시 - 5 ppm
③ 암모니아(NH_3) - 우레탄, 폴리에틸렌 연소 시 - 10 ppm
④ 포스겐($COCl_2$) - 프레온 가스와 불꽃의 접촉 시 - 1 ppm

[해설] 화재현장에서 발생하는 유독가스

종류	발생조건	허용농도(TWA)
일산화탄소 (CO)	불완전 연소 시 발생	50 ppm
아황산가스 (SO_2)	중질유, 고무, 황화합물 등의 연소 시 발생	5 ppm
염화수소 (HCl)	플라스틱, PVC	5 ppm
시안화수소 (HCN)	우레탄, 나일론, 폴리에틸렌, 고무, 모직물 등의 연소	10 ppm
암모니아 (NH_3)	열경화성 수지, 나일론 등의 연소 시 발생	25 ppm
포스겐 ($COCl_2$)	프레온 가스와 불꽃의 접촉	0.1 ppm

정답 04. ④ 05. ①

06 다음은 위험물의 분류에 관한 설명이다. ( ) 안에 순서대로 들어갈 숫자로 옳은 것은?

- 유황은 순도가 ( )중량퍼센트 이상인 것을 말한다. 이 경우 순도측정에 있어서 불순물은 활석 등 불연성물질과 수분에 한한다.
- 철분이라 함은 철의 분말로서 53마이크로미터의 표준체를 통과하는 것이 ( )중량퍼센트 미만인 것은 제외한다.
- 금속분이라 함은 알칼리금속·알칼리토류금속·철 및 마그네슘 외의 금속의 분말을 말하고, 구리분·니켈분 및 150마이크로미터의 체를 통과하는 것이 ( )중량퍼센트 미만인 것은 제외한다.
- 과산화수소는 그 농도가 ( )중량퍼센트 이상인 것에 한하며, 산화성 액체의 성상이 있는 것으로 본다.

① 50,   60,   60,   36
② 50,   60,   60,   49
③ 60,   50,   50,   36
④ 60,   50,   50,   49

해설 유별 용어정리
① 유황은 순도가 60중량퍼센트 이상인 것을 말한다. 이 경우 순도측정에 있어서 불순물은 활석 등 불연성물질과 수분에 한한다.
② "철분"이라 함은 철의 분말로서 53마이크로미터의 표준체를 통과하는 것이 50중량퍼센트 미만인 것은 제외한다.
③ "금속분"이라 함은 알칼리금속·알칼리토류금속·철 및 마그네슘외의 금속의 분말을 말하고, 구리분·니켈분 및 150마이크로미터의 체를 통과하는 것이 50중량퍼센트 미만인 것은 제외한다.
④ 과산화수소는 그 농도가 36중량퍼센트 이상인 것에 한하며, 제21호의 성상이 있는 것으로 본다.

07 분말 소화약제에 대한 설명으로 옳지 않은 것은?

① 이 약제의 주된 소화효과는 분말운무에 의한 방사열의 차단효과, 부촉매 효과, 발생한 불연성 가스에 의한 질식효과 등으로 가연성 액체의 표면 화재에 매우 효과적이다.
② 탄산수소나트륨, 탄산수소칼륨, 제1인산암모늄 등의 물질을 미세한 분말로 만들어 유동성을 낮춘 후 이를 가스압(주로 N_2 또는 CO_2의 압력)으로 분출시켜 소화시킨다.
③ 소화약제로 사용되는 분말의 입도는 10~70 ㎛ 범위이며 최적의 소화효과를 나타내는 입도는 20~25 ㎛이다.
④ 습기와 반응하여 고화되기 때문에 이를 방지하기 위하여 금속의 스테아린산염이나 실리콘 수지 등으로 방습 가공을 해야 한다.

해설 소화효과
① 분말 운무에 의한 방사열의 차단 효과, 부촉매 효과, 발생한 불연성 가스에 의한 질식 효과
② 탄산수소나트륨, 탄산수소칼륨, 제1인산암모늄 등의 물질을 미세한 분말로 만들어 유동성을 높인 후 이를 가스압(주로 N_2, 또는 CO_2의 압력)으로 분출시켜 소화하는 약제이다.
③ 사용되는 분말의 입도는 10~70㎛ 범위이며 최적의 소화효과를 나타내는 입도는 20~25㎛이다.

정답 06. ③ 07. ②

④ 습기와 반응하여 고화되기 때문에 이를 방지하기 위하여 금속의 스테아린산염이나 실리콘 수지 등(현재는 대부분 실리콘 수지를 사용한다.)으로 방습 가공을 해야 한다.

08 소방활동 안전교육의 내용으로 옳은 것은?

① 기능교육은 목표 지향의 문제처리를 할 수 있게 한다.
② 태도교육은 안전작업에 대한 몸가짐, 마음가짐을 몸에 붙게 한다.
③ 지식교육은 화재진압, 구조·구급 등의 작업 방법을 숙달시킨다.
④ 문제해결교육은 재해발생 원리를 이해시킨다.

[해설] 안전교육의 종류와 내용

구분	종류	교육내용	교육방법의 요점
안전교육	지식교육	• 취급하는 기계·설비의 구조, 기능, 성능의 개념형성 • 재해발생 원리를 이해시킨다. • 안전관리, 작업에 필요한 법규, 규정, 기준을 알게 한다.	알아야 할 것의 개념 형성을 꾀한다.
	문제해결교육	• 원인지향의 문제해결로 과거·현재의 문제를 대상으로 하여 사실 확인에서 문제점의 발견, 원인탐구에서 대책을 세우는 순서를 알게 한다. • 목표지향의 문제처리를 할 수 있게 한다.	사고력과 종합능력을 육성한다.
인간형성	기능교육	• 화재진압·구조·구급 등의 작업방법, 기계·기구류의 취급 등 조작방법을 숙달시킨다.	응용능력의 육성이며 실기를 주체로 한다.
	태도교육	• 안전작업에 대한 몸가짐 마음가짐을 몸에 붙게 한다. • 안전규율, 직장규율을 몸에 붙이도록 한다. • 의욕을 갖게 한다.	안전의식에 관한 가치관 형성교육을 한다.

09 화재조사의 조사업무처리 기본사항에 대한 설명으로 옳지 않은 것은?

① 화재 범위가 2 이상의 관할구역에 걸친 화재에 대해서는 발화 소방대상물의 소재지를 관할하는 소방서에서 1건의 화재로 한다.
② 건축·구조물화재의 소실정도는 3종류로 구분하며, 반소는건물의 30 % 이상 70 % 미만이 소실된 것을 가리킨다.
③ 건물의 소실면적 산정은 소실 바닥면적으로 산정한다. 다만, 화재피해 범위가 건물의 6면 중 3면 이하인 경우에는 6면 중의 피해면적의 합에 5분의 1을 곱한 값을 소실면적으로 한다.
④ 사상자는 화재현장에서 사망 또는 부상당한 사람을 말한다. 단, 화재현장에서 부상을 당한 후 72시간 이내에 사망한 경우에는 당해 화재로 인한 사망자로 본다.

정답 08. ② 09. ③

해설 화재조사실시상의 총칙
① 관할구역이 2개소 이상 걸친 화재에 대해서는 발화 소방대상물의 소재지를 관할하는 소방서에서 1건의 화재로 한다.
② 반소는 건물의 30% 이상 70% 미만이 소실된 것
③ 건물의 소실면적 산정은 소실 바닥면적으로 한다. 다만, 화재피해 범위가 건물의 6면 중 2면이하인 경우에는 6면 중의 피해 면적의 합에 5분의 1을 곱한 값을 소실면적으로 한다.
④ 화재현장에서 사망 또는 부상당한 사람을 말한다. 단, 화재현장에서 부상을 당한 후 72시간이내에 사망한 경우에는 당해 화재로 인한 사망자로 본다.

10 소방활동의 특수성 중 다음 내용과 관계있는 것은?

> 화재현장에서 소방대원은 담을 넘는다든지 사다리를 활용하여 2층이나 3층 혹은 인접 건물로 진입하거나, 통행이 어려운 곳을 통과하거나, 오르기 힘든 곳을 오르거나, 화염 등으로 위험하여 들어갈 수 없는 곳을 진입하여야 하는 경우가 있다.

① 확대 위험성과 불안정성
② 행동의 위험성
③ 활동장해
④ 행동환경의 이상성

해설 소방활동의 특수성

확대 위험성과 불안정성	재해는 예고 없이 돌발적으로 발생하고 항상 상태변화의 연속으로 예측이 극히 곤란하다. 또한 인적·물적 피해의 확대 위험성을 수반하며 급속하게 진행되므로 대상물이 불안정한 특성이 있다.
활동 장해	재해현장에는 소방대원의 행동을 저해하는 각종 요인이 있다. 출동시에는 도로상 교통혼잡과 주차위반 차량 등으로 인하여 현장 도착이 지연되고, 화재현장에서의 화염, 열기, 연기 등으로 활동장해를 받게 된다.
행동의 위험성	재해현장에서 소방대원의 행동은 평상시에 있어서 일반인의 생활행동과 역행하는 등 전혀 다른 위험성이 존재하고 있다. - 근무자나 거주자가 당황해서 피나 나오는 장소로 소방대원은 현장 임무수행을 위하여 진입하는 경우이다. 화재현장에서 소방대원은 담을 넘는다든지 사다리를 활용하여 2층이나 3층 혹은 인접 건물로 진입하거나, 통행이 어려운 곳을 통과하거나, 오르기 힘든 곳을 오르거나, 화염 등으로 위험하여 들어갈 수 없는 곳을 진입하여야 하는 경우가 있다.
활동환경의 이상성	화재현장 상황은 항상 정상적인 상태를 상실한 상황이 연출된다. 또한 가스, 유류, 화공약품 등에 의한 폭발현상 등 예측 불가능한 상황이 항상 잠재되어 있으며, 사람들은 이상심리에 지배되어 긴장, 흥분상태에 있고, 소방대원의 심리상태도 역시 마찬가지이다.
정신적·육체적 피로	현장활동은 많은 체력이 소모되는 격무이며, 예고 없이 갑작스럽게 이루어지므로 시간이 경과할수록 정신적·육체적 피로가 가중된다. 소방활동은 체력소모, 피로증대를 초래하고 정신적인 부담도 크므로 이로 인한 주의력, 사고력 감퇴와 동시에 위험성이 증대함에 유의해야 한다.

정답 10. ②

11 소방펌프 자동차의 진공펌프가 작동되면 펌프의 윤활유 흡입구를 통해 진공오일이 자동적으로 흡입되어 진공펌프 내에서 그 역할을 수행하게 된다. 다음 중 진공오일에 대한 설명으로 옳지 않은 것은?

① 진공오일의 작용은 냉각작용, 수막형성, 윤활작업이다.
② 불가피한 경우 전용 진공오일 대신에 자동차용 엔진오일, 유압유를 사용할 수 있다.
③ 진공오일 탱크의 용량은 1.5리터 이상으로 하여야 한다.
④ 진공오일이 없으면 진공이 잘 되지 않으며 진공펌프가 손상된다.

[해설] 진공오일
ⓐ 진공오일의 작용은 유막형성, 윤활작업, 냉각작용이다.
ⓑ 투명 창으로 되어있어 항상 육안 확인하여 적정량을 채워준다.
ⓒ 진공오일이 없으면 진공이 잘 되지 않으며 진공펌프가 손상된다.
ⓓ 진공오일 용량은 1.5리터 이상이다.
ⓔ 사용오일은 전용 진공오일을 사용하나, 불가피한 경우에는 자동차용 엔진오일도 사용할 수 있다. 기어오일보다는 엔진오일이 점도가 부드럽기 때문이다.

12 미국 교통국(Department Of Transportation) 수송표지는 마름모꼴 표지에 숫자와 그림, 색상으로 표시하며 숫자는 물질의 종류를, 색상은 특성을 나타낸다. 각 플래카드(placard)의 색상이 가지는 의미로 옳은 것은?

① 백색 : 산화성
② 녹색 : 불연성
③ 빨간색 : 중독성
④ 주황색 : 산화성

[해설] 각 placard의 색상이 가지는 의미
1. 빨간색 : 가연성 2. 오렌지 : 폭발성 3. 노란색 : 산화성 4. 녹 색 : 불연성 5. 파란색 : 금수성 6. 백 색 : 중독성

13 화학사고 발생 시 누출물 처리방법 중 화학적 처리 방법에 대한 설명으로 틀린 것은?

① 유화처리 : 주로 기름(oil)이 누출되었을 경우에 사용하며, 특히 원유 등의 대량 누출 시에 적용한다.
② 중화 : 발열이나 유독성 물질생성, 기타위험성이 발생할 수 있으므로 위험을 감소시키기 위해서 오염물질의 양보다 적게 조금씩 투입하여야 한다.
③ 흡착 : 활성탄과 모래는 일반적으로 널리 사용되는 흡착제이다.
④ 흡수 : 주로 액체 물질에 적용하는 방법으로 누출된 물질을 스펀지나 흙, 신문지, 톱밥 등의 흡수성 물질에 흡수시켜 회수한다.

[정답] 11. ① 12. ② 13. ③

[해설] **화학적 처리**

흡수	주로 액체 물질에 적용하는 방법이다. 누출된 물질을 스펀지나 흙, 신문지, 톱밥 등의 흡수성 물질에 흡수시켜 회수한다. 2 이상의 서로 다른 물질을 동시에 흡수시키고자 하는 경우에는 화학반응에 따르는 위험성이 없는지 확인하여야 한다.
유화처리	유화제를 사용하여 오염물질의 친수성을 높이는 방법으로 처리한다. 주로 기름(예)이 누출되었을 경우에 사용하며, 특히 원유 등의 대량 누출시에 적용한다. 환경오염문제로 논란이 될 수 있다.
중화	주로 부식성 물질에 사용하는 방법이다. 중화과정에서 발열이나 유독성 물질생성, 기타 위험성이 발생할 수 있으므로 화학자의 검토가 필요하고 위험을 감소시키기 위해서 오염물질의 양보다 적게 조금씩 투입하여야 한다.
응고	오염물질을 약품이나 흡착제로 흡착, 응고시켜 처리할 수 있다. 오염물질의 종류와 사용된 약품에 따라 효과가 달라진다. 응고된 물질은 밀폐, 격납한다.
소독	주로 장비나 물자, 또는 환경 정화를 위해 표백제나 기타 화학약품을 사용해서 소독한다. 사람의 경우에는 화학약품을 사용하는 것보다 물로 세척하는 것이 더 효과적이다.

14 다음과 같이 도르래를 설치하여 80 kg의 물체를 들어 올릴 경우 몇 kg의 물체를 들어올리는 것과 동일한가? (단, 장비 자체의 무게 및 마찰력은 고려하지 않는다.)

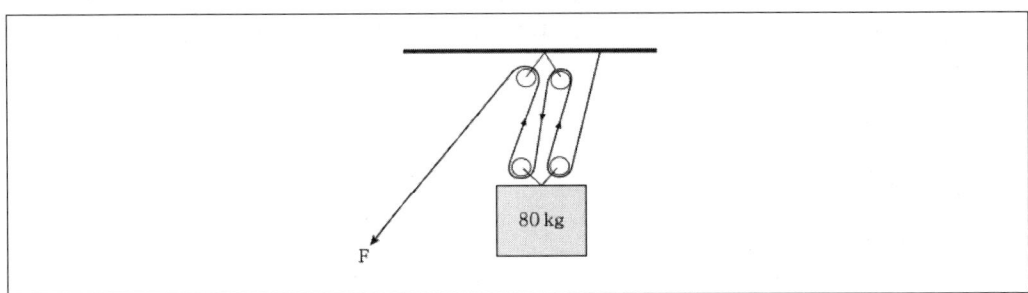

① 20 kg
② 26.7 kg
③ 30 kg
④ 36.7 kg

[해설] **도르래**
고정도르래는 힘의 방향만을 바꾸어 주지만 움직도르래를 함께 설치하면 힘의 이득을 얻을 수 있다. 고정도르래 1개와 움직도르래 3개를 설치하면 소요되는 힘은 1/4로 줄어들고 움직도르래의 숫자가 증가함에 따라 더욱 작은 힘으로 물체를 이동시킬 수 있다.
※ 80kg / 4 = 20kg

정답 **14.** ①

15 다음에서 지칭하는 용어로 옳은 것은?

- 잠수 후 상승속도를 분당 9 m로 유지하면서 수면으로 상승하면 체내의 질소를 한계 수준 미만으로 만들 수 있다.
- 상승 중 감압정지를 하지 않고 일정의 수심에서 최대로 머물 수 있는 시간이 수심에 따라 제한되어 있다.

① 감압 정지
② 감압 시간
③ 최대 잠수 가능시간
④ 실제 잠수시간

해설 최대 잠수 가능시간
① 잠수 후 상승속도를 분당 9m로 유지하면서 수면으로 상승하면 체내의 질소를 한계 수준 미만으로 만들 수 있다.
② 상승 중 감압정지를 하지 않고 일정의 수심에서 최대로 머물 수 있는 시간이 수심에 따라 제한되어 있다.
③ 이것을 "최대 잠수 가능시간" 또는 "무감압 한계시간"이라 한다.
④ 안전을 위해 이러한 최대 잠수 가능시간 내에 잠수를 마쳐야 한다.
⑤ 잠수표는 이러한 최대 잠수가능 시간을 수심별로 나열하여 감압병을 예방하고자 만든 것이다.

16 다음과 같은 유형의 건축물 붕괴에 대한 설명으로 옳지 않은 것은?

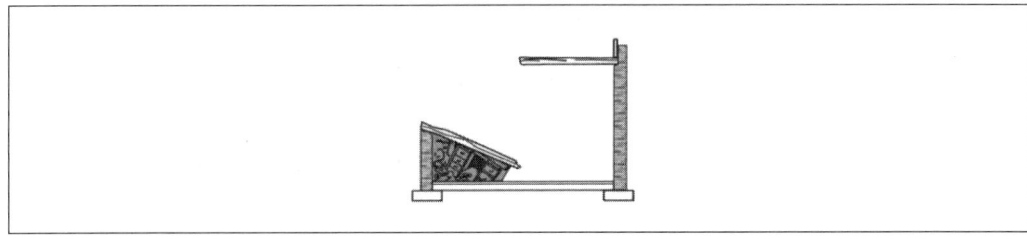

① 구조대상자가 생존할 수 있는 장소는 각 층들이 지탱되고 있는 끝부분 아래쪽 모서리 부근에 생길 가능성이 많다.
② 붕괴의 유형 중에서 가장 안전하지 못하고 2차 붕괴에 취약한 유형이다.
③ 건물에 가해지는 충격에 의하여 한쪽 벽판이나 지붕조립 부분이 무너져 내리고 다른 한쪽은 원형을 그대로 유지하고 있는 형태이다.
④ 마주 보는 두 외벽에 결함이 발생하여 바닥이나 지붕이 아래로 무너져 내린 경우이다.

해설 켄틸레버형
㉠ 각 붕괴의 유형 중에서 가장 안전하지 못하고 2차 붕괴에 가장 취약한 유형이다.
㉡ 건물에 가해지는 충격에 의하여 한쪽 벽판이나 지붕 조립부분이 무너져 내리고 다른 한 쪽은 원형을 그대로 유지하고 있는 형태의 붕괴를 말한다.
㉢ 이때 요구조자가 생존할 수 있는 장소는 각 층들이 지탱되고 있는 끝 부분 아래에 생존공간이 생길 가능성이 많다.

정답 15. ③ 16. ④

17 다음에서 설명하는 엘리베이터의 안전장치는?

> 엘리베이터의 운전 중에는 브레이크슈를 전자력에 의해 개방시키고, 정지 시에는 전동기 주회로를 차단시킴과 동시에 스프링 압력에 의해 브레이크슈로 브레이크 휠을 조여서 엘리베이터가 확실히 정지하도록 한다.

① 비상정지장치 ② 리미트 스위치
③ 조속기 ④ 전자브레이크

해설 전자브레이크
엘리베이터의 운전 중에는 브레이크슈를 전자력에 의해 개방시키고 정지 시에는 전동기 주회로를 차단시킴과 동시에 스프링 압력에 의해 브레이크슈로 브레이크 휠을 조여서 엘리베이터가 확실히 정지하도록 한다.

18 화학사고 발생 시 사고로 인한 오염자 및 제독 작업에 참여한 대원의 제독을 위하여 경계구역 설정과 동시에 경고지역(Warm Zone) 내에 제독소를 설치하여야 한다. 다음의 제독 절차를 순서대로 나열한 것은?

> 가. 방호복을 입은 상태에서 물을 뿌려 1차 제독을 한다.
> 나. 레드트랩(red trap) 입구에 장비수집소를 설치하고 손에 들고 있는 장비를 이곳에 놓도록 한다.
> 다. 습식제독작업이 끝나면 그린트랩(green trap)으로 이동해서 동료의 도움을 받아 보호복을 벗는다.
> 라. 옐로트랩(yellow trap)으로 이동하여 솔과 세제를 사용하여 방호복의 구석구석(발바닥, 사타구니, 겨드랑이 등)을 세심하게 세척한다.

① 가 - 나 - 다 - 라 ② 나 - 가 - 다 - 라
③ 나 - 가 - 라 - 다 ④ 라 - 가 - 나 - 다

해설 제독소
㉠ Red trap 입구에 장비수집소를 설치하고 손에 들고 있는 장비를 이곳에 놓도록 한다. 장비는 모아서 별도로 제독하거나 폐기한다.
㉡ 방호복을 입은 상태에서 물을 뿌려 1차 제독(Gross Decon)을 한다.
㉢ Yellow trap으로 이동하여 솔과 세제를 사용하여 방호복의 구석구석(발바닥, 사타구니, 겨드랑이 등)을 세심하게 세척한다.
㉣ 습식제독작업이 끝나면 Green trap으로 이동해서 동료의 도움을 받아 보호복을 벗는다.
㉤ 마지막으로 공기호흡기를 벗는다. 보호복의 종류에 따라 공기호흡기를 먼저 벗어야 하는 경우도 있다. 보호복과 장비는 장비수집소에 보관한다.
㉥ 현장 여건에 따라 샤워장으로 이동, 탈의하고 신체 구석구석을 씻도록 한다.
㉦ 휴식을 취하면서 건강상태를 확인한다.

정답 17. ④ 18. ③

19 다음 내용과 관계 깊은 열 손상은?

- 의식수준 저하
- 뜨겁고, 건조하거나 축축한 피부
- 중추신경계 이상에 의한 체온조절기능 부전으로 발생

① 열사병
② 일사병
③ 열경련
④ 열실신

해설 열손상의 종류

열사병	㉠ 열 손상에서 가장 위험한 단계로 체온조절기능 부전으로 나타난다. ㉡ 여름철에 어린아이나 노약자에게 많이 일어나며 보통 며칠에 걸쳐 진행된다. ㉢ 소모성열사병 환자와 같이 체온이 정상이거나 약간 오르지 않고 41~42℃ 이상 오른다. ㉣ 피부는 뜨겁고 건조하거나 축축하다. 의식은 약간의 혼돈상태에서 무의식상태까지 다양하게 의식변화가 있다. ㉤ 응급처치 일반적인 열손상 환자의 증상 및 징후로는 • 근육경련, 허약감이나 탈진, 어지러움이나 실신, 빠른맥, 빠르고 얕은 호흡, 두통, 경련, 의식장애 ※ 만약, 의식은 명료하나 피부가 뜨겁고 건조하거나 축축한 환자가 있다면 적극적인 체온 저하 처치를 실시해야 한다. ※ 피부는 정상이거나 차갑고 창백하며 축축한 피부 또는 뜨겁고 건조하며 축축한 피부(위급한 상태)

20 START 분류법에 따라 분류할 때 가능한 응급처치로 옳지 않은 것은?

① 무호흡 환자에게 기도 개방
② 환자 상태에 따른 팔다리 거상
③ 두부 열상 환자에게 직접 압박으로 지혈
④ 빠른 호흡 양상을 보이는 환자에게 산소공급

해설 START우선순위 분류
㉠ 기도 개방 및 입인두 기도기 삽관 ㉡ 직접 압박 ㉢ 환자 상태에 따른 팔다리 거상

정답 19. ① 20. ④

21 환자 이동 장비 중 척추를 고정하는 효과가 가장 적은 것은?

① 구출고정대
② 분리형 들것
③ 긴 척추고정판
④ 바스켓형 들것

해설 분리형 들것
① 주로 운동 중 사고나 골반측 손상에 사용되며 알루미늄이나 경량의 철로 만들어졌다.
② 들것을 2부분이나 4부분으로 나누어 앙와위 환자를 움직이지 않고 들것에 고정시켜 이동시킬 수 있다.
 ※ 등 부분을 지지해 주지 못하기 때문에 척추손상환자의 경우는 사용해서는 안 된다.

22 다음 신생아의 APGAR 점수는?

- 피부색 : 몸은 분홍색, 팔·다리는 청색
- 심장 박동수 : 95회/분
- 반사흥분도 : 얼굴을 찡그림
- 근육의 강도 : 흐늘거림
- 호흡 : 불규칙

① 4
② 5
③ 6
④ 7

해설 APGAR score 평가
 유사개념* ☆ 19년 소방장 / 22년 소방위

평가내용	점 수		
	0	1	2
피부색 : 일반적 외형	청색증	몸은 핑크, 손과 팔다리는 청색	손과 발까지 핑크색
심장 박동수	없음	100회 이하	100회 이상
반사흥분도 : 찡그림	없음	자극 시 최소의 반응 /얼굴을 찡그림	코 안쪽 자극에 울고 기침, 재채기 반응
근육의 강도 : 움직임	흐늘거림/부진함	팔과 다리에 약간의 굴곡 제한된 움직임	적극적으로 움직임
호흡 : 쉼 쉬는 노력	없음	약하고/느림/불규칙	우렁참

 ※ 8~10점 : 정상출산으로 기본적인 신생아 관리
  3~7점 : 경증의 질식 상태, 호흡을 보조함, 부드럽게 자극, 입-코 흡인
  0~2점 : 심한 질식 상태, 기관 내 삽관, 산소공급, CPR

정답 21. ② 22. ①

23 다음 심전도 리듬에 관한 설명으로 옳지 않은 것은?

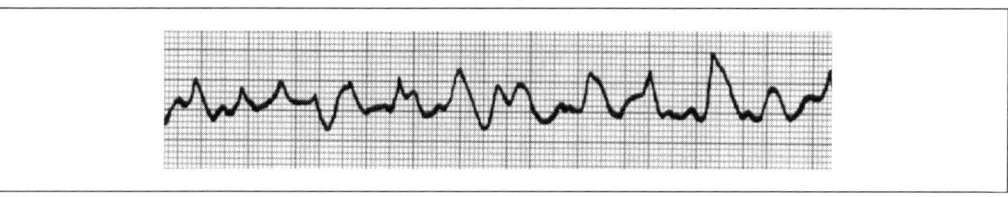

① 심장은 진동할 뿐 효과적으로 피를 뿜어내지 못하고 있다.
② 제세동이 1분 지연될 때마다 제세동의 성공 가능성은 7~10%씩 감소한다.
③ 맥박을 확인한 후 맥박이 촉지 되지 않는 환자에게 제세동을 실시해야 한다.
④ 심장마비 후 8분 안에 심장마비 환자의 약 1/2에서 나타난다.

해설 심실세동
① 심장마비 후 8분 안에 심장마비 환자의 약 1/2에서 나타난다.
② 이는 심장의 많은 다른 부위에서 불규칙한 전기적 자극으로 일어나며 심장은 진동할 뿐 효과적으로 피를 뿜어내지 못한다. 초기에 제세동을 실시하면 매우 효과적일 수 있다.
③ 심실세동에서 제세동이 1분 지연될 때마다 세세동의 성공 가능성은 7~10%씩 감소한다.

24 기도확보유지 장비에 관한 설명으로 옳은 것은?

① 입인두 기도기(OPA)의 크기는 입 중앙에서부터 귓볼까지이다.
② 후두튜브(LT)는 일회용이 아닌 멸균 재사용이 가능하다.
③ 아이겔(I-Gel)은 사이즈에 관계없이 충분한 양압환기가 가능하다.
④ 성인의 기관내삽관(Intubation) 시 환자 입의 중앙으로 후두경 날을 삽입한다.

해설 기도확보유지장비
① 후두튜브 : 일회용이 아닌 멸균재사용이 가능
② 입인두기도기 : 입 가장자리에서부터 귀볼까지(입 중심에서부터 하악각까지)
③ 아이겔 : 마스크에서 공기 누출이 큰 경우는 양압환기가 불충분해진다.
④ 기도내 삽관 : 환자 입의 우측으로 후두경 날을 삽입한다.

정답 23. ③ 24. ②

25 병원 전 뇌졸중 평가 도구 중 FAST에 해당하지 않는 질문은?

① 입꼬리가 올라가도록 웃어보세요.
② 눈을 감고 양손을 앞으로 올리고 10초간 멈춰보세요.
③ 올해 나이가 몇 살인지 말해보세요.
④ 이 문장을 따라 해보세요. 오늘은 화요일입니다

해설 의식이 있는 뇌졸중환자를 평가하는 방법
① F(face) : 입 꼬리가 올라가도록 웃으면서 따라서 웃도록 시킨다. 치아가 보이지 않거나 양쪽이 비대칭인 경우 비정상
② A(arm) : 눈을 감고 양 손을 동시에 앞으로 들어 올려 10초간 멈추도록 한다. 양손의 높이가 다르거나 한 손을 전혀 들어 올리지 못할 경우 비정상
③ S(speech) : 하나의 문장을 얘기하고 따라하도록 시킨다. 말이 느리거나 못한다면 비정상
④ T(time) : 시계가 있다면 몇 시인지 물어보고 없다면 낮인지 밤인지 물어본다.

정답 25. ③

CHAPTER 06 22년 소방교 승진시험 기출문제

01 다음과 관련된 화재의 특수현상으로 옳은 것은?

- 복도와 같은 통로공간에서 벽, 바닥 표면의 가연물에 화염이 급속하게 확산하는 현상을 묘사하는 용어이다.
- 1946년 12월 미국 애틀랜타(Atlanta)에 있는 와인코프호텔 로비 화재에서 가연성 벽을 따라 연소 확대가 어떻게 진행되는지 설명하는 데 처음 사용된 용어이다.

① 롤오버(Rollover)
② 플래임오버(Flamover)
③ 플래시오버(Flashover)
④ 백드래프트(Backdraft)

해설 플래임오버(Flamover)
① Flameover는 복도와 같은 통로공간에서 벽, 바닥 표면의 가연물에 화염이 급속하게 확산되는 현상을 묘사하는 용어이다.
② 벽, 바닥 또는 천장에 설치된 가연성 물질이 화재에 의해 가열되면, 전체 물질 표면을 갑자기 점화할 수 있는 연기와 가연성 가스가 만들어지고 이때 매우 빠른 속도로 화재가 확산된다.
③ Flameover 화재는 소방관들이 서있는 뒤쪽에 연소 확대가 일어나 고립되는 상황에 빠질 수 있다. 목재 벽과 강의실책상, 극장, 인테리어 장식용 벽, 그리고 가연성 코팅재질의 천장은 충분히 가열만 되면 Flameover를 만들 수 있다.
④ 출구를 따라 진행되는 화염확산은 특정 공간 내의 화염확산보다 치명적이다. 이와 같은 이유로 복도 내부 벽과 천장은 비 가연성 물질로 마감되어야 한다.
⑤ 종종 내화조 건물의 1층 계단실에서 발생한 작은 화재가 계단실에 칠해진 페인트(낙서를 지우기 위해 매년 덧칠해진 것)에 의해 Flameover 현상을 발생시켜 수십층 위에까지 확산되는 경우도 있다.
⑥ 통로나 출구를 따라 진행되는 화염 확산은 일반적인 구획 공간 내의 화염 확산보다 치명적이다. 이렇듯, 통로 내부 벽과 층계의 천장은 비 가연성의 불연재료로 이루어져야 한다.

02 소방활동 검토회의에 관한 설명으로 옳은 것은?

① 건물의 구조별 도시방법은 목조는 녹색, 방화조는 적색, 내화조는 황색으로 표시한다.
② 소방활동 검토회의는 화재발생일로부터 7일 이내에, 화재발생 소재지를 관할하는 소방본부 또는 소방서에서 개최한다.
③ 소방활동 검토회의에 필요한 소방활동도 작성 요령 중 출동대는 소방차의 위치 및 소방호스를 소정 기호로써 소대명을 붙여 제1출동대는 적색, 제2출동대는 청색, 제3출동대는 녹색, 응원대는 황색으로 구분 표시한다.
④ 소방활동 검토회의를 개최하였을 때에는 화재종합분석보고서, 소방활동 검토회의 진행 순서에 따라 각 항을 기록한 회의록 사본을 첨부하여 그 결과를 소방청장에게 30일 이내에 보고하여야 한다.

정답 01. ② 02. ③

[해설]
① 건물의 구조별 표시방법은 목조는 녹색, 방화조는 황색, 내화조는 적색으로 표시한다.
② 검토회의를 개최하였을 때에는 그 결과를 소방청장에게 즉시 보고하여야 한다.
③ 제1출동대는 적색, 제2출동대는 청색, 제3출동대는 녹색, 응원대는 황색
④ 검토회의는 화재발생일로부터 10일 이내에 개최한다.

03 안전도 등급에 따른 건물 유형의 붕괴 위험성 평가에 관한 설명이다. ( ) 안에 들어갈 내용으로 옳은 것은?

- 내화구조 건물의 붕괴 위험성은 콘크리트 (㉠)의 강도에 달려 있다.
- 준내화구조 건물의 붕괴 위험성은 철재구조의 (㉡) 붕괴 취약성에 달려 있다.
- 벽돌, 돌, 회반죽을 혼합한 인조석 등의 조적조 건물의 가장 위험한 붕괴요인은 (㉢)이 붕괴되는 것이다.
- 경량 목구조 건물의 가장 큰 붕괴 위험성은 (㉣) 붕괴이다.

	㉠	㉡	㉢	㉣
①	지붕	벽	바닥층	지붕
②	지붕	바닥	바닥층	벽
③	바닥층	벽	벽	지붕
④	바닥층	지붕	벽	벽

[해설] 붕괴위험성 평가 (벽, 골조, 바닥 층의 3가지 요소)

내화조	콘크리트 바닥 층의 강도 ○ 내부 바닥 층의 갈라짐, 휘어짐, 갈라진 콘크리트 틈새로 상승하는 불꽃과 연기를 발견했다면 이것은 붕괴 신호라는 것을 인식
준내화조	철재구조의 지붕 붕괴의 취약성 ○ 지붕위에 올라가 소방 활동을 하는 것은 극히 위험 ○ 안전한 배연방법으로 수평배연 기법이 필요
조적조	벽 붕괴 ○ 수직하중에는 강하지만 수평으로 주어진 하중은 벽체를 쉽게 무너지게 한다.
중량 목구조	지붕과 바닥 층을 지탱하는 트러스트 구조의 연결부분 ○ 건물 외부 코너 부분이 가장 안전한 곳
경량 목구조	벽 붕괴 ○ 3~4개의 벽체가 동시에 붕괴되는 유일한 건물 유형이므로 진압활동 중 진압대원들이 매몰될 가능성이 가장 높다.

[정답] 03. ④

04 재해예방대책을 실행하기 위한 사고예방대책의 기본원리 5단계를 순서대로 나열한 것은?

> 가. 경영자의 안전목표 설정, 안전관리자 선임, 안전라인 및 참모조직, 안전활동방침 및 계획수립, 조직을 통한 안전활동 전개 등 안전관리에서 가장 기본적인 활동은 안전관리 조직의 구성이다.
> 나. 사고원인 및 경향성 분석, 사고기록 및 관계자료 분석, 인적·물적 환경조건분석, 작업공정 분석, 교육훈련 및 직장배치 분석, 안전수칙 및 방호장비의 적부 분석 등을 통하여 사고의 직접 및 간접 원인을 찾아낸다.
> 다. 기술적 개선, 배치조정, 교육훈련의 개선, 안전행정의 개선, 규정 및 수칙 등 제도의 개선, 안전운동의 전개 등 효과적인 개선방법을 선정한다.
> 라. 각종 사고 및 활동기록의 검토, 작업 분석, 안전점검 및 검사, 사고조사, 안전회의 및 토의, 근로자의 제안 및 여론 조사 등에 의하여 불안전 요소를 발견한다.
> 마. 시정책은 3E, 즉 기술(Engineering), 교육(Education), 관리(Enforcement)를 완성함으로써 이루어진다.

① 가 → 나 → 다 → 라 → 마
② 가 → 다 → 라 → 나 → 마
③ 가 → 라 → 나 → 다 → 마
④ 가 → 라 → 다 → 나 → 마

[해설] 사고 예방대책의 기본원리 5단계

1단계 안전조직 (조직체계 확립)	경영자의 안전목표 설정, 안전관리자 선임, 안전라인 및 참모조직, 안전활동 방침 및 계획수립, 조직을 통한 안전활동 전개 등 안전관리에서 가장 기본적인 활동은 안전관리조직의 구성이다.
2단계 사실의 발견 (현황파악)	각종 사고 및 활동기록의 검토, 작업 분석, 안전점검 및 검사, 사고조사, 안전회의 및 토의, 근로자의 제안 및 여론 조사 등에 의하여 불안전 요소를 발견한다.
3단계 분석 평가 (원인 규명)	사고원인 및 경향성 분석, 사고기록 및 관계자료 분석, 인적·물적 환경조건 분석, 작업공정 분석, 교육훈련 및 직장배치 분석, 안전수칙 및 방호장비의 적부 분석 등을 통하여 사고의 직접 및 간접 원인을 찾아낸다.
4단계 시정방법의 선정 (대책 선정)	기술적 개선, 배치조정, 교육훈련의 개선, 안전행정의 개선, 규정 및 수칙 등 제도의 개선, 안전운동의 전개 등 효과적인 개선방법을 선정한다.
5단계 시정책의 적용 (목표달성)	시정책은 3E, 즉 기술(Engineering), 교육(Education), 관리(Enforcement)를 완성함으로써 이루어진다.

정답 04. ③

05 화재조사 및 보고규정에서 사용하는 관련 용어의 정의로 옳지 않은 것은?

① 감식 : 화재원인의 판정을 위하여 전문적인 지식, 기술 및 경험을 활용하여 주로 시각에 의한 종합적인 판단으로 구체적인 사실관계를 명확하게 규명하는 것
② 감정 : 화재와 관계되는 물건의 형상, 구조, 재질, 성분, 성질 등 이와 관련된 모든 현상에 대하여 과학적 방법에 의한 필요한 실험을 행하고 그 결과를 근거로 화재원인을 밝히는 자료를 얻는 것
③ 잔가율 : 피해물의 경제적 내용연수가 다한 경우 잔존하는 가치의 재구입비에 대한 비율
④ 손해율 : 피해물의 종류, 손상 상태 및 정도에 따라 피해액을 적정화시키는 일정한 비율

해설 "잔가율"이란 화재 당시에 피해물의 재구입비에 대한 현재가의 비율을 말한다.

06 다음에서 설명하는 소방펌프 조작 시 일어날 수 있는 현상은?

> 소방펌프 내부에서 흡입양정이 높거나 유속의 급변 또는 와류의 발생, 유로에서의 장애 등에 의해 압력이 국부적으로 포화증기압 이하로 내려가 기포가 발생한다.

① 공동현상(Cavitation)
② 서징현상(Surging)
③ 수격현상(Water hammer)
④ 에어록(Air-lock)

해설 캐비테이션(Cavitation, 공동현상)
소방펌프 내부에서 흡입양정이 높거나, 유속의 급변 또는 와류의 발생, 유로에서의 장애 등에 의해 압력이 국부적으로 포화증기압 이하로 내려가 기포가 발생되는 현상이 일어날 수 있는데, 이 현상을 캐비테이션(공동현상)이라 한다.
※ 캐비테이션 발생 시 조치사항
 - 흡수관측의 손실을 가능한 작게 한다.
 - 소방펌프 흡수량을 높이고, 소방펌프의 회전수를 낮춘다.
 - 동일한 회전수와 방수량에서는 방수밸브를 조절한다.
 - 흡수관의 스트레이너 등에 이물질이 있는 경우 이를 제거한다.

07 위험예지훈련 진행 사항 중 "위험예지훈련 2라운드"에 해당되는 것은?

① 당신이라면 어떻게 할 것인가?
② 어떠한 위험이 잠재하고 있는가?
③ 우리들은 이렇게 한다.
④ 이것이 위험의 요점이다.

정답 05. ③ 06. ① 07. ④

해설 위험예지훈련 진행사항

라운드	문제해결 라운드	위험예지훈련 라운드	위험예지훈련 진행방법
1R	위험사실을 파악 (현상파악)	'어떠한 위험이 잠재하고 있는가'	모두의 토론으로 그림 상황 속에 잠재한 위험요인을 발견한다.
2R	위험원인을 조사 (본질추구)	'이것이 위험의 요점이다'	발견된 위험요인 가운데 이것이 중요하다고 생각되는 위험을 파악하고 ○표, ◎표를 붙인다.
3R	대책을 세운다 (대책수립)	'당신이라면 어떻게 할 것인가'	◎표를 한 중요위험을 해결하기 위해서는 '어떻게 하면 좋은가'를 생각하여 구체적인 대책을 세운다.
4R	행동계획을 결정 (목표달성)	'우리들은 이렇게 한다'	대책 중 중점실시 항목에 ※표를 붙여 그것을 실천하기 위한 팀 행동 목표를 세운다.

08. 소방자동차의 포 혼합방식에 관한 설명이다. ( ) 안에 들어갈 내용으로 옳은 것은?

소방자동차에 적용되는 포 혼합방식은 주로 (㉠) 방식이 적용된다. 이 방식은 설치가 간단하고 비용이 저렴하다는 장점이 있지만 포 원액과 물이 혼합된 포수용액이 펌프 흡입측으로 주입되므로 포수용액 일부가 물탱크로 유입될 수 있다. 최근에는 포원액을 펌프 방수측 배관에 압입할 수 있는 별도 펌프를 장착하는 (㉡) 방식과 콤프레셔를 이용하여 에어를 토출측 배관에 주입하여 폼을 형성하는 CAFS시스템을 적용하기도 한다.

	㉠	㉡
①	펌프 프로포셔너	프레저 프로포셔너
②	펌프 프로포셔너	프레저 사이드 프로포셔너
③	라인 프로포셔너	프레저 프로포셔너
④	라인 프로포셔너	프레저 사이드 프로포셔너

해설 포 혼합방법

소방자동차에 적용되는 포 혼합방식은 주로 펌프프로포셔너 방식이 적용된다. 펌프프로포셔너 방식은 설치가 간단하고 비용이 저렴하다는 장점이 있지만 포 원액과 물이 혼합 된 포수용액이 펌프흡입측으로 주입되므로 포수용액 일부가 물탱크로 유입될 수 있다. 최근에는 포 원액을 펌프 방수측 배관에 압입할 수 있는 별도펌프를 장착하는 프레저사이드 프로포셔너 방식과, 콤프레셔를 이용하여 에어를 토출측 배관에 주입하여 폼을 형성하는 CAFS시스템을 적용하기도 한다.

정답 08. ②

09 펜슬링(Penciling) 주수기법에 관한 설명으로 옳지 않은 것은?

① 확실한 발디딤 장소를 확보하고 낮은 자세를 유지한다.
② 반동력이 작으므로 관창보조는 소방호스를 땅에 살짝 닿도록 들어서 잡아준다.
③ 관창수는 화점을 목표로 주수한다.
④ 관창의 개폐 장치를 열어 물줄기를 던지듯 끊어서 조작한다.

해설 펜슬링 주수요령
ⓐ 확실한 발 디딤 장소를 확보하고 낮은 자세를 유지한다.
ⓑ 관창수는 화점을 목표로 주수한다.
ⓒ 반동력이 크므로 관창보조는 소방호스를 땅에 살짝 닿도록 들어서 잡아준다.
ⓓ 관창의 노즐은 오른쪽 방향 끝에서 왼쪽으로 1/4바퀴 돌려 직사주수 형태로 사용한다.
ⓔ 관창의 개폐장치를 열어 물줄기를 던지듯 끊어서 조작한다.
ⓕ 구획실 내 화점이 여러 곳일 경우 펜슬링(화점), 펄싱주수(공간), 펜슬링 그리고 페인팅 기법을 반복하면서 주변공간을 냉각시키고 화재를 완전히 진압한다.

10 소방력의 3요소에 관한 설명으로 옳지 않은 것은?

① 소화전은 상수도와 연결하여 지하식 또는 지상식의 구조로 한다.
② 소방대원은 소방활동에 관한 지식, 기능을 몸으로 익힘과 동시에 체력의 향상과 정신력의 함양에 노력하여야 한다.
③ 「소방장비 분류 등에 관한 규정」상 화재진압장비는 소방호스류, 소방용펌프, 수중펌프 등이 있다.
④ 구조활동에 사용되는 장비 중 119 구조견은 탐색 구조장비에 속한다.

해설 기타 보조장비(차량이동기, 안전매트, 전선릴, 수중펌프, 드럼펌프, 양수기, 수손방지막)

11 인명검색 및 구조활동을 위한 의 화재현장 내부진입순서를 옳게 나열한 것은?

| 가. 화점실 나. 화점층 다. 인근실 라. 화점하층 마. 화점상층 |

① 가 → 다 → 나 → 라 → 마
② 가 → 다 → 나 → 마 → 라
③ 나 → 가 → 다 → 라 → 마
④ 나 → 가 → 다 → 마 → 라

해설 인명검색 내부진입 순서
• 출화건물, 주위건물 순으로 한다.
• 화점실, 인근실, 연소층, 화점상층, 화점하층의 순위로 한다.

정답 09. ② 10. ③ 11. ②

12. 나일론 로프의 신장률로 옳은 것은?

① 5~10 %   ② 10~15 %   ③ 15~20 %   ④ 20~34 %

[해설] 로프의 재질

Scale : Best = 1, Poorest = 8

종류 성능	마닐라삼	면	나일론	폴리에틸렌	H. Spectra® Polyethylene	폴리에스터	Kevlar® Aramid
비중	1.38	1.54	1.14	0.95	0.97	1.38	1.45
신장율	10~15%	5~10%	20~34%	10~15%	4% 이하	15~20%	2~4%
인장강도*	7	8	3	6	1	4	2
내충격력*	5	6	1	4	7	3	7
내열성	177℃ 탄화	149℃ 탄화	249℃ 용융	166℃ 용융	135℃ 용융	260℃ 용융	427℃ 탄화
내마모성*	4	8	3	6	1	2	5
전기저항	약	약	약	강	강	강	약
저항력 - 햇볕 - 부패 - 산 - 알칼리 - 오일, 가스	중 약 약 약 약	중 약 약 약 약	중 강 약 중 중	최약 강 중 중 중	중 강 강 강 강	강 강 중 약 약	중 강 약 중 중

13. 화학사고 발생 시 누출물질 처리방법 중 물리적 처리방법은?

① 유화처리   ② 중화   ③ 희석   ④ 응고

[해설] 물리적 처리방법

흡착	활성탄과 모래는 일반적으로 널리 사용되는 흡착제이다. 대부분의 화학물질을 사용하는 장소에는 기본적으로 활성탄이나 모래를 비치하고 있다.
덮기	고체, 특히 분말형태의 물질은 비닐이나 천 등으로 덮어서 확산을 방지한다. 휘발성이 약한 액체에도 적용할 수 있다.
희석	오염물질의 농도를 낮추어 위험성을 줄이는 방법이다. 가스가 누출된 장소에 신선한 공기를 불어넣거나 수용성 물질에 대량의 물을 투입하는 방법을 사용한다.
폐기	장비나 물품에 오염이 심각하여 제독이 곤란하거나 처리비용이 과도하게 소요되는 경우에는 해당 물품을 폐기한다.
밀폐, 격납	오염물질을 드럼통과 같은 밀폐 용기에 넣어 확산을 차단하는 방법이다.
세척, 제거	오염된 물질과 장비를 현장에서 세척, 제거한다. 제거된 물질은 밀폐 용기에 격납한다.
흡입	고형 오염물질은 진공청소기로 흡입, 청소하여 위험성을 줄일 수 있다. 일반 가정용 진공청소기는 미세분말을 통과시키기 때문에 분말 오염물질에는 적용할 수 없다. 정밀 제독을 위해서는 고효율미립자 필터를 사용한 전용 진공청소기를 사용한다.
증기확산	실내의 오염농도를 낮추기 위해 창문을 열고 환기시킨다. 고압송풍기를 이용하면 보다 효과적으로 오염물질을 분산시켜 빠른 시간에 농도를 낮출 수 있다.

[정답] 12. ④ 13. ③

14 다음에서 설명하는 수중탐색 방법은?

- 시야가 좋지 않으며, 탐색 면적이 좁고 수심이 깊을 때 활용하는 방법이다.
- 인원과 장비의 소요가 적은 반면 탐색할 수 있는 범위가 좁다.

① 반원 탐색　　　　　　　② 소용돌이 탐색
③ 원형 탐색　　　　　　　④ U자 탐색

해설 원형탐색
시야가 좋지 않으며 탐색면적이 좁고 수심이 깊을 때 활용하는 방법이다.
ⓐ 인원과 장비의 소요가 적은 반면 탐색할 수 있는 범위가 좁다.
ⓑ 탐색 구역의 중앙에서 구심점이 되어 줄을 잡고, 다른 한 사람이 줄의 반대쪽을 잡고 원을 그리며 한바퀴 돌면서 탐색한다.
ⓒ 출발점으로 한바퀴 돌아온 뒤에 중앙에 있는 사람이 줄을 조금 풀어서 더 큰 원을 그리며 탐색하는 방법을 반복한다. 물론 줄은 시야거리 만큼씩 늘려나간다.

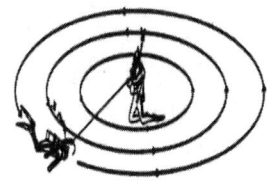

원형 탐색

15 구조장비 중 방사선 계측기에 관한 설명으로 옳은 것은?

① 개인선량계는 개인이 휴대하여 실시간으로 방사선율 및 선량 등을 측정하며 기준선량(률) 초과 시 경보하여 구조대원의 안전을 확보하기 위한 장비이다.
② 방사성 오염감시기는 일반적으로 선량률 값을 제공하지 않고 시간당 계수율 정보를 제공하며, 측정하고자 하는 물체 및 인원에 대한 방사성 오염 여부 판단용으로 사용된다.
③ 핵종 분석기는 방사능 오염이 예상되는 보행자 또는 차량을 탐지하여 피폭 여부를 검사하는 장비로서 주로 알파, 베타 방출 핵종의 유출 시 사용한다.
④ 방사선 측정기는 개인이 휴대하여 실시간으로 개인의 방사선 피폭량을 측정하기 위한 검출기로 필름뱃지, 열형광선량계, 포켓이온함 등이 있다.

해설 방사선 계측기
① **개인 선량계** : 개인이 휴대하여 실시간으로 개인의 방사선 피폭량을 측정
② **방사선 측정기** : 개인이 휴대하여 실시간으로 방사선율 및 선량 등 측정하며 기준선량(율) 초과시 경보하여 구조대원의 안전을 확보하기 위한 장비이다.
③ **방사능 오염감시기** : 일반적으로 선량률값을 제공하지 않고, 시간당 계수율 정보를 제공한다. 따라서, 측정하고 하는 물체 및 인원에 대한 방사성 오염여부 판단용으로 사용되며, 미치는 영향에 대해서는 추후 정밀검사가 필요하다.
④ **핵종분석기** : 개인이 휴대하여 실시간으로 방사선량 측정 및 핵종을 분석하는 장비로서 감마선 스펙트럼을 분석하여 감마 방사성 핵종의 종류 파악한다.

정답 14. ③　15. ②

16 건물 붕괴의 유형 중 2차 붕괴에 가장 취약한 형태의 붕괴는?

① 캔틸레버형 붕괴 ② 경사형 붕괴
③ 팬케이크형 붕괴 ④ V자형 붕괴

해설 캔틸레버형 붕괴
㉠ 각 붕괴의 유형 중에서 가장 안전하지 못하고 2차 붕괴에 가장 취약한 유형이다.
㉡ 건물에 가해지는 충격에 의하여 한쪽 벽판이나 지붕 조립부분이 무너져 내리고 다른 한 쪽은 원형을 그대로 유지하고 있는 형태의 붕괴를 말한다.
㉢ 이때 요구조자가 생존할 수 있는 장소는 각 층들이 지탱되고 있는 끝 부분 아래에 생존공간이 생길 가능성이 많다.

17 화재 현장에서는 와 같은 유독가스가 발생한다. ㉠~㉢에 들어갈 내용으로 옳은 것은?

종류	발생 조건	허용농도(TWA)
㉠	불완전 연소 시	50 ppm
아황산가스 (SO_2)	중질유, 고무, 황화합물 등의 연소 시	5 ppm
㉡	플라스틱, PVC 연소 시	5 ppm
시안화수소(HCN)	우레탄, 나일론, 폴리에틸렌 등의 연소 시	10 ppm
암모니아(NH_3)	열경화성 수지, 나일론 등의 연소 시	25 ppm
㉢	프레온 가스와 불꽃의 접촉 시	0.1 ppm

	㉠	㉡	㉢
①	일산화탄소(CO)	포스겐($COCl_2$)	염화수소(HCl)
②	염화수소(HCl)	포스겐($COCl_2$)	일산화탄소(CO)
③	일산화탄소(CO)	염화수소(HCl)	포스겐($COCl_2$)
④	염화수소(HCl)	일산화탄소(CO)	포스겐($COCl_2$)

해설 화재현장에서 발생하는 유독가스★

종류	발생조건	허용농도 (TWA)
일산화탄소(CO)	불완전 연소 시 발생	50ppm
아황산가스(SO_2)	중질유, 고무, 황화합물 등의 연소 시 발생	5ppm
염화수소(HCl)	플라스틱, PVC	5ppm
시안화수소(HCN)	우레탄, 나일론, 폴리에틸렌, 고무, 모직물 등의 연소	10ppm
암모니아(NH_3)	열경화성 수지, 나일론 등의 연소 시 발생	25ppm
포스겐($COCl_2$)	프레온 가스와 불꽃의 접촉	0.1ppm

정답 16. ① 17. ③

18 「119구조·구급에 관한 법률」 제30조 제1항을 위반하여 구조·구급활동이 필요한 위급상황을 거짓으로 알린 경우, 2회 위반 시 부과되는 과태료는? (단, 최근 1년간 같은 위반행위로 과태료를 부과받은 경우)

① 100만원
② 200만원
③ 300만원
④ 400만원

해설 과태료 개별기준

위반행위	근거법조문	과태료 금액(단위 : 만원)		
		1회 위반	2회 위반	3회 이상 위반
법 제4조제3항을 위반하여 구조·구급활동이 필요한 위급상황을 거짓으로 알린 경우	법 제30조 제1항	200	400	500

19 다음 중 명시적 동의를 구해야 하는 환자는?

① 손가락 골절을 당한 5세 환자
② 심실세동 리듬을 보이는 심정지 환자
③ 사탕을 먹다가 부분기도폐쇄 징후를 보이는 환자
④ 하늘을 날 수 있다고 믿는 망상장애 환자

해설 묵시적 동의의 예
① 미성년자에 대한 동의권은 부모나 후견인, 보호자
② 긴급한 응급상황이라면 묵시적 동의가 적용
③ 착란상태에 빠져 있거나 정신적 결함이 있는 환자

20 환자의 상태에 따라 처치자가 취해주어야 할 자세로 옳은 것은?

① 쇼크 환자 - 엎드린 자세
② 두부손상 환자 - 반 앉은 자세
③ 호흡곤란 환자 - 트렌델렌버그 자세
④ 척추손상이 의심되는 환자 - 바로누운 자세

정답 18. ④ 19. ③ 20. ④

해설 환자자세의 유형

구 분	환자자세	기대효과	자세유형
바로누운자세	얼굴을 위로 향하고 누운 자세	• 신체의 골격과 근육에 무리한 긴장을 주지 않는다.	
옆누운자세	좌우측면으로 누운 자세	• 혀의 이완 방지 • 분비물의 배출이 용이 • 질식방지에 효과적	
엎드린자세	얼굴을 아래로 향하고 누운 자세	• 의식이 없거나 구토환자의 경우 질식 방지에 효과적이다.	
트렌델렌버그자세	등을 바닥에 대고 누워, 침상다리 쪽을 45° 높여 머리가 낮고 다리가 높은 자세	• 중요한 장기로 혈액을 순환시켜 증상 악화방지 및 하지출혈을 감소시킨다.	
변형된 트렌델렌버그자세	머리와 가슴은 수평 되게 유지하고 다리를 45°로 올려주는 자세	• 정맥 귀환량을 증가시켜 심박출력을 강화하는 데 효과가 있기 때문에 쇼크자세로 사용된다.	
앉은자세	윗몸을 45~60° 세워서 앉은 자세	• 흉곽을 넓히고 폐의 울혈완화 및 가스교환이 용이하여 호흡상태 악화를 방지한다.	

21 기도확보유지 장비에 관한 설명으로 옳은 것은?

① 후두튜브(LT)는 일회용이 아닌 멸균 재사용이 가능하다.
② 입인두 기도기(OPA)의 크기는 입 중앙에서부터 귓불까지이다.
③ 아이겔(I-Gel)은 사이즈에 관계없이 충분한 양압환기가 가능하다.
④ 성인의 기관내삽관(Intubation) 시 환자 입의 중앙으로 후두경 날을 삽입한다.

해설 기도확보유지 장비
① 후두튜브 : 일회용이 아닌 멸균재사용이 가능
② 입인두기도기 : 입 가장자리에서부터 귀볼까지(입 중심에서부터 하악각까지)
③ 아이겔 : 마스크에서 공기 누출이 큰 경우는 양압환기가 불충분해진다.
④ 기도내 삽관 : 환자 입의 우측으로 후두경 날을 삽입한다.

정답 21. ①

22 위험물사고현장에서의 구급활동으로 옳은 것은?

① 제독텐트는 오염구역과 안전구역 사이에 설치한다.
② 정맥로 확보는 가급적 오염통제구역에서 실시한다.
③ 오염구역에서 발생한 응급환자에게는 척추고정을 적용하지 않는다.
④ 오염통제구역의 제독활동은 최대인원으로 구성하여 빠르게 진행한다.

[해설]
① 오염 통제구역은 오염구역과 안전구역 사이에 위치한다.
② 정맥로 확보 등과 같은 침습성 과정은 가급적 제독 후 안전구역에서 실시해야 한다.
③ 오염구역에서 빠른 환자 이동(단, 척추손상 환자 시 빠른 척추고정 적용)
④ 오염통제구역 구급활동은 훈련을 받은 최소인원으로 구성되어 제독활동을 진행한다.

23 환자이송 장비 중 들것에 관한 설명으로 옳은 것은?

① 접이식 들것은 X-선 투시가 가능하다.
② 바구니형 들것은 눈판 및 얼음 구조 시 유용하다.
③ 분리형 들것은 외상환자에게 이송용 들것으로 적합하다.
④ 가변형 들것은 다수 환자 발생 시 간이침상으로 적합하다.

[해설]
① 접이식(보조 들것)은 주 들것을 사용할 수 없는 장소에서 환자를 이동시킬 때 그리고 다수의 환자가 발생했을 때 사용된다.
② 바구니형 들것은 주로 고지대·저지대 구출용과 산악용, 눈판, 얼음 구조 시 사용되며 긴 척추고정판으로 환자를 고정한 후에 바스켓형에 환자를 결착시킨다.
③ 분리형 들것은 : 등 부분을 지지해 주지 못하기 때문에 척추손상환자의 경우는 사용해서는 안된다.
④ 가변형 들것은: 좁은 곳을 통과할 때 유용하며 천이나 유연물질로 만들어져 있으며, 척추 손상 의심 환자를 1인이 운반할 때에는 적절하지 않다.

24 전염질환의 전파 경로가 다른 것은?

① 옴
② 농가진
③ 뇌수막염
④ 대상포진

[해설] 전파경로

비말에 의한 전파	뇌수막염, 폐렴, 패혈증, 부비동염, 중이염, 백일해, 이하선염, 인플루엔자, 인두염, 풍진, 결핵, 코로나19
접촉에 의한 전파	소화기계, 호흡기계, 피부 또는 창상의 감염이나 다제내성균이 집락된 경우, 오랫동안 환경에서 생존하는 장 감염, 장출혈성 대장균(O157 : H7), 이질, A형 간염, 로타 바이러스, 피부감염 : 단순포진 바이러스, 농가진, 농양, 봉소염, 욕창, 이 기생충, 옴, 대상포진, 바이러스성 출혈성 결막염

정답 22. ① 23. ② 24. ③

25 순환계에 관한 설명으로 옳지 않은 것은?

① 순환계는 심장, 혈관, 혈액으로 구성된다.
② 허파정맥에는 정맥혈이 흐른다.
③ 대동맥, 모세혈관, 대정맥 중 대동맥이 산소가 가장 많은 혈관이다.
④ 순환계는 영양소와 산소를 온몸의 조직 세포에 운반하고, 조직 세포에서 생성된 이산화탄소와 노폐물을 폐와 콩팥으로 이동시킨다.

[해설] 순환계
① 순환계는 3가지 주요 요소(심장, 혈관, 혈액)로 구성되어 있으며 인체의 모든 부분에 혈액을 공급하는 기능을 갖고 있다.
② 혈액은 허파로부터의 산소, 소화기계로부터의 영양 그리고 세포의 생산·노폐물을 이송하는 역할을 하고 있다.
③ 오른심실에서 허파로 혈액을 이동시키는 허파동맥을 제외하고는 모든 동맥은 산소가 풍부한 혈액으로 되어 있다.
④ 혈액에 있는 산소와 영양 그리고 세포 생성물을 신체 구석구석 운반하는 역할을 하고 있다.

정답 25. ②

CHAPTER 07 21년 소방위 승진시험 복원문제

01 고층화재진압요령으로 아닌 것은?
① 화점층 및 화점상층의 인명구조 및 피난유도를 최우선으로 한다.
② 1차 경계범위는 당해 화재구역의 직하층으로 한다.
③ 발화층이 3층 이상인 경우에는 원칙적으로 연결송수관을 활용한다.
④ 진입대의 활동거점은 화점층의 특별피난계단 부속실에 확보하는 것을 원칙으로 한다.

02 재해예방대책에서 관리적 대책이 아닌 것은?
① 부적절한 태도시정
② 적합한 기준 설정
③ 관리자 및 지휘자의 솔선수범
④ 부단한 동기 부여와 사기 향상

03 붕괴취약부분에 대한 설명으로 맞는 것은?
① 내화구조 : 콘크리트 바닥 층의 강도
② 준 내화구조 : 벽 붕괴
③ 중량 목구조 : 철재구조의 지붕붕괴
④ 경량 목구조 : 지붕과 바닥 층을 지탱하는 트러스트 구조의 연결부분

04 재난사태 선포절차에 대한 설명으로 틀린 것은?
① 행정안전부장관이 직접 선포할 수는 있다.
② 중앙위원회 심의를 거쳐야 한다.
③ 재난이 추가적으로 발생 우려가 없어진 경우 중앙위원회 심의 후 해제하여야 한다.
④ 재난사태를 선포한 경우 지체 없이 중앙위원회 승인을 받아야 한다.

정답 01. ② 02. ① 03. ① 04. ③

05 재난현장 브리핑 절차에 대한 설명으로 틀린 것은 ?

① 브리핑 시점은 가급적 상황 발생 후 2시간 이내 실시
② 언론브리핑은 통제단장이 최우선으로 실시한다.
③ 환자분류, 이송 등 응급환자 관련 사항은 응급의료소장이 진행
④ 브리핑은 정기적으로 실시하고 차후 브리핑 시간 사전 예고

06 건물화재 시 연소 확산을 위한 가장 우선되는 배연순서는?

① 지붕가장자리 ② 상층창문
③ 지붕중앙 ④ 출입문

07 동적로프에 대한 설명으로 옳은 것은?

① 신장율이 5% 미만 정도로 하중을 받아도 잘 늘어나지 않는다.
② 마모 내구성이 강하고 파괴력에 견디는 힘이 높다.
③ 유연성이 낮아 조작이 불편하고 추락 시 하중이 그대로 전달되는 결점이 있다.
④ 산악구조 활동과 장비의 고정 등에 적합하다.

08 다음 GCS(그로스 고우 혼수척도) 점수가 옳은 것은?

가볍게 두드렸을 때 눈 못 뜸 1, 강한 자극에 웅얼거림 2, 고함소리에 눈뜸 3

09 소방자동차에 적용되는 포 혼합방식은?

① 펌프 프로포셔너 ② 프레져사이드 프로포셔너
③ 프레져 프로포셔너 ④ 라인 프로포셔너

정답 05. ② 06. ③ 07. ④ 08. 6점 09. ①

10 연결송수관 송수요령으로 틀린 것은?

① 송수계통이 2 이상일 때는 연합송수가 되므로 송수구 부분의 송수압력이 같아지도록 펌프를 운용한다.
② 송수압력은 3층 이하는 0.5Mpa, 5층 이상은 1.5Mpa를 원칙으로 한다.
③ 뒤에서 송수하는 펌프차대는 약 10%정도 높은 압력으로 송수한다.
④ 송수는 단독 펌프차대의 2구 송수를 원칙으로 한다.

11 공기호흡기 유지관리사항에 대한 설명으로 틀린 것은?

① 용기를 90일 이상 보관할 때는 항상 비워서 보관한다.
② 고압조정기와 경보기 부분은 분해조정 하지 않는다.
③ 공기의 누설을 점검할 때는 개폐밸브를 서서히 열어 압력계 지침이 가장 높이 상승하는 것을 기다려 개폐밸브를 잠근다.
④ 용기는 고온 직사광선을 피하여 보관, 충격을 받지 않도록 조심스럽게 다룬다.

12 다음은 소방차량의 안전수칙에 대한 내용으로 옳지 않은 것은?

① 고가차 장비 설치 시 전, 후, 좌, 우 최대 5도 이상 기울이지 않는다.
② 굴절붐 장비 설치 시 전, 후, 좌, 우 최대 5도 이상 기울이지 않는다.
③ 주차 시에는 주차 브레이크를 체결하고 고임목으로 차량을 고정시킨다.
④ 고가 및 굴절 사다리차는 일반적으로 무게중심이 아래에 있다.

13 신생아 처치요령에 대한 설명으로 틀린 것은?

① 구형흡입기로 우선 입을 흡인하고 그 다음에 코를 흡인한다.
② 입과 코 주변의 분비물은 소독된 거즈로 닦아낸다.
③ 호흡이 있으나 팔다리에 약간의 청색증이 있다면 그냥 두도록 한다.
④ 자발적으로 호흡이 없으면 발바닥을 치켜들고 손바닥으로 치도록 한다.

정답 10. ② 11. ① 12. ④ 13. ④

14 특수현상 징후로써 다음 내용과 관계 깊은 것은?

누출된 인화성액체가 고여 있는 곳이나 위험물 탱크에서 화재가 발생한 상황

① 풀 파이어(Pool fire) ② 플래임오버(Flameover)
③ 롤오버(Rollover) ④ 보일오버(boil over)

15 아세톤 냄새가 나는 환자에 대한 처치와 관계있는 것은?

① 인슐린 주사를 맞은 후 음식물 섭취를 하지 못한 경우
② 인슐린 복용 후 음식물을 토한 경우
③ 평소보다 힘든 운동이나 작업을 했을 경우
④ 인슐린과 구강용 혈당저하제투여

16 다음 설명 중 틀린 것은?

① 화학보호복은 유독물질에 장시간 노출되어 오염되었을 경우에는 폐기를 권장한다.
② 미지근한 물에 중성 세제를 알맞게 풀어 로프를 충분히 적시고 흔들어 모래나 먼지가 빠져나가도록 한다.
③ 로프는 그늘지고 통풍이 잘되는 곳에 보관하도록 한다.
④ 로프를 사리고 끝처리로 너무 단단히 묶어두지 않도록 한다.

17 구조대원이 갇혔거나 길을 잃은 경우에 행동요령으로 틀린 것은?

① 혼자서 탈출해야 하는 경우 가장 손쉬운 방법은 호스를 따라서 나가는 것이다.
② 커플링의 결합부위를 찾아서 암 커플링이 향하는 쪽으로 기어 나간다.
③ 의식이 흐려지면 랜턴이 천장을 비추도록 놓고 출입문 가운데나 벽에 누워서 발견되기 쉽게 한다.
④ 구조대원은 벽을 따라서 진입하기 때문에 벽 주변에 있으면 발견이 용이하다.

정답 14. ① 15. ④ 16. ① 17. ②

18 START 중증도 분류법에 대한 설명으로 바르지 못한 것은?

   의식이 명료하고, 호흡수 27회/분 이하, 맥박 미약함

   ① 긴급   ② 응급
   ③ 지연   ④ 비 응급

19 감염노출 후 처치자가 실시해야 할 사항으로 잘못된 것은?
   ① 피부에 상처가 난 경우는 즉시 찔리거나 베인 부위의 피를 막고 소독제를 바른다.
   ② 필요한 처치 및 검사를 48시간 이내에 받을 수 있도록 한다.
   ③ 기관의 감염노출 관리 과정에 따라 보고하고 적절한 조치를 받는다.
   ④ 점막이나 눈에 환자의 혈액이나 체액이 노출된 경우는 노출부위를 흐르는 물이나 식염수로 세척하도록 한다.

20 GHS 인화성 표시로 틀린 것은?

21 화재전술 특징 설명으로 옳은 것은?

   호스연장 시 호스를 화재 건물과 가까이 두고 연장하지 않도록 하는 것은 화재건물의 낙하물체나 고열의 복사열에 의한 호스손상을 방지하여 결과적으로 진압활동이나 인명구조시 엄호주수가 완전히 이루어질 수 있도록 하기 위한 것이다.

   ① 일체성   ② 특이성
   ③ 양면성   ④ 반복성

정답 18. ②   19. ①   20. 그림   21. ①

22 건물동수 산정으로 맞는 것은?

① 건널 복도 등으로 2 이상의 동에 연결되어 있는 것은 그 부분을 절반으로 분리하여 각동으로 본다.
② 독립된 건물과 건물 사이에 차광막, 비막이 등의 덮개를 설치하고 그 밑을 통로 등으로 사용하는 경우는 같은 동으로 한다.
③ 구조에 관계없이 지붕 및 실이 하나로 연결되어 있는 것은 다른 동으로 본다.
④ 목조 또는 내화조 건물의 경우 격벽으로 방화구획이 되어 있는 경우도 다른 동으로 한다.

23 가연물질의 구비조건으로 잘못된 것은?

① 연쇄반응을 일으킬 수 있는 물질이어야 한다.
② 산소와 결합할 때 발열량이 커야 한다.
③ 표면적이 적은 물질이어야 한다.
④ 열전도의 값이 커야 한다.

24 다음 내용과 관계 깊은 것은?

① 관절을 지지하거나 둘러싼 ( )의 파열이나 비정상적인 잡아당김으로 발생한다.
② 먼 쪽 청색증이나 맥박 촉지가 안 될 때에는 부드럽게 손으로 ( )하여 관절을 재 정렬한다.
③ 긴 척추고정판에 환자를 고정하고, PMS(팔다리의 순환, ( ), ( )을 확인한다.

※ 인대, 견인, 운동, 감각기능(PMS)

25 구급활동일지 다음 설명 중 맞는 것은?

① 감염성 질병에 걸린 요구조자와 접촉한 경우에는 그 사실을 안 때부터 72시간 이내에 소방청장 등에게 보고하여야 한다
② 구급활동 상황기록은 소속 소방관서에 3년간 보관한다.
③ 구조거절 확인서를 작성하여 소방청장에게 보고한다.
④ 소방센터별로 119감염관리실을 1개소 이상 설치하여야 한다.

정답 22. ① 23. ④ 24. 25. ②

CHAPTER 08 21년 소방장 승진시험 복원문제

01 화재초기 열이 물체를 통하여 전달되는 현상은?
① 전도 ② 대류
③ 복사 ④ 비화

02 화재전술 특징 설명으로 옳은 것은?

> 호스연장 시 호스를 화재 건물과 가까이 두고 연장하지 않도록 하는 것은 화재건물의 낙하물체나 고열의 복사열에 의한 호스손상을 방지하여 결과적으로 진압활동이나 인명구조시 엄호주수가 완전히 이루어질 수 있도록 하기 위한 것이다.

① 일체성 ② 특이성
③ 양면성 ④ 반복성

03 START 분류법에서 응급환자에 대한 설명으로 옳은 것은?
① 의식 장애, 호흡수 30회/분 이상, 노뼈동맥 촉진 가능
② 의식 장애, 호흡수 30회/분 이상, 노뼈동맥 촉진 불가능
③ 의식 명료, 호흡수 30회/분 이하, 노뼈동맥 촉진 가능
④ 기도 개방 후에도 무호흡, 무맥

04 용어 설명으로 옳은 것은?
① 소독 : 물리적, 화학적 과정을 통하여 모든 미생물을 완전하게 제거하고 파괴시키는 것
② 살균 : 미생물 중 병원성 미생물을 사멸시키기 위한 물질을 말한다.
③ 멸균 : 생물체가 아닌 환경으로부터 세균의 아포를 제외한 미생물을 제거하는 과정이다.
④ 세척 : 진균과 박테리아의 아포를 포함한 모든 형태의 미생물을 파괴하는 것

정답 01. ① 02. ① 03. ③ 04. ②

05 산소중독 증상으로 옳지 않은 것은?
① 산소 최소 한계량, 최대 허용량은 산소 함유량과 관계없고 산소 부분압과 관계있다.
② 현기증, 호흡곤란, 발작, 멀미, 근육경련 증상 나타남
③ 산소 부분압이 0.16 기압 이하가 되면 저산소증이 발생하고 산소 분압이 1.4~1.8 기압이 될 때 나타난다.
④ 산소의 부분압이 0.6 대기압 이상인 공기를 장시간 호흡할 경우 중독되는데 부분압이이보다 더 높으면 중독이 더 빨리된다.

06 소방자동차 운용에 대한 설명으로 틀린 것은?
① 화점 위치에서 가까운 곳, 화염에서 안전한 곳에 차량을 부서한다.
② 주차 브레이크를 확실히 체결한 후 고임목을 타이어 앞, 뒤로 확실하게 고정한다.
③ 엔진 오일과 P.T.O오일의 온도를 90℃ 이하로 유지하기 위하여 냉각수 밸브를 개방하여 열을 식혀준다.
④ 동절기 방수 후에는 체크밸브를 이용 소방펌프에 부동액을 채워 동파방지 한다.

07 유류화재 중 탱크가 파열되고 가장 위험성이 큰 것은?
① 후로스오버　　② 보일오버
③ 오일오버　　　④ 슬롭오버

08 다음 중 화상환자에 대한 성인의 중증도 분류에서 "중증"이 아닌 것은?
① 흡인화상이나 골절을 동반한 화상
② 체표면적 10% 이상의 3도 화상인 모든 환자
③ 체표면적 25% 이상의 2도 화상인 10세 이상 50세 이하의 환자
④ 2체표면적 15% 이상, 25% 미만의 2도 화상인 10세 이상 50세 이하의 환자

정답　05. ③　06. ④　07. ③　08. ④

09 공기포에 대한 설명으로 옳지 않은 것은?

① 산성액과 알칼리성액의 화학 반응에 의해 발생되는 탄산가스를 핵으로 한 포이다.
② 물과 약제의 혼합액의 흐름에 공기를 불어 넣어서 발생시킨 포이다.
③ 기계적으로 발생시켰기 때문에 기계포(mechanical foam)라고도 부른다.
④ 기계포는 팽창비에 따라 저팽창포, 중팽창포, 고팽창포로 나눌 수 있다.

10 다음설명 중 옳지 않은 것은?

① 윈치 등을 이용하여 로프를 설치하는 경우 로프의 인장력을 초과하여 당기기 쉬우므로 사용하지 말아야 한다.
② 산소결핍 여부를 측정할 때는 반드시 공기호흡기를 장착하고 맨홀 등의 주변에서 개구부를 향하여 순차적으로 행한다.
③ 운항 중에는 횡파를 받아 전복할 우려가 있으므로 파도와 직각으로 부딪히지 않도록 항해에 주의한다.
④ 잠수대원은 질병 또는 피로 등 신체적 정신적 이상이 있을 때는 잠수하지 않는다.

11 3D 주수기법에 대한 설명으로 옳은 것은?

> 연소 가연물에 직접 주수하여 화재 진압을 하는 방법을 말한다.

① 펄싱 ② 페인팅
③ 펜슬링 ④ 미디움펄싱

12 다음 GCS(그로스 고우 혼수척도) 점수가 옳은 것은?

> 가볍게 두드렸을 때 눈 못 뜸 1, 강한 자극에 웅얼거림 2, 고함소리에 눈뜸 3

정답 09. ① 10. ① 11. ③ 12. 6점

13 혈관계, 순환계 설명으로 옳은 것은?
① 들숨은 수동적인 과정으로 가로막과 늑간근이 이완된다.
② 소아는 비강호흡을 하고 호흡수는 15~30회다.
③ 혈압이 낮으면 충분한 혈액을 공급받지 못해 조직은 손상을 받는다.
④ 혈압은 좌심실의 피를 뿜어낼 때 올라가고 이를 이완 기압이라 한다.

14 연소생성물 옳은 것은?

> 질소성분을 가지고 있는 합성수지, 동물의 털, 인조견 등의 섬유가 불완전 연소할 때 발생하는 맹독성 가스로 0.3%의 농도에서 즉시 사망할 수 있다.

① $COCl_2$
② SO_2
③ HCl
④ NH_3

15 내부에서의 화점확인방법에 대한 설명으로 아닌 것은?
① 연기가 있는 최하층을 확인한다.
② 연기는 화점에서 멀수록 농도는 진하고 유동은 빠르다.
③ 문 개방 시 벽이나 창, 상층의 바닥에 온도변화를 확인할 때는 바닥에 손을 접촉한다.
④ 옥내외 연기가 있는 경우는 공조설비 등을 즉시 중지시킨다.

16 산화성고체 표지판으로 옳은것은?

정답 13. ① 14. ① 15. ② 16. 그림

17 지하화재 시 소화방법으로 틀린 것은?

① 소화는 분무, 직사 또는 포그 방수로 한다.
② 농연열기가 충만하여 진입이 곤란한 경우에는 상층부 바닥을 파괴한다.
③ 진입구와 배기구를 구분하여 배기구 측에서 고발포를 방사하여 질식 소화한다.
④ 공기의 유입이 적기 때문에 연소가 완만하지만 시간이 경과함에 따라 복잡한 연소상태를 나타낸다.

18 구조활동에 대한 설명으로 옳은 것은?

① 출동경로를 최단거리로 한다.
② 출동 중 필요 시 응원요청을 한다.
③ 명령의 통일성을 유지하기 위해 자의적인 단독행동은 필요하다.
④ 내부에 가스렌지를 켜놓은 단순 문개방 구조는 구조 거절을 할 수 있다.

19 에어백 설명으로 옳은 것은?

① 소형 에어백과 대형 에어백을 겹쳐서 사용하여도 최대 부양능력이 소형 에어백의 능력을 초과하지 못한다.
② 2개의 에어백을 겹쳐 사용하면 능력이 증가한다.
③ 부양되는 물체가 쓰러질 위험이 없기 때문에 3개 이상 겹쳐서 사용가능하다.
④ 에어백은 단단하고 평탄한 곳에 설치하고 날카롭거나 고온인 물체(100℃ 이상)도 안전하다.

20 현장지휘관의 책임완수를 위해 요구되는 행동능력으로서 틀린 것은?

① 행동개시 후에는 즉시 관리자의 역할로 복귀
② 중간점관리 및 부족자원 관리
③ 가정과 사실을 구별하지 않는다.
④ 고독한 방랑자의 관리

정답 17. ③   18. ②   19. ①   20. ③

21 다음 구조장비 사용에 대한 설명으로 옳은 것은?
   ① 동적로프는 정적로프보다 추락 시 충격이 더 크다
   ② 슬링은 같은 굵기 로프보다 강도가 우수하고 등반, 하강 시 자기 확보용으로 사용한다.
   ③ 안전벨트는 10년 지났어도 외관상 이상 없거나 박음질 부분 뜯어졌다면 교체하여 사용한다.
   ④ z자형 도르래로 240kg 무게를 들어 올릴 때 필요한 힘은 80kg이다.

22 다음은 감염관리에 대한 설명으로 옳은 것은?
   ① 신규채용 시 적절한 예방접종을 받을 수 있도록 조치한다.
   ② 매년 1회씩 모든 응급구조사를 대상으로 건강검사를 실시한다.
   ③ 결핵피부반응 검사는 2회/년 이상 실시해야 한다.
   ④ 감염노출 후 필요한 처치 및 거사를 12시간 이내에 받을 수 있도록 조치한다.

23 농연 내 진입요령 중 옳은 것은?
   ① 2개 이상의 계단통로가 있고 급기계단, 배기계단으로 나뉘어 있을 때는 연기가 적은배기계단으로 진입한다.
   ② 불꽃이 보이는 실내에서는 중성대가 형성되고 있는 경우가 많기 때문에 방수 전에 신속하게 연소범위를 확인한다.
   ③ 연소실 내에 진입하는 경우는 벽 부분에 직사방수를 하면서 낙하물이나 도괴물을 제거 후 진입 한다.
   ④ 관창 팀은 직사주수로 전방 팀을 보호한다.

24 화재원인조사가 아닌 것은?
   ① 화재지점   ② 통보 및 초기소화   ③ 열에 의한 탄화   ④ 방화시설의 활용

25 유압식전개기 사용방법으로 틀린 것은?
   ① 전개기의 손잡이를 잡고 사용할 장소까지 옮겨 팁을 벌리고자 하는 부분에 찔러 넣는다.
   ② 전개기 후면의 밸브를 조작하면 전개기가 작동된다.
   ③ 사용 후에는 전개기의 팁을 틈새 없이 완전히 닫아두도록 한다.
   ④ 유압장비는 수중에서도 사용 가능하다.

정답 21. ④ 22. ① 23. ② 24. ③ 25. ③

CHAPTER 09 21년 소방교 승진시험 복원문제

01 화재조사에 대한 설명으로 틀린 것은?

① 2곳에서 화재 발생 시 화재가 발생한 지역을 관할하는 소방서에서 1건으로 한다.
② 주요구조부가 하나로 연결되어 있는 것은 같은 동으로 한다.
③ 화재가 복합되어 발생한 경우에는 화재의 구분을 화재피해액이 많은 것으로 한다.
④ 화재소실면적 산정은 연면적으로 한다.

02 화재초기 열이 물체를 통하여 전달되는 현상은?

① 전도　　　　　　　　② 대류
③ 복사　　　　　　　　④ 비화

03 다음 중 제거소화로 볼 수 없는 것은?

① 도로에 방화선 구축한다.
② 가연성가스 공급중단
③ 창고 내부 화재 시 문을 닫고 산소를 차단한다.
④ 전기화재 전원차단

04 현장지휘관의 책임완수를 위해 요구되는 행동능력으로서 틀린 것은?

① 행동개시 후에는 즉시 관리자의 역할로 복귀
② 중간점관리 및 부족자원 관리
③ 가정과 사실을 구별하지 않는다.
④ 고독한 방랑자의 관리

정답 01. ④　02. ①　03. ③　04. ③

05 소방호스 지지·결속에 대한 설명으로 틀린 것은?

① 5층 이상인 경우 진입층 및 중간층에 결속한다.
② 로프를 매달아 고정할 때는 로프 신장율이 크므로 로프 길이는 짧게 한다.
③ 소방호스의 지지점은 결합부의 바로 밑이 가장 효과적이다.
④ 소방호스에 로프로 걸어 매기를 하는 것이 효과적이며 원칙으로 2본에 1개소를 고정한다.

06 백화점 화재의 화점실 진입방법으로 틀린 것은?

① 방수는 급기측, 배기측으로 구분하고 배기측으로 진입하는 것을 원칙으로 한다
② 불꽃이 보이면 중성대가 형성되어 있으니 신속히 연소범위를 파악한다.
③ 방수는 화점을 정확하게 확인하여 직접방수를 하고 수손방지에 노력한다.
④ 낙하물은 직사방수로 떨어뜨려 안전을 확보한다.

07 3D 주수기법에 대한 설명으로 다음 내용과 관계있는 것은?

> 연소 가연물에 직접 주수하여 화재 진압을 하는 방법을 말한다.

① 펄싱　　　　　　　　② 페인팅
③ 펜슬링　　　　　　　④ 미디움펄싱

08 지하실 화재 소화방법으로 틀린 것은?

① 소화는 분무, 직사 또는 포그 방수로 한다.
② 농연열기가 충만하여 진입이 곤란한 경우에는 상층부 바닥을 파괴한다.
③ 진입구와 배기구를 구분하여 배기구 측에서 고발포를 방사하여 질식소화한다.
④ 공기의 유입이 적기 때문에 연소가 완만하지만 시간이 경과함에 따라 복잡한 연소상태를 나타낸다.

09 유류화재 중 탱크가 파열되고 가장 위험성이 큰 것은?

① 후로스오버　　　　　② 보일오버
③ 오일오버　　　　　　④ 슬롭오버

정답　05. ④　06. ①　07. ③　08. ③　09. ③

10 cavitation 발생 시 조치사항으로 틀린 것은?

① 흡수관 측 손실을 가장 작게 한다.
② 동일한 회전수와 방수량에서는 방수밸브를 조절한다.
③ 소방펌프 흡수량을 줄이고, 소방펌프의 회전수를 높인다.
④ 흡수관의 스트레이너 등에 이물질이 있는 경우 이를 제거한다.

11 소방안전관리 특성으로 무엇에 대한 설명인가?

> 호스연장 시 호스를 화재 건물과 가까이 두고 연장하지 않도록 하는 것은 화재건물의 낙하물체나 고열의 복사열에 의한 호스손상을 방지하여 결과적으로 진압활동이나 인명구조시 엄호주수가 완전히 이루어질 수 있도록 하기 위한 것이다.

① 일체성   ② 특이성
③ 양면성   ④ 반복성

12 구조활동에 대한 설명으로 옳은 것은?

① 출동경로를 최단거리로 한다.
② 출동 중 필요 시 응원요청을 한다.
③ 명령의 통일성을 유지하기 위해 자의적인 단독행동은 필요하다.
④ 내부에 가스렌지를 켜놓은 단순 문 개방 구조는 구조 거절을 할 수 있다.

13 엔진동력장비 조작으로 틀린 것은?

① 2행정은 오일량이 많으면 매연이 심하다.
② 4행정은 연료와 엔진오일을 별도로 주입한다.
③ 고속회전의 장비를 다룰 때는 면장갑을 착용한다.
④ 장비는 견고한 바닥에 설치하고 확실히 고정하여 움직임을 방지한다.

정답 10. ③   11. ①   12. ②   13. ③

14 매듭 종류 다른 것은?

① 두겹매듭 ② 두겹팔자매듭
③ 두겹고정매듭 ④ 이중팔자매듭

15 잠수병 종류로써 "공기색전증"에 대한 설명은?

① 후유증이 없기 때문에 질소마취에 걸렸다 하더라도 수심이 얕은 곳으로 올라오면 정신이 다시 맑아진다.
② 인체의 산소 사용 가능 범위는 약 0.16기압에서 1.6기압 범위이다.
③ 호흡이 가빠지고 숨이 차며 안면 충혈과 심할 경우 실신하기도 한다.
④ 압력이 높은 해저에서 압력이 낮은 수면으로 상승할 때 호흡을 멈추고 있으면 폐의증세 조직이 파괴된다.

16 붕괴사고현장 구조의 4단계로 옳은 것은?

※ 신속한구조 – 정찰 – 부분잔해 제거 – 일반잔해 제거

17 다음 설명하는 것은 무엇인가?

환자에게 적절한 치료를 계속 제공하지 못한 것

① 태만 ② 유기
③ 면책 ④ 거절

18 혈관계, 순환계 설명으로 옳은 것은?

① 들숨은 수동적인 과정으로 가로막과 늑간근이 이완된다.
② 소아는 비강호흡을 하고 호흡수는 15~30회다.
③ 혈압이 낮으면 충분한 혈액을 공급받지 못해 조직은 손상을 받는다.
④ 혈압은 좌심실의 피를 뿜어낼 때 올라가고 이를 이완 기압이라 한다.

정답 14. ① 15. ⑤ 16. 17. ② 18. ①

19. 구급차 현장도착 시 배치요령으로 틀린 것은?
   ① 차량의 진행방향과 마주보는 경우 경광등과 전조등은 끄고 비상등만 켠다.
   ② 유독가스가 누출되는 경우 바람을 등진 방향에 위치시킨다.
   ③ 전선이 끊어지면 전봇대와 전봇대 사이를 반원으로 하는 외곽에 부서한다.
   ④ 유류적재 차량일 경우 700m 거리에 주차한다.

20. 다음 설명은 무엇을 설명하는 것인가?

   > 입과 코를 동시에 덮어주는 산소공급기구로 작은 구멍의 배출구와 산소가 유입되는 관 및 얼굴에 고정시키는 끈으로 구성되어 있다. 6~10L의 유량으로 흡입 산소농도를 35~60%까지 증가시킬 수 있다.

   ① 비재호흡마스크   ② 단순얼굴마스크
   ③ 벤트리마스크   ④ 코삽입관

21. 위험예지훈련 시트 작성의 유의사항으로 옳은 것은?
   ① 한 장의 시트에 여러 가지 상황을 기입할 것
   ② 아주 자세한 부분까지 그려넣지 말 것
   ③ 밝은 분위기가 아닌 어두운 분위기로 그려지는 것이 좋다.
   ④ 대원의 사고사례가 작은 상황 위주로 선정한다.

22. 신체역학적 들어올리기와 잡기에 대한 내용으로 틀린 것은?
   ① 다리를 약간 벌리고 발끝을 밖으로 향하게 한다.
   ② 들어 올릴 때 등을 일직선으로 유지하고 다리, 허리 근육을 이용한다.
   ③ 물체를 가능한 한 몸 가까이 붙여야 한다.
   ④ 양손은 약 20~30cm 떨어져 손바닥과 손가락으로 손잡이 부분을 충분히 감싼다.

정답 19. ② 20. ② 21 ② 22. ②

23 항공기 환자이송에 대한 설명으로 틀린 것은?

① 사상자를 항공편으로 후송해야 하는 경우 조종사들은 가능한 한 지표가까이 비행하여야 한다.
② MAST를 착용한 환자는 수시로 압력계를 확인하고 압력을 적정한 수준으로 조절하여야 한다.
③ 육상에서 순환기 질병을 가진 환자들은 고도 증가에 따라 추가적인 질병을 얻게 된다.
④ 기흉, 흉통환자는 가능한 헬기를 이용해 신속히 이송하는 것이 좋다.

24 다음은 응급처치의 정의로써 ( )안에 들어갈 내용은?

> 응급의료행위의 하나로서 응급환자의 (　　)를 확보하고 (　　)의 회복, 그 밖에 (　　)의 위험이나 (　　)의 현저한 악화를 방지하기 위하여 긴급히 필요로 하는 처치

25 소방자동차 운용에 대한 설명으로 틀린 것은?

① 화점 위치에서 가까운 곳, 화염에서 안전한 곳에 차량을 부서한다.
② 주차 브레이크를 확실히 체결한 후 고임목을 타이어 앞, 뒤로 확실하게 고정한다.
③ 엔진 오일과 P.T.O오일의 온도를 90℃ 이하로 유지하기 위하여 냉각수 밸브를 개방하여 열을 식혀 준다.
④ 동절기 방수 후에는 체크밸브를 이용 소방펌프에 부동액을 채워 동파방지 한다.

정답 23. ④ 24. 기도, 심장박동, 생명, 증상 25. ④

CHAPTER 10 20년 소방위 승진시험 복원문제

01 둔위분만 응급처치 요령으로 옳은 것은?

① 즉각적으로 이송한다.
② 저농도 산소를 공급한다.
③ 골반과 머리를 높인다.
④ 다리를 잡아당기는 등의 분만을 시도한다.

02 잠수표의 원리에 대한 설명으로 "할덴의 이론"과 관계있는 것은?

① 압력 하의 기체가 액체 속으로 용해되는 법칙을 설명하는 것이다.
② 압력이 2배가 되면 2배의 기체가 용해된다는 개념이다.
③ 스쿠버 다이빙 때에 그 압력 하에서 호흡하는 공기 중의 질소가 체내조직에 유입되는 과정과 관계가 있다.
④ 용해되는 압력이 다시 환원되는 압력의 2배를 넘지 않는 한 신체는 감압병으로부터 안전하다.

03 지휘권 확립 8단계 필수적 행동요소 순서는?

지휘권 이양받기 – 지휘소 설치 – 기존의 상황평가 정보 얻기 – 주기적 상황평가 – 1.2차 검색 – 완진 선언 – 현장조사 – 검토회의 주재

04 분무주수에 대한 설명으로 옳은?

① 저속분무주수는 관창 뒤 2m 정도에 여유소방호스를 직경 1.5m 정도의 원이 되도록 하면 반동력은 약 1Mpa로 줄게 된다.
② 중속분무주수는 노즐압력 0.6Mpa 이상, 전개각도 10~30°이상으로 한다.
③ 중속분무주수는 옥내 및 풍상에 유효하며 내부 주수 시 관창가까이 얼굴을 접근 시킨다.
④ 간접공격에 가장 적합한 주수방법은 중속분무다.
  거리를 확보할 필요가 있다.

정답 01. ① 02. ④ 03. 04. ②

05 현장안전점검관의 역할 아닌 것은?

① 경계구역 및 안전거리 설정
② 위험요소 인지 시 지휘관 및 대원에게 전파
③ 감전, 유독가스, 낙하물, 붕괴, 전락 등 위험요소에 대한 안전평가 실시
④ 현장투입 대원의 개인안전장비 착용사항 점검 후 안전조치

06 구조 활동의 순위에서 첫 번째 사항은?

① 요구조자의 구명에 필요한 조치를 취한다.
② 2차 재해의 발생위험을 제거한다.
③ 요구조자의 상태 악화 방지에 필요한 조치를 취한다.
④ 현장활동에 방해되는 각종 장해요인을 제거한다.

07 만성폐쇄성폐질환(COPD)환자 에게 적응성이 있는 것은?

① 백-밸브마스크
② 비재호흡마스크
③ 포켓마스크
④ 벤트리마스크

08 화상환자에 대한 성인의 중증도 분류에 있어서 "중증"에 해당되지 않는 것은?

① 영아, 노인, 기왕력이 있는 화상환자
② 손, 발, 회음부, 얼굴화상
③ 체표면적 2% 이상 - 10% 미만의 3도 화상인 모든 화상
④ 원통형 화상, 전기화상

09 붕괴건물의 "지주설치"요령으로 옳지 않은 것은?

① 같은 크기의 나무기둥은 지주가 짧을수록 더 큰 하중을 견딜 수 있다.
② 지주 아래는 쐐기를 박아 넣되 기둥이 건물의 무게를 지탱할 수 있을 때까지 박아 넣어야 한다.
③ 지주는 예상되는 최대하중을 견딜 수 있을 만큼의 강도가 있어야 한다.
④ 같은 단면을 가지는 정방형 기둥보다는 정사각형 기둥이 더 큰 하중을 견딘다.

정답 05. ① 06. ④ 07. ④ 08. ③ 09. ④

10 방법 수중탐색설명에서 틀린 것은?

① 등고선탐색 : 줄을 이용하지 않은 탐색 방법이며 비교적 큰 물체 탐색에 적합하다.
② 반원탐색 : 줄을 사용하며 조류가 세고 탐색면적이 넓을 때 사용한다.
③ 원형탐색 : 시야가 좋지 않으며 탐색면적 좁은 지역에 사용한다.
④ 직선탐색 : 시야가 좋지 않고 넓은 지역에 탐색에 사용한다.

11 화재의 진행단계는?

12 정당한 사유 없이 소방용수시설을 사용하거나 소방용수시설의 효용을 해하거나 그 정당한 사용을 방해한 자에 대한 벌칙으로 옳은 것은?

① 1년 이하의 징역 또는 1천만원 이하의 벌금
② 3년 이하의 징역 또는 2천만원 이하의 벌금
③ 5년 이하의 징역 또는 3천만원 이하의 벌금
④ 10년 이하의 징역 또는 5천만원 이하의 벌금

13 현장안전관리 10대원칙에 대한 설명으로 잘못된 것은?

① 안전관리는 임무수행을 전제로 하는 적극적 행동대책이다.
② 자기안전은 자기스스로 확보하라.
③ 위험에 관한 정보는 지휘관만이 알 수 있도록 철저히 보안을 유지하라.
④ 지휘자의 장악으로부터 벗어난다는 것은 중대한 사고에 연결되는 것이다.

14 "APGAR"에서 고려되지 않은 사항은?

① 신생아의 피부색, 맥박, 호흡, 반사흥분도, 근육의 강도 등을 평가한다.
② 건강한 신생아의 전체 점수의 합은 10점이다.
③ 출생 1분, 5분 후 재평가를 실시한다.
④ 3점 이하이면 신생아의 집중관리가 필요하다.

정답 10. ① 11. 플레임오버 – 백드래프트 – 롤오버 – 플래시오버 – 백드래프트 12. ③ 13. ③ 14. ④

15 뱀에 물렸을 때 응급처치 방법으로 틀린 것은?

① 얼음이나 허브를 물린 부위에 대도록 한다.
② 부드럽게 물린 부위를 세척한다.
③ 물린 부위를 심장보다 낮게 유지한다.
④ 물린 부위에서 몸 쪽으로 묶어준다.

16 START 중증도 분류법에 대한 설명으로 바르지 못한 것은?

① 응급환자란 호흡장애, 호흡수 24회/분 이상이며 모세혈관 재 충혈이 4초 이상이다.
② 긴급 환자란 의식 장애, 호흡수 30회/분 이상이며 노뼈동맥 촉진 불가능하다.
③ 기도 개방 후에도 무호흡, 무 맥박이면 지연 환자로 분류한다.
④ 지정된 장소로 온 환자들을 다시 평가하면서 분류한다.

17 구조출동 도중 조치 사항이 아닌 것은?

① 사고발생 장소와 무선정보 등에 의한 출동지령 장소에 변경이 없는가를 확인
② 관계기관 등에 연락을 취했는지에 따른 조치 상황을 확인
③ 사용할 장비를 선정하고 필요한 장비가 있으면 추가로 적재한다.
④ 선착대의 행동내용 및 사용기자재 등을 파악하여 자기대의 임무와 활동요령을 검토

18 화재방어검토회의에 대한 설명으로 옳은 것은?

① 중요화재, 특수화재의 경우 통제관은 관할 소방본부장이다.
② 대형화재 통제관은 소방서장이 된다.
③ 화재를 진압한 소방본부 또는 소방서에서 개최한다.
④ 화재발생일로부터 10일 이내에 개최한다.

정답 15. ① 16. ① 17. ③ 18. ④

19 유압엔진펌프 사용상의 주의사항으로 틀린 것은?

① 가압할 때에는 반드시 커플링 측면에 서 있도록 한다.
② 호스를 강제로 구부리도록 한다.
③ 펌프의 압력이나 장비의 이상 유무를 점검할 때에는 반드시 유압호스에 장비를 분리하고 확인한다.
④ 절단기를 작동시킬 때 잠시 전개·절단 작업을 중지하고 대상물의 상태를 확인한 후에 다시 작업하도록 한다.

20 화재 전술 옳은 것은?

① size-up : 화재현장을 책임지고 있는 소방간부가 취해야 할 조치를 구상하는 것.
② 백드래프트 : 배연(환기)과 반대로 개구부(창문)을 닫아 산소를 감소시킴
③ 플래시오버 : 연소 중인 건물 지붕 채광창을 개방하여 환기
④ 롤오버 : 분말소화기 등 이동식 소화기를 분사하여 화재를 완전하게 진압하는 것

21 신체감기하강요령으로 틀린 것은?

① 경사면보다는 수직면에서 하강할 경우에 활용도가 높은 방법이다
② 기구를 사용하지 않고 신체에 직접 현수로프를 감고 그 마찰로 하강하는 방법이다.
③ 노출된 피부에 로프가 직접 닿으면 심한 부상을 입을 수 있으므로 주의한다.
④ 숙달되지 않은 경우 매우 위험하므로 긴급한 경우 이외에는 활용하지 않는다.

22 할로겐화합물 청정소화약제 화학식 아닌 것?

① HFC-227ea
② IG-55
③ HCFC-124
④ HF-23

23 위험물류별 특성 및 화재진압방법으로 옳은 것은?

① 1류 위험물 : 충격, 마찰로 O_2 발생
② 2류 위험물 : 절대로 물을 사용해서는 안 된다.
③ 3류 위험물 : 다량의 열과 유독성의 연기를 발생한다.
④ 4류 위험물 : 화재 시 폭발위험이 상존하므로 충분히 안전거리를 유지한다.

정답 19. ③ 20. ① 21. ① 22. ④ 23. ①

24 중성대 활용으로 잘못된 것은?

① 중성대가 형성된 경우 요구조자, 화점, 연소범위를 확인할 수 있다.
② 밀폐된 건물내부에서 화재가 발생했을 때 신선한 공기의 유입이 없으므로 연소의 확대는 없다.
③ 중성대의 범위를 위로 축소시킬 수 있는 개구부 위치는 지붕중앙부분 파괴가 가장 효과적이다.
④ 배연을 할 경우 중성대 아래쪽을 배연하여야 효과적이다.

25 경련 시 응급처치로 틀린 것은?

① 주위 위험한 물건은 치운다. 치울 수 없다면 손상 가는 부분에 쿠션 및 이불을 대어 손상을 최소화시킨다.
② 사생활 보호를 위해 관계자의 주변 사람들은 격리시킨다.
③ 경련 중에 혀를 깨물지 못하도록 설압자를 넣어 기도를 확보한다.
④ 목뼈손상이 의심이 되지 않는다면 환자를 회복자세로 눕힌다.

정답 24. ④   25. ③

CHAPTER 11 20년 소방장 승진시험 복원문제

01 화재와 관련된 내용으로 옳지 않은 것은?
① 배연구의 크기와 수는 화재가 어떻게 진행되는가를 결정한다.
② 천장의 높이 등은 많은 양의 뜨거운 가스층이 형성되는데 영향을 미친다.
③ 벽이나 구석에 연소하는 가연물의 화염은 구획실 중앙에서 연소하는 가연물보다 공기를 더 많이 흡수하고 차갑다.
④ 최초의 가연물의 위치는 뜨거운 가스층이 증가하는 데에 있어서 매우 중요하다.

02 고층화재에 전술적 환경에 대한 설명으로 틀린 것은?
① 빠른 반응시간
② 건물높이로 인한 전술적 제한
③ 내화구조
④ 중앙공조시스템

03 고속도로 사고 현장에서 차량 부서 방법 등으로 옳지 않은 것은?
① 주 교통흐름을 어느 정도 차단할 수 있는 위치에 주차한다.
② 주차된 소방차량의 앞바퀴는 사고현장과 일직선으로 정렬하여 대원이 부상당하지 않도록 한다.
③ 사고현장으로부터 40~60미터 뒤에 추가차량을 배치한다.
④ 주차각도는 차선의 방향으로부터 비스듬한 각도를 가지고 주차하여 진행하는 차량으로 부터 대원의 안전을 확보하도록 한다.

04 화재조사에 관하여 옳지 않은 것은?
① 동일범이 아닌 각기 다른 사람에 의한 방화, 불장난은 동일 대상물에서 발화했더라도 각각 별건의 화재로 한다.
② 지붕 및 실이 하나로 연결되어 있는 것은 구조에 관계없이 동일 동으로 본다.
③ 화재현장에서 부상을 당한 후 72시간 이내에 사망한 경우에는 당해 화재로 인한 사망자로 본다.
④ 화재피해 범위가 건물의 6면 중 2면 이하의 경우에는 6면 중 피해면적의 합에 10분의 1을 곱한 값을 소실면적으로 한다.

정답 01. ③ 02. ① 03. ② 04. ④

05 아래의 설명에 해당하는 소화약제로 맞는 것은?

> 장기 보존성은 원액이든 수용액이든 타 포원액보다 우수하다. 약제의 색깔은 갈색이며 독성은 없다.

① 내알코올포
② 단백포
③ 수성막포
④ 합성계면활성제포

06 시안화수소에 대한 설명으로 옳은 것은?
① 질소성분을 가지고 있는 합성수지, 동물의 털 등이 불완전 연소할 때 발생하는 맹독성 가스이다.
② 냉동시설의 냉매로 많이 쓰이고 있으므로 냉동창고 화재 시 누출 가능성이 있다.
③ 열가소성 수지인 폴리염화비닐(pvc) 수지류 등이 연소할 때 발생된다.
④ 질산셀룰로오스가 연소 또는 분해될 때 생성되며 독성가스이다.

07 중성대에 관한 설명으로 옳은 것은?
① 중성대의 범위를 위로 축소시킬 수 있는 개구부 위치는 출입구 아래 부분 파괴가 가장 효과적이다.
② 건물 내부의 압력이 외부의 압력과 일치하는 수직적인 위치가 생긴다. 이위치를 건물의 중성대라 한다.
③ 하층부의 압력이 크기 때문에 아래에서 공기가 배출되고, 상층의 압력이 낮기 때문에 공기가 유입된다.
④ 중성대의 하층부는 열과 연기로부터 생존할 수 없는 지역이 되고 중성대의 상층부는 신선한 공기에 의해 생존할 수 있는 지역이 된다.

08 분진폭발의 가능성이 가장 적은 것은?
① 플라스틱
② 금속
③ 석회가루
④ 밀가루

정답 05. ③ 06. ① 07. ② 08. ③

09 로프 중에 내열성이 가장 높은 것은?

① 나일론
② 케브라
③ 아라미드
④ 폴리에틸렌

10 다음 ( )안에 들어갈 내용은?

① 가끔 사용하는 로프 : ( )	② 매주 사용하는 로프 : ( )
③ 매일 사용하는 로프 : ( )	④ 스포츠 클라이밍 : ( )

① 4, 3, 2, 1
② 4, 2, 3, 1
③ 2, 3, 1, 4
④ 1, 2, 3, 4

11 동력절단기에 대한 설명으로 옳은 것은?

① 대상물에 날을 먼저 댄 후에 절단 날을 회전시키도록 한다.
② 목재용 절단 날을 보관할 때에는 기름을 엷게 발라둔다.
③ 절단 시 조작원은 자기 발의 위치나 자세에 신경을 써야하며, 절단 날의 후방 직선상에 발을 위치하여 중심을 잡는다.
④ 절단날에 충격이 가해지지 않도록 하고 날의 측면을 이용하여 작업하도록 한다.

12 A급 화학복 착용순서로 옳은 것은?

① 실린더 개방 – 성애방지제 도포 – 하의 착용 – 면체 착용
② 성애방지제 도포 – 하의 착용 – 면체 착용 – 실린더 개방
③ 면체 착용 – 실린더 개방 – 성애방지제 도포 – 하의 착용
④ 면체 착용 – 실린더 개방 – 하의 착용 – 성애방지제 도포

정답 09. ② 10. ① 11. ② 12. ①

13 자동차 유리창 파괴방법으로 옳지 않은 것은?

① 유리 절단기의 끝 부분으로 전면 유리창의 양쪽 모서리를 내려쳐서 구멍을 뚫는다.
② 유리 절단기를 이용해서 유리창의 세로면 한쪽을 아래로 길게 절단한다.
③ 유리창을 떼어 안전한 곳에 치우고 창틀에 붙은 파편도 완전히 제거한다.
④ 절단 과정에서 차 위에 올라서거나 손으로 유리창을 누르지 않도록 한다.

14 잠수에 대한 설명으로 틀린 것은?

① 재잠수 : 스쿠버 잠수 후 5분 이후에서부터 12시간 내에 실행되는 스쿠버 잠수를 말한다.
② 최대잠수가능조정시간 : 최대 잠수 가능시간에서 잔류질소 시간을 뺀 나머지 시간이다.
③ 감압정지 : 실제 잠수 시간이 최대 잠수 가능시간을 초과했을 때에 상승도중 감압표상에 지시되는 수심에서 지시된 시간만큼 머무르는 것을 말한다.
④ 총 잠수시간 : 전 잠수로 인해 줄어든 시간(잔류 질소시간)과 실제 재 잠수 시간을 합하여 나타낸다.

15 SAMPLE에 대한 설명으로 옳지 않은 것은?

① S : 질병과 손상
② M : 복용한 약물
③ P : 과거병력
④ L : 마지막 구강 섭취

16 영아에 대한 심폐소생술에 대한 내용으로 옳지 않은 것은?

① 전문기도가 확보된 이후에는 분당 10회로 인공호흡 한다.
② 가슴압박 깊이는 1/2로 한다.
③ 가슴압박속도는 분당 100~120회로 한다.
④ 심폐소생술의 순서는 가슴압박 – 기도유지 – 인공호흡 순으로 한다.

17 인공호흡을 시작하고 호흡이 제대로 들어가지 않는 경우 해야 하는 처치 중 틀린 것은?

① 기도를 재개방하고 재 실시한다.
② 이물질이 보이지 않을 때 입안의 이물질을 손가락으로 꺼낸다.
③ 무의식, 무맥 상태라면 인공호흡을 시작하고 호흡이 제대로 들어가지 않는다면 환자의 기도를 재개방하고 재 실시한다.
④ 이물질을 제거할 때는 배·가슴 밀어내기, 손가락을 이용한 제거 법을 활용한다.

정답 13. ② 14. ① 15. ① 16. ② 17. ②

18 내장적출 환자에 대한 처치법으로 옳지 않은 것은?

① 고농도 산소를 공급한다.
② 생리식염수로 장기를 세척한다.
③ 상처 부위를 옷 등을 제거시켜 노출시킨다.
④ 무릎과 엉덩이에 상처가 없다면 무릎을 구부리게 하도록 한다.

19 화상에 대한 설명으로 옳은 것은?

① 1도 화상은 표피와 진피가 손상된 경우로 열에 의한 손상이 많다.
② 전기화상의 경우 교류보다 직류가 심각하다.
③ 9의 법칙에서 성인의 머리는 9, 소아의 경우는 18이다.
④ 성인의 경우 25%이상 2도 화상이면 중등도이다.

20 견인부목에 대한 설명으로 옳은 것은?

① 관절 및 다리 하부의 손상이 동반된 넙다리몸통부 손상시 사용된다.
② 무릎이나 무릎 인접부분 손상에 유용하다.
③ 엉덩이나 골반 손상에 유용하다.
④ 넙다리 손상시 발생되는 근육경련으로 인해 뼈끝이 서로 겹쳐 발생되는 통증과 추가적인 연부조직 손상을 줄여, 내부출혈을 감소시킬 수 있는 장비이다.

21 피난에 사용하는 계단 등 우선순위로 옳은 것은?

① 옥외계단-피난교-특별피난계단-옥외피난용사다리
② 특별피난계단-옥외피난용사다리-옥외계단-피난교
③ 옥외피난용사다리-옥외계단-피난교-특별피난계단
④ 피난교-특별피난계단-옥외계단-옥외피난용사다리

정답 18. ② 19. ③ 20. ④ 21. ①

22 간접감염에 해당하는 것은?

① 수혈
② 안구에 접촉
③ 비말에 의한 접촉
④ 손상된 상처에 접촉

23 구급에 대한 설명으로 옳은 것은?

① 전문치료 팀과 장비가 대기 장소에서 출발하여 환자가 있는 장소에 도착하는 소요시간을 현장처치시간이라 한다.
② 응급환자의 발생 신고로부터 전문 치료 팀이 출동을 시작할 때까지 소용되는 시간을 반응시간이라 한다.
③ 현장에서 환자를 이동시킬 수 있도록 안정시키는데 소요되는 시간을 출동시간이라 한다.
④ 환자의 평가와 치료단계는 병원 전 처치단계-응급실 단계-수술실/중환자실 단계이다.

24 자동차사고구조와 관련하여 옳지 않은 내용은?

① 차량이 평평한 지면위에 있다면 바퀴의 양쪽 부분에 고임목을 댄다.
② 경사면에 놓인 차량은 바퀴가 하중을 받는 부분에 고임목을 댄다.
③ 가스가 완전히 배출될 때 까지 구조작업을 실시하지 않도록 한다.
④ 배터리의 전원을 차단할 때에는 - 선부터 차단한다.

25 소방용수시설에 관해서 맞는 것은?

① 주거지역, 상업지역 및 공업지역에 설치하는 경우 소방대상물과의 수평거리를 140미터 이하가 되도록 할 것
② 소화전의 연결금속구의 구경은 100밀리미터 이상으로 할 것
③ 급수배관의 구경은 65밀리미터로 하고, 개폐밸브는 지상에서 1.5미터 이상 1.7미터 이하의 위치에 설치하도록 할 것
④ 저수조에 물을 공급하는 방법은 상수도에 연결하여 자동으로 급수되는 구조일 것

정답 22. ③ 23. ④ 24. ③ 25. ④

CHAPTER 12 20년 소방교 승진시험 복원문제

01 대원임무부여 시 틀린 것은?
① 위험작업은 조작법을 숙달한 대원에게 부여한다.
② 구조작업도중이라도 중요사항 변경 시 전 대원에게 알린다.
③ 현장 확인 후 구출방법 순서를 개개인에게 명확히 지정한다.
④ 명령을 하달한 때에는 전 대원을 집합시켜 하달한다.

02 구조활동 순서를 나열하시오.
장해요인제거 - 2차 재해발생 위험요인 제거 - 구명 - 응급처치 등 필요한 조치 - 이송

03 엘리베이터가 최상층 및 최하층에 근접할 때 자동으로 정지시키는 안전장치는?
① 리미트 스위치　　　　② 브레이크
③ 조속기　　　　　　　④ 화이널리미트 스위치

04 로프 중간에 고리를 만들 필요가 있을 때 사용하는 것은?
① 고정매듭　　　　　　② 두겹고정매듭
③ 나비매듭　　　　　　④ 8자매듭

05 소아의 호흡기계 특징에 대한 설명으로 틀린 것은?
① 구강호흡을 한다.　　　② 가로막에 의존한다.
③ 부종으로 기도가 쉽게 막힌다.　④ 연하고 부드럽다.

정답 01. ① 03. ① 04. ③ 05. ①

06 감염기본 예방법으로 틀린 것은?

① 바늘 끝이 환자의 몸 쪽으로 향하지 않도록 한다.
② 심폐소생술 시행 시 반드시 일 방향 휴대용 마스크를 이용한다.
③ 주사바늘, 칼날 등 날카로운 기구는 구멍이 뚫리지 않는 통에 모은다.
④ 날카로운 기구를 사용할 경우에는 손상을 당하지 않도록 주의한다.

07 소화용수설비 맞는 것은?

① 급수탑 : 물탱크차에 급수가 용이하다.
② 지상식소화전 : 도로에 설치하기 좋다
③ 지하식소화전 : 관리가 용이하다
④ 저수조 : 설치위치 선정이 용이하다.

08 고가 굴절사다리차 안전수칙에 대한 설명으로 틀린 것은?

① 고압선으로부터 3m 이상 거리를 유지한다.
② 바스켓용량을 초과하지 않는다.
③ 급커브 주행 시 전복방지를 위해 미리 감속해야 한다.
④ 장비 설치 시 전, 후, 좌, 우 최대 5도 이상 기울이지 않는다.

09 화재현장에서 구급차 배치요령으로 맞는 것은?

① 차량화재로부터 30m 밖에 위치시킨다.
② 유류 적재한 차량으로부터는 300m~500m거리를 둔다
③ 경사면이 낮은 쪽에 주차한다.
④ 바람이 불어오는 방향으로 주차한다.

정답 06. ① 07. ① 08. ① 09. ①

10 고속도로 주차방법으로 틀린 것은?

① 소방차량 앞바퀴는 일직선으로 둔다.
② 사고현장으로 부터 40~60m 뒤에 추가차량(경찰차)을 배치한다.
③ 주 교통흐름을 어느 정도 차단할 수 있는 위치에 주차한다.
④ 주차각도는 차선의 방향으로부터 비스듬한 각도(角度)를 가지고 주차한다.

11 커플링이 잘 연결 되지 않을 때 조치방법으로 틀린 것은?

① 유압오일을 확인하고 보충한다.
② 엔진작동을 중지하고 밸브를 여러 번 변환 조작한다.
③ Lock ling을 풀고 다시 시도한다.
④ 유압호스에 압력이 존재하는지 점검한다.

12 선량계 정의로서 옳은 것은?

> 개인이 휴대하여 실시간으로 방사선율 및 선량 등 측정하며 기준선량(율) 초과시 경보하여 구조대원의 안전을 확보하기 위한 장비이다.(가장 보편적으로 사용되는 장비) 주로 GM관, 비례계수관, 무기섬광체를 많이 사용한다.

① 핵종분석기
② 방사선 측정기
③ 개인선량계
④ 방사능 오염방지기

13 인명구조의 4단계 순서는?

① 신속한 구출 – 정찰 – 주변 장해제거 - 일반적인 잔해제거
② 정찰 – 주변 장해제거 - 일반적인 잔해제거 – 신속한 구출
③ 일반적인 잔해제거 – 신속한 구출 – 정찰 – 주변 장해제거
④ 정찰 – 주변 장해제거 – 신속한 구출 – 일반적인 잔해제거

정답 10. ① 11. ① 12. ② 13. ①

14 구급대원이 환자에게 적절한 치료를 계속 제공하지 못한 것은?

① 처치
② 태만
③ 상담
④ 유기

15 스타트 중증도 분류법 우선순위는?

① 호흡
② 의식
③ 장소이동
④ 맥박

16 지휘관의 책임완수를 위해 요구되는 지시와 통제능력이 아닌 것은?

① 가정과 사실구별
② 고독한 방랑자 관리
③ 스트레스 관리
④ 중간점 관리

17 화재조사 용어의 정의에서 틀린 것은?

① 소화할 필요가 있고 화학적인 폭발현상이다.
② 잔가율 : 화재당시 피해물의 재구입비에 대한 현재가의 비율이다.
③ 발화 : 열원에 의해 가연물질이 지속적으로 불이 붙는 현상이다.
④ 화재 : 발화지점 : 화재가 발생한 장소이다.

18 좁은 장소등에서 곧바로 사용할 수 있는 호스는?

① 두겹적재호스
② 한겹말은호스
③ 두겹말은 호스
④ 접은 호스

정답 14. ④ 15. ③ 16. ① 17. ④ 18. ③

19 화재 진행단계에 대한 설명으로 맞는 것은?

① 최성기 : 화염이 상승하는 공간으로 공기를 끌어들이기 시작한다.
② 성장기 : 모든 가연물에 연관된다.
③ 플래시오버 : 최성기와 감퇴기 사이에 발생한다.
④ 쇠퇴기 : 가연물이 모두 연소됨에 따라 열이 감소한다.

20 소방활동 방어검토회의 사항으로 틀린 것은?

① 축척은 정확하고 되도록 축소하여 작성한다.
② 소방활동에 참여하지 않은 직원도 의견진술이나 질문이 가능하다.
③ 도로는 그 폭원을 반드시 미터로 표시한다.
④ 관창진입 부서는 소대명, 방수구경 및 사용호스 수를 기입한다.

21 최신 도미로 이론 순서는?

① 관리 – 기원 – 징후 – 접촉
② 기원 – 징후 – 접촉 – 관리
③ 접촉 – 관리 – 기원 – 징후
④ 접촉 – 징후 – 기원 – 관리

22 들것사용 시 주의사항으로 틀린 것은?

① 분리형 들것은 척추고정이 용이하다.
② 들것의 이동방향은 환자의 다리 쪽이 오게 한다.
③ 바닥이 고르지 못하다면 4명의 대원이 주 들것의 네 모서리에 위치해 환자를 이동시킨다.
④ 가능하다면 주 들것의 바퀴를 이용해 환자를 이동시킨다.

23 잠수물리에서 수심 20m일 때 공기소모율(ℓ/분)은?

① 30
② 40
③ 45
④ 50

정답 19. ④ 20. ① 21. ① 22. ① 23. ③

24 구조대원과 장비가 머무를 수 있는 공간에 대한 설명으로 옳은 것은?

① 대기하는 인원들도 오염의 확산에 대비하여 개인 보호 장구를 소지하여야 한다.
② 이 지역 안에 구조활동에 필요한 각종 장비를 설치하고 필요한 지원을 수행한다.
③ 제독·제염소를 설치하고 모든 인원은 이곳을 통하여 출입하도록 해야 한다.
④ 구조와 오염제거활동에 직접 관계되는 인원 이외에는 출입을 엄격히 금지한다.

25 화재에서 경계 하여야 할 건물붕괴 징후로 틀린 것은?

① 건축 구조물일 기울거나 비틀어져 보인다.
② 지붕 구조물에 금이 가거나 틈이 있다.
③ 건축구조물이 벽으로부터 물러나 있다.
④ 벽에 버팀목을 대 놓는 등 구조를 보강한 흔적이 없다.

정답 24. ① 25. ④

CHAPTER 13 19년 소방위 승진시험 복원문제

01 출산 과정에 있어 "회음부위가 불룩 튀어나와 있거나 태아의 일부분이 보이는 현상"을 무엇이라고 하는가?
① 태반
② 이슬 맺힘
③ 분만 통
④ 배림

02 개방성연부조직 손상에 관한 설명으로 올바른 것은?
① 열상은 피부손상 깊이와 넓이가 다양하며 날카로운 물체에 피부가 잘린 상처이다.
② 찰과상은 피부나 조직이 찢겨져 너덜거리는 상태로 많은 혈관 손상으로 종종 출혈이 심각하다.
③ 결출상은 표피가 긁히거나 마찰된 상태로 보통은 진피까지 손상을 입는다.
④ 관통상은 신체로부터 떨어져 나간 상태로 완전 절단과 부분 절단이 있다.

03 수리유도 및 부서배치에 대한 내용으로 옳은 것은?
① 사다리차 등의 소방차량은 소방용수와는 관계없이 독자적으로 자기 소대의 임무에 따라 부서를 한다.
② 선착대의 소방용수에 여유가 있는 경우 선착대는 자기대의 수리부서에 집착하지 말고 선착대의 소방용수, 차량을 효과적으로 활용한다.
③ 사다리차로 고층건물의 상층에서 인명구조를 하고자 하는 경우에는 건물에 접근시켜 부서해서는 안 된다.
④ 사다리차로 높은 곳에서 현장활동을 지원하기 위하여 조명이나 주수를 하는 경우에는 반드시 화재 건물에 접근하여야 한다.

04 구급 장비 중 주로 산악용으로 사용되며 주로 환자 발생 시 긴 척추고정판에 환자를 고정시킨 후 환자를 이동시키기 위한 장비는?
① 바스켓형 들것
② 분리형 들것
③ 가변형 들것
④ 척추 고정판

정답 01. ④ 02. ① 03. ① 04. ①

05 구조현장 초기 대응 절차 중 LAST에 관한 설명으로 틀린 것은?

① 현장확인(Locate) : 재난사고가 발생하면 사고 장소와 현장상황을 정확히 파악해야 한다.
② 접근(Access) : 사고 장소가 바다나 강이라면 구조대원은 지체 없이 신속하게 뛰어들어야 한다.
③ 상황의 안정화(Stabilization) : 현장을 장악하여 상황이 더 이상 악화되지 않고 안전이 유지될 수 있도록 조치한다.
④ 후송(Transport) : 요구조자는 일단 의료기관으로 후송하는 것을 원칙으로 한다.

06 매듭에 관한 설명으로 "굵기가 다른 로프를 결합할 때에 사용" 하는 로프는?

① 팔자연결매듭
② 피셔맨매듭
③ 한겹매듭
④ 절반매듭

07 다음 중 공기호흡기 사용가능시간은?

충전압 300kg/㎠, 여유압력 10kg/㎠, 분당호흡량 50L, 용기용량 6.8L

① 39분
② 42분
③ 47분
④ 49분

08 다음 중 플래시오버를 지연시키는 방법으로 틀린 것은?

① 배연 지연법
② 공기차단 지연법
③ 냉각 지연법
④ 촉매 지연법

09 경계구역 구분에 대한 설명으로 틀린 것은?

① 위험지역의 색상은 붉은색으로 표시한다.
② 경고지역에는 제독·제염소를 설치하고 모든 인원은 이곳을 통하여 출입하도록 해야 한다.
③ 안전지역에는 구조활동에 필요한 각종 장비를 설치하고 필요한 지원을 수행한다.
④ 위험지역에는 구조와 오염제거활동에 직접 관계되는 인원 이외에는 출입을 엄격히 금지한다.

정답 05. ② 06. ③ 07. ① 08. ④ 09. ③

10 동력절단기 사용시 올바른 것은
   ① 철재용 절단날을 보관할 때에는 기름을 엷게 발라둔다.
   ② 절단날의 전방 직선상에 발을 위치하지 않도록 주의한다.
   ③ 절단 날에 이상 마모현상이 있을 때는 즉시 교환한다.
   ④ 절단날에 충격이 가해지지 않도록 하고 날의 측면을 이용하여 작업하도록 한다.

11 심폐소생술을 적절히 하여도 잘 발생되는 것은?
   ① 심장좌상   ② 골절
   ③ 기흉   ④ 대동맥 손상

12 에어백 사용방법으로 맞는 것은?
   ① 부양되는 물체가 쓰러질 위험이 높기 때문에 3개 이상을 겹쳐서 사용하지 않는다.
   ② 2개의 백을 사용하는 경우 큰 백을 위에 놓는다.
   ③ 에어백의 팽창 능력 이상의 높이로 들어 올려야 하는 경우에는 철재받침목을 활용한다.
   ④ 커플링으로 공기용기와 압력조절기, 에어백을 연결할 때 가능하면 공구로 연결한다.

13 다음 중 ( )안에 들어갈 내용은?

   > 수격현상에 있어서 압력파가 클 경우에 가장 약한 부분이 파손될 수 있어 원심펌프에서는 임펠러 파손을 막기 위해 ( )를 설치하고 있다.

   ① 동력인출장치   ② 지수밸브
   ③ 진공밸브   ④ 역류방지밸브

정답 10. ③ 11. ① 12. ① 13. ④

14 다음 중 소방활동 검토회의 준비에 관한 사항으로 틀린 것은?

① 화재발생 건물의 표시방법은 평면도 또는 투시도로 하되 화재발생부분을 알아보기 쉽게 한다.
② 도로는 그 폭원을 미터로 표시한다.
③ 건물의 구조별 표시방법은 목조는 적색, 방화조는 황색, 내화조는 녹색으로 표시한다.
④ 방위, 풍향, 풍속, 건물의 간격과 화점, 발화건물의 소실 및 소실면적을 기입한다.

15 다음 중 (B)에 들어갈 내용은?

> 중성대의 범위를 위로 축소시킬 수 있는 개구부 위치는 (A)가 가장 효과적이며, 그 다음으로 (B), (C) 순서이다.

① 하층부 출입문 파괴
② 지붕의 가장자리 파괴
③ 상층부 개구부의 파괴
④ 지붕중앙부분 파괴

16 로프총 사용과 관련한 설명으로 틀린 것은?

① 즉시 발사할 것이 아니면 장전하여 세워두어야 한다.
② 발사 후에는 탄피를 제거하고 총기 손질에 준하여 약실을 청소한다.
③ 견인탄은 탄두와 날개를 완전하게 결합하고 견인로프가 풀리지 않도록 결착한다.
④ 장전 후에는 총구를 수평면 기준으로 45°이상의 각도를 유지해야 격발이 된다.

17 화상환자에 대한 성인의 중증도 분류에 있어서 "중증"에 해당되지 않은 것은?

① 영아, 노인, 기왕력이 있는 화상환자
② 손, 발, 회음부, 얼굴화상
③ 중등도는 체표면적 10%이상의 3도 화상
④ 원통형 화상, 전기화상

정답 14. ③ 15. ② 16. ① 17. ③

18. 당뇨의 생리학적 설명으로 틀린 것은?
① Ⅱ형은 적정량만큼 인슐린을 생산하지 못하는 경우로 인슐린 투여가 필요한 환자이다.
② 당뇨환자는 혈액내의 포도당을 조직으로 이동시키지 못한다.
③ 인슐린은 포도당을 혈액에서 조직으로 이동시키고 포도당은 세포가 활동하는 것을 돕는다.
④ 당은 음식물 소화로 얻어지고 포도당으로 전환된다.

19. 소방호스 연장과 관창배치의 유의사항으로 옳은 것은?
① 진입목표 계단이 4층 이하의 경우는 옥내연장 또는 적재사다리에 의한 연장으로 한다.
② 가능하면 간선도로의 횡단을 피하고 횡단하는 경우는 되도록 도로에 대해서 직각으로 연장한다.
③ 소방차 방수구 측 여유호스는 위해 방지를 위해서 펌프측의 5~6m에 둔다.
④ 펌프차 방수구 결합은 화점이 보이는 측의 방수구를 기본으로 방수구측에 여유소방호스를 둔다.

20. 재난 및 안전관리기본법상의 내용으로 틀린 것은?
① 중앙대책본부장과 시장, 군수, 구청장은 동원명령을 내린다.
② 시장, 군수, 구청장은 대피명령을 내린다.
③ 시장, 군수, 구청장, 지역통제단장은 응급조치종사 명령을 내린다.
④ 시장, 군수, 구청장은 중앙긴급통제단장에게 재난사태선포를 건의 한다.

21. 복통의 종류에 있어서 다음 내용과 관계 깊은 것은?

> 간헐적이고 마치 분만통증과 같은 복통은 흔히 배내 속이 빈 장기로 인해 나타난다. 그리고 둔하고 지속적인 통증은 종종 고형체의 장기로 인해 나타난다.

① 내장통증 ② 벽쪽통증
③ 쥐어뜯는 듯한 통증 ④ 연관통증

정답 18. ① 19. ④ 20. ④ 21. ①

22 철근콘크리트조 벽 파괴활동에 대한 설명으로 옳은 것은?
① 9mm이하 철근은 철선절단기를 사용하고 그이상은 동력절단기, 가스절단기를 사용한다.
② 관통시킨 구멍과 중간을 대해머로 강타하여 구멍을 크게 확보한다. 이때 해머를 사용할 경우는 가운데를 가격하는 것이 효과적이다.
③ 포크레인 등의 중장비를 동원해서는 안 된다.
④ 공동부분을 대해머로 강타하여 파괴한다.

23 다음 중 화학적 폭발로 볼 수 없는 것은?
① 공기나 산소 없이 단독으로 가스가 분해하여 폭발하는 것이다.
② 과열액체의 급격한 비등에 의한 증기폭발
③ 연소의 한 형태인데 연소가 비정상상태로 되어서 폭발이 일어나는 형태이다.
④ 촉매에 의해서 폭발하는 것으로 수소(H_2)+산소(O_2), 수소(H_2)+염소(Cl_2)에 빛을 쪼일 때 일어난다.

24 위급상황에 처한 요구조자를 소방기관 또는 관계 행정기관에 거짓으로 알린 자에 대한 벌칙은?
① 5년 이하의 징역
② 300만원 이하의 벌금
③ 200만원 이하의 벌금
④ 200만원 이하의 과태료

25 다음 고체의 연소 중 "증발연소"에 해당되지 않은 것은?
① 파라핀
② 황
③ 코우크스
④ 나프탈렌

정답 22. ① 23. ② 24. ④ 25. ③

CHAPTER 14 19년 소방장 승진시험 복원문제

01 소방차 펌프기준 배관 및 밸브등의 위치에서 흡입측에 두는 것이 아닌 것은?

① 배수밸브 ② 냉각수밸브
③ 흡수구 ④ 연성계

02 생물체가 아닌 환경으로부터 세균의 아포를 제외한 미생물을 제거하는 과정으로 옳은 것은?

① 멸균 ② 살균
③ 소독 ④ 세척

03 프랭크버드(Frank Bird)의 5개의 요인이 아닌 것은?

① 직접 원인 ② 기본 원인
③ 제어 부족 ④ 개인 결함

04 화재진압활동 전술유형에 관한 설명으로 틀린 것?

① 공격전술 : 관창을 화점에 진입 배치하는 전술형태
② 집중전술 : 화세에 비해 소방력이 부족하여 전체 화재현장을 모두 커버 할 수 없는 경우 소방상 중요한 시설 또는 대상물을 중점적으로 대응 또는 진압하는 전술형태
③ 블록(Block)전술 : 주로 인접건물로의 화재확대방지를 위해 적용하는 전술형태로 블록의 4방면 중 확대가능한 면을 동시에 방어하는 전술
④ 포위전술 : 관창을 화점에 포위 배치하여 진압하는 전술형태

정답 01. ② 02. ③ 03. ④ 04. ②

05 119구조대 중 특수구조대에 속하는 것으로 옳은 것은?

① 수난구조대, 고속국도구조대, 지하철구조대, 항공구조구급대
② 지하철구조대, 국제구조대, 고속국도구조대, 수난구조대
③ 수난구조대, 테러대응구조대, 고속국도구조대, 지하철구조대
④ 수난구조대, 지하철구조대, 고속국도구조대, 산악구조대

06 3D 주수 기법 중 아래 설명과 관련이 있는 것은?

> 직사주수 형태로 물방울의 크기를 키워 중간에 기화되는 일이 없도록 물을 던지듯 끊어서 화점에 바로 주수하여 화재진압을 시작하는 방식이며, 연소중인 물체의 표면을 냉각시켜 주면서 다량의 수증기 발생 억제 및 열 균형을 유지시켜 가시성을 유지시키는 효과가 있다.

① 페인팅   ② 펜슬링
③ 숏펄싱   ④ 펄싱

07 유해물질 사고대응 절차에서 제독과 누출물질 처리 방법으로 틀린 것?

① 오염물질을 약품이나 흡착제로 흡착, 응고시키는 화학적 방법이 있다.
② 사고로 인하여 발생한 오염자 및 제독 작업에 참여한 대원을 위하여 제독소를 설치하고 제독소는 hot Zone 내에 위치하며 경계구역 설정과 동시에 설치하여야 한다.
③ 가스가 누출된 장소에 신선한 공기를 불어넣거나 수용성 물질에 대량의 물을 투입하는 방법을 사용하는 물리적 방법이 있다.
④ 실내의 오염농도를 낮추기 위해 고압송풍기를 이용하면 보다 효과적으로 오염물질을 분산시켜 빠른 시간에 농도를 낮출 수 있다.

08 지방이 많이 함유된 음식을 먹고 우상복부이나 어깨 또는 등쪽 통증을 호소하는 증상으로 맞는 것은?

① 쓸개염   ② 이자염
③ 충수돌기염   ④ 위궤양

정답 05. ④ 06. ② 07. ② 08. ①

09 분만 중 신생아의 응급상황의 평가와 처치로 알맞은 것은?
① 대부분의 신생아들은 생후 1분의 아프가 점수가 8~10점이다.
② 아프가 점수가 6점 이하이면 신생아의 집중관리가 필요하므로 기도확보 및 체온유지를 하면서 신속히 병원으로 이송한다.
③ 아프가 점수가 3~7점은 심각한 질식 상태로 CPR 해야 한다.
④ 맥박은 청진기를 사용할 수 없는 경우에는 손가락으로 제대의 박동수를 촉지하여 측정한다.

10 절단용 구조장비에 대한 설명으로 틀린 것은?
① 2행정기관 절단용 구조장비의 오일량이 많으면 시동이 잘 걸리지 않고 시동 후에 매연이 심하다.
② 공기톱은 전진 시 절단되도록 장착한다.
③ 체인톱은 목재에 반드시 체인이 작동상태에서 절단을 시작한다.
④ 동력절단기 목재용 절단 날은 보관 시 기름을 바른다.

11 근골격계에 대한 설명으로 틀린 것은?
① 척추의 등뼈는 11개로 구성되어 있다.
② 복장뼈는 갈비뼈, 복장뼈체, 칼돌기로 구성되어 있다.
③ 골반은 엉덩뼈과 궁둥뼈, 두덩뼈로 이루어져 있다.
④ 얼굴을 구성하는 뼈로 광대뼈는 눈을 보호한다.

12 위험물화재의 특수현상과 대처법으로 (   )에 들어갈 순서로 올바른 것은?

- ⓐ : 위험물 저장탱크 내에 저장된 제4류 위험물의 양이 내용적의 1/2이하로 충전되어 있을 때 화재로 인하여 증기 압력이 상승하면서 저장탱크내의 유류를 외부로 분출하면서 탱크가 파열되는 현상
- ⓑ : 석유류가 혼합된 원유를 저장하는 탱크내부에 물이 외부 또는 자체적으로 발생한 상태에서 탱크표면에 화재가 발생하여 원유와 물이 함께 저장탱크 밖으로 흘러넘치는 현상
- ⓒ : 점성을 가진 뜨거운 유류표면 아래 부분에서 물이 비등할 경우 비등하는 물에 의해 탱크 내 유류가 넘치는 현상
- ⓓ : 야채를 식용유에 넣을 때 야채 내 수분이 비등하면서 주위의 뜨거운 식용유를 밖으로 튀어나오게 하는 현상

정답 09. ③   10. ②   11. ③

	(a)	(b)	(c)	(d)

① 슬로프오버 – 보일오버 – 후로스오버 – 오일오버
② 오일오버 – 후로스오버 – 보일오버 – 슬로프오버
③ 보일오버 – 후로스오버 – 오일오버 – 슬로프오버
④ 오일오버 – 보일오버 – 후로스오버 – 슬로프오버

13 구급활동 중 경련환자 응급처치로 틀린 것은?

① 사생활 보호를 위해 관계자의 주변 사람들은 격리시킨다.
② 주위 위험한 물건은 치운다.
③ 환자의 팔다리를 구속시켜 2차 손상 예방한다.
④ 목뼈손상이 의심이 되지 않는다면 환자를 회복자세로 눕힌다.

14 후두마스크 기도기 삽입 순서로 옳은 것은?

ⓐ 튜브에서 공기를 뺀 후 마스크를 입천장에 밀착시킨다
ⓑ 고정기로 고정한다.
ⓒ BVM으로 양압환기시킨다.
ⓓ 입천장을 따라 저항이 느껴질 때까지(상부 식도괄약근위) 삽입한다
ⓔ 외상환자는 그대로 비외상환자는 적정한 기도유지 자세를 취한다.
ⓕ 후두마스크 커프에 맞는 공기를 주입한다.
ⓖ 시진/청진으로 올바른 환기가 되는지 확인한다.

① ⓔ – ⓐ – ⓕ – ⓓ – ⓒ – ⓑ – ⓖ
② ⓔ – ⓐ – ⓓ – ⓕ – ⓒ – ⓖ – ⓑ
③ ⓔ – ⓐ – ⓓ – ⓕ – ⓑ – ⓒ – ⓖ
④ ⓔ – ⓐ – ⓓ – ⓕ – ⓖ – ⓒ – ⓑ

정답 12. ④ 13. ③ 14. ②

15 구조현장의 초기대응단계에서 지켜야할 LAST 순서로 옳은 것?

① 상황의 안정화 – 현장확인 – 접근 – 후송
② 현장확인 – 접근 – 후송 – 상황의 안정화
③ 현장확인 – 접근 – 상황의 안정화 – 후송
④ 접근 – 현장확인 – 후송 – 상황의 안정화

16 소방현장에서 가장 흔하게 활용되는 화재진압 순서로 옳은 것은?

ⓐ 정밀검색	ⓑ 내부 연소확대 방지
ⓒ 생명보호	ⓓ 화점 진압
ⓔ 외부 연소확대 방지	

① ⓒ – ⓑ – ⓔ – ⓓ – ⓐ
② ⓒ – ⓔ – ⓓ – ⓑ – ⓐ
③ ⓒ – ⓔ – ⓑ – ⓓ – ⓐ
④ ⓒ – ⓔ – ⓓ – ⓐ – ⓑ

17 매듭에 대한 설명으로 틀린 것?

① 바른매듭은 묶고 풀기가 쉬우며 같은 굵기의 로프를 연결하기에 적합한 매듭이다.
② 피셔맨매듭은 힘을 받은 후에는 풀기가 쉬워 장시간 고정시켜 두는 경우에 주로 사용한다.
③ 8자연결매듭은 많은 힘을 받을 수 있고 힘이 가해진 경우에도 풀기가 쉬워 로프를 연결하거나 안전을 확보하기 위한 매듭으로 자주 사용된다.
④ 두겹매듭은 한겹매듭에서 가는 로프를 한 번 더 돌려 감은 것으로 한겹매듭보다 더 튼튼하게 연결할 때에 사용한다.

18 백드래프트와 플래시오버에 대한 설명 중 틀린 것?

① 백드래프트는 불완전연소상태이고 플래시오버는 자유연소상태이다
② 백드래프트는 산소량이 부족하다
③ 백드래프트가 플래시오버보다 발생 빈도 높다.
④ 백드래프트는 약화요인이 산소이고 플래시오버는 열이다.

정답 15. ③ 16. ③ 17. ② 18. ③

19 전염질환의 전염 경로 및 잠복기로 바르게 짝지어진 것은?

	질병	전염경로	잠복기
①	풍진	침에 오염될 물질	10-12일
②	간염	호흡기계 분비물	몇 주
③	폐렴	대변	며칠
④	결핵	비말	2-6주

20 백화점 및 대형점포 화재진압요령으로 틀린 것?
① 방수는 화점을 정확하게 확인하여 간접방수를 하고 수손방지에 노력한다.
② 소화활동은 옥내소화전 및 소방전용방수구 등 각종 설비를 최대한 활용한다.
③ 낙하물은 직사방수로 떨어뜨려 안전을 확보한다.
④ 비상용 콘센트 또는 조명기구를 이용하여 화재진압 활동의 효과를 높인다.

21 수중탐색 방법으로 아래 설명과 관련이 깊은 것은?

- 시야가 좋지 않으며 탐색면적이 좁고 수심이 깊을 때 활용하는 방법이다.
- 인원과 장비의 소요가 적은 반면 탐색할 수 있는 범위가 좁다.

① 원형탐색　　　　　　　② 반원탐색
③ 직선탐색　　　　　　　④ 왕복탐색

22 DOT 표지 설명으로 틀린 것?
① 오렌지 – 폭발성　　　② 파란색 – 금수성
③ 녹색 – 불연성　　　　④ 백색 – 산화성

정답 19. ④   20. ①   21. ①   22. ④

23 송풍기를 활용한 배연방법의 유의사항으로 틀린 것은?

① 급기구보다 배기구의 크기를 크게 하는 것이 효율적이다.
② 송풍기는 자연바람과 같은 방향으로 설치하여 효율성을 배가해야 한다.
③ 송풍기 근처의 창문은 가능한 폐쇄하여 공기흐름에 방해가 되지 않도록 해야 한다.
④ 공기가 너무 많이 공급되게 하여 오히려 급격하게 연소 확대될 우려가 있으므로 특히 유의하여야 한다.

24 순환계에 대한 설명으로 틀린 것은?

ⓐ 허파동맥은 산소가 가장 풍부한 혈액으로 되어 있다.
ⓑ 심방과 심실사이에 판막이 있어 혈액의 역류를 방지한다.
ⓒ 왼심방은 허파로부터 혈액을 받아들이고 왼심실은 높은 압력으로 전신에 혈액을 제공한다.
ⓓ 동맥은 낮은 압력 때문에 혈액의 역류방지 위한 판막이 발달되어 있다.
ⓔ 대동맥은 인체 내에 가장 큰 동맥으로 모든 동맥은 대동맥으로부터 혈액을 공급받는다.

① ⓐ, ⓒ
② ⓐ, ⓓ
③ ⓑ, ⓓ
④ ⓒ, ⓕ

25 제한공간에서 산소부족 및 유독가스에 대한 설명으로 옳은 것은?

① 산소농도가 17% 이상일 경우 어지러움, 두통증상
② 열경화성 수지, 나일론 등의 연소시 암모니아가 발생
③ 맨홀에서 산소농도 12%일 경우 의식불명의 증상
④ 중질유, 고무, 황화합물 등의 연소시 시안화수소 발생

정답 23. ①   24. ②   25. ②

CHAPTER 15 19년 소방교 승진시험 복원문제

01 로프의 시간 경과에 따른 강도 저하 및 교체시기에 관한 설명으로 옳은 것은?

① 매주 사용하는 로프 교체는 3년이다.
② 가끔 사용하는 로프 교체는 5년이다.
③ 큰 충격을 받은 로프, 납작하게 눌린 로프, 6개월동안 매일 사용한 로프는 즉시 교체해야 한다.
④ UIAA 권고사항에 따라 5년 이상 경과된 로프는 폐기한다.

02 누출물질 화학적 처리방법이 아닌 것은?

① 중화
② 유화처리
③ 흡착
④ 소독

03 위험한 상황에서 환자의 긴급 이동 방법으로 틀린 것은?

① 옷끌기
② 어깨 끌기
③ 담요끌기
④ 무릎–겨드랑이 끌기

04 잠수물리에 대한 설명으로 틀린 것은?

① 물은 공기보다 25배 빨리 열을 전달한다.
② 수심 20m에서 다이버는 수면에서 보다 2배 많은 공기를 호흡한다.
③ 물속에서는 빛의 굴절로 인하여 물체가 실제보다 25% 정도 가깝고 크게 보인다.
④ 수중에서는 대기보다 소리가 4배 정도 빠르게 전달되기 때문에 소리의 방향을 판단하기 어렵다.

정답 01. ④ 02. ③ 03. ④ 04. ②

05 소아의 호흡기계에 관한 설명으로 틀린 것은?

① 성인에 비해 상대적으로 혀가 차지하는 공간이 크다.
② 나이가 어린 소아일수록 구강호흡에 더욱 의존한다.
③ 기도개방은 머리를 중립으로 하거나 약간 신전해야 한다.
④ 기관이 좁아 부종으로 쉽게 폐쇄된다.

06 소화전으로부터 소방용수를 흡수하는 경우 유의사항으로 틀린 것은?

① 배관말단 소화전에는 유입되는 물의 양이 적기 때문에 방수구의 수를 제한한다.
② 지하식소화전의 뚜껑은 허리부분의 부상을 방지하기 위해서 안정된 자세로 개방하고 손발이 끼이지 않도록 주의한다.
③ 펌프로 이물질이 들어가는 것을 막기 위하여 흡수관을 결합한 후에 소화전을 개방하여 관내의 모래 등을 배출한다.
④ 흡수관의 결합을 확실하게 하고 반드시 확인한다.

07 환자를 안전하게 들어올리기 이동을 위한 신체역학에 관한 설명으로 틀린 것은?

① 들어 올리는 경우 등에서 멀어질수록 부상의 가능성은 높아진다.
② 들어 올릴 때 구조자는 등을 일직선으로 유지하고 다리, 엉덩이의 근육을 이용한다.
③ 잡아당기는 것보다 가급적이면 미는 동작을 사용한다.
④ 들것을 잡을 경우 양손을 최소 50cm이상 떨어지게 하여 손잡이 부분을 충분히 감싼다.

08 119구조구급에 관한 법률상 여름철 물놀이 장소에서 안전을 확보하기 위하여 119시민수상구조대를 지원할 수 있는 자는?

① 부산소방학교장
② 부산광역시장
③ 해양수산부장관
④ 해운대소방서장

정답 05. ② 06. ③ 07. ④ 08. ④

09 구조현장 활동방법으로 틀린 것은?

① 현장지휘소는 물질이 흐르는 하류에 설치, 오염물질의 제거를 신속히 대처할 수 있어야 한다.
② 지휘자는 즉시 현장상황을 판단하여 구출방법과 순서를 결정하고 대원에게 임무를 부여하여야 한다.
③ 구조대원은 관계자와 연락을 긴밀히 유지, 효율적 구조활동을 할 수 있어야 한다.
④ 무선통신을 이용하여 요구조자의 자세한 신상을 송신하여 대원 간에 빠르고 정확한 정보를 공유하도록 한다.

10 백드래프트와 플래시오버의 차이점에 관한 설명으로 틀린 것은?

① 백드래프트는 폭발이고 플래시오버는 아니다.
② 플래시오버의 악화요인은 열이고 백드래프트는 산소이다.
③ 백드래프트는 성장기, 감퇴기이고 플래시오버는 성장기 마지막 단계이다.
④ 플래시오버보다 백드레프트 빈도가 높다.

11 소방차 펌프기준 배관 및 밸브등의 위치에서 흡입측에 두는 것이 아닌 것은?

① 배수밸브
② 냉각수밸브
③ 흡수구
④ 연성계

12 건물붕괴 현장에서 부상당한 30대 남성에게 호흡부전에 따른 저산소증, 왼쪽 가슴에 개방성 손상이 관찰되었을 때 응급환자분류표상 옳은 것은?

① 긴급(적색)
② 응급(황색)
③ 비응급(녹색)
④ 사망(흑색)

정답 09. ② 10. ④ 11. ② 12. ①

13 화재진압활동에 작용하는 전략을 달성하지 위한 구체적 수단 또는 방법에 관한 설명으로 틀린 것은?

① 포위전술 : 관창을 화점에 포위 배치하여 진압하는 전술형태로 초기 진압 시에 적합하다.
② 공격전술 : 관창을 화점에 진입 배치하는 전술형태로 소규모 화재에 적합하다.
③ 블록전술 : 주로 인접건물로의 화재확대방지를 위해 적용하는 전술형태로 블록(Block)의 4방면 중 확대가능한 면을 동시에 방어하는 전술이다.
④ 집중전술 : 화세에 비해 소방력 부족하여 전체 화재현장을 모두 커버할 수 없는 경우 사회적, 경제적 혹은 소방상 중요한 시설 또는 대상물을 중점적으로 대응 진압하는 전술형태

14 무선통신의 일반적인 절차 관한 설명으로 틀린 것은?

① 무전기는 입에서부터 약 5-7cm 정도 간격을 두고 입에서 45°방향에 위치시킨다.
② 송신기 버튼을 누른 후 약 1초간 기다리고 말을 한다.
③ 환자의 평가결과는 주관적 사항으로 진단명을 간결하게 송신한다.
④ 서로 약속된 무전약어를 사용해야 한다.

15 환자의 자세와 적용에 대한 설명 중 틀린 것은?

① 옆누움자세 : 주로 척추손상환자 및 임부에게 적용된다.
② 앉은 자세 : 윗몸을 45~60도 세운 자세로 보통 호흡이 곤란한 환자에게 적용한다.
③ 트랜델랜버그자세 : 등을 바닥에 대고 바로 누워 침상의 다리쪽을 45°높여서 머리가 낮고 다리가 높게 한다.
④ 바로누운자세 : 얼굴을 위로 향하게 하여 눕게 한다.

16 사고차량의 안정화에 관한 설명으로 틀린 것은?

① 경사면에 놓은 차량은 바퀴가 하중을 받는 부분에 고임목을 댄다.
② 에어백을 겹쳐서 사용할 때에는 2층을 초과하지 않도록 하고 작은 백을 아래에 놓고 큰 백을 위에 놓는다.
③ 차량과 버팀목의 밀착도를 높이기 위해서 작은 나무조각이나 쐐기를 이용할 수 있다.
④ 차량이 팽팽한 지면위에 있다면 바퀴의 양쪽부분에 고임목을 댄다.

정답 13. ④   14. ③   15. ①   16. ③

17 구조장비 활용에서 기자재 선택 시 유의사항으로 옳은 것은?

① 다른 기관이나 현장 관계자 등이 보유하는 것과 현장에서 조달이 가능한 것으로 효과가 기대되는 것이 있으면 활용을 적극적으로 검토한다.
② 동등한 효과가 있는 제조사가 다른 장비를 사용 시 가장 최근에 지급된 장비를 사용한다.
③ 긴급 상황에 맞는 것을 선택하고 급할 때는 능력을 고려하지 않고 선택한다.
④ 사용 목적에 맞는 것을 선택하고 위험성이 높은 장비를 선택한다.

18 호흡유지 장비 중 백-밸브 마스크에 관한 설명으로 옳은 것은?

① 백-밸브 마스크는 성인용과 소아용 두 가지로 구분된다.
② 보유 산소장비 없이 즉각적인 초기 환기를 제공할 수 있다.
③ 산소저장주머니 연결 후 분당 15리터의 산소를 공급할 경우 거의 55%의 산소를 공급받을 수 있다.
④ 백밸브 마스크에 산소를 추가로 투여하지 않은 상태로 16% 정도의 산소를 공급할 수 있다.

19 구급대원 감염방지 및 개인보호 장비에 관한 설명으로 틀린 것은?

① 사용한 주사바늘은 즉시 구부린 후 그대로 주사바늘통에 버린다.
② 심폐소생술 시행 시 반드시 일 방향 휴대용 마스크를 이용한다.
③ 피부에 상처가 있는 처치자는 환자를 직접 만지지 않도록 한다.
④ 장갑은 한 환자에게 사용하더라도 오염된 신체부위에서 깨끗한 부위로 이동할 경우 교환해야 한다.

20 재해예방의 4원칙에 대한설명으로 틀린 것은?

① 예방가능의 원칙 : 천재지변을 제외한 인위적 재난은 원칙적으로 예방이 가능하다.
② 손실우연의 원칙 : 사고의 결과로 생긴 재해 손실은 사고 당시의 조건에 따라 우연적으로 발생한다.
③ 원인연계의 원칙 : 사고발생에는 반드시 원인이 있고 대부분 복합적으로 연계되므로 모든 원인은 종합적으로 검토되어야 한다.
④ 대책선정의 원칙 : 사고예방을 위한 안전대책은 4M을 통해 수립할 수 있다.

정답 17. ① 18. ② 19. ① 20. ④

21. 공기호흡기 관한 설명으로 옳은 것은?

① 탈출개시압력=(탈출소요시간×매분당 호흡량/용기용량)+여유압력
② 바이패스 밸브는 활동 중 마찰 등으로 인한 개폐방지를 위해 공기가 공급되면 쉽게 열리지 않게 만들어져 있다.
③ 용기와 고압도관, 등받이 등의 결합할 때에는 반드시 공구를 사용하여 완전히 결합하도록 한다.
④ 고압조정기와 경보기 부분은 분해조정 한다.

22. 소화방법에 대한 설명으로 틀린 것은?

① 냉각소화방법은 에너지를 제거, 발화점이하로 내려가게 하여 소화하는 방법, 물의 발열반응을 이용하여 열을 제거하는 방법이다.
② 부촉매소화법은 부촉매를 사용하여 연쇄반응을 억제시켜 소화하는 방법이다.
③ 질식소화는 산소를 차단하여 소화하는 방법이다.
④ 제거소화방법은 가연물을 제거하여 소화하는 방법이다.

23. 화재조사 업무처리의 기본사항에 대한 내용으로 틀린 것은?

① 동일범이 아닌 각기 다른 사람에 의한 방화, 불장난은 동일 대상물에서 발화했더라도 각각 별건의 화재로 본다.
② 화재현장에서 부상을 당한 후 72시간 이내에 사망한 경우에는 당해 화재로 인한 사망자로 본다.
③ 화재피해액 범위가 건물의 6면 중 2면 이하인 경우에는 6면 중의 피해면적의 합에 5분의 1을 곱한 값을 소실면적으로 한다.
④ 복도 또는 내화조 건물의 경우 격벽으로 방화구획이 되어 있는 경우는 다른 동으로 본다.

24. 소방현장에서 가장 흔하게 활용되는 전략개념의 우선순위로 옳은 것은?

① 생명보호 – 외부확대 – 내부확대 – 화재진압 – 점검, 조사
② 내부확대 – 외부확대 – 화재진압 – 점검, 조사 – 생명보호
③ 화재진압 – 점검, 조사 – 생명보호 – 내부확대 – 외부확대
④ 화재진압 – 생명보호 – 내부확대 – 외부확대 – 점검, 조사

정답 21. ① 22. ① 23. ④ 24. ①

25 화점확인 방법에 관한 설명으로 틀린 것은?

① 야간의 경우 소명이 소등되어 있는 층보다 조명이 점등되어 있는 층에 화점이 있는 경우가 많다.
② 수신기에 여러 층이 동시에 감지신호가 발생되는 경우 수신기에 표시된 최하층에서부터 화점검색을 시작한다.
③ 창 등 개구부로부터 연기가 분출하는 경우는 연기가 나오는 층 이하의 층을 화점층으로 판단하고 행동한다.
④ 최상층의 창 등으로부터 분출속도가 약한 백색연기가 나오는 경우는 아래층에 화점이 있는 경우가 많다.

정답 25. ①

memo

memo

편저자 **김경진**

〈약력〉

- 이패스 소방승진 소방전술 대표 강사
- 소방산업공제조합 전무이사
- 소방청 119 종합상황실장
- 서울소방학교장
- 부산소방학교장
- 의성소방서장
- 소방방재청 구급계장·훈련계장
- 중앙119구조대 긴급기동팀장
- 중앙소방학교 교관단장
- 서울소방학교 연구실장
- 서울시민안전체험관장
- 원광대학교 소방학 박사
- 호서대학교대학원 졸업 소방학전공
- 호서대학교 졸업
- 국제화재폭발조사관
- 화재진화사 1급
- 건국대학교 겸임교수
- 원광대학교 겸임교수
- 우석대학교 겸임교수

〈주요저서〉

- 2023 필드 소방전술 기본서 (이패스)
- 2023 필드 소방전술 문제집 (이패스)
- 2022 필드 소방전술 문제집 (field-119)
- 2022 필드 소방전술 기본서 (field-119)
- 2021 필드 소방전술 기본서 (캠버스)
- 2020 필드 소방전술 기본서/문제집/모의고사 (캠버스)
- 2019 필드 소방전술 기본서/문제집 (캠버스)
- 2019 필드 소방학개론 (캠버스)
- 2018 필드 소방전술 기본서/문제집 (캠버스)
- 2017 필드 소방전술 기본서/문제집 (캠버스)
- 2016 필드 소방전술 기본서/문제집 (캠버스)
- 2015 필드 소방전술 기본서/문제집 (캠버스)
- 2014 명품 소방전술 (서울고시각)

2024 필드 소방전술 1

개정 1판 1쇄 인쇄	2024년 1월 10일
개정 1판 1쇄 발행	2024년 1월 25일
지 은 이	김경진
발 행 인	이재남
발 행 처	㈜이패스코리아
	[본사] 서울시 영등포구 경인로 775 에이스하이테크시티 2동 1004호
전 화	02-511-4212
팩 스	02-6345-6701
홈페이지	www.kfs119.co.kr
이 메 일	kfs-119@daum.net
등록번호	제318-2003-000119호(2003년 10월 15일)

* 편저자와 협의하여 인지는 생략했습니다.
* 이 책을 무단으로 전재 또는 복제하면 [저작권법] 제136조에 의해 5년 이하의 징역 또는 5천만원 이하의 벌금에 처해지거나 병과될 수 있습니다.
* 파본은 구입처에서 교환해 드립니다.